FRANÇOIS RABELAIS

TOUT CE QUI EXISTE DE SES ŒUVRES :

GARGANTUA — PANTAGRUEL

PANTAGRUELINE PROGNOSTICATION
ALMANACHS — SCIOMACHIE — LETTRES — OPUSCULES
PIÈCES ATTRIBUÉES A RABELAIS

Texte soigneusement collationné sur les éditions originales

PRÉCÉDÉ

D'UNE VIE DE L'AUTEUR D'APRÈS LES DOCUMENTS LES PLUS RÉCEMMENT DÉCOUVERT
ET LES PLUS AUTHENTIQUES

ET SUIVI

D'UNE BIBLIOGRAPHIE, DE NOTES ET D'UN GLOSSAIRE

PAR

LOUIS MOLAND

PARIS

GARNIER FRÈRES, LIBRAIRES-ÉDITEURS

6, RUE DES SAINTS-PÈRES, 6

FRANÇOIS

RABELAIS

CORBEIL. — IMPRIMERIE CRÉTÉ-DE L'ARBRE

AVERTISSEMENT

Le texte des deux premiers livres de la présente édition est établi conformément à celui de l'édition de Lyon, François Juste, 1542, contrôlée : pour le premier livre, à l'aide de l'édition antérieure à 1535, de l'édition de 1535 et de l'édition de 1537 ; pour le deuxième livre, à l'aide de l'édition de Claude Nourry, sans date ; de l'édition de 1533, de celle de 1534.

Le texte des livres troisième et quatrième est établi d'après l'édition de Paris, Michel Fezendat, 1552, contrôlée : pour le troisième livre, à l'aide de l'édition de 1546 ; — pour le quatrième livre, à l'aide de l'édition partielle de Lyon, 1548.

Quant au cinquième livre, nous suivons l'édition complète de 1564, contrôlée à l'aide de l'édition partielle de 1562, et aussi du manuscrit de la Bibliothèque nationale [1].

Notre texte est établi d'après ces éditions originales. Il est formé sur elles. Il ne prétend pas les reproduire toutes.

Le principe que l'on suit ordinairement dans la publication des ouvrages de notre ancienne littérature, c'est qu'il faut donner le dernier texte paru du vivant de l'auteur et qu'il a pu revoir, et relever les variantes des éditions antérieures.

La règle est facile à suivre quand l'auteur n'a fait qu'améliorer son texte, que le modifier pour se satisfaire plus complètement. Mais il n'en est pas ainsi de Rabelais : il a successivement retouché son œuvre sous l'empire de craintes, de menaces, de périls, qui l'engageaient à effacer, voiler, déguiser sa pensée.

Ainsi, dans l'édition des deux premiers livres de 1542, l'auteur, effrayé par les persécutions croissantes, a supprimé plusieurs passages hardis ; il a surtout opéré des substitutions de mots destinées à masquer ses attaques contre la théologie, contre les théologiens, contre la Sorbonne. Il a dissimulé et caché sous des expressions moins compromettantes ce qu'il avait osé exprimer ouvertement dans les premières éditions.

Prenons quelques exemples de ces corrections significatives :

Chapitre XIII, Grandgousier, dans les premières éditions, dit à son fils : « Ces premiers jours je te ferai passer docteur en Sorbonne, car tu as de raison plus que d'âge ». Dans l'édition de 1542, il dit : « Je te ferai passer docteur en gaie science... » Ce n'est pas la même chose. Partout où il a mis

---

[1]. Sur toutes ces éditions et sur ce manuscrit, voyez la *Bibliographie*.

d'abord la Sorbonne et ses docteurs, Rabelais, qui sait que le danger doit venir de là et qui ne veut pas trop irriter ses ennemis, remplace ces mots par des équivalents plus ou moins bien trouvés : ainsi, au chapitre VII, il dit dans les premières éditions : l'opinion que Gargamelle « pouvoit traire de ses mamelles quatorze cens pipes de laict pour chascune fois a esté déclarée, par Sorbonne, scandaleuse, des pitoyables oreilles offensive et sentant de loing heresie ». Dans l'édition de 1542, il remplace les mots « par Sorbonne » par le mot *mammallement* (a esté déclarée mammallement scandaleuse). Les deux mots étant de Rabelais, j'ai cru devoir les conserver, d'autant qu'ils ne se nuisent pas. Au chapitre XVII, il dit dans les premières éditions que « le lieu auquel convint le peuple tout folfré, fut Sorbonne, où lors estoit, maintenant n'est plus l'oracle de Lutece ». Dans l'édition de 1542, il met *Nesle* au lieu de Sorbonne.

L'acte de Sorbonne, page 39, devient l'acte tenu chez les Mathurins.

Dans le titre du chapitre XX : « comment il (Janotus) eut procès contre les sorbonistes, » les derniers mots des premières éditions sont remplacés par « contre les aultres maistres ».

Dans le titre du chapitre XXI, « ses precepteurs Sorbonagres » sont remplacés par « ses precepteurs sophistes ».

Chapitre XX, les « sorbonicoles » sont changés en « magistres ».

De même dans le texte de 1542, le mot théologien est partout supprimé ou remplacé par un autre mot.

Page 31 : « Un grand docteur en theologie » devient « un grand docteur sophiste ».

Pages 33, 36 : « chopiner, boire théologalement, » deviennent « chopiner sophistiquement, boire rustrement ».

Page 36 : Le « lyripipion théologal » de maistre Janotus devient un « un lyripipion à l'antique ».

Partout, pour désigner cet orateur, le mot « sophiste » est substitué dans l'édition de 1542 au mot « théologien » des éditions précédentes.

Rabelais fait aussi d'importantes suppressions inspirées par le même motif.

Au chapitre VI, le passage suivant est supprimé :

« Je le prouve, disoit-il : Nostre Sauveur dit, en l'Evangile *Joannis* XVI : « La femme qui est à l'heure de son enfantement a tristesse; mais, lorsqu'elle a enfanté, elle n'a souvenir d'aucun de son angoisse. » — Ha, dist elle, vous dictes bien, et aime beaucoup mieulx ouir tels propos de l'Évangile, et beaucoup mieulx m'en trouve que de ouir la vie de saincte Marguarite ou quelque autre capharderie. »

Un peu plus loin, dans le même chapitre, ces lignes sont effacées :

« Ne dit Salomon, *Proverbiorum* XIV? *Innocens credit omni verbo*, etc. Et saint Paul, prim. *Corinthior*. XIII : *Charitas omnia credit*. Pourquoy ne le croiriez-vous? Pour ce, dictes-vous, qu'il n'y a nulle apparence. Je vous dis que, pour cette seule cause, vous le devez croire, en foy parfaicte. Car les Sorbonistes disent que foy est argument des choses de nulle apparence. »

La liste des jurements des Parisiens, au chapitre XVII, est réduite à ceux-ci : « Carymary, Carymara! Par saincte Mamye »! Ce qui rend inintelligible la suite du texte : « Et par aultant que à ceste nouvelle imposition de nom tous les assistans jurerent chascun les saincts de sa paroisse, les Parisiens, qui sont faicts de toutes gens et de toutes pièces, sont par nature et bon jureur et bons juristes, et quelque peu oultrecuydez ».

D'autres suppressions semblent avoir été motivées par la crainte de blesser, non plus l'autorité ecclésiastique, mais la susceptibilité royale. La moins justifiée de ces suppressions se remarque au chapitre XIII : Gargantua dit qu'il a trouvé un moyen de se torcher le cul « le plus royal, le plus seigneurial, etc ». Rabelais efface « le plus royal ».

AVERTISSEMENT

Au chapitre XVII, Rabelais disait d'abord : « Les nations estranges s'esbahissent de la patience ou pour mieux dire de la stupidité des roys de France... » Il ne parle plus que de la patience, dans l'édition de 1542. Ces mots : « ou pour mieux dire de la stupidité » n'ont pas été réintégrés dans notre texte : c'est à tort, ils auraient dû l'être.

Il en est de même pour le premier livre de *Pantagruel*, ou deuxième livre.

Dès les premières lignes du prologue, au lieu de ces mots des premières éditions : « Les avez crues tout ainsi que texte de Bible ou du sainct Evangile », vous trouvez seulement dans l'édition de 1542 : « Les avez crues gualentement ».

Dans la suite du prologue, au lieu de ces mots : « J'en parle comme sainct Jean de l'Apocalypse », on lit : « J'en parle comme un gaillard onocrotale, voire, dis-je, crotenotaire des martyrs amans et crocquenotaire de amours ». Une plaisanterie est substituée à une irrévérence.

Au chapitre Ier, les premières éditions portent : « Tous bons historiographes ainsi ont traicté leurs chroniques, non seulement les Grecs, les Arabes et Ethniques, mais aussi les auteurs de la saincte Escripture, comme monseigneur sainct Luc mesmement et sainct Mathieu ». On lit dans l'édition de 1542 : « Tous bons historiographes ainsi ont traicté leurs chroniques, non seulement les Arabes, Barbares et Latins, mais aussi Gregeoys gentils qui furent buveurs eternels ».

Le soin d'éviter le mot Sorbonne et ses dérivés est le même qu'au livre précédent. Au catalogue de la Bibliothèque de Saint-Victor, le *Badinatorium Sorboniformium* est remplacé par le *Badinatorium sophistarum*.

Au chapitre XVI : « Un jour que l'on avoit assigné à tous les théologiens de se trouver en Sorbone pour grabeler les articles de la foy » est remplacé par « Un jour que l'on avoit assigné à iceulx se trouver en la rue du Feurre ».

Deux lignes plus loin : « Il oignit théologalement tout le treillis de Sorbone » est remplacé par « Il oignit tout le pavé ».

Au chapitre XVII, Panurge, dans les premières éditions, raconte qu'il eut un procès contre maître Fify (on appelait ainsi le Domange de ce temps-là) et ses suppôts « à ce qu'ils n'eussent point à lire clandestinement les livres de sentences (le jeu de mots est aisé à comprendre) de nuyt, mais de beau plein jour, et ce es escholles de Sorbone en face de tous les théologiens ». Dans l'édition de 1542, Rabelais à mis : « à ce qu'ils n'eussent plus à lire clandestinement de nuit la pipe, le bussart ne le quart de sentences, mais de beau plein jour, et ce, es escholes du Feurre, en face de tous les aultres sophistes ». Il charge d'un côté et efface de l'autre.

Au chapitre XVIII, les « sorbonicoles » sont remplacés par les « resveurs et bejaunes sophistes », et la plaisante kyrielle des « maraulx de sophistes, sorbillans, sorbonagres, sorbonigenes, etc. », est supprimée.

Même système à l'égard des mots théologies et théologiens : ils sont supprimés ou remplacés par d'autres plus anodins.

Bien plus, le mot « grandissime clerc », page 161, est remplacé par le mot « sçavant homme ».

Page 116 : dans l'édition de 1542, ces mots : « interpretes des sainctes lettres hebraicques », sont omis.

Page 137 : dans le titre du chapitre X, ces mots : « son jugement fut dict plus admirable que celuy de Salomon », sont remplacées par « son jugement est dict fort admirable ».

Page 139 : « Au regard des lettres d'humanité et cognoissance des antiquités et histoires, ils en estoient chargés comme un crapaud de plumes et en usent comme un crucifix d'un pifre ». Ce dernier membre de phrase est omis.

Page 141 : « Et ainsi se pourmener durant le service divin » est omis.

Page 146 : « Au climat diarhomes d'un crucifix à cheval bendant une arbaleste aux reins ». Dans le texte de 1542 : « un matagot à cheval ».

Page 150 : « Et vis toute la ville bruslant comme Sodome et Gomorrhe ». Ces derniers mots sont omis.

Page 161 : « Jesu christ ne fut il pas pendu en l'air »? supprimé.

Page 172 : « Alla à l'église où »... « à l'église » est supprimé.

Page 187 : « Moy doncques qui en battrois douze telz qu'estoit David, car en ce temps là ce n'estoit qu'un petit chiart, n'en defferay je pas bien une douzaine »? supprimé.

Il existe aussi des modifications inspirées par d'autres sentiments. Ainsi, au chapitre xxx, au lieu de « Pharamond estoit lanternier », on lit : « Asdrubal... » Au lieu de « Charlemagne estoit houssepailler », on lit : « Nerva... ». Au lieu de « Le roy Pepin estoit recouvreur », on lit : « le roy Tigranes... ». Rabelais élimine de son tableau burlesque les rois français.

Il supprime aussi ce passage : « Les douze pers de France sont là et ne font rien que j'aye veu, mais ils gaignent leur vie à endurer force plameuses, chicquenaudes, alouettes et grans coups de poing sur les dents ».

On peut voir, par ces indications, que le texte de François Juste, 1542, ne nous donne pas l'œuvre de Rabelais dans son intégrité, dans sa spontanéité première ; et pourtant ce texte est bien le dernier où se retrouve la main de l'auteur, et ces changements ont indubitablement été faits par lui. A côté de ces modifications que la prudence a inspirées, il en est d'autres qui sont des corrections, des améliorations, dont il est impossible de ne pas tenir compte. Vous trouvez, dans cette édition, des augmentations notables. C'est dans cette édition du *Gargantua* que Rabelais ajoute la plus grande partie de ce qui forme le chapitre v : « les Propos des buveurs », qui faisaient, dans les premières éditions, partie du chapitre précédent.

Il ajoute une page au chapitre xi, une demi-page au chapitre xxxix.

Il ajoute, dans le *Pantagruel*, un morceau étendu au commencement du chapitre xix, de manière à en former deux chapitres au lieu d'un.

Il faudrait faire ici le relevé des variantes pour signaler les corrections. Contentons-nous de quelques exemples :

Au chapitre xxvii du premier livre, on lit dans les premières éditions : « Escoutez, messieurs, vous aultres, qui aime le vin, le corps Dieu, si me suive » ! Dans l'édition de 1542, Rabelais régularise la phrase : « Escoutez, messieurs : vous aultres qui aymez le vin, le corps Dieu ! si me suyvez » !

Au chapitre xlv, au lieu d'écrire : « la peste ne tue que le corps, mais ces prédications diaboliques infectionnent les ames des pauvres et simples gens », il dit plus simplement et non moins énergiquement : « La peste ne tue que le corps, mais tels imposteurs empoisonnent les ames ».

Au chapitre xxviii du *Pantagruel*, on lisait : « Aprés que tu auras le tout annoncé à ton roy, je ne te dis comme les caphars : « Aide toy, Dieu t'aidera ; » car c'est au rebours : « Aide-toy, le diable te rompra le col ». Mais je te dis : « Metz tout ton espoir en Dieu, et il ne te delaissera point ». Rabelais, dans le texte de 1542, supprime, spontanément à mon avis, ces quelques lignes, et dit seulement : « Aprés que tu auras le tout annoncé à ton roi, mets ton espoir en Dieu, et il ne te delaissera point ». Il s'est aperçu que les mots : « Aide-toi, Dieu t'aidera », n'ont rien qui appartiennent particulièrement aux cafards, et que Pantagruel en cet endroit s'exprimait moins sensément que les anciens. Il a fait une suppression volontaire, et au quatrième livre, chapitre xxiii, il a tenu un langage tout opposé.

Il allonge ou complète certaines phrases :

Livre I*er*, chapitre vi : « Un homme de bon sens croit toujours ce qu'on lui dit » ; Rabelais ajoute : « et qu'il trouve par escript ».

Au chapitre I*er* du *Pantagruel*, « Au commencement du monde, je parle de loing ; » il ajoute : « il y a plus de quarante quarantaines de nuit ».

Il faut donc tenir compte de l'édition de 1542 ; vous ne pouvez pas l'écarter purement et simplement, pour vous attacher aux premières éditions.

Si vous reproduisez exactement le texte de 1542, vous reproduisez un texte qui ne donne pas la pensée de Rabelais dans sa franchise et dans sa vivacité première, et que parfois des réticences rendent même peu compréhensible.

Si vous choisissez un des premiers textes, pour le suivre littéralement, vous n'avez pas l'œuvre complète, mise à son dernier point par l'auteur.

Pour obvier à ce double inconvénient, on prend le parti de donner le texte de 1542, accompagné des variantes des éditions précédentes.

Ce système est logique et doit être approuvé; mais dans une édition ainsi conçue, le tableau des variantes n'est plus affaire de luxe, pour ainsi parler : on ne peut le laisser de côté; il n'est plus destiné seulement à donner satisfaction aux lecteurs les plus studieux : il faut y recourir absolument; il devient partie essentielle du texte, et l'on n'a réellement l'œuvre de Rabelais sous les yeux qu'autant qu'on se livre à un travail de comparaison entre le texte et les variantes qui l'accompagnent, ou qui le suivent.

Ce travail suppose moins une lecture qu'une étude d'un auteur. Beaucoup de lecteurs ne savent même pas se servir du tableau des variantes, surtout lorsque ces variantes sont compliquées et se déroulent sous les lettres A, B, C, désignant chacune une édition distincte (encore faut-il se réduire aux éditions les plus importantes pour que la série ne soit pas plus longue). Il est besoin d'attention, de discernement et d'une patience singulière, pour reconstituer, à l'aide de ces fragments, un texte original autre que le texte reproduit. On ne saurait évidemment exiger cette patience que de bien peu de monde.

Tout en félicitant les éditeurs qui donnent aux érudits des éditions capables de satisfaire leurs scrupules, il est utile, nécessaire de frapper un type de Rabelais, de constituer un texte pour ceux qui se contentent de lire l'ouvrage ; un texte qui leur offre partout la meilleure leçon; texte unique, typique de Rabelais, existant par lui-même et sans le cortège rebutant des variantes. La plupart des lecteurs, malgré tous les avertissements qu'on leur donne, ne voient autre chose dans le texte que les éditions nouvelles reproduisent; ils sont désagréablement surpris quand on leur dit qu'ils lisent un texte tronqué, châtré; et on les console médiocrement en ajoutant qu'à la vérité ce texte a été châtré par l'auteur lui-même, et qu'ils ont d'ailleurs le moyen de lui restituer, à l'aide des variantes, sa vigueur première.

Le désir presque général, on peut l'affirmer, est d'avoir ce texte complet en lui-même et remplaçant tous les autres, donnant l'œuvre à la fois dans son premier jet, dans sa forme la plus franche et la plus décidée, et en même temps dans sa correction et dans sa perfection dernière.

Mais comment le constituer, ce texte unique et typique? Puisqu'il ne se se trouve pas dans les éditions originales, il faut absolument que l'éditeur moderne intervienne, et que le lecteur s'en rapporte dans une certaine mesure à ses connaissances spéciales, à sa sagacité et à son goût.

Voici, il nous semble, les règles à suivre en pareil cas. L'édition de 1542 étant la dernière édition revue et corrigée par l'auteur, il faut tenir compte des corrections que l'auteur y a faites, des modifications qu'il y a apportées, excepté celles qui lui ont été commandées par des appréhensions qui pesaient sur lui et qui ne pèsent plus sur nous. Il faut donc rétablir l'expression primitive partout où elle a été altérée par des motifs de prudence, partout où les changements ne sont que des concessions faites par l'auteur à sa sécurité. Il convient au contraire de les respecter lorsqu'ils sont faits pour la clarté du style ou qu'ils ont pu avoir un autre motif que la crainte des persécutions. Il s'agit de soustraire l'auteur, pour ainsi dire, à la préoccupation du péril qui le menaçait; mais il ne s'agit pas de mettre à néant la révision à laquelle il a soumis son ouvrage. Il ne saurait être question d'admettre indistinctement les premières leçons à remplacer les dernières. Ce serait aller contre les intentions manifestes de l'auteur, et l'on en viendrait à rétablir, par exemple, dans le chapitre XVII, au lieu de ces mots : « Pour les mettre en évidence es confraries de ma paroisse », ceux-ci : « Pour voir si je n'y ferois pas de beaux placcars de merde », que donne la première édition connue du *Gargantua*. On aurait tort sans contredit.

Lorsque, au chapitre XXIII du *Pantagruel*, Rabelais, racontant les résultats du tour que joua Panurge à la dame parisienne, retranche quelque peu de l'abondance des termes avec lesquels il avait peint d'abord le concours des chiens autour de la victime, certainement il le fait de propos délibéré et non par intimidation.

Il en est de même au chapitre XV du livre II : ces mots des premières éditions : « de tant de vitz qu'on couppa en ceste ville es pauvres Italiens à l'entrée de la reine », sont remplacés par ceux-ci : « de tant de braquemarts enroidis qui habitent par les braguettes claustrales ». La première leçon faisait allusion à quelque particularité historique tombée bientôt dans l'oubli ; et c'est pour cela sans doute que Rabelais lui substitua la seconde.

Ce serait donc aller contre les intentions de l'auteur que de donner ici la préférence aux premiers textes sur le dernier. Avant de prendre un parti à l'égard de toute suppression, de toute modification, il faut se demander si Rabelais l'eût faite, au cas où il n'eût pas eu de persécutions à redouter ; et l'annuler ou la conserver, selon qu'on se répond par la négative ou par l'affirmative.

L'éditeur encourt ainsi, il est vrai, une responsabilité ; mais c'est le seul moyen d'avoir un texte de Rabelais tout d'une trame et non entrecoupé de variantes et de diverses leçons.

Telles sont les règles qui nous ont dirigé. Nous avons suivi le texte de 1542, en y rétablissant les hardiesses et les licences raturées.

En deux ou trois cas, nous avons éprouvé quelque incertitude ; nous avons eu à examiner si Rabelais, en opérant une suppression, avait cédé à la crainte, ou n'avait pas voulu plutôt réparer une faute de goût. Ainsi livre II, chapitre XX, page 169, Rabelais, après avoir dit dans les premières éditions : « Ils beurent comme toutes bonnes ames le jour des mors, à ventre deboutonné », se contente de dire, en 1542 : « Ils beurent à ventre deboutonné ». Cette suppression n'est-elle pas affaire de bon jugement, plutôt que de prudence ? Nous le croyons ; il ne faut pas restituer à l'auteur ce qu'il a probablement effacé de son plein gré ; lui enlever absolument la faculté de se corriger. Lorsqu'une incertitude de cette sorte s'est présentée, nous avons incliné, toutefois, ordinairement à reproduire la leçon hardie, qui peut intéresser davantage le lecteur.

C'est ainsi que nous avons entendu notre tâche. Nous espérons que le public trouvera que nous avons compris les devoirs et que nous n'avons pas outrepassé les pouvoirs légitimes de l'éditeur.

Les observations que nous venons de faire relativement aux deux premiers livres peuvent s'appliquer également au troisième et au quatrième.

Lorsqu'il publia, en 1552, la dernière édition de son troisième livre, en même temps que la première édition complète du quatrième, Rabelais était plus que jamais en vue, et, malgré les puissants protecteurs qu'il avait su se faire, il sentait le besoin d'user de ménagements. Il fit donc encore quelques retouches, en petit nombre toutefois, car, lorsque les premières éditions avaient paru, il était déjà avisé et avait pu prendre ses précautions.

Ainsi, il supprime une plaisanterie sur la « Tiphaine, la mere des trois roys » (chapitre XXXIII). Dans l'anecdote racontée au chapitre XXXIV, il remplace le nom de l'abbaye de Fontevrault par le nom imaginaire de l'abbaye de Coingnaufond. De même, page 257, au lieu de Brignoles, il met Croquignoles, un nom de fantaisie au lieu d'un nom réel. Mais il est un passage qui montre mieux qu'aucun autre l'inconvénient que présenterait la reproduction pure et simple du dernier texte revu par l'auteur. Dans la première édition (Paris, 1546), aux chapitres XXII et XXIII, Panurge dit à trois reprises : « Son asne s'en va à trente mille pannerées de diables... ; son asne s'en va à trente mille charrettées de diables... ; au moins, s'il perd le corps et la vie, qu'il ne damne son asne »! Il paraît que cette équivoque sur le mot *âme* fut un des griefs le plus aigrement relevés contre Rabelais. Aussi dans l'édition de 1552, efface-t-il le mot *asne* pour le remplacer par le mot *âme* dans chacune des phrases que nous avons citées. Dans ce texte, il ne reste plus trace de l'hérésie commise. Mais, dans l'épître au cardinal de Châtillon, publiée en tête du quatrième livre, Rabelais fait allusion à cet incident; il dit que « le defunt roi François, s'etant faict lire iceulx livres, n'avoit trouvé passaige aulcun suspect et avoit eu en horreur quelque mangeur de serpens qui fondoit mortelle heresie sur une N mise pour une M par la faulte et negligence des imprimeurs ».

Pour ceux qui ont lu le troisième livre dans le texte de 1552, ces derniers mots sont incompréhensibles. C'est ce qui nous faisait dire qu'en adoptant pour Rabelais le principe de la reproduction littérale de la dernière édition revue par l'auteur, les variantes ne sont plus seulement utiles ou intéressantes, elles sont indispensables, elles contiennent en bien des endroits la leçon importante, et le texte ne donne que celle qu'il est facultatif de lire. C'est, à notre avis, le contraire de ce qui doit rationnellement exister.

En ce qui concerne le cinquième livre nous n'avions pas seulement à consulter les variantes de l'édition partielle de 1562; nous devions tenir compte d'un manuscrit qui, sans avoir une sérieuse autorité, est une copie qui se rapproche de l'époque rabelaisienne, et dont l'auteur possédait probablement quelques éléments de contrôle que nous n'avons plus. Il nous a servi à rectifier quelques expressions défigurées, à rétablir en deux ou trois endroits le texte de l'édition visiblement défectueux et mal en ordre. C'est ce qui se voit, par exemple, aux chapitres XLII et XLIII, où il existe, dans toutes les éditions anciennes, une transposition que l'on distingue à première vue et que le manuscrit permet de corriger. Le manuscrit contient de plus que les éditions un chapitre intitulé « Comment les dames lanternes furent servies à souper », que nous avons intercalé dans notre texte sous le n° XXXIII *bis*. Nous avons également reproduit, à la fin du dernier chapitre, la conclusion un peu plus développée que le manuscrit présente, en ayant soin de bien séparer ce qui est extrait de ce manuscrit et le texte de l'édition de 1564, et sans les amalgamer comme ont fait quelques-uns de nos prédécesseurs.

Ajoutons quelques mots relativement à l'orthographe que nous suivons. Il suffit d'avoir touché aux éditions originales de Rabelais pour être convaincu qu'il n'existe pas d'orthographe propre à cet écrivain. L'orthographe de ses ouvrages est celle des imprimeurs qui les mirent au jour. Elle varie d'édition en édition, de livre en livre, et bien souvent présente dans la même page la diversité la plus capricieuse.

Tel mot revenant quatre ou cinq fois dans cinq ou six lignes est écrit chaque fois d'une manière différente.

En examinant les premières éditions de chacune des parties de l'ouvrage, en examinant les éditions auxquelles l'auteur a manifestement donné ses soins, il est impossible de saisir dans ces textes aucune règle qui lui soit propre : ils présentent tous entre eux une diversité frappante et qui ne saurait, avons-nous dit, résulter que des habitudes propres à chaque imprimerie où ils virent le jour.

Ces formes indécises et variables ajoutent très sensiblement aux difficultés que présente Rabelais aux lecteurs qui ne sont pas très versés dans notre ancien langage. Préoccupé de rendre plus aisé l'accès de son œuvre, nous avons fait comme MM. Burgaud des Marets et Rathery ont fait dans leur récente édition de Rabelais : entre les différentes manières dont un mot se trouve orthographié dans *les éditions originales*, nous avons adopté de préférence la plus simple, celle qui se rapproche le plus de l'orthographe actuelle. Nous n'avons toutefois pratiqué ce système qu'avec une extrême discrétion. Ne nous laissant point tenter par quelques rencontres exceptionnelles, nous avons maintenu à certains mots la forme qu'ils présentent le plus fréquemment dans les éditions originales et qui à cette époque est leur forme normale. Nous avons résisté au penchant à l'uniformité, rien n'étant moins dans le caractère de la langue d'alors, et soigneusement évité tout ce qui aurait pu, par une régularité trompeuse, faire naître des illusions sur la grammaire de l'époque. Enfin, nous n'avons admis de simplification qu'autant qu'il en résultait pour la clarté et l'intelligibilité du texte un réel bénéfice.

De même pour l'accentuation, nous nous sommes borné à ce qui facilite sensiblement la lecture ; nous avons mis un accent sur l'é des finales pour distinguer celles qui sont muettes de celles qui ne le sont pas, ainsi que sur l'é joint à une autre voyelle et formant une syllabe distincte, par exemple : *réitéré, piéton, déifique, obéissance, théologie, céans*, pour qu'on ne lise pas comme *pigeon, feirent, asseoir, mangeant*, etc. ; à moins que les deux syllabes ne soient distinguées par une consonne complémentaire. Par suite encore, lorsque Jean Bouchet, usant d'une de ces licences qui lui sont familières, fait, dans un vers de son épître à Rabelais, le mot *théologie* de trois syllabes (page 608, vers 25), il nous suffit de supprimer l'accent pour marquer l'intention du versificateur.

Nous avons ponctué de notre mieux ; nous avons même employé les tirets dans les dialogues. Nous avons enfin tâché de donner un texte facile à lire, tout en conservant à la langue rabelaisienne sa physionomie exacte, et sans hausser le type ordinaire de la langue française au milieu du XVIe siècle.

L. M.

VIE DE RABELAIS

Rabelais résume en lui tout le moyen âge sensuel, facétieux, satirique et railleur. Cette ère féconde, d'où le monde moderne est sorti, a dit son dernier mot pour ainsi dire, en deux livres qui ne se peuvent comparer. L'un, *la Consolation intérieure*, ou *l'Imitation*, la source intarissable des ravissements mystiques; l'autre, le roman rabelaisien, qui nous ramène à la vie matérielle avec une joyeuse violence. Ce sont les deux pôles. L'humanité s'étend entre les deux. Si le moyen âge n'avait produit qu'un de ces livres, il n'eût laissé de lui-même qu'une expression incomplète. Le XVe siècle, la guerre de Cent ans, les tristesses du grand schisme, font éclore le premier, fleur d'une époque désolée, née au fond d'un cloître inconnu. Le XVIe siècle, temps prospère, où la terre, disent les historiens économistes, rapportait presque autant que de nos jours, où le progrès de la richesse est sensible, où tous les arts brillent du plus vif éclat; la première moitié du XVIe siècle enfante l'autre ouvrage. Ce chef-d'œuvre de puissante raillerie, où une si grande élévation de sentiment et de pensée se mêle parfois à une brutalité extraordinaire, où la bouffonnerie et la sagesse sont si étrangement associées, a pour auteur un fils de la plantureuse Touraine, moine et médecin, docteur universel, capable de soutenir, comme Pic de la Mirandole, une thèse *de omni scibili*, dont la physionomie, à la fois grave et riante, ne se dérobe plus tout à fait aux pinceaux qui la veulent saisir. C'est la vie de ce maître moqueur (les contemporains faisaient dériver le nom de Rabelais de deux mots arabes qui ont ce sens) que nous allons essayer d'esquisser, non avec notre imagination, comme l'ont fait la plupart des biographes, mais en nous attachant à tout ce qu'on sait de positif sur son existence, sur ses travaux et sur sa personne.

I

Quoiqu'on ait recueilli sur la vie de Rabelais un assez grand nombre de renseignements, on ne fait encore que l'entrevoir, pour ainsi dire. L'incertitude commence à la date de sa naissance, qu'on fixait ordinairement en 1483, mais qui semble ne devoir pas être reculée aussi loin. Le dernier biographe de Rabelais, M. Rathery, rapproche cette date de l'année 1495, abrégeant ainsi d'une douzaine d'années l'existence de l'auteur du *Gargantua* et du *Pantagruel*, afin de mettre son âge d'accord avec l'âge de ceux qui ont toujours passé pour ses contemporains. Guy Patin, au XVII siècle, la plaçait en 1490, et mérite, à notre sens, d'être suivi. Il n'y a rien d'invraisemblable, en effet, à ce que Rabelais, qui commença, comme nous allons le voir, par passer plus de quinze ans dans un cloître, se soit trouvé un peu attardé dans la suite de sa carrière.

Rabelais naquit à Chinon, voilà qui est certain. Il signe lui-même *Rabelæsus Chinoñensis*. Son père était-il aubergiste à l'enseigne de la *Lamprole*, comme disent les uns, ou apothicaire, comme le prétendent les autres? Ici l'incertitude recommence. L'historien De Thou parle de la maison où Rabelais était né à Chinon, et qui, de son temps, était devenue un cabaret. Puisqu'elle l'était devenue, et que De Thou le fait remarquer comme une circonstance singulière, il faut en conclure qu'elle n'avait pas cette destination auparavant. Il semble prouvé que le père de Rabelais possédait, aux environs de la ville, un clos renommé pour le bon vin qu'il produisait, le clos de la Devinière, que Rabelais a célébré dans ses écrits. Rabelais était né dans la petite bourgeoisie. Il était le plus jeune de plusieurs frères, si l'on en croit la tradition. Ses parents le destinèrent à l'état ecclésiastique. Ils le mirent en pension, d'abord, à l'abbaye de Seuilly, Seuillé ou Sevillé, voisine du clos de la Devinière. De là, il fut envoyé au couvent de la Baumette ou Basmette, près d'Angers, où il fut novice. Ce sont là, du moins, les conjectures les plus plausibles sur la jeunesse de François Rabelais. C'est à la Baumette qu'il aurait connu les frères du Bellay, Angevins, et Geoffroy d'Estissac, fils du baron Jean d'Estissac en Aunis, ses futurs protecteurs.

Il passa de l'abbaye de la Baumette au couvent des frères mineurs ou cordeliers de Fontenay-le-Comte, dans le bas Poitou. C'était vers 1509. Il avait à peu près vingt ans. Il y acheva son noviciat et passa graduellement par tous les degrés du sacerdoce, jusqu'à la prêtrise, qu'il reçut vers 1519 ou 1520. En 1519, un document authentique atteste la présence de Rabelais au couvent de Fontenay-le-Comte : un acte d'achat par les cordeliers de la moitié d'une auberge, à Fontenay, à la date du 5 avril 1519, porte la signature de Rabelais et d'une douzaine d'autres moines, ce qui semble témoigner aussi que frère François était un des notables du couvent.

L'année précédente, Geoffroy d'Estissac, âgé seulement de vingt-trois ans, avait été promu au siège épiscopal de Maillezais, tout voisin de Fontenay-le-Comte.

Il s'était formé dans ce couvent un petit noyau d'érudits qui n'était pas sans importance, si nous en jugeons par les relations qu'ils se créèrent. Il se composait de Pierre Amy ou Lamy, de Rabelais, et d'un autre moine qu'on nommait en en grec οἴνετος, mais dont nous ne savons pas le nom français. Ils étudiaient passionnément l'antiquité grecque et latine. Rabelais paraît avoir été affamé de savoir. Il n'acquit pas seulement une connaissance approfondie des langues anciennes, et particulièrement du grec; il acquit en outre des connaissances astronomiques[1]; il apprit le droit *(juris studiosus fuit)*, comme Budée le constate dans une des lettres dont il sera question tout à l'heure; il se pourvut enfin de cette science encyclique ou encyclopédique à laquelle prétendaient les savants de la Renaissance. Il paraît avoir été surtout philologue (ce mot était déjà en

---

1. Salmon Macrin, dans une ode qu'il adressait plus tard à Rabelais (1537), disait :

....Et tibi
Sudore multo parta mathemata,
Quid luna, quid stellæ minentur,
Quid rapidi facies planetæ.

usage). Il n'est pas nécessaire d'en avoir d'autre preuve que la variété des idiomes et des dialectes qu'il fit concourir à la formation de la langue tout à part dans laquelle il écrivit le *Gargantua* et le *Pantagruel*. Les éléments incroyablement multiples de cette langue avaient certainement été recueillis dès la jeunesse de l'écrivain.

Les doctes moines de Fontenay avaient pour complices et pour appuis, dans leurs travaux, divers personnages notables de la ville, entre autres Jean Brisson, avocat, et André Tiraqueau, juge, puis lieutenant au bailliage. Ils faisaient cause commune avec Geoffroy d'Estissac et les savants que ce jeune évêque se plaisait à réunir autour de lui. Ils lui procuraient des livres. C'est ainsi que M. B. Fillon, dans ses *Lettres écrites de la Vendée*, a reproduit une quittance d'un des voyageurs en librairie de Henri Estienne, O. Ferrare, qui déclare avoir reçu, par les mains de frère Pierre Lamy, la somme de sept écus au soleil « à cause des livres vendus cejourd'hui à Monsr l'evesque de Malezois, c'est assavoyr la *Chronique* (de Nurenberg), *Aristoteles, Querela Pacis* (d'Érasme), *Homerus, Cicero, Carrara, la Voye celeste, et le Triumphe de Mantuene*. Faict à Fontenay-le-Conte, ce dernier jour de juing mil cinq cent dix et neuf ».

Pierre Amy, qui avait l'avance sur Rabelais à leur début dans la vie, s'était mis en relation avec Guillaume Budée, personnage des plus considérables du temps par son savoir, par sa fortune et par son crédit. Il fit connaître Rabelais au célèbre helléniste. Quand Budée écrivait à Pierre Amy, il avait soin d'ajouter un mot de recommandation à l'intention de Rabelais : « Saluez de ma part votre frère en religion et en science Rabelais. » Ou encore : « Adieu, et saluez quatre fois en mon nom le gentil et savant Rabelais, ou de vive voix s'il est près de vous, ou par missive s'il est absent ». Ces saluts qui lui étaient adressés par voie indirecte ne contentaient pas Rabelais, qui désirait vivement recevoir à son tour quelqu'une de ces lettres qui étaient alors recherchées avec ardeur. Il fit si bien qu'il obtint ce qu'il souhaitait. Deux lettres de Budée, l'une presque entièrement grecque, l'autre latine et grecque, lui sont adressées personnellement. Elles sont très-importantes pour sa biographie.

L'une, la lettre mêlée de latin et de grec, dont la date peut se placer aux années 1521 ou 1522, nous montre les moyens ingénieux employés par Rabelais pour soutirer *(elicere)* quelques pages au savant renommé. Nous voyons, par la réponse de Budée, que Rabelais lui avait écrit une lettre « remarquable par une singulière connaissance des deux langues ». Dans cette lettre, Rabelais jetait je ne sais quel soupçon sinistre sur son confrère dans l'ordre de Saint-François (Pierre Amy); il accusait cet ami de l'avoir trompé, lui, homme simple et ingénu, en lui faisant espérer de Budée ce qu'il n'avait pas le droit d'en attendre, et ce qu'il n'a pu, en effet, obtenir, car ledit Budée laisse dédaigneusement sans réponse toutes les lettres qu'il lui écrit. Aussi se propose-t-il d'intenter à son compagnon une action *de Dolo malo*. Budée reproduit toutes ces plaintes badines, puis y répond sur le même ton, un peu prolixement et lourdement. Budée n'a pas la plaisanterie légère. Il lui reproche d'avoir manqué à la charité en se méfiant de son compagnon. « Où est donc cette charité fraternelle, lien des monastères, soutien des ordres religieux, ciment des communautés, que dans vos déclamations vous déclariez à l'envi presque divine[1] ? » Rabelais n'a-t-il pas craint d'ex-

---

1. « Ubi igitur illa vestra charitas sodalitia, vinculum coenobiorum, columen religionis, glutinum unanimitatis, quam alternis prope verbis pro numine colendam in concionibus declamitatis? »

poser la vie et la réputation de son frère par cette poursuite rigoureuse, si lui Budée, tout humain et débonnaire qu'il est, eût continué de ne pas céder à ses exigences ?

Il aborde ensuite le point de droit, et pose la question de savoir si, dans la circonstance, Rabelais, « qui est un jurisconsulte », a bien choisi son action *Doli mali*. Il prouve que l'édit du Préteur n'accorde cette grave action que subsidiairement, et que Rabelais eût dû agir d'abord en vertu de la stipulation, *ex stipulatu*. Lui-même Budée devra être mis en cause, lui seul devra soutenir le poids du procès, et Pierre Amy ne pourra être qu'appelé au jugement. « Vous vous étonnez, jeune homme qui ne doutez de rien, que je n'aie pas répondu aussitôt à l'appel fait par vous, et vous prenez feu, vous disant méprisé de moi. Mais ne fallait-il pas vous assurer préalablement que ce grief était fondé, savoir si une maladie ou des occupations multipliées ne m'avaient pas empêché de vous écrire ? etc. »

Après avoir poursuivi de la sorte pendant deux grandes pages, d'abord en latin, puis en grec, Budée ajoute : « Jusqu'ici, croyez bien que j'ai badiné et que j'ai voulu lutter avec tout ce que vous m'avez écrit en plaisantant (comme je le pense), dans le but de m'extorquer une lettre ». Il s'excuse ensuite de n'avoir plus pour sa correspondance littéraire autant de loisir qu'autrefois, et termine par ces mots : « Et saluez Pierre Amy, votre ami non moins que le mien ».

Un des épisodes du séjour de Rabelais et de Pierre Amy au couvent de Fontenay offre un intérêt particulier ; il montre dans leur vrai jour les relations des moines avec leurs amis du dehors.

André Tiraqueau avait fait connaître à Pierre Amy, et conséquemment à Rabelais, le président de Saintes, Aymery Bouchard. Pierre Amy allait parfois passer quelques jours chez le président, d'où il écrivait à Tiraqueau, pour lui exprimer le regret d'être éloigné de lui, Tiraqueau, et de leur cher Rabelais « le plus érudit de nos frères franciscains ». Il se félicite cependant de trouver dans Aymery un autre Tiraqueau, tant ces magistrats se ressemblent par la science et par le caractère ; et il espère que Rabelais, diligent à remplir les devoirs de l'amitié, leur tiendra compagnie par des lettres, soit latines, dont la composition lui est familière, soit grecques, dans lesquelles il s'essaye depuis quelque temps. Il aspire enfin au moment heureux où ils pourront reprendre leurs séances sous le bosquet de lauriers et leurs promenades dans les allées du petit jardin. Tout respire, comme on voit, dans ces relations des moines et des magistrats, la bonhomie et la simplicité.

Une polémique s'éleva entre Bouchard et son ami Tiraqueau. Tiraqueau avait publié un traité *De Legibus conubialibus* (des Lois du mariage). Bouchard y répondit, en 1522, par un livre τῆς γυναικείας φύλης (de la Nature féminine), dans lequel il se faisait le champion du beau sexe que Tiraqueau, selon lui, avait offensé. Tiraqueau fit une nouvelle édition de son ouvrage, en 1524, pour riposter à l'attaque de son ami. Il le raille courtoisement de la mission qu'il s'est attribuée sans mandat. Il en appelle au jugement de Pierre Amy et de Rabelais ; il allègue en sa faveur certaines suppositions assez piquantes de celui-ci : Bouchard a peut-être traduit en français aux dames, à qui il est toujours empressé de plaire, quelques passages du livre ; il n'aura peut-être pas été un traducteur très-fidèle ; il aura trahi l'auteur, son ami ; de plus, Bouchard a des prétentions à l'art oratoire, et l'on sait que l'un des meilleurs moyens de réussir recommandés à l'orateur par Lucien dans son traité Ῥητόρων διδάσκαλος, c'est d'être agréable aux femmes. « Voilà ce que se permet de conjecturer notre François Rabelais, frère mineur, homme très savant en grec et en latin ».

Cette controverse à laquelle Rabelais prend part, ces plaidoiries pour ou contre les femmes entre le docte Tiraqueau et le galant Bouchard *(mulierarius)*, n'ont pas été certainement inutiles au futur auteur des consultations comiques de Panurge anxieux de savoir s'il se doit ou non marier. Et comme signe caractéristique de la liberté extrême qui régnait alors dans le langage, il faut dire que le sage Tiraqueau ne recule pas devant les traits scabreux et ne brave pas moins l'honnêteté, en latin, il est vrai, que Panurge ne la bravera plus tard. Le vieil esprit gaulois s'épanouit dans ce milieu provincial avec toute sa sève, et se mêle à l'érudition, avec laquelle, du reste, il s'est toujours bien accordé.

Tiraqueau est prodigue d'éloges pour Rabelais, qu'il admire évidemment. Citant une traduction du premier livre d'Hérodote que Rabelais avait faite, il parle de lui en ces termes expressifs : « Homme, dit-il, d'une habileté consommée dans les langues latine et grecque et dans toutes les sciences, au delà de ce qu'on attendrait de son âge, et en dehors des habitudes, pour ne point dire des scrupules excessifs de son ordre[1] ». Vers le temps où se terminait la polémique de Tiraqueau et de Bouchard, un orage gronda sur les deux franciscains, leurs amis. Ces scrupules excessifs qui régnaient dans leur ordre *(nimia religio)*, dont parle Tiraqueau, en furent la cause. Il paraît qu'on s'effraya dans le couvent de l'érudition et de l'indépendance d'esprit des deux moines. Le grec surtout effrayait les cordeliers : il y avait alors sur cette langue renaissante un préjugé défavorable. Quiconque apprenait le grec était, aux yeux des ignorants, suspect véhémentement d'incliner à la révolte et à l'hérésie.

Il paraît donc que l'*hellénisme* de Pierre Amy et de Rabelais les mit en suspicion dans le couvent de Fontenay-le-Comte. Des perquisitions eurent lieu dans leurs cellules. On y trouva des livres grecs et aussi quelques livres d'Érasme et autres ayant un mauvais renom. Les livres et papiers furent confisqués. Les deux amis se dérobèrent par la fuite aux persécutions.

Les seuls documents positifs que nous ayons sur toute cette affaire sont les lettres grecques de Guillaume Budée, à qui les opprimés s'étaient empressés d'écrire, afin qu'il usât de son crédit et de son influence en leur faveur. Budée était le grand maître et par conséquent le protecteur de tous les hellénisants de France.

Budée répond à Pierre Amy, à la date du 24 février 1523, par des protestations indignées contre la conduite des supérieurs franciscains. Il a appris que Pierre Amy et Rabelais, son Pylade, ont été, à cause de leur zèle pour l'étude de la langue grecque, vexés et inquiétés de mille manières par les moines, ennemis jurés de toute élégance et de toute littérature. Ceux-ci ont poursuivi de leurs calomnies des hommes dont le savoir, acquis en si peu de temps, devait honorer la communauté entière. Il connaît par sa propre expérience la fureur de ces insensés... Tous les amis de l'érudition étaient prêts, chacun dans la mesure de son pouvoir, à les secourir, eux et le petit nombre de leurs frères qui partagent leurs aspirations vers la science universelle... Mais il a appris que ces tribulations ont cessé depuis que les persécuteurs ont su qu'ils se mettaient

---

1. Librum hunc integrum elegantissime traduxit Rabelæsus Minoritanus, vir supra ætatem, præterque ejus sodalicii morem ne mimiam religionem dicam, utriusque linguæ omnifariæque doctrinæ peritissimus. — Andreæ Tiraquelli, *De Legibus connubialibus*. Paris, Galliot du Pré, 1524, in-4°.

en opposition avec des personnages éminents et avec le roi lui-même. Il les félicite d'être sortis à leur honneur de cette épreuve, et les engage à se remettre au travail avec un nouveau zèle.

A Rabelais, Guillaume Budée écrit vers la même date. Il n'a pu le faire plus tôt, parce qu'il ignorait où se trouvait Rabelais et dans quelle maison de leur ordre s'était réfugié l'inculpé Pierre Amy, qui s'est montré en cette circonstance un fidèle Pylade et véritable Pirithoüs, d'après ce que lui, Budée, en peut juger. Il a été prévenu par eux qu'ils étaient tourmentés par les chefs de leur communauté et que la lecture des livres grecs leur était interdite. Mais, depuis, il a appris, par un des personnages les plus éclairés et les plus observateurs de l'honnêteté qu'il y ait dans l'ordre de Saint-François, que ces livres, leurs délices, arbitrairement confisqués, leur avaient été rendus, et qu'eux-mêmes avaient été rétablis dans leur liberté et leur tranquillité première. Il a reçu ces bonnes nouvelles avec la joie la plus vive. Budée fait ensuite à Rabelais l'histoire du soulèvement des théologiens grossiers (ἀκοσμοῦντες) contre les études grecques, et des luttes qu'il a eu lui-même à soutenir. Ces théologiens ont fait des conciliabules pour anéantir la langue d'Homère, qu'ils jugent pleine d'impiété (ἀσεβείας γέμουσαν). Cette page d'histoire littéraire est curieuse; elle peut servir à expliquer la revanche de Rabelais l'helléniste contre *Janotus de Bragmardo* et ses pareils.

On voit par là que Budée n'eut pas besoin d'intervenir; l'affaire avait déjà été apaisée par d'autres personnes influentes. Il est à supposer que Geoffroi d'Estissac, évêque de Maillezais, eut la plus grande part dans cette pacification. C'est lui, en tout cas, qui acheva de mettre Rabelais à l'abri des persécutions, car c'est, bien certainement, grâce à l'appui de son ancien condisciple que Rabelais, vers l'année 1524, obtint du pape Clément VII un indult l'autorisant à passer librement dans l'ordre de Saint-Benoît et dans l'abbaye de Maillezais appartenant à cet ordre, avec le titre et l'habit de chanoine régulier, et la faculté de recevoir et posséder, malgré son vœu de pauvreté, les bénéfices séculiers ou réguliers dont il serait conséquemment investi. Il quitta donc le couvent des frères mineurs de Fontenay-le-Comte. Il y avait passé quinze ans, toute sa jeunesse, jusqu'à trente-quatre ans qu'il pouvait avoir à cette époque. Dans nos anciennes *chansons de geste*, on trouve parfois des branches consacrées au temps que le héros a passé dans un monastère; nous avons, par exemple, le *Moinage Guillaume*, le *Moinage Renouart*. Pour employer cette ancienne expression, nous dirons que le *Moinage Rabelais*, tel qu'il nous apparaît par ces documents authentiques, offre un caractère fort correct. Il se livrait avec succès à la prédication et vaquait fréquemment au saint ministère de l'autel[1]. Il n'y a rien que de convenable et de sérieux dans tout ce qui le regarde. Son esprit ironique et facétieux ne se révèle que dans l'inoffensive plaisanterie à laquelle réplique Budée, et dans les suppositions plus ou moins malicieuses que met à son compte la riposte de Tiraqueau à Aymery Bouchard. Du reste on ne parle de lui qu'avec considération. Son nom appelle toujours le superlatif *doctissimus*. Budée en grec dit : χρηστὴ κεφαλή (excellente tête). Quant à l'affaire à la suite de laquelle il sortit de son couvent, ce n'est évidemment qu'un épisode d'une lutte générale où l'érudition nouvelle était en cause. Mais la tradition ni la légende n'ont trouvé leur compte à cette jeunesse studieuse et régulière de

---

[1]. In altaris ministerio sæpius ministraverat. — *Supplicatio pro apostasia* (voyez les documents biographiques ci-après).

l'auteur du *Gargantua* et du *Pantagruel*. Elles ont mis en circulation des facéties qui paraissaient plus dignes du père futur de Panurge et de frère Jean des Entommeures. Elles l'ont représenté s'enivrant publiquement et donnant l'exemple de la débauche dans les fêtes de village. Elles racontent qu'il mêlait au vin des moines tantôt certaines drogues et plantes lesquelles rendent l'homme refroidi et impuissant, tantôt d'autres drogues qui excitent et échauffent à l'acte vénérien. Elles l'accusent enfin d'avoir un jour pris, sur un piédestal, la place de la statue de saint François exposée à la vénération des fidèles, dans l'église du couvent, et là d'avoir commis toutes sortes d'indécences. Elles ont enfin voulu égaler les facéties insolentes de sa vie, comme dit Auger, aux plaisanteries effrontées de son livre. L'opinion publique n'aime pas à distinguer l'homme de l'auteur; elle se plaît à les confondre, à les mettre d'accord. Elle se trompe souvent en ce point, car l'imagination et la conduite sont des choses bien différentes; et tout semble indiquer notamment qu'elle se tromperait en ajoutant foi aux anecdotes dont on a chargé la vie monastique de Rabelais.

La persécution qui la termina a, bien entendu, pris aussi sous la plume des fabricateurs d'anecdotes une couleur tragique. Rabelais aurait été mis *in pace*, c'est-à-dire renfermé entre quatre murailles, au pain et à l'eau pour le reste de ses jours. Il aurait péri dans les cachots souterrains du monastère, si le lieutenant Tiraqueau n'avait, avec la force armée, brisé les portes du couvent et délivré son ami. On a vu ce qu'il faut croire de cette fantasmagorie.

De son long séjour au couvent de Fontenay-le-Comte, Rabelais garda contre la gent monastique une vive rancune et un violent mépris. Il conserva, au contraire, des sentiments de reconnaissance à l'égard de la ville et des habitants. Ce fut lui, dit-on, qui, en 1542, fit donner par François Ier des armes et une devise à Fontenay : l'écusson d'azur à la fontaine d'argent maçonnée de sable, et la devise : *Feliciorum ingeniorum fons et scaturigo*.

II

Sorti du couvent, une nouvelle période de son existence commence pour Rabelais. Rabelais est l'hôte et le commensal habituel de l'évêque de Maillezais. Il passe la plupart du temps au château de l'Ermenaud ou au prieuré de Légugé, résidences de Geoffroy d'Estissac. Ce prélat aimait à réunir chez lui des personnes de réputation et de savoir. Rabelais y noue de nouvelles relations qui devaient être de son goût. Les deux épîtres que nous publions[1], l'une de Rabelais à Jean Bouchet, l'autre de Jean Bouchet à Rabelais, « homme de grans lettres grecques et latines », jettent un jour riant sur cette existence. La familiarité et la courtoisie du seigneur évêque et de son neveu, l'amour des lettres qui règne à leur cour, la beauté du lieu, la vie large et libre qu'on y mène, tout cela apparaît fort distinctement dans ces épîtres. Rabelais semble dès lors s'être particulièrement adonné aux sciences naturelles, aux études botaniques et médicales.

Ce temps fut calme, sans doute, mais selon toute apparence il dura peu. Nous savons par lui-même qu'il a, sans permission de son supérieur, quitté l'église de Maillezais, laissé l'habit de l'ordre de Saint-Benoît pour prendre celui de prêtre séculier, et qu'il s'est lancé *per abrupta seculi*[2]. Il passa probablement

---

1. Voyez pages 604 et 605.
2. Voyez ci-après *Supplique* et *Bref*.

à Paris, puis se rendit à Lyon, où il entra en relations avec les imprimeurs et les libraires. Je le soupçonne d'être venu en cette ville plus tôt qu'on ne le croit communément. En tout cas, on ne peut retarder son arrivée au delà de 1528 ou 1529, lorsqu'on le voit en 1532 mettre au jour des publications si nombreuses et si diverses.

Nous le trouvons à Montpellier en 1530. Il a quarante ans, si nous continuons à fixer approximativement sa naissance à 1490. Ce qui constate sa présence dans cette ville, ce sont les inscriptions des registres de la Faculté de médecine. Voici ces inscriptions :

Moi, François Rabelais, de Chinon, diocèse de Tours, me suis rendu ici à l'effet d'étudier la médecine et me suis choisi pour parrain *(patrem)* l'illustre maître Jean Schyron, docteur et régent dans cette université. Je promets observer tous les statuts de ladite faculté de médecine, lesquels sont d'ordinaire gardés par ceux qui ont de bonne foi donné leur nom et prêté serment suivant l'usage, et, sur ce, ai signé de ma propre main. Ce 16e jour de septembre, l'an de Notre-Seigneur 1530 [1].

Moi, etc., ai été promu au grade de bachelier le premier jour du mois de novembre, sous le révérend Jean Schyron, maître ès arts et professeur de médecine [2].

Rabelais passa à Montpellier la fin de cette année 1530 et une partie de l'année 1531. Il y fit, en présence d'un nombreux auditoire, un cours public sur les *Aphorismes* d'Hippocrate et l'*Ars parva* de Galien ; il profita d'un manuscrit grec dont il était possesseur, pour critiquer et rectifier les textes de ces ouvrages qui servaient à l'enseignement. Il a très-clairement expliqué tout cela dans l'épître dédicatoire à l'évêque de Maillezais, qui est en tête des *Aphorismes* publiés par lui chez Sébastien Gryphe, épître datée de juillet 1532 [3].

Son séjour à Montpellier a laissé des souvenirs, les uns avérés, les autres douteux. Il existe une anecdote d'abord sur son entrée en scène, sur son début, qui n'aurait eu rien de vulgaire. Arrivé le jour même à Montpellier, Rabelais entre dans la grande salle de la Faculté. On y soutenait une thèse sur les vertus des herbes et des plantes médicinales. Il prête l'oreille aux dissertations des tenants. Elles lui semblent froides, insignifiantes. Il donne des signes d'impatience. Le doyen s'en aperçoit ; l'air majestueux *(personæ majestas*, dit Antoine Leroy) et l'aspect doctoral du personnage attirent son attention ; il l'invite à prendre place parmi les argumentateurs. Rabelais s'excuse modestement d'émettre son opinion au milieu de tant d'illustres docteurs. Puis, abordant les questions controversées, il les traite si éloquemment, si ingénieusement, que tout l'auditoire l'applaudit et le proclame digne du doctorat. Quoique cette anecdote n'ait pour premier garant qu'Antoine Leroy, qui l'a recueillie au XVIIe siècle dans ses *Elogia Rabelesiana*, on peut l'admettre sans inconvénient dans les termes où ce

---

1. Ego Franciscus Rabelæsus, Chinonensis, diœcesis Turonensis, huc adpuli studiorum medicinæ gratia, deligique mihi in patrem egregium dominum Joannem Scurronem, doctorem, regentemque in hac alma Universitate. Polliceor autem me omnia observatorum quæ in prædicta medicinæ Facultate statuuntur et observari solent ab iis, qui nomen bona fide dedere, juramento, ut moris est, præstito; adscripsique nomen meum manu propria. Die 16 mensis septembris anno Domini 1530.   RABELÆSUS.

2. Ego Franciscus Rabelæsus, diœcesis Turonensis, promotus fui ad gradem baccalaureatus, die 1 mensis novembris anno Domini 1530, sub reverendo artium et medicinæ professore magistro Joanne Scurrone   RABELÆSUS.

3. Voyez page 625.

compilateur la raconte, en supprimant les embellissements que depuis on y a ajoutés à plaisir.

Ce qui est plus authentique, c'est la part que prit Rabelais à une représentation comique, dont il a conservé lui-même la mémoire dans le *Pantagruel* (livre III, chapitre XXXIV)). Il joua avec ses compagnons d'étude Ant. Saporta, Guy Bouguier, Balthazar Noyer, Tollet, Jean Quentin, François Robinet, Jean Perdrier, auxquels il faut joindre Guillaume Rondelet (Rondibilis), « la morale comédie de celuy qui avoit espousé une femme mute (muette) », excellent canevas de farce que Molière a utilisé pour son *Médecin malgré lui*. Voilà du moins un trait positif de sa biographie qui convient à la physionomie de celui qu'on a appelé le grand rieur et qui le montre en possession de son exubérante gaieté. Il est vrai que ce trait nous est fourni par lui-même. Les contemporains semblent n'avoir jusque-là aperçu dans Rabelais que le savant et le docteur.

Ce premier séjour à Montpellier fut probablement marqué aussi par des promenades aux îles d'Hyères, fécondes en plantes médicinales. Il ne prit pas sans raison le titre de « Calloier des îles Hières » sur le titre du troisième livre de son roman, qu'il signait pour la première fois de son nom. Il n'eût pas, dans le même livre, parlé affectueusement de « mes îles Hières, antiquement dites Stœchades (chapitre XLI) », s'il n'avait vu ces belles îles et n'en avait été charmé et séduit.

Voici qui est plus douteux et moins vraisemblable : c'est aux années de son baccalauréat qu'on devrait rapporter l'ambassade de Rabelais au chancelier Duprat (ce chancelier mourut en 1535), s'il y avait la moindre preuve, la moindre présomption à l'appui de cette démarche. Rabelais, d'après les anecdotiers, aurait été dépêché à Paris pour solliciter le chancelier de rendre à l'Université de Montpellier ses privilèges. Les privilèges de cette université n'ayant nullement été abolis ni attaqués par le chancelier Duprat, l'anecdote a dû être modifiée, il se serait agi seulement d'un collège particulier, appelé Gironne, supprimé depuis quelque temps. On suppose qu'il fallait obtenir la permission du chancelier pour le rétablir, et que Rabelais fut chargé d'obtenir cette permission. Tel est le point de départ problématique d'une anecdote qui a pris place dans toutes les biographies, et dont Rabelais lui-même a fourni l'idée dans le chapitre IX du livre II, où Pantagruel rencontre Panurge. « Étant venu à Paris, dit Le Duchat, et ne pouvant avoir accès près dudit sieur chancelier, il fit le fol, se revestit d'une robe verte, et d'une grande barbe grise, se promena longtemps devant sa porte, qui estoit lors sur le quay des Augustins ; et quantité de monde, mesme des domestiques dudit sieur chancelier, le pressant de dire quel il estoit, il leur dit qu'il estoit l'escorcheur de veaux, et que ceux qui voudroient estre les premiers escorchez se hastassent ».

Le bruit que faisait le rassemblement attira l'attention du chancelier. Il envoya un de ses serviteurs demander à cet étrange personnage qui il était. Rabelais lui parla en latin ; l'autre alla chercher un gentilhomme qui comprenait le latin : Rabelais s'exprima en grec ; un autre parut, sachant le grec : Rabelais l'apostropha en espagnol, puis en italien, puis en allemand, puis en anglais, puis en hébreu, changeant de langage à chaque nouvel interprète qui se présentait. Enfin Duprat donna ordre de l'introduire, et Rabelais, laissant de côté ces langues étrangères, commença en français une harangue adroitement préparée, dans laquelle il exposait les motifs de sa mission. La tradition ajoute que le chancelier fut émerveillé du savoir, de l'éloquence de l'orateur, à tel point qu'il lui accorda ce qu'il était venu demander. Tout ce qu'on peut dire en faveur de cette anecdote, c'est que Rabelais était assez polyglotte pour exécuter au moins une partie du programme.

De Montpellier, il vint ou plutôt il revint à Lyon, à la fin de l'année 1531, ou au commencement de l'année 1532. Il prend dès lors le titre de médecin, et même le titre de docteur en médecine, quoique le grade de docteur ne lui ait été conféré que plus tard, en 1537. Au mois de septembre 1532, il est attaché au service des malades du grand hôpital de Lyon, avec les appointements de 40 livres tournois par an.

Il remplit en même temps la tâche difficile et laborieuse d'auteur d'éditions savantes. Il donne ses soins à un grand nombre de publications des imprimeurs Sébastien Gryphe, François Juste, Claude Nourry, ouvrages de médecine, de jurisprudence, d'archéologie. Il publie, en cette année 1532, une édition des *Lettres médicales* de Giovanni Manardi de Ferrare (deuxième partie, la première avait paru à Ferrare, en 1521). L'épître dédicatoire, datée de juin 1532, est adressée à André Tiraqueau, *Judici œquissimo apud Pictones*. Dans cette épître, il se plaint des gens qui ferment les yeux pour ne point voir les progrès des arts et des sciences, et qui restent plongés dans les ténèbres de l'âge gothique, ne pouvant ou ne voulant lever leurs regards vers la face brillante du soleil. Il fait allusion probablement à ses persécuteurs de Fontenay.

Il publie les Aphorismes d'Hippocrate et l'*Ars parva* de Galien, en un volume in-16, où sont reproduites les traductions latines de Leonicenus et autres accompagnées d'éclaircissements et de renvois au texte grec, avec cette épigraphe :

> Hic medicæ fons est exundantissimus artis.
> Hinc, mage ni sapiat pigra lacuna, bibe.

L'épître dédicatoire, à la date de juillet 1532, est adressée à Geoffroy d'Estissac, évêque de Maillezais. Il y parle des cours qu'il a faits avec succès à Montpellier l'année précédente sur ces deux ouvrages, des corrections qu'il a pu y apporter, grâce à un très correct et très beau manuscrit grec qu'il possède. « L'imprimeur Sébastien Gryphe, ajoute-t-il, d'une habileté consommée et d'une grande instruction, ayant vu mes notes, me sollicita vivement de les laisser mettre au jour pour la commune utilité des étudiants. Cet imprimeur avait depuis longtemps l'intention de donner une édition de ces anciens livres de médecine, avec la diligence presque incomparable qu'il apporte à tout ce qu'il fait. Il ne lui fut pas difficile d'obtenir ce que j'étais tout prêt à accorder. Ce qui fut difficile et laborieux, fut de disposer les textes et les annotations en forme de livre élémentaire ».

Il fit encore imprimer une plaquette sous le titre : *Ex reliquiis venerandæ antiquitatis : Lucii Cuspidii Testamentum. Item Contractus venditionis, antiquis Romanorum temporibus initus*. Ce testament et ce contrat de vente ont été reconnus ensuite pour des pièces apocryphes. L'un était l'œuvre de Pompeius Lætus et l'autre de Jovianus Pontanus. Rabelais se laissa prendre à la supercherie. L'épître dédicatoire, datée de septembre 1532, est adressée à Aymery Bouchard, le contradicteur de Tiraqueau, qui était devenu conseiller du roi et maître des requêtes. Il y avoue n'avoir pas vu l'original : « J'ai vu bien des gens qui prétendaient avoir dans leur cabinet le manuscrit original, mais je n'ai jamais pu voir personne qui me l'ai montré [1] ».

---

1. Voyez la traduction de cette épître dédicatoire donnée par Dreux du Radier, dans le *Journal historique* de juillet 1756.

On remarquera, en tête de ces premières publications, les noms des trois hommes qui lui avaient rendu probablement les plus grands services pendant son séjour au couvent de Fontenay.

Il est un autre personnage envers qui Rabelais paraît avoir contracté plus d'obligations encore, si nous en jugeons par la lettre qu'il lui écrivit au mois de décembre de cette année 1532 : c'est un Bernard de Salignac, dont l'identité n'est pas bien constatée. Les uns voient en lui un helléniste et mathématicien bordelais, disciple de Ramus ; les autres un moine pieux et savant qui aurait été le maître de Rabelais. Quelques-uns, en songeant à l'*Oratio prima contra Desiderium Erasmum* (Parisiis, 1531) publiée par Jules-César Scaliger, et qu'Érasme attribua à Aléandre, sont tentés de voir quelque pseudonyme ou quelque prête-nom d'Érasme dans ce Bernard de Salignac. La lettre de Rabelais mérite d'être traduite :

« A Bernard de Salignac salut au nom du Christ Sauveur. Georges d'Armagnac, très illustre évêque de Rhodez [1], m'envoya dernièrement un Flavius Josèphe et me pria, par notre ancienne amitié, de vous le faire parvenir, dès que j'aurais quelqu'un de confiance qui se rendrait là où vous êtes. J'ai saisi avec empressement, mon père en humanités, l'occasion de vous témoigner, par quelque office qui pût vous être agréable, combien j'ai pour vous de vénération et de reconnaissance. Mon père, ai-je dit ; je dirais ma mère, si votre indulgence m'y autorisait. Ce que nous voyons, en effet, arriver habituellement aux mères nourrissant le fruit de leurs entrailles avant de l'avoir vu, le préservant contre les intempéries de l'air, vous l'avez fait pour moi ; vous m'avez élevé, moi, dont le visage vous était inconnu, dont le nom était roturier ; vous m'avez prêté les chastes mamelles de votre divin savoir, de telle sorte que tout ce que suis et je vaux, je le dois à vous seul, et que, si je ne le proclamais, je devrais passer pour le plus ingrat des hommes. Salut encore une fois, père très chéri, père et honneur de la patrie, défenseur des lettres, porte-secours comme Hercule, champion invincible de la vérité.

« J'ai appris récemment par Hilaire Bertulphe, avec qui je suis ici en relations familières, que vous prépariez je ne sais quoi contre les calomnies de Jérôme Aléandre, que vous soupçonnez d'avoir écrit contre vous sous le masque d'un faux Scaliger. Je ne souffrirai pas que vous soyez plus longtemps incertain et abusé par ce soupçon, car ce Scaliger existe réellement, il est de Vérone, issu de cette famille exilée des Scaliger, exilé lui-même. Maintenant il exerce la médecine à Agen. Ce calomniateur m'est bien connu ; il n'est pas sans quelques connaissances en médecine, homme au reste nullement estimable et absolument athée, comme personne ne le fut jamais davantage. Je n'ai pas encore aperçu son livre ; depuis tant de mois aucun exemplaire n'est parvenu ici, de sorte que je suppose qu'il a été supprimé à Paris par vos amis. »

Cette lettre, par son ton de gravité, semble nous éloigner de *Gargantua* et de *Pantagruel*. Et cependant nous sommes arrivés à l'époque où paraît le fameux roman.

---

1. C'est un personnage considérable qui fut ensuite ambassadeur à Venise et à Rome, cardinal, archevêque de Toulouse et d'Avignon.

III

Quelques biographes ont prétendu qu'en écrivant son *Gargantua* et son *Pantagruel*, Rabelais ne voulut que dédommager son libraire de l'insuccès d'une publication scientifique. C'est une erreur, selon nous, de penser qu'il les ait composés en quelques semaines. Trop d'éléments rassemblés de toutes parts ont concouru à cette création, pour qu'elle n'ait pas été longuement préméditée et mûrie. Aucun esprit un peu sagace ne croira à une improvisation soudaine et comme irréfléchie.

Rabelais avait pris son thème dans une chronique fabuleuse, dans une légende burlesque, de celles que colportaient les marchands ambulants et qui par la suite firent partie de ce qu'on appela la *Bibliothèque bleue*.

Les *Chroniques du grand géant Gargantua* existaient antérieurement, c'est du moins notre opinion. On en découvre peu de traces, il est vrai, non plus que des autres légendes de la même catégorie. Ce n'est que la collection des imprimeurs de Troyes qui commence à nous conserver cette littérature populaire. Auparavant, ces feuilles volantes, grossièrement imprimées pour les enfants ou pour les bonnes femmes, disparaissaient sans laisser de souvenir. Nous tenons toutefois pour certain que, parmi les traditions et les types venus des profondeurs du moyen âge, le géant Gargantua allait de pair avec les héros des vieux romans carlovingiens et bretons : Huon de Bordeaux, les quatre fils Aymon, Oger le Danois, Tristan, Merlin, etc.

Qu'était-ce que ce Gargantua? On peut consulter sur ce sujet le mémoire lu par M. Gaidoz à la Société de Linguistique en 1868[1]. M. Gaidoz reconnaît dans ce géant un Herculès Pamphagus et un mythe solaire. Soit. Ce que, du moins, il démontre assez péremptoirement, c'est l'existence de ce géant, antérieure au roman de Rabelais.

Il y a de cette existence un témoignage positif dans la *Ballade aux Lysans* que Charles Bourdigné a mise en tête de la *Légende de Pierre Faifeu* imprimée en 1526. Il cite parmi les héros des livres populaires :

> Gargantua qui a chepveulx de plastre.

Si l'on n'entend pas aisément ce que signifient « ces chepveulx de plastre », ce n'est pas une raison de méconnaître le géant auquel le génie de Rabelais allait, quelques années plus tard, donner un renom immortel.

A l'époque où le grand roman rabelaisien nous apparaît à Lyon (fin 1532), la légende populaire sort tout à coup de l'obscurité où jusque-là elle est ensevelie. Il s'en fait deux ou trois éditions dont nous retrouvons aujourd'hui des exemplaires. Cette coïncidence, pourtant bien inexplicable, a donné lieu à des conjectures que nous discutons dans la *Bibliographie*[2]. On a voulu voir dans la *Chronique gargantuine* une première ébauche faite par Rabelais lui-même. Nous n'admettons pas cette supposition. Selon nous, il n'y a guère plus de rapport entre cette chronique et l'œuvre rabelaisienne qu'il n'y en a, par exemple, entre le *Roland furieux* de l'Arioste et la vieille *Chronique de Turpin*. Tout

---

[1]. Publié dans la *Revue archéologique*.
[2]. Voyez page 635.

au plus pourrait-on dire que Rabelais se plut à donner lui-même une certaine publicité au grossier canevas sur lequel il avait brodé les puissantes arabesques de sa fantaisie ; que peut-être il essaya à l'aide de cet opuscule de dérouter les censeurs. Mais ce qui est beaucoup plus probable, c'est que l'œuvre de Rabelais prêta à la chronique populaire un intérêt nouveau ; elle procura à la vieille légende un autre public que le public rustique et populaire auquel elle s'adressait habituellement ; des libraires trop industrieux spéculèrent sur une confusion difficile à éviter : de là ces éditions dont quelques exemplaires sont restés dans les bibliothèques.

Autre question vivement débattue : Lequel parut d'abord, du premier livre : la *Vie de Gargantua*, ou du deuxième livre : les *Faits et Dits héroïques de Pantagruel*? On ne possède du premier livre que des éditions de 1535 ou 1534 au plus tôt. On a du deuxième livre des éditions datées de 1533. Est-ce bien l'ordre de la publication de ces deux parties de l'œuvre rabelaisienne? Ou bien une ou plusieurs éditions de *Gargantua* ont-elles disparu, qui rétabliraient l'ordre logique dans la publication des deux livres? Nous examinons la question dans la *Bibliographie* [1]. Il nous paraît probable, en dernière analyse, que nous n'avons les éditions *princeps* ni de l'un ni de l'autre livre, ce qui rend la question de priorité difficile à trancher. Nous croyons que la première publication de l'un et de l'autre remonte un peu plus haut que les documents bibliographiques ne le constatent.

A la fin de cette même année 1532, où toutes les publications de Rabelais, savantes ou populaires, semblent s'envoler à la fois, il met encore au jour un almanach pour l'an 1533, et la *Pantagrueline Prognostication* pour la même année.

La *Pantagrueline Prognostication* est une piquante parodie d'une sorte d'opuscules qui étaient fort en vogue à cette époque, et qui se publiaient annuellement comme les almanachs ; ils contenaient des prédictions pour l'année qui allait s'ouvrir. Rabelais tourne en plaisanterie les prophéties des « fols astrologues de Louvain, de Nuremberg, de Tubingue et de Lyon ». C'étaient les principales officines d'où sortaient ces sortes de petits livres. Il le fait sous le nom de maître *Alcofribas*, architriclin de *Pantagruel*.

Si l'on s'en tient aux indications bibliographiques, on est forcé d'admettre que le *Pantagruel* et cette *Pantagrueline Prognostication* ont paru à peu près en même temps. Or n'est-il pas manifeste que Rabelais n'a dû se servir de ces noms d'Alcofribas et Pantagruel, de cet adjectif *pantagrueline*, pour en orner le titre de son opuscule, qu'après que le *Pantagruel* eut acquis une assez grande popularité, et que le nom, le caractère et l'esprit de son auteur et de ses personnages furent bien établis dans le public? Prendre ce titre de *Pantagrueline Prognostication* au moment où le *Pantagruel* n'eût fait justement que voir le jour, c'eût été offrir une énigme indéchiffrable à la foule ; il y a là, selon nous, une présomption suffisante de ce que nous disions tout à l'heure : que le roman rabelaisien a paru un peu plus tôt que les bibliographes ne le constatent, et que nous n'avons pas les éditions *princeps* des deux premiers livres.

L'Almanach pour l'an 1533 est, à notre connaissance, le premier que Rabelais ait publié. Il le signa de son nom, auquel il ajoutait les qualités de docteur en médecine et professeur en astrologie. Rabelais continua à publier des almanachs d'année en année. On n'en a plus que les titres et quelques fragments. Le der-

---

1. Voyez page 638.

nier dont il soit fait mention est de 1550. On peut supposer que la série, si on l'avait complète, s'étendrait de 1533 à 1550, de sorte que Rabelais fut, pendant dix-sept ans, le Mathieu Laensberg de la France. Les deux ou trois fragments qui nous en restent [1] nous donnent une idée excellente de la gravité et de l'élévation d'esprit et de paroles avec lesquelles il rédigeait ces livres populaires.

Revenons à *Gargantua* et à *Pantagruel*. Au commencement de l'année 1533, à l'âge de quarante-trois ans, Rabelais est certainement l'auteur du second et très probablement l'auteur du premier, sous le pseudonyme anagrammatique d'Alcofribas Nasier. Dans le courant de cette année 1533, *Pantagruel* fut condamné par la Sorbonne. C'est une lettre de Calvin, à la date du mois d'octobre 1533, qui nous fournit ce renseignement. Calvin raconte en effet, dans cette lettre, que la censure du *Miroir de l'âme pécheresse*, de la reine Marguerite de Navarre, avait fait grand esclandre; que le curé de Saint-André-des-Arts, Leclerc, avait déclaré, au nom de la Faculté de théologie, que ce livre avait été mis à part pour être examiné; mais qu'il n'avait pas été censuré. « On n'avait condamné que ces ouvrages obscènes, *Pantagruel*, la *Forêt d'amour*, et autres de même billon [2] ».

Rabelais fit un premier voyage à Rome au commencement de l'année 1534. Il était attaché, en qualité de médecin, à Jean du Bellay, évêque de Paris, envoyé à Rome pour une mission spéciale. L'évêque de Paris était chargé par François Ier d'empêcher, s'il était encore possible, la rupture du roi d'Angleterre et de Rome, à l'occasion de la répudiation de Catherine d'Aragon par Henri VIII et du mariage de ce roi avec Anne de Boleyn. Du Bellay s'était rendu en Angleterre et avait obtenu de Henri VIII la promesse de ne point rompre avec Rome si on lui donnait l'autorisation et le temps de se défendre par procureurs; il était parti aussitôt d'Angleterre, avait traversé la France et les Alpes au milieu de l'hiver, et était arrivé à Rome la veille de Noël 1533. Il avait pris sans doute à Lyon Rabelais, dont il avait été, d'après la tradition, condisciple à la Baumette. L'évêque de Paris obtint du pape Clément VII le délai que demandait le monarque anglais. Il envoya à ce prince un courrier qui lui rapporta la procuration convenue. Le délai accordé s'écoula sans que le courrier fût de retour. L'affaire était déférée au consistoire. Les ministres de l'empereur Charles-Quint, neveu de Catherine d'Aragon, pressaient le pape de fulminer la sentence. « L'évesque de Paris, est-il dit dans les *Mémoires* de Martin du Bellay, remonstra au pape particulièrement et en général à tous les cardinaux, leur suppliant lui donner encore temps de six jours, alléguant qu'il pouvoit être survenu inconvénient au courrier, ou que la mer avoit esté tempestative comme souvent il advenoit... Il leur fit ces remonstrances en plein consistoire ». Mais la majorité des cardinaux était dévouée à l'empereur : le délai fut refusé et la sentence prononcée; on se hâta tellement, que ce qui eût exigé au moins trois consistoires se fit en un seul (23 mars 1534). Deux jours après, le courrier, retardé par le débordement des rivières, arriva avec les pleins pouvoirs de Henri VIII et la déclaration dont l'évêque de Paris s'était fait fort : « Chose qui estonna merveilleusement ceux qui avoient esté d'opinion de précipiter les choses, continue

---

1. Voyez la *Bibliographie*, page 646.
2. *Obscænos illos Pantagruelem, Sylvam amorum, et ejus monetæ.* Notez que ce mot *Pantagruel* peut très bien désigner à la fois et le *Gargantua* et le *Pantagruel*. Nous voyons les calvinistes, dans leur correspondance, donner presque toujours ce seul nom à l'œuvre entière, et parfois à Rabelais lui-même.

Martin du Bellay, et par plusieurs fois s'assemblèrent pour trouver moyen de rhabiller ce qui avoit esté gasté ; mais ils ne trouvèrent moyen d'y remédier ». Henri VIII, irrité et indigné, fit déclarer par son parlement l'Angleterre affranchie du pouvoir et de la juridiction du pape (28 mai 1534). On voit quelle était l'importance de la mission de Jean du Bellay, il s'agissait d'une tentative suprême pour empêcher l'Angleterre d'être séparée de l'Église romaine. Il n'y réussit point, mais cette négociation n'en fait pas moins honneur à l'évêque de Paris. Rabelais assista aux efforts que fit du Bellay pour persuader Clément VII et les cardinaux. Il le dit dans l'épître dédicatoire qui est en tête de la *Topographie de Rome* de Marliani. Il admire l'éloquence que l'évêque de Paris déploya devant le consistoire, éloquence dont ce prélat avait donné précédemment une preuve éclatante dans l'entrevue du pape Clément et du roi François Ier à Marseille, le 15 octobre 1533, lorsqu'il improvisa une belle harangue en latin aux lieu et place du président Poyet. Jean du Bellay ne se distingua pas moins à Rome. « Quelle joie nous remplissait, s'écrie Rabelais, quelle fierté nous élevait, quelle affection nous animait, quand nous vous contemplions pendant que vous parliez et que le souverain pontife et les illustres cardinaux étaient frappés d'admiration ! Tout le monde applaudissait, et l'on vous proclamait la fleur des Gaules, etc. 1 ».

Les circonstances ne prêtaient guère à rire ; c'était un des rameaux les plus florissants qui se détachait de l'arbre romain, c'était la source la plus abondante des revenus de l'Église qui se tarissait. Cependant la légende n'a pu laisser passer le séjour de Rabelais à Rome sans l'égayer et l'embellir à sa façon. Elle s'est chargée d'imaginer des traits conformes à ce qu'on pouvait attendre de l'auteur de *Gargantua* et de *Pantagruel*. Elle lui fait jouer moins le rôle de médecin que celui de bouffon de l'évêque de Paris. Voici les historiettes qu'elle raconte :

L'évêque de Paris étant allé suivant l'usage baiser les pieds du pape, Rabelais, qui était du cortège, se tint à l'écart et dit, assez haut pour être entendu, que, puisque son maître, qui était un grand seigneur en France, n'était jugé digne que de baiser les pieds de Sa Sainteté, lui, à qui ne pouvait appartenir tant d'honneur, demandait à lui baiser le derrière pourvu qu'on le lavât. La légende rabelaisienne s'est ici bornée à transformer en anecdote quelques lignes du chapitre XLVIII du quatrième livre de *Pantagruel*.

Une autre fois, le pape lui ayant permis de lui demander quelque grâce, Rabelais dit que la seule qu'il sollicitait, c'était d'être excommunié. Le pontife voulut savoir pourquoi : « Saint-Père, répondit-il, je suis Français et d'une petite ville nommée Chinon, qu'on tient être fort sujette au fagot ; on y a déjà brûlé quantité de gens de bien et de mes parents ; or, si Votre Sainteté m'avait excommunié, je ne brûlerais jamais. Et ma raison est que, venant ces jours-ci avec monsieur l'évêque de Paris en cette ville, nous passâmes par les Tarantaises, où les froidures étaient fort grandes : ayant atteint une petite case où une pauvre femme habitait, nous la priâmes de faire du feu, à quelque prix que ce fût. Pour allumer un fagot, elle brûla une partie de la paille de son lit, et ne pouvant avoir de feu, elle se mit à faire des imprécations et dire : « Sans doute ce fagot « est excommunié de la propre gueule du pape, puisqu'il ne peut brûler ! » Et nous fûmes contraints de passer outre sans nous chauffer ».

L'époque où l'évêque de Paris, rappelé par le roi (*clara principis patriæque voce revocatus*), et Rabelais, rentrèrent en France n'est pas bien déterminée.

---

1. *Epistola nuncupatoria Topographiæ Marliani.* Voyez page 626.

Leur séjour se prolongea toutefois assez longtemps pour que Rabelais se vante, dans la susdite épître, d'avoir eu le temps d'apprendre à connaître Rome et ses moindres ruelles aussi bien que sa propre maison.

Rabelais fut probablement de retour à Lyon au mois d'avril ou de mai 1534, puisqu'il fit paraître au mois de septembre de cette année la *Description de Rome antique*, de Marliani, revue par lui et imprimée chez Sébastien Gryphe. La première édition connue de *Gargantua* (on ne possède qu'un seul exemplaire de cette édition, et le titre, où la date aurait pu se trouver, est déchiré) se rapporte, suivant l'opinion des plus savants bibliographes, à cette année 1534. Rabelais était, avons-nous dit, attaché comme médecin au grand hôpital de Lyon. Il signe encore son almanach pour l'année 1535 : « docteur en médecine et médecin du grand hôpital de Lyon ». Dans les premiers mois de l'année 1535, il s'absenta deux fois sans permission. A la fin de février 1535 (1534, vieux style), les conseillers recteurs du grand hôpital délibérèrent sur le cas de ce médecin trop peu assidu à son poste. Ils lui reprochaient d'avoir à deux reprises abandonné ledit hôpital sans donner avis ni prendre congé. Ils agitèrent la question de le révoquer et de le remplacer. Deux confrères, maîtres Canape et Ducastel, sollicitaient la charge de l'absent. Mais l'un de ces conseillers, nommé Pierre Durand, proposa d'attendre jusqu'à « Pâques, car, dit-il, il a entendu que ledict Rabellays est à Grenoble et pourra revenir ».

Rabelais ne revenant pas, les conseillers recteurs nommèrent, le 5 mars, Pierre Ducastel médecin pour le service du grand hôpital du pont du Rhône, au lieu « de maistre François Rabellays, médecin qui s'est absenté de la ville et dudict hospital sans congé prendre pour la deuxième fois ». Les appointements de Ducastel furent réduits à trente livres tournois, au lieu de quarante livres que touchait Rabelais.

IV

Le pape Clément VII était mort le 25 septembre 1534, et Paul III lui avait succédé. Ce pape éleva, en 1535, l'évêque de Paris Jean du Bellay au cardinalat. Ce prélat se rendit à Rome où il résida en qualité de cardinal. Il emmena de nouveau Rabelais en sa compagnie. Ils s'y trouvaient au mois de novembre de cette année 1535, et y demeurèrent jusqu'au mois d'avril de l'année suivante. C'est pendant ce deuxième séjour que Rabelais entretint avec l'évêque de Maillezais une corrrespondance suivie, dont nous avons trois lettres datées du 30 décembre, du 28 janvier et du 15 février.

Dans ces lettres, il est fréquemment question de l'empereur Charles-Quint, alors à Naples, et de sa prochaine venue à Rome. Charles-Quint avait fait cette année-là son expédition de Tunis. Parti le 4 juin, il était rentré vainqueur en Sicile le 4 septembre. Entouré d'un prestige incomparable, il ne méditait pas moins que la conquête de la France. Ces grands desseins étaient préparés par de nombreuses prophéties et prédictions auxquelles Rabelais fait allusion dans sa première lettre. Martin du Bellay, dans ses Mémoires, en parle ainsi : « Ceste année fut un grand et merveilleux cours de prophéties et pronostications qui toutes promettoient à l'empereur heureux et grands accroissemens de fortune; et quand plus il y adjoustoit de foy, de tant plus en faisoit l'on semer et publier de nouvelles ; et proprement sembloit, à lire tout ce qui espandoit çà et là, que ledit empereur fust en ce monde né pour impérer et commander à la fortune ». Le duc de Milan, Sforza, était mort le 14 octobre ; François Ier réclamait le duché de Milan pour son deuxième fils : une armée française entra en Savoie, et s'arrêta dans sa marche victorieuse, sur l'ordre du roi abusé par les promesses artificieuses de son rival (février 1536). Pendant ce temps-là Charles-Quint, toujours à Naples, acheva de nouer des alliances, de lever des troupes et surtout de recueillir les sommes d'argent dont il avait besoin pour sa vaste entreprise. Il n'entra à Rome que le 5 avril 1536 ; il y entra par une large voie triomphale qu'on avait faite en abattant des temples antiques, des monuments et des palais. Il était alors si confiant dans ses futures conquêtes qu'il ne se croyait plus guère obligé à la dissimulation. Le 8 avril, il fit dans un consistoire tenu par le pape, en présence des ambassadeurs français, en présence des ambassadeurs de toutes les nations, cette fameuse harangue où, dans l'effusion de son orgueil et dans l'exaltation de ses espérances, il oublia son hypocrisie accoutumée, dévoila ses projets, annonça la guerre, vanta ses exploits, sa puissance, sa grandeur, et insulta pendant deux heures la France et son roi. Ce discours était à peine prononcé que Charles-Quint s'aperçut que la passion l'avait emporté, et chercha à réparer sa faute en se jouant, comme d'habitude, de la crédulité des ambassadeurs Velly et l'évêque de Mâcon, et en leur persuadant d'atténuer dans leurs dépêches la portée des déclarations qu'il avait publiquement faites.

Le cardinal du Bellay eut le pressentiment que le roi ne saurait point par eux toute la vérité. Aussitôt rentré chez lui, il avait, en aidant sa mémoire naturelle des moyens artificiels qu'il s'était formés pour retenir les longs discours, écrit tout au long la harangue de l'empereur. Il se déguisa, sortit de Rome, prit la poste, et arriva huit jours après à Paris.

Il était indispensable de rappeler ces événements pour qu'on pût déterminer exactement l'époque du deuxième séjour que Rabelais fit à Rome, et se rendre compte des circonstances mémorables dans lesquelles il s'y trouvait. Rabelais, ainsi que le témoigne sa correspondance, voit bien le mouvement qui agite l'Italie ; mais il ne soupçonne pas les trames qui s'ourdissent. Il est assez peu au courant des affaires politiques, et n'en découvre que ce qu'aperçoit le commun des mortels. Il est même médiocrement informé. Il se montre exclusivement naturaliste, philologue et archéologue. Il envoie à son correspondant des graines, des plantes inconnues ou rares en France. Il apprend l'arabe, dont l'évêque de Caramith lui donne des leçons[1]. Il s'occupe surtout de faire régulariser son état. Il adresse au pape une supplique pour apostasie *(supplicatio pro apostasia)*[2]. Il y confesse avoir déserté la vie religieuse et vagabondé à travers le siècle. Il y demande au souverain pontife une absolution pleine et entière, la permission de reprendre l'habit de Saint-Benoît, de rentrer dans un monastère de cet ordre où l'on voudra bien le recevoir, et de pratiquer partout, avec l'autorisation de son supérieur, l'art de médecine dans lequel il a pris, disait-il, ses degrés de bachelier, de licencié et de docteur ; de le pratiquer dans les limites imposées canoniquement aux religieux, c'est-à-dire jusqu'à l'application du fer et du feu exclusivement, par seule humanité, et sans aucun espoir de lucre. Il eut pour appuyer cette requête les protecteurs les plus influents ; les cardinaux Ginucchi et Simonetta le favorisèrent de tout leur pouvoir. La requête fut accordée par un bref du pape Paul III daté du 17 janvier 1536, deuxième année de son pontificat. Ce bref est conçu dans les termes

---

1. Voyez la *Briefve Déclaration* au mot *Catadupes du Nil*.
2. Voyez plus loin ce document.

les plus flatteurs pour Rabelais : « Voulant avoir égard, y lisons-nous, au zèle pour la religion, à la science et à la littérature, à l'honnêteté de la vie et des mœurs, à tous les mérites et vertus qui vous recommandent,... touchés par vos supplications, nous vous absolvons, etc.[1] ». Il semble bien difficile d'admettre qu'on eût loué en ces termes un homme qui se serait compromis à Rome par d'indécentes facéties comme celles dont nous avons fait mention plus haut. Rabelais était bien vu, fort considéré, et non sans influence dans la ville. Le voyageur Thevet raconte[2] qu'il fut chassé de la cour et du jardin d'un seigneur romain où il était entré pour examiner des antiquités, et qu'on faillit lui faire un mauvais parti en le traitant d'espion; mais que Rabelais intervint, renseigna le seigneur romain sur son compte, et que, de ce moment, il eut entrée et bon accueil partout.

Rabelais accompagna-t-il le cardinal du Bellay dans sa fuite de Rome et son retour précipité en France? On ne saurait dire s'il fut son compagnon de route, mais il n'est pas douteux qu'il s'en revint également et qu'il le rejoignit à Paris. C'est ici que se place une autre anecdote consacrée par la tradition et moins vraisemblable encore que celles que nous avons précédemment citées.

On raconte qu'arrivé à Lyon sans ressources, et ne pouvant continuer sa route, il s'avisa du stratagème suivant : à la porte de la ville par où il entra, il prit de méchants haillons de diverses couleurs, les mit dans une petite valise qu'il portait, et, ayant abordé une hôtellerie, il demanda à loger, une bonne chambre, disant à l'hôtesse qu'encore qu'elle le vît en mauvais état et à pied, il était homme à lui payer le meilleur écot qui fût jamais fait chez elle; il demanda une chambre écartée et quelque petit garçon qui sût lire et écrire, avec du pain et du vin. Cela étant fait, en l'absence du petit garçon, il fit plusieurs petits sachets de la cendre qu'il trouva dans la cheminée; et le petit garçon étant arrivé avec du papier et de l'encre, il lui fit faire plusieurs billets, en l'un desquels il y avait : *Poison pour faire mourir le roi*; en l'autre : *Poison pour faire mourir la reine*; au troisième : *Poison pour faire mourir le dauphin*; et ainsi des autres enfants de France. Il appliqua les billets sur chacun des sachets, et dit au petit garçon : « Mon enfant, gardez-vous bien de parler de cela à votre mère ni à personne, car il y va de votre vie et de la mienne; » puis il remit tout en sa valise, et demanda à dîner, qu'on lui apporta.

Pendant son dîner, l'enfant conte tout à sa mère, et elle, transie de peur, croit être obligée d'en avertir le prévôt de la ville. Le prévôt fait arrêter le conspirateur indiscret; il est conduit à Paris aux frais de l'État. Là il demande à être mené devant le roi, à qui il a d'étranges choses à révéler. Il est, en effet, présenté au roi, qui le reconnaît. Il raconte son histoire, vide et déguste les paquets de cendres; et tout se termine par les rires de l'assistance et de la cour. Cette aventure est certainement imaginaire. Ce n'est pas toutefois qu'il faille, comme Voltaire, se faire un argument de la mort du dauphin pour la rendre encore plus absurde et impossible. Le dauphin ne mourut que trois mois plus tard, le 10 août. Mais Rabelais n'en eût pas moins joué un trop gros jeu. Ce n'était pas une petite affaire que d'appeler sur soi un soupçon aussi

---

1. Volentesque alias apud nos de religionis zelo, litterarum scientia, vitæ ac morum honestate, aliisque probitatis et virtutum meritis multipliciter commendatum, horum intuitu favore prosequi gratioso, hujusmodi tuis in hac parte supplicationibus incitati, te.... absolvimus. »
2. Dans sa *Cosmographie*, tome II, page 732.

grave. Rabelais n'aurait pas été conduit tout droit à Paris et traité magnifiquement en route, comme le prétend la légende. Il eût été jeté dans un cachot. Une instruction aurait eu lieu, et l'on aurait pu fort bien punir sérieusement cette mauvaise plaisanterie. Il faut ajouter que c'est à Lyon précisément qu'on n'aurait pas dû placer le lieu de cette prétendue mystification, car Rabelais y avait ses libraires qui, à cette époque, réimprimaient sans cesse *Gargantua* et *Pantagruel*; il y avait de nombreux amis; il n'eût pas été embarrassé de trouver de quoi continuer son voyage.

Il vint à Paris, où était le cardinal. L'orage que Rabelais avait pu voir s'amonceler à Rome éclata sur la France. Charles-Quint, avec cinquante mille hommes, passa la Sesia le 7 juin 1536, et le 25 juillet il franchit le Var et entra en Provence, proclamant hautement qu'il marchait droit sur Paris. On sait au prix de quels sacrifices l'inflexible Montmorency arrêta cette invasion : la destruction organisée au devant des ennemis ; les moulins, les fours, les granges ruinés, les puits comblés ou corrompus par les grains qu'on y jetait, les villages et les villes non fortifiées abandonnés par leur population poussée dans les bois et dans les montagnes, enfin la Provence transformée en un vaste désert.

François Ier quitta Paris pour venir se mettre à la tête de son armée, postée à Valence et à Avignon. En même temps que l'invasion du Midi avait lieu, une autre attaque s'opérait par le Nord : le comte de Nassau prenait Guise, puis assiégeait Péronne, qui, enlevée, eût ouvert aux Impériaux la route de Paris. On n'était pas rassuré à Paris. Le cardinal du Bellay, par ordonnance du 21 juillet 1536, fut nommé lieutenant général du roi et chargé de la défense, non seulement de la capitale, mais de la Picardie et de la Champagne. Le cardinal fortifia Paris d'un rempart et de boulevards. Il y fit entrer des provisions : « Pour monstrer l'uberté du pays où est assise ladite ville de Paris, dit Martin du Bellay, dès qu'il fut ordonné par ledit cardinal que, de six lieues à la ronde, chacun eût à amener ce qu'il lui seroit commode de vivres, et mesme de bleds le tiers de ce que chacun en auroit en sa grange ou grenier, il se trouva en huit jours dedans la ville vivres pour un an, pour le peuple qui lors y estoit et pour trente mille hommes de guerre davantage ». Le cardinal pourvut avec une égale promptitude à la conservation des autres villes.

Ces préparatifs furent heureusement inutiles. La grande armée impériale fondit par la famine et la dyssenterie. En deux mois, elle était diminuée de vingt mille hommes. Charles-Quint repassa le Var le 25 septembre, humilié, épuisé. Le siège de Péronne avait été levé le 15 du même mois. La France était délivrée de la double invasion.

Il est probable que Rabelais resta à Paris la plus grande partie de ce temps-là, et ne quitta pas le cardinal dans le haut emploi où la confiance royale l'avait élevé. L'évêque de Paris était abbé de Saint-Maur-les-Fossés, abbaye de l'ordre de Saint-Benoît. Rabelais, comme nous l'avons vu, avait obtenu par un bref du pape la permission d'entrer dans un monastère de cet ordre où l'on voudrait bien le recevoir, et sans nul doute, dès l'époque où il présentait sa supplique; il avait en vue cette abbaye de Saint-Maur-les-Fossés, dont son protecteur était abbé. Il fut, à Rome même, agréé comme moine de Saint-Maur par le cardinal. Mais l'abbaye de Saint-Maur, à la sollicitation de Jean du Bellay, avait été érigée en collégiale par le souverain pontife; les moines de cette abbaye étaient devenus chanoines, et cela précisément dans l'intervalle de temps où Rabelais avait été agréé par le cardinal-abbé en compagnie duquel il était à Rome, mais où il n'avait pas encore été reçu et admis comme moine, *nondum receptus in monachum*. Il l'était, il est vrai, au moment de l'exécution et de la fulmination de la bulle ; il est vrai encore qu'étant à Rome il avait consenti, par procuration, à tout ce qui s'était fait et à tout ce qui se ferait par la suite pour la transformation susdite, qui ne pouvait avoir lieu que du consentement et sur la demande des intéressés. Malgré cela, la régularité de sa situation pouvait offrir matière à contestation. Rabelais, qui avait obtenu, par le bref du 17 janvier 1536, d'entrer ou de rentrer dans l'ordre de Saint-Benoît, se trouvait tout simplement devenir chanoine, ce qui n'était pas la même chose ; s'il avait été reçu moine avant la bulle d'érection, personne n'aurait rien eu à dire ; mais, comme il n'avait été reçu qu'après, on pouvait lui chercher chicane.

C'est pour ce motif, sans doute, qu'il ne figura point à l'installation des nouveaux chanoines, qui eut lieu le 17 août 1536. Mais il était déjà admis dans l'abbaye, « lieu, dit-il dans son épître au cardinal de Châtillon, ou, pour mieux et plus proprement parler, paradis de salubrité, aménité, sérénité, commodité, délices, et tous honnestés plaisirs d'agriculture et de vie rustique ». Vers cette époque sans doute, « tourmenté par des scrupules », il adressa au pape une nouvelle supplique[1] pour être rassuré tant vis-à-vis de sa conscience que vis-à-vis des contestations qu'on pourrait lui faire. Il demande que Sa Sainteté veuille bien lui maintenir et confirmer, avec son absolution, tous les effets du bref antérieur, comme s'il eût été reçu dans le monastère de Saint-Maur avant que la bulle d'érection eût été obtenue. On n'a point la réponse qui fut faite à cette nouvelle supplique. La présence de Rabelais à Paris est constante encore dans les premiers mois de l'année 1537. Étienne Dolet, poursuivi pour un meurtre qu'il avait commis à Lyon le 31 décembre 1536, vint à Paris solliciter sa grâce du roi ; l'ayant obtenue, il réunit dans un festin les amis qu'il avait à Paris, et Rabelais fut de ce nombre avec Budée, Clément Marot, etc., « Rabelais, l'honneur de la médecine, qui peut rappeler les morts des portes du tombeau, et les rendre à la lumière[2] ».

Rabelais se rend ensuite à Montpellier, où, le 22 mai 1537, il est promu docteur sous la présidence d'Antoine Griffy, ainsi qu'il résulte de la mention faite par lui-même sur le registre des actes de la Faculté[3] ; il avait quarante-sept ans. Il passa une partie de cette année en cette ville, où il fit, devant un nombreux auditoire, un cours sur les *Pronostics* d'Hippocrate[4]. Il y reçut, entre autres visiteurs, Jean de Boyssonné, professeur à l'Université de Toulouse, et Hubert Susanneau, à qui il donna les remèdes les plus salutaires en même temps que les plus sages conseils[5].

1. Voyez plus loin ce document.
2. Vers de Dolet au cardinal de Tournon : *Cædis a se factæ et sui deinde exilii descriptio* :

        Franciscus Rabelæsus, honos et gloria certa
        Artis Pœniæ, qui vel de limine Ditis
        Extinctos revocare potest et reddere luci.

3. Ego Franciscus Rabelæsus, diocœsis Turonensis, suscepi gradum doctoratus sub R. Antonio Griphio in præclara medicinæ Facultate. Die 22 mensis maii anno Domini 1537. *Rabelæsus*.
4. On lit sur le registre des procureurs des écoliers sous l'année 1537 : « D. Franciscus Rabelæsus, pro suo ordinario, elegit librum Prognosticorum Hippocratis quem græce interpretatus est. (Astruc, *Mémoires pour servir à l'histoire de la Faculté de Médecine de Montpellier*.)
5. Voyez *Huberti Sussannæi poemata*, Paris, Colin, 1538.

L'année suivante, 1538, le nom de Rabelais se trouve encore sur le registre des procureurs des écoliers ; il reçoit un écu d'or du doyen Jean Schyron pour avoir fait une leçon d'anatomie [1].

Rabelais est un des premiers anatomistes qui aient fait des démonstrations publiques sur le cadavre. Il y a, dans le recueil des poésies latines de Dolet, imprimé à Lyon en 1538, l'épitaphe d'un pendu disséqué en présence d'une nombreuse assistance, par François Rabelais expliquant la structure du corps humain. C'est le pendu disséqué qui est censé avoir la parole et qui se félicite du spectacle instructif et honorable auquel il a servi. Il a servi, en effet, à démontrer combien l'auteur de toutes choses a composé et fabriqué artistement la machine humaine. Lui, qui était destiné à être le jouet des vents et la pâture des corbeaux, il est exposé dans un amphithéâtre, entouré d'une foule de personnages distingués ; il est l'objet de l'attention générale, il est comblé d'honneurs et couvert de gloire. C'est un avantage que n'avait pas obtenu un de ses compagnons de potence, disséqué naguère par un médecin si obscur, si inintelligible, qu'il semblait froid et muet comme le cadavre même. On voit que ces démonstrations chirurgicales commençaient à être assez fréquentes, et que Rabelais fut un des médecins qui y prirent part avec le plus de succès. André Vésale, qui est considéré comme le révélateur de la science anatomique, avait à cette époque une vingtaine d'années et n'était qu'au début de ses études.

Il n'est guère vraisemblable que Rabelais soit resté fixé à Montpellier pendant ces deux années 1537-1538. Par tout ce qui précède, on a vu que c'est bien le moins sédentaire des hommes, le plus prompt aux voyages et aux changements de résidence. Aujourd'hui même que les moyens de locomotion sont infiniment plus faciles, une telle existence serait encore d'une mobilité singulière. Il est certain qu'il alla à Narbonne, à Castres, en d'autres villes du Midi. Il revint à Lyon, où il fit un nouveau séjour. Salmon Macrin, secrétaire du cardinal du Bellay, et versificateur latin qui avait quelque renom à cette époque, le dit positivement dans les vers qui font partie de son recueil d'odes [2] et qui sont adressés à François Rabelais de Chinon, « médecin très habile ». « Paris, Narbonne, les rivages de l'Aude, dit-il, ont été témoins de tes cures merveilleuses, ainsi que l'opulente cité de Lyon où sont tes pénates et ta paisible résidence [3] ». Macrin est du petit nombre des contemporains qui ne se contentent pas de louer dans Rabelais la science encyclopédique et la parfaite connaissance des deux langues anciennes, mais qui lui reconnaissent aussi l'esprit salé et les grâces attiques, *sales acutos et lepores atticos*.

Un document d'un tout autre caractère, qui semble se rapporter aux mêmes années et au séjour que Rabelais fit alors à Lyon, est une lettre du cardinal de Tournon au chancelier Antoine du Bourg. Il paraît que Rabelais avait conservé des relations à Rome et qu'il y faisait parvenir des nouvelles qui n'étaient pas du goût du cardinal : « Monsieur, écrivait le cardinal au chancelier, je vous envoie une lettre que Rabelezus escrivoit à Rome, par où vous verrez de quelles nouvelles il advertissoit un des plus maulvais paillards qui soit à Rome. Je lui ai

---

[1]. Accepi præterea a D. Schronio aureum unum pro anatome quam interpretatus est D. Franciscus Rabelæsus. (Astruc, *Mémoires pour servir à l'histoire de la Faculté de Médecine de Montpellier*.)

[2]. Imprimé à Lyon, chez Sébastien Gryphe, 1537.

[3].
        Et dite Lugdunum, penates
        Sunt tibi ubi placidæque sedes.

fait commandement que il n'eust à bouger de cette ville jusqu'à ce que j'en sceusse votre voulonté. Et s'il n'eust parlé de moi en ladite lettre, et aussy qu'il s'aovoue au roy et reyne de Navarre, je l'eusse faict mettre en prison pour donner exemple à tous ces escripveurs de nouvelles. Vous m'en manderez ce qu'il vous plaira, remettant à vous d'en faire entendre au roy ce que bon vous en semblera ». L'affaire n'eut pas de suites et la paisible résidence de Rabelais à Lyon, comme dit Salmon Macrin, n'en fut pas troublée.

On ne saurait reculer plus loin, dans la suite des événements de sa vie, un événement qui se rattache à l'un de ses séjours à Lyon: Rabelais eut en cette ville un fils qui vécut deux années. L'existence de cet enfant a été révélée par le plus récent biographe de Rabelais, M. Rathery, renseigné sur ce point par des érudits toulousains, MM. Guibal et Gatien Arnoult. C'est à Toulouse, en effet, qu'on a trouvé à ce sujet quelques renseignements, dans les poésies latines manuscrites de ce professeur de droit dont nous avons déjà fait mention : le « très-docte et vertueux Boyssonné[1] ». Boyssonné a adressé plusieurs pièces de vers latins à un enfant nommé Théodule Rabelais, mort à l'âge de deux ans, et les détails qu'il donne ne laissent aucun doute sur l'auteur de cet enfant : « Lyon est sa patrie, Rabelais est son père. Qui ne connaît ni Lyon, ni Rabelais, ignore deux grandes choses en ce monde[2] ». Ailleurs il est plus explicite encore : « Dans ce sépulcre repose le petit Théodule, petit de corps mais grand par son père, ce personnage savant et versé dans tous les arts qui conviennent à un homme bon, pieux et honnête. Le jeune Théodule, s'il lui avait été donné de vivre, se serait approprié cette science, et, de petit qu'il était, serait devenu grand à son tour ».

Il n'y a donc point de méprise possible. Il s'agit bien de l'auteur du *Gargantua*, dont la paternité, du reste, ne paraît nullement avoir été clandestine. On voit dans quels termes presque respectueux s'exprime Boyssonné. Bien plus, dans l'épitaphe qu'il compose pour le jeune enfant, il fait dire à celui-ci : « Moi qui repose sous cette tombe étroite, vivant, j'ai eu des pontifes romains pour serviteurs[3] ».

V

En 1539, Rabelais passa au service de Guillaume du Bellay, seigneur de Langey, frère aîné du cardinal Jean du Bellay. Ce personnage est un de ceux qui ont joué un plus grand rôle sous le règne de François Iᵉʳ. Diplomate actif et habile, homme de guerre entreprenant et expérimenté, il avait été établi, en 1537, gouverneur du Piémont ; il y rendit de grands services qui sont consignés dans l'histoire. On voit Rabelais passer le 18 décembre 1539 à Chambéry, où cette année même le vertueux Boyssonné avait été nommé conseiller, peut-être à la recommandation de son ami.

Il est à Turin en juillet et octobre 1540 ; il correspond de là avec G. Pelicier, évêque de Narbonne, puis de Montpellier, à cette époque ambassadeur du roi de France à Venise. Deux lettres de ce prélat à Rabelais, l'une du 23 juillet, l'autre du 17 octobre, ont un caractère fort amical et familier. Il est question, dans la seconde de ces lettres, de l'acquisition de manuscrits hébraïques et syriaques et

---

1. Voyez *Pantagruel*, livre III, chapitre XXIX.
2. Nescit maxima in orbe duo.
3. ...vivens
Romanos habui pontifices famulos.

de livres grecs pour la « librairie » du roi. Il demande à Rabelais d'employer toute son influence pour faire réussir cette négociation, qui enrichit, en effet, nos dépôts publics. Il est vraisemblable que Rabelais, pendant le temps qu'il resta attaché, comme médecin, à Guillaume du Bellay, fit plus d'un voyage en France. Il dut revenir à Lyon pour surveiller les réimpressions des deux premiers livres de son roman, dont les éditions se succédaient rapidement. Il est certain que l'édition de ces deux livres qui fut publiée en 1542, chez François Juste, n'eut pas lieu sans la participation de l'auteur[1]. Il composait toujours des almanachs pour les libraires lyonnais. Il y en a un pour l'année 1541, dont on a récemment trouvé deux feuillets. Tout cela ne pouvait s'exécuter sans que par intervalles il fît acte de présence dans cette ville.

Il devait toutefois être assez assidu auprès du seigneur de Langey, car celui-ci, quoiqu'il ne fût âgé que de cinquante-deux ans, avait beaucoup d'infirmités, fruit de ses fatigues, de ses voyages et de ses campagnes. En 1542, ce seigneur demanda son congé et l'obtint. Ramené en litière jusqu'à Saint-Symphorien, entre Lyon et Roanne, il y mourut le 9 janvier 1543. Rabelais fut présent à sa mort, comme il le constate au chapitre XXVII du livre IV, où il se nomme parmi les amis, domestiques et serviteurs qui assistaient à ce trépas. Le Duchat prétend que Guillaume du Bellay laissa des marques de sa munificence aux serviteurs qui l'entouraient, et notamment 50 livres tournois de rente à Rabelais, jusqu'au moment où celui-ci aurait 300 livres de revenu en bénéfices. C'est possible. On n'a plus les pièces sur lesquelles Le Duchat s'appuyait sans doute. Il faut dire toutefois que les affaires du seigneur de Langey étaient dans un état déplorable, par suite des dépenses qu'il avait faites dans son gouvernement du Piémont. Ses héritiers furent, dit-on, sur le point de renoncer à sa succession. Ses dettes avaient du reste la cause la plus honorable, ayant été contractées dans l'intérêt public. Martin du Bellay raconte, dans ses *Mémoires*, au prix de quels sacrifices son frère avait épargné au Piémont une atroce famine, en faisant venir des blés de la Bourgogne, qu'on chargeait sur la Saône, qui descendait le Rhône et étaient débarqués à Savone sur la côte de Gênes. « Et le fit ledit seigneur à ses frais, ajoute Martin du Bellay, de sorte que moy qui suis son frère, en ay payé depuis sa mort cent mille livres à un seul homme, en quoy il estoit en arrière, mais il ne luy challoit la despense, moyennant qu'il feit service à son prince ».

Qu'il ait été ou non gratifié d'une rente par Guillaume du Bellay, Rabelais lui témoigna sa reconnaissance par le magnifique éloge qu'il en fait en son IV° livre. Il aurait, de plus, consacré un ouvrage latin à l'histoire des hauts faits de ce seigneur, et un autre « domestique » de Guillaume du Bellay, Claude Massuau, aurait traduit en français l'ouvrage de Rabelais sous ce titre : *Stratagèmes, c'est-à-dire prouesses et ruses de guerre du preux et très célèbre chevalier Langey au commencement de la tierce guerre césariane*[2]. Duverdier, dans sa *Bibliothèque française*, indique cet ouvrage avec trop de précision pour qu'il ne l'ait pas eu sous les yeux; mais le texte latin, comme le texte français, a depuis lors complètement disparu.

Est-ce, comme on l'a conjecturé, pour tenir lieu de la rente de 50 livres que René du Bellay, évêque du Mans, frère du défunt, conféra à Rabelais la cure de Saint-Christophe de Jambet, dans son diocèse? Il est certain que Rabelais

---

1. Voyez l'*Avertissement*.
2. Lyon, Sébastien Gryphius, 1542.

fut titulaire de cette cure, dont il touchait le revenu sans être obligé à résidence
Cet évêque du Mans, grand horticulteur et botaniste, ne devait pas avoir moins
de sympathie pour Rabelais que ses trois frères.

Rabelais, publiant en 1542 une nouvelle et dernière édition de ses deux premiers livres, s'était cru obligé, comme on l'a vu dans l'Avertissement, d'atténuer ses hardiesses. En 1545, il obtint de François Ier un privilège pour l'impression du Tiers livre[1] « avec pouvoir et puissance de corriger et revoir les deux premiers, et les mettre en nouvelle impression et vente ». Dans la première édition de ce livre publiée à Paris, en 1546, Rabelais rejette le pseudonyme d'Alcofribas Nasier et inscrit son vrai nom sur le titre; il n'est plus l'abstracteur de quintessence, il est docteur en médecine, et pour ne pas tourner trop complétement au sérieux, il ajoute : « Et calloier (patriarche) des îles Hières ». C'était un coup d'audace que faisait Rabelais, et c'était pourtant le parti le plus sage. Il se mettait sous la protection directe du roi : la persécution contre les hérétiques redoublait en ce moment. 1545 est l'année du massacre de Merindol, de la Coste et de Cabrières. Robert Estienne et Marot avaient dû quitter la France en 1543. Étienne Dolet fut pendu et brûlé à la place Maubert, en 1546. Rabelais, grâce aux nombreux et puissants protecteurs qu'il a su s'attacher, ne court aucun péril. Il a pour appuis ou pour amis l'évêque de Paris, l'évêque du Mans, Pierre Duchâtel, évêque de Tulle, lecteur du roi, le cardinal d'Armagnac, l'évêque de Montpellier, l'évêque de Maillezais, le nouveau garde des sceaux, François Erraut, sieur de Chemant, et tous les savants les plus illustres de France. Il brave la Sorbonne. Pierre Duchâtel a lu à François Ier les livres qu'on incrimine... Le roi n'y a trouvé rien de suspect. C'est Rabelais qui le dit dans son épître au cardinal Odet de Châtillon[2], et ce n'était certainement pas assez dire : François Ier dut prendre à cette lecture un vif divertissement, et l'auteur fut assuré de sa protection. Aussi s'empressa-t-il de mettre au jour le commencement du Quart livre, dont les premiers chapitres parurent d'abord à Grenoble, en 1547, puis à Lyon, en 1548.

VI

Depuis longtemps déjà, le roi François Ier, en qui Rabelais avait trouvé un protecteur, était gravement malade; on prévoyait sa mort prochaine. En quelles mains passerait alors le pouvoir? Les principaux protecteurs de Rabelais allaient sans doute perdre leur crédit. Rabelais n'attendit pas la crise. Il semble qu'il se soit d'assez loin prémuni contre elle.

Il quitta la France et se réfugia à Metz. A quel moment? On ne le peut dire avec précision. Mais il paraît prouvé que ce fut plus d'une année avant la mort du roi. Il résulte des recherches des érudits lorrains[3] que Rabelais aurait passé à Metz l'année 1546 tout entière. Les comptes de la ville pour cette époque ont disparu; mais il en subsiste un extrait par Paul Ferry (*Observations séculaires*), et dans cet extrait on lit ces lignes :

---

1. Voyez ce privilège, page 205.
2. En tête du IVe livre.
3. *Rabelais, médecin stipendié de la cité de Metz*, par M. Charles Abel, dans les *Mémoires de l'Académie de Metz*, 1869.

« 1547. Payé à Mre Rabellet p. ses gages d'un an, c'est à sçavoir à la Saint-Remy, 60 livres; à Pâques darien, 60 livres; comme plus con lui ont *(sic)* p. le quart d'an de Saint-Jean, 30 livres. »

Ainsi Rabelais fut médecin salarié de la ville de Metz, aux gages de 120 livres par an; il toucha le semestre de Pâques 1546 à la Saint-Remy, 1er octobre; le semestre du 1er octobre 1546, à Pâques 1547, plus un demi-semestre de Pâques à la Saint-Jean (24 juin). Il eut congé à cette dernière date, 24 juin 1547.

La lettre de Rabelais au cardinal du Bellay, datée de Metz, où il implore en termes si pressants les secours du cardinal, est-elle du 6 février 1547, comme on le croit généralement? Tout fait supposer que cette lettre est plutôt du 6 février 1546; les appointements assez élevés que Rabelais touchait en 1547 ne justifiant plus de tels cris de détresse. Il faut, en ce cas, assigner également à cette année, au 28 mars 1546 (nouveau style) la lettre de Jean Sturn, recteur de gymnase de Strasbourg au même cardinal du Bellay. On trouve dans cette lettre le passage suivant : *Tempora etiam Rabelæsum ejecerunt e Gallia,* φεῦ τῶν χρόνων! *Nundum ad nos venit. Metis consistit, ut audio, inde enim nos salutavit. Adero ipsi quibuscumque rebus potero, cum ad nos venerit... Ad Tabernas Alsatiæ* (Saverne), *vigesima octava Martii*[1]. On a vu pourquoi le fugitif s'était arrêté à Metz : c'est qu'il y avait trouvé des fonctions qui le mettaient à l'abri du besoin.

Le cardinal du Bellay, à la mort de François Ier, perdit son crédit. Il fut forcé de se démettre de toutes ses fonctions politiques. Quittant Paris et la France, il se retira à Rome, emmenant Rabelais avec lui. Il est vraisemblable que, bientôt rassuré, Rabelais était revenu à Paris avant de se rendre à Rome, à la suite du cardinal. Une phrase de la *Sciomachie*, opuscule dont nous allons parler tout à l'heure, le ferait supposer : « Encore nous vismes, dit-il, semblables (prodiges) à Lyon pour la journée de Pavie en la personne du feu seigneur de Rochefort, et recemment à Paris, au jour que combattirent les seigneurs de Jarnac et de Chataigneraie ». Ce combat avait eu lieu le 10 juillet 1547; les expressions qu'emploie Rabelais semblent indiquer sa présence à Paris en ce moment-là. Quoi qu'il en soit, Rabelais était à Rome au mois de février 1549, à l'époque de la naissance de Louis d'Orléans, deuxième fils de Henri II et de Catherine de Médicis, auquel maître François tire un horoscope favorable, « si une fois il eschappe quelque triste aspect en l'angle occidental de la septiesme maison ». Le professeur en astrologie n'avait pas bien fait ses calculs. L'enfant royal ne devait point aller jusqu'à la septième maison; il devait mourir au berceau.

Rabelais, dans une lettre adressée au révérendissime cardinal de Guise (depuis cardinal de Lorraine), se fit l'historiographe des fêtes célébrées à l'occasion de cet heureux événement par le cardinal du Bellay et par l'ambassadeur de France d'Urfé. Il décrivit avec d'amples détails la *Sciomachie*, ou simulacre de bataille, qui eut lieu le 14 mars sur la place Saint-Apostolo, et cette description très intéressante fut imprimée à Lyon la même année, chez Sébastien Gryphe.

C'est pendant qu'il était à Rome pour la troisième fois que parut une violente attaque contre lui et ses ouvrages. Elle eut pour auteur un moine de Fontevrault, nommé Gabriel de Puits-Herbaut, qui publia cette année un dialogue contre les mauvais livres sous ce titre : *Theotimus, sive de tollendis et*

---

1. Bibliothèque nationale, fonds latin, no 8584.

expurgandis malis libris, iis præcipue quos vix incolumi fide ac pietate plerique legere queant [1].

Puits-Herbaut constate l'absence de Rabelais au moment où il écrit : « Plût à Dieu, dit-il, qu'il fût à Genève, lui et son Pantagruélisme, s'il est encore de ce monde! car il avait, au commencement de ce règne, suivi la tourbe des cardinaux renvoyée et reléguée à Rome [2] ». Ces mots, notons-le en passant, semblent confirmer ce que nous disions tout à l'heure du retour de Rabelais à Paris avant de partir pour l'Italie avec le cardinal du Bellay.

La sortie de Puits-Herbaut contre Rabelais est des plus violentes [3]. Elle nous montre pour la première fois le Rabelais biberon, glouton, cynique, qu'un grand nombre de biographies, animées d'ailleurs des meilleures intentions, nous ont représenté par la suite. Elle n'eut du reste aucun effet. Rabelais ne tarda point à se trouver sous le nouveau règne de plus solides appuis que sous le règne précédent. L'influence à la cour de France, sous Henri II, appartenait aux Guises, au connétable de Montmorency, à ses cinq fils et à ses trois neveux les Châtillon. Nous venons de voir, à propos de la *Sciomachie*, Rabelais en correspondance avec le cardinal de Guise. Nous l'allons voir tout particulièrement appuyé par l'aîné des Châtillon, le cardinal Odet, évêque-comte de Beauvais, lequel inclinait fortement au protestantisme et plus tard se maria publiquement en robe rouge.

Se fiant à ces nouveaux protecteurs, Rabelais rentra en France, « hors de toute intimidation ». Il obtint, par l'intermédiaire du cardinal de Châtillon, un privilège du roi Henri II, comme il en avait obtenu un du roi François Ier. Ce privilège lui permet d'imprimer ses ouvrages en grec, latin, français et toscan, « mesmement certains volumes des faicts et dictz heroïques de Pantagruel, non moins utiles que delectables, tant ceux deja imprimés que ceux qu'il se propose de mettre en lumiere ». Ce privilège est daté du 6 août 1550 [4].

VII

Au grand étonnement et à la grande indignation sans doute de Puits-Herbaut et de ses autres adversaires, Rabelais fut nommé à la cure de Meudon par provisions du 18 janvier 1550 [5].

Peu auparavant, le duc et la duchesse de Guise avaient acheté la terre de

---

1. Parisiis, J. Roigny, 1549, in-8°.
2. Utinam inter illos (les réfugiés de Genève) sit Rabelæsus cum suo Pantagruelismo, siquidem inter homines ille adhuc agit, nam cardinalium turbam ineunte hoc regno Romam dimissam et ablegatam secutus fuerat.
3. « Huic Rabelæso quid ad absolutam improbitatem deesse potest, cui neque Dei metus inest, neque hominum reverentia? Qui omnia, divina humanaque, proculcat et ludibrio habet... Totos dies nihil aliud quam perpotat, helluatur, græcatur, nidores culinarum persequitur, ac cercopissat, ut est in proverbio, miseras etiam chartas nefandis scriptionibus polluit, venenum vomit, quod per omneis longe lateque regiones dispergat... homo impie impotenterque dicax. » Puits-Herbaut s'étonne de la protection dont l'évêque de Paris couvre Rabelais : « Adeo ut vehementer mirum sit, ab antistite nostræ religionis, viro primario, eodemque doctissimo, tantum bonorum morum publicæque honestatis labem et porro hostem pertinacissimum, ad hæc impurum fœdumque hominem, cui loquentiæ permultum, sapientiæ quam minimum sit, foveri, ali, convivio quoque ac colloquio familiaribus adhiberi. »
4. Voyez ci-après, page 206.
5. Voyez plus loin le texte de ces provisions.

Meudon à la duchesse d'Étampes. Si l'on s'en rapporte à Guillaume Colletet, Rabelais était assidu chez ces futurs chefs du parti catholique, et se félicitait d'avoir en eux « de bons et pieux paroissiens ». Le récit qu'il fait sur Breton de Villandry, et le duc de Guise au chapitre XI du livre VI, passe pour un souvenir personnel. Claude Breton de Villandry, secrétaire du roi au département des Finances, était un des familiers du château. Un jour, la conversation vint à tomber sur une des batailles du règne de François Ier, où Villandry avait assisté en brave équipage, armé de toutes pièces. Le duc lui dit qu'il ne se rappelait pas l'avoir vu au combat. « Par ma foi! j'y étais, répondit Villandry; il me sera facile de le prouver, et même, en un lieu auquel vous n'eussiez osé vous trouver ». Le mot fut trouvé hardi par le défenseur de Metz, qui haussait le propos, lorsque Villandry l'apaisa aisément, à la grande risée de la compagnie : « J'étais avec le bagage, dit-il, où votre honneur ne vous eût pas permis de vous cacher comme je le faisais ». Rien n'empêche, en effet, de supposer que Rabelais était dans l'assistance égayée par cette spirituelle repartie. Il ne l'introduisit dans son quatrième livre qu'en 1552, alors qu'il était en relations certaines avec les Lorrains, et qu'il avait été curé de Meudon.

Il y a de nombreuses traditions relatives à la manière dont il se conduisit dans sa cure, la plupart favorables à Rabelais, et le représentant comme un « pasteur vigilant, honnête, charitable ». On parle de lui comme s'il avait eu le temps de laisser dans le pays de nombreux souvenirs et une trace profonde, qu'auraient aisément retrouvés Antoine Leroy, Bernier, plus de cent ans après, dans la seconde moitié du XVIIe siècle.

On ne remarque pas que Rabelais ne fut revêtu de ce titre de curé de Meudon que l'espace de deux ans, moins quelques jours. Il résigna, en effet, ses deux cures, celle de Saint-Christophe de Jambet, au diocèse du Mans, et celle de Saint-Martin de Meudon, au diocèse de Paris, le 9 janvier 1552[1]. Il n'est pas sûr du tout qu'il ait jamais rempli les fonctions curiales. Eustache du Bellay, neveu ou parent du cardinal, et qui venait de lui être substitué dans l'évêché de Paris, faisant sa visite pastorale au mois de juin 1551, ne trouva pas Rabelais, mais seulement Pierre Richard, son vicaire, et quatre autres prêtres. Les recteurs résidants, surtout ceux nouvellement nommés, avaient toujours soin de se trouver à leur poste au moment d'une visite épiscopale, et d'une première visite épiscopale.

Quelle fut la cause de cette double démission? Le nouvel évêque de Paris n'était peut-être pas aussi favorable à Rabelais que son oncle. Puis le quatrième livre de *Pantagruel*, livre plus agressif encore que les autres, allait être mis en vente. Probablement en prévision d'inévitables orages, une démission de ses bénéfices ecclésiastiques fut imposée, ou du moins conseillée à Rabelais par ses protecteurs mêmes. Ce quatrième livre complet fut achevé d'imprimer chez Michel Fezandat, libraire, le 28 janvier 1552, et parut en effet avec le privilège du roi, avec une épître de l'auteur à monseigneur Odet, cardinal de Châtillon, sous cette même date du 28 janvier. Aussitôt paru, il excita un grand émoi dans la Faculté de théologie. Malgré l'épître et le privilège, et malgré la résignation des bénéfices préalablement accomplie, les poursuites furent actives et pressantes. La publication de l'ouvrage fut suspendue par un arrêt du Parlement, en date du mardi 1er mars 1552 (1551, vieux style), portant que : « Attendu la censure faicte par la Faculté de théologie contre certain livre maulvais exposé en vente

---

1. Voyez plus loin les textes de ces résignations.

soubz le titre de *Quatriesme livre de Pantagruel*, avec privilége du roi..., la cour ordonne que le libraire sera promptement mandé en icelle, et lui seront faictes defenses de vendre et exposer ledict livre dedans quinzaine : pendant lequel temps ordonne la cour au procureur du roi d'advertir ledict seigneur roi de la censure faicte sur ledict livre par ladicte Faculté de théologie, et lui en envoyer un double pour suyvre son bon plaisir. »

Michel Fezandat fut, en effet, mandé devant la cour. Défense de vendre l'ouvrage « dedans quinzaine » lui fut faite, sous peine de punition corporelle. Après ces quinze jours de suspension, la vente de l'ouvrage reprit-elle son cours? On est tenté de croire que la suspension dura plus longtemps, si l'on remarque que le roi était en ce moment même tout entier à son entreprise contre Metz et les provinces austrasiennes; qu'il laissa la régence à Catherine de Médicis le 10 mars, qu'il rejoignit peu après l'armée à Châlons, et, victorieux, entra dans Metz le 18 avril. C'est probablement le temps d'arrêt résultant de ces événements qui permit au libraire et à Rabelais de faire aux exemplaires non vendus la modification en l'honneur du roi, signalée dans la *Bibliographie*[1].

Quoi qu'il en soit, les protecteurs de Rabelais l'emportèrent de nouveau, et le bon plaisir du roi fut que la vente de l'ouvrage reprît son cours interrompu.

Ce fut peu de temps après la publication du quatrième livre que Rabelais mourut.

Certains rapprochements de dates assez concluants font fixer sa mort à l'année 1553. Il avait environ soixante-trois ans. L'opinion la plus plausible, car il règne une grande incertitude sur les derniers jours de Rabelais, est qu'il décéda à Paris, rue des Jardins, sur la paroisse Saint-Paul, et qu'il fut enterré au cimetière de cette paroisse, sous un grand arbre qu'on montrait encore cent ans après.

Les faiseurs d'anecdotes se sont emparés de ces derniers moments enveloppés d'une obscurité si profonde. Ils ont mis en circulation je ne sais combien de facéties auxquelles se serait livré Rabelais expirant. Ils prétendent qu'il se fit revêtir d'un camail ou *domino*, pour équivoquer sur les mots de l'Apocalypse : *Beati qui in Domino moriuntur*. Il aurait dicté son testament en ces termes : « Je n'ai rien vaillant; je dois beaucoup; je donne le reste aux pauvres ». Cette plaisanterie se trouvait déjà dans une lettre d'Érasme à Bède en 1527, et remonte sans doute plus haut. Un autre trait est rapporté par le chancelier Bacon. Rabelais, que le philosophe anglais appelle le grand railleur *(the great jester)*, après avoir reçu l'extrême-onction, aurait dit qu'on venait de lui graisser ses bottes pour le grand voyage.

Un page étant venu demander de ses nouvelles, de la part du cardinal du Bellay ou du cardinal de Châtillon, Rabelais aurait répondu :

« Dis à monseigneur l'état où tu me vois : je m'en vais chercher un grand peut-être. Il est au nid de la pie, dis-lui qu'il s'y tienne; et pour toi, tu ne seras jamais qu'un fol. »

Enfin, avant de rendre l'âme, il aurait recueilli toutes ses forces pour pousser un dernier éclat de rire, et murmurer : « Tirez le rideau, la farce est jouée. »

D'autre part, des témoignages, non moins tardifs il est vrai, ceux d'Antoine Duverdier dans sa *Prosopographie*, de Guillaume Colletet, de Guy Patin, ayant pour garant messire Fay d'Épesse, lequel invoquait l'autorité du président

---

1. Voyez page 644.

d'Épesse, son père, contemporain et ami de Rabelais, ces témoignages tendent à établir que l'auteur de *Gargantua* et de *Pantagruel* « fut touché de repentence et rendit son esprit en fidèle chrétien ».

Jusqu'au bout la contradiction existe, comme l'on voit, et Rabelais est un Janus à double face, l'une digne et grave, l'autre bouffonne, enluminée et barbouillée de lie. Cette contradiction continue après son trépas, dans ses épitaphes. Les unes nous montrent le médecin admiré pour son savoir, l'homme recherché des grands pour son esprit, l'écrivain aimé de tous. « Peut-être, dit l'une d'elles [1], voudra-t-on voir en lui un bouffon, un farceur qui débitait des bons mots pour attraper de bons repas. Non, non, ce n'était ni un bouffon ni un charlatan de place publique, mais un homme qui, grâce à la pénétration de son esprit d'élite, saisissait le côté ridicule des choses humaines,… un autre Démocrite qui se riait des vaines terreurs, des espérances non moins vaines du vulgaire et des grands de la terre, ainsi que des labeurs anxieux qui remplissaient cette courte vie ».

« Il se joue, dit une autre [2], des dieux et des hommes, de telle sorte que les hommes et les dieux paraissent à peine effleurés. »

Mais beaucoup de ces épitaphes nous montrent le buveur, l'espèce de Silène que, parmi les documents antérieurs, le factum de Puits-Herbaut a presque seul dénoncé. Il en est une qui, à partir de l'édition de 1567, prit place parmi ses œuvres, la voici :

Francisco Rabelesio, Poeta sitiens ponebat.

Vita, Lyæe, sitis : liquisti, flebis, adures :
Membra, hominem, tumulum : morte, liquore, face [3].

Dans cette épitaphe le disciple de Bacchus est seul célébré. Jacques Tahureau, poète et conteur qui mourut en 1555, c'est-à-dire deux ans après Rabelais, n'oublie pas le savant et le railleur, mais il semble faire allusion à quelques anecdotes courant déjà sur les derniers instants de l'auteur de *Gargantua*.

Ce docte né Rabelais, qui piquoit
Les plus piquans, dort sous la lame ici ;
Et de ceux même en mourant se moquoit,
Qui de sa mort prenoient quelque souci.

Rabelais était ennemi de Jules-César Scaliger, comme on l'a vu par la lettre à Bernard de Salignac, lettre dans laquelle il lui reproche assez durement son athéisme. Il est difficile de méconnaître Rabelais dans le *goinfre et l'athée* dont se plaint à son tour Scaliger en ses Exercitations contre Cardan (1557).

Ronsard, qui avait été en relations avec le grand prêtre du pantagruélisme, écrit l'épitaphe d'un bon biberon où il nous représente Rabelais « barbouillant dans le vin comme une grenouille dans la fange (1560) ».

C'est comme un concert qui s'élève et qui va *crescendo*. Bientôt toutes les biographies anecdotiques abondent dans le même sens, et nous avons l'image

---

1. Par Pierre Boulanger, médecin poitevin, dans son livre *Hippocratis Aphorismorum paraphrasis poetica*, 1587.
2. Celle d'Estienne Pasquier :

Sic et homines, sic et cœlestia numina lusit,
Vix homines, vix ut numina læsa putes.

3. Construisez ainsi : *Vita, liquisti membra morte : Lyæe, flebis hominem liquore ; sitis, adures tumulum face.*

traditionnelle conforme à l'idée que les lecteurs du roman rabelaisien se faisaient de son auteur.

Il y a, sans contredit, une grande exagération dans les traits dont cette image s'est formée. Est-elle complètement fausse, absolument mensongère? Rabelais est aussi, après tout, un témoin à consulter sur lui-même, et ses dithyrambes en l'honneur du « benoit et desiré piot » ont un accent de sincérité auquel on ne saurait se méprendre. On dit communément aujourd'hui que Rabelais feignit l'ivresse et la bouffonnerie pour débiter la sagesse impunément. « Il imita, dit l'auteur des *Maximes du prisonnier de Saint-Hélène*, le premier Brutus, qui contrefit l'insensé pour échapper à la défiance des Tarquins ».

En allant trop loin dans cette voie, il faut craindre de s'égarer et de tomber dans la pure fantaisie. On ne forme pas un tel plan contre sa nature; on serait incapable de l'exécuter. C'est un abus, d'ailleurs, de supposer que des imaginations comme la « manière bien nouvelle de bâtir les murailles de Paris » ou « le tour que joua Panurge à la dame parisienne » fussent propres à faire passer des doctrines philosophiques et une sage morale. Le masque eût été plus compromettant que le visage.

Rien, probablement, n'est factice chez Rabelais, rien n'est simulé, ni sa sagesse ni sa folie. Il y a là une nature vraiment énigmatique, un tempérament étrange, un génie à part, à la fois exubérant et mesuré, bizarre et sensé, débordé et judicieux, avec des facultés prodigieuses, avec de remarquables élévations de pensée et des accès de gaieté intempérante que rien n'arrête.

La question est ici de savoir ce qui a pu exister de ce mélange et de ce contraste dans sa personne et dans sa vie. Ce qu'on sait de sa biographie authentique, on vient de le voir, donne un démenti à ce Rabelais de carême-prenant qu'on nous faisait autrefois. C'est toutefois se jeter dans un excès contraire que de le peindre comme un Caton. Tout en tenant pour controuvés la plupart des détails que la légende nous a transmis, il reste encore assez d'indications positives pour que l'on conserve à Rabelais quelques traits de sa physionomie traditionnelle. Il n'en faut pas faire un rieur triste, comme Molière; il a sans doute l'attitude magistrale, et, à mesure que les recherches sont plus actives à son sujet, le savant se montre avec plus d'éclat à nos yeux; mais le bon convive et le disciple d'Épicure ne disparaissent point tout à fait. Mettez toute son œuvre sous le pressoir, vous n'en exprimerez pas une goutte de mélancolie. L'homme en eût-il fourni davantage? et cette idée paradoxale de traiter les malades par la gaieté ne prouve-t-elle pas surtout un fonds très riche de belle et joviale humeur chez le médecin?

Nous n'entrons pas dans l'examen critique du livre. Il a fait l'objet d'innombrables travaux dont les plus remarquables sont certainement présents à la mémoire du lecteur. Il fournira sans cesse la matière de nouvelles études et de jugements nouveaux. Notre tâche consiste, avant tout, à offrir, dans notre texte et dans tout ce qui l'accompagne, les moyens d'appréciation les plus sûrs et les plus complets.

LOUIS MOLAND.

DOCUMENTS BIOGRAPHIQUES

SUPPLIQUE DE RABELAIS AU PAPE PAUL III

BEATISSIME PATER,

Cum alias postquam devotus Orator Franciscus Rabelais, presbyter Turonensis diœcesis, tunc Ordinum Fratrum Minorum de Observantia professus, sibi, quod de Ordine Fratrum Minorum hujusmodi in quo ad sacros etiam presbyteratus ordines promotus extiterat, et in illis etiam in altaris ministerio sæpius ministraverat, ad Ordinem Sancti Benedicti in Ecclesia Maleacensi dicti Ordinis se libere transferre per felicis recordationis Clementem Papam VII, prædecessorem vestrum, Apostolica obtinuerat auctoritate concedi seu indulgeri ; idem Orator ad dictum Ordinem S. Benedicti in eadem Ecclesia se juxta concessionem seu indultum prædictum transtulisset, et deinde secum ut unum vel plura, cum cura vel sine cura, dicti seu alterius tunc expressi Ordinis regularis, aut cum eo vel eis et sine illis unum curatum sæculare certo tunc expresso modo qualificatum, beneficia ecclesiastica, si sibi exinde canonice conferrentur, recipere et simul quoad viveret retinere libere et licite posset, eadem fuisset auctoritate dispensatum; dictus Orator absque licentia sui superioris a dicta Ecclesia discedens, regulari dimisso, et presbyteri sæcularis habitu assumpto, per sæculum diu vagatus fuit, eoque tempore durante Facultati medicinæ diligenter operam dedit, et in ea gradus ad hoc requisitos suscepit, publice professus est, et artem hujusmodi practicando pluries exercuit in suis ordinibus susceptis prædictis et in altaris ministerio ministrando, ac horas canonicas, et alia divina officia alias forsan celebrando, quare apostasiæ maculam ac irregularitatis et infamiæ notam per tantum temporis ita vagabundus incurrit.

Verum, Pater Sancte, cum dictus Orator ad cor reversus de præmissis doluerit et doleat ab intimis, cupiatque ad Ordinem S. Benedicti hujusmodi in aliquo monasterio, seu alio ejusdem Ordinis regulari loco, cum animi sui quiete redire; supplicat igitur humiliter supradictus Orator, quatenus secum, ut deinceps in monasterio, seu regulari loco prædictis, ad quod, seu quem se transferre contigerit, cum regulari habitu debitum Altissimo reddat perpetuo famulatum, more pii patris compatientes, ipsumque specialibus favoribus et gratiis prosequentes, eumdem Oratorem ab excessibus et apostasiæ nota, seu macula hujusmodi, necnon excommunicationis et aliis ecclesiasticis sententiis, censuris et pœnis, quas præmissorum occasione quomodolibet incurrit, absolvere, secumque super irregularitate per eum propterea contracta, ut ea non obstante susceptis per eum ordinibus, ac dispensatione sibi concessa prædictorum, et in eisdem ordinibus et in altaris ministerio ministrare libere et licite valeat, dispensare, omnemque inhabilitatis et infamiæ maculam sive notam per eum dicta occasione contractam ab eo penitus abolere, ipsumque Oratorem in pristinum et eum in quo ante præmissa existebat statum restituere, et plenarie reintegrare, sibique, quod de dicta Ecclesia Maleacensi ad aliquod monasterium, seu alium regularem locum ejusdem Ordinis S. Benedicti, ubi benevolos invenerit receptores, se libere et licite transferre, et interim post hujusmodi translationem ad dictam Ecclesiam Maleacensem, seu episcopum, capitulum, vel conventum, aut personas ejusdem in genere vel specie minime teneri nec obligatum fore, ut nihilominus omnibus, et singulis privilegiis, prærogativis et indultis, quibus fratres sive monachi dicti Ordinis S. Benedicti utuntur, potiuntur et gaudent, ac uti, potiri, et gaudere, poterunt quomodolibet in futurum, ut et postquam monasterium, seu regularem locum hujusmodi intraverit, uti, potiri, et gaudere, vocemque activam et passivam in eodem habere, et insuper artem medicinæ pietatis intuitu sine spe lucri vel quæstus hic et ubicumque locorum extiterit, practicare libere et licite valeat, superioris sui et cujusvis alterius licentia super hoc minime requisita, auctoritate supradicta concedere et indulgere, sicque in præmissis omnibus, etc., judicari debere, etc., decernere dignemini de gratia speciali, non obstantibus præmissis, ac quibusvis constitutionibus, etc.

BREF DU PAPE

Dilecto filio Francisco Rabelais, monacho Ecclesiæ Maleacensis,
Ordinis S. Benedicti, Paulus PP. III

Dilecte fili, salutem et Apostolicam benedictionem. Sedes Apostolica, et pia mater recurrentibus ad eam post excessum cum humilitate personarum statim libenter consulere ac illos gratioso favore prosequi consuevit, quos ad id alias propria virtutum merita multipliciter recommendant. Exponi siquidem nobis nuper fecisti quod alias postquam felicis recordationis Clemens Papa VII prædecessor noster tibi, ut de Ordine Fratrum Minorum, quem expresse professus, et in eo permanens ad omnes et sacros et presbyteratus ordines promotus fueras, ac in illis etiam in altaris ministerio sæpius ministraveras, ad Ecclesiam Maleacensem Ordinis S. Benedicti te transferre valeres, Apostolica auctoritate indulserat. Tuque indulti hujusmodi vigore ad Ecclesiam et Ordinem S. Benedicti prædictum te transtuleras, ac tecum unum, seu plura beneficia ecclesiastica certis tunc expressis modis qualificatis, si tibi alias canonice conferrentur, recipere et retinere valeres Apostolica auctoritate dispensari obtinueras. Tu absque tui superioris licentia ab ipsa Ecclesia Maleacensi discedens habitum regularem dimisisti, et habitu presbyteri sæcularis assumpto, per abrupta sæculi diu vagatus es, ac interim litteris in Facultate medicinæ diligenter operam dedisti, et in ea ad baccalaureatus, licentiativæ, et doctoratus gradus promotus, necnon artem medicinæ publice professus fuisti et exercuisti. Cum autem, sicut eadem expositio subjungebat, tu de præmissis ab intimis dolueris et doleas de præsenti, cupiasque ad ipsum Ordinem S. Benedicti et aliquod illius monasterium vel alium regularem locum, ubi benevolos inveneris receptores, te transferre, et inibi Altissimo perpetuo famulari, pro parte tua nobis fuit humiliter supplicatum, ut tibi de absolutionis debitæ beneficio, ac alias statui tuo in præmissis opportune providere de benignitate Apostolica dignaremur. Nos igitur attendentes Sedis Apostolicæ clementiam petentibus gremium suæ pietatis claudere non consuevisse volentesque alias apud nos de religionis zelo, litterarum scientia, vitæ ac morum honestate, aliisque probitatis et virtutum meritis multipliciter commendatum, horum intuitu favore prosequi gratioso, hujusmodi tuis in hac parte supplicationibus incitati, te ab excommunicatione, et aliis sententiis, censuris et pœnis, quas propter præmissa quomodolibet, incurristi, necnon apostasiæ reatu et excessibus hujusmodi auctoritate Apostolica tenore præsentium absolvimus, ac tecum super irregularitate per te propter ea, necnon quia sic ligatus missas et alia divina officia forsan celebrasti, et alias illis te immiscuisti, contracta quoque, in singulis ordinibus prædictis, etiam in altaris ministerio hujusmodi ministrare, necnon dispensatione prædicta uti, et beneficia sub illis comprehensa juxta illius tenorem recipere et retinere, necnon de dicta Ecclesia Maleacensi ad aliquod monasterium, vel alium regularem locum ejusdem Ordinis S. Benedicti, ubi benevolos inveneris receptores, te transferre, necnon postquam translatus fueris, ut præfertur, omnibus et singulis privilegiis, prærogativis et indultis, quibus alii monachi ipsius Ordinis S. Benedicti utuntur, potiuntur, et gaudent, ac uti, potiri, et gaudere poterunt quomodolibet in futurum, uti, potiri, et gaudere, inibique vocem activam et passivam habere, ac de licentia tui superioris et citra adustionem et incisionem, pietatis intuitu ac sine spe lucri vel quæstus, in Romana Curia et ubicumque locorum artem hujusmodi medicinæ exercere libere et licite valeas, auctoritate Apostolica et tenore præsentium de speciali dono gratiæ dispensamus, omnemque inhabilitatis et infamiæ maculam, sive notam ex præmissis insurgentem penitus abolemus teque in pristinum et eum statum, in quo ante præmissa quomodolibet eras, restituimus et plenarie reintegramus; decernentes te, postquam ad aliquod monasterium, seu alium regularem locum translatus fueris, ut præfertur, eidem Ecclesiæ Maleacensi seu illius episcopo pro tempore existenti, aut dilectis filiis, capitulo, seu personis minime teneri, aut obligatum fore, non obstantibus præmissis ac constitutionibus et ordinationibus Apostolicis, nec non Ecclesiæ Maleacensis, et Ordinis S. Benedicti prædictorum juramento, confirmatione Apostolica, vel quavis firmitate alia roboratis, statutis et consuetudinibus cæterisque contrariis quibuscumque. Volumus autem quod pœnitentiam per confessorem idoneum, quem duxeris eligendum, tibi pro præmissis injungendam, adimplere omnino tenearis· alioquin præsentes litteræ quoad absolutionem ipsam tibi nullatenus suffragentur.

Datum Romæ apud S. Petrum sub annulo Piscatoris, die XVII jan. MDXXXVI, pontificatus nostri anno secundo.

AUTRE SUPPLIQUE

Franciscus Rabelæsus, presbyter diœcesis Turonensis, qui juvenis intravit Religionem et Ordinem Fratrum Minorum, et in eodem professionem fecit, et ordines minores et majores, et tiam presbyteratus recepit, et in eisdem celebravit multoties. Postea ex indultu Clementis P. VII et prædecessoris vestri immediati de dicto Ordine Fratrum Minorum transiit ad Ordinem S. Benedicti in Ecclesia cathedrali Maleacensi, in eoque per plures annos mansit. Postmodum ne Religionis habitu profectus est in Montem Pessulanum, ibidemque in Facultate medicinæ uduit, publice legit per plures annos, et gradus omnes etiam doctoratus ibidem in prædicta .acultate medicinæ suscepit, et praxim ibidem, et alibi in multis locis per annos multos ercuit. Tandem corde compunctus adiit limina S. Petri Romæ, et a Sanctitate Vestra, et a :functo Clemente Papa VII veniam apostasiæ et irregularitatis impetravit, et licentiam adeundi l præfectum Ordinis S. Benedicti, ubi benevolos invenisset receptores. Erat eo tempore in omana Curia R. D. Joannis cardinalis de Bellayo, Parisiensis episcopus et abbas monasterii . Mauri de Fossatis, ordinis prædicti diœcesis Parisiensis; quem cum benevolum invenisset, . gavit ut ab eodem reciperetur in monasterium præfatum S. Mauri, quod factum est. Postea atigit ut dictum monasterium auctoritate vestra erigeretur in decanatum; fierentque monachi ius monasterii canonici. Hic factus est cum illis canonicus prædictus Orator Franciscus belæsus. Verum præfatus Orator angitur scrupulo conscientiæ propter id quod tempore quo a est a Sanctitate Vestra Bulla erectionis, prædictus ipse nondum receptus fuerat in mona- um præfati monasterii S. Mauri; licet jam receptus esset tempore executionis et fulminationis e, sdem, et procuratorio nomine consensisset, tam his quæ circa prædictam erectionem facta f rant, quam his quæ postmodum fierent, cum tunc in Romana Curia esset in comitatu præfati P D. Cardinalis de Bellayo.

Supplicat, ut per Indultum S. V. tutus sit tam in foro conscientiæ, quam in foro contra- d torio et aliis quibuslibet, de præfatis, perinde ac si receptus fuisset in dictum monasterium S Mauri, quam primum anteaquam obtenta fuit Bulla erectionis ejusdem in decanatum, et c n absolutione; et quod ei valeant et prosint indulta quæcumque antea obtinuit a Sede A ostolica, perinde ac si, etc., et quod eidem valeant medicinæ gradus et doctoratus, possitque , xim medicinæ ubique exercere, perinde ac si de licentia Sedis Apostolicæ eosdem susce- p :set; et quod beneficia quæ tenet et tenuit, censeatur obtinuisse et obtinere, possidere e. p. sedisse canonice et legitime perinde ac si de licentia ejusdem Sedis Apostolicæ ea obti- sset.

COLLATION DE LA CURE DE MEUDON A FR. RABELAIS

Die decima octava januarii anno 1550, collatio parochialis ecclesiæ Sancti Martini de Meudone, Parisiensis diœcesis, ad collationem Parisiensis episcopi pleno jure existentis, vacantis per p am, liberam et simplicem resignationem magistri Richardi Berthe, illius ecclesiæ ultimi rectoris, seu curati, et possessoris pacifici, hodie in manibus R. Patris DD. Joannis Ursini,

Trevirensis episcopi, vicarii generalis illustrissimi domini cardinalis Bellaij, Parisiensis episcopi, per magistrum Joannem Halon, clericum, ejus procuratorem, factam, et per dictum dominum admissam, facta est pleno jure, per dictum dominum vicarium, magistro Francisco Rabeleio, presbytero doctori medico, Turonensis diœcesis, præsentibus magistris Benedicto Bleryc, presbytero, vicario ecclesiæ parochialis Sancti Landerici Parisiensis, et Renato Duhaubois, canonico in claustro Sancti Benedicti Parisiensis commorante, Belvacensis et Parisiensis respective diœcesis testibus.

RÉSIGNATION DE LA CURE DE SAINT CHRISTOPHE DE JAMBET

Die nona januarii anno millesimo quingentesimo quinquagesimo secundo, magister Remigius Doucin, clericus Cenomanensis diœcesis, procurator et nomine procuratorio magistri Francisci Rabelays, parochialis ecclesiæ Sancti Christophori de Jambet, Cenomanensis diœcesis, ad collationem domini Cenomanensis episcopi pleno jure existentis, resignavit, cessit et dimisit, pure, libere et simpliciter hujusmodi parochialem ecclesiam Sancti Christophori, cum suis juribus et pertinentiis universis, in manibus domini Joannis Moreau, ecclesiæ Parisiensis canonici, vicarii generalis reverendissimi domini cardinalis Bellaii, Cenomanensis episcopi. Quam quidem resignationem idem dominus vicarius admisit et admittere se dixit, contulitque pleno jure hujusmodi parochialem ecclesiam Sancti Christophori, ut præfertur, sive etiam alioquovis modo, seu quavis causa, seu persona vacet, magistro Claudio de Bise, clerico Andegavensis diœcesis, præsentibus nobili et egregio viro magistro Eustachio de la Porte, consiliario regio in curia Parlamenti Parisiensis, et magistro Dionysio Gaillart, presbytero, reverendissimi domini cardinalis de Meudone eleemosynario, Aurelianensis diœcesis, testibus.

RÉSIGNATION DE LA CURE DE MEUDON

Die 9ª januarii anno Dⁿⁱ 1552, Magʳ Remigius Doulsin, clericus Carnotensis diœcesis, procurator et nomine procuratorio Magʳⁱ Francisci Rabelays, clerici diœcesis Turonensis, rectoris seu curati Ecclesiæ parochialis Sᵗⁱ Martini de Meudone Parisiensis diœcesis, resignavit, cessit, et dimisit pure, libere, et simpliciter, hujusmodi parochialem Ecclesiam cum suis juribus et pertinentiis universis in manibus Dⁿⁱ Joannis Moreau, Ecclesiæ Parisiensis canonici, vicarii generalis Rᵐⁱ Dⁿⁱ cardinalis Bellaij nuper Parisiensis episcopi, cui collatio et dispositio beneficiorum ecclesiasticorum episcopatus Parisiensis auctoritate Apostolica reservata extitit. Quam quidem resignationem sic factam idem Dⁿˢ vicarius admisit, et admittere se dixit, contulitque hujusmodi parochialem Ecclesiam, ut præfertur, vacantem Ægidio Duserre, clerico Belvacensis diœcesis, præsentibus nobili et circumspecto viro Magʳᵒ Eustachio de la Porte, in curia Parlamenti Parisiensis consiliario, et Magʳᵒ Dionysio Gaillart presbytero, Rᵐⁱ Dⁿⁱ cardinalis de Meudone eleemosynario, Aurelianensis diœcesis, testibus.

(Extrait des registres du secrétariat de l'Archevêché de Paris.)

CLEF

DES ALLÉGORIES DU ROMAN DE RABELAIS

Donnée au XVIIᵉ siècle [1]

Alliances (île des).	La Picardie.
Amaurotes.	Les habitants de Metz.
Andouilles (île des).	La Touraine.
Antioche.	Rome.
Apedeftes.	Les gens de la Chambre des comptes.
Chats fourrés.	La Tournelle criminelle.
Chesil (concile de).	Le concile de Trente.
Dipsodes.	Les Lorrains.
Entommeures (Jean des).	Le cardinal de Lorraine.
Fredons.	Les jésuites.
Gargamelle.	Marie d'Angleterre.
Gargantua.	François Iᵉʳ.
Gaster.	Le ventre.
Gourmandeurs.	Les chevaliers de Malte.
Grandgousier.	Louis XII.
Her Trippa.	Henri Corneille Agrippa.
Hippotadée.	Le confesseur de François Iᵉʳ.
Jument de Gargantua.	La duchesse d'Étampes.
Lanternois (assemblée des).	Le concile de Trente.
Lanterne de la Rochelle.	L'évêque de Maillezais.
Lerné.	La Bresse.
Les Géans.	L'Artois.
Lichnobiens.	Les libraires.
Limousin (écolier)	Hélisenne de Crenne.
Loupgarou.	Amiens.
Macreons.	Les Anglais.

1. Cette clef ne mérite pas d'être prise au sérieux. Elle peut cependant donner une idée des interprétations arbitraires dont le Roman de Rabelais a été l'objet, et nous n'avons pas jugé inutile de la reproduire.

Medamothi.	La Flandre.
Oracle de la Bouteille.	La vérité.
Panigon (saint).	La paix.
Pantagruel.	Henri II.
Panurge.	Le cardinal d'Amboise.
Papefigues.	Les réformés.
Papimanes.	Les papistes de tous les pays.
Petault (le roi).	Henri VIII d'Angleterre.
Picrochole.	Le souverain de Piémont.
Putherbe.	De Puits-Herbaut.
Quinte Essence.	La pierre philosophale.
Raminagrobis.	Le poète Cretin.
Révélation (la).	L'Apocalypse.
Rondibilis.	Guillaume Rondelet.
Ruach (l'île de).	Le séjour de la cour.
Sibylle de Panzoust.	Une dame de la cour.
Sonnante (île).	L'Église romaine.
Taureau de Berne.	Pontimer.
Tesmoing (Pierre).	Pierre Martyr.
Thaumaste.	Le recteur de l'Université.
Unique (l').	Le pape.
Xenomanes.	Le chancelier.

LIVRE PREMIER

LA VIE TRÈS HORRIFIQUE
DU
GRAND GARGANTUA
PÈRE DE PANTAGRUEL

JADIS COMPOSÉE

PAR M. ALCOFRIBAS
ABSTRACTEUR DE QUINTE ESSENCE

LIVRE PLEIN DE PANTAGRUELISME

AUX LECTEURS

Amis lecteurs, qui ce livre lisez,
Despouillez vous de toute affection ;
Et, le lisans, ne vous scandalisez :
Il ne contient mal ne infection.
Vray est qu'icy peu de perfection
Vous apprendrez, sinon en cas de rire.
Aultre argument ne peut mon cœur élire,
Voyant le deuil qui vous mine et consomme:
Mieulx est de ris que de larmes escrire
Pour ce que rire est le propre de l'homme.

VIVEZ JOYEUX

PROLOGUE DE L'AUTEUR

Beuveurs tres illustres et vous Verolés tres precieux (car à vous, non à aultres, sont dediés mes escrits), Alcibiades, au dialogue de Platon, intitulé *le Banquet,* louant son precepteur Socrates, saus controverse prince des philosophes, entre aultres paroles le dit estre semblable es Silenes. Silenes estoient jadis petites boites, telles que voyons de present es boutiques des apothecaires, peintes au dessus de figures joyeuses et frivoles, comme de harpies, satyres, oisons bridez, lievres cornuz, canes bastées, boucs volans, cerfs limonniers, et aultres telles peintures contrefaictes à plaisir pour exciter le monde à rire . quel fut Silene, maistre du bon Bacchus. Mais, au dedans, l'on reservoit les fines drogues, comme baulme, ambre gris, amomon, musc, zivette, pierreries, et aultres choses precieuses. Tel disoit estre Socrates : parce que, le voyans au dehors, et l'estimans par l'exterieure apparence, n'en eussiez donné un coupeau d'oignon, tant laid il estoit de corps, et ridicule en son maintien : le nez pointu, le regard d'un taureau, le visaige d'un fol, simple en mœurs, rustique en vestemens, pauvre de fortune, infortuné en femmes, inepte à tous offices de la republique; tousjours riant, tousjours beuvant d'autant à un chascun, tousjours se gabelant, tousjours dissimulant son divin sçavoir. Mais, ouvrans ceste boite, eussiez au dedans trouvé une celeste et impreciable drogue, entendement plus qu'humain, vertu merveilleuse, couraige invincible, sobresse non pareille, contentement certain, asseurance parfaicte, deprisement incroyable de tout ce pourquoy les humains tant veiglent, courent, travaillent, naviguent et bataillent.

A quel propos, en vostre advis, tend ce prelude et coup d'essay ? Par autant que vous, mes bons disciples, et quelques aultres fols de sejour, lisans les joyeulx tiltres d'aucuns livres de nostre invention, comme *Gargantua, Pantagruel, Fessepinte, la Dignité des Braguettes, des Pois au lard cum commento,* etc., jugez trop facilement ne estre au dedans traicté que mocqueries, folateries, et menteries joyeuses : veu que l'enseigne exterieure (c'est le tiltre), sans plus avant enquerir, est communement receue à derision et gaudisserie. Mais par telle legiereté ne convient estimer les œuvres des humains, car vous mesmes dictes que l'habit ne fait poinct le moine; et tel est vestu d'habit monachal qui au dedans n'est rien moins que moine; et tel est vestu de cappe espagnole qui, en son couraige, nullement affiert à Espagne. C'est pourquoy fault ouvrir le livre, et soigneusement peser ce qui y est deduict. Lors cognoistrez que la drogue dedans contenue est bien d'aultre valeur que ne promettoit la boite : c'est à dire que les matieres icy traictées ne sont tant folastres, comme le tiltre au dessus pretendoit.

Et, posé le cas qu'au sens literal vous trouvez matieres assez joyeuses et bien correspondantes au nom, toutesfois pas demeurer là ne fault, comme au chant des sirenes ; ains à plus hault sens interpreter ce que par adventure cuidiez dict en gaieté de cœur.

Crochetastes vous oncques bouteilles? Caisgne! Reduisez à memoire la contenance qu'aviez. Mais vistes vous oncques chien rencontrant quelque os medullare? C'est, comme dit Platon, lib. II, *de Rep.*, la beste du monde plus philosophe. Si veu l'avez, vous avez peu noter de quelle devotion il le guette, de quel soing il le garde, de quel ferveur il le tient, de quelle prudence il l'entomme, de quelle affection il le brise, et de quelle diligence il le succe. Qui l'induict à ce faire? Quel est l'espoir de son estude? Quel bien pretend il? Rien plus qu'un peu de mouelle. Vray est que ce peu plus est delicieux que le beaucoup de toutes aultres, pour ce que la mouelle est aliment elabouré à perfection de nature, comme dit Galen., III, *Facult. nat.*, et XI, *De Usu partium*.

A l'exemple d'iceluy vous convient estre saiges, pour fleurer, sentir et estimer ces beaux livres de haulte gresse, legiers au prochaz et hardis à la rencontre. Puis, par curieuse leçon et meditation frequente, rompre l'os et sugcer la substantifique mouelle, c'est à dire ce que j'entends par ces symboles pythagoriques, avec espoir certain d'estre faicts escors et preux à ladicte lecture · car en icelle bien aultre goust trouverez, et doctrine plus absconse, laquelle vous revelera de tres haults sacrements et mysteres horrifiques, tant en ce qui concerne nostre religion que aussi l'estat politiq et vie œconomique.

Croyez vous en vostre foy qu'oncques Homere, escrivant l'*Iliade* et *Odyssée*, pensast es allegories lesquelles de luy ont calfreté Plutarche, Heraclides Ponticq, Eustatic, Phornute, et ce que d'iceux Politian a desrobé? Si le croyez, vous n'approchez ne de pieds ne de mains à mon opinion, qui decrete icelles aussi peu avoir esté songées d'Homere que d'Ovide, en ses *Metamorphoses*, les sacremens de l'Evangile, lesquelz un frere Lubin, vray croquelardon, s'est efforcé demonstrer, si d'adventure il rencontroit gens aussi fols que luy, et (comme dit le proverbe) couvercle digne du chaudron.

Si ne le croyez, quelle cause est pourquoy autant n'en ferez de ces joyeuses et nouvelles chroniques? combien que, les dictant, n'y pensasse en plus que vous, qui par adventure beuviez comme moy. Car, à la composition de ce livre seigneurial, je ne perdis ne employay oncques plus ny autre temps que celuy qui estoit estably à prendre ma refection corporelle, sçavoir est, beuvant et mangeant. Aussi est ce la juste heure d'escrire ces haultes matieres et sciences profondes, comme bien faire sçavoit Homere, paragon de tous philologues, et Ennie, pere des poëtes latins, ainsi que tesmoigne Horace, quoy qu'un malautru ait dict que ses carmes sentoient plus le vin que l'huile.

Autant en dit un Tirelupin de mes livres; mais bren pour luy. L'odeur du vin, ô combien plus est friant, riant, priant, plus celeste et delicieux, que d'huile! Et prendray autant à gloire qu'on die de moy que plus en vin aye despendu qu'en huile, que fist Demosthenes quand de luy on disoit que plus en huile qu'en vin despendoit. A moy n'est que honneur et gloire d'estre dict et reputé bon Gaultier et bon compaignon : et en ce nom suis bien venu en toutes bonnes compaignies de Pantagruelistes. A Demosthenes fut reproché, par un chagrin, que ses oraisons sentoient comme la serpilliere d'un ord et sale huilier. Pourtant, interpretez tous mes faicts et mes dicts en la perfectissime partie; ayez en reverence le cerveau caséiforme qui vous paist de ces belles billes vezées, et à vostre pouvoir tenez moy tousjours joyeux.

Or, esbaudissez vous, mes amours, et gaiement lisez le reste, tout à l'aise du corps et au profit des reins. Mais escoutez, vietzdazes, que le maulubec vous trousque; vous souvienne de boire à my pour la pareille, et je vous plegeray tout ares metys.

CHAPITRE I

DE LA GENÉALOGIE ET ANTIQUITÉ DE GARGANTUA

Je vous remetz à la grande chronique pantagrueline recognoistre la genéalogie et antiquité dond nous est venu Gargantua. En icelle vous entendrez plus au long comment les géans nasquirent en ce monde, et comment d'iceux, par lignes directes, issit Gargantua, pere de Pantagruel ; et ne vous faschera si, pour le present, je m'en deporte, combien que la chose soit telle que, tant plus seroit remembrée, tant plus elle plairoit à vos seigneuries, comme vous avez l'autorité de Platon, *in Philebo et Gorgia*, et de Flacce, qui dit estre aucuns propos, tels que ceux cy sans doubte, qui plus sont delectables quand plus souvent sont redits.

Pleust à Dieu qu'un chascun sceust aussi certainement sa genéalogie, depuis l'arche de Noë jusques à cest eage! Je pense que plusieurs sont aujourd'huy empereurs, rois, ducs, princes et papes en la terre, lesquelz sont descenduz de quelques porteurs de rogatons et de costrets. Comme, au rebours, plusieurs sont gueux de l'hostiaire, souffreteux et miserables, lesquelz sont descenduz de sang et ligne de grands rois et empereurs ; attendu l'admirable transport des regnes et empires — des Assyriens es Medes ; — des Medes es Perses ; — des Perses es Macedones ; — des Macedones es Romains ; — des Romains es Grecs ; — des Grecs es François.

Et pour vous donner à entendre de moy, qui parle, je cuide que sois descendu de quelque riche roy ou prince au temps jadis. Car onques ne vistes homme qui eust plus grande affection d'estre roy et riche que moy : afin de faire grand chere, pas ne travailler, poinct ne me soucier, et bien enrichir mes amis, et tous gens de bien et de sçavoir. Mais en ce je me reconforte qu'en l'aultre monde je le seray, voire plus grand que de present ne l'oserois souhaiter. Vous en telle ou meilleure pensée reconfortez vostre malheur, et beuvez frais, si faire se peut.

Retournant à nos moutons, je vous dis que, par don souverain des cieulx, nous a esté reservée l'antiquité et genéalogie de Gargantua, plus entiere que nulle aultre; excepté celle du Messias, dont je ne parle, car il ne m'appartient : aussi les diables (ce sont les calumniateurs et caffars) s'y opposent. Et fut trouvée par Jean Audeau, en un pré qu'il avoit prés l'arceau Gualeau, au dessous de l'Olive, tirant à Narsay. Duquel faisant lever les fossés, toucherent les piocheurs, de leurs marres, un grand tombeau de bronze, long sans mesure : car onques n'en trouverent le bout, parce qu'il entroit trop avant les excluses de Vienne. Iceluy ouvrans en certain lieu signé au dessus d'un goubelet, à l'entour duquel estoit escript en lettres etrusques : *Hic bibitur*, trouverent neuf flaccons, en tel ordre qu'on assiet les quilles en Gascoigne. Desquelz celuy qui au milieu estoit couvroit un gros, gras, grand, gris, joly, petit, moisy livret, plus mais non mieulx sentant que roses.

En iceluy fut la dicte genéalogie trouvée, escripte au long de lettres cancelleresques, non en papier, non en parchemin, non en cere, mais en

escorce d'ulmeau, tant toutesfois usées par vetusté qu'à peine en pouvoit
on trois recognoistre de ranc.

Je (combien que indigne) y fus appellé; et, à grand renfort de bezicles,
practiquant l'art dont on peut lire lettres non apparentes, comme enseigne
Aristoteles, la translatay, ainsi que voir pourrez, en pantagruelisant, c'est
à dire beuvans a gré et lisans les gestes horrificques de Pantagruel. A la
fin du livre estoit un petit traicté intitulé *les Fanfreluches antidotées*.
Les rats et blattes, ou (afin que je ne mente) aultres maligues bestes,
avoient brousté le commencement: le reste j'ay cy dessous adjousté, par
reverence de l'antiquaille.

CHAPITRE II

LES FANFRELUCHES ANTIDOTÉES, TROUVÉES EN UN MONUMENT ANTIQUE

  O, i? enu le grand dompteur des Cimbres
  sant par l'air, de peur de la rousée,
  . sa venue on a remply les timbres
  beurre frais, tombant par une housée.
  uquel, quand fut la grand mere arrousée,
  Cria tout hault : « Hers, par grace, peschez le,
  Car sa barbe est presque toute embousée;
  Ou, pour le moins, tenez luy une eschelle. »

  Aucuns disoient que leicher sa pantoufle
  Estoit meilleur que gaigner les pardons :
  Mais il survint un affecté marroufle,
  Sorti du creux où l'on pesche aux gardons,
  Qui dist : « Messieurs, pour Dieu nous engardons,
  L'anguille y est, et en cest estau musse.
  Là trouverez (si de prés regardons)
  Une grand tare au fond de son aumusse. »

  Quand fut au poinct de lire le chapitre,
  On n'y trouva que les cornes d'un veau.
  « Je (disoit-il) sens le fond de ma mitre
  Si froid qu'autour me morfond le cerveau. »
  On l'eschauffa d'un parfum de naveau,
  Et fut content de soy tenir es atres,
  Pourveu qu'on fist un limonnier nouveau
  A tant de gens qui sont acariatres.

  Leur propos fut du trou de sainct Patrice,
  De Gilbathar, et de mille autres trous,
  S'on les pourroit reduire à cicatrice,
  Par tel moyen que plus n'eussent la toux :

Veu qu'il sembloit impertinent à tous
Les voir ainsi à chascun vent baisler.
Si d'adventure ilz estoient à poinct clous,
On les pourroit pour houstage bailler.

En cest arrest le corbeau fut pelé
Par Herculus, qui venoit de Lybie :
« Quoy? dist Minos, que n'y suis je appellé.
Excepté moy, tout le monde on convie :
Et puis l'on veult que passe mon envie
A les fournir d'huytres et de grenoilles.
Je donne au diable en cas que, de ma vie,
Preigne à mercy leur vente de quenoilles. »

Pour les matter survint Q. B. qui clope,
Au sauconduict des mistes sansonnetz.
Le tamiseur, cousin du grand Cÿlope,
Les massacra. Chascun mousche son nez :
En ce gueret peu de bougrins sont nés
Qu'on n'ait berné sus le moulin à tan.
Courez y tous et à l'arme sonnez ;
Plus y aurez que n'y eustes autan.

Bien peu aprés, l'oiseau de Jupiter
Delibera pariser pour le pire :
Mais, les voyant tant fort se despiter,
Craignit qu'on mist ras, jus, bas, mat, l'empire.
Et mieulx aima le feu du ciel empire,
Au tronc ravir où l'on vend les sorets,
Que l'air serain, contre qui l'on conspire,
Assubjectir es dicts des massorets.

Le tout conclud fut à poincte affilée,
Maulgré Até, la cuisse heronniere,
Qui là s'assist, voyant Pentasilée
Sus ses vieux ans prinse pour cressonniere.
Chascun crioit : « Villaine charbonniere,
T'appartient il toy trouver par chemin ?
Tu la tolluz, la romaine banniere,
Qu'on avoit faict au traict du parchemin. »

Ne fust Juno, qui, dessous l'arc celeste,
Avec son duc tendoit à la pipée,
On lui eust faict un tour si tresmoleste
Que de tous poincts elle eust esté frippée.
L'accord fut tel que, d'icelle lippée,
Elle en auroit deux œufz de Proserpine :
Et, si jamais elle y estoit grippée,
On la lieroit au mont de l'Albespine.

Sept mois aprés, oustez en vingt et deux,
Cil qui jadis anihila Carthage
Courtoisement se mit en milieu d'eux,
Les requerant d'avoir son heritage :
Ou bien qu'on fist justement le partage
Selon la loy que l'on tire au rivet,
Distribuant un tatin de potage
A ses facquins qui firent le brevet.

Mais l'an viendra, signé d'un arc turquois,
De cinq fuseaux et trois culz de marmite,
Onquel le dos d'un roy trop peu courtois
Poivré sera sous un habit d'hermite.
O la pitié! pour une chattemite
Laisserez vous engouffrer tant d'arpens ?
Cessez, cessez, ce masque nul n'imite ;
Retirez vous au frere des serpens.

Cest an passé, cil qui est regnera
Paisiblement avec ses bons amis.
Ny brusq ny smach lors ne dominera :
Tout bon vouloir aura son compromis.
Et le soulaz qui jadis fut promis
Es gens du ciel, viendra en son befroy.
Lors les haratz qui estoient estommis
Triumpheront en royal palefroy.

Et durera ce temps de passepasse
Jusques à tant que Mars ait les empas.
Puis en viendra un qui tous aultres passe,
Delicieux, plaisant, beau sans compas.
Levez vos cœurs, tendez à ce repas,
Tous mes féaux : car tel est trespassé
Qui pour tout bien ne retourneroit pas,
Tant sera lors clamé le temps passé.

Finablement, celuy qui fut de cire
Sera logé au gond du jacquemart.
Plus ne sera reclamé sire, sire,
Le brimbaleur qui tient le cocquemart.
Heu, qui pourroit saisir son bracquemar !
Toust seroient netz les tintoins cabus :
Et pourroit on, à fil de poulemart,
Tout baffouer le magazin d'abus.

CHAPITRE III

COMMENT GARGANTUA FUT UNZE MOIS PORTÉ OU VENTRE DE SA MERE

Grandgousier estoit bon raillard en son temps, aimant à boire net autant que homme qui pour lors fust au monde, et mangeoit voluntiers salé. A ceste fin, avoit ordinairement bonne munition de jambons de Magence et de Bayonne, force langues de bœuf fumées, abundance d'andouilles en la saison, et bœuf salé à la moustarde ; renfort de boutargues, provision de saulcisses, non de Bouloigne (car il craignoit ly boucon de Lombard), mais de Bigorre, de Lonquaulnay, de la Brene et de Rouargue. En son eage virile espousa Gargamelle, fille du roy des Parpaillos, belle gouge et de bonne troigne. Et faisoient eux deux souvent ensemble la beste à deux dos, joyeusement se frottans leur lard, tant qu'elle engroissa d'un beau filz, et le porta jusques à l'unziesme mois.

Car autant, voire davantage, peuvent les femmes ventre porter, mesmement quand c'est quelque chef d'œuvre, et personnage qui doibve en son temps faire grandes prouesses. Comme dit Homere que l'enfant, duquel Neptune engroissa la nymphe, nasquit l'an aprés revolu, ce fut le douziesme mois. Car (comme dit Aulus Gellius, lib. III) ce long temps convenoit à la majesté de Neptune, afin qu'en iceluy l'enfant fust formé à perfection. A pareille raison Jupiter fit durer quarante huit heures la nuyt qu'il coucha avec Alcmene. Car en moins de temps n'eust il peu forger Hercules, qui nettoya le monde de monstres et tyrans.

Messieurs les anciens Pantagruelistes ont conformé ce que je dis, et ont déclairé non seulement possible, mais aussi legitime, l'enfant né de femme l'unziesme mois aprés la mort de son mary.

Hippocratés, lib. *de Alimento*.

Pline, lib. VII, cap. v.

Plaute, *in Cistellaria*.

Marcus Varro, en la satyre inscripte *le Testament*, allegant l'autorité d'Aristoteles à ce propos.

Censorinus, lib. *de Die natali*.

Aristoteles, lib. VII, cap. III et IV, *de Natura animalium*.

Gellius, lib. III, cap. XVI.

Servius, *in Egl.*, exposant ce metre de Virgile,

Matri longa decem, etc.

Et mille aultres fols : le nombre desquelz a esté par les legistes **acreu**, *ff. de Suis, et legit. l. intestato.* § *fin.*

Et in authent. de Restitut. et ea quæ parit in undecimo mense.

D'abundant en ont chaffourré leur robidilardique loy. *Gallus, ff. de lib. et posthum. et l. septima, ff. de Stat. homin.;* et quelques aultres que pour le présent dire n'ose.

Moyennant lesquelles loix, les femmes veuves peuvent franchement jouer du serrecropière à tous enviz et toutes restes, deux mois après le trespas de leurs maris. Je vous prie par grâce, vous aultres mes bons averlans, si d'icelles en trouvez que vaillent le desbraguetter, montez dessus et me les amenez. Car, si au troisiesme mois elles engroissent, leur fruict sera héritier du défunct. Et, la groisse cogneue, poussent hardiment oultre, et vogue la galée, puis que la panse est pleine!

Comme Julie, fille de l'empereur Octavian, ne s'abandonnoit à ses taboureurs sinon quand elle se sentoit grosse, à la forme que la navire ne reçoit son pilot que premièrement ne soit callafatée et chargée.

Et si personne les blasme de soy faire rataconniculer ainsi sus leur groisse, veu que les bestes sus leurs ventrées n'endurent jamais le masle masculant, elles respondront que ce sont bestes, mais elles sont femmes, bien entendantes les beaulx et joyeulx menus droits de superfétation, comme jadis respondit Populie, selon le rapport de Macrobe, lib. II, *Saturnal.*

Si le diavol ne veult qu'elles engroissent, il fauldra tortre le douzil, et bouche clouse.

CHAPITRE IV.

COMMENT GARGAMELLE, ESTANT GROSSE DE GARGANTUA, MANGEA GRAND PLANTÉ DE TRIPES.

L'occasion et manière comment Gargamelle enfanta fut telle : et si ne le croyez, le fondement vous escappe! Le fondement luy escappoit une après disnée, le troisiesme jour de febvrier, par trop avoir mangé de gaudebillaux. Gaudebillaux sont grasses tripes de coiraux. Coiraux sont boeufz engressez à la creche et prez guimaulx. Prez guimaulx sont qui portent herbe deux fois l'an. D'iceulx gras boeufz avoient faict tuer trois cens soixante sept mille et quatorze, pour estre à mardy gras salés, afin qu'en la prime vere ils eussent boeuf de saison à tas, pour au commencement des repas faire commemoration de saleures, et mieulx entrer en vin.

Les tripes furent copieuses, comme entendez, et tant friandes estoient que chascun en leichoit ses doigts. Mais la grande diablerie à quatre personnaiges estoit bien en ce que possible n'estoit longuement les reserver, car elles feussent pourries, ce qui sembloit indecent; dont fut conclud qu'ilz les bauflreroient sans rien y perdre. A ce faire convierent tous les citadins de Sainnais, de Suillé, de la Roche Clermaud, de Vaugaudray, sans laisser arriere le Coudray, Montpensier, le Gué de Vede, et aultres voisins, tous bons beuveurs, bons compaignons et beaux joueurs de quille la. Le bon homme Grandgousier y prenoit plaisir bien grand, et commandoit que tout allast par escuelles. Disoit toutesfoys à sa femme qu'elle en mangeast le moins, veu qu'elle approchoit de son terme, et que ceste tripaille n'estoit viande moult louable. « Celluy, disoit il, a grande envie de mascher merde, qui d'icelle le sac mange. » Non obstant ces remonstrances, elle en mangea seize muiz, deux bussars et six tupins. O belle matiere fecale qui devoit boursouffler en elle!

Aprés disner, tous allerent pelle melle à la Saulsaie, et là, sus l'herbe drue, dancerent au son des joyeux flageollets et doulces cornemuses, tant baudement que c'estoit passetemps celeste les voir ainsi soy rigouller.

CHAPITRE V

LES PROPOS DES BEUVEURS

Puis entrerent en propos de reciner on propre lieu.

Lors flaccons d'aller, jambons de trotter, goubelets de voler, breusses de tinter. « Tire, baille, tourne, brouille. — Boutte à moy sans eau : ainsi, mon amy. — Fouette moy ce verre galentement. — Produis moy du clairet, verre pleurant. — Treves de soif. — Ha, faulse fiebvre, ne t'en iras tu pas? — Par ma fy, ma commere, je ne peux entrer en bette. — Vous estes morfondue, m'amie? — Voire. — Ventre sainct Quenet, parlons de boire. — Je ne boy qu'à mes heures, comme la mule du pape. — Je ne boy qu'en mon breviaire, comme un beau pere guardian. — Qui fut premier, soif ou beuverie? — Soif, car qui eust beu sans soif durant le temps d'innocence? — Beuverie, car *privatio præsupponit habitum*. Je suis clerc : *Fœcundi calices quem non fecere disertum?* — Nous aultres innocens ne beuvons que trop sans soif. — Non moy, pecheur, sans soif; et, si non presente, pour le moins future, la prevenant comme entendez. Je boy pour la soif advenir. Je boy eternellement. Ce m'est eternité de beuverie, et beuverie d'eternité. Chantons, beuvons; un motet entonnons. Où est mon entonnoir? Quoy! je ne boy que par procuration.

— Mouillez vous pour seicher, ou vous seichez pour mouiller? — Je n'entends poinct la théoricque; de la praticque je me aide quelque peu. — Haste! Je mouille, je humecte, je boy; et tout de peur de mourir.

— Beuvez tousjours, vous ne mourrez jamais. — Si je ne boy, je suis à sec, me voilà mort. Mon ame s'enfuira en quelque grenoillere. En sec jamais l'ame ne habite. Sommeliers, o créateurs de nouvelles formes, rendez moi de non beuvant beuvant. Perannité d'arrousement par ces nerveux et secs boyaux. Pour néant boit qui ne s'en sent. Cestuy entre dedans les venes, la pissotiere n'y aura rien. — Je laverois voluntiers les tripes de ce veau que j'ay ce matin habillé. — J'ay bien saburré mon stomach. Si le papier de mes schedules beuvoit aussi bien que je fais, mes crediteurs auroient bien leur vin quand on viendroit à la formule de exhiber. — Ceste main vous gaste le nez. — O quants aultres y entreroint, avant que cestuy cy en sorte! Boire à si petit gué, c'est pour rompre son poictral. Cecy s'appelle pipée à flaccons. — Quelle différence est entre bouteille et flaccon? — Grande : car bouteille est fermée à bouchon, et flaccon à viz. — De belles! Nos peres beurent bien et vuiderent les potz. — C'est bien chié chanté, beuvons! — Voulez vous rien mander à la riviere? Cestuy cy va laver les tripes. — Je ne boy en plus qu'une esponge. — Je boy comme un templier. — Et je *tanquam sponsus*. — Et moi *sicut terra sine aqua*. — Un synonyme de jambon? — C'est un compulsoire de beuvettes, c'est un poulain. Par le poulain on descend le vin en cave; par le jambon, en l'estomac. — Or çà à boire, boire çà! — Il n'y a poinct charge. *Respice personam, pone pro duo : bus non est in usu.* — Si je montois aussi bien comme j'avalle, je fusse pieçà hault en l'air.

> Ainsi se fist Jacques Cueur riche,
> Ainsi profitent bois en friche;
> Ainsi conquesta Bacchus l'Inde;
> Ainsi philosophiè Melinde.

— Petite pluye abat grand vent : longues beuvettes rompent le tonnoire. — Mais, si ma couille pissoit telle urine, la vouldriez vous bien sugcer? — Je retiens après. — Paige, baille : je t'insinue ma nomination en mon tour.

> .....Hume, Guillot,
> Encores y en a il on pot.

— Je me porte pour appellant de soif, comme d'abus. Paige, relieve mon appel en forme. — Ceste roigneure! Je soulois jadis boire tout, maintenant je n'y laisse rien. — Ne nous hastons pas et amassons bien tout.

— Voicy tripes de jeu et gaudebillaux d'envy. De ce fauveau à la raye noire. O, pour Dieu, estrillons le à profict de mesnaige. — Beuvez, ou je vous... Non, non, beuvez, je vous en prie. — Les passereaux ne mangent sinon qu'on leur tappe les queues. Je ne boy sinon qu'on me flatte.

— *Lagona edatera!* Il n'y a rabouillere en tout mon corps où cestuy vin ne furette la soif. — Cestuy cy me la fouette bien. — Cestuy cy me la banira du tout. — Cornons icy, à son de flaccons et bouteilles, que quiconques aura perdu la soif n'ait à la chercher céans. Longs clysteres de beuverie l'ont faict vuider hors le logis. — Le grand Dieu fit les planetes, et nous faisons les platz netz. — J'ay la parole de Dieu en bouche : *Sitio*. La pierre dite ἄσβεστος n'est plus inextinguible que la soif de ma paternité. — L'appetit vient en mangeant, disoit Angeston ; mais la soif s'en va en beuvant. — Remede contre la soif? — Il est contraire à celuy qui est contre morsure de chien : courez tousjours aprés le chien, jamais ne vous mordra ; beuvez tousjours avant la soif, et jamais ne vous adviendra. — Je vous y prends, je vous resveille. Sommelier eternel, garde nous de somme. Argus avoit cent yeulx pour voir : cent mains fault à un sommelier, comme avoit Briareus, pour infatigablement verser. — Mouillons, hay, il fait beau seicher. — Du blanc, verse tout, verse, de par le diable ! verse deçà, tout plein. La langue me pelle. — Lans, tringue : à toy compaing, de hait, de hait. — La, la, la, c'est morfiaillé cela. *O lacryma Christi!* c'est de la Deviniere : c'est vin pineau. — O le gentil vin blanc! et, par mon ame, ce n'est que vin de taffetas. — Hen, hen, il est à une oreille, bien drappé et de bonne laine. — Mon compaignon, couraige! Pour ce jeu, nous ne volerons pas, car j'ay faict un levé. *Ex hoc in hoc*. Il n'y a poinct d'enchantement : chascun de vous l'a veu. Je y suis maistre passé. A brum, à brum, je suis prestre Macé. — O les beuveurs! O les alterés! Paige, mon amy, emplis icy et couronne le vin, je te prie. A la cardinale. *Natura abhorret vacuum*. Diriez vous qu'une mousche y eust beu? — A la mode de Bretaigne. — Net, net, à ce pyot. Avallez, ce sont herbes. »

CHAPITRE VI

COMMENT GARGANTUA NASQUIT EN FAÇON BIEN ESTRANGE

Eux tenans ces menus propos de beuverie, Gargamelle commença se porter mal du bas ; dont Grandgousier se leva dessus l'herbe, et la reconfortoit honnestement, pensant que ce fust mal d'enfant, et luy disant qu'elle s'estoit là herbée sous la saulsaye, et qu'en brief elle feroit piedz neufz ; par ce, luy convenoit prendre couraige nouveau, au nouvel advenement de son poupon ; et, encores que la douleur luy fust quelque peu en fascherie, toutesfois que icelle seroit briefve ; et la joye, qui tost succederoit, lui tolliroit tout cest ennuy : en sorte que seulement ne luy en resteroit la soubvenance. « Je le prouve, disoit-il; nostre Saulveur dit en l'Evangile *Joannis*, XVI : La femme qui est à l'heure de son enfantement a tristesse; mais, lorsqu'elle a enfanté, elle n'a souvenir aulcun de son angoisse. — Ha, dist elle, vous dictes bien, et aime beaucoup mieulx ouïr tels propos de l'Evangile, et beaucoup mieulx m'en trouve que de ouïr la vie de saincte Marguarite ou quelque autre capharderie.

— Couraige de brebis, disoit-il, despeschez vous de cestuy cy, et bien tost en faisons un aultre. — Ha, dist elle, tant vous parlez à vostre aise, vous aultres hommes! Bien, de par Dieu, je me parforceray, puisqu'il vous plaist. Mais pleust à Dieu que vous l'eussiez coupé! — Quoy? dist Grandgousier. — Ha, dist elle, que vous estes bon homme! vous l'entendez bien. — Mon membre? dist il. Sang de les cabres! si bon vous semble, faictes apporter un cousteau.

— Ha, dist elle, ja Dieu ne plaise! Dieu me le pardoint, je ne le dis de bon cœur, et, pour ma parole, n'en faictes ne pys ne moins. Mais j'auray prou d'affaires aujourd'huy, si Dieu ne me aide, et tout par vostre membre, que vous fussiez bien aise!

— Couraige, couraige! dist il; ne vous souciez au reste, et laissez faire aux quatre bœufs de devant. Je m'en vais boire encores quelque veguade. Si ce pendant vous survenoit quelque mal, je me tiendray prés : huschant en paulme, je me rendray à vous. »

Peu de temps aprés elle commença à souspirer, lamenter et crier. Soudain vindrent à tas sages femmes de tous costés. Et, la tastans par le bas, trouverent quelques pellauderies assez de maulvais goust, et pensoient que ce fust l'enfant; mais c'estoit le fondement qui luy escappoit, à la mollification du droit intestin, lequel vous appelez le boyau cullier, par trop avoir mangé des tripes, comme avons declaré cy dessus.

Dont une horde vieille de la compaignie, laquelle avoit reputation d'estre grande medicine, et là estoit venue de Brisepaille, d'auprés Sainct Genou, devant soixante ans, luy fit un restrinctif si horrible que tous ses larrys tant furent oppilés et reserrés qu'à grand peine avec les dents vous les eussiez eslargis, qui est chose bien horrible à penser, mesmement que le diable, à la messe de sainct Martin, escrivant le caquet de deux gualoises, à belles dents alongea son parchemin.

Par cest inconvenient furent au dessus relaschés les cotyledons de la matrice, par lesquelz sursaulta l'enfant, et entra en la vene creuse; et gravant par le diaphragme jusques au-dessus des espaules, où ladite vene se part en deux, print son chemin à gauche, et sortit par l'oreille senestre. Soudain qu'il fut né, ne cria, comme les aultres enfans *Mies, mies, mies*; mais, à haulte voix, s'escrioit : « A boire, à boire, à boire! »

comme invitant tout le monde à boire, si bien qu'il fut ouy de tout le pays de Beusse et de Bibarois.

Je me doubte que ne croyez asseurement ceste estrange nativité. Si ne le croyez, je ne m'en soucie; mais un homme de bien, un homme de bon sens croit tousjours ce qu'on luy dit, et qu'il trouve par escrit. Ne dit Salomon, *Proverbiorum* XIV : *Innocens credit omni verbo*, etc. ? Et sainct Paul, *prim. Corinthior.* XIII : *Charitas omnia credit* ? Pourquoy ne le croiriez vous ? Pour ce, dictes vous, qu'il n'y a nulle apparence. Je vous dis que, pour ceste seule cause, vous le devez croire, en foy parfaicte. Car les sorbonistes disent que foy est argument des choses de nulle apparence.

Est ce contre nostre loy, nostre foy, contre raison, contre la saincte Escriture? De ma part, je ne trouve rien escrit es Bibles sainctes qui soit contre cela. Mais, si le vouloir de Dieu tel eust esté, diriez vous qu'il ne l'eust pu faire? Ha, pour grace, n'emburelucoquez jamais vos esprits de ces vaines pensées. Car je vous dis que à Dieu rien n'est impossible. Et, s'il vouloit, les femmes auroient dorenavant ainsi leurs enfants par l'oreille.

Bacchus ne fut il pas engendré par la cuisse de Jupiter ?

Rocquetaillade nasquit il pas du talon de sa mere ?

Crocquemouche, de la pantoufle de sa nourrice ?

Minerve nasquit elle pas du cerveau par l'oreille de Jupiter ?

Adonis, par l'escorce d'une arbre de mirrhe ?

Castor et Pollux, de la cocque d'un œuf pont et esclos par Leda ?

Mais vous seriez bien davantaige esbahis et estonnés si je vous exposois presentement tout le chapitre de Pline, auquel parle des enfantemens estranges et contre nature. Et toutesfois je ne suis point menteur tant asseuré comme il a esté. Lisez le septiesme de sa *Naturelle Histoire*, chap. III, et ne m'en tabustez plus l'entendement.

CHAPITRE VII

COMMENT LE NOM FUT IMPOSÉ A GARGANTUA, ET COMMENT IL HUMOIT LE PIOT

Le bon homme Grandgousier, beuvant et se rigollant avec les aultres, entendit le cry horrible que son filz avoit faict entrant en lumiere de ce monde, quand il brasmoit demandant : A boire, à boire, à boire ! dont il dist : « QUE GRAND TU AS *(supple)* le gousier. » Ce que oyans les assistans, dirent que vrayement il debvoit avoir par ce le nom GARGANTUA, puisque telle avoit esté la premiere parole de son pere à sa naissance, à l'imitation et exemple des anciens Hebreux. A quoy fut condescendu par iceluy, et pleut tres bien à sa mere. Et, pour l'appaiser, luy donnerent à boire à tirelarigot, et fut porté sus les fonts, et là baptisé, comme est la coustume des bons christiens.

Et luy furent ordonnées dix et sept mille neuf cens treize vaches de Pautille et de Brehemond, pour l'alaicter ordinairement : car, de trouver nourrice suffisante n'estoit possible en tout le pays, consideré la grande quantité de laict requis pour iceluy alimenter, combien qu'aucuns docteurs scotistes ayent affermé que sa mere l'alaicta, et qu'elle pouvoit traire de ses mammelles quatorze cens deux pipes neuf potées de laict pour chascune fois. Ce que n'est vray semblable. Et a esté la proposition declairée par Sorbone mammalement scandaleuse, des pitoyables oreilles, offensive, et sentant de loing heresie.

En cest estat passa jusques à un an et dix mois ; onquel temps, par le conseil des medicins, on commença le porter, et fut faicte une belle charrette à bœufs par l'invention de Jean Denyau. Dedans icelle on le pourmenoit par cy par là, joyeusement : et le faisoit bon voir, car il portoit bonne troigne et avoit presque dix et huit mentons, et ne crioit que bien peu ; mais il se conchioit à toutes heures : car il estoit merveilleusement phlegmatique des fesses, tant de sa complexion naturelle que de la disposition accidentale qui luy estoit advenue par trop humer de purée septembrale. Et n'en humoit goutte sans cause : car, s'il advenoit qu'il fust despit, courroucé, fasché ou marry ; s'il trepignoit, s'il pleuroit, s'il crioit, luy apportant à boire, l'on le remettoit en nature, et soudain demeuroit coy et joyeux.

Une de ses gouvernantes m'a dit, jurant sa fy, que de ce faire il estoit tant coustumier qu'au seul son des pinthes et flaccons il entroit en ecstase, comme s'il goustoit les joyes de paradis. En sorte qu'elles, considerans ceste complexion divine, pour le resjouir au matin, faisoient devant luy sonner des verres avec un cousteau, ou des flaccons avec leur toupon, ou des pinthes avec leur couvercle. Auquel son il s'esgayoit, il tressailloit, et luy mesmes se bressoit en dodelinant de la teste, monochordisant des doigts, et baritonant du cul.

CHAPITRE VIII

COMMENT ON VESTIT GARGANTUA

Luy estant en cest eage, son pere ordonna qu'on luy fist habillemens à sa livrée, laquelle estoit blanc et bleu. De faict on y besoigna, et furent faicts, taillés et cousus à la mode qui pour lors couroit.

Par les anciennes pantarches qui sont en la chambre des comptes à Montsoreau, je trouve qu'il fut vestu en la façon que s'ensuit :

Pour sa chemise furent levées neuf cens aulnes de toille de Chasteleraud, et deux cens pour les coussons en sorte de carreaux, lesquelz on mit sous les esselles. Et n'estoit point froncée, car la fronceure des chemises n'a esté inventée sinon depuis que les lingieres, lorsque la poincte de leur aiguille estoit rompue, ont commencé besoigner du cul.

Pour son pourpoinct furent levées huit cens treize aulnes de satin blanc ; et pour les aguillettes, quinze cens neuf peaulx et demie de chiens. Lors commença le monde attacher les chausses au pourpoinct, et non le pourpoinct aux chausses : car c'est chose contre nature, comme amplement a declairé Ockam sus les *exponibles* de M. Haultechaussade.

Pour ses chausses furent levées onze cens cinq aulnes et un tiers d'estamet blanc, et furent deschiquetées en forme de colonnes striées et crenelées par le derriere, afin de n'eschauffer les reins. Et flocquoit par dedans la deschicqueteure de damas bleu, tant que besoin estoit. Et notez qu'il avoit tres belles griefves, et bien proportionnées au reste de sa stature.

Pour la braguette furent levées seize aulnes un quartier d'iceluy mesme drap, et fut la forme d'icelle comme d'un arc boutant, bien estachée joyeusement à deux belles boucles d'or que prenoient deux crochets d'esmail, en un chascun desquelz estoit enchassée une grosse esmeraugde de la grosseur d'une pomme d'orange. Car (ainsi que dit Orpheus, *libro de Lapidibus*, et Pline, *libro ultimo*) elle a vertu erective et confortative du membre naturel. L'exiture de la braguette estoit à la longueur d'une canne, deschiquetée comme les chausses, avec le damas bleu flottant comme davant. Mais, voyans la belle brodeure de canetille, et les plaisans entrelaz d'orfevrerie garnis de fins diamants, fins rubis, fines turquoises, fines esmeraugdes, et unions persicques, vous l'eussiez comparée à une belle corne d'abondance, telle que voyez es antiquailles, et telle que donna Rhéa es deux nymphes Adrastéa et Ida, nourrices de Jupiter. Tousjours galante, succulente, resudante, tousjours verdoyante, tousjours fleurissante, tousjours fructifiante, pleine d'humeurs, pleine de fleurs, pleine de fruictz, pleine de toutes delices ; j'advoue Dieu s'il ne la faisoit bon voir. Mais je vous en exposeray bien davantaige au livre que j'ay fait *De la Dignité des braguettes*. D'un cas vous advertis que, si elle estoit bien longue et bien ample, si estoit elle bien garnie au dedans et bien avitaillée, en rien ne ressemblant les hypocritiques braguettes d'un tas de muguetz, qui ne sont pleines que de vent, au grand interest du sexe feminin.

Pour ses souliers furent levées quatre cens six aulnes de velours bleu cramoysi, et furent deschiquetés mignonnement par lignes paralleles joinctes en cylindres uniformes. Pour la quarreleure d'iceux furent employées unze cens peaulx de vache brune, taillées à queues de merluz.

Pour son saye furent levées dix et huit cens aulnes de velours bleu tainct en grené, brodé à l'entour de belles vignettes, et, par le milieu, de pinthes d'argent de canetille, enchevestrées de verges d'or, avec force perles ; par ce denotant qu'il seroit un bon fessepinthe en son temps.

Sa ceincture fut de trois cens aulnes et demie de cerge de soye, moitié blanche et moitié bleue, ou je suis bien abusé.

Son espée ne fut Valentienne, ni son poignard Sarragossois : car son pere hayssoit tous ces indalgos bourrachous marranisés comme diables ; mais il eut la belle espée de bois et le poignard de cuir bouilly, peintz et dorés comme un chascun souhaiteroit.

Sa bourse fut faite de la couille d'un oriflant, que lui donna her Pracontal, proconsul de Lybie.

Pour sa robe furent levées neuf mille six cens aulnes moins deux tiers de velours bleu comme dessus, tout porfilé d'or en figure diagonale, dont, par juste perspective, issoit une couleur innommée, telle que voyez es coulz des tourterelles, qui resjouissoit merveilleusement les yeulx des spectateurs.

Pour son bonnet furent levées trois cens deux aunes un quart de velours blanc, et fût la forme d'iceluy large et ronde à la capacité du chief. Car son pere disoit que ces bonnetz à la marrabaise, faicts comme une crouste de pasté, porteroient quelque jour malencontre à leurs tonduz.

Pour son plumart portoit une belle grande plume bleu, prise d'un onocrotal du pays de Hircanie la Sauvage, bien mignonnement pendante sus l'oreille droicte.

Pour son image avoit, en une plataine d'or pesant soixante et huit marcs, une figure d'esmail competent : en laquelle estoit portraict un corps humain ayant deux testes, l'une virée vers l'aultre, quatre bras, quatre pieds, et deux culz ; ainsi que dict Platon, *in Symposio*, avoir esté l'humaine nature à son commencement mystic ; et, autour, estoit escrit en lettres ioniques : Ἡ ἀγάπη οὐ ζητεῖ τὰ ἑαυτῆς.

Pour porter au col eut une chaine d'or pesante vingt et cinq mille soixante et trois marcs d'or, faicte en forme de grosses bacces, entre lesquelles estoient en œuvre gros jaspes verds, engravés et taillés en dracons, tous environnés de rayes et estincelles, comme les portoit jadis le roy Necepso. Et descendoit jusques à la boucque du petit ventre. Dont, toute sa vie, en eut l'emolument tel que savent les medecins gregoys.

Pour ses gands furent mises en oeuvre seize paulx de lutins, et trois de loups guarous pour la brodure d'iceux. Et de telle matière luy furent faits, par l'ordonnance des cabalistes de Sainlouand.

Pour ses anneaux (lesquelz voulut son pere qu'il portast pour renouveller le signe antique de noblesse) il eut, au doigt indice de sa main gauche, une escarboucle grosse comme un oeuf d'austruche, enchassée en or de seraph bien mignonnement. Au doigt medical d'icelle, eut un anneau fait des quatre metaulx ensemble, en la plus merveilleuse façon que jamais fust veue, sans que l'acier froissast l'or, sans que l'argent foullast le cuivre. Le tout fut fait par le capitaine Chappuys et Alcofribas son bon facteur. Au doigt medical de la dextre eut un anneau fait en forme spirale, auquel estoient enchassés un balay en perfection, un diamant en pointe, et une esmeraulde de Physon, de pris inestimable. Car Hans Carvel, grand lapidaire du roy de Melinde, les estimoit à la valeur de soixante neuf millions huit cens nonante et quatre mille dix et huit moutons à la grand' laine : autant l'estimerent les Fourques d'Auxbourg.

CHAPITRE IX

LES COULEURS ET LIVRÉE DE GARGANTUA

Les couleurs de Gargantua furent blanc et bleu, comme cy dessus avez peu lire. Et, par icelles, vouloit son pere qu'on entendist que ce luy estoit une joye celeste : car le blanc luy signifioit joye, plaisir, delices et resjouissance ; et le bleu, choses celestes.

J'entends bien que, lisans ces motz, vous vous mocquez du vieil beuveur, et reputez l'exposition des couleurs par trop indague et abhorrente : et dictes que blanc signifie foy, et bleu fermeté. Mais, sans vous mouvoir, courroucer, eschauffer, ny alterer (car le temps est dangereux), respondez moy, si bon vous semble. D'aultre contraincte n'useray envers vous, ny aultres quelz qu'ilz soient. Seulement vous diray un mot de la bouteille.

Qui vous meut ? qui vous poinct ? qui vous dit que blanc signifie foy, et bleu fermeté ? Un (dictes vous) livre trepelu, qui se vend par les bisouars et porteballes, au tiltre *le Blason des couleurs*. Qui l'a faict ? Quiconques il soit, en ce a esté prudent qu'il n'y a point mis son nom. Mais, au reste, je ne sçay quoy premier en luy je doibve admirer, ou son oultrecuidance, ou sa besterie.

Son oultrecuidance : qui, sans raison, sans cause et sans apparence, a osé prescrire, de son autorité privée, quelles choses seroient denotées par les couleurs : ce que est l'usance des tyrans, qui voulent leur arbitre tenir lieu de raison ; non des sages et sçavans, qui par raisons manifestes contentent les lecteurs.

Sa besterie : qui a existimé que, sans aultres demonstrations et argumens valables, le monde reigleroit ses devises par ses impositions badaudes. De faict (comme dit le proverbe : à cul de foyrard tousjours abonde merde), il a trouvé quelque reste de niays du temps des haults bonnetz, lesquelz ont eu foy à ses escrits, et, selon iceux, ont taillé leurs apophthegmes et dictés, en ont enchevestré leurs mulets, vestu leurs pages, escartelé leurs chausses, brodé leurs gands, frangé leurs licts, peinct leurs enseignes, composé chansons ; et (que pis est) faict impostures et lasches tours clandestinement entre les pudiques matrones.

En pareilles tenebres sont comprins ces glorieux de court, et transporteurs de noms, lesquelz, voulans en leurs devises signifier espoir, font pourtraire une sphere; des pennes d'oiseaux, pour peines; de l'ancholie, pour melancholie; la lune bicorne, pour vivre en croissant; un banc rompu, pour banque roupte; non, et un halcret, pour non durhabit; un lict sans ciel, pour un licencié. Que sont homonymies tant ineptes, tant fades, tant rustiques et barbares, que l'on debvroit attacher une queue de renard au collet, et faire un masque d'une bouze de vache à chascun d'iceux qui en vouldroit dorenavant user en France, aprés la restitution des bonnes lettres.

Par mesmes raisons (si raisons les doibs nommer, et non resveries) ferois je peindre un penier, denotant qu'on me faict peiner; et un pot à moustarde, que c'est mon cœur à qui moult tarde ; et un pot à pisser, c'est un official; et le fond de mes chausses, c'est un vaisseau de petz; et ma braguette, c'est le greffe des arrestz; et un estront de chien, c'est un tronc de céans, où gist l'amour de m'amye.

Bien aultrement faisoient en temps jadis les saiges d'Egypte, quand ilz escrivoient par lettres qu'ilz appelloient hieroglyphiques : lesquels nul n'entendoit qui n'entendist, et un chascun entendoit qui entendist la vertu, proprieté et nature des choses par icelles figurées. Desquelles Orus Apollon a en grec composé deux livres, et Polyphile, au *Songe d'amours*, en a davantaige exposé. En France, vous en avez quelque transon en la devise de monsieur l'Admiral, laquelle premier porta Octavian Auguste.

Mais plus oultre ne fera voile mon esquif entre ces gouffres, et gués mal plaisans. Je retourne faire scalle au port dont suis issu. Bien ay je espoir d'en escrire quelque jour plus amplement, et monstrer, tant par raisons philosophiques que par auctorités receues et approuvées de toute ancienneté, quelles et quantes couleurs sont en nature, et quoy par une chascune peut estre designé, si Dieu me sauve le moulle du bonnet, c'est le pot au vin, comme disoit ma mere grand.

CHAPITRE X

DE CE QU'EST SIGNIFIÉ PAR LES COULEURS BLANC ET BLEU

Le blanc donc signifie joye, soulaz et liesse; et non à tort le signifie, mais à bon droict et juste tiltre. Ce que pourrez verifier, si, arriere mises vos affections, voulez entendre ce que presentement je vous exposeray.

Aristoteles dit que, supposant deux choses contraires en leur espece, comme bien et mal, vertu et vice, froid et chauld, blanc et noir, volupté et douleur, joye et dueil, et ainsi des aultres, si vous les coublez, en telle façon qu'un contraire d'une espece convienne raisonnablement à l'un contraire d'une aultre, il est consequent que l'aultre contraire compete avec l'aultre residu. Exemple : vertu et vice sont contraires en une espece; aussi sont bien et mal. Si l'un des contraires de la premiere espece convient à l'un de la seconde, comme vertu et bien (car il est seur que vertu est bonne), ainsi feront les deux residus, qui sont mal et vice, car vice est maulvais.

Ceste reigle logicale entendue, prenez ces deux contraires, joye et tristesse, puis ces deux, blanc et noir : car ilz sont contraires physicalement. Si ainsi donc est que noir signifie dueil, à bon droict blanc signifiera joye.

Et n'est ceste signifiance par imposition humaine instituée, mais receue par consentement de tout le monde, que les philosophes nomment *jus gentium*, droict universel, valable par toutes contrées.

Comme assez sçavez que tous peuples, toutes nations (je excepte les antiques Syracusans et quelques Argives, qui avoient l'ame de travers), toutes langues, voulans exteriorement demonstrer leur tristesse, portent habit de noir, et tout dueil est faict par noir. Lequel consentement universel n'est faict que nature n'en donne quelque argument et raison : laquelle un chascun peut soudain par soy comprendre sans aultrement estre instruict de personne; laquelle nous appelons droict naturel.

Par le blanc, à mesmes induction de nature, tout le monde a entendu joye, liesse, soulaz, plaisir et delectation.

Au temps passé, les Thraces et Cretes signoient les jours bien fortunés et joyeux de pierres blanches; les tristes et defortunés, de noires.

La nuyct n'est elle funeste, triste et melancholieuse? Elle est noire et obscure par privation. La clarté n'esjouist elle toute nature? Elle est blanche plus que chose que soit. A quoy prouver je vous pourrois renvoyer au livre de Laurens Valle contre Bartole; mais le tesmoignage evangelique vous contentera. *Matth.*, XVII. est dict qu'à la transfiguration de nostre

Seigneur, *vestimenta ejus facta sunt alba sicut lux* : ses vestemens furent faicts blancs comme la lumiere. Par laquelle blancheur-lumineuse, donnoit entendre à ses trois apostres l'idée et figure des joyes eternelles, car, par la clarté, sont tous humains esjouis. Comme vous avez le dict d'une vieille qui n'avoit dents en gueule ; encore disoit elle : *Bona lux.* Et Thobie, cap. v, quand il eut perdu la veue, lorsque Raphaël le salua, respondit : « Quelle joye pourray je avoir, qui poinct ne voy la lumiere du ciel? » En telle couleur tesmoignerent les anges la joye de tout l'univers à la resurrection du Sauveur, *Joan.*, xx ; et à son ascension, *Act.*, I. De semblable parure vit sainct Jean Evangeliste, *Apoc.*, IV et VII, les fideles vestus en la celeste et béatifiée Hierusalem.

Lisez les histoires antiques, tant grecques que romaines, vous trouverez que la ville de Albe (premier patron de Rome) fut et construicte et appellée à l'invention d'une truie blanche.

Vous trouverez que, si à aulcun, aprés avoir eu des ennemis-victoire, estoit decreté qu'il entrast à Rome en estat triumphant, il y entroit sur un char tiré par chevaux blancs. Autant celuy qui y entroit en ovation, car, par signe ny couleur, ne pouvoient plus certainement exprimer la joye de leur venue que par la blancheur.

Vous trouverez que Pericles, duc des Atheniens, voulut celle part de ses gensd'armes esquelz par sort estoient advenues les febves blanches, passer toute la journée en joye, solaz et repos ; cependant que ceulx de l'aultre part batailleroient. Mille aultres exemples et lieux à ce propos vous pourrois je exposer ; mais ce n'est icy le lieu.

Moyennant laquelle intelligence, pouvez resouldre un probleme, lequel Alexandre Aphrodisé a reputé insoluble : Pourquoy le léon, qui de son seul cry et rugissement espouvante tous animaux, seulement crainct et revere le coq blanc? Car (ainsi que dit Proclus, *lib. de Sacrificio et Magia*) c'est parce que la presence de la vertu du soleil, qui est l'organe et promptuaire de toute lumiere terrestre et syderale, plus est symbolisante et competente au coq blanc, tant pour icelle couleur que pour sa proprieté et ordre specifique, que au léon. Plus dit, qu'en forme léonine ont esté diables souvent veus, lesquelz, à la presence d'un coq blanc, soudainement sont disparus.

C'est la cause pourquoy *Galli* (ce sont les François, ainsi appellés parce que blancs sont naturellement comme laict, que les Grécs nomment γάλα) voluntiers portent plumes blanches sur leurs bonnetz. Car, par nature, ilz sont joyeux, candides, gracieux et bien amés ; et, pour leur symbole et enseigne, ont la fleur plus que nulle aultre blanche, c'est le lys.

Si demandez comment, par couleur blanche, nature nous induict entendre joye et liesse, je vous responds que l'analogie et conformité est telle. Car, comme le blanc exteriorement disgrege et espart la veue, dissolvant manifestement les esprits visifz, selon l'opinion d'Aristoteles, en ses *problemes*, et les perspectifz : et le voyez par experience, quand vous passez les monts couvers de neige, en sorte que vous plaignez de ne pouvoir bien regarder, ainsi que Xenophon escrit estre advenu à ses gens, et comme Galen expose amplement, *libro* X *de Usu partium.* Tout ainsi le cœur, par joye excellente, est interiorement espart, et patit manifeste resolution des espritz vitaulx : laquelle tant peut estre accrue que le cœur demoureroit spolié de son entretien, et par consequent seroit la vie estaincte par ceste perichairie, comme dit Galen, *lib.* XII *Method., lib.* V *de Locis affectis, et lib.* II *de symptomaton Causis.* Et comme estre au temps passé advenu tesmoignent Marc Tulle, *lib.* I *question Tuscul.,* Verrius, Aristoteles, Tite Live, après la bataille de Cannes ; Pline, *lib.* VII, *cap.* XXXII et LIII; A. Gellius, *lib.* III, XV, et aultres, à Diagoras Rhodien, Chilo, Sophocles, Dionys, tyran de Sicile, Philippides, Philemon, Polycrata, Philistion, M. Juventi, et aultres qui moururent de joye. Et comme dit Avicenne, *in* II *canone,* et *lib. de Viribus cordis,* du zaphran, lequel tant esjouit le cœur qu'il le despouille de vie, si on en prend en dose excessive, par resolution et dilatation superflue. Ici voyez Alex. Aphrodisien, *lib. primo Problematum, cap.* XIX. Et pour cause. Mais quoy ! j'entre plus avant en ceste matiere que n'establissois au commencement. Icy donc calleray mes voiles, remettant le reste au livre en ce consommé du tout. Et diray, en un mot, que le bleu signifie certainement le ciel et choses celestes, par mesmes symboles que le blanc signifie joye et plaisir.

CHAPITRE XI

DE L'ADOLESCENCE DE GARGANTUA

Gargantua, de puis les trois jusques à cinq ans, fut nourry et institué en toute discipline convenente, par le commandement de son pere ; et celuy temps passa comme les petits enfans du pays c'est assavoir : à boire, manger et dormir ; à manger, dormir et boire ; à dormir, boire et manger.

Tousjours se vaultroit par les fanges, se mascaroit le nez, se chaffourroit le visage, aculoit ses souliers, baisloit souvent aux mouches, et couroit voulentiers après les parpaillons, desquelz son pere tenoit l'empire. Il pissoit sus ses souliers, il chioit en sa chemise, il se mouschoit à ses manches, il mourvoit dedans sa soupe, et patrouilloit par tout lieu, et beuvoit en sa pantoufle, et se frottoit ordinairement le ventre d'un panier. Ses dents aguisoit d'un sabot, ses mains lavoit de potaige, se pignoit d'un goubelet, s'asséoit entre deux selles le cul à terre, se couvroit d'un sac mouillé, beuvoit en mangeant sa soupe, mangeoit sa fouace sans pain, mordoit en riant, rioit en mordant, souvent crachoit au bassin, petoit de gresse, pissoit contre le soleil, se cachoit en l'eau pour la pluye, battoit à froid, songeoit creux, faisoit le succré, escorchoit le renard, disoit la patenostre du cinge, retournoit à ses moutons, tournoit les truies au foin, battoit le chien devant le lion, mettoit la charrette devant les bœufz, se gratoit où ne luy demangeoit poinct, tiroit les vers du nez, trop embrassoit et peu estraignoit, mangeoit son pain blanc le premier, ferroit les cigalles, se chatouilloit pour se faire rire, ruoit tres bien en cuisine, faisoit gerbe de feurre aux dieux, faisoit chanter *Magnificat* à matines et le trouvoit bien à propos, mangeoit choux et chioit pourrée, cognoissoit mousches en laict, faisoit perdre les pieds aux mousches, ratissoit le papier, chaffourroit le parchemin, guaignoit au pied, tiroit au chevrotin, comptoit sans son hoste, battoit les buissons sans prendre les ozillons, croyoit que nues fussent paelles d'arain, et que vessies fussent lanternes, tiroit d'un sac deux moustures, faisoit de l'asne pour avoir du bren, de son poing faisoit un maillet, prenoit les grues du premier sault, ne vouloit que maille à maille on fist les haubergeons, de cheval donné tousjours regardoit en la gueulle, saultoit du coq à l'asne, mettoit entre deux verdes une meure, faisoit de la terre le fossé, gardoit la lune des loups. Si les nues tomboient, esperoit prendre les alouettes toutes rousties; faisoit de necessité vertu, faisoit de tel pain soupe; se soucioit aussi peu des raiz comme des tonduz. Tous les matins escorchoit le renard. Les petits chiens de son pere mangeoient en son escuelle, luy de mesmes mangeoit avec eux. Il leur mordoit les oreilles, ilz luy graphinoient le nez; il leur souffloit au cul, ilz luy leschoient les badigoinces.

Et sabez quey, hillots? Que mau de pire vous bire! ce petit paillard tousjours tastonnoit ses gouvernantes cen dessus dessous, cen devant derriere, harry bourriquet, et desja commençoit exercer sa braguette, laquelle un chascun jour ses gouvernantes ornoient de beaulx boucquets, de beaulx rubans, de belles fleurs, de beaulx flocquars; et passoient leur temps à la faire revenir entre leurs mains, comme un magdaléon d'entraict. Puis s'esclaffoient de rire quand elle levoit les oreilles, comme si le jeu leur eust pleu. L'une la nommoit ma petite dille, l'aultre ma pine, l'aultre ma branche de coural, l'aultre mon bondon, mon bouchon, mon vibrequin, mon possouer, ma terière, ma pendilloche, mon rude esbat roidde et bas, mon dressouoir, ma petite andoille vermeille, ma petite couille bredouille. « Elle est à moy, disoit l'une. — C'est la mienne, disoit l'aultre. — Moy, disoit l'aultre, n'y auray je rien? Par ma foy, je la couperay donecques. — Ha couper! disoit l'autre, vous luy fêriez mal, madame; coupez vous la chose aux enfans? Il seroit Monsieur sans queue. »

Et, pour s'esbattre comme les petits enfans du pays, luy firent un beau virollet des aisles d'un moulin à vent de Mirebalays.

CHAPITRE XII

DES CHEVAULX FACTICES DE GARGANTUA

Puis, afin que toute sa vie fust bon chevaucheur, l'on luy fit un beau grand cheval de bois, lequel il faisoit penader, saulter, voltiger, ruer et danser tout ensemble; aller le pas, le trot, l'entrepas, le galop, les ambles, le hobin, le traquenard, le camelin et l'onagrier. Et luy faisoit changer de poil, comme font les moines de courtibaux, selon les festes : de bailbrun, d'alezan, de gris pommelé, de poil de rat, de cerf, de rouen, de vache, de zencle, de pecile, de pye, de leuce.

Luy mesmes, d'une grosse traîne fit un cheval pour la chasse; un aultre d'un fust de pressouer, à tous les jours ; et, d'un grand chesne, une mule avec la housse pour la chambre. Encores en eut il dix ou douze à relais, et sept pour la poste et tous mettoit coucher auprès de soy.

Un jour, le seigneur de Painensac visita son pere en gros train et apparat, au quel jour l'estoient semblablement venus voir le duc de Francrepas et le comte de Mouillevent. Par ma foy, le logis fut un peu estroict pour tant de gens, et singulierement les estables : donc le maistre d'hostel et fourrier dudit seigneur de Painensac, pour savoir si ailleurs en la maison estoient estables vacques, s'adresserent à Gargantua, jeune garsonuet, luy demandans secrettement où estoient les estables des grands chevaulx, pensans que voluntiers les enfans decèlent tout.

Lors il les mena par les grands degrés du chasteau, passant par la seconde salle en une grande galerie, par laquelle entrerent en une grosse tour, et, eux montans par d'aultres degrés, dist le fourrier au maistre d'hostel : « Cest enfant nous abuse, car les estables ne sont jamais au hault de la maison. — C'est, dist le maistre d'hostel, mal entendu à vous, car je sçay des lieux, à Lyon, à la Basmette, à Chaisnon et ailleurs, où les estables sont au plus hault du logis : ainsi peut estre que derriere y a issue au montouer. Mais je le demanderay plus asseurement. » Lors demanda à

Gargantua : « Mon petit mignon, où nous menez vous? — A l'estable, dist il, de mes grands chevaulx. Nous y sommes tantost : montons seulement ces eschallons. »

Puis, les passant par une aultre grande salle, les mena en sa chambre, et, retirant la porte : « Voicy, dist il, les estables que demandez ; voilà mon genest, voilà mon guildin, mon lavedan, mon traquenard ; » et, les chargeant d'un gros levier : « Je vous donne, dist il, ce phryson ; je l'ay eu de Francfort, mais il sera vostre ; il est bon, petit chevallet, et de grand peine : avec un tiercelet d'autour, demie-douzaine d'espanolz et deux levriers, vous voilà roy des perdrix et lievres pour tout cest hyver. — Par saint Jean, dirent ilz, nous en sommes bien ; à ceste heure avons nous le moyne. — Je le vous nye, dist il ; il ne fut, trois jours a, céans. » Devinez icy duquel des deux ilz avoient plus matiere, ou de soy cacher pour leur honte, ou de rire pour le passetemps.

Eux en ce pas descendens tout confus, il demanda : « Voulez vous une aubeliere? — Qu'est ce? dirent ils. — Ce sont, respondit il, cinq estroncs pour vous faire une muscliere. — Pour ce jourd'huy, dist le maistre d'hostel, si nous sommes roustis, jà au feu ne bruslerons, car nous sommes lardés à poinct en mon advis. O petit mignon, tu nous a baillé foin en corne : je te verray quelque jour pape. — Je l'entends, dist il, ainsi ; mais lors vous serez papillon, et ce gentil papeguay sera un papelard tout faict. — Voire, voire, dist le fourrier.

— Mais, dist Gargantua, devinez combien y a de poincts d'agueille en la chemise de ma mere? — Seize, dist le fourrier. — Vous, dist Gargantua, ne dictes l'evangile : car il y en a sens devant et sens derriere, et les comptastes trop mal — Quand? dist le fourrier. — Alors, dist Gargantua, qu'on fist de vostre nez une dille pour tirer un muy de merde, et de vostre gorge un entonnoir, pour la mettre en aultre vaisseau, car les fonds estoient esventés. — Cor Dieu, dist le maistre d'hostel, nous avons trouvé un causeur. Monsieur le jaseur, Dieu vous guard de mal, tant vous avez la bouche fraische. »

Ainsi descendens à grand haste, sous l'arceau des degrés laisserent tomber le gros levier qu'il leur avoit chargé. Dont dist Gargantua : « Que diantre vous estes mauvais chevaucheurs! Vostre courtaut vous fault au besoing. S'il vous falloit aller d'icy à Cahusac, qu'aimeriez vous mieulx, ou chevaucher un oison, ou mener une truie en laisse? — J'aimerois mieulx boire, » dist le fourrier. Et, ce disant, entrerent en la sale basse, où estoit toute la brigade, et, racontans ceste nouvelle histoire, les firent rire comme un tas de mousches.

CHAPITRE XIII

COMMENT GRANDGOUSIER COGNEUT L'ESPRIT MERVEILLEUX DE GARGANTUA
A L'INVENTION D'UN TORCHECUL

Sur la fin de la quinte année, Grandgousier, retournant de la defaicte des Canarriens, visita son fils Gargantua. Là fut resjouy, comme un tel pere pouvoit estre, voyant un sien tel enfant. Et, le baisant et accollant, l'interrogeoit de petits propos pueriles en diverses sortes. Et beut d'autant avec luy et ses gouvernantes, esquelles par grand soin demandoit, entre aultres cas, si elles l'avoient tenu blanc et net? A ce Gargantua fit responce qu'il y avoit donné tel ordre qu'en tout le pays n'estoit garson plus net que luy.

« Comment cela? dist Grandgousier. — J'ay, respondit Gargantua, par longue et curieuse experience, inventé un moyen de me torcher le cul, le plus royal, le plus seigneurial, le plus excellent, le plus expedient que jamais fut veu. — Quel? dist Grandgousier. — Comme vous le raconteray, dist Gargantua, presentement.

« Je me torchay une fois d'un cachelet de velours d'une damoiselle, et le trouvay bon, car la mollice de la soye me causoit au fondement une volupté bien grande.

« Une aultre fois, d'un chaperon d'icelle, et fut le mesmes.

« Une aultre fois, d'un cachecoul; une aultre fois, des orcillettes de satin cramoysi, mais la dorure d'un tas de spheres de merde qui y estoient m'escorcherent tout le derriere. Que le feu sainct Antoine arde le boyau cullier de l'orfebvre qui les fit, et de la damoiselle qui les portoit!

« Ce mal passa, me torchant d'un bonnet de paige, bien emplumé à la Suisse.

« Puis, fiantant derriere un buisson, trouvay un chat de Mars, d'iceluy me torchay; mais ses gryphes m'exulcererent tout le perinée.

« De ce me gueris au lendemain, me torchant des guands de ma mere, bien parfumés de maujoin.

« Puis me torchay de saulge, de fenoil, de aneth, de marjolaine, de roses, de feuilles de courles, de choux, de bettes, de pampre, de guymauves, de verbasce (qui est escarlatte de cul), de lactues et de feuilles d'espinards. Le tout me fit grand bien à ma jambe; de mercuriale, de persiguiere, d'orties, de consolde; mais j'en eus la cacquesangue de Lombard : dont fus guary me torchant de ma braguette.

« Puis me torchay aux linceulx, à la couverture, aux rideaux, d'un coissin, d'un tapis, d'un verd, d'une mappe, d'une serviette, d'un mouschenez, d'un peignouoir. En tout je trouvay de plaisir plus que n'ont les roigneux quand on les estrille

— Voire, mais, dist Grandgousier, lequel torchecul trouvas tu meilleur?
— J'y estois, dit Gargantua, et bien tost en sçaurez le *tu autem*. Je me torchay de foin, de paille, de bauduffe, de bourre, de laine, de papier ; mai

> Tousjours laisse aux couillons esmorcho
> Qui son hord cul de papier torche.

— Quoy, dist Grandgousier, mon petit couillon, as tu prins au pot, veu que tu rimes desjà ? — Ouy dea, respondit Gargantua, mon roy; je rime tant et plus, et, en rimant, souvent m'enrime.

« Escoutez que dit nostre retraict aux fianteurs :

> Chiart,
> Foirart,
> Petart,
> Brenous,
> Ton lard
> Chappart
> S'espart
> Sus nous.

> Hordous,
> Merdous,
> Esgous,
> Le feu de sainct Antoine t'ard,
> Si tous
> Tes trous
> Esclous
> Tu ne torche avant ton départ.

« En voulez vous davantaige ? — Ouy dea, respondit Grandgousier.
— Adonc, dist Gargantua :

RONDEAU

> En chiant, l'aultre hier senty
> La guabelle qu'à mon cul doibs;
> L'odeur fut aultre que cuidois :
> J'en fus du tout empuanty.
> O ! si quelqu'un eust consenty
> M'amener une qu'attendois
> En chiant !
>
> Car je lui eusse assimenty
> Son trou d'urine à mon lourdoys ;
> Cependant eust avec ses doigts
> Mon trou de merde guaranty,
> En chiant.

« Or, dictes maintenant que je n'y sçay rien. Par la mer dé, je ne les ay faict mie ; mais, les oyant reciter à dame grand que voyez cy, les ay retenu en la gibbessiere de ma memoire.

— Retournons, dit Grandgousier, à nostre propos. — Quel? dist Gargantua, chier? — Non, dist Grandgousier, mais torcher le cul. — Mais, dist Gargantua, voulez vous payer un bussart de vin breton, si je vous fais quinault en ce propos? — Ouy vrayement, dist Grandgousier.

— Il n'est, dist Gargantua, poinct besoing torcher le cul, sinon qu'il y ait ordure. Ordure n'y peut estre, si on n'a chié : chier donc nous fault davant que le cul torcher. — O! dist Grandgousier, que tu as bon sens, petit garsonnet! Ces premiers jours, je te feray passer docteur en Sorbone, par Dieu, car tu as de raison plus que d'aage.

« Or poursuis ce propos torcheculatif, je t'en prie. Et, par ma barbe, pour un bussart tu auras soixante pipes, j'entends de ce bon vin breton lequel poinct ne croist en Bretaigne, mais en ce bon pays de Verron.

— Je me torchay après, dist Gargantua, d'un couvrechief, d'un oreiller, d'une pantouphle, d'une gibessiere, d'un panier, mais ô le malplaisant torchecul! puis d'un chappeau. Et notez que des chappeaux les uns sont ras, les autres à poil, les aultres veloutés, les aultres taffetassés, les aultres satinizés. Le meilleur de tous est celuy de poil, car il fait tres bonne abstersion de la matiere fecale.

« Puis me torchay d'une poulle, d'un coq, d'un poullet, de la peau d'un veau, d'un lievre, d'un pigeon, d'un cormoran, d'un sac d'advocat, d'une barbute, d'une coyphe, d'un leurre.

« Mais, concluant, je dis et maintiens qu'il n'y a tel torchecul que d'un oizon bien dumeté, pourveu qu'on luy tienne la teste entre les jambes. Et m'en croyez sus mon honneur, car vous sentez au trou du cul une volupté mirifique, tant par la douceur d'iceluy dumet que par la chaleur temperée de l'oizon, laquelle facilement est communiquée au boyau culier et aultres intestins, jusques à venir à la region du cœur et du cerveau.

« Et ne pensez que la béatitude des heroes et semidieux, qui sont par les champs Elysiens, soit en leur asphodele, ou ambroisie, ou nectar, comme disent ces vieilles icy. Elle est, selon mon opinion, en ce qu'ilz se torchent le cul d'un oison. Et telle est l'opinion de maistre Jean d'Escosse. »

CHAPITRE XIV

COMMENT GARGANTUA FUT INSTITUÉ PAR UN THÉOLOGIEN EN LETTRES LATINES

Ces propos entenduz, le bon homme Grandgousier fut ravy en admiration, considerant le haut sens et merveilleux entendement de son filz Gargantua.

Et dist à ses gouvernantes : « Philippe, roy de Macedone, cogneut le bon sens de son filz Alexandre, à manier dextrement un cheval. Car le dict cheval estoit si terrible et si effrené que nul ne osoit monter dessus, parce qu'à tous ses chevaucheurs il bailloit la saccade, à l'un rompant le cou, à l'aultre les jambes, à l'aultre la cervelle, à l'aultre les mandibules. Ce que considerant Alexandre en l'hippodrome (qui estoit le lieu où l'on pourmenoit et voltigeoit les chevaux), advisa que la fureur du cheval ne venoit que de frayeur qu'il prenoit à son ombre. Donc, montant dessus, le fit courir encontre le soleil, si que l'ombre tomboit par derriere; et, par ce moyen, rendit le cheval doulx à son vouloir. A quoy cogneut son pere le divin entendement qui en luy estoit, et le fit tres bien endoctriner par Aristoteles, qui pour lors estoit estimé sus tous philosophes de Grece.

« Mais je vous dis qu'en ce seul propos que j'ay presentement devant vous tenu à mon filz Gargantua, je cognois que son entendement participe de quelque divinité, tant je le voy agu, subtil, profond et serain. Et parviendra à degré souverain de sapience, s'il est bien institué. Par ainsi, je veulx le bailler à quelque homme savant, pour l'endoctriner selon sa capacité. Et n'y veulx rien espargner. »

De faict, l'on luy enseigna un grand docteur en théologie, nommé maistre Thubal Holoferne, qui luy apprit sa charte, si bien qu'il la disoit par cœur au rebours : et y fut cinq ans et trois mois; puis luy leut le Donat, le Facet, Théodolet, et Alanus in Parabolis, et y fut treize ans six mois et deux sepmaines.

Mais notez que, ce pendant, il lui apprenoit à escrire gothiquement, et escrivoit tous ses livres : car l'art d'impression n'estoit encore en usaige.

Et portoit ordinairement un gros escritoire, pesant plus de sept mille quintaulx, duquel le galimart estoit aussi gros et grand que les gros pilliers d'Enay; et le cornet y pendoit à grosses chaines de fer, à la capacité d'un tonneau de marchandise.

Puy luy leut *de Modis significandi*, avec les commens de Hurtebise, de Fasquin, de Tropditeux, de Gualehaul, de Jehan le Veau, de Billonio, Brelinguandus, et un tas d'aultres : et y fut plus de dixhuit ans et unze mois. Et le sceut si bien qu'au coupelaud il le rendoit par cœur à revers. Et prouvoit sus ses doigts, à sa mere, que *de modis significandi non erat scientia*.

Puis luy leut le *Compost*, où il fut bien seize ans et deux mois, lors que son dict precepteur mourut :

Et fut l'an mil quatre cens vingt,
De la verole qui luy vint.

Aprés, en eut un aultre vieux tousseux, nommé maistre Jobelin Bridé, qui luy leut Hugutio, Hebrard Grecisme, le Doctrinal, les Pars, le *Quid est*, le *Supplementum*, Marmotret, *de Moribus in mensa servandis*; Seneca, *de Quatuor Virtutibus cardinalibus*; *Passavantus cum commento*, et *Dormi secure*, pour les festes; et quelques aultres de semblable farine; à la lecture desquelz il devint aussi saige qu'onques puis ne fourneasmes nous.

CHAPITRE XV

COMMENT GARGANTUA FUT MIS SOUS AULTRES PEDAGOGUES

A tant son pere apperceut que vrayement il estudioit tres bien, et y mettoit tout son temps; toutesfois qu'en rien ne prouffitoit, et, qui pis est, en devenoit fou, niays, tout resveux et rassoté.

De quoy se complaignant à don Philippe des Marays, viceroy de Papeligosse, entendit que mieulx luy vaudroit rien n'apprendre que telz livres sous telz precepteurs, apprendre. Car leur savoir n'estoit que besterie; et leur sapience n'estoit que moufles, abastardissant les bons et nobles esprits et corrompant toute fleur de jeunesse. « Et qu'ainsi soit, prenez, dist il, quelqu'un de ces jeunes gens du temps present, qui ait seulement estudié deux ans : en cas qu'il n'ait meilleur jugement, meilleures paroles, meilleur propos que vostre filz, et meilleur entretien et honnesteté entre le monde, reputez moy à jamais un taillebacon de la Brene. » Ce que à Grandgousier pleut tres bien, et commanda qu'ainsi fust faict.

Au soir, en soupant, ledict des Marays introduict un sien jeune paige de Villegongis, nommé Eudemon, tant bien testonné, tant bien tiré, tant bien espousseté, tant honneste en son maintien que trop mieulx ressembloit quelque petit angelot qu'un homme. Puis dist à Grandgousier :

« Voyez vous ce jeune enfant? il n'a encores seize ans : voyons, si bon vous semble, quelle difference y a entre le sçavoir de vos resveurs matéologiens du temps jadis et les jeunes gens de maintenant. » L'essay pleut à Grandgousier, et commanda que le paige proposast. Alors Eudemon, demandant congé de ce faire audit viceroy son maistre, le bonnet au poing, la face ouverte, la bouche vermeille, les yeulx asseurés, et le regard assis sur Gargantua, avec modestie juvenile, se tint sus ses pieds, et commença le louer et magnifier, premierement de sa vertu et bonnes mœurs, secondement de son sçavoir, tiercement de sa noblesse, quartement de sa beauté corporelle. Et, pour le quint, doulcement l'exhortoit à reverer son pere en toute observance, lequel tant s'estudioit à bien le faire instruire; enfin le prioit qu'il le voulsist retenir pour le moindre de ses serviteurs. Car aultre don pour le present ne requeroit des cieulx, sinon qu'il luy fust fait grace de lui complaire en quelque service agréable.

Le tout fut par iceluy proferé avec gestes tant propres, prononciation tant distincte, voix tant eloquente, et langaige tant orné et bien latin, que mieulx ressembloit un Gracchus, un Ciceron ou un Emilius du temps passé qu'un jouvenceau de ce siecle. Mais toute la contenance de Gargantua fut qu'il se print à pleurer comme une vache, et se cachoit le visaige de son bonnet, et ne fut possible de tirer de luy une parole, non plus qu'un pet d'un asne mort.

Dont son pere fut tant courroucé qu'il voulut occire maistre Jobelin. Mais ledict des Marays l'engarda par belle remonstrance qu'il luy fit, en maniere que fut son ire moderée. Puis commanda qu'il fust payé de ses gaiges, et qu'on le fist bien chopiner théologalement; ce faict, qu'il allast à tous les diables. « Au moins, disoit il, pour le jourd'huy ne coustera il gueres à son hoste, si d'adventure il mouroit ainsi sou comme un Anglois. »

Maistre Jobelin party de la maison, consulta Grandgousier avec le viceroy quel precepteur l'on lui pourroit bailler, et fut advisé entre eux qu'à cest office seroit mis Ponocrates, pedagogue de Eudemon; et que tous ensemble iroient à Paris pour cognoistre quel estoit l'estude des jouvenceaux de France pour iceluy temps.

CHAPITRE XVI

COMMENT GARGANTUA FUT ENVOYÉ A PARIS, ET DE L'ENORME JUMENT QUI LE PORTA, ET COMMENT ELLE DESFIT LES MOUSCHES BOVINES DE LA BEAUCE

En ceste mesme saison, Fayoles, quart roy de Numidie, envoya du pays d'Africque à Grandgousier une jument la plus enorme et la plus grande que fust onques veue, et la plus monstrueuse (comme assez savez que Africque apporte tousjours quelque chose de nouveau) : car elle estoit grande comme six oriflans, et avoit les pieds fendus en doigts comme le cheval de Jules Cesar, les oreilles ainsi pendantes comme les chevres de Languegoth, et une petite corne au cul. Au reste, avoit poil d'alezan toustade, entreillizé de grises pommelettes. Mais sus tout avoit la queue horrible, car elle estoit, poy plus poy moins, grosse comme la pile Sainct Mars auprés de Langés, et ainsi carrée, avec les brancars ny plus ny moins ennicrochés que sont les espicz au bled.

Si de ce vous esmerveillez, esmerveillez vous davantaige de la queue des beliers de Scythie, que pesoit plus de trente livres; et des moutons de

Surie, esquelz fault (si Tenaud dit vray) affuster une charrette au cul pour la porter, tant elle est longue et pesante. Vous ne l'avez pas telle, vous aultres paillards de plat pays. Et fut amenée par mer en trois carraques et un brigantin, jusques au port de Olone en Thalmondois. Lorsque Grandgousier la vit : « Voicy, dist il, bien le cas pour porter mon filz à Paris. Or ça, de par Dieu, tout ira bien. Il sera grand clerc au temps advenir. Si n'estoient messieurs les bestes, nous vivrions comme clercs. »

Au lendemain, aprés boire (comme entendez) prindrent chemin Gargantua, son precepteur Ponocrates et ses gens : ensemble eux Eudemon le jeune paige. Et, parce que c'estoit en temps serain et bien attrempé, son pere luy fit faire des bottes fauves : Babin les nomme brodequins. Ainsi joyeusement passerent leur grand chemin et tousjours grand chere, jusques au dessus d'Orléans. Auquel lieu estoit une ample forest, de la longueur de trente et cinq lieues, et de largeur dix et sept, ou environ. Icelle estoit horriblement fertile et copieuse en mousches bovines et freslons : de sorte que c'estoit une vraye briganderie pour les pauvres jumens, asnes et chevaulx. Mais la jument de Gargantua vengea honnestement tous les oultrages en icelle perpetrés sus les bestes de son espece, par un tour duquel ne se doubtoient mie. Car soudain qu'ilz furent entrés en ladicte forest, et que les freslons luy eurent livré l'assault, elle desgaina sa queue, et si bien, s'escarmouchant, les esmoucha, qu'elle en abatit tout le bois ; à tord, à travers, de çà, de là, par cy, par là, de long, de large, dessus, dessous, abatoit bois comme un fauscheur faict d'herbes. En sorte que, depuis, n'y eut ne bois ne freslons ; mais fut tout le pays reduict en campaigne.

Quoy voyant Gargantua, y print plaisir bien grand, sans aultrement s'en vanter, et dist à ses gens : « Je trouve *beau ce.* » Dont fut depuis appellé ce pays la Beauce. Mais tout leur desjeuner fut par baisler. En memoire de quoy, encores de present, les gentilz hommes de Beauce desjeunent de baisler, et s'en trouvent fort bien, et n'en crachent que mieulx.

Finalement arriverent à Paris ; auquel lieu se refraichit deux ou trois jours, faisant chere lye avec ses gens, et s'enquestant quelz gens sçavans estoient pour lors en la ville, et quel vin on y beuvoit.

CHAPITRE XVII

COMMENT GARGANTUA PAYA SA BIEN VENUE ES PARISIENS ET COMMENT IL PRINT LES GROSSES CLOCHES DE NOSTRE-DAME

Quelques jours aprés qu'ilz se furent refraichis, il visita la ville, et fut veu de tout le monde en grande admiration. Car le peuple de Paris est tant sot, tant badaut, et tant inepte de nature, qu'un basteleur, un porteur de rogatons, un mulet avec ses cymbales, un vielleux au milieu d'un carrefour assemblera plus de gens que ne feroit un bon prescheur evangelique. Et tant molestement le poursuivirent qu'il fut contrainct soy reposer sus les tours de l'eglise Nostre Dame. Auquel lieu estant, et voyant tant de gens à l'entour de soy, dist clairement :

« Je croy que ces marroufles veulent que je leur paye icy ma bien venue et mon proficiat. C'est raison. Je leur vais donner le vin ; mais ce ne sera que par rys. » Lors, en soubriant, destacha sa belle braguette, et, tirant sa mentule en l'air, les compissa si aigrement qu'il en noya deux cens soixante mille quatre cens dix et huit, sans les femmes et petits enfans.

Quelque nombre d'iceux evada ce pissefort à legiereté des pieds. Et, quand furent au plus haut de l'Université, suans, toussans, crachans, et hors d'halcine, commencerent à renier et jurer : les plagues de Dieu, je renye Dieu, frandienne vez tu ben, la merdé, pro cab de bious, das dich Gots leyden schend, pote de Christo, ventre sainct Quenet, vertus guoy, par sainct Fiacre de Brye, sainct Treignant, je fais veu à sainct Thibault, pasques Dieu, le bon jour Dieu, le diable m'emport, foy de gentilhomme, par sainct Andouille, par sainct Guodegrin qui fut martyrisé de pommes cuytes, par sainct Foutin l'apostre, par sainct Vit, par saincte Mamye, nous sommes baignés par rys. Dont fut depuis la ville nommée Paris (laquelle auparavant on appeloit Leucece, comme dit Strabo, *lib*. IV, c'est à dire, en grec, blanchette, pour les blanches cuisses des dames du dict lieu) ; et par aultant qu'à ceste nouvelle imposition du nom tous les assistans jurerent chascun les saincts de sa paroisse, les Parisiens, qui sont faicts de toutes gens et toutes pieces, sont par nature et bons jureurs et bons juristes, et quelque peu oultrecuidés : dont estime Joaninus de Barranco, *libro de Copiositate reverentiarum*, que sont dicts Parrhesiens en grecisme, c'est-à-dire fiers en parler.

Ce faict, considera les grosses cloches qui estoient es dictes tours, et les fit sonner bien harmonieusement. Ce que faisant, luy vint en pensée qu'elles serviroient bien de campanes au col de sa jument, laquelle il vouloit renvoyer à son pere, toute chargée de froumaiges de Brye et de harans frais. De faict, les emporta en son logis.

Ce pendant vint un commandeur jambonnier de sainct Antoine, pour faire sa queste suille : lequel, pour se faire entendre de loing, et faire trembler le lard au charnier, les voulut emporter furtivement ; mais par honnesteté les laissa, non parce qu'elles estoient trop chauldes, mais parce qu'elles estoient quelque peu trop pesantes à la portée. Cil ne fut pas celuy de Bourg, car il est trop de mes amis.

Toute la ville fut esmeue en sedition, comme vous sçavez qu'à ce ilz sont tant faciles, que les nations estranges s'esbahissent de la patience des rois de France, lesquelz aultrement par bonne justice ne les refrenent, veus les inconveniens qui en sortent de jour en jour. Pleust à Dieu que je sceusse l'officine en laquelle sont forgés ces schismes et monopoles, pour les mettre en evidence es confraries de ma paroisse! Croyez que le lieu auquel convint le peuple, tout folfré et habeliné, fut Sorbone, où lors estoit, maintenant n'est plus l'oracle de Leucece. Là fut proposé le cas, et remonstré l'inconvenient des cloches transportées.

Aprés avoir bien ergoté *pro et contra*, fut conclud en *baralipton* que l'on envoiroit le plus vieux et suffisant de la faculté théologale vers Gargantua, pour luy remonstrer l'horrible inconvenient de la perte d'icelles cloches. Et, non obstant la remonstrance d'aulcuns de l'Université, qui alleguoient que ceste charge mieulx competoit à un orateur qu'à un théologien, fut à cest affaire esleu nostre maistre Janotus de Bragmardo.

CHAPITRE XVIII

COMMENT JANOTUS DE BRAGMARDO FUT ENVOYÉ POUR RECOUVRER DE GARGANTUA LES GROSSES CLOCHES

Maistre Janotus, tondu à la cesarine, vestu de son lyripipion théologal, et bien antidoté l'estomac de coudignac de four et eau beniste de cave, se transporta au logis de Gargantua, touchant davant soy trois vedeaux à rouge muzeau, et traînant aprés cinq ou six maistres inertes, bien crottés à profit de mesnaige. A l'entrée les rencontra Ponocrates, et eut frayeur en soy, les voyant ainsi desguisés, et pensoit que fussent quelques masques hors du sens. Puis s'enquesta à quelqu'un desdicts maistres inertes de la bande que queroit ceste mommerie? Il luy fut respondu qu'ilz demandoient les cloches leur estre rendues.

Soubdain ce propos entendu, Ponocrates courut dire les nouvelles à Gargantua, afin qu'il fust prest de la response, et deliberast sur le champ ce que estoit de faire. Gargantua, admonesté du cas, appella à part Ponocrates son precepteur, Philotomie son maistre d'hostel, Gymnaste son escuyer, et Eudemon; et sommairement confera avec eux sus ce qui estoit tant à faire que à respondre. Tous furent d'advis qu'on les menast au retraict du goubelet, et là on les fist boire théologalement; et, afin que ce tousseux n'entrast en vaine gloire pour à sa requeste avoir rendu les cloches, l'on mandast, ce pendant qu'il chopineroit, querir le prevost de la ville, le recteur de la faculté et le vicaire de l'eglise, esquelz, davant que le théologien eust proposé sa commission, l'on delivreroit les cloches. Aprés ce, iceux presens, l'on oyroit sa belle harangue. Ce que fut faict : et, les susdicts arrivés, le théologien fut en pleine salle introduict, et commença ainsi que s'ensuit, en toussant.

CHAPITRE XIX

LA HARANGUE DE MAISTRE JANOTUS DE BRAGMARDO FAICTE A GARGANTUA POUR RECOUVRER LES CLOCHES

« Ehen, hen, hen ! *Mna dies*, monsieur, *Mna dies*. Et *vobis*, messieurs. Ce ne seroit que bon que nous rendissiez nos cloches, car elles nous font bien besoing. Hen, hen, hasch ! Nous en avions bien aultrefois refusé de bon argent de ceux de Londres en Cahors, sy avions nous de ceux de Bourdeaux en Brye, qui les vouloient achapter, pour la substantifique qualité de la complexion elementaire qui est intronificquée en la terresterité de leur nature quidditative, pour extraneizer les halotz et les turbines sus nos vignes, vrayement non pas nostres, mais d'icy auprés. Car, si nous perdons le piot, nous perdons tout, et sens et loy.

« Si vous nous les rendez à ma requeste, je y guaigneray dix pans de saulcisses, et une bonne paire de chausses, qui me feront grand bien à mes jambes ; ou ilz ne me tiendront pas promesse. Ho, par Dieu, *Domine*, une paire de chausses est bon, *et vir sapiens non abhorrebit eam*. Ha, ha, il n'a pas paire de chausses qui veult. Je le sçay bien, quand est de moy. Advisez, *Domine* : il y a dixhuit jours que je suis à matagraboliser ceste belle harangue. *Reddite quæ sunt Cæsaris Cæsari, et quæ sunt Dei Deo. Ibi jacet lepus.* Par ma foy, *Domine*, si voulez souper avec moi *in camera*, par le corps Dieu, *charitatis, nos faciemus bonum cherubin. Ego occidi unum porcum, et ego habet bon vino.* Mais de bon vin on ne peut faire maulvais latin. Or sus, *de parte Dei, date nobis clochas nostras.* Tenez, je vous donne, de par la Faculté, un *sermones de Utino*, que *utinam* vous nous bailliez nos cloches. *Vultis etiam pardonos ? Per diem vos habebitis, et nihil payabilis.*

« O monsieur ! *Domine, clochi dona minor nobis. Dea ! est bonum urbis.* Tout le monde s'en sert. Si vostre jument s'en trouve bien, aussi faict nostre Faculté, *quæ comparata est jumentis insipientibus, et similis facta est eis, Psalmo nescio quo*, si l'avois je bien quotté en mon paperat ; et est *unum bonum Achilles.* Hen, hen, ehen, hasch ! Ça, je vous prouve que me les devez bailler. *Ego sic argumentor. Omnis clocha clochabilis in clocherio clochando clochans clochativo clo-*

chare facit clochabiliter clochantes. Parisius habet clochas. Ergo gluc. Ha, ha, ha, c'est parlé, cela. Il est *in tertio primæ* en *Darii*, ou ailleurs. Par mon ame, j'ay veu le temps que je faisois diables de arguer. Mais de present je ne fais plus que resver, et ne me fault plus dorenavant que bon vin, bon lict, le dos au feu, le ventre à table, et escuelle bien profonde. Hay, *Domine*, je vous prie, *in nomine Patris, et Filii, et Spiritus Sancti, amen,* que vous rendez nos cloches : et Dieu vous gard de mal et Nostre Dame de santé, *qui vivit et regnat per omnia secula seculorum. Amen.* Hen hasch, eah hasch, grenhasch !

« *Verum enim vero, quando quidem, dubio procul, Edepol, quoniam, ita, certe, meus deus fidius,* une ville sans cloches est comme un aveugle sans baston, un asne sans cropiere, et une vache sans cymbales. Jusques à ce que nous les ayez rendues, nous ne cesserons de crier aprés vous comme un aveugle qui a perdu son baston, de braisler comme un asne sans cropiere, et de bramer comme une vache sans cymbales. Un quidam latinisateur, demourant prés l'hostel Dieu, dist une fois, allegant l'autorité d'un Taponnus, je faulx, c'estoit Pontanus poete seculier, qu'il desiroit qu'elles fussent de plume, et le butail fust d'une queue de renard, pource qu'elles luy engendroient la chronique aux tripes du cerveau, quand il composoit ses vers carminiformes. Mais nac petetin petétac, ticque, torche lorgne, il fut declairé heretique : nous les faisons comme de cire. Et plus n'en dist le deposant. *Valete et plaudite. Calepinus recensui.* »

CHAPITRE XX

COMMENT LE THÉOLOGIEN EMPORTA SON DRAP, ET COMMENT IL EUT PROCES CONTRE LES SORBONISTES

Le théologien n'eust si tost achevé que Ponocrates et Eudemon s'esclafférent de rire tant profondement que en cuiderent rendre l'ame à Dieu, ne plus ne moins que Crassus, voyant un asne couillart qui mangeoit des chardons, et comme Philemon, voyant un asne qui mangeoit des figues qu'on avoit aspresté pour le disner, mourut de force de rire. Ensemble eux commença rire maistre Janotus, à qui mieulx mieulx, tant que les larmes leur venoient es yeulx, par la vehemente concution de la substance du cerveau, à laquelle furent exprimées ces humidités lachrymales, et transcoullées jouxte les nerfs optiques. En quoy par eux estoit Democrite heraclitizant, et Heraclite democritizant representé.

Ces rys du tout sedés, consultà Gargantua avec ses gens sus ce qu'estoit de faire. Là fut Ponocrates d'advis qu'on fist reboire ce bel orateur, et, veu qu'il leur avoit donné du passetemps, et plus faict rire que n'eust fait Songecreux, qu'on lui baillast les dix pans de saulcisse mentionnés en la joyeuse harangue, avec une paire de chausses, trois cens de gros bois de moulle, vingt et cinq muiz de vin, un lict à triple couche de plume anserine, et une escuelle bien capable et profonde : lesquelles disoit estre à sa vieillesse necessaires.

Le tout fut faict ainsi qu'avoit esté deliberé : excepté que Gargantua, doubtant qu'on ne trouvast à l'heure chausses commodes pour ses jambes, doubtant aussi de quelle façon mieulx duiroient audict orateur, ou à la martingale, qui est un pont levis de cul, pour plus aisement fianter ; ou à la mariniere, pour mieulx soulaiger les roignons ; ou à la suisse, pour tenir chaulde la bedondaine ; ou à queue de merlus, de peur d'eschauffer les reins, lui fit livrer sept aulnes de drap noir, et trois de blanchet pour la doubleure. Le bois fut porté par les gaingnedeniers ; les maistres es arts porterent les saulcisses et escuelle. Maistre Janot voulut porter le drap. Un desdicts maistres, nommé maistre Jousse Bandouille, lui remonstroit que ce n'estoit honneste ny decent à l'estat théologal, et qu'il le baillast à quelqu'un d'entre eux. « Ha, dist Janotus, baudet, baudet, tu ne concluds poinct *in modo et figura*. Voilà de quoy servent les suppositions et *parva logicalia. Pannus pro quo supponit ? — Confuse,* dist Bandouille*, et distributive.* — Je ne te demande pas, dist Janotus, baudet, *quomodo supponit,* mais *pro quo :* c'est, baudet, *pro tibiis meis.* Et pour ce le porteray je *egomet, sicut suppositum portat adpositum.* » Ainsi l'emporta en tapinois, comme fit Patelin son drap. Le bon fut quand le tousseux, glorieusement, en plein acte de Sorbone, requist ses chausses et saulcisses. Car peremptoirement lui furent deniés, par autant qu'il les avoit eu de Gargantua, selon les informations sus ce faictes. Il leur remonstra que ce avoit esté de *gratis,* et de sa liberalité, par laquelle ilz n'estoient mie absouds de leurs promesses. Ce non obstant, lui fut respondu qu'il se contentast de raison, et que aultre bribe n'en auroit. « Raison ? dist Janotus ; nous n'en usons poinct céans. Traistres malheureux, vous ne valez rien. La terre ne porte gens plus mechans que vous estes. Je le sçay bien : ne clochez pas devant les boiteux. J'ay exercé la meschanceté avec vous. Par la rate Dieu, j'advertiray le roy des enormes abus qui sont forgés céans, et par vos mains et menées. Et que je sois ladre, s'il ne vous fait tous vifz brusler comme bougres, traistres, heretiques et seducteurs, ennemis de Dieu et de vertu. »

A ces mots, prindrent articles contre luy ; luy, de l'aultre costé, les fit adjourner. Somme, le proces fut retenu par la court, et y est encores. Les sorbonicoles, sur ce point, firent veu de ne soy descroter, maistre Janot avec ses adherens fit veu de ne se moucher, jusques à ce qu'en fust dict par arrest definitif.

Par ces veuz, sont jusques à present demourés et crotteux et morveux : car la court n'a encores bien grabelé toutes les pieces. L'arrest sera donné es prochaines calendes grecques, c'est à dire jamais. Car vous sçavez qu'ilz font plus que nature, et contre leurs articles propres. Les articles de Paris chantent que Dieu seul peut faire choses infinies. Nature rien ne faict immortel : car elle met fin et periode à toutes choses par elle produictes, car *omnia orta cadunt*, etc.

Mais ces avalleurs de frimars font les proces devant eux pendans, et infinis, et immortelz. Ce que faisans, ont donné lieu et verifié le dict de Chilon Lacedemonien, consacré en Delphes, disant misere estre compaigne de proces, et gens plaidoyans miserables. Car plus tost ont fin de leur vie que de leur droict pretendu.

CHAPITRE XXI

L'ESTUDE ET DIETTE DE GARGANTUA
SELON LA DISCIPLINE DE SES PROFESSEURS SORBONAGRES

Les premiers jours ainsi passés, et les cloches remises en leur lieu, les citoyens de Paris, par recognoissance de ceste honnesteté, s'offrirent d'entretenir et nourrir sa jument tant qu'il luy plairoit. Ce que Gargantua print bien à gré. Et l'envoyerent vivre en la forest de Biere : je croy qu'elle n'y soit plus maintenant.

Ce faict, voulut de tout son sens estudier à la discretion de Ponocrates. Mais iceluy, pour le commencement, ordonna qu'il feroit à sa maniere accoustumée, afin d'entendre par quel moyen, en si long temps, ses antiques precepteurs l'avoient rendu tant fat, niays et ignorant. Il dispensoit donc son temps en telle façon que, ordinairement, il s'esveilloit entre huit et neuf heures, fust jour ou non : ainsi l'avoient ordonné ses regens théologiques, allegans ce que dit David : *Vanum est vobis ante lucem surgere*.

Puis se gambayoit, penadoit, et paillardoit parmy le lict quelque temps, pour mieulx esbaudir ses esprits animaux ; et se habilloit selon la saison, mais voluntiers portoit il une grande et longue robe de grosse frise, fourrée de renards ; après se peignoit du peigne de Almain, c'estoit des quatre doigts et le poulce. Car ses precepteurs disoient que soy aultrement peigner, laver et nettoyer, estoit perdre temps en ce monde.

Puis fiantoit, pissoit, rendoit sa gorge, rotoit, petoit, baisloit, crachoit, toussoit, sangloutoit, esternuoit, et se morvoit en archidiacre ; et desjeunoit, pour abatre la rousée et maulvais air : belles tripes frites, belles carbonnades, beaux jambons, belles cabirotades, et force soupes de prime. Ponocrates luy remonstroit que tant soudain ne devoit repaistre au partir du lict, sans avoir premierement faict quelque exercice. Gargantua respondit : « Quoy ? N'ay e faict suffisant exercice ? Je me suis vaultré six ou sept tours parmi le lict, davant que me lever. N'est ce assez ? Le pape Alexandre ainsi faisoit par le conseil de son medecin juif, et vesquit jusques à la mort, en despit des envieux. Mes premiers maistres m'y ont accoustumé, disans que le desjeuner faisoit bonne memoire ; pour tant y beuvoient les premiers. Je m'en trouve fort bien, et n'en disne que mieulx. Et me disoit maistre Tubal, qui fut premier de sa licence à Paris, que ce n'est tout l'advantaige de courir bien tost, mais bien de partir de bonne heure : aussi n'est ce la santé totale de nostre humanité boire à tas, à tas, comme canes, mais ouy bien de boire matin : *unde versus*

<blockquote>
Lever matin n'est poinct bon heur ;
Boire matin est le meilleur. »
</blockquote>

Aprés avoir bien à poinct desjeuné, alloit à l'eglise, et luy portoit on, dedans un grand panier, un gros breviaire empantoflé, pesant, tant en gresse qu'en fermoirs et parchemin, poy plus poy moins, unze quintaulx six livres. Là oyoit vingt et six ou trente messes : cependant venoit son diseur d'heures en place, empaletocqué comme une duppe, et tres bien antidoté son haleine à force sirop vignolat. Avec iceluy marmonoit toutes ses kyrielles, et tant curieusement les espluschoit qu'il n'en tomboit un seul grain en terre. Au partir de l'eglise, on luy amenoit, sur une traine à bœufz, un faratz de patenostres de Sainct Claude, aussi grosses chascune qu'est le moulle d'un bonnet ; et, se pourmenant par les cloistres, galeries, ou jardin, en disoit plus que seize hermites.

Puis estudioit quelque meschante demie heure, les yeulx assis dessus son livre ; mais, comme dit le Comique, son ame estoit en la cuisine.

Pissant donc plein urinal, s'asséoit à table. Et parce qu'il estoit naturellement phlegmatique, commençoit son repas par quelques douzaines de jambons, de langues de bœuf fumées, de boutargues, d'andouilles, et telz aultres avant-coureurs de vin. Ce pendant quatre de ses gens luy jettoient en la bouche, l'un aprés l'aultre continuement, moustarde à pleines palerées ; puis beuvoit un horrifique traict de vin blanc pour luy soulager les roignons. Aprés, mangeoit, selon la saison, viandes à son appetit, et lors cessoit de manger quand le ventre luy tiroit. A boire n'avoit poinct fin ni canon. Car il disoit que les metes et bornes de boire estoient quand, la personne beuvant, le liege de ses pantoufles enfloit en hault d'un demy pied.

CHAPITRE XXII

LES JEUX DE GARGANTUA

Puis, tout lordement grignotant d'un transon de graces, se lavoit les mains de vin frais, s'escuroit les dents avec un pied de porc, et devisoit joyeusement avec ses gens. Puis, le verd estendu, l'on desployoit force chartes, force dés, et renfort de tabliers. Là jouoit :

Au flux,
A la prime,
A la vole,
A la pille,
A la triomphe,
A la picardie,
Au cent,
A l'espinay,
A la malheureuse,
Au fourby,
A passe dix,
A trente et un,
A pair et sequence,
A trois cens,
Au malheureux,
A la condemnade,
A la charte virade,
Au maucontent,
Au lansquenet,
Au cocu,
A qui a, si parle,
A pille, nade, jocque, fore,
A mariaige,
Au gay,
A l'opinion,
A qui faict l'un faict l'aultre,
A la sequence,
Aux luettes,
Au tarau,
A coquinbert, qui gaigne perd,
Au beliné,
Au torment,
A la ronfle,
Au glic,

Aux honneurs,
A la mourre,
Aux eschetz,
Au renard,
Aux marelles,
Aux vaches,
A la blanche,
A la chance,
A trois dés,
Aux tables,
A la nicque nocque,
Au lourche,
A la renette,
Au barignin,
Au trictrac,
A toutes tables,
Aux tables rabatues,
Au reniguebieu,
Au forcé,
Aux dames,
A la babou,
A *primus secundus*,
Au pied du cousteau,
Aux clefs,
Au franc du carreau,
A pair ou non,
A croix ou pile,
Aux martres,
Aux pingres,
A la bille,
Au savatier,
Au hybou,
Au dorelot du lievre,
A la tirelitantaine,

A cochonnet va devant,
Aux pies,
A la corne,
Au bœuf violé,
A la cheveche,
A je te pince sans rire,
A picoter,
A deferrer l'asne,
A la jautru,
Au bourry bourry zou
A je m'assis,
A la barbe d'oribus,
A la bousquine,
A tire la broche,
A la boutte foyre,
A compere prestez moi vostre sac,
A la couille de belier,
A boute hors,
A figues de Marseille,
A la mousque,
A l'archer tru,
A escorcher le renard,
A la ramasse,
Au croc madame,
A vendre l'avoine,
A souffler le charbon,
Aux responsailles,
Au juge vif et juge mort,
A tirer les fers du four,
Au fault villain,
Aux cailletaux,
Au bossu aulican,
A sainct Trouvé,
A pinse morille,
Au poirier,
A pimpompet,
Au triori,
Au cercle,
A la truie,
A ventre contre ventre,
Aux combes,
A la vergette,
Au palet,
Au j'en suis,
Au foucquet,
Aux quilles,
Au rapeau,
A la boule plate,
Au vireton,
Au picquarome,

A rouchemerde,
A angenart,
A la courte boulle,
A la griesche,
A la recoquillette,
Au casse pot,
A montalent,
A la pyrouette,
Aux jonchees,
Au court baston,
Au pirevollet,
A cline muzette,
Au picquet,
A la blancque,
Au furon,
A la seguette,
Au chastelet,
A la rengée,
A la foussette,
Au ronflart,
A la trompe,
Au moine,
Au tenebry,
A l'esbahy,
A la soulle,
A la navette,
A fessart,
Au ballay,
A sainct Cosme, je te viens adorer,
A escharbot le brun,
A je vous prends sans verd,
A bien et beau s'en va quaresme,
Au chesne forchu,
Au chevau fondu,
A la queue au loup,
A pet en gueulle,
A Guillemin baille my ma lance,
A la brandelle,
Au treseau,
Au bouleau,
A la mousche,
A la migne migno bœuf,
Au propous,
A neuf mains,
Au chapifou,
Aux ponts cheuz,
A colin bridé,
A la grolle,
Au cocquantin,
A colin maillard,

A myrelimofle,
A mouschart,
Au crapault,
A la crosse,
Au piston,
Au bille boucquet,
Aux roynes,
Aux mestiers,
A teste à teste b cheval,
Au pinot,
A male mort,
Aux croquinolles,
A laver la coiffe ma dame,
Au belusteau,
A semer l'avoyne,
A briffault,
Au molinet,
A *defendo*,
A la virevouste,
Aux escoublettes enragées,
A la bacule,
Au laboureur,
A la beste morte,
A monte monte l'eschelette,
Au pourceau mory,
Au cul-sallé,
Au pigeonnet,
Au tiers,
A la bourrée,
Au sault du buisson,
A croyzer,
A la cutte cache,
A la maille bourse en cul,
Au nid de la bondrée,
Au passavant,
A la figue,
Aux petarrades,
A pille moustarde,
A cambos,
A la récheute,
Au picandeau,
A crocque teste,
A la grue,
A taillecoup,
Aux nazardes,
Aux allouettes,
Aux chinquenaudes

Aprés avoir bien joué, sassé, passé, et beluté temps, il convenoit boire quelque peu : c'estoient unze peguadz pour homme ; et soudain aprés, bancqueter, c'estoit, sus un beau banc, ou en beau plein lict, s'estendre et dormir deux ou trois heures, sans mal penser ny mal dire. Luy, esveillé, secouoit un peu les oreilles : ce pendant estoit apporté vin frais ; là beuvoit mieulx que jamais. Ponocrates lui remonstroit que c'estoit maulvaise diete ainsi boire aprés dormir. « C'est, respondit Gargantua, la vraye vie des Peres. Car de ma nature je dors sallé, et le dormir m'a valu autant de jambon. »

Puis commençoit estudier quelque peu, et patenostres en avant ; pour lesquelles mieulx en forme expedier, montoit sus une vieille mulle, laquelle avoit servy neuf rois : ainsi marmotant de la bouche, et dodelinant de la teste, alloit voir prendre quelque connil aux fillets.

Au retour, se transportoit en la cuisine pour sçavoir quel roust estoit en broche. Et souppoit tres bien, par ma conscience, et vountiers convioit quelques beuveurs de ses voisins, avec lesquelz beuvant d'autant, comptoient des vieux jusques es nouveaulx.

Entre aultres, avoit pour domestiques les seigneurs du Fou, de Gourville, de Grignault, et de Marigny. Aprés souper, venoient en placé les beaux evangiles de bois, c'est à dire force tabliers, ou le beau flux, un, deux,

trois, ou à toutes restes pour abreger, ou bien alloient voir les garses
d'entour, et petits banquets parmy, collations, et arriere collations. Puis
dormoit sans desbrider jusques au lendemain huit heures.

CHAPITRE XXIII

COMMENT GARGANTUA FUT INSTITUÉ PAR PONOCRATES EN TELLE DISCIPLINE QU'IL NE PERDOIT HEURE DU JOUR

Quand Ponocrates cogneut la vicieuse maniere de vivre de Gargantua,
delibera aultrement l'instituer en lettres; mais, pour les premiers jours,
le tolera, considerant que nature n'endure mutations soubdaines sans
grande violence.

Pour donc mieulx son œuvre commencer, supplia un savant medecin de
celuy temps, nommé maistre Théodore, à ce qu'il considerast si possible
estoit remettre Gargantua en meilleure voie. Lequel le purgea canoniquement avec elebore de Anticyre, et, par ce medicament, luy nettoya toute
l'alteration et perverse habitude du cerveau. Par ce moyen aussi, Ponocrates luy fit oublier tout ce qu'il avoit appris sous ses antiques precepteurs,
comme faisoit Timothée à ses disciples, qui avoient été instruicts sous
aultres musiciens.

Pour mieulx ce faire, l'introduisoit es compagnies des gens sçavans qui
là estoient, à l'emulation desquelz luy creust l'esprit et le desir d'estudier
aultrement, et se faire valoir.

Aprés, en tel train d'estude le mit qu'il ne perdoit heure quelconques
du jour : ains tout son temps consommoit en lettres et honneste sçavoir.
S'esveilloit donc Gargantua environ quatre heures du matin. Ce pendant
qu'on le frottoit, luy estoit leue quelque pagine de la divine Escripture,
haultement et clairement, avec prononciation competente à la matiere; et
à ce estoit commis un jeune paige natif de Basché, nommé Anagnostes.
Selon le propos et argument de ceste leçon, souventesfois s'adonnoit à
reverer, adorer, prier et supplier le bon Dieu, duquel la lecture monstroit
la majesté et jugemens merveilleux.

Puis alloit es lieux secrets, faire excretion des digestions naturelles. Là
son precepteur repetoit ce que avoit esté leu, lui exposant les poincts plus
obscurs et difficiles. Eux, retornans, consideroient l'estat du ciel, si tel
estoit comme l'avoient noté au soir precedent : et quelz signes entroit le
soleil, aussi la lune, pour icelle journée.

Ce faict, estoit habillé, peigné, testonné, acoustré et parfumé, durant
lequel temps on luy repetoit les leçons du jour d'avant. Luy mesmes les

3.

disoit par cueur, et y fondoit quelques cas practiques et concernens l'estat humain; lesquelz ilz estendoient aulcunes fois jusques deux ou trois heures; mais ordinairement cessoient lors qu'il estoit du tout habillé. Puis, par trois bonnes heures, lui estoit faicte lecture.

Ce faict, issoient hors, tousjours conferens des propos de la lecture, et se desportoient en Bracque, ou es prés; et jouoient à la balle, à la paulme, à la pile trigone, galantement s'exercens les corps, comme ilz avoient les ames auparavant exercé. Tout leur jeu n'estoit qu'en liberté : car ilz laissoient la partie quand leur plaisoit; et cessoient ordinairement lors que suoient parmy le corps, ou estoient aultrement las. Adonc estoient tres bien essués et frottés, changeoient de chemise, et, doulcement se pourmenans, alloient voir si le disner estoit prest. Là attendans, recitoient clairement et eloquentement quelques sentences retenues de la leçon.

Ce pendant monsieur l'appetit venoit, et, par bonne opportunité, s'asséoient à table. Au commencement du repas, estoit leue quelque histoire plaisante des anciennes prouesses, jusques à ce qu'il eust prins son vin. Lors, si bon sembloit, on continuoit la lecture ou commenceoient à deviser joyeusement ensemble, parlans, pour les premiers moys, de la vertu, proprieté, efficace et nature de tout ce que leur estoit servy à table : du pain, du vin, de l'eau, du sel, des viandes, poissons, fruictz, herbes, racines, et de l'apprest d'icelles. Ce que faisant, apprint en peu de temps tous les passages à ce competens en Pline, Athenée, Dioscorides, Julius Pollux, Galen, Porphyre, Opian, Polybe, Heliodore, Aristotéles, Elian, et aultres. Iceux propos tenus, faisoient souvent, pour plus estre asseurés, apporter les livres susdicts à table. Et si bien et entierement retint en sa memoire les choses dictes que, pour lors, n'estoit medecin qui en sceust à la moitié tant comme il faisoit. Aprés, devisoient des leçons leues au matin, et, parachevans leur repas par quelque confection de cotoniat, s'escuroit les dents avec un trou de lentisce, se lavoit les mains et les yeulx de belle eau fraische, et rendoient graces à Dieu par quelques beaux cantiques faicts à la louange de la munificence et benignité divine.

Ce faict, on apportoit des chartes, non pour jouer, mais pour y apprendre mille petites gentillesses et inventions nouvelles, lesquelles toutes issoient de arithmetique. En ce moyen, entra en affection d'icelle science numerale, et, tous les jours après disner et souper, y passoit temps aussi plaisantement qu'il souloit en dez ou es chartes. A tant sceut d'icelle et théorique et practique, si bien que Tunstal, Anglois, qui en avoit amplement escript, confessa que vrayement, en comparaison de luy, il n'y entendoit que le hault alemant.

Et non seulement d'icelle, mais des aultres sciences mathematiques, comme géometrie, astronomie et musique. Car, attendans la concoction et digestion de son past, ilz faisoient mille joyeux intrumens et figures géometriques, et de mesmes pratiquoient les canons astronomiques. Aprés, s'esbaudissoient à chanter musicalement à quatre et cinq parties, ou sus un theme, à plaisir de gorge. Au reguard des instrumens de musique, il apprint jouer du luc, de l'espinette, de la harpe, de la flutte d'alemant et à neuf trous, de la viole et de la sacqueboutte.

Ceste heure ainsi employée, la digestion parachevée, se purgeoit des excrements naturels; puis se remettoit à son estude principal par trois heures ou davantaige : tant à repeter la lecture matutinale qu'à poursuivre le livre entreprins, que aussi à escripre, bien traire et former les antiques et romaines lettres.

Ce faict, issoient hors leur hostel, avec eux un jeune gentilhomme de Touraine nommé l'escuyer Gymnaste, lequel luy monstroit l'art de chevalerie. Changeant donc de vestemens, montoit sus un coursier, sus un roussin, sus un genet, sus un cheval barbe, cheval legier; et luy donnoit cent quarrieres; le faisoit voltiger en l'air, franchir le fossé, saulter le palais, court tourner en un cercle, tant à dextre comme à senestre. Là rompoit, non la lance, car c'est la plus grande resverie du monde dire : « J'ay rompu dix lances en tournoy, ou en bataille; » un charpentier le feroit bien; mais louable gloire est d'une lance avoir rompu dix de ses ennemis. De sa lance donc asserée, verde, et roide, rompoit un huis, enfonçoit un harnois, aculoit une arbre, enclavoit un anneau, enlevoit une selle d'armes, un aubert, un gantelet. Le tout faisoit, armé de pied en cap.

Au reguard de fanfarer et faire les petits popismes sus un cheval, nul ne le fit mieulx que luy. Le voltigeur de Ferrare n'estoit qu'un singe en comparaison. Singulierement estoit apprins à saulter hastivement d'un cheval sus l'aultre sans prendre terre, et nommoit on ces chevaux desultoires; et, de chascun costé, la lance au poing, monter sans estriviers; et, sans bride, guider le cheval à son plaisir. Car telles choses servent à discipline militaire.

Un aultre jour, s'exerceoit à la hasche, laquelle tant bien croulloit, tant verdement de tous pics reserroit, tant soupplement avalloit en taille ronde, qu'il fut passé chevalier d'armes en campagne, et en tous essays.

Puis bransloit la picque, sacquoit de l'espée à deux mains, de l'espée bastarde, de l'espagnole, de la dague, et du poignard; armé, non armé, au boucler, à la cappe, à la rondelle.

Couroit le cerf, le chevreuil, l'ours, le daim, le sanglier, le lievre, la perdrix, le faisant, l'otarde. Jouoit à la grosse balle, et la faisoit bondir en l'air, autant du pied que du poing.

Luctoit, couroit, saultoit, non à trois pas un sault, non à cloche pied, non au sault d'alemant, car, disoit Gymnaste, telz saultz sont inutiles, et de nul bien en guerre; mais d'un sault perçoit un fossé, volloit sus une haye, montoit six pas encontre une muraille, et rampoit en ceste façon à une fenestre de la haulteur d'une lance.

Nageoit en parfonde eau, à l'endroit, à l'envers, de costé, de tout le corps, des seuls pieds, une main en l'air, en laquelle tenant un livre, transpassoit toute la riviere de Seine sans iceluy mouiller, et tirant par les dents son manteau, comme faisoit Jules Cesar; puis d'une main entroit par grande force en un basteau, d'iceluy se jettoit derechef en l'eau la teste premiere; sondoit le parfond, creusoit les rochiers, plongeoit es abysmes et goufres. Puis celuy basteau tournoit, gouvernoit, menoit hastivement, lentement, à fil d'eau, contre cours, le retenoit en pleine escluse, d'une main le guidoit; de l'aultre s'escrimoit avec un grand aviron, tendoit le vele, montoit au matz par les traicts, couroit sur les brancquars, adjustoit la boussole, contreventoit les boulines, bendoit le gouvernail.

Issant de l'eau, roidement montoit encontre la montaigne, et devalloit aussi franchement, gravoit es arbres comme un chat, saultoit de l'une en l'aultre comme un escurieux, abatoit les gros rameaux comme un aultre Milo; avec deux poignards asserés et deux poinsons esprouvés montoit au hault d'une maison comme un rat, descendoit puis du hault en bas en telle composition des membres que de la cheute n'estoit aulcunement grevé. Jectoit le dard, la barre, la pierre, la javeline, l'espieu, la halebarde, enfonçoit l'arc, bandoit es reins les fortes arbalestes de passe, visoit de l'arquebouse à l'œil, affeustoit le canon, tiroit à la butte, au papeguay, du bas en mont, d'amont en val, devant, de costé, en arriere, comme les Parthes.

On lui attachoit un cable en quelque haulte tour, pendant en terre: par iceluy avec deux mains montoit, puis devaloit si roidement et si asseurement que plus ne pourriez parmy un pré bien egualé. On lui mettoit une grosse perche appuyée à deux arbres; à icelle se pendoit par les mains, et d'icelle alloit et venoit sans des pieds à rien toucher, qu'à grande course on ne l'eust peu aconcevoir.

Et pour s'exercer le thorax et poulmons, crioit comme tous les diables. Je l'ouy une fois appellant Eudemon, depuis la porte Sainct-Victor jusques à Montmartre. Stentor n'eut onques telle voix à la bataille de Troye.

Et, pour gualentir les nerfs, on lui avoit fait deux grosses saulmones de plomb, chascune du pois de huit mille sept cens quintaulx, lesquelles il nommoit alteres. Icelles prenoit de terre en chascune main, et les eslevoit en l'air au dessus de la teste; les tenoit ainsi sans soy remuer trois quarts d'heure et davantage, que estoit une force inimitable.

Jouoit aux barres avec les plus forts. Et, quand le poinct advenoit, se tenoit sur ses pieds tant roidement qu'il s'abandonnoit es plus adventureux, en cas qu'ilz le fissent mouvoir de sa place, comme jadis faisoi Milo. A l'imitation duquel aussi tenoit une pomme de grenade en sa main, et la donnoit à qui lui pourroit oster.

Le temps ainsi employé, lui frotté, nettoyé, et refraischy d'habillemens, tout doulcement s'en retournoient, et, passans par quelques prés ou aultres lieux herbus, visitoient les arbres et plantes, les conferens avec les livres des anciens qui en ont escript, comme Théophraste, Dioscorides, Marinus, Pline, Nicander, Macer et Galen ; et en emportoit leurs pleines mains au logis ; desquelles avoit la charge un jeune paige nommé Rhizotome, ensemble des marrochons, des pioches, cerfouettes, beches, tranches, et aultres instrumens requis à bien arborizer.

Eux arrivés au logis, ce pendant qu'on aprestoit le souper, repetoient quelques passages de ce qu'avoit esté leu, et s'asséoient à table. Notez icy que son disner estoit sobre et frugal : car tant seulement mangeoit pour refrener les aboys de l'estomac ; mais le souper estoit copieux et large. Car tant en prenoit que lui estoit de besoing à soy entretenir et nourrir. Ce que est la vraye diete, prescrite par l'art de bonne et seure medicine, quoy qu'un tas de badauds medecins, herselés en l'officine des Arabes, conseillent le contraire.

Durant iceluy repas estoit continuée la leçon du disner, tant que bon sembloit · le reste estoit consommé en bons propos, tous lettrés et utiles. Aprés graces rendues, s'adonnoient à chanter musicalement, à jouer d'instrumens harmonieux, ou de ces petits passetemps qu'on faict es chartes, es dés et guobelets : et là demeuroient faisans grand chere, s'esbaudissans aucunesfois, jusques à l'heure de dormir ; quelquefois alloient visiter les compagnies des gens lettrés, ou de gens qui eussent veu pays estranges.

En pleine nuyt, davant que soy retirer, alloient au lieu de leur logis le plus descouvert voir la face du ciel ; et là notoient les comètes si aulcunes estoient, les figures, situations, aspects, oppositions et conjonctions des astres.

Puis, avec son precepteur, recapituloit briefvement, à la mode des Pythagoriques, tout ce qu'il avoit leu, veu, sceu, faict et entendu, au decours de toute la journée.

Si prioient Dieu le créateur en l'adorant, et ratifiant leur foy envers luy, et le glorifiant de sa bonté immense : et, lui rendans grace de tout le temps passé, se recommandoient à sa divine clemence pour tout l'advenir. Ce faict, entroient en leur repos.

CHAPITRE XXIV

COMMENT GARGANTUA EMPLOYOIT LE TEMPS, QUAND L'AIR ESTOIT PLUVIEUX

S'il advenoit que l'air fust pluvieux et intemperé, tout le temps davant disner estoit employé comme de coustume, excepté qu'il faisoit allumer un beau et clair feu pour corriger l'intemperie de l'air. Mais, après disner, en lieu des exercitations, ilz demouroient en la maison, et par maniere d'apotherapie, s'esbatoient à boteler du foin, à fendre et scier du bois, et à battre les gerbes en la grange. Puis estudioient en l'art de peincture et sculpture ; ou revocquoient en usage l'antique jeu des tales, ainsi qu'en a escrit Leonicus, et comme y joue nostre bon amy Lascaris.

En y jouant, recoloient les passaiges des auteurs anciens esquelz est faicte mention ou prinse quelque metaphore sus iceluy jeu. Semblablement, ou alloient voir comment on tiroit les metaulx, ou comment on fondoit l'artillerie ; ou alloient voir les lapidaires, orfevres et tailleurs de pierreries ; ou les alchymistes et monnoyeurs ; ou les haultelissiers, les tissotiers, les veloutiers, les horologiers, mirallíers, imprimeurs, organistes, taincturiers, et aultres telles sortes d'ouvriers, et, par tout donnans le vin, apprenoient et consideroient l'industrie et invention des mestiers.

Alloient ouir les leçons publiques, les actes solennelz, les repetitions, les declamations, les plaidoiez des gentilz advocatz, les concions des prescheurs evangeliques.

Passoit par les salles et lieux ordonnés pour l'escrime : et là, contre les maistres, essayoit de tous bastons, et leur monstroit par evidence qu'autant, voire plus, en sçavoit qu'iceux.

Et, au lieu d'arboriser, visitoient les boutiques des drogueurs, herbiers et apothycaires, et soigneusement consideroient les fruicts, racines, feuilles, gommes, semences, axunges peregrines, ensemble aussi comment on les adulteroit. Alloit voir les basteleurs, trejectaires et theriacleurs, et consideroit leurs gestes, leurs ruses, leurs sobressaults et beau parler : singulierement de ceux de Chaunys en Picardie, car ilz sont de nature grands jaseurs, et beaux bailleurs de baillivernes en matiere de cinges verds.

Eux, retournés pour souper, mangeoient plus sobrement qu'es aultres jours, et viandes plus desiccatives et extenuantes, afin que l'intemperie humide de l'air, communiquée au corps par necessaire confinité, fust par ce moyen corrigée, et ne leur fust incommode pas ne soy estre exercités comme avoient de coustume.

Ainsi fut gouverné Gargantua, et continuoit ce proces de jour en jour, profitant comme entendez que peut faire un jeune homme selon son aage, de bon sens, en tel exercice ainsi continué. Lequel, combien que semblast pour le commencement difficile, en la continuation tant doux fut, legier et delectable, que mieulx ressembloit un passe temps de roy que l'estude d'un escolier. Toutesfois, Ponocrates, pour le sejourner de ceste vehemente intention des esprits, advisoit une fois le mois quelque jour bien clair et serain; auquel bougeoient au matin de la ville, et alloient ou à Gentilly, ou à Boloigne, ou à Montrouge, ou au pont Charanton, ou à Vanves, ou à Sainct-Clou. Et là passoient toute la journée à faire la plus grande chere dont ilz se pouvoient adviser : raillans, gaudissans, beuvans d'autant; jouans, chantans, dansans, se voytrans en quelque beau pré, denigeans des passeraux, prenans des cailles, peschans aux grenoilles et escrevisses.

Mais, encores qu'icelle journée fust passée sans livres et lectures, poinct elle n'estoit passée sans profit. Car, en beau pré, ilz recoloient par cœur quelques plaisans vers de l'Agriculture de Virgile, de Hesiode, du Rustique de Politian; descripvoient quelques plaisans epigrammes en latin, puis les mettoient par rondeaux et ballades en langue françoise. En banquetant, du vin aisgué separoient l'eau, comme l'enseigne Caton, *de Re rust.*, et Pline, avec un guobelet de lierre; lavoient le vin en plein bassin d'eau, puis le retiroient avec un embut; faisoient aller l'eau d'un verre en aultre, bastissoient plusieurs petits engins automates, c'est à dire soy mouvens eux mesmes.

CHAPITRE XXV

COMMENT FUT MEU, ENTRE LES FOUACIERS DE LERNÉ ET CEUX DU PAYS DE GARGANTUA LE GRAND DEBAT, DONT FURENT FAICTES GROSSES GUERRES

En cestuy temps, qui fut la saison de vendanges au commencement d'automne, les bergiers de la contrée estoient à guarder les vignes, et empescher que les estourneaux ne mangeassent les raisins. On quel temps, les fouaciers de Lerné passoient le grand carroy, menans dix ou douze charges de fouaces à la ville. Lesdicts bergiers les requirent courtoisement leurs en bailler pour leur argent, au pris du marché. Car notez que c'est viande celeste manger à desjeuner raisins avec fouace fraiche; mesmement des pineaux, des fiers, des muscadeaux, de la bicane, et des foyrars pour ceux qui sont constipés du ventre. Car ilz les font aller long comme un vouge ; et souvent, cuidans peter, ils se conchient, dont sont nommés les cuideurs de vendanges.

A leur requeste ne furent aulcunement enclinés les fouaciers, mais (que pis est) les oultragerent grandement, les appellans trop diteux, brechedens, plaisans rousseaux, galliers, chienlicts, averlans, limessourdes, faictnéans, friandeaux, bustarins, talvassiers, riennevaux, rustres, challans, hapelopins, trainneguaines, gentilz flocquets, copieux, landores, malotrus, dendins, baugears, tezés, gaubregeux, goguelus, claquedens, boyers d'etrons, bergiers de merde, et aultres telz epithetes diffamatoires, adjoustans que poinct à eux n'appartenoit manger de ces belles fouaces ; mais qu'ilz se debvoient contenter de gros pain ballé et de tourte.

Auquel oultraige un d'entre eux, nommé Forgier, bien honneste homme de sa personne, et notable bacchelier, respondit doulcement : « Depuis quand avez vous prins cornes, qu'estes tant rogues devenus ? Dea, vous nous en souliez volentiers bailler, et maintenant y refusez ? Ce n'est faict de bons voisins, et ainsi ne vous faisons, nous, quand venez icy achapter nostre beau froment, duquel vous faictes vos gasteaux et fouaces : encores par le marché vous eussions nous donné de nos raisins ; mais, par la merdé, vous en pourrez repentir, et aurez quelque jour affaire de nous : lors nous ferons envers vous à la pareille, et vous en soubvienne. »

Adonc Marquet, grand bastonnier de la confrairie des fouaciers, luy dist : « Vrayement tu es bien acresté à ce matin, tu mangeas hersoir trop de mil. Vien çà, vien çà, je te donneray de ma fouace. » Lors Forgier en toute simplesse approcha, tirant un unzein de son baudrier, pensant que Marquet luy deust deposcher de ses fouaces ; mais il luy bailla de son fouet à travers les jambes, si rudement que les noudz y apparoissoient ; puis voulut gaigner à la fuite, mais Forgier s'escria au meurtre et à la force, tant qu'il peut ; ensemble luy jetta un gros tribard qu'il portoit sous son escelle, et l'attainct par la joincture coronale de la teste, sus l'artere crotaphique, du costé dextre : en telle sorte que Marquet tomba de sa jument, mieulx semblant homme mort que vif.

Ce pendant les mestaiers, qui là auprés challoient les noix, accoururent avec leurs grandes gaules, et frapperent sur ces fouaciers comme sus seigle verd. Les aultres bergiers et bergieres, ouyans le cry de Forgier, y vindrent avec leurs fondes et brassiers, et les suivirent à grands coups de pierres, tant menus qu'il sembloit que ce fust gresle. Finablement, les aconceurent, et osterent de leurs fouaces environ quatre ou cinq douzaines ; toutesfois ilz les payerent au pris accoustumé, et leur donnerent un cent de quecas et trois panerées de francs aubiers ; puis les fouaciers aiderent à monter à Marquet, qui estoit villainement blessé, et retournerent à

Lerné, sans poursuivre le chemin de Parcillé : menassans fort et ferme les bouviers, bergiers et mestaiers de Seuillé et de Sinays.

Ce faict, et bergiers et bergieres firent chere lye avec ces fouaces et beaux raisins; et se rigollerent ensemble au son de la belle bouzine, se mocquans de ces beaux fouaciers glorieux, qui avoient trouvé male encontre par faulte de s'estre seignés de la bonne main au matin. Et, avec gros raisins chenins, estuverent les jambes de Forgier mignonnement, si bien qu'il fut tantost guery.

CHAPITRE XXVI

COMMENT LES HABITANTS DE LERNÉ, PAR LE COMMANDEMENT DE PICROCHOLE, LEUR ROI, ASSAILLIRENT AU DESPOURVEU LES BERGIERS DE GRANDGOUSIER

Les fouaciers, retournés à Lerné, soubdain, davant boire ny manger, se transporterent au Capitoly, et là, devant leur roy, nommé Picrochole, tiers de ce nom, proposerent leur complainte, monstrans leurs paniers rompus, leurs bonnetz foupis, leurs robes dessirées, leurs fouaces destroussées; et singulierement Marquet blessé enormement, disans le tout avoir esté faict par les bergiers et mestaiers de Grandgousier, prés le grand carroy, par delà Seuillé.

Lequel incontinent entra en courroux furieux, et, sans plus oultre se interroger quoy ne comment, fit crier par son pays ban et arriere ban ; et que un chascun, sur peine de la hart, convint en armes en la grand place devant le chasteau, à heure de midy. Pour mieulx confermer son entreprinse, envoya sonner le tabourin à l'entour de la ville : luy mesmes, ce pendant qu'on apprestoit son disner, alla faire affuster son artillerie, desployer son enseigne et oriflant, et charger force munitions, tant de harnois d'armes que de gueules.

En disnant, bailla les commissions : et fut, par son edict, constitué le seigneur Trepelu sus l'avantgarde, en laquelle furent comptés seize mille quatorze haquebutiers, trente-cinq mille et unze adventuriers. A l'artillerie fut commis le grand escuyer Touquedillon ; en laquelle furent comptées neuf cens quatorze grosses pieces de bronze, en canons, doubles canons, basilics, serpentines, coulevrines, bombardes, faulcons, passevolans, spiroles et aultres pieces. L'arriere garde fut baillée au duc Raquedenare. En la bataille se tint le roy et les princes de son royaulme. Ainsi sommairement acoustrés, davant que se mettre en voye, envoyerent trois cens chevaux legiers, sous la conduite du capitaine Engoulevent, pour descouvrir le pays, et savoir si embusche aulcune estoit par la contrée. Mais aprés avoir diligemment recherché, trouverent tout le pays à l'environ en paix et silence, sans assemblée quelconque. Ce que entendant Picrochole, commanda qu'un chascun marchast sous son enseigne hastivement. Adonc, sans ordre et mesure, prindrent les champs les uns parmy les aultres ; gastans et dissipans tout par où ilz passoient, sans espargner ny pauvre ny riche, ny lieu sacré ny prophane ; emmenoient bœufz, vaches, taureaux, veaux, genisses, brebis, moutons, chevres et boucs ; poulles, chappons, poullets, oisons, jards, oyes ; porcs, truies, gorets ; abatans les noix, vendangeans les vignes, emportans les seps, croullans tous les fruitz des arbres. C'estoit un desordre incomparable de ce qu'ilz faisoient. Et ne trouverent personne qui leur resistast ; mais un chascun se mettoit à leur mercy, les suppliant estre traictés plus humainement en consideration de ce qu'ilz avoient de tous temps esté bons et amiables voisins ; et que jamais envers eux ne commirent exces ne oultrage, pour ainsi soudainement estre par iceux mal vexés, et que Dieu les en puniroit de brief. Esquelles remonstrances rien plus ne respondoient sinon qu'ilz leur vouloient apprendre à manger de la fouace.

CHAPITRE XXVII

COMMENT UN MOINE DE SEUILLÉ SAULVA LE CLOS DE L'ABBAYE DU SAC DES ENNEMIS

Tant firent et tracasserent, pillant et larronnant, qu'ils arriverent à Seuillé, et detrousserent hommes et femmes, et prindrent ce qu'ilz peurent : rien ne leur fut ne trop chauld ne trop pesant. Combien que la peste y fust par la plus grande part des maisons, ilz entroient par tout, ravissoient tout ce qu'estoit dedans, et jamais nul n'en print dangier. Qui est cas assez merveilleux. Car les curés, vicaires, prescheurs, medicins, chirurgiens et apothicaires, qui alloient visiter, penser, guerir, prescher et admonester les malades, estoient tous mors de l'infection ; et ces diables pilleurs et meurtriers onques n'y prindrent mal. Dond vient cela, messieurs ? Pensez y, je vous prie.

Le bourg ainsi pillé, se transporterent en l'abbaye avec horrible tumulte ; mais la trouverent bien reserrée et fermée : dont l'armée principale marcha oultre vers le gué de Vede, excepté sept enseignes de gens de pied, et deux cens lances qui là resterent, et rompirent les murailles du clos afin de gaster toute la vendange.

Les pauvres diables de moines ne sçavoient auquel de leurs saincts se vouer. A toutes adventures firent sonner *ad capitulum capitulantes*. Là fut decreté qu'ilz feroient une belle procession, renforcée de beaux preschans et letanies *contra hostium insidias*, et beaux responds *pro pace*.

En l'abbaye estoit pour lors un moine claustrier, nommé frere Jean des Entommeures, jeune, gallant, frisque, de hait, bien à dextre, hardy, adventureux, deliberé, hault, maigre, bien fendu de gueule, bien advantagé en nez, beau despéscheur d'heures, beau desbrideur de messes, beau descroteur de vigiles ; pour tout dire sommairement, un vray moine si onques en fut depuis que le monde moinant moina de moinerie ; au reste clerc jusques es dents en matiere de breviaire.

Iceluy, entendant le bruit que faisoient les ennemis par le clos de leur vigne, sortit hors pour voir ce qu'ilz faisoient. Et, advisant, qu'ilz vendangeoient leur clos, auquel estoit leur boite de tout l'an fondée, retourne au cœur de l'eglise où estoient les aultres moines, tous estonnés comme fondeurs de cloches, lesquelz voyant chanter *ini, nim, pe, ne, ne, ne, ne, ne, ne, tum, ne, num, num, ini, i, mi, i, mi, i, co, o, ne, no, o, o, ne, no, ne, no, no, no, rum, ne, num, num*. « C'est, dist il, bien chié chanté. Vertus Dieu ! que ne chantez vous : Adieu paniers, vendanges sont faictes ? Je me donne au diable s'ilz ne sont en nostre clos, et tant bien couppent et seps et raisins qu'il n'y aura, par le corps Dieu, de quatre années que halleboter dedans. Ventre sainct Jacques ! que boirons nous ce pendant, nous aultres pauvres diables ? Seigneur Dieu, *da mihi potum*. »

Lors dist le prieur claustral : « Que fera cest ivrogne icy ? Qu'on me le mene en prison : troubler ainsi le service divin ! — Mais, dist le moine, le service du vin, faisons tant qu'il ne soit troublé ; car vous mesmes, monsieur le prieur, aimez boire du meilleur ; si faict tout homme de bien. Jamais homme noble ne hayst le bon vin : c'est un apophthegme monachal. Mais ces responds que chantez icy ne sont, par Dieu, poinct de saison.

« Pourquoy sont nos heures en temps de moissons et vendanges courtes, en l'advent et tout hyver longues ? Feu, de bonne memoire, frere Macé Pelosse, vray zelateur (ou je me donne au diable) de nostre religion, me dist, il m'en soubvient, que la raison estoit affin qu'en ceste saison nous facions bien serrer et faire le vin, et qu'en hyver nous le humions.

« Escoutez, messieurs ; vous aultres qui aimez le vin, le corps Dieu ! sy me suivez. Car hardiment que sainct Antoine me arde si ceux tastent du piot qui n'auront secouru la vigne ! Ventre Dieu, les biens de l'Eglise ! Ha non, non. Diable, sainct Thomas l'Anglois voulut bien pour iceux mourir : si j'y mourois, ne serois je sainct de mesmes ? Je n'y mourrai ja pourtant, car c'est moy qui le fais es aultres. »

Ce disant, mist bas son grand habit, et se saisit du baston de la croix, qui estoit de cœur de cormier, long comme une lance, rond à plein poing, et quelque peu semé de fleurs de lys, toutes presque effacées. Ainsi sortit en beau sayon, mit son froc en escharpe, et de son baston de la croix donna brusquement sus les ennemis qui, sans ordre ny enseigne, ny trompette, ny tabourin, parmy le clos vendangeoient. Car les porteguidons et port'enseignes avoient mis leurs guidons et enseignes l'orée des murs, les tabourineurs avoient défoncé leurs tabourins d'un costé pour les emplir de raisins ; les trompettes estoient chargés de moussines, chascun estoit desrayé.

Il chocqua doncques si roidement sus eux, sans dire gare, qu'il les renversoit comme porcs, frappant à tors et à travers, à la vieille escrime. Es uns escarbouilloit la cervelle, es aultres rompoit bras et jambes, es aultres deslochoit les spondiles du col, es aultres demoulloit les reins, avalloit le nez, poschoit les yeulx, fendoit les mandibules, enfonçoit les dents en la gueulle, descroulloit les omoplates, sphaceloit les greves, desgondoit les ischies, debezilloit les faucilles.

Si quelqu'un se vouloit cacher entre les seps plus espés, à iceluy froissoit toute l'areste du doz, et l'esrenoit comme un chien.

Si aulcun sauver se vouloit en fuyant, à iceluy faisoit voler la teste en pieces par la commissure lambdoïde. Si quelqu'un gravoit en une arbre, pensant y estre en seureté, iceluy de son baston empaloit par le fondement.

Si quelqu'un de sa vieille cognoissance luy crioit : « Ha, frere Jean mon amy, frere Jean, je me rends! — Il t'est, disoit il, bien force; mais ensemble tu rendras l'ame à tous les diables. » Et soubdain luy donnoit dronos. Et si personne tant fut esprins de temerité qu'il luy voulust resister en face, là monstroit il la force de ses muscles, car il leur transperçoit la poictrine par le mediastin et par le cueur; à d'aultres, donnant sus la faulte des costes, leur subvertissoit l'estomac, et mouroient soubdainement; és aultres tant fierement frappoit par le nombril qu'il leur faisoit sortir les tripes ; es aultres, parmy les couillons, persoit le boyau cullier. Croyez que c'estoit le plus horrible spectacle qu'on vist onques.

Les uns crioient Saincte Barbe ; les aultres, Sainct George ; les aultres, Saincte Nytouche; les aultres, Nostre Dame de Cunault, de Laurette, de Bonnes Nouvelles, de la Lenou, de Riviere. Les uns se vouoient à sainct Jacques, les aultres au sainct suaire de Chambery ; mais il brusla trois mois aprés, si bien qu'on n'en put saulver un seul brin. Les aultres à Cadouyn, les aultres à sainct Jean d'Angely ; les aultres à sainct Eutrope de Xaintes, à sainct Mesmès de Chinon, à saint Martin de Candes, à sainct

Clouaud de Sinays, es reliques de Jaurezay, et mille aultres bons petits saincts. Les uns mouroient sans parler, les aultres parloient sans mourir ; les uns mouroient en parlant, les aultres parloient en mourant. Les aultres crioient à haulte voix : « Confession, confession, *Confiteor*, *Miserere*, *In manus.* »

Tant fut grand le cry des navrés que le prieur de l'abbaye avec tous ses moines sortirent. Lesquelz, quand apperceurent ces pauvres gens ainsy rués parmy la vigne et blessés à mort, en confesserent quelques uns. Mais, ce pendant que les prebstres s'amusoient à confesser, les petits moinetons coururent au lieu où estoit frere Jean, et luy demanderent en quoy il vouloit qu'ilz luy aidassent.

A quoy respondit qu'ilz esgorgetassent ceux qui estoient portés par terre. Adonc, laissans leurs grandes cappes sus une treille, au plus prés, commencerent esgorgeter et achever ceux qu'il avoit desjà meurtris. Sçavez vous de quels ferremens? A beaux gouetz, qui sont petits demy cousteaux, dont les petits enfans de nostre pays cernent les noix.

Puis, à tout son baston de croix, guaingna la bresche qu'avoient faicte les ennemis. Aulcuns des moinetons emporterent les enseignes et guidons en leurs chambres pour en faire des jartiers. Mais quand ceux qui s'estoient confessés voulurent sortir par icelle bresche, le moine les assommoit de coups, disant : « Ceux cy sont confés et repentans, et ont gaigné les pardons : ilz s'en vont en paradis aussi droict comme une faucille, et comme est le chemin de Faye. » Ainsi, par sa prouesse, furent desconfis tous ceux de l'armée qui estoient entrés dedans le clos, jusques au nombre de treize mille six cens vingt et deux, sans les femmes et petits enfans, cela s'entend tousjours. Jamais Maugis hermite ne se porta si vaillamment à tout son bourdon contre les Sarrasins, desquelz est escript es gestes des quatre filz Aymon, comme fit le moine à l'encontre des ennemis avec le baston de la croix.

CHAPITRE XXVIII

COMMENT PICROCHOLE PRINT D'ASSAULT LA ROCHE CLERMAUD ET LE REGRET ET DIFFICULTÉ QUE FIT GRANDGOUSIER D'ENTREPRENDRE GUERRE

Ce pendant que le moine s'escarmouchoit, comme avons dit, contre ceux qui estoient entrés le clos, Picrochole, à grande hastivité, passa le gué de Vede avec ses gens, et assaillit la Roche Clermaud, auquel lieu ne luy fut faicte resistance quelconque ; et, parce qu'il estoit ja nuyt, delibera en icelle ville se heberger, soy et ses gens, et refraischir de sa cholere pungitive. Au matin, print d'assault les boullevars et chasteau, et le rempara tres bien, et le pourveut de munitions requises, pensant là faire sa retraicte si d'ailleurs estoit assailly. Car le lieu estoit fort, et par art et par nature, à cause de la situation et assiette.

Or laissons les là, et retournons à nostre bon Gargantua, qui est à Paris, bien instant à l'estude de bonnes lettres et exercitations athlétiques; et le vieux bonhomme Grandgousier son pere, qui, aprés souper, se chauffe les couilles à un beau, clair et grand feu; et, attendant graisler des chastaignes, escript au foyer avec un baston bruslé d'un bout, dont on escharbotte le feu, faisant à sa femme et famille de beaux contes du temps jadis.

Un des bergiers qui gardoient les vignes, nommé Pillot, se transporta devers luy en icelle heure, et raconta entierement les excés et pillages que faisoit Picrochole, roy de Lerné, en ses terres et dommaines; et comment il avoit pillé, gasté, saccagé tout le pays, excepté le clos de Seuillé, que frere Jean des Entommeures avoit saulvé à son honneur, et de present estoit ledict roy en la Roche Clermaud, et là, en grande instance, se remparoit luy et ses gens.

« Holos, holos, dist Grandgousier; qu'est cecy, bonnes gens? Songe je, ou si vray est ce qu'on me dit? Picrochole, mon amy ancien, de tout temps, de toute race et alliance, me vient assaillir? Qui le meut? qui le poinct? qui le conduict? qui l'a ainsi conseillé? Ho, ho, ho, ho, ho, mon Dieu, mon Saulveur, aide moy, inspire moy, conseille moy à ce qu'est de faire. Je proteste, je jure devant toy, ainsi me sois tu favorable, si jamais à luy desplaisir, ne à ses gens dommaige, ne en ses terres je fis pillerie; mais, bien au contraire, je l'ay secouru de gens, d'argent, de faveur, et de conseil, en tous cas qu'ay peu cognoistre son advantaige. Qu'il m'ait donc en ce point oultraigé, ce ne peut estre que par l'esprit maling. Bon Dieu, tu cognois mon couraige, car à toy rien ne peut estre celé. Si par cas il estoit devenu furieux, et que, pour luy rehabiliter son cerveau, tu me l'eusse icy envoyé, donne moy et pouvoir et sçavoir le rendre au joug de ton sainct vouloir par bonne discipline.

« Ho, ho, ho. Mes bonnes gens, mes amis, et mes féaux serviteurs, fauldra il que je vous empesche à m'y aider? Las! ma vieillesse ne requeroit dorenavant que repos, et toute ma vie n'ay rien tant procuré que paix; mais il fault, je le voy bien, que maintenant de harnois je charge mes pauvres espaules lasses et foibles, et en ma main tremblante je prenne la lance et la masse, pour secourir et guarantir mes pauvres subjects. La raison le veult ainsi : car de leur labeur je suis entretenu, et de leur sueur je suis nourry, moy, mes enfans et ma famille. Ce non obstant, je n'entreprendray guerre que je n'aye essayé tous les ars et moyens de paix ; là je me résouls. »

Adonc fit convoquer son conseil, et proposa l'affaire tel comme il estoit. Et fut conclud qu'on enverroit quelque homme prudent devers Picrochole, sçavoir pourquoy ainsi soubdainement estoit party de son repos, et envahy les terres esquelles n'avoit droict quiconques. Davantaige, qu'on envoyast querir Gargantua et ses gens, afin de maintenir le pays, et defendre à ce besoing. Le tout pleut à Grandgousier, et commanda qu'ainsi fust faict. Dont sus l'heure envoya le Basque, son laquays, querir à toute diligence Gargantua. Et luy escripvit comme s'ensuit.

CHAPITRE XXIX

LA TENEUR DES LETTRES QUE GRANDGOUSIER ESCRIPVOIT A GARGANTUA

« La ferveur de tes estudes requeroit que de long temps ne te revocasse de cestuy philosophique repos, si la confiance de nos amis et anciens confederés n'eust de present frustré la seureté de ma vieillesse. Mais, puis que telle est ceste fatale destinée que par iceux sois inquieté esquelz plus je me reposois, force m'est te rappeller au subside des gens et biens qui te sont par droict naturel affiés. Car, ainsi comme debiles sont les armes au dehors si le conseil n'est en la maison, aussi vaine est l'estude, et le conseil inutile qui, en temps opportun, par vertus n'est executé, et à son effect reduict.

« Ma deliberation n'est de provoquer, ains d'apaiser ; d'assaillir, mais de defendre ; de conquester, mais de garder mes féaux subjects et terres hereditaires, esquelles est hostilement entré Picrochole, sans cause ny occasion, et de jour en jour poursuit sa furieuse entreprinse, avec exces non tolerables à personnes liberes.

« Je me suis en debvoir mis pour moderer sa cholere tyrannique, luy offrant tout ce que je pensois luy pouvoir estre en contentement : et par plusieurs fois ay envoyé amiablement devers luy, pour entendre en quoy, par qui et comment il se sentoit oultraigé ; mais de luy n'ay eu response que de volontaire deffiance, et qu'en mes terres pretendoit seulement droict de bien séance. Dont j'ay cogneu que Dieu eternel l'a laissé au gouvernail de son franc arbitre et propre sens, qui ne peut estre que meschant, si par grace divine n'est continuellement guidé : et, pour le contenir en office et reduire à cognoissance, me l'a icy envoyé à molestes enseignes.

« Pourtant, mon filz bien aimé, le plus tost que faire pourras, ces lettres veues, retourne à diligence secourir, non tant moy (ce que toutesfois par pitié naturellement tu doibs) que les tiens, lesquelz par raison tu peulx saulver et garder. L'exploit sera faict à moindre effusion de sang qu'il sera possible. Et, si possible est, par engins plus expediens, cauteles, et ruses de guerre, nous saulverons toutes les ames, et les envoyerons joyeux à leurs domiciles.

« Tres cher filz, la paix du Christ nostre redempteur soit avec toy. Salue Ponocrates, Gymnaste, et Eudemon, de par moy.

Du vingtiesme de septembre.

« Ton pere,

« GRANDGOUSIER. »

CHAPITRE XXX

COMMENT ULRICH GALLET FUT ENVOYÉ DEVERS PICROCHOLE

Les lettres dictées et signées, Grandgousier ordonna que Ulrich Gallet, maistre de ses requestes, homme saige et discret, duquel en divers et contentieux affaires il avoit esprouvé la vertu et bon advis, allast devers Picrochole pour luy remonstrer ce que par eux avoit esté decreté. En celle heure partit le bon homme Gallet, et, passé le gué, demanda au meusnier de l'estat de Picrochole : lequel luy fit response que ses gens ne luy avoient laissé ny coq ni geline, et qu'ilz s'estoient enserrés en la Roche Clermaud ; et qu'il ne luy conseilloit poinct de proceder oultre, de peur du guet : car leur fureur estoit enorme. Ce que facilement il creut, et pour celle nuyt hebergea avec le meusnier.

Au lendemain matin, se transporta avec la trompette à la porte du chasteau, et requist es gardes qu'ilz le fissent parler au roy, pour son profit. Les paroles annoncées au roy, ne consentit aulcunement qu'on luy ouvrist la porte ; mais se transporta sus le boullevard, et dist à l'ambassadeur : « Qui a il de nouveau ? Que voulez vous dire ? » Adonc l'ambassadeur proposa comme s'ensuit :

CHAPITRE XXXI

LA HARANGUE FAICTE PAR GALLET A PICROCHOLE

« Plus juste cause de douleur naistre ne peut entre les humains que si, du lieu dont par droicture esperoient grace et benevolence, ilz reçoivent ennuy et dommaige. Et non sans cause (combien que sans raison) plusieurs venus en tel accident ont ceste indignité moins estimé tolerable que leur vie propre ; et, en cas que par force ny aultre engin ne l'ont peu corriger, se sont eux mesmes privés de ceste lumiere.

« Donc merveille n'est si le roy Grandgousier mon maistre est, à ta furieuse et hostile venue, saisy de grand desplaisir et perturbé en son entendement. Merveille seroit si ne l'avoient esmeu les exces incomparables qui, en ses terres et subjects, ont esté par toy et tes gens commis : esquelz n'a esté obmis exemple aulcun d'iuhumanité. Ce que luy est tant grief de soy, par la cordiale affection de laquelle tousjours a chery ses subjects, que à mortel homme plus estre ne sçauroit. Toutesfois, sus l'estimation humaine, plus grief luy est, en tant que par toy et les tiens ont esté ces griefs et tors faicts, qui, de toute memoire et ancienneté, aviez toy et tes peres une amitié avec luy et tous ses ancestres conceue ; laquelle, jusques à present, comme sacrée, ensemble aviez inviolablement maintenue, gardée et entretenue : si bien que, non luy seulement ny les siens, mais les nations barbares, Poictevins, Bretons, Manseaux, et ceux qui habitent oultre les isles de Canarre et Isabella, ont estimé aussi facile demollir le firmament, et les abysmes eriger au dessus des nues, que desemparer vostre alliance ; et tant l'ont redoubtée en leurs entreprinses qu'ilz n'ont jamais osé provoquer, irriter, ny endommaiger l'un par crainte de l'aultre.

« Plus y a. Ceste sacrée amitié tant a emply ce ciel que peu de gens sont aujourd'huy habitans par tout le continent et isles de l'Océan, qui n'ayent ambitieusement aspiré estre receus en icelle, à pactes par vous mesmes conditionnés ; autant estimans vostre confederation que leurs propres terres et dommaines. En sorte que, de toute memoire, n'a esté prince ny ligue tant efferée ou superbe qui ait osé courir sus, je ne dis poinct vos terres, mais celles de vos confederés. Et si, par conseil precipité, ont encontre eux attempté quelque cas de nouvelleté, le nom et tiltre de vostre alliance entendu, ont soubdain desisté de leurs entreprinses. Quelle furie donc t'esmeut maintenant, toute alliance brisée, toute amitié conculquée, tout droict trespassé, envahir hostilement ses terres sans en rien avoir esté par luy ny les siens endommaigé, irrité, ny provoqué? Où est foy ? où est loy ? où est raison ? où est humanité ? où est crainte de Dieu? Cuides tu ces oultraiges estre recelés es esprits eternelz, et au Dieu souverain, qui est juste retributeur de nos entreprinses? Si le cuides, tu te trompes : car toutes choses viendront à son jugement. Sont ce fatales destinées, ou influences des astres, qui voulent mettre fin à tes aises et repos? Ainsi ont toutes choses leur fin et periode. Et, quand elles sont venues à leur poinct superlatif, elles sont en bas ruinées : car elles ne peuvent long temps en tel estat demeurer. C'est la fin de ceux qui leurs fortunes et prosperités ne peuvent par raison et te' sperance moderer.

« Mais si ainsi estoit pheé, et deust ores ton heur et repos prendre fin, falloit il que ce fust en incommodant à mon roy, celuy par lequel tu estois estably? Si ta maison debvoit ruiner, falloit il qu'en sa ruine elle tombast sus les atres de celuy qui l'avoit aornée? La chose est tant hors les metes de raison, tant abhorrente de sens commun que à peine peut elle estre par humain entendement conceue : et jusques à ce demeurera non croyable entre les estrangers que l'effect asseuré et tesmoigné leur donne à entendre que rien n'est ny sainct ny sacré à ceux qui se sont emancipés de Dieu et raison pour suivre leurs affections perverses.

« Si quelque tort eust esté par nous faict en tes subjects et dommaines, si par nous eust esté porté faveur à tes mal voulus, si en tes affaires ne t'eussions secouru, si par nous ton nom et honneur eust esté blessé, ou, pour mieulx dire, si l'esprit calomniateur, tentant à mal te tirer, eust, par fallaces especes et phantasmes ludificatoires, mis en ton entendement que envers toy eussions faict chose non digne de nostre ancienne amitié, tu debvois premier enquerir de la verité, puis nous en admonester. Et nous eussions tant à ton gré satisfaict que eusses eu occasion de toy contenter. Mais, ô Dieu eternel! quelle est ton entreprinse? Vouldrois tu, comme tyran perfide, piller ainsi, et dissiper le royaulme de mon maistre? L'as tu esprouvé tant ignave et stupide qu'il ne voulust; ou tant destitué de gens, d'argent, de conseil, et d'art militaire, qu'il ne peust resister à tes iniques assaults?

« Depars d'icy presentement, et demain pour tout le jour sois retiré en tes terres, sans par le chemin faire aulcun tumulte ne force. Et paye mille besans d'or pour les dommaiges que as faict en ses terres. La moitié bailleras demain, l'aultre moitié payeras es ides de may prochainement venant : nous delaissant ce pendant pour hostaiges les ducs de Tournemoule, de Basdefesses, et de Menuail, ensemble le prince de Gratelles et le vicomte de Morpiaille. »

CHAPITRE XXXII

COMMENT GRANDGOUSIER, POUR ACHETER LA PAIX, FIT RENDRE LES FOUACES

A tant se teut le bon homme Gallet; mais Picrochole à tous ses propos ne respond aultre chose, sinon : « Venez les querir, venez les querir. Ilz ont belle couille, et molle. Ils vous brayeront de la fouace. » Adonc retourne vers Grandgousier, lequel trouva à genoux, teste nue, eincliné en un petit coing de son cabinet, priant Dieu qu'il voulsist amollir la cholere de Picrochole, et le mettre au poinct de raison, sans y proceder ar force. Quand vit le bon homme de retour, il luy demanda : « Ha, mon amy, mon amy, quelles nouvelles m'apportez-vous? — Il n'y a, dist Gallet, ordre : cest homme est du tout hors du sens et delaissé de Dieu. — Voire mais, dist Grandgousier, mon amy, quelle cause pretend il de cest exces? — Il ne m'a, dist Gallet, cause quelconques exposé, sinon qu'il m'a dict en cholere quelques motz de fouaces. Je ne sçay si l'on n'auroit poinct faict oultraige à ses fouaciers. — Je le veulx, dist Grandgousier, bien entendre devant qu'aultre chose deliberer sur ce que seroit de faire. » Alors manda sçavoir de cest affaire; et trouva pour vray qu'on avoit pris par force quelques fouaces de ses gens, et que Marquet avoit receu un coup de tribard sus la teste; toutesfois, que le tout avoit esté bien payé, et que le dit Marquet avoit premier blessé Forgier de son fouet par les jambes. Et sembla à tout son conseil qu'en toute force il se debvoit defendre.

Ce non obstant, dit Grandgousier : « Puisqu'il n'est question que de quelques fouaces, j'essayeray le contenter : car il me desplaist par trop de lever guerre. » Adonc s'enquesta combien on avoit prins de fouaces, et, entendant quatre ou cinq douzaines, commanda qu'on en fist cinq charretées en icelle nuyt; et que l'une fust de fouaces faictes à beau beurre, beaux moyeux d'œufz, beau saffran, et belles espices, pour estre distribuées à Marquet; et que, pour ses interestz, il luy donnoit sept cens mille et trois philippus pour payer les barbiers qui l'auroient pensé ; et d'abondant luy donnoit la mestairie de la Pomardiere, à perpetuité franche pour luy et les siens.

Pour le tout conduire et passer fut envoyé Gallet. Lequel, par le chemin, fit cueillir prés de la saulsaye force grands rameaux de cannes et rouzeaux, et en fit armer autour leurs charrettes, et chascun des chartiers. Luy mesmes en tint un en sa main : par ce voulant donner à cognoistre qu'ilz ne demandoient que paix, et qu'ilz venoient pour l'achapter.

Eux, venus à la porte, requirent parler à Picrochole de par Grandgousier. Picrochole ne voulut onques les laisser entrer, ny aller à eux parler; et leur manda qu'il estoit empesché, mais qu'ilz dissent ce qu'ilz voudroient au capitaine Touquedillon, lequel affustoit quelque piece sus les murailles. Adonc luy dist le bonhomme : « Seigneur, pour vous rescinder tout ance de debat, et oster toute excuse que ne retournez en nostre premiere alliance, nous vous rendons presentement les fouaces dont est la controverse. Cinq douzaines en prindrent nos gens : elles furent tres bien payées : nous aimons tant la paix que nous en rendons cinq charretées : desquelles ceste icy sera pour Marquet, qui plus se plainct. Dadvantaige, pour le contenter entierement, voylà sept cens mille et trois philippus que je luy livre ; et, pour l'interest qu'il pourroit pretendre, je luy cede la mestairie de la Pomardiere, à perpetuité, pour luy et les siens, possedable en franc alloy : voyez ci le contract de la transaction. Et pour Dieu vivons doreuavant en paix, et vous retirez en vos terres joyeusement : cedans ceste place icy, en laquelle n'avez droict quelconques, comme bien le confessez. Et amis comme par avant. »

Touquedillon raconta le tout à Picrochole, et de plus en plus envenima son couraige, lui disant : « Ces rustres ont belle peur : par Dieu, Grandgousier se conchie, le pauvre beuveur ; ce n'est pas son art d'aller en guerre, mais ouy bien vuider les flaccons Je suis d'opinion que retenons ces fouaces et l'argent, et au reste nous hastons de remparer ici et poursuivre nostre fortune. Mais pensent ilz bien avoir affaire à une duppe, de vous paistre de ces fouaces? Voylà que c'est, le bon traictement et la grande familiarité que leur avez par cy devant tenue vous ont rendu envers eux contemptible. Oignez villain, il vous poindra. Poignez villain, il vous oindra.

— Ça, ça, ça, dist Picrochole, sainct Jacques ! ilz en auront ; faictes ainsi qu'avez dict. — D'une chose, dist Touquedillon, vous veulx je advertir. Nous sommes icy assez mal avitaillés, et pourveus maigrement des harnois de gueule. Si Grandgousier nous mettoit siege, des à present m'en irois faire arracher les dents toutes, seulement que trois me restassent, autant à vos gens comme à moy ; avec icelles nous n'avancerons que trop à manger nos munitions. — Nous, dist Picrochole, n'aurons que trop mangeailles. Sommes nous icy pour manger ou pour batailler ? — Pour batailler, vrayement, dist Touquedillon ; mais de la panse vient la danse, et où faim regne force exule.

— Tant jazer, dist Picrochole. Saisissez ce qu'ilz ont amené. »

A donc prindrent argent, et fouaces, et bœufz, et charrettes, et les renvoyerent sans mot dire, sinon que plus n'aprochassent de si prés, pour la cause qu'on leur diroit demain. Ainsi sans rien faire retournerent devers Grandgousier, et luy conterent le tout : adjoustans qu'il n'estoit aucun espoir de les tirer à paix, sinon à vive et forte guerre.

CHAPITRE XXXIII

COMMENT CERTAINS GOUVERNEURS DE PICROCHOLE, PAR CONSEIL PRECIPITÉ, LE MIRENT AU DERNIER PERIL.

Les fouaces destroussées, comparurent devant Picrochole les ducs de Menuail, comte Spadassin et capitaine Merdaille, et luy dirent : « Sire, aujourd'huy nous vous rendons le plus heureux, plus chevaleureux prince qui onques fust depuis la mort d'Alexandre Macedo. — Couvrez, couvrez vous, dist Picrochole. — Grand mercy, dirent ilz, sire ; nous sommes à nostre debvoir. Le moyen est tel. Vous laisserez icy quelque capitaine en garnison, avec petite bande de gens, pour garder la place, laquelle nous semble assez forte, tant par nature que par les rempars faicts à vostre invention. Vostre armée partirez en deux, comme trop mieulx l'entendez. L'une partie ira ruer sur ce Grandgousier et ses gens. Par icelle sera de prime adordée facilement desconfit. Là recouvrerez argent à tas, car le vilain en a du content. Vilain, disons nous, parce qu'un noble prince n'a jamais un sou. Thesaurizer est faict de vilain.

« L'aultre partie ce pendant tirera vers Onys, Sanctonge, Angomois, et Gascoigne : ensemble Perigot, Medoc, et Elanes. Sans resistence prendront villes, chasteaux, et forteresses. A Bayonne, à sainct Jean de Luc, et Fontarabie, saisirez toutes les naufz, et, costoyant vers Galice et Portugal, pillerez tous les lieux maritimes, jusques à Ulisbone, où aurez renfort de tout equipage requis à un conquerent. Par le corbieu ! Espaigne se rendra, car ce ne sont que madourrés. Vous passerez par l'estroict de Sibyle, et là erigerez deux colomnes plus magnifiques que celles de Hercules, à perpetuelle memoire de vostre nom. Et sera nommé cestuy destroict la mer Picrocholine.

« Passée la mer Picrocholine, voicy Barberousse qui se rend vostre esclave. — Je, dist Picrochole, le prendray à mercy. — Voire, dirent ilz, pourveu qu'il se face baptiser. Et oppugnerez les royaumes de Tunic, de Hippes, Argiere, Bone, Corone, hardiment toute Barbarie. Passant oultre, retiendrez en vostre main Maiorque, Minorque, Sardaine, Corsicque, et aultres isles de la mer Ligusticque et Baléare. Costoyant à gauche, dominerez toute la Gaule Narbonique, Provence, et Allobroges, Genes, Florence, Luques, et à Dieu seas Rome. Le pauvre monsieur du pape meurt desjà de peur. — Par ma foy, dist Picrochole, je ne luy baiseray ja sa pantoufle.

— Prinse Italie, voylà Naples, Calabre, Apoulle, et Sicile toutes à sac, et Malthe avec. Je voudrois bien que les plaisans chevaliers jadis Rhodhiens vous resistassent, pour voir de leur urine! — J'irois, dist Picrochole, voluntiers à Lorette. — Rien, rien, dirent ilz; ce sera au retour. De là prendrons Candie, Cypre, Rhodes, et les isles Cyclades, et donnerons sus la Morée. Nous la tenons. Sainct Treignan, Dieu gard Hierusalem! car le soudan n'est pas comparable à vostre puissance. — Je, dist il, feray donc bastir le temple de Salomon? — Non, dirent ilz, encores : attendez un peu. Ne soyez jamais tant soubdain à vos entreprinses.

« Sçavez vous que disoit Octavian Auguste? *Festina lente.* Il vous convient premierement avoir l'Asie minor, Carie, Lycie, Pamphile, Celicie, Lydie, Phrygie, Mysie, Betune, Charazie, Satalie, Samagarie, Castamena, Luga, Savasta, jusques à Euphrates. — Verrons nous, dist Picrochole, Babylone et le mont Sinay? — Il n'est, dirent ilz, ja besoing pour ceste heure. N'est ce pas assez tracassé de avoir transfreté la mer Hircane, chevauché les deux Armenies et les trois Arabies?

— Par ma foy, dist-il, nous sommes affollés. Ha, pauvres gens! — Quoy? dirent ilz. — Que boirons nous par ces deserts? Car Julian Auguste et tout son ost y moururent de soif, comme l'on dit. — Nous, dirent ilz, avons ja donné ordre à tout. Par la mer Siriace, vous avez neuf mille quatorze grandes naufz, chargées des meilleurs vins du monde; elles arrivent à Japhes. Là se sont trouvés vingt et deux cens mille chameaux, et seize cens elephans, lesquelz avez prins à une chasse environ Sigeilmes, lorsque entrastes en Libye, et d'abondant eustes toute la garavanne de la Mecha. Ne vous fournirent ilz de vin à suffisance? — Voire, mais, dist il, nous ne beusmes poinct frais. — Par la vertu, dirent ilz, non pas d'un petit poisson, un preux, un conquerent, un pretendant et aspirant à l'empire univers ne peut tousjours avoir ses aises. Dieu soit loué qu'estes venu, vous et vos gens, saufz et entiers jusques au fleuve du Tigre.

— Mais, dist il, que faict ce pendant la part de nostre armée qui desconfit ce villain humeux Grandgousier? — Ilz ne chomment pas, dirent ilz; nous les rencontrerons tantost. Ilz vous ont prins Bretaigne, Normandie, Flandres, Haynault, Brabant, Artoys, Hollande, Selande : ilz ont passé le Rhein par sus le ventre des Suisses et Lansquenets, et part d'entre eux ont dompté Luxembourg, Lorraine, la Champaigne, Savoye jusques à Lyon . auquel lieu ont trouvé vos garnisons retournans des conquestes navales de la mer Mediterranée. Et se sont réassemblés en Boheme, aprés avoir mis à sac Soueve, Wuitemberg, Bavieres, Austriche, Moravie, et Stirie. Puis ont donné fierement ensemble sus Luhek, Norwerge, Sweden Rich, Dace, Gotthie, Engroneland, les Estrelins, jusques à la mer Glaciale. Ce faict, conquesterent les isles Orchades, et subjuguerent Escosse, Angleterre et Irlande. De là, navigans par la mer sabuleuse et par les Sarmates, ont vaincu et dompté Prussie, Polonie, Lithuanie, Russie, Valachie, la Transsilvane, Hongrie, Bulgarie, Turquie, et sont à Constantinoble. — Allons nous, dist Picrochole, rendre à eux le plus tost, car je veulx estre aussi empereur de Trebizonde.

« Ne tuerons nous pas tous ces chiens Turcs et Mahumetistes? — Que diable, dirent ilz, ferons nous donc? Et donnerez leurs biens et terres à ceux qui vous auront servy honnestement. — La raison, dist il, le veult, c'est equité. Je vous donne la Carmaigne, Surie, et toute la Palestine. — Ha, dirent ilz, sire, c'est du bien de vous, grand mercy. Dieu vous face bien tousjours prosperer. »

Là present estoit un vieux gentil homme, esprouvé en divers hazars, et vray routier de guerre, nommé Echephron, lequel, oyant ces propos, dist: « J'ay grand peur que toute ceste entreprinse sera semblable à la farce du pot au laict, duquel un cordouanier se faisoit riche par resverie; puis le pot cassé, n'eut de quoy disner. Que pretendez vous par ces belles conquestes? Quelle sera la fin de tant de travaux et traverses? — Ce sera, dist Picrochole, que nous, retournés, reposerons à nos aises. » Dont dist Echephron: « Et si par cas jamais n'en retournez? Car le voyage est long et perilleux. N'est ce mieulx que des maintenant nous reposons, sans nous mettre en ces hazars? — O! dist Spadassin, par Dieu, voicy un beau resveux; mais allons nous cacher au coing de la cheminée: et là passons avec les dames nostre vie et nostre temps à enfiler des perles, ou à filer comme Sardanapalus. Qui ne s'adventure n'a cheval ny mule, ce dist Salomon. — Qui trop, dist Echephron, s'adventure — perd cheval et mule, respondit Malcon.

— Baste, dist Picrochole, passons oultre. Je ne crains que ces diables de legions de Grandgousier; ce pendant que nous sommes en Mesopotamie, s'ilz nous donnoient sus la queue, quel remede? — Tres bon, dist Merdaille, une belle petite commission, laquelle vous envoirez aux Moscovites, vous mettra en camp pour un moment quatre cens cinquante mille combattans d'eslite. O si vous m'y faites vostre lieutenant, je tuerois un pigne pour un mercier! Je mors, je rue, je frappe, j'attrape, je tue, je renie.

— Sus, sus, dist Picrochole, qu'on despesche tout, et qui m'aime si me suive. »

CHAPITRE XXXIV

COMMENT GARGANTUA LAISSA LA VILLE DE PARIS POUR SECOURIR SON PAYS, ET COMMENT GYMNASTE RENCONTRA LES ENNEMIS

En ceste mesmes heure, Gargantua, qui estoit issu de Paris soubdain les lettres de son pere leues, sus sa grande jument venant, avoit ja passé le pont de la Nonnain, luy, Ponocrates, Gymnaste et Eudemon, lesquels pour le suivre avoient prins chevaux de poste; le reste de son train venoit à justes journées, amenant tous ses livres et instrument philosophique. Luy arrivé à Parillé, fut adverty, par le mestayer de Gouguet, comment Picrochole s'estoit remparé à la Roche Clermaud, et avoit envoyé le capitaine Tripet, avec grosse armée, assaillir le bois de Vede et Vaugaudry; et qu'ilz avoient couru la poulle jusques au pressouer Billard; et que c'estoit chose estrange et difficile à croire des exces qu'ilz faisoient par le pays : tant qu'il luy fit peur, et ne sçavoit bien que dire ny que faire.

Mais Ponocrates lui conseilla qu'ilz se transportassent vers le seigneur de la Vauguyon, qui de tous temps avoit esté leur amy et confederé, et par luy seroient mieulx advisés de tous affaires : ce qu'ilz firent incontinent, et le trouverent en bonne deliberation de leur secourir. Et fut d'opinion qu'il envoiroit quelqu'un de ses gens pour descouvrir le pays, et sçavoir en quel estat estoient les ennemis, afin d'y proceder par conseil prins selon la forme de l'heure presente. Gymnaste s'offrit d'y aller; mais il fut conclud que, pour le meilleur, il menast avec soy quelqu'un qui cogneust les voyes et destorses, et les rivieres de là entour.

Adonc partirent luy et Prelinguand, escuyer de Vauguyon, et, sans effroy, espierent de tous costés. Ce pendant Gargantua se refraischit, et repeut quelque peu avec ses gens, et fit donner à sa jument un picotin d'avoine, c'estoient soixante et quatorze muiz, trois boisseaux.

Gymnaste et son compaignon tant chevaucherent qu'ilz rencontrerent les ennemis tous espars, et mal en ordre, pillans et desrobans tout ce qu'ilz pouvoient; et, de tant loing qu'ilz l'apperceurent, accourrurent sus luy à la foulle pour le destrousser. Adonc il leur cria : « Messieurs, je suis pauvre diable; je vous requiers qu'ayez de moy mercy. J'ay encores quelque escu, nous le boirons, car c'est *aurum potabile;* et ce cheval icy sera vendu pour payer ma bienvenue : cela faict, retenez moy des vostres, car jamais homme ne sceut mieulx prendre, larder, roustir et aprester, voire, par Dieu! demembrer, et gourmander poulle que moy qui suis icy : et pour mon *proficiat*, je boy à tous bons compaignons. » Lors descouvrit sa ferriere, et, sans mettre le nez dedans, beuvoit assez honnestement. Les maroufles le regardoient, ouvrans la gueule d'un grand pied, et tirans les langues comme levriers, en attente de boire aprés ; mais Tripet le capitaine sus ce poinct accourut voir que c'estoit. A luy Gymnaste offrit sa bouteille, disant : « Tenez, capitaine, beuvez en hardiment ; j'en ay faict l'essay, c'est vin de la Faye Moniau — Quoy ! dist Tripet, ce gaultier icy se gabele de nous. Qui es tu ? — Je suis, dist Gymnaste, pauvre diable. — Ha, dist Tripet, puis que tu es pauvre diable, c'est raison que passes oultre, car tout pauvre diable passe par tout sans péage ny gabelle ; mais ce n'est de coustume que pauvres diables soient si bien montés ; pourtant, monsieur le diable, descendez, que j'aye le roussin : et, si bien il ne me porte, vous, maistre diable, me porterez, car j'aime fort qu'un diable tel m'emporte... »

CHAPITRE XXXV

COMMENT GYMNASTE SOUPPLEMENT TUA LE CAPITAINE TRIPET ET AULTRES GENS DE PICROCHOLE

Les motz entenduz, aulcuns d'entre eux commencerent avoir frayeur, et se seignoient de toutes mains, pensans que ce fust un diable desguisé. Et quelqu'un d'eux, nommé Bon Joan, capitaine des franctopins, tira ses heures de sa braguette, et cria assez hault : « Ἅγιος ὁ Θεός ! Si tu es de Dieu, si parle ; si tu es de l'aultre, si t'en va. » Et pas ne s'en alloit : ce que entendirent plusieurs de la bande, et departoient de la compaignie ; le tout notant et considerant Gymnaste. Pourtant fit semblant descendre de cheval, et, quand fut pendant du costé du montouer, fit soupplement le tour de l'estriviere, son espée bastarde au costé, et, par dessous passé, se lança en l'air, et se tint des deux pieds sus la selle, le cul tourné vers la teste du cheval. Puis dist : « Mon cas va au rebours. » Adonc, en tel poinct qu'il estoit, fit la gambade sus un pied, et, tournant à senestre, ne fallit onques de rencontrer sa propre assiette sans en rien varier. Dont dist Tripet : « Ha, ne feray pas cestuy là pour ceste heure, et pour cause. — Bren, dist Gymnaste, j'ay failly ; je vais defaire cestuy sault. » Lors, par grande force et agilité, fit, en tournant à dextre, la gambade comme davant. Ce faict, mit le poulce de la dextre sus l'arson de la selle, et leva tout le corps en l'air, se soustenant tout le corps sus le muscle et nerf dudict poulce ; et ainsi se tourna trois fois : à la quatriesme, se renversant tout le corps sans à rien toucher se guinda entre les deux oreilles du cheval, soudant tout le corps en l'air sus le poulce de la senestre ; et, en cest estat, fit le tour du moulinet ; puis, frappant du plat de la main dextre sus le milieu de la selle, se donna tel branle qu'il s'assist sus la crope, comme font les damoiselles.

Ce faict, tout à l'aise passa la jambe droite par sus la selle, et se mit en estat de chevaucheur, sus la crope. « Mais, dist il, mieulx vault que je me mette entre les arsons. ». Adonc, s'appuyant sus les poulces des deux mains à la crope devant soy, se renversa cul sus teste en l'air, et se trouva entre les arsons en bon maintien ; puis, d'un sobresault, se leva tout le corps en l'air, et ainsi se tint pieds joincts entre les arsons, et là tournoya plus de cent tours, les bras estendus en croix, et crioit ce faisant à haulte voix : « J'enrage, diables, j'enrage, j'enrage ; tenez moy, diables, tenez moy, tenez. »

Tandis qu'ainsi voltigeoit, les maroufles, en grand esbahissement, disoient l'un à l'aultre : « Par la merdé, c'est un lutin, ou un diable ainsi deguisé. *Ab hoste maligno libera nos, Domine!* » Et s'en fuyoient à la route, regardans derriere soy, comme un chien qui emporte un plumail.

Lors Gymnaste, voyant son advantaige, descend de cheval, desgaine son espée, et à grands coups chargea sur les plus huppés, et les ruoit, à grands monceaux, blessés, navrés, et meurtris, sans que nul luy resistast, pensans que ce fust un diablée affamé, tant par les merveilleux voltigemens qu'il avoit faict, que par les propos que luy avoit tenu Tripet, en l'appelant pauvre diable. Sinon que Tripet, en trahison, luy voulut fendre la cervelle de son espée lansquenette ; mais il estoit bien armé, et de cestuy coup ne sentit que le chargement ; et soubdain se tournant, lança un estoc volant audict Tripet, et, ce pendant qu'iceluy se couvroit en hault, luy tailla d'un coup l'estomac, le colon, et la moitié du foye : dont tomba par terre, et tombant rendit plus de quatre potées de soupes, et l'ame meslée parmy les soupes.

Ce faict, Gymnaste se retire, considerant que les cas de hazart jamais ne fault poursuivre jusques à leur periode : et qu'il convient à tous chevaliers reverentement traicter leur bonne fortune, sans la molester ny gehenner. Et, montant sus son cheval, luy donne des esperons, tirant droict son chemin vers la Vauguyon, et Prelinguand avec luy.

CHAPITRE XXXVI

COMMENT GARGANTUA DEMOLLIT LE CHASTEAU DE VEDE, ET COMMENT ILZ PASSERENT LE GUÉ

Venu que fut, raconta l'estat auquel avoit trouvé les ennemis, et du stratageme qu'il avoit faict, luy seul, contre toute leur caterve ; affirmant qu'ils n'estoient que maraulx, pilleurs, et brigans, ignorans de toute discipline militaire, et que hardiment ilz se missent en voye, car il leur seroit tres facile de les assommer comme bestes.

Adonc monta Gargantua sus sa grande jument, accompaigné comme davant avons dict. Et, trouvant en son chemin un hault et grand alne (lequel communement on nommoit l'arbre de sainct Martin, pource qu'ainsi estoit creu un bourdon que jadis sainct Martin y planta), dist : « Voicy ce qui me falloit. C'est arbre me servira de bourdon et de lance. » Et l'arrachit facilement de terre, et en osta les rameaux, et le para pour son plaisir. Ce pendant sa jument pissa pour se lascher le ventre; mais ce fut en telle abondance qu'elle en fit sept lieues de deluge; et deriva tout le pissat au gué de Vede, et tant l'enfla devers le fil de l'eau que toute ceste bande des ennemis furent en grand horreur noyés, excepté aulcuns qui avoient prins le chemin vers les cousteaux, à gauche.

Gargantua, venu à l'endroict du bois de Vede, fut advisé par Eudemon que, dedans le chasteau, estoit quelque reste des ennemis; pour laquelle chose sçavoir Gargantua s'escria tant qu'il peut : « Estes vous là, ou n'y estes pas? Si vous y estes, n'y soyez plus; si n'y estes, je n'ay que dire. » Mais un ribaud canonnier, qui estoit au machicoulis, luy tira un coup de canon, et l'attainct par la temple dextre furieusement : toutesfois ne luy fit pour ce mal en plus que s'il luy eust jetté une prune. « Qu'est cela? dist Gargantua; nous jettez vous icy des grains de raisins? La vendange vous coustera cher; » pensant de vray que le boullet fust un grain de raisin. Ceux qui estoient dedans le chasteau, amusés à la pille, entendans le bruit, coururent aux tours et forteresses, et luy tirerent plus de neuf mille vingt et cinq coups de fauconneaux et arquebouses, visans tous à sa teste; et si menu tiroient contre luy qu'il s'escria : « Ponocrates, mon amy, ces mousches icy m'aveuglent : baillez moy quelque rameau de ces saulles pour les chasser; » pensant, des plombées et pierres d'artillerie, que fussent mousches bovines. Ponocrates l'advisa que n'estoient aultres mouches que les coups d'artillerie que l'on tiroit du chasteau. Alors chocqua de son grand arbre contre le chasteau, et à grands coups abattit et tours et forteresses, et ruina tout par terre : par ce moyen, furent tous rompuz et mis en pieces ceux qui estoient en iceluy.

De la partans, arriverent au pont du moulin : et trouverent tout le gué couvert de corps mors, en telle foule qu'ils avoient engorgé le cours du moulin : et c'estoient ceux qui estoient peris au deluge urinal de la jument. Là furent en pensement comment ilz pourroient passer, veu l'empeschement de ces cadavres. Mais Gymnaste dist : « Si les diables y ont passé, j'y passeray fort bien. — Les diables, dist Eudemon, y ont passé pour en emporter les ames damnées. — Sainct Treignan, dist Ponocrates, par doncques consequence necessaire, il y passera. — Voire voire, dist Gymnaste, ou je demoureray en chemin. » Et, donnant des esperons à son cheval, passa franchement oultre, sans que jamais son cheval eust frayeur des corps mors. Car il l'avoit accoustumé, selon la doctrine de Elian, à ne craindre les armes ny corps mors. Non en tuant les gens, comme Diomedes tuoit les Thraces, et Ulysses mettoit les corps de ses ennemis es pieds de ses chevaux, ainsi que raconte Homere; mais en lui mettant un phantosme parmy son foin, et le faisant ordinairement passer sus iceluy quand il luy bailloit son avoine. Les trois aultres le suivirent sans faillir, excepté Eudemon, duquel le cheval enfonça le pied droict jusques au genouil dedans la pance d'un gros et gras villain qui estoit là noyé à l'envers, et ne le pouvoit tirer hors : ainsi demeuroit empestré, jusques à ce que Gargantua, du bout de son baston, enfondra le reste des tripes du villain en l'eau, ce pendant que le cheval levoit le pied. Et (qui est chose merveilleuse en hippiatrie) fut ledit cheval guery d'un surot qu'il avoit en celuy pied par l'atouchement des boyaux de ce gros maroufle.

CHAPITRE XXXVII

COMMENT GARGANTUA, SOY PEIGNANT, FAISOIT TOMBER DE SES CHEVEUX LES BOULLETS D'ARTILLERIE

Issus la rive de Vede, peu de temps aprés aborderent au chasteau de Grandgousier, qui les attendoit en grand desir. A sa venue, ilz le festoyerent à tour de bras; jamais on ne vit gens plus joyeux : car *Supplementum supplementi chronicorum* dit que Gargamelle y mourut de oye : je n'en sçay rien de ma part, et bien peu me soucie ny d'elle ny jd'aultre. La verité fut que Gargantua, se refraischissant d'habillemens, et se testonnant de son peigne (qui estoit grand de cent cannes, tout appointé de grandes dents d'elephans toutes entieres), faisoit tomber à chascun coup plus de sept balles de boullets qui luy estoient demourés entre les cheveux à la demolition du bois de Vede.

Ce que voyant Grandgousier son pere, pensoit que fussent poux, et luy dit : « Dea, mon bon filz, nous as tu apporté jusques icy des esparviers de Montagu? Je n'entendois que là tu fisses residence. » Adonc Ponocrates respondit : « Seigneur, ne pensez pas que je l'aye mis au colliege de pouillerie qu'on nomme Montagu : mieulx l'eusse voulu mettre entre les guenaux de Sainct Innocent, pour l'enorme cruaulté et villenie que j'y ay cogneu : car trop mieulx sont traictés les forcés entre les Maures et Tartares, les meurtriers en la prison criminelle, voire certes les chiens en vostre maison, que ne sont ces malautrus au dict colliege. Et, si j'estoy roy de Paris, le diable m'emport si je ne mettois le feu dedans, et faisois brusler et principal et regens, qui endurent ceste inhumanité devant leurs yeulx estre exercée. »

Lors, levant un de ces boullets, dist : « Ce sont coups de canons que naguieres a receu vostre filz Gargantua, passant devant le bois de Vede, par la trahison de vos ennemis. Mais ilz en eurent telle recompense qu'ilz sont tous periz en la ruine du chasteau; comme les Philistins par l'engin de Sanson, et ceux que opprima la tour de Siloé; desquelz est escript, *Luc*, XIII. Iceux je suis d'advis que nous poursuivons, ce pendant que l'heur est pour nous, car l'occasion a tous ses cheveux au front : quand elle est oultre passée, vous ne la pouvez plus revocquer; elle est chauve par le darriere de la teste, et jamais plus ne retourne. — Vrayement, dist Grandgousier, ce ne sera pas à ceste heure, car je veulx vous festoyer pour ce soir, et soyez les tres bien venus. »

Ce dict, on appresta le souper, et de surcroist furent roustis seize bœufz, trois genisses, trente et deux veaux, soixante et trois chevreaux moissonniers, quatre vingt quinze moutons, trois cens gorets de laict à beau moust, unze vingt perdrix, sept cens becasses, quatre cens chappons de Loudunois et Cornouaille, six mille poullets et autant de pigeons, six cens galinottes, quatorze cens levraux, trois cens et trois ostardes, et mille sept cens hutaudeaux : de venaison l'on ne peut tant soubdain recouvrir, fors unze sangliers qu'envoya l'abbé de Turpenay, et dix et huict bestes fauves que donna le seigneur de Grandmont; ensemble sept vingt faisans qu'envoya le seigneur des Essars, et quelques douzaines de ramiers, d'oiseaux de riviere, de cercelles, buours, courles, pluviers, francolys, cravans, tyransons, vanereaux, tadournes, pocheculieres, pouacres, hegronneaux, foulques, aigrettes, cigoingnes, cannes petieres, oranges, flammans (qui sont phœnicopteres), terrigoles, poulles de Inde; force coscossons, et renfort de potages. Sans poinct de faulte, y estoit de vivres abondance : et furent apprestés honnestement par Frippesaulce, Hoschepot et Pilleverjus, cuisiniers de Grandgousier. Janot, Micquel, et Verrenet, appresterent fort bien à boire.

CHAPITRE XXXVIII

COMMENT GARGANTUA MANGEA EN SALADE SIX PELERINS

Le propos requiert que racontons ce qu'advint à six pelerins qui venoient de Sainct Sebastian prés de Nantes, et, pour soy heberger celle nuyt, de peur des ennemis, s'estoient mussés au jardin dessus les poyzars, entre les choux et lectues. Gargantua se trouva quelque peu altéré, et demanda si l'on pourroit trouver des lectues pour faire une sallade. Et, entendant qu'il y en avoit des plus belles et grandes du pays, car elles estoient grandes comme pruniers ou noyers, y voulut aller luy mesme, et en emporta en sa main ce que bon luy sembla; ensemble emporta les six pelerins, lesquels avoient si grand peur qu'ilz n'osoient ny parler ny tousser.

Les lavant donc premierement en la fontaine, les pelerins disoient en voix basse l'un à l'aultre : « Qu'est il de faire? nous noyons ici entre ces lectues; parlerons nous? Mais, si nous parlons, il nous tuera comme espies. » Et, comme ilz deliberoient ainsi, Gargantua les mit avec ses lectues dedans un plat de la maison, grand comme la tonne de Cisteaux; et, avec huile et vinaigre et sel, les mangeoit pour soy refraischir davant souper : et avoit ja engoullé cinq des pelerins; le sixiesme estoit dedans le plat, caché sous une lectue, excepté son bourdon, qui apparoissoit au dessus. Lequel voyant Grandgousier, dist à Gargantua : « Je croy que c'est là une corne de limasson, ne le mangez poinct. — Pourquoy? dist Gargantua, ilz sont bons tout ce mois. » Et, tirant le bourdon, ensemble enleva le pelerin, et le mangeoit tres bien. Puis beut un horrible traict de vin pineau, en attendant que l'on apprestast le souper.

Les pelerins, ainsi devorés, se tirerent hors les meulles de ses dent; le mieulx que faire peurent, et pensoient qu'on les eust mis en quelque basse fousse des prisons. Et, lorsque Gargantua beut le grand traict, cuiderent noyer en sa bouche, et le torrent du vin presque les emporta au gouffre de son estomac : toutesfois, saultans avec leurs bourdons, comme font les micquelotz, se mirent en franchise l'orée des dents. Mais, par malheur, l'un d'eux, tastant avec son bourdon le pays, à savoir s'ilz estoient en seureté, frappa rudement en la faulte d'une dent creuse, et ferut le nerf de la mandibule : dont fit tres forte douleur à Gargantua, et commença crier de raige qu'il enduroit. Pour donc se soulager du mal, fit apporter son curedens, et, sortant vers le noyer grollier, vous denigea bien messieurs les pelerins.

Car il arrapoit l'un par les jambes, l'aultre par les espaules, l'aultre par la besace, l'aultre par la fouillouze, l'aultre par l'escharpe; et, le pauvre haire qui l'avoit feru du bourdon, l'accrocha par la braguette : toutesfois ce luy fut un grand heur, car il luy perça une bosse chancreuse qui le martirisoit depuis le temps qu'ilz eurent passé Ancenys. Ainsi les pelerins denigés s'enfuirent à travers la plante le beau trot, et appaisa la douleur.

En laquelle heure fut appellé par Eudemon pour souper, car tout estoit prest. « Je m'en vais donc, dist il, pisser mon malheur » Lors pissa si copieusement que l'urine trancha le chemin aux pelerins, et furent contraincts passer la grande boyre. Passans de là par l'orée de la touche en plein chemin, tomberent tous, excepté Fournillier, en une trape qu'on avoit faicte pour prendre les loups à la trainnée. Dont eschapperent moyennant l'industrie dudict Fournillier, qui rompit tous les lacs et cordages. De là issus, pour le reste de ceste nuyt coucherent en une loge prés le Couldray.

Et là furent reconfortés de leur malheur par les bonnes paroles d'un de leur compagnie, nommé Lasdaller; lequel leur remonstra que ceste adventure avoit esté predicte par David, Psal...... *Cum exsurgerent homines in nos, forte vivos deglutissent nos*, quand nous fusmes mangés en salade au grain du sel. *Cum irasceretur furor eorum in nos forsitan aqua absorbuisset nos*, quand il beut le grand traict. *Torrentem pertransivit anima nostra*, quand nous passasmes la grande boyre. *Forsitan pertransisset anima nostra aquam intolerabilem*, de son urine, dont il nous tailla le chemin. *Benedictus Dominus, qui non dedit nos in captionem dentibus eorum. Anima nostra, sicut passer, erepta est de laqueo venantium*, quand nous tombasmes en la trape. *Laqueus contritus est* par Fournillier, *et nos liberati sumus. Adjutorium nostrum*, etc.

CHAPITRE XXXIX

COMMENT LE MOINE FUT FESTOYÉ PAR GARGANTUA, ET DES BEAUX PROPOS QU'IL TINT EN SOUPANT

Quand Gargantua fut à table, et la premiere poincte des morceaux fut bauffrée, Grandgousier commença raconter la source et la cause de la guerre meue entre luy et Picrochole, et vint au point de narrer comment frere Jean des Entommeures avoit triomphé à la defense du clos de l'abbaye, et le loua au dessus des prouesses de Camille, Scipion, Pompée, Cesar et Themistocles. Adonc requist Gargantua que sus l'heure fust envoyé querir, afin qu'avec luy on consultast de ce qu'estoit à faire. Par leur vouloir l'alla querir son maistre d'hostel, et l'amena joyeusement avec son baston de croix, sus la mulle de Grandgousier. Quand il fut venu, mille caresses, mille embrassemens, mille bons jours furent donnés. « Hé, frere Jean, mon amy ; frere Jean, mon grand cousin ; frere Jean de par le diable : l'acolée, mon amy ! — A moy la brassée ! — Cza, couillon, que je t'esrene à force de t'acoler. » Et frere Jean de rigoller ! jamais homme ne fut tant courtois ny gracieux.

« Cza, cza, dist Gargantua, une escabelle icy auprés de moy, à ce bout. — Je le veulx bien, dist le moyne, puisqu'ainsi vous plaist, Page, de l'eau ; boute, mon enfant, boute : elle me refraischira le foye. Baille

icy, que je gargarise. — *Deposita cappa*, dist Gymnaste, ostons ce froc.
— Ho, par Dieu, dist le moine, mon gentilhomme, il y a un chapitre *in statulis ordinis*, auquel ne plairoit le cas. — Bren, dist Gymnaste, bren pour vostre chapitre. Ce froc vous rompt les deux espaules, mettez bas.
— Mon amy, dist le moine, laisse le moy, car par Dieu je n'en boy que mieulx. Il me fait le corps tout joyeux. Si je le laisse, messieurs les pages en feront des jarretieres, comme il me fut faict une fois à Coulaines. Davantaige, je n'auray nul appetit. Mais si en cest habit je m'assis à table, je boiray par Dieu! et à toy, et à ton cheval, et de hait. Dieu gard de mal la compaignie. J'avois souppé, mais pour ce ne mangeray je poinct moins : car j'ay un estomac pavé, creux comme la botte Sainct Benoist, tousjours ouvert comme la gibbessiere d'un advocat. De tous poissons, fors que la tanche, prenez l'aisle de la perdrix, ou la cuisse d'une nonnain. N'est ce falotement mourir, quand on meurt le caiché roide? Nostre prieur aime fort le blanc de chappon. — En cela, dist Gymnaste, il ne semble point aux renards : car, des chappons, poulles, pouilletz qu'ilz prennent, jamais ne mangent le blanc. — Pourquoy? dist le moine. — Parce, respondit Gymnaste, qu'ilz n'ont point de cuisiniers à les cuire. Et, s'ilz ne sont competentement cuits, ilz demeurent rouges et non blancs. La rougeur des viandes est indice qu'elles ne sont assez cuites. Exceptez les gammares et escrevices, que l'on cardinalise à la cuite. — Feste Dieu Bayard! dist le moine, l'enfermier de nostre abbaye n'a donc la teste bien cuite, car il a les yeulx rouges comme un jadeau de vergne. Ceste cuisse de levraut est bonne pour les goutteux.

« A propos truelle, pourquoy est ce que les cuisses d'une demoiselle sont tousjours fraisches? — Ce problesme, dist Gargantua, n'est ny en Aristoteles, ny en Alexandre Aphrodisé, ny en Plutarque. — C'est, dist le moine, pour trois causes, par lesquelles un lieu est naturellement refraischy. *Primo*, pource que l'eau decourt tout du long. *Secundo*, pource que c'est un lieu umbrageux, obscur et tenebreux, auquel jamais le soleil ne luict. Et, tiercement, pource qu'il est continuellement esventé des vents du trou de bize, de chemise, et d'abondant de la braguette. Et de hait!

« Page à la humerie! Crac, crac, crac! Que Dieu est bon qui nous donne ce bon piot! J'advoue Dieu, si j'eusse esté au temps de Jesuchrist, j'eusse bien engardé que les Juifz ne l'eussent prins au jardin d'Olivet. Ensemble, le diable me faille si j'eusse failly de coupper les jarrets à messieurs les apostres, qui fuirent tant laschement après qu'ilz eurent bien souppé, et laisserent leur bon maistre au besoing. Je hays plus que poison un homme qui fuit quand il faut jouer des cousteaux. Hon, que je ne suis roy de France pour quatrevingts ou cent ans! Par Dieu! je vous mettrois en chien courtaut les fuyars de Pavie. Leur fiebvre quartaine!

Pourquoy ne mouroient ilz là plus tost que laisser leur bon prince en ceste necessité? N'est il pas meilleur et plus honorable mourir vertueusement bataillant que vivre fuyant villainement? Nous ne mangerons gueres d'oisons ceste année. Ha, mon amy, baille de ce cochon. Diavol! il n'y a plus de moust. *Germinavit radix Jesse.* Je renie ma vie, je meurs de soif. Ce vin n'est des pires. Quel vin beuviez vous à Paris? Je me donne au diable si je n'y tins plus de six mois pour un temps maison ouverte à tous venans. Cognoissez vous frere Claude de Sainct Denys? O le bon compaignon que c'est! Mais quelle mousche l'a picqué? Il ne fait rien qu'estudier depuis je ne sçais quand. Je n'estudie poinct de ma part. En nostre abbaye nous n'estudions jamais, de peur des oripeaux? Nostre feu abbé disoit que c'est chose monstrueuse voir un moine sçavant. Par Dieu! monsieur mon amy, *magis magnos clericos non sunt magis magnos sapientes.*

« Vous ne vistes oncques tant de lievres comme il y en a ceste année. Je n'ay peu recouvrir ny autour ny tiercelet, de lieu du monde. Monsieur de La Bellonniere m'avoit promis un lasnier, mais il m'escrivit nagueres qu'il estoit devenu pantois. Les perdrix nous mangeront les oreilles mesouan. Je ne prends poinct de plaisir à la tonnelle, car je y morfonds. Si je ne cours, si je ne tracasse, je ne suis poinct à mon aise. Vray est que, saultant les hayes et buissons, mon froc y laisse du poil. J'ay recouvert un gentil levrier. Je donne au diable si luy eschappe lievre. Un laquais le menoit à M. de Maulevrier, je le destroussay : fis je mal? — Nenny, frere Jean, dist Gymnaste, nenny, de par tous les diables, nenny. — Ainsi, dist le moine, à ces diables, ce pendant qu'ilz durent. Vertus de Dieu! qu'en eust faict ce boiteux? Le cor Dieu! il prend plus de plaisir quand on luy fait present d'un bon couble de bœufz. — Comment, dist Ponocrates, vous jurez, frere Jean? — Ce n'est, dist le moine, que pour orner mon langaige. Ce sont couleurs de rhetoricque ciceroniane. »

CHAPITRE XL

POURQUOY LES MOINES SONT REFUIS DU MONDE, ET POURQUOY LES UNS ONT LE NEZ PLUS GRAND QUE LES AULTRES

« Foy de chrestien, dist Eudemon, j'entre en grande resverie, considerant l'honnesteté de ce moine. Car il nous esbaudit icy tous. Et comment donc est-ce qu'on rechasse les moines de toutes bonnes compaignies, les appellant troubles festes; comme abeilles chassent les frelons d'entour leurs rousches? *Ignavum fucos pecus*, dit Maro, *a præsepibus arcent.* » A quoy respondit Gargantua : « Il n'y a rien de si vray que le froc et la cagoule tire à soy les opprobres, injures et maledictions du monde, tout ainsi comme le vent, dit Cecias, attire les nues. La raison peremptoire est parce qu'ilz mangent la merde du monde, c'est à dire les pechés, et, comme machemerdes, l'on les rejecte en leurs retraicts : ce sont leurs convents et abbayes, separés de conversation politicque comme sont les retraicts d'une maison. Mais si entendez pourquoy un cinge en une famille est tousjours mocqué et herselé, vous entendrez pourquoy les moines sont de tous refuis, et des vieux et des jeunes. Le cinge ne garde poinct la maison, comme un chien ; il ne tire pas l'aroy, comme le bœuf ; il ne produict ny laict, ni laine, comme la brebis ; il ne porte pas le faix, comme le cheval. Ce qu'il fait est tout conchier et degaster, qui est la cause pour quoy de tous repçoit mocqueries et bastonnades.

« Semblablement, un moine (j'entends de ces ocieux moines) ne laboure, comme le paysant ; ne garde le pays, comme l'homme de guerre ; ne guerit les malades, comme le medecin ; ne presche ny endoctrine le monde, comme le bon docteur evangelique et pedagogue ; ne porte les commodités et choses necessaires à la republicque, comme le marchant. C'est la cause pourquoy de tous sont hués et abhorris. — Voire mais, dist Grandgousier, ilz prient Dieu pour nous. — Rien moins, respondit Gargantua. Vray est qu'ilz molestent tout leur voisinage à force de trinqueballer leurs cloches. — Voire, dist le moine, une messe, unes matines, unes vespres bien sonnées, sont à demy dictes. — Ilz marmonnent grand renfort de legendes et pseaulmes nullement par eux entenduz. Ilz comptent force patenostres, entrelardées de longs *Ave Maria*, sans y penser ny entendre. Et ce j'appelle mocque Dieu, non oraison. Mais ainsi leur aide Dieu, s'ils prient pour nous, et non par peur de perdre leurs miches et souppes grasses. Tous vrais christians, de tous estats, en tous lieux, en tous temps, prient Dieu, et l'esperit prie et interpelle pour iceux ; et Dieu les prent en grace. Maintenant, tel est nostre bon frere Jean. Pourtant chascun le souhaite en sa compaignie. Il n'est poinct bigot, il n'est poinct de.... ; il est honneste, joyeulx, deliberé, bon compaignon. Il travaille, il labeure, il defent les opprimés, il conforte les affligés, il subvient es souffreteux, il garde le clos de l'abbaye. — Je fais, dit le moine, bien davantaige. Car, en depeschant nos matines et anniversaires au cœur, ensemble je fais des chordes d'arbaleste, je polis des matras et garrotz ; je fais des retz et des poches à prendre les connis. Jamais je ne suis oisif. Mais or cza, à boire, à boire, cza. Apporte le fruict. Ce sont chastaignes du bois d'Estrocs. Avec bon vin nouveau, voy vous là composeur de petz. Vous n'estes encore céans amoustillés. Par Dieu ! je boy à tous gués, comme un cheval de promoteur. » Gymnaste luy dist : « Frere Jean, ostez ceste rouppie qui vous pend au nez. — Ha, ha, dist le moine, serois je en dangier de noyer, veu que suis en l'eau jusques au nez? Non, non, *Quare? Quia*..

> Elle en sort bien, mais poinct n'y entre,
> Car il est bien antidoté de pampre.

« O mon amy, qui auroit bottes d'hyver de tel cuir, hardiment pourroit il pescher aux huytres, car jamais ne prendroient eau. — Pourquoy, dist Gargantua, est ce que frere Jean a si beau nez? — Par ce, respondit Grandgousier, qu'ainsi Dieu l'a voulu ; lequel nous fait en telle forme et telle fin, selon son divin arbitre, que fait un potier ses vaisseaux. — Par ce, dist Ponocrates, qu'il fut des premiers à la foire des nez. Il print des plus beaux et des plus grands. — Trut avant, dist le moine, selon vraye philosophie monasticque, c'est parce que ma nourrice avoit les tetins molletz ; en la laictant, mon nez y enfondroit cum ac en beurre, et là s'eslevoit et croissoit comme la paste dedans la mect. Les durs tetins de nourrices font les enfans camus. Mais, gay, gay! *ad formam nasi cognoscitur ad te levavi*. Je ne mange jamais de confitures. Page, à la humerie! Item rousties! »

CHAPITRE XLI

COMMENT LE MOINE FIT DORMIR GARGANTUA, ET DE SES HEURES ET BREVIAIRE

Le souper achevé, consulterent sus l'affaire instant, et fut conclud qu'environ la minuyt, ilz sortiroient à l'escarmouche pour savoir quel guet et diligence faisoient leurs ennemis; et, ce pendant, qu'ilz se reposeroient quelque peu, pour estre plus frais. Mais Gargantua ne pouvoit dormir, en quelque façon qu'il se mist. Dont luy dist le moine : « Je ne dors jamais bien à mon aise sinon quand je suis au sermon, ou quand je prie Dieu. Je vous supplie, commençons, vous et moy, les sept pseaulmes pour voir si tantost ne serez endormy. » L'invention pleut tres bien à Gargantua, et, commençans le premier pseaulme, sus le poinct de *beati quorum* s'endormirent et l'un et l'aultre. Mais le moine ne faillit oncques à s'esveiller avant la minuyt, tant il estoit habitué à l'heure des matines claustrales.

Luy esveillé, tous les aultres esveilla, chantant à pleine voix la chanson.

> Ho, Regnault, resveille toy, veille,
> O Regnault, resveille toy.

Quand tous furent esveillés, il dist : « Messieurs, l'on dist que matines commencent par tousser, et souper par boire. Faisons à rebours, commençons maintenant nos matines par boire, et ce soir, à l'entrée de souper, nous tousserons à qui mieulx mieulx. » Dont dist Gargantua :

« Boire si tost aprés le dormir, ce n'est vescu en diete de medicine. Il se faut premier escurer l'estomac des superfluités et excremens. — C'est, dist le moine, bien mediciné. Cent diables me saultent au corps s'il n'y a plus de vieux ivrongnes qu'il n'y a de vieux medicins. J'ay composé avec mon appetit, en telle paction que tousjours il se couche avec moy, et à cela je donne bon ordre le jour durant : aussi avec moy il se leve. Rendez tant que voudrez vos cures, je m'en vais aprés mon tirouer. — Quel tirouer, dist Gargantua, entendez vous ? — Mon breviaire, dist le moine ; car, tout ainsi que les fauconniers, davant que paistre leurs oiseaux, les font tirer quelque pied de poulle pour leur purger le cerveau des phlegmes et pour les mettre en appetit : ainsi, prenant ce joyeux petit breviaire au matin, je m'escure tout le poulmon, et voy me là prest à boire.

— A quel usaige, dist Gargantua, dictes vous ces belles heures ? — A l'usaige, dist le moine, de Fecan, à trois pseaulmes et trois leçons, ou rien du tout qui ne veult. Jamais je ne m'assubjectis à heures : les heures sont faictes pour l'homme, et non l'homme pour les heures. Pourtant je fais des miennes à guise d'estrivieres, je les accourcis ou allonge quand bon me semble. *Brevis oratio penetrat cœlos, longa potatio evacuat scyphos.* Où est escript cela ? — Par ma foy, dist Ponocrates, je ne sçay, mon petit couillaust ; mais tu vaulx trop. — En cela, dist le moine, je vous ressemble. Mais, *venite apotemus.* »

L'on appresta carbonnades à force, et belles souppes de primes, et beut le moine à son plaisir. Aucuns luy tindrent compainie, les aultres s'en deporterent. Aprés, chascun commença soy armer et accoustrer. Et armerent le moine contre son vouloir, car il ne vouloit aultres armes que son froc devant son estomac, et le baston de la croix en son poing. Toutefois, à leur plaisir, fut armé de pied en cap, et monté sus un bon coursier du royaume, et un gros braquemart au costé. Ensemble Gargantua, Ponocrates, Gymnaste, Eudemon, et vingt et cinq des plus adventureux de la maison de Grandgousier, tous armés à l'advantaige, la lance au poing, montés comme sainct Georges ; chascun ayant un arquebousier en crope.

CHAPITRE XLII

COMMENT LE MOINE DONNA COURAIGE A SES COMPAIGNONS, ET COMMENT IL PENDIT A UN ARBRE

Or s'en vont les nobles champions à leur adventure, bien deliberés d'entendre quelle rencontre fauldra poursuivre, et de quoy se fauldra contregarder quand viendra la journée de la grande et horrible bataille. Et le moine leur donne couraige, disant : « Enfans, n'ayez ny paour ny doubte, je vous conduiray seurement. Dieu et sainct Benoist soient avec nous! Si j'avois la force de mesmes le couraige, par la mort bieu! je vous les plumerois comme un canart. Je ne crains rien fors l'artillerie. Toutesfois je sçay quelque oraison que m'a baillé le sous secretain de nostre abbaye, laquelle guarentit la personne de toutes bouches à feu. Mais elle ne me profitera de rien, car je n'y adjouste poinct de foy. Toutefois, mon baston de croix fera diables. Par Dieu! qui fera la cane de vous aultres, je me donne au diable si je ne le fais moine en mon lieu, et l'enchevestre de mon froc : il porte medicine à couardise de gens.

« Avez poinct ouy parler du levrier de monsieur de Meurles, qui ne valoit rien pour les champs? Il lui mit un froc au col : par le corps Dieu! il n'eschappoit uy lievre, ny renard devant luy ; et, que plus est, couvrit toutes les chiennes du pays, qui auparavant estoit esrené, *et de frigidis et maleficiatis.* »

Le moine, disant ces paroles en cholere, passa sous un noyer, tirant vers la saullaye, et embrocha la visiere de son heaulme à la roupte d'une grosse branche du noyer. Ce non obstant, donna fierement des esperons à son cheval, lequel estoit chastouilleux à la poincte; en maniere que le cheval bondit en avant, et le moine, voulant defaire sa visiere du croc, lasche la bride, et de la main se pend aux branches, ce pendant que le cheval se desrobe dessous luy. Par ce moyen, demoura le moine pendant au noyer, et criant à l'aide et au meurtre, protestant aussi de trahison.

Eudemon premier l'apperceut, et, appellant Gargantua : « Sire, dist il, venez et voyez Absalon pendu. » Gargantua venu considera la contenance du moine, et la forme dont il pendoit; et dist à Eudemon : « Vous avez mal rencontré, le comparant à Absalon : car Absalon se pendit par les cheveux, mais le moine, ras de teste, s'est pendu par les oreilles. — Aidez moy, dist le moine, de par le diable! N'est il pas bien le temps de jaser? Vous me semblez les prescheurs decretalistes, qui disent que quiconques verra son prochain en danger de mort, il le doibt, sus peine d'excommunication trisulce, plus tost admonester de soy confesser et mettre en estat de grace que de luy aider.

« Quand donc je les verray tombés en la riviere et pretz d'estre noyés, en lieu de les aller querir et bailler la main, je leur feray un beau et long sermon *de contemptu mundi et fuga seculi;* et lors qu'ilz seront roides mors, je les iray pescher. — Ne bouge, dist Gymnaste, mon mignon, je te vais querir, car tu es gentil petit monachus.

> Monachus in claustro
> Non valet ova duo ;
> Sed, quando est extra,
> Bene valet triginta.

« J'ay vu des pendus plus de cinq cens; mais je n'en vis onques qui eust meilleure grace en pendillant; et, si je l'avois aussi bonne, je voudrois ainsi pendre toute ma vie. — Aurez vous, dist le moine, tantost assez presché? Aidez moy de par Dieu; puisque de par l'aultre ne voulez. Par l'habit que je porte, vous en repentirez, *tempore et loco prelibatis.* »

Alors descendit Gymnaste de son cheval, et, montant au noyer, souleva le moine par les goussets d'une main, et de l'aultre défit sa visière du croc de l'arbre, et ainsi le laissa tomber en terre, te soy après. Descendu que fut le moine, se defit de tout son harnois, et etta l'une piece après l'aultre parmy le champ; et, reprenant son baston de la croix, remonta sus son cheval, lequel Eudemon avoit retenu à la fuite. Ainsi s'en vont joyeusement, tenans le chemin de la saullaye.

CHAPITRE XLIII

COMMENT L'ESCARMOUCHE DE PICROCHOLE FUT RENCONTRÉE PAR GARGANTUA, ET COMMENT LE MOINE TUA LE CAPITAINE TIRAVANT, PUIS FUT PRISONNIER ENTRE LES ENNEMIS

Picrochole, à la relation de ceux qui avoient evadé à la roupte, lors que Tripet fut estripé, fut esprins de grand courroux, ouyant que les diables avoient couru sus ses gens; et tint son conseil toute la nuyt : auquel Hastiveau et Touquedillon conclurent que sa puissance estoit telle qu'il pourroit defaire tous les diables d'enfer s'ilz y venoient. Ce que Picrochole ne croyoit pas du tout, aussi ne s'en defioit il.

Pourtant envoya, sous la conduite du comte de Tiravant, pour descouvrir le pays, seize cens chevaliers, tous montés sus chevaux legiers en escarmouche, tous bien aspergés d'eau-beniste, et chascun ayant pour leur signe une estolle en escharpe; à toutes adventures, s'ilz rencontroient les diables, que, par vertu tant de ceste eau Gringorienne que des estolles, les fissent disparoir et esvanouir. Iceux coururent jusques près la Vauguion et la Maladerye, mais onques ne trouverent personne à qui parler; dont repasserent par le dessus, et, en la loge et tugure pastoral, prés le Couldray, trouverent les cinq pelerins. Lesquelz liés et baffoués emmenerent, comme s'ilz fussent espies, non obstant les exclamations, adjurations et requestes qu'ilz fissent. Descenduz de là vers Seuillé, furent entenduz par Gargantua, lequel dist à ses gens : « Compaignons, il y a icy rencontre, et sont en nombre trop plus dix fois que nous : chocquerons nous sus eux? — Que diable, dist le moine, ferons nous donc? Estimez vous les hommes par nombre, et non par vertu et hardiesse? » Puis s'escria : « Chocquons, diables, chocquons. » Ce que entendans les ennemis, pensoient certainement que fussent vrais diables : dont commencerent fuir à bride avallée, excepté Tiravant, lequel coucha sa lance en l'arrest, et en ferut à toute oultrance le moine au milieu de la poictrine; mais, rencontrant le froc horrifique, rebouscha par le fer, comme si vous frappiez d'une petite bougie contre une enclume. Adonc le moine, avec son baston de croix, luy donna entre col et collet sus l'os acromion, si rudement qu'il l'estonna, et fit perdre tout sens et mouvement; et tomba es pieds du cheval.

Et, voyant l'estolle qu'il portoit en escharpe, dist à Gargantua : « Ceux cy ne sont que prestres, ce n'est qu'un commencement de moine : par sainct Jean ! je suis moine parfaict, je vous en tueray comme des mouches. » Puis le grand galot courut après, tant qu'il attrapa les derniers, et les abatoit comme seille, frappant à tors et à travers. Gymnaste interrogea sus l'heure Gargantua s'ilz les devoient poursuivre. A quoy dist Gargantua : « Nullement. Car, selon vraye discipline militaire, jamais ne fault mettre son ennemy en lieu de desespoir ; parce que telle necessité luy multiplie la force, et accroist le couraige, qui ja estoit deject et failly. Et n'y a meilleur remede de salut à gens estommis et recreus que de n'esperer salut aucun. Quantes victoires ont esté tollues des mains des vainqueurs par les vaincus, quand ilz ne se sont contentés de raison ; mais ont attempté du tout mettre à internition et destruire totallement leurs ennemis, sans en vouloir laisser un seul pour en porter les nouvelles ? Ouvrez tousjours à vos ennemis toutes les portes et chemins, et plus tost leur faites un pont d'argent afin de les renvoyer.

— Voire, mais, dist Gymnaste, ilz ont le moine. — Ont ilz, dist Gargantua, le moine ? Sus mon honneur, que ce sera à leur dommaige. Mais, afin de survenir à tous hazars, ne nous retirons pas encores, attendons icy en silence. Car je pense ja assez cognoistre l'engin de nos ennemis : ilz se guident par sort, non par conseil. » Iceux ainsi attendans sous les noyers, ce pendant le moine poursuivoit, chocquant tous ceux qu'il rencontroit, sans de nully avoir mercy, jusques à ce qu'il rencontra un chevalier qui portoit en croupe un des pauvres pelerins. Et là, le voulant mettre à sac, s'escria le pelerin : « Ha, monsieur le priour mon amy, monsieur le priour, sauvez moy, je vous en prie. » Laquelle parole entendue, se retournerent arriere les ennemis, et, voyans que là n'estoit que le moine qui faisoit cest esclandre, le chargerent de coups, comme on fait un asne de bois ; mais de tout rien ne sentoit, mesmement quand ilz frappoient sus son froc, tant il avoit la peau dure. Puis le baillerent à garder à deux archiers, et, tournans bride, ne virent personne contre eux :

dont estimerent que Gargantua estoit fuy avec sa bande. Adonc coururent vers les noirettes tant roidement qu'ilz peurent, pour les rencontrer, et laisserent là le moine seul avec deux archiers de garde. Gargantua entendit le bruit et hennissement des chevaux, et dist à ses gens : « Compaignons, j'entends le trac de nos ennemis, et ja aperçoy aucuns d'iceux qui viennent contre nous à la foulle : serrons nous icy, et tenons le chemin en bon rang ; par ce moyen nous les pourrons recevoir à leur perte et à notre honneur. »

CHAPITRE XLIV

COMMENT LE MOINE SE DEFIT DE SES GARDES, ET COMME L'ESCARMOUCHE DE PICROCHOLE FUT DEFAITE

Le moine, les voyant ainsi departir en desordre, conjectura qu'ilz alloient charger sus Gargantua et ses gens, et se contristoit merveilleusement de ce qu'il ne les pouvoit secourir. Puis advisa la contenance de ces deux archiers de garde, lesquels eussent volontiers couru après la troupe pour y butiner quelque chose, et tousjours regardoient vers la vallée en laquelle ilz descendoient. Davantaige syllogisoit, disant : « Ces gens icy sont bien mal exercés en faits d'armes, car onques ne m'ont demandé ma foy, et ne m'ont osté mon bracquemart. » Soudain après tira son dic bracquemart, et en ferut l'archier qui le tenoit à dextre, luy coupant entierement les venes jugulaires et arteres sphagitides du col, avec le gargareon, jusques es deux adenes : et, retirant le coup, luy entre ouvrit la moelle spinale entre la seconde et tierce vertebre ; là tomba l'archier tout mort. Et le moine, detournant son cheval à gauche, courut sus l'aultre ; lequel, voyant son compagnon mort, et le moine advantaigé sus soy, crioit à haulte voix : « Ha, monsieur le priour, je me rends, monsieur le priour, mon bon amy, monsieur le priour ! » Et le moine crioit de mesmes : « Monsieur le posteriour, mon amy, monsieur le posteriour, vous aurez sus vos posteres. — Ha, disoit l'archier, monsieur le priour, mon mignon, monsieur le priour, que Dieu vous face abbé ! — Par l'habit, disoit le moine, que je porte, je vous feray icy cardinal. Rançonnez vous les gens de religion ? Vous aurez un chapeau rouge à ceste heure de ma main. » Et l'archier crioit : « Monsieur le priour, monsieur le priour, monsieur l'abbé futur, monsieur le cardinal, monsieur le tout ! Ha, ha, hes, non, monsieur le priour, mon bon petit seigneur le priour, je me rends à vous. — Et je te rends, dist le moine, à tous les diables. » Lors d'un coup luy tranchit la teste, luy coupant le test sus les os petrux, et enlevant les deux os bregmatis, et la commissure sagittale, avec grande partie de l'os coronal ;

ce que faisant, luy tranchit les deux meninges; et ouvrit profondement les deux posterieurs ventricules du cerveau ; et demoura le craine pendant sus les espaules à la peau du pericrane par derriere, en forme d'un bonnet doctoral, noir par dessus, rouge par dedans. Ainsi tomba roide mort en terre.

Ce faict, le moine donne des esperons à son cheval, et poursuit la voye que tenoient les ennemis, lesquelz avoient rencontré Gargantua et ses compaignons au grand chemin : et tant estoient diminués en nombre pour l'enorme meurtre qu'y avoit faict Gargantua avec son grand arbre, Gymnaste, Ponocrates, Eudemon, et les aultres, qu'ilz commençoient soy retirer à diligence, tous effrayés et perturbés de sens et entendement comme s'ilz vissent la propre espece et forme de mort devant leurs yeulx. Et comme vous voyez un asne, quand il a au cul un oestre Junonique, ou une mouche qui le poinct, courir çà et là sans voye ny chemin, jettant sa charge par terre, rompant son frein et renes, sans aucunement respirer ny prendre repos ; et ne sait on qui le meut, car l'on ne voit rien qui le touche : ainsi fuyoient ces gens de sens despourveus, sans savoir cause de fuir ; tant seulement les poursuit une terreur panice, laquelle avoient conceue en leurs ames. Voyant le moine que toute leur pensée n'estoit sinon à gaigner au pied, descend de son cheval, et monte sus une grosse roche qui estoit sur le chemin, et avec son grand braquemart frappoit sur ces fuyars à grands tours de bras, sans se faindre ny espargner. Tant en tua et mit par terre que son braquemart rompit en deux pieces.

Adonc pensa en soy mesmes que c'estoit assez massacré et tué, et que le reste devoit eschapper pour en porter les nouvelles. Pourtant saisit en son poing une hasche de ceux qui là gisoient mors, et se retourna de rechef sur la roche, passant temps à voir fuir les ennemis, et cullebuter entre les corps mors, excepté qu'à tous faisoit laisser leurs picques, espées, lances, et haquebutes : et ceux qui portoient les pelerins liés, il les mettoit à pied, et delivroit leurs chevaux auxdicts pelerins, les retenant avec soy l'orée de la haye ; et Touquedillon, lequel il retint prisonnier.

CHAPITRE XLV

COMMENT LE MOINE AMENA LES PELERINS, ET LES BONNES PAROLES QUE LEUR DIT GRANDGOUSIER

Ceste escarmouche parachevée, se retira Gargantua avec ses gens, excepté le moine, et, sus la poincte du jour, se rendirent à Grandgousier, lequel en son lict prioit Dieu pour leur salut et victoire. Et, les voyant tous saufz et entiers, les embrassa de bon amour, et demanda nouvelles du moine. Mais Gargantua lui respondit que sans doubte leurs ennemis avoient le moine. « Ilz auront, dist Grandgousier, donc male encontre. » Ce qu'avoit esté bien vray. Pourtant encores est le proverbe en usaige de bailler le moine à quelqu'un.

Adonc commanda qu'on apprestat trés bien à desjeuner pour les refraichir. Le tout appresté, l'on appella Gargantua ; mais tant lui grevoit de ce que le moine ne comparoit aulcunement qu'il ne vouloit ny boire ny manger. Tout soubdain le moine arrive, et, des la porte de la basse court, s'escria : « Vin frais, vin frais, Gymnaste, mon amy ! » Gymnaste sortit, et vit que c'estoit frere Jean qui amenoit cinq pelerins, et Touquedillon prisonnier : dont Gargantua sortit au devant, et lui firent le meilleur recueil que peurent ; et le menerent devant Grandgousier, lequel l'interrogea de toute son adventure. Le moine luy disoit tout : et comment on l'avoit prins, et comment il s'estoit defaict des archiers, et la boucherie qu'il avoit faict par le chemin, et comment il avoit recouvert les pelerins, et amené le capitaine Touquedillon.

Puis se mirent à banqueter joyeusement tous ensemble. Ce pendant Grandgousier interrogeoit les pelerins de quel pays ilz estoient, dond ilz venoient, et où ilz alloient. Lasdaller pour tous respondit : « Seigneur, je suis de Sainct Genou en Berry ; cestuy cy est de Paluau ; cestuy cy de Onzay ; cestuy cy est de Argy ; et cestuy cy est de Villebrenin. Nous venons de Sainct Sebastian prés de Nantes, et nous en retournons par nos petites journées. — Voire, mais, dist Grandgousier, qu'alliez vous faire à Sainct Sebastian ? — Nous allions dit Lasdaller, luy offrir nos votes contre la peste. — O, dist Grandgousier, pauvres gens, estimez vous que la peste vienne de Sainct Sebastian ? — Ouy vrayement, respondit Lasdaller, nos prescheurs nous l'afferment. — Ouy, dist Grandgousier, les faulx prophetes vous annoncent ilz telz abus ? Blasphement ilz en ceste façon les justes et saincts de Dieu, qu'ilz les font semblables aux diables, qui ne font que mal entre les humains, comme Homere escrit que la peste fut mise en l'ost des Gregoys par Apollo, et comme les poëtes feignent un grand tas de Vejoves et dieux malfaisans ? Ainsi preschoit à Sinays un caphart, que sainct Antoine mettoit le feu es jambes ; sainct Eutrope faisoit les hydropiques ; sainct Gildas, les fols ; sainct Genou, les gouttes. Mais je le punis en tel exemple, quoiqu'il m'appelast heretique, que depuis ce temps caphart quiconques n'est osé entrer en mes terres. Et m'esbahis si vostre roy les laisse prescher par son royaume telz scandales. Car plus sont à punir que ceux qui, par art magique ou aultre engin, auroient mis la peste par le pays. La peste ne tue que le corps, mais telz imposteurs empoisonnent les ames. »

Luy disant ces paroles, entra le moine tout deliberé, et leur demanda :
« Dond estes vous, vous aultres pauvres haires ? — De Sainct Genou,
dirent ilz.

— Et comment, dist le moine, se porte l'abbé Tranchelion le bon
beuveur ? Et les moines, quelle chere font ilz ? Le corps Dieu ! ilz biscotent vos femmes ce pendant qu'estes en romivage. — Hin hen, dist
Lasdaller, je n'ay pas peur de la mienne, car qui la verra de jour ne se
rompra ja le col pour l'aller visiter la nuict. — C'est, dist le moine, bien
rentré de picques. Elle pourroit estre aussi laide que Proserpine, elle aura
par Dieu la saccade, puisqu'il y a moines autour : car un bon ouvrier
met indifferentement toutes pieces en œuvre. Que j'aye la verole, en cas
que ne les trouviez engroissées à vostre retour : car seulement l'ombre du
clocher d'une abbaye est feconde. — C'est, dist Gargantua, comme l'eau
du Nile en Egypte, si vous croyez Strabo, et Pline, liv. VII, chap. III.
Advisez que c'est de la miche, des habits, et des corps. »

Lors, dist Grandgousier : « Allez vous en, pauvres gens, au nom de
Dieu le créateur, lequel vous soit en guide perpetuelle. Et dorenavant ne
soyez faciles à ces ocieux et inutiles voyages. Entretenez vos familles,
travaillez chascun en sa vacation, instruez vos enfans, et vivez comme
vous enseigne le bon apostre sainct Paul. Ce faisans, vous aurez la garde
de Dieu, des anges et des saincts avec vous : et n'y aura peste ny mal
qui vous porte nuisance. » Puis les mena Gargantua prendre leur refection
en la salle ; mais les pelerins ne faisoient que souspirer, et dirent à Gargantua : « O que heureux est le pays qui a pour seigneur un tel homme ! Nous
sommes plus edifiés et instruicts en ces propos qu'il nous a tenu qu'en
tous les sermons que jamais nous furent preschés en nostre ville. — C'est
dist Gargantua, ce que dit Platon, liv. V, *de Repub.,* que lors les republiques seroient heureuses quand les roys philosopheroient, ou les philosophes regneroient. » Puis leur fit emplir leurs besaces de vivres, leurs
bouteilles de vin, et à chascun donna cheval pour soy soulager au reste
du chemin, et quelques carolus pour vivre.

CHAPITRE XLVI

COMMENT GRANDGOUSIER TRAICTA HUMAINEMENT TOUQUEDILLON PRISONNIER

Touquedillon fut presenté à Grandgousier, et interrogé par iceluy sus
l'entreprinse et affaire de Picrochole, quelle fin il pretendoit par ce tumultuaire vacarme. A quoy respondit que sa fin et sa destinée estoit de conquester tout le pays s'il pouvoit, pour l'injure faicte à ses fouaciers. « C'est,

dist Grandgousier, trop entreprins : qui trop embrasse peu estrainct. Le temps n'est plus d'ainsi conquester les royaumes, avec dommaige de son prochain frere christian : ceste imitation des anciens Hercules, Alexandres, Hannibals, Scipions, Cesars, et aultres tels, est contraire à la profession de l'Evangile, par lequel nous est commandé garder, saulver, regir, et administrer chascun ses pays et terres, non hostilement envahir les aultres. Et ce que les Sarrasins et barbares jadis appelloient prouesses, maintenant nous appellons briganderies et meschancetés. Mieux eust-il fait soy contenir en sa maison, royallement la gouvernant, que insulter en la mienne, hostilement la pillant : car par bien la gouverner l'eust augmentée, par me piller sera destruict. Allez vous en, au nom de Dieu ; suivez bonne entreprinse, remonstrez à vostre roy les erreurs que cognoistrez, et jamais ne le conseillez, ayant esgard à vostre profit particulier : car avec le commun est aussi le propre perdu. Quant est de vostre rançon, je vous la donne entierement, et veulx que vous soient rendues armes et cheval ; ainsi fault il faire entre voisins et anciens amis, veu que ceste nostre difference n'est poinct guerre proprement.

« Comme Platon, liv. V, *de Rep.*, vouloit estre non guerre nommée, ains sedition, quand les Grecs mouvoient armes les uns contre les aultres. Ce que si par male fortune advenoit, il commande qu'on use de toute modestie. Si guerre la nommez, elle n'est que superficiaire, elle n'entre poinct au profond cabinet de nos cœurs. Car nul de nous n'est oultraigé en son honneur : et n'est question, en somme totale, que de rabiller quelque faulte commise par nos gens, j'entends et vostres et nostres. Laquelle, encores que cogneussiez, vous deviez laisser couler oultre, car les personnages querelans estoient plus à contemner qu'à ramentevoir ; mesmement leur satisfaisant selon le grief, comme je me suis offert. Dieu sera juste estimateur de nostre different, lequel je supplie plus tost par mort me tollir de ceste vie, et mes biens deperir devant mes yeulx, que par moy ny les miens en rien soit offensé. »

Ces paroles achevées, appella le moine, et devant tous luy demanda : « Frere Jean, mon bon amy, estes vous qui avez prins le capitaine Touquedillon icy present?

— Sire, dist le moine, il est present, il a aage et discretion ; j'aime mieulx que le sachez par sa confession que par ma parole. » Adonc dist Touquedillon : « Seigneur c'est luy veritablement qui m'a prins, et je me rends son prisonnier franchement.

— L'avez vous, dist Grandgousier au moine, mis à rançon?

— Non, dist le moine ; de cela je ne me soucie.

— Combien, dist Grandgousier, voudriez vous de sa prinse?

— Rien, rien, dist le moine ; cela ne me mene pas. »

Lors commanda Grandgousier que, present Touquedillon, fussent comptés au moine soixante et deux mille salutz pour celle prinse. Ce que fut faict ce pendant qu'on fit la collation audict Touquedillon; auquel demanda Grandgousier s'il vouloit demourer avec luy, ou si mieulx aimoit retourner à son roy. Touquedillon respondit qu'il tiendroit le party lequel il luy conseilleroit. « Donc, dist Grandgousier, retournez à vostre roy, et Dieu soit avec vous ! »

Puis luy donna une belle espée de Vienne, avec le fourreau d'or faict à belles vignettes d'orfevrerie, et un collier d'or pesant sept cens deux mille marcs, garny de fines pierreries, à l'estimation de cent soixante mille ducats, et dix mille escus par present honorable. Aprés ces propos monta Touquedillon sus son cheval. Gargantua, pour sa seureté, luy bailla trente hommes d'armes, et six vingt archiers sous la conduite de Gymnaste, pour le mener jusque es portes de la Roche Clermaud, si besoing estoit. Iceluy departy, le moine rendit à Grandgousier les soixante et deux mille salutz qu'il avoit receu, disant : « Sire, ce n'est ores que vous devez faire telz dons. Attendez la fin de ceste guerre, car l'on ne sait quelz affaires pourroient survenir. Et guerre faicte sans bonne provision d'argent n'a qu'un souspirail de vigueur. Les nerfs des batailles sont les pécunes. — Donc, dist Grandgousier, à la fin je vous contenteray par honneste recompense, et tous ceux qui m'auront bien servy. »

CHAPITRE XLVII

COMMENT GRANDGOUSIER MANDA QUERIR SES LEGIONS, ET COMMENT TOUQUEDILLON TUA HASTIVEAU; PUIS FUT TUÉ PAR LE COMMANDEMENT DE PICROCHOLE

En ces mesmes jours, ceux de Bessé, du Marché vieux, du bourg Sainct Jacques, du Trainneau, de Parillé, de Riviere, des Roches Sainct Pol, du Vau breton, de Pantillé, du Brehemont, du pont de Clain, de Cravant, de Grandmont, des Bourdes, de la Villeaumere, de Huymes, de Segré, de Hussé, de Sainct Louant, de Panzoust, des Couldreaulx, de Verron, de Coulaines, de Chosé, de Varenés, de Bourgueil, de l'Isle Boucard, du Croulay, de Narsay, de Cande, de Montsoreau, et aultres lieux confins, envoyerent devers Grandgousier ambassades pour luy dire qu'ilz estoient advertis des torts que luy faisoit Picrochole ; et, pour leur ancienne confederation, ilz luy offroient tout leur pouvoir, tant de gens que d'argent et aultres munitions de guerre. L'argent de tous montoit, par les pactes qu'ilz luy envoyoient, six vingt quatorze millions, deux escus et demy d'or.

Les gens estoient quinze mille hommes d'armes, trente et deux mille chevaux legiers, quatre vingts neuf milles harquebousiers, cent quarante mille adventuriers, unze mille deux cens canons, doubles canons, basilics et spiroles ; pionniers, quarante sept mille : le tout souldoyé, et avitaillé pour six mois et quatre jours. Lequel offre Gargantua ne refusa, ny accepta du tout. Mais, grandement les remerciant, dist qu'il composeroit ceste guerre par tel engin que besoing ne seroit tant empescher de gens de bien Seulement, envoya qui ameneroit en ordre les legions lesquelles entretenoit ordinairement en ses places de la Deviniere, de Chaviny, de Gravot et Quinquenays, montant en nombre deux mille cinq cens hommes d'armes, soixante et six mille hommes de pied, vingt et six mille arquebusiers, deux cens grosses pieces d'artillerie, vingt et deux mille pionniers, et six mille chevaux legiers ; tous par bandes, tant bien assorties de leurs thresauriers, de vivandiers, de mareschaux, d'armuriers et aultres gens necessaires au trac de bataille, tant bien instruicts en art militaire, tant bien armés, tant bien recognoissans et suivans leurs enseignes, tant soudains à entendre et obéir à leurs capitaines, tant expediés à courir, tant forts à choquer, tant prudens à l'adventure, que mieulx ressembloient une harmonie d'orgues et concordance d'horologe, qu'une armée ou gendarmerie.

Touquedillon, arrivé, se presenta à Picrochole, et luy conta au long ce qu'il avoit et faict et veu. A la fin, conseilloit, par fortes paroles, qu'on fist appointement avec Grandgousier, lequel il avoit esprouvé le plus homme de bien du monde ; adjoustant que ce n'estoit ny preu ny raison molester ainsi ses voisins, desquelz jamais n'avoient eu que tout bien. Et, au regard du principal, que jamais ne sortiroient de ceste entreprinse qu'à leur grand dommaige et malheur. Car la puissance de Picrochole n'estoit telle que aisement ne les peust Grandgousier mettre à sac. Il n'eut achevé ceste parole que Hastiveau dist tout hault : « Bien malheureux est le prince qui est de telz gens servy, qui tant facilement sont corrompuz, comme je cognois Touquedillon : car je voy son couraige tant changé que voluntiers se fust adjoinct à nos ennemis pour contre nous batailler et nous trahir, s'ilz l'eussent voulu retenir ; mais, comme vertu est de tous, tant amis qu'ennemis, louée et estimée, aussi meschanceté est tost cogneue et suspecte. Et, posé que d'icelle les ennemis se servent à leur profit, si ont ilz tousjours les meschans et traistres en abomination. »

A ces paroles, Touquedillon, impatient, tira son espée et en transperça Hastiveau un peu au-dessus de la mamelle gauche, dont mourut incontinent. Et, tirant son coup du corps, dist franchement : « Ainsi perisse qui féaulx serviteurs blasmera. » Picrochole soudain entra en fureur, et, voyant l'espée et fourreau tant diapré, dist : « T'avoit on donné ce baston pour, en ma presence, tuer malignement mon tant bon amy Hastiveau? »

Lors commanda à ses archiers qu'ilz le missent en pieces. Ce que fut faict sus l'heure, tant cruellement que la chambre estoit toute pavée de sang. Puis fit honorablement inhumer le corps de Hastiveau, et celuy de Touquedillon jetter par sus les murailles en la vallée.

Les nouvelles de ces oultraiges furent sceues par toute l'armée, dont plusieurs commencerent à murmurer contre Picrochole, tant que Grippeminauld luy dist : « Seigneur, je ne sçay quelle issue sera de ceste entreprinse. Je voy vos gens peu confermés en leurs couraiges. Ilz considerent que sommes icy mal pourveuz de vivres, et ja beaucoup diminués en nombre, par deux ou trois issues. Davantaige, il vient grand renfort de gens à vos ennemis. Si nous sommes assiégés une fois, je ne voy poinct comment ce ne soit à nostre ruine totale.

— Bren, bren, dist Picrochole, vous semblez les anguilles de Melun : vous criez davant qu'on vous escorche. Laissez les seulement venir. »

CHAPITRE XLVIII

COMMENT GARGANTUA ASSAILLIT PICROCHOLE DEDANS LA ROCHE CLERMAUD, ET DEFIT L'ARMÉE DUDIT PICROCHOLE

Gargantua eut la charge totale de l'armée : son pere demoura en son fort. Et, leur donnant couraige par bonnes paroles, promit grands dons à ceux qui feroient quelques prouesses. Puis gaignerent le gué de Vede, et, par basteaux et pons legierement faicts, passerent oultre d'une traicte. Puis, considerant l'assiette de la ville, qu'estoit en lieu hault et advantageux, delibera celle nuyt sus ce qu'estoit de faire. Mais Gymnaste luy dist : « Seigneur, telle est la nature et complexion des François qu'ilz ne valent qu'à la premiere poincte. Lors ilz sont pires que diables. Mais, s'ilz sejournent, ilz sont moins que femmes. Je suis d'advis qu'à l'heure presente, après que vos gens auront quelque peu respiré et repeu, faciez donner l'assault. »

L'advis fut trouvé bon. Adonc produict toute son armée en plein camp, mettant les subsidés du costé de la montée. Le moine print avec luy six enseignes de gens de pied, et deux cens hommes d'armes ; et, en grande dil'gence, traversa les marais, et gaigna au-dessus le Puy, jusques au grand chemin de Loudun. Ce pendant l'assault continuoit ; les gens de Picrochole ne savoient si le meilleur estoit sortir hors et les recevoir, ou bien garder la ville sans bouger. Mais furieusement sortit avec quelque bande d'hommes d'armes de sa maison, et là fut receu et festoyé à grands coups de canon qui gresloient devers les cousteaux, dont les Gargantuistes se retirerent au val, pour mieulx donner lieu à l'artillerie. Ceux de la ville defendoient le mieulx que pouvoient, mais les traicts passoient oultre par dessus, sans nul ferir. Aucuns de la bande, saulvés de l'artillerie, donnerent fierement sus nos gens, mais peu profiterent : car tous furent receuz entre les ordres, et là rués par terre. Ce que voyans, se vouloient retirer ; mais ce pendant le moine avoit occupé le passaige : parquoy se mirent en fuite sans ordre ni maintien. Aucuns vouloient leur donner la chasse, mais le moine les retint, craignant que, suivans les fuyans, perdissent leurs rangs, et que, sus ce poinct, ceux de la ville chargeassent sus eux. Puis, attendant quelque espace, et nul ne comparant à l'encontre, envoya le duc Phrontiste pour admonester Gargantua à ce qu'il avanceast pour gaigner le cousteau à la gauche, pour empescher la retraite de Picrochole par celle porte. Ce que fit Gargantua en toute diligence, et y envoya quatre legions de la compagnie de Sebaste ; mais si tost ne peurent gaigner le hault qu'ilz ne rencontrassent en barbe Picrochole, et ceux qui avec luy s'estoient espars.

Lors chargerent sus roidement : toutesfois grandement furent endommagés par ceux qui estoient sus les murs, en coups de traicts et artillerie. Quoy voyant Gargantua, en grande puissance alla les secourir, et commença son artillerie à hurter sus ce quartier de murailles, tant que toute la force de la ville y fut revocquée. Le moine, voyant celuy costé lequel il tenoit assiegé, denué de gens et gardes, magnanimement tira vers le fort : et tant fit qu'il monta sus, luy et aucuns de ses gens, pensant que plus de crainte et de frayeur donnent ceux qui surviennent à un conflit que ceux qui lors à leur force combattent. Toutesfois ne fit onques effroy, jusques à ce que tous les siens eussent gaigné la muraille, excepté les deux cens hommes d'armes qu'il laissa hors pour les hazars.

Puis s'escria horriblement, et les siens ensemble : et sans resistence tuerent les gardes d'icelle porte, et l'ouvrirent es hommes d'armes : et en toute fiereté coururent ensemble vers la porte de l'orient, où estoit le desarroy. Et par derriere renverserent toute leur force.

Voyans, les assiegés, de tous costés les Gargantuistes avoir gaigné la ville, se rendirent au moine à mercy. Le moine leur fit rendre les bastons et armes, et tous retirer et resserrer par les eglises, saisissant tous les bastons des croix, et commettant gens es portes pour les garder de issir. Puis, ouvrant celle porte orientale, sortit au secours de Gargantua. Mais Picrochole pensoit que le secours luy venoit de la ville, et par oultrecuidance se hazarda plus que devant, jusques à ce que Gargantua s'escria :

« Frere Jean, mon amy, frere Jean, en bon heur soyez venu ! » Adonc cognoissant Picrochole et ses gens que tout estoit desesperé, prindrent la fuite en tous endroitz. Gargantua les poursuivit jusques prés Vaugaudry, tuant et massacrant, puis sonna la retraicte.

CHAPITRE XLIX

COMMENT PICROCHOLE FUYANT FUT SURPRINS DE MALES FORTUNES, ET CE QUE FIT GARGANTUA APRÉS LA BATAILLE

Picrochole, ainsi desesperé, s'enfuit vers l'isle Bouchart, et, au chemin de Riviere, son cheval bruncha par terre ; à quoy tant fut indigné que de son espée le tua en sa chole ; puis, ne trouvant personne qui le remontast, voulut prendre un asne du moulin qui là auprés estoit ; mais les meusniers le meurtrirent tout de coups et le destrousserent de ses habillemens, et luy baillerent pour soy couvrir une meschante sequenye. Ainsi s'en alla le pauvre cholerique ; puis, passant l'eau au Port Huaulx, et racontant ses males fortunes, fut advisé par une vieille lourpidon que son royaume luy seroit rendu à la venue des cocquecigrues : depuis ne sçait on qu'il est devenu. Toutefois, l'on m'a dict qu'il est de present pauvre gaigne denier à Lyon, cholere comme davant. Et tousjours se guemente à tous estrangiers de la venue des cocquecigrues, esperant certainement, selon la prophetie de la vieille, estre à leur venue réintegré en son royaume.

Aprés leur retraicte, Gargantua premierement recensa ses gens, et trouva que peu d'iceux estoient peris en la bataille ; sçavoir est quelques gens de pied de la bande du capitaine Tolmere, et Ponocrates, qui avoit un coup de harquebouze en son pourpoinct. Puis les fit refraischir chascun par sa bande, et commanda es thresoriers que ce repas leur fust defrayé et payé, et que l'on ne fist oultrage quelconque en la ville, veu qu'elle estoit sienne : et, aprés leur repas, ilz comparussent en la place devant le chasteau, et là seroient payés pour six mois. Ce que fut faict : puis fit convenir devant soy en ladicte place tous ceux qui là restoient de la part de Picrochole, esquelz, presens tous ses princes et capitaines, parla comme s'ensuit.

CHAPITRE L

LA CONCION QUE FIT GARGANTUA ES VAINCUS

« Nos peres, ayeulx, et ancestres, de toute memoire ont esté de ce sens et ceste nature que, des batailles par eux consommées, ont, pour signe memorial des triomphes et victoires, plus voluntiers erigé trophées et mo-

numens es cœurs des vaincuz, par grace, que es terres par eux conques-
tées, par architecture. Car plus estimoient la vive souvenance des humains
acquise par liberalité que la mute inscription des arcs, colomnes, et pyramides, subjecte es calamités de l'air, et envie d'un chascun.

« Souvenir assez vous peut de la mansuétude dont ilz userent envers les
Bretons, à la journée de Sainct Aubin du Cormier, et à la demolition de
Parthenay. Vous avez entendu, et entendant admiré le bon traictement qu'ilz
firent es barbares de Spagnola, qui avoient pillé, dépopulé, et saccaigé les
fins maritimes de Olone et Thalmondois. Tout ce ciel a esté remply des
louanges et gratulations que vous mesmes et vos peres fistes lors que
Alpharbal, roy de Canarre, non assouvy de ses fortunes, envahit furieusement le pays de Onys, exerçant la piraticque en toutes les isles Armori-
ques et regions confines. Il fut, en juste bataille navale, prins et vaincu
de mon pere, auquel Dieu soit garde et protecteur. Mais quoy ? Au cas
que les aultres roys et empereurs, voire qui se font nommer catholiques,
l'eussent miserablement traicté, durement emprisonné, et rançonné extre-
mement, il le traicta courtoisement, amiablement, le logea, avec soy en
son palais, et, par incroyable debonnaireté, le renvoya en saufconduict,
chargé de dons, chargé de graces, chargé de toutes offices d'amitié.

« Qu'en est-il advenu ? Luy, retourné en ses terres, fit assembler tous
les princes et estatz de son royaume, leur exposa l'humanité qu'il avoit en
nous cogneu, et les pria sus ce deliberer, en façon que le monde y eust
exemple, comme avoit ja en nous de gracieuseté honneste, aussi en eux
de honnesteté gracieuse. Là fut decreté, par consentement unanime, que
l'on offreroit entierement leurs terres, dommaines, et royaume, à en faire
selon nostre arbitre. Alpharbal, en propre personne, soudain retourna
avec neuf mille trente et huit grandes naufz oneraires, menant non-seule-
ment les thresors de sa maison et lignée royale, mais presque de tout le
pays. Car, soy embarquant pour faire voile au vent vesten nordest, chascun à la foulle jettoit dedans icelles or, argent, bagues, joyaux, espiceries,
drogues et odeurs aromatiques ; papegays, pelicans, guenons, civettes,
genettes, porcs-espics. Poinct n'estoit filz de bonne mere reputé, qui dedans ne jettast ce que avoit de singulier.

« Arrivé que fut, vouloit baiser les pieds de mondict pere : le faict fut
estimé indigne et ne fut toleré, ains fut embrassé socialement : offrit ses
presens, ils ne furent receuz, par trop estre excessifz ; se donna mancipe
et serf volontaire, soy, et sa posterité : ce ne fut accepté, par ne sembler
equitable ; ceda, par le decret des estatz, ses terres et royaulme, offrant
la transaction et transport signé, scellé, et ratifié de tous ceux qui faire le
debvoient : ce fut totalement refusé, et les contractz jettés au feu. La fin

fut que mon dict pere commença lamenter de pitié, et pleurer copieusement, considerant le franc vouloir et simplicité des Canarriens ; et, par motz exquis et sentences congrues, diminuoit le bon tour qu'il leur avoit faict, disant ne leur avoit faict bien qui fust à l'estimation d'un bouton, et, si rien d'honnesteté leur avoit monstré, il estoit tenu de ce faire. Mais tant plus l'augmentoit Alpharbal.

« Quelle fut l'issue ? En lieu que, pour sa rançon, prinse à toute extremité, eussions peu tyranniquement exiger vingt fois cent mille escus, et retenir pour hostagiers ses enfans aisnés ; ils se sont faicts tributaires perpetuelz, et obligés nous bailler par chascun an deux millions d'or affiné à vingt quatre karatz : ilz nous furent l'année premiere icy payés ; la seconde, de franc vouloir, en payerent vingt trois cens mille escus ; la tierce, vingt six cens mille ; la quarte, trois millions, et tant tousjours croissent de leur bon gré, que serons contraincts leur inhiber de rien plus nous apporter. C'est la nature de gratuité. Car le temps, qui toutes choses corrode et diminue, augmente et accroist les bienfaicts ; parce qu'un bon tour, liberalement faict à homme de raison, croist continuement par noble pensée et remembrance. Ne voulant donc aucunement degenerer de la debonnaireté hereditaire de mes parens, maintenant je vous absouls et delivre, et vous rends francs et liberes comme par avant.

« D'abondant, serez à l'issue des portes payés chascun pour trois mois, pour vous pouvoir retirer en vos maisons et familles ; et vous conduiront en saulveté six cens hommes d'armes, et huit mille hommes de pied, sous la conduicte de mon escuyer Alexandre, afin que par les paisans ne soyez oultragés. Dieu soit avec vous. Je regrette de tout mon cœur que n'est icy Picrochole. Car je luy eusse donné à entendre que, sans mon vouloir, sans espoir d'accroistre ny mon bien, ny mon nom, estoit faicte ceste guerre. Mais, puisqu'il est esperdu, et ne sçait on où ny comment est esvanouy, je veulx que son royaume demeure entier à son filz ; lequel, par ce qu'est trop bas d'aage (car il n'a encores cinq ans accomplis) sera gouverné et instruict par les anciens princes, et gens sçavans du royaume. Et, par autant qu'un royaume ainsi désolé seroit facilement ruiné si on ne refrenoit la convoitise et avarice des administrateurs d'iceluy, j'ordonne et veulx que Ponocrates soit sus tous ses gouverneurs entendant, avec autorité à ce requise, et assidu avec l'enfant, jusques à ce qu'il le cognoistra idoine de pouvoir par soy regir et regner.

« Je considere que facilité trop enervée et dissolue de pardonner es malfaisans leur est occasion de plus legierement de rechef mal faire, par ceste pernicieuse confiance de grace. Je considere que Moïse, le plus doulx homme qui de son temps fust sur la terre, aigrement punissoit les mutins et seditieux on peuple d'Israel. Je considere que Jules Cesar, empereur tant debonnaire que de luy dit Ciceron que sa fortune rien plus souverain n'avoit sinon qu'il pouvoit, et sa vertu meilleur n'avait sinon qu'il vouloit tousjours saulver et pardonner à un chascun; iceluy toutesfois, ce non obstant, en certains endroitz punit rigoureusement les auteurs de rebellion.

« A ces exemples, je veulx que me livrez, avant le departir, premierement ce beau Marquet, qui a esté source et cause premiere de ceste guerre par sa vaine oultrecuidance ; secondement, ses compagnons fouaciers, qui furent negligens de corriger sa teste folle sus l'instant ; et finalement, tous les conseillers, capitaines, officiers, et domestiques de Picrochole, lesquelz l'auroient incité, loué, ou conseillé de sortir ses limites, pour ainsi nous inquiéter. »

CHAPITRE LI

COMMENT LES VICTEURS GARGANTUISTES FURENT RECOMPENSÉS APRÉS LA BATAILLE

Ceste concion faicte par Gargantua, furent livrés les seditieux par luy requis, excepté Spadassin, Merdaille, et Menuail, lesquels estoient fuis six heures davant la bataille : l'un jusques au col de Laignel d'une traicte, l'aultre jusques au val de Vyre, l'aultre jusques à Logroine, sans derriere soy regarder, n'y prendre haleine par chemin ; et deux fouaciers, lesquelz perirent en la journée. Aultre mal ne leur fit Gargantua, sinon qu'il les ordonna pour tirer les presses à son imprimerie, laquelle il avoit nouvellement instituée. Puis ceux qui là estoient mors, l fit honorablement inhumer en la vallée des Noirettes, et au camp de Bruslevieille. Les navrés il fit panser et traicter en son grand nosocome. Aprés, advisa es dommaiges faicts en la ville et habitans, et les fit rembourcer de tous leurs interestz, à leur confession et serment. Et y fit bastir un fort chasteau ; y commettant gens et guet, pour à l'advenir mieulx soy defendre contre les soudaines esmeutes. Au departir, remercia gracieusement tous les soudars de ses legions, qui avoient esté à ceste defaicte ; et les renvoya hyverner en leurs stations et garnisons : excepté aulcuns de la legion decumane, lesquelz il avoit veu en la journée faire quelques prouesses, et les capitaines des bandes, lesquelz il emmena avec soy devers Grandgousier.

A la veue et venue d'iceux, le bon homme fut tant joyeux que possible ne seroit le descrire. Adonc leur fit un festin le plus magnifique, le plus abondant, et le plus delicieux que fut veu depuis le temps du roy Assuere. A l'issue de table, il distribua à chascun d'iceux tout le parement de son buffet, qui estoit au pois de dix huit cens mille quatorze bezans d'or, en grands vases d'antique, grands potz, grands bassins, grandes tasses, coupes, potetz, candelabres, calathes, nacelles, violiers, drageoirs, et aultre telle vaisselle toute d'or massif, oultre la pierrerie, esmail, et ouvraige, qui par estime de tous excedoit en pris la matiere d'iceux. Plus, leur fit compter de ses coffres à chascun douze cens mille escus contens Et d'abondant à chascun d'iceux donna à perpetuité (excepté s'ilz mouroient sans hoirs) ses chasteaux et terres voisines, selon que plus leur estoient commodes. A Ponocrates donna la Roche-Clermaud; à Gymnaste, le Coudray; à Eudemon, Montpensier; le Rivau, à Tolmere; à Ithybole, Montsoreau; à Acamas, Cande; Varenes, à Chironacte; Gravot, à Sebaste; Quinquenays, à Alexandre; Ligré, à Sophrone; et ainsi de ses aultres places.

CHAPITRE LII

COMMENT GARGANTUA FIT BASTIR POUR LE MOINE L'ABBAYE DE THELEME

Restoit seulement le moine à pourvoir, lequel Gargantua vouloit faire abbé de Seuillé; mais il le refusa. Il luy voulut donner l'abbaye de Bourgueil, ou de Sainct Florent, laquelle mieulx luy duiroit, ou toutes deux s'il les prenoit à gré. Mais le moine luy fit responce peremptoire que, de moines, il ne vouloit charge ny gouvernement. « Car comment, disoit il, pourrois je gouverner aultruy, qui moy mesmes gouverner ne sçaurois? S'il vous semble que je vous aye faict et que puisse à l'advenir faire service agréable, octroyez moi de fonder une abbaye à mon devis. » La demande pleut à Gargantua, et offrit tout son pays de Theleme jouxte la riviere de Loire, à deux lieues de la grande forest du Port Huault. Et requist à Gargantua qu'il instituast sa religion au contraire de toutes aultres.

« Premierement donc, dist Gargantua, il n'y fauldra ja bastir murailles au circuit, car toutes aultres abbayes sont fierement murées. — Voire, dist le moine, et non sans cause : où mur y a, et devant, et derriere, y a force murmur, envie, et conspiration mutue. » Davantaige, veu que, en certains convens de ce monde, est en usance que, si femme aulcune y entre (j'entends des preudes et pudiques) on nettoie la place par laquelle elles ont passé, fut ordonné que, si religieux ou religieuse y entroit par cas fortuit, on nettoiroit curieusement tous les lieux par lesquelz auroient passé. Et, parce que es religion de ce monde, tout est compassé, limité, et reiglé par heures, fut decreté que là ne seroit horologe, ny quadrant aulcun. Mais, selon les occasions et opportunités, seroient toutes les œuvres dispensées. « Car, disoit Gargantua, la plus vraie perte du temps qu'il sceust estoit de compter les heures. Quel bien en vient il? et la plus grande resverie du monde estoit soy gouverner au son d'une cloche, et non au dicté de bon sens et entendement. »

Item, parcequ'en iceluy temps on ne mettoit en religion des femmes, sinon celles qui estoient borgnes, boiteuses, bossues, laides, defaictes, folles, insensées, maleficiées, et tarées; ny les hommes, sinon catarrés, mal nés, niais, et empesche de maison (« A propos, dist le moine, une femme qui n'est ny belle, ny bonne, à quoy vault toille? — A mettre en religion, dist Gargantua. — Voire, dist le moine, et à faire des chemises »), fut ordonné que là ne seroient receu, sinon les belles, bien formées et bien naturées, et les beaux, bien formés et bien naturés.

Item, parce que es convens des femmes n'entroient les hommes, sinon à l'emblée et clandestinement, fut decreté que ja ne seroient là les femmes, au cas que n'y fussent les hommes; ny les hommes, au cas que n'y fussent les femmes.

Item, parce que tant hommes que femmes, une fois receuz en religion, aprés l'an de probation, estoient forcés et astraincts y demourer perpetuellement leur vie durante, fut estably que tant hommes que femmes là receuz sortiroient quand bon leur sembleroit, franchement et entierement.

Item, parce que ordinairement les religieux faisaient trois vœux, sçavoir est de chasteté, pauvreté, et obedience, fut constitué que là honorablement on peult estre marié, que chascun fust riche, et vesquist en liberté. Au regard de l'aage legitime, les femmes y estoient reçues depuis dix jusques à quinze ans; les hommes, depuis douze jusques à dix et huit.

CHAPITRE LIII

COMMENT FUT BASTIE ET DOTÉE L'ABBAYE DES THÉLEMITES

Pour le bastiment et assortiment de l'abbaye, Gargantua fit livrer de content vingt et sept cens mille huit cent trente et un mouton à la grand laine, et, par chascun an, jusques à ce que le tout fust parfaict, assigna, sur la recepte de la Dive, seize cent soixante et neuf mille escus au soleil, et autant à l'estoille poussiniere. Pour la fondation et entretenement d'icelle, donna à perpetuité vingt trois cent soixante neuf mille cinq cent quatorze nobles à la rose, de rente fonciere, indemnés, amortis et solvables par chascun an à la porte de l'abbaye. Et de ce leur passa belles lettres. Le bastiment fut en figure exagone, en telle façon qu'à chascun angle estoit bastie une grosse tour ronde, à la capacité de soixante pas en diametre. Et estoient toutes pareilles en grosseur et portraict. La riviere de Loire descouloit sus l'aspect de Septentrion. Au pied d'icelle estoit une des tours assise, nommée Arctice. En tirant vers l'orient estoit une aultre, nommée Calaer. L'aultre ensuivant, Anatole; l'aultre après, Mesembrine; l'autre après, Hesperie; la derniere, Criere. Entre chascune tour estoit espace de trois cens douze pas. Le tout basty à six estages, comprenant les caves sous terre pour un. Le second estoit voulté à la forme d'une anse de panier. Le reste estoit embrunché de guy de Flandres à forme de culz de lampes. Le dessus couvert d'ardoise fine, avec l'endoussure de plomb à figures de petits mannequins, et animaux bien assortis et dorés; avec les goutieres qui issoient hors la muraille entre les croisées, peintes en figure diagonale d'or et azur, jusques en terre, où finissoient en grands eschenaux, qui tous conduisoient en la riviere par dessous le logis.

Ledict bastiment estoit cent fois plus magnifique que n'est Bonivet, ne Chambourg, ne Chantilly : car en iceluy estoient neuf mille trois cens trente et deux chambres, chascune garnie de arriere chambre, cabinet, garderobe, chapelle, et issue en une grande salle. Entre chascune tour, au milieu dudict corps de logis, estoit une viz brisée dedans iceluy mesme corps. De laquelle les marches estoient part de porphyre, part de pierre numidique, part de marbre serpentin, longues de vingt et deux pieds; l'espesseur estoit de trois doigtz, l'assiette par nombre de douze entre chascun repos. En chascun repos estoient deux beaux arceaux d'antique par lesquelz estoit reçue la clarté : et par iceux on entroit en un cabinet faict à claire voys, de largeur de ladicte viz; et montoit jusques au dessus la couverture, et là finoit en pavillon. Par icelle viz on entroit de chascun costé en une grande salle, et des salles es chambres.

Depuis la tour Arctice jusqu'à Criere estoient les belles grandes librairies en grec, latin, hebrieu, françois, tuscan et espagnol, disparties par les divers estages selon iceux langages. Au milieu estoit une merveilleuse viz, de laquelle l'entrée estoit par le dehors du logis en un arceau large de six toises. Icelle estoit faicte en telle symmetrie et capacité que six hommes d'armes, la lance sur la cuisse, pouvoient de front ensemble monter jusques au dessus de tout le bastiment.

Depuis la tour Anatole jusques à Mesembrine estoient belles grandes galeries, toutes peintes des antiques prouesses, histoires et descriptions de la terre. Au milieu estoit une pareille montée et porte, comme avons dict du costé de la riviere. Sus icelle porte estoit escript en grosses lettres antiques ce qui s'ensuit.

CHAPITRE LIV

INSCRIPTION MISE SUR LA GRANDE PORTE DE THELEME

Cy n'entrez pas, hypocrites, bigotz,
Vieux matagotz, marmiteux borsouflés,
Torcoulx, badaux, plus que n'estoient les Gotz,
Ny Ostrogotz, precurseurs des magotz :
Haires, cagotz, cafars empantouflés,
Gueux mitouflés, frapparts escorniflés,
Befflés, enflés, fagoteurs de tabus ;
Tirez ailleurs pour vendre vos abus.

    Vos abus meschans
    Rempliroient mes champs
    De meschanceté ;
    Et par faulseté
    Troubleroient mes chants
    Vos abus meschans.

Cy n'entrez pas, maschefains practiciens,
Clercs, basauchiens, mangeurs du populaire,
Officiaux, scribes et pharisiens,
Juges anciens, qui les bons parroiciens
Ainsi que chiens mettez au capulaire ;
Vostre salaire est au patibulaire.
Allez y braire : icy n'est faict exces
Dont en vos cours on deust mouvoir proces.

    Proces et debatz
    Peu font cy d'esbatz,
    Où l'on vient s'esbatre.
    A vous, pour debatre
    Soient en pleins cabatz
    Proces et debatz.

Cy n'entrez pas, vous usuriers chichars,
Briffaulx, leschars, qui tousjours amassez,
Grippeminaux, avalleurs de frimars,
Courbés, camars, qui en vos coquemars
De mille marcs ja n'auriez assez.
Poinct esgassés n'estes quand cabassez
Et entassez, poiltrons à chicheface :
La male mort en ce pas vous deface !

    Face non humaine
    De telz gens, qu'on mene
    Braire ailleurs : céans
    Ne seroit séans.
    Vuidez ce dommaine,
    Face non humaine.

Cy n'entrèz pas, vous rassotés mastins,
Soirs ny matins, vieux chagrins, et jaloux;
Ny vous aussi, seditieux mutins,
Larves, lutins, de dangier palatins,
Grecs ou Latins, plus à craindre que loups;
Ny vous galoux, verolés jusqu'à l'ous;
Portez vos loups ailleurs paistre en bon heur,
Croustelevés, remplis de deshonneur.

    Honneur, los, deduict,
    Céans est deduict
    Par joyeux accords.
    Tous sont sains au corps.
    Par ce, bien leur duict
    Honneur, los, deduict.

Cy entrez, vous, et bien soyez venus
Et parvenus, tous nobles chevaliers.
Cy est le lieu où sont les revenus
Bien advenus : afin qu'entretenus,
Grands et menus, tous soyez à milliers.
Mes familiers serez, et peculiers :
Frisques, galliers, joyeux, plaisans, mignons;
En général tous gentilz compaignons.

    Compaignons gentilz,
    Serains et subtilz,
    Hors de vilité,
    De civilité
    Cy sont les houstilz,
    Compaignons gentilz.

Cy entrez, vous, qui le sainct Evangile
En sens agile annoncez, quoy qu'on grunde.
Céans aurez un refuge et bastille
Contre l'hostile erreur, qui tant postille
Par son faulx style empoisonner le monde :
Entrez, qu'on fonde icy la foy profonde,
Puis, qu'on confonde, et par voix et par rolle,
Les ennemis de la saincte parole.

    La parole saincte
    Ja ne soit extaincte
    En ce lieu très-sainct.
    Chascun en soit ceinct;
    Chascune oit enceincte
    La parole saincte

Cy entrez, vous, dames de hault parage,
En franc courage. Entrez y en bon heur,

Fleurs de beaulté, à celeste visage,
A droit corsage, à maintien prude et sage.
En ce passage est le sejour d'honneur.
Le hault seigneur, qui du lieu fut donneur
Et guerdonneur, pour vous l'a ordonné,
Et, pour frayer à tout, prou or donné.

    Or donné par don
    Ordonne pardon
    A cil qui le donne :
    Et tres-bien guerdonne
    Tout mortel preud'hom
    Or donné par don.

CHAPITRE LV

COMMENT ESTOIT LE MANOIR DES THELEMITES

Au milieu de la basse court estoit une fontaine magnifique, de b alabastre. Au dessus, les trois Graces, avec cornes d'abondance; et jettoient l'eau par les mamelles, bouche, oreilles, yeulx, et aultres ouvertures du corps. Le dedans du logis sus ladicte basse court estoit sus gros pilliers de cassidoine et porphyre, à beaux arcs d'antique. Au dedans desquelz estoient belles galeries longues et amples, ornées de peintures, de cornes de cerfs, licornes; rhinoceros, hippopotames, dents d'elephans, et aultres choses spectables. Le logis des dames comprenoit depuis la tour Arctice jusques à la porte Mesembrine. Les hommes occupoient le reste. Devant ledict logis des dames, afin qu'elles eussent l'esbatement, entre les deux premieres tours au dehors, estoient les lices, l'hippodrome, le théatre, et natatoires, avec les bains mirifiques à triple solier, bien garnis de tous assortimens, et foison d'eau de myrte.

Jouxte la riviere estoit le beau jardin de plaisance. Au milieu d'iceluy, le beau labyrinthe. Entre les deux aultres tours estoient les jeux de paulme et de grosse balle. Du costé de la tour Criere estoit le vergier, plein de tous arbres fructiers, tous ordonnés en ordre quincunce. Au bout estoit le grand parc, foisonnant en toute sauvagine. Entre les tierces tours estoient les butes pour l'arquebuse, l'arc, et l'arbaleste. Les offices hors de la tour Hesperie, à simple estaige. L'escurie au dela des offices. La fauconnerie au devant d'icelles, gouvernée par asturciers bien expers en l'art. Et estoit annuellement fournie par Candiens, Venitiens et Sarmates, de toutes-sortes d'oiseaux paragons, aigles, gerfaux, autours, sacres, laniers, faucons, esparviers, esmerillons, et aultres; tant bien faicts et domestiqués que, partant du chasteau pour s'esbatre es champs, prenoient tout ce que rencontroient. La venerie estoit un peu peu loing, tirant vers le parc.

Tout les salles, chambres et cabinetz, estoient tapissés en diverses sortes, selon les saisons de l'année. Tout le pavé estoit couvert de drap verd. Les lictz estoient de broderie. En chascune arriere-chambre estoit un miroir de cristallin, enchassé or fin, autour garny de perles ; et estoit de telle grandeur qu'il pouvoit veritablement representer toute la personne. A l'issue des salles du logis des dames estoient les parfumeurs et testonneurs : par les mains desquelz passoient les hommes, quand ilz visitoient les dames. Iceux fournissoient par chascun matin les chambres des dames d'eau rose, d'eau de naphe, et d'eau d'ange : et à chascune la precieuse cassolette vaporante de toutes drogues aromatiques.

CHAPITRE LVI

COMMENT ESTOIENT VESTUZ LES RELIGIEUX ET RELIGIEUSES DE THELEME.

Les dames, au commencement de la fondation, s'habilloient à leur plaisir et arbitre. Depuis, furent reformées par leur franc vouloir en la façon que s'ensuit : elles portoient chausses d'escarlate, ou de migraine, et passoient lesdictes chausses le genoul au dessus, par trois doigtz justement. Et ceste lisiere estoit de quelques belles broderies et descoupeures. Les jartieres estoient de la couleur de leurs bracelletz, et comprenoient le genoul au dessus et dessous. Les souliers, escarpins, et pantoufles de velours cramoysi rouge ou violet, deschiquetées à barbe d'escrevisse.

Au dessus de la chemise vestoient la belle vasquine, de quelque beau camelot de soye ; sus icelle vestoient la verdugale de tafetas blanc, rouge, tanné, gris, etc. Au dessus, la cotte de tafetas d'argent faict à broderies de fin or, et à l'agueille entortillé, ou (selon que bon leur sembloit, e correspondant à la disposition de l'air) de satin, damas, velours ; orangé, tanné, verd, cendré, bleu, jaune clair, rouge cramoysi, blanc, drap d'or, toile d'argent, de canetille, de brodeure, selon les festes. Les robes, selor la saison, de toile d'or à frizure d'argent, de satin rouge couvert de canetille d'or, de tafetas blanc, bleu, noir, tanné, sarge de soye, camelot de soye, velours, drap d'argent, toile d'argent, or traict, velours ou satin porfilé d'or en diverses portraictures.

En esté, quelques jours, en lieu de robes, portoient belles marlotes des parures susdictes, ou quelques bernes à la moresque, de velours violet à frizure d'or, sus canetille d'argent, ou à cordelieres d'or, garnies aux rencontres de petites perles indicques. Et tousjours le beau panache, selon les couleurs des manchons, bien garny de papillettes d'or. En hiver, robes de tafetas des couleurs comme dessus, fourrées de loups cerviers, genettes noires, martres de Calabre, zibelines, et aultres fourrures precieuses. Les patenostres, anneaux, jazerans, carcans, estoient de fines pierreries, escarboucles, rubis, balais, diamans, saphis, esmeraudes, turquoises, grenatz, agathes, berilles, perles, et unions d'excellence. L'accoustrement de la teste estoit selon le temps. En hyver, à la mode françoise. Au printemps, à l'espagnole. En esté, à la tusque. Excepté les festes et dimanches, esquelz portoient accoustrement françois, parce qu'il est plus honorable et mieulx sent la pudicité matronale.

Les hommes estoient habillés à leur mode : chausses pour les bas, d'estamet, ou serge drapée, d'escarlate, de migraine, blanc ou noir. Les haults, de velours d'icelles couleurs, ou bien prés approchantes : brodées et deschiquetées selon leur invention. Le pourpoint, de drap d'or, d'argent, de velours, satin, damas, tafetas, de mesmes couleurs, deschiquetés, brodés et accoustrés en paragon. Les aiguillettes, de soye de mesmes couleurs; les fers, d'or bien esmaillés. Les sayes et chamarres, de drap d'or, toille d'or, drap d'argent, velours porfilé à plaisir. Les robes, autant precieuses comme des dames. Les ceinctures, de soye, des couleurs du pourpoint : chascun la belle espée au costé ; la poignée dorée, le fourreau de velours de la couleur des chausses, le bout d'or et d'orfevrerie. Le poignart de mesmes. Le bonnet, de velours noir, garny de force bagues et boutons d'or. La plume blanche par dessus, mignonnement partie à paillettes d'or, au bout desquelles pendoient en papillettes beaux rubis, esmeraudes, etc.

Mais telle sympathie estoit entre les hommes et les femmes, que, par chascun jour, ilz estoient vestuz de semblable parure. Et, pour à ce ne faillir, estoient certains gentilz hommes ordonnés pour dire es hommes, par chascun matin, quelle livrée les dames vouloient en icelle journée porter. Car le tout estoit faict selon l'arbitre des dames. En ces vestemens tant propres et accoustremens tant riches, ne pensez que ny eux ny elles perdissent temps aulcun : car les maistres des garderobes avoient toute la vesture tant preste par chascun matin, et les dames de chambre tant bien estoient apprinses qu'en un moment elles estoient prestes et habillées de pied en cap. Et, pour iceux accoustremens avoir en meilleure opportunité, au tour du bois de Theleme estoit un grand corps de maison, long de demie lieue, bien clair et assorty : en laquelle demouroient les orfevres, lapidaires, brodeurs, tailleurs, tireurs d'or, veloutiers, tapissiers, et haultelissiers ; et là œuvroient chascun de son mestier : et le tout pour les susdicts religieux et religieuses. Iceux estoient fournis de matiere et estoffe par les mains du seigneur Nausiclete, lequel, par chascun an, leur rendoit sept navires des isles de Perlas et Canibales, chargées de lingotz d'or, de soie crue, de perles et pierreries. Si quelques unions tendoient à vetusté, et changeoient de naïve blancheur, icelles par leur art renouvelloient en les donnant à manger à quelques beaux coqs, comme on baille cure es faulcons.

CHAPITRE LVII

COMMENT ESTOIENT REIGLÉS LES THELEMITES A LEUR MANIERE DE VIVRE

Toute leur vie estoit employée, non par lois, statutz ou reigles, mais selon leur vouloir et franc arbitre. Se levoient du lict quand bon leur sembloit, beuvoient, mangeoient, travailloient, dormoient quand le desir leur venoit. Nul ne les esveilloit, nul ne les parforçoit ny à boire, ny à manger, ni à faire chose aultre quelconque. Ainsi l'avoit establi Gargantua. En leur reigle n'estoit que ceste clause :

FAIS CE QUE VOULDRAS,

parce que gens liberes, bien nés, bien instruicts, conversans en compaignies honnestes, ont par nature un instinct et aiguillon qui tousjours les pousse à faicts vertueux, et retire de vice : lequel ilz nommoient honneur. Iceux, quand par vile subjection et contraincte sont deprimés et asservis, detournent la noble affection par laquelle à vertu franchement tendoient, à deposer et enfraindre ce joug de servitude. Car nous entreprenons tousjours choses defendues, et convoitons ce que nous est denié.

Par ceste liberté, entrerent en louable emulation de faire tous ce qu'à un seul voyoient plaire. Si quelqu'un ou quelqu'une disoit : « Beuvons, » tous beuvoient. Si disoit : « Jouons, » tous jouoient. Si disoit : « Allons à l'esbat es champs, » tous y alloient. Si c'estoit pour voller ou chasser, les dames, montées sus belles haquenées, avec leur palefroy gorrier, sus le poing mignonnement engantelé portoient chascune ou un esparvier, ou un laneret, ou un esmerillon ; les hommes portoient les aultres oiseaux.

Tant noblement estoient apprins qu'il n'estoit entre eux celuy ny celle qui ne sceust lire, escrire, chanter, jouer d'instrumens harmonieux, parler de cinq à six langaiges, et en iceux composer, tant en carme qu'en oraison solue. Jamais ne furent veus chevaliers tant preux, tant gallans, tant dextres à pied et à cheval, plus verds, mieulx remuans, mieulx manians tous bastons, que là estoient. Jamais ne furent veues dames tant propres, tant mignonnes, moins fascheuses, plus doctes à la main, à l'aguille, à tout acte muliebre honneste et libre, que là estoient. Par ceste raison, quand le temps venu estoit que aucun d'icelle abbaye, ou à la requeste de ses parens, ou pour aultre cause, voulust issir hors, avec soy il emmenoit une des dames, celle laquelle l'auroit prins pour son devot ; et estoient ensemble mariés. Et, si bien avoient vescu à Theleme en devotion et amitié, encore mieulx la continuoient ilz en mariaige ; d'autant s'entre-aimoient ilz à la fin de leurs jours, comme le premier de leurs nopces.

Je ne veulx oublier vous descrire un enigme qui fut trouvé aux fondemens de l'abbaye, en une grande lame de bronze. Tel estoit comme s'ensuit :

CHAPITRE LVIII

ENIGME TROUVÉ ES FONDEMENS DE L'ABBAYE DES THELEMITES

Pauvres humains, qui bon heur attendez,
Levez vos cœurs, et mes dicts entendez.
S'il est permis de croire fermement
Que, par les corps qui sont au firmament,
Humain esprit de soy puisse advenir
A prononcer les choses à venir ;
Ou, si l'on peut, par divine puissance,
Du sort futur avoir la cognoissance,
Tant que l'on juge, en asseuré discours,
Des ans loingtains la destinée et cours,
Je fais sçavoir à qui le veult entendre
Que, cest hyver prochain, sans plus attendre,
Voire plus tost, en ce lieu où nous sommes,
Il sortira une maniere d'hommes
Las de repos, et faschés de sejour,
Qui franchement iront, et de plein jour,
Suborner gens de toutes qualités
A differents et partialités.
Et qui vouldra les croire et escouster
(Quoy qu'il en doibve advenir et couster),
Ilz feront mettre en debatz apparents
Amis entre eux et les proches parents :
Le filz hardy ne craindra l'impropere
De se bander contre son propre pere.
Mesmes les grands, de noble lieu saillis,
De leurs subjects se verront assaillis ;
Et le devoir d'honneur et reverence
Perdra pour lors tout ordre et difference.
Car ilz diront que chascun en son tour
Doibt aller hault, et puis faire retour.
Et sur ce poinct aura tant de meslées,
Tant de discords, venues et allées,
Que nulle histoire, où sont les grands merveilles,
Ne fait recit d'esmotions pareilles.
Lors se verra maint homme de valeur,
Par l'esguillon de jeunesse et chaleur,

Et croire trop ce fervent appetit,
Mourir en fleur et vivre bien petit.
Et ne pourra nul laisser cest ouvrage,
Si une fois il y met le courage,
Qu'il n'ait emply, par noises et debatz,
Le ciel de bruit, et la terre de pas.
Alors auront non moindre autorité
Hommes sans foy que gens de verité :
Car tous suivront la créance et estude
De l'ignorante et sotte multitud· ;
Dont le plus lourd sera receu pour juge.
O dommageable et penible deluge!
Deluge (dis je), et à bonne raison :
Car ce travail ne perdra sa saison,
Ny n'en sera délivrée la terre,
Jusques à tant qu'il ne sorte à grand erre
Soudaines eaux ; dont les plus attrempés
En combattant seront prins et trempés.
Et à bon droict : car leur cœur, adonné
A ce combat, n'aura point pardonné,
Mesme aux troupeaux des innocentes bestes,
Que, de leurs nerfs et boyaux deshonnestes
Il ne soit faict, non aux dieux sacrifice,
Mais aux mortelz ordinaire service.
Or, maintenant, je vous laisse penser
Comment le tout se pourra dispenser,
Et quel repos, en noise si profonde,
Aura le corps de la machine ronde.
Les plus heureux, qui plus d'elle tiendront,
Moins de la perdre et gaster s'abstiendront,
Et tascheront, en plus d'une maniere,
A l'asservir et rendre prisonniere,
En tel endroit que la pauvre defaicte
N'aura recours qu'à celuy qui l'a faicte.
Et, pour le pis de son triste accident,
Le clair soleil, ains qu'estre en occident,
Lairra espandre obscurité sus elle,
Plus que d'eclipse ou de nuyt naturelle.
Dont en un coup perdra sa liberté,
Et, du hault ciel, la faveur et clarté;
Ou, pour le moins, demeurera deserte.
Mais elle, avant ceste ruyne et perte
Aura long temps monstré sensiblement
Un violent et si grand tremblement
Que lors Ethna ne fut tant agitée
Quand sur un filz de Titan fut jettée;
Ne plus soubdain ne doibt estre estimé
Le mouvement que fit Inarimé
Quand Tiphoeus si fort se despita
Que dans la mer les monts precipita.

> Ainsi sera en peu d'heures rangée
> A triste estat, et si souvent changée
> Que mesmes ceux qui tenué l'auront.
> Aux survenans occuper là lairront,
> Lors sera prés le temps bon et propice
> De mettre fin à ce long exercice.
> Car les grands eaux dont oyez deviser
> Feront chascun la retraicte adviser :
> Et toutesfois, devant le partement,
> On pourra voir en l'air apertement
> L'aspre chaleur d'une grand flamme esprinse,
> Pour mettre à fin les eaux et l'entreprinse.
> Reste, en aprés ces accidents parfaicts,
> Que les esleus joyeusement refaicts
> Soient de tous biens, et de manne celeste ;
> Et d'abondant, par recompense honneste,
> Enrichis soient. Les aultres en la fin
> Soient denués. C'est la raison, afin
> Que, ce travail en tel poinct terminé,
> Un chascun ait son sort predestiné.
> Tel fut l'accord. O qu'est à reverer
> Cil qui en fin pourra perseverer !

La lecture de cestuy monument parachevée, Gargantua souspira profondement, et dist es assistans : « Ce n'est de maintenant que les gens reduicts à la créance evangelique sont persecutés. Mais bien heureux est celuy qui ne sera scandalisé, et qui tousjours tendra au but et au blanc que Dieu par son cher filz nous a prefix, sans par ses affections charnelles estre distraict ny diverty. » Le moine dit : « Que pensez vous en vostre entendement estre par cest enigme designé et signifié? — Quoy? dist Gargantua, le decours et maintien de verité divine. — Par sainct Goderan, dist le moine, telle n'est mon exposition : le stille est de Merlin le prophete ; donnez y allegories et intelligences tant graves que vouldrez, et y ravassez, vous et tout le monde, ainsi que vouldrez. De ma part, je n'y pense aultre sens enclos qu'une description du jeu de paulme sous obscures paroles. Les suborneurs des gens sont les faiseurs de parties, qui sont ordinairement amis. Et, après les deux chasses faictes, sort hors le jeu celui qui y estoit, et l'aultre y entre. On croit le premier, qui dit si l'esteuf est sus ou sous la chorde. Les eaux sont les sueurs. Les chordes des raquettes sont faictes de boyaux de moutons ou de chevres. La machine ronde est la pelotte ou l'esteuf. Après le jeu, on se refraichit devant un clair feu, et change l'on de chemise. Et voluntiers banquette l'on, n... plus joyeusement ceux qui ont gaigné. Et grand chere ! »

LIVRE DEUXIÈME

PANTAGRUEL

ROY DES DIPSODES

RESTITUÉ A SON NATUREL

AVEC

SES FAICTS ET PROUESSES ESPOVENTABLES

COMPOSÉS

PAR FEU M. ALCOFRIBAS

ABSTRACTEUR DE QUINTE ESSENCE

DIXAIN

DE MAISTRE HUGUES SALEL A L'AUTEUR DE CE LIVRE

Si, pour mesler profit avec doulceur,
On met en pris un auteur grandement,
Prisé seras, de cela tiens toy seur :
Je le cognois, car ton entendement
En ce livret, sous plaisant fondement,
L'utilité a si tres bien descripte
Qu'il m'est advis que voy un Democrite
Riant les faicts de nostre vie humaine.
Or persevere, et, si n'en as merite
En ces bas lieux, l'auras en hault domaine.

VIVENT TOUS BONS PANTAGRUELISTES

PROLOGUE DE L'AUTEUR

Tres illustres et tres chevaleureux champions, gentilz hommes et aultres, qui voluntiers vous adonnez à toutes gentillesses et honnestetés, vous avez n'a gueres veu, leu, et sceu les grandes et inestimables chroniques de l'enorme géant Gargantua, et, comme vrais fideles, les avez creues tout ainsi que texte de Bible ou du sainct Evangile ; et y avez maintes fois passé vostre temps avec les honorables dames et damoiselles, leur en faisans beaux et longs narrés, alors que estiez hors de propos : dont estes bien dignes de grande louange et memoire sempiternelle. Et à la mienne volunté que un chascun laissast sa propre besoigne, ne se souciast de son mestier, et mist ses affaires propres en oubly, pour y vacquer entierement, sans que son esprit fust d'ailleurs distraict ny empesché, jusques à ce que l'on les tinst par cœur ; afin que, si d'adventure l'art de l'imprimerie cessoit, ou en cas que tous livres perissent, au temps advenir un chascun les peust bien au net enseigner à ses enfans, et à ses successeurs et survivens bailler, comme de main en main, ainsi qu'une religieuse caballe. Car il y a plus de fruict que par adventure ne pensent un tas de gros talvassiers tous croustelevés, qui entendent beaucoup moins en ces petites joyeusetés que ne faict Raclet en l'Institute.

J'en ay cogneu de haults et puissans seigneurs en bon nombre, qui, allans à la chasse de grosses bestes, ou voler pour canes, s'il advenoit que la beste ne fust rencontrée par les brisées, ou que le faucon se mist à planer, voyans la proie gaigner à tire d'aisle, ilz estoient bien marrys, comme entendez assez ; mais leur refuge de reconfort, et afin de ne soy morfondre, estoit à recoler les inestimables faicts dudict Gargantua.

Aultres sont par le monde (ce ne sont fariboles), qui, estans grandement affligés du mal des dents, aperés avoir tous leurs biens despenduz en medecins sans en rien profiter, n'ont trouvé remede plus expedient que de mettre lesdictes chroniques entre deux beaux linges bien chaulx, et les appliquer au lieu de la douleur, les sinapizant avec un peu de pouldre d'oribus.

Mais que diray je des pauvres verolés et goutteux? O quantesfois nous les avons veu, à l'heure qu'ilz estoient bien oingtz, et engraissés à poinct, et le visaige leur reluisoit comme la claveure d'un charnier, et les dents leur tressailloient comme font les marchettes d'un clavier d'orgues ou d'espinette, quand on joue dessus, et que le gosier leur escumoit comme à un verrat que les vaultres ont aculé entre les toiles ; que faisoient ilz alors? toute leur consolation n'estoit que d'ouir lire quelque page dudict livre. Et en avons veu qui se donnoient à cent pipes de vieux diables, en cas qu'ilz n'eussent senty allegement manifeste à la lecture dudict livre, lors qu'on les tenoit es lymbes; ny plus ny moins que les femmes estans en mal d'enfant, quand on leur ligt la vie de saincte Marguerite.

Est ce rien cela? Trouvez moy livre, en quelque langue, en quelque faculté et science que ce soit, qui ait telles vertus, proprietés et prerogatives; et je payeray chopine de tripes. Non, messieurs, non, il n'y en a poinct. Il est sans pair, incomparable, et sans paragon : je le maintiens jusques au feu *exclusive*. Et ceux qui vouldroient maintenir que si, qu'ilz soient reputez les abuseurs, predestinateurs, imposteurs, et seducteurs. Bien vray est il que l'on trouve en aulcuns livres de haulte fustaye certaines proprietés occultes, au nombre desquelz l'on tient Fessepinte, Orlando furioso, Robert le diable, Fierabras, Guillaume sans Paour, Huon de Bordeaux, Montesvieille et Matabrune. Mais ilz ne sont pas à comparer à celuy dont nous parlons. Et le monde a bien cogneu par experience infaillible le grand emolument et utilité qui venoit de ladicte chronique Gargantuine : car il en a esté plus vendu par les imprimeurs en deux mois qu'il ne sera acheté de Bibles en neuf ans.

Voulant donc (moy vostre humble esclave) accroistre vos passetemps davantaige, je vous offre de present un aultre livre de mesme billon, sinon qu'il est un peu plus equitable et digne de foy que n'estoit l'aultre. Car ne croyez (si ne voulez errer à vostre escient) que j'en parle comme les Juifz de la loy. Je ne suis né en telle planette, et ne m'advint onques de mentir, ou assurer chose qui ne fust veritable : *agentes et consentientes*, c'est-à-dire qui n'a conscience n'a rien ; j'en parle comme sainct Jean de l'Apocalypse, *quod vidimus testamur*. C'est des horribles faicts et prouesses de Pantagruel, lequel j'ay servy à gaiges des ce que je fus hors de page jusques à present que, par son congé, m'en suis venu un tour visiter mon pays de vache, et sçavoir s'il y avoit encore en vie nul de mes parens. Pourtant, afin que je face fin à ce prologue, tout ainsi comme je me donne à cent mille panerées de beaux diables, corps et ame, tripes et boyaux, en cas que je mente en toute l'histoire d'un seul mot, pareillement, le feu sainct Antoine vous arde, mau de terre bous bire, le lancy, le maulubec vous trousque, la caquesangue vous vienne, le mau fin feu de ricqueracque, aussi menu que poil de vache, tout renforcé de vif argent, vous puisse entrer au fondement; et comme Sodome et Gomorre puissiez tomber en soulfre, en feu et en abysme, en cas que vous ne croyez fermement tout ce que je vous raconteray en ceste presente chronique.

DIXAIN

NOUVELLEMENT COMPOSÉ A LA LOUANGE DU JOYEUX ESPRIT DE L'AUTEUR

Cinq cens dixains, mille virlais,
Et en rimes mille virades
Des plus gentes et des plus sades,
De Marot, ou de Saingelais,
Payés content sans nulz delais,
En presence des Oréades,
Des Hymnides et des Dryades,
Ne suffiroient, ny Pont-Alais
A pleines balles de ballades,
Au docte et gentil Rabelais.

CHAPITRE I

DE L'ORIGINE ET ANTIQUITÉ DU GRAND PANTAGRUEL

Ce ne sera chose inutile, ne oisive, veu que sommes de sejour, vous amentevoir la premiere source et origine dont nous est né le bon Pantagruel. Car je voy que tous bons historiographes ainsi ont traicté leurs chroniques, non seulement les Grecs, les Arabes et Ethniques, mais aussi les auteurs de la saincte Escriture, comme monseigneur sainct Luc mesmement, et sainct Matthieu.

Il vous convient donc noter que, au commencement du monde (je parle de loing, il y a plus de quarante quarantaines de nuytz, pour nombrer à la mode des antiques Druides), peu après que Abel fut occis par son frere Cayn, la terre, embeue du sang du juste, fut certaine année

Si tres fertile en tous fruictz
Qui de ses flancs nous sont produictz,

et singulierement en mesles, qu'on l'appella de toute memoire l'année des grosses mesles : car les trois en faisoient le boisseau. En icelle, les kalendes furent trouvées par les breviaires des Grecs. Le mois de mars faillit en quaresme, et fut la myoust en may. Au mois d'octobre, ce me semble, ou bien de septembre (afin que je n'erre, car de cela me veulx je curieusement guarder) fut la sepmaine tant renommée par les annales, qu'on nomme la sepmaine des trois jeudis : car il y en eut trois, à cause des irreguliers bissextes, que le soleil bruncha quelque peu comme *debitoribus* à gauche, et la lune varia de son cours plus de cinq toises, et fut manifestement veu le mouvement de trepidation on firmament dict Aplanes : tellement que la Pléiade moyenne, laissant ses compagnons, declina vers l'equinoctial, et l'estoille nommée l'Espy laissa la Vierge, se retirant vers la Balance : qui sont ces biens espoventables et matieres tant dures et difficiles que les astrologues n'y peuvent mordre. Aussi auroient ilz les dents bien longues s'ilz pouvoient toucher jusques là.

Faites vostre compte que le monde voluntiers mangeoit desdits mesles : car elles estoient belles à l'oeil et delicieuses au goust. Mais, tout ainsi que Noé, le sainct homme, à qui tant sommes obligés et tenuz de ce qu'il nous planta la vigne, dont nous vient ceste nectarique, delicieuse, precieuse, celeste, joyeuse et déificque liqueur qu'on nomme le piot, fut trompé en le beuvant, car il ignoroit la grande vertu et puissance d'iceluy, semblablement les hommes et femmes de celuy temps mangeoient en grand plaisir de ce beau et gros fruict; mais accidens bien divers leur en advindrent. Car à tous survint au corps une enfleure tres horrible, mais non à tous en un mesme lieu. Car les uns enfloient par le ventre, et le ventre leur devenoit bossu comme une grosse tonne ; desquelz est escript : *Ventrem omnipotentem;* lesquelz furent tous gens de bien et bons raillards. Et de ceste race nasquit sainct Pansard, et Mardygras.

Les aultres enfloient par les espaules, et tant estoient bossus qu'on les appelloit montiferes, comme porte montaignes, dont vous en voyez encores par le monde en divers sexes et dignités. Et de ceste race issit Esopet, duquel vous avez les beaux faicts et dicts par escript.

Les aultres enfloient en longueur par le membre qu'on nomme le laboureur de nature : en sorte qu'ilz l'avoient merveilleusement long, grand, gras, gros, verd, et acresté à la mode antique; si bien qu'ilz s'en servoient de ceinture, le redoublans à cinq ou six fois par le corps. Et, s'il advenoit qu'il fust en poinct, et eust vent en pouppe, à les voir vous eussiez dict que c'estoient gens qui eussent leurs lances en l'arrest pour jouster à la quintaine. Et de ceux là s'est perdue la race, comme disent les femmes. Car elles lamentent continuellement qu'il n'en est plus de ces gros, etc. Vous sçavez le reste de la chanson.

Aultres croissoient en matiere de couilles si enormement que les trois emplissoient bien un muy. D'iceux sont descendues les couilles de Lorraine, lesquelles jamais n'habitent en braguette : elles tombent au fond des chausses.

Aultres croissoient par les jambes ; et à les voir, eussiez dict que c'estoient grues, ou flammans, ou bien gens marchans sus eschasses. Et les petits grimaulx les appellent en grammaire *Iambus*.

Es aultres tant croissoit le nez qu'il sembloit la flutte d'un alambic ; tout diapré, tout estincellé de bubelettes, pullulant, purpuré, à pompettes, tout esmaillé, tout boutonné, et brodé de gueules. Et tel avez veu le chanoine Panzoult, et Piedeboys, medecin d'Angiers : de laquelle race peu furent qui aimassent la ptisane, mais tous furent amateurs de purée septembrale. Nason et Ovide en prindrent leur origine, et tous ceux desquelz est escript : *Ne reminiscaris*.

Aultres croissoient par les oreilles, lesquelles avoient si grandes que de l'une faisoient pourpoint, chausses et sayon ; de l'aultre se couvroient comme d'une cappe à l'espagnole. Et dit l'on qu'en Bourbonnois encores dure l'heraige, dont sont dictes oreilles de Bourbonnois.

Les aultres croissoient en long du corps : et de ceux là sont venus les géans, et par eux Pantagruel. Et le premier fut Chalbroth

Qui engendra Sarabroth,
Qui engendra Faribroth,
Qui engendra Hurtaly, qui fut beau mangeur de soupes, et regna au temps du deluge,
Qui engendra Nembroth,
Qui engendra Athlas, qui, avec ses espaules, garda le ciel de tomber,
Qui engendra Goliath,
Qui engendra Morbois,
Qui engendra Machura,
Qui engendra Erix, lequel fut inventeur du jeu des gobeletz,
Qui engendra Tite,
Qui engendra Eryon,
Qui engendra Polypheme,
Qui engendra Cace,
Qui engendra Etion, lequel premier eut la verole pour n'avoir beu frais en esté, comme tesmoigne Bartachin,
Qui engendra Encelade,
Qui engendra Cée,
Qui engendra Typhoé,
Qui engendra Aloé,
Qui engendra Othe,
Qui engendra Aegéon,
Qui engendra Briare, qui avoit cent mains,
Qui engendra Porphyrio,
Qui engendra Adamastor,
Qui engendra Antée,
Qui engendra Agatho,
Qui engendra Poro, contre lequel batailla Alexandre le Grand,
Qui engendra Aranthas,
Qui engendra Gabbara, qui premier inventa de boire d'autant,
Qui engendra Goliath de Secundille,
Qui engendra Offot, lequel eut terriblement beau nez à boire au baril,
Qui engendra Artachées,
Qui engendra Oromedon,
Qui engendra Gemmagog, qui fut inventeur des souliers à poulaine,
Qui engendra Sisyphe,
Qui engendra les Titanes, dont nasquit Hercules,
Qui engendra Enay, qui fut tres

expert en matiere d'oster les cirons des mains,

Qui engendra Fierabras, lequel fut vaincu par Olivier, pair de France, compaignon de Roland,

Qui engendra Morgan, lequel premier de ce monde joua aux dez avec ses bezicles,

Qui engendra Fracassus, duquel a escript Merlin Coccaye, dont nasquit Ferragus,

Qui engendra Happemousche, qui premier inventa de fumer les langues de bœuf à la cheminée, car auparavant le monde les saloit comme on fait les jambons,

Qui engendra Bolivorax,

Qui engendra Longis,

Qui engendra Gayoffe, lequel avoit les couillons de peuple et le vit de cormier,

Qui engendra Maschefain,

Qui engendra Bruslefer,

Qui engendra Engoulevent,

Qui engendra Gallehault, lequel fut inventeur des flaccons,

Qui engendra Mirelangault,

Qui engendra Galaffre,

Qui engendra Falourdin,

Qui engendra Roboastre,

Qui engendra Sortibrant de Conimbres,

Qui engendra Brushant de Mommiere,

Qui engendra Bruyer, lequel fut vaincu par Ogier le Dannois, pair de France,

Qui engendra Mabrun,

Qui engendra Foutasnon,

Qui engendra Hacquelebac,

Qui engendra Vitdegrain,

Qui engendra Grandgousier,

Qui engendra Gargantua,

Qui engendra le noble Pantagruel, mon maistre.

J'entends bien que, lisans ce passaige, vous faictes en vous mesmes un doubte bien raisonnable. Et demandez comment il est possible qu'ainsi soit, veu qu'au temps du deluge tout le monde perit, fors Noé, et sept personnes avec luy dedans l'arche, au nombre desquelz n'est point mis ledict Hurtaly? La demande est bien faicte sans doubte, et bien apparente; mais la response vous contentera, ou j'ay le sens mal gallefreté. Et, parce que n'estois de ce temps là pour vous en dire à mon plaisir, je vous allelgueray l'autorité des massoretz, interpretes des sainctes lettres hebraïcques, esquelz afferment que, veritablement, ledict Hurtaly n'estoit dedans l'arche de Noé (aussi n'y eust il peu entrer, car il estoit trop grand), mais il estoit dessus à cheval, jambe de çà, jambe de là, comme sont les petits enfans sus des chevaux de bois, et comme le gros taureau de Berne, qui fut tué à Marignan, chevauchoit pour sa monture un gros canon pevier; c'est une beste de beau et joyeux amble, sans poinct de faulte. En icelle façon sauva, aprés Dieu, ladicte arche de periller : car il luy bailloit le bransle avec les jambes, et du pied la tournoit où il vouloit, comme on fait du gouvernail d'une navire. Ceux qui dedans estoient luy envoyoient vivres par une cheminée, à suffisance, comme gens recognoissans le bien qu'il leur faisoit. Et quelquefois parlementoient ensemble, comme faisoit Icaromenippe à Jupiter, selon le rapport de Lucian. Avez vous bien le tout entendu? Beuvez donc un bon coup sans eau. Car, si ne le croyez, n'en fais je, fit elle.

CHAPITRE II

DE LA NATIVITÉ DU TRES REDOUBTÉ PANTAGRUEL

Gargantua, en son aage de quatre cens quatre vingtz quarante et quatre ans, engendra son fils Pantagruel, de sa femme, nommée Badebec, fille du roy des Amaurotes en Utopie, laquelle mourut de mal d'enfant : car il estoit si merveilleusement grand et si lourd qu'il ne peust venir à lumiere sans ainsi suffoquer sa mere. Mais, pour entendre pleinement la cause et raison de son nom, qui luy fut baillé en baptesme, vous noterez qu'en icelle année fut secheresse tant grande en tout le pays de Africque que passerent trente six mois trois sepmaines quatre jours treize heures et quelque peu davantaige sans pluye, avec chaleur de soleil si vehemente que toute la terre en estoit aride.

Et ne fut, au temps de Helye, plus eschauffée que pour lors. Car il n'estoit arbre sus terre qui eust ny feuille ny fleur : les herbes estoient sans verdure, les rivieres taries, les fontaines à sec, les pauvres poissons delaissés de leurs propres elemens, vagans et crians par la terre horriblement, les oiseaux tombans de l'air par faulte de rosée; les loups, les renards, cerfs, sangliers, daims, lievres, connilz, belettes, foynes, blereaux, et aultres bestes, l'on trouvoit par les champs, mortes la gueule baye.

Au regard des hommes, c'estoit la grande pitié : vous les eussiez veu tirans la langue comme levriers qui ont couru six heures Plusieurs se jettoient dedans les puys; d'aultres se mettoient au ventre d'une vache pour estre à l'ombre : et les appelle Homere, Alibantes.

Toute la contrée estoit à l'ancre; c'estoit pitoyable cas de voir le travail des humains pour se garantir de ceste horrifique alteration. Car il y avoit prou affaire de sauver l'eau benoiste par les eglises, à ce qu'elle ne fust desconfite; mais l'on y donna tel ordre, par le conseil de messieurs les cardinaulx et du sainct Pere, que nul n'en osoit prendre qu'une venue. Encores, quand quelqu'un entroit en l'eglise, vous en eussiez veu à vingtaines de pauvres alterés qui venoient au derriere de celuy qui la distribuoit à quelqu'un, la gueule ouverte, pour en avoir quelque goutelette, comme le mauvais riche, afin que rien ne se perdist. O que bien heureux fut en icelle année celuy qui eut cave fraiche et bien garnie !

Le philosophe raconte, en mouvant la question pourquoy c'est que l'eau de la mer est salée, que au temps que Phœbus bailla le gouvernement de son chariot lucificque à son filz Phaëton, ledict Phaëton, mal apprins en l'art, et ne sçavant ensuivre la ligne ecliptique entre les deux tropiques de

7.

la sphere du soleil, varia de son chemin, et tant approcha de terre qu'il mit à sec toutes les contrées subjacentes, bruslant une grande partie du ciel que les philosophes appellent *via lactea*, et les lifrelofres nomment le chemin sainct Jacques, combien que les plus huppés poëtes disent estre la part où tomba le laict de Juno, lorsqu'elle alaicta Hercules. Adonc la terre fut tant eschauffée qu'il luy vint une sueur enorme, dont elle sua toute la mer, qui par ce est salée : car toute sueur est salée. Ce que vous direz estre vray, si voulez taster de la vostre propre, ou bien de celle des verolés quand on les fait suer : ce m'est tout un.

Quasi pareil cas arriva en ceste dicte année : car un jour de vendredy, que tout le monde s'estoit mis en devotion, et faisoit une belle procession, avec force letanies et beaux preschans, supplians à Dieu omnipotent les vouloir regarder de son oeil de clemence en tel desconfort, visiblement furent veues de terre sortir grosses gouttes d'eau, comme quand quelque personne sue copieusement. Et le pauvre peuple commença à s'esjouir, comme si c'eust esté chose à eux profitable : car les aucuns disoient que de humeur il n'y en avoit goutte en l'air dont on esperast avoir pluye, et que la terre suppléoit au défault. Les aultres gens sçavans disoient que c'estoit pluye des antipodes, comme Seneque narre au quart livre *Questionum naturalium*, parlant de l'origine et source du fleuve du Nil ; mais ilz y furent trompés. Car, la procession finie, alors que chascun vouloit recueillir de ceste rosée, et en boire à plein godet, trouverent que ce n'estoit que saulmeure, pire et plus salée que n'est l'eau de la mer.

Et parce qu'en ce propre jour nasquit Pantagruel, son pere lui imposa tel nom : car *Panta*, en grec, vault autant à dire comme tout, et *Gruel*, en langue hagarene, vault autant comme alteré. Voulant inferer qu'à l'heure de sa nativité, le monde estoit tout alteré ; et voyant, en esprit de prophetie, qu'il seroit quelque jour dominateur des alterés : ce que luy fut monstré à celle heure mesmes par aultre signe plus evident. Car, alors que sa mere Badebec l'enfantoit, et que les sages femmes attendoient pour le recevoir, issirent premier de son ventre soixante et huit tregeniers, chascun tirant par le licol un mulet tout chargé de sel ; aprés lesquels sortirent neuf dromadaires chargés de jambons et langues de boeuf fumées, sept chameaux chargés d'anguillettes, puis vingt et cinq charrettes de porreaux, d'aulx, d'oignons, et de cibotz. Ce qui espouventa bien lesdictes sages femmes ; mais les aucunes d'entre elles disoient : « Voicy bonne provision ; aussi bien ne beuvions nous que laschement, non en lancement. Cecy n'est que bon signe, ce sont aguillons de vin. »

Et, comme elles caquetoient de ces menus propos entre elles, voicy sortir Pantagruel, tout velu comme un ours, dont dist une d'elles en esprit prophetique : « Il est né à tout le poil, il fera choses merveilleuses ; et, s'il vit, il aura de l'aage. »

CHAPITRE III

DU DUEIL QUE MENA GARGANTUA DE LA MORT DE SA FEMME BADEBEC

Quand Pantagruel fut né, qui fut bien esbahy et perplex? Ce fut Gargantua son pere : car, voyant d'un costé sa femme Badebec morte, et de l'aultre son filz Pantagruel né, tant beau et grand, il ne sçavoit que dire ny que faire. Et le doubte qui troubloit son entendement estoit assavoir mon s'il devoit pleurer pour le dueil de sa femme, ou rire pour la joie de son filz. D'un costé et d'aultre, il avoit argumens sophistiques qui le suffoquoient, car il les faisoit tres bien *in modo et figura*, mais il ne les pouvoit souldre. Et, par ce moyen, demeuroit empestré comme la souris empeigée, ou un milan prins au lacet.

« Pleureray je? disoit il; ouy, car, pourquoy? Ma tant bonne femme est morte, qui estoit la plus cecy, la plus cela qui fust au monde. Jamais je ne la verray, jamais je n'en recouvreray une telle : ce m'est une perte inestimable! O mon Dieu, que t'avois je faict pour ainsi me punir? Que ne m'envoyas tu la mort à moy premier qu'à elle? car vivre sans elle ne m'est que languir. Ha, Badebec, ma mignonne, m'amie, mon petit con (toutesfois elle en avoit bien trois arpens et deux sexterées), ma tendrette, ma braguette, ma savate, ma pantoufle, jamais je ne te verray. Ha, pauvre Pantagruel, tu as perdu ta bonne mere, ta douce nourrice, ta dame tres aimée. Ha, faulse mort, tant tu m'és malivole, tant tu m'es oultrageuse, de me tollir celle à laquelle immortalité appartenoit de droit. »

Et, ce disant, pleuroit comme une vache; mais tout soubdain rioit comme un veau, quand Pantagruel luy venoit en memoire. « Ho, mon petit filz, disoit il, mon coillon, mon peton, que tu es joly! Et tant je suis tenu à Dieu de ce qu'il m'a donné un si beau filz, tant joyeux, tant riant, tant joly. Ho, ho, ho, ho, que je suis aise! beuvons ho! laissons toute melancholie; apporte du meilleur, rince les verres, boute la nappe, chasse ces chiens, souffle ce feu, allume ceste chandelle, ferme ceste porte, taille ces soupes, envoye ces pauvres, baille leur ce qu'ilz demandent; tiens ma robe, que je me mette en pourpoint pour mieulx festoyer les commeres. »

Ce disant, ouyt la letanie et les mementos des prestres qui portoient sa femme en terre; dont laissa son propos, et tout soubdain fut ravi ailleurs, disant : « Seigneur Dieu, fault il que je me contriste encores? Cela me fasche, je ne suis plus jeune, je deviens vieux, le temps est dangereux; je pourray prendre quelque fievre : me voy là affolé. Foy de gentilhomme, il vault mieulx pleurer moins, et boire davantaige. Ma femme est morte, et bien, par Dieu (*da jurandi*), je ne la resusciteray pas par mes pleurs : elle est bien, elle est en paradis pour le moins, si mieulx n'est : elle prie Dieu pour nous, elle est bien heureuse, elle ne se soucie plus de nos miseres et calamités. Autant nous en pend à l'œil. Dieu gard le demourant ! Il me fault penser d'en trouver une aultre.

« Mais voicy que vous ferez, dist il aux sages femmes (où sont elles ? Bonnes gens, je ne vous peux voir) : allez à l'enterrement d'elle, et ce pendant je berceray icy mon filz, car je me sens bien fort alteré, et serois en danger de tomber malade ; mais beuvez quelque bon traict devant : car vous vous en trouverez bien, et m'en croyez sus mon honneur. » A quoy obtemperanz, allerent à l'enterrement et funerailles, et le pauvre Gargantua demeura à l'hostel. Et ce pendant fit l'epitaphe pour estre engravé en la maniere que s'ensuit :

> Elle en mourut, la noble Badebec,
> Du mal d'enfant, qui tant me sembloit nice :
> Car elle avoit visaige de rebec,
> Corps d'Espagnole, et ventre de Souisse.
> Priez à Dieu qu'à elle soit propice,
> Luy pardonnant, s'en riens oultrepassa.
> Cy gist son corps, lequel vesquit sans vice,
> Et mourut l'an et jour que trespassa.

CHAPITRE IV

DE L'ENFANCE DE PANTAGRUEL

Je trouve, par les anciens historiographes et poëtes, que plusieurs sont nés en ce monde en façons bien estranges, qui seroient trop longues à raconter : lisez le septiesme livre de Pline, si avez loisir. Mais vous n'en ouistes jamais d'une si merveilleuse comme fut celle de Pantagruel : car c'estoit chose difficile à croire comment il creut en corps et en force en peu de temps. Et n'estoit rien de Hercules, qui estant au berceau tua les deux serpens : car lesdicts serpens estoient bien petits et fragiles. Mais Pantagruel, estant encores au berceau, fit cas bien espouventables. Je laisse icy à dire comment, à chascun de ses repas, il humoit le laict de quatre mille six cens vaches ; et comment, pour luy faire un paeslon à cuire sa bouillie, furent occupés tous les paesliers de Saumur en Anjou, de Villedieu en Normandie, de Bramont en Lorraine : et luy bailloit on ladicte bouillie en un grand tymbre qui est encores de present à Bourges, prés du palais; mais les dents luy estoient desja tant crues et fortifiées qu'il en rompit dudict tymbre un grand morceau, comme tres bien apparoist.

Un certain jour vers le matin, qu'on le vouloit faire teter une de ses vaches (car de nourrices il n'en eut jamais aultrement, comme dit l'histoire), il se defit des liens qui le tenoient au berceau un des bras, et vous prent ladicte vache par dessous le jarret, et luy mangea les deux tetins et la moitié du ventre, avec le foye et les roignons : et l'eust toute devorée, n'eust esté qu'elle crioit horriblement, comme si les loups la tenoient aux jambes ; auquel cry le monde arriva, et osterent ladicte vache des mains de Pantagruel, mais ilz ne sceurent si bien faire que le jarret ne luy en demeurast comme il le tenoit, et le mangeoit tres bien, comme vous feriez d'une saulcisse ; et quand on luy voulut oster l'os, il l'avalla bien tost, comme un cormoran feroit un petit poisson ; et après commença à dire : « Bon, bon, bon, » car il ne sçavoit encores bien parler, voulant donner à entendre qu'il l'avoit trouvé fort bon, et qu'il n'en falloit plus que autant. Ce que voyans ceux qui le servoient le lierent à gros cables, comme sont ceux que l'on fait à Tain pour le voyage du sel à Lyon ; ou comme sont ceux de la grand navire françoise qui est au port de Gracé en Normandie.

Mais quelquefois qu'un grand ours que nourrissoit son pere eschappa, et luy venoit lescher le visage (car les nourrices ne luy avoient bien à poinct torché les babines), il se defit desdits cables aussi facilement comme Samson d'entre les Philistins, et vous print monsieur de l'ours, et vous le mit en pieces comme un poulet, et vous en fit une bonne gorge chaulde pour ce repas. Parquoy, craignant Gargantua qu'il se gastast, fit faire quatre grosses chaisnes de fer pour le lier, et fit faire des arboutans à son berceau, bien afustés. Et de ces chaisnes en avez une à la Rochelle, que l'on leve au soir entre les deux grosses tours du havre. L'aultre est à Lyon, l'aultre à Angiers, et la quarte fut emportée des diables pour lier Lucifer, qui se deschainoit en ce temps là, à cause d'une colique qui le tourmentoit extraordinairement, pour avoir mangé l'ame d'un sergent en fricassée à son desjeuner. Dont pouvez bien croire ce que dit Nicolas de Lyra sus le passaige du pseaultier où il est escript : *Et Og regem Basan;* que ledict Og, estant encores petit, estoit si fort et robuste qu'il le falloit lier de chaisnes de fer en son berceau. Et ainsi demeura coy et pacifique Pantagruel : car il ne pouvoit rompre tant facilement lesdictes chaisnes, mesmement qu'il n'avoit pas espace au berceau de donner la secousse des bras.

Mais voicy que arriva un jour d'une grande feste, que son pere Gargantua faisoit un beau banquet à tous les princes de sa court. Je croy bien que tous les officiers de sa court estoient tant occupés au service du festin que l'on ne se soucioit du pauvre Pantagruel, et demeuroit ainsi à *reculorum*. Que fit-il? Qu'il fit, mes bonnes gens, escoutez : il essaya de rompre les chaisnes du berceau avec les bras; mais il ne peut, car elles estoient trop fortes : adonc il trepigna tant des pieds qu'il rompit le bout de son berceau, qui toutesfois estoit d'une grosse poste de sept empans en carré ; et ainsi qu'il eut mis les pieds dehors, il s'avalla le mieulx qu'il peut, en sorte qu'il touchoit les pieds en terre. Et alors avec grande puissance se leva, emportant son berceau sus l'eschine ainsi lié, comme une tortue qui monte contre une muraille ; et à le voir sembloit que ce fust une grande carracque de cinq cens tonneaux qui fust debout.

En ce poinct, entra en la salle où l'on banquetoit, et hardiment qu'il espouventa bien l'assistance ; mais, par autant qu'il avoit les bras liés dedans, il ne pouvoit rien prendre à manger, mais en grande peine s'inclinoit pour prendre à tout la langue quelque lippée. Quoy voyant son pere, entendit bien que l'on l'avoit laissé sans luy bailler à repaistre ; et commanda qu'il fust deslié desdictes chaisnes, par le conseil des princes et seigneurs assistans ; ensemble aussi que les medecins de Gargantua disoient que, si l'on le tenoit ainsi au berceau, qu'il seroit toute sa vie subject à la gravelle. Lors qu'il fut deschaisné, l'on le fit asseoir, et repeut fort bien, et mit son dict berceau en plus de cinq cens mille pieces, d'un coup de poing qu'il frappa au milieu par despit, avec protestation de jamais n'y retourner.

CHAPITRE V

DES FAICTS DU NOBLE PANTAGRUEL EN SON JEUNE AAGE

Ainsi croissoit Pantagruel de jour en jour, et profitoit à veue d'œil, dont son pere s'esjouissoit par affection naturelle. Et luy fit faire, comme il estoit petit, une arbaleste pour s'esbattre après les oisillons : qu'on appelle de present la grande arbaleste de Chantelle.

Puis l'envoya à l'escole pour apprendre et passer son jeune aage. De faict vint à Poictiers pour estudier, et y profita beaucoup : auquel lieu voyant que les escoliers estoient aucunes fois de loisir, et ne sçavoient à quoi passer temps, il en eut compassion. Et un jour print, d'un grand rochier qu'on nomme Passelourdin, une grosse roche, ayant environ de douze toises en carré, et d'espaisseur quatorze pans, et la mit sur quatre pilliers au milieu d'un champ, bien à son aise; afin que lesdicts escoliers, quand ilz ne sauroient aultre chose faire, passassent temps à monter sur ladicte pierre, et là banqueter à force flaccons, jambons et pastés, et escrire leurs noms dessus avec un cousteau, et, de present, l'appelle on la Pierre levée. Et, en memoire de ce, n'est aujourd'huy passé aucun en la matricule de ladicte université de Poictiers, sinon qu'il ait beu en la fontaine caballine de Croustelles, passé à Passelourdin, et monté sur la Pierre levée.

En aprés, lisant les belles chroniques de ses ancestres, trouva que Geoffroy de Lusignan, dict Geoffroy à la grand dent, grand pere du beau cousin de la sœur aisnée de la tante du gendre de l'oncle de la bruz de sa belle mere, estoit enterré à Maillezais : dont print un jour *campos* pour le visiter comme homme de bien. Et, partant de Poictiers avec aucuns de ses compaignons, passerent par Legugé, visitans le noble Ardillon, abbé ; par Lusignan, par Sansay, par Celles, par Colonges, par Fontenay le Comte, saluans le docte Tiraqueau : et de là arriverent à Maillezais, où il visita le sepulchre dudict Geoffroy à la grand dent : dont il eut quelque peu de frayeur, voyant sa portraicture, car il y est en image comme d'un homme furieux, tirant à demy son grand malchus de la gaine. Et demandoit la cause de ce. Les chanoines dudict lieu luy dirent que n'estoit aultre cause sinon que *pictoribus atque poetis*, etc. : c'est à dire que les peintres et poëtes ont liberté de peindre à leur plaisir ce qu'ilz veulent. Mais il ne se contenta pas de leur response, et dist : « Il n'est point ainsi peint sans cause. Et me doubte qu'à sa mort on luy a faict quelque tort, dont il demande vengeance à ses parens. Je m'en enquesteray plus au plein, et en feray ce que de raison. »

Puis retourna non pas à Poictiers, mais voulut visiter les aultres universités de France : dont, passant à la Rochelle, se mit sur mer et vint à Bordeaulx, auquel lieu ne trouva grand exercice, sinon des gabarriers jouans aux luettes sur la grave. De la vint à Thoulouse, où il apprint fort bien à danser, et à jouer de l'espée à deux mains, comme est l'usance des escoliers de ladicte université ; mais il n'y demeura gueres, quand il vit qu'ilz faisoient brusler leur regens tous vifz comme harans soretz, disant : « Ja Dieu ne plaise que ainsi je meure, car je suis de ma nature assez alteré sans me chauffer davantaige. »

Puis vint à Montpellier, où il trouva fort bons vins de Mirevaulx et joyeuse compagnie ; et se cuida mettre à estudier en medecine, mais il considera que l'estat estoit fascheux par trop et melancholique, et que les medecins sentoient les clysteres comme vieux diables. Pourtant vouloit estudier en loix ; mais, voyant que là n'estoyent que trois teigneux et un pelé de legistes, se partit dudict lieu. Et au chemin fit le pont du Guard, et l'amphithéatre de Nismes, en moins de trois heures, qui toutesfois semble œuvre plus divin que humain ; et vint en Avignon, où il ne fut trois jours qu'il ne devint amoureux : car les femmes y jouent voluntiers du serrecropiere, parce que c'est terre papale.

Ce que voyant son pedagogue, nommé Epistemon, l'en tira, et le mena à Valence au Daulphiné ; mais il vit qu'il n'y avoit grand exercice, et que les marroufles de la ville battoient les escoliers : dont eut despit, et un beau dimanche que tout le monde dansoit publiquement, un escolier se voulut mettre en danse, ce que ne permirent lesdicts marroufles. Quoy voyant Pantagruel, leur bailla à tous la chasse jusques au bord du Rosne, et les vouloit faire tous noyer ; mais ilz se musserent contre terre comme taupes, bien demie lieue soubs le Rosne. Le pertuys encores y apparoist. Aprés il s'en partit, et à trois pas et un sault vint à Angiers, où il se trouvoit fort bien, et y eust demeuré quelque espace n'eust esté que la peste les en chassa.

Ainsi vint à Bourges, où estudia bien long temps, et profita beaucoup en la faculté des loix. Et disoit aucunesfois que les livres des loix luy sembloient une belle robe d'or, triomphante et precieuse à merveilles, qui fust brodée de merde : « Car, disoit-il, au monde n'y a livres tant beaux, tant aornés, tant elegans, comme sont les textes des Pandectes ; mais la brodure d'iceux, c'est assavoir la glose de Accurse, est tant salle, tant infame et punaise, que ce n'est qu'ordure et villenie. »

Partant de Bourges, vint à Orléans, et là trouva force rustres d'escoliers qui luy firent grand chere à sa venue ; et en peu de temps apprint avec eux à jouer à la paulme, si bien qu'il en estoit maistre. Car les estudians dudict lieu en font bel exercice, et le menoient aucunesfois es isles pour s'esbatre au jeu du poussavant. Et, au regard de se rompre fort la teste à estudier, il ne le faisoit mie, de peur que la veue ne luy diminuast. Mesmement que un quidam des regens disoit souvent en ses lectures qu'il n'y a chose tant contraire à la veue comme est la maladie des yeulx. Et quelque jour que l'on passa licentié en loix quelqu'un des escoliers de sa cognoissance, qui de science n'en avoit gueres plus que sa portée, mais en recompense sçavoit fort bien danser et jouer à la paulme, il fit le blason et devise des licentiés en ladicte université, disant :

> Un esteuf en la braguette,
> En la main une raquette,
> Une loy en la cornette,
> Une basse danse au talon,
> Voy vous là passé coquillon.

CHAPITRE VI

COMMENT PANTAGRUEL RENCONTRA UN LIMOUSIN QUI CONTREFAISOIT LE LANGAIGE FRANÇOIS

Quelque jour, je ne sçay quand, Pantagruel se pourmenoit après souper avec ses compaignons, par la porte dont l'on va à Paris. Là rencontra un escolier tout jolict, qui venoit par iceluy chemin : et, après qu'ilz se furent salues, luy demanda : Mon amy, dond viens tu à ceste heure? » L'escolier luy respondit : « De l'ame, inclyte, et celebre academie que l'on vocite Lutece. — Qu'est ce à dire? dist Pantagruel à un de ses gens. — C'est, respondit il, de Paris. — Tu viens donc de Paris, dist il, et à quoy passez vous le temps, vous aultres messieurs estud'ans audict Paris? » Respondit l'escolier : « Nous transfretons la Sequane au dilucule et crepuscule; nous déambulons par les compites et quadrivies de l'urbe; nous despumons la verbocination latiale, et, comme verisimiles amorabonds, captons la benevolence de l'omnijuge, omniforme, et omnigene sexe feminin. Certaines diécules, nous invisons les lupanares de Champgaillard, de Matcon, de Cul de sac, de Bourbon, de Glattigny, de Huslieu, et, en ecstase venereique, inculcons nos veretres es penitissimes recesses des pudendes de ces meretricules amicabilissimes; puis cauponizons es tabernes meritoires de la Pomme de pin, du Castel, de la Magdaleine, et de la Mulle, belles spatules vervecines, perforaminées de petrosil. Et si, par forte fortune, y a rarité ou penurie de pecune en nos marsupies, et soient exhaustes de metal ferruginé, pour l'escot nous dimittons nos codices et vestes oppignerées, prestolans les tabellaires à venir des penates et lares patriotiques. » A quoy Pantagruel dist : « Quel diable de langaige est cecy? Par Dieu, tu es quelque heretique. — Segnor no, dist l'escolier, car libentissimement des ce qu'il illucesce quelque minutule lesche de jour, je demigre en quelqu'un de ces tant bien architectés monstiers : et là, me irrorant de belle eau lustrale, grignotte d'un transon de quelque missique precation de nos sacrificules. Et, submirmillant mes preculcs horaires, elue et absterge mon anime de ses inquinamens nocturnes. Je revere les olympicoles. Je venere latrialement le supernel astripotens. Je dilige et redame mes proximes. Je serve les prescripts decalogiques; et, selon la facultatule de mes vires, n'en discede le late unguicule. Bien est veriforme que, à cause que Mammone ne supergurgite goutte en mes locules, je suis quelque peu rare et lent à supereroger les eleemosynes à ces egenes queritans leur stipe hostiatement. — Et bren, bren, dist Pantagruel, qu'est ce que veult dire ce fol? Je croy qu'il nous forge icy quelque langaige diabolique, et qu'il nous charme comme enchanteur. » A quoy dist un de ses gens : « Seigneur, sans nulle doubte, ce gallant veult contrefaire la langue des Parisiens; mais il ne fa.. que escorcher le latin, et cuide ainsi pindariser ; et luy semble bien qu'il est quelque grand orateur en françois, parce qu'il dedaigne l'usance commun de parler. » A quoy dist Pantagruel : « Est il vray ? » L'escolier respondit : « Segnor missayre, mon genie n'est poinct apte nate à ce que dit ce flagitiose nebulon, pour escorier la cuticule de nostre vernacule gallique; mais viceversement je gnave opere, et par vele et rames je me enite de le locupleter de la redondance latinicome. — Par Dieu, dist Pantagruel, je vous apprendray à parler. Mais devant, responds moy : dond es tu ? » A quoy dist l'escolier : « L'origine primeve de mes aves et ataves fut indigene des regions Lemoviques, où requiesce le corpore de l'agiotate sainct Martial. — J'entends bien, dist Pantagruel ; tu es Limousin, pour tout potaige ; et tu veulx icy contrefaire le Parisien. Or viens çza, que je te donne un tour de pigne. » Lors le print à la gorge, luy disant : « Tu escorches le latin ; par sainct Jean, je te feray escorcher le renard, car je t'escorcheray tout vif. » Lors commença le pauvre Limousin à dire : « Vée dicou ! gentilastre, ho sainct Marsault, adiouda my; hau, hau, laissas à quau, au nom de Dious, et ne me touquas grou. » A quoy dist Pantagruel : « A ceste heure parles tu naturellement. » Et ainsi le laissa, car le pauvre Limousin conchioit toutes ses chausses, qui estoient faictes à queue de merluz, et non à plein fond : dont dist Pantagruel : « Sainct Alipentin, corne my de bas, quelle civette ! Au diable soit le mascherabe, tant il put ! » Et le laissa. Mais ce luy fut un tel remord toute sa vie, et tant fut altéré qu'il disoit souvent que Pantagruel le tenoit à la gorge. Et, aprés quelques années, mourut de la mort Roland, ce que faisant la vengeance divine, et nous demoustrant ce que dist le philosophe, et Aule Gelle, qu'il nous convient parler selon le langaige usité, et, comme disoit Octavian Auguste, qu'il fault eviter les motz espaves, en pareille diligence que les patrons de navires evitent les rochiers de la mer.

CHAPITRE VII

COMMENT PANTAGRUEL VINT A PARIS, ET DES BEAUX LIVRES DE LA LIBRAIRIE DE SAINCT VICTOR

Aprés que Pantagruel eut fort bien estudié à Orléans, il se delibera de visiter la grande université de Paris; mais, devant que partir, fut adverty que une grosse et enorme cloche estoit à Sainct Aignan du dict Orléans, en terre, passés deux cens quatorze ans : car elle estoit si grosse que, par engin aucun, ne la pouvoit on mettre seulement hors terre, combien que l'on y eust appliqué tous les moyens que mettent Vitruvius, *de Architectura*, Albertus, *de Re œdificatoria*, Euclides, Theon, Archimedes, et Hero, *de Ingeniis*. Car tout n'y servoit de rien. Dont, voluntiers encliné à l'humble requeste des citoyens et habitans de ladicte ville, delibera de la porter au clochier à ce destiné. De faict, vint au lieu où elle estoit, et la leva de terre avec le petit doigt, aussi facilement que feriez une sonnette d'esparvier. Et, devant que la porter au clochier, Pantagruel en voulut donner une aubade par la ville, et la faire sonner par toutes les rues, en la portant en sa main : dont tout le monde se resjouist fort ; mais il en advint un inconvenient bien grand, car, la portant ainsi, et la faisant sonner par les rues, tout le bon vin d'Orléans poulsa, et se gasta. De quoy le monde ne s'advisa que la nuyt ensuivant : car un chascun se sentit tant alteré d'avoir beu de ces vins poulsés, qu'ilz ne faisoient que cracher aussi blanc comme cotton de Malthe, en disant : « Nous avons du Pantagruel, et avons les gorges salées. »

Ce faict, vint à Paris avec ses gens. Et, à son entrée, tout le monde sortit hors pour le voir, comme vous sçavez bien que le peuple de Paris maillotinier est sot par nature, par bequarre, et par bemol ; et le regardoient en grand esbahissement, et non sans grande peur qu'il n'emportast le Palais ailleurs, en quelque pays *a remotis*, comme son pere avoit emporté les campanes de Nostre Dame, pour attacher au col de sa jument. Et, après quelque espace de temps qu'il y eut demouré, et fort bien estudié en tous les sept ars liberaux, il disoit que c'estoit une bonne ville pour vivre, mais non pour mourir, car les guenaulx Sainct Innocent se chauffoient le cul des ossemens des mors. Et trouva la librairie de Sainct Victor fort magnifique, mesmement d'aucuns livres qu'il y trouva, desquelz s'ensuit le répertoire, et *primo* :

Bigua salutis.
Bragueta juris.
Pantofla decretorum.
Malogranatum vitiorum.
Le Peloton de theologie.
Le Vistempenard des prescheurs, composé par *Turelupin.*
La Couille barrine des preux.
Les Hanebanes des evesques.
Marmotretus, de babouynis et cingis, cum commento Dorbellis.
Decretum universitatis Parisiensis super gorgiasitatem muliercularum ad placitum.

L'apparition de saincte Geltrude à une nonnain de Poissy estant en mal d'enfant.
Ars honeste petandi in societate, par M. Ortruinum.
Le Moustardier de penitence.
Les Houseaulx, *alias* les Bottes de patience.
Formicarium artium.
De brodiorum Usu, et Honestate chopinandi, per Silvestrem Prieratem, Jacopinum.
Le Beliné en court.
Le Cabat des notaires.

Le Pacquet de mariage.
Le Creziou de contemplation.
Les Fariboles de droit.
L'Aguillon de vin.
L'Esperon de fromaige.
Decrotatorium scholarium.
Tartaretus, de modo cacandi.
Les Fanfares de Rome.
Bricot, *de Differentiis soupparum.*
Le Culot de discipline.
La Savate d'humilité.
Le Tripier de bon pensement.
Le Chaudron de magnanimité.
Les Hanicrochemens des confesseurs.
La Croquignolle des curés.
Reverendi patris fratris Lubini, provincialis Bavardiæ, de croquendis Lardonibus libri tres.
Pasquilli, doctoris marmorei, de Capreolis cum chardoneta comedendis, tempore papali ab Ecclesia interdicto.
L'Invention Saincte Croix, à six personnaiges, jouée par les clercs de finesse.
Les Lunettes des Romipetes.
Majoris, *de Modo faciendi boudinos.*
La Cornemuse des prelatz.
Beda, *de Optimitate triparum.*
La Complaincte des advocatz sus la reformation des dragées.
Le Chatfourré des procureurs.
Des Pois au lard, *cum commento.*
La Profiterolle des indulgences.
Præclarissimi juris utriusque doctoris maistre Pilloti Raquedenari, de bobelinandis glossæ Accursianæ baguenaudis Repetitio enucidiluculidissima.
Stratagemata Francarchieri, de Baignolet.
Franctopinus, de Re militari, cum figuris Tevoti.
De Usu et Utilitate escorchandi equos et equas, authore M. Nostro de Quebecu.
La Rustrie des prestolans.
M. N. Rostocostojambedanesse, *de Moustarda post prandium servienda, lib. quatuordecim, apostilati per M. Vaurillonis.*
Le Couillaige des promoteurs.
Jabolenus, *de Cosmographia purgatorii.*
Quæstio subtilissima, utrum Chimæra, in vacuo bombinans, possit comedere secundas intentiones : et fuit debatuta per decem hebdomadas in concilio Constantiensi.
Le Maschefain des advocatz.
Barbouillamenta Scoti.
La Ratepenade des cardinaux.
De Calcaribus removendis decades undecim, per M. Albericum de Rosata.
Ejusdem, de Castrametandis crinibus lib. tres.
L'Entrée d'Anthoine de Leive es terres du Bresil.
Marforii bacalarii, cubantis Romæ de pelendisque mascarendisque, cardinalium Mulis.
Apologie d'iceluy, contre ceux qui disent que la mule du pape ne mange qu'à ses heures.
Pronosticatio quæ incipit, Silvii Triquebille, balata per M. N. Songecrusyon.
Boudarini episcopi, de Emulgentiarum profectibus enneades novem, cum privilegio papali ad triennium, et postea non.
Le Chiabrena des pucelles.
Le Cul pelé des vefves.
La Coqueluche des moines.
Les Brimborions des padres celestins.
Le Barrage de manducité.
Le Claquedent des marroufles.
La Ratouere des théologiens.
L'Ambouchouoir des maistres en ars.
Les Marmitons de Olcam, à simple tonsure.
Magistri N. Fripesaulcetis, de Grabellationibus horarum canonicarum, lib. quadraginta.
Cullebutatorium confratriarum, incerto authore.
La Cabourne des briffaux.

Le Faguenat des Espagnolz, super-coquelicanticqué, par Frai Inigo.
La Barboitine des marmiteux.
Poiltronismus rerum Italicarum, authore magistro Bruslefer.
R. Lullius, *de Batifolagiis principum.*
Callibistratorium caffardiæ, actore M. Jacobo Hocstralem *hœreticometra.*
Chaultcouillonis, de magistronostrandorum ma istronostratorumque Beuvetis, lib. octo galantissimi.
Les Petarrades des bullistes, copistes, scripteurs, abbréviateurs, référendaires, et dataires, compillées par Regis.
Almanach perpétuel pour les goutteux et vérolés.
Maneries ramonandi fournellos, per M. Eccium.
Le Poulemart des marchans.
Les Aises de vie monachale.
La Gualimaffrée des bigotz.
L'Histoire des farfadetz.
La Belistrandie des millesouldiers.
Les Happelourdes des officiaux.
La Bauduffe des thesauriers.
Badinatorium Sorboniformium.
Antipericatametanoparbeugedamphicribrationes mendicantium.
Le Limasson des rimasseurs.
Le Boutavent des alchymistes.
La Nicquenocque des questeurs, cababezacé par frere Serratis.
Les Entraves de religion.
La Racquette des brimballeurs.
L'Accoudouoir de vieillesse.
La Muselière de noblesse.
La Patenostre du cinge.
Le Grezillons de devotion.
La Marmite des Quatre Temps.
Le Mortier de vie politicque.
Le Mouschet des hermites.
La Barbute des penitenciers.
Le Trictrac des freres frappars.
Lourdaudus, *de Vita et Honestate bragardorum.*

Lyripipii Sorbonici Moralisationes, per M. Lupoldum.
Les Brimbelettes des voyageurs.
Tarraballationes doctorum Coloniensium adversus Reuchlin.
Les Potingues des evesques potatifz.
Les Cymbales des dames.
La Martingalle des fianteurs.
Virevoustorium nacquettorum, per F. Pedebilletis.
Les Bobelins de franc couraige.
La Mommerie des rabatz et lutins.
Gerson, *De Auferibilitate papæ ab Ecclesia.*
La Ramasse des nommés et gradués.
Jo. Dytebrodii, de Terribilitate excommunicationum libellus acephalos.
Ingeniositas invocandi diabolos et diabolas, per M. Guingolfum.
Le Hoschepot des perpetuons.
La Morisque des heretiques.
Les Henilles de Gaietan.
Moillegroin doctoris cherubici, de Origine patepelutarum, et torticollorum Ritibus, lib. septem.
Soixante et neuf Breviaires de haulte gresse.
Le Gaudemarre des cinq ordres des mendians.
La Pelleterie des tirelupins, extraicte de la botte fauve incornifistibulée en la Somme angelicque.
Le Ravasseur des cas de conscience.
La Bedondaine des presidens.
Le Vietdazouer des abbés.
Sutoris, adversus quemdam qui vocaverat eum fripponatorem, et quod fripponatores non sunt damnati ab Ecclesia.
Cacatorium medicorum.
Le Ramoneur d'astrologie.
Campi clysteriorum per S. C.
Le Tirepet des apothicaires.
Le Baisecul de chirurgie.
Justinianus, *de Cagotis tollendis.*
Antidotarium animæ.
Merlinus Coccaius, *de Patria diabolorum.*

Desquelz aucuns sont ja imprimés, et les aultres l'on imprime maintenant en ceste noble ville de Tubinge.

CHAPITRE VIII

COMMENT PANTAGRUEL, ESTANT A PARIS, RECEUT LETTRES DE SON PERE GARGANTUA, ET LA COPIE D'ICELLES

Pantagruel estudioit fort bien, comme assez entendez, et profitoit de mesmes, car il avoit l'entendement à double rebras, et capacité de memoire à la mesure de douze oyres et bottes d'olif. Et, comme il estoit ainsi là demourant, receut un jour lettres de son pere en la maniere que s'ensuit :

« Tres cher filz, entre les dons, graces et prerogatives desquelles le souverain plasmateur Dieu tout puissant a endouairé et aorné l'humaine nature à son commencement, celle me semble singuliere et excellente par laquelle elle peut, en estat mortel, acquerir une espece d'immortalité, et, en decours de vie transitoire, perpetuer son nom et sa semence. Ce qu'est faict par lignée issue de nous en mariage legitime. Dont nous est aucunement instauré ce que nous fut tollu par le peché de nos premiers parens, esquelz fut dict que, parce qu'ilz n'avoient esté obéissans au commandement de Dieu le créateur, ilz mourroient, et, par mort, seroit reduicte à néant ceste tant magnifique plasmature en laquelle avoit esté l'homme créé.

« Mais, par ce moyen de propagation seminale, demeure es enfans ce qu'estoit de perdu es parens, et es nepveux ce que deperissoit es enfans, et ainsi successivement jusques à l'heure du jugement final, quand Jesu-Christ aura rendu à Dieu le pere son royaume pacifique, hors tout dangier et contamination de peché. Car alors cesseront toutes generations et corruptions, et seront les elemens hors de leurs transmutations continues, veu que la paix tant désirée sera consommée et parfaicte, et que toutes choses seront reduites à leur fin et periode.

« Non donc sans juste et equitable cause je rends graces à Dieu, mon conservateur, de ce qu'il m'a donné pouvoir voir mon antiquité chanue refleurir en ta jeunesse. Car, quand, par le plaisir de luy, qui tout regit et modere, mon ame laissera ceste habitation humaine, je ne me reputeray totalement mourir, mais passer d'un lieu en aultre ; attendu que, en toy et par toy, je demeure en mon image visible en ce monde, vivant, voyant, et conversant entre gens d'honneur et mes amis, comme je soulois. Laquelle mienne conversation a esté, moyennant l'aide et grace divine, non sans peché, je le confesse (car nous pechons tous, et continuellement requerons à Dieu qu'il efface nos pechés) mais sans reproche.

« Par quoy, ainsi comme en toy demeure l'image de mon corps, si pareillement ne reluisoient les meurs de l'ame, l'on ne te jugeroit estre garde et tresor de l'immortalité de nostre nom; et le plaisir que prendrois ce voyant seroit petit, considerant que la moindre partie de moy, qui est le corps, demeureroit, et la meilleure, qui est l'ame, et par laquelle demeure nostre nom en benediction entre les hommes, seroit degenerante et abastardie. Ce que je ne dis par defiance que j'aye de ta vertu, laquelle m'a esté ja par cy devant esprouvée, mais pour plus fort te encourager à profiter de bien en mieulx.

« Et ce que presentement t'escris, n'est tant afin qu'en ce train vertueux tu vives, que de ainsi vivre et avoir vescu tu te resjouisses, et te refraischisses en courage pareil pour l'advenir. A laquelle entreprinse parfaire et consommer, il te peut assez souvenir comment je n'ay rien espargné ; mais ainsi t'y ay je secouru comme si je n'eusse aultre tresor en ce monde que de te voir une fois en ma vie absolu et parfaict, tant en vertu, honnesteté et prudhommie, comme en tout sçavoir liberal et honneste, et tel te laisser aprés ma mort comme un mirouoir representant la personne de moy ton pere, et si non tant excellent et tel de faict comme je te souhaite, certes bien tel en desir.

« Mais, encores que mon feu pere de bonne memoire, Grandgousier, eust adonné tout son estude à ce que je profitasse en toute perfection et sçavoir politique, et que mon labeur et estude correspondist tres bien, voire encore, oultrepassast son desir, toutesfois, comme tu peux bien entendre, le temps n'estoit tant idoine ny commode es lettres comme est de present, et n'avois copie de telz precepteurs comme tu as eu. Le temps estoit encores tenebreux, et sentant l'infelicité et calamité des Gothz, qui avoient mis à destruction toute bonne litterature. Mais, par la bonté divine, la lumiere et dignité a esté de mon aage rendue es lettres, et y voy tel amendement que, de present, à difficulté serois je receu en la premiere classe des petits grimaulx, qui, en mon aage virile, estois (non à tort) reputé le plus sçavant dudict siecle.

« Ce que je ne dis par jactance vaine, encores que je le puisse louablement faire en t'escrivant, comme tu as l'autorité de Marc Tulle en son livre de *Vieillesse*, et la sentence de Plutarque au livre intitulé *Comment on se peut louer sans envie*, mais pour te donner affection de plus hault tendre.

« Maintenant toutes disciplines sont restituées, les langues instaurées : grecque, sans laquelle c'est honte qu'une personne se die sçavant ;

hebraïcque, chaldaïque, latine. Les impressions tant elegantes et correctes en usance, qui ont esté inventées de mon aage par inspiration divine, comme, à contrefil, l'artillerie par suggestion diabolique. Tout le monde est plein de gens sçavans, de precepteurs tres doctes, de librairies tres amples, et m'est advis que, ny au temps de Platon, ny de Ciceron, ny de Papinian, n'estoit telle commodité d'estude qu'on y voit maintenant. Et ne se fauldra plus doresnavant trouver en place ny en compaignie, qui ne sera bien expoly en l'officine de Minerve. Je voy les brigans, les bourreaux, les aventuriers, les palfreniers de maintenant, plus doctes que les docteurs et prescheurs de mon temps.

« Que diray je ? Les femmes et les filles ont aspiré à ceste loüange et manne celeste de bonne doctrine. Tant y a qu'en l'aage où je suis, j'ay esté contrainct d'apprendre les lettres grecques, lesquelles je n'avois contemné comme Caton, mais je n'avois eu le loisir de comprendre en mon jeune aage. Et voluntiers me delecte à lire les Moraulx de Plutarche, les beaux Dialogues de Platon, les Monumens de Pausanias, et Antiquités de Atheneus, attendant l'heure qu'il plaira à Dieu mon créateur m'appeler, et commander issir de ceste terre.

« Parquoi, mon filz, je t'admoneste qu'employe ta jeunesse à bien profiter en estudes et en vertus. Tu es à Paris, tu as ton precepteur Epistemon, dont l'un par vives et vocales instructions, l'aultre par louables exemples, te peut endoctriner. J'entends et veulx que tu apprennes les langues parfaictement. Premierement la grecque, comme le veult Quintilian ; secondement, la latine ; et puis l'hebraïcque pour les sainctes lettres, et la chaldaïcque et arabicque pareillement ; et que tu formes ton style, quant à la grecque, à l'imitation de Platon ; quant à la latine, de Ciceron, qu'il n'y ait histoire que tu ne tiennes en memoire presente, à quoy t'aidera la cosmographie de ceux qui en ont escrit. Des ars liberaux, géometrie, arithmetique et musique, je t'en donnay quelque goust quand tu estois encores petit, en l'aage de cinq à six ans ; poursuis le reste, et d'astronomie saiche en tous les canons. Laisse moy l'astrologie divinatrice, et l'art de Lullius, comme abus et vanités. Du droit civil, je veulx que tu saiche par cœur les beaux textes, et me les confere avec philosophie.

« Et quant à la cognoissance des faicts de nature, je veulx que tu t'y adonne curieusement : qu'il n'y ait mer, riviere, ny fontaine, dont tu ne cognoisse les poissons ; tous les oiseaux de l'air, tous les arbres, arbustes, et fructices des forestz, toutes les herbes de la terre, tous les metaulx cachés au ventre des abysmes, les pierreries de tout Orient et Midy, rien ne te soit incogneu.

« Puis soigneusement revisite les livres des medecins grecs, arabes, et latins, sans contemner les thalmudistes et cabalistes ; et, par frequentes anatomies, acquiers toy parfaicte cognoissance de l'aultre monde, qui est l'homme. Et, par quelques heures du jour, commence à visiter les sainctes lettres. Premierement, en grec, le Nouveau Testament, et Epistres des apostres ; et puis, en hebrieu, le Vieux Testament. Somme, que je voye un abysme de science : car, doresnavant que tu deviens homme et te fais grand, il te fauldra issir de ceste tranquillité et repos d'estude, et apprendre la chevalerie et les armes, pour defendre ma maison, et nos amis secourir en tous leurs affaires, contre les assaulx des malfaisans. Et veulx que, de brief, tu essayes combien tu as profité ; ce que tu ne pourras mieulx faire que tenant conclusions en tout sçavoir, publiquement envers tous et contre tous, et hantant les gens lettrés qui sont tant à Paris comme ailleurs.

« Mais, parce que, selon le sage Salomon, sapience n'entre point en ame malivole, et science sans conscience n'est que ruine de l'ame, il te convient servir, aimer, et craindre Dieu, et en luy mettre toutes tes pensées et tout ton espoir ; et, par foy formée de charité, estre à luy adjoinct, en sorte que jamais n'en sois desemparé par pché. Aye suspectz les abus du monde. Ne metz ton cœur à vanité : car ceste vie est transitoire, mais la parole de Dieu demeure eternellement. Sois serviable à tous tes prochains, et les aime comme toy mesmes. Revere tes precepteurs, fuis les compaignies des gens esquelz tu ne veulx point ressembler, et, les graces que Dieu t'a données, icelles ne reçois en vain. Et quand tu cognoistras que auras tout le sçavoir de par delà acquis, retourne vers moy, afin que ie te voye, et donne ma benediction devant que mourir.

« Mon filz, la paix et grace de Nostre Seigneur soit avec toy, *amen*. De Utopie, ce dix septiesme jour du mois de mars,

    « Ton pere,

                « GARGANTUA. »

Ces lettres receues et veues, Pantagruel print nouveau courage, et fut enflambé à profiter plus que jamais ; en sorte que, le voyant estudier et profiter, eussiez dict que tel estoit son esprit entre les livres comme est le feu parmy les brandes, tant il l'avoit infatigable et strident.

CHAPITRE IX

COMMENT PANTAGRUEL TROUVA PANURGE, LEQUEL IL AIMA TOUTE SA VIE

Un jour Pantagruel, se pourmenant hors de la ville, vers l'abbaye Sainct Anthoine, devisant et philosophant avec ses gens et aucuns escoliers, rencontra un homme beau de stature et elegant en tous lineamens du corps, mais pitoyablement navré en divers lieux, et tant mal en ordre qu'il sembloit estre eschappé aux chiens, ou mieulx ressembloit un cueilleur de pommes du pays du Perche. De tant loing que le vit Pantagruel, il dist aux assistans : « Voyez vous cest homme qui vient par le chemin du pont de Charenton? Par ma foy, il n'est pauvre que par fortune : car je vous asseure que, à sa physionomie, Nature l'a produit de riche et noble lignée ; mais les adventures des gens curieux l'ont reduict en telle penurie et indigence. » Et ainsi qu'il fut au droit d'entre eux, il luy demanda : « Mon amy, je vous prie qu'un peu vueillez icy arrester, et me respondre à ce que vous demanderay, et vous ne vous en repentirez point, car j'ay affection trés grande de vous donner aide à mon pouvoir en la calamité où je vous voy, car vous me faites grand pitié. Pourtant, mon amy, dictes moy, qui estes vous ? dond venez vous ? où allez vous ? que querez vous? et quel est vostre nom? »

Le compaignon luy respond en langue germanicque : « Junker, Gott geb euch Glück und Heil zuvor. Lieber Junker, ich lass euch wissen, das da ihr mich von fragt, ist ein arm und erbarmlich Ding, und wer viel darvon zu sagen, welches euch verdruslich zu hoeren, und mir zu erzelen wer, wiewol die Poeten und Orators vorzeiten haben gesagt in iren Sprüchen und Sententzen, dass die Gedechtnus des Ellends und Armuot vorlangst erlitten ist ain grosser Lust. »

A quoy respondit Pantagruel : « Mon amy, je n'entends point ce barragouin ; pourtant, si voulez qu'on vous entende, parlez aultre langaige. »

Adonc le compaignon luy respondit : « Al barildim gotfano dech min brin alabo dordin falbroth ringuam albaras. Nin porth zadilrin almucathim milko prin al elmin enthoth dal heben ensouim : kuth im al dim alkatim nim broth dechoth porth min michas im endoth, pruch dal marsouimm hol moth dansrikim lupaldas im voldemoth. Nin hur diaaolth mnarbothim dal gousch pal frapin duch im scoth pruch galeth dal Chinon, min foulthrich al conin butbathen doth dal prim.

— Entendez vous rien là? » dist Pantagruel es assistans. A quoy dist Epistemon : « Je croy que c'est langaige des antipodes, le diable n'y mordroit mie. » Lors dist Pantagruel : « Compere, je ne sçay si les murailles vous entendront, mais de nous nul n'y entend note. »

Donc dist le compaignon : « Signor mio, voi vedete per essempio che la cornamusa non suona mai s'ella non a il ventre pieno : cosi io parimente non vi saprei contare le mie fortune, se prima il tribulato ventre non a la solita refettione. Al quale è aviso che le mani et li dent habbiano perso il loro ordine naturale et del tuto annichillati. »

A quoy respondit Epistemon : « Autant de l'un comme de l'aultre. »

Dont dist Panurge : « Lord, if you be so vertuous of intelligence, as you be naturally releaved to the body, you should have pity of me : for nature hath made us equal, but fortune hath some exalted, and others deprived : nevertheless is vertue often deprived, and the vertuous men despised : for before the last end none is good.

— Encores moins, » respondit Pantagruel.

Adonc dist Panurge : « Jona andie guaussa goussy etan beharda er remedio beharde versela ysser landa. Anbat es otoy y es nausu ey nessassust gourray proposian ordine den. Nonyssena bayta facheria egabe gen herassy badia sadassu noura assia. Aran hondauan gualde cydassu naydassuna. Estou oussyc eg vinau soury hien er darstura eguy harm. Genicoa plasar vadu.

— Estes vous là, respondit Eudemon, Genicoa ? » A quoy dist Carpalim : « Sainct Treignan foutys vous d'escoss, ou j'ay failly à entendre. »

Lors respondit Panurge : « Prug frest frinst sorgdmand strochdt drnds pag brlelang gravot chavygny pomardiere rusth pkalhdracg Deviniere pres Nays. Couillekalmuch monach drupp del meupplist rincq drlnd dodelb up drent loch mine stz rinq ield de vins ders cordelis bur jocst stzampenards. »

A quoy dist Epistemon : « Parlez vous christian, mon amy, ou langaige patelinois ? Non, c'est langaige lanternois. »

Dont dist Panurge : « Heere, ik en spreeke anders geen taale, dan kersten taale, my dunkt nochtans al en zeg ik u niet een woord, mijnen nood verklaart genoeg wat ik begeere : geef my uit bermhertigheid net, waar van ik gevoed mag zijn. »

A quoy respondit Pantagruel : « Autant de cestuy là. »

Dont dist Panurge : « Segnor, de tanto hablar yo soy cansado, por que yo suplico a vuestra reverencia que mire a los preceptos evangelicos, para que ellos movan vuestra reverencia a lo que es de conciencia ; y si ellos non bastaren para mover vuestra reverencia a piedad, yo supplico que mire a la piedad natural, la qual yo creo que le movera como es de razon : y con eso non digo mas. »

A quoy respondit Pantagruel : « Dea, mon amy, je ne fais doubte aucun que ne sachez bien parler divers langaiges ; mais dictes nous ce que voudrez en quelque langue que puissions entendre. »

Lors dist le compaignon : « Min Herre, endog ieg med inge tunge talede, ligeson born, oc uskellige creature : Mine klædebon, oc mit legoms magerhed udviser alligevel klarlig hvad ting mig best behof gioris, som er sandelig mad oc dricke : Hvorfor forbarme dig over mig, oc befal at give mig noguet, af hvilcket ieg kand styre min gioendis mage, ligerviis som man Cerbero en suppe forsetter. Saa skal du lefve længe oc lycksalig. »

— Je croy, dist Eustenes, que les Gothz parloient ainsi. Et, si Dieu vouloit, ainsi parlerions nous du cul. »

Adonc, dist le compaignon : « Adoni, scholom lecha : im ischar harob hal habdeca, bemeherah thithen il kikar lehem, cham cathub : laah al adonai cho nen ral. »

A quoy respondit Epistemon : « A ceste heure ay je bien entendu : car c'est langue hebraïcque bien rethoricquement prononcée. »

Dont dist le compaignon : « Despota tinyn panagathe, diati sy mi ouk artodotis? horas gar limo analiscomenon eme athlion, ke en to metaxy me ouk eleis oudamos, zetis de par emou ha ou chre. Ke homos philologi pantes homologousi tote logous te ke remata peritta hyparchin, hopote pragma afto pasi delon esti. Entha gar anankei monon logi isin, hina pragmata (hon peri amphisbetoumen) me prosphoros epiphenete.

— Quoy? dist Carpalim, laquais de Pantagruel, c'est grec, je l'ay entendu. Et comment? as tu demeuré en Grece? »

Donc dist le compaignon : « Agonou dont oussys vou denaguez algarou, nou den farou zamist vou mariston ulbrou, fousquez vou brol tam bredaguez moupreton den goul houst, daguez daguez nou croupys fost bardounoflist nou grou. Agou paston tol nalprissys hourtou los ecbatonous, prou dhouquys brol panygou den bascrou nou dous caguous goulfren goul oust troppassou.

— J'entends, se me semble, dist Pantagruel : car ou c'est langaige de mon pays de Utopie, ou bien luy ressemble quant au son. »

Et, comme il vouloit commencer quelque propos, le compaignon dist : « Jam toties vos, per sacra, perque deos deasque omnes, obtestatus sum, ut, si qua vos pietas permovet, egestatem meam solaremini, nec hilum proficio clamans et ejulans. Sinite, quæso, sinite, viri impii, quo me fata vocant abire, nec ultra vanis vestris interpellationibus obtundatis, memores veteris illius adagii, quo venter famelicus auriculis carere dicitur.

— Dea, mon amy, dist Pantagruel, ne sçavez vous parler françois?

— Si fais tres bien, seigneur, respondit le compaignon ; Dieu mercy, c'est ma langue naturelle et maternelle, car je suis né et ay esté nourry jeune au jardin de France, c'est Touraine. — Donc, dist Pantagruel, racontez nous quel est vostre nom, et dond vous venez : car, par ma foy, je vous ay ja prins en amour si grand que, si vous condescendez à mon vouloir, vous ne bougerez jamais de ma compaignie, et vous et moy ferons un nouveau pair d'amitié, telle que fut entre Enée et Achates.

— Seigneur, dist le compaignon, mon vray et propre nom de baptesme est Panurge, et à present viens de Turquie, où je fus mené prisonnier lors qu'on alla à Metelin en la male heure. Et voluntiers vous racontcrois mes fortunes, qui sont plus merveilleuses que celles d'Ulysses ; mais, puis qu'il vous plaist me retenir avec vous (et j'accepte voluntiers l'offre, protestant jamais ne vous laisser ; et allissiez vous à tous les diables), nous aurons, en aultre temps plus commode, assez loisir d'en raconter. Car, pour ceste heure, j'ay necessité bien urgente de repaistre : dents agues, ventre vuide, gorge seiche, appetit strident, tout y est deliberé. Si me voulez mettre en oeuvre, ce sera basme de me voir briber ; pour Dieu, donnez y ordre. »

Lors commanda Pantagruel qu'on le menast en son logis, et qu'on lui apportast force vivres. Ce que fut faict, et mangea tres bien à ce soir, et s'en alla coucher en chappon, et dormit jusques au lendemain heure de disner, en sorte qu'il ne fit que trois pas et un sault du lict à table.

CHAPITRE X

COMMENT PANTAGRUEL EQUITABLEMENT JUGEA D'UNE CONTROVERSE MERVEILLEUSEMENT OBSCURE ET DIFFICILE, SI JUSTEMENT QUE SON JUGEMENT FUT DICT PLUS ADMIRABLE QUE CELUY DE SALOMON

Pantagruel, bien records des lettres et admonitions de son pere, voulut un jour essayer son sçavoir. De faict, par tous les carrefours de la ville mit conclusions en nombre de neuf mille sept cens soixante et quatre, en tout sçavoir, touchant en icelles les plus fors doubtes qui fussent en toutes sciences. Et premierement, en la rue du Feurre, tint contre tous les regens, artiens, et orateurs, et les mit tous de cul. Puis en Sorbonne, tint contre tous les théologiens, par l'espace de six sepmaines, depuis le matin quatre heures jusques à six du soir, excepté deux heures d'intervalle pour repaistre et prendre sa refection : non qu'il engardas lesdicts théologiens sorbonnicques de chopiner et se refraischir à leurs beuvettes accoustumées.

Et à ce assisterent la plus part des seigneurs de la court, maistrés des

rēquestes, presidens, conseilliers, les gens des comptes, secretaires, advo-
tatz, et aultres, ensemble les eschevins de ladicte ville, avec les medecins et canonistes. Et notez que, d'iceux, la plus part prindrent bien le
frain aux dents; mais, non obstant leurs ergotz et fallaces, il les fit tous
quinaulx, et leur monstra visiblement qu'ilz n'estoient que veaulx engip-
ponnés. Dont tout le monde commença à bruire et parler de son sçavoir
si merveilleux, jusques es bonnes femmes lavandieres, courratieres, rous-
tissieres, ganivettieres, et aultres; lesquelles, quand il passoit par les
rues, disoient : « C'est luy; » à quoy il prenoit plaisir, comme Demosthenes, prince des orateurs grecs, faisoit, quand de luy dist une vieille
acropie, le monstrant au doigt : « C'est cestuy là. »

Or, en ceste propre saison, estoit un proces pendant en la court entre
deux gros seigneurs, desquelz l'un estoit monsieur de Baisecul, demandeur d'une part, l'aultre, monsieur de Humevesne, defendeur de
l'aultre. Desquelz la controverse estoit si haulte et difficile en droit que
la court de parlement n'y entendoit que le hault allemant. Dont, par le
commandement du roy, furent assemblés quatre les plus sçavans et les
plus gras de tous les parlemens de France, ensemble le grand Conseil, et
tous les principaux regens des universités, non seulement de France, mais
aussi d'Angleterre et d'Italie, comme Jason, Philippe Dece, Petrus de
Petronibus, et un tas d'aultres vieux rabbanistes. Ainsi assemblés par
l'espace de quarante et six sepmaines, n'y avoient sceu mordre, ny entendre le cas au net, pour le mettre en droit, en façon quelconque : dont
ilz estoient si despitz qu'ilz se conchioient de honte villainement.

Mais un d'entre eux, nommé Du Douhet, le plus sçavant, le plus expert
et prudent de tous les aultres, un jour qu'ils estoient tous philogrobolisés
du cerveau, leur dist : « Messieurs, ja lontemps a que nous sommes icy
sans rien faire que despendre; et ne pouvons trouver fond ny rive en
ceste matiere, et tant plus y estudions, tant moins y entendons, qui nous
est grand honte et charge de conscience, et à mon advis que nous n'en
sortirons qu'à deshonneur : car nous ne faisons que ravasser en nos
consultations. Mais voicy que j'ay advisé. Vous avez bien ouy parler de ce
grand personnaige nommé maistre Pantagruel, lequel on a cogneu estre
sçavant dessus la capacité du temps de maintenant, es grandes disputations qu'il a tenues contre tous publiquement. Je suis d'opinion que nous
l'appellons, et conferons de cest affaire avec luy : car jamais homme n'en
viendra à bout si cestuy là n'en vient. » A quoy voluntiers consentirent
tous ces conseillers et docteurs : de faict, l'envoyerent querir sur l'heure,
et le prierent vouloir le proces canabasser et grabeler à poinct, et leur en
faire le rapport tel que bon luy sembleroit, en vraie science legale : et luy

livrerent les sacs et pantarques entre ses mains, qui faisoient presque le fais de quatre gros asnes couillars.

Mais Pantagruel leur dist : « Messieurs, les deux seigneurs qui ont ce proces entre eux sont ilz encore vivans ? » A quoy luy fut respondu que ouy. « De quoy diable donc, dist il, servent tant de fatrasseries de papiers et copies que me baillez? N'est ce le mieulx ouir par leur vive voix leur debat que lire ces babouyneries icy, qui ne sont que tromperies, cautelles diaboliques de Cepola, et subversions de droit? car je suis seur que vous et tous ceux par les mains desquelz a passé le proces, y avez machiné ce qu'avez peu, *pro et contra* ; et, au cas que leur controverse estoit patente, et facile à juger, vous l'avez obscurcie par sottes et desraisonnables raisons, et ineptes opinions de Accurse, Balde, Bartole, de Castro, de Imola, Hippolytus, Panorme, Bertachin, Alexander, Curtius, et ces aultres vieux mastins, qui jamais n'entendirent la moindre loy des Pandectes, et n'estoient que gros veaulx de disme, ignorans de tout ce qu'est necessaire à l'intelligence des loix. Car (comme il est tout certain) ilz n'avoient cognoissance de langue ny grecque ny latine, mais seulement de gothique et barbare. Et, toutesfois, les loix sont premierement prinses des Grecs, comme vous avez le tesmoignage de Ulpian, *l. posteriori, de Origine juris*, et toutes les loix sont pleines de sentences et motz grecs ; et, secondement, sont redigées en latin le plus elegant et aorné qui soit en toute la langue latine, et n'en excepterois volontiers ny Salluste, ny Varron, ny Ciceron, ny Senecque, ny Tite-Live, ny Quintilian. Comment donc eussent pu entendre ces vieux resveurs le texte des loix, qui jamais ne virent bon livre de langue latine, comme manifestement appert à leur stile, qui est stile de ramonneur de cheminée, ou de cuysinier et marmiteux, non de jurisconsulte?

« Davantaige, veu que les loix sont extirpées du milieu de philosophie morale et naturelle, comment l'entendront ces folz, qui ont, par Dieu, moins estudié en philosophie que ma mulle ? Au regard des lettres d'humanité et cognoissance des antiquités et histoires, ilz en estoient chargés comme un crapault de plumes, et en usent comme un crucifix d'un pifre, dont toutesfois les droits sont tous pleins ; et sans ce, ne peuvent estre entenduz, comme quelque jour je monstreray plus appertement par escrit. Par ce, si voulez que je cognoisse de ce proces, premierement faites moy brusler tous ces papiers, et secondement faites moy venir les deux gentilz hommes personnellement devant moy ; et, quand je les auray ouy, je vous en diray mon opinion, sans fiction ny dissimulation quelconques. »

A quoy aucuns d'entre eux contredisoient, comme vous sçavez que, en toutes compaignies, il y a plus de folz que de saiges, et la plus grande partie surmonte tousjours la meilleure, ainsi que dit Tite-Live, parlant des Carthaginiens. Mais ledict Du Douhet tint au contraire virilement, contendant que Pantagruel avoit bien dict ; que ces registres, enquestes, replicques, dupliques, reproches, salvations, et aultres telles diableries, n'estoient que subversion de droit et allongement de proces, et que le diable les emporteroit trestous s'ilz ne procedoient aultrement, selon equité philosophicque et evangelicque. Somme, tous les papiers furent bruslés, et les deux gentilz hommes personnellement convoqués.

Et lors Pantagruel leur dist : « Estes vous ceux qui avez ce grand different ensemble? — Ouy, dirent ilz, monsieur. — Lequel de vous est demandeur? — C'est moy, dist le seigneur de Baisecul. — Or, mon amy, contez moy de poinct en poinct vostre affaire, selon la verité : car, par le corps bieu, si vous en mentez d'un mot, je vous osteray la teste de dessus les espaules, et vous monstreray qu'en justice et jugement l'on ne doibt dire que la verité; par ce, donnez vous garde d'adjouster ny diminuer au narré de vostre cas. Dictes. »

CHAPITRE XI

COMMENT LES SEIGNEURS DE BAISECUL ET HUMEVESNE PLAIDOIENT DEVANT PANTAGRUEL SANS ADVOCATZ

Donc commença Baisecul en la maniere que s'ensuit : « Monsieur, il est vray qu'une bonne femme de ma maison portoit vendre des œufz au marché. — Couvrez vous, Baisecul, dist Pantagruel. — Grand mercy, monsieur, dist le seigneur de Baisecul. Mais à propos passoit entre les deux tropicques six blancs, vers le zenith et maille, par autant que les monts Rhiphées avoient eu celle année grande sterilité de happelourdes, moyennant une sedition de ballivernes, meue entre les Barragouins et les Accoursiers, pour la rebellion des Suisses, qui s'estoient assemblés jusques au nombre de trois, six, neuf, dix, pour aller à l'aguillanneuf, le premier trou de l'an, que l'on livre la soupe aux bœufz, et la clef du charbon aux filles, pour donner l'avoine aux chiens. Toute la nuyt l'on ne fit (la main sur le pot), que depescher bulles à pied et bulles à cheval pour retenir les basteaux : car les cousturiers vouloient faire, des retaillons desrobés.

Une sarbataine
Pour couvrir la mer Océaine,

qui pour lors estoit grosse d'une potée de choux, selon l'opinion des boteleurs de foin ; mais les physiciens disoient qu'à son urine ilz ne cognoissoient signe evident,

> Au pas d'ostarde,
> De manger bezagues à la moustarde ;

sinon que messieurs de la court fissent par bemol commandement à la verole de non plus halleboter après les maignans, et ainsi se pourmener durant le service divin : car les marroufles avoient ja bon commencement à danser l'estrindore au diapason,

> Un pied au feu,
> Et la teste au milieu,

comme disoit le bon Ragot. Ha, messieurs, Dieu modere tout à son plaisir, et, contre fortune la diverse, un chartier rompit nazardes son fouet : ce fut au retour de la Bicocque, alors qu'on passa licencié maistre Antitus des Cressonnières, en toute lourderie, comme disent les canonistes : *Beati lourdes, quoniam ipsi trebuchaverunt.* Mais ce qui faict le caresme si hault, par sainct Fiacre de Brye, ce n'est pas aultre chose que

> La Pentecouste
> Ne vient fois qu'elle ne me couste;

mais

> Hay avant,
> Peu de pluie abat grand vent;

entendu que le sergent ne mit si hault le blanc à la butte que le greffier ne s'en leschast orbiculairement ses doigts empennés de jardz, et nous voyons manifestement que chascun s'en prend au nez, sinon qu'on regardast en perspective oculairement vers la cheminée, à l'endroit où pend l'enseigne du vin à quarante sangles, qui sont necessaires à vingt bas de quinquenelle. A tout le moins, qui ne voudroit lascher l'oiseau devant talemouses que le descouvrir, car la memoire souvent se pert quand on se chausse au rebours. Sa, Dieu gard de mal Thibault Mitaine ! »

Alors dist Pantagruel : « Tout beau, mon amy, tout beau ; parlez à traict et sans cholere. J'entends le cas ; poursuivez.

— Vrayement, dist le seigneur de Baisecul, c'est bien ce que l'on dit qu'il fait bon adviser aucunesfois les gens, car un homme advisé en vault deux. Or, monsieur, dist Baisecul, ladicte bonne femme, disant ses gaudez et *audi nos,* ne peut se couvrir d'un revers faulx montant par la vertus guoy des privileges de l'université, sinon par bien soy bassiner anglicquement, le couvrant d'un sept de quarreaux, et luy tirant un estoc volant au plus prés du lieu où l'on vend les vieux drapeaux, dont usent les peintres de Flandres, quand ilz veulent bien à droit ferrer les cigalles ; et m'esbahis bien fort comment le monde ne pond,. veu qu'il fait si beau couver. »

Icy voulut interpeller et dire quelque chose le seigneur de Humevesne, dont luy dist Pantagruel : « Et ventre sainct Antoine ! t'appartient il de parler sans commandement? Je sue icy de ahan pour entendre la procedure de vostre different, et tu me viens encores tabuster? Paix, de par le diable, paix : tu parleras ton sou quand cestuy cy aura achevé. Poursuivez, dist il à Baisecul, et ne vous hastez point.

— Voyant donc, dist Baisecul,

> Que la pragmatique sanction
> N'en faisoit nulle mention,

et que le pape donnoit liberté à un chascun de peter à son aise, si les blanchetz n'estoient rayés, quelque pauvreté que fust au monde, pourveu qu'on ne se signast de la main gauche de ribaudaille, l'arc en ciel fraischement esmoulu à Milan pour esclorre les allouettes, consentit que la bonne femme esculast les isciaticques par le protest des petits poissons couillatris, qui estoient pour lors necessaires à entendre la construction des vieilles bottes. Pourtant Jehan le Veau, son cousin gervais remué d'une busche de moulle, luy conseilla qu'elle ne se mist point en ce hazard de laver la buée brimballatoire sans premier allumer le papier : à tant pille, nade, jocque, fore : car

> Non de ponte vadit
> Qui cum sapientia cadit,

attendu que messieurs des Comptes ne convenoient pas bien en la sommation des fluttes d'Alemant, dont on avoit basty les Lunettes des princes, imprimées nouvellement à Anvers. Et voyla, messieurs, que fait mauvais rapport. Et en croy partie adverse, *in sacer verbo dotis*. Car, voulant obtemperer au plaisir du roy, je me estois armé de pied en cap d'une carrelure de ventre pour aller voir comment mes vendangeurs avoient dechicqueté leurs haults bonnetz pour mieux jouer des mannequins : car le temps estoit quelque peu dangereux de la foire, dont plusieurs francs archiers avoient esté refusés à la monstre, non obstant que les cheminées fussent assez haultes, selon la proportion du javart et des malandres l'ami Baudichon. Et, par ce moyen, fut grande année de caquerolles en tout le pays de Artoys, qui ne fut petit amendement pour messieurs les porteurs de coustrets, quand on mangeoit sans desguainer coquecigrues à ventre deboutonné. Et, à la mienne volunté que chascun eust aussi belle voix, l'on en joueroit beaucoup mieulx à la paulme, et ces petites finesses qu'on fait à etymologiser les patins descendroient plus aisement en Seine, pour tousjours servir au pont aux Meusniers, comme jadis fut decreté par le roy de Canarre, et l'arrest en est encores au greffe de céans. Pour ce, monsieur, je requiers que, par Vostre Seigneurie, soit dict et declairé sur le cas ce que de raison, avec despens, dommaiges et interestz. »

Lors dist Pantagruel : « Mon amy, voulez vous plus rien dire ? » Respondit Baisecul : « Non, monsieur : car j'en ay dict tout le *tu autem*, et n'en ay en rien varié, sur mon honneur.— Vous donc, dist Pantagruel, monsieur de Humevesne, dictes ce que voudrez, et abreviez, sans rien toutesfois laisser de ce que servira au propos. »

CHAPITRE XII

COMMENT LE SEIGNEUR DE HUMEVESNE PLAIDOIE DEVANT PANTAGRUEL

Lors commença le seigneur de Humevesne, ainsi que s'ensuit : « Monsieur et messieurs, si l'iniquité des hommes estoit aussi facilement vue en jugement categoricque comme on cognoist mousches en laict, le monde, quatre bœufz ! ne seroit tant mangé de ratz comme il est, et seroient oreilles maintes sus terre, qui en ont esté rongées trop laschement. Car, combien que tout ce que a dit partie adverse soit de dumet bien vray quant à la lettre et histoire du *factum*, toutesfois, messieurs, la finesse, la tricherie, les petits hanicrochemens, sont cachés sous le pot aux roses.

« Doibs je endurer qu'à l'heure que je mange au pair ma soupe, sans mal penser ny mal dire, l'on me vienne ratisser et tabuster le cerveau, me sonnant l'antiquaille, et disant :

> Qui boit en mangeant sa soupe
> Quand il est mort il n'y voit goutte ?

« Et, saincte dame ! combien avons nous veu de gros capitaines, en plein camp de bataille, alors qu'on donnoit les horions du pain benist de la confrairie, pour plus honnestement se dodeliner, jouer du luc, sonner du cul, et faire les petits saulx en plate forme, sus beaux escarpins deschiquetés à barbe d'escrevisse ? Mais maintenant le monde est tout detravé de louchetz des balles de Lucestre : l'un se desbauche, l'aultre se cache le museau pour les froidures hybernales. Et, si la court n'y donne ordre, il fera aussi mal glener ceste année, qu'il fit ou bien fera des guobeletz. Si une pauvre personne va aux estuves pour se faire enluminer le museau de bouzes de vache, ou acheter bottes d'hyver, et les sergens passans, ou bien ceux du guet, reçoivent la decoction d'un clystere, ou la matiere fecale d'une selle percée sur leurs tintamarres, en doibt l'on pourtant rongner les testons, et fricasser les escuz elles de bois? Aucunes fois nous pensons l'un, mais Dieu fait l'aultre; et, quand le soleil est couché, toutes bestes sont à l'ombre. Je n'en veulx estre creu si je ne le prouve hugrement par gens de plein jour.

« L'an trente et six, j'avois acheté un courtaut d'Allemaigne, hault et court, d'assez bonne laine, et tainct en grene comme me asseuroient les orfevres : toutesfois le notaire y mit du cetera. Je ne suis point clerc pour prendre la lune avec les dents; mais, au pot de beurre où l'on selloit les instrumens Vulcaniques, le bruit estoit que le bœuf sallé faisoit trouver le vin en plein minuit sans chandelle, et fust il caché au fond d'un sac de charbonnier, houzé et bardé avec le chanfrain, et hoguines requises à bien friscasser rusterie, c'est teste de mouton. Et, c'est bien ce qu'on dit en proverbe, qu'il fait bon voir vaches noires en bois bruslé, quand on jouist de ses amours. J'en fis consulter la matiere à messieurs les clercs, et pour resolution conclurent, en *frisesomorum*, qu'il n'est tel que de faucher l'esté en cave bien garnie de papier et d'ancre, de plumes et ganivet de Lyon sur le Rhosne, tarabin tarabas : car, incontinent qu'un harnoys sent les aulx, la rouille lui mange le foye, et puis l'on ne fait que rebecquer torty colli fleuretant le dormir d'aprés disner; et voyla qui fait le sel tant cher.

« Messieurs, ne croyez qu'au temps que ladicte bonne femme englua la pochecuilliere, pour le record du sergent mieulx apanager, et que la fressure boudinalle tergiversa par les bourses des usuriers, il n'y eut rien meilleur à soy garder des Canibales que prendre une liasse d'oignons liée de trois cens *avez Mariatz*, et quelque peu d'une fraize de veau, du meilleur aloy que ayent les alchymistes, et bien luter et calciner ses pantoufles, mouflin mouflart, avec belle saulce de raballe, et soy mucer en quelque petit trou de taulpe, sauvant tousjours les lardons. Et, si le dez ne vous veult aultrement dire que tousjours ambezars, ternes du gros bout, guare d'as, mettez la dame au coing du lict, fringuez la tourelourla la la, et beuvez à oultrance *depiscando grenoillibus*, à tout beaux houseaux coturnicques; ce sera pour les petits oisons de mue qui s'esbatent au jeu de foucquet, attendant battre le metal, et chauffer la cyre aux bavars de godale. Bien vray est il que les quatre bœufz desquelz est question avoient quelque peu la memoire courte; toutesfois, pour sçavoir la gamme, ilz n'en craignoient courmaran, ny canard de Savoie; et les bonnes gens de ma terre en avoient bonne esperance, disans : Ces enfans deviendront grands en algorisme, ce nous sera une rubrique de droit : nous ne pouvons faillir à prendre le loup, faisans nos hayes dessus le moulin à vent du quel a esté parlé par partie adverse. Mais le grand diole y eut envie, et mit les Alemmans par le derriere, qui firent diables de humer : Her! tringue,

tringue ! das ist cotz, frelorum bigot *paupera guerra fuit.* Et m'esbahys bien fort comment les astrologues s'en empeschent tant en leurs astrolabes et almucantarathz, le doublet en case. Car il n'y a nulle apparence de dire que, à Paris, sur Petit Pont geline de feurre, et fussent ilz aussi huppés que dupes de marais, sinon vrayement qu'on sacrifiast les pompettes au moret, fraichement esmoulu de lettres versales, ou cursives, ce m'est tout un, pourveu que la tranche file n'y engendre point de vers. Et posé le cas que, au coublement des chiens courans, les marmouzelles eussent corné prinse devant que le notaire eust baillé sa relation par art cabalisticque, il ne s'ensuit (saulve meilleur jugement de la court) que six arpens de pré à la grand laize fissent trois bottes de fine ancre sans souffler au bassin, consideré que, aux funerailles du roy Charles, l'on avoit en plein marché la toyson pour :

Six blancs ; j'entends, par mon serment, de laine.

« Et je voy ordinairement en toutes bonnes maisons que, quand l'on va à la pipée, faisant trois tours de balay par la cheminée, et insinuant sa nomination, l'on ne fait que bander aux reins et soufler au cul, si d'adventure il est trop chault, et quille lui bille,

Incontinent, les lettres veues,
Les vaches lui furent rendues.

Et en fut donné pareil arrest à la martingalle l'an dix et sept, pour le maulgouvert de Louzefoigerouse, à quoy il plaira à la court d'avoir esgard. Je ne dis vrayement qu'on ne puisse par equité deposseder en juste titre ceux qui de l'eau beniste beuvroient comme on fait d'un rançon de tisserant, dont on fait les suppositoires à ceux qui ne veulent resigner, sinon à beau jeu bel argent. *Tunc,* messieurs, *quid juris pro minoribus?* Car l'usance commune de la loy salicque est telle que le premier boute feu qui escornifle la vache, qui mousche en plein chant de musicque, sans solfier les poincts des savatiers, doibt, en temps de godemarre, sublimer la penurie de son membre par la mousse cueillie alors qu'on se morfond à la messe de minuyt, pour bailler l'estrapade à ces vins blancs d'Anjou, qui font la jambette collet à collet, à la mode de Bretaigne. Concluant comme dessus avec despens, dommaiges et interestz. »

Après que le seigneur de Humevesne eut achevé, Pantagruel dist au seigneur de Baisecul : « Mon amy, voulez vous rien replicquer? » A quoy respondit Baisecul : « Non, monsieur : car je n'en ay dict que la verité, et pour Dieu donnez fin à nostre different, car nous ne sommes icy sans grand frais. »

9

CHAPITRE XIII

COMMENT PANTAGRUEL DONNA SENTENCE SUS LE DIFFERENT DES DEUX SEIGNEURS

Alors Pantagruel se leve et assemble tous les presidents, conseillers et docteurs là assistans, et leur dist : « Or ça, messieurs, vous avez ouy (*vive vocis oraculo*) le different dont est question; que vous en semble? » A quoi respondirent : « Nous l'avons veritablement ouy, mais nous n'y avons entendu au diable la cause. Par ce, nous vous prions *una voce*, et supplions par grace, que veuillez donner la sentence telle que verrez, et, *ex nunc prout ex tunc*, nous l'avons agréable, et ratifions de nos pleins consentemens. — Et bien, messieurs, dist Pantagruel, puisqu'il vous plaist, je le feray; mais je ne trouve le cas tant difficile que vous le faites. Vostre paraphe *Caton*, la loy *Frater*, la loy *Gallus*, la loy *Quinque pedum*, la loy *Vinum*, la loy *Si Dominus*, la loy *Mater*, la loy *Mulier bona*, la loy *Si quis*, la loy *Pomponius*, la loy *Fundi*, la loy *Emptor*, la loy *Prætor*, la loy *Venditor*, et tant d'aultres sont bien plus difficiles en mon opinion. » Et aprés ce dict, il se pourmena un tour ou deux par la salle, pensant bien profondement comme l'on pouvoit estimer, car il gehaignoit comme un asne qu'on sangle trop fort, pensant qu'il falloit à un chascun faire droit, sans varier ny accepter personne. Puis retourna s'assoir, et commença prononcer la sentence comme s'ensuit :

« Veu, entendu, et bien calculé le different d'entre les seigneurs de Baisecul et Humevesne, la court leur dit que, consideré l'orripilation de la rate penade declinant bravement du solstice estival pour mugueter les billes vezées qui ont eu mat du pyon par les males vexations des lucifuges nycticoraces, qui sont inquilinées au climat diarhomes d'un crucifix à cheval bandant une arbaleste aux reins, le demandeur eut juste cause de calfreter le gallion que la bonne femme boursoufloit un pied chaussé et l'aultre nud, le remboursant bas et roide en sa conscience d'autant de baguenaudes comme y a de poil en dixhuit vaches, et autant pour le brodeur Semblablement est declaré innocent du cas privilegié des gringuenaudes, qu'on pensoit qu'il eust encouru de ce qu'il ne pouvoit baudement fianter, par la decision d'une paire de gands parfumés de petarrades à la chandelle de noix, comme on use en son pays de Mirebaloys, laschant la bouline avec les bouletz de bronze, dont les houssepailliers pastissoient contestablement ses legumaiges interbastés du loyrre à toutes les sonnettes d'esparvier faictes à point de Hongrie, que son beaufrere portoit memoriallement en un penier limitrophe, brodé de gueulles, à trois chevrons hallebrenés de canabasserie, au caignard angulaire dont on tire au papegay vermiforme, avec la vistempenarde. Mais, en ce qu'il met sus au defendeur qu'il fut rataconneur, tyrofageux, et goildronneur de mommye, qui n'a esté ne brimballant trouvé vray, comme bien l'a debattu ledict defendeur, la court le condemne en trois verrassées de caillebottes assimentées, prelorelitantées et gaudepisées, comme est la coustume du pays, envers ledict defendeur, payables à la mayoust en may ; mais ledict defendeur sera tenu de fournir de foin et d'estoupes à l'embouschement des chaussetrapes gutturales, emburelucocquées, de guilvardons bien grabelés à rouelle ; et amis comme devant : sans despens, et pour cause. »

Laquelle sentence prononcée, les deux parties departirent, toutes deux contentes de l'arrest, qui fut quasi chose incroyable. Car advenu n'estoit depuis les grandes pluies, et n'adviendra de treize jubilés, que deux parties contendantes en jugement contradictoire soient également contentes d'un arrest definitif. Au regard des conseillers et aultres docteurs qui là assistoient, ilz demeurerent en ecstase esvanouis bien trois heures ; et tous ravis en admiration de la prudence de Pantagruel plus que humaine, laquelle avoient cogneu clairement en la decision de ce jugement tant difficile et espineux. Et y fussent encores, sinon qu'on apporta force vinaigre et eau rose pour leur faire revenir le sens et entendement acoustumé ; dont Dieu soit loué par tout !

CHAPITRE XIV

COMMENT PANURGE RACONTE LA MANIERE COMMENT IL ESCHAPPA DE LA MAIN DES TURCS

Le jugement de Pantagruel fut incontinent sceu et entendu de tout le monde, et imprimé à force, et redigé es archives du palays ; en sorte que le monde commença à dire : « Salomon, qui rendit par soubçon l'enfant à sa mere, jamais ne montra tel chef d'oeuvre de prudence comme a faict ce bon Pantagruel : nous sommes heureux de l'avoir en nostre pays. »

Et de faict, on le voulut faire maistre des requestes et president en la court ; mais il refusa tout, les remerciant gracieusement : « Car il y a, dist il, trop grande servitude à ces offices, et à trop grande peine peuvent estre sauvés ceux qui les exercent, veu la corruption des hommes. Et croy que, si les sieges vuides des anges ne sont remplis d'aultre sorte de gens, de trente sept jubilés nous n'aurons le jugement final, et sera Cusanus trompé en ses conjectures. Je vous en advertis de bonne heure. Mais si avez quelque muiz de bon vin, voluntiers j'en recevray le present. »

Ce qu'ilz firent voluntiers, et luy envoyerent du meilleur de la ville, et but assez bien. Mais le pauvre Panurge en but vaillamment, car il estoit eximé comme un haran soret. Aussi alloit il du pied comme un chat maigre. Et quelqu'un l'admonesta, à demie haleine d'un grand hanap plein de vin vermeil, disant : « Compere, tout beau ! vous faites raige de humer. — Je donne au diesble, dist il, tu n'as pas trouvé tes petits beuvraux de Paris, qui ne beuvent en plus qu'un pinson, et ne prennent leur bechée sinon qu'on leur tape la queue à la mode des passereaux. O compaing, si je montasse aussi bien comme j'avalle, je fusse desja au dessus la sphere de la lune, avec Empedocles. Mais je ne sçay que diable cecy veult dire : ce vin est fort bon et bien délicieux ; mais, plus j'en boy, plus j'ay de soif. Je croy que l'ombre de monseigneur Pantagruel engendre les alterés, comme la lune fait les catharres. » Auquel mot commencerent rire les assistans.

Ce que voyant, Pantagruel dist : « Panurge, qu'est ce que avez à rire ? — Seigneur, dist il, je leur contois comment ces diables de Turcs sont bien malheureux de ne boire goutte de vin. Si aultre mal n'estoit en l'alcoran de Mahumeth, encores ne me mettrois je mie de sa loy. — Mais or me dictes comment, dist Pantagruel, vous eschappastes de leurs mains ?

— Par Dieu, seigneur, dist Panurge, je ne vous en mentiray de mot. Les paillards Turcs m'avoient mis en broche tout lardé, comme un connil, car j'estois tant eximé que aultrement de ma chair eust esté fort mauvaise viande ; et en ce poinct me faisoient roustir tout vif. Ainsi comme ilz me routissoient, je me recommandois à la grace divine, ayant en memoire le bon sainct Laurent, et tousjours esperois en Dieu qu'il me delivreroit de ce torment, ce qui fut faict bien estrangement. Car ainsi que me recommandois bien de bon cœur à Dieu, criant : « Seigneur Dieu, « aide moy ! Seigneur Dieu, sauve moy ! Seigneur Dieu, oste moy de ce « torment auquel ces traistres chiens me detiennent pour la maintenance « de ta loy, » le routisseur s'endormit par le vouloir divin, ou bien de quelque bon Mercure qui endormit cautement Argus qui avoit cent yeulx.

« Quand je vis qu'il ne me tournoit plus en routissant, je le regarde, et voy qu'il s'endort. Lors je prends avec les dents un tison par le bout où il n'estoit point bruslé, et vous le jette au giron de mon routisseur, et un aultre je jette le mieulx que je peux sous un lict de camp qui estoit auprés de la cheminée, où estoit la paillasse de monsieur mon routisseur. Incontinent le feu se print à la paille, et de la paille au lict, et du lict au solier, qui estoit embrunché de sapin, faict à queues de lampes. Mais le bon fut que le feu que j'avois jetté au gyron de mon paillard routisseur luy brusla tout le penil, et se prenoit aux couillons; sinon qu'il n'estoit tant punais qu'il ne le sentist plus tost que le jour; et, debouq estourdy se levant cria à la fenestre tant qu'il peult : « Dal baroth! dal baroth » qui vault autant à dire comme : Au feu! au feu! Et vint droit à moy pour me jetter du tout au feu, et desja avoit couppé les cordes dont on m'avoit lié les mains, et couppoit les liens des pieds. Mais le maistre de la maison, ouyant le cry du feu, et sentant ja la fumée, de la rue où il se pourmenoit avec quelques aultres baschatz et musaffiz, courut tant qu'il peult y donner secours, et pour emporter les bagues.

« De pleine arrivée, il tire la broche où j'estois embroché, et tua tout roide mon routisseur, dont il mourut là par faulte de gouvernement, ou aultrement, car il lui passa la broche un peu au dessus du nombril vers le flan droit, et luy perça la tierce lobe du foye, et le coup haussant luy penetra le diaphragme, et par à travers la capsule du cœur lui sortit la broche par le haut des espaules, entre les spondyles et l'omoplate senestre. Vray est qu'en tirant la broche de mon corps je tombe à terre prés des landiers, et me fis un peu de mal à la cheute : toutesfois non grand, car les lardons soustindrent le coup. Puis, voyant mon baschatz que le cas estoit desesperé, et que sa maison estoit bruslée sans remission, et tout son bien perdu, se donna à tous les diables, appelant Grilgoth, Astaroth, Rapalus et Gribouillis par neuf fois.

« Quoy voyant, j'eus de peur pour plus de cinq solz; craignant : les diables viendront à ceste heure pour emporter ce fol icy; seroient ilz bien gens pour m'emporter aussi? Je suis ja demy rousty; mes lardons seront cause de mon mal, car ces diables icy sont frians de lardons, comme vous avez l'autorité du philosophe Jamblique et Murmault en l'apologie *de Bossutis, et Contrefactis, pro magistros nostros;* mais je fis le signe de la croix, criant : *Agios, athanatos, ho theos!* Et nul ne venoit. Ce que cognoissant mon villain baschatz, se vouloit tuer de ma broche, et s'en percer le cœur : de faict, la mit contre sa poictrine, mais elle ne pouvoit oultrepasser, car elle n'estoit assez poinctue, et poussoit tant qu'il pouvoit; mais il ne profitoit rien. Alors je vins à luy, disant :
« Missaire bougrino, tu pers icy ton temps, car tu ne te tueras jamais
« ainsi bien te blesseras quelque hurte, dont tu languiras toute ta vie
« entre les mains des barbiers; mais, si tu veulx, je te tueray icy
« tout franc, en sorte que tu n'en sentiras rien; et m'en crois, car j'en
« ay bien tué d'aultres qui s'en sont bien trouvés. — Ha, mon amy, dist il,
« je t'en prie, et ce faisant je te donne ma bougette. tiens voy la là : il
« y a six cents seraphz dedans, et quelques diamans et rubys en per-
« fection. » — Et où sont ilz? dist Epistemon. — Par sainct Joan, dist

Panurge, ilz sont bien loing s'ilz vont tousjours. Mais où sont les neiges d'antan? C'estoit le plus grand soucy qu'eust Villon, le poëte parisien. — Acheve, dist Pantagruel, je te prie, que nous saichons comment tu acoustras ton baschatz. — Foy d'homme de bien, dist Panurge, je n'en mens de mot. Je le bande d'une meschante braye que je trouve là demy bruslée, et vous le lie rustrement pieds et mains de mes cordes, si bien qu'il n'eust sceu regimber ; puis luy passay ma broche à travers la gargamelle, et le pendis, accrochant la broche à deux gros crampons qui soustenoient des halebardes. Et vous attise un beau feu au dessous, et vous flambois mon milourt comme on fait les harans soretz à la cheminée. Puis, prenant sa bougette et un petit javelot qui estoit sus les crampons, m'enfuis le beau galot. Et Dieu sçait comme je sentois mon espaule de mouton !

« Quand je fus descendu en la rue, je trouvay tout le monde qui estoit accouru au feu, à force d'eau pour l'esteindre. Et me voyans ainsi à demy rousty, eurent pitié de moy naturellement, et me jetterent toute leur eau sur moy, et me refraichirent joyeusement, ce que me fit fort grand bien ; puis me donnerent quelque peu à repaistre, mais je ne mangeois gueres : car ilz ne me bailloient que de l'eau à boire, à leur mode. Aultre mal ne me firent, sinon un villain petit Turc, bossu par devant, qui furtivement me crocquoit mes lardons ; mais je luy baillis si vert dronos sur les doigts, à tout mon javelot, qu'il n'y retourna pas deux fois. Et une jeune Corinthiace, qui m'avoit apporté un pot de mirobalans emblics, confictz à leur mode, laquelle regardoit mon pauvre haire esmoucheté, comment il s'estoit retiré au feu, car il ne m'alloit plus que jusques sur les genoux. Mais notez que cestuy routissement me guerit d'une isciaticque entierement, à laquelle j'estois subject plus de sept ans avoit, du costé auquel mon routisseur, s'endormant, me laissa brusler.

Or, ce pendant qu'ilz s'amusoient à moy, le feu triomphoit, ne demandez comment, à prendre en plus de deux mille maisons, tant que quelqu'un d'entre eux l'advisa et s'escria, disant : « Ventre Mahom ! toute la « ville brusle, et nous amusons icy ! » Ainsi chascun s'en va à sa chascuniere. De moy, je prends mon chemin vers la porte. Quand je fus sur un petit tucquet, qui est auprés, je me retourne arriere, comme la femme de Loth, et vis toute la ville bruslant comme Sodòme et Gomorre, dont je fus tant aise que je me cuiday conchier de joye ; mais Dieu m'en punit bien. — Comment? dist Pantagruel. — Ainsi, dist Panurge ; que je regardois en grand liesse ce beau feu, me gabelant, et disant : « Ha pauvres « pulces, ha pauvres souris, vous aurez mauvais hyver, le feu est en « vostre pallier, » sortirent plus de six, voire plus de treize cens et unze chiens, gros et menus tous ensemble, de la ville, fuyant le feu. De première venue accoururent droit à moy, sentant l'odeur de ma paillarde chair demy roustie, et m'eussent devoré à l'heure si mon bon ange ne m'eust bien inspiré, m'enseignant un remede bien opportun contre le mal des dents. — Et à quel propos, dist Pantagruel, craignois tu le mal des dents ? N'estois tu guery de tes rheumes ? — Pasques de soles, respondit Panurge, est il mal de dents plus grand que quand les chiens vous tiennent aux jambes ? Mais soudain je m'advise de mes lardons, et les jettois au milieu d'entre eux. Lors chiens d'aller et de s'entrebattre l'un l'aultre à belles dents, à qui auroit le lardon. Par ce moyen me laisserent, et je les laisse aussi se pelaudans l'un l'aultre. Ainsi eschappe gaillard et de hait, et vive la routisserie ! »

CHAPITRE XV

COMMENT PANURGE ENSEIGNE UNE MANIERE BIEN NOUVELLE DE BASTIR LES MURAILLES DE PARIS

Pantagruel, quelque jour, pour se recréer de son estude, se pourmenoit vers les faulxbourgs Sainct Marceau, voulant voir la Follie Gobelin. Panurge estoit avec luy, ayant toujours le flaccon sous sa robe, et quelque morceau de jambon : car sans cela jamais n'alloit il, disant que c'estoit son garde corps, et aultre espée ne portoit il. Et quand Pantagruel luy en voulut bailler une, il respondit qu'elle luy eschaufferoit la ratelle. « Voire, mais, dist Epistemon, si l'on t'assailloit, comment te defendrois tu ? — A grands coups de brodequin, respondit il, pourveu que les estocz fussent defenduz. »

A leur retour, Panurge consideroit les murailles de la ville de Paris, et, en irrision, dist à Pantagruel : « Voyez cy ces belles murailles ! o que fortes sont et bien en poinct pour garder les oisons en mue ! Par ma barbe, elles sont competement meschantes pour une telle ville comme ceste cy, car une vache avec un pet en abatroit plus de six brasses. — O mon amy ! dist Pantagruel, sçais tu bien ce que dist Agesilaus, quand on luy demanda pourquoy la grande cité de Lacedemone n'estoit ceinte de murailles ? Car, monstrant les habitans et citoyens de la ville tant bien expers en discipline militaire, et tant fors et bien armés : « Voicy, dist il, les « murailles de la cité, » signifiant qu'il n'est muraille que de os, et que les villes et cités ne sçauroient avoir muraille plus seure et plus forte que la vertu des citoyens et habitans. Ainsi ceste ville est si forte, par la multitude du peuple belliqueux qui est dedans, qu'ilz ne se soucient de faire aultres murailles.

« Davantaige, qui la voudroit emmurailler comme Strasbourg, Orléans, ou Ferrare, il ne seroit possible, tant les frais et despens seroient excessifs.
— Voire, mais, dist Panurge, si fait il bon avoir quelque visaige de pierre, quand on est envahy de ses ennemis, et ne fut ce que pour demander : Qui est là bas ? Au regard des frais enormes que dictes estre necessaires si on la vouloit murer, si messieurs de la ville me veulent donner quelque bon pot de vin, je leur enseigneray une maniere bien nouvelle comment ilz les pourront bastir à bon marché.

— Comment? dist Pantagruel.

— Ne le dictes donc mie, respondit Panurge, si je vous l'enseigne. Je voy que les callibistris des femmes de ce pays sont à meilleur marché que les pierres; d'iceux fauldroit bastir les murailles, en les arrangeant par bonne symmetrie d'architecture, et mettant les plus grands aux premiers rancs ; et puis, en taluant à dos d'asne, arranger les moyens, et finablement les petits. Puis faire un beau petit entrelardement à poinctes de diamans, comme la grosse tour de Bourges, de tant de bracquemars enroiddis qui habitent par les braguettes claustrales. Quel diable deferoit telle muraille? Il n'y a metal qui tant resistast aux coups. Et puis, que les couillevrines se y vinssent froter ; vous en verriez, par Dieu ! incontinent distiller de ce benoist fruict de grosse verole, menu comme pluye. Sec, au nom des diables ! Davantaige, la fouldre ne tomberoit jamais dessus. Car pourquoy? ils sont tous benitz ou sacrés. Je n'y vois qu'un inconvenient. — Ho, ho, ha, ha, ha, dist Pantagruel. Et quel ?

— C'est que les mousches en sont tant friandes que merveilles, et se y cueilleroient facilement, et y feroient leurs ordures, et voyla l'ouvrage gasté et diffamé. Mais voicy comment l'on y remedieroit. Il fauldroit tres bien les esmoucheter avec belles queues de renards, ou bons gros vietz dazes de Provence. Et, à ce propos, je vous veulx dire (nous en allant pour souper), un bel exemple que met *Frater de cornibus, libro de Compotationibus mendicantium*.

« Au temps que les bestes parloient (il n'y a pas trois jours) un pauvre lyon, par la forest de Bievre se pourmenant, et disant ses menus suffrages, passa par dessous un arbre, auquel estoit monté un villain charbonnier pour abatre du bois. Lequel, voyant le lyon, luy jetta sa coignée, et le blessa enormement en une cuisse. Dont le lyon, cloppant, tant courut et tracassa par la forest, pour trouver aide, qu'il rencontra un charpentier lequel voluntiers regarda sa playe, la nettoya le mieulx qu'il peust, et l'emplit de mousse, luy disant qu'il esmouchast bien sa playe, que les mousches n'y fissent ordure, attendant qu'il iroit chercher de l'herbe au charpentier. Ainsi le lyon, guery, se pourmenoit par la forest, à quelle heure une vieille sempiterneuse ebuschetoit, et amassoit du bois par ladicte forest ; laquelle, voyant le lyon venir, tomba de peur à la renverse en telle façon que le vent luy renversa sa robe, cotte et chemise, jusques au dessus des espaules. Ce que voyant, le lyon accourut de pitié, voir si elle s'estoit faict aucun mal, et, considerant son comment a nom, dist : « O pauvre « femme, qui t'a ainsi blessée? » et, ce disant, apperceut un renard, lequel il appella, disant : « Compere renard, hau cza, cza, et pour « cause. »

« Quand le renard fut venu, il luy dist : « Compere, mon amy, l'on a « blessé ceste bonne femme icy entre les jambes bien villainement, et y a « solution de continuité manifeste ; regarde que la playe est grande, depuis « le cul jusques au nombril ; mesure quatre, mais bien cinq empans et « demy. C'est un coup de coignée ; je me doubte que la playe soit vieille. « Pourtant, afin que les mousches n'y prennent, esmouche la bien fort, « je t'en prie, et dedans et dehors : tu as bonne queue et longue ; « esmouche, mon amy, esmouche, je t'en supplie, et ce pendant je vais « querir de la mousse pour y mettre. Car ainsi nous fault il secourir et « aider l'un l'aultre, Dieu le commande. Esmouche fort, ainsi, mon amy, « esmouche bien : car ceste playe veult estre esmouchée souvent, aultre- « ment la personne ne peut estre à son aise. Or esmouche bien, mon « petit compere, esmouche ; Dieu t'a bien pourveu de queue, tu l'as « grande et grosse à l'advenant, esmouche fort, et ne t'ennuye point. Un « bon esmoucheteur qui, en esmouchetant continuellement, esmouche de « son mouschet, par mousches jamais esmouché ne sera. Esmouche, « couillaud, esmouche, mon petit bedeau, je n'arresteray gueres. »

« Puis va chercher force mousse, et quand il fut quelque peu loing, il s'escria, parlant au renard : « Esmouche bien tousjours, compere, « esmouche, et ne te fasche jamais de bien esmoucher ; par Dieu, mon « petit compere, je te feray estre à gaiges esmoucheteur de la reyne Marie « ou bien de don Pietro de Castille. Esmouche seulement, esmouche, et « rien de plus. » Le pauvre renard esmouchait fort bien et deçà et de là, et dedans et dehors ; mais la faulse vieille vesnoit et vessoit puant comme cent diables. Le pauvre renard estoit bien mal à son aise, car il ne sçavoit de quel costé se virer pour evader le parfum des vesses de la vieille ; et, ainsi qu'il se tournoit, il vit que au derriere estoit encores un aultre per- tuis, non si grand que celuy qu'il esmouchoit; dont luy venoit ce vent tant puant et infect. Le lyon finablement retourne, portant de mousse plus que n'en tiendroient dix et huit balles, et commença en mettre dedans la playe, avec un baston qu'il apporta, et y en avoit ja bien mis seize balles et demie, et s'esbahyssoit : « Que diable ! ceste playe est parfonde : il y

9.

« entreroit de mousse plus de deux charretées ; et bien.... puis que Dieu
« le veult. » Et tousjours fourroit dedans ; mais le renard l'advisa :
« O compere lyon, mon amy, je te prie, ne metz icy toute la mousse,
« gardes en quelque peu, car il y a encores icy dessous un aultre petit
« pertuis, qui put comme cinq cens diables : j'en suis empoisonné de
« l'odeur, tant il est punais. »

« Ainsi fauldroit garder ces murailles des mousches, et mettre esmoucheteurs à gaiges. »

Lors dist Pantagruel : « Comment sçais tu que les membres honteux des femmes sont à si bon marché ? Car en ceste ville il y a force preudes femmes, chastes et pucelles. — *Et ubi prenus?* dist Panurge. Je vous en diray non pas mon opinion, mais vraye certitude et asseurance. Je ne me vante d'en avoir embourré quatre cens dix et sept, depuis que je suis en ceste ville, et si n'y a que neuf jours. Mais, à ce matin, j'ay trouvé un bon homme qui, en un bissac, tel comme celuy d'Esopet, portoit deux petites fillettes, de l'aage de deux ou trois ans au plus ; l'une devant, l'aultre derriere. Il me demanda l'aumosne, mais je luy fis response que j'avois beaucoup plus de couillons que de deniers.

« Et aprés luy demande : « Bon homme, ces deux fillettes sont-elles
« pucelles ? — Frere, dist il, il y a deux ans que ainsi je les porte ; et au
« regard de ceste cy devant, laquelle je voy continuellement, en mon
« advis elle est pucelle : toutefois je n'en voudrois mettre mon doigt au
« feu. Quand est de celle que je porte derriere, je n'en sçay sans faulte
« rien. »

— Vrayement, dist Pantagruel, tu es gentil compaignon, je te veulx habiller de ma livrée. » Et le fit vestir galantement, selon la mode du temps qui couroit : excepté que Panurge voulut que la braguette de ses chausses fust longue de trois pieds, et carrée, non ronde : ce que fut faict ; et la faisoit bon voir. Et disoit souvent que le monde n'avoit encores cogneu l'emolument et utilité qui est de porter grande braguette ; mais le temps leur enseigneroit quelque jour, comme toutes choses ont esté inventes en tempsé.

« Dieu gard de mal, disoit il, le compaignon à qui la longue braguette a saulvé la vie ! Dieu gard de mal à qui la longue braguette a valu pour un jour cent soixante mille et neuf escus ! Dieu gard de mal qui, par sa longue braguette, a saulvé toute une ville de mourir de faim ! Et, par Dieu, je feray un livre de la commodité des longues braguettes, quand j'auray un peu plus de loysir. » De faict, en composa un beau et grand livre, avec le figures ; mais il n'est encores imprimé, que je saiche.

CHAPITRE XVI

DES MŒURS ET CONDITIONS DE PANURGE

Panurge estoit de stature moyenne, ny trop grand, ny trop petit, et avoit le nez un peu aquilin, faict à manche de rasoir, et pour lors estoit de l'aage de trente et cinq ans ou environ, fin à dorer comme une dague de plomb, bien galant homme de sa personne, sinon qu'il estoit quelque peu paillard, et subject de nature à une maladie qu'on appelloit en ce temps là

Faulte d'argent, c'est douleur sans pareille.

Toutesfois, il avoit soixante et trois manieres d'en trouver tousjours à son besoing, dont la plus honorable et la plus commune estoit par façon de larrecin furtivement faict. Malfaisant, pipeur, beuveur, bateur de pavés, ribleur, s'il en estoit en Paris ;

Au demourant, le meilleur filz du monde.

Et toujours machinoit quelque chose contre les sergens et contre le guet. A l'une fois, il assembloit trois ou quatre bons rustres, les faisoit boire comme templiers sur le soir ; aprés les menoit au dessous de Saincte Genevièfve, ou auprés du college de Navarre, et, à l'heure que le guet montoit par là (ce que il cognoissoit en mettant son espée sus le pavé, et l'oreille auprés, et lorsqu'il oyoit son espée bransler, c'estoit signe infaillible que le guet estoit prés), à l'heure donc, luy et ses compaignons prenoient un tombereau, et luy bailloient le bransle, le ruant de grande force contre la vallée, et ainsi mettoient tout le pauvre guet par terre, comme porcs, puis s'enfuyoient de l'aultre costé : car, en moins de deux jours, il sceut toutes les rues, ruelles et traverses de Paris, comme son *Deus det*.

A l'aultre fois faisoit, en quelque belle place, par où ledict guet debvoit passer, une trainée de pouldre de canon, et, à l'heure que passoit, mettoit le feu dedans, et puis prenoit son passe temps à voir la bonne grace qu'ilz avoient en fuyant, pensans que le feu Sainct Antoine les tinst aux jambes.

Et, au regard des pauvres maistres es ars et théologiens, il les persecutoit sur tous aultres. Quand il rencontroit quelqu'un d'entre eux par la rue, jamais ne failloit de leur faire quelque mal, maintenant leur mettant un estronc dedans leurs chaperons à bourlet, maintenant leur attachant de petites queues de renard ou des oreilles de lievres par derriere, ou quelque aultre mal.

Un jour, que l'on avoit assigné à tous les théologiens de se trouver en

Sorbone pour grabeler les articles de la foy, il fit une tartre bourbonnoise, composée de force de ailz, de *galbanum*, de *assa fœtida*, de *castoreum*, d'estroncs tous chaulx, et la destrempit en sanie de bosses chancreuses; et, de fort bon matin, en gressa et oignit théologalement tout le treillis de Sorbone, en sorte que le diable n'y eust pas duré. Et tous ces bonnes gens rendoient là leurs gorges devant tout le monde, comme s'ilz eussent escorché le renard, et en mourut dix ou douze de peste, quatorze en furent ladres, dix et huit en furent pouacres, et plus de vingt et sept en eurent la verole; mais il ne s'en soucioit mie.

Et portoit ordinairement un fouet sous sa robe, duquel il fouettoit sans remission les paiges qu'il trouvoit portans du vin à leurs maistres, pour les avanger d'aller.

En son saye avoit plus de vingt et six petites bougettes et fasques, toujours pleines, l'une d'un petit d'eau de plomb, et d'un petit cousteau affilé comme une aiguille de peletier, dont il coupoit les bourses; l'aultre, de aigrest qu'il jettoit aux yeulx de ceux qu'il trouvoit; l'aultre, de glaterons empennés de petites plumes d'oisons, ou de chappons, qu'il jettoit sur les robes et bonnetz des bonnes gens · et souvent leur en faisoit de belles cornes, qu'ilz portoient par toute la ville, aucunes fois toute leur vie. Aux femmes aussi, par dessus leurs chapperons, au derriere, aucunes fois en mettoit faicts en forme d'un membre d'homme.

En l'aultre, un tas de cornetz tous pleins de pulces et de poux, qu'il empruntoit des guenaux de Sainct Innocent, et les jettoit, avec belles petites cannes ou plumes dont on escrit, sur les colletz des plus sucrées damoiselles qu'il trouvoit, et mesmement en l'eglise : car jamais ne se mettoit au cœur au hault, mais toujours demouroit en la nef entre les femmes, tant à la messe, a vespres, comme au sermon.

En l'aultre, force provision de haims et claveaux, dont il accouploit souvent les hommes et les femmes, en compaignies où ilz estoient serrés, et mesmement celles qui portoient robes de tafetas armoisy; et, à l'heure qu'elles se vouloient departir, elles rompoient toutes leurs robes.

En l'aultre, un fouzil garny d'esmorche, d'allumettes, de pierre à feu, et tout aultre appareil à ce requis.

En l'aultre, deux ou trois mirouers ardens, dont il faisoit enrager aucunes fois les hommes et les femmes, et leur faisoit perdre contenance à l'eglise : car il disoit qu'il n'y avoit qu'un antistrophe entre Femme Folle à la Messe et Femme Molle à la Fesse.

En l'aultre, avoit provision de fil et d'aiguilles, dont il faisoit mille petites diableries.

Une fois, à l'issue du palais, à la grand salle, lorsqu'un cordelier disoit la messe de Messieurs, il luy aida à soy habiller et revestir; mais en l'accoustrant, il luy cousit l'aulbe avec sa robe et chemise, et puis se retira quand Messieurs de la court vindrent s'asseoir pour ouir icelle messe. Mais, quand ce fust l'*ite missa est*, que le pauvre frater voulut se desvestir son aulbe, il emporta ensemble et habit, et chemise, qui estoient bien cousuz ensemble; et se rebrassa jusques aux espaules, monstrant son callibistris à tout le monde, qui n'estoit pas petit sans doubte. Et le frater tousjours tiroit; mais tant plus se descouvroit il, jusques à ce qu'un de Messieurs de la court dist : « Et quoy, ce beau pere nous veult il icy faire l'offrande et baiser son cul? le feu Sainct Antoine le baise! » Dès lors fut ordonné que les pauvres beaux peres ne se despouilleroient plus devant le monde, mais en leur sacristie, mesmement en presence des femmes : car ce leur seroit occasion du peché d'envie.

Et le monde demandoit pourquoy est ce que ces fratres avoient la couille si longue. Ledict Panurge solut tres bien le problesme, disant : « Ce que fait les oreilles des asnes si grandes, c'est parce que leurs meres ne leur mettoient point de beguin en la teste : comme dit *D'Alliaco* en ses *Suppositions*. A pareille raison, ce qui fait la couille des pauvres beaux peres si longue, c'est qu'ilz ne portent point de chausses foncées, et leur pauvre membre s'estend en liberté à bride avallée, et leur va ainsi triballant sur les genoux, comme font les patenostres aux femmes. Mais la cause pourquoy ilz l'avoient gros à l'equipolent, c'est qu'en ce triballement les humeurs du corps descendent audict membre : car, selon les legistes, agitation et motion continuelle est cause d'attraction.

Item, il avoit une aultre poche pleine de alun de plume, dont il jettoit dedans le dos des femmes qu'il voyoit les plus acrestées, et les faisoit despouiller devant tout le monde; les aultres danser comme jau sus breze, ou bille sur tabour; les aultres courir les rues, et luy après couroit, et, à celles qui se despouilloient il mettoit sa cappe sur le dos, comme homme courtois et gracieux.

Item, en une aultre, il avoit une petite guedoufle pleine de vieille huille, et, quand il trouvoit ou femme ou homme qui eust quelque belle robe, il leur engraissoit et gastoit tous les plus beaux endroits, sous le semblant de les toucher et dire : « Voicy de bon drap, voicy bon satin, bon tafetas, madame; Dieu vous doint ce que vostre noble cœur desire : vous avez robe neufve, nouvel amy; Dieu vous y mantienne! » Ce disant, leur mettoit la main sur le collet, ensemble la male tache y demouroit perpetuellement,

   Si enormement engravée
   En l'ame, en corps, et renommée,
   Que le diable ne l'eust ostée.

Puis à la fin leur disoit : « Madame, donnez vous garde de tomber, car il y a icy un grand et salle trou devant vous. »

En une aultre, il avoit tout plein de euphorbe pulverisé bien subtilement, et là dedans mettoit un mouschenez beau et bien ouvré, qu'il avoit desrobé à la belle lingere du Palais, en luy ostant un poul dessus son sein, lequel toustesfois il y avoit mis. Et, quand il se trouvoit en compaignie de quelques bonnes dames, il leur mettoit sus le propos de lingerie, et leur mettoit la main au sein, demandant : « Et cest ouvraige, est il de Flandres, ou de Haynault? » Et puis tiroit son mouschenez, disant : « Tenez, tenez, voyez en cy de l'ouvraige; elle est de Foutignan ou de Foutarabie. » Et le secouoit bien fort à leurs nez, et les fesoit esternuer quatre heures sans repos. Cependant il petoit comme un roussin, et les femmes se rioient, luy disans: « Comment, vous petez, Panurge? — Non fais, disoit il, madame; mais je accorde au contrepoint de la musicque que vous sonnez du nez. »

En l'aultre, un daviet, un pellican, un crochet, et quelques aultres ferremens, dont il n'y avoit porte ny coffre qu'il ne crochetast.

En l'aultre, tout plein de petits gobelets, dont il jouoit fort artificiellement : car il avoit les doigts faicts à la main comme Minerve, ou Arachné, et avoit aultrefois crié le theriacle. Et quand il changeoit un teston ou quelque aultre piece, le changeur eust esté plus fin que maistre Mouche si Panurge n'eust faict esvanouir à chascune fois cinq ou six grands blancs, visiblement, appertement, manifestement, sans faire lesion ne blessure aucune, dont le changeur n'en eust senty que le vent.

CHAPITRE XVII

COMMENT PANURGE GAIGNOIT LES PARDONS ET MARIOIT LES VIEILLES, ET DES PROCES QU'IL EUT A PARIS

Un jour je trouvay Panurge quelque peu escorné et taciturne, et me doubtay bien qu'il n'avoit denare ; dont je luy dis : « Panurge, vous estes malade à ce que je voy à vostre physionomie, et j'entends le mal : vous avez un fluz de bourse ; mais ne vous souciez ; j'ay encores

six solz et maille
Qui ne virent onq pere ni mere.

qui ne vous fauldront non plus que la verole en vostre necessité. » A quoy il me respondit : « Et bren pour l'argent, je n'en auray quelque jour que trop : car j'ay une pierre philosophale qui m'attire l'argent des bourses, comme l'aymant attire le fer. Mais voulez vous venir gaigner les pardons?

dist il. — Et par ma foy (je luy responds), je ne suis pas grand pardonneur en ce monde icy; je ne sçay si je le seray en l'aultre. Bien allons au nom de Dieu, pour un denier ny plus, ny moins. — Mais, dist il, prestez moi donc un denier à l'interest. — Rien, rien, dis je. Je vous le donne de bon cœur. — *Grates vobis dominos,* » dist il.

Ainsi allasmes, commençant à Sainct Gervais, et je gaigne les pardons au premier tronc seulement, car je me contente de peu en ces matieres : puis disois mes menus suffrages et oraisons de saincte Brigide. Mais il gaigna à tous les troncs, et tousjours bailloit argent à chascun des pardonnaires. De là, nous transportasmes à Nostre Dame, à Sainct Jean, à Sainct Anthoine, et ainsi des aultres eglises où estoit banque de pardons. De ma part, je n'en gaignois plus; mais luy, à tous les troncs il baisoit les reliques, et à chascun donnoit. Brief, quand nous fusmes de retour, il me mena boire au cabaret du Chasteau, et me montra dix ou douze de ses bougettes pleines d'argent. A quoy je me seignay, faisant la croix, et disant : « Dond avez vous tant recouvert d'argent en si peu de temps? » A quoy il me respondist qu'il l'avoit prins es bassins des pardons : « Car, en leur baillant le premier denier, dist-il, je le mis si souplement qu'il sembla que fust un grand blanc; ainsi, d'une main je pris douze deniers, voire bien douze liards, ou doubles pour le moins, et, de l'aultre, trois ou quatre douzains : et ainsi par toutes les eglises où nous avons esté.

— Voire, mais, dis je, vous vous damnez comme une sarpe, et estes larron et sacrilege.

— Ouÿ bien, dist il, comme il vous semble; mais il ne me semble, quant à moy. Car les pardonnaires me le donnent, quand ilz me disent, en presentant les reliques à baiser : *Centuplum accipies,* que pour un denier j'en prenne cent : car *accipies* est dict selon la maniere des Hebreux, qui usent du futur en lieu de l'imperatif, comme vous avez en la Loy: *Dominum deum tuum adorabis, et illi soli servies; diliges proximum tuum, et sic de aliis.* Ainsi, quand le pardonnigere me dit : *Centuplum accipies,* il veult dire *Centuplum accipe,* et ainsi l'expose raby Kimy et raby Aben Ezra, et tous les massoretz : et *ibi Bartolus.* Davantaige, le pape Sixte me donna quinze cens livres de rente sur son dommaine et tresor ecclesiastique, pour lui avoir guery une bosse chancreuse qui tant le tourmentoit qu'il en cuida devenir boyteux toute sa vie. Ainsi je me paye par mes mains, car il n'est tel, sur ledict tresor ecclesiastique. *Ho,* mon amy, disoit il, si tu sçavois comment je fis mes choux gras de la croysade, tu serois tout esbahy. Elle me valut plus de six mille fleurins. — Et où diable sont ilz allés? dis je, car tu n'en as une maille. — Dond ilz estoient venuz, dist il; ilz ne firent seulement que changer de maistre. Mais j'en employay bien trois mille à marier, non les jeunes filles, car elles ne trouvent que trop maris, mais grandes vieilles sempiterneuses, qui n'avoient dents en gueulle. Considerant : Ces bonnes femmes icy ont tres bien employé leur temps en jeunesse, et ont joué du serrecropiere à cul levé à tous venans, jusques à ce qu'on n'en a plus voulu, et, par Dieu, je les feray saccader encores une fois devant qu'elles meurent. Par ce moyen, à l'une donnois cent fleurins, à l'aultre six vingts, à l'aultre trois cens : selon qu'elles estoient bien infames, detestables, et abominables. Car, d'autant qu'elles estoient plus horribles et execrables, d'autant il leur falloit donner davantage, aultrement le diable ne les eust voulu biscoter. Incontinent m'en allois à quelque porteur de coustrets gros et gras, et faisois moy mesmes le mariage. Mais, premier que lui monstrer les vieilles, je luy monstrois les escus, disant : « Compere, voicy qui est à toy si tu veulx « fretinfretailler un bon coup. » Des lors les pauvres haires bubajalloient comme vieux muletz : ainsi leur faisois bien apprester à banqueter, boire du meilleur, et force espiceries pour mettre les vieilles en ruyt et en chaleur. Fin de compte, ilz besoignoient comme toutes bonnes ames, sinon qu'à celles qui estoient horriblement villaines et defaictes, je leur faisois mettre un sac sur le visaige.

« Davantaige, j'en ay perdu beaucoup en proces. — Et quelz proces as tu peu avoir? disois je, tu n'as ny terre, ny maison. — Mon amy, dist il, les damoiselles de ceste ville avoient trouvé, par instigation du diable d'enfer, une maniere de colletz ou cachecoulx à la haulte façon, qui leur cachoient si bien les seins que l'on n'y pouvoit plus mettre la main par dessous, car la fente d'iceux elles avoient mise par derriere, et estoient tous clos par devant; dont les pauvres amans, dolens, contemplatifz, n'estoient bien contens. Un beau jour de mardy, j'en presentay requeste à la court, me formant partie contre lesdictes damoiselles, et remonstrant les grands interestz que j'y pretendois, protestant que, à mesme raison, je ferois couldre la braguette de mes chausses au derriere, si la court n'y donnoit ordre. Somme toute, les damoiselles formerent syndicat, monstrerent leurs fondemens, et passerent procuration à defendre leur cause ; mais je les poursuivis si vertement que, par arrest de la court, fust dict que ces haults cachecoulx ne seroient plus portés, sinon qu'ilz fussent quelque peu fenduz par devant. Mais il me cousta beaucoup.

« J'eu^s un aultre proces bien ord et bien sale contre maistre Fify et ses suppostz, à ce qu'ilz n'eussent point à lire clandestinement, de nuyt, la Pipe, le Bussart, ni le Quart des sentences, mais de beau plein jour, et ce es escholes de Sorbone, en face de tous les théologiens, où je fus condemné es despens pour quelque formalité de la relation du sergent.

« Une aultre fois je formay complaincte à la court contre les mulles des presidens, conseillers, et aultres : tendant à fin que quand, en la basse court du Palais, l'on les mettroit à ronger leur frain, les conseillieres leur fissent de belles baverettes, afin que de leur bave elles ne gastassent le pavé, en sorte que les paiges du Palais peussent jouer dessus à beaux dez, ou au reniguebieu à leur aise, sans y gaster leurs chausses aux genoux. Et de ce eus bel arrest ; mais il me couste bon.

« Or sommez à ceste heure combien me coustent les petits bancquetz que je fais aux paiges du Palais, de jour en jour. — Et à quelle fin? dis je. — Mon amy, dist il, tu n'as nul passetemps en ce monde. J'en ay, moy, plus que le roy. Et si tu voulois te rallier avec moy, nous ferions diables. — Non, non, dis je, par sainct Adauras, car tu seras une fois pendu. — Et toy, dist il, tu seras une fois enterré : lequel est plus honorable ou l'air ou la terre? Hé grosse pécore! Jesuchrist ne fut il pas pendu en l'air?

« Mais à propos, ce pendant que ces paiges banquetent, je garde leurs mulles, et tousjours je coupe à quelqu'une l'estriviere du costé du montouoir, en sorte qu'elle ne tient qu'à un filet. Quand le gros enflé de conseiller, ou aultre, a pris son bransle pour monter sus, ilz tombent tous platz comme porcs devant tout le monde, et aprestent à rire pour plus de cent francs. Mais je me ris encores davantage, c'est que, eux arrivés au logis, ilz font fouetter monsieur du paige comme seigle vert : par ainsi, je ne plains point ce que m'a cousté à les banqueter. »

Fin de compte, il avoit, comme ay dict dessus, soixante et trois manieres ᴅ recouvrer argent ; mais il en avoit deux cens quatorze de le despendre, hors mis la reparation de dessous le nez.

CHAPITRE XVIII

COMMENT UN GRAND CLERC D'ANGLETERRE VOULOIT ARGUER CONTRE PANTAGRUEL, ET FUT VAINCU PAR PANURGE

En ces mesmes jours, un grandissime clerc nommé Thaumaste, oyant le bruit et renommée du sçavoir incomparable de Pantagruel, vint du pays d'Angleterre en ceste seule intention de voir iceluy Pantagruel, et le cognoistre, et esprouver si tel estoit son sçavoir comme en estoit la renommée. De faict, arrivé à Paris, se transporta vers l'hostel dudict Pantagruel, qui estoit logé à l'hostel Sainct Denis, et pour lors se pourmenoit par le jardin avec Panurge, philosophant à la mode des Peripateticques. De premiere entrée, tressaillit tout de peur, le voyant si grand et si gros ; puis le salua comme est la façon, courtoisement, luy disant . « Bien vray est il, ce que dit Platon, prince des philosophes, que, si l'image de science et sapience estoit corporelle et spectable es yeulx des humains, elle exciteroit tout le monde en admiration de soy. Car seulement le bruit d'icelle espandu par l'air, s'il est receu es oreilles des studieux et amateurs d'icelle qu'on nomme philosophes, ne les laisse dormir ny reposer à leur aise; tant les stimule et embrase de accourir au lieu, et voir la personne en qui est dicte science avoir estably son temple, et produire ses oracles. Comme il nous fut manifestement demonstré en la reyne de Saba, qui vint des limites d'Orient et mer Persicque pour voir l'ordre de la maison du sage Salomon, et ouir sa sapience; en Anacharsis, qui, de Scythie, alla jusques en Athenes pour voir Solon; en Pythagoras, qui visita les vaticinateurs Memphiticques; en Platon, qui visita les mages de Egypte et Architas de Tarente; en Apollonius Tyaneus, qui alla jusques au mont Caucase, passa les Scythes, les Massagetes, les Indiens, naviga le grand fleuve Physon, jusques es Brachmanes, pour voir Hiarchas; et en Babylonie, Chaldée, Medée, Assyrie, Parthie, Syrie, Phoenice, Arabie, Palestine, Alexandrie, jusques en Ethiopie, pour voir les Gymnosophistes. Pareil exemple avons nous de Tite-Live, pour lequel voir et ouir plusieurs gens studieux vindrent en Rome, des fins limitrophes de France et Espagne.

« Je ne m'ose recenser au nombre et ordre de ces gens tant parfaicts; mais bien je veulx estre dict studieux et amateur, non seulement des lettres, mais aussi des gens lettrés. De faict, oyant le bruit de ton sçavoir tant inestimable, ay delaissé pays, parens et maison, et me suis icy transporté, rien n'estimant la longueur du chemin, l'attediation de la mer, la nouveaulté des contrées, pour seulement te voir et conferer avec toy d'aucuns passages de philosophie, de géomantie et de caballe, desquelz je doubte, et n'en puis contenter mon esprit: lesquelz si tu me peux souldre, je me rends des à present ton esclave, moy et toute ma posterité, car aultre don n'ay que assez j'estimasse pour la recompense. Je les redigeray par escript, et demain je le feray sçavoir à tous les gens sçavans de la ville, afin que devant eux publiquement nous en disputons.

« Mais voicy la maniere comme j'entends que nous disputerons: je ne veulx disputer *pro* et *contra,* comme font ces folz sophistes de ceste ville, et d'ailleurs. Semblablement je ne veulx disputer en la maniere des Academicques, par declamations, ny aussi par nombres comme faisoit Pythagoras, et comme voulut faire Picus Mirandula à Rome. Mais je veulx disputer par signes seulement, sans parler : car les matieres sont tant ardues que les paroles humaines ne seroient suffisantes à les expliquer à mon plaisir. Par ce, il plaira à ta magnificence de soy y trouver. Ce sera en la grande salle de Navarre, à sept heures de matin. »

Ces paroles achevées, Pantagruel luy dist honorablement : « Seigneur, des graces que Dieu m'a donné, je ne vouldrois denier à personne en departir à mon pouvoir : car tout bien vient de luy, et son plaisir est que soit multiplié quand on se trouve entre gens dignes et idoines de recevoir ceste celeste manne de honneste sçavoir. Au nombre desquelz parcequ'en ce temps, comme ja bien apperçoy, tu tiens le premier rang, je te notifie qu'à toutes heures tu me trouveras prest à obtemperer à une chascune de tes requestes, selon mon petit pouvoir. Combien que plus de toy je deusse apprendre que toy de moy; mais, comme as protesté, nous confererons de tes doubtes ensemble, et en chercherons la resolution jusques au fond du puitz inespuisable auquel disoit Heraclite estre la verité cachée. Et loue grandement la maniere d'arguer que as proposée, c'est assavoir par signes sans parler : car, ce faisant, toy et moy nous entendrons; et serons hors de ces frappemens de mains que font ces badaux sophistes quand on argue, alors qu'on est au bon de l'argument.

« Or demain je ne fauldray me trouver au lieu et heure que m'as assigné ; mais je te prie que entre nous n'y ait desbat, ny tumulte, et que ne cherchons honneur ny applausement des hommes, mais la verité seule. »

A quoy respondit Thaumaste : « Seigneur, Dieu te maintienne en sa grace, te remerciant de ce que ta haulte magnificence tant se veult condescendre à ma petite vilité. Or, adieu jusques à demain. — Adieu, » dist Pantagruel.

Messieurs, vous aultres qui lisez ce present escrit, ne pensez que jamais gens plus fussent eslevés et transportés en pensée que furent toute celle nuyt tant Thaumaste que Pantagruel. Car le dict Thaumaste dist au concierge de l'hostel de Cluny, ou quel il estoit logé, que, de sa vie, ne s'estoit trouvé tant alteré comme il estoit celle nuyt. « Il m'est disoit il, advis que Pantagruel me tient à la gorge; donnez ordre que beuvons, je vous prie, et faites tant que ayons de l'eau fraiche pour me gargariser le palat. »

De l'aultre costé, Pantagruel entra en la haulte gamme, et de toute la nuyt ne faisoit que ravasser après

Le livre de Beda, *de Numeris et Signis,*

Et le livre de Plotin, *de Inenarrabilibus,*

Et le livre de Procle, *de Magia,*

Et les livres de Artemidore, *Peri Oneirocriticon,*

Et de Anaxagoras, *Peri Semion,*

Dinarius, *Peri Aphaton,*

Et les livres de Philistion,

Et Hipponax, *Peri Anecphoneton,*

Et un tas d'aultres, tant que Panurge luy dist : « Seigneur, laissez toutes ces pensées, et vous allez coucher : car je vous sens tant esmeu en vos espritz que bien tost tomberiez en quelque fievre ephemere par cest exces de pensement. Mais, premier beuvant vingt et cinq ou trente bonnes fois, retirez vous, et dormez à vostre aise, car de matin je respondray et argueray contre monsieur l'Anglois, et, au cas que je ne le mette *ad metam non loqui*, dictes mal de moy.

— Voire, mais, dist Pantagruel, Panurge mon amy, il est merveilleusement sçavant : comment luy pourras tu satisfaire ? — Tres bien, respondit Panurge. Je vous prie, n'en parlez plus, et m'en laissez faire : y a il homme tant sçavant que sont les diables ? — Non vrayement, dist Pantagruel, sans grace divine speciale. — Et toutesfois, dist Panurge, j'ay argué maintes fois contre eux, et les ay faicts quinaulx et mis de cul. Par ce, soyez asseuré de ce glorieux Anglois que je vous le feray demain chier vinaigre devant tout le monde. » Ainsi passa la nuyt Panurge à chopiner avec les paiges, et jouer toutes les aiguillettes de ses chausses à *primus* et *secundus*, et à la vergette. Et quand vint l'heure assignée, il conduisit son maistre Pantagruel au lieu constitué. Et hardiment croyez qu'il n'y eut petit ny grand dedans Paris qu'il ne se trouvast au lieu, pensant : « Ce diable de Pantagruel, qui a convaincu tous les sorbonicoles, à ceste heure aura son vin. Car cest Anglois est un aultre diable de Vauvert. Nous verrons qui en gaignera. »

Ainsi tout le monde assemblé, Thaumaste les attendoit. Et lors que Pantagruel et Panurge arriverent à la salle, tous ces grimaulx, artiens et intrans, commencerent à frapper des mains, comme est leur badaude coustume.

Mais Pantagruel s'escria à haulte voix comme si ce eust ésté le son d'un double canon, disant : « Paix ! de par le diable, paix ! par Dieu, coquins, si vous me tabustez icy, je vous couperay la teste à trestous. » A laquelle parole ilz demourerent tous estonnés comme canes, et ne osoient seulement tousser, voire eussent ilz mangé quinze livres de plumes. Et furent tant alterés de ceste seule voix qu'ilz tiroient la langue demi pied hors de la gueule, comme si Pantagruel leur eust les gorges salées. Lors commença Panurge à parler, disant à l'Anglois : « Seigneur, es tu venu icy pour disputer contentieusement de ces propositions que tu as mis, ou bien pour apprendre et en sçavoir la verité ? »

A quoy respondit Thaumaste : « Seigneur, aultre chose ne me ameine sinon bon desir d'apprendre et sçavoir ce dont j'ay doubté toute ma vie, et n'ay trouvé ny livre ny homme qui m'ait contenté en la resolution des doubtes que j'ai proposés. Et au regard de disputer par contention, je ne le veulx faire : aussi est ce chose trop vile, et le laisse à ces maraulx sophistes, sorbillans, sorbonnagres, sorbonigenes, sorbonicoles, sorboniformes, sorbonisecques, niborcisans, sorbonisans, saniborsans, lequelz, en leurs disputations, ne cherchent verité, mais contradiction et debat.

— Donc, dist Panurge, si moy, qui suis petit disciple de mon maistre monsieur Pantagruel, te contente et satisfais en tout et par tout, ce seroit chose indigne d'en empescher mon dict maistre : par ce, mieulx vauldra qu'il soit cathedrant, jugeant de nos propos, et te contentant au parsus, s'il te semble que je n'aye satisfaict à ton studieux desir. — Vrayement, dist Thaumaste, c'est tres bien dict. — Commence donc. »

Or notez que Panurge avoit mis au bout de sa longue braguette un beau floc de soye rouge, blanche, verte, et bleue, et dedans avoit mis une belle pomme d'orange.

CHAPITRE XIX

COMMENT PANURGE FIT QUINAULT L'ANGLOIS, QUI ARGUOIT PAR SIGNES

Adonc tout le monde assistant et escoutant en bonne silence, l'Anglois leva hault en l'air les deux mains separement, clouant toutes les extremités des doigts en forme qu'on nomme en Chinonnoys cul de poulle, et frappa de l'une l'aultre par les ongles quatre fois ; puis les ouvrit, et ainsi à plat de l'une frappa l'aultre en son strident une fois ; derechief les joignant comme dessus, frappa deux fois, et quatre fois derechief les ouvrant. Puis les remit joinctes et extendues l'une jouxte l'aultre, comme semblant devotement Dieu prier. Panurge soudain leva en l'air la main dextre, puis d'icelle mit le poulce dedans la narine d'iceluy costé, tenant les quatre doigts extenduz et serrez par leur ordre en ligne parallele à la pinne du nez, fermant l'oeil gauche entierement et guignant du dextre avec profonde depression de la sourcille et paulpiere. Puis la gauche leva hault, avec fort serrement et extension des quatre doigts et elevation du poulce, et la tenoit en ligne directement correspondante à l'assiete de la dextre, avec distance entre les deux d'une coudée et demie. Cela faict, en pareille forme baissa contre terre l'une et l'aultre main ; finalement les tint on milieu, comme visant droit au nez de l'Anglois.

« Et si Mercure ? » dist l'Anglois. Là Panurge interrompt, disant : « Vous avez parlé, masque. » Lors fit l'Anglois tel signe : la main gauche toute ouverte il leva hault en l'air, puis ferma on poing les quatre doigts d'icelle, et le poulce extendu assit sus la pinne du nez. Soudain aprés leva la dextre toute ouverte, et toute ouverte la baissa, joignant le poulce on lieu que fermoit le petit doigt de la gauche, et les quatre doigts d'icelle mouvoit lentement en l'air. Puis, au rebours, fit de la dextre ce qu'il avoit faict de la gauche, et de la gauche ce que avoit faict de la dextre. Panurge, de ce non estonné, tira en l'air sa trismegiste braguette de la gauche, et, de la dextre, en tira un transon de couste bovine blanche, et deux pieces de bois de forme pareille, l'une d'ebene noir, l'aultre de bresil incarnat, et les mit entre les doigts d'icelle en bonne symmetrie ; et, les chocquant ensemble, faisoit son tel que font les ladres en Bretaigne avec leurs cliquettes, mieulx toutesfois resonnant et plus harmonieux : et, de la langue contracte dedans la bouche, fredonnoit joyeusement, tousjours regardant l'Anglois.

Les théologiens, medecins, et chirurgiens, penserent que, par ce signe, il inferoit l'Anglois estre ladre. Les conseillers, legistes et decretistes, pensoient que, ce faisant, il vouloit conclure quelque espece de felicité humaine consister en estat de ladrerie, comme jadis maintenoit le Seigneur. L'Anglois pour ce ne s'effraya, et, levant les deux mains en l'air, les tint en telle forme que les trois maistres doigts serroit on poing, et passoit les poulces entre les doigts indice et moyen, et les doigts articulaires demouroient en leurs extendues ; ainsi les presentoit à Panurge, puis les accoubla de mode que le poulce dextre touchoit le gauche, et le doigt petit gauche touchoit le dextre.

A ce Panurge, sans mot dire, leva les mains, et en fit tel signe : de la main gauche il joignit l'ongle du doigt indice à l'ongle du poulce, faisant au milieu de la distance comme une boucle ; et de la main dextre serroit tous les doigts au poing, excepté le doigt indice, lequel il mettoit et tiroit souvent par entre les deux aultres susdicts de la main gauche ; puis de la dextre extendit le doigt indice et le milieu, les esloignant le mieulx qu'il pouvoit, et les tirant vers Thaumaste ; puis mettoit le poulce de la main gauche sur l'anglet de l'oeil gauche, extendant toute la main comme une aisle d'oiseau ou une pinne de poisson, et la mouvant bien mignonnement de çà et de là ; autant en faisoit de la dextre sur l'anglet de l'oeil dextre.

Thaumaste commença paslir et trembler, et lui fit tel signe : de la main dextre il frappa du doigt milieu contre le muscle de la vole qui est au dessous le poulce, puis mit le doigt indice de la dextre en pareille boucle de la senestre ; mais il le mit par dessous, non par dessus, comme faisoit Panurge.

Adonc Panurge frappe la main l'une contre l'aultre, et souffle en paulme : ce faict, met encores le doigt indice de la dextre en la boucle de la gauche, le tirant et mettant souvent : puis extendit le menton, regardant ententivement Thaumaste.

Le monde, qui n'entendoit rien à ces signes, entendit bien qu'en ce il demandoit sans dire mot à Thaumaste : Que voulez vous dire là ?

De faict, Thaumaste commença suer à grosses gouttes, et sembloit bien un homme qui fust ravy en haulte contemplation. Puis s'advisa, et mit tous les ongles de la gauche contre ceux de la dextre, ouvrant les doigts comme si ce eussent esté demy cercles, et eslevoit tant qu'il pouvoit les mains en ce signe.

A quoy Panurge soudain mit le poulce de la main dextre sous les mandibules, et le doigt auriculaire d'icelle en la boucle de la gauche, et en ce poinct faisoit sonner ses dents bien melodieusement, les basses contre les haultes.

Thaumaste, de grand ahan, se leva; mais, en se levant, fit un gros pet de boulangier : car le bran vint après, et pissa vinaigre bien fort, et puoit comme tous les diables. Les assistans commencerent se estouper les nez, car il se conchioit d'angustie; puis leva la main dextre, la clouant en telle façon qu'il assembloit les boutz de tous les doigts ensemble, et la main gauche assit toute pleine sus la poictrine.

A quoy Panurge tira sa longue braguette avec son floc, et l'extendit d'une coubdée et demie, et la tenoit en l'air de la main gauche, et de la dextre print sa pomme d'orange, et, la jettant en l'air par sept fois, à la huitiesme la cacha au poing de la dextre, la tenant en hault tout coy, puis commença secouer sa belle braguette, la monstrant à Thaumaste.

Aprés cela, Thaumaste commença enfler les deux joues comme un cornemuseur, et souffler comme s'il enfloit une vessie de porc.

A quoy Panurge mit un doigt de la gauche on trou du cul, et de la bouche tiroit l'air comme quand on mange des huytres en escalle, ou quand on hume sa soupe; ce faict, ouvre quelque peu la bouche, et avec le plat de la main dextre frappoit dessus, faisant en ce un grand son et parfond, comme s'il venoit de la superficie du diaphragme par la trachée artere, et le fit par seize fois. Mais Thaumaste souffloit tousjours comme une oye. Adonc Panurge mit le doigt indice de la dextre dedans la bouche, le serrant bien fort avec les muscles de la bouche, puis le tiroit; et, le tirant, faisoit un grand son, comme quand les petits garsons tirent d'un canon de sulz avec belles rabbes, et le fit par neuf fois

Alors Thaumaste s'escria : « Ah, messieurs, le grand secret! il y a mis la main jusques au coubde. » Puis tira un poignard qu'il avoit, le tenant par la poincte contre bas.

A quoy Panurge print sa longue braguette, et la secouoit tant qu'il povoit contre ses cuisses : puis mit ses deux mains liées en forme de peigne sur sa teste, tirant la langue tant qu'il povoit, et tournant les yeulx en la teste comme une chievre qui se meurt. « Ha! j'entends, dist Thaumaste, mais quoy? » faisant tel signe, qu'il mettoit le manche de son poignard contre la poictrine, et sur la poincte mettoit le plat de la main, en retournant quelque peu le bout des doigts.

A quoy Panurge baissa sa teste du costé gauche, et mit le doigt milieu en l'oreille dextre, elevant le poulce contre mont. Puis croisa les deux bras sus sa poictrine, toussant par cinq fois, et, à la cinquiesme, frappant du pied droit contre terre ; puis leva le bras gauche, et, serrant tous les doigts au poing, tenoit le poulce contre le front, frappant de la main dextre par six fois contre la poictrine. Mais Thaumaste, comme non content de ce, mit le poulce de la gauche sur le bout du nez, fermant le reste de ladicte main. Dont Panurge mit les deux maistres doigts à chascun costé de sa bouche, la retirant tant qu'il pouvoit, et monstrant toutes ses dents : et des deux poulces rabaissoit les paulpieres des yeulx bien parfondement, en faisant assez laide grimace, selon que sembloit es assistans.

CHAPITRE XX

COMMENT THAUMASTE RACONTE LES VERTUS ET SÇAVOIR DE PANURGE

Adonc se leva Thaumaste, et, ostant son bonnet de la teste, remercia ledict Panurge doulcement. Puis dist à haulte voix à toute l'assistance : « Seigneurs, à ceste heure puis je bien dire le mot evangelicque : *Et ecce plusquam Salomon hic.* Vous avez icy un tresor incomparable en vostre presence, c'est monsieur Pantagruel, duquel la renommée me avoit icy attiré du fin fond de Angleterre, pour conferer avec luy des problesmes insolubles tant de magie, alchymie, de caballe, de géomancie, d'astrologie, que de philosophie, lesquelz je avois en mon esprit. Mais, de present, je me courrouce contre la renommée, laquelle me semble estre envieuse contre luy, car elle n'en rapporte la milliesme partie de ce que en est par efficace.

« Vous avez veu comment son seul disciple m'a contenté, et m'en a plus dict que n'en demandois ; d'abondant m'a ouvert et ensemble solu d'aultres doubtes inestimables. En quoy je vous puis asseurer qu'il m'a ouvert le vray puytz et abysmes de encyclopedie, voire en une sorte que je ne pensois trouver homme qui en sceust les premiers elemens seulement : c'est quand nous avons disputé par signes, sans dire mot ny demy. Mais à temps je redigeray par escrit ce que avons dict et resolu, afin que l'on ne pense que ce ayent esté mocqueries, et le feray imprimer, à ce que chascun y appreigne comme j'ay faict. Donc pouvez juger ce que eust peu dire le maistre, veu que le disciple a faict telle prouesse : car *non est discipulus super magistrum.* En tous cas, Dieu soit loué ! et bien humblement vous remercie de l'honneur que nous avez faict à cest acte. Dieu vous le retribue eternellement ! »

Semblables actions de graces rendit Pantagruel à toute l'assistance, et, de là partant, mena disner Thaumaste avec luy ; et croyez qu'ilz beurent à ventre desboutonné (car en ce temps là on fermoit les ventres à boutons, comme les colletz de present) ; jusques à dire : Dond venez vous ? Saincte dame ! comment ilz tiroient au chevrotin ! et flaccons d'aller, et eux de corner : « Tire, baille, paige, vin ; boutte, de par le diable, boutte. » Il n'y eut celuy qui ne beust vingt cinq ou trente muiz. Et sçavez comme ? *sicut terra sine aqua*, car il faisoit chauld, et davantaige s'estoient alterés.

Au regard de l'exposition des propositions mises par Thaumaste, et significations des signes desquelz ilz userent en disputant, je vous les exposerois selon la relation d'entre eux mesmes ; mais l'on m'a dict que Thaumaste en fit un grand livre imprimé à Londres, auquel il declare tout sans rien laisser : par ce je m'en deporte pour le present.

CHAPITRE XXI

COMMENT PANURGE FUT AMOUREUX D'UN HAULTE DAME DE PARIS

Panurge commença estre en reputation en la ville de Paris, par ceste disputation qu'il obtint contre l'Anglois, et faisoit des lors bien valoir sa braguette, et la fit au dessus esmoucheter de broderie à la romanicque. Et le monde le louoit publicquement, et en fut faicte une chanson, dont les petits enfans alloient à la moustarde, et estoit bien venu en toutes compaignies de dames et damoiselles, en sorte qu'il devint glorieux, si bien qu'il entreprint de venir au dessus d'une des grandes dames de la ville.

De faict, laissant un tas de longs prologues et protestations que font ordinairement ces dolens contemplatifs amoureux de caresme, lesquelz poinct à la chair ne touchent, luy dist un jour : « Madame, ce seroit bien fort utile à toute la republicque, delectable à vous, honneste à vostre lignée, et à moy necessaire, que fussiez couverte de ma race ; et le croyez, car l'experience vous le demonstrera. » La dame, à ceste parole, le recula plus de cent lieues, disant : « Meschant fol, vous appartient il me tenir telz propos ? A qui pensez vous parler ? Allez ; ne vous trouvez jamais devant moy, car, si n'estoit pour un petit, je vous ferois couper bras et jambes.

— Or, dist il, ce me seroit bien tout un d'avoir bras et jambes coupés, en condition que nous fissions, vous et moy, un transon de chere lie, jouans des mannequins à basses marches : car (moustrant sa longue braguette) voicy maistre Jean Jeudy qui vous sonneroit une antiquaille, dont vous sentiriez jusques à la moëlle des os. Il est galland, et vous sçait tant bien trouver les alibitz forains et petits poulains grenés en la ratouere que aprés luy il n'y a que espousseter. »

A quoy respondit la dame : « Allez, meschant, allez. Si vous m'en dictes encores un mot, je appelleray le monde, et vous feray icy assommer de coups. — Ho, dist il, vous n'estes tant male que vous dictes; non, ou je suis bien trompé à vostre physionomie : car plus tost la terre monteroit es cieulx, et les haults cieulx descendroient en l'abysme, et tout ordre de nature seroit perverty, qu'en si grande beaulté et elegance comme la vostre y eust une goutte de fiel, ny de malice. L'on dit bien qu'à grand peine

> Vit on jamais femme belle
> Qui aussi ne fust rebelle.

Mais cela est dict de ces beaultés vulgaires. La vostre est tant excellente, tant singuliere, tant celeste, que je croy que nature l'a mise en vous comme un paragon, pour nous donner à entendre combien elle peut faire quand elle veult employer toute sa puissance et tout son sçavoir. Ce n'est que miel, ce n'est que sucre, ce n'est que manne celeste de tout ce qu'est en vous. C'estoit à vous à qui Paris devoit adjuger la pomme d'or, non à Venus, non, ny à Juno, ny à Minerve : car onques n'y eut tant de magnificence en Juno, tant de prudence en Minerve, tant d'elegance en Venus, comme il y a en vous. O dieux et déesses celestes ! que heureux sera celuy à qui ferez celle grace de ceste cy accoler, de la baiser et de frotter son lart avec elle ! Par Dieu, ce sera moy, je le voy bien, car desja elle m'aime tout à plein, je le cognoy et suis à ce predestiné des phées. Donc, pour gaigner temps, boutte, pousse, enjambions. »

Et la vouloit embrasser, mais elle fit semblant de se mettre à la fenestre pour appeler les voisins à la force. Adonc sortit Panurge bien tost, et luy dist en fuyant : « Madame, attendez moy icy, je les vais querir moy mesmes, n'en prenez la peine. » Ainsi s'en alla, sans grandement se soucier du refus qu'il avoit eu, et n'en fit oncques pire chere. Au lendemain, il se trouva à l'eglise à l'heure qu'elle alloit à la messe, et, à l'entrée, luy bailla de l'eau beniste, s'inclinant parfondement devant elle; aprés se agenouilla auprés d'elle familierement, et luy dist : « Ma dame, saichez que je suis tant amoureux de vous que je n'en peux ny pisser, ny fianter : je ne sçay comment l'entendez. S'il m'en advenoit quelque mal, qu'en seroit il ? — Allez, dist-elle, allez, je ne m'en soucie : laissez moy icy prier Dieu. —

Mais, dist il, equivoquez sur à Beau Mont le Vicomte. — Je ne sçaurois, dist elle. — C'est, dist il, à Beau Con le Vit monte. Et, sur cela, priez Dieu qu'il me doint ce que vostre noble cœur desire, et me donnez ces patenostres par grace. — Tenez, dist elle, et ne me tabustez plus. ɪ

Ce dict, luy vouloit tirer ses patenostres, qui estoient de cestrin, avec grosses marches d'or; mais Panurge promptement tira un de ses cousteaux, et les coupa tres bien, et les emporta à la fripperie, luy disant : « Voulez vous mon cousteau ? — Non, non, dist elle. — Mais, dist il, à propos, il est bien à vostre commandement, corps et biens, tripes et boyaulx. »

Ce pendant la dame n'estoit fort contente de ses patenostres, car c'estoit une de ses contenances à l'eglise, et pensoit : « Ce bon bavard icy est quelque esventé, homme d'estrange pays : je ne recouvreray jamais mes patenostres; que m'en dira mon mary? Il s'en courroucera à moy; mais je luy diray qu'un larron me les a coupées dedans l'eglise : ce qu'il croira facilement, voyant encores le bout du ruban à ma ceincture.»

Apres disner, Panurge l'alla voir, portant en sa manche une grande bourse pleine d'escus du Palais et de gettons, et luy commença à dire :

« Lequel des deux aime plus l'aultre, ou vous moy, ou moy vous? » A quoy elle respondit : « Quant est de moy, je ne vous hais point : car, comme Dieu le commande, j'aime tout le monde. — Mais à propos, dist il, n'estes vous amoureuse de moy? — Je vous ay, dist elle, ja dict tant de fois que vous ne me tenissiez plus telles paroles : si vous m'en parlez encores, je vous monstreray que ce n'est à moy à qui vous devez ainsi parler de deshonneur. Partez d'icy, et me rendez mes patenostres, à ce que mon mary ne me les demande.

— Comment, dist il, madame, vos patenostres? Non feray, par mon sergent! Mais je vous en veulx bien donner d'aultres. En aimerez vous mieulx d'or bien esmaillé en forme de grosses spheres, ou de beaux lacs d'amours, ou bien toutes massifves comme gros lingotz; ou si en voulez d'ebene, ou de gros hiacinthes, de gros grenatz taillés, avec les marches de fines turquoises; ou de beaux topazes marchés de fins saphiz; ou de beaux balais à toutes grosses marches de diamans à vingt et huit quarres? Non, non, c'est trop peu. J'en sçay un beau chapelet de fines esmeraudes, marchées d'ambre gris coscoté, et à la boucle un union persicque, gros comme une pomme d'orange : elles ne coustent que vingt et cinq mille ducatz; je vous en veulx faire un present, car j'en ay du content. »

Et ce disoit faisant sonner ses gettons, comme si ce fussent escus au soleil. « Voulez vous une piece de veloux violet cramoisy, taincte n grene; une piece de satin broché, ou bien cramoisy? Voulez vous chaines, doreures, templettes, bagues? Il ne fault que dire oui. Jusques à cinquante mille ducatz, ce ne m'est rien cela. » Par la vertu desquielles paroles il luy faisoit venir l'eau à la bouche. Mais elle luy dist : « Non, je vous remercie : je ne veulx rien de vous. — Par Dieu, dist il, si veulx bien moy de vous ; mais c'est chose qui ne vous coustera rien, et n'en aurez rien moins. Tenez (monstrant sa longue braguette), voicy maistre Jean Chouart qui demande logis. » Et aprés la vouloit accoler. Mais elle commença à s'escrier, toutesfois non trop hault. Adonc Panurge retourna son faulx visaige, et luy dist : « Vous ne voulez donc aultrement me laisser un peu faire ? Bren pour vous ! Il ne vous appartient tant de bien ny d'honneur ; mais, par Dieu, je vous feray chevaucher aux chiens. » Et, ce dict, s'enfouit le grand pas de peur des coups, lesquelz il craignoit naturellement.

CHAPITRE XXII

COMMENT PANURGE FIT UN TOUR A LA DAME PARISIENNE, QUI NE FUT POINCT A SON ADVANTAGE

Or notez que le lendemain estoit la grande feste du corps Dieu, à laquelle toutes les femmes se mettent en leur triomphe de habillemens ; et, pour ce jour, ladicte dame s'estoit vestue d'une tres belle robe de satin cramoysi et d'une cotte de veloux blanc bien precieux. Le jour de la vigile, Panurge chercha tant, d'un costé et d'aultre, qu'il trouva une lycisque orgoose, laquelle il lia avec sa ceincture, et la mena en sa chambre, et la nourrit tres bien cedict jour et toute la nuyt. Au matin la tua, et en prit ce que sçavent les géomantiens gregeoys, et le mit en pieces le plus menu qu'il peut, et les emporta bien cachées, et alla à l'eglise où la dame devoit aller pour suivre la procession, comme est de coustume à ladicte feste. Et, alors qu'elle entra, Panurge luy donna de l'eau beniste, bien courtoisement la saluant, et quelque peu de temps aprés qu'elle eut dict ses menus suffrages, il se va joindre à elle en son banc, et luy bailla un rondeau par escrit en la forme que s'ensuit :

RONDEAU

Pour ceste fois qu'à vous, dame tres belle
Mon cas disois, par trop fustés rebelle
De me chasser sans espoir de retour ·
Veu qu'à vous onq ne fis austere tour
En dict, ny faict, en soubçon, ny libelle.
Si tant à vous desplaisoit ma querelle,
Vous pouviez bien par vous, sans maquerelle,
Me dire : Amy, partez d'icy entour,
  Pour ceste fois.

Tort ne vous fais, si mon cœur vous decelle,
En remonstrant comme l'ard l'estincelle
De la beauté que couvre vostre atour :
Car rien n'y quiers, sinon qu'en vostre tour
Vous me faciez de hait la combrecelle,
   Pour ceste fois.

Et, ainsi qu'elle ouvrit le papier pour voir que c'estoit, Panurge promptement sema la drogue qu'il avoit sur elle en divers lieux, et meshmement aux replis de ses manches et de sa robe : puis luy dist : « Ma dame, les pauvres amans ne sont tousjours à leur aise. Quand est de moy, j'espere que

   Les males nuytz,
   Les travaulx et ennuyz,

auxquels me tient l'amour de vous, me seront en deduction d'autant des peines du purgatoire. A tout le moins, priez Dieu qu'il me doint en mon mal patience. »

Panurge n'eut achevé ce mot que tous les chiens qui estoient en l'eglise accoururent à ceste dame, pour l'odeur des drogues qu'il avoit espandu sur elle ; petits et grands, gros et menus, tous y venoient tirans le membre, et la sentans, et pissans par tout sur elle : c'estoit la plus grande villainie du monde.

Panurge les chassa quelque peu, puis d'elle print congié, et se retira en quelque chapelle pour voir le deduit : car ces vilains chiens compissoient tous ses habillemens, tant qu'un grand levrier luy pissa sur la teste, les aultres aux manches, les aultres à la cropé ; les petits pissoient sur ses patins. En sorte que toutes les femmes de là autour avoient beaucoup affaire à la sauver. Et Panurge de rire, et dist à quelqu'un des seigneurs de la ville : « Je croy que ceste dame là est en chaleur, ou bien que quelque levrier l'a couverte fraischement. » Et quand il vit que tous les chiens grondoient bien à l'entour d'elle, comme ilz font autour d'une chienne chaulde, partit de là, et alla querir Pantagruel. Par toutes les rues où il trouvoit des chiens, il leur bailloit un coup de pied, disant : « N'irez vous pas avec vos compaignons aux nopces ? Devant, devant, de par le diable, devant ! »

Et, arrivé au logis, dist à Pantagruel : « Maistre, je vous prie, venez voir tous les chiens du pays qui sont assemblés à l'entour d'une dame la plus belle de ceste ville, et la veulent jocqueter. » A quoy voluntiers consentit Pantagruel, et vit le mystere, qu'il trouva fort beau et nouveau.

Mais le bon fut à la procession : en laquelle furent veus plus de six cens mille et quatorze chiens à l'entour d'elle, lesquelz lui faisoient mille haires : et partout où elle passoit, les chiens frais venus la suivoient à la trace, pissans par le chemin où ses robes avoient touché. Tout le monde s'arrestoit à ce spectacle, considerant les contenances de ces chiens, qui luy montoient jusques au col et lui gasterent tous ses beaux accoustremens, à quoy ne sceut trouver aucun remede sinon soy retirer en son hostel. Et chiens d'aller aprés, et elle de se cacher, et chambrieres de rire. Quand elle fut entrée en sa maison, et fermé la porte aprés elle, tous les chiens y accouroient de demie lieue, et compisserent si bien la porte de sa maison qu'ils firent un ruisseau de leurs urines où les cannes eussent bien nagé. Et c'est celuy ruisseau qui de present passe à Saint Victor, auquel Guobelin tainct l'escarlatte, pour la vertu specificque de ces pisse chiens, comme jadis prescha publiquement nostre maistre Doribus. Ainsi vous aist Dieu, un moulin y eust peu mouldre, non tant toustefois que ceux du Bazacle à Thoulouse.

CHAPITRE XXIII

COMMENT PANTAGRUEL PARTIT DE PARIS, OYANT NOUVELLES QUE LES DIPSODES ENVAHISSOIENT LE PAYS DES AMAUROTES, ET LA CAUSE POURQUOY LES LIEUES SONT TANT PETITES EN FRANCE

Peu de temps aprés, Pantagruel ouit nouvelles que son pere Gargantua avoit esté translaté au pays des Phées par Morgue, comme fut jadis Ogier et Artus; ensemble que, le bruit de sa translation entendu, les Dipsodes estoient issuz de leurs limites, et avoient gasté un grand pays de Utopie, et tenoient pour lors la grande ville des Amaurotes assiégée. Dont partit de Paris sans dire à Dieu à nully, car l'affaire requeroit diligence, et vint à Rouen.

Or, en cheminant, voyant Pantagruel que les lieues de France estoient petites par trop, au regard des aultres pays, en demanda la cause et raison à Panurge, lequel luy dist une histoire que met *Marotus* du Lac, *monachus*, es gestes des roys de Canarre, disant que

« D'ancienneté, les pays n'estoient distinctz par lieues, miliaires, stades, ny parasanges, jusques à ce que le roy Pharamond les distingua, ce qui fut faict en la maniere que s'ensuit : car il print dedans Paris cent beaux jeunes et gallans compaignons bien deliberés, et cent belles garses picardes, et les fit bien traicter, et bien panser par huit jours, puis les appella ; et à un chascun bailla sa garse, avec force argent pour les despens; leur faisant commandement qu'ilz allassent en divers lieux par cy et par là. Et, à tous les passaiges qu'ilz biscoteroient leurs garses, qu'ilz missent une pierre, et ce seroit une lieue. Ainsi les compaignons joyeusement partirent, et, pour ce qu'ilz estoient frais et de sejour, ilz fanfreluchoient à chasque bout de champ, et voylà pourquoy les lieues de France sont tant petites.

« Mais quand ilz eurent long chemin parfaict, et estoient ja las comme pauvres diables, et n'y avoit plus d'olif en ly caleil, ilz ne belinoient si souvent, et se contentoient bien (j'entends quant aux hommes) de quelque meschante et paillarde fois le jour. Et voylà qui faict les lieues de Bretaigne, des Lanes, d'Allemaigne, et aultres pays plus esloignés, si grandes. Les aultres mettent d'aultres raisons ; mais celle là me semble la meilleure. »

A quoy consentit voluntiers Pantagruel.

Partans de Rouen, arriverent à Hommefleur, où se mirent sur mer Pantagruel, Panurge, Epistemon, Eusthenes, et Carpalim. Auquel lieu attendant le vent propice, et calfretant leur nef, receut d'une dame de Paris, laquelle il avoit entretenu bonne espace de temps, unes lettres inscriptes au dessus :

Au plus aimé des belles, et moins loyal des preux,
P. N. T. G. R. L.

CHAPITRE XXIV

LETTRES QU'UN MESSAGIER APPORTA A PANTAGRUEL D'UNE DAME DE PARIS,
ET L'EXPOSITION D'UN MOT ESCRIT EN UN ANNEAU D'OR

Quand Pantagruel eut leue l'inscription, il fut bien esbahy, et, demandant audict messagier le nom de celle qui l'avoit envoyé, ouvrit les lettres, et rien ne trouva dedans escrit, mais seulement un anneau d'or, avec un diamant en table. Lors appella Panurge, et lui monstra le cas. A quoy Panurge luy dist que la feuille de papier estoit escrite, mais c'estoit par telle subtilité que l'on n'y voyoit poinct d'escriture. Et, pour le sçavoir, la mit auprés du feu, pour voir si l'escriture estoit faicte avec du sel ammoniac destrempé en eau. Puis la mit dedans l'eau, pour sçavoir si la lettre estoit escrite du suc de tithymalle. Puis la monstra à la chandelle, si elle estoit poinct escrite du jus d'oignons blancs.

Puis en frotta une partie d'huile de noix, pour voir si elle estoit point escrite de lexif de figuier. Puis en frotta une part de laict de femme alaictant sa fille premiere née, pour voir si elle estoit poinct escrite de sang de rubettes. Puis en frotta un coin de cendres d'un nid d'arondelles, pour voir si elle estoit escrite de la rousée qu'on trouve dedans les pommes d'Alicacabut. Puis en frotta un aultre bout de la sanie des oreilles, pour voir si elle estoit escrite de fiel de corbeau. Puis la trempa en vinaigre, pour voir si elle estoit escrite de laict d'espurge. Puis la graissa d'axunge de souris chauvés, pour voir si elle estoit escrite avec sperme de baleine, qu'on appelle ambre gris. Puis la mit tout doulcement dedans un bassin d'eau fraiche, et soudain la tira, pour voir si elle estoit escrite avec alum de plume. Et, voyant qu'il n'y cognoissoit rien, appella le messagier, et luy demanda : « Compaing, la dame qui t'a icy envoyé t'a elle point baillé de baston pour apporter ? » pensant que fust la finesse que met Aule Gelle. Et le messagier luy respondit : « Non, monsieur. » Adonc Panurge lui voulut faire raire les cheveulx, pour sçavoir si la dame avoit faict escrire avec fort moret, sur sa teste rase, ce qu'elle vouloit mander ; mais, voyant que ses cheveulx estoient fort grands, il s'en desista, considerant qu'en si peu de temps ses cheveulx n'eussent creuz si longs.

Alors dist à Pantagruel : « Maistre, par les vertus Dieu, je n'y sçaurois que faire ny dire. J'ai employé, pour cognoistre si rien y a icy escrit, une partie de ce qu'en met messer Francesco di Nianto, le Thuscan, qui a escrit la maniere de lire lettres non apparentes, et ce que escrit Zoroaster, *Peri Grammaton acriton,* et Calphurnius Bassus, *de Litteris illegibilibus;* mais je n'y voy rien, et croy qu'il n'y a aultre chose que l'anneau. Or le voyons. »

Lors, le regardant, trouverent escrit par dedans, en hebrieu : *Lamah sabacthani;* dont appellerent Epistemon, luy demandant que c'estoit à dire ? A quoy respondit que c'estoient motz hebraïcques signifians : « Pourquoy m'as tu laissé ? » Dont soudain replicqua Panurge : « J'entends le cas. Voyez vous ce diamant ? c'est un diamant faulx. Telle est donc l'exposition de ce que veult dire la dame : Dy, amant faulx, pourquoy m'as tu laissée ? » Laquelle exposition entendit Pantagruel incontinent, et luy souvint comment, à son departir, il n'avoit dict à Dieu à la dame, et s'en contristoit, et voluntiers fust retourné à Paris pour faire sa paix avec elle. Mais Epistemon luy reduit à memoire le departement de Enéas d'avec Dido, et le dict de Heraclides Tarentin que à la navire restant à l'ancre, quand la necessité presse, il fault couper la chorde plus tost que perdre temps à la deslier. Et qu'il devoit laisser tous pensemens pour survenir à la ville de sa nativité, qui estoit en danger.

De faict, une heure après, se leva le vent nommé nord nord west, auquel ilz donnerent pleines voiles, et prindrent la haulte mer, et, en briefz jours, passans par Porto Santo, et par Medere, firent scale es isles de Canarre. De là partans, passerent par Cap Blanco, par Senege, par Cap Virido, par Gambre, par Sagres, par Melli, par le Cap de Bona Speranza, et firent scalle au royaume de Melinde. De là partans, firent voile au vent de la transmontane, passans par Meden, par Uti, par Uden, par Gelasim, par les isles des Phées, et jouxte le royaulme de Achorie ; finalement arriverent au port de Utopie, distant de la ville des Amaurotes par trois lieues, et quelque peu davantaige.

Quand ilz furent en terre quelque peu refraichis, Pantagruel dist : « Enfans, la ville n'est loing d'icy; devant que marcher oultre, il seroit bon deliberer de ce qu'est à faire, afin que ne semblons es Atheniens, qui ne consultoient jamais sinon après le cas faict. Estes vous deliberés de vivre et mourir avec moy? — Seigneur, ouy, dirent ilz tous, tenez vous asseuré de nous, comme de vos doigts propres. — Or, dist il, il n'y a qu'un poinct qui tienne mon esprit suspend et doubteux : c'est que je ne sçay en quel ordre ny en quel nombre sont les ennemis qui tiennent la ville assiegée, car, quand je le sçaurois, je m'y en irois en plus grande asseurance. Par ce, advisons ensemble du moyen comment nous le pourrons sçavoir. »

A quoy tous ensemble dirent : « Laissez nous y aller voir, et nous attendez icy : car, pour tout le jourd'huy, nous vous en apporterons neuvelles certaines.

— Moy, dist Panurge, j'entreprends d'entrer en leur camp par le milieu des gardes et du guet, et banqueter avec eux, et bragmarder à leurs despens, sans estre cogneu de nully ; visiter l'artillerie, les tentes de tous les capitaines, et me prelasser par les bandes, sans jamais estre descouvert : le diable ne m'affineroit pas, car je suis de la lignée de Zopire.

— Moy, dist Epistemon, je sçay tous les stratagemates et prouesses des vaillans capitaines et champions du temps passé, et toutes les ruses et finesses de discipline militaire ; je iray, et, encores que fusse descouvert et decelé, j'eschapperay, en leur faisant croire de vous tout ce que me plaira : car je suis de la lignée de Sinon.

— Moy, dist Eusthenes, entreray par à travers leurs tranchées, maulgré le guet et tous les gardes, car je leur passeray sur le ventre, et leur rompray bras et jambes, et fussent ilz aussi fors que le diable, car je suis de la lignée de Hercules.

— Moy, dist Carpalim, j'y entrerai si les oiseaux y entrent : car j'ay le corps tant allaigre que j'aurai saulté leurs tranchées, et percé oultre tout leur camp, davant qu'ilz m'ayent apperceu. Et ne crains ny traict, ny flesche, ny cheval tant soit legier, et fust ce Pegase de Perseus, ou Pacolet, que devant eux je n'eschappe gaillard et sauf. J'entreprends de marcher sur les espiz de bled, sus l'herbe des prés, sans qu'elle flechisse dessous moy, car je suis de la lignée de Camille Amazone. »

CHAPITRE XXV

COMMENT PANURGE, CARPALIM, EUSTHENES ET EPISTEMON, COMPAIGNONS DE PANTAGRUEL, DESCONFIRENT SIX CENS SOIXANTE CHEVALIERS BIEN SUBTILEMENT

Ainsi qu'il disoit cela, ilz adviserent six cens soixante chevaliers, montés à l'avantage sur chevaux legiers, qui accouroient là voir quelle navire c'estoit qui estoit de nouveau abordée au port, et couroient à bride avallée pour les prendre s'ilz eussent peu. Lors dist Pantagruel : « Enfans, retirez-vous en la navire, voyez cy de nos ennemis qui accourent, mais je vous les tueray icy comme bestes, et fussent ilz dix fois autant : ce pendant retirez vous, et en prenez vostre passe temps. » Adonc respondit Panurge : « Non, seigneur, il n'est de raison que ainsi faciez ; mais, au contraire, retirez-vous en la navire, et vous, et les aultres : car moy tout seul les desconfiray ci, mais il ne fault pas tarder ; avancez-vous. » A quoy dirent les aultres : « C'est bien dict, seigneur ; retirez vous, et nous aiderons icy à Panurge, et vous cognoistrez que nous sçavons faire. » Adonc Pantagruel dist : « Or je le veulx bien ; mais, au cas que fussiez les plus foibles, je ne vous fauldray. »

Alors Panurge tira deux grandes chordes de la nef, et les attacha au tour qui estoit sur le tillac, et les mit en terre, et en fit un long circuit, l'un plus loing, l'aultre dedans cestuy-là. Et dist à Epistemon : « Entrez dedans la navire, et quand je vous sonneray, tournez le tour sus le tillac diligentement, en ramenant à vous ces deux chordes. » Puis dist à Eusthenes et à Carpalim : « Enfans, attendez icy et vous offrez à ces ennemis franchement, et obtemperez à eux, et faites semblant de vous rendre ; mais advisez que n'entrez au cerne de ces chordes : retirez vous tousjours hors. » Et incontinent entra dedans la navire, et print un faix de paille et une botte de pouldre de canon, et l'espandit par le cerne des chordes, et avec une migraine de feu se tint auprés. Tout soudain arriverent à grande force les chevaliers, et les premiers chocquerent jusques auprés de la navire ; et, par ce que le rivage glissoit, tomberent eux et leurs chevaux, jusques au nombre de quarante et quatre. Quoy voyans les aultres approcherent, pensans qu'on leur eust resisté à l'arrivée. Mais Panurge leur dist : « Messieurs, je croy que vous soyez faict mal, pardonnez le nous : car ce n'est de nous, mais c'est de la lubricité de l'eau de mer, qui est tousjours onctueuse. Nous nous rendons à vostre bon plaisir. » Autant en dirent ses deux compagnons, et Epistemon, qui estoit sur le tillac. Ce pendant Panurge s'esloignoit, et, voyant que tous estoient dedans le cerne des chordes, et que ses deux compaignons s'en estoient esloignés, faisans place à tous ces chevaliers qui à foulle alloient pour voir la nef, et qui estoit dedans, soudain cria à Epistemon : « Tire, tire. » Lors Epistemon commença tirer au tour, et les deux chordes s'empestrerent entre les chevaux, et les ruoient par terre bien aisement avec les chevaucheurs ; mais eux, ce voyans, tirerent à l'espée, et les vouloient desfaire ; dont Panurge mit le feu en la traînée, et les fit tous là brusler comme ames damnées : hommes et chevaux, nul n'en eschappa, excepté un qui estoit monté sur un cheval turc, qui gaignoit à fuir ; mais, quand Carpalim l'apperceut, il courut après en telle hastiveté et allaigresse que il l'attrapa en moins de cent pas, et, saultant sur la croupe de son cheval, l'embrassa par derriere, et l'amena à la navire.

Cette defaicte parachevée, Pantagruel fut bien joyeux, et loua merveilleusement l'industrie de ses compaignons, et les fit rafraichir et bien repaistre sur le rivage joyeusement, et boire d'autant, le ventre contre terre, et leur prisonnier avec eux familierement : sinon que le pauvre diable n'estoit point asseuré que Pantagruel ne le devorast tout entier ; ce qu'il eust faict, tant avoit la gorge large, aussi facilement que feriez un grain de dragée, et ne luy eust monté en sa bouche en plus qu'un grain de millet en la gueulle d'un asne.

CHAPITRE XXVI

COMMENT PANTAGRUEL ET SES COMPAIGNONS ESTOIENT FASCHÉS DE MANGER DE LA CHAIR SALÉE, ET COMMENT CARPALIM ALLA CHASSER POUR AVOIR DE LA VENAISON

Ainsi comme ilz banquetoient, Carpalim dist : « Et ventre Sainct Quenet, ne mangerons nous jamais de venaison ? Ceste chair salée m'altere tout. Je vous vais apporter icy une cuisse de ces chevaux que nous avons faict brusler : elle sera assez bien roustie. » Tout ainsi qu'il se levoit pour ce faire, apperceut à l'orée du bois un beau grand chevreul qui estoit issu du fort, voyant le feu de Panurge, à mon advis. Incontinent courut après, de telle roideur qu'il sembloit que fust un carreau d'arbaleste, et l'attrapa en un moment ; et, en courant, print de ses mains en l'air

Quatre grandes otardes,
Sept bitars,
Vingt et six perdrix grises,
Trente et deux rouges,
Seize faisans,
Neuf becasses,
Dix et neuf herons,
Trente et deux pigeons ramiers ;

Et tua de ses pieds dix ou douze que levraulx, que lapins, qui ja estoient hors de paige ;
Dix et huit rasles parés ensemble,
Quinze sanglerons,
Deux blereaux,
Trois grands renards.

Frappant donc le chevreul de son malchus à travers la teste, le tua, et, l'apportant, recueillit ses levraulx, rasles et sanglerons. Et, de tant loing que peust estre ouy, il s'escria, disant : « Panurge, mon amy : vinaigre, vinaigre ! » Dont pensoit le bon Pantagruel que le cœur luy fist mal, et commanda qu'on luy apprestat du vinaigre. Mais Panurge entendit bien qu'il y avoit levrault au croc. De faict, monstra au noble Pantagruel comment il portoit à son col un beau chevreul, et toute sa ceinture brodée de levraulx.

Soudain Epistemon fit, au nom des neuf Muses, neuf belles broches de bois à l'anticque. Eusthenes aidoit à escorcher, et Panurge mit deux selles d'armes des chevaliers en tel ordre qu'elles servirent de landiers ; et firent roustisseur leur prisonnier, et au feu où brusloient les chevaliers, firent roustir leur venaison. Et aprés, grand chere à force vinaigre : au diable l'un qui se faignoit ! c'estoit triomphe de les voir bauffrer. Lors dist Pantagruel : « Pleust à Dieu que chascun de vous eust deux paires de sonnettes de sacre au menton, et que j'eusse au mien les grosses horloges de Renes, de Poictiers, de Tours et de Cambray, pour voir l'aubade que nous donnerions au remuement de nos badigoinces ! — Mais, dist Panurge, il vault mieulx penser de nostre affaire un peu, et par quel moyen nous pourrons venir au dessus de nos ennemis. — C'est bien advisé, » dist Pantagruel. Pourtant demanda à leur prisonnier : « Mon amy, dis nous icy la verité, et ne nous mens en rien, si tu ne veulx estre escorché tout vif : car c'est moy qui mange les petits enfans. Compte nous entierement l'ordre, le nombre et la forteresse de l'armée. »

A quoy respondit le prisonnier : « Seigneur, sachez pour la verité qu'en l'armée sont trois cens géans, tous armés de pierre de taille, grands à merveilles, toutesfois non tant du tout que vous, excepté un qui est leur chef, et a nom Loupgarou, et est tout armé d'enclumes cyclopicques ; cent soixante trois mille pietons tout armés de peaulx de lutins, gens fors et courageux ; unze mille quatre cens hommes d'armes ; trois mille six cens doubles canons, et d'espingarderie sans nombre ; quatre vingts quatorze mille pionniers ; cent cinquante mille putains belles comme déesses — (Voylà pour moy, dist Panurge), — dont les aucunes sont Amazones, les aultres Lyonnoises, les aultres Parisiennes, Tourangelles, Angevines, Poictevines, Normandes, Allemandes : de tous pays et toutes langues y en a. — Voire mais, dist Pantagruel, le roy y est il ? — Ouy, sire, dist le prisonnier, il y est en personne, et nous le nommons Anarche, roy des Dipsodes, qui vault autant à dire comme gens alterés : car vous ne vistes oncqes gens tant alterés ny beuvans plus voluntiers. Et a sa tente en la garde des géans.

— C'est assez, dist Pantagruel. Sus, enfans, estes vous deliberés d'y venir avec moy ? » A quoy respondit Panurge : « Dieu confonde qui vous laissera. J'ĳ ja pensé comment je vous les rendray tous mors comme porcs, qu'il n'en eschappera au diable le jarret. Mais je me soucie quelque peu d'un cas. — Et qu'est ce ? dist Pantagruel. — C'est, dist Panurge, comment je pourray avanger à braquemarder toutes les putains qui y sont en ceste après disnée,

> Qu'il n'en eschappe pas une,
> Que je ne taboure en forme commune.

— Ha, ha, ha ! » dist Pantagruel. Et Carpalim dist : « Au diable de biterne ! par Dieu, j'en embourreray quelque une. — Et moy, dist Eusthenes, quoy ? qui ne dressay onques puis que bougeasmes de Rouen, au moins que l'aguille montast jusques sur les dix ou unze heures : voire encores que l'aye dur et fort comme cent diables. Vrayement, dist Panurge, tu en auras des plus grasses et des plus refaictes. — Comment, dist Epistemon, tout le monde chevauchera, et je meneray l'asne ! Le diable emporte qui en fera rien ! Nous userons du droit de guerre, *qui potest capere capiat*. — Non, non, dist Panurge. Mais attache ton asne à un croc, et chevauche comme le monde. »

Et le bon Pantagruel rioit à tout, puis leur dist : « Vous comptez sans vostre hoste. J'ay grand peur que, devant qu'il soit nuyt, ne vous voye en estat que n'aurez grande envie d'arresser, et qu'on vous chevauchera à grand coup de picque et de lance. — Baste, dist Epistemon. Je vous les rends à roustir ou boillir, à fricasser ou mettre en pasté. Ilz ne sont en si grand nombre comme avoit Xercés, car il avoit trente cens mille combattans, si croyez Herodote et Troge Pompone : et toutesfois Themistocles à peu de gens les desconfit. Ne vous souciez, pour Dieu ! — Merdé, merdé, dist Panurge. Ma seule braguette espoussetera tous les hommes, et sainct Balletrou, qui dedans y repose, decrottera toutes les femmes. — Sus donc, enfans, dist Pantagruel, commençons à marcher. »

CHAPITRE XXVII

COMMENT PANTAGRUEL DRESSA UN TROPHÉE EN MEMOIRE DE LEUR PROUESSE, ET PANURGE UN AULTRE EN MEMOIRE DES LEVRAULX. ET COMMENT PANTAGRUEL, DE SES PETZ, ENGENDROIT LES PETITS HOMMES, ET DE SES VESNES LES PETITES FEMMES. ET COMMENT PANURGE ROMPIT UN GROS BASTON SUR DEUX VERRES

« Devant que partions d'icy, dist Pantagruel, en memoire de la prouesse qu'avez presentement faict, je veulx eriger en ce lieu un beau trophée. »

11

Adonc un chascun d'entre eux, en grande liesse et petites chansonnettes villaticques, dresserent un grand bois auquel y pendirent une selle d'armes, un chamfrain de cheval, des pompes, des estrivieres, des esperons, un haubert, un hault appareil asseré, une hasche, un estoc d'armes, un gantelet, une masse, des goussetz, des greves, un gorgery, et ainsi de tout appareil requis à un arc triomphal ou trophée. Puis, en mémoire eternelle, escrivit Pantagruel le dicton victorial comme s'ensuit :

> Ce fust icy qu'apparut la vertus
> De quatre preux et vaillans champions,
> Qui, de bon sens, non de harnois vestuz,
> Comme Fabie, ou les deux Scipions,
> Firent six cens soixante morpions,
> Puissans ribaulx, brusler, comme une escorce.
> Prenez y tous, rois, ducs, rocs et pions,
> Enseignement qu'engin mieulx vault que force :
>> Car la victoire,
>> Comme est notoire,
>> Ne gist qu'en heur
>> Du consistoire
>> Ou regne en gloire
>> Le hault Seigneur;
> Vient, non au plus fort ou greigneur,
> Ains à qui luy plaist, com' fault croire :
> Doncques a chevance et honneur
> Cil qui par foy en luy espoire.

Ce pendant que Pantagruel escrivoit les carmes susdicts, Panurge emmancha en un grand pal les cornes du chevreul, et la peau et le pied droit de devant d'iceluy; puis les oreilles de trois levraulx, le rable d'un lapin, les mandibules d'un lievre, les aisles de deux bitars, les pieds de quatre ramiers, une guedofle de vinaigre, une corne où ilz mettoient le sel, leur broche de bois, une lardouere, un meschant chaudron tout pertuisé, une breusse où ilz saulsoient, une saliere de terre, et un gobelet de Beauvoys. Et, en imitation des vers et trophée de Pantagruel, escrivit ce que s'ensuit :

> Ce fut icy que mirent à bas culz
> Joyeusement quatre gaillars pions,
> Pour banqueter à l'honneur de Bacchus,
> Beuvans à gré comme beaux carpions.
> Lors y perdit rables et cropions
> Maistre levrault, quand chascun s'y efforce :
> Sel et vinaigre, ainsi que scorpions,
> Le poursuivoient, dont en eurent l'estorce.

>Car l'inventoire
>D'un défensoire,
>En la chaleur,
>Ce n'est qu'à boire
>Droit et net, voire
>Et du meilleur.
>
>Mais manger levrault, c'est malheur,
>Sans de vinaigre avoir memoire :
>Vinaigre est son ame et valeur.
>Retenez le en poinct peremptoire.

Lors, dist Pantagruel : « Allons, enfans, c'est trop musé icy à la viande : car à grand peine voit on advenir que grands banqueteurs facent beaux faicts d'armes. Il n'est ombre que d'estendartz, il n'est fumée que de chevaux, et clicquetys que de harnois. » A ce commença Epistemon soubrire, et dist : « Il n'est ombre que de cuisine, fumée que de pastés, et clicquetys que de tasses. » A quoy respondit Panurge : « Il n'est ombre que de courtines, fumée que de tetins, et clicquetys que de couillons. » Puis, se levant fit un pet, un sault, et un sublet, et cria à haulte voix joyeusement : « Vive tousjours Pantagruel ! » Ce voyant, Pantagruel en voulut autant faire, mais, du pet qu'il fit, la terre trembla neuf lieues à la ronde, duquel, avec l'air corrompu, engendra plus de cinquante et trois mille petits hommes nains et contrefaicts, et d'une vesne qu'il fit, engendra autant de petites femmes, accropies comme vous en voyez en plusieurs lieux, qui jamais ne croissent, sinon comme les queues de vaches, contre bas, ou bien comme les rabbes de Lymousin, en rond. « Et quoy, dist Panurge, vos pets sont ilz tant fructueux ? Par Dieu, voicy de belles savates d'hommes, et de belles vesses de femmes ; il les fault marier ensemble, ilz engendreront des mouches bovines. » Ce que fit Pantagruel, et les nomma pygmées. Et les envoya vivre en une isle là auprés, où ilz se sont fort multipliés depuis. Mais les grues leur font continuellement la guerre : desquelles ilz se défendent courageusement, car ces petits boutz d'hommes (lesquelz en Ecosse l'on appelle manches d'estrilles) sont voluntiers cholericques. La raison physicale est parce qu'ilz ont le cœur prés de la merde.

En ceste mesme heure, Panurge print deux verres qui là estoient, tous deux d'une grandeur, et les emplit d'eau tant qu'ilz en peurent tenir, et en mit l'un sur une escabelle, et l'aultre sur une aultre, les esloignant à part la distance de cinq pieds ; puis aprés print le fust d'une javeline de la grandeur de cinq pieds et demy, et le mit dessus les deux verres, en sorte que les deux boutz du fust touchoient justement les bords des verres. Cela faict, print un gros pau, et dist à Pantagruel et aux aultres :

« Messieurs, considerez comment nous aurons victoire facilement de nos ennemis. Car ainsi comme je rompray ce fust icy dessus les verres, sans que les verres soient en rien rompus ny brisés, encores, qui plus est, sans qu'une seule goutte d'eau en sorte dehors, tout ainsi nous romprons la teste à nos Dipsodes, sans ce que nul de nous soit blessé, et sans perte aucune de nos besoignes. Mais, afin que ne pensez qu'il y ait enchantement, tenez, dist il à Eusthenes, frappez de ce pau tant que pourrez au milieu. »
Ce que fist Eusthenes, et le fust rompit en deux pieces tout net, sans qu'une goutte d'eau tombast des verres. Puis dist : « J'en sçay bien d'aultres ; allons seulement en asseurance. »

CHAPITRE XXVIII

COMMENT PANTAGRUEL EUT VICTOIRE BIEN ESTRANGEMENT DES DIPSODES ET DES GÉANS

Aprés tous ces propos Pantagruel appella leur prisonnier et le renvoya, disant : « Va t'en à ton roy en son camp, et luy dis nouvelles de ce que tu as veu, et qu'il se delibere de me festoyer demain sur le midy : car, incontinent que mes galleres seront venues, qui sera de matin au plus tard, je luy prouveray par dixhuit cens mille combattans et sept mille géans tous plus grands que tu ne me vois, qu'il a faict follement et contre raison d'assaillir ainsi mon pays. » En quoy feignoit Pantagruel avoir armée sur mer.

Mais le prisonnier respondit qu'il se rendoit son esclave, et qu'il estoit content de jamais ne retourner à ses gens, ains plustost combattre avec Pantagruel contre eux, et pour Dieu qu'ainsi le permist.

A quoy Pantagruel ne voulut consentir ; ains luy commanda qu'il partist de là briefvement, et s'en allast ainsi qu'il avoit dict ; et luy bailla une boite pleine de euphorbe et de grains de coccognide, confictz en eau ardente, en forme de composte, luy commandant la porter à son roy, et luy dire que, s'il en pouvoit manger une once sans boire, qu'il pourroit à luy resister sans peur.

Adonc le prisonnier le supplia à joinctes mains que, à l'heure de la bataille, il eust de luy pitié. Dont luy dist Pantagruel : « Aprés que tu auras le tout annoncé à ton roy, metz tout ton espoir en Dieu, et il ne te delaissera poinct ; car de moy, encores que soye puissant, comme tu peux voir, et aye gens infinis en armes, toutesfois je n'espere en ma force ny en mon industrie ; mais toute ma fiance est en Dieu mon protecteur, lequel jamais ne delaisse ceux qui en luy ont mis leur espoir et pensée. »

Ce faict, le prisonnier luy requist que, touchant sa rançon, il luy voulust faire party raisonnable.

A quoy respondit Pantagruel que sa fin n'estoit de piller ny arançonner les humains, mais de les enrichir et reformer en liberté totalle : « Va t'en, dist il, en la paix du Dieu vivant, et ne suis jamais mauvaise compaignie, que malheur ne t'adviengne. »

Le prisonnier party, Pantagruel dist à ses gens : « Enfans, j'ay donné à entendre à ce prisonnier que nous avons armée sur mer, ensemble que nous ne leur donnerons l'assault que jusques à demain sus le midy ; à celle fin que eux, doubtans la grande venue de gens, ceste nuyt se occupent à mettre en ordre, et soy remparer : mais ce pendant mon intention est que nous chargeons sur eux environ l'heure du premier somme. »

Mais laissons icy Pantagruel avec ses apostoles, et parlons du roy Anarche et de son armée.

Quand donc le prisonnier fut arrivé, il se transporta vers le roy, et luy conta comment estoit venu un grand géant, nommé Pantagruel, qui avoit desconfit et faict roustir cruellement tous les six cens cinquante et neuf chevaliers, et luy seul estoit sauvé pour en porter les nouvelles. Davantaige avoit charge dudict géant de luy dire qu'il luy apprestast au lendemain sur le midy à disner, car il deliberoit de l'envahir à ladicte heure.

Puis luy bailla ceste boite où estoient les confitures. Mais, tout soudain qu'il en eut avallé une cuillerée, luy vint tel eschauffement de gorge avec ulceration de la luette que la langue luy pela. Et, pour remede qu'on lui fist, ne trouva allegement quelconque sinon de boire sans remission : car, incontinent qu'il ostoit le gobelet de la bouche, la langue luy brusloit. Par ainsi, l'on ne faisoit que luy entonner vin en gorge avec un embut. Ce que voyans ses capitaines, baschatz et gens de garde, gousterent desdictes drogues pour esprouver si elles estoient tant alteratives ; mais il leur en print comme à leur roy. Et tous se mirent si bien à flaconner que le bruit vint par tout le camp comment le prisonnier estoit de retour, et qu'ilz devoient avoir au lendemain l'assault, et que à ce ja se preparoit le roy, et les capitaines, ensemble les gens de garde, et ce par boire à tirelarigot. Parquoy un chascun de l'armée commença martiner, chopiner, et trinquer de mesmes. Somme, ilz beurent tant et tant qu'ilz s'endormirent comme porcs sans ordre parmy le camp.

Maintenant retournons au bon Pantagruel, et racontons comment il se porta en cest affaire.

Partant du lieu du trophée, print le mast de leur navire en sa main comme un bourdon, et mit dedans la hune deux cens trente et sept poinsons de vin blanc d'Anjou, du reste de Rouen, et attacha à sa ceincture la barque toute pleine de sel, aussi aisement comme les Lansquenettes portent leurs petits panerotz. Et ainsi se mit en chemin avec ses compaignons. Quand il fut prés du camp des ennemis, Panurge luy dist : « Seigneur, voulez vous bien faire? Devalez ce vin blanc d'Anjou de la hune, et beuvons icy à la bretesque. »

A quoy condescendit volontiers Pantagruel, et beurent si net qu'il n'y demeura une seule goutte des deux cens trente et sept poinsons, excepté une ferriere de cuir bouilly de Tours, que Panurge emplit pour soy, car il l'appelloit son *vade mecum*, et quelques meschantes baissieres pour le vinaigre.

Aprés qu'ilz eurent bien tiré au chevrotin, Panurge donna à manger à Pantagruel quelque diable de drogues, composées de lithontripon, nephrocatarticon, coudignac cantharidisé, et aultres especes diureticques.

Ce faict, Pantagruel dist à Carpalim : « Allez en la ville, gravant comme un rat contre la muraille, comme bien sçavez faire, et leur dictes qu'à l'heure presente ilz sortent et donnent sur les ennemis, tant roidement qu'ilz pourront; et, ce dict, descendez, prenant une torche allumée avec laquelle vous mettrez le feu dedans toutes les tentes et pavillons du camp; puis vous crierez tant que pourrez de vostre grosse voix, qui est plus espovantable que n'estoit celle de Stentor, qui fut ouy par sur-tout le bruyt de la bataille des Troyans, et partez dudict camp. — Voire mais, dist Carpalim, seroit ce pas bon que j'enclouasse toute leur artillerie? — Non, non, dist Pantagruel, mais bien mettez le feu en leurs pouldres. »

A quoy obtemperant, Carpalim partit soudain, et fit comme avoit esté decreté par Pantagruel, et sortirent de la ville tous les combattans qui y estoient. Et, lors qu'il eut mis le feu par les tentes et pavillons, passoit legierement par sur eux sans qu'ilz en sentissent rien, tant ilz ronfloient et dormoient parfondement. Il vint au lieu où estoit l'artillerie, et mit le feu en leurs munitions; mais ce fut le dangier : le feu fut si soudain qu'il cuida embraser le pauvre Carpalim. Et n'eust esté sa merveilleuse hastiveté, il estoit fricassé comme un cochon; mais il departit si roidement qu'un quarreau d'arbaleste ne va plus tost.

Quand il fut hors des tranchées, il s'escria si espovantablement qu'il sembloit que tous les diables fussent deschainés. Auquel son s'esveillerent les ennemis; mais sçavez vous comment? aussi estourdis que le premier son de matines, qu'on appelle en Lussonnois frotte couille.

Ce pendant Pantagruel commmença à semer le sel qu'il avoit en sa barque, et, parce qu'ilz dormoient la gueule baye et ouverte, il leur en remplit tout le gousier, tant que ces pauvres haires toussissoient comme renards, crians : « Ha Pantagruel, Pantagruel, tant tu nous chauffes le tison! » Soudain print envie à Pantagruel de pisser, à cause des drogues que luy avoit baillé Panurge, et pissa parmy leur camp, si bien et copieusement qu'il les noya tous ; et y eut deluge particulier dix lieues à la ronde. Et dit l'histoire que, si la grand jument de son pere y eust esté et pissé pareillement, qu'il y eust eu deluge plus enorme que celuy de Deucalion : car elle ne pissoit fois qu'elle ne fist une riviere plus grande que n'est le Rhosne et le Danoube.

Ce que voyans ceux qui estoient issus de la ville, disoient : « Ilz sont tous mors cruellement, voyez le sang courir. » Mais ilz y estoient trompés, pensans, de l'urine de Pantagruel, que fust le sang des ennemis : car ilz ne le véoient sinon au lustre du feu des pavillons, et quelque peu de clarté de la lune.

Les ennemis, après soy estre reveillés, voyans d'un costé le feu en leur camp, et l'inondation et deluge urinal, ne sçavoient que dire ny que penser. Aucuns disoient que c'estoit la fin du monde et le jugement final, qui doibt estre consommé par feu : les aultres, que les dieux marins Neptune, Proteus, Tritons, et les aultres, les persecutoient, et que, de faict, c'estoit eau marine et salée.

O qui pourra maintenant raconter comment se porta Pantagruel contre les trois cens géans ? O ma muse ! ma Calliope, ma Thalie, inspire moy à ceste heure ! Restaure moy mes esprits : car voicy le pont aux asnes de logicque, voicy le trebuchet, voicy la difficulté de pouvoir exprimer l'horrible bataille qui fut faicte.

A la mienne volunté que j'eusse maintenant un boucal du meilleur vin que beurent oncques ceux qui liront ceste histoire tant veridique !

CHAPITRE XXIX

COMMENT PANTAGRUEL DEFIT LES TROIS CENS GÉANS ARMÉS DE PIERRES DE TAILLE, ET LOUPGAROUP LEUR CAPITAINE

Les géans, voyans que tout leur camp estoit noyé, emporterent leur roy Anarche à leur col, le mieulx qu'ilz peurent, hors du fort, comme fit Enéas son pere Anchises de la conflagration de Troye. Lesquelz quand Panurge apperceut, dist à Pantagruel : « Seigneur, voyez là les géans qui sont issus : donnez dessus de vostre mast, galantement à la vieille escrime. Car c'est à ceste heure qu'il se fault monstrer homme de bien. Et, de nostre costé, nous ne vous fauldrons, et hardiment, que je vous en tueray beaucoup. Car quoy ! David tua bien Goliath facilement. Moy donc qui en battrois douze telz qu'estoit David : car en ce temps là ce n'estoit que un petit chiart, n'en desferay je pas bien une douzaine? Et puis ce gros paillard Eusthenes, qui est fort comme quatre bœufz, ne s'y espargnera. Prenez couraige, chocquez à travers d'estoc et de taille. » Or dist Pantagruel : « De couraige, j'en ay pour plus de cinquante francs. Mais quoy? Hercules n'osa jamais entreprendre contre deux. — C'est, dist Panurge, bien chié en mon nez; vous comparez vous à Hercules? Vous avez par Dieu plus de force aux dents, et plus de sens au cul, que n'eut jamais Hercules en tout son corps et ame. Autant vault l'homme comme il s'estime. »

Et ainsi qu'ilz disoient ces paroles, voicy arriver Loupgarou, avec tous ses géans; lequel, voyant Pantagruel tout seul, fut espris de temerité et oultrecuidance, par espoir qu'il avoit d'occire le pauvre bon hommet. Dont dist à ses compaignons géans : « Paillars de plat pays, par Mahom, si aucun de vous entreprent de combattre contre ceux cy, je vous feray mourir cruellement. Je veulx que me laissiez combattre seul : ce pendant vous aurez vostre passetemps à nous regarder. » Adonc se retirerent tous les géans avec leur roy là auprés, où estoient les flaccons, et Panurge et ses compaignons avec eux, qui contrefaisoit ceux qui ont eu la verole, car il tordoit la gueule et retiroit les doigts; et, en parole enrouée, leur dist : « Je renie bieu, compaignons, nous ne faisons poinct la guerre. Donnez nous à repaistre avec vous, ce pendant que nos maistres s'entrebattent. » A quoy voluntiers le roy et les géans consentirent, et les firent banqueter avec eux.

Ce pendant Panurge leur contoit les fables de Turpin, les exemples de sainct Nicolas, et le conte de la Ciguoingne.

Loupgarou donc s'adressa à Pantagruel avec une masse toute d'acier, pesante neuf mille sept cens quintaulx deux quarterons, d'acier de Calibes, au bout de laquelle estoient treize poinctes de diamans, dont la moindre estoit aussi grosse comme la plus grande cloche de Nostre Dame de Paris (il s'en falloit par adventure l'espesseur d'un ongle, ou au plus, que je ne mente, d'un dos de ces cousteaux qu'on appelle couppe oreille, mais pour un petit, ne avant ne arriere), et estoit phée, en maniere que jamais ne pouvoit rompre, mais, au contraire, tout ce qu'il en touchoit rompoit incontinent.

Ainsi donc, comme il approchoit en grand fierté, Pantagruel, jectant les yeulx au ciel, se recommanda à Dieu de bien bon cœur, faisant vœu tel comme s'ensuit : « Seigneur Dieu, qui tousjours as esté mon protecteur et mon servateur, tu vois la destresse en laquelle je suis maintenant. Rien icy ne m'amene, sinon zele naturel, ainsi comme tu as octroyé es humains de garder et defendre soy, leurs femmes, enfans, pays, et famille, en cas que ne seroit ton negoce propre qui est la foy : car en tel affaire tu ne veulx nul coadjuteur, sinon de confession catholicque et service de ta parole; et nous as défendu toutes armes et defenses, car tu es le tout puissant, qui, en ton affaire propre, et où ta cause propre est tirée en action, te peux défendre trop plus qu'on ne sçauroit estimer. toy qui as mille milliers de centaines de millions de légions d'anges, desquelz le moindre peut occire tous les humains, et tourner le ciel et la terre à son plaisir, comme jadis bien apparut en l'armée de Sennacherib. Donc, s'il te plaist à ceste heure m'estre en aide, comme en toy seul est ma totale confiance et espoir, je te fais vœu que, par toutes contrées tant de ce pays de Utopie que d'ailleurs, où j'auray puissance et autorité, je feray prescher ton sainct evangile purement, simplement, et entierement; si que les abus d'un tas de papelars et faulx prophetes, qui ont par constitutions humaines et inventions dépravées envenimé tout le monde, seront d'entour moy exterminés. »

Alors fut ouie une voix du ciel, disant: *Hoc fac et vinces*; c'est à dire: « Fais ainsi, et tu auras victoire. »

Puis, voyant Pantagruel que Loupgarou approchoit la gueule ouverte, vint contre luy hardiment, et s'escria tant qu'il peult: « A mort, ribault! à mort! » pour luy faire peur, selon la discipline des Lacedemoniens, par son horrible cry. Puis luy jetta de sa barque qu'il portoit à sa ceincture, plus de dix et huit cacques et un minot de sel, dont il luy emplit et gorge, et gouzier, et le nez, et les yeulx. De ce irrité, Loupgarou luy lança un coup de sa masse, luy voulant rompre la cervelle, mais Pantagruel fut habille, et eust tousjours bon pied et bon œil; par ce demarcha du pied gauche un pas arriere; mais il ne sceut si bien faire que le coup ne tombast sur la barque, laquelle rompit en quatre mille octante et six pieces, et versa la reste du sel en terre.

Quoy voyant, Pantagruel galantement desploye ses bras, et, comme est l'art de la hasche, luy donna du gros bout de son mast, en estoc, au dessus de la mamelle, et, retirant le coup à gauche en taillade, luy frappa entre col et collet; puis, avançant le pied droit, luy donna sur les couillons un pic du hault boust de son mast; à quoy rompit la hune, et versa trois ou quatre poinsons de vin qui estoient de reste. Dont Loupgarou pensa qu'il luy eust incisé la vessie, et du vin que ce fust son urine qui en sortist.

De ce non content, Pantagruel vouloit redoubler au coulouoir; mais Loupgarou, haulsant sa masse, avança son pas sur luy, et de toute sa force la vouloit enfoncer sur Pantagruel. De faict, en donna si vertement que, si Dieu n'eust secouru le bon Pantagruel, il l'eust fendu depuis le sommet de la teste jusques au fond de la ratelle; mais le coup declina à droit par la brusque hastivité de Pantagruel, et entra sa masse plus de soixante et treize pieds en terre, à travers un gros rochier, dont il fit sortir le feu plus gros que neuf mille six tonneaux.

Voyant Pantagruel qu'il s'amusoit à tirer sa dicte masse, qui tenoit en terre entre le roc, luy courut sus, et luy vouloit avaller la teste tout net; mais son mast, de male fortune, toucha un peu au fust de la masse de Loupgarou, qui estoit phée, comme avons dict devant : par ce moyen, son mast luy rompit à trois doigts de la poignée. Dont il fut plus estonné qu'un fondeur de cloches, et s'escria : « Ha, Panurge, où es tu? » Ce que ouyant Panurge, dist au roy et aux géans : « Par Dieu! ilz se feront mal, qui ne les despartira. » Mais les géans estoient aises comme s'ilz fussent de nopces. Lors Carpalim se voulut lever de là pour secourir son maistre; mais un géant lui dist : « Par Goulfarin, nepveu de Mahom, si tu bouges d'icy, je te mettray au fond de mes chausses, comme on fait d'un suppositoire ; aussi bien suis je constipé du ventre, et ne peux guères bien cagar, sinon à force de grincer les dentz. »

Puis Pantagruel, ainsi distitué de baston, reprint le bout de son mast, en frappant torche lorgne dessus le géant; mais il ne luy faisoit mal en plus que feriez baillant une chicquenaulde sus un enclume de forgeron. Ce pendant Loupgarou tiroit de terre sa masse, et l'avoit ja tirée, et la paroit pour en ferir Pantagruel; mais Pantagruel, qui estoit soudain au remuement, declinoit tous ses coups, jusques à ce que une fois, voyant que Loupgarou le menassoit, disant : « Meschant, à ceste heure te hascheray le comme chair à pastés, jamais tu ne altereras les pauvres gens, » Pantagruel le frappa du pied un si grand coup contre le ventre, qu'il le jetta en arriere à jambes rebindaines, et vous le trainoit ainsi à l'escorche cul plus d'un traict d'arc. Et Loupgarou s'escrioit, rendant le sang par la gorge : « Mahom! Mahom! Mahom! » A laquelle voix se leverent tous les géans pour le secourir. Mais Panurge leur dist : « Messieurs, n'y allez pas, si m'en croyez : car nostre maistre est fol, et frappe à tors et à travers, et ne regarde poinct où. Il vous donnera malencontre. » Mais les géans n'en tindrent compte, voyant que Pantagruel estoit sans baston.

Lorsque approcher les vit, Pantagruel print Loupgarou par les deux pieds, et son corps leva comme une picque en l'air, et, d'iceluy armé d'enclumes, frappoit parmy ces géans armés de pierres de taille, et les abatoit comme un masson fait de couppeaux, que nul n'arrestoit devant luy qu'il ne ruast par terre. Dont, à la rupture de ces harnois pierreux, fut faict un si horrible tumulte qu'il me souvint quand la grosse tour de beurre, qui estoit à Sainct Estienne de Bourges, fondit au soleil Panurge, ensemble Carpalim et Eusthenes, ce pendant, esgorgetoient ceux qui estoient portés par terre. Faites vostre compte qu'il n'en eschappa un seul, et, à voir Pantagruel, sembloit un faulcheur qui, de sa faulx (c'estoit Loupgarou), abatoit l'herbe d'un pré (c'estoient les géans). Mais à ceste escrime, Loupgarou perdit la teste ; ce fut quand Pantagruel en abatit un qui avoit nom Riflandouille, qui estoit armé à hault appareil, c'estoit de pierres de gryson, dont un esclat couppa la gorge tout oultre à Epistemon : car aultrement la plupart d'entre eux estoient armés à la legiere, c'estoit de pierres de tuffe, et les aultres de pierre ardoizine. Finalement, voyant que tous estoient mors, jetta le corps de Loupgarou tant qu'il peult contre la ville, et tomba comme une grénoille sus le ventre en la place mage de ladicte ville, et en tombant, du coup tua un chat bruslé, une chatte mouillée, une canne petiere et un oison bridé.

CHAPITRE XXX

COMMENT EPISTEMON, QUI AVOIT LA COUPPE TESTÉE, FUT GUERY HABILEMENT PAR PANURGE
ET DES NOUVELLES DES DIABLES ET DES DAMNÉS

Ceste desconfite gigantale parachevée, Pantagruel se retira au lieu des flaccons, et appela Panurge et les aultres, lesquelz se rendirent à luy sains et saulves, excepté Eusthenes, lequel un des géans avoit egraphigné quelque peu au visaige, ainsi qu'il l'esgorgetoit, et Epistemon, qui ne comparoit point. Dont Pantagruel fut si dolent qu'il se voulut tuer soy mesmes, mais Panurge luy dist : « Dea, seigneur, attendez un peu, et nous le chercherons entre les mors, et voirons la vérité du tout. »

Ainsi donc comme ilz cherchoient, ils le trouverent tout roide mort, et sa teste entre ses bras toute sanglante. Lors Eusthenes s'écria : « Ha ! male mort, nous as tu tollu le plus parfaict des hommes ! » A laquelle voix se leva Pantagruel, au plus grand dueil qu'on vit jamais au monde. Et dist à Panurge : « Ha ! mon amy, l'auspice de vos deux verres et du fust de javeline estoit bien par trop fallace ! » Mais Panurge dist : « Enfans, ne pleurez goutte, il est encores tout chault, je vous le gueriray aussi sain qu'il fut jamais. »

Ce disant print la teste, et la tint sur sa braguette chauldement, afin qu'elle ne print vent. Eusthenes et Carpalim porterent le corps au lieu où ilz avoient banqueté, non par espoir que jamais guerist, mais afin que Pantagruel le vist. Toutesfois, Panurge les reconfortoit, disant : « Si je ne le guerys, je veulx perdre la teste (qui est le gaige d'un fol) ; laissez ces pleurs et me aidez. » Adonc, nettoya tres bien de beau vin blanc le col, et puis la teste, et y synapisa de pouldre de diamerdis, qu'il portoit tousjours en une de ses fasques ; après les oignit de je ne sçay quel oignement : et les afusta justement vene contre vene, nerf contre nerf, spondyle contre spondyle, afin qu'il ne fust torty colly, car telles gens il haissoit de mort. Ce faict, luy fit à l'entour quinze ou seize points d'agueille, afin qu'elle ne tombast de rechief ; puis mit à l'entour un peu d'un unguent qu'il appeloit resuscitatif.

Soudain Epistemon commença respirer, puis ouvrir les yeulx, puis baisler, puis esternuer, puis fit un gros pet de mesnage. Dont dist Panurge : « A ceste heure est il guery asseurement. » Et luy bailla à boire un verre d'un grand villain vin blanc, avec une roustie sucrée. En ceste façon fut Epistemon guery habilement, excepté qu'il fut enroué plus de trois semaines, et eut une toux seiche, dont il ne peult onques guerir, sinon à force de boire.

Et là commença à parler, disant qu'il avoit veu les diables, avoit parlé à Lucifer familierement, et fait grand chere en enfer, et par les champs Elysées. Et asseuroit devant tous que les diables estoient bons compaignons. Au regard des damnés, il dist qu'il estoit bien marry de ce que Panurge l'avoit si tost revocqué en vie : « Car je prenois, dist-il, un singulier passetemps à les voir. — Comment ? dist Pantagruel. — L'on ne les traicte, dist Epistemon, si mal que vous penseriez : mais leur estat est changé en estrange façon. Car je vis Alexandre le Grand qui repetassoit de vieilles chausses, et ainsi gaignoit sa pauvre vie.

Xerces crioit la moustarde.
Romule estoit saunier.
Numa, clouatier.
Tarquin, tacquin.
Piso, paisant.
Sylla, riveran.
Cyre estoit vachier.
Themistocles, verrier.
Epaminondas, myraillier.
Brute et Cassie, agrimenseurs.
Demosthenes, vigneron.
Ciceron, atizefeu.
Fabie, enfileur de patenostres.
Artaxerces, cordier.
Enéas, meusnier.

Achilles, teigneux.
Agamemnon, lichecasse.
Ulysses, fauscheur.
Nestor, harpailleur.
Darie, cureur de retraictz.
Ancus Martius, gallefretier.
Camillus, guallochier.
Marcellus, esgousseur de febves.
Drusus, trinquamelle.
Scipion Africain crioit la lye en un sabot.
Asdrubal estoit lanternier.
Hannibal, cocquassier.
Priam vendoit les vieux drapeaulx.
Lancelot du Lac estoit escorcheur de chevaux mors.

« Tous les chevaliers de la Table Ronde estoient pauvres gaignedeniers, tirans la rame pour passer les rivieres de Cocyte, Phlegeton, Styx, Acheron et Lethé, quand messieurs les diables se veulent esbattre sur l'eau, comme sont les bastelieres de Lyon et gondoliers de Venise. Mais, pour chascune passade, ilz n'en ont qu'une nazarde, et, sus le soir, quelque morceau de pain chaumeny.

« Les douze pers de France sont là et ne font rien que je aye veu, mais ilz gaignent leur vie à endurer force plameuses, chinquenaudes, alouettes et grans coups de poing sur les dents.

Trajan estoit pescheur de grenoilles.
Antonin, lacquais.
Commode, gayetier.
Pertinax, eschalleur de noix.
Luculle, grillotier.
Justinian, bimbelotier.
Hector estoit fripesaulce.
Paris estoit pauvre loqueteux.
Achilles, boteleur de foin.
Cambyses, mulletier.
Artaxerces, escumeur de potz.
Neron estoit vielleux, et Fiérabras, son varlet ; mais il luy faisoit mille maulx, et luy faisoit manger le pain bis, et boire vin poulsé ; et luy mangeoit et beuvoit du meilleur.
Jules Cesar et Pompée estoient guoildronneurs de navires.
Valentin et Orson servoient aux estuves d'enfer, et estoient racletoretz.
Giglan et Gauvain estoient pauvres porchiers.
Geoffroy à la grand dent estoit allumetier.
Godefroy de Bilion, dominotier.

Baudoin estoit manillier.
Don Pietro de Castille, porteur de rogatons.
Morgant, brasseur de bière.
Huon de Bordeaux estoit relieur de tonneaulx.
Pyrrhus, souillart de cuisine.
Antioche estoit ramonneur de cheminées.
Romule estoit rataconneur de bobelins.
Octavian, ratisseur de papier.
Nerva, houssepaillier.
Le pape Jules, crieur de petits pastés ; mais il ne portoit plus sa grande et bougrisque barbe.
Jean de Paris estoit gresseur de bottes.
Artus de Bretaigne, degresseur de bonnetz.
Perceforest porteur de coustrets.
Boniface pape huitiesme estoit escumeur de marmites.
Nicolas pape tiers estoit papetier.
Le pape Alexandre estoit preneur de ratz.
Le pape Sixte, gresseur de verole.

— Comment ! dist Pantagruel, y a il des verolés de par de là ?

— Certes, dist Epistemon, je n'en vis onques tant ; il y en a plus de cent millions. Car croyez que ceux qui n'ont eu la verole en ce monde cy l'ont en l'aultre.

— Cor Dieu, dist Panurge, j'en suis donc quitte. Car je y ai esté jusques au trou de Gilbathar, et remply les bondes de Hercules, et ay abatu des plus meures !

Ogier le Dannois estoit fourbisseur de harnois.
Le roy Tigranes estoit recouvreur.
Galien Restauré, preneur de taulpes.
Les quatre filz Aymon, arracheurs de dents.
Le pape Calixte estoit barbier de maujoinct.
Le pape Urbain, croquelardon.
Melusine estoit souillarde de cuisine.

Matabrune, lavandiere de buées.
Cléopatra, revenderesse d'oignons.
Helene, courratiere de chambrieres.
Semiramis, espouilleresse de belistres.
Dido vendoit des mousserons.
Penthasilée estoit cressonniere.
Lucresse, hospitaliere.
Hortensia, filandiere.
Livie, racleresse de verdet.

« En ceste façon, ceux qui avoient esté gros seigneurs en ce monde icy, gaignoient leur pauvre meschante et paillarde vie là bas. Au contraire, les philosophes, et ceux qui avoient esté indigens en ce monde, de par de là estoient gros seigneurs en leur tour. Je vis Diogenes qui se prelassoit en magnificence, avec une grande robe de pourpre, et un sceptre en sa dextre ; et faisoit enrager Alexandre le Grand, quand il n'avoit bien repetassé ses chausses, et le payoit en grands coups de baston. Je vis Epictete vestu galantement à la françoise, sous une belle ramée, avec force damoiselles, se rigollant, beuvant, dansant, faisant en tous cas grand chere, et auprès de luy force escus au soleil. Au dessus de la treille estoient pour sa devise ces vers escrits :

> Saulter, danser, faire les tours,
> Et boire vin blanc et vermeil :
> Et ne faire rien tous les jours
> Que compter escus au soleil.

« Lors qu'il me vit, il me invita à boire avec luy courtoisement, ce que je fis voluntiers, et choppinasmes théologalement. Ce pendant vint Cyre luy demander un denier en l'honneur de Mercure, pour achapter un peu d'oignons pour son souper : « Rien, rien, dist Epictete, je ne donne point « deniers. Tiens, marault, voylà un escu, sois homme de bien. » Cyre fut bien aise d'avoir rencontré tel butin. Mais les aultres coquins de rois qui sont là bas, comme Alexandre, Darie, et aultres, le desroberent la nuyt. Je vis Pathelin, thesorier de Rhadamanthe, qui marchandoit des petits pastés que crioit le pape Jules, et luy demanda combien la douzaine « Trois blancs, dist le pape. — Mais, dist Pathelin, trois coups de barre ! « Baille icy, villain, baille, et en va querir d'aultres. » Et le pauvre pape s'en alloit pleurant ; quand il fut devant son maistre patissier, luy dist qu'on luy avoit osté ses pastés. Adonc le patissier luy bailla l'anguillade, si bien que sa peau n'eust rien vallu à faire cornemuses.

« Je vis maistre Jehan le Maire, qui contrefaisoit du pape, et à tous ces pauvres rois et papes de ce monde faisoit baiser ses pieds ; et, en faisant du grobis, leur donnoit sa benediction, disant : « Gaignez les par-« dons, coquins, gaignez, ilz sont à bon marché. Je vous absouls de « pain et de soupe, et vous dispense de ne valoir jamais rien. » Et appella Caillette et Triboulet, disant : « Messieurs les cardinaux, depeschez « leurs bulles, à chascun un coup de pau sus les reins. » Ce que fut faict incontinent.

« Je vis maistre Françoys Villon, qui demanda à Xerces : « Combien la « denrée de moustarde ? — Un denier, » dit Xerces. A quoy dist ledict Villon : « Tes fievres quartaines, villain ! la blanchée n'en vault qu'un

« pinart, et tu nous surfais icy les vivres ? » Adonc pissa dedans son bacquet, comme font les moustardiers à Paris.

« Je vis le franc archier de Baignolet, qui estoit inquisiteur des heretiques. Il rencontra Perceforest pissant contre une muraille, en laquelle estoit peint le feu de sainct Antoine. Il le declaira heretique, et l'eust fait brusler tout vif, n'eust esté Morgant, qui, pour son *proficiat* et aultres menus droits, luy donna neuf muys de biere.

— Or, dist Pantagruel, reserve nous ces beaux contes à une aultre fois. Seulement dis nous comment y sont traictés les usuriers. — Je les vis, fist Epistemon, tous occupés à chercher les espingles rouillées et vieux cloux parmy les ruisseaux des rues, comme vous voyez que font les coquins en ce monde. Mais le quintal de ces quinquailleries ne vault qu'un boussin de pain ; encores y en à il mauvaise despesche : par ainsi les pauvres malautrus sont aucunes fois plus de trois sepmaines sans manger morceau ny miette, et travaillent jour et nuyt, attendans la foire à venir ; mais de ce travail et de malheureté il ne leur souvient, tant ilz sont actifz et maudicts, pourveu que, au bout de l'an, ilz gaignent quelque meschant denier. — Or, dist Pantagruel, faisons un transon de bonne chere, et beuvons, je vous en prie, enfans : car il fait beau boire tout ce mois. » Lors degainerent flaccons à tas, et des munitions du camp firent grand chere. Mais le pauvre roy Anarche ne se pouvoit esjouir. Dont dist Panurge : « De quel mestier ferons nous monsieur du roy icy, afin qu'il soit ja tout expert en l'art quand il sera de par delà à tous les diables ? — Vrayement, dist Pantagruel, c'est bien advisé à toy ; or fais en à ton plaisir, je le te donne. — Grand mercy, dist Panurge, le present n'est de refus, et l'aime de vous. »

CHAPITRE XXXI

COMMENT PANTAGRUEL ENTRA EN LA VILLE DES AMAUROTES, ET COMMENT PANURGE MARIA LE ROY ANARCHE ET LE FIT CRIEUR DE SAULCE VERT.

Aprés celle victoire merveilleuse, Pantagruel envoya Carpalim en la ville des Amaurotes, dire et annoncer comment le roy Anarche estoit pris, et tous leurs ennemis defaicts. Laquelle nouvelle entendue, sortirent au devant de luy tous les habitans de la ville en bon ordre, et en grande pompe triomphale, avec une liesse divine, le conduirent en la ville, et furent faicts beaux feux de joye par toute la ville, et belles tables rondes, garnies de force vivres, dressées par les rues. Ce fut un renouvellement du temps de Saturne, tant y fut faicte lors grand chere.

Mais Pantagruel, tout le senat assemblé, dist : « Messieurs, ce pendant que le fer est chault il le fault battre ; pareillement, devant que nous debaucher davantage, je veulx que nous allions prendre d'assault tout le royaulme des Dipsodes. Pourtant, ceux qui avec moy voudront venir s'apprestent à demain aprés boire, car lors je commenceray à marcher. Non qu'il me faille gens davantaige pour m'aider à le conquester : car autant vauldroit il que je le tinsse desja ; mais je voy que ceste ville est tant pleine des habitans qu'ilz ne peuvent se tourner par les rues ; donc je les meneray comme une colonie en Dipsodie, et leur donneray tout le pays, qui est beau, salubre, fructueux, et plaisant sùs tous les pays du monde, comme plusieurs de vous sçavent, qui y estes allés autrefois. Un chascun de vous qui y voudra venir, soit prest comme j'ay dict. » Ce conseil et deliberation fut divulgué par la ville ; et, le lendemain, se trouverent en la place devant le palais jusques au nombre de dixhuit cens cinquante et six mille et unze, sans les femmes et petits enfans. Ainsi commencerent à marcher droit en Dipsodie, en si bon ordre qu'ilz ressembloient es enfans d'Israel, quand ilz partirent d'Egypte pour passer la mer Rouge.

Mais, devant que poursuivre ceste entreprinse, je vous veulx dire comment Panurge traicta son prisonnier le roy Anarche. Il luy souvint de ce qu'avoit raconté Epistemon, comment estoient traictés les rois et riches de ce monde par les champs Elysées, et comment ilz gaignoient pour lors leur vie à vilz et salles mestiers.

Pourtant, un jour, habilla son dict roy d'un beau petit pourpoint de toille, tout deschicqueté comme la cornette d'un Albanois, et de belles chausses à la mariniere, sans souliers, car, disoit il, ilz luy gasteroient la veue ; et un petit bonnet pers, avec une grande plume de chappon. Je faulx, car il m'est advis qu'il y en avoit deux, et une belle ceincture de pers et vert, disant que ceste livrée luy advenoit bien, veu qu'il avoit esté pervers.

En tel poinct l'amena devant Pantagruel, et luy dist : « Cognoissez vous ce rustre ? — Non, certes, dist Pantagruel. — C'est monsieur du roy de trois cuittes. Je le veulx faire homme de bien : ces diables de rois icy ne sont que veaulx, et ne sçavent ny ne valent rien, sinon à faire des maulx es pauvres subjects, et à troubler tout le monde par guerre, pour leur inique et detestable plaisir. Je le veulx mettre à mestier, et le faire crieur de saulce vert. Or commence à crier : « Vous fault il poinct de saulce vert ? » Et le pauvre diable crioit. « C'est trop bas, » dist Panurge ; et le print par l'oreille, disant : « Chante plus hault, en *g, sol, ré, ut*. Ainsi... diable ! tu as bonne gorge, tu ne fus jamais si heureux que de n'estre plus roy. »

Et Pantagruel prenoit à tout plaisir. Car j'ose bien dire que c'estoit le meilleur petit bon homme qui fust d'icy au bout d'un baston Ainsi fut

Anarche bon crieur de saulce vert. Deux jours aprés, Panurge le maria avec une vieille lanterniere, et luy mesmes fit les nopces à belles testes de mouton, bonnes hastilles à la moustarde, et beaux tribars aux ailz. dont il envoya cinq sommades à Pantagruel, lesquelles il mangea toutes, tant il les trouva appetissantes ; et à boire belle piscantine et beau cormé. Et, pour les faire danser, loua un aveugle qui leur sonnoit la note avec sa vielle. Aprés disner, les amena au palais, et les monstra à Pantagruel, et luy dist, montrant la mariée : « Elle n'a garde de peter. — Pourquoy ? dist Pantagruel. — Pource, dist Panurge, qu'elle est bien entamée. — Quelle parabole est cela ? dist Pantagruel. — Ne voyez vous, dist Panurge, que les chastaignes qu'on fait cuire au feu, si elles sont entieres, elles petent que c'est raige ; et, pour les engarder de peter, l'on les entame. Aussi ceste nouvelle mariée est bien entamée par le bas, ainsi elle ne petera point. »

Pantagruel leur donna une petite loge auprés de la basse rue, et un mortier de pierre à piler la saulce. Et firent en ce point leur petit mesnage : et fut aussi gentil crieur de saulce vert qui fust onques veu en Utopie. Mais l'on m'a dict depuis que sa femme le bat comme plastre, et le pauvre sot ne s'ose defendre, tant il est niays.

CHAPITRE XXXII

COMMENT PANTAGRUEL DE SA LANGUE COUVRIT TOUTE UNE ARMÉE, ET DE CE QUE L'AUTEUR VIT DANS SA BOUCHE

Ainsi que Pantagruel avec toute sa bande entrerent es terres des Dipsodes, tout le monde en estoit joyeux, et incontinent se rendirent à luy, et, de leur franc vouloir, luy apporterent les clefz de toutes les villes où il alloit : exceptez les Almyrodes, qui voulurent tenir contre luy, et firent response à ses heraulx qu'ilz ne se rendroient, sinon à bonnes enseignes.

« Quoy ! dist Pantagruel, en demandent ilz de meilleures que la main au pot et le verre au poing ? Allons, et qu'on me les mette à sac. » Adonc tous se mirent en ordre, comme deliberés de donner l'assault. Mais, au chemin, passans une grande campaigne, furent saisis d'une grosse houzée de pluye. A quoy commencerent se tremousser et se serrer l'un l'aultre. Ce que voyant Pantagruel, leur fit dire par les capitaines que ce n'estoit rien, et qu'il voyoit bien au dessus des nues que ce ne seroit qu'une petite rouzée ; mais, à toutes fins, qu'ilz se missent en ordre, et qu'il les vouloit couvrir. Lors se mirent en bon ordre et bien serrés. Et Pantagruel tira sa langue seulement à demy, et les encouvrit comme une geline fait ses poulletz.

Ce pendant, je, qui vous fais ces tant veritables contes, m'estois caché dessous une fueille de bardane, qui n'estoit moins large que l'arche du pont de Monstrible ; mais quand je les vis ainsi bien couvers, je m'en allay à eux rendre à l'abrit : ce que je ne peuz, tant ilz estoient comme l'on dit, au bout de l'aulne fault le drap. Donc, le mieulx que je peuz, je montay par dessus, et cheminay bien deux lieues sur sa langue, tant que j'entray dedans sa bouche. Mais, ô dieux et déesses, que vis je là ? Jupiter me confonde de sa fouldre trisulque si j'en mens. Je y cheminois comme l'on fait en Sophie à Constantinople, et y vis de grans rochiers, comme les monts des Dannois, je croy que c'estoient ses dents, et de grands prés de grandes forestz, de fortes et grosses villes, non moins grandes que Lyon ou Poictiers.

Le premier que y trouvay ce fut un bon homme qui plantoit des choux. Dont, tout esbahy, luy demanday : « Mon amy, que fais tu icy ? — Je plante, dist il, des choux. — Et à quoy ny comment ? dis je. — Ha, monsieur, dist il, chascun ne peut avoir les couillons aussi pesans qu'un mortier, et ne pouvons estre tous riches. Je gaigne ainsi ma vie, et les porte vendre au marché, en la cité qui est icy derriere. — Jesus ! dis je, y a il icy un nouveau monde ? — Certes, dist il, il n'est mie nouveau ; mais l'on dit bien que, hors d'icy, a une terre neufve où ilz ont et soleil et lune, et tout plein de belles besoignes ; mais cestuy cy est plus ancien. — Voire mais, dis je, mon amy, comment a nom ceste ville où tu portes vendre tes choux ? — Elle a, dist il, nom Aspharage et sont christians, gens de bien, et vous feront grand chere. »

Brief, je deliberay d'y aller.

Or, en mon chemin, je trouvay un compaignon qui tendoit aux pigeons. Auquel je demanday : « Mon amy, dond vous viennent ces pigeons icy ? — Sire, dist il, ilz viennent de l'aultre monde. » Lors je pensay que, quand Pantagruel baisloit, les pigeons à pleines volées entroient dedans sa gorge, pensans que fust un colombier. Puis entray en la ville, laquelle je trouvay belle, bien forte, et en bel air ; mais, à l'entrée, les portiers me demanderent mon bulletin ; de quoy je fus fort esbahy et leur demanday : « Messieurs, y a il icy dangier de peste ? — O seigneur, dirent ilz, l'on se meurt icy auprés tant que le chariot court par les rues. — Vray Dieu, dis je, et où ? » A quoy me dirent que c'estoit en Laringues et Pharingues, qui sont deux grosses villes telles comme Rouen et Nantes, riches et bien marchandes. Et la cause de la peste a esté pour une puante et infecte exhalation qui est sortie des abysmes depuis n'a gueres ; dont ilz sont mors plus de vingt et deux cens soixante mille et seize personnes, depuis huit jours. Lors je pense et calcule, et trouve que c'estoit une puante haleine, qui estoit venue de l'estomac de Pantagruel alors qu'il mangea tant d'aillade, comme nous avons dict dessus.

De là partant, passay entre les rochiers qui estoient ses dents, et fis tant que je montay sus une, et là trouvay les plus beaux lieux du monde, beaux grands jeux de paulme, belles galeries, belles prairies, force vignes, et une infinité de cassines à la mode italicque par les champs pleins de delices, et là demeuray bien quatre mois, et ne fis onques telle chere que pour lors.

Puis descendis par les dents du derriere pour venir aux baulievres; mais, en passant, je fus destroussé des brigans par une grande forest qui est vers la partie des oreilles ; puis trouvay une petite bourgade à la devallée, j'ay oublié son nom, où je fis encores meilleure chere que jamais, et gaignay quelque peu d'argent pour vivre. Et sçavez vous comment? A dormir · car l'on loue là les gens à journée pour dormir, et gaignent cinq et six solz par jour ; mais ceux qui ronflent bien fort gaignent bien sept solz et demy. Et contois aux senateurs comment on m'avoit destroussé par la vallée ; lesquelz me dirent que, pour tout vray, les gens de delà les dents estoient mal vivans, et brigans de nature : à quoy je cogneu que, ainsi comme nous avons les contrées de deçà et delà les monts, aussi ont ilz deçà et delà les dents. Mais il fait beaucoup meilleur deçà, et y a meilleur air.

Et là commençay à penser qu'il est bien vray ce que l'on dit que la moitié du monde ne sçait comment l'aultre vit. Veu que nul n'avoit encores escrit de ce pays là, où il y a plus de vingt et cinq royaulmes habités, sans les desers, et un gros bras de mer ; mais j'en ay composé un grand livre intitulé l'*Histoire des Gorgias* : car ainsi les ay nommés, parce qu'ils demeurent en la gorge de mon maistre Pantagruel. Finablement voulus retourner ; et, passant par sa barbe, me jettay sus ses espaules, et de là me devalle en terre, et tombe devant luy. Quand il m'apperceut, il me demanda : « Dond viens tu, Alcofribas? » Je lui responds : « De vostre gorge, monsieur. — Et depuis quand y es tu? dist il. — Depuis, dis je, que vous alliez contre les Almirodes. — Il y a, dist il, plus de six mois. Et de quoy vivois tu? Que mangeois tu? que beuvois tu? « Je responds : « Seigneur, de mesmes vous, et, des plus frians morceaux qui passoient par vostre gorge, j'en prenois le barraige. — Voire mais, dist il, où chiois tu? — En vostre gorge, monsieur, dis je. — Ha, ha, tu es gentil compaignon, dist il. Nous avons avec l'aide de Dieu, conquesté tout le pays des Dipsodes ; je te donne la chastellenie de Salmigondin. — Grand mercy, dis je, monsieur ; vous me faites du bien plus que n'ay deservy envers vous ».

CHAPITRE XXXIII

COMMENT PANTAGRUEL FUT MALADE, ET LA FAÇON COMMENT IL GUERIT

Peu de temps après, le bon Pantagruel tomba malade, et fut tant prins de l'estomac qu'il ne pouvoit boire ny manger ; et, parce qu'un malheur ne vient jamais seul, luy print une pisse chaulde, qui le tourmenta plus que ne penseriez. Mais ses medecins le secoururent tres bien ; et, avec force de drogues lenitives et diuretiques, le firent pisser son malheur. Son urine estoit si chaulde que depuis ce temps là elle n'est encores refroidie. Et en avez en France en divers lieux, selon qu'elle print son cours : et l'on l'appelle les bains chaulx, comme

A Coderetz,
A Limous,
A Dast,
A Balleruc,
A Neric,
A Bourbonnensy, et ailleurs,
En Italie,
A Mons. grot,

A Appone,
A Sancto Petro dy Padua,
A Saincte Helene,
A Casa nova,
A Sancto Bartholomeo,
En la comté de Bouloigne,
A la Porrette,
Et mille aultres lieux.

Et m'esbahis grandement d'un tas de fols philosophes et medecins, qui perdent temps à disputer dond vient la chaleur de ces dictes eaux, ou si c'est à cause du baurach, ou du soulphre, ou de l'allun, ou du salpetre qui est dedans la minere : car ilz n'y font que ravasser, et mieulx leur vauldroit se aller frotter le cul au panicault que de perdre ainsi le temps à disputer de ce dont ilz ne sçavent l'origine. Car la resolution est aisée, et n'en fault enquester davantaige que lesdicts bains sont chaulx parce qu'ilz sont issus par une chaulde pisse du bon Pantagruel. Or, pour vous dire comment il guerit de son mal principal, je laisse icy comment, pour une minorative, il print quatre quintaulx de scammonée colophoniacque, six vingts et dixhuit charretées de casse, unze mille neuf cens livres de reubarbe, sans les aultres barbouillemens. Il vous fault entendre que, par le conseil des medecins, fut decreté qu'on osteroit ce que luy faisoit le mal à l'estomac. Pour ce, l'on fit seize grosses pommes de cuyvre, plus grosses que celle qui est à Rome à l'aiguille de Virgile, en telle façon qu'on les ouvroit par le milieu et fermoit à un ressort.

En l'une entra un de ses gens portant une lanterne et un flambeau allumé. Et ainsi l'avalla Pantagruel comme une petite pillule. En cinq aultres entrerent d'aultres gros varletz chascun portant un pic à son col. En trois aultres entrerent trois paysans chascun ayant une pasle à son col.

Es sept aultres entrerent sept porteurs de coustrets, chascun ayant une corbeille à son col ; et ainsi furent avallées comme pillules. Quand furent en l'estomac, chascun defit son ressort et sortirent de leurs cabanes, et premier celuy qui portoit la lanterne, et ainsi chercherent plus de demie lieue où estoient les humeurs corrompues en un goulphre horrible, puant et infect plus que Mephitis, ny la palus Camarine, ny le punais lac de Sorbone, duquel escrit Strabo. Et n'eust esté qu'ilz s'estoient tres bien antidotés le cœur, l'estomac, et le pot au vin, lequel on nomme la caboche, ilz fussent suffoqués, et estainctz de ces vapeurs abominables. O quel parfum ! o quel vaporement pour embrener touretz de nez à jeunes galoyses ! Aprés, en tastonnant et fleuretant, approcherent de la matiere fecale et des humeurs corrompues. Finablement, trouverent une montjoye d'ordure. Lors les pionniers frapperent sus pour la desrocher, et les aultres, avec leurs pasles, en remplirent les corbeilles, et quand tout fut bien nettoyé, chascun se retira en sa pomme.

Ce faict, Pantagruel se parforce de rendre sa gorge, et facilement les mit dehors, et ne montoient en sa gorge en plus qu'un pet en la vostre, et là sortirent hors de leurs pillules joyeusement. Il me souvenoit quand les Gregeoys sortirent du cheval de Troye. Et, par ce moyen, fut guery, e' reduict à sa premiere convalescence. Et de ces pillules d'arain en avez une en Orléans, sus le clochier de l'eglise de Saincte Croix.

CHAPITRE XXXIV

LA CONCLUSION DU PRESENT LIVRE ET L'EXCUSE DE L'AUTEUR

Or, messieurs, vous avez ouy un commencement de l'histoire horrifique de mon maistre et seigneur Pantagruel. Icy je feray fin à ce premier livre, car la teste me fait un peu de mal, et sens bien que les registres de mon cerveau sont quelque peu brouillés de ceste purée de septembre. Vous aurez le reste de l'histoire à ces foires de Francfort prochainement venantes, et là vous verrez comment Panurge fut marié, et coqu des le premier mois de ses nopces ; et comment Pantagruel trouva la pierre philosophale, et la maniere de la trouver et d'en user ; et comment il passa les monts Caspies, comment il naviga par la mer Atlantique, et desfit les Cannibales, et conquesta les isles de Perlas ; comment il espousa la fille du roy d'Inde dict Prestre Jean ; comment il combattit contre les diables, et fit brusler cinq chambres d'enfer, et mit à sac la grande chambre noire, et jetta Proserpine au feu, et rompit quatre dents à Lucifer, et une corne au cul ; et comment il visita les regions de la lune, pour sçavoir si à la verité la lune n'estoit entiere, mais que les femmes en avoient trois quartiers en la teste : et mille aultres petites joyeusetés toutes veritables. Ce sont beaux textes d'evangiles en françois. Bon soir, messieurs. *Perdonnate mi*, et ne pensez tant à mes faultes que ne pensez bien es vostres.

Si vous me dictes : « Maistre, il sembleroit que ne fussiez grandement sage de nous escrire ces balivernes et plaisantes mocquettes, » je vous responds que vous ne l'estes gueres plus de vous amuser à les lire. Toutesfois, si pour passetemps joyeux les lisez, comme passant temps les escrivois, vous et moy sommes plus dignes de pardon qu'un grand tas de sarrabovites, cagotz, escargotz, hypocrites, caffars, frapars, botineurs, et aultres telles sectes de gens qui se sont desguisés comme masques pour tromper le monde. Car, donnans entendre au populaire commun qu'ilz ne sont occupés sinon à contemplation et devotion, en jeusnes et maceration de la sensualité, sinon vrayement pour sustanter et alimenter la petite fragilité de leur humanité, au contraire font chere, Dieu sçait quelle, *et curios simulant, sed bacchanalia vivunt*. Vous le pouvez lire en grosse lettre et enlumineure de leurs rouges museaux, et ventres à poulaine, sinon quand ilz se parfument de soulphre. Quant est de leur estude, elle est toute consummée à la lecture des livres pantagruelicques ; non tant pour passer temps joyeusement que pour nuire à quelqu'un meschantement : sçavoir est articulant, monorticulant, torticulant, culletant, couilletant, et diabliculant, c'est à dire calumniant. Ce que faisans, semblent es coquins de village qui fougent et escharbottent la merde des petits enfans en la saison des cerises et guignes, pour trouver les noyaulx, et iceux vendre es drogueurs qui font l'huile de Maguelet. Iceux fuyez, abhorrissez et haïssez autant que je fais, et vous en trouverez bien sur ma foy. Et, si desirez estre bons pantagruelistes, c'est à dire vivre en paix, joye, santé, faisans toujours grand chere, ne vous fiez jamais aux gens qui regardent par un pertuys.

LE TIERS LIVRE

DES FAICTS ET DICTS HEROÏQUES

DU BON PANTAGRUEL

composé

PAR M. FRANÇOIS RABELAIS

DOCTEUR EN MEDECINE ET CALLOIER DES ISLES HIERES

L'autheur susdict
supplie les lecteurs benevoles
soy reserver à rire
au soixante et dixhuitiesme livre.

FRANÇOIS RABELAIS

A L'ESPRIT DE LA ROYNE DE NAVARRE

Esprit abstraict, ravy, et ecstatic,
Qui, fréquentant les cieulx, ton origine,
As delaissé ton hoste et domestic,
Ton corps concords, qui tant se morigine
A tes edictz, en vie peregrine,
Sans sentement, et comme en apathie,
Voudrois tu point faire quelque sortie
De ton manoir divin, perpetuel :
Et ça bas voir une tierce partie
Des *Faicts* joyeux *du bon Pantagruel ?*

PRIVILEGE DU ROY FRANÇOIS I

Françoys par la grace de Dieu roy de France, au Prevost de Paris, Bailly de Rouen, Seneschaulx de Lyon, Tholouse, Bordeaux, et de Poictou, et à tous nos justiciers, et officiers, ou à leurs lieutenans, et à chascun d'eux si comme à luy appartiendra, salut.

De la partie de nostre aimé et féal maistre Françoys Rabelais, docteur en medecine de nostre Université de Montpellier, nous a esté exposé que, iceluy suppliant ayant par cy davant baillé à imprimer plusieurs livres, mesmement deux volumes des *Faicts et Dicts heroïques de Pantagruel*, non moins utiles que delectables, les imprimeurs auroient iceux livres corrompu et perverty en plusieurs endroictz, au grand deplaisir et detriment dudict suppliant, et prejudice des lecteurs, dont se seroit abstenu de mettre en public le reste et sequence desdicts *Faicts et Dicts heroïques*. Estant toutesfois importuné journellement par les gens sçavans et studieux de nostre royaume et requis de mettre en l'utilité comme en impression ladicte sequence, nous auroit supplié de luy octroyer privilege à ce que personne n'eust à les imprimer ou mettre en vente fors ceux qu'il feroit imprimer par libraires exprès, et auxquelz il bailleroit ses propres et vrayes copies, et ce pour l'espace de dix ans consecutifz, commençans au jour et date de l'impression de ses dicts livres. Pourquoy nous, ces choses considerées, desirans les bonnes lettres estre promeues par nostre royaume à l'utilité et erudition de nos subjectz, avons audict suppliant donné privilege, congé, licence, et permission de faire imprimer et mettre en vente par telz libraires experimentés qu'il advisera, ses dicts livres et œuvres consequens, des *Faicts heroïcques de Pantagruel*, commençans au troisiesme volume, avec povoir et puissance de corriger et revoir les deux premiers par cy davant par luy composés ; et les mettre ou faire mettre en nouvelle impression et vente, faisans inhibition et defenses de par nous sur certaines et grands peines, confiscation des livres ainsi par eux imprimés, et d'admende arbitraire à tous imprimeurs et autres qu'il appartiendra, de non imprimer et mettre en vente les livres cy dessus mentionnés, sans le vouloir et consentement dudict suppliant, dedans le terme de six ans consecutifz, commençans au jour et date de l'impression de ses dictz livres, sur peine de confiscation des dictz livres imprimés, et d'admende arbitraire.

De ce faire vous avons chascun de vous si comme à luy appartiendra donné et donnons plein povoir, commission et auctorité, mandons et commandons à tous nos justiciers, officiers et subjectz, que de nos presens congé, privilege, et commission, ilz facent, souffrent, et laissent jouir et user le dict suppliant paisiblement, et à vous en ce faisant estre obéy. Car ainsi nous plaist il estre faict.

Donné à Paris, le dixneufviesme jour de septembre, l'an de grace mil cinq cens quarante cinq, et de nostre regne le trente-unieme.

Ainsi signé : *Par le conseil*, Delaunay ; et scellé sur simple queue de cire jaune.

PRIVILEGE DU ROY HENRI II

Henry par la grace de Dieu Roy de France, au Prevost de Paris, Bailly de Rouen, Seneschaulx de Lyon, Tholouse, Bordeaux, Daulphiné, Poictou, et à tous nos autres justiciers et officiers, ou à leurs lieutenants, et à chascun d'eux, si comme à luy appartiendra, salut et dilection.

De la partie de nostre cher et bien aymé M. François Rabelais, docteur en medecine, nous a esté exposé que iceluy suppliant ayant par cy devant baillé à imprimer plusieurs livres en grec, latin, françois, et thuscan, mesmement certains volumes des *Faits et Dicts heroïques de Pantagruel*, non moins utiles que delectables, les imprimeurs auroient iceux livres corrompuz, dépravés, et pervertis en plusieurs endroitz; auroient davantage imprimé plusieurs autres livres scandaleux, ou non dud. suppliant, à son grand desplaisir, prejudice et ignominie, par luy totalement desadvoués, comme faulx et supposés : lesquelz il desireroit sous nostre bon plaisir et volonté supprimer; ensemble les autres siens advoués, mais depravés et desguisés, comme dict est, revoir et corriger et de nouveau réimprimer; pareillement mettre en lumière et vente la suite des *Faicts et Dicts heroïques de Pantagruel*, nous humblement requerant sur ce, luy octroyer nos lettres à ce necessaires et convenables. Pource est il que, nous enclinans liberalement à la supplication et requeste dud. M. François Rabelais, exposant, et desirans le bien et favorablement traicter en cet endroit, à iceluy pour ces causes et autres bonnes considerations à ce nous mouvans, avons permis, accordé et octroyé, et de nostre certaine science, pleine puissance et auctorité royale, permettons, accordons et octroyons par ces presentes, qu'il puisse et luy soit loisible par telz imprimeurs qu'il advisera faire imprimer, et de nouveau mettre et exposer en vente tous et chascuns lesdicts livres et suite de Pantagruel par luy composés et entreprins, tant ceux qui ont ja esté imprimés, qui seront pour cest effect par luy reveuz et corrigés, que aussi ceux qu'il delibere de nouvel mettre en lumiere; pareillement supprimer ceux qui faulsement luy sont attribués. Et afin qu'il ait moyen de supporter les fraiz necessaires à l'ouverture de la dicte impression, avons par ces presentes très expressement inhibé et défendu, inhibons et defendons à tous autres libraires et imprimeurs de cestuy nostre royaume, et autres nos terres et seigneuries, qu'ilz n'aient à imprimer, ne faire imprimer, mettre et exposer en vente aucuns des susdicts livres, tant vieux que nouveaux durant le temps et terme de dix ans ensuivans et consecutifz, commençans au jour et date de l'impression desdicts livres, sans le vouloir et consentement dudict exposant, et ce sur peine de confiscation des livres qui se trouveront avoir esté imprimés au préjudice de ceste nostre presente permission, et d'amende arbitraire.

Si voulons et vous mandons et à chascun de vous endroict soy et si comme à luy appartiendra, que nos presens congé, licence et permission, inhibitions et defenses, vous entretenez, gardez et observez. Et si aucuns estoient trouvés y avoir contrevenu, procedez et faictes proceder à l'encontre d'eux, par les peines susdictes et autrement. Et du contenu cy dessus, faictes ledict suppliant jouir et user pleinement et paisiblement, durant ledict temps à commencer et tout ainsi que dessus est dict, cessans et faisans cesser tous troubles et empeschemens au contraire. Car tel est nostre plaisir, nonobstant quelzconques ordonnances, restrinctions, mandemens, ou defenses à ce contraires. Et pource que de ces presentes l'on pourra avoir à faire en plusieurs et divers lieux, nous voulons que au vidimus d'icelles faict sous scel royal, foy soit adjoustée comme à ce present original.

Donné à Sainct Germain en Laye, le sixiesme jour d'aoust, l'an de grace mil cinq cens cinquante, et de nostre regne le quatriesme.

Par le Roy, le cardinal de Chastillon present.
Signé : Du Thier.

PROLOGUE DU TIERS LIVRE

Bonnes gens, beuveurs tres illustres, et vous goutteux tres precieux, vistes vous onques Diogenes le philosophe cynic? Si l'avez veu, vous n'aviez perdu la veue, ou je suis vrayement forissu d'intelligence et de sens logical. C'est belle chose voir la clarté du (vin et escus) soleil. J'en demande à l'aveugle né tant renommé par les tres sacres bibles : lequel, ayant option de requerir tout ce qu'il voudroit, par le commandement de celuy qui est tout puissant, et le dire duquel est en un moment par effect representé, rien plus ne demanda que voir.

Vous item n'estes jeunes qui est qualité competente pour en vin, non en vain, ains plus que physicalement philosopher, et desormais estre du conseil bacchicque, pour en lopinant opiner des substance, couleur, odeur, excellence, eminence, propriété, faculté, vertus, effect et dignité du benoist et desiré piot.

Si veu ne l'avez (comme facilement je suis induict à croire), pour le moins avez vous ouy de luy parler : car, par l'air et tout ce ciel, est son bruit et nom jusques à present resté memorable et celebre assez. Et puis vous estes tous du sang de Phrygie extraictz, ou je me abuse. Et, si n'avez tant d'escus comme avoit Midas, si avez vous de luy je ne sçay quoy, que plus jadis louoient les Perses en tous leurs otacustes, et que plus souhaitoit l'empereur Antonin : dont depuis fut la serpentine de Rohan surnommée Belles oreilles.

Si n'en avez ouy parler, de luy vous veux presentement une histoire narrer, pour entrer en vin (beuvez donc) et propos (escoutez donc), vous advertissant (afin que ne soyez en simplesse pippés, comme gens mescréans) qu'en son temps il fut philosophe rare et joyeux entre mille. S'il avoit quelques imperfections, aussi avez vous, aussi avons nous. Rien n'est, sinon Dieu, perfaict. Si est ce que Alexandre le Grand, quoy qu'il eust Aristoteles pour precepteur et domestic, l'avoit en telle estimation qu'il souhaitoit, en cas qu'Alexandre ne fust, estre Diogenes Sinopien.

Quand Philippe, roy de Macedonie, entreprint assiéger et ruiner Corinthe, les Corinthiens, par leurs espions advertis que contre eux il venoit en grand arroy et exercite numereux, tous furent non à tort espovantés, et ne furent negligens soy soigneusement mettre chascun en office et debvoir, pour à son hostile venue resister, et leur ville defendre. Les uns, des champs es forteresses, retiroient meubles, bestail, grains, vins, fruictz, victuailles et munitions necessaires. Les autres remparoient murailles, dressoient bastions, esquarroient ravelins, cavoient fossés, escuroient contremines, gabionnoient defenses, ordonnoient plates formes, vuidoient chasmates, rembarroient faulses brayes, erigeoient cavaliers, ressapoient contrescarpes, enduisoient courtines, produisoient moineaux, taluoient parapetes, enclavoient barbacanes, asseroient machicoulis, renouoient herses sarrazinesques et cataractes, assoyoient sentinelles, forissoient patrouilles. Chascun estoit au guet, chascun portoit la hotte.

Les uns polissoient corseletz, vernissoient alecretz, nettoyoient bardes, chanfrains, aubergeons, brigandines, salades, bavieros, capelines, guisarmes, armetz, morions, mailles, jazerans, brassalz, tassettes, goussetz, guorgeris, hoguines, plastrons-lamines, aubers, pavoys, boucliers, caliges, greves, soleretz, esperons. Les autres apprestoient arcs, fondes, arbalestes, glands, catapultes, phalarices, migraines, potz, cercles et lances à feu; balistes, scorpions et autres machines bellicques, repugnatoires, et destructives des helepolides ; esguisoient vouges, picques, rancons, hallebardes, hanicroches, volains, lances, azesgayes, fourches fieres, parthisanes, massues, hasches, dards, dardelles, javelines, javelotz, espieux ; affiloient cimeterres; brands d'assier, badelaires, paffuz, espées, verduns, estocz, pistoletz, viroletz, dagues, mandosianes, poignards, cousteaux, allumelles, raillons. Chascun exerçoit son penard, chascun desrouilloit son braquemard. Femme n'estoit, tant preude ou vieille fust, qui ne fist fourbir son harnois : comme vous sçavez que les antiques Corinthiennes estoient au combat couraigeuses.

Diogenes, les voyant en telle ferveur mesnage remuer, et n'estant par les magistratz employé à chose aucune faire, contempla par quelques jours leur contenance sans mot dire, puis, comme excité d'esprit martial, ceignit son palle en escharpe, recoursa ses manches jusques es couldes, se troussa en cueilleur de pommes, bailla à un sien compaignon vieux sa besasse, ses livres et opistographes ; fit, hors la ville, tirant vers le Cranie (qui est une colline et promontoire lez Corinthe), une belle esplanade ; y roulla le tonneau fictil qui pour maison luy estoit contre les injures du ciel, et en grande vehemence d'esprit, desployant ses bras, le tournoit, viroit, brouilloit, barbouilloit, hersoit, versoit, renversoit, nattoit, grattoit, flattoit, barattoit, bastoit, boutoit, butoit, tabustoit, cullebutoit, trepoit, trempoit, tapoit, timpoit, estoupoit, destoupoit, detraquoit, triquotoit, tripotoit, chapotoit, croulloit, elançoit, chamailloit, bransloit, esbransloit, levoit, lavoit, clavoit, entravoit, bracquoit, bricquoit, bloquoit, tracassoit ramassoit, cabossoit, afestoit, affustoit, baffouoit, enclouoit, amadouoit, guoildronnoit, mittonoit, tastonnoit, bimbelotoit, clabossoit, terrassoit, bistorioit, vreloppoit, chaluppoit, charmoit, armoit, guizarmoit, enharnachoit, empennachoit, caparassonnoit; le devalloit de mont à val, et precipitoit par le Cranie; puis de val en mont le rapportoit, comme Sisyphus fait sa pierre : tant que peu s'en faillit qu'il ne le defonçast. Ce voyant quelqu'un de ses amis, luy demanda quelle cause le mouvoit à son corps, son esprit, son tonneau ainsi tourmenter? Auquel respondit le philosophe qu'à aultre office n'estant pour la republique employé, il, en ceste façon, son tonneau tempestoit, pour, entre ce peuple tant fervent et occupé, n'estre veu seul cessateur et ocieux.

Je, pareillement, quoy que sois hors d'effroy, ne suis toutesfois hors d'esmoy, de moy voyant n'estre faict aucun pris digne d'œuvre, et considerant, par tout ce tres noble royaume de France, deçà, de là les monts, un chascun aujourd'huy soy instantement exercer et travailler, part à la fortification de sa patrie et la defendre; part au repoulsement des ennemis et les offendre, le tout en police tant belle, en ordonnance si mirifique, et à profit tant evident pour l'advenir (car desormais sera France superbement bournée, seront François en repos asceurés), que peu de chose me retient que je n'entre en l'opinion du bon Heraclitus, affirmant guerre estre de tous biens pere; et croye que guerre soit en latin dicte *belle,* non par antiphrase, ainsi comme ont cuidé certains repetasseurs de vieilles ferrailles latines, parce qu'en guerre gueres de beauté ne voyoient, mais absolument et simplement par raison qu'en guerre apparoisse toute espece de bien et beau, soit decelée toute espece de mal et laidure. Qu'ainsi soit, le roy sage et pacific Salomon n'a sceu mieulx nous representer la perfection indicible de la sapience divine que la comparant à l'ordonnance d'une armée en camp.

Par donc n'estre adscrit et en rang mis des nostres en partie offensive, qui m'ont estimé trop imbecille et impotent; de l'autre, qui est defensive, n'estre employé aucunement, fust ce portant hotte, cachant crotte, ployant rotte, ou cassant motte, tout m'estoit indifferent, ay imputé à honte plus que mediocre estre veu spectateur ocieux de tant vaillans, disers et chevaleureux personnaiges, qui, en veue et spectacle de toute Europe, jouent ceste insigne fable et tragicque comedie; ne m'esvertuer de moy mesmes, et non y consommer ce rien, mon tout, qui me restoit. Car peu de gloire me semble accroistre à ceux qui seulement y emploictent leurs yeulx, au demeurant y espargnent leurs forces, celent leurs escus, cachent leur argent, se grattent la teste avec un doigt, comme landores desgoustés, baislent aux mouches comme veaulx de disme, chauvent des oreilles comme asnes d'Arcadie au chant des musiciens, et, par mines en silence, signifient qu'ils consentent à la prosopopée.

Prins ce choys et election, ay pensé ne faire exercice inutile et importun si je remuois mon tonneau diogenic, qui seul m'est resté du naufrage faict par le passé au far de mal'encontre. A ce triballement de tonneau, que feray je, en vostre advis? Par la vierge qui se rebrasse, je ne sçay encores. Attendez un peu que je hume quelque traict de ceste bouteille : c'est mon vray et seul Helicon, c'est ma fontaine caballine, c'est mon unique enthusiasme. Icy beuvant je delibere, je discours, je resouldz et concluds. Aprés l'epilogue je ris, j'escris, je compose, je boy. Ennius beuvant escrivoit, escrivant beuvoit. Eschylus (si à Plutarche foy avez, *in Symposiacis*) beuvoit composant, beuvant composoit. Homere jamais n'escrivit à jeun. Caton jamais n'escrivit qu'aprés boire. Afin que ne me dictes ainsi vivre sans exemple des biens loués et mieulx prisés. Il est bon et frais assez, comme vous diriez sus le commencement du second degré : Dieu, le bon Dieu *Sabaoth*, c'est à dire des armées, en soit eternellement loué. Si de mesmes vous autres beuvez un grand ou deux petits coups en robe, je n'y trouve inconvenient aucun, pourveu que du tout louez Dieu un tantinet.

Puis donc que telle est ou ma sort, ou ma destinée (car à chascun n'est octroyé entrer et habiter Corinthe), ma deliberation est servir et es uns et es autres ; tant s'en fault que je reste cessateur et inutile. Envers les vastadours, pionniers et rempareurs, je feray ce que firent Neptune et Apollo en Troie sous Laomedon, ce que fit Regnauld de Montaulban sus ses derniers jours : je serviray les massons, je mettray bouillir pour les massons, et, le past terminé, au son de ma musette, mesureray la musarderie des musars. Ainsi fonda, bastit et edifia Amphion, sonnant de sa lyre, la grande et celebre cité de Thebes.

Envers les guerroyans, je vais de nouveau percer mon tonneau ; et, de la traicte, laquelle, par deux precedens volumes (si par l'imposture des imprimeurs n'eussent esté pervertis et brouillés), vous fut assez cogneue, leur tirer du creu de nos passetemps epicenaires un galant tiercin, et consecutivement un joyeux quart de Sentences pantagruelicques. Par moy licite vous sera les appeler diogenicques. Et m'auront (puis que compaignon ne peux estre) pour architriclin loyal, refraischissant à mon petit pouvoir leur retour des alarmes; et laudateur, je dis infatigable, de leurs prouesses et glorieux faicts d'armes. Je n'y fauldray par *lapathium acu-*

tum de Dieu, si mars ne failloit à caresme, mais il s'en donnera bien garde, le paillard.

Me souvient toutesfois avoir leu que Ptolemée, filz de Lagus, quelque jour, entre autres despouilles et butins de ses conquestes, presentant aux Egyptiens en plein théatre un chameau bactrian tout noir, et un esclave bigarré, tellement que de son corps l'une part estoit noire, l'autre blanche (non en compartiment de latitude par le diaphragme, comme fut celle femme sacrée à Vénus Indicque, laquelle fut recogneue du philosophe Tyanien entre le fleuve Hydaspes et le mont Caucase), mais en dimension perpendiculaire, choses non encores veues en Egypte, esperoit, par offre de ces nouveautés, l'amour du peuple envers soy augmenter. Qu'en advint il? A la production du chameau, tous furent effroyés et indignés; à la veue de l'homme bigarré, aucuns se moquerent, autres l'abominerent comme monstre infame, créé par erreur de nature. Somme, l'esperance qu'il avoit de complaire à ses Egyptiens, et, par ce moyen, extendre l'affection qu'ilz luy portoient naturellement, luy decoulla des mains. Et entendit plus à plaisir et delices leur estre choses belles, elegantes et perfaictes, que ridicules et monstrueuses. Depuis, eut tant l'esclave que le chameau en mespris; si que, bien tost après, par negligence et faulte de commun traictement, firent de vie à mort eschange.

Cestuy exemple me fait entre espoir et crainte varier, doubtant que, pour contentement propensé, je rencontre ce que j'abhorre; mon tresor soit charbons; pour Venus advienne Barbet le chien : en lieu de les servir, je les fasche; en lieu de les esbaudir, je les offense; en lieu de leur complaire, je déplaise, et soit mon adventure telle que du cocq d'Euclion, tant celebré par Plaute en sa *Marmite* et par Ausone en son *Gryphon* et ailleurs; lequel, pour en grattant avoir descouvert le tresor, eut la couppe gorgée. Advenant le cas, ne seroit ce pour chevreter? Autrefois est il advenu; advenir encores pourroit.

Non fera, Hercules! Je recognois en eux tous une forme specificque et propriété individuale, laquelle nos majeurs nommoient Pantagruelisme, moyennant laquelle jamais en mauvaise partie ne prendront choses quelconques ilz cognoistront sourdre de bon, franc et loyal couraige. Je les ay ordinairement veuz bon vouloir en payement prendre, et en iceluy acquiescer, quand debilité de puissance y a esté associée.

De ce poinct expedié, à mon tonneau je retourne. Sus, à ce vin, compaings! Enfans, beuvez à pleins godetz. Si bon ne vous semble, laissez le. Je ne suis de ces importuns lifrelofres, qui, par force, par oultraige et violence, contraignent les lans et compaignons trinquer, voire carous et alluz, qui pis est. Tout beuveur de bien, tout goutteux de bien, alterés, venans à ce mien tonneau, s'ilz ne voulent, ne beuvent : s'ilz voulent, et le vin plaist au goust de la seigneurie de leurs seigneuries, beuvent franchement, librement, hardiment, sans rien payer, et ne l'espargnent. Tel est mon decret. Et peur n'ayez que le vin faille, comme fit es nopces de Cana en Galilée. Autant que vous en tirerez par la dille, autant en entonneray par le bondon. Ainsi demeurera le tonneau inexpuisible. Il a source vive et veine perpetuelle. Tel estoit le breuvage contenu dedans la coupe de Tantalus, representé par figure entre les sages Brachmanes ; telle estoit en Iberie la montaigne de sel tant celebrée par Caton ; tel estoit le rameau d'or sacré à la déesse sousterraine, tant celebré par Virgile. C'est un vray cornucopie de joyeuseté et raillerie. Si quelquefois vous semble estre expuisé jusques à la lie, non pourtant sera il à sec. Bon espoir y gist au fond, comme en la bouteille de Pandora ; non desespoir, comme on bussart des Danaides.

Notez bien ce que j'ay dict, et quelle maniere de gens j'invite. Car (afin que personne n'y soit trompé) à l'exemple de Lucilius, lequel protestoit n'escrire qu'à ses Tarentins et Consentinois, je ne l'ay percé que pour vous, gens de bien, beuveurs de la prime cuvée, et goutteux de franc alleu. Les géans doriphages, avalleurs de frimats, ont au cul passions assez, et assez sacs au croc pour venaison ; y vacquent s'ils voulent : ce n'est icy leur gibbier. Des cerveaux à bourlet, grabeleurs de corrections, ne me parlez, je vous supplie, au nom et reverence des quatre fesses qui vous engendrerent, et de la vivifique cheville qui pour lors les couploit. Des caphars encores moins, quoy que tous soient beuveurs oultrés, tous verolés, croustelevés, garnis d'alteration inextinguible et manducation insatiable. Pourquoy ? Pource qu'ilz ne sont de bien, ains de mal, et de ce mal duquel journellement à Dieu requerons estre delivrés, quoy qu'ilz contrefacent quelquefois des gueux. Onques vieil singe ne fit belle moue.

Arriere, mastins ! hors de la quarriere ! hors de mon soleil, cahuaille au diable ! Venez vous icy culletans articuler mon vin et compisser mon tonneau ? Voyez cy le baston que Diogenes par testament ordonna estre prés luy posé aprés sa mort, pour chasser et esrener ces larves bustuaires et mastins cerbericques. Pourtant, arriere, cagotz ! Aux ouailles, mastins ! Hors d'icy, caphards ! de par le diable, hay ! Estes vous encores là ? Je renonce ma part de papimanie, si je vous happe. *GZZ, g ZZZ, g ZZZZZZ*. Davant, davant ! Iront ilz ? Jamais ne puissiez vous fianter que à sanglades d'estrivieres ! Jamais pisser que à l'estrapade, jamais eschauffer que à coups de baston !

CHAPITRE I

COMMENT PANTAGRUEL TRANSPORTA UNE COLONIE DE UTOPIENS EN DIPSODIE

Pantagruel, avoir entierement conquesté le pays de Dipsodie, en iceluy transporta une colonie de Utopiens, en nombre de 9,876,543,210 hommes, sans les femmes et petits enfans : artisans de tous mestiers, et professeurs de toutes sciences liberales, pour ledict pays refraichir, peupler et orner, mal autrement habité, et desert en grande partie. Et les transporta, non tant pour l'excessive multitude d'hommes et femmes qui estoient en Utopie multipliés comme locustes. Vous entendez assez, ja besoing n'est davantaige vous l'exposer, que les Utopiens avoient les genitoires tant feconds et les Utopiennes portoient matrices tant amples, glouttes, tenaces et cellulées par bonne architecture, que, au bout de chascun neufviesme mois, sept enfans pour le moins, que masles que femelles, naissoient par chascun mariaige, à l'imitation du peuple judaïc en Egypte, si de Lyra ne delire ; non tant aussi pour la fertilité du sol, salubrité du ciel et commodité du pays de Dipsodie que pour iceluy contenir en office et obéissance, par nouveau transport de ses antiques et féaulx subjetz. Lesquelz, de toute memoire, autre seigneur n'avoient cogneu, recogneu, advoué, ne servy que luy. Et lesquelz, des lors que nasquirent et entrerent au monde, avec le laict de leurs meres nourrices, avoient pareillement sugcé la doulceur de debonnaireté de son regne, et en icelle estoient tousdis confictz et nourris. Qui estoit espoir certain que plus tost defaudroient de vie corporelle que de ceste premiere et unique subjection naturellement deue à leur prince, quelque lieu que fussent espars et transportés. Et non seulement telz seroient eux et les enfans successivement naissans de leur sang, mais aussi en ceste féaulté et obéissance entretiendroient les nations de nouveau adjoinctes à son empire. Ce que veritablement advint, et ne fut aucunement frustré en sa deliberation. Car si les Utopiens, avant cestuy transport, avoient esté féaulz et bien recognoissans, les Dipsodes, avoir peu de jours avec eux conversé, l'estoient encores davantaige, par ne sçay quelle ferveur naturelle en tous humains au commencement de toutes œuvres qui leur viennent à gré. Seulement se plaignoient, obtestans tous les cieulx et intelligences motrices, de ce que plus tost n'estoit à leur notice venue la renommée du bon Pantagruel.

Noterez donc icy, beuveurs, que la maniere d'entretenir et retenir pays nouvellement conquestés n'est (comme a esté l'opinion erronée de certains esprits tyrannicques, à leur dam et deshonneur) les peuples pillant, forçant, angariant, ruinant, mal vexant et regissant avec verge de fer; brief, les peuples mangeant et devorant, en la façon que Homere appelle le roy inique *Demovore*, c'est à dire mangeur de peuple. Je ne vous allegueray à ce propos les histoires antiques; seulement vous revocqueray en recordation de ce qu'en ont veu vos peres, et vous mesmes, si trop jeunes n'estes. Comme enfant nouvellement né, les fault alaicter, bercer, esjouir. Comme arbre nouvellement plantée, les fault appuyer, asceurer, defendre de toutes vimeres, injures et calamités. Comme personne sauvée de longue et forte maladie, et venant à convalescence, les fault choyer, espargner, restaurer : de sorte qu'ilz conçoivent en soy ceste opinion n'estre au monde roy ne prince que moins voulsissent ennemy, plus optassent amy.

Ainsi Osiris, le grand roy des Egyptiens, toute la terre conquesta, non tant à force d'armes que par soulagement des angaries, enseignemens de bien et salubrement vivre, loix commodes, gracieuseté et bienfaicts. Pourtant, du monde fut il surnommé le grand roy Evergetes, c'est à dire bienfaicteur, par le commandement de Jupiter faict à une Pamyle. De faict, Hesiode, en sa *Hierarchie*, colloque les bons demons (appelez les, si voulez, anges ou genies), comme moyens et mediateurs des dieux et hommes, superieurs des hommes, inferieurs des dieux. Et, pource que par leurs mains nous adviennent les richesses et biens du ciel, et sont continuellement envers nous bienfaisans, tousjours du mal nous preservent; les dit estre en office de rois, comme, bien tousjours faire, jamais mal, estant acte uniquement royal.

Ainsi fut empereur de l'univers Alexandre Macedo. Ainsi fut par Hercules tout le continent possedé, les humains soulageant des monstres, oppressions, exactions et tyrannies; en bon traictement les gouvernant, en equité et justice les maintenant, en benigne police et loix convenantes à l'assiete des contrées les instituant; suppléant à ce que défailloit, ce que abondoit avalluant; et pardonnant tout le passé, avec oubliance sempiternelle de toutes offenses precedentes : comme estoit l'amnestie des Atheniens, lors que furent par la prouesse et industrie de Thrasibulus les tyrans exterminés, depuis en Rome exposée par Ciceron, et renouvellée sous l'empereur Aurelian.

Ce sont les philtres, iynges et attraictz d'amour, moyennant lesquelz pacifiquement on retient ce que peniblement on avait conquesté. Et plus en heur ne peut le conquerant regner, soit roy, soit prince, ou philosophe, que faisant justice à vertus succeder. Sa vertu est apparue en la victoire et conqueste. Sa justice apparoistra en ce que, par la volunté et bonne affection du peuple, donnera loix, publiera edictz, establira religions, fera droit à un chascun, comme de Octavian Auguste dit le noble poëte Maro :

> Il, qui estoit victeur, par le vouloir
> Des gens vaincuz faisoit ses loix valoir.

C'est pourquoi Homere, en son *Iliade*, les bons princes et grands rois appelle κοσμήτορας λαῶν, c'est à dire ornateurs des peuples. Telle estoit la consideration de Numa Pompilius, roy second des Romains, juste, politic et philosophe, quand il ordonna au dieu Terme, le jour de sa feste, qu'on nommoit Terminales, rien n'estre sacrifié qui eust prins mort : nous enseignant que les termes, frontieres et annexes des royaumes, convient en paix, amitié, debonnaireté garder et regir, sans ses mains souiller de sang et pillerie. Qui aultrement fait, non seulement perdra l'acquis, mais aussi patira ce scandale et opprobre qu'on l'estimera mal et à tort avoir acquis : par ceste consequence que l'acquest luy est entre mains expiré. Car les choses mal acquises mal deperissent. Et, ores qu'il en eust toute sa vie pacificque jouissance, si toutesfois l'acquest deperit en ses hoirs, pareil sera le scandale sus le defunct, et sa memoire en malediction, comme de conquerant inique. Car vous dictes en proverbe commun : Des choses mal acquises, le tiers hoir ne jouira.

Notez aussi, goutteux fieffés, en cestuy article, comment par ce moyen Pantagruel fit d'un ange deux, qui est accident opposite au conseil de Charlemaigne, lequel fit d'un diable deux, quand il transporta les Saxons en Flandre, et les Flamans en Saxe. Car, non pouvant en subjection contenir les Saxons par luy adjoincts à l'empire, qu'a tous momens n'entrassent en rebellion, si par cas estoit distraict en Espagne, ou autres terres loingtaines, les transporta en pays sien et obéissant naturellement, savoir est Flandres : et les Hannuyers et Flamans, ses naturelz subjectz, transporta en Saxe, non doubtant de leur féaulté, encores qu'ilz transmigrassent en regions estranges. Mais advint que les Saxons continuerent en leur rebellion et obstination premiere ; et les Flamans, habitans en Saxe, embeurent les meurs et contradictions des Saxons.

CHAPITRE II

COMMENT PANURGE FUT FAICT CHASTELAIN DE SALMIGONDIN EN DIPSODIE, ET MANGEOIT SON BLED EN HERBE

Donnant Pantagruel ordre au gouvernement de toute Dipsodie, assigna la chastellenie de Salmigondin à Panurge, valant par chascun an 6,789,106,789 royaux en deniers certains, non comprins l'incertain revenu des hanetons et cacquerolles, montant, bon an mal an, de 2,435,768 à 2,435,769 moutons à la grande laine. Quelquefois revenait à 1,234,554,321 seraphz, quand estoit bonne année de cacquerolles et hanetons de requeste; mais ce n'estoit tous les ans.

Et se gouverna si bien et prudentement monsieur le nouveau chastelain qu'en moins de quatorze jours il dilapida le revenu certain et incertain de sa chastellenie pour trois ans. Non proprement dilapida, comme vous pourriez dire en fondations de monasteres, erections de temples, bastimens de collieges et hospitaulx, ou jettant son lard aux chiens; mais despendit en mille petits bancquetz et festins joyeux, ouvers à tous venans, mesmement à tous bons compaignons, jeunes fillettes et mignonnes galloises. Abatant bois, bruslant les grosses souches pour la vente des cendres, prenant argent d'avance, achetant cher, vendant à bon marché, et mangeant son bled en hérbe.

Pantagruel, adverty de l'affaire, n'en fut en soy aucunement indigné, fasché, ne marry. Je vous ay ja dict et encores redis, que c'estoit le meilleur petit et grand bon hommet que onques ceignit espée. Toutes choses prenoit en bonne partie, tout acte interpretoit à bien, jamais ne se tourmentoit, jamais ne se scandalizoit. Aussi eust il esté bien forissu du déifique manoir de raison, si aultrement se fust contristé ou altéré. Car tous les biens que le ciel couvre, et que la terre contient en toutes ses dimensions, haulteur, profondité, longitude et latitude, ne sont dignes d'esmouvoir nos affections et troubler nos sens et esprits. Seulement tira Panurge à part, et doucettement luy remonstra que, si ainsi vouloit vivre, et n'estre aultrement mesnagier, impossible seroit, ou, pour le moins, bien difficile, le faire jamais riche.

« Riche? respondit Panurge. Aviez vous là fermé vostre pensée? Aviez vous en soing pris me faire riche en ce monde? Pensez vivre joyeux, de par li bon Dieu et li bons homs. Autre soing, autre soucy ne soit receu on sacrosainct domicile de vostre celeste cerveau. La serenité d'iceluy jamais ne soit troublée par nues quelconques de pensement passementé de meshaing et fascherie. Vous vivant joyeux, gaillard, de hait, je ne seray riche que trop. Tout le monde crie mesnaige, mesnaige; mais tel parle de mesnaige, qui ne sçait mie que c'est.

« C'est de moi que fault conseil prendre. Et de moy, pour ceste heure, prendrez advertissement que ce qu'on me impute à vice a esté imitation des Université et Parlement de Paris, lieux esquelz consiste la vraye source et vive idée de pantheologie, de toute justice aussi. Heretique qui en doute, et fermement ne le croit. Ilz, toutesfois, en un jour mangent leur evesque, ou le revenu de l'evesché (c'est tout un), pour une année entiere, voir pour deux aucunes fois. C'est au jour qu'il y fait son entrée. Et n'y a lieu d'excuse, s'il ne vouloit estre lapidé sus l'instant.

« A esté aussi acte des quatre vertus principales :

« De prudence, en prenant argent d'avance. Car on ne sçait qui mord ny qui rue. Qui sçait si le monde durera encores trois ans? Et, ores qu'il durast davantaige, est il homme tant fol qui s'osast promettre vivre trois ans?

>Onq' homme n'eut les dieux tant bien à main
>Qu'asseuré fust de vivre au lendemain.

« De justice : commutative, en achetant cher, je dis à credit, vendant à bon marché, je dis argent comptant. Que dit Caton en sa *Mesnagerie* sus ce propos? Il fault, dit-il, que le perefamille soit vendeur perpetuel. Par ce moyen, est impossible qu'enfin riche ne devienne, si tousjours dure l'apotheque. Distributive, donnant à repaistre aux bons (notez bons) et gentilz compaignons : lesquelz fortune avoit jettés comme Ulixes sur le roc de bon appetit, sans provision de mangeaille; et aux bonnes (notez bonnes) et jeunes galloises (notez jeunes), car, selon la sentence de Hippocrates, jeunesse est impatiente de faim, mesmement si elle est vivace, alaigre, brusque, mouvante, voltigeante. Lesquelles galloises voluntiers et de bon hait font plaisir à gens de bien : et sont platonicques et ciceronianes, jusques là qu'elles se reputent estre on monde nées, non pour soy seulement, ains de leurs propres personnes font part à leur patrie, part à leurs amis.

« De force, en abatant les gros arbres comme un second Milo, ruinant les obscures forestz, tesnieres de loups, de sangliers, de renards, receptacles de brigans et meurtriers, taupinieres d'assassinateurs, officines de faulx monnoyeurs, retraictes d'heretiques; et les complanissant en claires guarigues et belles bruieres, jouant des haulx bois et preparant les sieges pour la nuyt du jugement.

« De temperance, mangeant mon bled en herbe, comme un hermite vivant de salades et racines, me emancipant des appetitz sensuelz, et ainsi espargnant pour les estropiatz et souffreteux. Car, ce faisant, j'espargne es sercleurs, qui gaignent argent ; les mestiviers, qui beuvent voluntiers, let sans eau ; les gleneurs, esquelz fault de la fouace ; les batteurs, qui ne laissent ail, oignon ne eschalote es jardins, par l'autorité de Thestilis Virgiliane ; les meusniers, qui sont ordinairement larrons, et les boulangiers, qui ne valent gueres mieulx. Est-ce petite espargne? Oultre la calamité des mulotz, le deschet des greniers, et la mangeaille des charantons et mourrins.

« De bled en herbe vous faites belle saulce verde, de legiere concoction, de facile digestion, laquelle vous espanouist le cerveau, esbaudit les esprits animaulx, resjouit la veue, ouvre l'appetit, delecte le goust, assere le cœur, chatouille la langue, fait le tainct clair, fortifie les muscles, tempere le sang, allegre le diaphragme, refraischit le foye, desoppile la ratelle, soulaige les roignons, assouplit les reins, desgourdit les spondiles, vuide les ureteres, dilate les vases spermaticques, abbrevie les cremasteres, expurge la vessie, enfle les genitoires, corrige le prepuce, incruste le balane, rectifie le membre; vous fait bon ventre, bien rotter, vessir, peder, fianter, uriner, esternuer, sangloutir, toussir, cracher, vomiter, baisler, moucher, haleiner, inspirer, respirer, ronfler, suer, dresser le virolet, et mille autres rares advantaiges.

— J'entends bien, dist Pantagruel; vous inferez que gens de peu d'esprit ne sçauroient beaucoup en brief temps despendre. Vous n'estes le premier qui ait conceu ceste heresie. Neron le maintenoit, et, sus tous humains, admiroit C. Caligula son oncle, lequel, en peu de jours, avoit, par invention mirifique, despendu du tout l'avoir et patrimoine que Tiberius luy avoit laissé.

« Mais, en lieu de garder et observer les lois cœnaires et sumptuaires des Romains, la Orchie, la Fannie, la Didie, la Licinie, la Cornelie, la Lepidiane, la Antie, et des Corinthiens, par lesquelles estoit rigoureusement à un chascun defendu plus par an despendre que portoit son annuel revenu, vous avez faict protervie, qui estoit, entre les Romains, sacrifice tel que de l'aigneau pascal entre les Juifz. Il y convenoit tout mangeable manger, le reste jetter au feu, rien ne reserver au lendemain. Je le peux de vous justement dire, comme le dit Caton d'Albidius, lequel avoit en excessive despense mangé tout ce qu'il possedoit : et restant seulement une maison, il mit le feu dedans, pour dire : *Consummatum est*, ainsi que depuis dist saint Thomas d'Aquin, quand il eut la lamproye toute mangée. Cela non force. »

CHAPITRE III

COMMENT PANURGE LOUE LES DEBTEURS ET EMPRUNTEURS

« Mais, demanda Pantagruel, quand serez vous hors de debtes ? — Es calendes grecques, respondit Panurge ; lors que tout le monde sera content, et que serez heritier de vous mesmes. Dieu me garde d'en estre hors! Plus lors ne trouverois qui un denier me prestast. Qui au soir ne laisse levain, ja ne fera au matin lever paste. Debvez vous tousjours à quelqu'un? Par iceluy sera continuellement Dieu prié vous donner bonne, longue et heureuse vie : craignant sa debte perdre ; tousjours bien de vous dira en toutes compaignies ; tousjours nouveaulx crediteurs vous acquestera, afin que par eux vous faciez versure, et de terre d'aultruy remplissez son fossé. Quand jadis en Gaule, par l'institution des Druides, les serfz, varletz et appariteurs estoient tous vifz bruslés aux funerailles et exeques de leurs maistres et seigneurs, n'avoient ilz belle peur pour que leurs maistres et seigneurs mourussent? Car ensemble force leur estoit mourir. Ne prioient ilz continuellement leur grand dieu Mercure, avec Dis, le pere aux escus, longuement en santé les conserver? N'estoient ilz soigneux de bien les traicter et servir ? Car ensemble pouvoient ilz vivre, au moins jusques à la mort. Croyez qu'en plus fervente devotion vos crediteurs prieront Dieu que vivez, craindront que mourez, d'autant que plus aiment la manche que le bras, et la denare que la vie. Tesmoings les usuriers de Landerousse, qui nagueres se pendirent, voyans les bleds et vins ravaller en pris, et bon temps retourner. »

Pantagruel rien ne respondant, continua Panurge : « Vray bot, quand bien j'y pense, vous me remettez à poinct en ronfle veue, me reprochant mes debtes et crediteurs. Dea ! en ceste seule qualité je me reputois auguste, reverend et redoutable, que, sus l'opinion de tous philosophes (qui disent rien de rien n'estre faict), rien ne tenant, ny matiere premiere, estois facteur et createur.

« Avois créé, quoy? tant de beaux et bons crediteurs. Crediteurs sont (je le maintiens jusques au feu exclusivement) créatures belles et bonnes. Qui rien ne preste est créature laide et mauvaise, créature du grand villain diantre d'enfer.

« Et faict, quoy? debtes. O chose rare et antiquaire ! Debtes, dis-je, excedentes le nombre des syllabes resultantes au couplement de toutes les consonantes avec les vocales, jadis projetté et compté par le noble Xenocrates. A la numerosité des crediteurs si vous estimez la perfection des debteurs, vous ne errerez en arithmeticque praticque. Cuidez vous que je suis aise, quand, tous les matins, autour de moy, je voy ces crediteurs tant humbles, serviables et copieux en reverences ? Et quand je note que, moy faisant à l'un visaige plus ouvert et chere meilleure que es autres, le paillard pense avoir sa despesche le premier, pense estre le premier en date, et de mon ris cuide que soit argent comptant. Il m'est advis que je joue encores le Dieu de la Passion de Saulmur, accompaigné de ses anges et cherubins. Ce sont mes candidatz, mes parasites, mes salueurs, mes diseurs de bons jours, mes orateurs perpetuelz.

« Et pensois veritablement en debtes consister la montaigne de vertu heroïcque descrite par Hesiode, en laquelle je tenois degré premier de ma licence, à laquelle tous humains semblent tirer et aspirer; mais peu y montent, pour la difficulté du chemin, voyant aujourd'huy tout le monde en desir fervent et strident appetit de faire debtes et crediteurs nouveaulx. Toutesfois, il n'est debteur qui veult : il ne fait crediteurs qui veult. Et vous me voulez debouter de ceste felicité soubeline? Vous me demandez quand seray hors de debtes?

« Bien pis y a, je me donne à sainct Babolin le bon sainct, en cas que, toute ma vie, je n'aye estimé debtes estre comme une connexion et colligence des cieulx et terre, un entretenement unique de l'humain lignaige, je dis sans lequel bien tost tous humains periroient; estre par adventure celle grande ame de l'univers, laquelle, selon les academicques, toutes choses vivifie.

« Qu'ainsi soit, representez vous en esprit serain l'idée et forme de quelque monde (prenez, si bon vous semble, le trentiesme de ceux que imaginoit le philosophe Metrodorus, ou le soixante et dix huitiesme de Petron), onquel ne soit debteur ny crediteur aucun. Un monde sans debtes! là entre les astres ne sera cours regulier quiconque. Tous seront en desarroy. Jupiter, ne s'estimant debteur à Saturne, le depossedera de sa sphere, et avec sa chaine homericque, suspendra toutes les intelligences, dieux, cieulx, demons, genies, heroes, diables, terre, mer, tous elemens. Saturne se ralliera avec Mars, et mettront tout ce monde en perturbation. Mercure ne voudra soy asservir es aultres; plus ne sera leur Camille, comme en langue hetrusque estoit nommé : car il ne leur est en rien debteur. Venus ne sera venerée, car elle n'aura rien presté. La Lune restera sanglante et tenebreuse : à quel propos luy departiroit le Soleil sa lumiere? il n'y estoit en rien tenu. Le Soleil ne luyra sus leur terre ; les astres ne y feront influence bonne, car la terre desistoit leur prester nourrissement par vapeurs et exhalations : desquelles, disoit Heraclitus, prouvoient les Stoiciens, Ciceron maintenoit estre les estoiles alimentées.

« Entre les elemens ne sera symbolisation, alternation, ne transmutation aucune. Car l'un ne se reputera obligé à l'aultre : il ne luy avoit rien presté. De terre ne sera faicte eau ; l'eau en air ne sera transmuée ; de l'air ne sera faict feu ; le feu n'eschauffera la terre. La terre rien ne produira que monstres, titanes, aloïdes, géans; il n'y pluyra pluye, n'y luyra lumiere, n'y ventera vent, n'y sera esté ne automne. Lucifer se desliera, et sortant du profond d'enfer avec les Furies, les Poines et diables cornuz, vouldra deniger des cieulx tous les dieux, tant des majeurs comme des mineurs peuples.

« De cestuy monde rien ne prestant, ne sera qu'une chiennerie, qu'une brigue plus anomale que celle du recteur de Paris, qu'une diablerie plus confuse que celle des jeux de Doué. Entre les humains, l'un ne sauvera l'aultre : il aura beau crier à l'aide, au feu, à l'eau, au meurtre ; personne n'ira à secours. Pourquoy ? Il n'avoit rien presté, on ne luy devoit rien. Personne n'a interest en sa conflagration, en son naufrage, en sa ruine, en sa mort. Aussi bien ne prestoit il rien ; aussi bien n'eust il par aprés rien presté. Brief, de cestuy monde seront bannies Foy, Esperance, Charité : car les hommes sont nés pour l'aide et secours des hommes. En lieu d'elles succederont Defiance, Mespris, Rancune, avec la cohorte de tous maulx, toutes maledictions et toutes miseres. Vous penserez proprement que là eust Pandora versé sa bouteille. Les hommes seront loups es hommes, loups guaroux et lutins, comme furent Lycaon, Bellerophon, Nabugotdonosor ; brigans, assassineurs, empoisonneurs, malfaisans, malpensans, malveillans, haine portans un chascun contre tous, comme Ismael, comme Metabus, comme Timon Athenien, qui, pour ceste cause, fut surnommé *misanthropos*. Si que chose plus facile en nature seroit nourrir en l'air les poissons, paistre les cerfz au fond de l'Océan, que supporter ceste truandaille de monde, qui rien ne preste. Par ma foy, je les hays bien.

« Et si au patron de ce fascheux et chagrin monde rien ne prestant vous figurez l'autre petit monde qui est l'homme, vous y trouverez un terrible tintamarre. La teste ne voudra prester la veue de ses yeulx pour guider les pieds et les mains. Les pieds ne la daigneront porter ; les mains cesseront travailler pour elle. Le cœur se faschera de tant se mouvoir pour les pouls des membres, et ne leur prestera plus. Le poulmon ne luy fera prest de ses souffletz. Le foye ne luy envoyra sang pour son entretien. La vessie ne voudra estre debitrice aux roignons, l'urine sera supprimée. Le cerveau, considerant ce train desnaturé, se mettra en resverie, et ne baillera sentement es nerfz, ne mouvement es muscles. Somme, en ce monde desrayé, rien ne devant, rien ne prestant, rien n'empruntant, vous verrez une conspiration plus pernicieuse que n'a figuré Esope en son apologue. Et perira sans doubte : non perira seulement, mais bien tost perira, fust ce Esculapius mesmes. Et ira soudain le corps en putrefaction : l'ame, toute indignée, prendra course à tous les diables, aprés mon argent. »

CHAPITRE IV

CONTINUATION DU DISCOURS DE PANURGE A LA LOUANGE DES PRESTEURS ET DEBTEURS

« Au contraire representez vous un monde autre, onquel un chascun preste, un chacun doibve ; tous soient debteurs, tous soient presteurs. O quelle harmonie sera parmy les reguliers mouvemens des cieulx! Il m'est advis que je l'entends aussi bien que fit onques Platon. Quelle sympathie entre les elemens! O comment nature se y delectera en ses œuvres et productions! Ceres, chargée de bleds; Bacchus, de vins; Flora, de fleurs; Pomona, de fruictz; Juno, en son air serain, seraine, salubre, plaisante. Je me perds en ceste contemplation. Entre les humains, paix, amour, dilection, fidelité, repos, banquetz, festins, joye, liesse, or, argent, menue monnoie, chaines, bagues, marchandises, troteront de main en main. Nul proces, nulle guerre, nul debat; nul n'y sera usurier, nul leschart, nul chichart, nul refusant. Vray Dieu, ne sera ce l'age d'or, le regne de Saturne, l'idée des regions olympicques, esquelles toutes autres vertus cessent, Charité seule regne, regente, domine, triumphe? Tous seront bons, tous seront beaux, tous seront justes. O monde heureux! ô gens de cestuy monde heureux! ô beatz trois et quatre fois! Il m'est advis que j'y suis. Je vous jure le bon vraybis que, si cestuy monde, béat monde ainsi à un chascun prestant, rien ne refusant, eust pape foizonnant en cardinaulx, et associé de son sacré colliege, en peu d'années vous y voiriez les saincts plus druz, plus miraclificques, à plus de leçons, plus de vœux, plus de bastons et plus de chandelles, que ne sont tous ceux des neuf eveschés de Bretaigne, excepté seulement sainct Ives.

« Je vous prie, considerez comment le noble Patelin, voulant déifier, et, par divines louanges, mettre jusques au tiers ciel le pere de Guillaume Jousseaulme, rien plus ne dist, sinon:

> Et si prestoit
> Ses denrées à qui en vouloit.

O le beau mot! A ce patron figurez nostre microcosme (*id est*, petit monde, c'est l'homme), en tous ses membres, prestans, empruntans, doibvans, c'est à dire en son naturel. Car nature n'a créé l'homme que pour prester et emprunter. Plus grande n'est l'harmonie des cieulx que sera de sa police. L'intention du fondateur de ce microcosme est y entretenir l'ame, laquelle il y a mise comme hoste, et la vie. La vie consiste en sang. Sang est le siege de l'ame; pourtant un seul labeur peine ce monde, c'est forger sang continuellement. En ceste forge sont tous membres en office propre: et est leur hierarchie telle que sans cesse l'un de l'autre emprunte, l'un à l'autre preste, l'un à l'autre est debteur. La matiere et metal convenable pour estre en sang transmué est baillée par nature: pain et vin. En ces deux sont comprinses toutes especes des alimens. Et de ce est dict le companage, en langue goth. Pour icelles trouver, preparer et cuire, travaillent les mains, cheminent les pieds et portent toute ceste machine, les yeulx tout conduisent. L'appetit, en l'orifice de l'estomac, moyennant un peu de melancholie aigretté, que luy est transmis de la ratelle, admoneste d'enfourner viande. La langue en fait l'essay, les dents la maschent, l'estomac la reçoit, digere et chylifie. Les veines mesaraïques en sugcent ce que est bon et idoine, delaissent les excremens (lesquelz, par vertu expulsive, sont vuidés hors par expres conduictz), puis la portent au foye : il la transmue de rechef, et en fait sang. Lors quelle joye pensez vous estre entre ces officiers, quand ilz ont veu ce ruisseau d'or, qui est leur seul restaurant ? Plus grande n'est la joye des alchymistes quand, aprés longs travaulx, grand soing et despense, ilz voyent les metaulx transmués dedans leurs fourneaulx.

« Adonc chascun membre se prepare et s'esvertue de nouveau à purifier et affiner cestuy tresor. Les roignons, par les veines emulgentes, en tirent l'aiguosité, que vous nommez urine, et, par les ureteres, la decoulent en bas. Au bas trouve receptacle propre, c'est la vessie, laquelle en temps opportun la vuide hors. La ratelle en tire le terrestre et la lie, que vous nommez melancholie. La bouteille du fiel en soubstraict la cholere superflue. Puis est transporté en une autre officine, pour mieulx estre affiné, c'est le cœur ; lequel, par ses mouvements diastolicques et systelicques, le subtilie et enflambe tellement que, par le ventricule dextre, le met à perfection, et par les veines l'envoye à tous les membres. Chascun membre l'attire à soy, et s'en alimente à sa guise : pieds, mains, yeulx, tous ; et lors sont faicts debteurs, qui paravant estoient presteurs. Par le ventricule gauche, il le fait tant subtil qu'on le dit spirituel, et l'envoie à tous les membres par ses arteres, pour l'autre sang des veines eschauffer et esventer. Le poulmon ne cesse, avec ses lobes et souffletz, le refraischir. En recognoissance de ce bien, le cœur luy en depart le meilleur, par la veine arteriale. Enfin, tant est affiné dedans le retz merveilleux que, par aprés, en sont faicts les esprits animaulx, moyennans lesquelz elle imagine, discourt, juge, resouldt, delibere, ratiocine et rememore. Vertusguoy ! je me naye, je me perds, je m'esgare, quand j'entre en profond abisme de ce monde, ainsi prestant, ainsi debvant. Croyez que chose divine est prester ; debvoir est vertu heroïcque.

« Encores n'est ce tout. Ce monde, prestant, debvant, empruntant, est si bon que, ceste alimentation parachevée, il pense desja prester à ceux qui ne sont encore nés, et, par prest, se perpetuer s'il peut, et multiplier en imaiges à soy semblables, ce sont enfans. A ceste fin, chascun membre du plus precieux de son nourrissement decide et roigne une portion, et la renvoie en bas : nature y a preparé vases et receptacles opportuns, par lesquelz descendant es genitoires en longs embages et flexuosités, reçoit forme competente et trouve lieux idoines, tant en l'homme comme en la femme, pour conserver et perpetuer le genre humain. Se fait le tout par pretz et debtes de l'un à l'autre : dont est dict le Debvoir de mariage. Peine par nature est au refusant interminée, acre vexation parmy les membres, et furie parmy les sens ; au prestant loyer consigné, plaisir, alaigresse et volupté. »

CHAPITRE V

COMMENT PANTAGRUEL DETESTE LES DEBTEURS ET EMPRUNTEURS

« J'entends, respondit Pantagruel, et me semblez bon topicqueur et affecté à vostre cause. Mais preschez et patrocinez d'icy à la Pentecoste, en fin vous serez esbahy comment rien ne m'aurez persuadé, et, par vostre beau parler, ja ne me ferez entrer en debtes. Rien (dit le sainct Envoyé) à personne ne debvez, fors amour et dilection mutuelle. Vous me usez icy de belles graphides et diatyposes, et me plaisent tres bien. Mais je vous dis que, si figurez un affronteur effronté, et importun emprunteur, entrant de neuveau en une ville ja advertie de ses mœurs, vous trouverez qu'à son entrée plus seront les citoyens en effroy et trepidation que si la peste y entroit en habillement tel que la trouva le philosophe Tyanien dedans Ephese. Et suis d'opinion que ne erroient les Perses, estimans le second vice estre mentir, le premier estre debvoir. Car debtes et mensonges sont ordinairement ensemble ralliés.

« Je ne veux pourtant inferer que jamais ne faille debvoir, jamais ne faille prester. Il n'est si riche qui quelquefois ne doibve. Il n'est si pauvre de qui quelquefois on ne puisse emprunter. L'occasion sera telle que l'a dict Platon en ses loix, quand il ordonne qu'on ne laisse chez soy les voisins puiser eau si premierement ilz n'avoient en leurs propres pastifz foussoyé et beché, jusques à trouver celle espece de terre qu'on nomme ceramite (c'est terre à potier), et là n'eussent rencontré source, ou degout d'eaux. Car icelle terre, par sa substance, qui est grasse, forte, lize et dense, retient l'humidité, et n'en est facilement faicte exhalation. Ainsi est ce grande vergoigne, tousjours, en tous lieux, d'un chascun emprunter, plus tost que travailler et gaigner. Lors seulement debvroit on, selon mon jugement, prester quand la personne travaillant n'a peu par son labeur faire guain, ou quand elle est soudainement tombée en perte inopinée de ses biens. Pourtant, laissons ce propos, et dorenavant ne vous attachez à crediteurs. Du passé je vous delivre.

— Le moins de mon plus, dist Panurge, en cestuy article sera vous remercier ; et, si les remercimens doibvent estre mesurés par l'affection des bienfaicteurs, ce sera infiniment, sempiternellement : car l'amour que de vostre grace me portez est hors le dez d'estimation ; il transcende tout poidz, tout nombre, toute mesure : il est infiny, sempiternel. Mais, le mesurant au qualibre des bienfaicts et contentement des recevans, ce sera assez laschement. Vous me faites des biens beaucoup, et trop plus que ne m'appartient, plus que n'ay env 3 vous deservy, plus que ne requeroient mes merites, force est que le confesse, mais non mie tant que pensez en cestuy article. Ce n'est là que me deult, ce n'est là que me cuict et demange : car, dorenavant, estant quitte, quelle contenance auray je ? Croyez que j'auray mauvaise grace pour les premiers mois, veu que je n'y suis ne nourry ne accoustumé. J'en ay grand peur.

« Davantaige, desormais ne naistra pet en tout Salmigondinoys qui n'ait son renvoy vers mon nez. Tous les peteurs du monde, petans, disent : Voylà pour les quittes. Ma vie finira bien tost, je le prevoy. Je vous recommande mon epitaphe. Et mourray tout confict en pedz. Si quelque jour, pour restaurant à faire peter les bonnes femmes, en extreme passion de colique venteuse, les medicamens ordinaires ne satisfont aux medecins, la momie de mon paillard et empeté corps leur sera remede present. En prenant tant peu que direz, elles peteront plus qu'ilz n'entendent. C'es pourquoy je vous prierois voluntiers que de debtes me laissez quelque centurie : comme le roy Louys unzieme, jettant hors de proces Miles d'Illiers, evesqué de Chartres, fut importuné luy en laisser quelqu'un pour se exercer. J'aime mieulx leur donner toute ma cacqueroliere, ensemble ma hannetonniere, rien pourtant ne deduisant du sort principal.

— Laissons, dist Pantagruel, ce propos, je vous l'ay ja dict une fois. »

CHAPITRE VI

POURQUOY LES NOUVEAULX MARIÉS ESTOIENT EXEMPTS D'ALLER EN GUERRE

« Mais, demanda Panurge, en quelle loy estoit ce constitué et estably que ceux qui vigne nouvelle planteroient, ceux qui logis neuf bastiroient, et les nouveaulx mariés, seroient exempz d'aller en guerre pour la premiere année ? — En la loy, respondit Pantagruel, de Moses. — Pourquoy, demanda Panurge, les nouveaulx mariés ? Des planteurs de vigne je suis trop vieux pour me soucier : je acquiesce au soucy des vendangeurs, et les beaux bastisseurs nouveaulx de pierres mortes ne sont escrits en mon livre de vie. Je ne bastis que pierres vives, ce sont hommes. — Selon mon jugement, respondit Pantagruel, c'estoit afin que, pour la premiere année, ilz jouissent de leurs amours à plaisir, vacassent à production de lignage, et fissent provision d'heritiers. Ainsi, pour le moins, si l'année seconde estoient en guerre occis, leur nom et armes restast en leurs enfans. Aussi, que leurs femmes on cogneust certainement estre ou brehaignes, ou fecondes (car l'essay d'un an leur sembloit suffisant, attendu la maturité de l'aage en laquelle ilz faisoient nopces); pour mieulx, après le deces des mariz premiers, les colloquer en secondes nopces : les fecondes, à ceux qui voudroient multiplier en enfans ; les brehaignes, à ceux qui n'en appeteroient, et les prendroient pour leurs vertus, sçavoir, bonnes graces, seulement en consolation domesticque et entretenement de mesnage.

— Les prescheurs de Varenes, dist Panurge, detestent les secondes nopces, comme folles et deshonnestes. — Elles sont, respondit Pantagruel, leurs fortes fiebvres quartaines. — Voire, dist Panurge, et à frere Enguinnant aussi, qui, en plein sermon preschant, à Parillé, et detestant les nopces secondes, juroit et se donnoit au plus viste diable d'enfer en cas que mieulx n'aimast depuceller cent filles que biscoter une vefve. Je trouve vostre raison bonne et bien fondée. Mais que diriez vous si ceste exemption leurs estoit octroyée pour raison que, tout le decours d'icelle prime année, ilz auroient tant taloché leurs amours de nouveau possedés (comme c'est l'equité et debvoir), et tant esgoutté leurs vases spermaticques, qu'ilz en restoient tous effilés, tous evirés, tous enervés et flatris ? Si que, advenant le jour de bataille, plus tost se mettroient au plongeon comme canes, avec le bagaige, qu'avec les combattans et vaillans champions, au lieu onquel par Enyo est meu le hourd et sont les coups departis. Et sous l'estendart de Mars ne frapperoient coup qui vaille, car les grands coups auroient rués sous les courtines de Venus s'amie.

« Qu'ainsi soit, nous voyons encores maintenant, entre autres reliques et monumens d'antiquité, qu'en toutes bonnes maisons, après ne sçay quantz jours, l'on envoye ces nouveaulx mariés voir leur oncle, pour les absenter de leurs femmes, et ce pendant soy reposer, et de rechef se avitailler pour mieulx au retour combattre ; quoy que souvent ilz n'ayent ne oncle, ne tante. En pareille forme que le roy Petault, après la journée des Cornabons, ne nous cassa proprement parlant, je dis moy et Courcaillet, mais nous envoya refraischir en nos maisons. Il est encore cherchant la sienne.

« La marraine de mon grand pere me disoit, quand j'estois petit, que

> Patenostres et oraisons
> Sont pour ceux là qui les retiennent.
> Un fifre allant en fenaisons
> Est plus fort que deux qui en viennent.

« Ce que m'induict en ceste opinion est que les planteurs de vigne à peine mangeoient raisins, ou beuvoient vin de leur labeur durant la premiere année; et les bastisseurs, pour l'an premier, ne habitoient en leurs logis de nouveau faicts, sus peine de y mourir suffocqués par default d'expiration, comme doctement a noté Galen, *lib. II, de la Difficulté de respirer.* Je ne l'ay demandé sans cause bien causée, ne sans raison bien resonante. Ne vous desplaise. »

CHAPITRE VII

COMMENT PANURGE AVOIT LA PUSSE EN L'OREILLE, ET DESISTA PORTER SA MAGNIFIQUE BRAGUETTE

Au lendemain, Panurge se fit percer l'oreille dextre à la judaïque, et y attacha un petit anneau d'or à ouvraige de tauchie, on caston duquel estoit une pusse enchassée. Et estoit la pusse noire, afin que de rien ne doubtez. C'est belle chose estre en tous cas bien informé. La despense de laquelle, rapportée à son bureau, ne montoit par quartier gueres plus que le mariaige d'une tigresse Hircanicque, comme vous pourriez dire 600,000 malvedis. De tant excessive despense se fascha, lorsqu'il fut quitte, et depuis la nourrit en la façon des tyrans et advocatz, de la sueur et du sang de ses subjectz. Print quatre aulnes de bureau, s'en accoustra comme d'une robe longue à simple cousture, desista porter le hault de ses chausses, et attacha des lunettes à son bonnet. En tel estat se presenta devant Pantagruel, lequel trouva le desguisement estrange, mesmement ne voyant plus sa belle et magnificque braguette, en laquelle il souloit, comme en l'ancre sacré, constituer son dernier refuge contre tous naufraiges d'adversité.

N'entendant le bon Pantagruel ce mystere, l'interrogea, demandant que pretendoit ceste nouvelle prosopopée. « J'ay, respondit Panurge, la pusse en l'oreille, je me veulx marier. — En bonne heure soit, dist Pantagruel, vous m'en avez bien resjouy. Vrayement, je n'en vouldrois pas tenir un fer chaud. Mais ce n'est la guise des amoureux ainsi avoir bragues avalades, et laisser pendre sa chemise sus les genoulx sans hault de chausses; avec robe longue de bureau, qui est couleur inusitée en robes talares, entre gens de bien et de vertu. Si quelques personnaiges d'heresie et sectes particulieres s'en sont autres fois accoustrés, quoy que plusieurs l'ayent imputé à piperie, imposture et affectation de tyrannie sus le rude populaire, je ne veux pourtant les blasmer, et en cela faire d'eux jugement sinistre. Chascun abonde en son sens, mesmement en choses foraines, externes et indifferentes; lesquelles de soy ne sont bonnes ne mauvaises, pource qu'elles ne sortent de nos coeurs et pensées, qui est l'officine de tout bien et tout mal : bien, si bonne *est* et **par** l'esprit monde reiglée l'affection; mal, si, hors equité, par l'esprit maling est l'affection depravée. Seulement me deplaist la nouveaulté et mespris du commun usaige.

— La couleur, respondit Panurge, est aspre aux potz, à propos; c'est mon bureau; je le veux dorenavant tenir, et de prés regarder à mes affaires. Puis qu'une fois je suis quitte, vous ne vistes onques homme plus mal plaisant que je seray, si Dieu ne m'aide. Voyez cy mes besicles. A me voir de loing, vous diriez proprement que c'est frere Jean Bourgeoys. Je croy bien que, l'année qui vient, je prescheray encores une fois la croisade. Dieu gard de mal les pelotons. Voyez vous ce bureau? Croyez qu'en luy consiste quelque occulte proprieté à peu de gens cogneue. Je ne l'ay prins qu'à ce matin; mais desjà j'endesve, je degaine, je grezille d'estre marié, et labourer en diable bur dessus ma femme, sans craincte des coups de baston. O le grand mesnaiger que je seray! Aprés ma mort, on me fera brusler en bust honorificque, pour en avoir les cendres, en memoire et exemplaire du mesnaiger perfaict. Corbieu! sus cestuy mien bureau, ne se joue pas mon argentier d'allonger les ss. Car coups de poing trotteroient en face. Voyant moy davant et darriere : c'est la forme d'une toge, antique habillement des Romains on temps de paix. J'en ay prins la forme en la colomne de Trajan à Rome, en l'arc triumphal aussi de Septimius Severus. Je suis las de guerre, las de sages et hocquetons. J'ay les espaules toutes usées à force de porter harnois. Cessent les armes, regnent les toges, au moins pour toute ceste subsequente année, si je suis marié, comme vous m'allegastes hier par la loy mosaïque.

« Au regard du hault de chausses, ma grande tante Laurence jadis me disoit qu'il estoit faict pour la braguette. Je le croy, en pareille induction que le gentil falot Galen, *lib. IX, de l'Usage de nos membres*, dit la teste estre faicte pour les yeux. Car nature eust peu mettre nos testes aux genoulx, ou aux coubdes ; mais, ordonnant les yeulx pour descouvrir au loing, les fixa en la teste comme en un baston, au plus hault du corps : comme nous voyons les phares et haultes tours sus les havres de mer estre erigées, pour de loing estre veue la lanterne. Et, pource que je voudrois quelque espace de temps, un an pour le moins, respirer de l'art militaire, c'est à dire me marier, je ne porte plus braguette, ne par consequent hault de chausses. Car la braguette est premiere piece de harnois, pour armer l'homme de guerre. Et maintiens, jusques au feu (exclusivement, entendez), que les Turcs ne sont aptement armés, veu que braguette porter est chose en leurs loix defendue. »

CHAPITRE VIII

COMMENT LA BRAGUETTE EST PREMIERE PIECE DE HARNOIS ENTRE GENS DE GUERRE

« Voulez vous, dist Pantagruel, maintenir que la braguette est piece premiere de harnois militaire? C'est doctrine moult paradoxe et nouvelle. Car nous disons que par esperons on commence soy armer. — Je le maintiens, respondit Panurge, et non à tort je le maintiens. Voyez comment nature, voulant les plantes, arbres, arbrisseaulx, herbes et zoophytes une fois par elle créés, perpetuer et durer en toute succession de temps, sans jamais deperir les especes, encores que les individus perissent, curieusement arma leurs germes et semences, esquelles consiste icelle perpetuité; et les a munis et couvers par admirable industrie de gousses, vagines, testz, noyaulx, calicules, coques, espiz, pappes, escorces, echines poignans, qui leur sont comme belles et fortes braguettes naturelles. L'exemple y est manifeste en pois, febves, faseolz, noix, alberges, cotton, colocynthes, bleds, pavot, citrons, chastaignes, toutes plantes generalement, esquelles voyons apertement le germe et la semence plus estre couverte, munie et armée qu'autre partie d'icelles.

« Ainsi ne pourveut nature à la perpetuité de l'humain genre. Ains créa l'homme nud, tendre, fragile, sans armes ne offensives ne defensives, en estat d'innocence et premier aage d'or : comme animant, non plante ; comme animant, dis je, né à paix, non à guerre; animant né à jouissance mirificque de tous fruictz et plantes vegetables ; animant né à domination pacifique sus toutes bestes. Advenant la multiplication de malice entre les humains, en succession de l'aage de fer et regne de Jupiter, la terre commença produire orties, chardons, espines, et telle autre maniere de rebellion contre l'homme, entre les vegetables. D'autre part, presque tous animaulx, par fatale disposition, se emanciperent de luy, et ensemble tacitement conspirerent plus ne le servir, plus ne luy obéir, en tant que resister pourroient ; mais luy nuire selon leur faculté et puissance. L'homme adonc, voulant sa premiere jouissance maintenir et sa premiere domination continuer, non aussi pouvant soy commodement passer du service de plusieurs animaulx, eut necessité soy armer de nouveau.

— Par la dive oye Guenet, s'écria Pantagruel, depuis les dernieres pluyes, tu es devenu grand lifrelofre, voire, dis je, philosophe. — Considerez, dist Panurge, comment nature l'inspira soy armer, et quelle partie de son corps il commença premier armer. Ce fut, par la vertu bieu, la couille,

> Et le bon messer Priapus
> (Quand eut faict, ne la pria plus).

« Ainsi nous le tesmoigne le capitaine et philosophe hebrieu Moses, affermant qu'il s'arma d'une brave et galante braguette, faicte, par moult belle invention, de feuilles de figuier; lesquelles sont naïfves, et du tout commodes en dureté, incisure, frizure, polissure, grandeur, couleur, odeur, vertus et faculté pour couvrir et armer couilles. Exceptez moy les horrifiques couilles de Lorraine, lesquelles à bride avalée descendent au fond des chausses, abhorrent le manoir des braguettes haultaines, et sont hors toute methode : tesmoing Viardiere, le noble Valentin, lequel, un premier jour de may, pour plus gorgias estre, je trouvay à Nancy descrottant ses couilles estendues sus une table, comme une cappe à l'espagnole.

« Donc me fauldra dorenavant dire, qui ne voudra improprement parler, quand on envoyra le franc taulpin en guerre : Sauve Tevot le pot au vin; c'est le cruon. Il fault dire : Sauve Tevot le pot au laict; ce sont les couilles, de par tous les diables d'enfer. La teste perdue, ne perit que la personne : les couilles perdues, periroit toute humaine nature. C'est ce qui meut le galant Cl. Galen, *lib. I, de Spermate*, à bravement conclure que mieulx, c'est à dire moindre mal seroit, poinct de coeur n'avoir, que poinct n'avoir de genitoires. Car là consiste, comme en un sacré repositoire, le germe conservatif de l'humain lignage. Et croirois, pour moins de cent francs, que ce sont les propres pierres moyennans lesquelles Deucalion et Pyrrha restituerent le genre humain, aboly par le deluge poëtique. C'est ce qui meut le vaillant Justinian, *lib. IV, de Cagotis tollendis*, à mettre *summum bonum in braguibus et braguetis*.

« Pour ceste et aultres causes, le seigneur de Merville essayant quelque jour un harnois neuf, pour suivre son roy en guerre, car du sien antique et à demy rouillé plus bien servir ne se pouvoit à cause que, depuis certaines années, la peau de son ventre s'estoit beaucoup esloignée des roignons, sa femme considera en esprit contemplatif que peu de soing avoit du pacquet et baston commun de leur mariage, veu qu'il ne l'armoit que de mailles ; et fut d'advis qu'il le munist tres bien et gabionnast d'un gros armet de joustes, lequel estoit en son cabinet inutile. D'icelle sont escrits ces vers on tiers livre du Chiabrena des pucelles :

> Celle qui vit son mari tout armé,
> Fors la braguette, aller à l'escarmouche,
> Luy dist : « Amy, de peur qu'on ne vous touche,
> Armez cela, qui est le plus aimé. »

Quoy! tel conseil doibt il estre blasmé?
Je dis que non : car sa peur la plus grande
De perdre estoit, le voyant animé,
Le bon morceau dont elle estoit friande.

« Desistez donc vous esbahir de ce nouveau mien accoustrement. »

CHAPITRE IX

COMMENT PANURGE SE CONSEILLE A PANTAGRUEL, POUR SÇAVOIR S'IL SE DOIBT MARIER

Pantagruel rien ne replicquant, continua Panurge, et dist avec un profond soùspir : « Seigneur, vous avez ma deliberation entendue, qui est me marier, si, de malencontre, n'estoient tous les trous fermés, clous et bouclés : je vous supplie, par l'amour que si long temps m'avez porté, dictes m'en vostre advis.

— Puis, respondit Pantagruel, qu'une fois en avez jetté le dez, et ainsi l'avez decreté et prins en ferme deliberation, plus parler n'en fault; reste seulement la mettre à execution. — Voire mais, dist Panurge, je ne la voudrois executer sans vostre conseil et bon advis. — J'en suis, respondit Pantagruel, d'advis et le vous conseille.

— Mais, dist Panurge, si vous cognoissiez que mon meilleur fust tel que je suis demeurer, sans entreprendre cas de nouvelleté, j'aimerois mieulx ne me marier poinct. — Poinct donc ne vous mariez, respondit Pantagruel. — Voire mais, dist Panurge, voudriez vous qu'ainsi seulet je demeurasse toute ma vie, sans compaignie conjugale? Vous sçavez qu'il est escrit : *Væ soli!* L'homme seul n'a jamais tel soulas qu'on voit entre gens mariés. — Mariez vous donc, de par Dieu, respondit Pantagruel.

— Mais si, dist Panurge, ma femme me faisoit coqu, comme vous sçavez qu'il en est grande année, ce seroit assez pour me faire trespasser hors les gonds de patience. J'aime bien les coquz, et me semblent gens de bien, et les hante voluntiers; mais, pour mourir, je ne le vouldrois estre. C'est un poinct qui trop me poingt. — Poinct donc ne vous mariez, respondit Pantagruel, car la sentence de Seneque est veritable hors toute exception : Ce qu'à aultruy tu auras faict, sois certain qu'aultruy te fera. — Dictes vous, demanda Panurge, cela sans exception? — Sans exception il le dit, respondit Pantagruel. — Ho ho, dist Panurge de par le petit diable, il entend en ce monde ou en l'aultre.

« Voire mais, puisque de femme ne me peux passer en plus qu'un aveugle de baston (car il fault que le virolet trotte, aultrement vivre ne sçaurois), n'est ce le mieulx que je m'associe quelque honneste et preude femme, qu'ainsi changer de jour en jour, avec continuel dangier de quelque coup de baston, ou de la verole pour le pire? Car femme de bien onques ne me fut rien, et n'en desplaise à leurs mariz. — Mariez vous donc, de par Dieu, respondit Pantagruel.

— Mais si, dist Panurge, Dieu le vouloit, et advint que j'espousasse quelque femme de bien, et elle me batist, je serois plus que tiercelet de Job, si je n'enrageois tout vif. Car l'on m'a dict que ces tant femmes de bien ont communement mauvaise teste : aussi ont elles bon vinaigre en leur mesnaige. Je l'aurois encore pire, et luy battrois tant et trestant sa petite oye (ce sont bras, jambes, teste, poulmon, foye et ratelle), tant luy deschiqueterois ses habillements à bastons rompus, que le grand diole en attendroit l'ame damnée à la porte. De ces tabus je me passerois bien pour ceste année, et content serois n'y entrer poinct. — Poinct donc ne vous mariez, respondit Pantagruel.

— Voire mais, dist Panurge, estant en estat tel que je suis, quitte, et non marié. Notez que je dis quitte, en la male heure. Car, estant bien fort endebté, mes crediteurs ne seroient que trop soigneux de ma paternité. Mais, quitte et non marié, je n'ay personne qui tant de moy se souciast, et amour tel me portast qu'on dit estre amour conjugal. Et, si par cas tombois en maladie, traicté ne serois qu'au rebours. Le sage dit : Là où n'est femme, j'entends merefamilles et en mariage legitime, le malade est en grand estrif. J'en ay veu claire experience en papes, legatz, cardinaux, evesques, abbés, prieurs, prestres et moines. Or là jamais ne m'auriez. — Mariez vous donc, de par Dieu, respondit Pantagruel.

— Mais si, dist Panurge, estant malade et impotent au debvoir de mariage, ma femme, impatiente de ma langueur, à aultruy s'abandonnoit, et non seulement ne me secourust au besoing, mais aussi se mocquast de ma calamité, et (que pis est) me desrobast, comme j'ay veu souvent advenir, ce seroit pour m'achever de peindre et courir les champs en pourpoinct. — Poinct donc ne vous mariez, respondit Pantagruel.

— Voire mais, dist Panurge, je n'aurois jamais aultrement filz ne filles legitimes, esquelz j'eusse espoir mon nom et armes perpetuer ; esquelz je puisse laisser mes heritages et acquestz (j'en feray de beaux un de ces matins, n'en doubtez, et d'abondant seray grand retireur de rentes); avec tesquelz je me puisse esbaudir, quand d'ailleurs serois meshaigné, comme je voy journellement vostre tant bening et debonnaire pere faire avec vous, et font tous gens de bien en leur serail et privé. Car quitte estant, marié non estant, estant par accident fasché, en lieu de me consoler, advis m'est que de mon mal riez. — Mariez vous donc, de par Dieu, » respondit Pantagruel.

CHAPITRE X

COMMENT PANTAGRUEL REMONSTRE A PANURGE DIFFICILE CHOSE ESTRE LE CONSEIL DE MARIAGE, ET DES SORS HOMERIQUES ET VIRGILIANES

« Vostre conseil, dist Panurge, sous correction, semble à la chanson de Ricochet : ce ne sont que sarcasmes, mocqueries, paranomasies, epanalepses, et redictes contradictoires. Les unes destruisent les aultres. Je ne sçay esquelles me tenir. — Aussi, respondit Pantagruel, en vos propositions tant y a de *si* et de *mais* que je n'y sçaurois rien fonder, ne rien resoudre. N'estes vous asceuré de vostre vouloir ? Le poinct principal y gist · tout le reste est fortuit, et dependant des fatales dispositions du ciel. Nous voyons bon nombre de gens tant heureux à ceste rencontre, qu'en leur mariage semble reluire quelque idée et representation des joyes de paradis. Aultres y sont tant malheureux que les diables qui tentent les hermites par les desers de Thebaïde et Monsserrat ne le sont davantaige. Il s'y convient mettre à l'adventure, les yeulx bandés, baissant la teste, baisant la terre, et se recommandant à Dieu au demeurant, puis qu'une fois l'on s'y veult mettre. Aultre asceurance ne vous en sçaurois je donner.

« Or, voyez cy que vous ferez, si bon vous semble. Apportez moy les œuvres de Virgile, et, par trois fois, avec l'ongle les ouvrans, explorerons, par les vers du nombre entre nous convenu, le sort futur de vostre mariage. Car, comme par sors homericques, souvent on a rencontré sa destinée : tesmoing Socrates, lequel, oyant en prison reciter ce metre d'Homere, dict de Achilles, *Iliad.*, IX, 362 :

> Ἤματι κὲν τριτάτῳ Φθίην ἐρίβωλον ἱκοίμην.

> Je parviendray, sans faire long sejour,
> En Phthie, belle et fertile, au tiers jour,

previt qu'il mourroit le tiers subsequent jour, et le asceura à Eschines, comme escrivent Plato, *in Critone*, Cicero, *primo de Divinatione*, et Diogenes Laertius.

« Tesmoin Opilius Macrinus, auquel, convoitant sçavoir s'il seroit empereur de Rome, advint en sort ceste sentence, *Iliad.*, VIII, 102.

> Ὦ γέρον, ἦ μάλα δή σε νέοι τείρουσι μαχηταί·
> Σὴ δὲ βίη λέλυται, χαλεπὸν δέ σε γῆρας ὀπάζει.

> O homme vieux, les soudars desormais
> Jeunes et fors te lassent certes ; mais
> Ta vigueur est resolue ; et vieillesse
> Dure et moleste accourt et trop te presse.

De faict, il estoit ja vieux, et ayant obtenu l'empire seulement un an et deux mois, fut, par Heliogabalus, jeune et puissant, depossedé et occis.

« Tesmoing Brutus, lequel, voulant explorer le sort de la bataille Pharsalicque, en laquelle il fut occis, rencontra ce vers, dict de Patroclus, *Iliad.*, XVI, 849 :

>'Αλλά με μοῖρ' ὀλοὴ, καὶ Λητοῦς ἔκτανεν υἱός.
>
> Par mal engroin de la Parce felone
> Je fus occis, et du filz de Latone.

C'est Apollo, qui fut pour mot du guet le jour d'icelle bataille.

« Aussi, par sors Virgilianes, ont esté cogneues anciennement et prevues choses insignes, et cas de grande importance : voire jusques à obtenir l'empire romain, comme advint à Alexandre Severe, qui rencontra en ceste maniere de sort ce vers écrit, *Æneid.*, VI, 851 :

> *Tu regere imperio populos, Romane, memento.*
>
> Romain enfant, quand viendras à l'empire,
> Regis le monde en sorte qu'il n'empire.

Puis fut, après certaines années, réalement et de faict creé empereur de Rome.

« En Adrian, empereur romain, lequel, estant en doubte et peine de sçavoir quelle opinion de luy avoit Trajan, et quelle affection il luy portoit, print advis par sors Virgilianes, et rencontra ces vers, *Æneid.*, VI, 809 :

> *Quis procul, ille autem ramis insignis olivæ,*
> *Sacra ferens ? Nosco crines, incanaque menta*
> *Regis Romani.*
>
> Qui est cestuy qui là loing en sa main
> Porte rameaulx d'olive illustrement?
> A son gris poil et sacre acoustrement,
> Je recognoy l'antique roy romain.

Puis fut adopté de Trajan, et luy succeda à l'empire.

« En Claude second, empereur de Rome bien loué, auquel advint par sort ce vers escrit, *Æneid.*, I, v. 269 :

> *Tertia dum Latio regnantem viderit œstas.*
>
> Lorsque t'aura regnant manifesté
> En Rome, et veu tel le troisiesme esté.

De faict il ne regna que deux ans.

« A iceluy mesmes, s'enquerant de son frere Quintel, lequel il vouloit prendre au gouvernement de l'empire, advint ce vers, *Æneid.*, VI, 869 :

> *Ostendent terris hunc tantum fata.*
>
> Les destins seulement le montreront es terres.

Laquelle chose advint. Car il fut occis dix et sept jours aprés qu'il … le maniement de l'empire.

« Ce mesme sort escheut à l'empereur Gordian le jeune.

« A Claude Albin, soucieux d'entendre sa bonne adventure, advint ce qu'est escrit, *Æneid.*, VI, v. 858 :

> *Hic rem Romanam magno turbante tumultu*
> *Sistet eques,* etc.
>
> Ce chevalier, grand tumulte advenant,
> L'Estat romain sera entretenant ;
> Des Carthagiens victoires aura belles
> Et des Gaulois, s'ilz se monstrent rebelles.

« En D. Claude, empereur, predecesseur de Aurelian, auquel, se guementant de sa posterité, advint ce vers en sort, *Æneid.*, I, 278:

> *His ego nec metas rerum nec tempora pono.*
>
> Longue durée à ceux cy je pretends,
> Et à leurs biens ne metz borne ne temps.

Aussi eut il successeurs, en longues genealogies.

« En M. Pierre Amy, quand il explora pour sçavoir s'il eschapperoit de l'embusche des farfadetz, et rencontra ce vers, *Æneid.*, III, 44:

> *Heu ! fuge crudeles terras, fuge littus avarum.*
>
> Laisse soudain ces nations barbares,
> Laisse soudain ces rivages avares.

Puis eschappa de leurs mains sain et saulve.

« Mille aultres, desquelz trop prolix seroit narrer les adventures advenues selon la sentence du vers par tel sort rencontré. Je ne veulx toutesfois inferer que ce sort universellement soit infaillible, afin que n'y soyez abusé. »

CHAPITRE XI

COMMENT PANTAGRUEL REMONSTRE LE SORT DES DEZ ESTRE ILLICITE

« Ce seroit, dist Panurge, plus tost faict et expedié à trois beaux dez. — Non, respondit Pantagruel, ce sort est abusif, illicite, et grandement scandaleux. Jamais ne vous y fiez. Le mauldict livre du *Passe temps des dez* fut, long temps a, inventé par le calomniateur ennemy, en Achaïe prés Boure : et, davant la statue d'Hercule Bouraïque, y faisoit jadis, et de present en plusieurs lieux fait maintes simples ames errer, et en ses lacz tomber. Vous sçavez comment Gargantua, mon pere, par tous ses royaumes l'a defendu, bruslé avec les moules et portraictz, et du tout exterminé, supprimé et aboly, comme peste tres dangereuse. Ce que des dez je vous ay dict, je dis semblablement des tales. C'est sort de pareil abus. Et ne m'alleguez, au contraire, le fortuné ject de tales que fit Tibere dedans la fontaine de Apone à l'oracle de Gerion. Ce sont hamessons par les quelz le calumniateur tire les simples ames à perdition eternelle.

« Pour toutesfois vous satisfaire, bien suis d'advis que jettez trois dez sur ceste table. Au nombre des pointz advenans nous prendrons les vers du feuillet qu'aurez ouvert. Avez vous icy dez en bourse ? — Pleine gibbessiere, respondit Panurge. C'est le verd du diable, comme expose Merl. Coccaius, *libro secundo de Patria diabolorum*. Le diable me prendroit sans verd, s'il me rencontroit sans dez. »

Les dez furent tirés et jettés, et tomberent es pointz de cinq, six, cinq. « Ce sont, dist Panurge, seize. Prenons le vers seiziesme du feuillet. Le nombre me plaist, et croy que nos rencontres seront heureuses. Je me donne à travers tous les diables, comme un coup de boulle à travers un jeu de quilles, ou comme un coup de canon à travers un bataillon de gens de pied (guare, diables, qui voudra), en cas qu'autant de fois je ne belute ma femme future la premiere nuyt de mes nopces. — Je n'en fais doubte, respondit Pantagruel, ja besoing n'estoit en faire si horrifique devotion. La premiere fois sera une faulte, et vauldra quinze ; au desjucher vous l'amenderez : par ce moyen seront seize. — Et ainsi, dist Panurge, l'entendez? Onques ne fut faict solecisme par le vaillant champion, qui pour moy fait sentinelle au bas ventre. M'avez vous trouvé en la confrairie des faultiers ? Jamais, jamais, au grand fin jamais. Je le fais en pere, et en béat pere, sans faulte. J'en demande aux joueurs. »

Ces paroles achevées, furent apportés les œuvres de Virgile. Avant les ouvrir, Panurge dist à Pantagruel : « Le coeur me bat dedans le corps comme une mitaine. Touchez un peu mon pouls en ceste artere du bras gauche : à sa frequence et elevation vous diriez qu'on me pelaude en tentative de Sorbonne. Seriez vous poinct d'advis, avant proceder oultre, que invocquions Hercules et les déesses Tenites, lesquelles on dit presider en la chambre des sors ? — Ne l'un, respondit Pantagruel, ne les aultres. Ouvrez seulement avec l'ongle. »

CHAPITRE XII

COMMENT PANTAGRUEL EXPLORE PAR SORS VIRGILIANES QUEL SERA LE MARIAGE DE PANURGE

Adonc ouvrant Panurge le livre, rencontra on rang seiziesme ce vers

Nec Deus hunc mensa, Dea nec dignata cubili est.

Digne ne fut d'estre en table du dieu,
Et n'eut on lict de la déesse lieu.

« Cestuy, dist Pantagruel, n'est à vostre advantaige. Il denote que vostre femme sera ribaulde, vous coqu par consequent. La déesse que n'aurez favorable est Minerve, vierge tres redoutée, déesse puissante, fouldroyante, ennemie des coquz, des muguetz, des adulteres : ennemie des femmes lubricques, non tenantes la foy promise à leurs mariz, et à aultruy soy abandonnantes. Le dieu est Jupiter tonnant, et fouldroyant des cieulx. Et noterez, par la doctrine des anciens Étrusques, que les manubies (ainsi appeloient ilz les jectz des fouldres Vulcanicques) competent à elle seulement (exemple de ce fut donné en la conflagration des navires de Ajax Oileus), et à Jupiter, son pere capital. A aultres dieux olympicques n'est licite fouldroyer. Pourtant ne sont ilz tant redoubtés des humains. Plus vous diray, et le prendrez comme extraict de haulte mythologie : quand les Géans entreprindrent guerre contre les dieux, les dieux, au commencement, se mocquerent de telz ennemis, et disoient qu'il n'y en avoit pas pour leurs pages. Mais, quand ilz virent, par le labeur des Géans, le mons Pelion posé dessus le mons Osse, et ja esbranlé le mons Olympe, pour estre mis au dessus des deux, furent tous effrayés. Adonc tint Jupiter chapitre general. Là fut conclud de tous les dieux qu'ilz se mettroient vertueusement en defense. Et, pource qu'ilz avoient plusieurs fois veu les batailles perdues par l'empeschement des femmes qui estoient parmy les armées, fut decreté que, pour l'heure, on chasseroit des cieulx en Egypte, et vers les confins du Nil, toute ceste vessaille des déesses, desguisées en beletes, fouines, ratepenades, museraignes, et aultres metamorphoses. Seule Minerve fut de retenue, pour fouldroyer avec Jupiter, comme déesse des lettres et de guerre, de conseil et execution ; déesse née armée, déesse redoubtée on ciel, en l'air, en la mer, et en terre.

— Ventre sus ventre, dist Panurge, serois je bien Vulcan, duquel parle le poëte ? Non. Je ne suis ne boiteux, ne faulx monnoyeur, ne forgeron, comme il estoit. Par adventure, ma femme sera aussi belle et advenante comme sa Venus ; mais non ribaulde comme elle, ne moy coqu comme luy. Le villain jambe torte se fit declairer coqu par arrest, et en veult figure de tous les dieux. Pour ce entendez au rebours. Ce sort denote que ma femme sera preude, pudicque et loyale, non mie armée, rebousse, ne ecervelée et extraicte de cervelle comme Pallas ; et ne me sera corrival ce beau Jupin, et ja ne saulsera son pain en ma soupe, quand ensemble serions à table. Considerez ses gestes et beaux faitz. Il a esté le plus fort ruffian, et plus infame cor... je dis bordelier qui onques fust ; paillard tousjours comme un verrat : aussi fut il nourry par une truie en Dicte de Candie, si Agathocles Babylonien ne ment ; et plus boucquin que n'est un boucq : aussi disent les autres qu'il fut alaicté d'une chevre Amalthée. Vertus d'Acheron, il belina pour un jour la tierce partie du monde, bestes et gens, fleuves et montaignes ; ce fut Europe. Pour cestuy belinaige, les Ammoniens le faisoient portraire en figure de belier belinant, belier cornu. Mais je sçay comment garder se fault de ce cornard. Croyez qu'il n'aura trouvé un sot Amphitryon, un niais Argus avec ses cent bezicles, un couart Acrisius, un lanternier Lycus de Thebes, un resveur Agenor, un Asope phlegmaticque, un Lycaon patepelue, un madourré Corytus de la Toscane, un Atlas à la grande eschine. Il pourroit cent et cent fois se transformer en cycne, en taureau, en satyre, en or, en coqu, comme fit quand il depucella Juno, sa sœur ; en aigle, en belier, en pigeon, comme fit estant amoureux de la pucelle Phthie, laquelle demeuroit en Ægie ; en feu, en serpent, voire certes en pusse, en atomes epicuréicques, ou, magistronostralement, en secondes intentions. Je le vous grupperay au cruc. Et sçavez que luy feray ? Cor bieu, ce que fit Saturne au Ciel son pere. Senecque l'a de moy predict, et Lactance confirmé : ce que Rhea fit à Athys ; je vous luy couperay les couillons tout rasibus du cul. Il ne s'en fauldra un pelet. Par ceste raison ne sera il jamais pape, car *testiculos non habet*. — Tout beau, fillot, dist Pantagruel, tout beau. Ouvrez pour la seconde fois. »

Lors rencontra ce vers :

Membra quatit, gelidusque coit formidine sanguis

Les os luy rompt, et les membres luy casse :
Dont de la peur le sang on corps luy glace.

« Il denote, dist Pantagruel, qu'elle vous battra dos et ventre. — Au rebours, respondit Panurge, c'est de moy qu'il pronosticque, et dit que je la battray en tigre, si elle me fasche. Martin baston en fera l'office. En faulte de baston, le diable me mange si je ne la mangerois toute vive, comme la sienne mangea Cambles, roy des Lydiens. — Vous estes, dist Pantagruel, bien couraigeux ; Hercules ne vous combattroit en ceste fuœur, mais c'est ce que l'on dit que le Jan en vault deux, et Hercules seul n'osa contre deux combattre. — Je suis Jan? dist Panurge. — Rien, rien, respondit Pantagruel. Je pensois au jeu de lourche et tricquetrac. »

Au tiers coup, rencontra ce vers :

> *Fœmineo prædæ et spoliorum ardebat amore.*
>
> Brusloit d'ardeur, en feminin usage,
> De butiner et rober le bagage.

« Il denote, dist Pantagruel, qu'elle vous desrobera. Et je vous voy bien en poinct, selon ces trois sors : vous serez coqu, vous serez battu, vous serez desrobé.

— Au rebours, respondit Panurge, ce vers denote qu'elle m'aimera d'amour perfaict. Onques n'en mentit le Satyricque, quand il dist que femme, bruslant d'amour supreme, prend quelquefois plaisir à desrober son amy. Sçavez quoy? Un gand, une aiguillette pour la faire chercher. Peu de chose, rien d'importance. Pareillement, ces petites noisettes, ces riottes, qui par certains temps sourdent entre les amans, sont nouveaux refraichissemens et aiguillons d'amour, comme nous voyons par exemple les coultelliers leurs coz quelquefois marteller, pour mieulx aiguiser les ferremens. C'est pourquoy je prends ces trois sors à mon grand advantaige. Aultrement j'en appelle. — Appeller, dist Pantagruel, jamais on ne peut des jugemens decidés par sort et fortune, comme attestent nos antiques jurisconsultes, et le dit Balde, *l. ult. C. de leg.* La raison est pource que fortune ne recognoist poinct de superieur, auquel d'elle et de ses sors on puisse appeler. Et ne peut, en ce cas, le mineur estre en son entier restitué, comme apertement il dit, *in l. ait prætor, § ult. ff. de Minor.* »

CHAPITRE XIII

COMMENT PANTAGRUEL CONSEILLE PANURGE PREVOIR L'HEUR OU MALHEUR DE SON MARIAGE PAR SONGES

« Or, puis que ne convenons ensemble en l'exposition des sors Virgilianes, prenons aultre voye de divination. — Quelle? demanda Panurge. — Bonne, respondit Pantagruel, antique et authentique : c'est par songes. Car, en songeant, avec conditions lesquelles descrivent Hippocrates, *lib. Peri enypnion*, Platon, Plotin, Jamblique, Synesius, Aristoteles, Xenophon, Galen, Plutarche, Artemidorus Daldianus, Herophilus, Quintus Calaber, Théocrite, Pline, Atheneus, et aultres, l'ame souvent prevoit les choses futures. Ja n'est besoing plus au long vous le prouver. Vous l'entendez par exemple vulgaire, quand vous voyez, lorsque les enfans bien nettis, bien repuz et alaictés, dorment profondement, les nourrices s'en aller esbatre en liberté, comme pour icelle heure licentiées à faire ce que voudront, car leur presence autour du bers sembleroit inutile. En ceste façon, nostre ame, lorsque le corps dort, et que la concoction est de tous endroits parachevée, rien plus n'y estant necessaire jusques au reveil, s'esbat et revoit sa patrie, qui est le ciel. De là, reçoit participation insigne de sa prime et divine origine ; et, en contemplation de ceste infinie et intellectuelle sphere, le centre de laquelle est en chascun lieu de l'univers, la circonference poinct (c'est Dieu, selon la doctrine de Hermes Trismegistus), à laquelle rien ne advient, rien ne passe, rien ne dechet, tous temps sont presens, note non seulement les choses passées en mouvemens inferieurs, mais aussi les futures : et, les rapportant à son corps, et par les sens et organes d'iceluy les exposant aux amis, est dicte vaticinatrice et prophete.

« Vray est qu'elle ne les rapporte en telle sincerité comme les avoit veues, obstant l'imperfection et fragilité des sens corporelz ; comme la lune, recevant du soleil sa lumiere, ne nous la communicque telle, tant lucide, tant pure, tant vive et ardente comme l'avoit receue. Pourtant, reste à ces vaticinations somniales interprete qui soit dextre, sage, industrieux, expert, rational, et absolu onirocrite et oniropole ; ainsi sont appellés des Grecs. C'est pour quoy Heraclitus disoit rien par songes ne nous estre exposé, rien aussi ne nous estre celé ; seulement nous estre donnée signification et indice des choses advenir, ou pour l'heur et malheur nostre, ou pour l'heur et malheur d'aultruy. Les sacres lettres le tesmoignent, les histoires prophanes l'asceurent, nous exposans mille cas advenuz selon les songes, tant de la personne songeante, que d'aultruy pareillement. Les Atlanticques, et ceux qui habitent en l'isle de Thasos, l'une des Cyclades, sont privés de ceste commodité, on pays desquelz jamais personne ne songea. Aussi furent Cléon de Daulie, Thrasymedes, et, de nostre temps, le docte Villanovanus françois, lesquelz onques ne songerent.

« Demain donc, sus l'heure que la joyeuse Aurore aux doigts rozatz dechassera les tenebres nocturnes, adonnez vous à songer parfondement. Ce pendant, despouillez vous de toute affection humaine, d'amour, de haine, d'espoir, et de craincte. Car, comme jadis le grand vaticinateur Proteus, estant desguisé et transformé en feu, en eau, en tigre, en dracon, et aultres masques estranges, ne predisoit les choses advenir ; ains, pour les predire, force estoit qu'il fust restitué en sa propre et naïfve forme, aussi ne peut l'homme recevoir divinité et art de vaticiner, sinon que la partie qui en luy plus est divine (c'est νοῦς et *mens*) soit coye, tranquille, paisible, non occupée, ne distraicte par passions et affections foraines.

— Je le veulx, dist Panurge. Fauldra il peu ou beaucoup souper à ce soir? Je ne le demande sans cause. Car, si bien et largement je ne soupe, je ne dors rien qui vaille, la nuyt ne fais que ravasser, et autant songe creux que pour lors estoit mon ventre. — Poinct souper, respondit Pantagruel, seroit le meilleur, attendu vostre bon en poinct et habitude.

« Amphiaraus, vaticinateur antique, vouloit ceux qui par songes recevoient ses oracles rien tout celuy jour ne manger, et vin ne boire trois jours davant. Nous n'userons de tant extreme et rigoureuse diete. Bien croy je l'homme replet de viandes et crapule difficilement concepvoir notice des choses spirituelles ; ne suis toutesfois en l'opinion de ceux qui, aprés longs et obstinés jeusnes, cuident plus avant entrer en contemplation des choses celestes.

« Souvenir assez vous peut comment Gargantua mon pere, lequel par honneur je nomme, nous a souvent dict les escrits de ces hermites jeusneurs autant estre fades, jejunes et de mauvaise salive comme estoient leurs corps, lorsqu'ilz composoient : et difficile chose estre, bons et serains rester les esprits, estant le corps en inanition, veu que les philosophes et medicins afferment les esprits animaulx sourdre, naistre et pratiquer par le sang arterial, purifié et affiné à perfection dedans le retz admirable qui gist sous les ventricules du cerveau.

« Nous baillant exemple d'un philosophe qui, en solitude pensant estre et hors la tourbe, pour mieulx commenter, discourir et composer, ce pendant toutesfois autour de luy abayent les chiens, ullent les loups, rugient les lions, hannissent les chevaulx, barrient les elephans, sifflent les serpens, braislent les asnes, sonnent les cigales, lamentent les tourterelles; c'est à dire, plus estoit troublé que s'il fust à la foyre de Fontenay ou Niort; car la faim estoit on corps : pour à laquelle remedier, abaye l'estomac, la veue esblouit, les veignes sugcent de la propre substance des membres carniformes, et retirent en bas cestuy esprit vagabond, negligent du traictement de son nourrisson et hoste naturel, qui est le corps : comme si l'oiseau, sus le poing estant, vouloit en l'air son vol prendre, et incontinent par les longes seroit plus bas deprimé. Et, à ce propos, nous allegant l'autorité de Homere, pere de toute philosophie, qui dit les Gregeoys, lors, non plus tost, avoir mis à leurs larmes fin du dueil de Patroclus, le grand amy d'Achilles, quand la faim se declaira et leurs ventres protesterent plus de larmes ne les fournir. Car, en corps exinaniz par trop long jeusne, plus n'estoit de quoy pleurer et larmoyer.

« Mediocrité est en tous cas louée, et icy la maintiendrez. Vous man-

14

gerez à souper non febves, non lievres, ne aultre chair ; non poulpre, qu'on nomme polype, non choux, ne aultres viandes qui peussent vos esprits animaux troubler et obfusquer. Car, comme le miroir ne peut representer les simulacres des choses objectées et à lui exposées, si sa polissure est par haleines ou temps nebuleux obfusquée, aussi l'esprit ne reçoit les formes de divination par songes, si le corps est inquiété et troublé par les vapeurs et fumées des viandes precedentes, à cause de la sympathie, laquelle est entre eux deux indissoluble.

« Vous mangerez bonnes poires Crustemenies et Berguamottes, une pomme de court pendu, quelques pruneaux de Tours, quelques cerises de mon verger. Et ne sera pour quoi debvez craindre que vos songes en proviennent. doubteux, fallaces ou suspectz, comme les ont declairés aucuns peripateticques, au temps de automne, lors, sçavoir est, que les humains plus copieusement usent de fruictages qu'en aultre saison. Ce que les anciens prophetes et poëtes mysticquement nous enseignent, disans les vains et fallacieux songes gesir, et estre cachés sous les feuilles cheutes en terre ; parce qu'en automne, les feuilles tombent des arbres. Car ceste ferveur naturelle, laquelle abonde es fruictz nouveaulx, et laquelle par son ebullition facilement evapore es parties animales (comme nous voyons faire le moust), est, long temps a, expirée et resolue. Et boirez belle eau de ma fontaine. — La condition, dist Panurge, m'est quelque peu dure. J'y consens toutesfois, couste et vaille, Protestant desjeuner demain à bonne heure, incontinent après mes songeailles. Au surplus, je me recommande aux deux portes d'Homere, à Morpheus, à Icelon, à Phantasus et Phobetor. Si au besoing ilz m'aident et secourent, je leur erigeray un autel joyeux, tout composé de fin dumet. Si en Laconie j'estois dedans le temple de Ino, entre Oetyle et Thalames, par elle seroit ma perplexité resolue en dormant à beaux et joyeux songes. »

Puis demanda à Pantagruel : « Seroit ce point bien faict si je mettois dessous mon coissin quelques branches de laurier? — Il n'est, respondit Pantagruel, ja besoing. C'est chose superstitieuse, et n'est qu'abus ce qu'en ont escrit Serapion ascalonites, Antiphon, Philochorus, Artemon, et Fulgentius Planciades. Autant vous en dirois je de l'espaule gauche du crocodile et du chameléon, sauf l'honneur du vieux Democrite. Autant de la pierre des Bactrians nommée Eumetrides. Autant de la corne de Hammon. Ainsi nomment les Ethiopiens une pierre precieuse à couleur d'or et forme d'une corne de belier, comme est la corne de Jupiter Hammonien, affirmans autant estre vrais et infaillibles les songes de ceux qui la portent, que sont les oracles divins. Par adventure est ce que escrivent Homere et Virgile des deux portes de songes, es quelles vous estes recommandé.

L'une est d'ivoire, par laquelle entrent les songes confus, fallaces et incertains ; comme, à travers l'ivoire, tant soit déliée que voudrez, possible n'est rien voir; sa densité et opacité empesche la penetration des esprits visifz et reception des especes visibles. L'aultre est de corne, par laquelle entrent les songes certains, vrais et infaillibles ; comme, à travers la corne, par sa resplendeur et diaphanéité, apparoissent toutes especes certainement et distinctement. — Vous voulez inferer, dist frere Jean, que les songes des coquz cornuz, comme sera Panurge, Dieu aidant et sa femme, sont tousjours vrais et infaillibles. »

CHAPITRE XIV

LE SONGE DE PANURGE, ET INTERPRETATION D'ICELUY

Sus les sept heures du matin subsequent, Panurge se presenta davant Pantagruel, estans en la chambre Epistemon, frere Jean des Entommeures, Ponocrates, Eudemon, Carpalim et aultres, esquelz, à la venue de Panurge, dist Pantagruel : « Voyez cy nostre songeur. — Ceste parole, dist Epistemon, jadis cousta bon, et fut cherement venduc es enfans de Jacob. » Adonc dist Panurge : « J'en suis bien chez Guillot le songeur. J'ay songé tant et plus, mais je n'y entends note, exceptez que, par mes songeries, j'avois une femme jeune, galante, belle en perfection, laquelle me traictoit et entretenoit mignonnement, comme un petit dorelot. Jamais homme ne fut plus aise, ne plus joyeux. Elle me flattoit, me chatouilloit, me testonnoit, me tastonnoit, me baisoit, me accolloit, et par esbattement me faisoit deux belles petites cornes au dessus du front. Je luy remontrois en folliant qu'elle me les debvoit mettre au dessous des yeulx, pour mieulx voir ce que j'en voudrois ferir, afin que Momus ne trouvast en elles chose aucune imperfaicte et digne de correction, comme il fit en la position des cornes bovines. La follastre, non obstant ma remonstrance, me les fichoit encores plus avant. Et en ce ne me faisoit mal quelconque, qui est cas admirable. Peu après, me sembla que je fus, ne sçay comment, transformé en tabourin, et elle en chouette. Là fut mon sommeil interrompu, et en sursault me resveillay tout fasché, perplex et indigné. Voyez là une belle platelée de songes. Faites grand cheré là dessus, et l'exposez comme l'entendez. Allons desjeuner, monsieur maistre Carpalim.

— J'entends, dist Pantagruel, si j'ay jugement aucun en l'art de divination par songes, que vostre femme ne vous fera reallement et en apparence exterieure cornes on front, comme portent les satyres ; mais elle ne vous tiendra foy ne loyaulté conjugale, ains à aultruy s'abandonnera, et vous fera coqu. Cestuy poinct est apertement exposé par Artemidorus comme le dis. Aussi ne sera de vous faicte metamorphose en tabourin ; mais d'elle vous serez battu comme tabour à nopces : ne d'elle en chouette ; mais elle vous desrobera, comme est le naturel de la chouette. Et voyez vos songes conformes es sors Virgilianes. Vous serez coqu, vous serez battu, vous serez desrobé. »

à s'escria frere Jean, et dist : « Il dit, par Dieu, vray ; tu seras coqu, homme de bien, je t'en asseure, tu auras belles cornes. Hay, hay, hay, nostre maistre *de Cornibus*. Dieu te gard! Fais nous deux motz de predication, et je feray la queste parmy la paroisse.

— Au rebours, dist Panurge, mon songe presagit qu'en mon mariage j'auray planté de tous biens, avec la corne d'abondance. Vous dictes que seront cornes de satyres. *Amen, amen, fiat, fiatur, ad differentiam papæ.* Ainsi aurois je eternellement le virolet en poinct et infatigable, comme l'ont les satyres. Chose que tous desirent, et peu de gens l'impetrent des cieulx. Par consequent, coqu jamais, car faulte de ce est cause sans laquelle non, cause unique de faire les mariz coquz. Qui faict les coquins mendier? c'est qu'ilz n'ont en leurs maisons de quoy leur sac emplir. Qui fait le loup sortir du bois? default de carnage. Qui fait les femme ribauldes? Vous m'entendez assez. J'en demande à messieurs les clercs, às messieurs les presidens, conseillers, advocatz, proculteurs et autres glossateurs de la venerable rubricque, *de Frigidis et Maleficiatis*.

« Vous (pardonnez moy si je mesprends) me semblez evidentement errer, interpretans cornes pour cocuage. Diane les porte en teste à forme d'un beau croissant. Est elle coqüe pourtant? Comment diable seroit elle coqüe, qui ne fut onques mariée? Parlez, de grace; correct, craignant qu'elle vous en face au patron que fit à Actéon. Le bon Bacchus porte cornes semblablement : Pan, Jupiter Ammonien, tant d'aultres. Sont ils coquz? Juno seroit elle putain? Car il s'ensuivroit, par la figure dicte *metalepsis*. Comme, appellant un enfant, en presence de ses pere et mere, champis ou avoistre, c'est honnestement, tacitement dire le pere coqu, et sa femme ribaulde. Parlons mieulx. Les cornes que me faisoit ma femme sont cornes d'abondance et planté de tous biens. Je le vous affie. Au demourant, je seray joyeux comme un tabour à nopces, tousjours sonnant, tousjours ronflant, tousjours bourdonnant et petant. Croyez que c'est l'heur de mon bien. Ma femme sera coincte et jolie, comme une belle petite chouette

Qui ne le croit d'enfer aille au gibbet,
Noel nouvelet.

— Je note, dist Pantagruel, le poinct dernier qu'avez dict, et le confere avec le premier. Au commencement vous estiez tout confict en delices de vostre songe. Enfin vous esveillastes en sursault, fasché, perplex, et indigné. — Voire, dist Panurge, car je n'avois point disné. — Tout ira en desolation, je le prevoy. Saichez, pour vray, que tout sommeil finissant en sursault, et laissant la personne faschée et indignée, ou mal signifie, ou mal presagit.

« Mal signifie, c'est à dire maladie cacoethe, maligne, pestilente, occulte et latente dedans le centre du corps ; laquelle, par sommeil, qui toujours renforce la vertu concoctrice, selon les théoremes de medicine, commenceroit soy declairer et mouvoir vers la superficie. Auquel triste mouvement seroit le repos dissolu, et le premier sensitif admonesté d'y compatir et pourvoir. Comme, en proverbe, l'on dit irriter les freslons, mouvoir la camarine, esveiller le chat qui dort.

« Mal presagit, c'est à dire, quand au faict de l'ame en matiere de divination somniale, nous donne entendre que quelque malheur y est destiné et preparé, lequel de brief sortira en son effect. Exemple on songe et resveil espouvantable de Hecuba ; on songe de Eurydice, femme de Orpheus, lequel parfaict, les dit Ennius s'estre esveillées en sursault et espouvantées. Aussi aprés vit Hecuba son mary Priam, ses enfans, sa patrie occis et destruictz ; Eurydice, bien tost aprés, mourut miserablement.

« En Enéas, songeant qu'il parloit à Hector defunct, et soudain en sursault s'esveillant. Aussi fut celle propre nuyt Troye saccagée et bruslée. Aultre fois songeant qu'il véoit ses dieux familiers et penates, et en espouvantement s'esveillant, patit au subsequent jour horrible tourmente sus mer.

« En Turnus, lequel, estant incité par vision phantastique de la furie infernale à commencer guerre contre Enéas, s'esveilla en sursault, tout indigné, puis fut, aprés longues désolations, occis car iceluy Enéas. Mille aultres. Quand je vous conte de Enéas, notez que Fabius Pictor dit rien par luy n'avoir esté faict ne entreprins, rien ne luy estre advenu, que préalablement il n'eust cogneu et preveu par divination somniale. Raison ne default es exemples. Car, si le sommeil et repos est don et benefice special des dieux, comme maintiennent les philosophes, et atteste le poëte, disant .

    Lors l'heure estoit que sommeil, don des cieux,
    Vient, aux humains fatigués, gracieux ;

tel don en fascherie et indignation ne peut estre terminé, sans grande infelicité pretendue. Aultrement, seroit repos non repos ; don, non don ; non des dieux amis provenant, mais des diables ennemis, jouxte le mot vulgaire ἐχθρῶν ἄδωρα δῶρα. Comme si, le perefamilles estant à table opulente, en bon appetit, au commencement de son repas, on voyoit en sursault espouvanté soy lever. Qui n'en sçauroit la cause s'en pourroit esbahir. Mais quoy? Il avoit ouy ses serviteurs crier au feu, ses servantes crier au larron, ses enfans crier au meurtre. Là falloit, le repas laissé, accourir pour y remedier et donner ordre.

« Vrayement, je me recorde que les Cabalistes et Massoretz, interpretes des sacres lettres, exposans en quoy l'on pourroit par discretion cognoistre la verité des apparitions angelicques (car souvent l'ange de Satan se transfigure en ange de lumiere), disent la difference de ces deux estre en ce que l'ange bening et consolateur, apparoissant à l'homme, l'espouvante au commencement, le console en la fin, le rend content et satisfaict; l'ange malin et seducteur au commencement resjouit l'homme, en fin le laisse perturbé, fasché et perplex. »

CHAPITRE XV

EXCUSE DE PANURGE, ET EXPOSITION DE CABALLE MONASTICQUE EN MATIERE DE BOEUF SALÉ

« Dieu, dist Panurge, gard de mal qui voit bien et n'oyt goutte. Je vous voy tres bien, mais je ne vous oy point, et ne sçay que dictes. Le ventre affamé n'a point d'oreilles. Je brame, par Dieu, de male rage de faim. J'ay faict corvée trop extraordinaire. Il fera plus que maistre Mousche qui de cestuy an me fera estre de songeailles. Ne souper point, de par le diable! Cancre! Allons, frere Jean, desjeuner. Quand j'ay bien à point desjeuné, et mon estomac est à point affené, et agrené, encores pour un besoing, et en cas de necessité, me passerois je de disner. Mais ne souper point! Cancre! C'est erreur; c'est scandale en nature.

« Nature a faict le jour pour soy exercer, pour travailler et vacquer chascun en sa negociation : et, pour ce plus aptement faire, elle nous fournit de chandelle, c'est la claire et joyeuse lumiere du soleil. Au soir, elle commence nous la tollir, et nous dit tacitement : Enfans, vous estes gens de bien : c'est assez travaillé. La nuyt vient : il convient cesser du labeur, et soy restaurer par bon pain, bon vin, bonnes viandes : puis soy quelque peu esbaudir, coucher et reposer, pour, au lendemain, estre frais et alaigres au labeur, comme devant. Ainsi font les faulconniers : quand ilz ont peu leurs oiseaux, ilz ne les font voler sus leurs gorges; ilz les laissent enduire sus la perche. Ce que tres bien entendit le bon pape, premier instituteur des jeusnes. Il ordonna qu'on jeusnast jusques à l'heure de Nones, le reste du jour fust mis en liberté de repaistre.

« On temps jadis peu de gens disnoient, comme vous diriez les moines et chanoines. Aussi bien n'ont ilz aultre occupation ; tous les jours leur sont festes, et ilz observent diligentement un proverbe claustral : *de missa ad mensam*. Et ne differcroient seulement attendans la venue de l'abbé, pour soy enfourner à table. La, en baufrant, attendent les moines l'abbé, tant qu'il voudra ; non aultrement, ne en aultre condition. Mais tout le monde soupoit, exceptez quelques resveurs songears : dont est dicte la cene comme *coene*, c'est à dire à tous commune. Tu le sçais bien, frere Jean. Allons, mon amy, de par tous les diables, allons. Mon estomac aboye de male faim comme un chien. Jettons luy force soupes en gueule pour l'appaiser, à l'exemple de la Sibylle envers Cerberus. Tu aimes les soupes de prime ; plus me plaisent les soupes de leurier, associées de quelque piece de laboureur, salé à neuf leçons.

— Je t'entends, respondit frere Jean : ceste metaphore est extraicte de la marmite claustrale. Le laboureur, c'est le bœuf qui laboure, ou a labouré ; à neuf leçons, c'est à dire cuict à perfection. Car les bons peres de religion, par certaine caballistique institution des anciens, non escrite, mais baillée de main en main, soy levans, de mon temps, pour matines, faisoient certains préambules notables avant entrer en l'église. Fiantoient aux fiantoirs, pissoient aux pissoirs, et crachoient aux crachoirs ; toussoient aux toussoirs melodieusement, resvoient aux resvoirs, afin de rien immonde ne porter au service divin. Ces choses faictes, devotement se transportoient en la saincte chapelle, ainsi estoit en leurs rebus nommée la cuisine claustrale, et devotement sollicitoient que des lors feust au feu le bœuf mis pour le desjeuner des religieux, freres de Nostre Seigneur. Eux mesmes souvent allumoient le feu sous la marmite. Or est que, matines ayant neuf leçons, plus matin se levoient, par raison plus aussi multiplioient en appetit et alteration aux aboys du parchemin, que matines estant ourlées d'une ou trois leçons seulement. Plus matin se levans, par ladicte caballe, plus tost estoit le bœuf au feu :

Plus y estant, plus cuict restoit,
Plus cuict restant, plus tendre estoit ;

moins usoit les dents, plus delectoit le palat, moins grevoit l'estomac, plus nourrissoit les bons religieux. Qui est la fin unique et intention premiere des fondateurs : en contemplation de ce qu'ilz ne mangent mie pour vivre, ilz vivent pour manger, le n'ont que leur vie en ce monde. Allons, Panurge.

— A ceste heure, dist Panurge, t'ay je entendu, couillon velouté, couillon claustral et caballicque. Il me y va du propre cabal. Le sort, l'usure, et les interetz je pardonne. Je me contente des despens, puis que tant disertement nous as faict repetition sus le chapitre singulier de la caballe culinaire et monasticque. Allons, Carpalim. Frere Jean, mon baudrier, allons. Bon jour, tous mes bons seigneurs. J'avois assez songé pour boire. Allons. »

Panurge n'avoit ce mot achevé, quand Epistemon à haulte voix s'escria, disant : « Chose bien commune et vulgaire entre les humains est le malheur d'aultruy entendre, prevoir, cognoistre et predire. Mais, ô que chose rare est son malheur propre predire, cognoistre, prevoir, et entendre ! Et que prudentement le figura Esope en ses apologues, disant chascun homme en ce monde naissant une bezace au coul porter, au sachet de laquelle davant pendant sont les faultes et malheurs d'aultruy, tousjours exposées à nostre veue et cognoissance ; au sachet darriere pendant sont les faultes et malheurs propres : et jamais ne sont veues ny entendues, fors de ceux qui des cieulx ont le benevole aspect. »

CHAPITRE XVI

COMMENT PANTAGRUEL CONSEILLE A PANURGE DE CONFERER AVEC UNE SIBYLLE DE PANZOUST

Peu de temps aprés, Pantagruel manda querir Panurge, et luy dist : « L'amour que je vous porte, inveteré par succession de long temps, me sollicite de penser à vostre bien et profit. Entendez ma conception : on m'a dict qu'à Panzoust, prés le Croulay, est une sibylle tres insigne, laquelle predit toutes choses futures : prenez Epistemon de compaignie, et vous transportez par devers elle, et oyez ce que vous dira. — C'est, dist Epistemon, par adventure, une Canidie, une Sagane, une pithonisse et sorciere. Ce que me le fait penser, est que celuy lieu est en ce nom diffamé qu'il abonde en sorcieres plus que ne fit onques Thessalie. Je n'iray pas voluntiers. La chose est illicite et defendue en la loy de Moses. — Nous, dist Pantagruel, ne sommes mie Juifz, et n'est chose confessée ne averée qu'elle soit sorciere. Remettons à vostre retour le grabeau et belutement de ces matieres. Que sçavons nous si c'est une unziesme sibylle, une seconde Cassandre? Et, ores que sibylle ne fust, et de sibylle ne meritast le nom, quel interest encourrez vous, avec elle conferant de vostre perplexité, entendu mesmement qu'elle est en existimation de plus sçavoir, plus entendre que ne porte l'usance ne du pays, ne du sexe? Que nuist sçavoir tousjours, et tousjours apprendre, fust ce

D'un sot, d'un pot, d'une guedoufle,
D'une moufle, d'une pantoufle?

« Vous souvienne qu'Alexandre le Grand, ayant obtenu victoire du roy Darie en Arbelles, presens ses satrapes, quelque fois refusa audience à un compaignon, puis en vain mille et mille fois s'en repentit. Il estoit en Perse victorieux, mais tant esloigné de Macédonie, son royaume hereditaire, que grandement se contristoit, par non pouvoir moyen aucun inventer d'en sçavoir nouvelles, tant à cause de l'enorme distance des lieux que de l'interposition des grands fleuves, empeschement des desers, et objection des montaignes. En cestuy estrif et soigneux pensement, qui n'estoit petit (car on eust peu son pays et royaulme occuper, et là installer roy nouveau et nouvelle colonie, long temps davant qu'il en eust advertissement pour y obvier), davant luy se presenta un homme de Sidoine, marchand perit et de bon sens, mais au reste assez pauvre et de peu d'apparence, lui denonçant et affermant avoir chemin et moyen inventé, par lequel son pays pourroit de ses victoires Indianes, luy de l'estat de Macedonie et Egypte, estre en moins de cinq jours asçavanté.

« Il estima la promesse tant abhorrente et impossible qu'onques l'oreille prester ne luy voulut, ne donner audience. Que luy eust cousté ouir et entendre ce que l'homme avoit inventé? Quelle nuisance, quel dommaige eust il encouru pour sçavoir quel estoit le moyen, quel estoit le chemin que l'homme luy vouloit demonstrer? Nature me semble, non sans cause, nous avoir formé oreilles ouvertes, n'y apposant porte ne clousture aucune, comme a faict es yeulx, langue et aultres issues du corps. La cause je cuide estre, afin que tousjours toutes nuytz, continuellement puissions ouir, et, par ouye, perpetuellement apprendre : car c'est le sens sus tous aultres plus apte es disciplines. Et peut estre que celuy homme estoit ange, c'est à dire messagier de Dieu envoyé comme fut Raphael à Tobie. Trop soudain le contemna, trop long temps après s'en repentit.

— Vous dictes bien, respondit Epistemon ; mais ja ne me ferez entendre que chose beaucoup advantaigeuse soit prendre d'une femme, et d'une telle femme, en tel pays, conseil et advis. — Je, dist Panurge, me trouve fort bien du conseil des femmes, et mesmement des vieilles. A leur conseil, je fais tousjours une selle ou deux extraordinaires. Mon amy, ce sont vrais chiens de monstre, vrayes rubriques de droit. Et bien proprement parlent ceux qui les appellent sages femmes. Ma coustume et mon style est les nommer presages femmes. Sages sont elles, car dextrement elles cognoissent. Mais je les nomme presages, car divinement elles prevoient et predisent certainement toutes choses advenir. Aucunesfois je les appelle non Maunettes, mais Monettes, comme la Juno des Romains. Car d'elles tousjours nous viennent admonitions salutaires et profitables. Demandez en à Pythagoras, Socrates, Empedocles, et nostre maistre Ortuinus. Ensemble je loue jusques es haults cieux l'antique institution des Germains, lesquelz prisoient au poids du sanctuaire et cordialement reveroient le conseil des vieilles : par leurs advis et responses tant heureusement prosperoient, comme les avoient prudentement receues. Tesmoings la vieille Aurinie, et la bonne mere Vellede, ou temps de Vespasian.

« Croyez que vieillesse feminine est tousjours foisonnante en qualité soubeline, je voulois dire sibylline. Allons par l'aide, allons par la vertu Dieu, allons. Adieu, frere Jean, je te recommande ma braguette. — Bien, dist Epistemon, je vous suivray, protestant que, si j'ay advertissement qu'elle use de sort ou enchantement en ses responses, je vous laisseray à la porte, et plus de moy accompaigné ne serez. »

CHAPITRE XVII

COMMENT PANURGE PARLE A LA SIBYLLE DE PANZOUST

Leur chemin fut de trois journées. La troizieme, à la croppe d'une montaigne, sous un grand et ample chastaignier leurs fut moustrée la maison de la vaticinatrice. Sans difficulté ilz entrerent en la case chaumine, mal bastie, mal meublée, toute enfumée. « Baste (dist Epistemon), Heraclitus, grand Scotiste et tenebreux philosophe, ne s'estonna entrant en maison semblable, exposant à ses sectateurs et disciples que là aussi bien residoient les dieux, comme en palais pleins de delices. Et croy que telle estoit la case de la tant celebrée Hecale, lors qu'elle y festoya le jeune Theseus ; telle aussi celle de Hireus ou Œnopion, en laquelle Jupiter, Neptune et Mercure ensemble ne prindrent à desdain entrer, repaistre et loger, et en laquelle officialement pour l'escot forgerent Orion. »

Au coin de la cheminée trouverent la vieille. « Elle est, s'escria Epistemon, vraye sybille, et vray portraict naivement representé par *Grii kaminoi* de Homere. » La vieille estoit mal en poinct, mal vestue, mal nourrie, edentée, chassieuse, courbassée, roupieuse, langoureuse, et faisoit un potaige de choux verds, avec une couane de lard jaune et un vieil savorados. « Verd et bleu! dist Epistemon, nous avons failly. Nous ne aurons d'elle response aucune, car nous n'avons le rameau d'or. — J'y ay, respondit Panurge, pourveu. Je l'ay icy dedans ma gibbessiere, en une verge d'or massif, accompaigné de beaux et joyeux carolus. »

Ces mots dicts, Panurge la salua profondement, luy presenta six langues de bœuf fumées, un grand pot beurrier plein de coscotons, un bourrabaquin garny de breuvaige, une couille de belier pleine de carolus nouvellement forgés ; enfin, avec profonde reverence, luy mit on doigt medical une verge d'or bien belle, en laquelle estoit une crapaudine de Beusse magnificquement enchassée. Puis, en briefves paroles, luy exposa le motif de sa venue, la priant courtoisement luy dire son advis et bonne fortune de son mariage entreprins.

La vieille resta quelque temps en silence, pensive et rechignant des dents, puis s'assist sus le cul d'un boisseau, print en ses mains trois vieux fuseaulx, les tourna et vira entre ses doigts en diverses manieres, puis esprouva leurs poinctes, le plus poinctu retint en main, les deux aultres jetta sous une pille à mil. Aprés print ses devidoires, et par neuf fois les tourna ; au neufvieme tour considera sans plus toucher le mouvement des devidoueres, et attendit leur repos perfaict.

Depuis, je vis qu'elle deschaussa un de ses esclos (nous les nommons sabotz), mit son davanteau sus sa teste, comme les prestres mettent leur amict, quand ils veulent messe chanter ; puis, avec un antique tissu riolé, piolé, le lia sous la gorge. Ainsi affeublée tira un grand traict du bourrabaquin, print de la couille beliniere trois carolus, les mit en trois coques de noix, et les posa sus le cul d'un pot à plume, fit trois tours de balay par la cheminée, jetta au feu demy fagot de bruyere, et un rameau de laurier sec. Le considera brusler en silence, et vit que, bruslant, ne faisoit grislement ne bruit aucun.

Adonc s'escria espouvantablement, sonnant entre les dents quelques mots barbares et d'estrange termination ; de mode que Panurge dist à Epistemon : « Par la vertu Dieu, je tremble ; je croy que je suis charmé ; elle ne parle poinct christian. Voyez comment elle me semble de quatre empans plus grande que n'estoit lorsqu'elle se capitonna de son davanteau. Que signifie ce remuement de badigoinces ? Que pretend ceste jectigation des espaules ? à quelle fin fredonne elle des babines comme un cinge demembrant ecrevisses ? Les oreilles me cornent, il m'est advis que je oy Proserpine bruyante : les diables bien tost en place sortiront. O les laides bestes ? fuyons, serpe Dieu, je meurs de peur. Je n'aime poinct les diables. Ilz me faschent, et sont mal plaisans ; fuyons. Adieu, ma dame, grand mercy de vos biens. Je ne me marieray poinct, non. J'y renonce des à present comme alors. »

Ainsi commençoit escamper de la chambre ; mais la vieille anticipa, tenant le fuseau en sa main, et sortit en un courtil prés sa maison. Là estoit un sycomore antique : elle l'escroula par trois fois, et, sus huit feuilles qui en tomberent, sommairement avec le fuseau escrivit quelques briefz vers. Puis les jetta au vent, et leur dist : « Allez les chercher, si voulez ; trouvez les, si povez : le sort fatal de vostre mariage y est escrit. »

Ces paroles dictes, se retira en sa tesniere, et sus le perron de la porte se recoursa, robe, cotte et chemise, jusques aux escelles, et leurs monstroit son   Panurge l'apperceut, et dist à Epistemon : « Par le sambre guoy de bois, voylà le trou de la sibylle. » Soudain elle barra sus soy la porte : depuis ne fut veue. Ilz coururent aprés les feuilles, et les recueillerent, mais non sans grand labeur. Car le vent les avoit escartées par les buissons de la vallée. Et, les ordonnans l'une aprés l'aultre, trouverent ceste sentence en metres :

> T'esgoussera
> De renom.
> Engroissera,
> De toy non.
> Te sugcera
> Le bon bout.
> T'escorchera,
> Mais non tout.

CHAPITRE XVIII

COMMENT PANTAGRUEL ET PANURGE DIVERSEMENT EXPOSENT LES VERS DE LA SIBYLLE DE PANZOUST

Les feuilles recueillies, retournerent Epistemon et Panurge en la court de Pantagruel, part joyeux, part faschés. Joyeux, pour le retour ; faschés, pour le travail du chemin, lequel trouverent raboteux, pierreux et mal ordonné. De leur voyage firent ample rapport à Pantagruel, et de l'estat de la sibylle : enfin luy presenterent les feuilles de sycomore, et monstrerent l'escriture en petits vers. Pantagruel, avoir leu le totaige, dist à Panurge en souspirant : « Vous estes bien en poinct ; la prophetie de la sibylle apertement expose ce que ja nous estoit denoté, tant par les sors Virgilianes que par vos propres songes : c'est que par vostre femme serez deshonoré ; que elle vous fera coqu, s'abandonnant à aultruy, et par aultruy devenant grosse ; qu'elle vous desrobera par quelque bonne partie, et qu'elle vous battra, escorchant et meurtrissant quelque membre du corps.

— Vous entendez autant, respondit Panurge, en exposition de ces recentes propheties comme fait truie en espices. Ne vous desplaise si je le dis, car je me sens un peu fasché. Le contraire est veritable. Prenez bien mes motz. La vieille dit : Ainsi comme la febve n'est veue si elle n'est esgoussée, aussi ma vertu et ma perfection jamais ne seroit mise en renom si marié je n'estois. Quantes fois vous ay je ouy disant que le magistrat et l'office descouvre l'homme, et met en evidence ce qu'il avoit dedans le jabot ? C'est à dire que, lors on cognoit certainement quel est le personnaige, et combien il vault, quand il est appellé au maniement des affaires. Au paravant, sçavoir est estant l'homme en son privé, on ne sçait pour certain quel il est, non plus que d'une febve en gousse. Voylà quant au premier article. Aultrement voudriez vous maintenir que l'honneur et bon renom d'un homme de bien pendist au cul d'une putain?

« Le second dit : Ma femme engroissera (entendez icy la prime felicité de mariage), mais non de moy. Cor bieu, je le croy. Ce sera d'un beau petit enfantelet qu'elle sera grosse. Je l'aime desja tout plein, et j'en suis tout assoty. Ce sera mon petit bedault. Fascherie du monde tant grande et vehemente n'entrera desormais à mon esprit, que je ne passe, seulement le voyant et le oyant jargonner en son jargonnoys pueril. Et benoiste soit la vieille! je luy veulx, vray bis, constituer en Salmigondinois quelque bonne rente, non courante, comme bacheliers insensés, mais assise, comme beaux docteurs regens. Aultrement voudriez vous que ma femme dedans ses flancs me portast? me conceust? me enfantast? et qu'on dist : Panurge est un second Bacchus? Il est deux fois né. Il est rené, comme fut Hippolytus, comme fut Proteus, une fois de Thetis, et secondement de la mere du philosophe Appollonius; comme furent les deux Palices, prés du fleuve Simethos en Sicile. Sa femme estoit grosse de luy. En luy est renouvellée l'antique palintocie des Megariens, et la palingenesie de Democritus. Erreur! Ne m'en parlez jamais.

« Le tiers dit : Ma femme me succera le bon bout. Je m'y dispose. Vous entendez assez que c'est le baston à un bout qui me pend entre les jambes. Je vous jure et prometz que tousjours le maintiendray succulent et bien avitaillé. Elle ne me le succera poinct en vain. Eternellement y sera le petit picotin, ou mieulx. Vous exposez allegoricquement ce lieu, et l'interpretez à larrecin et furt. Je loue l'exposition, l'allegorie me plaist, mais non à vostre sens. Peut estre que l'affection sincere que me portez vous tire en partie adverse et refractaire, comme disent les clercs chose merveilleusement crainctive estre amour, et jamais le bon amour n'estre sans craincte. Mais, selon mon jugement, en vous mesme vous entendez que furt, en ce passaige comme en tant d'aultres des scripteurs latins et antiques, signifie le doulx fruict d'amourettes; lequel veult Venus estre secretement et furtivement cuilly. Pourquoy, par vostre foy? Pource que la chosette, faicte à l'emblée, entre deux huys, à travers les degrés, darriere la tapisserie, en tapinois, sus un fagot desroté, plus plaist à la déesse de Cypre (et en suis là, sans prejudice de meilleur advis), que faicte en veue du soleil, à la cynique, ou entre les precieux conopées, entre les courtines dorées, à longs intervalles, à plein guogo, avec un esmouchail de soye cramoisine et un panache de plumes Indiques chassant les mouches d'autour, et la femelle s'escurant les dents avec un brin de paille, qu'elle ce pendant auroit desraché du fond de la paillasse.

« Aultrement, voudriez vous dire qu'elle me desrobast en sugçant, comme on avalle les huytres en escalle, et comme les femmes de Cilicie (tesmoing Dioscorides) cueillent la graine des alkermes ? Erreur. Qui desrobe, ne sugce, mais gruppe ; n'avalle, mais emballe, ravit, et joue de passe passe.

« Le quart dit : Ma femme me l'escorchera, mais non tout. O le beau mot ! Vous l'interpretez à batterie et meurtrissure. C'est bien à propos truelle, Dieu te gard de mal, masson. Je vous supplie, levez un peu vos esprits de terriene pensée en contemplation haultaine des merveilles de nature ; et icy condamnez vous vous mesmes pour les erreurs qu'avez commis, perversement exposant les dictz propheticques de la dive sibylle. Posé, mais non admis ne concedé le cas que ma femme, par l'instigation de l'ennemy d'enfer, voulust et entreprint me faire un mauvais tour, me diffamer, me faire coqu jusqu'au cul, me desrober, et oultrager, encores ne viendra elle à fin de son vouloir et entreprinse. La raison qui à ce me meut est en ce poinct dernier fondée, et est extraicte du fond de pantheologie monastique. Frere Artus Culletant me l'a aultrefois dict, et fut par un lundy matin, mangeans ensemble un boisseau de goudiveaulx, et si pleuvoit, il m'en souvient ; Dieu luy doint le bon jour !

« Les femmes, au commencement du monde, ou peu après, ensemblement conspirerent escorcher les hommes tous vifz, par ce que sus elles maistriser vouloient en tous lieux. Et fut cestuy decret promis, confermé et juré entre elles par le sainct sang breguoy. Mais, ô vaines entreprinses des femmes! ô grande fragilité du sexe feminin ! Elles commencerent escorcher l'homme, ou gluber, comme le nomme Catulle, par la partie qui plus leur haite : c'est le membre nerveux, caverneux. Plus de six mille ans à, et toutesfois jusques à present n'en ont escorché que la teste. Dont, par fin despit, les Juifz eux mesmes, en circoncision se le coupent et retaillent, mieulx aimans estre dicts recutis et retaillatz maranes, que escorchés par femme, comme les aultres nations. Ma femme, non degenerante de ceste commune entreprinse, me l'escorchera, s'il ne l'est. J'y consens de franc vouloir, mais non tout ; je vous en asceure, mon bon roy.

— Vous, dist Epistemon, ne respondez à ce que le rameau de laurier, nous voyans, elle considerant et exclamant en voix furieuse et espouvantable, brusloit sans bruyt ne grislement aucun. Vous savez que c'est triste augure, et signe grandement redoutable, comme attestent Properce, Tibulle, Porphyre, philosophe argut, Eustathius sus l'*Iliade* homericque, et aultres.

— Vrayement, respondit Panurge, vous me alleguez de gentilz veaux. Ilz furent folz comme poëtes, et resveurs comme philosophes ; autant pleins de fine folie, comme estoit leur philosophie. »

CHAPITRE XIX

COMMENT PANTAGRUEL LOUE LE CONSEIL DES MUETZ

Pantagruel, ces motz achevés, se teut assez long temps, et sembloit grandement pensif. Puis dist à Panurge : « L'esprit maling vous seduyt; mais escoutez. J'ai leu qu'on temps passé les plus veritables et seurs oracles n'estoient ceux que par escrit on bailloit, ou par parole on proferoit. Maintes fois y ont faict erreur, ceux voire qui estoient estimés fins et ingenieux, tant à cause des amphibologies, equivocques et obscurités des motz, que de la briefveté des sentences. Pourtant fut Apollo, dieu de vaticination, surnommé Λοξίας. Ceux que l'on exposoit par gestes et par signes estoient les plus veritables et certains estimés. Telle estoit l'opinion de Heraclitus. Et ainsi vaticinoit Jupiter en Amon; ainsi prophetisoit Apollo entre les Assyriens. Pour ceste raison, le peignoient ilz avec longue barbe, et vestu comme personnage vieux, et de sens rassis; non nud, jeune, et sans barbe, comme faisoient les Grecs. Usons de ceste maniere, et, par signes sans parler, conseil prenez de quelque mut. — J'en suis d'advis, respondit Panurge. — Mais, dist Pantagruel, il conviendroit que le mut fust sourd de sa naissance, et par consequent mut. Car il n'est mut plus naïf que celuy qui onques ne ouyt.

— Comment, respondit Panurge, l'entendez? Si vray fust que l'homme ne parlast qui n'eust ouy parler, je vous menerois à logiquement inferer une proposition bien abhorrente et paradoxe. Mais laissons la. Vous donc ne croyez ce qu'escrit Herodote des deux enfans gardés dedans une case par le vouloir de Psammetic, roy des Egyptiens, et nourris en perpetuelle silence : lesquelz, aprés certain temps, prononcerent ceste parole, *becus*, laquelle, en langue phrygienne, signifie pain? — Rien moins, respondit Pantagruel. C'est abus dire que ayons langaige naturel ; les langaiges sont par institutions arbitraires et convenances des peuples : les voix, comme disent les dialecticiens, ne signifient naturellement, mais à plaisir. Je ne vous dis ce propos sans cause. Car Bartole, *lib. I, de Verbor. obligat.*, raconte que, de son temps, fut en Eugube un nommé messer Nello de Gabrielis, lequel par accident estoit sourd devenu : ce non obstant, entendoit tout homme Italian, parlant tant secretement que ce fust, seulement à la veue de ses gestes et mouvement des baulevres.

« J'ay davantaige leu, en auteur docte et elegant, que Tyridates, roy de Armenie, au temps de Neron, visita Rome, et fut receu en solennité honorable et pompes magnificques, afin de l'entretenir en amitié sempiternelle du senat et peuple romain : et n'y eut chose memorable en la cité qui ne luy fust monstrée et exposée. A son departement, l'empereur luy fit dons grands et excessifz ; oultre, luy fit option de choisir ce que plus en Rome luy plairoit, avec promesse jurée de non l'esconduire, quoy qu'il demandast. Il demanda seulement un joueur de farces, lequel il avoit veu au théatre, et, n'entendant ce qu'il disoit, entendoit ce qu'il exprimoit par signes et gesticulations ; allegant que, sous sa domination, estoient peuples de divers langaiges, pour es quelz respondre et parler luy convenoit user de plusieurs truchemens : il seul à tous suffiroit. Car, en matiere de signifier par gestes, estoit tant excellent qu'il sembloit parler des doigts. Pourtant, vous fault choisir un mut sourd de nature, afin que ses gestes et signes vous soient naïfvement propheticques, non feincts, fardés, ne affectés. Reste encores sçavoir si tel advis voulez ou d'homme ou de femme prendre.

— Je, respondit Panurge, voluntiers d'une femme le prendrois, ne fust que je crains deux choses :

« L'une, que les femmes, quelques choses qu'elles voyent, elles se representent en leurs esprits, elles pensent, elles imaginent que soit l'entrée du sacre Ithyphalle. Quelques gestes, signes et maintiens que l'on face en leur veue et presence, elles les interpretent et referent à l'acte mouvant de belutaige. Pourtant y serions nous abusés, car la femme penseroit tous nos signes estre signes veneriens. Vous souvienne de ce qu'advint en Rome deux cens soixante ans aprés la fondation d'icelle : un jeune gentilhomme romain, rencontrant au mons Celion une dame latine nommée Verone, mute et sourde de nature, luy demanda, avec gesticulations italicques, en ignorance d'icelle surdité, quelz senateurs elle avoit rencontré par la montée. Elle, non entendant ce qu'il disoit, imagina estre ce qu'elle pourpensoit, et ce que un jeune homme naturellement demande d'une femme. Adonc par signes (qui en amour sont incomparablement plus attractifz, efficaces et valables que paroles) le tira à part en sa maison, signes luy fit que le jeu luy plaisoit. En fin, sans de bouche mot dire, firent beau bruit de culetis ;

« L'aultre, qu'elles ne feroient à nos signes response aucune : elles soudain tomberoient en arriere, comme réallement consentantes à nos facites demandes. Ou, si signes aucuns nous faisoient responsifz à nos propositions, ilz seroient tant follastres et ridicules que nous mesmes estimerions leurs pensemens estre venereicques.

« Vous sçavez comment, à Brignoles, quand la nonnain soeur Fessue fut par le jeune briffaut dam Royddimet engroissée, et, la groisse cogneue, appellée par l'abbesse en chapitre, et arguée de inceste, elle s'excusoit, allegante que ce n'avoit esté de son consentement, ce avoit esté par violence, et par la force du frere Royddimet L'abbesse repliquant, et disant : « Meschante, c'estoit on dortouoir, pourquoy ne criois tu à la « force? Nous toutes eussions couru à ton aide. » Respondit qu'elle n'osoit crier au dortouoir, pour ce qu'au dortouoir y a silence sempiternelle. « Mais, « dist l'abbesse, meschante que tu es, pourquoy ne faisois tu signe à tes « voisines de chambre? — Je, respondit la Fessue, leurs faisois signes du « cul tant que povois, mais personne ne me secourut. — Mais, demanda « l'abbesse, meschante, pourquoy incontinent ne me le vins tu dire, et « l'accuser regulierement ? Ainsi eusse je faict, si le cas me fut advenu, « pour demonstrer mon innocence. — Pource, respondit la Fessue, que, « craignant demourer en peché et estat de damnation, de peur que ne fusse « de mort soudaine prevenue, je me confessay à luy, avant qu'il departist « de la chambre; et il me bailla en penitence de non le dire ne deceler « à personne. Trop enorme eust esté le peché, reveler sa confession, et « trop detestable davant Dieu et les anges. Par adventure, eust ce esté « cause que le feu du ciel eust ars toute l'abbaye, et toutes fussions « tombées en abisme avec Dathan et Abiron. »

— Vous, dist Pantagruel, ja ne m'en ferez rire. Je sçay assez que toute moinerie moins crainct les commandements de Dieu transgresser que leurs statutz provinciaulx. Prenez donc un homme. Nazdecabre me semble idoine. Il est mut et sourd de naissance. »

CHAPITRE XX.

COMMENT NAZDECABRE PAR SIGNES RESPOND A PANURGE

Nazdecabre fut mandé, et au lendemain arriva. Panurge, à son arrivée, luy donna un veau gras, un demy pourceau, deux bussars de vin, une charge de bled, et trente francs en menue monnoie : puis le mena davant Pantagruel, et, en presence des gentilz hommes de chambre, luy fit tel signe : il baisla assez longuement, et, en baislant, faisoit hors la bouche, avec le poulce de la main dextre, la figure de la lettre grecque dicte *Tau*, par frequentes reiterations. Puis leva les yeulx au ciel, et les tournoyoit en la teste comme une chevre qui avorte; toussoit ce faisant, et profondement souspiroit. Cela faict, monstroit le default de sa braguette; puis, sous sa chemise, print son pistolandier à plein poing, et le faisoit melodieusement clicquer entre ses cuisses ; se enclina flechissant le genoil gauche, et resta tenant ses deux bras sus la poictrine, lassés l'un sus l'aultre.

Nazdecabre curieusement le regardoit, puis leva la main gauche en l'air, et retint clous en poing tous les doigts d'icelle, excepté le poulce et le doigt indice : desquels il accoubla mollement les deux ongles ensemble.

« J'entends, dist Pantagruel, ce qu'il pretend par cestuy signe. Il denote mariage, et d'abondant le nombre trentenaire, selon la profession des Pythagoriciens. Vous serez marié. — Grand mercy (dist Panurge, se tournant vers Nazdecabre), mon petit architriclin, mon comite, mon algosan, mon sbire, mon barizel. »

Puis leva en l'air plus hault la dicte main gauche, estendant tous les cinq doigts d'icelle, et les esloignant uns des aultres, tant que esloigner povoit. « Icy, dist Pantagruel, plus amplement nous insinue, par signification du nombre quinaire, que serez marié. Et non seulement effiancé, espousé, et marié, mais en oultre que habiterez, et serez bien avant de feste. Car Pythagoras appelloit le nombre quinaire nombre nuptial, nopces et mariage consommé, pour ceste raison qu'il est composé de trias, qui est nombre premier impar et superflu, et de dyas, qui est nombre premier par ; comme de masle et de femelle, coublés ensemblement. De faict, à Rome, jadis, au jour des nopces, on allumoit cinq flambeaulx de cire, et n'estoit licite d'en allumer plus, fust es nopces des plus riches ; ne moins, fust es nopces des plus indigens. D'avantaige, on temps passé, les payens imploroient cinq dieux, ou un dieu en cinq benefices, sus ceux que l'on marioit : Jupiter nuptial, Juno presidente de la feste, Venus la belle, Pitho déesse de persuasion et beau parler, et Diane, pour secours on travail d'enfantement. — O, s'escria Panurge, le gentil Nazdecabre ! Je luy veulx donner une metairie prés Cinays, et un moulin à vent en Mirebalais. »

Ce faict, le mut esternua en insigne vehemence et concussion de tout le corps, se destournant à gauche. « Vertus bœuf de bois, dist Pantagruel, qu'est cela ? Ce n'est à vostre advantaige. Il denote que vostre mariage sera infauste et malheureux. Cestuy esternuement (selon la doctrine de Terpsion) est le demon socraticque : lequel, faict à dextre, signifie qu'en asseurance et hardiment on peut faire et aller ce et la part qu'on a deliberé, les entrée, progres et succes seront bons et heureux ; faict à gauche, au contraire. — Vous, dist Panurge, tousjours prenez les matieres au pis, et tousjours obturbez, comme un aultre Davus. Je n'en croy rien. Et ne cogneuz onques sinon en deception ce vieux trepelu Terpsion. — Toutesfois, dist Pantagruel, Ciceron en dit je ne sçay quoy au second livre de *Divination.* »

Puis se tourne vers Nazdecabre, et luy fait tel signe : il renversa les paulpieres des yeulx contre mont, tortoit les mandibules de dextre en senestre, tira la langue à demy hors la bouche. Ce faict, posa la main gauche ouverte, excepté le maistre doigt, lequel retint perpendiculairement sus la paulme, et ainsi l'assist au lieu de sa braguette : la dextre retint close en poing, excepté le poulce, lequel droit il retourna arriere sous l'escelle dextre, et l'assist au dessus des fesses, on lieu que les Arabes appellent *al katim*. Soudain aprés changea, et la main dextre tint en forme de la senestre, et la posa sus le lieu de la braguette ; la gauche tint en forme de la dextre, et la posa sus l'al katim. Cestuy changement de mains réitera par neuf fois. A la neufviesme, remit les paulpieres des yeulx en leur position naturelle, aussi fit les mandibules et la langue ; puis jetta son regard biscle sus Nazdecabre, branslant les baulevres, comme font les cinges de sejour, et comme font les connins mangeans avoine en gerbe.

Adonc Nazdecabre eleva en l'air la main dextre toute ouverte, puis mit le poulce d'icelle jusques à la premiere articulation, entre la tierce joincture du maistre doigt et du doigt medical, les resserrant assez fort autour du poulce : le reste des joinctures d'iceux retirant au poing, et droits extendant les doigts indice et petit. La main ainsi composée posa sus le nombril de Panurge, mouvant continuellement le poulce susdict, et appuyant icelle main sus les doigts petit et indice, comme sus deux jambes. Ainsi montoit d'icelle main successivement à travers le ventre, le stomach, la poictrine, et le col de Panurge ; puis au menton, et dedans la bouche luy mit le susdict poulce branslant : puis luy en frotta le nez, et, montant oultre aux yeulx, feignoit les luy vouloir crever avec le poulce. A tant Panurge se fascha, et taschoit se defaire et retirer du mut. Mais Nazdecabre continuoit, luy touchant, avec celuy poulce branslant, maintenant les yeulx, maintenant le front, et les limites de son bonnet. Enfin Panurge s'escria disant : « Par Dieu, maistre fol, vous serez battu, si ne me laissez ; si plus me faschez, vous aurez de ma main un masque sus votre paillard visaige.

— Il est, dist lors frere Jean, sourd. Il n'entend ce que tu luy dis, couillon. Fais luy en signe une gresle de coups de poing sur le mourre. — Que diable, dist Panurge, veult pretendre ce maistre Aliboron ? il m'a presque poché les yeulx au beurre noir. Par Dieu, *da jurandi*, je vous festoiray d'un banquet de nazardes, entrelardé de doubles chiquenaudes. » Puis le laissa, luy faisant la petarrade. Le mut, voyant Panurge demarcher, gaigna le davant, l'arresta par force, et luy fit tel signe : il baissa le bras dextre vers le genoil, tant que pouvoit l'extendre, clouant tous les doigts en poing, et passant le poulce entre les doigts maistre et indice. Puis, avec la main gauche, frottoit le dessus du coubde du susdit bras dextre, et peu à peu à ce frottement levoit en l'air la main d'iceluy, jusques au coubde et au dessus ; soudain la rabaissoit comme davant : puis à intervalles la relevoit, la rabaissoit, et la monstroit à Panurge.

Panurge, de ce fasché, leva le poing pour frapper le mut ; mais il revera la presence de Pantagruel et se retint. Alors dist Pantagruel : « Si les signes vous faschent, ô quant vous fascheront les choses signifiées ! Tout vray à tout vray consonne. Le mut pretend et denote que serez marié, coqu, battu, et desrobbé. — Le mariage, dist Panurge, je concede, je nie le demourant. Et vous prie me faire ce bien de croire que jamais homme n'eut en femme et en chevaulx heur tel que m'est predestiné. »

CHAPITRE XXI

COMMENT PANURGE PREND CONSEIL D'UN VIEIL POETE FRANÇOIS NOMMÉ RAMINAGROBIS

« Je ne pensois, dist Pantagruel, jamais rencontrer homme tant obstiné à ses apprehensions comme je vous voy. Pour toutesfois vostre doubte esclarcir, suis d'advis que nous mouvons toute pierre. Entendez ma conception. Les cycnes, qui sont oiseaulx sacrés à Apollo, ne chantent jamais, sinon quand ilz approchent de leur mort, mesmement en Méander, fleuve de Phrygie (je le dis pour ce que Ælianus et Alexander Myndius escrivent en avoir ailleurs veu plusieurs mourir, mais nul chanter en mourant) ; de mode que chant de cycne est presaige certain de sa mort prochaine, et ne meurt que prealablement n'ait chanté. Semblablement, les poëtes, qui sont en protection d'Apollo, approchans de leur mort, ordinairement deviennent prophetes, et chantent par apolline inspiration, vaticinans des choses futures.

« J'ay davantaige souvent ouy dire que tout homme vieux, decrepit, et prés de sa fin, facilement divine des cas advenir. Et me souvient que Aristophanes, en quelque comedie, appelle les gens vieux Sibylles, ὁ δὲ γέρων Σιβυλλιᾷ. Car, comme nous, estans sus le moule, et de loing voyans les mariniers et voyagiers dedans leurs naufz en haulte mer, seulement en silence les considerons, et bien prions pour leur prospere abordement ; mais, lorsqu'ilz approchent du havre, et par paroles et par gestes les saluons, et congratulons de ce que à port de saulveté sont avec nous arrivés : aussi les anges, les heroes, les bons demons (selon la doctrine des Platonicques) voyans les humains prochains de mort, comme de port tres sceur et salutaire, port de repos et de tranquillité, hors les troubles et sollicitudes terriennes, les saluent, les consolent, parlent avec eux, et ja commencent leur communicquer art de divination.

« Je ne vous allegueray exemples antiques de Isaac, de Jacob, de Patroclus envers Hector, de Hector envers Achilles, de Polymnestor envers Agamemnon et Hecuba, du Rhodien celebré par Posidonius, de Calanus indian envers Alexandre le Grand, de Orodes envers Mezentius et aultres : seulement vous veulx ramentevoir le docte et preux chevalier Guillaume du Bellay, seigneur jadis de Langey, lequel au mont de Tarare mourut, le dixiesme de janvier, l'an de son aage le climatere, et de nostre supputation l'an 1543, en compte romanicque. Les trois et quatre heures avant son deces il employa en paroles vigoureuses, en sens tranquil et serain, nous predisant ce que depuis part avons veu, part attendons advenir, combien que, pour lors, nous semblassent ces propheties aucunement abhorrentes et estranges, par ne nous apparoistre cause ne signe aucun present pronostic de ce qu'il predisoit.

« Nous avons icy, prés la Villaumere, un homme et vieux et poëte, c'est Raminagrobis, lequel en secondes nopces espousa la grande Guore, dont nasquit la belle Bazoche. J'ay entendu qu'il est en l'article et dernier moment de son deces : transportez vous vers luy, et oyez son chant. Pourra estre que de luy aurez ce que pretendez, et par luy Apollo vostre doubte dissoudra. — Je le veulx, respondit Panurge. Allons y, Epistemon, de ce pas, de peur que mort ne le previenne. Veulx tu venir, frere Jean? — Je le veulx, respondit frere Jean, bien voluntiers, pour l'amour de toy, couillette. Car je t'aime du bon du foye. »

Sus l'heure fut par eux chemin prins, et, arrivans au logis poëticque, trouverent le bon vieillard en agonie, avec maintien joyeux, face ouverte, et regard lumineux.

Panurge, le saluant, luy mit au doigt medical de la main gauche, en pur don, un anneau d'or, en la palle duquel estoit un saphyr oriental, beau et ample ; puis, à l'imitation de Socrates, luy offrit un beau coq blanc, lequel, incontinent posé sur son lict, la teste elevée, en grande alaigresse, secoua son pennaige, puis chanta en bien hault ton. Cela faict, Panurge le requist courtoisement dire et exposer son jugement sus le doubte du mariage pretendu.

Le bon vieillard commanda luy estre apporté ancre, plume et papier. Le tout fut promptement livré. Adonc escrivit ce que s'ensuit :

> Prenez la, ne la prenez pas.
> Si vous la prenez, c'est bien faict.
> Si ne la prenez en effect,
> Ce sera œuvré par compas

Guilloppez, mais allez le pas.
Recullez, entrez y de faict.
Prenez la, ne...

Jeusnez, prenez double repas,
Defaictes ce qu'estoit refaict.
Refaictes ce qu'estoit defaict.
Souhaitez luy vie et trespas.
Prenez la, ne...

Puis leurs bailla en main, et leurs dist : « Allez, enfans, en la garde du grand Dieu des cieulx, et plus de cestuy affaire ne d'aultre que soit ne m'inquietez. J'ay, ce jourd'huy, qui est le dernier et de may et de moy, hors ma maison, à grande fatigue et difficulté, chassé un tas de villaines, immondes et pestilentes bestes, noires, guarres, fauves, blanches, cendrées, grivolées; lesquelles laisser ne me vouloient à mon aise mourir, et, par fraudulentes poinctures, gruppemens harpyacques, importunités freslonnicques, toutes forgées en l'officine de ne sçay quelle insatiabilité, me evocquoient du doux pensement onquel je acquiesçois, contemplant, voyant et ja touchant et goustant le bien et felicité que le bon Dieu a preparé à ses fideles et esleuz, en l'aultre vie et estat d'immortalité.

« Declinez de leur voye, ne soyez à elles semblables, plus ne me molestez, et me laissez en silence, je vous supplie. »

CHAPITRE XXII

COMMENT PANURGE PATROCINE A L'ORDRE DES FRATRES MENDIANS

Issant de la chambre de Raminagrobis, Panurge comme tout effrayé dist : « Je croy, par la vertu Dieu, qu'il est heretique, ou je me donne au diable. Il mesdit des bons peres mendians cordeliers et jacobins, qui sont les deux hemispheres de la christienté, et par la gyrognomonyque circumbilivagination desquelz, comme par deux filopendoles coelivages, tout l'autonomatic matagrabolisme de l'Eglise romaine, quand elle se sent emburelucoquée d'aucun baragouinage d'erreur ou d'heresie, homocentricalement se tremousse. Mais que tous les diables luy ont faict les pauvres diables de capussins, et minimes? Ne sont ilz assez meshaignés, les pauvres diables? Ne sont ilz assez enfumés et perfumés de misere et calamité, les pauvres naires, extraictz de ichthyophagie! Est il, frere Jean, par ta foy, en estat de salvation? Il s'en va, par Dieu, damné comme une serpe à trente mille hottées de diables. Mesdire de ces bons et vaillans pilliers d'eglise! Appelez vous cela fureur poëtique? Je ne m'en peux contenter :

il peche villainement, il blaspheme contre la religion. J'en suis fort scandalisé. — Je, dist frere Jean, ne m'en soucie d'un bouton. Ilz mesdisent de tout le monde ; si tout le monde mesdit d'eux, je n'y pretends aucun interest. Voyons ce qu'il a escrit. »

Panurge leut attentivement l'escriture du bon vieillard, puis leur dist : « Il resve, le pauvre beuveur. Je l'excuse toutesfois. Je croy qu'il est prés de sa fin. Allons faire son epitaphe. Par la response qu'il nous donne, je suis aussi sage que onques puis ne fourneasmes nous. Escoute ça, Epistemon, mon bedon. Ne l'estimes tu pas bien resolu en ses responses? Il est, par Dieu, sophiste argut; ergoté et naif. Je gaige qu'il est marrabais. Ventre boeuf, comment il se donne garde de mesprendre en ses paroles! Il ne respond que par disjonctives.

« Il ne peut ne dire vray. Car à la verité d'icelles suffit l'une partie estre vraye. O quel patelineux ! Sainct Iago de Bressuire, en est il encores de l'eraige? — Ainsi, respondit Epistemon, protestoit Tiresias, le grand vaticinateur, au commencement de toutes ses divinations, disant apertement à ceux qui de luy prenoient advis : Ce que je diray adviendra ou n'adviendra poinct. Et est le style des prudens pronosticqueurs. — Toutesfois, dist Panurge, Juno luy creva les deux yeulx. — Voire, respondit Epistemon, par despit de ce qu'il avoit mieulx sententié qu'elle sus le doubte proposé par Jupiter.

— Mais, dist Panurge, quel diable possede ce maistre Raminagrobis, qui, ainsi, sans propos, sans raison, sans occasion, mesdit des pauvres beatz peres jacobins, mineurs, et minimes? J'en suis grandement scandalisé, je vous affie, et ne m'en peux taire. Il a griefvement peché. Son asne s'en va à trente mille panerées de diables.

— Je ne vous entends poinct, respondit Epistemon. Et me scandalisez vous mesmes grandement, interpretant perversement des *fratres* mendians ce que le bon poëte disoit des bestes noires, fauves et aultres. Il ne l'entend selon mon jugement, en telle sophisticque et phantasticque allegorie. Il parle absolument et proprement des pusses, punaises, cirons, mousches, culices, et aultres telles bestes : lesquelles sont unes noires, aultres fauves, aultres cendrées, aultres tannées et basanées ; toutes importunes, tirannicques, et molestes, non es malades seulement, mais aussi à gens sains et vigoureux. Par adventure a il des ascarides, lumbriques, et vermes dedans le corps. Par adventure patist il (comme est en Egypte et lieux confins de la mer Erythrée chose vulgaire et usitée) es bras ou jambes quelque poincture de draconneaulx grivolés, que les Arabes appellent *venes meden*. Vous faites mal aultrement exposant ses paroles. Et faite tort au bon poëte par detraction, et es dicts *fratres* par imputation de tel meshaing. Il faut tousjours de son presme interpreter toutes choses à bien.

— Apprenez moy, dist Panurge, à cognoistre mousches en laict. Il est, par la vertu Dieu, heretique. Je dis heretique formé, heretique clavelé, heretique bruslable comme une belle petite horologe. Son asne s'en va à trente mille charretées de diables. Sçavez vous où? Cor bieu, mon amy, droit dessous la scelle persée de Proserpine, dedans le propre bassin infernal, onquel elle rend l'operation fecale de ses clysteres, au costé gauche de la grande chaudiere, à trois toises prés les gryphes de Lucifer, tirant vers la chambre noire de Demiourgon. Ho le villain! »

CHAPITRE XXIII

COMMENT PANURGE FAIT DISCOURS POUR RETOURNER A RAMINAGROBIS

« Retournons, dist Panurge continuant, l'admonester de son salut. Allons on nom, allons en la vertu de Dieu. Ce sera oeuvre charitable à nous faicte. Au moins, s'il perd le corps et la vie, qu'il ne damne son asne. Nous l'induirons à contrition de son peché, à requerir pardon es dicts tant beatz peres, absens comme presens : et en prendrons acte, afin qu'après son trespas, ilz ne le declairent heretique et damné, comme les farfadetz firent de la prevoste d'Orléans; et leurs satisfaire de l'oultrage, ordonnant par tous les couvens de ceste province aux bons peres religieux force bribes, force messes, force obitz et anniversaires; et que, au jour de son trespas, sempiternellement ilz ayent tous quintuple pitance, et que le grand bourrabaquin, plein du meilleur, trotte de ranco par leurs tables, tant des burgotz, layz et briffaulx, que des prestres et des clercs, tant des novices que des profés. Ainsi pourra il de Dieu pardon avoir.

« Ho, ho, je m'abuse et m'esguare en mes discours. Le diable m'emport si je y vays. Vertu Dieu, la chambre est desja pleine de diables. Je les oy desja soy pelaudans, et entrebattans en diable à qui humera l'amé Raminagrobidicque, et qui premier, de broc en bouc, la portera à messer Lucifer. Houstez vous de là. Je n'y vays pas. Le diable m'emport si j'y vays. Qui sçait s'ilz useroient de *qui pro quo*, et, en lieu de Raminagrobis, grupperoient le pauvre Panurge quitte? Ilz y ont maintesfois failly, estant safrané et endebté? Houstez vous de là. Je n'y vays pas. Je meurs par Dieu de male raige de peur. Soy trouver entre diables affamés! entre diables de faction! entre diables negotians! Houstez vous de là. Je gage que, par mesme doubte, à son enterrement n'assistera jacobin, cordelier, carme, apussin, théatin, ne minime. Et eulx saiges! Aussi bien ne leurs a il rien ordonné par testament. Le diable m'emport si j'y vays. S'il est damné, à son dam. Pour quoy mesdisoit il des bons peres de religion? Pour quoy les avoit il chassés hors sa chambre, sus l'heure qu'il avoit plus de besoing de leur aide, de leurs devotes prieres, de leurs sainctes admonitions? Pour quoy par testament ne leur ordonnoit il au moins quelques bribes, quelque bouffaige, quelque carreleure de ventre, aux pauvres gens, qui n'ont que leur vie en ce monde? Y aille qui voudra aller. Le diable m'emport si j'y vays. Si j'y allois, le diable m'emporteroit. Cancre! Houstez vous de là!

« Frere Jean, veulx tu que presentement trente mille charretées de diables t'emportent? Fais trois choses. Baille moy ta bourse. Car la croix est contraire au charme. Et t'adviendroit ce que nagueres advint à Jean Dodin, recepveur du Couldray au gué de Vede, quand les gens d'armes rompirent les planches.

« Le pinart, rencontrant sus la rive frere Adam Couscoil, cordelier observantin de Mirebeau, luy promit un habit, en condition qu'il le passast oultre l'eau à la cabre morte sus ses espaules. Car c'estoit un puissant ribault. Le pacte fut accordé. Frere Couscoil se trousse jusques aux couilles, et charge à son doz, comme un beau petit sainct Christophle, le dict suppliant Dodin. Ainsi le portoit gayement, comme Enéas porta son pere Anchises hors la conflagration de Troie, chantant un bel *Ave maris stella*. Quand ilz furent au plus parfond du gué, au dessus de la roue du moulin, il luy demanda s'il avoit poinct d'argent sus luy. Dodin respondit qu'il en avoit pleine gibbessiere, et qu'il ne se desfiast de la promesse faicte d'un habit neuf. « Comment! dist frere Couscoil, tu sçais bien que, « par chapitre expres de nostre reigle, il nous est rigoureusement defendu « porter argent sus nous. Malheureux es tu bien certes, qui me as faict « pecher en ce poinct. Pour quoy ne laissas tu ta bourse au meusnier? Sans « faulte tu en seras presentement puny. Et si jamais je te peux tenir en « nostre chapitre à Mirebeau, tu auras du *miserere* jusques à *vitulos*. » Soudain se descharge, et vous jette Dodin en pleine eau la teste au fond.

« A cestuy exemple, frere Jean, mon amy doux, afin que les diables t'emportent mieulx à ton aise, baille moy ta bourse, ne porte croix aucune sus toy. Le danger y est evident. Ayant argent, portant croix, ilz te jetteront sus quelques rochiers, comme les aigles jettent les tortues pour les casser, tesmoing la teste pelée du poëte Eschylus. Et tu te ferois mal, mon amy. J'en serois bien fort marry. Ou te laisseront tomber dedans quelque mer, je ne sçay où, bien loing, comme tomba Icarus. Et sera par après nommée la mer Entommericque.

« Secondement, sois quitte. Car les diables aiment fort les quittes. Je le sçay bien quand est de moy. Les paillards ne cessent me mugueter, et me faire la court. Ce que ne souloient, estant safrané et endebté. L'ame d'un homme endebté est toute hectique et discrasiée. Ce n'est viande à diables.

« Tiercement, avec ton froc

> Et ton domino de grobis,
> Retourne à Raminagrobis.

En cas que trente mille batelées de diables ne t'emportent ainsi qualifié, je payeray pinthe et fagot. Et si, pour ta sceureté, tu veulx compaignie avoir, ne me cherche pas, non. Je t'en advise. Houstez vous de là, je n'y vays pas. Le diable m'emport si j'y vays.

— Je ne m'en soucierois, respondit frere Jean, pas tant, par adventure, que l'on diroit, ayant mon bragmard on poing. — Tu le prends bien, dist Panurge, et en parles comme docteur subtil en lart. Au temps que j'estudiois à l'escole de Tolete, le reverend pere en diable Picatris, recteur de la faculté diabolologicque, nous disoit que naturellement les diables craignent la splendeur des espées, aussi bien que la lueur du soleil. De faict, Hercules, descendant en enfer à tous les diables, ne leur fit tant de peur, ayant seulement sa peau de lion et sa massue, comme par aprés fit Enéas, estant couvert d'un harnois resplendissant, et garny de son bragmard bien à poinct fourby et desrouillé, à l'aide et conseil de la sibylle Cumane. C'estoit, peut estre, la cause pour quoy le seigneur Jean Jacques Trivolse, mourant à Chartres, demanda son espée, et mourut l'espée nue au poing, s'escrimant tout autour du lict, comme vaillant et chevalereux, et, par ceste escrime, mettant en fuite tous les diables qui le guettoient au passaige de la mort. Quand on demande aux massoretz et caballistes pour quoy les diables n'entrent jamais en paradis terrestre, ilz ne donnent aultre raison sinon qu'à la porte est un cherubin, tenant en main une espée flambante. Car, parlant en vraye diabolologie de Tolete, je confesse que les diables vrayement ne peuvent par coups d'espée mourir; mais je maintiens, selon la dicte diabolologie, qu'ilz peuvent patir solution de continuité, comme si tu coupois de travers avec ton bragmard une flambe de feu ardent, ou une grosse et obscure fumée. Et crient comme diables à ce sentement de solution, laquelle leur est doloreuse en diable.

« Quand tu vois le hourt de deux armées, pense tu, couillasse, que le bruit si grand et horrible que l'on y oyt provienne des voix humaines? du hurtis des harnois? du clicquetis des bardes? du chaplis des masses? du froissis des picques? du bris des lances? du cry des navrés? du son des

tabours et trompettes? du hannissement des chevaux? du tonnoire des
escoupettes et canons? Il en est veritablement quelque chose, force est
que le confesse. Mais le grand effroy et vacarme principal provient du dueil
et ullement des diables, qui, là guettans pelle melle les pauvres ames des
blessés, reçoivent coups d'espée à l'improviste, et patissent solution en la
continuité de leurs substances aerées et invisibles : comme si, à quelque
lacquais croquant les lardons de la broche, maistre Hordoux donnoi' un
coup de baston sus les doigts; puis crient et ullent comme diables, comme
Mars, quand il fut blessé par Diomedes devant Troye, Homere dit avoir
crié en plus hault ton et plus horrifique effroy que ne feroient dix mille
hommes ensemble. Mais quoy? Nous parlons de harnois fourbis et d'espées
resplendentes. Ainsi n'est il de ton bragmard. Car, par discontinuation
d'officier, et par faulte de operer, il est, par ma foy, plus rouillé que la
claveure d'un vieil charnier. Pourtant fais de deux choses l'une. Ou le des-
rouille bien à poinct et gaillard, ou, le maintenant ainsi rouillé, garde que
ne retournes en la maison de Raminagrobis. De ma part je n'y vays pas.
Le diable m'emport si j'y vays. »

CHAPITRE XXIV

COMMENT PANURGE PREND CONSEIL DE EPISTEMON

Laissans la Villaumere, et retournans vers Pantagruel, par le chemin
Panurge s'adressa à Epistemon, et luy dist : « Compere, mon antique amy,
vous voyez la perplexité de mon esprit. Vous sçavez tant de bons remedes.
Me sçauriez vous secourir? »

Epistemon print le propos, et remonstroit à Panurge comment la voix
publicque estoit toute consommée en mocqueries de son desguisement
et luy conseilloit prendre quelque peu de ellebore, afin de purger cestuy
humeur en luy peccant, et reprendre ses accoustrements ordinaires.

« Je suis, dist Panurge, Epistemon mon compere, en phantasie de me
marier. Mais je crains estre coqu et infortuné en mon mariage. Pourtant
ay je faict vœu à sainct François le Jeune (lequel est au Plessis lez Tours
reclamé de toutes femmes en grande devotion, car il est premier fondateur
des bons hommes, lesquelz elles appetent naturellement) porter lunettes au
bonnet, ne porter braguette en chausses, que sus ceste mienne perplexité
d'esprit je n'aye eu resolution aperte.

— C'est, dist Epistemon, vrayement un beau et joyeux vœu. Je m'esbahys de vous que ne retournez à vous mesmes, et que ne revocquez vos
sens de ce farouche esguarement en leur tranquillité naturelle.

« Vous entendant parler, me faites souvenir du vœu des Argives à la large perruque, lesquelz, ayans perdu la bataille contre les Lacedemoniens en la controverse de Thyrée, firent vœu cheveulx en teste ne porter jusques à ce qu'ilz eussent recouvert leur honneur et leur terre; du vœu aussi du plaisant Espagnol Michel Doris, qui porta le tronçon de greve en sa jambe. Et ne sçay lequel des deux seroit plus digne et meritant, porter chapperon verd et jaune à oreilles de lievre, ou iceluy glorieux champion, ou Enguerrant qui en fait le tant long, curieux et fascheux conte, oubliant l'art et maniere d'escrire histoires, baillée par le philosophe Samosatoys.

« Car, lisant iceluy long narré, l'on pense que doibve estre commencement et occasion de quelque forte guerre ou insigne mutation des royaumes; mais, en fin de compte, on se mocque, et du benoist champion, et de l'Angloys qui le defia, et de Enguerrant leur tabellion, plus baveux qu'un pot à moustarde.

« La mocquerie est telle que de la montaigne d'Horace, laquelle crioit et lamentoit enormement, comme femme en travail d'enfant. A son cry et lamentation accourut tout le voisinaige, en expectation de voir quelque admirable et monstrueux enfantement; mais enfin ne nasquit d'elle qu'une petite souriz.

— Non pourtant, dist Panurge, je m'en soubris.

« Se mocque qui clocque.

« Ainsi feray comme porte mon vœu. Or long temps a que avons ensemble, vous et moy, foy et amitié jurée par Jupiter Philios. Dictes m'en vostre advis. Me doibs je marier ou non?

— Certes, respondit Epistemon, le cas est hazardeux; je me sens par trop insuffisant à la resolution. Et, si jamais fut vray en l'art de medecine le dict du vieil Hippocrates de Lango : *jugement difficile*, il est en cestuy endroit verissime.

« J'ay bien en imagination quelques discours moyennant lesquelz nous aurions determination sus vostre perplexité ; mais ilz ne me satisfont poinct apertement. Aucuns Platoniques disent que qui peut voir son *Genius* peut entendre ses destinées. Je ne comprends pas bien leur discipline, et ne suis d'advis que y adherez. Il y a de l'abus beaucoup. J'en ay veu l'experience en un gentilhomme studieux et curieux on pays d'Estangorre. C'est le poinct premier.

« Un aultre y a. Si encores regnoient les oracles de Jupiter en Ammon, de Apollo en Lebadie, Delphes, Delos, Cyrrhe, Patare, Tegyres, Preneste, Lycie, Colophon; en la fontaine Castalie, prés Antioche en Syrie; entre les Branchides de Bacchus en Dodone; de Mercure, en Phares, prés Patras; de Apis, en Egypte; de Serapis, en Canobe; de Faunus, en Melanie et en

Albunée, prés Tivoli ; de Tiresias, en Orchomene ; de Mopsus, en Cilicie ; de Orpheus, en Lesbos ; de Trophonius, en Leucadie, je serois d'advis (par adventure non serois) y aller et entendre quel seroit leur jugement sus vostre entreprinse. Mais vous sçavez que tous sont devenuz plus mutz que poissons, depuis la venue de celuy Roy servateur, onquel ont prins fin tous oracles et toutes propheties : comme, advenante la lumiere du clair soleil, disparent tous lutins, lamies, lemures, guaroux, farfadetz et tenebrions. Ores, toutesfois qu'encores fussent en regne, ne conseillerois je facilement adjouster foy à leurs responses. Trop de gens y ont esté trompés.

« Davantaige, je me recorde que Agrippine mit sus à Lollie la belle, avoir interrogé l'oracle d'Apollo Clarius pour entendre si mariée elle seroit avec Claudius l'empereur. Pour ceste cause fut premierement bannie, et depuis à mort ignominieusement mise.

— Mais, dist Panurge, faisons mieulx. Les isles Ogygies ne sont loing du port de Sammalo ; faisons y un voyage aprés qu'aurons parlé à nostre roy.

« En l'une des quatre, laquelle plus a son aspect vers soleil couchant, on dit, je l'ay leu en bons et antiques auteurs, habiter plusieurs divinateurs, vaticinateurs et prophetes ; y estre Saturne lié de belles chaines d'or dedans une roche d'or, alimenté de ambroisie et nectar divin ; lesquelz journellement luy sont des cieulx transmis en abondance par ne sçay quelle espece d'oiseaux (peut estre que sont les mesmes corbeaulx qui alimentoient es desers sainct Pol premier hermite) ; et apertement predire à un chascun qui veult entendre son sort, sa destinée, et ce que luy doibt advenir. Car les Parces rien ne filent, Jupiter rien en propense et rien ne delibere que le bon pere, en dormant, ne cognoisse. Ce nous seroit grande abbreviation de labeur, si nous le oyons un peu sus ceste mienne perplexité.

— C'est, respondit Epistemon, abus trop evident, et fable trop fabuleuse. Je n'iray pas. »

CHAPITRE XXV

COMMENT PANURGE SE CONSEILLE A HER TRIPPA

« Oyez cy, dist Epistemon continuant, toutesfois que ferez, avant que retournons vers nostre roy, si me croyez. Icy, prés l'isle Bouchart, demeure Her Trippa ; vous sçavez comment, par art d'astrologie, geomantic, chiromantic, metopomancie, et aultres de pareille farine, il predit toutes choses futures; conferons de vostre affaire avec luy. — De cela, respondit Panurge, je ne sçay rien. Bien sçay je que, luy un jour parlant au grand roy des choses celestes et transcendantes, les lacquais de court, par les degrés, entre les huys, sabouloient sa femme à plaisir, laquelle estoit assez bellastre. Et il, voyant toutes choses etherées et terrestres sans bezicles, discourant de tous cas passés et presens, predisant tout l'advenir, seulement ne voyoit sa femme brimballante, et onques n'en sceut les nouvelles. Bien, allons vers luy, puis qu'ainsi le voulez. On ne sçauroit trop apprendre. »

Au lendemain, arriverent au logis de Her Trippa. Panurge luy donna une robe de peaulx de loup, une grande espée bastarde bien dorée à fourreau de velours, et cinquante beaux angelotz; puis familierement avec luy confera de son affaire. De premiere venue Her Trippa, le regardant en face, dist : « Tu as la metoposcopie et physionomie d'un coqu. Je dis coqu scandalé et diffamé. » Puis, considerant la main dextre de Panurge en tous endroits, dist : « Ce faulx traict, que je voy icy au dessus du mont *Jovis*, onques ne fut qu'en la main d'un coqu. » Puis, avec un style, fit hastivement certain nombre de pointz divers, les accoubla par geomantie, et dist : « Plus vraye n'est la verité qu'il est certain que seras coqu, bien tost après que seras marié. » Cela faict, demanda à Panurge l'horoscope de sa nativité. Panurge luy ayant baillé, il fabriqua promptement sa maison du ciel en toutes ses parties, et, considerant l'assiette et les aspectz en leurs triplicités, jetta un grand souspir, et dist : « J'avois ja predit apertement que tu serois coqu; à cela tu ne pouvois faillir : icy j'en ay d'abondant asceurance nouvelle. Et te afferme que tu seras coqu. Davantaige, seras de ta femme battu et d'elle seras desrobé : car je trouve la septiesme maison en aspectz tous malings, et en batterie de tous signes portans cornes, comme *Aries*, *Taurus*, Capricorne, et aultres. En la quarte, je trouve decadence de *Jovis*, ensemble aspect tetragone de Saturne, associé de Mercure. Tu seras bien poyvré, homme de bien.

— Je seray, respondit Panurge, tes fortes fiebvres quartaines, vieux fol, sot mal plaisant que tu es. Quand tous coquz s'assembleront, tu porteras la banniere. Mais dond me vient ce ciron icy entre ces deux doigts? » Cela disoit, tirant droit vers Her Trippa les deux premiers doigts ouvers en forme de deux cornes, et fermant en poing tous les aultres. Puis dist à Epistemon : « Voyez cy le vray Ollus de Martial, lequel tout son estude adonnoit à observer et entendre les maulx et miseres d'aultruy; ce pendant sa femme tenoit le brelant. Il, de son costé, pauvre plus que ne fut Irus; au demeurant glorieux, oultrecuidé, intolerable, plus que dixsept diables, en un mot πτωχαλαζών, comme bien proprement telle peautraille de belistrandiers nommoient les anciens. Allons, laissons icy ce fo enraigé, mat de cathene, ravasser tout son saoul avec ses diables privés. Je croirois tantost que les diables voulussent servir un tel marault ! Il ne sçait le premier traict de philosophie, qui est : COGNOIS TOY; et, se glorifiant voir un festu en l'œil d'aultruy, ne voit une grosse souche laquelle lui poche les deux yeulx. C'est un tel Polypragmon que descrit Plutarche. C'est une aultre Lamie, laquelle, en maisons estranges, en public, entre le commun peuple, voyant plus penetramment qu'un oince, en sa maison propre estoit plus aveugle qu'une taulpe ; chez soy rien ne voyoit, car, retournant du dehors en son privé, ostoit de sa teste ses yeulx exemptiles, comme lunettes, et les cachoit dedans un sabot attaché darriere la porte de son logis. »

A ces motz, print Her Trippa un rameau de tamarix. « Il prend bien, dist Epistemon; Nicander la nomme divinatrice.

— Voulez vous, dist Her Trippa, en sçavoir plus amplement la verité par pyromantie, par aeromantie, celebrée par Aristophanes en ses *Nuées*; par hydromantie, par lecanomantie, tant jadis celebrée entre les Assyriens, et esprovée par Hermolaus Barbarus ? Dedans un bassin plein d'eau je te monstreray ta femme future brimballant avec deux rustres.

— Quand, dist Panurge, tu mettras ton nez en mon cul, sois recordz de deschausser tes lunettes.

— Par catoptromantie, dist Her Trippa continuant, moyennant laquelle Didius Julianus, empereur de Rome, prevoyoit tout ce que luy debvoit advenir : il ne te fauldra poinct de lunettes. Tu la verras en un miroir, brisgouttant aussi apertement que si je te la monstrois en la fontaine du temple de Minerve prés Patras. Par coscinomantie, jadis tant religieusement observée entre les cerimonies des Romains ; ayons un crible et des forcettes, tu verras diables. Par alphitomantie, designée par Théocrite en sa *Pharmaceutrie*, et par aleuromantie, meslant du froment avec de la farine. Par astragalomantie : j'ay céans les projectz tous pretz. Par tyromantie, j'ay un fromaige de Brehemont à propos. Par gyromantie, je te feray icy tournoyer force cercles, lesquelz tous tomberont à gauche, je t'en asceure. Par sternomantie : par ma foy, tu as le pictz assez mal proportionné. Par libanomantie, il ne fault qu'un peu d'encens. Par gastromantie, de laquelle en Ferrare longuement usa la dame Jacoba Rhodogine, engastrimythe. Par cephaléonomantie : de laquelle user souloient les Allemans, routissans la testé d'un asne sus des charbons ardens. Par ceromantie : là, par la cire fondue en eau, tu verras la figure de ta femme et de ses taboureurs. Par capnomantie : sus des charbons ardens nous mettrons de la semence de pavot et de sisame. O chose galante! Par axinomantie : fais icy provision seulement d'une coignée, et d'une pierre gagate, laquelle nous mettrons sus la braze. O comment Homère en use bravement envers les amoureux de Penelope! Par onymantie, ayons de l'huile et de la cire. Par tephramantie : tu verras la cendre en l'air figurant ta femme en bel estat. Par botanomantie : j'ay icy des feuilles de saulge à propos. Par sycomancie : ô art divine! en feuilles de figuier. Par ichthyomantie, tant jadis celebrée et praticquée par Tiresias et Polydamas, aussi certainement que jadis estoit faict en la fosse Dina on bois sacré à Apollo, en la terre des Lyciens. Par chocromantie : ayons force pourceaulx; tu en auras la vessie. Par cleromantie : comme l'on trouve la febve on gasteau la vigile de l'Epiphane. Par anthropomantie, de laquelle usa Heliogabalus, empereur de Rome : elle est quelque peu fascheuse; mais tu l'endureras assez, puis que tu es destiné coqu. Par stichomantie sibylline. Par onomatomantie : comment as tu nom?

— Maschemerde, respondit Panurge.

— Ou bien par alectryomantie. Je feray icy un cerne galantement, lequel je partiray, toy voyant et considerant, en vingt et quatre portions equales. Sus chascune je figureray une lettre de l'alphabet, sus chascune lettre je poseray un grain de froment; puis lascheray un beau coq vierge à travers. Vous verrez, je vous affie, qu'il mangera les grains posés sus les lettres C O. Q. U. S. E. R. A. aussi fatidicquement comme, sous l'empereur Valens, estant en perplexité de savoir le nom de son successeur, le coq vaticinateur et alectryomantic mangea sus les lettres Θ. E. O. Δ.

« Voulez vous en sçavoir par l'art d'aruspicine? par extispicine? par augure prins du vol des oiseaux, du chant des oscines, du bal solistime des canes? — Par estronspicine, respondit Panurge. — Ou bien par necromantie? Je vous feray soudain ressusciter quelqu'un peu cy devant mort, comme fit Apollonius de Tyane envers Achilles, comme fit la pythonisse en presence de Saül : lequel nous en dira le totage, ne plus ne moins qu'à l'invocation de Erictho un defunct predist à Pompée tout le progres et issue de la bataille Pharsalicque. Ou, si avez peur des mors, comme ont naturellement tous coquz, j'useray seulement de sciomantie.

— Va, respondit Panurge, fol enraigé, au diable : et te fais lanterner à quelque Albanoys; si auras un chapeau poinctu. Diable, que ne me conseilles tu aussi bien tenir une esmeraude, ou la pierre de hyenne, sous la langue? ou me munir de langues de puputz, et de coeurs de ranes verdes; ou manger du coeur et du foye de quelque dracon; pour, à la voix et au chant des cygnes et oiseaux, entendre mes destinées, comme faisoient jadis les Arabes on pays de Mescpotamie? A trente diables soit le coqu, cornu, marrane, sorcier au diable, enchanteur de l'Antichrist. Retournons vers nostre roy. Je suis asceuré que de nous content ne sera, s'il entend une fois que soyons icy venuz en la tesniere de ce diable engipponé. Je me repens d'y estre venu, et donnerois voluntiers cent nobles et quatorze roturiers, en condition que celuy qui jadis souffloit on fond de mes chausses presentement de son crachat luy enluminast les moustaches. Vray Dieu! comment il m'a perfumé de fascherie et diablerie, de charme et de sorcellerie! Le diable le puisse emporter. Dictes *amen*, et allons boire. Je ne feray bonne chere de deux, non de quatre jours. »

CHAPITRE XXVI

COMMENT PANURGE PRENT CONSEIL DE FRERE JEAN DES ENTOMMEURES

Panurge estoit fasché des propos de Her Trippa, et, avoir passé la bourgade Huymes, s'adressa à frere Jean, et luy dist becguetant et soy grattant l'oreille gauche : « Tiens moy un peu joyeux, mon bedon. Je me sens tout matagrabolisé en mon esprit des propos de ce fol endiablé. Escoute, couillon mignon.

Couillon moignon.
C. de renom.
C. paté.
C. naté.
C. plombé.
C. laicté.
C. feutré.
C. calfaté.
C. madré.
C. relevé.
C. de stuc.
C. crotesque.
C. arabesque.
C. asseré.
C. troussé à la levresque.
C. asseuré.
C. garancé.
C. calandré.
C. requamé.
C. diapré.
C. æstamé.
C. martelé.

C. entrelardé.
C. juré.
C. bourgeois.
C. grené.
C. d'esmorche.
C. endesvé.
C. goildronné.
C. palletoqué.
C. aposté.
C. lyripipié.
C. desiré.
C. vernissé.
C. d'ebene.
C. de bresil.
C. de bouys.
C. de passe.
C. à croc.
C. d'estoc.
C. effrené.
C. forcené.
C. affecté.
C. entassé.
C. compassé.

C. farcy.
C. bouffy.
C. poly.
C. joly.
C. poudrebif.
C. brandif.
C. positif.
C. gerondif.
C. genitif.
C. actif.
C. gigantal.
C. vital.
C. oval.
C. magistral.
C. claustral.
C. monachal.
C. viril.
C. subtil.
C. de respect.
C. de relés.
C. de sejour.
C. d'audace.
C. massif.

C. lascif.
C. manuel.
C. goulu.
C. absolu.
C. resolu.
C. membru.
C. cabus.
C. gemeau.
C. courtoys.
C. turquoys.
C. fecond.
C. brillant.
C. sifflant.
C. estrillant.
C. gent.
C. urgent.
C. banier.
C. luisant.
C. duisant.
C. brusquet.
C. prompt.
C. primsaultier.
C. fortuné.

C. clabault.	C. d'algamala.	C. transpontin.	C. aromatisant.
C. coyrault.	C. d'algebra.	C. repercussif.	C. diaspermatisant.
C. usual.	C. robuste.	C. digestif.	
C. de haulte lisse.	C. venuste.	C. convulsif.	C. timpant.
C. exquis.	C. d'appetit.	C. incarnatif.	C. pimpant.
C. requis.	C. insuperable.	C. restauratif.	C. ronflant.
C. fallot.	C. secourable.	C. sigillatif.	C. paillard.
C. cullot.	C. agréable.	C. masculinant.	C. pillard.
C. picardent.	C. memorable.	C. roussinant.	C. gaillard.
C. de raphe.	C. notable.	C. refaict.	C. hochant.
C. guelphe.	C. palpable.	C. fulminant.	C. brochant.
C. ursin.	C. musculeux.	C. tonnant.	C. talochant.
C. patronymique.	C. bardable.	C. estincelant.	C. farfouillant.
C. pouppin.	C. subsidiaire.	C. martelant.	C. belutant.
C. guespin.	C. tragicque.	C. arietant.	C. culbutant.
C. d'alidada.	C. satyricque.	C. stredent.	

« Couillon hacquebutant, couillon culletant, frere Jean mon amy, je te porte reverence bien grande, et te reservois à bonne bouche : je te prie, dis moy ton advis. Me doibs je marier ou non ? »

Frere Jean luy respondit en alaigresse d'esprit, disant : « Marie toy de par le diable, marie toy, et carillonne à doubles carillons de couillons. Je dis et entends le plus tost que faire pourras. Des huy au soir fais en crier les bancs et le challit. Vertus Dieu, à quand te veux tu reserver ? Sçais tu pas bien que la fin du monde approche ? Nous en sommes huy plus prés de deux trabutz et demie toise que n'estions avant hier. L'Antichrist est desja né, ce m'a l'on dict. Vray est qu'il ne fait encores que esgratigner sa nourrice et ses gouvernantes, et ne monstre encores les tresors, car il est encores petit. *Crescite. Nos qui vivimus, multiplicamini*; il est escrit. C'est matiere de breviaire. Tant que le sac de bled ne vaille trois patacz, et le bussart de vin, que six blancs. Voudrois tu bien qu'on te trouvast les couilles pleines au jugement, *dum venerit judicare* ?

— Tu as, dist Panurge, l'esprit moult limpide et serain, frere Jean, couillon metropolitain, et parles pertinemment. C'est ce dont Leander de Abyde en Asie, nageant par la mer Hellesponte, pour visiter s'amie Hero, de Seste en Europe, prioit Neptune et tous les dieux marins :

> Si, en allant, je suis de vous choyé,
> Peu au retour me chault d'estre noyé.

Il ne vouloit point mourir les couilles pleines. Et suis d'advis que, dorenavant, en tout mon Salmigondinoys, quand on voudra par justice executer quelque malfaicteur, un jour ou deux davant on le fasse brisgoutter en oncrotale, si bien qu'en tous ses vases spermaticques ne reste de quoy protraire un Y gregeoys. Chose si precieuse ne doibt estre follement perdue. Par adventure, engendrera il un homme. Ainsi mourra il sans regret, laissant homme pour homme. »

CHAPITRE XXVII.

COMMENT FRERE JEAN JOYEUSEMENT CONSEILLE PANURGE

« Par sainct Rigomé, dist frere Jean, Panurge, mon amy doux, je ne te conseille chose que je ne fisse si j'estois en ton lieu. Seulement ayes esgard et consideration de tousjours bien lier et continuer tes coups. Si tu y fais intermission, tu es perdu, pauvret, et t'adviendra ce qu'advient es nourrisses. Si elles desistent alaicter enfans, elles perdent leur laict. Si continuellement ne exerces ta mentule, elle perdra son laict, et ne te servira que de pissotiere : les couilles pareillement ne te serviront que de gibbessiere. Je t'en advise, mon amy. J'en ay veu l'experience en plusieurs, qui ne l'ont peu quand ilz vouloient, car ne l'avoient faict quand le povoient. Aussi, par non usage, sont perduz tous privileges, ce disent les clercs. Pourtant, fillol, maintiens tout ce bas et menu populaire, troglodyte, braguettodyte, en estat de labouraige sempiternel. Donne ordre qu'ilz ne vivent en gentilz hommes, de leurs rentes, sans rien faire.

— Ne deà, respondit Panurge, frere Jean, mon couillon gauche, je te croiray. Tu vas rondement en besoigne. Sans exception ne ambages tu m'as apertement dissolu toute craincte qui me povoit intimider. Ainsi te soit donné des cieulx, tousjours bas et roide operer. Or donc à ta parole je me marieray. Il n'y aura poinct de faulte. Et si auray tousjours belles chambrieres, quand tu me viendras voir, et seras protecteur de leur sororité. Voilà quant à la premiere partie du sermon.

— Escoute, dist frere Jean, l'oracle des cloches de Varennes. Que disent elles ? — Je les entends, respondit Panurge. Leur son est, par ma soif, plus fatidicque que des chauldrons de Jupiter en Dodone. Escoute *Marie toy, marie toy : marie, marie. Si tu te marie, marie, marie, tres bien t'en trouveras, veras, veras. Marie, marie.* Je t'asceure que je me marieray : tous les elemens m'y invitent. Ce mot te soit comme une muraille de bronze.

« Quant au second poinct, tu me sembles aucunement doubter, voire defier de ma paternité; comme ayant peu favorable le roide dieu des jardins. Je te supplie me faire ce bien de croire que je l'ay à commandement, docile, benevole, attentif, obéissant en tout et partout. Il ne luy fault que lascher les longes, je dis l'aiguillette, luy monstrer de prés la proye, et dire : Hale, compaignon. Et quand ma femme future seroit aussi gloutte du plaisir venerien que fut onques Messalina, ou la marquise de Oincestre en Angleterre, je te prie croire que je l'ay encores plus copieux au contentement.

« Je n'ignore que Salomon dit, et en parloit comme clerc et sçavant. Depuis luy, Aristoteles a declairé l'estre des femmes estre de soy insatiable ; mais je veulx qu'on saiche que, de mesme calibre, j'ay le ferrement infatigable. Ne m'allegues poinct icy en paragon les fabuleux ribaulx Hercules, Proculus, Cesar, et Mahumet, qui se vante en son Alcoran avoir en ses genitoires la force de soixante gallefretiers. Il a menty, le paillard. Ne m'allegues poinct l'Indian tant celebré par Théophraste, Pline et Atheneus, lequel, avec l'aide de certaine herbe, le faisoit en un jour soixante et dix fois, et plus. Je n'en croy rien. Le nombre est supposé. Je te prie ne le croire. Je te prie croire (et ne croiras chose que ne soit vraye) mon naturel, le sacre Ithyphalle, messer Cotal d'Albingues, estre le *prime del monde*. Escoute ça, couillette. Vis tu onques le froc du moine de Castres ? Quand on le posoit en quelque maison, fust à descouvert, fust à cachettes, soudain, par sa vertu horrificque, tous les manans et habitans du lieu entroient en ruyt, bestes et gens, hommes et femmes, jusques aux ratz et aux chatz. Je te jure qu'en ma braguette, j'ay autrefois cogneu certaine energie encore plus anomale. Je ne te parleray de maison ne de buron, de sermon ne de marché ; mais, à la Passion qu'on jouoit à Sainct-Maixant, entrant un jour dedans le parquet, je vis, par la vertu et occulte proprieté d'icelle, soudainement tous, tant joueurs que spectateurs, entrer en tentation si terrificque qu'il n'y eut ange, homme, diable, ne diablesse qui ne voulust biscoter. Le portecole abandonna sa copie ; celuy qui jouoit sainct Michel descendit par la vollerie ; les diables sortirent d'enfer, et y emportoient toutes ces pauvres femmelettes ; mesmes Lucifer se deschayna. Somme, voyant le desarroy, je deparquay du lieu, à l'exemple de Caton le Censorin, lequel, voyant par sa presence les festes Floralies en desordre, desista estre spectateur. »

CHAPITRE XXVIII

COMMENT FRERE JEAN RECONFORTE PANURGE SUS LE DOUBTE DE COQUAGE

« Je t'entends, dist frere Jean, mais le temps matte toutes choses. Il n'est le marbre, ne le porphyre qui n'ait sa vieillesse et decadence. Si tu n'en es là pour ceste heure, peu d'années après subsequentes je te oiray confessant que les couilles pendent à plusieurs par faute de gibbessiere.

Desja voy je ton poil grisonner en teste. Ta barbe, par les distinctions du gris, du blanc, du tanné et du noir, me semble une mappemonde. Regarde icy : voylà Asie; icy sont Tigris et Euphrates. Voylà Afrique; icy est la montaigne de la Lune. Vois tu les paluz du Nil? Deçà est Europe. Vois tu Theleme? Ce toupet icy tout blanc sont les monts Hyperborées. Par ma soif, mon amy, quand les neiges sont es montaignes, je dis la teste et le menton, il n'y a pas grand chaleur par les vallées de la braguette.

— Tes males mules respondit Panurge. Tu n'entends pas les topiques. Quand la neige est sus les montaignes, la fouldre, l'esclair, les lanciz, le maulubec, le rouge grenat, le tonnoire, la tempeste, tous les diables sont par les vallées. En veulx tu voir l'experience? Va ou pays de Suisse, et considere le lac de Wunderberlich, à quatre lieues de Berne, tirant vers Sion. Tu me reproches mon poil grisonnant, et ne considere poinct comment il est de la nature des pourreaux, es quelz nous voyons la teste blanche et la queue verde, droite et vigoureuse.

« Vray est qu'en moy je recognois quelque signe indicatif de vieillesse, je dis verde vieillesse. Ne le dis à personne : il demourera secret entre nous deux. C'est que je trouve le vin meilleur et, plus à mon goust savoureux que ne soulois; plus que ne soulois, je crains la rencontre du mauvais vin. Note que cela argüe je ne sçay quoy du ponent, et signifie que le midy est passé. Mais quoy? Gentil compaignon tousjours, autant ou plus que jamais. Je ne crains pas cela, de par le diable. Ce n'est là où me deult. Je crains que par quelque longue absence de nostre roy Pantagruel, auquel force est que je face compaignie, voire allast il à tous les diables, ma femme me face coqu. Voy là le mot peremptoire : car tous ceux à qui j'en ay parlé m'en menassent, et afferment qu'il m'est ainsi predestiné des cieulx. — Il n'est, respondit frere Jean, coqu qui veult. Si tu es coqu,

Ergo ta femme sera belle,
Ergo seras bien traicté d'elle;

ergo tu auras des amis beaucoup; *ergo* tu seras saulvé. Ce sont topicques monachales. Tu n'en vauldras que mieux, pecheur. Tu ne fus jamais si aise. Tu n'y trouveras rien moins. Ton bien accroistra davantaige. S'il est ainsi predestiné, y voudrois tu contrevenir? dis, couillon flatry, couillon moisy, couillon rouy,

C. chaumemy.	C. gavaché.	C. prosterné.	C. supprimé.
C. transy.	C. fené.	C. embrené.	C. chetif.
C. poitry d'eau froyde.	C. esgrené.	C. engroué.	C. retif.
	C. esrené.	C. amadoué.	C. putatif.
C. pendillant.	C. hallebrené.	C. ecremé.	C. moulu.
C. avallé.	C. lanterné.	C. exprimé.	C. vermoulu.

C. dissolu.
C. courbattu.
C. morfondu.
C. malautru.
C. dysgrasié.
C. biscarié.
C. disgratié.
C. liégé.
C. flacqué.
C. diaphane.
C. esgoutté.
C. desgousté.
C. avorté.
C. escharboté.
C. eschalotté.
C. hallebotté.
C. mitré.
C. chapitré.
C. syndicqué.
C. baratté.
C. chicquané.
C. bimbelotté.
C. eschaubouillé.
C. entouillé.
C. barbouillé.
C. vuidé.
C. riddé.
C. chagrin.
C. have.
C. demanché.
C. morné.
C. vereux.

C. pesneux.
C. vesneux.
C. forbeu.
C. malandré.
C. meshaigné.
C. thlasié.
C. thlibié.
C. spadonicque.
C. sphacelé.
C. bistorié.
C. deshinguandé.
C. farcineux.
C. hergneux.
C. varicqueux.
C. crousteleve.
C. escloppé.
C. depenaillé.
C. fanfreluché.
C. matté.
C. frelatté.
C. guoguelu.
C. farfelu.
C. trepelu.
C. trepané.
C. boucané.
C. basané.
C. effilé.
C. eviré.
C. vieldazé.
C. feuilleté.
C. fariné.
C. mariné.

C. etrippé.
C. constippé.
C. nieblé.
C. greslé.
C. syncopé.
C. ripoppé.
C. souffleté.
C. bufleté.
C. dechicqueté.
C. corneté.
C. ventousé.
C. talemousé.
C. fusté.
C. poulsé.
C. de godalle.
C. frilleux.
C. fistuleux.
C. scrupuleux.
C. mortifié.
C. maleficié.
C. rance.
C. diminutif.
C. usé.
C. tintalorisé.
C. quinault.
C. marpault.
C. matagrabolisé.
C. rouillé.
C. maceré.
C. indague.
C. paralyticque.
C. antidaté.

C. degradé.
C. manchot.
C. perclus.
C. confus.
C. de ratepenade.
C. maussade.
C. de petarrade.
C. accablé.
C. hallé.
C. assablé.
C. dessiré.
C. desolé.
C. hebeté.
C. decadent.
C. cornant.
C. solécisant.
C. appellant.
C. mince.
C. barré.
C. assassiné.
C. bobeliné.
C. devalisé.
C. engourdely.
C. anonchaly.
C. anéanty.
C. de matafain.
C. de zero.
C. badelorié.
C. frippé.
C. extirpé.
C. deschalandé.

« Couillonnas au diable, Panurge mon amy : puis qu'ainsi t'est predestiné, voudrois tu faire retrograder les planetes ? demancher toutes les spheres celestes ? proposer erreur aux Intelligences motrices ? espoincter les fuseaulx, articuler les vertoils, calumnier les bobines, reprocher les detrichoueres, condemner les frondrillons, defiler les pelotons des Parces ? Tes fiebvres quartaines, couillu ! Tu ferois pis que les géans. Viens ça, couillaud: Aimerois tu mieux estre jaloux sans cause que coqu sans cognoissance ? — Je ne voudrois, respondit Panurge, estre ne l'un ne l'aultre. Mais si j'en suis une fois adverty, je y donneray bon ordre ; ou bastons fauldront au monde.

« Ma foy, frere Jean, mon meilleur sera poinct me marier. Escoute que me disent les cloches à ceste heure que sommes plus prés. *Marie poinct, marie poinct, poinct, poinct, poinct, poinct. Si tu te marie : marie poinct, marie poinct, poinct, poinct, poinct, poinct ; tu t'en repen-*

tiras, tiras, tiras : coqu seras. Digne vertu de Dieu! je commence entrer en fascherie. Vous aultres, cerveaulx enfroequés, n'y sçavez vous remede aucun? Nature a elle tant destitué les humains que l'homme marié ne puisse passer ce monde sans tomber es goulfres et dangiers de coqüage?

— Je te veulx, dist frere Jean, enseigner un expedient, moyennant lequel jamais ta femme ne te fera coqu sans ton sceu et ton consentement.

— Je t'en prie, dist Panurge, couillon velouté. Or dis, mon amy.

— Prends, dist frere Jean, l'anneau de Hans Carvel, grand lapidaire du roy de Melinde.

« Hans Carvel estoit homme docte, expert, studieux, homme de bien, de bon sens, de bon jugement, debonnaire, charitable, aulmosnier, philosophe : joyeux au reste, bon compaignon, et raillard, si onques en fut ; ventru quelque peu, branslant de teste, et aucunement mal aisé de sa personne. Sus ses vieux jours, il espousa la fille du baillif Concordat, jeune, belle, frisque, galante, advenante, gratieuse par trop envers ses voisins et serviteurs. Dont advint, en succession de quelques hebdomades, qu'il en devint jaloux comme un tigre : et entra en soubson qu'elle se faisoit tabourer les fesses d'ailleurs. Pour à laquelle chose obvier, luy faisoit tout plein de beaux contes touchant les desolations advenues par adultere : luy lisoit souvent la legende des preudes femmes ; la preschoit de pudicité ; luy fit un livre des louanges de fidelité conjugale, detestant fort et fermé la meschanceté des ribauldes mariées ; et luy donna un beau carcan tout couvert de saphyrs orientaulx. Ce non obstant, il la voyoit tant deliberée et de bonne chere avec ses voisins que de plus en plus croissoit sa jalousie.

« Une nuit entre les aultres, estant avec elle couché en telles passions, songea qu'il parloit au diable, et qu'il lui contoit ses doléances. Le diable le reconfortoit, et luy mit un anneau on maistre doigt, disant : « Je te donne « cestuy anneau ; tandis que l'auras on doigt, ta femme ne sera d'aultruy « charnellement cogneue sans ton sceu et consentement. — Grand mercy, « dist Hans Carvel, monsieur le diable. Je renie Mahom, si jamais on me « l'oste du doigt. » Le diable disparut. Hans Carvel, tout joyeux, s'esveilla, et trouva qu'il avoit le doigt au comment a nom de sa femme. Je oublois à conter comment sa femme, le sentant, reculoit le cul arriere comme disant : Ouy, nenny, ce n'est pas ce qu'il y fault mettre ; et lors sembloit à Hans Carvel qu'on luy voulust desrober son anneau. N'est ce remede infaillible? A cestuy exemple fais, si me crois, que continuellement tu ayes l'anneau de ta femme on doigt. »

Icy fut fin et du propos et du chemin.

CHAPITRE XXIX

COMMENT PANTAGRUEL FAIT ASSEMBLÉE D'UN THÉOLOGIEN, D'UN MEDICIN,
D'UN LEGISTE
ET D'UN PHILOSOPHE, POUR LA PERPLEXITÉ DE PANURGE

Arrivés au palais, conterent à Pantagruel le discours de leur voyage, et luy monstrerent le dicté de Raminagrobis. Pantagruel, l'avoir leu et releu, dist : « Encores n'ay je veu response que plus me plaise. Il veult dire sommairement qu'en l'entreprinse de mariage chascun doibt estre arbitre de ses propres pensées, et de soy mesmes conseil prendre. Telle a toujours esté mon opinion, et autant vous en dis la premiere fois que m'en parlastes. Mais vous en mocquiez tacitement, il m'en souvient, et cognoy que philautie et amour de soy vous deçoit. Faisons aultrement. Voicy quoy :

« Tout ce que sommes et qu'avons consiste en trois choses : en l'ame, on corps, es biens. A la conservation de chascun des trois respectivement sont aujourd'huy destinées trois manieres de gens : les théologiens à l'ame, les medicins au corps, les jurisconsultes aux biens. Je suis d'advis que, dimanche, nous ayons icy à disner un théologien, un medicin, et un jurisconsulte. Avec eux ensemble nous confererons de vostre perplexité.

— Par sainct Picault, respondit Panurge, nous ne ferons rien qui vaille, je le voy desja bien. Et voyez comment le monde est vistempenardé. Nous baillons en garde nos ames aux théologiens, lesquelz pour la plus part sont heretiques ; nos corps aux médicins, qui tous abhorrent les medicamens, jamais ne prennent medicine ; et nos biens es advocatz, qui n'ont jamais proces ensemble.

— Vous parlez en courtisan, dist Pantagruel. Mais le premier poinct je nie, voyant l'occupation principale, voire unique et totale des bons théologiens estre emploictée par faicts, par dictz, par escritz, à extirper les prreurs et heresies (tant s'en fault qu'ilz en soient entachés), et planter crofondement es coeurs humains la vraye et vive foy catholicque. Le second je loue, voyant les bons medicins donner tel ordre à la partie prophylactice et conservatrice de santé en leur endroit qu'ilz n'ont besoing de la therapeutice et curative par medicamens. Le tiers je concede, voyant les bons advocatz tant distraictz en leurs patrocinations et responses du droit d'aultruy qu'ilz n'ont temps ne loisir d'entendre à leur propre. Pourtant, dimanche prochain, ayons pour théologien nostre pere Hippothadée ; pour medicin, nostre maistre Rondibilis ; pour legiste, nostre amy Bridoye. Encores suis je d'advis que nous entrons en la tetrade Pythagoricque, et, pour subrequart, ayons nostre féal le philosophe Trouillogan, attendu mesmement que le philosophe perfaict, et tel qu'est Trouillogan, respond assertivement de tous doubtes proposés. Carpalim, donnez ordre que les ayons tous quatre dimanche prochain à disner.

— Je croy, dist Epistemon, qu'en toute la patrie vous n'eussiez mieulx choisy. Je ne dis seulement touchant les perfections d'un chascun en son estat, les quelles sont dehors tout dez de jugement; mais, d'abondant, en ce que Rondibilis marié est, et ne l'avoit esté; Hippothadée onques ne le fut, et ne l'est; Bridoye l'a esté, et ne l'est; Trouillogan l'est, et l'a esté. Je releveray Carpalim d'une peine. Je iray inviter Bridoye (si bon vous semble), lequel est de mon antique cognoissance, et auquel j'ay à parler pour le bien et advancement d'un sien honneste et docte filz, lequel estudie à Tholose, sous l'auditoire du tres docte et vertueux Boissonné.

— Faites, dist Pantagruel, comme bon vous semblera. Et advisez si je peux rien pour l'advancement du filz et dignité du seigneur Boissoné, lequel j'aime et revere, comme l'un des plus suffisans qui soit huy en son estat. Je m'y emploiray de bien bon coeur. »

CHAPITRE XXX

COMMENT HIPPOTADÉE, THÉOLOGIEN, DONNE CONSEIL A PANURGE SUS L'ENTREPRINSE DU MARIAGE

Le disner au dimanche subsequent ne fut si tost prest comme les invités comparurent, excepté Bridoye, lieutenant de Fonsbeton.

Sus l'apport de la seconde table, Panurge, en parfonde reverence, dist: « Messieurs, il n'est question que d'un mot. Me doibs je marier ou non? Si par vous n'est mon doubte dissolu, je le tiens pour insoluble, comme sont *Insolubilia de Alliaco*. Car vous estes tous esleuz, choisis et triés, chascun respectivement en son estat, comme beaux pois sus le volet. »

Le pere Hippothadée, à la semonce de Pantagruel, et reverence de tous les assistans, respondit en modestie incroyable : « Mon amy, vous nous demandez conseil, mais premier fault que vous mesmes vous conseillez. Sentez vous importunement en vostre corps les aiguillons de la chair? — Bien fort, respondit Panurge, ne vous desplaise, nostre pere. — Non fait il, dist Hippothadée, mon amy. Mais, en cestuy estrif, avez vous de Dieu le don et grace speciale de continence? — Ma foy non, respondit Panurge. — Mariez vous donc, mon amy, dist Hippothadée : car trop meilleur est soy marier que ardre on feu de concupiscence. — C'est parlé cela, s'escria Panurge, galantement, sans circumbilivaginer autour du pot. Grand mercy, monsieur nostre pere. Je me marieray sans poinct de faulte, et bien tost. Je vous convie à mes nopces. Corpe de galline, nous ferons chere lie. Vous aurez de ma livrée, et si mangerons de l'oye, cor bœuf, que ma femme ne roustira poinct. Encores vous prieray je mener la premiere dance des pucelles, s'il vous plaist me faire tant de bien et d'honneur, pour la pareille.

Reste un petit scrupule à rompre. Petit, dis je, moins que rien. Seray je poinct coqu? — Nenny dea, mon amy, respondit Hippothadée, si Dieu plaist. — O! la vertu de Dieu, s'escria Panurge, nous soit en aide! Où me renvoyez vous, bonnes gens? Aux conditionales, les quelles, en dialecticque, reçoivent toutes contradictions et impossibilitez. Si mon mulet transalpin voloit, mon mulet transalpin auroit ailes. Si Dieu plaist, je ne seray poinct coqu : je seray coqu, si Dieu plaist. Dea, si fut condition à laquelle je peusse obvier, je ne me desespererois du tout. Mais vous me remettez au conseil privé de Dieu, en la chambre de ses menus plaisirs. Où prenez vous le chemin pour y aller, vous aultres François? Monsieur nostre pere, je croy que vostre mieulx sera ne venir pas à mes nopces. Le bruit et la triballe des gens de nopces vous romproient tout le testament. Vous aimez repos, silence et solitude. Vous n'y viendrez pas, ce croy je. Et puis vous dansez assez mal, et seriez honteux menant le premier bal. Je vous envoiray du rillé en vostre chambre, de la livrée nuptiale aussi. Vous boirez à nous, s'il vous plaist.

— Mon amy, dist Hippothadée, prenez bien mes paroles, je vous en prie. Quand je vous dis : S'il plaist à Dieu, vous fais je tort? Est ce mal parlé? Est ce condition blaspheme ou scandaleuse? N'est ce honorer le Seigneur, créateur, protecteur, servateur? N'est ce le recognoistre unique dateur de tout bien? N'est ce nous declairer tous despendre de sa benignité? Rien sans luy n'estre, rien ne valoir, rien ne pouvoir, si sa saincte grace n'est sus nous infuse? N'est ce mettre exception canonicque à toutes nos entreprinses, et tout ce que nous proposons remettre à ce que sera disposé par sa saincte volunté, tant es cieulx comme en la terre? N'est ce veritablement sanctifier son benoist nom? Mon amy, vous ne serez point coqu, si Dieu plaist. Pour sçavoir sur ce quel est son plaisir, ne fault entrer en desespoir, comme de chose absconse et pour laquelle entendre fauldroit consulter son conseil privé, et voyager en la chambre de ses tres sainctz plaisirs. Le bon Dieu nous a faict ce bien qu'il nous les a revelés, annoncés, declairés, et apertement descrits, par les sacrées Bibles.

« Là vous trouverez que jamais ne serez coqu, c'est à dire que jamais vostre femme ne sera ribaulde si la prenez issue de gens de bien, instruite en vertus et honnesteté, non ayant hanté ne frequenté compaignie que de bonnes meurs, aimant et craignant Dieu, aimant complaire à Dieu par foy et observation de ses saincts commandemens, craignant l'offenser et perdre sa grace par default de foy et transgression de sa divine loy, en laquelle est rigoureusement defendu adultere, et commandé adherer uniquement à son mary, le cherir, le servir, totalement l'aimer après Dieu. Pour renfort de cette discipline, vous, de vostre costé, l'entretiendrez en amitié conjugale, continuerez en preud'hommie, luy monstrerez bon exemple, vivrez pudiquement, chastement, vertueusement en vostre mesnaige, comme voulez qu'elle de son costé vive : car, comme le miroir est dict bon et perfaict, non celuy qui plus est orné de dorures et pierreries, mais celui qui veritablement represente les formes objectes, aussi celle femme n'est la plus à estimer, laquelle seroit riche, belle, elegante, extraicte de noble race, mais celle qui plus s'efforce avec Dieu soy former en bonne grace et conformer aux meurs de son mary. Voyez comment la lune ne prend lumiere ne de Mercure, ne de Jupiter, ne de Mars, ne d'aultre planete ou estoille qui soit on ciel : elle n'en reçoit que du Soleil, son mary, et de luy n'en reçoit poinct plus qu'il luy en donne par son infusion et aspect. Ainsi serez vous à vostre femme en patron et exemplaire de vertus et honnesteté. Et continuellement implorerez la grace de Dieu à vostre protection.

— Vous voulez donc, dist Panurge, filant les moustaches de sa barbe, que j'espouse la femme forte descrite par Salomon? Elle est morte, sans poinct de faulte. Je ne la vis onques, que je saiche : Dieu me le veuille pardonner. Grand mercy toutesfois, mon pere. Mangez ce taillon de massepain, il vous aidera à faire digestion ; puis boirez une couppe d'hipocras claret : il est salubre et stomachal. Suivons. »

CHAPITRE XXXI

COMMENT RONDIBILIS, MEDICIN, CONSEILLE PANURGE

Panurge, continuant son propos, dist : « Le premier mot que dist celuy qui escouilloit les moines heurs à Saussignac, ayant escouillé le frai Cauldaureil, fut : Aux aultres. Je dis pareillement : Aux aultres. Ça, monsieur nostre maistre Rondibilis, depeschez moy. Me doibs je marier ou non?

— Par les ambles de mon mulet, respondit Rondibilis, je ne sçay que je doibve respondre à ce probleme. Vous dictes que sentez en vous les poignans aiguillons de sensualité. Je trouve en nostre faculté de medicine, et l'avons prins de la resolution des anciens Platonicques, que la concupiscence charnelle est refrenée par cinq moyens.

« Par le vin. — Je le croys, dist frere Jean. Quand je suis bien yvre, je ne demande qu'à dormir. — J'entends, dist Rondibilis, par vin prins intemperamment. Car, par l'intemperance du vin, advient au corps humain refroidissement de sang, resolution des nerfs, dissipation de semence generative, hebetation des sens, perversion des mouvemens : qui sont toutes impertinences à l'acte de generation. De faict, vous voyez peint Bacchus, dieu des yvroignes, sans barbe, et en habit de femme, comme tout effeminé, comme eunuche et escouillé. Aultrement est du vin prins temperement. L'antique proverbe nous le designe, onquel est dict : Que Venus se morfond sans la compaignie de Ceres et Bacchus. Et estoit l'opinion des anciens, selon le recit de Diodore Sicilien, mesmement des Lampsaciens, comme atteste Pausanias, que messer Priapus fut filz de Bacchus et Venus.

« Secondement, par certaines drogues et plantes, lesquelles rendent l'homme refroidy, maleficié et impotent à generation. L'experience y est en nymphea heraclia, amerine, saule, chenevé, periclymenos, tamarix, vitex, mandragore, cigüe, orchis le petit, la peau d'un hippopotame, et aultres ; lesquelles, dedans les corps humains, tant par leurs vertus elementaires que par leurs proprietés specificques, glacent et mortifient le germe prolifique ; ou dissipent les esprits, qui le debvoient conduire aux lieux destinés par nature ; ou oppilent les voyes et conduictz par les quelz povoit estre expulsé. Comme, au contraire, nous en avons qui eschauffent, excitent et habilitent l'homme à l'acte venerien. — Je n'en ay besoing, dist Panurge, Dieu mercy ; et vous, nostre maistre? Ne vous desplaise toutesfois. Ce que j'en dis, ce n'est pas mal que je vous veuille.

— Tiercement, dist Rondibilis, par labeur assidu. Car en iceluy est faicte si grande dissolution du corps que le sang, qui est par iceluy espars pour l'alimentation d'un chascun membre, n'a temps, ne loisir, ne faculté de rendre celle resudation seminale et superfluité de la tierce concoction. Nature particulierement se la reserve, comme trop plus necessaire à la conservation de son individu qu'à la multiplication de l'espece et genre humain. Ainsi est dicte Diane chaste, laquelle continuellement travaille à la chasse. Ainsi jadis estoient dicts les castres, comme castes ; es quelz continuellement travailloient les athletes et soudars. Ainsi escrit Hippocrates, *lib. de Aere, Aqua et Locis*, de quelques peuples en Scythie, les quelz de son temps plus estoient impotens que eunuches à l'esbatement venerien parce que continuellement ilz estoient à cheval et au travail. Comme, au contraire, disent les philosophes, oysiveté estre mere de luxure. Quand l'on demandoit à Ovide quelle cause fut pourquoy Egistus devint adultere, rien plus ne respondoit sinon parce qu'il estoit ocieux. Et qui osteroit oisyveté

du monde, bien tost periroient les ars de Cupido ; son arc sa trousse et
ses fleches lui seroient en charge inutile; jamais n'en feriroit personne
Car il n'est mie si bon archier qu'il puisse ferir les grues volans par l'air
et les cerfz relancés par les boucaiges (comme bien faisoient les Parthes),
c'est à dire les humains tracassans et travaillans. Il les demande quoys,
assis, couchés et à séjour. De faict, Théophraste, quelque fois interrogé
quelle beste ou quelle chose il pensoit estre amourettes, respondit que
c'estoient passions des esprits ocieux. Diogenes pareillement disoit paillardise estre l'occupation des gens non aultrement occupés. Pourtant,
Canachus Sicyonien, sculpteur, voulant donner entendre que oysiveté,
paresse, nonchaloir, estoient les gouvernantes de ruffienerie, fit la statue
de Venus assise, non debout, comme avoient faict tous ses predecesseurs.

« Quartement, par fervente estude. Car en icelle est faicte incredible
resolution des esprits, tellement qu'il n'en reste de quoy pousser aux lieux
destinés ceste resudation generative, et enfler le nerf caverneux, duquel
l'office est hors la projecter, pour la propagation d'humaine nature.
Qu'ainsi soit, contemplez la forme d'un homme attentif à quelque estude,
vous verrez en luy toutes les arteres du cerveau bandées comme la chorde
dune arbaleste, pour luy fournir dextrement esprits suffisants à emplir les
ventricules du sens commun, de l'imagination et apprehension, de la ratiocination et resolution, de la memoire et recordation, et agilement courir
de l'un à l'aultre par les conduictz manifestes en anatomie sus la fin du
retz admirable onquel se terminent les arteres ; les quelles de la senestre
armoire du cœur prenoient leur origine, et les esprits vitaulx affinoient en
longs ambages pour estre faicts animaulx. De mode qu'en tel personnaige
studieux, vous verrez suspendues toutes les facultés naturelles, cesser tous
sens exterieurs ; brief vous le jugerez n'estre en soy vivant, estre hors soy
abstraict par ecstase, et direz que Socrates n'abusoit du terme quand il
disoit : Philosophie n'est aultre chose que meditation de mort. Par adventure est ce pour quoy Democritus s'aveugla, moins estimant la perte de la
vue que diminution de ses contemplations, les quelles il sentoit interrom-
pues par l'esgarement des yeulx. Ainsi est vierge dicte Pallas, déesse de
sapience, tutrice des gens studieux. Ainsi sont les Muses vierges : ainsi
demeurent les Charites en pudicité eternelle. Et me souvient avoir leu que
Cupido, quelquefois interrogé de sa mere Venus pour quoy il n'assailloit
les Muses, respondit qu'il les trouvoit tant belles, tant nettes, tant honnestes, tant pudicques et continuellement occupées, l'une à contemplation
des astres, l'aultre à supputation des nombres, l'aultre à dimension des
corps geometricques, l'aultre à invention rhetorique, l'aultre à composition
poëtique, l'aultre à disposition de musique, que, approchant d'elles, il

desbandoit son arc, fermoit sa trousse, et exteignoit son flambeau, par honte et craincte de leur nuire. Puis ostoit le bandeau de ses yeulx pour plus apertement les voir en face, et ouir leurs plaisants chants et odes poëtiques. Là prenoit le plus grand plaisir du monde, tellement que, souvent, il se sentoit tout ravy en leurs beautés et bonnes graces, et s'endormoit à l'harmonie. Tant s'en fault qu'il les voulsist assaillir, ou de leurs estudes distraire.

« En cestuy article je comprends ce qu'escrit Hippocrates on livre susdict, parlant des Scythes ; et au livre intitulé *de Genitura*, disant tous humains estre à generation impotens, es quelz l'on a une fois coupé les arteres parotides, qui sont à costé des oreilles ; par la raison cy devant exposée, quand je vous parlois de la resolution des esprits et du sang spirituel, du quel les arteres sont receptacles : aussi qu'il maintient grande portion de la geniture sourdre du cerveau et de l'espine du dos.

« Quintement par l'acte venerien. — Je vous attendois là, dist Panurge, et le prends pour moy. Use des precedens qui vouldra. — C'est, dist frere Jean, ce que fray Scyllino, prieur de Sainct-Victor lez Marseille, appelle maceration de la chair. Et suis en ceste opinion (aussi estoit l'hermite de Saincte-Radegonde au dessus de Chinon) que plus aptement ne pourroient les hermites de Thebaïde macerer leurs corps, dompter ceste paillarde sensualité, deprimer la rebellion de la chair, que le faisant vingtcinq ou trente fois par jour. — Je voy Panurge, dist Rondibilis, bien proportionné en ses membres, bien temperé en ses humeurs, bien complexionné en ses esprits, en aage competent, en temps opportun, en vouloir equitable de soy marier : s'il rencontre femme de semblable temperature ilz engendreront ensemble enfants dignes de quelque monarchie transpontine. Le plus tost sera le meilleur, s'il veult voir ses enfants pourveuz.

« — Monsieur nostre maistre, dist Panurge, je le seray, n'en doubtez, et bien tost. Durant vostre docte discours, cesté pussé que j'ay en l'oreille m'a plus chatouillé que ne fit onques. Je vous retiens de la feste. Nous y ferons chere et demie, je le vous promietz. Vous y amenerez vostre femme, s'il vous plaist, avec ses voisines, cela s'entend. Et jeu sans villenie. »

CHAPITRE XXXII.

COMMENT RONDIBILIS DECLAIRE COQUAGE ESTRE NATURELLEMENT DES APPENAGES DU MARIAGE

« Reste, dist Panurge continuant, un petit poinct à vuider. Vous avez aultresfois veu, on confanon de Rome, S. P. Q. R. *Si Peu Que Rien*.

Seray je poinct coqu? — Havre de grace! s'escria Rondibilis, que me demandez vous? Si serez coqu? Mon amy, je suis marié; vous le serez par cy aprés. Mais escrivez ce mot en vostre cervelle, avec un style de fer, que tout homme marié est en dangier d'estre coqu. Coqüage est naturellement des appennages de mariage. L'ombre plus naturellement ne suit le corps que coqüage suit les gens mariés. Et, quand vous oirez dire de quelqu'un ces trois motz : Il est marié, si vous dictes : Il est donc, ou a esté, ou sera, ou peut estre coqu, vous ne serez dict imperit architecte de consequences naturelles.

— Hypocondres de tous les diables! s'escria Panurge, que me dictes vous? — Mon amy, respondit Rondibilis, Hippocrates, allant un jour de Lango en Polystylo visiter Democritus le philosophe, escrivit unes lettres à Dionys son antique amy, par les quelles le prioit que, pendant son absence, il conduisit sa femme chez ses pere et mere, lesquelz estoient gens honorables et bien famés, ne voulant qu'elle seule demourast en son mesnage. Ce neanmoins qu'il veillast sus elle soingneusement, et espiast quelle part elle auroit avec sa mere, et quelz gens la visitroient chez ses parens. Non (escrivoit il) que je me defie de sa vertu et pudicité, laquelle par le passé m'a esté explorée et cognue, mais elle est femme. Voylà tout. Mon amy, le naturel des femmes nous est figuré par la lune, et en aultres choses, et en ceste qu'elles se mussent, elles se contraignent, et dissimulent en la veue et presence de leurs mariz. Iceux absens, elles prennent leur advantaige, se donnent du bon temps, vaguent, trottent, deposent leur hypocrisie, et se declairent, comme la lune, en conjonction du soleil, n'apparoist on ciel, ne en terre; mais, en son opposition, estant au plus du soleil esloignée, reluist en sa plenitude, et apparoist toute, notamment au temps de nuyt. Ainsi sont toutes femmes, femmes.

« Quand je dis femme, je dis un sexe tant fragil, tant variable, tant muable, tant inconstant et imperfaict, que nature me semble (parlant en tout honneur et reverence) s'estre esgarée de ce bon sens par lequel elle avoit creé et formé toutes choses, quand elle a basty la femme. Et, y ayant pensé cent et cinq cens fois, ne sçay à quoy m'en resouldre, sinon que, forgeant la femme, elle a eu esgard à la sociale delectation de l'homme, et à la perpetuité de l'espece humaine, beaucoup plus qu'à la perfection de l'individuale muliebrité. Certes Platon ne sçait en quel rang il les doibve colloquer, ou des animans raisonnables, ou des bestes brutes. Car nature leur a dedans le corps posé en lieu secret et intestin un animal, un membre, lequel n'est es hommes, onquel quelquefois sont engendrées certaines humeurs salses, nitreuses, bauracineuses, acres, mordicantes, lancinantes, chatouillantes amerement : par la poincture et fretillement douloureux des quelles (car ce membre est tout nerveux, et de vif sentement) tout le corps est en elles esbranlé, tous les sens ravis, toutes affections intermisées, tous pensements confonduz. De maniere que, si nature ne leur eust arrousé le front d'un peu de honte, vous les voiriez comme forcenées courir l'aiguillette, plus espovantablement que ne firent onques les Proetides, les Mimallonides, ne les Thyades bacchiques au jour de leurs bacchanales. Parce que cestuy terrible animal a colligence à toutes les parties principales du corps, comme est evident en l'anatomie.

« Je le nomme animal, suivant la doctrine tant des academicques que des peripateticques. Car, si mouvement propre est indice certain de chose animée, comme escrit Aristoteles, et tout ce qui de soy se meut est dit animal, à bon droit Platon le nomme animal, recognoissant en luy mouvemens propres de suffocation, de precipitation, de corrugation, de indignation : voire si violens que bien souvent par eux est tollu à la femme tout aultre sens et mouvement, comme si fust lipothymie, syncope, epilepsie, apoplexie, et vraye ressemblance de mort. Oultre plus, nous voyons en iceluy discretion des odeurs manifeste, et le sentent les femmes fuyr les puantes, suivre les aromaticques. Je sçay que Cl. Galen s'efforce prouver que ne sont mouvemens propres et de soy, mais par accident, et qu'aultres de sa secte travaillent à demonstrer que ne soit en luy discretion sensitive des odeurs, mais efficace diverse, procedente de la diversité des substances odorantes. Mais, si vous examinez studieusement et pesez en la balance de Critolaus leur propos et raisons, vous trouverez qu'en ceste matiere, et beaucoup d'aultres, ilz ont parlé par gayeté de coeur et affection de reprendre leurs majeurs, plus que par recherchement de verité.

« En ceste disputation je n'entreray plus avant. Seulement vous diray que petite n'est la louange des preudes femmes, lesquelles ont vescu pudiquement et sans blasme, et ont eu la vertu de ranger cestuy effréné animal à l'obéissance de la raison. Et feray fin si vous adjouste que, cestuy animal assouvy (si assouvy peut estre), par l'aliment que nature luy a preparé en l'homme, sont tous ses particuliers mouvemens à but, sont tous ses appetitz assopiz, sont toutes ses furies appaisées. Pourtant, ne vous esbahissez si sommes en danger perpetuel d'estre coquz, nous qui n'avons pas tous les jours bien de quoy payer et satisfaire au contentement.

— Vertus d'autre que d'un petit poisson, dist Panurge, n'y sçavez vous remede aucun en vostre art? — Ouy dea, mon amy, respondit Rondibilis, et tres bon, duquel je use : et est escrit en auteur celebre, passé à dixhuit cens ans. Entendez. — Vous estes, dist Panurge, par la vertu Dieu, homine de bien, et vous aime tout mon benoist saoul. Mangez un peu de ce pasté de coings : ilz ferment proprement l'orifice du ventricule, à cause de quelque stypticité joyeuse qui est en eux, et aident à la concoction premiere. Mais quoy? je parle latin davant les clercs. Attendez que je vous donne à boire dedans cestuy hanap Nestorien. - Voulez vous encores un traict d'hippocras blanc? N'ayez peur de l'esquinance, non. Il n'y a dedans ne squinanthi, ne zinzembre, ne graine de paradis. Il n'y a que la belle cinamone triée, et le beau sucre fin, avec le bon vin blanc du cru de la Deviniere, en la plante du grand cormier, au dessus du noyer grollier. »

CHAPITRE XXXIII

COMMENT RONDIBILIS DONNE REMEDE A COQUAGE

« On temps, dist Rondibilis, que Jupiter fit l'estat de sa maison olympicque, et le calendrier de tous ses dieux et déesses, ayant establi, à un chascun, jour et saison de sa feste, assigné lieu pour les oracles et voyages, ordonné de leurs sacrifices... — Feit il poinct, demanda Panurge, comme Tinteville, evesque d'Auxerre? Le noble pontife aimoit le bon vin, comme fait tout homme de bien : pourtant avoit il en soing et cure speciale le bourgeon pere ayeul de Bacchus. Or est que, plusieurs années, il vit lamentablement le bourgeon perdu par les gelées, bruines, frimatz, verglatz, froidures, gresles, et calamités advenues par les festes des saincts George, Marc, Vital, Eutrope, Philippes, Saincte Croix, l'Ascension, et aultres, qui sont on temps que le soleil passe sous le signe de *Taurus*. Et entra en ceste opinion que les saincts susditz estoient saincts gresleurs, geleurs et gasteurs du bourgeon : pourtant, vouloit il leurs festes translater en hyver, entre Noel et la Typhaine (ainsi nommoit il la mere des trois Rois), les licenciant en tout honneur et reverence de gresler lors, et geler tant qu'ilz voudroient ; la gelée lors en rien ne seroit dommageable, ains evidentement profitable au bourgeon. En leurs lieux mettre les festes des S. Christofle, S. Jean decollaz, Ste. Magdalene, Ste Anne, S. Dominicque, S. Laurent, voire la my aoust colloquer en may. Es quelles tant s'en fault qu'on soit en danger de gelée que lors mestier on monde n'est qui tant soit de requeste, comme est des faiseurs de friscades, composeurs de joncades, agenceurs de feuillades, et refraichisseurs de vin.

— Jupiter, dist Rondibilis, oublia le pauvre diable Coquage, lequel pour lors ne fut present : il estoit à Paris on palais, sollicitant quelque paillard proces pour quelqu'un de ses tenanciers et vassaulx. Ne sçay quants jours après, Coquage entendit la forbe qu'on luy avoit faict, desista de sa sollicitation, par nouvelle sollicitude de n'estre forclus de l'estat, et comparut en personne davant le grand Jupiter, allegant ses merites precedens, et les bons et agréables services qu'aultrefois luy avoit faict, et instantement requerant qu'il ne le laissast sans feste, sans sacrifices, sans honneur. Jupiter s'excusoit, remonstrant que tous ses benefices estoient distribués, et que son estat estoit clos. Fut toutesfois tant importuné par messer Coqüage qu'en fin le mit en l'estat et catalogue, et luy ordonna en terre honneur, sacrifices et feste.

« Sa feste fut (pource que lieu vuide et vacant n'estoit en tout le calendrier) en concurrence et au jour de la déesse Jalousie : sa domination, sus les gens mariés, notamment ceux qui auroient belles femmes; ses sacrifices, soupson, defiance, malengroin, guet, recherche, et espies des mariz sus leurs femmes, avec commandement rigoureux à un chascun marié de le reverer et honorer, celebrer sa feste à double, et luy faire les sacrifices susdicts, sus peine et intermination qu'à ceux ne seroit messer Coqüage en faveur, aide, ne secours, qui ne l'honoreroient comme est dict : jamais ne tiendroit d'eux compte, jamais n'entreroit en leurs maisons, jamais ne hanteroit leurs compaignies, quelques invocations qu'ilz luy fissent; ains les laisseroit eternellement pourrir seulz, avec leurs femmes, sans corrival aucun, et les refuiroit sempiternellement comme heretiques et sacrileges, ains qu'est l'usance des aultres dieux envers ceux qui deuement ne les honorent : de Bacchus, envers les vignerons; de Ceres, envers les laboureux ; de Pomona, envers les fruictiers ; de Neptune, envers les nautoniers ; de Vulcan, envers les forgerons; et ainsi des aultres. Adjoincte fut promesse au contraire infaillible qu'à ceux qui, comme est dict, chommeroient sa feste, cesseroient de toute negociation, mettroient leurs affaires propres en nonchaloir, pour espier leurs femmes, les resserrer et mal traicter par jalousie, ainsi que porte l'ordonnance de ses sacrifices, il seroit continuellement favorable, les aimeroit, les frequenteroit, seroit jour et nuyct en leurs maisons ; jamais ne seroient destitués de sa presence. J'ay dict.

— Ha, ha, ha, dist Carpalim en riant, voylà un remede encores plus naïf que l'anneau de Hans Carvel. Le diable m'emport, si je ne le croy. Le naturel des femmes est tel. Comme la fouldre ne brise et ne brusle, sinon les matieres dures, solides, resistentes, elle ne s'arreste es choses molles, vuides et cedentes : elle bruslera l'espée d'assier, sans endommager le fourreau de velours ; elle consumera les os des corps sans entamer a chair qui les couvre : ainsi ne bendent les femmes jamais la contention, subtilité, et contradiction de leurs esprits, sinon envers ce que cognoistront leur estre prohibé et defendu. — Certes, dist Hippothadée, aucuns de nos docteurs disent que la premiere femme du monde, que les Hebreux nomment Eve, à peine eust jamais entré en tentation de manger le fruict de tout sçavoir s'il ne luy eust esté defendu. Qu'ainsi soit, considerez comment le tentateur cauteleux luy remembra au premier mot la defense sus ce faicte, comme voulant inferer : Il t'est defendu, tu en doibs donc manger, ou tu ne serois pas femme. »

CHAPITRE XXXIV

COMMENT LES FEMMES ORDINAIREMENT APPETENT CHOSES DEFENDUES

« On temps, dist Carpalim, que j'estois ruffien à Orléans, je n'avois couleur de rhetoricque plus valable, ne argument plus persuasif envers les dames, pour les mettre aux toilles, et attirer au jeu d'amours, que vivement, apertement, detestablement remonstrant comment leurs mariz estoient d'elles jaloux. Je ne l'avois mie inventé. Il est escrit, et en avons loix, exemples, raisons, et experiences quotidianes. Ayans ceste persuasion en leurs caboches, elles feront leurs mariz coquz infailliblement, par Dieu (sans jurer), deussent elles faire ce que firent Semiramis, Pasiphaé, Egesta, les femmes de l'isle Mandes en Egypte, blasonnées par Herodote, et Strabo, et aultres telles mastines.

— Vrayement, dist Ponocrates, j'ay ouy conter que le pape Jean XXII, passant un jour par Fonthevrault, fut requis de l'abbesse et des meres discretes leur conceder un indult moyennant lequel se peussent confesser les unes es aultres, allegantes que les femmes de religion ont quelques petites imperfections secretes, lesquelles honte insupportable leur est deceler aux hommes confesseurs : plus librement, plus familierement les diroient unes aux aultres, sous le sceau de confession. « Il n'y a rien, « respondit le pape, que volontiers ne vous octroye, mais j'y voy un « inconvenient : c'est que la confession doibt estre tenue secrete ; vous « aultres femmes à peine la celeriez. — Tres bien, dirent elles, et plus « que ne font les hommes. »

« Au jour propre, le Pere sainct leur bailla une boite en garde, dedans laquelle il avoit faict mettre une petite linotte, les priant doucettement qu'elles la serrassent en quelque lieu sceur et secret ; leurs promettant, en foy de pape, octroyer ce que portoit leur requeste si elles la gardoient secrete : ce neantmoins leur faisant defense rigoureuse qu'elles n'eussent à l'ouvrir en façon quelconque, sus peine de censure ecclesiastique et d'excommunication eternelle. La defense ne fut si tost faicte qu'elles grisloient en leurs entendemens d'ardeur de voir qu'estoit dedans, et leurs tardoit que le pape ne fust ja hors la porte pour y vacquer. Le Pere sainct, avoir donné sa benediction sus elles, se retira en son logis. Il n'estoit encores trois pas hors l'abbaye, quand les bonnes dames toutes à la foulle accoururent pour ouvrir la boite defendue, et voir qu'estoit dedans. Au lendemain, le pape les visita, en intention (ce leur sembloit) de leur depescher l'indult. Mais, avant entrer en propos, commanda qu'on luy apportast sa boite. Elle luy fut apportée; mais l'oizillet n'y estoit plus. Adonc leurs remonstra que chose trop difficile leur seroit receler les confessions, veu que n'avoient si peu de temps tenu en secret la boite tant recommandée.

— Monsieur nostre maistre, vous soyez le tres bien venu. J'ay prins moult grand plaisir vous oyant, et loue Dieu de tout. Je ne vous avois onques puis veu que jouastes à Monspellier avec nos anticques amis Ant. Saporta, Guy Bourguier, Balthazar Noyer, Tolet, Jean Quentin, François Robinet, Jean Perdrier, et François Rabelais, la morale comedie de celuy qui avoit espousé une femme mute. — J'y estois, dist Epistemon. Le bon mary voulut qu'elle parlast. Elle parla par l'art du medicin et du chirurgien, qui luy coupperent un encyliglotte qu'elle avoit sous la langue. La parole recouverte, elle parla tant et tant que son mary retourna au medicin pour remede de la faire taire. Le medicin respondit en son art bien avoir remedes propres pour faire parler les femmes, n'en avoir pour les faire taire. Remede unique estre surdité du mary, contre cestuy interminable parlement de femme. Le paillard devint sourd, par ne sçay quelz charmes qu'ilz firent. Sa femme, voyant qu'il estoit sourd devenu, qu'elle parloit en vain, de luy n'estoit entendue, devint enraigée. Puis, le medicin demandant son salaire, le mary respondit qu'il estoit vrayement sourd, et qu'il n'entendoit sa demande. Le medicin luy jetta au dos ne sçay quelle poudre par la vertu de laquelle il devint fol. Adonc le fol mary et la femme enraigée se rallierent ensemble, et tant battirent les medicin et chirurgien qu'ils les laisserent à demy mors. Je ne ris onques tant que je fis à ce patelinage.

— Retournons à nos moutons, dist Panurge. Vos paroles, translatées de barragouin en françois, veulent dire que je me marie hardiment, et que ne me soucie d'estre coqu. C'est bien rentré de picques noires. Monsieur nostre maistre, je croy bien qu'au jour de mes nopces vous serez d'ailleurs empesché à vos pratiques, et que n'y pourrez comparoistre. Je vous en excuse.

Stercus et urina medici sunt prandia prima.
Ex aliis paleas, ex istis collige grana.

— Vous prenez mal, dit Rondibilis, le vers subsequent est tel :

Nobis sunt signa, vobis sunt prandia digna.

— Si ma femme se porte mal... — J'en vouldrois voir l'urine, toucher le pouls, et voir la disposition du bas ventre et des parties umbilicares, comme nous commande Hippocrates, 2 *Aphorism.* 35, avant oultre proceder. — Non, non, dist Panurge, cela ne fait à propos. C'est pour nous aultres legistes, qui avons la rubricque *De Ventre inspiciendo.* Je luy appreste un clystere barbarin. Ne laissez vos affaires d'ailleurs plus urgens. Je vous enverray du rillé en vostre maison, et serez toujours nostre amy. » Puis s'approcha de luy, et luy mit en main sans mot dire quatre nobles à la rose. Rondibilis les print tres bien, puis luy dist en effroy, comme indigné : « Hé, hé, hé, monsieur, il ne falloit rien. Grand mercy toutesfois. De meschantes gens jamais je ne prends rien. Rien jamais des gens de bien je ne refuse. Je suis toujours à vostre commandement. — En payant, dist Panurge. — Cela s'entend, » respondit Rondibilis.

CHAPITRE XXXV

COMMENT TROUILLOGAN, PHILOSOPHE, TRAICTE LA DIFFICULTÉ DE MARIAGE

Ces paroles achevées, Pantagruel dist à Trouillogan le philosophe : « Nostre féal, de main en main vous est la lampe baillée. C'est à vous maintenant de respondre. Panurge se doibt il marier, ou non? — Tous les deux, respondit Trouillogan. — Que me dictes vous? demanda Panurge. — Ce que avez ouy, respondit Trouillogan. — Qu'ay je ouy? demanda Panurge. — Ce que j'ay dict, respondit Trouillogan. — Ha, ha, en sommes nous là? dist Panurge. Passe sans fluz. Et donc me doibs je marier ou non? — Ne l'un ne l'aultre, respondit Trouillogan. — Le diable m'emport, dist Panurge, si je ne deviens resveur; et me puisse emporter, si je vous entends! Attendez. Je mettray mes lunettes à ceste oreille gauche, pour vous ouir plus clair. »

En cestuy instant, Pantagruel aperceut vers la porte de la salle le petit chien de Gargantua, lequel il nommoit Kyne, pource que tel fut le nom du chien de Tobie. Adonc dist à toute la compaignie : « Nostre roy n'est pas loing d'icy, levons nous. » Ce mot ne fut achevé que Gargantua entra dans la salle du banquet. Chascun se leva pour luy faire reverence. Gargantua, ayant debonnairement salué l'assistance, dist : « Mes bons amis, vous me ferez ce plaisir, je vous en prie, de non laisser ne vos lieux, ne vos propos. Apportez moy à ce bout de table une chaire. Donnez moy que je boive à toute la compaignie. Vous soyez les tres bien venuz. Ores me dictes : sus quel propos estiez vous? » Pantagruel luy respondit que, sus l'apport de la seconde table, Panurge avoit proposé une matiere problematicque, à sçavoir s'il se debvoit marier ou non, et que le pere Hippothadée et maistre Rondibilis estoient expediés de leurs responses : lors qu'il est entré, respondoit le féal Trouillogan. Et premierement, quand Panurge luy a demandé : « Me doibs je marier ou non ? » avoit respondu : « Tous les deux ensemblement, » à la seconde fois, avoit dict : « Ne l'un ne l'aultre. » Panurge se complainct de telles repugnantes et contradictoires responses, et proteste n'y entendre rien.

« Je l'entends, dist Gargantua, en mon advis. La response est semblable à ce que dist un ancien philosophe interrogé s'il avoit quelque femme qu'on luy nommoit. Je l'ay, dist il, amie ; mais elle ne me a mie. Je la possede, d'elle ne suis possedé. — Pareille response, dist Pantagruel, fit une fantesque de Sparte. On luy demanda si jamais elle avoit eu affaire à homme. Respondit que non jamais ; bien que les hommes quelquefois avoient eu affaire à elle. — Ainsi, dist Rondibilis, mettons nous neutre en medicine, et moyen en philosophie, par participation de l'une et l'aultre extremité, par abnegation de l'une et l'aultre extremité, et par compartiment du temps, maintenant en l'une, maintenant en l'aultre extremité. — Le sainct Envoyé, dist Hippothadée, me semble l'avoir plus apertement declairé quand il dit : Ceux qui sont mariés soient comme non mariés ; ceux qui ont femme soient comme non ayans femme. — Je interprete, dist Pantagruel, avoir et n'avoir femme en ceste façon : que femme avoir, et l'avoir à usage tel que nature la créa, qui est pour l'aide, esbattement, et societé de l'homme ; n'avoir femme est ne soy appoiltronner autour d'elle, pour elle ne contaminer celle unique et supreme affection que doibt l'homme à Dieu ; ne laisser les offices qu'il doibt naturellement à sa patrie, à la republicque, à ses amis ; ne mettre en nonchaloir ses estudes et ses negoces, pour continuellement à sa femme complaire. Prenant en ceste maniere avoir et n'avoir femme, je ne voy repugnance ne contradiction es termes. »

CHAPITRE XXXVI

CONTINUATION DES RESPONSES DE TROUILLOGAN, PHILOSOPHE EPHECTIQUE ET PYRRHONIEN

« Vous dictes d'orgues, respondit Panurge. Mais je croy que je suis descendu on puitz tenebreux, auquel disoit Heraclitus estre verité cachée. Je ne voy goutte, je n'entends rien, je sens mes sens tous hebetés, et doubte grandement que je soye charmé. Je parleray d'aultre style. Nostre féal, ne bougez. N'emboursez rien. Muons de chanse, et parlons sans disjunctives. Ces membres mal joinctz vous faschent, à ce que je voy. Or ça, de par Dieu, me doibs je marier ?

TROUILLOGAN. Il y a de l'apparence.

PANURGE. Et si e ne me marie poinct?

TROUILLOGAN. Je n'y voy inconvenient aucun.

PANURGE. Vous n'y en voyez poinct?

TROUILLOGAN. Nul, ou la veue me deçoit.

PANURGE. J'y en trouve plus de cinq cens.

TROUILLOGAN. Comptez les.

PANURGE. Je dis improprement parlant, et prenant nombre certain pour incertain ; determiné, pour indeterminé : c'est à dire beaucoup.

TROUILLOGAN. J'escoute.

PANURGE. Je ne peux me passer de femme, de par tous les diables.

TROUILLOGAN. Oustez ces villaines bestes.

PANURGE. De par Dieu soit! Car mes Salmigondinoys disent coucher seul ou sans femme estre vie brutale, et telle la disoit Dido en ses lamentations.

TROUILLOGAN. A vostre commandement.

PANURGE. Pé lé quau Dé, j'en suis bien. Donc me marieray je?

TROUILLOGAN. Par adventure.

PANURGE. M'en trouveray je bien?

TROUILLOGAN. Selon la rencontre.

PANURGE. Aussi si je rencontre bien, comme j'espere, seray je heureux ?

TROUILLOGAN. Assez.

PANURGE. Tournons à contre poil. Et si je rencontre mal?

TROUILLOGAN. Je m'en excuse.

PANURGE. Mais conseillez moy, de grace : que doibs je faire?

TROUILLOGAN. Ce que vouldrez.

PANURGE. Tarabin tarabas.

TROUILLOGAN. Ne invocquez rien, je vous prie.

PANURGE. On nom de Dieu soit. Je ne veulx sinon ce que me conseillerez. Que m'en conseillez vous?

TROUILLOGAN. Rien.

PANURGE. Me marieray je?

TROUILLOGAN. Je n'y estois pas.

PANURGE. Je ne me marieray donc poinct?

TROUILLOGAN. Je n'en peux mais.

PANURGE. Si je ne suis marié, je ne seray jamais coqu?

TROUILLOGAN. J'y pensois.

PANURGE. Mettons le cas que je sois marié.

TROUILLOGAN. Où le mettrons-nous?

PANURGE. Je dis, prenez le cas que marié je sois.

TROUILLOGAN. Je suis d'ailleurs empesché.

PANURGE. Merde en mon nez; dea! si j'osasse jurer quelque petit coup en cappe, cela me soulageroit d'autant. Or bien, patience! Et donc, si je suis marié, je seray coqu?

TROUILLOGAN. On le diroit.

PANURGE. Si ma femme est preude et chaste, je ne seray jamais coqu?

TROUILLOGAN. Vous me semblez parler correct.

PANURGE. Escoutez.

TROUILLOGAN. Tant que vouldrez.

PANURGE. Sera elle prude et chaste? Reste seulement ce poinct.

TROUILLOGAN. J'en doubte.

PANURGE. Vous ne la vistes jamais?

TROUILLOGAN. Que je sache.

PANURGE. Pour quoy donc doubtez vous d'une chose que ne cognoissez?

TROUILLOGAN. Pour cause.

PANURGE. Et si la cognoissiez?

TROUILLOGAN. Encore plus.

PANURGE. Paige, mon mignon, tiens icy mon bonnet : je le te donne, saulve les lunettes, et va en la basse court jurer une petite demie heure pour moy. Je jureray pour toy quand tu vouldras. Mais qui me fera coqu?

TROUILLOGAN. Quelqu'un.

PANURGE. Par le ventre bœuf de bois, je vous frotteray bien, monsieur le quelqu'un.

TROUILLOGAN. Vous le dictes.

PANURGE. Le diantre, celuy qui n'a point de blanc en l'oeil, m'emporte donc ensemble, si je ne boucle ma femme à la Bergamasque quand je partiray hors mon serrail.

TROUILLOGAN. Discourez mieulx.

PANURGE. C'est bien chien chié chanté pour les discours. Faisons quelque resolution.

TROUILLOGAN. Je n'y contredis.

PANURGE. Attendez. Puisque de cestuy endroit ne peut sang de vous tirer, je vous saigneray d'aultre veine. Estes vous marié ou non?

TROUILLOGAN. Ne l'un ne l'aultre, et tous les deux ensemble.

PANURGE. Dieu nous soit en aide! Je sue, par la mort boeuf, d'ahan; et sens ma digestion interrompue. Toutes mes phrenes, metaphrenes et diaphragmes sont suspenduz et tenduz pour incornifistibuler en la gibbessiere de mon entendement ce que dictes et respondez.

TROUILLOGAN. Je ne m'en empesche.

PANURGE. Trut avant, nostre féal, estes vous marié?

TROUILLOGAN. Il me l'est advis.

PANURGE. Vous l'aviez esté une aultre fois?

TROUILLOGAN. Possible est.

PANURGE. Vous en trouvastes vous bien la premiere fois?

TROUILLOGAN. Il n'est pas impossible.

PANURGE. A ceste seconde fois comment vous en trouvez vous?

TROUILLOGAN. Comme porte mon sort fatal.

PANURGE. Mais quoi, à bon escient, vous en trouvez vous bien?

TROUILLOGAN. Il est vray semblable.

PANURGE. Or ça, de par Dieu, j'aimerois, par le fardeau de sainct Cristofle, autant entreprendre tirer un pet d'un asne mort que de vous une resolution. Si vous auray je à ce coup. Nostre féal, faisons honte au diable d'enfer, confessons verité. Fustes vous jamais coqu? Je dis vous qui estes icy, je ne dis pas vous qui estes là bas au jeu de paulme.

TROUILLOGAN. Non, s'il n'estoit predestiné.

PANURGE. Par la chair, je renie; par le sang, je renague; par le corps, je renonce. Il m'eschappe. »

A ces motz Gargantua se leva et dist : « Loué soit le bon Dieu en toutes choses. A ce que je voy, le monde est devenu beau filz, depuis ma cognoissance premiere. En sommes nous là? Donc sont huy les plus doctes et prudens philosophes entrés au phrontistere et escole des pyrrhoniens, aporrheticques, scepticques et ephecticques. Loué soit le bon Dieu! Vrayement on pourra dorenavant prendre les lions par les jubes; les chevaulx, par les crains; les bufles, par le museau; les bœufz, par les cornes; les loups, par la queue; les chevres, par la barbe; les oiseaux, par les piedz; mais ja ne seront telz philosophes par leurs paroles pris. A Dieu mes bons amis. » Ces motz prononcés, se retira de la compagnie. Pantagruel et les aultres le vouloient suivre; mais il ne le voulut permettre.

Issu Gargantua de la salle, Pantagruel dit es invités : « Le Timé de Platon, au commencement de l'assemblée, compta les invités : nous, au rebours, les compterons en la fin. Un, deux, trois; où est le quart? N'estoit-ce nostre amy Bridoye? ». Epistemon respondit avoir esté en sa maison pour l'inviter, mais ne l'avoir trouvé. Un huissier du parlement Myrelinguoys en Myrelingues l'estoit venu querir et adjourner pour personnellement comparoistre, et davant les senateurs raison rendre de quelque sentence par luy donnée. Pourtant estoit il au jour precedent departy, afin de soy representer au jour de l'assignation, et ne tomber en deffault ou contumace. « Je veulx, dist Pantagruel, entendre que c'est : plus de qua-

17.

rante ans y a qu'il est juge de Fonsbeton ; iceluy temps pendant a donné plus de quatre mille sentences définitives.

« De deux mille trois cens et neuf sentences par luy données, fut appellé par les parties condamnées en la court souveraine du parlement Myrelinguoys en Myrelingues : toutes par arrestz d'icelle ont esté ratifiées, approuvées, et confirmées : les appeaulx renversés et à néant mis. Que maintenant donc soit personnellement adjourné sur ses vieux jours, il qui par tout le passé a vescu tant sainctement en son estat, ne peut estre sans quelque desastre. Je luy veulx de tout mon pouvoir estre aidant en équité. Je sçay huy tant estre la malignité du monde aggravée que bon droit a bien besoing d'aide. Et presentement delibere y vacquer, de peur de quelque surprinse. »

Alors furent les tables levées. Pantagruel fit es invités dons precieux et honorables de bagues, joyaulx, et vaisselle, tant d'or comme d'argent, et, les avoir cordialement remercié, se retira vers sa chambre.

CHAPITRE XXXVII

COMMENT PANTAGRUEL PERSUADE A PANURGE PRENDRE CONSEIL DE QUELQUE FOL

Pantagruel, soy retirant, apperceut par la galerie Panurge en maintien d'un resveur ravassant et dodelinant de la teste, et luy dist : « Vous me semblez à une souriz empegée : tant plus elle s'efforce soy depestrer de la poix, tant plus elle s'en embrene. Vous, semblablement, efforçant issir hors les lacs de perplexité, plus que davant y demourez empestré, et n'y sçay remede fors un. Entendez. J'ay souvent ouy en proverbe vulgaire qu'un fol enseigne bien un sage. Puis que, par les responses des sages, n'estes à plein satisfaict, conseillez vous à quelque fol : pourra estre que, ce faisant, plus à vostre gré serez satisfaict et content. Par l'advis, conseil et prediction des folz, vous sçavez quants princes, rois, et republiques ont esté conservés, quantes batailles gaignées, quantes perplexités dissolues. Ja besoing n'est vous ramentevoir les exemples. Vous acquiescerez en ceste raison : car, comme celuy qui de prés regarde à ses affaires privés et domesticques, qui est vigilant et attentif au gouvernement de sa maison, duquel l'esprit n'est point esgaré, qui ne perd occasion quelconque de acquerir et amasser biens et richesses, qui cautement sçait obvier es inconveniens de pauvreté, vous appellez sage mondain, quoy que fat soit il en l'estimation des Intelligences celestes, ainsi faut il, pour davant icelles sage estre, je dis sage et presage par aspiration divine, et apte à recevoir benefice de divination, se oublier soy mesmes, issir hors de soy mesmes, vuider ses sens de toute terrienne affection, purger son esprit de toute humaine sollicitude, et mettre tout en non chaloir. Ce que vulgairement est imputé à folie.

« En ceste maniere, fut du vulgue imperit appelé Fatuel le grand vaticinateur Faunus, filz de Picus, roy des Latins.

« En ceste maniere, voyons nous, entre les jongleurs, à la distribution des roles, le personnage du Sot et du Badin estre toujours representé par le plus perit et parfaict joueur de leur compaignie.

« En ceste maniere, disent les mathematiciens un mesme horoscope estre à la nativité des rois et des sots. Et donnent exemple de Enéas et Chorœbus, lequel Euphorion dit avoir esté fol, qui eurent un mesme genethliaque.

« Je ne seray hors de propos, si je vous raconte ce que dit Jo. André sus un canon de certain rescrit papal, adressé au maire et bourgeois de la Rochelle, et, après luy, Panorme en ce mesme canon, Barbatia sus les Pandectes, et recentement Jason en ses conseilz, de Seigny Joan, fol insigne de Paris, bisayeul de Caillette. Le cas est tel :

« A Paris, en la roustisserie du petit Chastelet, au davant de l'ouvroir d'un roustisseur, un faquin mangeoit son pain à la fumée du roust, et le trouvoit, ainsi perfumé, grandement savoureux. Le roustisseur le laissoit faire. En fin, quand tout le pain fut baufré, le roustisseur happe le faquin au collet, et vouloit qu'il luy payast la fumée de son roust. Le faquin disoit en rien n'avoir ses viandes endommaigé, rien n'avoir du sien prins, en rien ne luy estre debiteur.

« La fumée dont estoit question evaporoit par dehors, ainsi comme ainsi se perdoit elle ; jamais n'avoit esté ouy que, dedans Paris, on éust vendu fumée de roust en rue. Le roustisseur repliquoit que, de fumée de son roust, n'estoit tenu nourrir les faquins, et renioit, en cas qu'il ne le payast, qu'il luy ousteroit ses crochetz. Le faquin tire son tribart, et se mettoit en defense.

« L'altercation fut grande ; le badault peuple de Paris accourut au debat de toutes pars. Là se trouva à propos Seigny Joan le fol, citadin de Paris. L'ayant apperceu, le roustisseur demanda au faquin : « Veulx tu sus nostre « different croire ce noble Seigny Joan ? — Ouy, par le Sambreguoy, » respondit le faquin. Adonc Seigny Joan, avoir leur discord entendu, commanda au faquin qu'il luy tirast de son baudrier quelque piece d'argent. Le faquin luy mit en main un tournoys philippus. Seigny Joan le print, et le mit sus son espaule gauche, comme explorant s'il estoit de poids ; puis le timpoit sus la paulme de sa main gauche, comme pour entendre s'il estoit de bon alloy ; puis le posa sur la prunelle de son oeil droit, comme pour voir s'il estoit bien marqué. Tout ce fut faict en grande silence de tout le badault peuple, en ferme attente du roustisseur, et desespoir du faquin. En fin le fit sus l'ouvroir sonner par plusieurs fois. Puis, en majesté presidentale, tenant sa marote on poing, comme si fust un sceptre, et affublant en teste son chaperon de martres singesses à oreilles de papier, fraizé à pointz d'orgues, toussant préalablement deux ou trois bonnes fois, dist à haulte voix : « La court vous dist que le faquin, « qui a son pain mangé à la fumée du roust, civilement a payé le roustis- « seur au son de son argent. Ordonne la dicte court que chascun se retire « en sa chascuniere, sans despens, et pour cause. » Ceste sentence du fol parisien tant a semblé equitable, voire admirable, es docteurs susdicts, qu'ilz font doubte, en cas que la matiere eust esté on parlement dudict lieu, ou en la Rotte à Rome, voire certes entre les Aréopagites decidée, si plus juridicquement eust esté par eux sententié. Pourtant advisez si conseil voulez d'un fol prendre. »

CHAPITRE XXXVIII

COMMENT PAR PANTAGRUEL ET PANURGE EST TRIBOULET BLASONNÉ

« Par mon ame, respondit Panurge, je le veulx. Il m'est advis que le boyau m'eslargit. Je l'avois nagueres bien serré et constipé. Mais, ainsi comme avons choisy la fine creme de sapience pour conseil, aussi vouldrois je qu'en nostre consultation presidast quelqu'un qui fust fol en degré souverain.

— Triboulet, dist Pantagruel, me semble competentement fol. »
Panurge respond : « Proprement et totalement fol. »

PANTAGRUEL.	PANURGE.
Fol fatal,	Fol de haulte game,
F. de nature,	F. de b quarre et de b mol,
F. celeste,	F. terrien,
F. jovial,	F. joyeux et folastrant,
F. mercurial,	F. jolly et folliant,
F. lunaticque,	F. à pompettes,
F. erraticque,	F. à pilettes,
F. eccentrique,	F. à sonnettes,
F. etheré et Junonian,	F. riant et venerien,
F. arcticque,	F. de soubstraicte,
F. heroïcque,	F. de mere goutte,
F. genial,	F. de la prime cuvée,
F. predestiné,	F. de montaison,
F. auguste,	F. original,
F. cesarin,	F. papal,

PANTAGRUEL.	PANURGE.
Fol imperial,	Fol consistorial,
F. royal,	F. conclaviste,
F. patriarchal,	F. bulliste,
F. original,	F. synodal,
F. loyal,	F. episcopal,
F. ducal,	F. doctoral,
F. banerol,	F. monachal,
F. seigneurial,	F. fiscal,
F. palatin,	F. extravaguant,
F. principal,	F. à bourlet,
F. pretorial,	F. à simple tonsure,
F. total,	F. cotal,
F. esieu,	F. gradué nommé en folio,
F. curial,	F. commensal,
F. primipile,	F. premier de sa licence,
F. triumphant,	F. caudataire,
F. vulgaire,	F. de supererogation,
F. domesticque,	F. collateral,
F. exemplaire,	F. *a latere*, alteré,
F. rare et peregrin,	F. niais,
F. aulicque,	F. passagier,
F. civil,	F. branchier,
F. populaire,	F. aguard,
F. familier,	F. gentil,
F. insigne,	F. maillé,
F. favorit,	F. pillart,
F. latin,	F. revenu de queue,
F. ordinaire,	F. griayz,
F. redoubté,	F. radotant,
F. transcendant,	F. de soubarbade,
F. souverain,	F. boursouflé,
F. special,	F. supercoquelicantieux,
F. metaphysical,	F. corollaire,
F. ecstatique,	F. de levant
F. categoricque,	F. soubelin,
F. predicable,	F. cramoysi,
F. decumane,	F. tainct en graine,
F. officieux,	F. bourgeois,
F. de perspective,	F. vistempenard,
F. d'algorisme,	F. de gabie,
F. d'algebra,	F. modal,
F. de caballe,	F. de seconde intention.
F. talmudicque,	F. tacuin,
F. d'Alguamala,	F. heteroclyte,
F. compendieux,	F. sommiste,
F. abrevié,	F. abreviateur,
F. hyperbolicque,	F. de morisque,
F. antonomaticque,	F. bien bullé,

PANTAGRUEL.	PANURGE.
Fol allegoricque,	Fol mandataire,
F. tropologicque,	F. capussionnaire,
F. pléonasmicque,	F. titulaire,
F. capital,	F. tapinois,
F. cerebreux,	F. rebarbatif,
F. cordial,	F. bien mentulé,
F. intestin,	F. mal empieté,
F. epaticque,	F. couillart,
F. spleneticque,	F. grimault,
F. venteux,	F. esventé,
F. legitime,	F. culinaire,
F. d'Azimuth,	F. de haulte fustaie,
F. d'Almicantarath,	F. contrehastier,
F. proportionné,	F. marmiteux,
F. d'architrave,	F. catarrhé,
F. de pedestal,	F. braguart,
F. parragon,	F. à vingt et quatre caratz,
F. celebre,	F. bigearre,
F. alaigre,	F. guinguoys,
F. solennel,	F. à la martingalle,
F. annuel,	F. à bastons,
F. festival,	F. à marotte,
F. recréatif,	F. de bon biés,
F. villaticque,	F. à la grande laise,
F. plaisant,	F. trabuchant,
F. privilegié,	F. susanné,
F. rusticque,	F. de rustrie,
F. ordinaire,	F. à plain bust,
F. de toutes heures,	F. gourrier,
F. en diapason,	F. gorgias,
F. resolu,	F. d'arrachepied,
F. hieroglyphicque,	F. de rebus,
F. authenticque,	F. à patron,
F. de valeur,	F. à chaperon,
F. precieux,	F. à double rebraz,
F. fanaticque,	F. à la damasquine,
F. fantasticque,	F. de tauchie,
F. lymphaticque,	F. d'azemine,
F. panicque,	F. barytonant,
F. alambicqué,	F. mouscheté,
F. non fascheux.	F. à espreuve de hacquebutte,

PANTAGRUEL. Si raison estoit pour quoy jadis en Rome les Quirinales on nommoit la feste des folz, justement en France on pourroit instituer les Tribouletinales.

PANURGE. Si tous folz portoient cropiere, il auroit les fesses bien escorchées.

Pantagruel. S'il estoit dieu fatuel, duquel avons parlé, mary de la dive Fatue, son pere seroit Bonadies, sa grand mere Bonedée.

Panurge. Si tous folz alloient les ambles, quoy qu'il ait les jambes tortes, il passeroit d'une grande toise. Allons vers luy sans sejourner. De luy aurons quelque belle resolution, je m'y attends. — Je veulx, dist Pantagruel, assister au jugement de Bridoye. Ce pendant que je iray en Myrelingues, qui est delà la riviere de Loire, je depescheray Carpalim pour de Bloys icy amener Triboulet. » Lors fut Carpalim depesché. Pantagruel, accompaigné de ses domestiques. Panurge, Epistemon, Ponocrates, frere Jean, Gymnaste, Rhizotome, et aultres, print le chemin de Myrelingues.

CHAPITRE XXXIX

COMMENT PANTAGRUEL ASSISTE AU JUGEMENT DU JUGE BRIDOYE LEQUEL SENTENTIOIT LES PROCES AU SORT DES DEZ

Au jour subsequent, à heure de l'assignation, Pantagruel arriva en Myrelingues. Les president, senateurs et conseillers le prierent entrer avec eux, et ouir la decision des causes et raisons que allegueroit Bridoye, pour quoy auroit donné certaine sentence contre l'esleu Toucheronde, laquelle ne sembloit du tout equitable à icelle court centumvirale. Pantagruel entre voluntiers, et là trouve Bridoye on milieu du parquet assis : et, pour toutes raisons et excuses, rien plus ne respondant, sinon qu'il estoit vieux devenu, et qu'il n'avoit la veue tant bonne comme de coustume ; allegant plusieurs miseres et calamités, que vieillesse apporte avec soy, lesquelles *not. per Archid. D.* LXXXVI *c. tanta*. Pourtant ne cognoissoit il tant distinctement les poinctz des dez, comme avoit faict par le passé. Dont pouvoit estre qu'en la façon que Isaac, vieux et mal voyant, print Jacob pour Esaü, ainsi, à la decision du proces dont estoit question, il auroit prins un quatre pour un cinq ; notamment referent que lors il avoit usé de ses petits dez. Et que, par disposition de droit, les imperfections de nature ne doibvent estre imputées à crime, comme appert, *ff. de re milit. l. qui cum uno. ff. de reg. jur. l. fere. ff. de ædil. ed. per totum. ff. de term. mod. l. divus Adrianus resolut. per Lud. Ro. in l. si vero. ff. fol. matr.* Et qui aultrement feroit non l'homme accuseroit, mais nature, comme est evident *in l. maximum vitium C. de lib. præter.*

« Quelz dez, demandoit Trinquamelle, grand president d'icelle court, mon amy, entendez vous ? — Les dez, respondit Bridoye, des jugemens,

Aléa judiciorum, desquelz est escrit par *Docto. 26. quæst. 2. cap. sort. l. nec emptio. ff. de contrahend. empt. quod debetur. ff. de pecul. et ibi Bartol.*; et desquelz dez vous aultres Messieurs ordinairement usez en ceste vostre cour souveraine : aussi font tous aultres juges en décision des proces, suivans ce qu'en a noté D. Hen. Ferrandat, *et not. gl. in. c. fin. de sortil. et l. sed cum ambo ff. de jud. Ubi doct.* notent que le sort est fort bon, honneste, utile et necessaire à la vuidange des proces et dissentions. Plus encores apertement l'ont dict Bald. Bartol. et Alex. *C. communia. de leg. l. si duo.* — Et comment, demandoit Trinquamelle, faites vous, mon amy? — Je, respondit Bridoye, respondray briefvement, selon l'enseignement de la loy *ampliorem*, § *in refutatoriis. C. de appel.*, et ce que dit *gloss. l. I. ff. quod met. causa. Gaudent brevitate moderni.* Je fais comme vous aultres Messieurs, et comme est l'usance de judicature, à laquelle nos droits commandent tousjours deferer : *ut not. extra de consuet. c. ex literis. et ibi Innoc.*

« Ayant bien veu, reveu, leu, releu, parepassé et feuilleté les complainctes, adjournemens, comparitions, commissions, informations, avant procedés, productions, allegations, intendictz, contredictz, requestes, enquestes, replicques, dupliques, tripliques, escritures, reproches, griefz, salvations, recollemens, confrontations, acariations, libelles, apostoles, lettres royaulx, compulsoires, declinatoires, anticipatoires, evocations, envoyz, renvoyz, conclusions, fins de non proceder, apoinctemens, reliefz, confessions, exploictz, et aultres telles dragées et espiceries d'une part et d'aultre, comme doibt faire le bon juge selon ce qu'en a *not. Spec. de ordinario* § 3. *et tit. de offic. omn. jud.* § *fin. et de rescript. præsentat.*, § 1, je pose sur le bout de la table en mon cabinet tous les sacs du defendeur, et luy livre chanse premierement, comme vous aultres, Messieurs. Et est *not. l. favorabiliores. ff. de reg. jur. et in cap. cum sunt. eod. tit. lib.* VI, qui dit : *Cum sunt partium jura obscura, reo favendum est potius quam actori.* Cela faict, je pose les sacs du demandeur, comme vous aultres, Messieurs, sus l'aultre bout, *visum visu.* Car, *opposita juxta se posita magis elucescunt, ut not. in l. I.* § *videamus. ff. de his qui sunt sui vel alieni juris. et in l. munerum.* § *mixta. ff. de muner. et honor.* Pareillement, et quant et quant je luy livre chanse.

— Mais, demandoit Trinquamelle, mon amy, à quoy cognoissez vous obscurité des droits pretenduz par les parties plaidoyantes? — Comme ous aultres, Messieurs, respondit Bridoye, sçavoir est quand il y a beaucoup de sacs d'une part et d'aultre. Et lors je use de mes petits dez, comme vous aultres, Messieurs, suivant la loy, *semper in stipulationibus. ff. de regulis juris*, et la loy versale versifiée *quæ eod. tit.*

Semper in obscuris quod minimum est sequimur,

canonizée *in c. in obscuris. eod. tit. lib.* VI.

« J'ay d'aultres gros dez bien beaux et harmonieux, des quelz je use, comme vous aultres, Messieurs, quand la matiere est plus liquide, c'est à dire quand moins y a de sacs.

— Cela faict, demandoit Trinquamelle, comment sententiez vous, mon amy ? — Comme vous aultres, Messieurs, respondit Bridoye ; pour celuy je donne sentence duquel la chanse livrée par le sort du dez judiciaire, tribunian, pretorial, premier advient. Ainsi commandent nos droits *ff. qui pot. in pign. l. creditor. C. de consul., l.* I. *Et de regulis juris in* 6. *Qui prior est tempore potior est jure.* »

CHAPITRE XL

COMMENT BRIDOYE EXPOSE LES CAUSES POUR QUOY IL VISITOIT LES PROCES QU'IL DECIDOIT PAR LE SORT DES DEZ

« Voire mais, demandoit Trinquamelle, mon amy, puis que par sort et ject des dez vous faites vos jugemens, pour quoy ne livrez vous ceste chanse le jour et heure propre que les parties controverses comparent par davant vous, sans aultre delay ? De quoy vous servent les escritures et aultres procedures contenues dedans les sacs ? — Comme à vous aultres, Messieurs, respondit Bridoye ; elles me servent de trois choses exquises, requises et authenticques.

« Premierement pour la forme, en omission de laquelle ce qu'on a faict n'estre valable prouve tres bien *Spec.* I. *tit. de instr. edit. et tit. de rescript. præsent.* Davantaige vous sçavez trop mieulx que souvent, en procedures judiciaires, les formalités destruisent les materialités et substances. Car, *forma mutata, mutatur substantia. ff. ad exhibend. l. Jul. ff. ad leg. Falcid. l. si is qui quadringenta. Et extra. de decim. c. ad audientiam. et de celebrat. miss. c. in quadam.*

« Secondement, comme à vous aultres, Messieurs, me servent d'exercice honneste et salutaire. Feu M. Othoman Vadare, grand medicin, comme vous direz, *C. de comit. et archi. lib.* XII, m'a dict maintes fois que faulte d'exercitation corporelle est cause unique de peu de santé et briefveté de vie de vous aultres, Messieurs, et tous officiers de justice. Ce que tres bien avant luy estoit noté par Bart. *in l.* I. *C. de sent. quæ pro eo quod.* Pourtant sont, comme à vous aultres, Messieurs, à nous consecutivement, *quia accessorium naturam sequitur principalis, de regulis juris l. VI. et § l. cum principalis, et l. nihil dolo. ff. eod. tit. de fidejuss. l. fidejuss. et ext. de offic. de leg. c.* 1. concedez certains jeuz d'exercice honneste et recréatif. *ff. de al. lus. et aleat. l. solent; et authent. ut omnes obediant in princ. coll.* 7. *et ff. de præscript. verb. l. si gratuitam; et lib.* I. *C. de spect. lib.* XI. Et tel est l'opinion *D. Thomæ in secunda secundæ quæst.* CLXVIII, bien à propos alleguée par D. Albert. de Ros., lequel *fuit magnus practicus* et docteur solennel, comme atteste Barbatia *in prin. consil.* La raison est exposée *per gloss. in proœmio. ff. § ne autem tertii.*

Interpone tuis interdum gaudia curis.

« De faict, un jour, en l'an 1489, ayant quelque affaire bursal en la chambre de Messieurs les Generaulx, et y entrant par permission pecuniaire de l'huissier, comme vous aultres, Messieurs, sçavez que, *pecuniæ obediunt omnia,* et l'a dict Bald. *in l. singularia ff. si certum pet. et Salic. in l. receptitia. C. de constit. pec. et Card. in Clem. I. de baptis.,* je les trouvay tous jouans à la mousche par exercice salubre, avant le past ou aprés, il m'est indifferent, pourveu que *hic not.* que le jeu de la mousche est honneste, salubre, antique et legal, *a Musco inventore. de quo C. de po... hæred. l. si post mortem. et Muscarii.* I. Ceux qui jouent à la mousche sont excusables de droit *l.* I. *C. de excus. artif. lib.* X. L. pour lors estoit de mousche M. Tielman Picquet, il m'en souvient, si rioit de ce que Messieurs de ladicte chambre gastoient tous leurs bonnetz à force de luy dauber ses espaules; les disoit ce nonobstant n'estre de ce degast de bonnetz excusables au retour du palais envers leurs femmes, par c. l. *extra. de præsumpt. et ibi gloss.* Or, *resolutorie loquendo,* je dirois, comme vous aultres, Messieurs, qu'il n'est exercice tel, ne plus aromatisant en ce monde palatin que vuider sacs, feuilleter papiers, quotter cayers, emplir paniers, et visiter proces, *ex Bart. et Joan. de Pra. in l. falsa. de condit. et demonst. ff.*

« Tiercement, comme vous aultres, Messieurs, je considere que le temps meurit toutes choses : par temps toutes choses viennent en evidence ; le temps est pere de verité, *gloss. in l.* I. *C. de servit. Authent. de restit. et ea quæ pa. et Spec. tit. de requisit. cons.* C'est pour quoy, comme vous aultres, Messieurs, je sursoye, delaye et differe le jugement, afin que le proces, bien ventilé, grabelé et debatu, vienne par succession de temps à sa maturité, et le sort, par aprés advenant, soit plus doucettement porté des parties condemnées, comme *not. gloss. ff. de excus. tut. l. tria onera.*

Portatur leviter quod portat quisque libenter.

Le jugeant crud, verd, et au commencement, danger seroit de l'inconvenient que disent les medicins advenir quand on perse un aposteme ayant qu'il soit meur, quand on purge du corps humain quelque humeur nuisant avant sa concoction. Car, comme est escrit *in Authent. hæc constit. in Innoc. de constit. princ.* et le repete. *gl. in c. cæterum extra de jura. calumn.*

Quod medicamenta morbis exhibent, hoc jura negotiis.

Nature davantaige nous instruict cueillir et manger les fruictz quand ilz sont meurs, *Instit. de rer. div. § is ad quem,* et *ff. de act. empt. l. Julianus :* marier les filles quand elles sont meures, *ff. de donat. inter vir. et uxor. l. cum hic status. § si quis sponsam.* et XXVII. *q.* 1. *c. Sicut* dit *gloss.*

Jam matura thoris plenis adoleverat annis Virginitas.

Rien ne faire qu'en toute maturité, XXXIII. *q.* 2. § *ult. et* CLXXXIII. *d. c. ult.* »

CHAPITRE XLI

COMMENT BRIDOYE NARRE L'HISTOIRE DE L'APPOINCTEUR DE PROCES

« Il me souvient à ce propos, dist Bridoye continuant, qu'au temps que j'estudiois à Poictiers en droit, sous *Brocadium juris,* estoit à Semervé un nommé Perrin Dendin, homme honorable, bon laboureur, bien chantant au letrain, homme de credit, et aagé autant que le plus de vous aultres, Messieurs : lequel disoit avoir veu le grand bon homme Concile de Latran, avec son gros chapeau rouge ; ensemble la bonne dame Pragmaticque Sanction, sa femme, avec son large tissu de satin pers, et ses grosses patenostres de gayet. Cestuy homme de bien appoinctoit plus de proces qu'il n'en estoit vuidé en tout le palais de Poictiers, en l'auditoire de Monsmorillon, en la halle de Parthenay le Vieux ; ce que le faisoit venerable en tout le voisinage. De Chauvigny, Nouaillé, Croutelles, Aisgne, Legugé, la Motte, Lusignan, Vivonne, Mezeaulx, Estables et lieux confins, tous les debatz, proces et differens estoient par son devit vuidés, comme par juge souverain, quoy que juge ne fust, mais homme de bien, *Arg. in l. sed si unius. ff. de jurejur. et de verb. obl. l. continuus.*

« Il n'estoit tué pourceau en tout le voisinage dont il n'eust de la hastille et des boudins. Et estoit presque tous les jours de banquet, de festin, de nopces, de commerage, de relevailles, et en la taverne : pour faire quelque appoinctement, entendez ; car jamais n'appoinctoit les parties qu'il ne les fist boire ensemble, par symbole de reconciliation, d'accord perfaict, et de nouvelle joye ; *ut not. per. Doct. ff. de peric. et com. rei. vend. l.* I. Il eut un filz nommé Tenot Dendin, grand hardeau et gallant homme, ainsi m'aist Dieu, lequel semblablement voulut s'entremettre d'appoincter les plaidoyans, comme vous sçavez que

Sæpe solet similis filius esse patri,
Et sequitur leviter filia matris iter.

Ut ait gloss. VI. *qu. 1, c. Si quis. gloss. de consec. dist. 5. c. 2, fin. et est not. per Doct. C. de impub. et aliis subst. l. ult. et l. legitime. ff. de stat. hom. gloss. in l. quod si nolit. ff. de ædil. edict. l. quisquis. C. ad leg. Jul. majestat. Excipio filios a moniali susceptos ex monacho, per gloss. in c. impudicas.* XXVII. *qu.* 1. Et se nommoit en ses tiltres : L'appoincteur des proces. En cestuy negoce tant estoit actif et vigilant, car *vigilantibus jura subveniunt ex leg. pupillus. ff. quæ in fraud. cred. et ibid. l. non enim. et Inst. in proœmio,* que incontinent qu'il sentoit *ut ff. si quand. paup. fec. l. Agaso. gloss. in verb. olfecit. id est, nasum ad culum posuit,* et entendoit par pays estre meu proces ou debat, il s'ingeroit d'appoincter les parties. Il est escrit :

Qui non laborat non manige ducat :

Et le dit *gloss. ff. de damn. infect. l. quamvis ;* et *Currere* plus que le pas. *vetulam compellit egestas, gloss. ff. de lib. agnosc. l. si quis. pro qua facit. l. si plures. C. de condit. incerti.* Mais, en telle affaire, il fut tant malheureux que jamais n'appoincta different quelconques, tant petit fust il que sauriez dire. En lieu de les appoincter, il les irritoit et aigrissoit davantaige. Vous sçavez, Messieurs, que,

Sermo datur cunctis, animi sapientia paucis.

gloss. ff. de alien. jud. mut. caus. fa. l. II. Et disoient les taverniers de Semervé que, sous luy, en un an, ilz n'avoient tant vendu de vin d'appoinctation (ainsi nommoient ilz le bon vin de Legugé), comme ilz faisoient sous son pere, en demie heure.

« Advint qu'il s'en plaignit à son pere, et referoit les causes de ce meshaing en la perversité des hommes de son temps : franchement luy objectant que, si on temps jadis le monde eust esté ainsi pervers, plaidoyart, detravé et inappoinctable, il, son pere, n'eust acquis l'honneur et tiltre d'appoincteur tant irrefragable, comme il avoit. En quoy faisoit Tenot contre le droit, par lequel est es enfans defendu reprocher leurs propres peres, *per gloss. et Bart., lib.* III, § *si quis ff. de condit. ob caus. et Authent. de nupt.*, § *sed quod sancitum, col. 4.*

« Il fault, respondit Perrin, faire aultrement, Dendin, mon filz. Or,

> Quand *oportet* vient en place,
> Il convient qu'ainsi se face.

« *gloss. C. de appel. l. eos. etiam*. Ce n'est là que gist le lievre. Tu
« n'appoinctes jamais les differens. Pour quoy? Tu les prends des le
« commencement, estans encore verds et cruds. Je les appoincte tous.
« Pour quoy? Je les prends sus leur fin, bien meurs et digerés. Ainsi
« dit *gloss.*

> *Dulcior est fructus post multa pericula ductus.*

« *l. non moriturus. C. de contrahend. et commit. stipt*. Ne sçais tu
« qu'on dit en proverbe commun : Heureux estre le medicin qui est
« appellé sus la declination de la maladie? La maladie de soy criticquoit
« et tendoit à fin, encores que le medicin n'y survinst. Mes plaidoyeurs
« semblablement de soy mesmes declinoient au dernier but de plaidoirie :
« car leurs bourses estoient vuides, de soy cessoient poursuivre et solli-
« citer : plus d'aubert n'estoit en fouillouse pour solliciter et poursuivre.

> *Deficiente pecu, deficit omne, nia.*

« Manquoit seulement quelqu'un, qui fust comme paranymphe et me-
« diateur, qui premier parlast d'appoinctement, pour soy saulver l'une et
« l'aultre partie de ceste pernicieuse honte qu'on eust dist : Cestuy pre-
« mier s'est rendu; il a premier parlé d'appoinctement; il a esté las le
« premier; il n'avoit le meilleur droit; il sentoit que le bas le blessoit.

« Là, Dendin, je me trouve à propos, comme lard en poys. C'est mon
« heur. C'est mon gaing. C'est ma bonne fortune. Et te dis, Dendin,
« mon filz joly, que, par ceste methode, je pourrois paix mettre, ou
« treves pour le moins, entre le grand roy et les Venitiens, entre l'em-

« pereur et les Suisses, entre les Anglois et les Escossois, entre le pape
« et les Ferrarois. Iray je plus loing? ce m'aist Dieu, entre le Turc et le
« sophy; entre les Tartres et les Moscovites. Entends bien. Je les pren-
« drois sus l'instant que les uns et les aultres seroient las de guerroyer,
« qu'ilz auroient vuidé leurs coffres, expuisé les bourses de leurs sub-
« jectz, vendu leur dommaine, hypothequé leurs terres, consumé leurs
« vivres et munitions. Là, de par Dieu, ou de par sa mere, force forcée
« leur est respirer, et leurs felonnies moderer. C'est la doctrine *in gloss.*
« XXXVII. *d. c. Si quando.*

Odero si potero : si non, invitus amabo. »

CHAPITRE XLII

COMMENT NAISSENT LES PROCES, ET COMMENT ILS VIENNENT A PERFECTION

« C'est pour quoy, dist Bridoye continuant, comme vous aultres
Messieurs, je temporise, attendant la maturité du proces, et sa perfection,
en tous membres : ce sont escritures et sacs. *Arg. in l. si major. C.
commun. divid. et de cons. di.* I, *c. solemnitates. et ibi gloss.*

« Un proces, à sa naissance premiere, me semble, comme à vous
aultres, Messieurs, informe et imperfaict. Comme un ours naissant n'a
pieds, ne mains, peau, poil, ne teste : ce n'est qu'une piece de chair,
rude et informe. L'ourse, à force de leicher, la met en perfection des
membres, *ut not. Doct. ff. ad l. A quil. l.* II *in fin.*. Ainsi voy je,
comme vous aultres, Messieurs, naistre les proces à leurs commence-
mens, informes et sans membres. Ilz n'ont qu'une piece ou deux, c'est
pour lors une laide beste. Mais, lors qu'ilz sont bien entassés, enchassés
et ensachés, on les peut vrayement dire membruz et formés. Car *forma
dat esse rei, l. si is qui. ff. ad. l. Falcid. in c. cum dilecta extra
de rescript. Barbat. cons. 12, lib.* II, et davant luy Bald. *in c. ult.
extra de consuet. et l. Julianus. ff. ad exhib. et lib. quæsitum.
ff. de leg.* III. La maniere est telle que dit *gloss. pen. q.* 1, *c.
Paulus :*

Debile principium melior fortuna sequetur.

« Comme vous aultres, Messieurs, semblablement les sergens, huissiers, appariteurs, chiquaneurs, procureurs, commissaires, advocatz,
enquesteurs, tabellions, notaires, grephiers et juges pedanées, *de quibus
tit. est lib.* III, *C.* succans bien fort et continuellement les bourses des
parties, engendrent à leurs proces teste, pieds, griphes, bec, dents, mains,

venes, arteres, nerfs, muscles, humeurs. Ce sont les sacs, *gloss. de cons. d. 4, accepisti.*

Qualis vestis erit, talia corda gerit.

Hic not. qu'en ceste qualité plus heureux sont les plaidoyans que les ministres de justice, car

Beatius est dare quam accipere;

ff. commun. lib. III, *et extra. de celeb. Miss. c. cum Marthæ. et* XXIV *qu.* 1, *c. Od. gloss.*

Affectum dantis pensat censura tonantis.

Ainsi rendent le proces perfaict, galant et bien formé, comme dit *gloss. canonica :*

Accipe, sume, cape, sunt verba placentia papæ.

Ce que plus apertement a dit Alber. de Ros., *in verb. Roma. :*

Roma manus rodit, quas rodere non valet, odit.
Dantes custodit, non dantes spernit et odit.

Raison pour quoy?

Ad præsens ova, cras pullis sunt meliora.

ut est gloss. in l. cum hi. ff. de transact. L'inconvenient du contraire est mis *in gloss. c. de allu. l. fin :*

Cum labor in damno est, crescit mortalis egestas.

« La vraye etymologie de proces est en ce qu'il doibt avoir en ses prouchatz prou sacs. Et en avons brocards deificques. *Litigando jura crescunt. Litigando jus acquiritur. Item. gloss. in c. illud. extra. de præsump. et C. de prob. l. instrumenta. l. non epistolis. l. non nudis.*

Et cum non possunt singula, multa juvant.

— Voire mais, demandoit Trinquamelle, mon amy, comment procedez vous en action criminelle, la partie coupable prinse *flagrante crimine?*

— Comme vous aultres, Messieurs, respondit Bridoye ; je laisse et commande au demandeur dormir bien fort pour l'entrée du proces : puis devant moy convenir, m'apportant bonne et juridicque attestation de son dormir, selon la *gloss. 32, q.* VII. *c. Si quis cum.*

Quandoque bonus dormitat Homerus.

Cestuy acte engendre quelque aultre membre; de cestuy là naist un aultre comme maille à maille est faict l'aubergeon. Enfin je trouve le proces bien par informations formé et perfaict en ses membres. Adonc je retourne à mes dez. Et n'est par moy telle interpollation sans raison faicte, et experience notable.

« Il me souvient qu'on camp de Stokholm, un Gascon nommé Gratianauld, natif de Sainsever, ayant perdu au jeu tout son argent, et de ce grandement fasché (comme vous sçavez que *pecunia est alter sanguis, ut ait Ant. de But. in c. accedens. 2, extra ut lit. non contest.* et Bald. *in l. si tuis. C. de opt. leg. per tot. in l. advocati C. de advoc. diu. jud. Pecunia est vita hominis, et optimus fidejussor in necessitatibus*), à l'issue du berland, davant tous ses compagnons, disoit à haulte voix : « Pao cap de bious, hillots, que mau de pippe bous « tresuyre ! ares que pergudes sont las mies bingt et quouatre baguettes, « ta pla donnerien picz, trucz, et patactz. Sei degun de bous aulx, qui « boille truquar ambe iou à bels embis ? » Ne respondant personne, il passe au camp des Hondrespondres, et réiteroit ces mesmes paroles, les invitant à combattre avec luy. Mais les susdicts disoient : « Der guascongner « thut sich usz mit eim ieden zu schlagen, aber er ist geneigter zu stehlen; « darumb, liebe frauwen, habe sorg zu euerm hauszrabt. » Et ne s'offrit au combat personne de leur ligue. Pourtant passe le Gascon au camp des adventuriers françois, disant ce que dessus, et les invitant au combat gaillardement, avec petites gambades gasconicques. Mais personne ne luy respondit. Lors le Gascon au bout du camp se coucha, prés les tentes du gros Christian, chevalier de Crissé, et s'endormit. Sus l'heure un adventurier, ayant pareillement perdu tout son argent, sortit avec son espée, en ferme deliberation de combattre avec le Gascon, veu qu'il avoit perdu comme luy :

Ploratur lacrymis amissa pecunia veris,

dit *gloss. de pœnit. dist. 3. c. sunt plures.* De faict, l'ayant cherché parmy le camp, finalement le trouva endormy. Adonc luy dist · « Sus ho, « Hillot de tous les diables, leve toy : j'ay perdu mon argent aussi bien « que toy. Allons nous battre gaillard, et bien à poinct frotter nostre lard. « Advise que mon verdun ne soit poinct plus long que ton espade. »

Le Gascon, tout esblouy, luy respondit : « Cap de Sainct Arnaud, quau « seys tu, qui me rebeilles? que mau de taoverne te gyre ! Ho San Siobé, « cap de Guascoigne, ta pla dormie iou, quand aquoest taquain me bingut « estée. » L'adventurier l'invitoit de rechef au combat: mais le Gascon luy dist : « He pauvret, iou te esquinerio ares que son pla reposat. Vayne « un pauc qui te posar comme iou, puesse truqueren. » Avec l'oubliance de sa perte il avoit perdu l'envie de combattre. Somme, en lieu de se battre et soy par adventure entretuer, ilz allerent boire ensemble, chascun sus son espée. Le sommeil avoit fait ce bien, et pacifié la flagrante fureur des deux bons champions. Là compete le mot doré de Joann. And. *in cap. ult. de sent. et re judic. lib.* VI : *Sedendo et quiescendo fit anima prudens.* »

CHAPITRE XLIII

COMMENT PANTAGRUEL EXCUSE BRIDOYE SUS LES JUGEMENTS FAITZ AU SORT DES DEZ

A tant se teut Bridoye. Trinquamelle luy commanda issir hors la chambre du parquet. Ce que fut faict. Alors dist à Pantagruel : « Raison veult, prince trés auguste, non par l'obligation seulement en laquelle vous tenez par infinis bienfaicts cestuy parlement, et tout le marquisat de Myrelingues, mais aussi par le bon sens, discret jugement et admirable doctrine, que le grand Dieu dateur de tous biens a en vous posé, que vous presentons la decision de ceste matiere tant nouvelle, tant paradoxe et estrange de Bridoye, qui, vous present, voyant et entendant, a confessé juger on sort des dez. Si, vous prions qu'en veuillez sententier comme vous semblera juridicque et equitable. »

A ce respondit Pantagruel : « Messieurs, mon estat n'est en profession de decider proces, comme bien sçavez. Mais puis qu'il vous plaist me faire tant d'honneur, en lieu de faire office de juge, je tiendray lieu de suppliant. En Bridoye je recognoy plusieurs qualités, par lesquelles me sembleroit pardon du cas advenu meriter. Premierement vieillesse, secondement simplesse : es quelles deux vous entendez trop mieulx quelle facilité de pardon et excuse de mesfaict nos droits et nos loix octroyent. Tiercement, je recognoy un aultre cas pareillement en nos droits deducts à la faveur de Bridoye : c'est que cette unique faulte doibt estre abolie, extaincte et absorbée en la mer immense de tant d'equitables sentences qu'il a donné par le passé : et que, par quarante ans et plus, on n'a en luy trouvé acte digne de reprehension. Comme si, en la riviere de Loire, je jettois une goutte d'eau de mer : pour ceste unique goutte, personne ne la sentiroit, personne ne la diroit salée. Et me semble qu'il y a je ne sçay quoy de Dieu, qui a faict et dispensé qu'à ces jugemens de sort toutes les precedentes sentences ayent esté trouvées bonnes en ceste vostre venerable et souveraine court : lequel comme sçavez, veult souvent sa gloire apparoistre en l'hebetation des sages, en la depression des puissans, et en l'erection des simples et humbles.

« Je mettray en obmission toutes ces choses : seulement vous prieray, non par celle obligation que pretendez à ma maison, laquelle je ne recognoy, mais par l'affection sincere que de toute anciennetè avez en nous cogneue, tant deçà que delà Loire, en la maintenue de vostre estat et dignités, que, pour ceste fois, luy veuilliez pardon octroyer, et ce en deux conditions : premierement, ayant satisfaict, ou protestant satisfaire à la partie condemnée par la sentence dont est question : a cestuy article je donneray bon ordre et contentement ; secondement, qu'en subside de son office, vous luy bailliez quelqu'un plus jeune, docte, prudent, perit et vertueux conseiller, à l'advis duquel dorenavant fera ses procedures judiciaires. Et, en cas que le voulussiez totalement de son office deposer, je vous prieray bien fort m'en faire un present et pur don. Je trouveray par mes royaumes lieux assez et Estatz pour l'employer et m'en servir. A tant suppliray le bon Dieu créateur, servateur et dateur de tous biens, en sa saincte grace perpetuellement vous maintenir. »

Ces motz dictz, Pantagruel fit reverence à toute la court, et sortit hors le parquet. A la porte trouva Panurge, Epistemon, frere Jean et aultres. Là monterent à cheval pour s'en retourner vers Gargantua. Par le chemin Pantagruel leur contoit de poinct en poinct l'histoire du jugement de Bridoye. Frere Jean dist qu'il avoit cogneu Perrin Dendin, on temps qu'il demouroit à la Fontaine le Comte, sous le noble abbé Ardillon. Gymnaste dist qu'il estoit en la tente du gros Christian, chevalier de Crissé, lorsque le Gascon respondit à l'adventurier. Panurge faisoit quelque difficulté de croire l'heur des jugemens par sort, mesmement par si long temps. Epistemon dist à Pantagruel : « Histoire parallele nous conte l'on d'un prevost de Monslhery. Mais, que diriez vous de cestuy heur des dez continué en succes de tant d'années ? Pour un ou deux jugemens ainsi donnés à l'adventure, je ne m'esbahirois, mesmement en matieres de soy ambigues, intrinquées, perplexes et obscures. »

CHAPITRE XLIV

COMMENT PANTAGRUEL RACONTE UNE ESTRANGE HISTOIRE DES PERPLEXITÉS DU JUGEMENT HUMAIN

« Comme fut (dist Pantagruel) la controverse debattue devant Cn. Dolabella, proconsul en Asie. Le cas est tel : Une femme, en Smyrne, de son premier mary eut un enfant nommé Abecé. Le mary defunct, aprés certain temps elle se remaria ; et, de son second mary, eut un filz nommé Effegé. Advint (comme vous sçavez que rare est l'affection des peratres, vitrices, noverces et meratres envers les privings et enfans des defuncts premiers peres et meres), que cestuy mary et son fils, occultement, en trahison, de guet apens, tuerent Abecé. La femme, entendant la trahison et meschanceté, ne voulut le forfaict rester impuny, et les fit mourir tous deux, vengeant la mort de son filz premier. Elle fut par la justice apprehendée, et menée devant Cn. Dolabella. En sa presence elle confessa le cas, sans rien dissimuler ; seulement alleguoit que, de droit et par raison, elle les avoit occis : c'estoit l'estat du proces.

« Il trouva l'affaire tant ambigu qu'il ne sçavoit en quelle partie incliner. Le crime de la femme estoit grand, laquelle avoit occis ses mary second et enfant ; mais la cause du meurtre luy sembloit tant naturelle, et comme fondée en droit des peuples, veu qu'ilz avoient tué son filz premier, eux ensemble, en trahison, de guet apens, non par luy oultragés ne injuriés, seulement par avarice d'occuper le total heritage, que, pour la decision, il envoya es Aréopagites en Athenes, entendre quel seroit sur ce leur advis et jugement. Les Aréopagites firent response que, cent ans aprés, personnellement on leur envoyast les parties contendentes, afin de respondre à certains interrogatoires, qui n'estoient au proces verbal contenuz. C'estoit à dire que tant grande leur sembloit la perplexité et obscurité de la matiere qu'ilz ne sçavoient qu'en dire ne juger. Qui eust decidé le cas au sort des dez, il n'eust erré, advinst ce que pourroit : si contre la femme, elle meritoit punition, veu qu'elle avoit faict la vengeance de soy, laquelle appartenoit à justice, si pour la femme, elle sembloit avoir eu cause de douleur atroce. Mais, en Bridoye, la continuation de tant d'années m'estonne.

— Je ne sçaurois, respondit Epistemon, à vostre demande categoricquement respondre. Force est que le confesse. Conjecturallement, je refererois cestuy heur de jugement en l'aspect benevole des cieulx, et faveur des Intelligences motrices. Lesquelles, en contemplation de la simplicité et affection sincere du juge Bridoye, qui soy desfiant de son sçavoir et capacité, cognoissant les antinomies et contrarietés des loix, des edits, des coustumes et ordonnances; entendant la fraude du calumniateur infernal, lequel souvent se transfigure en messaiger de lumiere par ses ministres, les pervers advocatz, conseilliers, procureurs, et aultres telz suppotz, tourne le noir en blanc, fait fantasticquement sembler à l'une et l'aultre partie qu'elle a bon droit (comme vous sçavez qu'il n'est si mauvaise cause qui se trouve son advocat,, sans cela jamais ne seroit proces on monde); ne recommanderoit humblement à Dieu le juste juge, invocqueroit à son aide a grace celeste, se deporteroit, en l'esprit sacrosainct, du hazard et perplexité de sentence definitive, et, par ce sort, exploreroit son decret et bon plaisir, que nous appellons arrest. Remueroient et tourneroient les dez pour tomber en chance de celuy qui, muny de juste complaincte, requerroit son bon droit estre par justice maintenu : comme disent les talmudistes, en sort n'estre mal aucun contenu ; seulement, par sort estre, en anxieté et doubte des humains, manifestée la volunté divine.

« Je ne voudrois penser ne dire, aussi certes ne croy je, tant anormale estre l'iniquité et corruptele tant evidente de ceux qui de droit respondent en iceluy parlement Myrelinguois en Myrelingues, que pirement ne seroit un proces decidé par ject de dez, advinst ce que pourroit, qu'il est passant par leurs mains pleines de sang et de perverse affection. Attendu mesmement que tout leur directoire en judicature usuale a esté baillé par un Tribunian, homme mescréant, infidele, barbare, tant maling, tant pervers, tant avare et inique, qu'il vendoit les loix, les editz, les rescrits, les constitutions et ordonnances, en purs deniers, à la partie plus offrante. Et ainsi leurs a taillé leurs morceaux par ces petits boutz et eschantillons de loix qu'ils ont en usage ; le reste supprimant et abolissant, qui faisoit pour la loy totale : de peur que, la loy entiere restante, et les livres des antiques jurisconsultes veuz sus l'exposition des douze Tables et editz des preteurs, fust du monde apertement sa meschanceté cogneue.

« Pourtant seroit ce souvent meilleur (c'est à dire moins de mal en advien droit) es parties controverses marcher sus chausses trappes que de son droit soy deporter en leurs responses et jugemens, comme souhaitoit Cato de son temps, et conseilloit que la court judiciaire fust de chausses trappes pavée. »

CHAPITRE XLV

COMMENT PANURGE SE CONSEILLE A TRIBOULET

Au sixieme jour subsequent, Pantagruel fut de retour, en l'heure que, par eau, de Bloys, estoit arrivé Triboullet. Panurge, à sa venue, lui donna une vessie de porc, bien enflée, et resonnante à cause des poys qui dedans estoient ; plus une espée de bois bien dorée ; plus une petite gibessiere faicte d'une coque de tortue ; plus une bouteille clissée pleine de vin breton, et un quarteron de pommes Blandureau. « Comment, dist Carpalim, est il fol comme un chou à pommes? » Triboullet ceignit l'espée et la gibessiere, print la vessie en main, mangea part des pommes, beut tout le vin. Panurge le regardoit curieusement, et dist : « Encores ne vis je onques fol, et si en ay veu pour plus de dix mille francs, qui ne beust voluntiers et à longs traictz. » Depuis luy exposa son affaire en paroles rhetoriques et elegantes.

Davant qu'il eust achevé, Triboullet lui bailla un grand coup de poing entre les deux espaules, luy rendit en main la bouteille, le nazardoit avec la vessie de porc, et, pour toute response, luy dist, branslant bien fort la teste : « Par Dieu, Dieu, fol enraigé, guare moine, cornemuse de Buzançay ! » Ces paroles achevées, s'escarta de la compaignie, et jouoit de la vessie, se delectant au melodieux son des poys. Depuis, ne fut possible tirer de luy mot quelconque. Et, le voulant Panurge davantage interroger, Triboullet tira son espée de bois, et l'en voulut ferir.

« Nous en sommes bien vrayement, dist Panurge. Voylà belle resolution. Bien fol est il, cela ne se peut nier ; mais plus fol est celui qui me l'amena, et je, tres fol, qui luy ay communicqué mes pensées.

— C'est, respondit Carpalim, droit visé à ma visiere.

— Sans nous esmouvoir, dist Pantagruel, considerons ses gestes et ses dicts. En iceux j'ay noté mysteres insignes ; et, plus tant que je soulois, ne m'esbahys de ce que les Turcs reverent telz folz comme musaphiz et prophetes. Avez vous considéré comment sa teste s'est (avant qu'il ouvrist la bouche pour parler) crouslée et esbranlée? Par la doctrine des antiques philosophes, par les ceremonies des mages, et observations des jurisconsultes, povez juger que ce mouvement estoit suscité à la venue et inspiration de l'esprit fatidicque ; lequel, brusquement entrant en debile et petite substance (comme vous sçavez qu'en petite teste ne peut estre grande cervelle contenue), l'a en telle maniere esbranlée que disent les medicins advenir es membres du corps humain, sçavoir est, part pour la pesanteur et violente impetuosité du fais porté, part pour l'imbecillité de la vertu et organe portant.

« Exemple manifeste est en ceux qui, à jeun, ne peuvent en main porter un grand hanap plein de vin, sans trembler des mains. Cecy jadis nous prefiguroit la divinatrice Pythie, quand, avant respondre par l'oracle, escrouilloit son laurier domesticque. Ainsi dit Lampridius que l'empereur Heliogabalus, pour estre reputé divinateur, par plusieurs festes de son grand idole, entre les retaillatz fanacticques bransloit publicquement la teste. Ainsi declare Plaute, en son *Asnerie*, que Saurias cheminoit branslant la teste, comme furieux et hors du sens, faisant peur à ceux qui le rencontroient. Et, ailleurs, exposant pour quoy Charmides bransloit la teste, dit qu'il estoit en ecstase.

« Ainsi narre Catulle, en Berecynthia et Atys, du lieu onquel les Menades, femmes bachiques, prestresses de Bacchus, forcenées divinatrices, portant rameaulx de lierre, bransloient les testes. Comme, en cas pareil, faisoient les Gals escouillés, prestres de Cybele, celebrans leurs offices. Dond ainsi est dicte, selon les antiques théologiens : car Κυβιστᾶν signifie rouer, tortre, bransler la teste, et faire le torti colli.

« Ainsi escrit Tite Live que, es bacchanales de Rome, les hommes et femmes sembloient vaticiner, à cause de certain branslement et jectigation du corps par eux contrefaicte. Car la voix commune des philosophes et l'opinion du peuple estoit vaticination n'estre jamais des cieulx donnée sans fureur et branslement du corps, tremblant et branslant, non seulement lors qu'il la recevoit, mais lors aussi qu'il la manifestoit et declairoit.

« De faict, Julien, jurisconsulte insigne, quelquefois interrogé si le serf seroit tenu pour sain lequel, en compagnie de gens fanaticques et furieux, auroit conversé, et par adventure vaticiné, sans toutesfois tel branslement de teste, respondit estre pour sain tenu. Ainsi voyons nous de present les precepteurs et pedagogues esbranler les testes de leurs disciples (comme on fait un pot par les anses) par vellication et erection des oreilles (qui est, selon la doctrine des sages Egyptiens, membre consacré à memoire) afin de remettre leurs sens, lors par adventure esgarés en pensemens estranges, et comme effarouchés par affections abhorrentes, en bonne et philosophicque discipline. Ce que de soy confesse Virgile en l'esbranslement de Apollo Cynthius. »

CHAPITRE XLVI

COMMENT PANTAGRUEL ET PANURGE DIVERSEMENT INTERPRETENT LES PAROLES DE TRIBOULET

« Il dit que vous estes fol? Et quel fol? Fol enraigé, qui, sur vos vieux jours, voulez en mariage vous lier et asservir. Il vous dit : Guare moine. Sus mon honnour, que par quelque moine vous serez faict coqu. Je engaige mon honneur, chose plus grande ne sçaurois, fusse je dominateur unique et pacificque en Europe, Afrique et Asie. Notez combien je defere à nostre morosophe Triboullet. Les aultres oracles et responses vous ont resolu pacificquement coqu, mais n'avoient encores apertement exprimé

par qui seroit vostre femme adultere, et vous coqu. Ce noble Triboullet
le dit. Et sera le coqüage infame et grandement scandaleux. Fauldra il
que vostre lict conjugal soit incesté et contaminé par moinerie?.

« Dit oultre que serez la cornemuse de Buzançay, c'est à dire bien
corné, cornard et cornu. Et, ainsi comme il, voulant au roy Loys douzieme demander pour un sien frere le contrerolle du sel à Buzançay,
demanda une cornemuse ; vous, pareillement, cuidant quelque femme de
bien et d'honneur espouser, espouserez une femme vuide de prudence,
pleine de vent d'oultrecuidance, criarde et mal plaisante, comme une cornemuse. Notez oultre que de la vessie il vous nazardoit, et vous donna un
coup de poing sus l'eschine : cela presagit que d'elle serez battu, nazardé
et desrobé, comme desrobé aviez la vessie de porc aux petits enfans de
Vaubreton.

— Au rebours, respondit Panurge ; non que je me vueille impudentement exempter du territoire de folie. J'en tiens et en suis, je le confesse.
Tout le monde est fol. En Lorraine Fou est prés Tou, par bonne discretion. Tout est fou. Salomon dit que infiny est des foulz le nombre. A
infinité rien ne peut decheoir, rien ne peut estre adjoinct, comme prouve
Aristoteles. Et fol enragé seroit si, fol estant, fol ne me reputois. C'est
ce que pareillement fait le nombre des maniacques et enragés infiny.
Avicenne dit que de manie infinies sont les especes. Mais le reste de ses
dictz et gestes fait pour moy. Il dit à ma femme : Guare moine. C'est un
moyneau qu'elle aura en deiices, comme avoit la Lesbie de Catulle,
lequel volera pour mousches, et y passera son temps, autant joyeusement
que fit onques Domitian le croquemousche.

« Plus dit qu'elle sera villaticque et plaisante comme une belle cornemuse de Saulieu ou de Buzançay. Le veridicque Triboullet bien a cogneu
mon naturel et mes internes affections. Car je vous affie que plus me
plaisent les gayes bergerottes eschevelées, es quelles le cul sent le serpoulet,
que les dames des grandes cours, avec leurs riches atours et odorants
perfums de mauljoinct. Plus me plaist le son de la rusticque cornemuse
que les fredonnements des lutz, rebecz et violons aulicques. Il m'a donné
un coup de poing sur ma bonne femme d'eschine. Pour l'amour de Dieu
soit, et en deduction de tant moins de peines du purgatoire. Il ne le faisoit
par mal. Il pensoit frapper quelque paige. Il est fol de bien, innocent, je
vous affie ; et peche qui de luy mal pense. Je luy pardonne de bien bon
cœur. Il me nazardoit : ce seront petites follastries entre ma femme et
moy, comme advient à tous nouveaulx mariés. »

CHAPITRE XLVII

COMMENT PANTAGRUEL ET PANURGE DELIBERENT VISITER L'ORACLE DE LA DIVE BOUTEILLE

« Voicy bien un aultre poinct, lequel ne considerez. Est toutesfois le nœud de la matiere. Il m'a rendu en main la bouteille. Cela, que signifie? Qu'est ce à dire? — Par adventure, respondit Pantagruel, signifie que vostre femme sera yvroigne. — Au rebours, dist Panurge, car elle estoit vuide. Je vous jure l'espine de sainct Fiacre en Brye, que nostre morosophe, l'unique non lunaticque Triboullet, me remet à la bouteille. Et je refraischis de nouveau mon vœu premier, et jure Styx et Acheron, en vostre presence, lunettes au bonnet porter, ne porter braguette à mes chausses que sus mon entreprinse je n'aye eu le mot de la Dive Bouteille. Je sçay homme prudent et amy mien, qui sçait le lieu, le pays et la contrée en laquelle est son temple et oracle. Il nous y conduira seurement. Allons y ensemble, je vous supplie ne m'esconduire. Je vous seray un Achates, un Damis, et compaignon en tout le voyage. Je vous ay de long temps cogneu amateur de peregrinité, et desirant toujours voir et tousjours apprendre. Nous verrons choses admirables, et m'en croyez.

— Voluntiers, respondit Pantagruel. Mais, avant nous mettre en ceste longue peregrination, pleine de hazard, pleine de dangiers evidens... — Quels dangiers? dist Panurge interrompant le propos. Les dangiers se refuyent de moy, quelque part que je sois, sept lieues à la ronde : comme, advenant le prince, cesse le magistrat; advenant le soleil, esvanouissent les tenebres, et comme les maladies fuyoient à la venue du corps sainct Martin à Quande. — A propos, dist Pantagruel, avant nous mettre en voye, de certains poincts nous fault expedier. Premierement, renvoyons Triboullet à Bloys (ce qui fut faict à l'heure, et luy donna Pantagruel une robe de drap d'or frizé). Secondement, nous faut avoir l'advis et congié du roy mon pere. Plus, nous est besoing trouver quelque sibylle pour guyde et truchement. » Panurge respondit que son amy Xenomanes leur suffiroit, et d'abundant deliberoit passer par le pays de Lanternoys, et là prendre quelque docte et utile Lanterne, laquelle leur seroit pour ce voyage ce que fut la sibylle à Enéas, descendant es champs Elysiens. Carpalim, passant pour la conduicte de Triboullet, entendit ce propos, et s'escria, disant : « Panurge, ho, monsieur le quitte, prends millort *Debitis* à Calais, car il est goud fallot, et n'oublie *debitoribus*, ce sont lanternes. Ainsi auras et fallot et lanternes. »

« Mon pronostic est, dist Pantagruel, que par le chemin nous n'engendrerons melancholie. Ja clairement je l'apperçoy. Seulement me desplaist que ne parle bon Lanternoys. — Je, respondit Panurge, le parleray pour vous tous, je l'entends comme le maternel; il m'est usité comme le vulgaire :

> Briszmarg d'algotbric nubstzne zos,
> Isquebfz prusq : albok crinqs zacbac,
> Misbe dilbarlkz morp nipp stancz bos,
> Strombtz, Panurge walmap quost grufz bac.

— Or devine, Epistemon, que c'est. — Ce sont, respondit Epistemon, noms de diables errans, diables passans, diables rampans. — Tes paroles sont vrayes, dist Panurge, bel amy. C'est le courtisan langage Lanternoys. Par le chemin, je t'en feray un petit dictionnaire, lequel ne durera gueres plus qu'une paire de souliers neufz. Tu l'auras plus tost apprins que jour evant sentir. Ce que j'ay dict, translaté de Lanternoys en vulgaire, chante ainsi :

> Tout malheur, estant amoureux,
> M'accompaignoit : oncq n'y eu bien.
> Gens mariés plus sont heureux :
> Panurge l'est, et le sçait bien.

— Reste donc, dist Pantagruel, le vouloir du roy mon pere entendre, et licence de luy avoir. »

CHAPITRE XLVIII

COMMENT GARGANTUA REMONSTRE N'ESTRE LICITE ES ENFANS SOY MARIER SANS LE SCEU ET ADVEU DE LEURS PERES ET MERES

Entrant Pantagruel en la salle grande du chasteau, trouva le bon Gargantua issant du conseil, luy fit narré sommaire de leurs adventures, exposa leur entreprinse, et le supplia que, par son vouloir et congié, la peussent mettre en execution. Le bon homme Gargantua tenoit en ses mains deux gros pacquetz de requestes respondues, et memoires de respondre ; les bailla à Ulrich Gallet, son antique maistre des libelles et requestes, tira à part Pantagruel, et, en face plus joyeuse que de coutume, luy dist : « Je loue Dieu, filz tres cher, qui vous conserve en desirs vertueux, et me plaist tres bien que par vous soit le voyaige perfaict ; mais je vouldrois que pareillement vous vinst en vouloir et desir vous marier. Me semble que dorenavant venez en aage à ce competent. Panurge s'est assez efforcé rompre les difficultés qui luy pouvoient estre en empeschement. Parlez pour vous.

— Pere tres debonnaire, respondit Pantagruel, encores n'y avois je pensé : de tout ce négoce je me deportois sus vostre bonne volunté et paternel commandement. Plus tost prie Dieu estre à vos pieds veu roide mort en vostre desplaisir que, sans vostre plaisir, estre veu vif marié. Je n'ay jamais entendu que, par loy aucune, fust sacre, fust prophane et barbare, ait esté en arbitre des enfans soy marier, non consentans, voulans, et promovens leurs peres, meres et parens prochains. Tous legislateurs ont es enfans ceste liberté tollue, es parens l'ont réservée.

— Filz tres cher, dist Gargantua, je vous en croy, et loue Dieu de ce qu'à vostre notice ne viennent que choses bonnes et louables, et que, par les fenestres de vos sens, rien n'est on domicile de vostre esprit entré fors liberal sçavoir, car de mon temps, a esté par le continent trouvé pays onquel sont ne sçay quelz pastophores taulpetiers, autant abhorrens de nopces comme les pontifes de Cybele en Phrygie (si chappons fussent, et non Gals pleins de salacité et lascivie) lesquelz ont dict loix es gens mariés sus le faict de mariage. Et ne sçay que plus doibve abominer, ou la tyrannicque presumption d'iceux redoubtés taulpetiers, qui ne se contiennent dedans les treillis de leurs mysterieux temples, et s'entremettent de negoces contraires par diametre entier à leurs estatz, ou la superstitieuse stupidité des gens mariés, qui ont sanxi et presté obéissance à telles tant malignes et barbaricques loix. Et ne voyent (ce que plus clair est que l'estoile matute) comment telles sanctions connubiales toutes sont à l'advantaige de leurs mystes, nulles au bien et profit des mariés : qui est cause suffisante pour les rendre suspectes comme iniques et fraudulentes.

« Par reciproque temerité, pourroient ilz loix establir à leurs mystes, sus le faict de leurs ceremonies et sacrifices ; attendu que leurs biens ils deciment et roignent du guaing provenant de leurs labeurs et sueur de leurs mains, pour en abondance les nourrir, et en aise les entretenir. Et ne seroient, selon mon jugement, tant perverses et impertinentes comme celles sont lesquelles d'eux ilz ont receu. Car, comme tres bien avez dict, loy au monde n'estoit, qui es enfans liberté de soy marier donnast, sans le sceu, l'adveu et consentement de leurs peres. Moyennans les loix dont je vous parle, n'est ruffian, forfant, scelerat, pendart, puant, punais, ladre, briguant, voleur, meschant en leurs contrées, qui violentement ne ravisse quelque fille il vouldra choisir, tant soit noble, belle, riche, honneste, pudicque que sauriez dire, de la maison de son pere, d'entre les bras de sa mere, maulgré tous ses parens, si le ruffian se y a une fois associé quelque myste, qui quelque jour participera de la proye.

« Feroient pis et acte plus cruel les Gothz, les Scytes, les Massagetes, en place ennemie, par long temps assiegée, à grands frais oppugnée, prinse par force ? Et voyent les dolens peres et meres hors leurs maisons enlever et tirer par un incogneu, estrangier, barbare, mastin, tout pourry, chancreux, cadavereux, pauvre, malheureux, leurs tant belles, delicates, riches et saines filles, lesquelles tant cherement avoient nourries en tout exercice vertueux, avoient disciplinées en toute honnesteté : esperans en temps opportun les colloquer par mariage avec les enfans de leurs voisins et antiques amis, nourris et institués de mesme soing, pour parvenir à ceste félicité de mariage, que d'eux ilz vissent naistre lignage rapportant et hereditant, non moins aux mœurs de leurs peres et meres qu'à leurs biens meubles et heritaiges. Quel spectacle pensez vous que ce leur soit? Ne croyez que plus enorme fust la desolation du peuple romain et ses confederés, entendans le deces de Germanicus Drusus.

« Ne croyez que plus pitoyable fust le deconfort des Lacedemoniens quand de leur pays virent, par l'adultere troyan, furtivement enlevée Helene grecque.

« Ne croyez leur deuil et lamentations estre moindres que de Ceres quand luy fut ravie Proserpine, sa fille; que de Isis à la perte de Osyris, de Venus à la mort de Adonis, de Hercules à l'esgarement de Hylas, de Hecuba à la soustraction de Polyxene.

« Ilz toutesfois tant sont de craincte du demon et superstitiosité espris que contredire ilz n'osent, puisque le taulpetier y a esté present et contractant. Et restent en leurs maisons, privés de leurs filles tant aimées, le pere mauldissant le jour et heure de ses nopces; la mere regrettant que n'estoit avortée en tel tant triste et malheureux enfantement; et en pleurs et lamentations finent leur vie, laquelle estoit de raison finir en joie et bon traictement d'icelles.

« Aultres tant ont esté ecstatiques et comme maniacques, que eux mesmes de deuil et regret se sont noyés, pendus, tués, impatiens de telle indignité.

« Aultres ont eu l'esprit plus heroïcque, et, à l'exemple des enfans de Jacob vengeans le rapt de Dina leur sœur, ont trouvé le ruffian, associé de son taulpetier, clandestinement parlementans et subornans leurs filles; les ont sus l'instant mis en pieces et occis felonnement, leurs corps après jettans es loups et corbeaux parmy les champs. Auquel acte tant viril et chevaleureux ont les symnistes taulpetiers fremy et lamenté miserablement : ont formé complainctes horribles, et en toute importunité requis et imploré le bras seculier et justice politicque, instans fierement et contendens estre de tels cas faicte exemplaire punition. Mais, ne en equité naturelle, ne en droit des gens, ne en loy imperiale quelconques, n'a esté trouvé rubricque, paragraphe, poinct, ne tiltre par lequel fust peine ou torture à tel faict interminée, raison obsistante, nature repugnante. Car homme vertueux, au monde n'est qui naturellement et par raison plus ne soit en son sens perturbé, oyant les nouvelles du rapt, diffame, et deshonneur de sa fille, que de sa mort. Ores est qu'un chascun, trouvant le meurtrier sus le faict d'homicide en la personne de sa fille, iniquement et de guet apens, le peut par raison, le doibt par nature occire sus l'instant, et n'en sera par justice apprehendé.

« Merveilles donc n'est si, trouvant le ruffian, à la promotion du taulpetier sa fille subornant, et hors sa maison ravissant, quoy qu'elle en fust consentente, les peut, les doibt à mort ignominieuse mettre, et leurs corps jetter en direption des bestes brutes, comme indignes de recevoir le doux, le desiré, le dernier embrassement de l'alme et grande mere la Terre, lequel nous appelons sepulture.

« Filz tres cher, aprés mon decés, gardez que telles loix ne soient en cestuy royaume receues : tant que seray en ce corps spirant et vivant, je y donneray ordre trés bon, avec l'aide de mon Dieu. Puis donc que de vostre mariage sus moy vous deportez, j'en suis d'opinion. Je y pourvoiray. Aprestez vous au voyage de Panurge. Prenez avec vous Epistemon, frere Jean, et aultres que choisirez.

« De mes tresors faictes à vostre plein arbitre. Tout ce que ferez ne pourra ne me plaire. En mon arsenac de Thalasse prenez equipage tel que vouldrez ; telz pilotz, nauchiers, truschemens que voudrez, et, à vent oportun, faictes voile, au nom et protection du Dieu servateur. Pendant vostre absence, je feray les apprestz et d'une femme vostre, et d'un festin, que je veulx à vos nopces faire celebrer si onques en fut. »

CHAPITRE XLIX

COMMENT PANTAGRUEL FIT SES APPRESTZ POUR MONTER SUS MER, ET DE L'HERBE NOMMÉE PANTAGRUELION

Peu de jours aprés, Pantagruel, avoir prins congé du bon Gargantua, luy bien priant pour le voyage de son filz, arriva au port de Thalasse, prés Sammalo, accompaigné de Panurge, Epistemon, frere Jean des Entommeures, abbé de Theleme, et aultres de la noble maison ; notamment de Xenomanes, le grand voyageur et traverseur des voyes perilleuses, lequel estoit venu au mandement de Panurge, parce qu'il tenoit je ne sçay quoy en arriere fief de la chastellenie de Salmigondin. Là arrivés, Pantagruel dressa équipage de navires, à nombre de celles que Ajax de Salamine avoit jadis menées en convoy des Gregeois à Troie. Nauchiers, pilotz, hespaliers, truschemens, artisans, gens de guerre, vivres, artillerie, munitions, robes, deniers, et aultres hardes print et chargea, comme estoit besoing pour long et hazardeux voyage. Entre aultres choses, je vis qu'il fit charger grande foison de son herbe Pantagruelion, tant verde et crude que conficte et préparée.

L'herbe Pantagruelion a racine petite, durette, rondelette, finante en poincte obtuse, blanche, à peu de filamens, et n'est profonde en terre plus d'une coubdée. De la racine procede un tige unique, rond, ferulacé, verd au dehors, blanchissant au dedans, concave, comme le tige de *smyrnium*, *olus atrum*, febves, et gentiane; ligneux, droit, friable, crenelé quelque peu en forme de colomne legierement striée, plein de fibres, es quelles consiste toute la dignité de l'herbe, mesmement en la partie dite *mesa*, comme moyenne, et celle qui est dicte *mylasea*. La haulteur d'iceluy communement est de cinq à six pieds. Aucunes fois excede la haulteur d'une lance : sçavoir est quand il rencontre terrouoir doux, uligineulx, legier, humide sans froidure, comme est Olone, et celui de Rosea prés Preneste en Sabinie; et que pluye ne luy default environ les feries des pescheurs et solstice estival. Et surpasse la haulteur des arbres, comme vous dictes Dendromalache par l'autorité de Théophraste, quoy que l'herbe soit par chascun an deperissante, non arbre en racine, tronc, caudice, et rameaux perdurante. Et du tige sortent gros et forts rameaux. Les feuilles a longues trois fois plus que larges, verdes tousjours, asprettes comme l'orcanette, durettes, incisées autour comme une faulcille, et comme la betoine ; finissantes en poinctes de sarisse Macedonicque, et comme une lancette dont usent les chirurgiens. La figure d'icelles peu est differente des feuilles de fresne et aigremoine ; et tant semblable à eupatoire que plusieurs herbiers, l'ayant dicte domesticque, ont dict eupatoire estre Pantagruelion saulvaginé. Et sont par rangs en egale distance esparses autour du tige en rotondité, par nombre en chascun ordre ou de cinq ou de sept. Tant l'a cherie nature qu'elle l'a douée, en ses feuilles, de ces deux nombres impars, tant divins et mystericux. L'odeur d'icelles est fort et peu plaisant aux nez delicatz.

La semence provient vers le chef du tige, et peu au-dessous. Elle est numereuse, autant que d'herbe qui soit : sphericque, oblongue, rhomboïde, noire claire et comme tannée, durette, couverte de robe fragile, delicieuse à tous oiseaux canores, comme linottes, chardriers, alouettes, serins, tarins, et aultres. Mais estainct en l'homme la semence generative, qui en mangeroit beaucoup et souvent. Et, quoy que jadis entre les Grecs d'icelle l'on fist certaines especes de fricassées, tartes et bignetz, lesquels ilz mangeoient aprés souper par friandise, et pour trouver le vin meilleur, si est ce qu'elle est de difficile concoction, offense l'estomac, engendre mauvais sang, et par son excessive chaleur ferit le cerveau, et remplit 'a teste de faschcuses et douloureuses vapeurs. Et, comme en plusieurs plantes sont deux sexes, masle et femelle, ce que voyons es lauriers, palmes, chesnes, heouses, asphodele, mandragore, fougere, agaric, aristolochie, cypres, terebynthe, pouliot, péone, et aultres, aussi en ceste herbe y a masle, qui ne porte fleur aucune, mais abonde en semence ; et femelle, qui foisonne en petites fleurs blanchastres, inutiles, et ne porte semence qui vaille : et, comme est des aultres semblables, a la feuille plus large, moins dure que le masle, et ne croist en pareille haulteur. On seme cestuy Pantagruelion à la nouvelle venue des hyrondelles, on le tire de terre lors que les cigalles commencent à s'enrouer.

CHAPITRE L

COMMENT DOIBT ESTRE PREPARÉ ET MIS EN ŒUVRE LE CELEBRE PANTAGRUELION

On pare le Pantagruelion sous l'equinoxe automnal en diverses manieres, selon la phantaisie des peuples, et diversité des pays. L'enseignement premier de Pantagruel fut, le tige d'icelle devestir de feuilles et semence, le macerer en eau stagnante, non courante, par cinq jours, si le temps est sec et l'eau chaulde; par neuf, ou douze, si le temps est nubileux et l'eau froide ; puis au soleil le seicher, puis à l'ombre l'excorticquer, et separer les fibres (es quelles, comme avons dict, consiste tout son prix et valeur) de la partie ligneuse, laquelle est inutile, fors qu'à faire flambe lumineuse, allumer le feu, et, pour l'esbat des petits enfans, enfler les vessies de porc. D'elle usent aucunesfois les frians à cachettes, comme de syphons, pour sugcer et avec l'haleine attirer le vin nouveau par le bondon.

Quelques Pantagruelistes modernes, evitans le labeur des mains qui seroit à faire tel depart, usent de certains instrumens cataractes, composés à la forme que Juno la fascheuse tenoit les doigts de ses mains liés pour empescher l'enfantement de Alcmene, mere d'Hercules. Et, à travers iceluy, contundent et brisent la partie ligneuse, et la rendent inutile, pour en saulver les fibres. En ceste seule preparation acquiescent ceux qui, contre l'opinion de tout le monde, et en maniere paradoxe à tous philosophes, gaignent leur vie à reculons. Ceux qui à profit plus evident la veulent avalluer, font ce que l'on nous conte du passe temps des trois sœurs Parces, de l'esbattement nocturne de la noble Circé et de la longue excuse de Penelope envers ses muguetz amoureux, pendant l'absence de son mari Ulyxes. Ainsi elle est mise en ses inestimables vertus, desquelles vous exposeray partie (car le tout est à moy vous exposer impossible) si devant vous interprete la denomination d'icelle.

Je trouve que les plantes sont nommées en diverses manieres. Les unes ont pris le nom de celuy qui premier les inventa, cogneut, monstra, cultiva, apprivoisa et appropria; comme mercuriale, de Mercure; panacea, de Panace, fille de Esculapius; armoise, de Artemis, qui est Diane; eupatoire, du roy Eupator; telephium, de Telephus; euphorbium, de Euphorbus, medicin du roy Juba; clymenos, de Clymenus; alcibiadon, de Alcibiades; gentiane, de Gentius, roy de Sclavonie. Et tant a esté jadis estimée ceste prerogative d'imposer son nom aux herbes inventées que, comme fut controverse meue, entre Neptune et Pallas, de qui prendroit nom la terre par eux deux ensemblement trouvée, qui depuis fut Athenes dicte, de Athené, c'est à dire Minerve : pareillement Lyncus, roy de Scythie, se mit en effort d'occire en trahison le jeune Triptoleme, envoyé par Ceres pour es hommes monstrer le froment lors encore incogneu, afin que, par la mort d'iceluy, il imposast son nom, et fust en honneur et gloire immortelle dict inventeur de ce grain tant utile et necessaire à la vie humaine. Pour laquelle trahison fut par Ceres transformé en oince ou loup cervier. Pareillement, grandes et longues guerres furent jadis meues entre certains rois de sejour en Cappadoce, pour ce seul different, du nom desquelz seroit une herbe nommée : laquelle, pour tel debat, fut dicte *Polemonia*, comme guerroyere.

Les aultres ont retenu le nom des regions des quelles furent ailleurs transportées, comme pommes medices, ce sont pommes de Medie, en laquelle furent premierement trouvées; pommes puniques, ce sont grenades, apportées de Punicie, c'est Carthage. *Ligusticum*, c'est livesche, apportée de Ligurie, c'est la couste de Genes; rhabarbe, du fleuve barbare nommé Rha, comme atteste Ammianus; santonique, fenu grec, castanes, persiques, sabine; stoechas, de mes isles Hieres, antiquement dictes Stoechades; *spica celtica*, et aultres.

Les aultres ont leur nom par antiphrase et contrarieté : comme absynthe, au contraire de pynthe, car il est fascheux à boire. *Holosteon*, c'est tout de os; au contraire, car herbe n'est en nature plus fragile et plus tendre qu'il est.

Aultres sont nommées par leurs vertus et operations, comme *aristolochia*, qui aide les femmes en mal d'enfant; *lichen*, qui guerit les maladies de son nom; maulve, qui mollifie; *callithricum*, qui fait les cheveux beaux; *alyssum, ephemerum, bechium, nasturtium*, qui est cresson alenoys; hyoscyame, hanebanes, et aultres.

Les aultres, par les admirables qualités qu'on a veu en elles, comme heliotrope, c'est soulcil, qui suit le soleil. Car le soleil levant, il s'espanouit; montant, il monte; declinant, il decline; soy cachant, il se cloust. *Adiantum :* car jamais ne retient humidité, quoy qu'il naisse prés les eaux, et quoy qu'on le plongeast en eau par bien long temps; *Hieracia*, *Eryngion*, et aultres.

Aultres, par metamorphose d'hommes et femmes de nom semblable : comme daphné, c'est laurier, de Daphné; myrte, de Myrsine; pitys, de Pitys; Cynara, c'est artichault; narcisse, saphran, *smilax*, et aultres.

Aultres, par similitude, comme *hippuris* (c'est presle), car elle ressemble à queue de cheval; *alopecuros*, qui semble à la queue de renard; *psyllion*, qui semble à la pusse; *délphinium*, au daulphin; buglosse, à langue de bœuf; iris, à l'arc en ciel, en ses fleurs; *myosota*, à l'oreille de souris; *coronopus*, au pied de corneille, et aultres.

Par reciproque denomination sont dicts les Fabies, des febves; les Pisons, des poys; les Lentules, des lentilles; les Cicerons, des poys chiches. Comme encores, par plus haulte ressemblance, est dit le nombril de Venus, les cheveux de Venus, la cuve de Venus, la barbe de Jupiter, l'œil de Jupiter, le sang de Mars, les doigts de Mercure, hermodactyles, et aultres.

Les aultres, de leurs formes : comme trefeuil, qui a trois feuilles; *pentaphyllon*, qui a cinq feuilles; serpollet, qui herpe contre terre; helxine, petasites, myrobalans, que les Arabes appellent *been*, car ilz semblent à gland, et sont unctueux.

CHAPITRE LI

POUR QUOY EST DICTE PANTAGRUELION, ET DES ADMIRABLES VERTUS D'ICELLE

Par ces manieres (exceptez la fabuleuse, car de fable ja Dieu ne plaise que usions en ceste tant veritable histoire), est dicte l'herbe Pantagruelion. Car Pantagruel fut d'icelle inventeur : je ne dis pas quant à la plante, mais quant à un certain usaige, lequel plus est abhorré et hay des larrons, plus leur est contraire et ennemy que n'est la teigne et cuscute au lin; que le rousceau à la fougere, que le presle aux faulcheurs, que orobanche aux poys chiches, *ægilops* à l'orge, *securidaca* aux lentilles, *antranium* aux febves, l'yvraye au froment, le lierre aux murailles; que le nenuphar et *nymphæa heraclia* aux ribaux moines; que n'est la ferule et le houllas aux escoliers de Navarre, que n'est le chou à la vigne, l'ail à l'aymant, l'ognon à la veue, la graine de fougere aux femmes enceinctes, la semence de saule aux nonnains vitieuses, l'ombre de if aux dormans dessous, le aconite aux pards et loups, le flair du figuier aux taureaux indignés, la ciguë aux oisons, le pourpié aux dents, l'huile aux arbres. Car maintz d'iceux avons veu par tel usaige finir leur vie hault et court, à l'exemple de Phyllis, royne des Thraces ; de Bonosus, empereur de Rome ; de Amate, femme du roy Latin ; de Iphis, Auctolia, Licambe, Arachne, Pheda, Leda, Acheus, roy de Lydie, et aultres : de ce seulement indignés que, sans estre aultrement malades, par le Pantagruelion on leur oppiloit les conduictz par lesquelz sortent les bons motz et entrent les bons morceaulx, plus villainement que ne feroit la male angine, et mortelle squinanche.

Aultres avons ouy, sus l'instant que Atropos leur coupoit le filet de vie, soy griefvement complaignans et lamentans de ce que Pantagruel les tenoit à la gorge. Mais, las! ce n'estoit mie Pantagruel. Il ne fut onques rouart ; c'estoit Pantagruelion, faisant office de hart, et leur servant de cornette. Et parloient improprement et en solecisme, sinon qu'on les excusast par figure synecdochique, prenans l'invention pour l'inventeur, comme on prend Ceres pour pain, Bacchus pour vin. Je vous jure icy, par les bons motz qui sont dedans ceste bouteille là, qui refraichit dedans ce bac, que le noble Pantagruel ne print onques à la gorge, sinon ceux qui sont negligens de obvier à la soif imminente.

Aultrement est dicte Pantagruelion par similitude. Car Pantagruel, naissant on monde, estoit autant grand que l'herbe dont je vous parle, et en fut prinse la mesure aisement, veu qu'il nasquit on temps d'alteration, lorsqu'on cueille ladicte herbe, et que le chien de Icarus, par les aboys qu'il fait au soleil, rend tout le monde troglodyte, et contrainct habiter es caves et lieux soubterrains.

Aultrement est dicte Pantagruelion par ses vertus et singularités. Car, comme Pantagruel a esté l'idée et exemplaire de toute joyeuse perfection (je crois que personne de vous aultres beuveurs n'en doubte), aussi en Pantagruelion je recognoy tant de vertus, tant d'energie, tant de perfections, tant d'effectz admirables, que si elle eust esté en ses qualités cogneue, lors que les arbres (par la relation du prophete) firent election d'un roy de bois pour les regir et dominer, elle sans doubte eust emporté la pluralité des voix et suffrages. Diray je plus? Si Oxylus, filz de Orius, l'eust de sa sœur Hamadryas engendrée, plus en la seule valeur d'icelle se fust delecté qu'en tous ses huit enfans tant celebrés par nos mythologes, qui ont leurs noms mis en memoire eternelle. La fille aisnée eut nom Vigne, le filz puysné eut nom Figuier ; l'autre, Noyer ; l'autre, Chesne ; l'autre, Cormier ; l'autre, Fenabregue ; l'autre, Peuplier ; le dernier eut nom Ulmeau, et fut grand chirurgien en son temps.

Je laisse à vous dire comment le jus d'icelle, exprimé et instillé dedan les oreilles, tue toute espece de vermine qui y seroit née par putrefaction, et tout aultre animal qui dedans seroit entré. Si d'iceluy jus vous mettez dedans un seilleau d'eau, soudain vous verrez l'eau prinse, comme si fussent caillebotes, tant est grande sa vertu. Et est l'eau ainsi caillée remede present aux chevaulx coliqueux, et qui tirent des flancs. La racine d'icelle, cuicte en eau, remollit les nerfs retirés, les joinctures contractes, les podagres quirrhotiques, et les gouttes nouées. Si promptement voulez guerir une bruslure, soit d'eau, soit de feu, appliquez y du Pantagruelion crud, c'est à dire tel qu'il naist de terre, sans aultre appareil ne composition. Et ayez esgard de le changer ainsi que le verrez desseichant sus le mal.

Sans elle, seroient les cuisines infames, les tables detestables, quoy que couvertes fussent de toutes viandes exquises; les lictz sans delices, quoy que y fust en abondance or, argent, electre, yvoire et porphyre. Sans elle, ne porteroient les meusniers bled au moulin, n'en rapporteroient farine. Sans elle, comment seroient portés les plaidoyers des advocats à l'auditoire? Comment seroit sans elle porté le plastre à l'astelier? Sans elle, comment seroit tirée l'eau du puitz? Sans elle, que feroient les tabellions, les copistes, les secretaires et escrivains? Ne periroient les pantarques et papiers rentiers? Ne periroit le noble art d'imprimerie? De quoy feroit on chassis? Comment sonneroit on les cloches? D'elle sont les Isiacques ornés, les pastophores revestuz, toute humaine nature couverte en premiere position. Toutes les arbres lanificques de Serres, les gossampines de Tyle en la mer Persicque, les cynes des Arabes, les vignes de Malte, ne vestissent tant de personnes que fait ceste herbe seulette. Couvre les armées contre le froid et la pluye, plus certes commodement que jadis ne faisoient les peaulx. Couvre les théatres et amphithéatres contre la chaleur, ceinct les bois et taillis au plaisir des chasseurs, descend en eau tant douce que marine, au profit des pescheurs. Par elle sont bottes, bottines, botasses, houzeaulx, brodequins, souliers, escarpins, pantoufles, savates, mises en forme et usaige. Par elle sont les arcs tenduz, les arbalestes bandées, les fondes faictes. Et, comme si fust l'herbe sacrée, verbenicque et reverée des Manes et Lemures, les corps humains mors sans elle ne sont inhumés.

Je diray plus. Icelle herbe moyennante, les substances invisibles visiblement sont arrestées, prinses, detenues et comme en prison mises. A leur prinse et arrest, sont les grosses et pesantes roues tournées agilement à insigne profit de la vie humaine. Et m'esbahys comment l'invention de tel usaige a esté par tant de siecles celé aux antiques philosophes, veu l'utilité impreciable qui en provient; veu le labeur intolerable que sans elle ilz supportoient en leurs pistrines. Icelle moyennant, par la retention des flotz aerés, sont les grosses orcades, les amples thalameges, les fors gallions, les naufz chiliandres et myriandres de leurs stations enlevées, et poussées à l'arbitre de leurs gouverneurs. Icelle moyennant, sont les nations, que nature sembloit tenir absconses, imperméables et incognues, à nous venues, nous à elles : chose que ne feroient les oiseaux, quelque legiereté de pennaige qu'ilz ayent, et quelque liberté de nager en l'air que leur soit baillée par nature. Taprobana a veu Lappia; Java a veu les mons Riphées; Phebol voyra Theleme; les Islandoys et Engronelands boyront Euphrates. Par elle Boréas a veu le manoir de Auster; Eurus a visité Zephyre.

De mode que les Intelligences celestes, les dieux, tant marins que terrestres, en ont esté tous effrayés, voyans par l'usage de cestuy benedict Pantagruelion, les peuples Arctiques, en plein aspect des Antarctiques, franchir la mer Atlanticque, passer les deux tropicques, volter sous la zone torride, mesurer tout le zodiacque, s'esbattre sous l'equinoctial, avoir l'un et l'autre pole en veue à fleur de leur horizon. Les dieux olympicques ont en pareil effroy dict : Pantagruel nous a mis en pensement nouveau et tedieux, plus qu'onques ne firent les Aloïdes, par l'usage et vertu de son herbe. Il sera de brief marié. De sa femme aura enfans. A ceste destinée ne pouvons nous contrevenir : car elle est passée par les mains et fuseaulx des sœurs fatales, filles de Necessité. Par ses enfans (peut estre) sera inventée herbe de semblable energie, moyennant laquelle pourront les humains visiter les sources des gresles, les bondes des pluyes et l'officine des fouldres. Pourront envahir les regions de la lune, entrer le territoire des signes celestes, et là prendre logis, les uns à l'Aigle d'or, les aultres au Mouton, les aultres à la Couronne, les aultres à la Herpe, les aultres au Lion d'argent ; s'asseoir à table avec nous, et nos déesses prendre à femmes, qui sont les seulz moyens d'estres déifiés. En fin ont mis le remede d'y obvier en deliberation et au conseil.

CHAPITRE LII

COMMENT CERTAINE ESPECE DE PANTAGRUELION NE PEUT ESTRE PAR FEU CONSUMÉE

Ce que je vous ay dict est grand et admirable. Mais, si vouliez vous hasarder de croire quelque aultre divinité de ce sacré Pantagruelion, je la vous dirois. Croyez la ou non, ce m'est tout un. Me suffit vous avoir dict vérité.

Verité vous diray. Mais, pour y entrer, car elle est d'acces assez scabreux et difficile, je vous demande : Si j'avois en ceste bouteille mis deux cotyles de vin, et une d'eau, ensemble bien fort meslés, comment les demesleriez vous, comment les separeriez vous, de maniere que vous me rendriez l'eau à part sans le vin, le vin sans l'eau, en mesure pareille que les y aurois mis?

Aultrement : Si vos chartiers et nautonniers, amenans pour la provision de vos maisons certain nombre de tonneaulx, pippes et bussars de vin de Grave, d'Orléans, de Baulne, de Mirevaulx, les avoient buffetés et beuz à demy, le reste emplissans d'eau, comme font les Limosins à belz esclotz, charroyans les vins d'Argenton, et Sangaultier, comment en osteriez vous l'eau entierement? comment les purifieriez vous? J'entends bien, vous me parlez d'un entonnoir de lierre. Cela est escrit. Il est vray, et averé par mille experiences. Vous le sçaviez desja. Mais ceux qui ne l'ont sceu, et ne le viront onques, ne le croiroient possible. Passons oultre.

Si nous estions du temps de Sylla, Marius, Cesar, et aultres romains empereurs, ou du temps de nos antiques druydes, qui faisoient brusler les corps mors de leurs parens et seigneurs, et voulussiez les cendres de vos femmes ou peres boire en infusion de quelque bon vin blanc, comme fit Artemisia les cendres de Mausolus, son mary, ou aultrement les reserver entieres en quelque urne et reliquaire, comment saulveriez vous icelles cendres à part, et separées des cendres du bust et feu funeral? Respondez.

Par ma figue, vous seriez bien empeschés. Je vous en despesche; et vous dis que, prenant de ce celeste Pantagruelion autant qu'en faudroit pour couvrir le corps du defunct, et ledict corps ayant bien à poinct enclous dedans, lié et cousu de mesme matiere, jettez le on feu, tant grand, tant ardent que vouldrez, le feu, à travers le Pantagruelion, bruslera et redigera en cendres le corps et les os : le Pantagruelion non seulement ne sera consumé ne ards, et ne deperdra un seul atome des cendres dedans encloses, ne recevra un seul atome des cendres bustuaires, mais sera en fin du feu extraict plus beau, plus blanc et plus net que ne l'y aviez jeté. Pourtant est il appelé Asbeston. Vous en trouverez foison en Carpasie, et sous le climat Dia Cyenes, à bon marché.

O chose grande! chose admirable! Le feu qui tout devore, tout degaste et consume, nettoye, purge et blanchist ce seul Pantagruelion Carpasien Asbestin. Si de ce vous defiez, et en demandez assertion et signe usuall comme Juifz et incredules, prenez un œuf frais et le liez circulairemen, avec ce divin Pantagruelion. Ainsi lié mettez le dedans le brasier, tant grand et ardent que vouldrez. Laissez le si long temps que vouldrez.

En fin vous tirerez l'œuf cuit, dur et bruslé, sans alteration, immutation ne eschauffement du sacré Pantagruelion. Pour moins de cinquante mille escuz Bourdeloys, amoderés à la douzième partie d'une pithe, vous en aurez faict l'experience.

Ne me paragonnez poinct icy la salamandre. C'est abus. Je confesse bien que petit feu de paille la vegete et resjouit. Mais je vous asceure qu'en grande fournaise elle est, comme tout aultre animant, suffoquée et consumée. Nous en avons veu l'experience. Galen l'avoit, long temps a, confermé et demonstré, *lib.* III, *de Temperamentis*, et le maintient Dioscorides, *lib.* II.

Icy ne m'alleguez l'alum de plume, ne la tour de bois, en Pirée, laquelle L. Sylla ne peut onques faire brusler, pource que Archelaus, gouverneur de la ville pour le roy Mithridate, l'avoit toute enduicte d'alum.

Ne me comparez icy celle arbre que Alexander Cornelius nommoit *eonem*, et la disoit estre semblable au chesne qui porte le guy; et ne pouvoir estre, ne par eau, ne par feu consommée ou endommagée, non plus que le guy de chesne; et d'icelle avoir esté faicte et bastie la tant celebre navire Argos. Cherchez qui le croye, je m'en excuse.

Ne me paragonnez aussi, quoy que mirificque soit, celle espece d'arbre que voyez par les montaignes de Briançon et Ambrum, laquelle de sa racine nous produict le bon agaric; de son corps nous rend la raisine, tant excellente que Gallen l'ose equiparer à la terebenthine; sus ses feuilles delicates nous retient le fin miel du ciel, c'est la manne : et, quoy que gommeuse et unctueuse soit, est inconsumptible par feu. Vous la nommez *Larix* en grec et latin; les Alpinois la nomment Melze; les Autenorides et Venitiens, Larege, dont fut dit *Larignum* le chasteau en Piedmont, lequel trompa Jule Cesar, venant es Gaules.

Jule Cesar avoit faict commandement à tous les manans et habitans des Alpes et Piedmont qu'ilz eussent à porter vivres et munitions es estappes dressées sus la voie militaire, pour son oust passant oultre. Auquel tous furent obéissans, excepté ceux qui estoient dedans Larigno, lesquelz, soy confians en la force naturelle du lieu, refuserent a la contribution. Pour les chastier de ce refus, l'empereur fit droit au lieu acheminer son armée. Davant la porte du chasteau estoit une tour bastie de gros chevrons de larix, lassés l'un sus l'autre alternativement, comme une pile de bois, continuans en telle haulteur que, des machicoulis, facilement on pouvoit avec pierres et liviers debouter ceux qui approcheroient. Quand Cesar entendit que ceux du dedans n'avoient aultres defenses que pierres et liviers, et que à peine les povoient ilz darder jusques aux approches, commanda à ses souldars jeter autour force fagotz et y mettre le feu.

Ce que fut incontinent faict. Le feu mis es fagotz, la flambe fut si grande et si haulte qu'elle couvrit tout le chasteau. Dont penserent que bien tost aprés la tour seroit arse et demollie. Mais, cessant la flambe, et les fagotz consumés, la tour apparut entiere, sans en rien estre endommagée.

Ce que considerant Cesar, commanda que, hors le ject des pierres, tout autour, l'on fist une seine de fossés et bouclus. Adonc les Larignans se rendirent à composition. Et, par leur recit, cogneut Cesar l'admirable nature de ce bois, lequel de soy ne fait feu, flambe, ne charbon, et seroit digne en ceste qualité d'estre au degré mis du vray Pantagruelion ; et d'autant plus que Pantagruel d'iceluy voulut estre faicts tous les huys, portes, fenestres, gouttieres, larmiers et l'ambrun de Theleme ; pareillement d'iceluy fit couvrir les pouppes, prores, fougons, tillacs, coursies et rambades de ses carracons, navires, galleres, gallions, brigantins, fustes, et aultres vaisseaux de son arsenac de Thalasse : ne fust que Larix, en grande fournaise de feu provenant d'aultres especes de bois, est en fin corrompu et dissipé, comme sont les pierres en fourneaux de chaux. Pantagruelion Asbeste plus tost y est renouvelé et nettoyé que corrompu ou alteré. Pourtant,

> Indes, cessez, Arabes, Sabiens,
> Tant collauder vos myrrhe, encens, ebene.
> Venez icy recognoistre nos biens,
> Et emportez de nostre herbe la grene :
> Puis, si chez vous peut croistre, en bonne estrene,
> Graces rendez es cieulx un million ;
> Et affermez de France heureux le regne
> Ohque! provient Pantagruelion.

LE QUART LIVRE

DES FAICTS ET DICTS HEROIQUES
DU NOBLE PANTAGRUEL

COMPOSÉ

PAR M. FRANÇOIS RABELAIS

DOCTEUR EN MEDICINE

ANCIEN PROLOGUE

Beuveurs tres illustres, et vous goutteux tres precieux, j'ay veu, receu, ouy et entendu l'ambassadeur que la seigneurie de vos seigneuries a transmis par devers ma paternité ; et m'a semblé bien bon et facond orateur. Le sommaire de sa proposition je reduis en trois motz, lesquelz sont de tant grande importance que jadis, entre les Romains, par ces trois motz le preteur respondoit à toutes requestes exposées en jugement. Par ces trois motz decidoit toutes controversies, tous complainctz, proces et differens, et estoient les jours dicts malheureux et nefastes, esquelz le preteur n'usoit de ces trois motz : fastes et heureux, esquelz d'iceux user souloit. Vous *donnez*, vous *dictes*, vous *adjugez*. O gens de bien! je ne vous peux voir. La digne vertus de Dieu vous soit, et non moins à moy, eternellement en aide! Or ça, de par Dieu, jamais rien ne faisons que son tres sacré nom ne soit premierement loué.

Vous me *donnez*. Quoy? un beau et ample breviaire. Vray bis, je vous en remercie : ce sera le moins de mon plus. Quel breviaire fust certes ne pensois, voyant les reigletz, la rose, les fermailz, la relieure, et la couverture, en laquelle je n'ay omis à considerer les crocs, et les pies peintes au dessus et semées en moult belle ordonnance. Par lesquelles (comme si fussent lettres hieroglyphicques) vous dictes facilement qu'il n'est ouvrage que de maistres, et courage que de crocqueurs de pies. Croquer pie signifie certaine joyeusceté, par metaphore extraicte du prodige qui advint en Bretaigne, peu de temps avant la bataille donnée prés Sainct Aubin du Cormier. Nos peres le nous ont exposé, c'est raison que nos successeurs ne l'ignorent. Ce fut l'an de la bonne vinée ; on donnoit la quarte de bon vin et friand pour une aiguillette borgne.

Des contrées de levant advola grand nombre de gays d'un cousté, grand nombre de pies de l'aultre, tirans tous vers le ponant. Et se coustoyoient en tel ordre que sur le soir, les gays faisoient leur retraicte à gauche (entendez icy l'heur de l'augure), et les pies à dextre, assez prés les uns des aultres. Par quelque region qu'ilz passassent, ne demeuroit pie qui ne se ralliast aux pies, ne gay qui ne se joignist au camp des gays. Tant allerent, tant volerent, qu'ilz passerent sus Angiers, ville de France, limitrophe de Bretaigne, en nombre tant multiplié que, par leur vol, ilz tollissoient la clarté du soleil aux terres subjacentes.

En Angiers estoit pour lors un vieux oncle, seigneur de sainct George, nommé Frapin : c'est celuy qui a faict et composé les beaux et joyeux noëlz en langage poictevin. Il avoit un gay en delices à cause de son babil, par lequel tous les survenans invitoit à boire, jamais ne chantoit que de boire, et le nommoit son goitrou. Le gay, en furie martiale, rompit sa caige, et se joignit aux gays passans. Un barbier voisin, nommé Bahuart, avoit une pie privée bien gallante. Elle de sa personne augmenta le nombre des pies, et les suivit au combat. Voicy choses grandes et paradoxes, vrayes toutesfois, veuës et averées. Notez bien tout. Qu'en advint il? Quelle fut la fin? Qu'il en advint, bonnes gens? Cas merveilleux. Prés la croix de Malchara fut la bataille tant furieuse que c'est horreur seulement y penser. La fin fut que les pies perdirent la bataille, et sus le camp furent felonnement occises, jusques au nombre de 2,589,362,109, sans les femmes et petitz enfants, c'est à dire sans les femelles et petitz piaux, vous entendez cela. Les gays resterent victorieux, non toutesfois sans perte de plusieurs de leurs bons souldarz, dont fut dommaige bien grand en tout le pays. Les Bretons sont gens, vous le savez. Mais s'ilz eussent entendu le prodige, facilement eussent cognu que le malheur seroit de leur cousté. Car les queues des pies sont en forme de leurs hermines ; les gays ont en leurs pennaiges quelques pourtraictz des armes de France.

A propos, le goitrou, trois jours aprés, retourna tout hallebrené et fasché de ces guerres, ayant un œil poché. Toutesfois, peu d'heures aprés qu'il eust repeu en son ordinaire, il se remit en bon sens. Les gorgias peuple et escoliers d'Angiers par tourbes accouroient voir Goitrou le borgne, ainsi accoustré. Goitrou les invitoit à boire comme de coutume, adjoutant à la fin d'un chascun invitatoire : Crocquez pie. Je presuppose que tel estoit le mot du guet au jour de la bataille, tous en faisoient leur debvoir. La pie de Bahuart ne retournoit poinct. Elle avoit esté crocquée. De ce fut dict en proverbe commun : Boire d'autant et à grands traitz estre pour vray crocquer la pie. De telles figures à memoire perpetuelle fit Frapin peindre son tiner et salle basse. Vous la pourrez voir en Angiers, sus le tartre sainct Laurent.

Ceste figure, sus votre breviaire posée, me fit penser qu'il y avoit je ne sçay quoy plus que breviaire. Aussi bien à quel propos me feriez vous present d'un breviaire? J'en ay, Dieu mercy et vous, des vieux jusques aux nouveaux. Sus ce doubte ouvrant ledict breviaire, j'apperceu que c'estoit un breviaire faict par invention mirificque, et les reigleitz tous à propos, avec inscriptions opportunes. Donc vous voulez qu'à prime ie boive vin blanc; à tierce, sexte et none, pareillement; à vespres et complies, vin clairet. Cela vous appellez crocquer pie; vrayement vous ne fustes onques de mauvaise pie couvés. J'y donnerai requeste.

Vous *dictes*. Quoy? Que en rien ne vous ay fasché par tous mes livres cy devant imprimés. Si à ce propos je vous allegue la sentence d'un ancien Pantagrueliste, encores moins vous fascheray.

> Ce n'est (dit-il) louange populaire
> Aux princes avoir peu complaire.

Plus dictes que le vin du tiers livre a esté à vostre goust, et qu'il est bon. Vray est qu'il y en avoit peu, et ne vous plaist ce que l'on dit communement, un peu et du bon. Plus vous plaist ce que disoit le bon Evispande Verron, beaucoup et du bon. D'abondant m'invitez à la continuation de l'histoire Pantagrueline, alleguans les utilités et fruictz perceus en la lecture d'icelle, entre tous gens de bien; vous excusans de ce que n'avez obtemperé à ma priere, contenant qu'eussiez vous reserver à rire au septante huitiesme livre. Je le vous pardonne de bien bon cœur. Je ne suis tant farouche, ne implacable que vous penseriez. Mais ce que vous en disois n'estoit pour vostre mal. Et vous dis pour response, comme est la sentence d'Hector proferée par Nevius, que c'est belle chose estre loué de gens louables. Par reciproque declaration je dis et maintiens jusques au feu exclusivement (entendez et pour cause) que vous estes grands gens de bien, tous extraictz de bons peres et bonnes meres. Vous promettant, foy de piéton, que, si jamais vous rencontre en Mesopotamie, je feray tant avec le petit comte George de la basse Egypte qu'à chascun de vous il fera present d'un beau crocodile du Nil et d'un cauquemare d'Euphrates.

Vous *adjugez*. Quoy? A qui? Tous les vieux quartiers de lune aux cafars, cagotz matagotz, botineurs, papelardz, burgotz, patespelues, porteurs de rogatons, chattemites. Ce sont noms horrificques, seulement oyant leur son. A la prononciation desquelz j'ay veu les cheveulx dresser en teste de vostre noble ambassadeur. Je n'y ay entendu que le hault allemant, et ne sçay quelle sorte de bestes comprenez en ces denominations. Ayant faict diligente recherche par diverses contrées, n'ay trouvé homme qu les advouast, qui ainsi tolerast estre nommé ou designé. Je presuppose que c'estoit quelque espece monstrueuse de animaulx barbares, on temps des haultz bonnetz; maintenant est deperie en nature, comme toutes choses sublunaires ont leur fin et periode; et ne sçavons quelle en soit la diffinition, comme vous sçavez que, subject pery, facilement perit sa denomination.

Si, par ces termes, entendez les calumniateurs de mes escrits, plus aptement les pourrez vous nommer diables : car, en grec, calumnie est dicte *diabole*. Voyez combien detestable est devant Dieu et les anges ce vice dict calumnie (c'est quand on impugne le bien faict, quand on mesdit des choses bonnes) que, par iceluy, non par aultre, quoy que plusieurs sembleroient plus enormes, sont les diables d'enfer nommés et appellés. Ceux cy ne sont, proprement parlant, diables d'enfer, ilz en sont appariteurs et ministres. Je les nomme diables noirs, blancs, diables privés, diables domesticques. Et ce que ont faict envers mes livres, ilz feront, si on les laisse faire, envers tous aultres. Mais ce n'est de leur invention. Je le dis, afin que tant desormais ne se glorifient au surnom du vieux Caton le censorin.

Avez vous jamais entendu que signifie cracher au bassin? Jadis les predecesseurs de ces diables privés, architectes de volupté, everseurs d'honnesteté, comme un Philoxenus, un Gnatho, et aultres de pareille farine, quand, par les cabaretz et tavernes esquelz lieux tenoient ordinairement leurs escoles, voyoient les hostes estre de quelques bonnes viandes et morceaux friandz serviz, ilz crachoient villainement dedans les platz, afin que les hostes, abhorrens leurs infames crachatz et morveaux, desistassent manger des viandes apposées, et tout demourast à ces vilains cracheurs et morveux. Presque pareille, non toutesfois tant abominable histoire nous conte l'on du medecin d'eau doulce, neveu de l'advocat, feu Amer, lequel disoit l'aisle du chapon gras estre mauvaise, et le cropion redoutable, le col assez bon, pourveu que la peau fust ostée, afin que les malades n'en mangeassent, tout fust reservé pour sa bouche.

Ainsi ont faict ces nouveaux diables engipponés. Voyans tout ce monde en fervent appetit de voir et lire mes escrits, par les livres precedens, ont craché dedans le bassin, c'est à dire les ont tous par leur maniment conchiés, descriés et calumniés, en ceste intention que personne ne les eust, personne ne les leust, fors leurs poltronités. Ce que j'ay veu de mes propres yeulx, ce n'estoit pas des oreilles, voire jusques à les conserver religieusement entre leurs besongnes de nuyt, et en user comme de breviaire à usage quotidian. Ilz les ont tolluz es malades, es goutteux, es infortunés, pour lesquelz en leur mal esjouir les avois faicts et composés. Si je prenois en cure tous ceux qui tombent en meshaing et maladie, ja besoing ne seroit mettre telz livres en lumiere et impression.

Hippocrates a faict un livre exprés, lequel il a intitulé *de l'Estat du parfaict medecin* (Galien l'a illustré de doctes commentaires), auquel il commande rien n'estre au medecin (voire jusqu'à particulariser les ongles) qui puisse offenser le patient : tout ce qu'est au medecin, gestes, visage, vestemens, paroles, regardz, touchement, complaire et delecter le malade. Ainsi faire en mon endroict, et à mon lourdoys, je me peine et efforce envers ceux que je prends en cure. Ainsi font mes compaignons de leur costé; dont, par adventure, sommes dicts parabolains au long faucile et au grand code, par l'opinion de deux gringuenaudiers aussi follement interpretée comme fadement inventée.

Plus il y a; su un passaige du sixiesme des *Épidemies* dudict pere Hippocrates, nous suons disputans à sçavoir, non si la face du medecin chagrin, tetricque, reubarbatif, malplaisant, malcontent, contriste le malade, et du medecin la face joyeuse, sereine, plaisante, riante, ouverte, esjouyst le malade (cela est tout esprouvé et certain); mais si telles contristations et esjouyssemens proviennent par apprehension du malade contemplant ces qualités, ou par transfusion des esprits sereins ou tenebreux, joyeux ou tristes, du medecin au malade, comme est l'advis des Platonicques et Averroïstes. Puis donc que possible n'est que de tous malades sois appellé, que tous malades je prenne en cure, quelle envie est-ce tollir es langoureux et malades le plaisir et passetemps joyeux (sans offense de Dieu, du roy, ne d'aultre) qu'ilz prennent, oyans en mon absence la lecture de ces livres joyeux?

Or puis que, par vostre adjudication et decret, ces mesdisans et calumniateurs sont saisis et emparés des vieux quartiers de lune, je leur pardonne; il n'y aura pas à rire pour tous desormais, quand voirrons ces folz lunaticques, aucuns ladres, aultres boulgres, aultres ladres et boulgres ensemble, courir les champs, rompre les bancz, grincer les dents, fendre carreaux, battre pavés, soy pendre, soy noyer, soy precipiter, et à bride avallée courir à tous les diables, selon l'energie, faculté et vertus des quartiers qu'ilz auront en leurs caboches, croissans, initians, amphicyrces, brisans et desinens. Seulement, envers leurs malignités et impostures, useray de l'offre que fit Timon le misanthrope à ses ingratz Atheniens.

Timon, fasché de l'ingratitude du peuple athenien en son endroict, un jour entra au conseil public de la ville, requerant luy estre donnée audience, pour certain negoce concernant le bien public. A sa requeste fut silence faicte, en expectation d'entendre choses d'importance veu qu'il estoit au conseil venu, qui tant d'années auparavant s'estoit absenté de toutes compaignies, et vivoit en son privé. Adonc leur dist : « Hors mon jardin secret, dessous le mur, est un ample, beau et insigne figuier, auquel vous aultres messieurs les Atheniens desesperés, hommes, femmes, jouvenceaux et pucelles, avez de coustume à l'escart vous pendre et estrangler. Je vous adverty que, pour accommoder ma maison, j'ay deliberé huitaine demolir iceluy figuier : pourtant, quiconque de vous aultres, et de toute la ville aura à se pendre, s'en depesche promptement. Le terme susdict expiré, n'auront lieu tant apte, ne arbre tant commode. »

A son exemple, je denonce à ces calumniateurs diabolicques que tous ayent à se pendre dedans le dernier chanteau de ceste lune : je les fourniray de licolz. Lieu pour se pendre je leur assigne entre Midy et Faverolles. La lune renouvellée, ilz n'y seront receuz à si bon marché, et seront contrainctz eux mesmes à leurs depens acheter cordeaux, et choisir arbre pour pendaige, comme fit la seignore Leontium, calumniatrice du tant docte et eloquent Théophraste.

TRES ILLUSTRE PRINCE ET REVERENDISSIME

MON SEIGNEUR ODET

CARDINAL DE CHASTILLON

Vous estes deuement adverty, prince tres illustre, de quants grands personnaiges j'ay esté et suis journellement stipulé, requis et importuné pour la continuation des mythologies pantagruelicques : alleguans que plusieurs gens langoureux, malades, ou autrement faschés et desolés, avoient, à la lecture d'icelles, trompé leurs ennuyz, temps joyeusement passé, et receu alaigresse et consolation nouvelle. Esquelz je suis coustumier de respondre que, icelles par esbat composant, ne pretendois gloire né louange aucune ; seulement avois esgard et intention par escrit donner ce peu de soulaigement que pouvois es affligés et malades absens : lequel voluntiers, quand bes ing est, je fais es prescns qui soy aident de mon art et service.

Quelquefois je leur expose par long discours comment Hippocrates, en plusieurs lieux, mesmement ou sixiesme livre des *Epidemies*, descrivant l'institution du medecin son disciple ; Soranus Ephesien, Oribasius, Cl. Galen, Hali Abbas, autres auteurs consequens pareillement, l'ont composé en gestes, maintien, regard, touchement, contenance, grace, honnesteté, netteté de face, vestemens, barbe, cheveulx, mains, bouche, voire jusques à particulariser les ongles, comme s'il deust jouer le rolle de quelque amoureux ou poursuivant en quelque insigne comœdie, ou descendre en camp clos pour combattre quelque puissant ennemy. De faict, la pratique de medecine bien proprement est par Hippocrates comparée à un combat et farce jouée à trois personnages, le malade, le medecin, la maladie. Laquelle composition lisant quelque fois, m'est souvenu d'une parole de Julia à Octavian Auguste son pere. Un jour elle s'estoit devant lui presentée en habits pompeux, dissoluz et lascifs, et luy avoit grandement despleu, quoy qu'il n'en sonnast mot. Au lendemain, elle changea de vestemens, et modestement se habilla, comme lors estoit la coustume des chastes dames romaines. Ainsi vestue se presenta devant luy. Il qui, le jour precedent, n'avoit par paroles declaré le desplaisir qu'il avoit en la voyant en habits impudicques, ne peut celer le plaisir qu'il prenoit la voyant ainsi changée, et luy dist : « O combien cestuy vestement plus est séant et louable en la fille de Auguste ! » Elle eut son excuse prompte, et lui respondit : « Huy, me suis je vestue pour les oeilz de mon pere. Hier, je l'estois pour le gré de mon mary. »

Semblablement pourroit le medecin, ainsi desguisé en face et habits, mesmement revestu de riche et plaisante robe à quatre manches, comme adis estoit l'estat, et estoit appellée *Philonium*, comme dit Petrus Alexandrinus, *in* VI, *Epid.*, respondre à ceux qui trouveroient la prosopopée estrange : « Ainsi me suis je accoustré, non pour me guorgiaser et pomper, mais pour le gré du malade lequel je visite, auquel seul je veulx entierement complaire, en rien ne l'offenser ne fascher. »

Plus y a. Sus un passaige du pere Hippocrates on livre cy dessus allegué, nous suons, disputans et recherchans, non si le minois du medecin chagrin, tetrique, reubarbatif, Catonian, mal plaisant, mal contant, severe, rechigné, contriste le malade ; et du medecin la face joyeuse, seraine, gracieuse, ouverte, plaisante, resjouist le malade (cela est tout esprouvé et tres certain); mais si telles contristations et esjouissemens proviennent par apprehension du malade contemplant ces qualités en son medecin, et par icelles conjecturant l'issue et catastrophe de son mal ensuivir, sçavoir est, par les joyeuses, joyeuse et desiré ; par les fascheuses, fascheuse et abhorrante, ou par transfusion des esprits serains ou tenebreux, aërés ou terrestres, joyeux ou melancholicques du medecin en la personne du malade. Comme est l'opinion de Platon et Averroïs.

Sus toutes choses, les auteurs susdicts ont au medecin baillé advertissement particulier des paroles, propous, abouchemens, et confabulations qu'il doit tenir avec les malades de la part desquelz seroit appellé. Lesquelles toutes doivent à un but tirer, et tendre à une fin, c'est le resjouir sans offense de Dieu, et ne le contrister en façon quelconques. Comme grandement est par Herophilus blasmé Callianax medecin, qui, à un patient l'interrogeant et demandant : « Mourray je ? » impudentement respondit :

> Et Patroclus à mort succumba bien,
> Qui plus estoit que n'es homme de bien.

A un autre, voulant entendre l'estat de sa maladie, et l'interrogeant à la mode du noble Patelin :

> Et mon urine
> Vous dict elle poinct que je meure ?

il follement respondit : « Non, si t'eust Latona, mere des beaulx enfans Phoebus et Diane, engendré. » Pareillement est de Cl. Galen, *lib.* IV, *Comment. in* VI, *Epidem.*, grandement vituperé Quintus, son precepteur en medecine, lequel à certain malade en Rome, homme honorable, luy disant : « Vous avez desjeuné, nostre maistre, vostre haleine me sent le vin, » arrogamment respondit : « La tienne me sent la fiebvre : duquel est le flair et l'odeur plus delicieux, de la fiebvre ou du vin ? »

Mais la calomnie de certains canibales, misanthropes, agelastes, avoit tant contre moy esté atroce et desraisonnée qu'elle avoit vaincu ma patience, et plus n'estois deliberé en escrire un iota. Car l'une des moindres contumelies dont ilz usoient estoit que telz livres tous estoient farciz d'heresies diverses : n'en povoient toutes fois une seule exhiber en endroit aucun ; de folastreries joyeuses, hors l'offense de Dieu et du Roy, prou ; c'est le subject et theme unique d'iceux livres ; d'heresies, poinct, sinon, perversement et contre tout usaige de raison et de langage commun, interpretans ce que, à peine de mille fois mourir, si autant possible estoit, ne vouldrois avoir pensé : comme qui pain interpretroit pierre ; poisson, serpent ; œuf, scorpion. Dont quelque fois me complaignant en vostre presence, vous dis librement que, si meilleur christian je ne m'estimois qu'ilz ne monstrent estre en leur part, et que si en ma vie, escrits, paroles, voire certes pensées, je recognoissois scintille aucune d'heresie, ilz ne tomberoient tant detestablement es lacs de l'esprit calomniateur, c'est *diabolos*, qui par leur ministere me suscite tel crime. Par moy mesmes, à l'exemple du phoenix, seroit le bois sec amassé, et le feu allumé, pour en iceluy me brusler.

Alors me distes que de telles calomnies avoit esté le defunct roy François, d'eterne memoire, adverty ; et curieusement ayant, par la voix et prononciation du plus docte et fidele anagnoste de ce royaume, ouy et entendu lecture distincte d'iceux livres miens (je le dis, parce que meschantement l'on m'en a aucuns supposé faulx et infames), n'avoit trouvé passage aucun suspect, et avoit eu en horreur quelque mangeur de serpens, qui fondoit mortelle heresie sus un N pour un M par la faulte et negligence des imprimeurs.

Aussi avoit son filz, nostre tant bon, tant vertueux et des cieulx benist roy Henry. lequel Dieu nous vueille longuement conserver : de maniere que, pour moy, il vous avoit octroyé privilege et particuliere protection contre les calomniateurs. Cestuy evangile depuis m'avez de vostre benignité réiteré à Paris, et d'abondant lorsque nagueres visitates monseigneur le cardinal du Bellay, qui pour recouvrement de santé aprés longue et fascheuse maladie, s'estoit retiré à Sainct Maur, lieu, ou (pour mieulx et plus proprement dire) paradis de salubrité, amenité, serenité, commodité, delices. et tous honnestes plaisirs de agriculture et vie rusticque.

C'est la cause, Monseigneur, pourquoy presentement, hors de toute intimidation, je metz la plume au vent, esperant que, par vostre benigne faveur, me serez contre les calomniateurs comme un second Hercules gaulois, en sçavoir, prudence et eloquence ; *Alexicacos* en vertus, puissance et autorité ; duquel veritablement dire je peux ce que de Moses, le grand prophete et capitaine en Israel, dit le sage roy Salomon, *Ecclesiastici, 45* : Homme craignant et aimant Dieu, agréable à tous humains, de Dieu et des hommes bien aimé, duquel heureuse est la memoire. Dieu en louange l'a comparé aux preux · l'a faict grand en terreur des ennemis. En sa faveur a faict choses prodigieuses et espovantables : en presence des rois l'a honoré; au peuple par luy a son vouloir declaré et par luy sa lumiere a monstré. Il l'a en foy et debonaireté consacré et esleu entre tous humains. Par luy a voulu estre sa voix ouye, et à ceux qui estoient en tenebres estre la loy de vivificque science annoncée.

Au surplus vous promettant que ceux qui par moy seront rencontrés congratulans de ces joyeux escrits, tous je adjureray vous en sçavoir gré total : uniquement vous en remercier, et prier nostre Seigneur pour conservation et accroissement de ceste vostre Grandeur. A moy rien ne attribuer, fors humble subjection et obéissance voluntaire à vos bons commandemens. Car, par vostre exhortation tant honorable, m'avez donné et couraige et invention, et, sans vous m'estoit le coeur failly, et restoit tarie la fontaine de mes esprits animaux. Nostre Seigneur vous maintienne en sa saincte grace. De Paris, ce 28 de janvier 1552.

Vostre tres humble et tres obeissant serviteur,

FRANÇOIS RABELAIS, *medicin*.

PROLOGUE DE L'AUTEUR

M. FRANÇOIS RABELAIS

POUR

LE QUATRIEME LIVRE DES FAICTS ET DICTS HEROIQUES DE PANTAGRUEL

AUX LECTEURS BENEVOLES

Gens de bien, Dieu vous saulve et gard! Où estes vous ? Je ne vous peux voir. Attendez que je chausse mes lunettes.

Ha, ha ! Bien et beau s'en va quaresme ! je vous voy. Et donc ? Vous avez eu bonne vinée, à ce que l'on m'a dict. Je n'en serois en piece marry. Vous avez remede trouvé infinable contre toutes alterations. C'est vertueusement operé. Vous, vos femmes, enfans, parens et familles, estes en santé desirée. Cela va bien, cela est bon, cela me plaist. Dieu, le bon Dieu en soit eternellement loué, et, si telle est sa sacre volunté, y soyez longuement maintenuz.

Quant est de moy, par sa saincte benignité, j'en suis là, et me recommande. Je suis, moyennant un peu de Pantagruelisme (vous entendez que c'est certaines gayeté d'esprit conficte en mespris des choses fortuites), sain et degourt; prest à boire, si voulez. Me demandez vous pourquoy, gens de bien? Response irrefragable : Tel est le vouloir du tres bon, tres grand Dieu, onquel je acquiesce, auquel je obtempere, duquel je revere la sacrosaincte parole de bonnes nouvelles, c'est l'Evangile, onquel est dict, *Luc,* IV, en horrible sarcasme et sanglante derision, au medecin negligent de sa propre santé : « Medecin, ô, gueriz toy mesmes. »

Cl. Galen, non pour telle reverence, en santé soy maintenoit, quoy que quelque sentiment il eust des sacres Bibles et eust cogneu et frequenté les saincts christians de son temps, comme appert *lib.* II, *de Usu partim;* lib. II, *de Differentiis pulsuum, cap.* III, *et ibidem, lib.* III, *cap.* II, *et lib. de rerum Affectibus* (s'il est de Galen); mais par craincte de tomber en ceste vulgaire et satyricque moquerie :

Ἰατρὸς ἄλλων, αὐτὸς ἕλκυσι βρύων.

Medecin est des aultres en effect;
Toutesfois est d'ulceres tout infect.

De mode qu'en grande braveté il se vante, et ne veult estre medecin estimé si, depuis l'an de son aage vingt et huistiesme jusque en sa haulte vieillesse, il n'a vescu en santé entiere, exceptez quelques fiebvres ephemeres de peu de durée : combien que, de son naturel, il ne fust des plus sains, et eust l'estomac evidentement dyscrasié. « Car (dit il *lib.* V, *de Sanit. tuenda*) difficilement sera creu le medecin avoir soing de la santé d'aultruy, qui de la sienne propre est negligent. »

Encores plus bravement se vantoit Asclepiades medecin avoir avec Fortune convenu en ceste paction, que medecin reputé ne fust si malade avoit esté depuis le temps qu'il commença practiquer en l'art, jusques à sa derniere vieillesse. A laquelle entier il parvint, et vigoureux en tous ses membres, et de fortune triumphant. Finalement, sans maladie aucune precedente, fit de vie à mort eschange, tombant par male garde du hault de certains degrés mal emmortaisés et **pourriz**.

Si, par quelque desastre, s'est santé de vos seigneuries emancipée, quelque part, dessus, dessous, davant, darriere, à dextre, à senestre, dedans, dehors, loing ou prés vos territoires qu'elle soit, la puissiez vous incontinent avec l'aide du benoist Servateur rencontrer! En bonne heure de vous rencontrée, sus l'instant soit par vous asserée, soit par vous vendiquée, soit par vous saisie et mancipée. Les loix vous le permettent, le roy l'entend, je vous le conseille. Ne plus ne moins que les legislateurs antiques autorisoient le seigneur vendiquer son serf fugitif, la part qu'il seroit trouvé. Ly bon Dieu et ly bons homs! n'est il escrit et practiqué, par les anciennes coustumes de ce tant noble, tant antique, tant beau, tant florissant, tant riche royaume de France, que le mort saisit le vif? Voyez ce qu'en a recentement exposé le bon, le docte, le sage, le tant humain, tant debonnaire et equitable André Tiraqueau, conseiller du grand, du victorieux et triumphant roy Henry, second de ce nom, en sa tres redoubtée court de parlement de Paris. Santé est nostre vie comme tres bien declare Ariphron Sicyonien. Sans santé n'est la vie vie, n'est la vie vivable : ἄξιος βίος, βίος ἀβίωτος. Sans santé n'est la vie que langueur ; la vie n'est que simulachre de mort. Ainsi donc vous, estans de santé privés, c'est à dire mors, saisissez vous du vif, saisissez vous de vie, c'est santé.

J'ay cestuy espoir en Dieu qu'il oyra nos prieres, veu la ferme foy en laquelle nous les faisons : et accomplira cestuy nostre souhait, attendu qu'il est mediocre. Mediocrité a esté par les sages anciens dicte aurée, c'est à dire precieuse, de tous louée, en tous endroits agréable. Discourez par les sacrées Bibles, vous trouverez que de ceux les prieres n'ont jamais esté esconduites qui ont mediocrité requis.

Exemple on petit Zachée, duquel les Musaphiz de Sainct Ayl prés Orléans se vantent d'avoir le corps et reliques, et le nomment sainct Sylvain. Il souhaitoit, rien plus, voir nostre benoist Servateur autour de Hierusalem. C'estoit chose mediocre et exposée à un chascun. Mais il estoit trop petit, et parmy le peuple, ne pouvoit. Il trepigne, il trotigne, il s'efforce, il s'escarte, il monte sur un sycomore. Le tres bon Dieu cogneut sa sincere et mediocre affectation, se presenta à sa veue, et fut non seulement de luy veu, mais oultre ce fut ouy, visita sa maison, et benist sa famille.

A un filz de prophete en Israel, fendant du bois prés le fleuve Jordan, le fer de sa coingnée eschappa (comme est escrit IV, *Reg.*, VI), et tomba dedans iceluy fleuve. Il pria Dieu le luy vouloir rendre. C'estoit chose mediocre. Et en ferme foy et confiance jetta, non la coingnée aprés le manche, comme, en scandaleux solecisme, chantent les diables censorins, mais le manche aprés la coingnée, comme proprement vous dictes. Soubdain apparurent deux miracles. Le fer se leva du profond de l'eau, et se adapta au manche. S'il eust souhaité monter es cieulx dedans un chariot flamboyant comme Helie, multiplier en lignée comme Abraham, estre autant riche que Job, autant fort que Sanson, aussi beau que Absalon, l'eust il impetré ? C'est une question.

propos de souhaits mediocres en matiere de coingnée (advisez quand sera temps de boire), je vous raconteray ce qu'est escrit parmy les apologues du sage Esope le François, j'entends Phrygien et Troian, comme affirme Maxim. Planudes : duquel peuple, selon les plus veridiques chroniqueurs, sont les nobles François descenduz. Elian escrit qu'il fut Thracian ; Agathias, aprés Herodote, qu'il estoit Samien : ce m'est tout un.

De son temps estoit un pauvre villageois natif de Gravot, nommé Couillatris, abatteur et fendeur de bois, et, en cestuy bas estat, guaingnant cahin caha sa pauvre vie. Advint qu'il perdit sa coingnée. Qui fut bien fasché et marry ? Ce fut il : car de sa coingnée dependoit son bien et sa vie ; par sa coingnée vivoit en honneur et reputation entre tous riches buscheteurs ; sans coingnée mouroit de faim. La mort six jours aprés, le rencontrant sans coingnée, avec son dail l'eust fausché et cerclé de ce monde. En cestuy estrif commença crier, prier, implorer, invoquer Jupiter, par oraisons moult disertes (comme vous sçavez que necessité fut inventrice d'eloquence), levant la face vers les cieulx, les genoilz en terre, la teste nue, les bras haultz en l'air, les doigts des mains esquarquillés, disant à chascun refrain de ses suffrages, à haute voix infatigablement : « Ma coingnée, ma coingnée : rien plus, o Jupiter, que ma coingnée ou deniers pour en acheter une aultre. Helas ! ma pauvre coingnée ! » Jupiter tenoit conseil sus certains urgens affaires, et lors opinoit la vieille Cybele, ou bien le jeune et clair Phoebus, si voulez. Mais tant grande fut l'exclamation de Couillatris qu'elle fut en grand effroy ouye on plein conseil et consistoire des dieux.

« Quel diable, demanda Jupiter, est là bas qui hurle si horrifiquement ? Vertus de Styx, n'avons nous pas cy devant esté, presentement ne sommes nous assez icy à la decision empeschés de tant d'affaires controvers et d'importance ? Nous avons vuidé le debat de Presthan, roy des Perses, et de sultan Solyman, empereur de Constantinople. Nous avons clos le passaige entre les Tartres et les Moscovites. Nous avons respondu à la requeste du Cheriph. Aussi avons nous à la devotion de Guolgotz Rays. L'estat de Parme est expedié, aussi est celuy de Maydenbourg, de la Mirandole et d'Afrique. Ainsi nomment les mortelz ce que, sus la mer Mediterranée, nous appellons *Aphrodisium*. Tripoli a changé de maistre par male garde. Son periode estoit venu.

« Icy sont les Gascons renians et demandans restablissement de leurs cloches. En ce coing sont les Saxons, Estrelins, Ostrogotz et Alemans, peuple jadis invincible, maintenant **uber keids**, et subjugués par un petit homme tout estropié: ilz nous demandent vengeance, secours, restitution de leur premier bon sens et liberté antique. Mais que ferons nous de ce Rameau et de ce Galand, qui, capparassonnés de leurs marmitons, suppous et astipulateurs, brouillent toute ceste academie de Paris? J'en suis en grande perplexité. Et n'ay encores resolu quelle part je doibve incliner. Tous deux me semblent autrement bons compaignons et bien couilluz. L'un a des escuz au soleil, je dis beaux et tresbuchans; l'autre en vouldroit bien avoir. L'un a quelque sçavoir; l'autre n'est ignorant. L'un aime les gens de bien; l'autre est des gens de bien aimé. L'un est un fin et cauld renard; l'autre mesdisant, mesescrivant et abayant contre les antiques philosophes et orateurs, comme un chien. Que t'en semble, dis, grand vietdaze Priapus? J'ay maintes fois trouvé ton conseil et advis equitable et pertinent,

    Et habet tua mentula mentem.

— Roy Jupiter, respondit Priapus defleublant son capussion, la teste levée, rouge, flamboyante et asceurée, puis que l'un vous comparez à un chien abayant, l'autre à un fin freté renard, je suis d'advis que, sans plus vous fascher ne altérer, d'eux faciez ce que jadis fistes d'un chien et d'un renard.

— Quoy? demanda Jupiter. Quand? Qui estoient ilz? Où fut ce?

— O belle memoire! respondit Priapus. Ce venerable pere Bacchus, lequel voyez cy à face cramoisie, avoit pour soy venger des Thebains un renard fée, de mode que, quelque mal et dommaige qu'il fist, de beste du monde ne seroit prins ne offensé.

« Ce noble Vulcan avoit d'aerain Monesian faict un chien et, à force de souffler, l'avoit rendu vivant et animé. Il le vous donna : vous le donnastes à Europe vostre mignonne. Elle le donna à Minos, Minos à Procris, Procris enfin le donna à Cephalus. Il estoit pareillement fée; de mode que, à l'exemple des advocatz de maintenant, il prendroit toute beste rencontrée, rien ne lui eschapperoit. Advint qu'ilz se rencontrerent. Que firent ilz? Le chien, par son destin fatal, devoit prendre le renard; le renard, par son destin, ne devoit estre prins.

« Le cas fut rapporté à vostre conseil. Vous protestates non contrevenir aux destins. Les destins estoient contradictoires. La verité, la fin, l'effect de deux contradictions ensemble fut declairé impossible en nature. Vous en suastes d'ahan. De vostre sueur, tombant en terre, nasquirent les choux cabus. Tout ce noble consistoire, par defaut de resolution categorique, encourut alteration mirifique : et fut en iceluy conseil beu plus de soixante et dixhuit bussars de nectar. Par mon advis, vous les convertissez en pierres : soubdain fustes hors toute perplexité ; soubdain furent tresves de soif criées par tout ce grand Olympe. Ce fut l'année des couilles molles, prés Teumesse, entre Thebes et Chalcide.

« A cestuy exemple, je suis d'advis que petrifiez ces chien et renard. La metamorphose n'est incogneue. Tous deux portent nom de Pierre. Et parce que, selon le proverbe des Limosins, à faire la gueule d'un four sont trois pierres necessaires, vous les associerez à maistre Pierre du Coingnet, par vous jadis pour mesme cause petrifié. Et seront, en figure trigone equilaterale, on grand temple de Paris, ou au milieu du pervis, posées ces trois pierres mortes, en office de exteindre avec le nez, comme au jeu de fouquet, les chandelles, torches, cierges, bougies et flambeaux allumés : lesquelles, vivantes, allumoient couillonniquement le feu de faction, simulté, sectes couillonniques, et partialité entre les oscieux escoliers. A perpetuelle memoire que ces petites philauties couillonniformes plus tot davant vous contemnées furent que condamnées. J'ay dict.

— Vous leur favorisez, dist Jupiter, à ce que je voy, bel messer Priapus. Ainsi n'estes à tous favorable. Car, veu que tant ilz convoitent perpetuer leur nom et memoire, ce seroit bien leur meilleur estre ainsi aprés leur vie en pierres dures et marbrines convertiz que retourner en terre et pourriture.

« Icy darriere, vers ceste mer Thyrrhene et lieux circonvoisins de l'Apennin, voyez vous quelles tragedies sont excitées par certains pastophores? Ceste furie durera son temps comme les fours des Limosins, puis finira ; mais non si tost. Nous y aurons du passetemps beaucoup. Je y voy un inconvenient : c'est que nous avons petite munition de fouldres, depuis le temps que vous autres Condieux, par mon octroy particulier, en jettiez sans espargne, pour vos esbatz, sus Antioche la neufve. Comme depuis, à vostre exemple, les gorgias champions qui entreprindrent garder la forteresse de Dindenaroys contre tous venans, consommerent leurs munitions à force de tirer aux moineaux ; puis n'eurent de quoy, en temps de necessité, soy defendre, et vaillamment cederent la place et se rendirent à l'ennemy, qui jà levoit son siege comme tout forcené et desesperé, et n'avoit pensée plus urgente que de sa retraicte, accompaignée de courte honte. Donnez y ordre, filz Vulcan : esveillez vos endormiz Cyclopes, Asteropes, Brontes, Arges, Polypheme, Steropes, Piracmon : mettez les en besoigne et les faites boire d'autant. A gens de feu ne fault vin espargner. Or depeschons ce criart là bas. Voyez, Mercure qui c'est, et sachez qu'il demande. »

Mercure regarde par la trappe des cieulx, par laquelle ce que l'on dit çà bas en terre ilz escoutent ; et semble proprement à un escoutillon de navire (Icaromenippe disoit qu'elle semble à la gueule d'un puitz); et voit que c'est Couillatris qui demande sa coingnée perdue, et en fait le rapport au conseil. « Vrayement, dist Jupiter, nous en sommes bien. Nous à ceste heure n'avons autre faciende que rendre coingnées perdues? Si fault·il luy rendre. Cela est escrit es Destins, entendez vous? aussi bien comme si elle valust la duché de Milan. A la verité, sa coingnée luy est en tel pris et estimation que seroit à un roy son royaume. Ça, ça, que cette coingnée soit rendue. Qu'il n'en soit plus parlé. Resoulvons le different du clergé et de la taulpeterie de Landerousse. Où en estions nous? »

Priapus restoit debout au coing de la cheminée. Il, entendant le rapport de Mercure, dist en toute courtoisie et joviale honnesteté : « Roy Jupiter, on temps que, par vostre ordonnance et particulier benefice, j'estois gardian des jardins en terre, je notay que ceste diction, *coingnée*, est equivoque à plusieurs choses. Elle signifie un certain instrument par le service duquel est fendu et coupé bois. Signifie aussi (au moins jadis signifioit) la femelle bien à poinct et souvent gimbretiletolletée. Et vis que tout bon compaignon appelloit sa garse fille de joye : Ma coingnée. Car, avec cestuy ferrement (cela disoit exhibant son coingnoir dodrental) ilz leur coingnent si fierement et d'audace leurs emmanchouoirs qu'elles restent exemptes d'une peur epidemiale entre le sexe feminin, c'est que du bas ventre ilz leur tombassent sur les talons, par default de telles agraphes. Et me souvient (car j'ay mentule, voire dis je memoire bien belle, et grande assez pour emplir un pot beurrier) avoir un jour du tubilustre, es feries de ce bon Vulcan en may, ouy jadis en un beau parterre Josquin des Prez, Olkegan, Hobrethz, Agricola, Brumel, Camelin, Vigoris, de la Fage, Bruyer, Prioris, Seguin, de la Rue, Midy, Moulu, Mouton, Guascoigne, Loyset, Compere, Penet, Fevin, Rouzée, Richardfort, Rousseau, Consilion, Constantio Festi, Jacquet Bercan, chantans melodieusement :

> Grand Tibault, se voulant coucher
> Avecques sa femme nouvelle,
> S'en vint tout bellemont cacher
> Un gros maillet en la ruelle.
> « O! mon doux amy (ce dist elle),
> Quel maillet vous voy je empoingner?
> — C'est (dist il) pour mieulx vous coingner.
> — Maillet (dist elle) il n'y faut nul :
> Quand gros Jean me vient besoingner,
> Il ne me coingne que du cul. »

« Neuf olympiades, et un an intercalare aprés (ô belle mentule, voire dis je memoire. Je solecise souvent en la symbolization et colligance de ces deux motz), je ouy Adrian Villart, Gombert, Janequin, Arcadelt, Claudin, Certon, Manchicourt, Auxerre, Villers, Sandrin, Sohier, Hesdin, Morales, Passereau, Maille, Maillart, Jacotin, Heurteur, Verdelot, Carpentras, l'Heritier, Cadéac, Doublet, Vermont, Bouteiller, Lupi, Pagnier, Millet, du Mollin, Alaire, Marault, Morpain, Gendre, et autres joyeux musiciens en un jardin secret, sous belle feuillade, autour d'un rampart de flacons, jambons, pastés et diverses cailles coyphées, mignonnement chantans :

> S'il est ainsi que coingnée sans manche
> Ne sert de rien, ne houstil sans poingnée,
> Afin que l'un dedans l'autre s'emmanche,
> Prends que sois manche, et tu seras coingnée.

Ores seroit à sçavoir quelle espece de coingnée demande ce criart de Couillatris. »

A ces motz tous les venerables dieulx et déesses s'eclaterent de rire, comme un microcosme de mouches. Vulcan, avec sa jambe torte, en fit, pour l'amour de s'amie, trois ou quatre beaux petitz saultz en plate forme. « Ça, ça, dist Jupiter à Mercure, descendez presentement là bas, et jettez es pieds de Couillatris trois coingnées : la sienne, une autre d'or et une tierce d'argent massives, toutes d'un calibre. Luy ayant baillé l'option de choisir, s'il prend la sienne et s'en contente, donnez luy les deux autres. S'il en prend autre que la sienne, coupez luy la teste avec la sienne propre. Et desormais ainsi faictes à ces perdeurs de coingnées. »

Ces paroles achevées, Jupiter, contournant la teste comme un singe qui avalle pillules, fit une morgue tant espouvantable que tout le grand Olympe trembla.

Mercure avec son chapeau poinctu, sa capeline, talonnieres et caducée, se jette par la trappe des cieulx, fend le vuide de l'air, descend legierement en terre, et jette es pieds de Couillatris les trois coingnées, puis luy dist : « Tu as assez crié pour boire. Tes prieres sont exaulsées de Jupiter. Regarde laquelle de ces trois est ta coingnée, et l'emporte. » Couillatris souble la coingnée d'or, il la regarde et la trouve bien poisante, puis dit à Mercure : « M'armes, ceste cy n'est mie la mienne. Je n'en veulx grain. » Autant fait de la coingnée d'argent, et dit : « Non est ceste cy. Je la vous quitte. » Puis prend en main la coingnée de bois : il regarde au bout du manche, en iceluy recognoit sa marque, et tressaillant tout de joye, comme un renard qui rencontre poulles esguarées, et soubriant du bout du nez, dit : « Merdigues, ceste cy estoit mienne. Si me la voulez laisser, je vous sacrifiray un bon et grand pot de laict, tout fin couvert de belles frayres, aux Ides (c'est le quinziesme jour) de may. — Bon homme, dist Mercure, je te la laisse, prends la. Et, pour ce que tu as opté et souhaité mediocrité en matiere de coingnée, par le veuil de Jupiter je te donne ces deux aultres. Tu as de quoy dorenavant te faire riche, sois homme de bien. »

Couillatris courtoisement remercie Mercure, revere le grand Jupiter, sa coingnée antique attache à sa ceincture de cuir, et s'en ceinct sus le cul, comme Martin de Cambray. Les deux aultres plus poisantes il charge à son cou. Ainsi s'en va prelassant par le pays, faisant bonne troigne parmy ses paroissiens et voisins, et leur disant le petit mot de Patelin : « En ay je? » Au lendemain, vestu d'une sequenie blanche, charge sur son dours les deux precieuses coingnées, se transporte à Chinon, ville insigne, ville noble, ville antique, voire premiere du monde, selon le jugement et assertion des plus doctes massoretz. En Chinon il change sa coingnée d'argent en beaux testons et aultre monnoye blanche ; sa coingnée d'or, en beaux salutz, beaux moutons à la grande laine, belles riddes, beaux royaulx, beaux escuz au soleil. Il en achete force mestairies, force granges, force censes, force mas, force bordes et bordieux, force cassines ; prés, vignes, bois, terres labourables, pastis, estangs, moulins, jardins, saulsayes ; bœufz, vaches, brebis, moutons, chevres, truyes, pourceaulx, asnes, chevaulx, poulles, coqs, chappons, poulletz, oyes, jars, canes, canardz, et du menu. Et, en peu de temps, fut le plus riche homme du pays : voire plus que Maulevrier le boiteux.

Les francs gontiers et Jacques Bons homs du voisinage, voyans ceste heureuse rencontre de Couillatris, furent bien estonnés ; et fut, en leurs esprits, la pitié et commiseration que auparavant avoient du pauvre Couillatris, en envie changée de ses richesses tant grandes et inopinées. Si commencerent courir, s'enquerir, guementer, informer par quel moyen, en quel lieu, en quel jour, à quelle heure, comment et à quel propous luy estoit ce grand thesaur advenu. Entendans que c'estoit par avoir perdu sa coingnée : « Hen, hen, dirent ilz, ne tenoit il qu'à la perte d'une coingnée que riches ne fussions? Le moyen est facile, et de coust bien petit. Et donc telle est on temps present la revolution des cieulx, la constellation des astres et aspect des planettes que quiconque coingnée perdera soudain deviendra ainsi riche? Hen, hen, ha, par Dieu, coingnée, vous serez perdue, et ne vous en desplaise. » Adonc tous perdirent leurs coingnées. Au diable l'un à qui demoura coingnée. Il n'estoit filz de bonne mere qui ne perdist sa coingnée. Plus n'estoit abatu, plus n'estoit fendu bois on pays, en ce default de coingnées.

Encores, dit l'apologue Esopique que certains petits janspill'hommes de

20.

bas relief, qui à Couillatris avoient le petit pré et le petit moulin vendu pour soy guorgiaser à la monstre, advertiz que ce thesor luy estoit ainsi et par ce moyen seul advenu, vendirent leurs espées pour acheter coingnées, afin de les perdre, comme faisoient les paysans, et par icelle perte recouvrir montjoie d'or et d'argent. Vous eussiez proprement dict que fussent petits Romipetes, vendans le leur, empruntans l'aultruy, pour acheter mandats à tas d'un pape nouvellement créé. Et de crier, et de prier, et de lamenter et invocquer Jupiter. « Ma coingnée, ma coingnée, Jupiter! Ma coingnée deçà, ma coingnée delà, ma coingnée, ho, ho, ho, ho! Jupiter, ma coingnée! » L'air tout autour retentissoit aux cris et hurlemens de ces perdeurs de coingnées.

Mercure fut prompt à leur apporter coingnées, à un chascun offrant la sienne perdue, une aultre d'or, et une tierce d'argent. Tous choisissoient celle qui estoit d'or, et l'amassoient, remercians le grand donateur Jupiter; mais sus l'instant qu'ilz la levoient de terre, courbés et enclins, Mercure leur tranchoit les testes, comme estoit l'edict de Jupiter. Et fust des testes coupées le nombre equal et correspondant aux coingnées perdues. Voilà que c'est. Voylà qu'advient à ceux qui en simplicité souhaitent et optent choses mediocres. Prenez y tous exemple, vous aultres gualliers de plats pays, qui dictes que, pour dix mille francs d'intrade, ne quitteriez vos souhaits; et desormais ne parlez ainsi impudentement, comme quelquefois je vous ay ouy souhaitans : « Pleust à Dieu que j'eusse presentement cent soixante et dix huit millions d'or! Ho, comme je triompherois! » Vos males mules! Que souhaiteroit un roy, un empereur, un pape davantaige?

Aussi, voyez vous par experience que, ayans faict tels oultrés sounaits, ne vous en advient que le tac et la clavelée, en bourse par maille; non plus qu'aux deux belistrandiers souhaiteux à l'usaige de Paris, desquelz l'un souhaitoit avoir en beaux escuz au soleil autant que a esté à Paris despendu, vendu et acheté, depuis que pour l'edifier on y jetta les premiers fondemens jusques à l'heure presente : le tout estimé au taux, vente, et valeur de la plus chere année qui ait passé en ce laps de temps. Cestuy, en vostre advis, estoit il degousté? Avoit il mangé des prunes aigres sans peler? Avoit il les dents esguassées? L'aultre souhaitoit le temple de Nostre Dame tout plein d'aiguilles asserées, depuis le pavé jusques au plus hault des voultes, et avoir autant d'escuz au soleil qu'il en pourroit entrer en autant de sacs que l'on pourroit couldre de toutes et une chascune aiguille, jusques à ce que toutes fussent crevées ou espoinctées. C'est souhaité cela! Que vous en semble? Qu'en advint il? Au soir un chascun d'eux eut

> Les mules au talon,
> Le petit cancre au menton,
> La male toux au poulmon,
> Le catarrhe au gavion,
> Le gros froncle au cropion.

Et au diable le boussin de pain pour s'escurer les dents.

Souhaitez donc mediocrité : elle vous adviendra ; et, encores mieulx, deuement ce pendant labourans et travaillans. « Voire mais, dictes vous, Dieu m'en eust aussi tost donné soixante et dix huit mille comme la treiziesme partie d'un demy. Car il est tout puissant. Un million d'or luy est aussi peu qu'un obole. » Hay, hay, hay. Et de qui estes vous apprins ainsi discourir et parler de la puissance et predestination de Dieu, pauvres gens ? Paix : st, st, st, humiliez vous davant sa sacrée face, et recognoissez vos imperfections.

C'est, goutteux, sus quoy je fonde mon esperance, et croy fermement que, s'il plaist au bon Dieu, vous obtiendrez santé, veu que rien plus que santé pour le present ne demandez. Attendez encores un peu avec demie once de patience.

Ainsi ne font les Genevois, quand, au matin, avoir dedans leurs escritoires et cabinetz discouru, propensé et resolu de qui et de quelz, celuy jour, ilz pourront tirer denares et qui, par leur astuce, sera beliné, corbiné, trompé et affiné, ilz sortent en place, et s'entresaluant, disent : *Sanita et guadain, messer.* Ilz ne se contentent de santé, d'abondant ilz souhaitent gaing, voire les escuz de Gadaigne. Dont advient qu'ilz souvent n'obtiennent l'un ne l'autre. Or, en bonne santé toussez un bon coup ; beuvez en trois, secouez dehait vos oreilles, et vous oyez dire merveilles du noble et bon Pantagruel.

CHAPITRE I

COMMENT PANTAGRUEL MONTA SUS MER POUR VISITER L'ORACLE DE LA DIVE BACBUC

On mois de juin, au jour des festes Vestales, celuy propre onque Brutus conquesta Espaigne et subjugua les Espaignolz ; onquel aussi Crassus l'avaricieux fut vaincu et defaict par les Parthes, Pantagruel, prenant congé de bon Gargantua son pere, iceluy bien priant (comme en l'Eglise primitive estoit louable coustume entre les saincts christians) pour le prospere navigaige de son filz et toute sa compaignie, monta sus mer au port de Thalasse, accompaigné de Panurge, frere Jean des Entommeures, Epistemon, Gymnaste, Eusthenes, Rhizotome, Carpalim, et autres siens serviteurs et domestiques anciens; ensemble de Xenomanes le grand voyageur et traverseur des voies perilleuses; lequel, certains jours paravant, estoit arrivé au mandement de Panurge. Iceluy, pour certaines et bonnes causes, avoit à Gargantua laissé et signé, en sa grande et universelle hydrographie, la route qu'ilz tiendroient visitans l'oracle de la dive Bouteille Bacbuc.

Le nombre des navires fut tel que vous ay exposé on tiers livre, en conserve de triremes, ramberges, gallions et liburnicques, nombre pareil, bien equippées, bien calfatées, bien munies, avec abondance de Pantagruelion. L'assemblée de tous officiers, truchemens, pilotz, capitaines, nauchiers, fadrins, hespailliers et matelots fut en la thalamege. Ainsi estoit nommée la grande et maistresse nauf de Pantagruel, ayant en pouppe pour enseigne une grande et ample Bouteille, à moitié d'argent bien liz et polly, l'autre moitié estoit d'or esmaillé de couleur incarnat. En quoy facile estoit de juger que blanc et clairet estoient les couleurs des nobles voyagiers, et qu'ils alloient pour avoir le mot de la Bouteille.

Sus la poupe de la seconde estoit hault enlevée une lanterne antiquaire, faicte industrieusement de pierre sphengitide et speculaire: denotant qu'ilz passeroient par Lanternoys.

La tierce pour divise avoit un beau et profond hanat de porcelaine. La quarte, un potet d'or à deux anses, comme si fust une urne antique. La quinte, un brocq insigne, de sperme d'emeraude. La siziéme, un bourrabaquin monachal, faict des quatre metaulx ensemble. La septieme, un entonnoir de ebene, tout requamé d'or, à ouvraige de tauchie. La huitieme, un goubelet de lierre bien precieux, battu d'or à la damasquine. La neuvieme, une brinde de fin or obrizé. La dixieme, une breusse de odorant agalloche (vous l'appellez bois d'aloës), porfilée d'or de Cypre, à ouvraige d'azemine. L'unzieme, une portouoire d'or faicte à la mosaïque. La douzieme, un barrault d'or terny, couverte d'une vignette de grosses perles indicques, en ouvraige topiaire. De mode que personne n'estoit, tant triste, fasché, rechiné ou melancholicque fust, voire y fust Heraclitus le pleurart, qui n'entrast en joye nouvelle, et de bonne ratte ne soubrist, voyant ce noble convoy de navires en leurs devises; ne dist que les voyagiers estoient tous beuveurs, gens de bien, et ne jugeast en prognostic asceuré que le voyage, tant de l'aller que du retour, seroit en alaigresse et santé perfaict.

En la thalamege donc fut l'assemblée de tous. Là Pantagruel leur fit une briefve et saincte exhortation, toute auctorisée de propos extraitz de la Saincte Escripture, sus l'argument de navigation. Laquelle finie, fut hault et clair faicte priere à Dieu, oyans et entendans tous les bourgeois et citadins de Thalasse, qui estoient sus le mole accouruz pour voir l'embarquement.

Aprés l'oraison fut melodieusement chanté le psaulme du sainct roy David, lequel commence : *Quand'Israel hors d'Egypte sortit.* Le psaulme parachevé, furent sus le tillac les tables dressées, et viandes promptement apportées. Les Thalassiens, qui pareillement avoient le psaulme susdict chanté, firent de leurs maisons force vivres et vinage apporter. Tous beurent à eux. Ilz beurent à tous. Ce fut la cause pourquoy personne de l'assemblée onques par la marine ne rendit sa guorge, et n'eut perturbation d'estomac ne de teste. Au quel inconvenient n'eussent tant commodement obvié, beuvans par quelques jours paravant de l'eau marine, ou pure, ou mistionnée avec le vin ; usans de chair de coings, de escorce de citron, de jus de grenades aigres douces ; ou tenans longue diete, ou se couvrans l'estomac de papier, ou autrement faisans ce que les folz medecins ordonnent à ceux qui montent sus mer.

Leurs beuvettes souvent réiterées, chascun se retira en sa nauf, et en bonne heure firent voile au vent grec levant, selon lequel le pilot principal, nommé Jamet Brayer, avoit designé la route, et dressé la calamite de toutes les boussoles. Car l'advis sien et de Xenomanes aussi fut, veu que l'oracle de la dive Bacbuc estoit prés le Catay en Indie superieure, ne prendre la route ordinaire des Portugualoys, lesquelz, passans la ceincture ardente, et le cap de Bona Speranza sus la poincte meridionale d'Afrique oultre l'equinoxial, et perdans la veue et guide de l'aisseuil septentrional, font navigation enorme ; ains suivre au plus prés le parallele de ladicte Indie, et girer autour d'iceluy pole par occident, de maniere que, tournoyans sous septentrion, l'eussent en pareille elevation comme il est au port de Olone, sans plus en approcher, de peur d'entrer et d'estre retenuz en la mer Glaciale. Et suivant ce canonique destour par mesme parallele, l'eussent à dextre, vers le levant, qui au departement leur estoit à senestre.

Ce que leurs vint à profit incroyable. Car sans naufrage, sans dangier, sans perte de leurs gens, en grande serenité (exceptez un jour prés l'isle des Macreons), firent le voyage de Indie superieure en moins de quatre mois, lequel à peine feroient les Portugualoys en trois ans, avec mille fascheries et dangiers innumerables. Et suis en ceste opinion, sauf meilleur jugement, que telle route de fortune fut suivie par ces Indians qui naviguerent en Germanie, et furent honorablement traictés par le roy des Suedes, on temps que Q. Metellus Celer estoit proconsul en Gaulle, comme descrivent Corn. Nepos, Pomp. Mela, et Pline aprés eux.

CHAPITRE II

COMMENT PANTAGRUEL, EN L'ISLE DE MEDAMOTHI, ACHETA PLUSIEURS BELLES CHOSES

Cestuy jour, et les deux subsequens, ne leur apparut terre ne chose aultre nouvelle. Car autrefois avoient aré ceste route. Au quatrieme decouvrirent une isle nommée Medamothi, belle à l'œil et plaisante, à cause du grand nombre des phares et haultes tours marbrines desquelles tout le circuit estoit orné, qui n'estoit moins grand que de Canada.

Pantagruel, s'enquerant qui en estoit dominateur, entendit que c'estoit le roy Philophanes, lors absent pour le mariage de son frere Philothéamon avec l'infante du royaulme des Engys. Adonc descendit on havre; contemplant, ce pendant que les chormes des naufz faisoient aiguade, divers tableaux, diverses tapisseries, divers animaux, poissons, oiseaux et aultres marchandises exotiques et peregrines, qui estoient en l'allée du mole, et par les halles du port. Car c'estoit le tiers jour des grandes et solennes foires du lieu, esquelles annuellement convenoient tous les plus riches et fameux marchands d'Afrique et Asie. D'entre lesquelles frere Jean acheta deux rares et precieux tableaux, en l'un desquelz estoit au vif peinct le visage d'un appellant; en l'aultre estoit le portraict d'un varlet qui cherche maistre, en toutes qualités requises, gestes, maintien, minois, alleures, physionomie et affections : peinct et inventé par maistre Charles Chamois, peinctre du roy Megiste ; et les paya en monnoie de cinge.

Panurge acheta un grand tableau peinct et transsumpt de l'ouvraige jadis faict à l'aiguille par Philomela, exposante et representante à sa sœur Progné comment son beau frere Tereus l'avoit depucellée, et sa langue coupée afin que tel crime ne decelast. Je vous jure, par le manche de ce fallot, que c'estoit une peincture gualante et mirifique. Ne pensez, je vous prie, que ce fust le portraict d'un homme couplé sus une fille. Cela est trop sot et trop lourd. La peincture estoit bien autre et plus intelligible. Vous la pourrez voir en Theleme, à main gauche, entrans en la haulte galerie.

Epistemon en acheta un aultre, onquel estoient au vif peinctes les idées de Platon, et les atomes d'Epicurus. Rhizotome en acheta un onquel estoit Echo selon le naturel representée.

Pantagruel par Gymnaste fit acheter la vie et gestes de Achilles, en soixante et dixhuit pieces de tapisserie à haultes lisses, longues de quatre, larges de trois toises, toutes de saye phrygienne, requamée d'or et d'argent. Et commençoit la tapisserie aux nopces de Peleus et Thetis;

continuant la nativité d'Achilles, sa jeunesse descrite par Stace Papinie; ses gestes et faicts d'armes celebrés par Homere, sa mort et exeques descrits par Ovide et Quinte Calabrois, finissant en l'apparition de son ombre, et sacrifice de Polyxene, descrit par Euripides.

Fit aussi acheter trois beaux et jeunes unicornes : un masle, de poil alezan tostade, et deux femelles, de poil gris pommelé. Ensemble un tarande, que lui vendit un Scythien de la contrée des Gelones.

Tarande est un animal grand comme un jeune taureau, portant teste comme est d'un cerf, peu plus grande, avec cornes insignes largement ramées; les pieds forchuz, le poil long comme d'un grand ours, la peau peu moins dure qu'un corps de cuirasse. Et disoit le Gelon peu en estre trouvé parmy la Scythie, parce qu'il change de couleur selon la varieté des lieux esquelz il paist et demoure. Et represente la couleur des herbes, arbres, arbrisseaux, fleurs, lieux, pastiz, rochiers, generalement de toutes choses qu'il approche.

Cela luy est commun avec le poulpe marin, c'est le polype : avec les thoës, avec les lycaons de Indie, avec le chameléon, qui est une espece de lizart tant admirable que Democritus a faict un livre entier de sa figure, anatomie, vertus, et proprieté en magie. Si est ce que je l'ay veu couleur changer, non à l'approche seulement des choses colorées, mais de soy mesmes, selon la peur et affections qu'il avoit. Comme sus un tapis verd, je l'ay veu certainement verdoyer; mais y restant quelque espace de temps, devenir janne, bleu, tanné, violet par succes : en la façon que voyez la creste des coqs d'Inde couleur selon leurs passions changer. Ce que sus tout trouvasmes en cestuy tarande admirable est que, non seulement sa face et peau, mais aussi tout son poil telle couleur prenoit quelle estoit es choses voisines. Prés de Panurge vestu de sa toge bure, le poil luy devenoit gris; prés de Pantagruel vestu de sa mante d'escarlate, le poil et peau luy rougissoit; prés du pilote vestu à la mode des Isiaces de Anubis en Egypte, son poil apparut tout blanc. Lesquelles deux dernieres couleurs sont au chameléon deniées. Quand hors toute peur et affection il estoit en son naturel, la couleur de son poil estoit telle que voyez es asnes de Meung.

CHAPITRE III

COMMENT PANTAGRUEL RECEUT LETTRES DE SON PERE GARGANTUA, ET DE L'ESTRANGE MANIERE DE SAVOIR NOUVELLES BIEN SOUBDAIN DES PAYS ESTRANGIERS ET LOINGTAINS

Pantagruel occupé en l'achapt de ces animaux peregrins, furent ouiz du môle... coups de verses et faulconneaux ; ensemble grande et joyeuse acclamation de toutes les naufz. Pantagruel se tourne vers le havre, et voit que c'estoit une des celoces de son pere Gargantua, nommé la Chelidoine, pource que, sus la pouppe, estoit en sculpture de ærain corinthien une hirondelle de mer elevée. C'est un poisson grand comme un dar de Loyre, tout charnu, sans esquasmes, ayant aisles cartilagineuses (quelles sont es souris chaulves), fort longues et larges, moyennans lesquelles je l'ay souvent veu voler une toyse au dessus de l'eau, plus d'un traict d'arc. A Marseille on le nomme lendole. Ainsi estoit ce vaisseau legier comme une hirondelle, de sorte que plus tost sembloit sus mer voler que voguer. En iceluy estoit Malicorne, escuyer tranchant de Gargantua, envoyé expressement de par luy, entendre l'estat et portement de son filz le bon Pantagruel, et luy porter lettres de créance.

Pantagruel, aprés la petite accolade et barretade gracieuse, avant ouvrir les lettres, ne aultres propos tenir à Malicorne, luy demanda : « Avez vous icy le gozal, celeste messaiger ? — Ouy, respondit il, il est en ce panier emmailloté. » C'estoit un pigeon prins ou colombier de Gargantua, esclouant ses petits sus l'instant que le susdict Celoce departoit. Si fortune adverse fust à Pantagruel advenue, il y eust des jetz noirs attaché es pieds ; mais pource que tout luy estoit venu à bien et prosperité, l'ayant faict desmailloter, luy attacha es pieds une bandelette de taffetas blanc, et, sans plus differer, sus l'heure le laissa en pleine liberté de l'air. Le pigeon soubdain s'envole, haschant en incroyable hastiveté, comme vous sçavez qu'il n'est vol que de pigeon, quand il a œufz ou petits, pour l'obstinée sollicitude en luy par nature posée de recourir et secourir ses pigeonneaux. De mode qu'en moins de deux heures, il franchit par l'air le long chemin qu'avoit le celoce en extreme diligence par trois jours et trois nuitz perfaict, voguant à rames et à veles, et luy continuant vent en poupe. Et fut veu entrant dedans le colombier on propre nid de ses petits. Adonc, entendant le preux Gargantua qu'il portoit la bandelette blanche, resta en joye et sceureté du bon portement de son filz.

Telle estoit l'usance des nobles Gargantua et Pantagruel, quand sçavoir promptement vouloient nouvelles de quelque chose fort affectée et vehementement desirée comme l'issue de quelque bataille, tant par mer, comme par terre, la prinse ou défense de quelque place forte, l'appoinctement de quelques differens d'importance, l'accouchement heureux ou infortuné de quelque royne ou grande dame, la mort ou convalescence de leurs amis ou alliés malades, et ainsi des autres. Ilz prenoient le gozal, et par les postes le faisoient de main en main jusques sus les lieux porter dont ilz affectoient les nouvelles. Le gozal, portant bandelette noire ou blanche selon les occurrences et accidens, les ostoit de pensement à son retour, faisant en une heure plus de chemin par l'air que n'avoient faict par terre trente postes en un jour naturel. Cela estoit racheter et gaigner temps. Et croyez comme chose vraysemblable que, par les colombiers de leurs cassines, on trouvoit sus oeufz ou petits, tous les mois et saisons de l'an, les pigeons à foison. Ce que est facile en mesnagerie, moyennant le salpetre en roche et la sacre herbe vervaine.

Le gozal lasché, Pantagruel leut les missives de son pere Gargantua, desquelles la teneur en suit :

« Filz tres cher, l'affection que naturellement porte le pere à son filz bien aimé, est en mon endroit tant acreue, par l'esgard et reverence des graces particulieres en toy par election divine posées que, depuis ton partement, me a, non une fois, tollu tout autre pensement, me delaissant en coeur ceste unique et so ingneuse peur que vostre embarquement ait esté de quelque mesbaing ou fascherie accompaigné : comme tu sçais qu'à la bonne et sincere amour est craincte perpetuellement annexée. Et pource que, selon le dict de Hesiode, d'une chascune chose le commencement est la moitié du tout, et, selon le proverbe commun, à l'enfourner on fait les pains cornus, j'ay pour de telle anxieté vuider mon entendement, expressement depesché Malicorne, à ce que par luy je sois acertainé de ton portement sus les premiers jours de ton voyage. Car, s'il est prospere, et tel que je le souhaite, facile me sera prevoir, prognostiquer et juger du reste. J'ay recouvert quelques livres joyeux, lesquelz te seront par le present porteur renduz. Tu les liras, quand te vouldras refraichir de tes meilleurs estudes. Ledict porteur te dira plus amplement toutes nouvelles de ceste court. La paix de l'Eternel soit avec toy. Salue Panurge, frere Jean, Epistemon, Xenomanes, Gymnaste, et autres tes domestiques, mes bons amis. De ta maison paternelle, ce treiziesme de juin.

« Ton pere et amy,

« GARGANTUA. »

CHAPITRE IV

COMMENT PANTAGRUEL ESCRIT A SON PERE GARGANTUA, ET LUY ENVOYE PLUSIEURS BELLES ET RARES CHOSES

Après la lecture des lettres susdictes, Pantagruel tint plusieurs propos avec l'escuyer Malicorne, et fut avec luy si long temps que Panurge, interrompant, luy dist : « Et quand boirez vous? Quand boirons nous? Quand boira monsieur l'escuyer? N'est ce assez sermonné pour boire? —

C'est bien dict, respondit Pantagruel. Faites dresser la collation en ceste prochaine nostellerie, en laquelle pend pour enseigne l'image d'un satyre à cheval. Ce pendant pour la depesche de l'escuyer, il escrivit à Gargantua comme s'ensuit :

« Pere tres debonnaire, comme à tous accidens en ceste vie transitoire non doubtés ne soubsonnés, nos sens et nos facultés animales patissent plus enormes et impotentes perturbations (voire jusques à en estre souvent l'ame desemparée du corps, quoy que telles subites nouvelles fussent à contentement et souhait), que si eussent auparavant esté propensés et preveuz, ainsi m'a grandement esmeu et perturbé l'inopinée venue du vostre escuyer Malicorne. Car je n'esperois aucun voir de vos domestiques, ne de vous nouvelles ouyr avant la fin de cestuy nostre voyage. Et facilement acquiesçois en la douce recordation de vostre auguste majesté, escrite, voire certes insculpée et engravée on posterieur ventricule de mon cerveau, souvent au vif me la representant en sa propre et naïfve figure.

« Mais, puisque m'avez prevenu par le benefice de vos gracieuses lettres, et par la créance de vostre escuyer mes esprits recreé en nouvelles de vostre prosperité et santé, ensemble de toute vostre royale maison, force m'est, ce que par le passé m'estoit voluntaire, premierement louer le benoist Servateur, lequel, par sa divine bonté, vous conserve en ce long teneur de santé perfaicte ; secondement, vous remercier sempiternellement de ceste fervente et inveterée affection qu'à moi portez, vostre tres humble filz et serviteur inutile. Jadis un Romain, nommé Furnius, dist à Cesar Auguste recevant à grace et pardon son pere, lequel avoit suivy la faction de Antonius : Aujourdhuy me faisant ce bien, tu m'as reduit en telle ignominie que force me sera, vivant, mourant, estre ingrat reputé, par impotence de gratuité. Ainsi pourray je dire que l'exces de vostre paternelle affection me range en ceste angustie et necessité qu'il me conviendra vivre et mourir ingrat. Sinon que de tel crime sois relevé par la sentence des Stoiciens, lesquelz disoient trois parties estre en benefice, l'une du donnant, l'autre du recevant, la tierce du recompensant : et le recevant tres bien recompenser le donnant quand il accepte voluntiers le bienfaict, et le retient en souvenance perpetuelle. Comme, au rebours, le recevant estre le plus ingrat du monde, qui mespriseroit et oubliroit le benefice.

« Estant donc opprimé d'obligations infinies toutes procreés de vostre immense benignité, et impotent à la minime partie de recompense, je me sauveray pour le moins de calomnie en ce que de mes esprits n'en sera à jamais la mémoire abolie : et ma langue ne cessera confesser et protester que vous rendre graces condignes est chose transcendente ma faculté et puissance.

« Au reste, j'ay ceste confiance en la commiseration et aide de nostre Seigneur, que, de ceste nostre peregrination, la fin correspondra au commencement, et sera le totaige en alaigresse et santé perfaict. Je ne fauldray à reduire en commentaires et ephemerides tout le discours de nostre navigaige ; afin qu'à nostre retour vous en ayez lecture veridicque.

« J'ay ici trouvé un tarande de Scythie, animal estrange et merveilleux à cause des variations de couleur en sa peau et poil, selon la dictinction des choses prochaines. Vous le prendrez en gré. Il est autant maniable et facile à nourrir qu'un agneau. Je vous envoie pareillement trois jeunes unicornes, plus domesticques et apprivoisées que ne seroient petits chattons. J'ay conferé avec l'escuyer, et dict la maniere de les traicter. Elles ne pasturent en terre, obstant leur longue corne on front. Force est que pasture elles prennent es arbres fruictiers, ou en ratcliers idoines, ou en main, leur offrant herbes, gerbes, pommes, poires, orge, touzelle, brief toutes especes de fruictz et legumaiges. Je m'esbahis comment nos escrivains antiques les disent tant farouches, feroces et dangereuses, et onques vives n'avoir esté veues. Si bon vous semble ferez espreuve du contraire, et trouverez qu'en elles consiste une mignotize la plus grande du monde, pourveu que malicieusement on ne les offense.

« Pareillement, nous envoie la vie et gestes de Achilles en tapisserie bien belle et industrieuse. Vous asceurant que les nouveaultés d'animaux, de plantes, d'oiseaux, de pierreries que trouver pourray, et recouvrer en toute nostre peregrination, toutes je vous porteray, aidant Dieu nostre Seigneur, lequel je prie en sa saincte grace vous conserver.

« De Medamothi, ce quinziesme de juin. Panurge, frere Jean, Epistemon, Xenomanes, Gymnaste, Eusthenes, Rhizotome, Carpalim, aprés le devot baisemain, vous resaluent en usure centuple.

« Vostre humble filz et serviteur,

« PANTAGRUEL. »

Pendant que Pantagruel escrivoit les lettres susdictes, Malicorne fut de tous festoyé, salué et accollé à double rebraz. Dieu sait comment tout alloit, et comment recommendations de toutes parts trottoient en place. Pantagruel, avoir parachevé ses lettres, banqueta avec l'escuyer. Et luy donna une grosse chaine d'or, pesans huit cens escuz, en laquelle, par les chainons septenaires, estoient gros diamans, rubiz, esmeraudes, turquoises, unions, alternativement enchassés. A un chascun de ses nauchiers fit donner cinq cens escuz au soleil. A Gargantua son pere envoya le tarande, couvert d'une housse de satin broché d'or, avec la tapisserie contenante la vie et gestes de Achilles, et les trois unicornes capparassonnées de drap d'or frizé. Ainsi departirent de Médamothi, Malicorne, pour retourner vers Gargantua; Pantagruel, pour continuer son navigaige. Lequel en haulte mer fit lire par Epistemon les livres apportés par l'escuyer. Desquelz, pource qu'il les trouva joyeux et plaisans, le transsumpt voluntiers vous donneray, si devotement le requerez.

CHAPITRE V

COMMENT PANTAGRUEL RENCONTRA UNE NAUF DE VOYAGERS RETOURNANS DU PAYS LANTERNOIS

Au cinquieme jour, ja commençans tournoyer le pole peu à peu, nous esloignans de l'equinoctial, descouvrismes une navire marchande faisant voile à horche vers nous. La joye ne fut petite, tant de nous comme des marchands : de nous, entendans nouvelle de la marine ; de eux, entendans nouvelles de terre ferme. Nous rallians avec eux, cogneusmes qu'ilz estoient François Xantongeois. Devisant et raisonnant ensemble, Pantagruel entendit qu'ilz venoient de Lanternois. Dont eut nouveau accroissement d'alaigresse, aussi eut toute l'assemblée mesmement, nous enquestans de l'estat du pays et mœurs du peuple Lanternier, et ayant advertissement que, sus la fin de juillet subsequent, estoit l'assignation du chapitre general des Lanternes : et que, si lors y arrivions (comme facile nous estoit), voyrions belle, honorable et joyeuse compaignie des Lanternes : et que l'on y faisoit grands apprestz, comme si l'on y deust profondement lanterner. Nous fut aussi dict que, passans le grand royaume de Gebarim, nous serions honorifiquement receuz et traictez par le roy Ohabé, dominateur d'icelle terre. Lequel et tous ses subjectz pareillement parlent langaige françois tourangeau.

Ce pendant que nous entendions ces nouvelles, Panurge prend debat avec un marchant de Taillebourg, nommé Dindenault. L'occasion du debat fut telle : ce Dindenault, voyant Panurge sans braguette, avec ses lunettes attachées au bonnet, dist de luy à ses compaignons : « Voyez là une belle médaille de coqu. » Panurge, à cause de ses lunettes, oyoit des oreilles beaucoup plus clair que de coustume. Donc, entendant ce propos, demanda au marchant : « Comment diable serois je coqu, qui ne suis encores marié, comme tu es, selon que juger je peuz à ta troigne mal gracieuse ?

— Oui vrayement, respondit le marchant, je le suis : et ne vouldrois ne l'estre pour toutes les lunettes d'Europe, non pour toutes les besicles d'Afrique. Car j'ay une des plus belles, plus advenantes, plus honnestes, plus prudes femmes en mariage, qui soit en tout le pays de Xantonge; et n'en desplaise aux autres. Je luy porte de mon voyage une belle et de unze poulcées longue branche de coural rouge, pour ses estrenes. Qu'en as tu à faire? De quoy te mesles tu? Qui es tu? Dond es tu? O lunetier de l'antichrist, responds si tu es de Dieu.

— Je te demande, dist Panurge, si, par consentement et convenence de tous les elemens, j'avois sacsacbezevezinemassé ta tant belle, tant advenante, tant honneste, tant prude femme, de mode que le roide dieu des jardins Priapus, lequel icy habite en liberté, subjection forclose de braguettes attachées, luy fut on corps demeuré, en tel desastre que jamais n'en sortiroit, eternellement y resteroit, sinon que tu le tirasses avec les dents, que ferois tu? Le laisserois tu là simpiternellement? ou bien le tirerois tu à belles dents? Responds, o belinier de Mahumet, puis que tu es de tous les diables.

— Je te donnerois, respondit le marchant, un coup d'espée sus ceste oreille lunetiere, et te tuerois comme un belier. » Ce disant desgainoit son espée. Mais elle tenoit au fourreau, comme vous sçavez que, sus mer, tous harnois facilement chargent rouille, à cause de l'humidité excessive et nitreuse. Panurge recourt vers Pantagruel à secours. Frere Jean mit la main à son bragmard fraischement esmoulu, et eust felonnement occis le marchant, ne fust que le patron de la nauf, et aultres passagers supplierent Pantagruel n'estre faict scandale en son vaisseau. Dont fut appoincté tout leur different: et toucherent les mains ensemble Panurge et le marchant, et beurent d'autant l'un à l'autre de hait, en signe de perfaicte reconciliation.

CHAPITRE VI

COMMENT, LE DEBAT APPAISÉ, PANURGE MARCHANDE AVEC DINDENAULT UN DE SES MOUTONS

Ce debat du tout appaisé, Panurge dist secretement à Epistemon et à frere Jean : « Retirez vous icy un peu à l'escart, et joyeusement passez temps à ce que voirez. Il y aura bien beau jeu, si la chorde ne rompt. » Puis s'adressant au marchant, et de rechef beut à luy plein hanap de bon vin Lanternois. Le marchant le pleigea gaillard, en toute courtoisie et honnesteté. Cela faict, Panurge devotement le prioit luy vouloir de grace vendre un de ses moutons. Le marchant luy respondit : « Halas, halas, mon amy, nostre voisin, comment vous sçavez bien trupher des pauvres gens. Vrayement vous estes un gentil chalant. O le vaillant acheteur de moutons! Vraybis, vous portez le minois non mie d'un acheteur de moutons, mais bien d'un coupeur de bourses. Deu Colas, faillon, qu'il feroit bon porter bourse pleine auprés de vous en la tripperie sus le degel ! Han, han, qui ne vous cognoistroit, vous feriez bien des vostres. Mais voyez, hau, bonnes gens, comment il taille de l'historiographe.

— Patience, dist Panurge. Mais, à propos, de grace speciale, vendez moy un de vos moutons. Combien? — Comment, respondit le marchant, l'entendez vous, nostre amy, mon voisin? Ce sont moutons à la grande laine. Jason y print la toison d'or. L'ordre de la maison de Bourgoigne en fut extraict. Moutons de levant, moutons de haulte fustaye, moutons de haulte gresse. — Soit, dist Panurge, mais de grace vendez m'en un, et pour cause; bien et promptement vous payant en monnoye de ponant, de taillis, et de basse gresse. Combien?

— Nostre voisin, mon amy, respondit le marchant, escoutez ça un peu de l'aultre oreille.

PANURGE. A vostre commandement.
LE MARCHANT. Vous allez en Lanternois?
PANURGE. Voire.
LE MARCHANT. Voir le monde?
PANURGE. Voire.
LE MARCHANT. Joyeusement.
PANURGE. Voire.
LE MARCHANT. Vous avez, ce croy je, nom Robin mouton.
PANURGE. Il vous plaist à dire.
LE MARCHANT. Sans vous fascher.
PANURGE. Je l'entends ainsi.
LE MARCHANT. Vous estes, ce croy je, le joyeulx du roy.
PANURGE. Voire.
LE MARCHANT. Fourchez là. Ha, ha, vous allez voir le monde, vous estes le joyeulx du roy, vous avez nom Robin mouton; voyez ce mouton là, il a nom Robin comme vous. Robin, Robin, Robin. — Bês, bês, bês, bês. — O la belle voix !

PANURGE. Bien belle et harmonieuse.
LE MARCHANT. Voicy un pact qui sera entre vous et moy, nostre voisin et amy. Vous qui estes Robin mouton, serez en ceste couppe de balance, le mien mouton Robin sera en l'aultre : je gaige un cent de huytres de Busch que, en poidz, en valleur, en estimation, il vous emportera hault et court, en pareille forme que serez quelque jour suspendu et pendu.

— Patience, dist Panurge. Mais vous feriez beaucoup pour moy et pour vostre posterité, si me le vouliez vendre, ou quelque autre du bas cœur. Je vous en prie, sire monsieur. — Nostre amy, respondit le marchant, mon voisin, de la toison de ces moutons seront faicts les fins draps de Rouen ; les louchetz des balles de Limestre, au pris d'elle, ne sont que bourre. De la peau seront faicts les beaux marroquins, lesquelz on vendra pour marroquins Turquins, ou de Montelimart, ou de Espaigne pour le pire. Des boyaulx, on fera chordes de violons et harpes, lesquelz tant cherement on vendra comme si fussent chordes de Munican ou Aquileie. Que pensez vous ? — S'il vous plaist, dist Panurge, m'en vendrez un, j'en seray bien fort tenu au courrail de vostre huys. Voyez cy argent content. Combien ? » Ce disoit, monstrant son esquarcelle pleine de nouveaux Henricus.

CHAPITRE VII

CONTINUATION DU MARCHÉ ENTRE PANURGE ET DINDENAULT

« Mon amy, respondit le marchant, nostre voisin, ce n'est viande que pour rois et princes. La chair en est tant delicate, tant savoureuse, et tant friande que c'est basme. Je les ameine d'un pays onquel les pourceaux (Dieu soit avec nous) ne mangent que myrobalans. Les truyes en leur gesine (saulve l'honneur de toute la compaignie) ne sont nourries que de fleurs d'orangiers. — Mais, dist Panurge, vendez m'en un, et je vous le payeray en roy, foy de pieton. Combien ? — Nostre amy, respondit le marchant, mon voisin, ce sont moutons extraictz de la propre race de celuy qui porta Phrixus et Hellé par la mer dicte Hellesponte. — Cancre, dist Panurge, vous estes *clericus vel adiscens.* — *Ita* sont choux, respondit le marchant, *vere* ce sont pourreaux. Mais rr. rrr. rrrr. rrrr. Ho Robin rr. rrrr. rrrr. Vous n'entendez ce langaige.

« A propos. Par tous les champs esquelz ilz pissent, le bled y provient comme si Dieu y eust pissé. Il n'y faut autre marne ne fumier. Plus y a. De leur urine les quintessentiaux tirent le meilleur salpetre du monde. De leurs crottes (mais qu'il ne vous desplaise) les medecins de nos pays guerissent soixante et dixhuit especes de maladies. La moindre desquelles est le mal Sainct Eutrope de Xaintes, dont Dieu nous saulve et gard. Que pensez vous, nostre voisin, mon amy ? Aussi me coustent ilz bon.

— Couste et vaille, respondit Panurge. Seulement vendez m'en un, le payant bien. — Nostre amy, dist le marchant, mon voisin, considerez un peu les merveilles de nature consistans en ces animaux que voyez, voir en un membre que estimeriez inutile. Prenez moy ces cornes là, et les concassez un peu avec un pillon de fer, ou avec un landier, ce m'est tout un. Puis les enterrez en veue du soleil la part que vouldrez, et souvent les arrosez. En peu de mois vous en voirez naistre les meilleurs asperges du monde. Je n'en daignerois excepter ceux de Ravenne. Allez moy dire que les cornes de vous autres messieurs les coqus ayent vertu telle, et proprieté tant mirifique.

— Patience, respondit Panurge. — Je ne sçay, dist le marchant, si vous estes clerc. J'ay veu prou de clercs, je dis grands clercs, coqus. Ouy dea. A propos, si vous estiez clerc, vous sçauriez que, es membres inferieurs de ces animaulx divins, ce sont les pieds, y a un os, c'est le talon, l'astragale, si vous voulez, duquel, non d'aultre animal du monde, fors de l'asne Indian et des dorcades de Libye, l'on jouoit antiquement au royal jeu des tales, auquel l'empereur Octavian Auguste un soir guaingna plus de 50,000 escuz. Vous aultres coqus n'avez garde d'en guaigner autant.

— Patience, respondit Panurge. Mais expedions. — Et quand, dist le marchant, vous auray je, nostre amy, mon voisin, dignement loué les membres internes ; les espaules, les esclanges, les gigotz, le hault cousté, la poictrine, le foye, la ratelle, les trippes, la guogue, la vessie, dont on joue à la balle ; les coustelettes, dont on fait en Pygmion les beaux petits arcs pour tirer des noyaux de cerises contre les grues ; la teste, dont, avec un peu de soulphre, on fait une mirifique decoction pour faire viander les chiens constippés du ventre...

— Bren, bren, dist le patron da la nauf au marchant, c'est trop icy barguigné. Vends luy si tu veux ; si tu ne veux, ne l'amuse plus. — Je le veulx, respondist le marchant, pour l'amour de vous. Mais il en payera trois livres tournois de la piece en choisissant. — C'est beaucoup, dist Panurge. En nos pays j'en aurois bien cinq, voire six pour telle somme de deniers. Advisez que ne soit trop. Vous n'estes le premier de ma cognoissance qui, trop tost voulant riche devenir et parvenir, est à l'envers tombé en pauvreté, voire quelquefois s'est rompu le col. — Tes fortes fiebvres quartaines, dist le marchant, lourdault sot que tu es ! Par le digne veu de Charrous, le moindre de ces moutons vault quatre fois plus que le meilleur de ceux que jadis les Coraxiens en Tuditanie, contrée d'Espagne, vendoient un talent d'or la piece. Et que penses tu, ô sot à la grande paye, que valoit un talent d'or ?

— Benoist monsieur, dist Panurge, vous vous eschauffez en votre harnois, à ce que je voy et cognoy. Bien tenez, voyez là vostre argent. » Panurge, ayant payé le marchant, choisit de tout le troupeau un beau et grand mouton, et l'emportoit criant et bellant, oyans tous les aultres et ensemblement bellans et regardans quelle part on menoit leur compagnon. Ce pendant le marchant disoit à ses moutonniers : « O qu'il a bien sceu choisir, le challant ! Il s'y entend, le paillard ! Vrayement, le bon vrayement, je le resertvois pour le seigneur de Cancale, comme bien cognoissant son naturel. Car, de sa nature, il est tout joyeux et esbaudy quand il tient une espaule de mouton en main bien séante et advenante, comme une raquette gauschiere, et, avec un cousteau bien tranchant, Dieu sait comment il s'en escrime. »

CHAPITRE VIII

COMMENT PANURGE FIT EN MER NOYER LE MARCHANT ET LES MOUTONS

Soubdain je ne sçay comment, le cas fut subit, je n'eus loisir le considerer, Panurge, sans aultre chose dire, jette en pleine mer son mouton criant et bellant. Tous les aultres moutons, crians et bellans en pareille intonation, commencerent soy jetter et saulter en mer aprés, à la file. La foulle estoit à qui premier y saulteroit aprés leur compagnon. Possible n'estoit les engarder, comme vous sçavez estre du mouton le naturel, tousjours suivre le premier, quelque part qu'il aille. Aussi le dit Aristoteles, *lib.* IX, *de Histor. anim.*, estre le plus sot et inepte animant du monde.

Le marchant, tout effrayé de ce que davant ses yeulx perir voyoit et noyer ses moutons, s'efforçoit les empescher et retenir de tout son pouvoir. Mais c'estoit en vain. Tous à la file saultoient dedans la mer, et perissoient. Finallement, il en print un grand et fort par la toison sus le tillac de la nauf, cuidant ainsi le retenir, et saulver le reste aussi consequemment. Le mouton fut si puissant qu'il emporta en mer avec soy le marchant, et fut noyé, en pareille forme que les moutons de Polyphemus le borgne cyclope emporterent hors la caverne Ulyxes et ses compaignons. Autant en firent les aultres bergiers et moutonniers, les prenans uns par les cornes, aultres par les jambes, aultres par la toison. Lesquelz tous furent pareillement en mer portés et noyés miserablement.

Panurge, a cousté du fougon, tenant un aviron en main, non pour aider les moutonniers, mais pour les engarder de grimper sus la nauf, et evader le naufraige, les preschoit eloquentement, comme si fust un petit frere Olivier Maillard, ou un second frere Jean Bourgeois ; leurs remonstrant par lieux de rethoricque les miseres de ce monde, le bien et l'heur de l'autre vie, affermant plus heureux estre les trespassés que les vivans en ceste vallée de misere, et à un chascun d'eux promettant eriger un beau cenotaphe et sepulchre honoraire au plus hault du mont Cenis, à son retour de Lanternois : leurs optant ce néantmoins, en cas que vivre encores entre les humains ne leur faschast, et noyer ainsi ne leur vint à propos, bonne adventure, et rencontre de quelque baleine, laquelle au tiers jour subsequent les rendist sains et saulves en quelque pays de satin, à l'exemple de Jonas.

La nauf vuidée du marchant et des moutons : « Reste il icy, dist Panurge, ulle ame moutonniere ? Où sont ceux de Thibault l'Aignelet ? et ceux de Regnauld Belin, qui dorment quand les aultres paissent ? Je n'y sçay rien. C'est un tour de vieille guerre. Que t'en semble, frere Jean ? — Tout bien de vous, respondit frere-Jean. Je n'ay rien trouvé mauvais, sinon qu'il me semble que, ainsi comme jadis on souloit en guerre, au jour de bataille ou assault, promettre aux souldars double paye pour celuy jour : s'ilz guaingnoient la bataille, l'on avoit prou de quoy payer ; s'ilz la perdoient, c'eust esté honte la demander, comme firent les fuyards Gruyers aprés la bataille de Serizolles : aussi qu'en fin vous doibviez le payement reserver ; l'argent vous demourast en bourse. — C'est, dist Panurge, bien chié pour l'argent. Vertus Dieu, j'ay eu du passetemps pour plus de cinquante mille francs. Retirons nous, le vent est propice. Frere Jean, escoute icy. Jamais homme ne me fit plaisir sans recompensé, ou recoignoissance pour le moins. Je ne suis point ingrat et ne le fus, ne seray. Jamais homme ne me fit desplaisir sans repentance, ou en ce monde, ou en l'autre. Je ne suis poinct fat jusques là. — Tu, dist frere Jean, te damnes comme un vieil diable. Il est escrit : *Mihi vindictam*, etc. Matiere de breviaire. »

CHAPITRE IX

COMMENT PANTAGRUEL ARRIVA EN L'ISLE ENNASIN, ET DES ESTRANGES ALLIANCES DU PAYS

Zephyre nous continuoit en participation d'un peu du garbin, et avions un jour passé sans terre descouvrir. Au tiers jour, à l'aube des mousches, nous apparut une isle triangulaire, bien fort ressemblante quant à la forme et assiette à Sicile. On la nommoit l'isle des Alliances. Les hommes et femmes ressemblent aux Poictevins rouges, exceptez que tous, hommes, femmes et petits enfans, ont le nez en figure d'un as de treuffles. Pour ceste cause, le nom antique de l'isle estoit Ennasin. Et estoient tous parens et alliés ensemble, comme ilz se vantoient ; et nous dist librement le potestat du lieu : « Vous aultres gens de l'aultre monde tenez pour chose admirable que, d'une famille romaine (c'estoient les Fabians), pour un jour (ce fut le trezieme du mois de febvrier), par une porte (ce fut la porte Carmentale, jadis située au pied du Capitole, entre le roc Tarpéian et le Tibre, depuis surnommée Scelerate), contre certains ennemis des Romains (c'estoient les Veientes Hetrusques), sortirent trois cens six hommes de guerre tous parens, avec cinq mille autres souldars tous leurs vassaux, qui tous furent occis (ce fut prés le fleuve Cremere, qui sort du lac de Baccane). De ceste terre, pour un besoing, sortiront plus de trois cens mille, tous parens et d'une famille. »

Leurs parentés et alliances estoient de façon bien estrange : car, estans ainsi tous parens et alliés l'un de l'autre, nous trouvasmes que personne d'eux n'estoit pere ne mere, frere ne sœur, oncle ne tante, cousin ne nepveu, gendre ne bruz, parrain ne marraine de l'autre. Sinon vrayement un grand vieillard ennasé, lequel, comme je vis, appella une petite fille aagée de trois ou quatre ans mon pere ; la petite fillette le appelloit ma fille.

La parenté et alliance entre eux estoit que l'un appelloit une femme ma maigre ; la femme le appelloit mon marsouin. « Ceux là, disoit frere Jean, devroient bien sentir leur marée, quand ensemble se sont frottés leur lard. » L'un appelloit un guorgiase bachelette, en soubriant : « Bon jour, mon estrillé. » Elle le resalua, disant : « Bonne estrenne, mon fauveau. — Hay, hay, hay ! s'escria Panurge, venez voire une estrille, une fau et un veau. N'est ce estrille fauveau ? Ce fauveau à la raye noire doibt bien souvent estre estrillé. » Un autre salua une sienne mignonne, disant : « Adieu, mon bureau. » Elle luy respondit : « Et vous aussi, mon proces. — Par sainct Treignant, dist Gymnaste, ce proces doibt estre souvent sus ce bureau. » L'un appelloit une autre mon verd. Elle l'appeloit son coquin. « Il y a bien là, dist Eusthenes, du verd coquin. » Un autre salua une sienne alliée, disant : « Bon di, ma coingnée. » Elle respondit : « Et à vous, mon manche. — Ventre bœuf, s'escria Carpalim, comment ceste coingnée est emmanchée ? Comment ce manche est encoingné ? Mais seroit ce poinct la grande manche que demandent les courtisanes romaines ? Ou un cordelier à la grande manche ? »

Passant oultre, je vis un averlant qui, saluant son alliée, l'appella mon matraz : elle le appelloit mon lodier. De faict, il avoit quelques traictz de lodier lourdault. L'un appelloit une autre ma mie, elle l'appeloit ma crouste. L'un une autre appelloit sa palle, elle l'appelloit son fourgon. L'un une autre appelloit ma savate, elle le nommoit pantophle. L'un une autre nommoit ma botine, elle l'appelloit son estivallet. L'un une autre nommoit sa mitaine, elle le nommoit mon gand. L'un une autre nommoit sa couane, elle l'appelloit son lard : et estoit entre eux parenté de couane de lard.

En pareille alliance, l'un appelloit une sienne mon homelaicte, elle le nommoit mon œuf : et estoient alliés comme une homelaicte d'œufz. De mesmes un autre appelloit une sienne ma trippe, elle l'appeloit son fagot :

Et onques ne peuz sçavoir quelle parenté, alliance, affinité ou consanguinité fust entre eux, la rapportant à nostre usage commun, sinon qu'on nous dist, qu'elle estoit trippe de ce fagot. Un autre, saluant une sienne, disoit : « Salut, mon escalle. » Elle respondit : « Et à vous, mon huytre. — C'est, dist Carpalim, une huytre en escalle. » Un autre de mesmes saluoit une sienne, disant : « Bonne vie, ma gousse. » Elle respondit : « Longue à vous, mon poys. — C'est, dist Gymnaste, un poys en gousse. » Un autre grand villain claquedent, monté sus haultes mulles de bois, rencontrant une grosse, grasse, courte guarse, luy dist : « Dieu gard mon sabbot, ma trombe, ma touppie. » Elle luy respondit fierement : « Gard pour gard, mon fouet. — Sang sainct Gris, dist Xenomanes, est il fouet competent pour mener ceste touppie? »

Un docteur regent, bien peigné et testonné, avoir quelque temps devisé avec une haulte damoiselle, prenant d'elle congié, luy dist : « Grand mercy, bonne mine. — Mais, dist elle, tres grand à vous, mauvais jeu. — De bonne mine, dist Pantagruel, à mauvais jeu n'est alliance impertinente. » Un bachelier en busche, passant, dist à une jeune bachelette : « Hay, hay, hay. Tant y a que ne vous vis, Muse. — Je vous voy, respondit elle, Corne, voluntiers. — Accouplez les, dist Panurge, et leurs soufflez au cul : ce sera une cornemuse. » Un autre appella une sienne ma truie, elle l'appella son foin. Là me vint en pensement que cette truie voluntiers tournoit à ce foin. Je vis un demy gallant bossu, quelque peu prés de nous, saluer une sienne alliée, disant : « Adieu, mon trou. » Elle de mesmes le resalua, disant : « Dieu gard ma cheville. » Frere Jean dist : « Elle, ce croy je, est toute trou, et il de mesme tout cheville. Ores est à sçavoir si ce trou par ceste cheville peut entierement estre estouppé. »

Un autre salua une sienne, disant : « Adieu, ma mue. » Elle respondit : « Bon jour, mon oison. — Je croy, dist Ponocrates, que cestuy oison est souvent en mue. » Un averlant, causant avec une jeune gualoise, luy disoit : « Vous en souvienne, vesse. — Aussi sera, ped, » respondit elle. « Appellez vous, dist Pantagruel au potestat, ces deux là parens? Je pense qu'ilz soyent ennemis, non alliés ensemble, car il l'a appelée vesse. En nos pays, vous ne pourriez plus oultrager une femme que ainsi l'appellant. — Bonnes gens de l'autre monde, respondit le potestat, vous avez peu de parens telz et tant proches comme sont ce ped et ceste vesse. Ilz sortirent invisiblement tous deux ensemble d'un trou, en un instant. — Le vent de Galerne, dist Panurge, avoit donc lanterné leur mere. — Quelle mere, dist le potestat, entendez vous? C'est parenté de vostre monde. Ilz n'ont ne pere ne mere. C'est à faire à gens delà l'eau, à gens bottés de foin. » Le bon Pantagruel tout voyoit, et escoutoit ; mais, à ces propos il cuida perdre contenance.

Avoir bien curieusement considéré l'assiette de l'isle et mœurs du peuple Ennasé, nous entrasmes en un cabaret pour quelque peu refraischir. Là on faisoit nopces à la mode du pays. Au demourant chere et demie. Nous presens fut faict un joyeux mariage d'une poire, femme bien gaillarde, comme nous sembloit, toutesfois ceux qui en avoient tasté la disoient estre molasse, avec un jeune fromaige à poil follet, un peu rougeastre. J'en avois autrefois ouy la renommée, et ailleurs avoient esté faicts plusieurs telz mariages. Encores dit on, en nostre pays de vache, qu'il ne fut onques tel mariage qu'est de la poire et du fromaige. En une autre salle, je vis qu'on marioit une vieille botte avec un jeune et souple brodequin. Et fut dict à Pantagruel que le jeune brodequin prenoit la vieille botte à femme, pource qu'elle estoit bonne robe, en bon poinct, et grasse à profit de mesnage, voire fust ce pour un pescheur. En une autre salle basse je vis un jeune escafignon espouser une vieille pantophle. Et nous fut dict que ce n'estoit pour la beauté ou bonne grace d'elle, mais par avarice et convoitise d'avoir les escuz dont elle estoit toute contrepoinctée.

CHAPITRE X

COMMENT PANTAGRUEL DESCENDIT EN L'ISLE DE CHELI, EN LAQUELLE REGNOIT LE ROY SAINCT PANIGON

Le garbin nous souffloit en pouppe, quand, laissans ces mal plaisans Allianciers, avec leur nez de as de treufle, montasmes en haulte mer. Sus la declination du soleil, fismes scalle en l'isle de Cheli, isle grande, fertile, riche et populeuse, en laquelle regnoit le roy sainct Panigon. Lequel, accompaigné de ses enfans et princes de sa court, s'estoit transporté jusque prés le havre pour recevoir Pantagruel. Et le mena jusques en son chasteau : sus l'entrée du dongeon se offrit la royne, accompaignée de ses filles et dames de court. Panigon voulut qu'elle et toute sa suite baisassent Pantagruel et ses gens. Telle estoit la courtoisie et coustume du pays. Ce que fut faict, excepté frere Jean, qui se absenta et s'escarta parmy les officiers du roy. Panigon vouloit, en toute instance, pour cestuy jour et au lendemain retenir Pantagruel. Pantagruel fonda son excuse sus la serenité du temps et opportunité du vent, lequel plus souvent est desiré des voyagiers que rencontré, et le fault emploier quand il advient, car il ne advient toutes et quantes fois qu'on le souhaite. A ceste remonstrance, aprés boire vingt et cinq ou trente fois par homme, Panigon nous donna congié.

Pantagruel, retournant au port et ne voyant frere Jean, demandoit quelle part il estoit, et pourquoy n'estoit ensemble la compaignie. Panurge ne sçavoit comment l'excuser, et vouloit retourner au chasteau pour l'appeller, quand frere Jean accourut tout joyeux, et s'escria en grande guayeté de cœur, disant : « Vive le noble Panigon ! Par la mort bœuf de bois, il rue en cuisine. J'en viens, tout y va par escuelles. J'esperois bien y cotonner à profit et usaige monacal le moule de mon gippon. — Ainsi, mon amy, dist Pantagruel, tousjours à ces cuisines ! — Corpe de galline, respondit frere Jean, j'en sçay mieux l'usage et ceremonies que de tant chiabrener avec ces femmes, *magny, magna, chiabrena*, reverence, double, reprinse, l'accolade, la fressurade, baise la main de vostre mercy, de vostre majesta, vous soyez tarabin, tarabas. Bren, c'est merde à Rouan. Tant chiasser et ureniller ! Dea, je ne dis pas que je n'en tirasse quelque traict dessus la lie à mon lourdois, qui me laissast insinuer ma nomination. Mais ceste brenasserie de reverences me fasche plus qu'un jeune diable ; je voulois dire, un jeusne double. Sainct Benoist n'en mentit jamais.

« Vous parlez de baiser damoiselles ; par le digne et sacré froc que je porte, voluntiers je m'en deporte, craignant que m'advieigne ce que advint au seigneur de Guyercharois. — Quoy ? demanda Pantagruel, je le cognois, il est de mes meilleurs amis. — Il estoit, dist frere Jean, invité à un sumptueux et magnifique banquet que faisoit un sien parent et voisin : auquel estoient pareillement invités tous les gentilz hommes, dames et damoiselles du voisinage. Icelles, attendantes sa venue, deguiserent les pages de l'assemblée, et les habillerent en damoiselles bien pimpantes et atourées. Les pages endamoisellés à luy entrant prés le pont leviz se presenterent. Il les baisa tous en grande courtoisie et reverences magnifiques. Sus la fin, les dames, qui l'attendoient en la galerie, s'esclaterent de rire, et firent signes aux pages à ce qu'ilz oustassent leurs atours. Ce que voyant le bon seigneur, par honte et despit ne daigna baiser icelles dames et damoiselles naïfves. Alleguant, veu qu'on luy avoit ainsi desguisé les pages, que, par la mort bœuf de bois, ce debvoient là estre les varletz, encores plus finement desguisés.

« Vertus Dieu, *da jurandi*, pourquoy plus tost ne transportons nous nos humanités en belle cuisine de Dieu ? Et là ne considerons le branslement des broches, l'harmonie des contrehastiers, la position des lardons, la temperature des potaiges, les preparatifz du dessert, l'ordre du service, du vin ? *Beati immaculati in via.* C'est matiere de breviaire. »

CHAPITRE XI

POURQUOY LES MOINES SONT VOLUNTIERS EN CUISINE

« C'est, dist Epistemon, naïfvement parlé en moine. Je dis moine moinant, je ne dis pas moine moiné. Vrayement vous me reduisez en memoire ce que je vis et ouy en Florence, il y a environ vingt ans. Nous estions bien bonne compaignie de gens studieux, amateurs de peregrinité, et convoiteux de visiter les gens doctes, antiquités et singularités d'Italie. Et lors curieusement contemplions l'assiette et beauté de Florence, la structure du dome, la sumptuosité des temples et palais magnificques. Et entrions en contention qui plus aptement les extolleroit par louanges condignes : quand un moine d'Amiens, nommé Bernard Lardon, comme tout fasché et monopolé, nous dist : « Je ne sçay que diantre vous trouvez icy tant à louer. J'ay aussi bien contemplé comme vous, et ne suis aveugle plus que vous. Et puis : qu'est ce? Ce sont belles maisons. C'est tout. Mais Dieu, et monsieur sainct Bernard, nostre bon patron, soit avec nous, en toute ceste ville encores n'ay je veu une seule roustisserie, et y ay curieusement regardé et consideré. Voire je vous dis comme espiant et prest à compter et nombrer, tant à dextre comme à senestre, combien et de quel cousté plus nous rencontrerions de roustisseries roustissantes. Dedans Amiens, en moins de chemin quatre fois, voire trois qu'avons faict en nos contemplations, je vous pourrois monstrer plus de quatorze roustisseries antiques et aromatizantes. Je ne sçay quel plaisir avez prins voyans les lions et africanes (ainsi nommiez vous, ce me semble, ce qu'ilz appellent tygres) prés le beffroy : pareillement voyans les porcs espicz et austruches on palais du seigneur Philippe Strossi. Par ma foy, nos fieulx, j'aimerois mieulx voir un bon et gras oison en broche. Ces porphyres, ces marbres sont beaux. Je n'en dis poinct de mal, mais les darioles d'Amiens sont meilleures à mon goust. Ces statues antiques sont bien faictes, je le veulx croire ; mais par sainct Ferreol d'Abbeville, les jeunes bachelettes de nos pays sont mille fois plus advenantes.

— Que signifie, demanda frere Jean, et que veult dire que tousjours vous trouvez moines en cuisines ; jamais n'y trouvez rois, papes, ne empereurs? — Est ce, respondit Rhizotome, quelque vertu latente et proprieté specificque absconse dedans les marmites et contrehastiers, qui les moines y attire, comme l'aimant à soy le fer attire ; n'y attire empereurs, papes, ne rois ? Ou c'est une induction et inclination naturelle, aux frocz et cagoulle adherentes, laquelle de soy mene et poulse les bons religieux en cuisine, encore qu'ilz n'eussent election ne deliberation d'y aller? — Il veult dire, respondit Epistemon, formes suivantes la matiere. Ainsi les nomme Averroïs. — Voire, voire, dist frere Jean.

— Je vous diray, respondit Pantagruel, sans au probleme proposé respondre, car il est un peu chatouilleux, et à peine y toucheriez vous sans vous espiner. Me souvient avoir leu que Antigonus, roy de Macedonie, un jour entrant en la cuisine de ses tentes, et y rencontrant le poëte Antagoras, lequel fricassoit un congre et luy mesme tenoit la paille, luy demanda en toute alaigresse : « Homere fricassoit il congres, lorsqu'il descrivoit « les prouesses de Agamemnon? — Mais, respondit Antagoras au roy, « estimes tu que Agamemnon, lors que telles prouesses faisoit, fust « curieux de savoir si personne en son camp fricassoit congres? » Au roy sembloit indecent que en sa cuisine le poëte faisoit telle fricassée. Le poëte luy remonstroit que chose trop plus abhorrente estoit rencontrer le roy en cuisine. — Je dameray ces tecy, dist Panurge, vous racontant ce que Breton Villandry respondit un jour au seigneur duc de Guise. Leur propous estoit de quelque bataille du roy François contre l'empereur Charles cinquiesme, en laquelle Breton estoit guorgiasement armé, mesmement de grefves et solleretz asserés, monté aussi à l'avantaige ; n'avoit toutesfois esté veu au combat. « Par ma foy, respondit Breton, j'y ay esté, facile me sera le « prouver, voire en lieu onquel vous n'eussiez osé vous trouver. » Le seigneur Duc prenant en mal ceste parole, comme trop brave et trop temerairement proferée, et se haulsant de propous, Breton facilement en grande risée l'appaisa, disant : « J'estois avec le baguage : onquel lieu vostre « honneur n'eust porté soy cacher comme je faisois. » En ces menuz devis arriverent en leurs navires. Et plus long sejour ne firent en icelle isle de Cheli.

CHAPITRE XII

COMMENT PANTAGRUEL PASSA PROCURATION, ET DE L'ESTRANGE MANIERE DE VIVRE ENTRE LES CHIQUANOUS

Continuant nostre route, au jour subsequent passasmes Procuration, qui est un pays tout chaffouré et barbouillé. Je n'y cogneuz rien. Là vismes des Procultous et Chicanous, gens à tout le poil. Ilz ne nous inviterent à boire ne à manger. Seulement, en longue multiplication de doctes reverences, nous dirent qu'ilz estoient tous à nostre commandement, en payant. Un de nos truchemens racontoit à Pantagruel comment ce peuple guaignoit sa vie en façon bien estrange, et en plein diametre contraire aux romicoles. A Rome, gens infiniz guaignent leur vie à empoisonner, à battre et à tuer ; les Chiquanous la guaignent à estre battuz. De mode que, si par long temps demouroient sans estre battuz, ils mourroient de male faim, eux, leurs femmes et enfans.

« C'est, disoit Panurge, comme ceux qui, par le rapport de Cl. Galien, ne peuvent le nerf caverneux vers le cercle equateur dresser, s'ilz ne sont tres bien fouettés. Par sainct Thibault, qui ainsi me fouetteroit me feroit bien au rebours desarsonner, de par tous les diables.

— La maniere, dist le truchement est telle : Quand un moine, prestre, usurier, ou advocat veult mal à quelque gentilhomme de son pays, il envoye vers luy un de ces Chiquanous. Chiquanous le citera, l'adjournera, le outragera, le injurira impudentement, suivant son record et instruction ; tant que le gentilhomme, s'il n'est paralytique de sens, et plus stupide qu'une rane gyrine, sera contrainct lui donner bastonnades et coups d'espée sur la teste, ou la belle jarretade, ou mieulx le jetter par les creneaux et fenestres de son chasteau. Cela faict, voilà Chiquanous riche pour quatre mois. Comme si coups de baston fussent ses naïfves moissons. Car il aura du moine, de l'usurier, ou advocat, salaire bien bon, et reparation du gentilhomme, aucunefois si grande et excessive que le gentilhomme y perdra tout son avoir, avec dangier de miserablement pourrir en prison, comme s'il eust frappé le roy.

— Contre tel inconvenient, dist Panurge, je sçay un remede tres bon, duquel usoit le seigneur de Basché. — Quel ? demanda Pantagruel. — Le seigneur de Basché, dist Panurge, estoit homme courageux, vertueux, magnanime, chevaleureux. Il, retournant de certaine longue guerre en laquelle le duc de Ferrare, par l'aide des François, vaillamment se defendit contre les furies du pape Jules second, par chascun jour estoit adjourné, cité, chiquané, à l'appetit et passetemps du gras prieur de Sainct Louant.

« Un jour, desjeunant avec ses gens (comme il estoit humain et debonnaire), manda querir son boulangier, nommé Loyre, et sa femme ; ensemble le curé de sa paroisse, nommé Oudart, qui le servoit de sommelier, comme lors estoit la coustume en France ; et leurs dist en presence de ses gentilzhommes et aultres domesticques : « Enfans, vous voyez en quelle
« fascherie me jettent journellement ces maraux Chiquanous ; j'en suis
« là resolu que, si ne m'y aidez, je delibere abandonner le pays et pren-
« dre le party du Soudan à tous les diables. Desormais, quand céans ilz
« viendront, soyez pretz, vous Loire et vostre femme, pour vous repre-
« senter en ma grande salle avec vos belles robes nuptiales, comme si l'on
« vous fiansoit, et comme premierement fustes fiansés. Tenez : voylà cent
« escuz d'or, lesquelz je vous donne pour entretenir vos beaulx accoustre-

« mens. Vous, messire Oudart, ne faillez y comparoistre en vostre beau
« suppellis et estolle, avec l'eau beniste, comme pour les fianser. Vous
« pareillement, Trudon (ainsi estoit nommé son tabourineur), soyez y
« avec vostre flutte et tabour. Les paroles dictes, et la mariée baisée, au
« son du tabour, vous tous baillerez l'un à l'aultre du souvenir des nopces,
« ce sont petits coups de poing. Ce faisans, vous n'en souperez que mieulx.
« Mais, quand ce viendra au Chiquanous, frappez dessus comme sus seigle
« verd, ne l'espargnez. Tappez, daubez, frappez, je vous en prie. Tenez,
« presentement je vous donne ces jeunes ganteletz de jouste, couvers de
« chevrotin. Donnez luy coups sans compter à tors et à travers. Celui qui
« mieulx le daubera, je recognoistray pour mieulx affectionné. N'ayez peur
« d'en estre reprins en justice. Je seray guarant pour tous. Telz coups
« seront donnés en riant, selon la coustume observée en toutes fiansailles.

« — Voire mais, demanda Oudart, à quoy cognoistrons nous le Chi-
« quanous? Car, en ceste vostre maison, journellement abordent gens de
« toutes parts. — Je y ay donné ordre, respondit Basché. Quand à la
« porte de céans viendra quelque homme, ou à pied, ou assez mal monté,
« ayant un anneau d'argent gros et large on poulce, il sera Chiquanous. Le
« portier l'ayant introduict courtoisement, sonnera la campanelle. Alors soyez
« pretz, et venez en salle jouer la tragicque comedie que vous ay exposé. »

« Ce propre jour, comme Dieu le voulut, arriva un vieil, gros et rouge
Chiquanous. Sonnant à la porte, fut par le portier recogneu à ses gros et gras
houzeaulx, à sa meschante jument, à un sac de toile plein d'informations,
attaché à sa ceinture, signamment au gros anneau d'argent qu'il avoit on
poulce gauche. Le portier luy fut courtois, l'introduict honnestement,
joyeusement, sonne la campanelle. Au son d'icelle, Loyre et sa femme se
vestirent de leurs beaux habillemens, comparurent en la salle, faisans
bonne morgue. Oudart se revestit de suppellis et d'estolle : sortant de son
office rencontre Chiquanous, le mene boire en son office longuement, ce
pendant qu'on chaussoit ganteletz de tous coustés, et luy dist : « Vous ne
« poviez à heure venir plus opportune. Nostre maistre est en ses bonnes :
« nous ferons tantouts bonne chere, tout ira par escuelles : nous sommes
« céans de nopces : tenez, beuvez, soyez joyeux. »

« Pendant que Chiquanous beuvoit, Basché, voyant en la salle ses gens
en equippage requis, mande querir Oudart. Oudart vient portant l'eau
beniste. Chiquanous le suit. Il, entrant en la salle, n'oublia faire nombre de humbles reverences, cita Basché, Basché luy fit la plus grande
caresse du monde, luy donna un angelot, le priant assister au contract et
fiansailles. Ce que fut faict. Sus la fin coups de poing commencerent sortir
en place Mais, quand ce vint au tour de Chiquanous, ilz le festoyerent à

grands coups de ganteletz, si bien qu'il resta tout estourdy et meurtry, un œil poché au beurre noir, huit costes freussées, le brechet enfondré, les omoplates en quatre quartiers, la maschouere inferieure en trois loppins, et le tout en riant. Dieu sçait comment Oudart y operoit; couvrant de la manche de son suppellis le gros gantelet asseré, fourré d'hermines, car il estoit puissant ribault. Ainsi retourne à l'isle Bouchard Chiquanous, accoustré à la tygresque : bien toutesfois satisfaict et content du seigneur de Basché, et moyennant le secours des bons chirurgiens du pays vesquit tant que vouldrez. Depuis n'en fut parlé. La memoire en expira avec le son des cloches les quelles quarillonnerent à son enterrement. »

CHAPITRE XIII

COMMENT, A L'EXEMPLE DE MAISTRE FRANÇOIS VILLON, LE SEIGNEUR DE BASCHÉ LOUE SES GENS

« Chiquanous issu du chasteau, et remonté sus son esgue orbe (ainsi nommoit il sa jument borgne), Basché, sous la treille de son jardin secret, manda querir sa femme, ses damoiselles, tous ses gens ; fit apporter vin de collation, associé d'un nombre de pastés, de jambons, de fruictz et fromaiges, beut avec eux en grande alaigresse, puis leur dist :

« Maistre François Villon, sus ses vieux jours, se retira à Sainct
« Maixent en Poictou, sous la faveur d'un homme de bien, abbé dudict
« lieu. Là, pour donner passetemps au peuple, entreprint faire jouer la
« Passion en gestes et langaige poictevin. Les rolles distribués, les joueurs
« recollés, le théatre preparé, dist au maire et eschevins que le mystere
« pourroit estre prest à l'issue des foires de Niort ; restoit seulement
« trouver habillemens aptes aux personnaiges. Les maire et eschevins y
« donnerent ordre. Il, pour un vieil paysant habiller qui jouoit Dieu le
« pere, requist frere Etienne Tappecoue, secretain des Cordeliers du lieu,
« luy prester une chappe et estolle. Tappecoue le refusa, alleguant que,
« par leurs statutz provinciaulx, estoit rigoureusement defendu rien bailler
« ou prester pour les jouans. Villon replicquoit que le statut seulement
« concernoit farces, mommeries et jeuz dissoluz, et qu'ainsi l'avoit veu
« pratiquer à Bruxelles et ailleurs. Tappecoue, ce non obstant, luy dist
« peremptoirement qu'ailleurs se pourveust, si bon luy sembloit, rien n'es-
« perast de sa sacristie, car rien n'en auroit sans faulte. Villon fit aux
« joueurs le rapport en grande abomination, adjoustant que de Tappecoue
« Dieu feroit vengeance et punition exemplaire bien tost.

« Au samedy subsequent, Villon eut advertissement que Tappecoue,

« sus la poultre du couvent (ainsi nomment ilz une jument non encores
« saillie), estoit allé en queste à Sainct Ligaire, et qu'il seroit de retour
« sus les deux heures aprés midy. Adonc fit la monstre de la Diablerie
« parmy la ville et le marché. Ses diables estoient tous capparassonnés de
« peaulx de loups, de veaulx et de beliers, passementées de testes de
« mouton, de cornes de boeufz, et de grands havetz de cuisine ; ceinctz
« de grosses courraies, esquelles pendoient grosses cymbales de vaches,
« et sonnettes de muletz à bruit horrifique. Tenoient en main aucuns bas-
« tons noirs pleins de fusées ; aultres portoient longs tizons allumés, sus
« lesquelz à chascun carrefour jettoient pleines poingnées de parasine en
« pouldre, dont sortoit feu et fumée terrible. Les avoir ainsi conduicts
« avec contentement du peuple et en grande frayeur des petits enfans,
« finalement les mena banqueter en une cassine, hors la porte en laquelle
« est le chemin de Sainct Ligaire. Arrivans à la cassine, de loing il apper-
« ceut Tappecoue qui retournoit de queste, et leur dist en vers macaro-
« niques :

>Hic est de patria, natus de gente belistra,
>Qui solet antiquo bribas portare bisacco.

« Par la mort dienne ! (dirent adonc les diables) il n'a voulu prester à
« Dieu le pere une pauvre chappe ; faisons luy peur. — C'est bien dict,
« respond Villon ; mais cachons nous jusques à ce qu'il passe, et chargez
« vos fusées et tizons. » Tappecoue arrivé au lieu, tous sortirent on chemin
« au davant de luy, en grand effroy, jettans feu de tous coustés sus luy et
« sa poultre, sonnans de leurs cymbales, et hurlans en diables : « Hho,
« hho, hho, hho, brrrourrrourrrrs, rrrourrrs, rrrourrrs. Hou, hou, hou.
« Hho, hho, hho. Frere Estienne, faisons nous pas bien les diables ? »

« La poultre, toute effrayée, se mit au trot, à petz, à bondz, et au
« gualot ; à ruades, fressurades, doubles pedales, et petarrades ; tant qu'elle
« rua bas Tappecoue, quoy qu'il se tinst à l'aulbe du bast de toutes ses
« forces. Ses estrivieres estoient de chordes : du cousté hors le montouoir
« son soulier fenestré estoit si fort entortillé qu'il ne le peut onques tirer.
« Ainsi estoit traisné à escorcheeul par la poultre, tousjours multipliante
« en ruades contre luy, et fourvoyante de peur par les hayes, buissons et
« fossés. De mode qu'elle luy cobbit toute la teste, si que la cervelle en
« tomba prés la croix Osaniere, puis les bras en pieces, l'un çà l'aultre là,
« les jambes de mesmes ; puis des boyaulx fit un long carnaige, en sorte
« que la poultre au convent arrivante de luy ne portoit que le pied droit,
« et soulier entortillé.

« Villon, voyant advenu ce qu'il avoit pourpensé, dist à ses diables :

« Vous jouerez bien, messieurs les diables, vous jouerez bien, je vous
« affie. O que vous jouerez bien ! Je despite la Diablerie de Saulmur, de
« Doué, de Mommorillon, de Langres, de Sainct Espain, de Angiers,
« voire, par Dieu, de Poictiers avec leur parlouoire, en cas qu'ilz puissent
« estre à vous parragonnés. O que vous jouerez bien ! »

« Ainsi, dist Basché, prevoy je, mes bons amis, que vous dorenavant
« jouerez bien ceste tragicque farce, veu qu'à la premiere monstre et essay,
« par vous a esté Chiquanous tant disertement daubé, tappé et chatouillé.
« Presentement je double à vous tous vos gaiges. Vous, m'amie (disoit-il
« à sa femme), faites vos honneurs comme vouldrez. Vous avez en vos
« mains et conserve tous mes thesors. Quant est de moy, premierement,
« je boy à vous tous, mes bons amis. Or ça, il est bon et frais. Secon-
« dement, vous, maistre d'hostel, prenez ce bassin d'argent, je le vous
« donne. Vous, escuyers, prenez ces deux coupes d'argent doré. Vos pages
« de trois mois ne soient fouettés. M'amie, donnez leur mes beaux plu-
« mailz blancs, avec les pampillettes d'or. Messire Oudart, je vous donne
« ce flaccon d'argent. Cestuy aultre je donne aux cuisiniers ; aux varletz
« de chambre je donne ceste corbeille d'argent ; aux palefreniers je donne
« ceste nasselle d'argent doré ; aux portiers je donne ces deux assiettes ;
« aux muletiers, ces dix happesouppes. Trudon, prenez toutes ces cuil-
« leres d'argent, et ce drageouoir. Vous laquais, prenez ceste grande sal-
« liere. Servez moy bien, amis, je le recognoistray : croyans fermement
« que j'aimerois mieulx, par la vertus Dieu, endurer en guerre cent coups
« de masse sus le heaulme au service de nostre tant bon roy qu'estre une
« fois cité par ces mastins Chiquanous, pour le passetemps d'un tel gras
« prieur. »

CHAPITRE XIV

CONTINUATION DES CHIQUANOUS DAUBÉS EN LA MAISON DE BASCHÉ

« Quatre jours aprés, un autre jeune, hault et maigre Chiquanous alla
citer Basché à la requeste du gras prieur. A son arrivée, fut soubdain par le
portier recognu, et la campanelle sonnée. Au son d'icelle, tout le peuple du
chasteau entendit le mystere. Loyre poitrisoit sa paste, sa femme belutoit
la farine. Oudart tenoit son bureau. Les gentilzhommes jouoient à la paulme.
Le seigneur Basché jouoit aux trois cens trois avec sa femme. Les damoiselles jouoient aux pingres. Les officiers jouoient à l'imperiale, les pages
jouoient à la mourre à belles chinquenauldes. Soubdain fut de tous entendu
que Chiquanous estoit en pays. Lors Oudart se revestir, Loyre et sa femme

prendre leurs beaux accoustremens, Trudon sonner de sa flutte, battre son tabourin ; chascun rire, tous se preparer, et ganteletz en avant.

« Basché descend en la basse court. Là Chiquanous, le rencontrant, se mit à genoilz devant luy, le pria ne prendre en mal si, de la part du gras prieur, il le citoit, remonstra par harangue diserte comment il estoit personne publique, serviteur de moinerie, appariteur de la mitre abbatiale, prest à en faire autant pour luy, voire pour le moindre de sa maison, la part qu'il luy plairoit l'emploiter et commander. « Vrayement, dist le sei-
« gneur, ja ne me citerez que premier n'ayez beu de mon bon vin de Quin-
« quenays, et n'ayez assisté aux nopces que je fais presentement. Messire
« Oudart, faites le boire tres bien, et refraichir, puis l'amenez en ma salle.
« Vous soyez le bien venu. »

« Chiquanous, bien reppeu et abbrevé, entre avec Oudart en salle, en laquelle estoient tous les personnaiges de la farce, en ordre et bien deliberés. A son entrée chascun commença soubrire. Chiquanous rioit par compaignie. Quand par Oudart furent sus les fiansés dicts motz mysterieux, touchées les mains, la mariée baisée, tous aspersés d'eau beniste. Pendant qu'on apportoit vins et espices, coups de poing commencerent trotter. Chiquanous en donna nombre à Oudart. Oudart, sous son suppellis, avoit son gantelet caché : il s'en chausse comme d'une mitaine. Et de dauber Chiquanous, et de drapper Chiquanous : et coups des jeunes ganteletz de tous coustés pleuvoir sus Chiquanous. « Des nopces, disoient
« ilz, des nopces, des nopces, vous en souvienne. » Il fut si bien accoustré que le sang luy sortoit par la bouche, par le nez, par les oreilles, par les œilz. Au demourant, courbatu, espaultré et froissé, teste, nucque, dos, poictrine, bras, et tout. Croyez qu'en Avignon au temps du carnaval, les bacheliers onques ne jouerent à la raphe plus melodieusement que fust joué sus Chiquanous. En fin il tombe par terre. On lui jetta force vin sus la face, on luy attacha à la manche de son pourpoinct belle livrée de jaune et verd, et le mist on sus son cheval morveux. Entrant en l'isle Bouchard ne sçay s'il fut bien pensé et traicté, tant de sa femme comme des myres du pays. Depuis n'en fut parlé.

« Au lendemain, cas pareil advint, pour ce qu'au sac et gibbessiere du maigre Chiquanous n'avoit esté trouvé son exploict. De par le gras prieur fut nouveau Chiquanous envoyé citer le seigneur de Basché, avec deux records pour sa sceureté. Le portier, sonnant la campanelle, resjouist toute la famille, entendans que Chiquanous estoit là. Basché estoit à table, disnant avec sa femme et gentilzhommes. Il mande querir Chiquanous, le fit asseoir prés de soy, les records prés les damoiselles, et disnerent tres bien et joyeusement. Sus le dessert, Chiquanous se leve de table, presens et oyans les records, cite Basché : Basché gracieusement lui demande copie de sa commission. Elle estoit ja preste. Il prend acte de son exploict : à Chiquanous et à ses records furent quatre escuz soleil donnés : chascun s'estoit retiré pour la farce. Trudon commence sonner du tabourin. Basché prie Chiquanous assister aux fiansailles d'un sien officier, et en recevoir le contract, bien le payant et contentant. Chiquanous fut courtois. Desgaina son escriptoire, eut papier promptement, ses records prés de luy. Loyre entre en salle par une porte, sa femme avec les damoiselles par aultre, en accoustremens nuptiaux. Oudart, revestu sacerdotalement, les prend par les mains, les interroge de leurs vouloirs, leur donne sa benediction, sans espargne d'eau beniste. Le contrat est passé et minuté. D'un cousté sont apportés vins et espices ; de l'aultre, livrée à tas, blanc et tanné ; de l'aultre sont produitz ganteletz secretement. »

CHAPITRE XV

COMMENT PAR CHIQUANOUS SONT RENOUVELLÉES LES ANTIQUES COUSTUMES DE FIANÇAILLES

« Chiquanous, avoir degouzillé une grande tasse de vin breton, dist au seigneur : « Monsieur, comment l'entendez-vous ? L'on ne baille voinct
« icy des nopces ? Sainsambreguoy, toutes bonnes coustumes se perdent.
« Aussi ne trouve l'on plus de lievres au giste. Il n'est plus d'amis.
« Voyez comment en plusieurs eglises l'on a desemparé les antiques beu-
« vettes des benoists saincts O O de Noël ? Le monde ne fait plus que
« resver. Il approche de sa fin. Or tenez : des nopces, des nopces, des
« nopces ! » Ce disant, frappoit sus Basché et sa femme, aprés sus les damoiselles et sus Oudart.

« Adonc firent ganteletz leur exploict, si que à Chiquanous fut rompue la teste en neuf endroits : à un des records fut le bras droit defaucillé, à l'aultre fut demanchée la mandibule superieure, de mode qu'elle luy couvroit le menton à demy, avec denudation de la luette et perte insigne des dents molares, masticatoires et canines. Au son du tabourin changeant son intonation, furent les ganteletz mussés, sans estre aucunement apperceuz, et confictures multipliées de nouveau, avec liesse nouvelle. Beuvans les bons compaignons uns aux aultres, et tous à Chiquanous et à ses records, Oudart renioit et despitoit les nopces, alleguant qu'un des records luy avoit desincornifistibulé toute l'aultre espaule. Ce non obstant, beuvoit à luy joyeusement. Le records demandibulé joignoit les mains, et tacitement lui demandoit pardon : car parler ne povoit il. Loyre se plaignoit de ce que le records debradé luy avoit donné si grand coup de poing sus l'aultre coubte qu'il en estoit devenu tout esperruquancluzelubelouzerirelu du talon.

« Mais, disoit Trudon, cachant l'oeil gauche avec son mouchoir, et
« monstrant son tabourin defoncé d'un costé, quel mal leur avois je faict?
« Il ne leur a suffy m'avoir ainsi lourdement morrambouzevezengouze-
« quoquemorguatasacbacguevezinemaffressé mon pauvre oeil, d'abondant
« ilz m'ont defoncé mon tabourin. Tabourins à nopces sont ordinairement
« battuz ; tabourineurs bien festoyés, battuz jamais. Le diable s'en puisse
« coiffer ! — Frere, lui dist Chiquanous manchot, je te donneray unes
« belles, grandes, vieilles Lettres Royaulx, que j'ay icy en mon baudrier,
« pour repetasser ton tabourin : et pour Dieu pardonne nous. Par nostre
« dame de Riviere la belle dame, je n'y pensois en mal. »

« Un des escuyers, chlopant et boytant contrefaisoit le bon et noble seigneur de la Roche Posay. Il s'adressa au records embavieré de machoueres, et luy dist : « Estes vous des frappins, des frappeurs, ou des
« frappars ? Ne vous suffisoit nous avoir ainsi morcrocassebezassevezasse-
« grigueliguoscopapopopondrillé tous les membres superieurs à grands coups
« de bobelins, sans nous donner telz morderegrippipiotabirofrelucham-
« burelurecoquelurintimpanemens sus les grefves à belles poinctes de
« houzeaux ?

« Appellez vous cela jeu de jeunesse ?

« Par Dieu, jeu n'est-ce. »

« Le records, joignnant les mains, sembloit luy en requerir pardon, marmonnant de la langue : « Mon, mon, mon, vrelon, von, von, » comme un marmot.

« La nouvelle mariée pleurante rioit, riante pleuroit, de ce que Chiquanous ne s'estoit contenté la daubant sans choys ne election des membres, mais, l'avoir lourdement deschevelée, d'abondant luy avoit trepignemampenillorifrizonoufressuré les parties honteuses en trahison. « Le diable, dist
« Basché, y ait part ! Il estoit bien necessaire que monsieur le Roy (ainsi
« se nomment Chiquanous) me daubast ainsi ma bonne femme d'eschine.
« Je ne luy en veulx mal toutesfois. Ce sont petites caresses nuptiales.
« Mais j'apperçoy clairement qu'il m'a cité en ange, et daubé en diable.
« Il tient je ne sçay quoy du frere frappart. Je boy à luy de bien bon
« coeur, et à vous aussi, messieurs les records. — Mais, disoit sa femme,
« à quel propous et sus quelle querelle m'a il tant et trestant festoyée à
« grands coups de poing ? Le diantre l'emport, si je le veux. Je ne le
« veux pas pourtant, ma dia. Mais je diray cela de luy qu'il a les plus
« dures oinces qu'onques je senty sus mes espaules. »

« Le maistre d'hostel tenoit son bras gauche en escharpe, comme tout « morquaquoquassé : « Le diable, dist il, me fit bien assister à ces « nopces. J'en ay, par la vertus Dieu, tous les bras enguoulevezine-« massés.

« Appelez vous cecy fiansailles ?

« Je les appelle fiantailles de merde.

« C'est, par Dieu, le naïf banquet des Lapithes, descrit par le philosophe « Samosatoys. »

« Chiquanous ne parloit plus. Les records s'excuserent qu'en daubant ainsi n'avoient eu maligne volunté, et que pour l'amour de Dieu on leurs pardonnast. Ainsi departent. A demie lieu de là Chiquanous se trouva un peu mal. Les records arrivent à l'isle Bouchard, disans publiquement que jamais n'avoient veu plus homme de bien que le seigneur de Basché, ne maison plus honorable que la sienne. Ensemble, que jamais n'avoient esté à telles nopces. Mais toute la faulte venoit d'eux, qui avoient commencé la frapperie. Et vesquirent encores ne sçay quants jours après.

« De là en hors fut tenu comme chose certaine que l'argent de Basché plus estoit au Chiquanous et records pestilent, mortel et pernicieux que n'estoit jadis l'or de Thoulose, et le cheval Sejan à ceux qui le possederent. Depuis, fut le dict seigneur en repous, et les nopces de Basché en proverbe commun. »

CHAPITRE XVI

COMMENT PAR FRERE JEAN EST FAICT ESSAY DU NATUREL DES CHICANOUS

« Ceste narration, dist Pantagruel, sembleroit joyeuse, ne fust que devant nos oeilz fault la crainte de Dieu continuellement avoir. — Meilleure, dist Epistemon, seroit, si la pluie de ces jeunes ganteletz fust sus le gras prieur tombée. Il dependoit pour son passetemps argent, part à fascher Basché, part à voir ses Chiquanous dauber. Coups de poing eussent aptement atouré sa teste rase : attendue l'enorme concussion que voyons huy entre ces juges pedanées sous l'orme. En quoy offensoient ces pauvres diables Chiquanous ?

— Il me souvient, dist Pantagruel à ce propos, d'un antique gentilhomme romain, nommé L. Neratius. Il estoit de noble famille et riche en son temps. Mais en luy estoit ceste tyrannique complexion que, issant de son palais, il faisoit emplir les gibessieres de ses varletz d'or et d'argent monnoyé, et, rencontrant par les rues quelques mignons braguars et mieulx en poinct, sans d'iceux estre aucunement offensé, par guayeté de coeur leur donnoit de grands coups de poing en face. Soubdain après, pour les appaiser et empescher de non soy complaindre en justice, leur departoit de son argent. Tant qu'il les rendoit contens et satisfaicts, selon l'ordonnance d'une loy des douze Tables. Ainsi dependoit son revenu, battant les gens au pris de son argent.

— Par la sacre botte de sainct Benoist, dist frere Jean, presentement j'en sçauray la verité. » Adonc descend en terre, mit la main à son escarcelle, et en tira vingt escuz au soleil. Puis dist à haulte voix en presence et audience d'une grande tourbe du peuple chiquanourroys : « Qui veut guaigner vingt escuz d'or pour estre battu en diable ? — Io, io, io, respondirent tous. Vous nous affollerez de coups, monsieur, cela est sceur. Mais il y a beau guain. » Et tous accouroient à la foule, à qui seroit premier en date pour estre tant precieusement battu. Frere Jean, de toute la troupe, choisit un Chiquanous à rouge muzeau, lequel on poulce de la main dextre portoit un gros et large anneau d'argent, en la palle duquel estoit enchassée une bien grande crapauldine.

L'ayant choisy, je vis que tout ce peuple murmuroit, et entendis un grand, jeune et maigre Chiquanous, habile et bon clerc, et, comme estoit le bruit commun, honneste homme en court d'eglise, soit complaignant et murmurant de ce que le rouge muzeau leur ostoit toutes praticques ; et que, si en tout le territoire n'estoient que trente coups de bastons à guaigner, il en emboursoit tousjours vingt huit et demy. Mais tous ces complainctz et murmures ne procedoient que d'envie.

Frere Jean dauba tant et trestant Rouge muzeau, dos et ventre, bras et jambes, teste et tout, à grands coups de baston, que je le cuidois mort assommé. Puis luy bailla les vingt escuz. Et mon villain debout, aise comme un roy ou deux. Les aultres disoient à frere Jean : « Monsieur frere Diable, s'il vous plaist encores quelques uns battre pour moins d'argent, nous sommes tous à vous monsieur le diable. Nous sommes trestous à vous, sacs, papiers, plumes et tout. »

Rouge muzeau s'escria contre eux, disant à haulte voix : « Feston diene, guallefretiers, venez vous sus mon marché ? Me voulez vous ouster et seduire mes chalands ? Je vous cite par devant l'official à huitaine mirelaridaine. Je vous chiquaneray en diable de Vauverd. » Puis, se tournant vers frere Jean, à face riante et joyeuse, luy dist : « Reverend pere en diable Monsieur, si m'avez trouvé bonne robe, et vous plaist encores en me battant vous esbattre, je me contenteray de la moitié, de juste pris. Ne m'espargnez, je vous en prie. Je suis tout et trestout à vous, monsieur le diable : teste, poulmon, boyaulx et tout. Je le vous dis à bonne chere. » Frere Jean interrompit son propous, et se destourna aultre part. Les aultres Chiquanous se retiroient vers Panurge, Epistemon, Gymnaste et aultres, les supplians devotement estre par eux à quelque petit pris battuz : aultrement estoient en dangier de bien longuement jeusner. Mais nul n'y voulut entendre.

Depuis, cherchans eau fraiche pour la chorme des naufz, rencontrasmes deux vieilles Chiquanoures du lieu, lesquelles ensemble miserablement pleuroient et lamentoient. Pantagruel estoit resté en sa nauf, et ja faisoit sonner la retraicte. Nous, doubtans qu'elles fussent parentes du Chiquanous qui avoit eu bastonnades, interrogions les causes de telle doléance. Elles respondirent que de pleurer avoient cause bien equitable, veu qu'à heure presente l'on avoit au gibbet baillé le moine par le coul aux deux plus gens de bien qui fussent en tout Chiquanourroys. « Mes pages, dist Gymnaste, baillent le moine par les pieds à leurs compagnons dormars. Bailler le moine par le coul, seroit pendre et estrangler la personne. — Voire, voire, dist frere Jean ; vous en parlez comme sainct Jean de la Palisse. » Interrogées sus les causes de cestuy pendaige, respondirent qu'ilz avoient desrobé les ferremens de la messe, et les avoient mussés sous le manche de la paroisse. « Voylà, dist Epistemon, parlé en terrible allegorie. »

CHAPITRE XVII

COMMENT PANTAGRUEL
PASSA LES ISLES DE TOHU ET BOHU, ET DE L'ESTRANGE MORT DE BRINGUENARILLES, AVALLEUR DE MOULINS A VENT

Ce mesme jour, passa Pantagruel les deux isles de Tohu et Bohu, esquelles ne trouvasmes que frire : Bringuenarilles, le grand géant, avoit tous paelles, paellons, chaudrons, coquasses, lichefretes et marmites du pays avallé, en faulte de moulins à vent, desquelz ordinairement il se paissoit. Dont estoit advenu que, peu davant le jour, sus l'heure de sa digestion, il estoit en griefve maladie tombé, par certaine crudité d'estomac causée de ce (comme disoient les medecins) que la vertu concoctrice de son estomac, apte naturellement à moulins à vent tous brandifz digerer, n'avoit peu à perfection consommer les paelles et coquasses : les chaudrons et marmites avoit assez bien digeré, comme disoient cognoistre aux hypostases et enoeremes de quatre bussars d'urine qu'il avoit à ce matin en deux fois rendue.

Pour le secourir, userent de divers remedes selon l'art. Mais le mal fut plus fort que les remedes. Et estoit le noble Bringuenarilles à cestuy matin trespassé, en façon tant estrange que plus esbahir ne vous fault de la mort de Eschylus. Lequel, comme luy eust fatalement esté par les vaticinateurs predict qu'en certain jour il mourroit par ruine de quelque chose qui tomberoit sus luy, iceluy jour destiné, s'estoit de la ville, de toutes maisons, arbres, rochiers et aultres choses esloigné, qui tomber peuvent, et nuire par leur ruine. Et demoura on milieu d'une grande praerie, soy commettant en la foy du ciel libre et patent, en sceureté bien asceurée, comme luy sembloit, si non vrayement que le ciel tombast : ce que croyoit estre impossible. Toutesfois on dit que les alouettes grandement redoubtent la ruine des cieulx tombans, car les cieux tombans, toutes seroient prinses.

Aussi la redoubtoient jadis les Celtes voisins du Rhin : ce sont les nobles, vaillans, chevaleureux, belliqueux et triumphans François : lesquelz, interrogés par Alexandre le Grand quelle chose plus en ce monde craignoient, esperant bien que de luy seul feroient exception, en contemplation de ses grandes prouesses, victoires, conquestes et triumphes, respondirent rien ne craindre, sinon que le ciel tombast. Non toutesfois faire refus d'entrer en ligue, confederation et amitié avec un si preux et magnanime roy.

Si vous croyez Strabo, liv. VII, et Arrian, liv. I, Plutarche aussi, on livre qu'il a faict de la face qui apparoist on corps de la lune, allegue un nommé Phenace, lequel grandement craignoit que la lune tombast en terre : et avoit commiseration et pitié de ceux qui habitent sous icelle, comme sont les Ethiopiens et Taprobaniens, si une tant grande masse tomboit sus eux. Du ciel et de la terre avoit peur semblable, s'ilz n'estoient deuement fulciz et appuyés sus les colomnes de Atlas, comme estoit l'opinion des anciens, selon le tesmoignage de Aristoteles, *liv. V, Metaphys.*

Eschylus, ce non obstant, par ruine fut tué et cheute d'une caquerolle de tortue, laquelle, d'entre les gryphes d'une aigle haulte en l'air tombant sus sa teste, luy fendit la cervelle.

Plus de Anacréon poëte, lequel mourut estranglé d'un pepin de raisin. Plus de Fabius preteur romain, lequel mourut suffoqué d'un poil de chevre, mangeant une esculée de laict. Plus de celuy honteux lequel, par retenir son vent, et default de peter un meschant coup, subitement mourut en la presence de Claudius, empereur romain. Plus de celuy qui, à Rome, est en la voye Flaminie enterré, lequel en son epitaphe se complainct estre mort par estre mords d'une chatte au petit doigt. Plus de Q. Lecanius Bassus, qui subitement mourut d'une tant petite poincture d'aiguille au poulce de la main gauche qu'à peine la pouvoit on voir. Plus de Quenelaul, medecin normand, lequel subitement à Monspellier trepassa, par de biays s'estre avec un trancheplume tiré un ciron de la main.

Plus de Philomenes, auquel son varlet, pour l'entrée de disner, ayant appresté des figues nouvelles, pendant le temps qu'il alla au vin, un asne couillart esguaré estoit entré au logis, et les figues apposées mangeoit religieusement. Philomenes survenant, et curieusement contemplant la grace de l'asne sycophage, dist au varlet qui estoit de retour : « Raison veult, puis qu'à ce devot asne as les figues abandonné, que pour boire tu luy produises de ce bon vin qu'as apporté. » Ces paroles dictes, entra en si excessive gayeté d'esprit, et s'esclata de rire tant enormement, continuement, que l'exercice de la ratelle luy tollut toute respiration, et subitement mourut.

Plus de Spurius Saufeius, lequel mourut humant un œuf mollet à l'issue du baing. Plus de celuy lequel dist Boccace estre soudainement mort par s'escurer les dents d'un brin de sauge.

>Plus de Philippot Placut,
>Lequel, estant sain et dru,
>Subitement mourut,

en payant une vieille debte, sans aultre precedente maladie. Plus de Zeuzis le peinctre, lequel subitement mourut à force de rire, considerant le minoys et portraict d'une vieille par luy representée en peincture. Plus de mille aultres qu'on vous die, fust Verrius, fust Pline, fust Valere, fust Baptiste Fulgose, fust Bacabery l'aisné.

Le bon Bringuenarilles (helas!) mourut estranglé, mangeant un coing de beurre frais à la gueule d'un four chaud, par l'ordonnance des medecins.

Là, d'abondant, nous fut dict que le roy de Cullan en Bohu avoit defaict les satrapes du roy Mechloth, et mis à sac les forteresses de Belima. Depuis, passames les isles de Nargues et Zargues. Aussi les isles de Teneliabin et Geleniabin, bien belles et fructueuses en matiere de clysteres. Les isles aussi de Enig et Evig, desquelles par avant estoit advenue l'estafillade au langrauff d'Esse.

CHAPITRE XVIII

COMMENT PANTAGRUEL EVADA UNE FORTE TEMPESTE EN MER

Au lendemain, rencontrasmes à poge neuf orques chargées de moines, jacobins, jesuites, capussins, hermites, augustins, bernardins, celestins, théatins, egnatins, amadéans, cordeliers, carmes, minimes, et aultres sainctz religieux, lesquelz alloient au concile de Chesil pour grabeler les articles de la foy contre les nouveaulx hereticques. Les voyant, Panurge entra en exces de joye, comme asceuré d'avoir toute bonne fortune pour celuy jour et aultres subsequens en long ordre. Et, ayant courtoisement salué les béatz peres, et recommandé le salut de son ame à leurs devotes prieres et menuz suffraiges, fit jetter en leurs naufs soixante et dixhuit douzaines de jambons, nombre de caviatz, dizaines de cervelatz, centaines de boutargues, et deux mille beaux angelotz pour les ames des trespassés.

Pantagruel restoit tout pensif et melancholicque. Frere Jean l'apperceut, et demandoit dont luy venoit telle fascherie non accoustumée, quand le pilot, considerant les voltigemens du peneau sus la pouppe, et prevoyant un tyrannicque grain et fortunal nouveau, commanda tous estre à l'herte, tant nauchiers, fadrins et mousses que nous aultres voyagiers; fit mettre voiles bas, mejane, contremejane, triou, maistralle, epagon, civadiere; fit caller les boulingues, trinquet de prore et trinquet de gabie, descendre le grand artemon, et de toutes les antemnes ne rester que les grizelles et coustieres.

Soubdain la mer commença s'enfler et tumultuer du bas abysme; les fortes vagues battre les flancs de nos vaisseaulx; le maistral, accompaigné d'un cole effrené, de noires gruppades, de terribles sions, de mortelles bourrasques, siffler à travers nos antemnes. Le ciel tonner du hault, fouldroyer, esclairer, pleuvoir, gresler; l'air perdre sa transparence, devenir opacque, tenebreux et obscurcy, si que aultre lumiere ne nous apparoissoit que des fouldres, esclaires et infractions des flambantes nuées; les categides, thielles, lelapes et presteres enflamber tout autour de nous par les psoloëntes, arges, elicies et aultres ejaculations etherées : nos aspectz tous estre dissipés et perturbés; les horrifiques typhones suspendre les montueuses vagues du courant. Croyez que ce nous sembloit estre l'antique chaos, auquel estoient feu, air, mer, terre, tous les elemens en refractaire confusion.

Panurge, ayant du contenu en son estomac bien repeu les poissons scatophages, restoit acropy sus le tillac, tout affligé, tout meshaigné, et à demy mort; invoqua tous les benoistz sainctz et sainctes à son aide, protesta de soy confesser en temps et lieu, puis s'escria en grand effroy, disant : « Majordome, hau, mon amy, mon pere, mon oncle, produisez un peu de salé : nous ne boirons tantost que trop, à ce que je voy. A petit manger bien boire, sera desormais ma devise. Pleust à Dieu, et à la benoiste, digne et sacrée Vierge, que maintenant, je dis tout à ceste heure, je fusse en terre ferme bien à mon aise !

« O que trois et quatre fois heureux sont ceux qui plantent choux ! O Parces, que ne me fillastes vous pour planteur de choux ! O que petit est le nombre de ceux à qui Jupiter a telle faveur porté qu'il les a destinés à planter choux ! Car ilz ont toujours en terre un pied, l'aultre n'en est pas loing. Dispute de felicité et bien souverain qui vouldra ; mais quiconque plante choux est presentement par mon decret declairé bienheureux, à trop meilleure raison que Pyrrhon, estant en pareil dangier que nous sommes, et voyant un pourceau prés le rivage qui mangeoit de l'orge espandu, le declaira bien heureux en deux qualités, sçavoir est qu'il avoit orge à foison, et d'abondant estoit en terre.

« Ha! pour manoir déifique et seigneurial il n'est que le plancher des vaches. Ceste vague nous emportera, Dieu servateur! O mes amis! un peu de vinaigre. Je tressue de grand ahan. Zalas, les veles sont rompues, le prodenou est en pieces, les cosses esclattent, l'arbre du hault de la guatte plonge en mer, la carine est au soleil, nos gumenes sont presque tous rouptz. Zalas, zalas, où sont nos boulingues? Tout est frelore bigoth. Nostre trinquet est à vau l'eau. Zalas, à qui appartiendra ce bris? Amis, prestez ici darriere une de ces rambades. Enfans, vostre landrivel est tombé. Helas! n'abandonnez l'orgeau, ne aussi le tirados. Je oy l'agneuillot fremir. Est il cassé? Pour Dieu, saulvons la brague; du fernel ne vous souciez. Bebebe bous, bous, bous. Voyez à la calamitre de vostre boussole, de grace, maistre Astrophile, dond nous vient ce fortunal? Par ma foy, j'ai belle peur. Bou bou bou, bous, bous. C'est faict de moy. Je me conchie de male raige de peur. Bou, bou, bou, bou! Otto to to to to ti! Bou bou bou, ou ou ou bou bou bous bous! Je naye, je naye, je naye, je meurs. Bonnes gens, je naye. »

CHAPITRE XIX

QUELLES CONTENANCES EURENT PANURGE ET FRERE JEAN DURANT LA TEMPESTE

Pantagruel, préalablement avoir imploré l'aide du grand Dieu servateur, et faicte oraison publique en fervente devotion, par l'advis du pilot tenoit l'arbre fort et ferme ; frere Jean s'estoit mis en pourpoinct pour secourir les nauchiers. Aussi estoient Epistemon, Ponocrates, et les aultres. Panurge restoit de cul sus le tillac, pleurant et lamentant. Frere Jean l'apperceut, passant sus la coursie, et luy dist : « Par Dieu, Panurge le veau, Panurge le pleurart, Panurge le criart, tu ferois beaucoup mieulx nous aidant icy que là pleurant comme une vache, assis sus tes couillons comme un magot. — Be be be bous, bous, bous, respondit Panurge, frere Jean mon amy, mon bon pere, je naye, je naye, mon amy, je naye. C'est faict de moy, mon pere spirituel, mon amy, c'en est faict. Vostre bragmart ne m'en sauroit saulver. Zalas, zalas! nous sommes au dessus de Ela, hors toute la gamme. Be be be bous bous. Zalas! à ceste heure sommes nous au dessous de Gamma ut. Je naye. Ha mon pere, mon oncle, mon tout.

L'eau est entrée en mes souliers par le collet. Bous, bous, bous, paisch, hu, hu, hu, ha, ha, ha, ha, ha, je naye. Zalas, zalas, hu, hu, hu, hu, hu, hu, hu. Bebe bous, bous, bobous, ho, ho, ho, ho, ho. Zalas, zalas. A ceste heure fais bien à poinct l'arbre forchu, les pieds à mont, la teste en bas. Pleust à Dieu que presentement je fusse dedans la orque des bons et béatz peres concilipetes, lesquelz ce matin nous rencontrasmes, tant devotz, tant gras, tant joyeux, tant douilletz, et de bonne grace. Holos, holos, holos, zalas, zalas, ceste vague de tous les diables (*mea culpa, Deus*), je dis ceste vague de Dieu enfondrera nostre nauf. Zalas! frere Jean, mon pere, mon amy, confession! Me voyez cy à genoulx. *Confiteor*, vostre saincte benediction.

— Viens, pendu au diable, dist frere Jean, i·; nous aider, de par trente legions de diables, viens : viendra il ? — Ne jurons poinct, dist Panurge, mon pere, mon amy, pour ceste heure. Demain, tant que vouldrez. Holos, holos. Zalas! nostre nauf prend eau, je naye, zalas, zalas! Be be be be be bous, bous, bous, bous. Or sommes nous au fond. Zalas, zalas! Je donne dixhuit cens mille escuz de intrade à qui me mettra en terre, tout foireux et tout breneux comme je suis, si onques homme fut en ma patrie de bien. *Confiteor*. Zalas! un petit mot de testament, ou codicille pour le moins.

— Mille diables, dist frere Jean, saultent on corps de ce coqu. Vertus Dieu, parles tu de testament à ceste heure que sommes en dangier, et qu'il nous convient evertuer ou jamais plus ? Viendras tu, ho diable? Comite, mon mignon, o le gentil algousan! deça! Gymnaste, icy sus l'estanterol. Nous sommes par la vertus Dieu troussés à ce coup. Voilà nostre phanal extainct. Cecy s'en va à tous les millions de diables. — Zalas, zalas, dist Panurge, zalas! Bou, bou, bou, bou, bous. Zalas, zalas! estoit ce icy que de perir nous estoit predestiné? Holos, bonnes gens, je naye, je meurs. *Consummatum est*. C'est faict de moy.

— Magna, gna, gna, dist frere Jean. Fy qu'il est laid, le pleurart de merde. Mousse, ho, de par tous les diables, garde l'escantoula. T'es tu blessé? Vertus Dieu, attache à l'un des bitous. Icy, de là, de par le diable, hay! Ainsi, mon enfant.

— Ha frere Jean, dist Panurge, mon pere spirituel, mon amy, ne jurons poinct. Vous pechez. Zalas, zalas! Be, be, be, bous, bous, bous, je naye, je meurs, mes amis. Je pardonne à tout le monde. Adieu, *in manus*. Bous, bous, bouououous. Sainct Michel d'Aure, sainct Nicolas, à ceste fois et jamais plus! Je vous fais icy bon veu et à Nostre Seigneur que, si à ce coup m'estes aidans, j'entends que me mettez en terre hors ce dangier icy, je vous edifieray une belle grande petite chapelle ou deux

> Entre Quande et Monssoreau,
> Et n'y paistra vache ne veau.

« Zalas, zalas ! il m'en est entré en la bouche plus de dixhuit seilleaux ou deux. Bous, bous, bous, bous. Qu'elle est amere et salée !

— Par la vertus, dist frere Jean, du sang, de la chair, du ventre, de la teste, si encores je te oy pioller, coqu au diable, je te gualleray en loup marin : vertus Dieu, que ne le jettons nous au fond de la mer ? Hespaillier, ho gentil compaignon, ainsi mon amy. Tenez bien lassus. Vrayement voicy bien esclairé, et bien tonné. Je croy que tous les diables sont deschainés aujourd'huy ou que Proserpine est en travail d'enfant. Tous les diables dansent aux sonnettes. »

CHAPITRE XX

COMMENT LES NAUCHIERS ABANDONNENT LES NAVIRES AU FORT DE LA TEMPESTE

« Ha, dist Panurge, vous pechez, frere Jean, mon amy ancien. Ancien, dis je, car de present je suis nul, vous estes nul. Il me fasche le vous dire. Car je croy que ainsi jurer face grand bien à la ratelle ; comme, à un fendeur de bois, fait grand soulagement celuy qui à chascun coup prés de luy crie : Han ! à haulte voix, et comme un joueur de quilles est mirificquement soulaigé quand il n'a jetté la boulle droit, si quelque homme d'esprit prés de luy panche et contourne la teste et le corps à demy, du cousté auquel la boulle aultrement bien jettée eust faict rencontre de quilles. Toutesfois vous pechez, mon amy doulx. Mais, si presentement nous mangeons quelque espece de cabirotades, serions nous en sceureté de cestuy oraige ? J'ay leu que, sus mer, en temps de tempeste, jamais n'avoient peur, tousjours estoient en sceureté les ministres des dieux Cabires, tant celebrés par Orphée, Apollonius, Pherecydes, Strabo, Pausanias, Herodote.

— Il radote, dist frere Jean, le pauvre diable. A mille et millions et centaines de millions de diables soit le coqu cornard au diable ! Aide nous icy, hau, tigre ! Viendra il ? Icy à orche. Teste Dieu pleine de reliques, quelle patenostre de cinge est ce que tu marmottes là entre les dents ? Ce diable de fol marin est causé de la tempeste, et il seul ne aide à la chorme. Par Dieu, si je vais là, je vous chastieray en diable tempestatif. Icy. fadrin, mon mignon, tiens bien, que je y face un nou gregeois. O le gentil mousse ! Pleust à Dieu que tu fusses abbé de Talemouze, et celuy qui de present l'est fust guardian de Croullay ! Ponocrates, mon frere, vous blesserez là. Epistemon, gardez vous de la jalousie, je y ay veu tomber un coup de fouldre. — Insc ! — C'est bien dict. Insc, insc, insc. Vicigne esquif ! Insc. Vertus Dieu, qu'est cela ? Le cap est en pieces. Tonnez, diables, petez, rottez, fiantez. Bren pour la vague ! Elle a, par la vertus Dieu, failly à m'emporter sous le courant. Je croy que tous les millions de diables tiennent icy leur chapitre provincial, ou briguent pour election de nouveau recteur. — Orche! — C'est bien dict. Gare la caveche, hay! mousse, de par le diable, hay! Orche, orche.

— Bebebebous, bous, bous, dist Panurge, bous, bous, bebe, bous, bous, je naye. Je ne voy ne ciel ne terre. Zalas, zalas! De quatre elemens ne nous reste icy que feu et eau. Bouboubous, bous, bous. Pleust à la digne vertus de Dieu qu'à heure presente je fusse dedans le clos de Seuillé, ou chez Innocent le pastissier, davant la cave peincte, à Chinon, sus peine de me mettre en pourpoinct pour cuyre les petits pastés! Nostre homme, sçauriez vous me jetter en terre? Vous sçavez tant de bien, comme l'on m'a dict. Je vous donne tout Salmigondinoys, et ma grande caquerolliere, si par vostre industrie je trouve unes fois terre ferme. Zalas, zalas! je naye. Dea, beaux amis, puisque surgir ne pouvons à bon port, mettons nous à la rade, je ne sçay où. Plongez toutes vos ancres. Soyons hors ce dangier, je vous en prie. Nostre amé, plongez le scandal et les bolides, de grace. Sçaichons la haulteur du profond. Sondez, nostre amé, mon amy, de par Nostre Seigneur! Sçaichons si l'on boiroit icy aisement deboût, sans soy baisser. J'en croy quelque chose.

— Uretacque, hau! cria le pilot, uretacque! La main à l'insail. Amene, uretacque! Bressine, uretacque, guare la pane! Hau amure, amure bas. Hau, uretacque, cap en houlle! Desmanche le haulme. Acappaye.

— En sommes nous là? dist Pantagruel. Le bon Dieu servateur nous soit en aide! — Acappaye, hau! s'escria Jamet Brahier, maistre pilot. Acappaye! Chascun pense de son ame, et se mette en devotion, n'esperans aide que par miracle des cieulx! — Faisons, dist Panurge, quelque bon et beau veu. Zalas, zalas, zalas, bou, bou, bebebebous, bous, bous. Zalas, zalas! faisons un pelerin. Ça, ça, chascun boursille à beaux liards, ça! — Deça, hau, dist frere Jean, de par tous les diables! A poge. Acappaye, on nom de Dieu! Desmanche le heaulme, hau! Acappaye, Acappaye. Beuvons hau! Je dis du meilleur et plus stomachal. Entendez vous, hau, majourdome. Produisez, exhibez. Aussi bien s'en va cecy à tous les millions de diables. Apporte cy, hau, page, mon tirouoir (ainsi nommoit il son breviaire). Attendez! tire, mon amy, ainsi! Vertus Dieu, voicy bien greslé et fouldroyé, vrayement. Tenez bien là hault, je vous en prie. Quand aurons nous la feste de Tous Saincts! Je croy qu'aujourd'huy est l'infeste feste de tous les millions de diables.

— Helas! dist Panurge, frere Jean se damne bien à credit. O que j'y perds un bon amy! Zalas, zalas, voicy pis que antan. Nous allons de Scylle en Carybde, holos, je naye. *Confiteor*, un petit mot de testament, frere Jean, mon pere; monsieur l'abstracteur, mon amy, mon Achates; Xenomanes, mon tout. Helas! je naye, deux motz de testament. Tenez icy sur ce transpontin. »

CHAPITRE XXI

CONTINUATION DE LA TEMPESTE, ET BRIEF DISCOURS SUR TESTAMENTS FAICTS SUS MER

« Faire testament, dit Epistemon, à ceste heure qu'il nous convient evertuer et secourir nostre chorme sus peine de faire naufrage, me semble acte autant importun et mal à propos comme celuy des Lances pesades et mignons de Cæsar entrant en Gaule, lesquelz s'amusoient à faire testamens et codicilles, lamentoient leur fortune, pleuroient l'absence de leurs femmes et amis romains, lorsque, par necessité, leur convenoit courir aux armes et soy evertuer contre Ariovistus leur ennemy. C'est sottise telle que du charretier, lequel sa charrette versée par un retouble, à genoilz imploroit l'aide de Hercules, et ne aiguillonnoit ses boeufz, et ne mettoit la main pour soublever les roues. De quoy vous servira icy faire testament? Car, ou nous evaderons ce dangier, ou nous serons nayés. Si evadons, il ne vous servira de rien. Testamens ne sont valables ne autorisés sinon par mort des testateurs. Si sommes nayés, ne nayera il pas comme nous? Qui le portera aux executeurs?

— Quelque bonne vague, respondit Panurge, le jettera à bord comme fit Ulyxes; et quelque fille de roy, allant à l'esbat sur le serain, le rencontrera, puis le fera tres bien executer, et prés le rivage me fera eriger quelque magnifique cenotaphe, comme fit Dido à son mary Sychée; Enéas, à Déiphobus, sus le rivage de Troye, prés Rhoete; Andromache, à Hector, en la cité de Buttrot; Aristoteles, à Hermias et Eubulus; les Atheniens, au poëte Euripides; les Romains, à Drusus en Germanie, et à Alexandre Severe, leur empereur, en Gaule; Argentier, à Callaischre; Xenocrite, à Lysidices; Timares, à son filz Theleutagores; Eupolices et Aristodice, à leur filz Théotime; Oneste, à Timocles; Callimache, à Sopolis, filz de Dioclides; Catulle, à son frere; Statius, à son pere; Germain de Brie, à Hervé, le nauchier breton.

— Resves tu? dist frere Jean. Aide icy, de par cinq cens mille millions de charretées de diables, aide; que le cancre te puisse venir aux moustaches, et trois razes d'anguounages pour te faire un hault de chausse, et nouvelle braguette! Nostre nauf est elle encarée? Vertus Dieu, comment la remolquerons nous? Que tous les diables de coup de mer voicy! Nous n'eschapperons jamais, ou je me donne à tous les diables. »

Alors fut ouye une piteuse exclamation de Pantagruel, disant à haulte voix : « Seigneur Dieu, saulve nous, nous perissons. Non toutesfois advienne selon nos affections, mais ta saincte volunté soit faicte. — Dieu, dist Panurge, et la benoiste Vierge soient avec nous ! Holas, holas ! je naye. Bebebebous, bebe, bous, bous. *In manus*. Vray Dieu, envoye moy quelque daulphin pour me saulver en terre comme un beau petit Arion. Je sonneray bien de la harpe, si elle n'est desmanchée.

— Je me donne à tous les diables, dist frere Jean (Dieu soit avec nous, disoit Panurge entre les dents), si je descends là, je te monstreray par evidence que tes couillons pendent au cul d'un veau coquart, cornart, escorné. Mgnan, mgnan, mgnan ! Viens icy nous aider, grand veau pleurart, de par trente millions de diables qui te saultent au corps ! Viendras tu, ô veau marin ? Fy, qu'il est laid le pleurart ! — Vous ne dictes aultre chose. — Ça, joyeux tirouoir en avant, que je vous espluche à contrepoil. *Beatus vir qui non abiit*. Je sçay tout cecy par coeur. Voyons la legende de monsieur sainct Nicolas :

Horrida tempestas montem turbavit acutum.

Tempeste fut un grand fouetteur d'escoliers au college de Montagu. Si, par foutter pauvres petits enfans, escoliers innocens, les pedagogues sont damnés, il est, sus mon honneur, en la roue d'Ixion, fouettant le chien courtault qui l'esbranle ; s'ilz sont par enfans innocens fouetter saulvés, il doibt estre au dessus des... »

CHAPITRE XXII

FIN DE LA TEMPESTE

« Terre, terre, s'escria Pantagruel, je voy terre ! Enfans, couraige de brebis ! Nous ne sommes pas loing de port. Je voy le ciel, du cousté de la Transmontane, qui commence s'esparer. Advisez à Siroch. — Couraige, enfans, dist le pilot, le courant est refoncé. Au trinquet de gabie. Inse, inse. Aux boulingues de contremejane. Le cable au capestan. Vire, vire, vire. La main à l'insail. Inse, inse, inse. Plante le heaulme. Tiens fort à guarant. Pare les couetz. Pare les escoutes. Pare les bolines. Amure babord. Le heaulme sous le vent. Casse escoute de tribord, filz de putain. (Tu es bien aise, homme de bien, dist frere Jean au matelot, d'entendre nouvelles de ta mere.) Vien du lo ! Prés et plein ! Hault la barre. (Haulte est, respondoient les matelotz.) Taillevie, le cap au seuil ! Malettes, hau ! que l'on coue bonnette. Inse, inse. — C'est bien dict et advisé, disoit rere Jean. Sus, sus, sus, enfans, diligentement. Bon. Inse, inse. — A poge. — C'est bien dict et advisé. L'orage me semble critiquer et finir e bonne heure. Loué soit Dieu pourtant. Nos diables commencent escamper dlhinch. — Mole! — C'est bien et doctement parlé. Mole, mole! Icy, de par Dieu, gentil Ponocrates, puissant ribauld! Il ne fera qu'enfans masles, le paillard. Eusthenes, gallant homme, au trinquet de proro! — Inse, inse. — C'est bien dict. Inse! de par Dieu. inse, inse. Je n'en daiguerois rien craindre,

> Cor le jour est feriau,
> Nau, Nau, Nau!

— Cestuy celeume, dist Epistemon, n'est hors de propous, et me plaist, car le jour est feriau. — Inse, inse, bon !

— O! s'escria Epistemon, je vous commande tous bien esperer. Je voy ça Castor à dextre. — Be be bous bous bous, dist Panurge, j'ay grand peur que soit Helene la paillarde. — C'est vrayement, respondit Epistemon, Mixarchagevas, si plus te plaist la denomination des Argives. Haye, haye, je voy terre, je voy port, je voy grand nombre de gens sus le havre. Je voy du feu sur un obeliscolychnie. — Haye, haye, dist le pilot, double le cap et les basses. — Doublé est, respondoient les matelotz. — Elle s'en va, dist le pilot : aussi vont celles de convoy. Aide au bon temps.

— Sainct Jean, dist Panurge, c'est parlé cela. O le beau mot!—Mgna, mgna, mgna, dist frere Jean, si tu en tastes goutte, que le diable me taste. Entends tu, couillu au diable? Tenez, nostre amé, plein tanquart du fin meilleur. Apporte les frizons, hau, Gymnaste, et ce grand mastin de pasté jambique, ou jambonique, ce m'est tout un. Gardez de donner à travers.

— Couraige, s'escria Pantagruel ; couraige, enfans. Soyons courtoys. Voyez cy prés nostre nauf deux lutz, trois flouins, cinq chippes, huit volontaires, quatre gondoles, et six fregates, par les bonnes gens de ceste prochaine isle envoyées à nostre secours. Mais qui est cestuy Ucalegon là bas qui ainsi crie et se desconforte ? Ne tenois je l'arbre sceurement des mains, et plus droit que ne feroient deux cens gumenes ? — C'est, respondit frere Jean, le pauvre diable de Panurge, qui a fiebvre de veau. Il tremble de peur quand il est saoul.

— Si, dist Pantagruel, peur il a eu durant ce colle horrible et perilleux fortunal, pourveu qu'au reste il se fust evertué, je ne l'en estime un pelet moins. Car, comme craindre en tout heurt est indice de gros et lasche cœur, ainsi comme faisoit Agamemnon, et pour ceste cause le disoit Achilles en ses reproches ignominieusement avoir oeilz de chien et cœur de cerf, aussi ne craindre, quand le cas est evidentement redoutable, est signe de peu ou faulte d'apprehension. Ores, si chose est en ceste vie à craindre, après l'offense de Dieu, je ne veulx dire que soit la mort. Je ne veulx entrer en la dispute de Socrates et des academicques, mort n'estre de soy mauvaise, mort n'estre de soy à craindre. Je dis ceste espece de mort par naufrage estre, ou rien n'estre à craindre. Car, comme est la sentence d'Homere, chose griefve, abhorrente et denaturée est perir en mer. De faict, Enéas, en la tempeste de laquelle fut le convoy de ses navires prés Sicile surprins, regrettoit n'estre mort de la main du fort Diomedes, et disoit ceux estre trois et quatre fois heureux qui estoient morts en la conflagration de Troye. Il n'est céans mort personne : Dieu servateur en soit eternellement loué. Mais vrayement voicy un mesnage assez mal en ordre. Bien. Il nous fauldra reparer ce bris. Gardez que ne donnons par terre. »

CHAPITRE XXIII

COMMENT, LA TEMPESTE FINIE, PANURGE FAIT LE BON COMPAIGNON

« Ha, ha, s'escria Panurge, tout va bien. L'oraige est passée. Je vous prie, de grace, que je descende le premier. Je vouldrois fort aller un peu à mes affaires. Vous aideray je encores là? Baillez que je vrillonne ceste chorde. J'ay du couraige prou, voire. De peur bien peu. Baillez ça, mon amy. Non, non, pas maille de craincte. Vray est que ceste vague decumane, laquelle donna de prore en pouppe, m'a un peu l'artere alteré. — Voile bas ! — C'est bien dict. Comment, vous ne faites rien, frere Jean? Est il bien temps de boire à ceste heure? Que sçavons nous si l'estaffier de sainct Martin nous brasse encores quelque nouvelle oraige? Vous iray je encores aider de là? Vertus guoy, je me repens bien, mais c'est à tard, que n'ay suivy la doctrine des bons philosophes, qui disent soy pourmener prés la mer, et naviger prés la terre estre chose moult seure et delectable, comme aller à pied quand l'on tient son cheval par la bride. Ha, ha, ha, par Dieu, tout va bien. Vous aideray je encores là? Baillez ça, je feray bien cela, ou le diable y sera. »

Epistemon avoit une main toute au dedans escorchée et sanglante, par avoir en violence grande retenu un des gumenes, et, entendant le discours de Pantagruel, dist : « Croyez, seigneur, que j'ay eu de peur et de frayeur non moins que Panurge. Mais quoy? Je ne me suis espargné au secours. Je considere que si vrayement mourir est (comme est) de necessité fatale et inevitable, en telle ou telle heure, en telle ou telle façon mourir est en la saincte volunté de Dieu. Pourtant, iceluy fault incessamment implorer, invocquer, prier, requerir, supplier. Mais là ne fault faire but et bourne : de nostre art, convient pareillement nous evertuer, et, comme dit le sainct Envoyé, estre cooperateurs avec luy. Vous sçavez que dist C. Flaminius, consul, lors que, par l'astuce de Annibal, il fut resserré prés le lac de Peruse dict Thrasymene. « Enfans, dist il à ses souldarts, d'icy sortir ne vous fault esperer par veuz et imploration des dieux. Par force et vertus il nous convient evader, et à fil d'espée chemin faire par le milieu des ennemis. » Pareillement, en Salluste, l'aide (dit M. Portius Cato) des dieux n'est impetrée par veuz ocieux, par lamentations muliebres. En veillant, travaillant, soy evertuant, toutes choses succedent à souhait et bon port. Si, en necessité et dangier, est l'homme negligent, eviré et paresseux, sans propos il implore les dieux. Ils sont irrités et indignés.

— Je me donne au diable, dist frere Jean (j'en suis de moitié, dist Panurge), si le clous de Seuillé ne fust tout vendangé et destruict, si je n'eusse que chanté *Contra hostium insidias* (matiere de breviaire), comme faisoient les aultres diables de moines, sans secourir la vigne à coups de baston de la croix contre les pillars de Lerné.

— Vogue la gualere, dist Panurge, tout va bien. Frere Jean ne fait rien là. Il s'appelle frere Jean faitnéant, et me regarde icy suant et travaillant pour aider à cestuy homme de bien, matelot premier de ce nom. Nostre amé, ho. Deux motz, mais que je ne vous fasche. De quante espaisseur sont les ais de ceste nauf? — Elles sont, respondit le pilot, de deux bons doigts espaisses, n'ayez peur. — Vertus Dieu, dist Panurge, nous sommes donc continuellement à deux doigts prés de la mort. Est-ce cy une des neuf joies de mariage? Ha, nostre amé, vous faites bien, mesurant le peril à l'aulne. De peur, je n'en ay poinct, quant est de moy, je m'appelle Guillaume sans peur. De couraige, tant et plus. Je n'entends couraige de brebis, je dis couraige de loup, asceurance de meurtrier. Et ne crains rien que les dangiers. »

CHAPITRE XXIV

COMMENT, PAR FRERE JEAN, PANURGE EST DECLARÉ AVOIR EU PEUR SANS CAUSE DURANT L'ORAGE

« Bon jour, messieurs, dist Panurge, bon jour trestous. Vous vous portez bien trestous. Dieu mercy, et vous? Vous soyez les bien et à propos venuz. Descendons. Hespailliers, hau, jettez le pontal : approche cestuy esquif. Vous aideray je encores là? Je suis allouvy et affamé de bien faire et travailler, comme quatre bœufz. Vrayement voicy un beau lieu, et bonnes gens. Enfans, avez vous encores affaire de mon aide? N'espargnez la sueur de mon corps, pour l'amour de Dieu. Adam, c'est l'homme, naquist pour labourer et travailler, comme l'oiseau pour voler. Nostre Seigneur veult, entendez vous bien? que nous mangeons nostre pain en la sueur de nos corps, non pas rien ne faisans, comme ce penaillon de moine que voyez, frere Jean, qui boit, et meurt de peur. Voicy beau temps. A ceste heure cognois je la response d'Anacharsis le noble philosophe estre veritable et bien en raison fondée, quand il, interrogé quelle navire luy sembloit la plus sceure, respondit : Celle qui seroit on port.

— Encores mieulx, dist Pantagruel, quand il, interrogé desquelz plus grand estoit le nombre, des mors ou des vivans, demanda : Entre lesquelz comptez vous ceux qui navigent sus mer? Subtilement signifiant que ceux qui sus mer navigent, tant prés sont du continuel dangier de mort qu'ilz vivent mourans, et mourent vivans.

« Ainsi Portius Cato disoit de trois choses seulement soy repentir. Sçavoir est s'il avoit jamais son secret à femme revelé ; si en oisiveté jamais avoit un jour passé, et si par mer il avoit peregriné en lieu aultrement accessible par terre.

— Par le digne froc que je porte, dist frere Jean à Panurge, couillon mon amy, durant la tempeste tu as eu peur sans cause et sans raison. Car tes destinées fatales ne sont à perir en eau. Tu seras hault en l'air certainement pendu, ou bruslé gaillard comme un pere. Seigneur, voulez vous un bon guaban contre la pluie? Laissez moy ces manteaulx de loup et de bedouault. Faites escorcher Panurge, et de sa peau couvrez vous. N'approchez pas du feu, et ne passez pardevant les forges des mareschaulx, de par Dieu : en un moment, vous la voyriez en cendres; mais à la pluie exposez vous tant que vouldrez, à la neige et à la gresle. Voire, par Dieu, jettez vous au plonge dedans le profond de l'eau, ja ne serez pourtant mouillé. Faites en bottes d'hyver, jamais ne prendront eau. Faites en des nasses pour apprendre les jeunes gens à naiger : ilz apprendront sans danger.

— Sa peau donc, dist Pantagruel, seroit comme l'herbe dicte Cheveu de Venus, laquelle jamais n'est mouillée, ne remoitie, tousjours est seiche, encores qu'elle fust au profond de l'eau tant que vouldrez : pourtant, est dicte Adiantos.

— Panurge, mon amy, dist frere Jean, n'aye jamais peur de l'eau, je t'en prie. Par element contraire sera ta vie terminée. — Voire, respondit Panurge, mais les cuisiniers des diables resvent quelquefois, et errent en leur office : et mettent souvent bouillir ce qu'on destinoit pour roustir ; comme, en la cuisine de céans, les maistres queux souvent lardent perdrix, ramiers et bizets, en intention (comme est vraysemblable) de les mettre roustir. Advient toutesfois que les perdrix aux choux, les ramiers aux pourreaulx, et les bizets ilz mettent bouillir aux naveaulx.

« Escoutez, beaux amis : Je proteste devant la noble compaignie que, de la chapelle vouée à monsieur S. Nicolas entre Quande et Monssoreau, j'entends que sera une chapelle d'eau rose, en laquelle ne paistra vache ne veau, car je la jetteray au fond de l'eau. — Voylà, dist Eusthenes, le gallant. Voylà le gallant, gallant et demy ! C'est verifié le proverbe lombardique :

Passato el pericolo, gabbato el santo. »

CHAPITRE XXV

COMMENT, APRÈS LA TEMPESTE, PANTAGRUEL DESCENDIT ES ISLES DES MACRÉONS

Sus l'instant nous descendismes au port d'une isle laquelle on nommoit l'isle des Macréons. Les bonnes gens du lieu nous receurent honorablement. Un vieil Macrobe (ainsi nommoient ilz leur maistre eschevin) vouloit mener Pantagruel en la maison commune de la ville, pour soy refraischir à son aise, et prendre sa refection. Mais il ne voulut partir du mole que tous ses gens ne fussent en terre. Après les avoir recogneuz, commanda chascun estre mué de vestemens, et toutes les munitions des naufz estre en terre exposées, à ce que toutes les chormes fissent chere lie. Ce que fut incontinent faict. Et Dieu sçait comment il y eut beu et guallé. Tout le peuple du lieu apportoit vivres en abondance. Les Pantagruelistes leurs en donnoient davantaige. Vray est que leurs provisions estoient aucunement endommagées par la tempeste precedente. Le repas finy, Pantagruel pria un chascun soy mettre en office et debvoir pour reparer le briz. Ce que firent, et de bon hait. La reparation leur estoit facile, parce que tout le peuple de l'isle estoient charpentiers, et tous artizanz telz que voyez en l'arsenac de Venise : et l'isle grande seulement estoit habitée en trois portz et dix paroisses : le reste estoit bois de haulte fustaye, et desert comme si fust la forest d'Ardeine.

A nostre instance, le vieil Macrobe monstra ce qu'estoit spectable et insigne en l'isle. Et, par la forest umbrageuse et deserte, descouvrit plusieurs vieux temples ruinés, plusieurs obelices, pyramides, monumens et sepulchres antiques, avec inscriptions et epitaphes divers. Les uns en lettres hieroglyphicques, les aultres en langage Ionicque, les aultres en langue Arabique, Agarene, Sclavonicque, et aultres. Desquelz Epistemon fit extraict curieusement. Cependant Panurge dist à frere Jean : « Icy est l'isle des Macréons. Macréon, en grec, signifie vieillart, homme qui a des ans beaucoup.

— Que veulx tu, dist frere Jean, que j'en face? Veulx tu que je m'en defface? Je n'estois mie on pays lors que ainsi fut baptisée.

— A propous, respondit Panurge, je croy que le nom de maquerelle en est extraict. Car maquerellaige ne compete que aux vieilles : aux jeunes compete culletaige. Pourtant seroit ce à penser que icy fust l'isle Maquerelle, original et prototype de celle qui est à Paris. Allons pescher des huytres en escalle. »

Le vieil Macrobe, en langage Ionicque, demandoit à Pantagruel comment et par quelle industrie et labeur estoit abourdé à leur port celle journée, en laquelle avoit esté troublement de l'air, et tempeste de mer tant horrifique. Pantagruel luy respondit que le hault Servateur avoit eu esgard à la simplicité et sincere affection de ses gens, lesquelz ne voyageoient pour guain ne traficque de marchandise. Une et seule cause les avoit en mer mis, sçavoir est studieux desir de voir, apprendre, cognoistre, visiter l'oracle de Bacbuc, et avoir le mot de la Bouteille, sus quelques difficultés proposées par quelqu'un de la compaignie. Toutesfois, ce ne avoit esté sans grande affliction et dangier evident de naufrage. Puis luy demanda quelle cause luy sembloit estre de cestuy espouvantable fortunal, et si les mers adjacentes d'icelle isle estoient ainsi ordinairement subjectes à tempestes, comme, en la mer Océane, sont les ratz de Sanmaieu, Maumusson, et, en la mer Mediterranée, le gouffre de Satalie, Montargentan, Plombin, Capo Melio en Laconie, l'estroict de Gilbathar, le far de Messine, et aultres.

CHAPITRE XXVI

COMMENT LE BON MACROBE RACONTE A PANTAGRUEL LE MANOIR ET DISCESSION DES HEROES

Adonc respondit le bon Macrobe : « Amis peregrins, icy est une des isles Sporades, non de vos Sporades qui sont en la mer Carpathie, mais des Sporades de l'Océan : jadis riche, frequente, opulente, marchande, populeuse, e subjecte au dominateur de Bretaigne. Maintenant, par laps de temps et sus la declination du monde, pauvre et deserte comme voyez.

« En ceste obscure forest que voyez, longue et ample plus de soixante et dixhuit mille parasanges, est l'habitation des demons et heroes, lesquelz sont devenuz vieux : et croyons, plus ne luysant le comete presentement, lequel nous appareut par trois entiers jours precedens, que hier en soit mort quelqu'un, du trespas duquel soit excitée celle horrible tempeste que avez paty : car, eux vivans, tout bien abonde en ce lieu et aultres isles voisines, et, en mer, est bonache et serenité conti uelle. Au trespas d'un chascun d'iceux, ordinairement oyons nous par la forest grandes et pitoyables lamentations, et voyons en terre pestes, vimeres et afflictions ; en l'air, troublemens et tenebres ; en mer, tempeste et fortunal.

— Il y a, dist Pantagruel, de l'apparence en ce que dictes. Car, comme la torche ou la chandelle, tout le temps qu'elle est vivante et ardente, luist es assistans, esclaire tout autour, delecte un chascun, et à chascun expose son service et sa clarté, ne fait mal ne desplaisir à personne ; sus l'instant qu'elle est extaincte, par sa fumée et evaporation elle infectionne l'air, elle nuit es assistans, et à un chascun desplaist. Ainsi est il de ces ames nobles et insignes. Tout le temps qu'elles habitent leurs corps, est leur demeure pacificque, utile, delectable, honorable; sus l'heure de leur discession, communement adviennent par les isles et continens grands tremblemens en l'air, tenebres, fouldres, gresles ; en terre, concussions, tremblemens, estonnemens ; en mer, fortunal et tempeste, avec lamentations des peuples, mutations des religions, transports des royaumes, et eversions des republiques.

— Nous, dist Epistemon, en avons nagueres veu l'experience on deces du preux et docte chevalier Guillaume du Bellay, lequel vivant, France estoit en telle felicité que tout le monde avoit sus elle envie, tout le monde s'y rallioit, tout le monde la redoubtoit. Soubdain après son trespas, elle a esté en mespris de tout le monde bien longuement.

— Ainsi, dist Pantagruel, mort Anchise à Drepani en Sicile, la tempeste donna terrible vexasion à Æneas. C'est par adventure la cause pourquoy Herodes, le tyran et cruel roy de Judée, soy voyant près de mort horrible et espovantable en nature (car il mourut d'une phthiriasis, mangé des verms et des poulx, comme paravant estoient morts L. Sylla, Pherecydes Syrien, precepteur de Pythagoras, le poëte gregeois Alcman et aultres), et prevoyant qu'à sa mort les Juifz feroient feux de joye, fit en son serrail, de toutes les villes, bourgades, et chasteaulx de Judée, tous les nobles et magistratz convenir, sous couleur et occasion fraudulente de leur vouloir choses d'importance communicquer, pour le regime et tuition de la province. Iceux venuz et comparens en personnes fit en l'hippodrome du serrail reserrer. Puis dist à sa sœur Salomé, et à son mary Alexandre : « Je suis asceuré que de ma mort les Juifz se esjouiront; mais, si en-
« tendre voulez et executer ce que vous diray, mes exeques seront hono-
« rables, et y sera lamentation publicque. Sus l'instant que seray tres-
« passé, faites, par les archiers de ma garde, esquelz j'en ay expresse
« commission donné, tuer tous ces nobles et magistratz qui sont céans re-

« serrés. Ainsi faisans, toute Judée maulgré soy en dueil et lamentation
« sera, et semblera es estrangiers que ce soit à cause de mon trespas,
« comme si quelque ame heroïque fust decedée. »

« Autant en affectoit un desesperé tyran, quand il dist : « Moy mou-
« rant, la terre soit avec le feu meslé; » c'est à dire perisse tout le
monde. Lequel mot Neron le truant changea, disant : « Moy vivant, »
comme atteste Suetone. Ceste detestable parole, de laquelle parlent
Cicero, *lib.* III, *de Finibus*, et Seneque, *lib*. II, de Clemence, est par
Dion Niceus et Suidas attribuée à l'empereur Tibere. »

CHAPITRE XXVII

COMMENT PANTAGRUEL RAISONNE SUR LA DISSESSION DES AMES HEROÏQUES ET DES PRODIGES HORRIFIQUES QUI PRECEDERENT LE TRESPAS DU FEU SEIGNEUR DE LANGEY

« Je ne vouldrois (dist Pantagruel continuant) n'avoir paty la tormente
marine laquelle tant nous a vexés et travaillés, pour non entendre ce que
nous dit ce bon Macrobe. Encores suis je facilement induict à croire ce
qu'il nous a dict du comete veu en l'air par certains jours precedens telle
dicession. Car aulcunes telles ames tant sont nobles, precieuses et heroïques,
que, de leur deslogement et trespas, nous est certains jours d'avant donnée
signification des cieulx. Et, comme le prudent medecin, voyant par les
signes pronosticz son malade entrer en decours de mort, par quelques
jours d'avant advertit les femmes, enfans, parens et amis, du deces imminent du mary, pere, ou prochain, afin qu'en ce reste de temps qu'il a dé
vivre ilz l'admonnestent donner ordre à sa maison, exhorter et benistre ses
enfans, recommander la viduité de sa femme, declairer ce qu'il saura
estre necessaire à l'entretenement des pupilles, et ne soit de mort surprins sans tester et ordonner de son ame et de sa maison : semblablement
les cieulx benevoles, comme joyeux de la nouvelle reception de ces béates
ames, avant leur deces semblent faire feux de joye par telz cometes et
apparitions meteores. Lesquelles voulent les cieulx estre aux humains
pour pronostic certain et veridicque prediction que, dedans peu de jours,
telles venerables ames laisseront leurs corps et la terre.

« Ne plus ne moins que jadis, en Athenes, les juges Aréopagites, bal-
lotans pour le jugement des criminelz prisonniers, usoient de certaines
notes selon la varieté des sentences : par Θ signifians condemnation à
mort; par T, absolution; par A, ampliation : sçavoir est quand le cas
n'estoit encores liquidé. Icelles, publiquement exposées, oustoient d'esmoy

et pensement les parens, amis et aultres, curieux d'entendre quelle seroit l'issue et jugement des malfaicteurs detenuz en prison. Ainsi, par telz cometes, comme par notes etherées, disent les cieulx tacitement : Hommes mortelz, si de cestes heureuses ames voulez chose aulcune sçavoir, apprendre, entendre, cognoistre, prevoir, touchant le bien et utilité publique ou privée, faites diligence de vous representer à elles, et d'elles response avoir ; car la fin et catastrophe de la comœdie approche. Icelle passée, en vain vous les regretterez.

« Font davantaige. C'est que, pour declairer la terre et gens terriens n'estre dignes de la presence, compaignie et fruition de telles insignes ames, l'estonnent et espouvantent par prodiges, portentes, monstres, et aultres precedens signes formés contre tout ordre de nature. Ce que vismes plusieurs jours avant le departement de celle tant illustre, genereuse et heroïque ame du docte et preux chevalier de Langey, duquel vous avez parlé.

— Il m'en souvient, dist Epistemon, et encores me frissonne et tremble le cœur dedans sa capsule, quand je pense es prodiges tant divers et horrifiques lesquelz vismes apertement cinq et six jours avant son depart. De mode que les seigneurs d'Assier, Chemant, Mailly le borgne, Sainct Ayl, Villeneufve la Guyart, maistre Gabriel medecin de Savillan, Rabelays, Cohuau, Massuau, Maiorici, Bullou, Cercu dit Bourguemaistre, François Proust, Ferron, Charles Girard, François Bourré, et tant d'aultres, amis, domestiques et serviteurs du defunct, tous effrayés, se regardoient les uns les aultres en silence, sans mot dire de bouche, mais bien tous pensans et prevoyans en leurs entendemens que de brief seroit France privée d'un tant perfaict et necessaire chevalier à sa gloire et protection, et que les cieulx le repetoient comme à eux deu par proprieté naturelle.

— Huppe de froc, dist frere Jean, je veulx devenir clerc sus mes vieulx jours. J'ay assez belle entendouoire, voire.

> Je vous demande en demandant,
> Comme le roy à son sergent,
> Et la royne à son enfant :

Ces heros icy et semidieux desquelz avez parlé peuvent ilz par mort finir ? Par nettre denc, je pensois en pensarois qu'ilz fussent immortelz, comme beaux anges, Dieu me le veuille pardonner. Mais ce reverendissime Macrobe dit qu'ilz meurent finablement.

— Non tous, respondit Pantagruel. Les Stoïciens les disoient tous estre mortelz, un excepté, qui seul est immortel, impassible, invisible.

23.

« Pindarus apertement dit es déesses Hamadryades plus de fil, c'est à dire plus de vie n'estre fillé de la quenoille et fillasse des Destinées et Parces iniques que es arbres par elles conservées. Ce sont chesnes, desquelz elles nasquirent selon l'opinion de Callimachus, et de Pausanias, *in Phoci*. Esquels consent Martianus Capella. Quant aux semidieux, panes, satyres, sylvains, folletz, ægipanes, nymphes, heroes et demons, plusieurs ont, par la somme totale resultante des aages divers supputés par Hesiode, compté leurs vies estre de 9,720 ans : nombre composé de unité passante en quadrinité, et la quadrinité entiere quatre fois en soy doublée, puis le tout cinq fois multiplié par solides triangles. Voyez Plutarche on livre de la *Cessation des oracles*.

— Cela, dist frere Jean, n'est point matiere de breviaire. Je n'en croy sinon ce que vous plaira. — Je croy, dist Pantagruel, que toutes ames intellectives sont exemptes des cizeaux de Atropos. Toutes sont immortelles : anges, demons et humaines. Je vous diray toutesfois une histoire bien estrange, mais escrite et asceurée par plusieurs doctes et sçavans historiographes, à ce propos. »

CHAPITRE XXVIII

COMMENT PANTAGRUEL RACONTE UNE PITOYABLE HISTOIRE TOUCHANT LE TRESPAS DES HEROES

« Epitherses, pere de Æmilian rheteur, navigant de Grece en Italie dedans une nauf chargée de diverses marchandises et plusieurs voyagiers, sus le soir, cessant le vent auprés des isles Echinades, lesquelles sont entre la Morée et Tunis, fut leur nauf portée prés de Paxes. Estant là abourdée, aucuns des voyagiers dormans, aultres veillans, aultres beuvans, et souppans, fut de l'isle de Paxes ouie une voix de quelqu'un qui haultement appeloit *Thamoun*. Auquel cry tous furent espouvantés. Cestuy Thamous estoit leur pilot natif d'Ægypte, mais non connu de nom, fors à quelques uns des voyagiers. Fut secondement ouie ceste voix : laquelle appelloit *Thamoun* en cris horrifiques. Personne ne respondant, mais tous restans en silence et trepidation, en tiercé fois ceste voix fut ouie plus terrible que devant. Dont advint que Thamous respondit : « Je suis icy, que me demandes tu ? que veulx tu que je face ? » Lors fut icelle voix plus haultement ouie, luy disant et commandant, quand il seroit en Palodes, publier et dire que Pan le grand dieu estoit mort. Ceste parole entendue, disoit Epitherses tous les nauchiers et voyagiers s'estre esbahis et grandement effrayés ; et entre eux deliberans quel seroit meilleur ou taire ou publier ce que avoit esté commandé, dist Thamous son advis estre, advenant que lors ilz eussent vent en pouppe, passer oultre sans mot dire ; advenant qu'il fust calme en mer, signifier ce qu'il avoit ouy. Quand donc furent prés Palodes advint qu'ilz n'eurent ne vent ne courant. Adonc Thamous montant en propre, et en terre projectant sa veue, dist, ainsi que luy estoit commandé, que Pan le grand estoit mort. Il n'avoit encores achevé le dernier mot quand furent entenduz grands souspirs, grandes lamentations et effroiz en terre, non d'une personne seule, mais de plusieurs ensemble. Ceste nouvelle (parce que plusieurs avoient esté presens) fut bien tost divulguée en Rome. Et envoya Tibere Cæsar, lors empereur en Rome, querir cestuy Thamous. Et, l'avoir entendu parler, adjousta foy à ses paroles. Et se guementant es gens doctes qui pour lors estoient en sa court et en Rome en bon nombre, qui estoit cestuy Pan, trouva par leur rapport qu'il avoit esté filz de Mercure et de Penelope. Ainsi au paravant l'avoient escrit Herodote, et Ciceron on tiers livre *De la Nature des dieux*. Toutesfois je le interpreterois de celuy grand Servateur des fideles, qui fut en Judée ignominieusement occis par l'envie et iniquité des pontifes, docteurs, prebstres et moynes de la loy Mosaïcque. Et ne me semble l'interpretation abhorrente : car à bon droit peut il estre en langage gregeois dict Pan, veu qu'il est le nostre Tout, tout ce que vivons, tout ce que avons, tout ce que esperons est luy, en luy, de luy, par luy. C'est le bon Pan, le grand pasteur, qui, comme atteste le bergier passionné Corydon, non seulement a en amour et affection ses brebis, mais aussi ses bergiers. A la mort duquel furent plaincts, souspirs, effroiz et lamentations en toute la machine de l'univers cieulx, terre, mer, enfers. A ceste mienne interpretation compete le temps, car cestuy tres bon, tres grand Pan, nostre unique Servateur, mourut lez Hierusalem, regnant en Rome Tibere Cæsar. »

Pantagruel, ce propos finy, resta en silence et profonde contemplation. Peu de temps après, nous vismes les larmes deconler de ses œilz grosses comme œufz d'austruche. Je me donne à Dieu si j'en mens d'un seul mot.

CHAPITRE XXIX

COMMENT PANTAGRUEL PASSA L'ISLE DE TAPINOIS, EN LAQUELLE REGNOIT QUARESMEPRENANT

Les naufz du joyeux convoy refaictes et reparées, les victuailles refraichiz, les Macréons plus que contens et satisfaicts de la despense que y avoit faict Pantagruel, nos gens plus joyeux que de coustume, au jour subsequent fut voile faicte au serain et delicieux Aguyon, en grande alaigresse. Sus le hault du jour fut, par Xenomanes, monstré de loing l'isle de Tapinois, en laquelle regnoit Quaresmeprenant, duquel Pantagruel avoit autrefois ouy parler, et l'eut volontiers veu en personne, ne fust que Xenomanes l'en descouragea, tant pour le grand destour du chemin que pour le maigre pasçetemps qu'il dist estre en toute l'isle et court du seigneur. « Vous y voirrez, disoit-il, pour tout potaige un grand avalleur de pois gris, un grand cacquerotier, un grand preneur de taulpes, un grand boteleur de foin, un demy géant à poil follet et double tonsure, extraict de Lanternois, bien grand lanternier, confalonnier des Icthyophages, dictateur de Moustardois, fouetteur de petits enfans, calcineur de cendres, pere et nourrisson des medecins, foisonnant en pardons, indulgences et stations : homme de bien, bon catholic et de grande devotion. Il pleure les trois pars du jour. Jamais ne se trouve aux nopces. Vray est que c'est le plus industrieux faiseur de lardoueres et brochettes qui soit en quarante royaumes. Il y a environ six ans que, passant par Tapinois, j'en emportay une grosse, et la donnay aux bouchiers de Quande. Ilz les estimerent beaucoup, et non sans cause. Je vous en monstreray à nostre retour deux attachées sus le grand portail. Les alimens desquelz il se paist sont aubers salés, casquets, morrions salés, et salades salées. Dont quelquefois patit une lourde pissechaulde. Ses habillemens sont joyeux, tant en façon comme en couleur, car il porte gris et froid : rien davant et rien darriere, et les manches de mesmes.

— Vous me ferez plaisir, dist Pantagruel, si, comme m'avez exposé ses vestemens, ses alimens, sa maniere de faire, et ses passetemps, aussi m'exposez sa forme et corpulence en toutes ses parties. — Je t'en prie, couillette, dist frere Jean, car je l'ay trouvé dedans mon breviaire : et s'ensuit après les festes mobiles. — Volontiers, respondit Xenomanes. Nous en oyrons par adventure plus amplement parler passans l'isle Farouche, en laquelle dominent les Andouilles farfelues, ses ennemies mortelles, contre lesquelles il a guerre sempiternelle. Et ne fust l'aide du noble Mardigras, leur protecteur et bon voisin, ce grand lanternier Quaresmeprenant les eust ja pieça exterminées de leur manoir. — Sont elles, demandoit frere Jean, masles ou femelles, anges ou mortelles, femmes ou pucelles?
— Elles sont, respondit Xenomanes, femelles en sexe, mortelles en condition : aucunes pucelles, autres non. — Je me donne au diable, dist frere Jean, si je ne suis pour elles. Quel desordre est ce en nature, faire guerre contre les femmes ? Retournons. Sacmentons ce grand vilain. — Combatre Quaresmeprenant, dist Panurge, de par tous les diables, je ne suis pas si fol et hardy ensemble. *Quid juris*, si nous trouvions enveloppés entre Andouilles et Quaresmeprenant, entre l'enclume et les mar-

teaulx? Cancre. Oustez vous de là. Tirons oultre. Adieu, vous dis, Quaresmeprenant. Je vous recommande les Andouilles, et n'oubliez pas les Boudins. »

CHAPITRE XXX

COMMENT PAR XENOMANES EST ANATOMISÉ ET DESCRIPT QUARESMEPRENANT

« Quaresmeprenant, dist Xenomanes, quant aux parties internes, a (au moins de mon temps avoit) la cervelle en grandeur, couleur, substance et vigueur, semblable au couillon gauche d'un ciron masle.

Les ventricules d'icelle, comme un tirefond.
L'excrescence vermiforme, comme un pillemaille.
Les membranes, comme la coqueluche d'un moine.
L'entonnoir, comme un oiseau de masson.
La voulte, comme un gouimphe.
Le conare, comme un veze.
Le retz admirable, comme un chanfrain.
Les additamens mammillaires, comme un bobelin.
Les tympanes, comme un moulinet.
Les os petreux, comme un plumail.
La nucque, comme un fallot.
Les nerfz, comme un robinet.
La luette, comme une sarbataine.
Le palat, comme une moufle.
La salive, comme une navette.
Les amygdales, comme lunettes à un œil.
Le isthme, comme une portouoire.
Le gouzier, comme un panier vendangeret.
L'estomac, comme un baudrier.
Le pylore, comme une fourche fiere.
L'aspre artere, comme un gouet.
Le guaviet, comme un peloton d'estoupes.
Le poulmon, comme une aumusse.
Le cœur, comme une chasuble.
Le mediastin, comme un godet.
La plevre, comme un bec de corbin.
Les arteres, comme une cappe de Biart.
Le diaphragme, comme un bonnet à la coquarde.
Le foye, comme une bezague.
Les veines, comme un chassis.
La ratelle, comme un courquaillet.
Les boyaulx, comme un tramail.
Le fiel, comme une dolouoire.
La fressure, comme un guantelet.
Le mesantere, comme une mitre abbatiale.
L'intestin jeun, comme un daviet.
L'intestin borgne, comme un plastron.
Le colon, comme une brinde.
Le boyau cullier, comme un bourrabaquin monachal.
Les roignons, comme une truelle.
Les lumbes, comme un cathenat.
Les pores ureteres, comme une cramailliere.
Les veines emulgentes, comme deux glyphouoires.
Les vases spermatiques, comme un guasteau feuilleté.
Les parastates, comme un pot à plume.
La vessie, comme un arc à jallet.
Le col d'icelle, comme un batail.
Le mirach, comme un chappeau Albanois.
Le siphach, comme un brassal.
Les muscles, comme un soufflet.
Les tendons, comme un guand d'oiseau.
Les ligamens, comme une escarcelle.
Les os, comme cassemuseaulx.
La moelle, comme un bissac.

Les cartilages, comme une tortue de guarigues.
Les adenes, comme une serpe.
Les esprits animaulx, comme grands coups de poing.
Les esprits vitaulx, comme longues chiquenauldes.
Le sang bouillant, comme nazardes multipliées.
L'urine, comme un papefigue.
La geniture, comme un cent de clous à latte. Et me contoit sa nourrice qu'il, estant marié avec la Myquaresme, engendra seulement nombre de adverbes locaulx, et certains jeunes doubles.
La memoire avait comme une escharpe.
Le sens commun, comme un bourdon.
L'imagination, comme un carillonnement de cloches.
Les pensées, comme un vol d'estourneaulx.
La conscience, comme un denigement de heronneaulx.
Les deliberations, comme une pochée d'orgues.
La repentance, comme l'equippage d'un double canon.
Les entreprinses, comme la saboure d'un gallion.
L'entendement, comme un breviaire dessiré.
Les intelligences, comme limaz sortans des fraires.
La volunté, comme trois noix en une escuelle.
Le desir, comme six boteaux de sainct foin.
Le jugement, comme un chaussepied.
La discretion, comme une moufle.
La raison, comme un tabouret.

CHAPITRE XXXI

ANATOMIE DE QUARESMEPRENANT QUANT AUX PARTIES EXTERNES

« Quaresmeprenant, disoit Xenomanes continuant, quant aux parties externes, estoit un peu mieulx proportionné, excepter les sept costes qu'il avoit oultre la forme commune des humains.

Les orteilz avoit comme une espinette orguanisée.
Les ongles, comme une vrille.
Les pieds, comme une guinterne.
Les talons, comme une massue.
La plante, comme un creziou.
Les jambes, comme un leurre.
Les genoulz, comme un escabeau.
Les cuisses, comme un crenequin.
Les hanches, comme un vibrequin.
Le ventre à poulaines, boutonné selon la mode antique, et ceinct à l'antibust.
Le nombril, comme une vielle.
La penilliere, comme une dariole.
Le membre, comme une pantoufle.
Les couilles, comme une guedoufle.
Les genitoires, comme un rabot.
Les cremasteres, comme une raquette.
Le perinæum, comme un flageolet.
Le trou du cul, comme un mirouoir crystallin.
Les fesses, comme une herse.
Les reins, comme un pot beurrier.
L'alkatin, comme un billart.
Le dours, comme une arbaleste de passe.
Les spondyles, comme une cornemuse.
Les coustes, comme un rouet.
Le brechet, comme un baldachin.
Les omoplates, comme un mortier.
La poictrine, comme un jeu de regualles.
Les mammelles, comme un cornet à bouquin.

Les aisselles, comme un eschiquier.
Les espaules, comme une civiere à bras.
Les bras, comme une barbute.
Les doigts, comme landiers de frarie.
Les rasettes, comme deux eschasses.
Les fauciles, comme fauciles.
Les coubdes, comme ratoires.
Les mains, comme une estrille.
Le col, comme une saluerne.
La guorge, comme une chausse d'Hippocras.
Le nou, comme un baril : auquel pendoient deux guoytrouz de bronze bien beaulx et harmonieux, en forme d'une horologe de sable.
La barbe, comme une lanterne.
Le menton, comme un potiron.
Les oreilles, comme deux mitaines.
Le nez, comme un brodequin anté en escusson.
Les narines, comme un beguin.
Les soucilles, comme une lichefrette.
Sus la soucille gauche avoit un seing en forme et grandeur d'un urinal.
Les paulpieres, comme un rebec.
Les œilz, comme un estuy de peigne.
Les nerfz opticques, comme un fuzil.
Le front, comme une retombe.
Les temples, comme une chantepleure.
Les joues, comme deux sabotz.
Les maschoueres, comme un goubelet.
Les dents, comme un vouge. De ses telles dents de laict vous trouverez une à Colonges les Royaulx en Poictou, et deux à la Brosse en Xantonge, sus la porte de la cave.
La langue, comme une harpe.
La bouche, comme une housse.
Le visage historié, comme un bast de mulet.
La teste contournée, comme un alambic.
Le crane, comme une gibbessiere.
Les coustures, comme un anneau de pescheur.
La peau, comme une gualvardine.
L'epidermis, comme un beluteau.
Les cheveulx, comme une decrotoire.
Le poil, tel comme a esté dict.

CHAPITRE XXXII

CONTINUATION DES CONTENANCES DE QUARESMEPRENANT

« Cas admirable en nature, dist Xenomanes continuant, est voir et entendre l'estat de Quaresmeprenant.

S'il crachoit, c'estoient panerées de chardonnette.
S'il mouchoit, c'estoient anguillettes salées.
S'il pleuroit, c'estoient canards à la dodine.
S'il trembloit, c'estoient grands pastés de lievre.
S'il suoit, c'estoient moulues au beurre frais.
S'il rottoit, c'estoient huytres en escalle.
S'il esternuoit, c'estoient pleins barilz de moustarde.
S'il toussoit, c'estoient boistes de coudignac.
S'il sanglottoit, c'estoient denrées de cresson.
S'il baisloit, c'estoient potées de pois pilés.
S'il souspiroit, c'estoient langues de bœuf fumées.
S'il subloit, c'estoient hottées de singes verds.
S'il ronfloit, c'estoient jadaulx de febves frezes.
S'il rechinoit, c'estoient pieds de porc au sou

S'il parloit, c'estoit gros bureau d'Auvergne, tant s'en falloit que fust soye cramoisie, de laquelle vouloit Parisatis estre les paroles tissues de ceux qui parloient à son filz Cyrus, roy des Perses.

S'il soufloit, c'estoient troncs pour les indulgences.

S'il guignoit des œilz, c'estoient gauffres et obelies.

S'il grondoit, c'estoient chats de Mars.

S'il dodelinoit de la teste, c'estoient charrettes ferrées.

S'il faisoit la moue, c'estoient bastons rompuz.

S'il marmonnoit, c'estoient jeux de la bazoche.

S'il trepinoit, c'estoient respitz et quinquenelles.

S'il reculoit, c'estoient coquecigrues de mer.

S'il bavoit, c'estoient fours à ban.

S'il estoit enroué, c'estoient entrées de moresques.

S'il petoit, c'estoient houzeaulx de vache brune.

S'il vesnoit, c'estoient bottines de cordouan.

S'il se grattoit, c'estoient ordonnances nouvelles.

S'il chantoit, c'estoient pois en gousse.

S'il fiantoit, c'estoient potirons et morilles.

S'il buffoit, c'estoient choux à l'huile, *alias* caules amb'olif.

S'il discouroit, c'estoient neiges d'antan.

S'il se soucioit, c'estoit des rez et des tondus.

Si rien donnoit, autant en avoit le brodeur.

S'il songeoit, c'estoient vitz volans et rampans contre une muraille.

S'il resvoit, c'estoient papiers rantiers.

« Cas estrange : travailloit rien ne faisant, rien ne faisoit travaillant. Corybantioit dormant, dormoit corybantiant, les œilz ouvers comme font les lievres de Champaigne, craignant quelque camisade d'Andouilles, ses antiques ennemies. Rioit en mordant, mordoit en riant. Rien ne mangeoit jeusnant, jeusnoit rien ne mangeant. Grignotoit par soubçon, beuvoit par imagination. Se baignoit dessus les haults clochers, se seichoit dedans les estangs et rivieres. Peschoit en l'air, et y prenoit escrevisses decumanes. Chassoit on profond de la mer, et y trouvoit ibices, stamboucqs et chamois. De toutes corneilles prinses en tapinois, ordinairement poschoit les œilz. Rien ne craignoit que son ombre, et le cry des gras chevreaulx Battoit certains jours le pavé. Se jouoit es cordes des ceincts. De son poing faisoit un maillet. Escrivoit sus parchemin velu, avec son gros gallimart, prognostications et almanachz.

— Voylà le gallant, dist frere Jean. C'est mon homme. C'est celuy que je cherche. Je luy vais mander un cartel.

— Voylà, dist Pantagruel, une estrange et monstrueuse membreure d'homme, si homme le doibs nommer. Vous me reduisez en memoire la forme et contenance de Amodunt et Discordance.

— Quelle forme, demanda frere Jean, avoient ilz ? Je n'en ouy jamais parler. Dieu me le pardoint.

— Je vous en diray, respondit Pantagruel, ce que j'en ay leu parmy les apologues antiques. Physis (c'est nature) en sa premiere portée enfanta Beaulté et Harmonie sans copulation charnelle, comme de soy mesmes est grandement feconde et fertile. Antiphysie, laquelle de tout temps est partie adverse de nature, incontinent eut envie sus cestuy tant beau et honorable enfantement : et au rebours, enfanta Amodunt et Discordance par copulation de Tellumon. Ilz avoient la teste spherique et ronde entierement, comme un ballon : non doucement comprimée des deux coustés, comme est la forme humaine. Les oreilles avoient hault enlevées, grandes comme oreilles d'asne ; les œilz hors la teste, fichés sur des os semblables aux talons, sans soucilles, durs comme sont ceux des cancres ; les pieds ronds comme pelottes ; les bras et mains tournés en arriere vers les espaules. Et cheminoient sus leurs testes, continuellement faisant la roue, cul sus teste, les pieds contremont. Et (comme vous sçavez que es singesses semblent leurs petits singes plus beaux que chose du monde) Antiphysie louoit et s'efforçoit prouver que la forme de ses enfans plus belle estoit et advenante que des enfans de Physis : disant que ainsi avoir les pieds et teste spheriques, et ainsi cheminer circulairement en rouant, estoit la forme competante et perfaicte alleure retirante à quelque portion de divinité : par laquelle les cieulx et toutes choses eternelles sont ainsi contournées. Avoir les pieds en l'air, la teste en bas, estoit imitation du créateur de l'univers : veu que les cheveulx sont en l'homme comme racines, les jambes comme rameaux. Car les arbres plus commodement sont en terre fichées sus leurs racines que ne seroient sus leurs rameaux. Par ceste demonstration alleguant que trop mieulx et plus aptement estoient ses enfans comme une arbre droite, que ceux de Physis, lesquelz estoient comme une arbre renversée. Quant est des bras et des mains, prouvoit que plus raisonnablement estoient tournés vers les espaules, parce que ceste partie du corps ne devoit estre sans defenses : attendu que le devant estoit competentement muny par les dents, desquelles la personne peut, non seulement user en maschant, sans l'aide des mains, mais aussy soy defendre contre les choses nuisantes. Ainsi, par le tesmoignage et astipulation des bestes brutes, tiroit tous les folz et insensés en sa sentence, et estoit en admiration à toutes gens escervelés, et desguarniz de bon jugement et sens commun. Depuis elle engendra les matagotz, cagotz et papelars ; les maniacles pistolets ; les demoniacles Calvins, imposteurs de Geneve ; les enraigés Putherbes, Briffaulx, Caphars, Chattemittes, Canibales, et aultres monstres difformes et contrefaicts en despit de nature. »

CHAPITRE XXXIII

COMMENT PAR PANTAGRUEL FUT UN MONSTRUEUX PHYSETERE APPERCEU PRÉS L'ISLE FAROUCHE

Sus le hault du jour approchans l'isle Farouche, Pantagruel de loing apperceut un grand et monstrueux Physetere, venant droit vers nous, bruyant, ronflant, enflé, enlevé plus hault que les hunes des naufz et jettant eaux de la gueule en l'air davant soy, comme si fust une grosse riviere tombante de quelque montaigne. Pantagruel le monstra au pilot et à Xenomanes. Par le conseil du pilot furent sonnées les trompettes de la thalamege en intonation de guare-serre. A cestuy son, toutes les naufz, gallions, ramberges, liburnicques (selon qu'estoit leur discipline navale) se mirent en ordre et figure telle qu'est le Y gregeois, lettre de Pithagoras ; telle que voyez observer par les grues en leur vol ; telle qu'est en un angle acut : on cone et base de laquelle estoit ladicte thalamege en equippage de vertueusement combattre. Frere Jean on chasteau gaillard monta gallant et bien deliberé avec les bombardiers. Panurge commença crier et lamenter plus que jamais. « Babillebabou, disoit il, voicy pis qu'antan. Fuyons. C'est, par la mort bœuf, Leviathan descript par le noble prophete Moses en la vie du sainct homme Job. Il nous avalera tous, et gens et naufz, comme pilules. En sa grande gueule infernale nous ne luy tiendrons lieu plus que feroit un grain de dragée musquée en la gueule d'un asne. Voyez le cy. Fuyons, guaignons terre. Je croy que c'est le propre monstre marin qui fut jadis destiné pour devorer Andromeda. Nous sommes tous perduz. O que pour l'occire presentement fust icy quelque vaillant Perseus. — Percé jus par moy, sera respondit Pantagruel. N'ayez peur. — Vertus Dieu, dist Panurge, faictes que soyons hors les causes de peur. Quand voulez vous que j'aye peur, sinon quand le dangier est evident ? — Si telle est, dist Pantagruel, vostre destinée fatale, comme nagueres exposoit frere Jean, vous debvez peur avoir de Pyrœis, Héoüs, Aethon, Phlegon, celebres chevaulx du soleil flammivomes, qui rendent feu par les narines; des Physeteres, qui ne jettent qu'eau par les ouyes et par la gueule, ne debvez peur aucune avoir. Ja par leur eau ne serez en dangier de mort. Par cestuy element plus tost serez guaranty et conservé que fasché ne offensé.

— A l'aultre, dist Panurge. C'est bien rentré de picques noires. Vertu d'un petit poisson, ne vous ay je assez exposé la transmutation des elemens, et le facile symbole qui est entre rousty et bouilly, entre bouilly et rousty ? Halas ! Voy le cy. Je m'en vais cacher là bas. Nous sommes tous mors à ce coup. Je voy sus la hune Atropos la felonne avec ses cizeaulx de frais esmouluz preste à nous tous coupper le filet de vie. Guare! Voy le cy. O que tu es horrible et abominable! Tu en as bien noyé d'aultres, qui ne s'en sont poinct vantés. Dea, s'il jettast vin bon, blanc, vermeil, friant, delicieux, en lieu de ceste eau amere, puante, salée, cela seroit tolerable aulcunement : et y seroit aulcune occasion de patience, à l'exemple de celuy milourt Anglois, auquel estant faict commandement, pour les crimes desquelz estoit convaincu, de mourir à son arbitrage, esleut mourir nayé dedans un tonneau de Malvesie. Voy le cy. Ho, ho, diable Satanas, Leviathan! Je ne te peux voir, tant tu es hideux et detestable. Vestz à l'audience, vestz aux Chiquanous. »

CHAPITRE XXXIV

COMMENT PAR PANTAGRUEL FUT DEFAICT LE MONSTRUEUX PHYSETERE

Le Physetere, entrant dedans les brayes et angles des naufz et guallions, jettoit eau sus les premiers à pleins tonneaulx, comme si fussent les catadupes du Nil en Æthiopie. Dards, dardelles, javelotz, espieux, corsecques, partuisanes, voloient sus luy de tous coustés. Frere Jean ne s'y espargnoit. Panurge mouroit de peur. L'artillerie tonnoit et fouldroyoit en diable, et faisoit son debvoir de le pinser sans rire. Mais peu profitoit, car les gros boulets de fer et de bronze entrans en sa peau sembloient fondre à les voir de loing, comme font les tuilles au soleil. Alors Pantagruel, considerant l'occasion et necessité, desploye ses bras, et monstre ce qu'il sçavoit faire. Vous dictes, et est escrit, que le truant Commodus, empereur de Rome, tant dextrement tiroit de l'arc que de bien loing il passoit les fleches entre les doigts des jeunes enfans levans la main en l'air, sans aucunement les ferir. Vous nous racontez aussi d'un archier indian, on temps que Alexandre le Grand conquesta Indie, lequel tant estoit de traire perit, que de loing il passoit ses fleches par dedans un anneau, quoy qu'elles fussent longues de trois coubdées et fust le fer d'icelles tant grand et poisant, qu'il en perçoit brancs d'acier, boucliers espois, plastrons asserés, tout generalement qu'il touchoit, tant ferme, resistant, dur et valide fust, que sçauriez dire. Vous nous dictes aussi merveilles de l'industrie des anciens François, lesquelz à tous estoient en l'art sagittaire preferés, et lesquelz en chasse de bestes noires et rousses frottoient le fer de leurs fleches avec ellebore, pource que de la venaison ainsi ferue la chair plus tendre, friande, salubre et delicieuse estoit : cernant toutesfois et oustant la partie ainsi atteincte tout autour. Vous faictes pareillement narré des Parthes, qui par darriere tiroient plus ingenieusement que ne faisoient les autres nations en face. Aussi celebrez vous les Scythes en ceste dexterité, de la part desquelz jadis un ambassadeur envoyé à Darius, roy des Perses, luy offrit un oiseau, une grenouille, une souris, et cinq fleches, sans mot dire. Interrogé que pretendoient telz presens, et s'il avoit charge de rien dire, respondit que non. Dont restoit Darius tout estonné et hebeté en son entendement, ne fust que l'un des sept capitaines qui avoient occis les mages, nommé Gobryes, luy exposa et interpreta, disant : « Par ces dons et offrandes vous disent tacitement les Scythes : Si les Perses comme oiseaux ne volent au ciel, ou comme souris ne se cachent vers le centre de la terre, ou ne se mussent en profond des estangs et paluz comme grenouilles, tous seront à perdition mis par la puissance et sagettes des Scythes. » Le noble Pantagruel en l'art de jetter et darder estoit sans comparaison plus admirable. Car avec ses horribles piles et dards (lesquelz proprement ressembloient aux grosses poultres sus lesquelles sont les ponts de Nantes, Saulmur, Bergerac, et à Paris les ponts au Change et aux Meusniers soustenuz, en longueur, grosseur, pesanteur et ferrure) de mille pas loing il ouvroit les huytres en escalle sans toucher les bords ; il esmouchoit une bougie sans l'esteindre, frappoit les pies par l'œil, dessemeloit les bottes sans les endommager, deffourroit les barbutes sans rien gaster ; tournoit les feuillets du breviaire de frere Jean l'un après l'aultre sans rien dessirer. Avec telz dards, desquelz estoit grande munition dedans sa nauf, au premier coup il enferra le Physetere sus le front, de mode qu'il luy transperça les deux machouoires et la langue, si que plus ne ouvrit la gueule, plus ne puisa, plus ne jetta eau. Au second coup il luy creva l'œil droit ; au troisieme, l'œil gauche. Et fut veu le Physetere en grande jubilation de tous porter ces trois cornes au front quelque peu penchantes davant, en figure triangulaire equilaterale, et tournoyer d'un cousté et d'aultre, chancellant et fourvoyant comme estourdy, aveugle et prochain de mort. De ce non content, Pantagruel luy en darda un aultre sus la queue, panchant pareillement en arriere. Puis trois aultres sus l'eschine en ligne perpendiculaire, par equale distance de queue et bac trois fois justement compartie. Enfin luy en lança sus les flancs cinquante d'un cousté et cinquante de l'aultre. De maniere que le corps du Physetere sembloit à la quille d'un gualion à trois gabies, emmortaisée par competente dimension de ses poultres, comme si fussent cosses et portehausbancs de la carine. Et estoit chose moult plaisante à voir. Adonc, mourant, le Physetere se renversa ventre sus dours, comme font tous poissons mors : et ainsi renversé, les poultres contre bas en mer, ressembloit au scolopendre, serpent ayant cent pieds comme le descript le sage ancien Nicander.

CHAPITRE XXXV

COMMENT PANTAGRUEL DESCEND EN L'ISLE FAROUCHE, MANOIR ANTIQUE DES ANDOUILLES

Les hespailliers de la nauf lanterniere amenerent le Physetere lié en terre de l'isle prochaine, dicte Farouche, pour en faire anatomie, et recueillir la gresse des roignons : laquelle disoient estre fort utile et necessaire à la guerison de certaine maladie qu'ilz nommoient faulte d'argent. Pantagruel n'en tint compte, car aultres assez pareilz, voire encores plus enormes, avoit veu en l'océan Gallicque. Condescendit toutesfois descendre en l'isle Farouche pour seicher et refraichir aucuns de ses gens mouillés et souillés par le villain Physetere, à un petit port desert vers le midy situé lez une touche de bois haulte, belle et plaisante, de laquelle sortoit un delicieux ruisseau d'eau douce, claire et argentine. Là, dessous belles tentes furent les cuisines dressées, sans espargne de bois. Chascun mué de vestemens à son plaisir, fut par frere Jean la campanelle sonnée. Au son d'icelle furent les tables dressées et promptement servies.

Pantagruel, disnant avec ses gens joyeusement, sus l'apport de la seconde table apperceut certaines petites Andouilles affaictées gravir et monter sans mot sonner sus un hault arbre prés le retraict du goubelet, si demanda à Xenomanes : « Quelles bestes sont ce là ? » pensant que fussent escurieux, belettes, martres ou hermines. « Ce sont Andouilles, respondit Xenomanes. Icy est l'isle Farouche, de laquelle je vous parlois à ce matin : entre lesquelles et Quaresmeprenant leur maling et antique ennemy est guerre mortelle de longtemps. Et croy que par les canonnades tirées contre le Physetere ayent eu quelque frayeur et doubtance que leur dict ennemy icy fust avec ses forces pour les surprendre, ou faire le guast parmy ceste leur isle, comme ja plusieurs fois s'estoit en vain efforcé, et à peu de profit, obstant le soing et vigilance des Andouilles, lesquelles (comme disoit Dido aux compaignons d'Æneas voulans prendre port en Carthage sans son sceu et licence) la malignité de leur ennemy et vicinité de ses terres contraignoient soy continuellement contregarder et veiller. — Dea, bel amy, dist Pantagruel, si voyez que par quelque honneste moyen puissions fin à ceste guerre mettre, et ensemble les reconcilier, donnez m'en advis. Je m'y emploiray de bien bon cœur, et n'y espargneray du mien pour contemperer et amodier les conditions controverses entre les deux parties. — Possible n'est pour le present, respondit Xenomanes. Il y a environ quatre ans que, passant par cy et Tapinois, je me mis en debvoir de traicter paix entre eux, ou longues treves pour le moins : et ores fussent bons amis et voisins, si tant l'un comme les aultres soy fussent despouillés de leurs affections en un seul article. Quaresmeprenant ne vouloit ou traicté de paix comprendre les Boudins saulvages, ne les Saulcissons montigenes leurs anciens bons comperes et confederés. Les Andouilles requeroient que la forteresse de Cacques fust par leur discretion, comme est le chasteau de Sallouoir, regie et gouvernée, et que d'icelle fussent hors chassés ne sçay quelz puans, villains, assassineurs, et briguans qui la tenoient. Ce que ne peult estre accordé, et sembloient les conditions iniques à l'une et à l'aultre partie. Ainsi ne fut entre eux l'appoinctement conclud. Resterent toutesfois moins severes et plus doux ennemis que n'estoient par le passé. Mais depuis la denonciation du concile national de Chesil, par laquelle elles furent farfouillées, guodelurées et intimées ; par laquelle aussi fut Quaresmeprenant declairé breneux, hallebrené et stocfisé en cas que avec elles il fist alliance ou appoinctement aucun, se sont horrifiquement aigris, envenimés, indignés et obstinés en leurs couraiges ; et n'est possible y remedier. Plus tost auriez vous les chats et ratz, les chiens et lievres ensemble reconcilié. »

CHAPITRE XXXVI

COMMENT, PAR LES ANDOUILLES FAROUCHES, EST DRESSÉE EMBUSCADE CONTRE PANTAGRUEL

Ce disant Xenomanes, frere Jean apperceut vingt et cinq ou trente jeunes andouilles de legiere taille sus le havre, soy retirantes de grand pas vers leur ville, citadelle, chasteau et roquette de cheminées, et dist à Pantagruel : « Il y aura icy de l'asne, je le prevoy. Ces andouilles venerables vous pourroient, par adventure, prendre pour Quaresmeprenant, quoy qu'en rien ne luy sembliez. Laissons ces repaissailles icy, et nous mettons en debvoir de leur resister. — Ce ne seroit, dist Xenomanes, pas trop mal faict. Andouilles sont andouilles, tousjours doubles et traistresses. »

Adonc se leve Pantagruel de table pour descouvrir hors la touche de bois ; puis soubdain retourne, et nous asceure avoir à gauche descouvert une embuscade d'andouilles farfelues, et du cousté droit, à demie lieue loing de là, un gros bataillon d'aultres puissantes et gigantales andouilles, le long d'une petite colline, furieusement en bataille marchantes vers nous au son des vezes et piboles, des guogues et des vessies, des joyeux pifres et tabours, des trompettes et clairons. Par la conjecture de soixante et dix huit enseignes qu'il y comptoit, estimions leur nombre n'estre moindre de quarante et deux mille. L'ordre qu'elles tenoient, leur fier marcher et faces asceurées, nous faisoient croire que ce n'estoient friquenelles, mais vieilles andouilles de guerre. Par les premieres fillieres jusques prés les enseignes, estoient toutes armées à hault appareil, avec picques petites, comme nous sembloit de loing : toutesfois bien poinctues et asserées. Sus les aisles estoient flancquegées d'un grand nombre de boudins sylvaticques, de guodiveaux massifz et saulcissons à cheval, tous de belle taille, gens insulaires, bandouilliers et farouches. Pantagruel fut en grand esmoy, et non sans cause, quoy que Epistemon luy remonstrast que l'usance et coustume du pays andouillois pouvoit estre ainsi caresser et en armes recevoir leurs amis estrangiers, comme sont les nobles rois de France par les bonnes villes du royaume receuz et salués à leurs premieres entrées après leur sacre et nouvel advenement à la couronne. « Par adventure, disoit il, est ce la garde ordinaire de la royne du lieu, laquelle advertie par les jeunes andouilles du guet que vistes sus l'arbre, comment en ce port surgeoit le beau et pompeux convoy de vos vaisseaulx, a pensé que là debvoit estre quelque riche et puissant prince, et vient vous visiter en personne. » De ce non satisfaict, Pantagruel assembla son conseil pour sommairement leur advis entendre sus ce que faire debvoient en cestuy estrif d'espoir incertain et crainte evidente.

Adonc briefvement leur remonstra comment telles manieres de recueil en armes avoit souvent porté mortel prejudice, sous couleur de caresse et amitié. « Ainsi, disoit il, l'empereur Antonin Caracale, à l'une fois, occist les Alexandrins ; à l'aultre, desfit la compaignie d'Artaban, roy des Perses, sous couleur et fiction de vouloir sa fille espouser. Ce que ne resta impuny : car peu après il y perdit la vie. Ainsi les enfans de Jacob, pour venger le rapt de leur sœur Dyna, sacmenterent les Sichymiens. En ceste hypocritique façon, par Galien, empereur Romain, furent les gens de guerre defaicts dedans Constantinople. Ainsi, sous espece d'amitié, Antonius attira Artavasdes, roi de Armenie, puis le fit lier et enferrer de grosses chaines : finablement, le fit occire. Mille autres pareilles histoires trouvons nous par les antiques monumens. Et à bon droit est, jusques à present, de prudence grandement loué Charles, roy de France sixieme de ce nom, lequel retournant victorieux des Flamens et Gantois en sa bonne ville de Paris, et au Bourget en France, entendant que les Parisiens avec leurs mailletz (dont furent surnommés Maillotins) estoient hors la ville issuz en bataille jusques au nombre de vingt mille combattans, n'y voulut entrer (quoy qu'ilz remontrassent que ainsi s'estoient mis en armes pour plus honorablement le recueillir sans aultre fiction ne mauvaise affection) que premierement ne se fussent en leurs maisons retirés et desarmés. »

CHAPITRE XXXVII

COMMENT PANTAGRUEL MANDA QUERIR
LES CAPITAINES RIFLANDOUILLE ET TAILLEBOUDIN ; AVEC UN NOTABLE DISCOURS
SUR LES NOMS PROPRES DES LIEUX ET DES PERSONNES

La resolution du conseil fut qu'en tout evenement ilz se tiendroient sus leurs gardes. Lors par Carpalim et Gymnaste, au mandement de Pantagruel, furent appellés les gens de guerre qui estoient dedans les naufz Brindiere (desquelz coronel estoit Riflandouille) et Portoueriere (desquelz coronel estoit Tailleboudin le jeune). « Je soulaigeray, dist Panurge, Gymnaste de ceste peine. Aussi bien vous est icy sa presence necessaire. — Par le froc que je porte, dist frere Jean, tu te veulx absenter du combat, couillu, et ja ne retourneras, sus mon honneur. Ce n'est mie grande perte. Aussi bien ne feroit il que pleurer, lamenter, crier, et descouraiger les bons soubdars. — Je retourneray, certes, dist Panurge, frere Jean, mon pere spirituel, bien tost. Seulement donnez ordre à ce que ces fascheuses andouilles ne grimpent sus les naufz. Ce pendant que combaterez, je prieray Dieu pour vostre victoire, à l'exemple du chevaleureux capitaine Moses, conducteur du peuple israélicque.

— La denomination, dist Epistemon à Pantagruel, de ces deux vostres coronelz Riflandouille et Tailleboudin en cestuy conflict nous promet asceurance, heur et victoire, si, par fortune, ces andouilles nous vouloient oultrager. — Vous le prenez bien, dist Pantagruel, et me plaist que par les noms de nos coronelz vous prevoiez et prognosticquez la nostre victoire. Telle maniere de prognosticquer par noms n'est moderne. Elle fut jadis celebrée et religieusement observée par les Pythagoriens. Plusieurs grands seigneurs et empereurs en ont jadis bien faict leur profit. Octavien Auguste, second empereur de Rome, quelque jour rencontrant un paysan nommé Euthyche, c'est à dire bien fortuné, qui menoit un asne nommé Nicon, c'est en langue grecque Victorien, meu de la signification des noms, tant de l'asnier que de l'asne, s'asceura de toute prosperité, felicité et victoire. Vespasian, empereur pareillement de Rome, estant un jour seulet en oraison on temple de Serapis, à la veue et venue inopinée d'un sien serviteur, nommé Basilides, c'est à dire royal, lequel il avoit loing derriere laissé malade, print espoir et asceurance d'obtenir l'empire romain, Regilian, non pour aultre cause ne occasion, fut par les gens de guerre eslu empereur, que par signification de son propre nom. Voyez le Cratyle du divin Platon. — Par ma soif, dist Rhizotome, je le veulx lire : je vous oy souvent le alleguant. — Voyez comment les Pythagoriens, par raison des noms et nombres, concluent que Patroclus debvoit estre occis par Hector, Hector par Achilles, Achilles par Paris, Paris par Philoctetes. Je suis tout confus en mon entendement quand je pense en l'invention admirable de Pythagoras, lequel, par le nombre *par* ou *impar* des syllabes d'un chascun nom propre, exposoit de quel cousté estoient les humains boiteux, borgnes, goutteux, paralytiques, pleuritiques, et aultres telz malefices en nature : sçavoir est, assignant le nombre *par* au cousté gauche du corps, le *impar* au dextre.

— Vrayement, dist Epistemon, j'en vis l'experience à Xainctes, en une procession generale, present le tant bon, tant vertueux, tant docte et equitable president Briend Valée, seigneur du Douhet. Passant un boiteux ou boiteuse, un borgne ou borgnesse, un bossu ou bossue, on luy rapportoit son nom propre. Si les syllabes du nom estoient en nombre *impar*, soubdain, sans voir les personnes, il les disoit estre maleficiés, borgnes, boiteux, bossus du cousté dextre. Si elles estoient en nombre *par*, du cousté gauche. Et ainsi estoit la verité, onques n'y trouvasmes exception.

— Par ceste invention, dist Pantagruel, les doctes ont affermé que Achilles, estant à genoux, fut par la fleiche de Paris blessé on talon dextre : car son nom est de syllabes *impares*. Icy est à noter que les anciens s'agenouilloient du pied dextre. Venus par Diomedes, davant Troye, blessée en la main gauche : car son nom en Grec est de quatre syllabes. Vulcan boiteux du pied gauche, par mesmes raisons. Philippe, roy de Macedonie, et Hannibal, borgnes de l'œil dextre. Encores pourrions nous particularizer des ischies, hernies, hemicraines, par ceste raison pythagorique. Mais pour retourner aux noms, considerez comment Alexandre le Grand, filz du roy Philippe, duquel avons parlé, par l'interpretation d'un seul nom parvint à son entreprinse. Il assiegeoit la forte ville de Tyre, et la battoit de toutes ses forces par plusieurs sepmaines ; mais c'estoit en vain. Rien ne profitoient ses engins et molitions. Tout estoit soubdain demoli et remparé par les Tyriens. Dont print phantasie de lever le siege, avec grande melancholie, voyant en cestuy departement perte insigne de sa reputation. En tel estrif et fascherie s'endormit. Dormant, songeoit qu'un satyre estoit dedans sa tente, dansant et sautelant avec ses jambes bouquines. Alexandre le vouloit prendre : le satyre tousjours luy eschappoit. En fin, le roy le poursuivant en un destroit, le happa. Sus ce poinct s'esveilla, et racontant son songe aux philosophes et gens sçavans de sa court, entendit que les dieux luy promettoient victoire, et que Tyre bien toust seroit prinse : car ce mot *Satyros*, divisé en deux, est *sa Tyros*, signifiant *Tienne est Tyre*. De faict, au premier assault qu'il fit, il emporta la ville de force, et en grande victoire subjuga ce peuple rebelle.

Au rebours, considerez comment, par la signification d'un nom, Pompée se desespera. Estant vaincu par Cæsar en la bataille Pharsalique, ne eut moyen aultre de soy saulver que par fuite. Fuyant par mer, arriva en l'isle de Cypre. Prés la ville de Paphos, apperceut sus le rivage un palais beau et somptueux. Demandant au pilot comment l'on nommoit cestuy palais, entendit qu'on le nommoit κακοβασιλέα, c'est à dire *Malroy*. Ce nom luy fut en tel effroy et abomination qu'il entra en desespoir, comme asceuré de n'evader que bien toust ne perdist la vie. De mode que les assistans et nauchiers ouirent ses cris, souspirs et gemissemens. De faict, peu de temps après, un nommé Achillas, paysant incogneu, luy trancha la teste. Encores pourrions nous, à ce propos, alleguer ce que advint à L. Paulus Æmilius, lors que, par le senat romain, fut esleu empereur, c'est à dire chef de l'armée qu'ilz envoyoient contre Persés, roy de Macedonie. Iceluy jour, sus le soir, retournant en sa maison pour soy apprester au deslogement, baisant une sienne petite fille nommée Tratia, advisa qu'elle estoit aucunement triste. « Qui a il, dist il, ma Tratia ? Pourquoy es tu ainsi triste et faschée ? — Mon pere, respondit elle, Persa est morte. » Ainsi nommoit elle une petite chienne qu'elle avoit en delices. A ce mot print Paulus asceurance de la victoire contre Persés. Si le temps permettoit que puissions discourir par les sacres bibles des Hebreux, nous trouverions cent passages insignes nous monstrans evidemment en quelle observance et religion leurs estoient les noms propres avec leurs significations. »

Sus la fin de ce discours, arriverent les deux coronelz, accompaignés de leurs soudards, tous bien armés et bien deliberés. Pantagruel leur fit une briefve remonstrance, à ce qu'ilz eussent à soy monstrer vertueux au combat, si par cas estoient contraincts (car encores ne pouvoit il croire que les Andouilles fussent si traistresses), avec defense de commencer le hourt : et leur bailla *Mardigras* pour mot du guet.

CHAPITRE XXXVIII

COMMENT ANDOUILLES NE SONT A MESPRISER ENTRE LES HUMAINS

Vous truphez ici, beuveurs, et ne croyez que ainsi soit en verité comme je vous raconte. Je ne sçaurois que vous en faire. Croyez le, si voulez ; si ne voulez, allez y voir. Mais je sçay bien ce que je vis. Ce fut en l'isle Farouche. Je la vous nomme. Et vous reduisez à memoire la force des geants antiques, lesquelz entreprindrent le hault mont Pelion imposer sus Osse, et l'ombrageux Olympe avec Osse envelopper, pour combattre les dieux, et du ciel les deniger. Ce n'estoit force vulgaire ne mediocre. Iceux toutesfois n'estoient que andouilles pour la moitié du corps, ou serpents que je ne mente.

Le serpent qui tenta Eve estoit andouillicque : ce nonobstant est de luy escrit qu'il estoit fin et cauteleux sus tous aultres animans.

Aussi sont andouilles.

Encores maintient on en certaines academies que ce tentateur estoit l'andouille nommée Ityphalle, en laquelle fut jadis transformé le bon messer Priapus, grand tentateur des femmes par les paradis en Grec, ce sont jardins en François. Les Souisses, peuple maintenant hardy et belliqueux, que sçavons nous si jadis estoient saulcisses ? Je n'en vouldrois pas mettre le doigt on feu. Les Himantopodes, peuple en Æthiopie bien insigne, sont andouilles, selon la description de Pline, non autre chose.

Si ces discours ne satisfont à l'incredulité de vos seigneuries, presentement (j'entends après boire) visitez Lusignan, Partenay, Vovant, Mervant, et Ponseuges en Poictou. Là trouverez tesmoings vieulx de renom et de la bonne forge, lesquelz vous jureront sus le bras sainct Rigomé que Mellusine leur premiere fondatrice avoit corps feminin jusques aux boursavitz, et que le reste en bas estoit andouille serpentine, ou bien serpent andouillicque. Elle toutesfois avoit alleures braves et gallantes, lesquelles encores aujourd'hui sont imitées par les Bretons balladins dansans leurs trioris fredonnisés.

Quelle fut la cause pourquoy Erichthonius premier inventa les coches, lecticres, et chariotz? C'estoit parce que Vulcan l'avoit engendré avec jambes de andouilles : pour lesquelles cacher, mieulx aima aller en licticre qu'à cheval. Car encores de son temps n'estoient andouilles en reputation.

La nymphe Scythique Ora avoit pareillement le corps my party en femme et en andouille. Elle toutesfois tant sembla belle à Jupiter qu'il coucha avec elle et en eut un beau filz nommé Colaxes. Cessez pourtant icy plus vous trupher, et croyez qu'il n'est rien si vray que l'Evangile.

CHAPITRE XXXIX

COMMENT FRERE JEAN SE RALLIE AVEC LES CUISINIERS POUR COMBATTRE LES ANDOUILLES

Voyant frere Jean ces furieuses andouilles ainsi marcher dehait, dist à Pantagruel : « Ce sera icy une belle bataille de foin, à ce que je voy. Ho le grand honneur et louanges magnificques qui seront en nostre victoire!

Je vouldrois que dedans vostre nauf fussiez de ce conflict seulement spectateur, et au reste me laissiez faire avec mes gens. — Quelz gens? demanda Pantagruel. — Matiere de breviaire, respondit frere Jean. Pourquoy Potiphar, maistre queux des cuisines de Pharaon, celuy qui acheta Joseph, et lequel Joseph eust faict coqu s'il eust voulu, fut maistre de la cavalerie de tout le royaume d'Ægypte? Pourquoy Nabuzardan, maistre cuisinier du roy Nabugodonozor, fut entre tous aultres capitaines esleu pour assiéger et ruiner Hierusalem? — J'escoute, respondit Pantagruel. — Par le trou madame, dist frere Jean, je oserois jurer qu'ilz autrefois avoient andouilles combattu, ou gens aussi peu estimés que andouilles, pour lesquelles abattre, combattre, dompter et sacmenter, trop plus sont sans comparaison cuisiniers idoines et suffisans que tous gendarmes, estradiotz, soubdars et pietons du monde. — Vous me refraichissez la memoire, dist Pantagruel, de ce qu'est escrit entre les facecieuses et joyeuses responses de Ciceron. On temps des guerres civiles à Rome entre Cæsar et Pompée, il estoit naturellement plus enclin à la part Pompéiane, quoy que de Cæsar fust requis et grandement favorisé. Un jour entendant que les Pompéians à certaine rencontre avoient faict insigne perte de leurs gens, voulut visiter leur camp. En leur camp apperceut peu de force, moins de couraige, et beaucoup de desordre. Lors prevoyant que tout iroit à mal et perdition, comme depuis advint, commença trupher et mocquer maintenant les uns, maintenant les aultres, avec brocards aigres et picquans, comme tres bien sçavoit le style. Quelques capitaines, faisans des bons compaignons comme gens bien asceurés et deliberés, luy dirent : « Voyez vous combien nous avons encores d'aigles? » C'estoit lors la devise des Romains en temps de guerre. « Cela, respondit Ciceron, « seroit bon et à propos si guerre aviez contre les pies. » Donc veu que combattre nous fault andouilles, vous inferez que c'est bataille culinaire, et voulez aux cuisiniers vous rallier. Faictes comme l'entendez. Je resteray icy attendant l'issue de ces fanfares. »

Frere Jean de ce pas va es tentes des cuisines, et dist en toute gayeté et courtoisie aux cuisiniers : « Enfans, je veulx huy vous tous voir en honneur et triumphe. Par vous seront faictes apertises d'armes non encores veues de nostre memoire. Ventre sus ventre, ne tient on aultre compte des vaillans cuisiniers? Allons combattre ces paillardes andouilles. Je seray vostre capitaine. Beuvons, amis. Ça, couraige. — Capitaine, respondirent les cuisiniers, vous dictes bien. Nous sommes à vostre joly commandement. Sous vostre conduicte nous voulons vivre et mourir. — Vivre, dist frere Jean, bien ; mourir, poinct : c'est à faire aux andouilles. Or donc mettons nous en ordre. *Nabuzardan* vous sera pour mot du guet. »

CHAPITRE XL.

COMMENT PAR FRERE JEAN EST DRESSÉE LA TRUYE, ET LES PREUX CUISINIERS DEDANS ENCLOUS

Lors au mandement de frere Jean, fut par les maistres ingenieux dressée la grande Truye, laquelle estoit dedans la nauf Bourrabaquiniere. C'estoit un engin mirifique faict de telle ordonnance que des gros couillarts qui par rangs estoient autour il jettoit bedaines et quarreaulx empenés d'acier : et dedans la quadrature duquel pouvaient aisement combattre et à couvert demourer deux cens hommes et plus ; et estoit faict au patron de la truye de la Riole, moyennant laquelle fut Bergerac prins sus les Anglois, regnant en France le jeune roy Charles sixieme. Ensuit le nombre et les noms des preux et vaillans cuisiniers, lesquelz, comme dedans le cheval de Troye, entrerent dedans la truye.

Saulpicquet,	Maindegourre,	Maistre Hordoux,	Carbonnade,
Ambrelin,	Pamperdu,	Grasboyau,	Fressurade,
Guavache,	Lasdaller,	Pillemortier,	Hoschepot,
Lascheron,	Pochecuilliere,	Leschevin,	Hasferet,
Porcausou,	Moustamoulue,	Saulgrenée,	Balafré,
Salozart,	Crespelet,	Cabirotade,	Gualimafré.

Tous ces nobles cuisiniers portoient en leurs armoiries en champ de gueules, lardouoire de sinople, fessée d'un chevron argenté, penchant à gauche.

Lardonnet, Lardon,	Graslardon,	Rondlardon,	Lacelardon,
Croquelardon,	Saulvelardon,	Antilardon,	Grattelardon,
Tirelardon,	Archilardon,	Frizelardon,	Marchelardon.

Guaillardon, par syncope, natif prés de Rambouillet. Le nom du docteur culinaire estoit Guaillart lardon. Ainsi dictes vous idolatre pour idololatre.

Roiddelardon,	Trappelardon,	Bellardon,	Guignelardon,
Astolardon,	Bastelardon,	Neuflardon,	Poyselardon,
Doulxlardon,	Guyllevardon,	Aigrelardon,	Vezelardon,
Maschelardon,	Mouschelardon,	Billelardon,	Myrelardon.

Noms incogneuz entre les Maranes et Juifz.

Couillu,	Pastissandierre,	Jusverd,	Escarguotandière,
Salladier,	Raslard,	Marmitige,	
Cressonnadière,	Francbeuignet,	Accodepot,	Bouillonsec,
	Moustardiot,	Hoschepot,	Souppimars,
Raclenaveau,	Vinetteux,	Brisepot,	Eschinade,
Cochonnier,	Potageouart,	Guallepot,	Prezurier,
Peaudeconnin,	Frelault,	Frillis,	Macarou,
Apigratis,	Benest,	Guorgesalée,	Escarsaulle.

Briguaille. Cestuy fut de cuisine tiré en chambre pour le service du noble cardinal le Veneur.

Guasteroust,	Vitvain,	Hastiveau,	Gabaonite,
Escouvillon,	Jolivet,	Alloyaudiere,	Bubarin,
Begninet,	Vitneuf,	Esclanchier,	Crocodillet,
Escharbottier,	Vistempenard,	Guastelet,	Prelinguant,
Vitet,	Victorien,	Rapimontet,	Balafré,
Vitault,	Vitvieulx,	Soufflemboyau,	Maschourré.
	Vitvelu,	Pelouze,	

Mondam, inventeur de la saulse *madame*, et pour telle invention fut ainsi nommé en langage Escosse-François.

Clacquedens,	Rincepot,	Guauffreux,	Navelier,
Badiguoincier,	Urefelipipinguet,	Saffranier,	Rabiolas,
Myrelanguoy,	Maunet,	Malparouart,	Boudinandiere,
Becdassée,	Guodepie,	Antitus,	Cochonnet.

Robert. Cestuy fut inventeur de la saulse *Robert*, tant salubre et necessaire aux connils roustis, canards, porc frais, œufz pochés, merluz salés, et mille aultres telles viandes.

Froiddanguille,	Salmiguondin,	Saulpoudré,	Mucydan,
Rougenraye,	Gringualet,	Paellefrite,	Matatruys,
Gourneau,	Aransor,	Landore,	Cartevirade,
Gribouillis,	Talemouse,	Calabre,	Cocquesygrue,
Sacabribes,	Grosbec,	Navelet,	Visedecache,
Olymbrius,	Frippelippes,	Foyrart,	Badelory,
Foucquet,	Friantaures,	Grosguallon,	Vedel,
Dalyqualquain,	Guaffelaze,	Brenous,	Braguibus.

Dedans la truye entrerent ces nobles cuisiniers gaillars, gallans, brusquetz, et prompts au combat. Frere Jean avec son grand badelaire entre le dernier et ferme les portes à ressort par le dedans.

CHAPITRE XLI

COMMENT PANTAGRUEL ROMPIT LES ANDOUILLES AUX GENOULX

Tant approcherent ces andouilles que Pantagruel apperceut comment elles desployoient leurs bras, et ja commençoient baisser bois. Adonc envoye Gymnaste entendre ce qu'elles vouloient dire, et sus quelle querelle elles vouloient sans defiance guerroyer contre leurs amis antiques, qui rien n'avoient mesfaict ne mesdict. Gymnaste au davant des premieres fillieres fit une grande et profonde reverence, et s'escria tant qu'il peult, disant : « Vostres, vostres, vostres sommes nous trestous, et à commandement.

Tous tenons de Mardi gras, vostre antique confederé. » Aucuns depuis
me ont raconté qu'il dist Gradimars, non Mardigras. Quoy que soit,
à ce mot un gros cervelat saulvaige et farfelu, anticipant davant le front
de leur bataillon, le voulut saisir à la guorge. « Par Dieu, dist Gymnaste, tu n'y entreras qu'à taillons ; ainsi entier ne pourrois-tu. » Si
sacque son espée Baise mon cul (ainsi la nommoit il) à deux mains, et
trancha le cervelat en deux pieces. Vray Dieu, qu'il estoit gras ! Il me
souvint du gros Taureau de Berne, qui fut à Marignan tué à la defaicte
des Souisses. Croyez qu'il n'avoit gueres moins de quatre doigts de lard
sus le ventre. Ce cervelat ecervelé, coururent andouilles sus Gymnaste,
et le terrassoient vilainement, quand Pantagruel avec ses gens accourut le
grand pas au secours. Adonc commença le combat martial pelle melle.
Riflandouilles rifloit andouilles. Tailleboudin tailloit boudins. Pantagruel
rompoit les andouilles au genoil. Frere Jean se tenoit coy dedans sa Truye,
tout voyant et considerant, quand les guodiveaulx, qui estoient en embuscade, sortirent tous en grand effroy sus Pantagruel. Adonc voyant frere
Jean le desarroy et tumulte, ouvre les portes de sa Truye, et sort avec ses
bons soubdars, les uns portant broches de fer, les aultres tenans landiers,
contrehastiers, paesles, pales, cocquasses, grisles, fourgons, tenailles,
lichefretes, ramons, marmites, mortiers, pilons, tous en ordre comme brusleurs de maisons ; hurlans et crians tous ensemble espouvantablement :
Nabuzardan, Nabuzardan, Nabuzardan. En telz cris et esmeute
chocquerent les guodiveaulx, et à travers les saulcissons. Les andouilles
soubdain apperceurent ce nouveau renfort, et se mirent en fuite le grand
gallop, comme s'elles eussent veu tous les diables. Frere Jean à coups de
bedaines les abbatoit menu comme mousches ; ses soubdars ne s'y espar-
gnoient mie. C'estoit pitié. Le camp estoit tout couvert d'andouilles mortes ou navrées. Et dit le conte que si Dieu n'y eust pourveu, la generation
andouillicque eust par ces soubdars esté exterminée. Mais il advint un
cas merveilleux. Vous en croirez ce que vouldrez. Du cousté de la Transmontane advola un grand, gras, gros, gris pourceau, ayant aisles longues
et amples, comme sont les aisles d'un moulin à vent. Et estoit le pennage
rouge cramoisi, comme est d'un phœnicoptere, qui en Languegoth est
appellé Flammant. Les œilz avoit rouges et flamboyans, comme un Pyrope.
Les oreilles verdes comme une esmeraude prassine ; les dents jaulnes
comme un topaze ; la queue longue, noire comme marbre Lucullian ; les
pieds blancs, diaphanes et transparens comme un diamant, et estoient
largement pattés, comme sont les oyes, et comme jadis à Tholose les
portoit la royne Pedaucque. Et avoit un collier d'or au coul, autour duquel
estoient quelques lettres Ioniques, desquelles je ne peuz lire que deux

mots υσ Αθηναν, pourceau Minerve enseignant. Le temps estoit beau et clair. Mais à la venue de ce monstre il tonna du cousté gauche si fort que nous restasmes tous estonnés. Les andouilles soubdain que l'apperceurent jetterent leurs armes et baston, et à terre toutes s'agenouillerent, levant haultes leurs mains joinctes, sans mot dire, comme si elles l'adorassent. Frere Jean, avec ses gens, frappoit toujours, et embrochoit andouilles. Mais par le commandement de Pantagruel fut sonnée retraicte, et cesserent toutes armes. Le monstre, ayant plusieurs fois volé et revolé entre les deux armées, jetta plus de vingt et sept pipes de moustarde en terre, puis disparut volant par l'air et criant sans cesse : « Mardigras, Mardigras, Mardigras ! »

CHAPITRE XLII

COMMENT PANTAGRUEL PARLEMENTE AVEC NIPHLESETH, ROYNE DES ANDOUILLES

Le monstre susdict plus ne apparoissant, et restantés les deux armées en silence, Pantagruel demanda parlementer avec la dame Niphleseth (ainsi estoit nommée la royne des Andouilles), laquelle estoit prés les enseignes dedans son coche. Ce qui fut facilement accordé. La royne descendit en terre, et gracieusement salua Pantagruel, et le vit voluntiers. Pantagruel soy complaignoit de ceste guerre. Elle luy fit ses excuses honnestement, alleguant que par faulx rapport avoit esté commis l'erreur, et que ses espions luy avoient denoncé que Quaresmeprenant, leur antique ennemy, estoit en terre descendu, et passoit temps à voir l'urine des Physeteres. Puis le pria vouloir de grace leur pardonner ceste offense, alleguant qu'en Andouilles plus toust l'on trouvoit merde que fiel : en ceste condition, qu'elle et toustes ses successitres Niphleseth à jamais tiendroient de luy et ses successeurs toute l'isle et pays à foy et hommaige, obéiroient en tout et par tout à ses mandemens, seroient de ses amis amies et de ses ennemis ennemies ; par chascun an, en recognoissance de ceste féaulté, luy envoyroient soixante et dix huit mille andouilles royales pour à l'entrée de table le servir six mois l'an. Ce que fut par elle faict : et envoya au lendemain dedans six grands brigantins le nombre susdict d'andouilles royalles au bon Gargantua, sous la conduicte de la jeune Niphleseth, infante de l'isle. Le noble Gargantua en fit present, et les envoya au grand roy de Paris. Mais au changement de l'air, aussi par faulte de moustarde (baume naturel et restaurant d'andouilles) moururent presque toutes. Par l'octroy et vouloir du grand roy furent par monceaulx en un endroit de Paris enterrées, qui jusques à présent est appellé la rue Pavée d'andoüilles. A la requeste des dames de la court royalle fut Niphleseth la jeune saulvée et honorablement traictée. Depuis fut mariée en bon et riche lieu, et fit plusieurs beaulx enfans, dont loué soit Dieu.

Pantagruel remercia gracieusement la royne, pardonna toute l'offense, refusa l'offre qu'elle avoit faict, et luy donna un beau petit cousteau pargois. Puis curieusement l'interrogea sus l'apparition du monstre susdict. Elle respondit que c'estoit l'idée de Mardigras, leur dieu tutelaire en temps de guerre, premier fondateur et original de toute la race andouillicque. Pourtant sembloit il à un pourceau, car andouilles furent de pourceau extraictes. Pantagruel demandoit à quel propous et quelle indication curative il avoit tant de moustarde en terre projetté. La royne respondit que moustarde estoit leur Sangréal et baume celeste : duquel mettant quelque peu dedans les playes des andouilles terrassées, en bien peu de temps les navrées guerissoient, les mortes ressuscitoient.

Aultres propous ne tint Pantagruel à la royne, et se retira en sa nauf. Aussi firent tous les bons compaignons avec leurs armes et leur Truye.

CHAPITRE XLIII

COMMENT PANTAGRUEL DESCENDIT EN L'ISLE DE RUACH

Deux jours après arrivasmes en l'isle de Ruach, et vous jure par l'estoile Poussiniere que je trouvay l'estat et la vie du peuple estrange plus que je ne dis. Ilz ne vivent que de vent. Rien ne beuvent, rien ne mangent, sinon vent. Ilz n'ont maisons que de gyrouettes. En leurs jardins ne sement que les trois especes de anemonie. La rue et aultres herbes carminatives ilz en escurent soigneusement. Le peuple commun, pour soy alimenter, use de esventoirs de plumes, de papier, de toile, selon leur faculté et puissance. Les riches vivent de moulins à vent. Quant ilz font quelque festin ou banquet, on dresse les tables sous un ou deux moulins à vent. Là, repaissent aises comme à nopces. Et durant leur repas, disputent de la bonté, excellence, salubrité, rareté des vens, comme vous, beuveurs, par les banquetz philosophez en matiere de vins. L'un loue le Siroch ; l'aultre, le Besch ; l'aultre, le Guarbin ; l'aultre, la Bise ; l'aultre, Zephyre ; l'aultre, Guaterne. Ainsi des aultres. L'aultre, le vent de la chemise, pour les muguets et amoureux. Pour les malades ilz usent de vens coulis, comme de coulis on nourrit les malades de nostre pays. « O, me disoit un petit enflé, qui pourroit avoir une vessie de ce bon vent de Languegoth, que l'on nomme Cyerce ! Le noble Scurron, medecin, passant un jour par ce pays, nous contoit qu'il est si fort qu'il renverse les charrettes chargées. O le grand bien qu'il feroit à ma jambe Œdipodicque ! Les grosses ne sont les meilleures.—Mais, dist Panurge, une grosse botte de ce bon vin de Languegoth, qui croist à Mirevaulx, Canteperdris et Frontignan ! »

Je y vis un homme de bonne apparence bien ressemblant à la ventrose, amerement courroussé contre un sien gros, grand varlet et un petit page, et les battoit en diable, à grands coups de brodequin. Ignorant la cause du courroux, pensois que fust par le conseil des medecins, comme chose salubre au maistre soy courrousser et battre, aux varletz estre battuz. Mais je ouyz qu'il reprochoit aux varletz lui avoir esté robbé à demy une oyre de vent Guarbin, laquelle il gardoit cherement, comme viande rare pour l'arriere saison. Ilz ne fiantent, ilz ne pissent, ilz ne crachent en ceste isle. En recompense, ilz vessent, ilz pettent, ilz rottent copieusement. Ilz patissent toutes sortes et toutes especes de maladies. Aussi toute maladie naist et procede de ventosité, comme deduit Hyppocrates, *lib. de Flatibus*. Mais la plus epidemiale est la cholique venteuse. Pour y remedier, usent de ventoses amples, et y rendent force ventosités. Ilz meurent tous hydropicques tympanites, et meurent les hommes en petant, les femmes en vesnant. Ainsi leur sort l'ame par le cul.

Depuis, nous pourmenans par l'isle, rencontrasmes trois gros esventés, lesquelz alloient à l'esbat voir les pluviers, qui là sont en abondance, et vivent de mesme diete. Je advisay que ainsi, comme vous, beuveurs, allans par pays portez flaccons, ferrieres et bouteilles : pareillement chascun à sa ceinture portoit un beau petit soufflet. Si par cas vent leur failloit, avec ces jolis souffletz ilz en forgeoient de tout frais, par attraction et expulsion reciproque, comme vous sçavez que vent, en essentiale definition, n'est aultre chose que air flottant et ondoyant. En ce moment, de par leur roy, nous fut faict commandement que de trois heures n'eussions à retirer en nos navires homme ne femme du pays. Car on luy avoit robbé une veze pleine du vent propre que jadis à Ulysses donna le bon ronfleur Æolus pour guider sa nauf en temps calme. Lequel il gardoit religieusement, comme un autre Sangréal, et en guerissoit plusieurs enormes maladies, seulement en laschant et eslargissant es malades autant qu'en fauldroit pour forger un pet virginal : c'est ce que les sanctimoniales appellent sonnet.

CHAPITRE XLIV

COMMENT PETITES PLUYES ABATTENT LES GRANDS VENTS

Pantagruel louoit leur police et maniere de vivre, et dist à leur potestat Hypenemien : « Si recevez l'opinion de Epicurus, disant le bien souverain consister en volupté (volupté, dis je, facile et non penible), je vous repute bien heureux. Car vostre vivre, qui est de vent, ne vous couste rien, ou bien peu : il ne faut que souffler. — Voire, respondit le potestat. Mais en ceste vie mortelle, rien n'est béat de toutes pars. Souvent, quand sommes à table, nous alimentans de quelque bon et grand vent de Dieu, comme de manne celeste, aises comme peres, quelque petite pluie survient, laquelle nous le tollist et abat. Ainsi sont maints repas perduz par faute de victuailles. — C'est, dist Panurge, comme Jenin de Quinquenais, pissant sur le fessier de sa femme Quelot, abattit le vent punais qui en sortoit comme d'une magistrale Æolipile. J'en fis nagueres un dizain joliet :

> Jenin, tastant un soir ses vins nouveaulx,
> Troubles encor et bouillans en leur lie,
> Pria Quelot aprester les naveaulx
> A leur souper, pour faire chere lie.
> Cela fut faict. Puis, sans melancholie,
> Se vont coucher, belutent, prennent somme.
> Mais ne povant Jenin dormir en somme,
> Tant fort vesnoit Quelot, et tant souvent,
> La compissa. Puis : « Voylà, dist il, comme
> Petite pluye abat bien un grand vent. »

— Nous davantage, disait le potestat, avons une annuelle calamité bien grande et dommageable. C'est qu'un géant, nommé Bringuenarilles, qui habite en l'isle de Tohu, annuellement, par le conseil de ses medecins, icy se transporte à la prime vere pour prendre purgation, et nous devore grand nombre de moulins à vent, comme pilules, et de souffletz pareillement, desquelz il est fort friant : ce que nous vient à grande misere, et en jeusnons trois ou quatre quaresmes par chascun an, sans certaines particulieres rouaisons et oraisons. — Et n'y sçavez vous, demandoit Pantagruel, obvier ? — Par le conseil, respondit le potestat, de nos maistres Mezarims, nous avons mis, en la saison qu'il a de coustume icy venir, dedans les moulins force coqs et force poulles. A la premiere fois qu'il les avalla, peu s'en fallut qu'il n'en mourust. Car ilz luy chantoient dedans le corps, et luy voloient à travers l'estomac, dont tomboit en lipothymie, cardiacque passion et convulsion horrificque et dangereuse, comme si quelque serpent luy fust par la bouche entré dedans l'estomac. — Voylà, dist frere Jean, un comme mal à propos et incongru. Car j'ay aultrefois ouy dire que le serpent entré dedans l'estomac ne fait desplaisir aucun, et soubdain retourne dehors si par les pieds on pend le patient, lui presentant prés la bouche un paeslon plein de laict chauld. — Vous, dist Pantagruel, l'avez ouy dire : aussi avoient ceux qui vous l'ont raconté. Mais tel remede ne fut onques veu ne leu. Hippocrates. (*lib.* V, *Epid.*) escrit le cas estre de son temps advenu, et le patient subit estre mort par spasme et convulsion.

— Oultre plus, disoit le potestat, tous les renards du pays luy entroient en gueule, poursuivans les gelines, et trespassoit à tous momens, ne fust que par le conseil d'un badin enchanteur, à l'heure du paroxysme il escorchoit un renard pour antidote et contrepoison. Depuis eut meilleur advis, et y remedie moyennant un clystere qu'on luy baille, faict d'une decoction de grains de bled et de millet, esquelz accourent les poulles : ensemble de foyes d'oisons, esquelz accourent les renards. Aussi des pilules qu'il prend par la bouche, composées de levriers et de chiens terriers. Voyez là nostre malheur. — N'ayez peur, gens de bien, dist Pantagruel, desormais. Ce grand Bringuenarilles, avalleur de moulins à vent, est mort. Je le vous asceure. Et mourust suffoqué et estranglé, mangeant un coin de beurre frais à la gueule d'un four chauld, par l'ordonnance des medecins. »

CHAPITRE XLV

COMMENT PANTAGRUEL DESCENDIT EN L'ISLE DES PAPEFIGUES

Au lendemain matin rencontrasmes l'isle des Papefigues, lesquelz jadis estoient riches et libres, et les nommoit on Guaillardetz. Pour lors estoient pauvres, malheureux, et subjectz aux Papimanes. L'occasion avoit esté telle. Un jour de feste annuelle à bastons, les bourguemaistre, syndics et gros rabis Guaillardetz, estoient allés passer temps, et voir la feste en Papimanie, isle prochaine. L'un d'eux, voyant le portraict papal (comme estoit de louable coustume publiquement le monstrer es jours de feste à doubles bastons), luy fit la figue, qui est, en iceluy pays, signe de contemnement et derision manifeste. Pour icelle venger, les Papimanes, quelques jours après, sans dire guare, se mirent tous en armes, surprindrent, saccaigerent, et ruinerent toute l'isle des Guaillardetz, taillerent à fil d'espée tout homme portant barbe. Es femmes et jouvenceaulx pardonnerent, avec condition semblable à celle dont l'empereur Federic Barberousse jadis usa envers les Milanois.

Les Milanois s'estoient contre luy absent rebellés, et avoient l'imperatrice sa femme chassée hors la ville, ignominieusement montée sus une vieille mulle nommée Thacor, à chevauchons de rebours : sçavoir est, le cul tourné vers la teste de la mulle, et la face vers la croppiere. Federic, à son retour, les ayant subjugués et resserrés, fit telle diligence qu'il recouvra la celebre mule Thacor. Adonc, au milieu du grand Brouet, par son ordonnance, le bourreau mit es membres honteux de Thacor une figue, presens et voyans les citadins captifz; puis cria, de par l'empereur, à son de trompe, que quiconque d'iceux vouldroit la mort evader, arrachast publiquement la figue avec les dents, puis la remist on propre lieu sans aide des mains. Quiconque en feroit refus seroit sus l'instant pendu et estranglé. Aucuns d'iceux eurent honte et horreur de telle tant abominable amende, la postpouserent à la crainte de mort, et furent penduz. Es autres la crainte de mort domina sus telle honte. Iceux, avoir à belles dents tiré la figue, la monstroient au boye, apertement, disans : *Ecco lo fico*. En pareille ignominie, le reste de ces pauvres et desolés Guaillardetz furent de mort guarantis et saulvés. Furent faicts esclaves et tributaires, et leur fut imposé nom de *Papefigues*, parce qu'au portraict papal avoient faict la figue. Depuis celuy temps, les pauvres gens n'avoient prosperé. Tous les ans avoient gresle, tempeste, famine et tout malheur, comme eternelle punition du peché de leurs ancestres et parens. Voyans la misere et calamité du peuple, plus avant entrer ne voulusmes. Seulement pour prendre de l'eau beniste et à Dieu nous recommander, entrasmes dedans une petite chapelle prés le havre, ruinée, desolée et descouverte, comme est à Rome le temple de sainct Pierre. En la chapelle entrés, et prenans de l'eau beniste, apperceusmes dedans le benoistier un homme vestu d'estoles, et tout dedans l'eau caché, comme un canard au plonge, excepté un peu du nez pour respirer. Autour de luy estoient trois prebstres bien ras et tonsurés, lisans le grimoyre, et conjurans les diables. Pantagruel trouva le cas estrange, et, demandant quelz jeuz c'estoient qu'ilz jouoient là, fut adverty que depuis trois ans passés avoit en l'isle regné une pestilence tant horrible que pour la moitié et plus le pays estoit resté desert, et les terres sans possesseurs. Passée la pestilence, cestuy homme caché dedans le benoistier aroit un champ grand et restile, et le semoit de touzelle en un jour et heure qu'un petit diable (lequel encores ne sçavoit ne tonner ne gresler, fors seulement le persil et les choux, encores aussi ne sçavoit lire ne escrire) avoit de Lucifer impetré venir en ceste isle des Papefigues, soy recréer et esbattre, en laquelle les diables avoient familiarité grande avec les hommes et femmes, et souvent y alloient passer temps.

Ce diable, arrivé au lieu, s'adressa au laboureur, et luy demanda qu'il faisoit. Le pauvre homme luy respondit qu'il semoit celuy champ de touzelle pour soy aider à vivre l'an suivant. « Voire mais, dist le diable, ce champ n'est pas tien, il est à moy, et m'appartient. Car depuis l'heure et le temps qu'au Pape vous fistes la figue, tout ce pays nous fut adjugé, proscript et abandonné. B semer toutesfois n'est mon estat. Pourtant je te laisse le champ; mais c'est en condition que nous partirons le profit. — Je le veulx, respondit le laboureur. — J'entends, dist le diable, que du profit advenant nous ferons deux lotz. L'un sera ce que croistra sus terre, l'autre ce qu'en terre sera couvert. Le choix m'appartient, car je suis diable extraict de noble et antique race : tu n'es qu'un villain. Je choisis ce que sera en terre, tu auras le dessus. En quel temps sera la cueillette? — A my juillet, respondit le laboureur. — Or, dist le diable, je ne fauldray m'y trouver. Fais au reste comme est le debvoir : travaille, villain, travaille. Je vais tenter du gaillard peché de luxure les nobles nonnains de Pettesec, les cagotz et briffaulx aussi. De leurs vouloirs je suis plus qu'asceuré. Au joindre sera le combat. »

CHAPITRE XLVI

COMMENT LE PETIT DIABLE FUT TROMPÉ PAR UN LABOUREUR DE PAPEFIGUIERE

La my juillet venue, le diable se representa au lieu, accompaigné d'un escadron de petits diableteaux de chœur. Là rencontrant le laboureur, luy dist : « Et puis, villain, comment t'es tu porté depuis ma departie? Faire icy convient nos partaiges. — C'est, respondit le laboureur, raison. » Lors commença le laboureur avec ses gens seyer le bled. Les petits diables de mesme tiroient le chaulme de terre. Le laboureur battit son bled en l'aire; le ventit, le mit en poches, le porta au marché pour vendre. Les diableteaux firent de mesmes, et au marché prés du laboureur, pour leur chaulme vendre, s'assirent. Le laboureur vendit trés bien son bled, et de l'argent emplit un vieulx demy brodequin, lequel il portoit à sa ceincture. Les diables ne vendirent rien : ains au contraire les païsans en plein marché se mocquoient d'eux.

Le marché clous, dist le diable au laboureur : « Villain, tu m'as à ceste fois trompé, à l'aultre ne me tromperas. — Monsieur le diable, respondit le laboureur, comment vous aurois je trompé, qui premier avez choisy? Vray est qu'en cestuy choix me pensiez tromper, esperant rien hors terre ne issir pour ma part, et dessous trouver tout entier le grain que j'avois semé, pour d'iceluy tenter les gens souffreteux, cagotz, ou avares, et par tentation les faire en vos lacs tresbucher. Mais vous estes bien jeune au mestier. Le grain que voyez en terre est mort et corrompu, la corruption d'iceluy a esté generation de l'aultre que m'avez veu vendre. Ainsi choisissiez vous le pire. C'est pourquoy estes maudict en l'Evangile. — Laissons, dist le diable, ce propos. De quoy ceste année sequente pourras tu nostre champ semer? — Pour profit, respondit le laboureur, de bon mesnagier, le conviendroit semer de raves. — Or, dist le diable, tu es villain de bien : seme raves, à force, je les garderay de la tempeste, et ne gresleray poinct dessus. Mais, entends bien, je retiens pour mon partage ce que sera dessus terre, tu auras le dessous. Travaille, villain, travaille. Je vais tenter les heretiques, ce sont ames friandes en carbonnade : monsieur Lucifer a sa cholicque, ce luy sera une guorge-chaude. »

Venu le temps de la cueillette, le diable se trouva au lieu avec un esquadron de diableteaux de chambre. Là rencontrant le laboureur et ses gens, commença seyer et recueillir les feuilles des raves. Aprés luy le laboureur bechoit et tiroit les grosses raves, et les mettoit en poches. Ainsi s'en vont tous ensemble au marché. Le laboureur vendoit trés bien ses raves. Le diable ne vendit rien. Que pis est, on se mocquoit de luy publiquement. « Je voy bien, villain, dist adonc le diable, que par toy je suis trompé. Je veulx faire fin du champ entre toy et moy. Ce sera en tel pact que nous entregratterons l'un l'aultre, et qui de nous deux premier se rendra quittera sa part du champ. Il entier demourera au vaincueur. La journée sera à huitaine. Va, villain, je te gratteray en diable. J'allois tenter les pillards chiquanous, desguiseurs de proces, notaires faulsaires, advocatz prevaricateurs ; mais ilz m'ont faict dire par un truchement qu'ilz estoient tous à moy. Aussi bien se fasche Lucifer de leurs ames. Et les renvoye ordinairement aux diables souillars de cuisine, sinon quand elles sont saulpoudrées. Vous dictes qu'il n'est desjeuner que d'escoliers, disner que d'advocatz, ressiner que de vignerons, souper que de marchands, regoubilloner que de chambrieres, et tous repas que de farfadetz. Il est vray. De faict, monsieur Lucifer se paist à tous ses repas de farfadetz pour entrée de table. Et se souloit desjeuner d'escoliers. Mais (las !) ne sçay par quel malheur depuis certaines années ilz ont avec leurs estudes adjoinct les sainctes Bibles. Pour ceste cause plus n'en pouvons au diable l'un tirer. Et croy que si les caphards ne nous y aident, leurs ostans par menaces, injures, force, violence et bruslemens leur sainct Paul d'entre les mains, plus à bas n'en grignoterons. De advocatz pervertisseurs de droit et pilleurs de pauvres gens, il se disne ordinairement et ne luy manquent. Mais on se fasche de toŭsjours un pain manger. Il dist nagueres en plein chapitre qu'il mangeroit voluntiers l'ame d'un caphard, qui eust oublié soy en son sermon recommander. Et promit double paye et notable appoinctement à quiconque luy en apporteroit une de broc en bouc. Chascun de nous se mit en queste. Mais rien n'y avons profité. Tous admonestent les nobles dames donner à leur convent. De ressiner il s'est abstenu depuis qu'il eut sa forte colicque provenante à cause que es contrées boréales l'on avoit ses nourrissons, vivandiers, charbonniers et chaircutiers oultragé villainement. Il souppe tres bien de marchands usuriers, apothycaires, faulsaires, billonneurs, adulterateurs de marchandises. Et quelquesfois qu'il est en ses bonnes, regoubillonne de chambrieres, lesquelles, avoir beu le bon vin de leurs maistres, remplissent le tonneau d'eau puante. Travaille, villain, travaille. Je vais tenter les escoliers de Trebizonde laisser peres et meres, renoncer à la police commune, soy emanciper des edictz de leur roy, vivre en liberté soubterraine, mespriser un chascun, de tous se mocquer, et prenans le beau et joyeux petit beguin d'innocence poëticque, soy tous rendre farfadetz gentilz. »

CHAPITRE XLVII

COMMENT LE DIABLE FUT TROMPÉ PAR UNE VIEILLE DE PAPEFIGUIERE

Le laboureur retournant en sa maison estoit triste et pensif. Sa femme, tel le voyant, cuidoit qu'on l'eust au marché desrobé. Mais entendant la cause de sa melancholie, voyant aussi sa bourse pleine d'argent, doulcement le reconforta et l'asceura que de ceste gratelle mal aucun ne luy adviendroit. Seulement que sus elle il eust à se poser et reposer. Elle avoit ja pourpensé bonne issue. « Pour le pis (disoit le laboureur) je n'en auray qu'une esrafflade : je me rendray au premier coup et luy quitteray le champ. — Rien, rien, dist la vieille; posez vous sus moy et reposez : laissez moy faire. Vous m'avez dict que c'est un petit diable : je le vous feray soubdain rendre, et le champ nous demourera. Si c'eust esté un grand diable, il y auroit à penser. »

Le jour de l'assignation estoit lorsqu'en l'isle nous arrivasmes. A bonne heure du matin le laboureur s'estoit tres bien confessé, avoit communié, comme bon catholique, et par le conseil du curé s'estoit au plonge caché dedans le benoistier, en l'estat que l'avions trouvé.

Sus l'instant qu'on nous racontoit ceste histoire, eusmes advertissement que la vieille avoit trompé le diable et guaigné le champ. La maniere fut telle. Le diable vint à la porte du laboureur, et, sonnant, s'escria : « O villain, villain, ça, ça, à belles gryphes ! »

Puis entrant en la maison gallant et bien deliberé, et n'y trouvant le laboureur, advisa sa femme en terre pleurante et lamentante. « Qu'est cecy ? demandoit le diable. Où est il ? Que fait il ? — Ha, dist la vieille, où est i' le meschant, le bourreau, le brigant ? Il m'a affollée, je suis perdue, je meurs du mal qu'il m'a faict. — Comment, dist le diable, qui a il ? Je le vous gualleray bien tantoust. — Ha, dist la vieille, il m'a dict, le bourreau, le tyran, l'esgratigneur de diables, qu'il avoit huy assignation de se gratter avec vous : pour essayer ses ongles il m'a seulement gratté du petit doigt icy entre les jambes, et m'a du tout affollée. Je suis perdue, jamais je n'en gueriray, regardez. Encores est il allé chez le mareschal soy faire esguiser et apoincter les gryphes. Vous estes perdu, monsieur le diable, mon amy. Saulvez vous, il n'arrestera poinct. Retirez vous, je vous en prie. »

Lors se descouvrit jusques au menton en la forme que jadis les femmes Persides se presenterent à leurs enfans fuyans de la bataille, et luy monstra son comment a nom.

Le diable, voyant l'enorme solution de continuité en toutes dimensions, s'escria : « Mahon, Demiourgon, Megere, Alecto, Persephone, il ne me tient pas ! Je m'en vais bel erre. Cela ! Je luy quitte le champ. »

Entendans la catastrophe et fin de l'histoire, nous retirasmes en nostre nauf. Et là ne fismes aultre sejour. Pantagruel donna au tronc de la fabrique de l'eglise dix huit mille royaulx d'or en contemplation de la pauvreté du peuple et calamité du lieu.

CHAPITRE XLVIII

COMMENT PANTAGRUEL DESCENDIT EN L'ISLE DES PAPIMANES

Laissans l'isle desolée des Papefigues, navigasmes par un jour en serenité et tout plaisir, quand-à nostre veue s'offrit la benoiste isle des Papimanes. Soubdain que nos ancres furent au port jettées, avant que nous eussions encoché nos gumenes, vindrent vers nous en un esquif quatre personnes diversement vestuz. L'un en moine enfrocqué, crotté, botté. L'aultre en faulconnier, avec un leure et grand d'oiseau. L'aultre en solliciteur de proces, ayant un grand sac plein d'informations, citations, chiquaneries et adjournemens en main. L'aultre en vigneron d'Orléans avec belles guestres de toille, une panouere et une serpe à la ceinture. Incontinent qu'ilz furent joincts à nostre nauf, s'escrierent à haulte voix tous ensemble demandans : « L'avez vous veu, gens passagiers ? l'avez vous veu ? — Qui ? demandoit Pantagruel. — Celuy là, respondirent ilz. — Qui est il ? demanda frere Jean. Par la mort bœuf, je l'assommeray de coups. » Pensant qu'ils se guementassent de quelque larron, meurtrier ou sacrilege. « Comment, dirent ilz, gens peregrins, ne cognoissez vous l'Unique ? — Seigneurs, dist Epistemon, nous n'entendons telz termes. Mais exposez nous, s'il vous plaist, de qui entendez, et nous vous en dirons la verité sans dissimulation. — C'est, dirent ilz, celuy qui est. L'avez vous jamais veu ? —

Celuy qui est, respondit Pantagruel, par nostre théologique doctrine, est Dieu. Et en tel mot se declaira à Moses. Onques certes ne le vismes; et n'est visible à œilz corporelz. — Nous ne parlons mie, dirent ilz, de celuy hault Dieu qui domine par les cieulx. Nous parlons du Dieu en terre. L'avez vous onques veu ? — Ilz entendent, dist Carpalim, du pape, sus mon honneur. — Ouy, ouy, respondit Panurge, ouy dea, messieurs, j'en ay veu trois, à la vue desquelz je n'ay gueres profité. — Comment, dirent ilz, nos sacrés decretales chantent qu'il n'y en a jamais qu'un vivant. — J'entends, respondit Panurge, les uns successivement après les aultres. Aultrement n'en ay je veu qu'un à une fois. — O gens, dirent ilz, trois et quatre fois heureux, vous soyez les bien et plus que tres bien venuz ! »

Adonc s'agenouillerent devant nous, et nous vouloient baiser les pieds. Ce que ne leur voulusmes permettre, leur remontrans qu'au pape, si là de fortune en propre personne venoit, ilz ne sçauroient faire davantage. « Si ferions, si, respondirent ilz. Cela est entre nous ja resolu. Nous luy baiserions le cul sans feuille, et les couilles pareillement. Car il a couilles le pere sainct, nous le trouvons par nos belles decretales, aultrement ne seroit il pape. De sorte qu'en subtile philosophie decretaline ceste consequence est necessaire : Il est pape, il a donc couilles. Et quand couilles fauldroient au monde, le monde plus pape n'auroit. »

Pantagruel demandoit ce pendant à un mousse de leur esquif qui estoient ces personnages. Il luy fit response que c'estoient les quatre estatz de l'isle : adjousta davantaige que serions bien recueillis et bien traictés, puis qu'avions veu le pape. Ce qu'il remonstra à Panurge, lequel luy dist secretement : « Je fais vœu à Dieu, c'est cela. Tout vient à poinct qui peult attendre. A la veue du pape jamais n'avions profité : à ceste heure de par tous les diables nous profitera comme je voy. » Alors descendismes en terre, et venoit au davant de nous comme en procession tout le peuple du pays, hommes, femmes, petits enfants. Nos quatre estatz leur dirent à haulte voix : « Ilz l'ont veu. Ilz l'ont veu. Ilz l'ont veu. »

A ceste proclamation tout le peuple s'agenouilloit davant nous, levans les mains joinctes au ciel, et crians : « O gens heureux ! O bien heureux ! » Et dura ce cry plus d'un quart d'heure. Puis y accourut le maistre d'escole avec tous ses pedagogues, grimaulx et escoliers, et les fouettoit magistralement, comme on souloit fouetter les petits enfans en nos pays, quand on pendoit quelque malfaicteur, afin qu'il leur en souvint. Pantagruel en fut fasché, et leur dist : « Messieurs, si ne desistez fouetter ces enfans, je m'en retourne. » Le peuple s'estonna, entendant sa voix stentorée, et vis un petit bossu à longs doigts demandant au maistre d'escole : « Vertus de Extravagantes, ceux qui voyent le pape deviennent ilz ainsi grands comme cestuy cy qui nous menasse? O, qu'il me tarde merveilleusement que je ne le voy, afin de croistre et grand comme luy devenir. » Tant grandes furent leurs exclamations que Homenas y accourut (ainsi appellent ilz leur evesque) sus une mule desbridée, caparassonnée de verd, accompaigné de ses appous (comme ilz disoient), de ses suppos aussi, portans croix, banieres, confalons, baldachins, torches, benoistiers. Et nous vouloit pareillement les pieds baiser à toutes forces (comme fit au pape Clement le bon Christian Valfinier) disant qu'un de leurs hypophetes desgresseur et glossateur de leurs sainctes decretales avoit par escrit laissé que ainsi comme le Messias, tant et si long temps des Juifz attendu, en fin leur estoit advenu, aussi en icelle isle quelque jour le pape viendroit. Attendant ceste heureuse journée, si là arrivoit personne qui l'eut veu à Rome ou aultre part, qu'ilz eussent à bien le festoyer, et reverencment traicter. Toutesfois nous en excusasmes honnestement.

CHAPITRE XLIX

COMMENT HOMENAS, EVESQUE DES PAPIMANES, NOUS MONSTRA LES URANOPETES DECRETALES

Puis nous dist Homenas : « Par nos sainctes decretales nous est enjoinct et commandé visiter premier les eglises que les cabarets. Pourtant, ne declinans de ceste belle institution, allons à l'eglise; après, irons banqueter. — Homme de bien, dist frere Jean, allez davant, nous vous suivrons. Vous avez parlé en bons termes et en bon christian. Ja long temps a que n'en avions veu. Je m'en trouve fort resjouy en mon esprit, et croy que je n'en repaistray que mieulx. C'est belle chose rencontrer gens de bien. » Approchans de la porte du temple, apperceusmes un gros livre doré, tout couvert de fines et precieuses pierres, balais, esmeraudes, diamans et unions, plus ou autant pour le moins excellentes que celles que Octavian consacra à Jupiter Capitolin. Et pendoit en l'air attaché à deux grosses chaines d'or au zoophore du portal. Nous le regardions en admiration. Pantagruel le manioit et tournoit à plaisir, car il y pouvoit aisement toucher. Et nous affermoit qu'au touchement d'icelles, il sentoit un doulx prurit des ongles, et desgourdissement des bras : ensemble tentation vehemente en son esprit de battre un sergent ou deux, pourveu qu'ilz n'eussent tonsure. Adonc nous dist Homenas : « Jadis fut aux Juifz la loy par Moses baillée escrite des doigts propres de Dieu. En Delphes davant la face du temple d'Apollo fut trouvée ceste sentence divinement escrite : ΓΝΩΘΙ ΣΕΑΥΤΟΝ. Et par certain laps de temps après fut veue El, aussi divinement escrite et transmise des cieulx. Le simulacre de Cybele fut des cieulx en Phrygie transmis on champ nommé Pesinunt. Aussi fut en Tauris le simulacre de Diane, si croyez Euripides. L'oriflambe fut des cieulx transmise aux nobles et tres chrestians rois de France, pour combattre les Infideles. Regnant Numa Pompilius, roy second des Romains en Rome, fut du ciel veu descendre le tranchant bouclier, dict Ancile. En Acropolis d'Athenes jadis tomba du ciel empiré la statue de Minerve. Icy semblablement voyez les sacres decretales escrites de la main d'un ange Cherubin. Vous aultres gens Transpontins, ne le croirez pas. — Assez mal, respondit Panurge. — Et à nous icy miraculeusement du ciel des cieulx transmises, en façon pareille que par Homere, pere de toute philosophie (exceptez tousjours les dives decretales), le fleuve du Nile est appelé Diipetes. Et parce qu'avez veu le pape, evangeliste d'icelles et protecteur sempiternel, vous sera de par nous permis les voir et baiser au dedans, si bon vous semble. Mais il vous conviendra par avant trois jours jeuner, et regulierement confesser, curieusement espluchans et inventorizans vos pechés tant dru qu'en terre ne tombast une seule circonstance, comme divinement nous chantent les dives decretales que voyez. A cela fault du temps.

— Homme de bien, respondit Panurge, decrotoueres, voire, dis je, decretales avons prou veu en papier, en parchemin lanterné, en velin, escrites à la main, et imprimées en moulle. Ja n'est besoing que vous peinez à cestes cy nous monstrer. Nous contentons du bon vouloir et vous remercions autant. — Vray bis, dist Homenas, vous n'avez mie veu cestes cy angelicquement escrites. Celles de vostres pays ne sont que transsumpts des nostres, comme trouvons escrit par un de nos antiques scholiastes decretalins. Au reste vous prie n'y espargner ma peine. Seulement advisez si voulez confesser et jeuner les trois beaulx petits jours de Dieu. — De confesser, respondit Panurge, tres bien nous consentons. Le jeune seulement ne nous vient à propos, car nous avons tant et trestant par la marine jeuné que les araignes ont faict leurs toiles sus nos dents. Voyez icy ce bon frere Jean des Entommeures (à ce mot Homenas courtoisement luy bailla la petite accolade), la mousse luy est creue ou gouzier par faulte de remuer et exercer les badigoinces et mandibules. — Il dit vray, respondit frere Jean. J'ay tant et trestant jeuné que j'en suis devenu tout bossu.

— Entrons, dist Homenas, donc en l'eglise, et nous pardonnez si presentement ne vous chantons la belle messe de Dieu. L'heure de myjour est passée, après laquelle nous defendent nos sacres decretales messe chanter, messe, dis je, haulte et legitime. Mais je vous en diray une basse et seiche. — J'en aimerois mieulx, dist Panurge, une mouillée de quelque bon vin d'Anjou. Boutez donc, boutez bas et roide. — Verd et bleu, dist frere Jean, il me desplaist grandement qu'encores est mon estomac à jeun. Car ayant tres bien desjeuné et repeu à usage monachal, si d'adventure il nous chante de *requiem*, je y eusse porté pain et vin par les traicts passés. Patience. Sacquez, chocquez, boutez, mais troussez la court, de peur que ne se crotte, et pour aultre cause aussi, je vous en prie. »

CHAPITRE L

COMMENT, PAR HOMENAS, NOUS FUT MONSTRÉ L'ARCHETYPE D'UN PAPE

La messe parachevée, Homenas tira d'un coffre prés le grand autel un gros faratz de clefs, desquelles il ouvrit, à trente et deux clavures et quatorze catenatz, une fenestre de fer bien barrée, au dessus dudict autel ; puis, par grand mystere, se couvrit d'un sac mouillé, et, tirant un rideau de satin cramoisi, nous monstra une image peincte assez mal, selon mon advis, y toucha un baston longuet, et nous fist à tous baiser la touche. Puis nous demanda : « Que vous semble de ceste image ? — C'est, respondit Pantagruel, la ressemblance d'un pape. Je le cognoy à la tiare, à l'aumusse, au rochet, à la pantoufle. — Vous dictes bien, dist Homenas. C'est l'idée de celuy Dieu de bien en terre, la venue duquel nous attendons devotement, et lequel esperons une fois voir en ce pays. O l'heureuse et desirée et tant attendue journée ! Et vous, heureux et bienheureux, qui tant avez eu les astres favorables qu'avez vivement en face veu et réalement celuy bon Dieu en terre, duquel voyant seulement le portraict, pleine remission guaignons de tous nos pechés memorables : ensemble la tierce partie avec dix huit quarantaines de pechés oubliés ! Aussi ne la voyons nous qu'aux grandes festes annuelles. »

Là disoit Pantagruel que c'estoit ouvraige tel que le faisoit Dædalus. Encores qu'elle fust contrefaicte et mal traicte, y estoit toutesfois latente et occulte quelque divine energie en matiere de pardons. « Comme, dist frere Jean, à Seuillé les coquins souppans un jour de bonne feste à l'hospital, et se vantans l'un avoir celuy jour guaigné six blancs, l'aultre deux soulz, l'aultre sept carolus, un gros gueux se vantoit avoir guaigné trois bons testons. Aussi (luy respondirent ses compaignons) tu as une jambe de Dieu. Comme si quelque divinité fust absconse en une jambe toute sphacelée et pourrie. — Quand, dist Pantagruel, telz contes vous nous ferez, soyez records d'apporter un bassin. Peu s'en fault que ne rende ma guorge. User ainsi du sacre nom de Dieu en choses tant ordes et abominables! Fy, j'en dis fy! Si dedans vostre moinerie est tel abus de paroles en usaige, laissez le là, ne le transportez hors les cloistres. — Ainsi, respondit Epistemon, disent les medecins estre en quelques maladies certaine participation de divinité. Pareillement Neron louoit les champeignons, et en proverbe grec les appeloit « viande des dieux », pource qu'en iceux il avoit empoisonné son predecesseur Claudius, empereur Romain.

— Il me semble, dist Panurge, que ce portraict fault en nos derniers papes : car je les ay veu non aumusse, ains armet en teste porter, thymbré d'une tiare persicque, et tout l'empire christian estant en paix et silence, eux seulz guerre faire felonne et tres cruelle. — C'estoit, dist Homenas, donc contre les rebelles, hereticques, protestans desesperés, non obéissans à la saincteté de ce bon Dieu en terre. Cela luy est non seulement permis et licite, mais commandé par les sacres decretales, et doit à feu incontinent empereurs, rois, ducs, princes, republicques, et à sang mettre, qu'ilz transgresseront un *iota* de ses mandemens, les spolier de leurs biens, les deposseder de leurs royaumes, les proscrire, les anathematiser, et non seulement leurs corps, et de leurs enfans et parens aultres occire, mais aussi leurs ames damner au parfond de la plus ardente chauldiere qui soit en enfer. — Icy, dist Panurge, de par tous les diables, ne sont ilz hereticques comme fut Raminagrobis, et comme ilz sont parmy les Allemaignes et Angleterre. Vous estes christians triés sur le volet. — Ouy, vraybis, dist Homenas; aussi serons nous tous saulvés. Allons prendre de l'eau beniste, puis dipnerons. »

CHAPITRE LI

MENUS DEVIS DURANT LE DISNER, A LA LOUANGE DES DECRETALES

Or, notez, beuveurs, que durant la messe seche d'Homenas, trois manilliers de l'eglise, chascun tenant un grand bassin en main, se pourmenoient parmy le peuple, disans à haulte voix : « N'oubliez les gens heureux qui l'ont veu en face. » Sortans du temple, ilz apporterent à Homenas leurs bassins tous pleins de monnoye papimanicque. Homenas nous dist que c'estoit pour faire bonne chere, et que de ceste contribution et taillon, l'une partie seroit employée à bien boire, l'aultre à bien manger, suivant une mirificque glosse cachée en un certain coignet de leurs sainctes decretales. Ce que fut faict; et en beau cabaret assez retirant à celuy de Guillot en Amiens. Croyez que la repaissaille fut copieuse, et les beuvettes numereuses. En cestuy disner je notay deux choses memorables : l'une, que viande ne fust apportée, quelle que fust, fussent chevreaulx, fussent chapons, fussent cochons (desquelz y a foison en Papimanie), fussent pigeons, conilz, levreaulx, cocqs d'Inde, ou aultres, en laquelle n'y eust abondance de farce magistrale ; l'aultre, que tout le sert et dessert fut porté par les filles pucelles mariables du lieu, belles, je vous affie, saffrettes, blondettes, doulcettes et de bonne grace : lesquelles vestues de longues, blanches et deliées aubes à doubles ceintures, le chef ouvert, les cheveulx instrophiés de petites bandelettes et rubans de soye violette, semés de roses, œilletz, marjolaine, aneth, aurande, et aultres fleurs odorantes, à chascune cadence nous invitoient à boire avec doctes et mignonnes reverences. Et estoient voluntiers veues de toute l'assistance. Frere Jean les regardoit de cousté, comme un chien qui emporte un plumail. Au dessert du premier metz fut par elles melodieusement chanté un epode à la louange des sacrosainctes decretales. Sus l'apport du second service, Homenas, tout joyeux et esbaudy, adressa sa parole à un des maistres sommeliers, disant : « *Clerice*, esclaire icy. » A ces motz, une des filles promptement luy presenta un grand hanap plein de vin extravaguant. Il le tint en main, et, soupirant profondement, dist à Pantagruel : « Mon seigneur, et vous, beaux amis, je boy à vous tous de bien bon cœur. Vous soyez les tres bien venuz. » Beu qu'il eut et rendu le hanap à la bachelette gentille, fit une lourde exclamation, disant : « O dives decretales ! tant par vous est le vin bon bon trouvé ! — Ce n'est, dist Panurge, pas le pis du panier. — Mieulx seroit, dist Pantagruel, si par elles le mauvais vin devenoit bon. — O seraphicque Sixiesme ! dist Homenas continuant, tant vous estes necessaire au saulvement des pauvres humains ! O cherubicques Clementines ! comment en vous est proprement contenue et descripte la perfaicte institution du vray christian ! O Extravagantes angelicques, comment sans vous periroient les pauvres ames, lesquelles, çà bas, errent par les corps mortelz en ceste vallée de misere ! Helas, quand sera ce don de grace particuliere faict es humains, qu'ilz desistent de toutes aultres estudes et negoces pour vous lire, vous entendre, vous sçavoir, vous user, pratiquer, incorporer, sanguifier, et incentricquer es profonds ventricules de leurs cerveaulx, es internes moelles de leurs os, es perplex labyrintes de leurs arteres ? O lors et non plus toust, ne aultrement, heureux le monde ! »

A ces motz, se leva Epistemon, et dist tout bellement à Panurge : « Faulte de selle percée me contrainct d'icy partir. Ceste farce m'a desbondé le boyau cullier : je n'arresteray gueres. — O lors, dist Homenas continuant, nullité de gresle, gelée, frimats, vimeres ! O lors, abondance de tous biens en terre ! O lors paix obstinée, infringible en l'univers : cessation de guerres, pilleries, anguaries, brigandéries, assassinemen*, exceptez contre les heretiques et rebelles mauldicts ! O lors joyeuseté, alaigresse, liesse, soulas, deduicts, plaisirs, delices en toute nature humaine ! Mais, o grande doctrine, inestimable erudition, preceptions deificques, emmortaisées par les divins chapitres de ces eternes decretales ! O comment, lisant seulement un demy canon, un petit paragraphe, un seul notable de ces sacrosainctes decretales, vous sentez en vos cœurs enflammée la fournaise d'amour divin ; de charité envers vostre prochain, pourveu qu'il ne soit heretique ; contemnement asceuré de toutes choses fortuites et terrestres ; ecstatique elevation de vos esprits, voire jusques au troisieme ciel ; contentement certain en toutes vos affections ! »

CHAPITRE LII

CONTINUATION DES MIRACLES ADVENUZ PAR LES DECRETALES

« Voicy, dist Panurge, qui dit d'orgues. Mais j'en croy le moins que je peux. Car il m'advint un jour à Poictiers, chez l'Escossois docteur Decretalipotens d'en lire un chapitre : le diable m'emporte si, à la lecture d'iceluy, je ne fus tant constipé du ventre que par plus de quatre, voire cinq jours, je ne fiantay qu'une petite crotte. Sçavez vous quelle? Telle, je vous jure, que Catulle dit estre celles de Furius son voisin.

> En tout un an je ne chie dix crottes :
> Et, si des mains tu les brises et frottes,
> Ja n'en pourras ton doigt souiller de erres,
> Car dures sont plus que febves et pierres.

— Ha, ha! dist Homenas, Inian, mon amy, vous, par adventure, estiez en estat de peché mortel.

— Cestuy là, dist Panurge, est d'un autre tonneau.

— Un jour, dist frere Jean, je m'estois à Seuillé torché le cul d'un feuillet d'unes meschantes Clementines, lesquelles Jean Guymard nostre recepveur avoit jetté on préau du cloistre : je me donne à tous les diables si les rhagadies et hæmorrutes ne s'en advindrent si tres horribles que le pauvre trou de mon clous bruneau en fut tout dehinguandé. — Inian, dist Homenas, ce fut evidente punition de Dieu, vengeant le peché qu'aviez faict incaguant ces sacres livres, lesquelz deviez baiser et adorer, je dis d'adoration de latrie, ou d'hyperdulie pour le moins. Le Panormitan n'en mentit jamais.

— Jean Chouart, dist Ponocrates, à Monspellier avoit acheté des moines de sainct Olary unes belles decretales escrites en beau et grand parchemin de Lamballe, pour en faire des velins pour battre l'or. Le malheur y fust si estrange que oncques piece n'y fut frappée qui vint à profit. Toutes furent dilacerées et estrippées. — Punition, dist Homenas, et vengeance divine.

— Au Mans, dist Eudemon, François Cornu, apothycaire, avoit en cornetz emploicté unes Extravaguantes frippées; je desadvoue le diable si tout ce qui dedans fut empacqueté ne fut sus l'instant empoisonné, pourry et guasté : encens, poyvre, gyrofle, cinnamone, safran, cire, espices, casse, reubarbe, tamarin : generalement tout, drogues, gogues et senogues. — Vengeance, dist Homenas, et divine punition. Abuser en choses prophanes de ces tant sacres escritures!

— A Paris, dist Carpalim, Groignet cousturier avoit emploicté unes vieilles Clementines en patrons et mesures. O cas estrange! Tous habillemens taillés sus telz patrons, et protraicts sus telles mesures, furent guastés et perduz : robes, cappes, manteaulx, sayons, juppes, cazaquins, colletz, pourpoincts, cottes, gonnelles, verdugualles. Groignet, cuidant tailler une cappe, tailloit la forme d'une braguette. En lieu d'un sayon, tailloit un chappeau à prunes succées. Sus la forme d'un cazaquin tailloit une aumusse. Sus le patron d'un pourpoinct tailloit la guise d'une paele. Ses varletz, l'avoir cousue, la deschicquetoient par le fond, et sembloit d'une paele à fricasser les chastaignes. Pour un collet faisoit un brodequin. Sus le patron d'une verdugualle tailloit une barbute. Pensant faire un manteau faisoit un tabourin de Souisse. Tellement que le pauvre homme par justice fut condamné à payer les estoffes de tous ses challans, et de present en est au safran. — Punition, dist Homenas, et vengeance divine.

— A Cahusac, dist Gymnaste, fut pour tirer à la butte partie faicte entre les seigneurs d'Estissac et vicomte de Lausun. Perotou avoit depecé unes demies decretales du bon canonge. De la carte et des feuilletz avoit taillé le blanc pour la butte. Je me donne, je me vends, je me donne à travers tous les diables si jamais arbalestier du pays (lesquelz sont suppelatifz en toute Guyenne) tira traict dedans. Tous furent coustiers. Rien du blanc sacrosainct barbouillé ne fut, depucellé ne entomné. Encores Sansornin l'aisné, qui guardoit les guages, nous juroit *figues dioures* (son grand serment) qu'il avait veu apertement, visiblement, manifestement le pasadouz de Carquelin droit entrant dedans la grolle ou milieu du blanc, sus le poinct de toucher et enfoncer, s'estre escarté loing d'une toise coustier vers le fournil. — Miracle, s'escria Homenas, miracle, miracle! *Clerice*, esclaire icy. Je boy à tous. Vous me semblez vrays christians. »

A ces motz les filles commencerent ricasser entre elles. Frere Jean hannissoit du bout du nez comme prest à roussiner, ou baudouiner pour le moins et monter dessus, comme Herbault sus pauvres gens. « Me emble, dist Pantagruel, qu'en telz blancs l'on eust contre le dangier du traict plus sceurement esté que ne fut jadis Diogenes. — Quoy? demanda Homenas. Comment? Estoit il decretaliste? — C'est, dist Epistemon retournant de ses affaires, bien rentré de picques noires. — Diogenes, respondit Pantagruel, un jour s'esbattre voulant, visita les archiers qui tiroient à la butte. Entre iceux un estoit tant faultier, imperit et mal adroit, que lors qu'il estoit en rang de tirer, tout le peuple spectateur s'escartoit de peur d'estre par luy feru. Diogenes, l'avoir un coup veu si perversement tirer que sa flecte tomba plus d'un trabut loing de la butte, au second coup le peuple loing d'un cousté et d'aultre s'escartant, accourut et se tint en pieds jouxte le blanc : affermant cestuy lieu estre le plus sceur, et que l'archier plus toust feriroit tout aultre lieu que le blanc, le blanc seul estre en sceureté du traict.

— Un paige, dist Gymnaste, du seigneur d'Estissac, nommé Chamouillac, apperceut le charme. Par son advis Perotou changea de blanc, et y employa les papiers du proces de Pouillac. Adonc tirerent tres bien et les uns et les aultres.

— A Landerousse, dist Rhizotome, es nopces de Jean Delif, fut le festin nuptial notable et sumptueux, comme lors estoit la coustume du pays. Aprés souper furent jouées plusieurs farces, comedies, sornettes plaisantes; furent dansées plusieurs moresques aux sonnettes et timbous; furent introduictes diverses sortes de masques et mommeries. Mes compaignons d'escole et moy pour la feste honorer à nostre pouvoir (car au matin nous tous avions eu de belles livrées blanc et violet) sus la fin fismes un barboire joyeux avec force coquilles de sainct Michel et belles caquerolles de limaçons. En faulte de Colocasie, Bardane, Personate et de papier, des feuilletz d'un vieil Sixieme, qui là estoit abandonné, nous fismes nos faulx visaiges, les descoupans un peu à l'endroit des œilz, du nez et de la bouche. Cas merveilleux. Nos petites caroles et pueriles esbatemens achevés, oustans nos faulx visaiges, appareusmes plus hideux et villains que les diableteaux de la passion de Doué : tant avions les faces guastées aux lieux touchés par lesditz feuilletz. L'un y avoit la picote, l'aultre le tac, l'aultre la verole, l'aultre la rougeole, l'aultre gros froncles. Somme, celuy de nous tous estoit le moins blessé à qui les dents estoient tombées.

— Miracle, s'escria Homenas, miracle! — Il n'est, dist Rhizotome, encores temps de rire. Mes deux sœurs, Catherine et Renée, avoient mis dedans ce beau Sixieme, comme en presse (car il estoit couvert de grosses aisles et ferré à glez) leurs guimples, manchons et collerettes savonnées de frais, bien blanches, et empesées. Par la vertu Dieu... — Attendez, dist Homenas, du quel Dieu entendez vous? — Il n'en est qu'un, respondit Rhizotome. — Ouy bien, dist Homenas; es cieulx. En terre n'en avons nous un aultre? — Arry avant, dist Rhizotome, je n'y pensois par mon ame plus. Par la vertu donc du Dieu pape terre, leurs guimples, collerettes, baverettes, couvrechefz et tout aultre linge, y devint plus noir qu'un sac de charbonnier. — Miracle, s'escria Homenas; *Clerice*, esclaire icy, et note ces belles histoires. — Comment, demanda frere Jean, dit on donc :

> Depuis que decretz eurent ales,
> Et gens d'armes porterent males,
> Moines allerent à cheval,
> En ce monde abonda tout mal.

— Je vous entends, dist Homenas. Ce sont petits quolibets des heretiques nouveaulx. »

CHAPITRE LIII

COMMENT, PAR LA VERTU DES DECRETALES, EST L'OR SUBTILEMENT TIRÉ DE FRANCE EN ROME

« Je vouldrois, dist Epistemon, avoir payé chopine de trippes à embourser, et qu'eussions à l'original collationné les terrifiques chapitres, *Execrabilis, De multa, Si plures, De Annatis per totum, Nisi essent, Cum ad Monasterium, Quod dilectio, Mandatum*, et certains aultres, lesquelz tirent par chascun an de France en Rome quatre cens mille ducatz. et davantaige. — Est ce rien cela? dist Homenas; me semble toutesfois estre peu, veu que la France la tres christiane est unique nourrice de la court Romaine. Mais trouvez moy livres on monde, soyent de philosophie, de medecine, des loix, des mathematicques, des lettres humaines, voire (par le mien Dieu) de la saincte Escriture, qui en puissent autant tirer? Poinct. Nargues, nargues. Vous n'en trouverez poinct de ceste aurifluë energie, je vous en asceure. Encores ces diables heretiques ne les veulent apprendre et sçavoir. Bruslez, tenaillez, cizaillez, noyez, pendez, empallez, espaultrez, demembrez, exenterez, descouppez, fricassez, grislez, transsonnez, crucifiez, bouillez, escarbouillez, escartelez, debezillez, dehinguandez, carbonnadez ces meschans heretiques decretalifuges, decretalicides, pires que homicides, pires que parricides, decretalictones du diable. Vous aultres gens de bien, si voulez estre dicts et reputés vrais christians, je vous supplie à joinctes mains ne croire aultre chose, aultre chose ne penser, ne dire, n'entreprendre, ne faire, fors seulement ce que contiennent nos sacres decretales et leurs corollaires : ce beau Sixieme, ces belles Clementines, ces belles Extravaguantes. O livres déifiques! Ainsi serez en gloire, honneur, exaltation, richesses, dignités, prelations en ce monde : de tous reverés, d'un chascun redoubtés, à tous preferés, sus tous esleuz et choisis. Car il n'est sous la chappe du ciel estat duquel trouviez gens plus idoines à tout faire et manier que ceux qui, par divine prescience et eterne predestination, adonnés se sont à l'estude des sainctes decretales. Voulez vous choisir un preux empereur, un bon capitaine, un digne chef et conducteur d'une armée en temps de guerre, qui bien sçaiche tous inconveniens prevoir, tous dangiers eviter, bien mener ses gens à l'assault et au combat en alaigresse, rien ne hazarder, tousjours vaincre sans perte de ses souldars et bien user de la victoire? Prenez moi un decretiste. Non, non, je dis un decretaliste.

— O le gros rat! dist Epistemon.

— Voulez vous en temps de paix trouver homme apte et suffisant à bien gouverner l'estat d'une republicque, d'un royaume, d'un empire, d'une monarchie; entretenir l'eglise, la noblesse, le senat et le peuple en richesses, amitié, concorde, obéissance, vertus, honnesteté? Prenez moy un decretaliste. Voulez vous trouver homme qui par vie exemplaire, beau parler, sainctes admonitions, en peu de temps, sans effusion de sang humain, conqueste la terre saincte, et à la saincte foy convertisse les mescréans Turcs, Juifz, Tartares, Moscovites, Mammeluz et Sarrabovites? Prenez moy un decretaliste.

« Qui fait en plusieurs pays le peuple rebelle et detravé, les paiges friands et mauvais, les escoliers badaulx et asniers? Leurs gouverneurs, leurs escuyers, leurs preceptors, n'estoient decretalistes.

« Mais qui est ce (en conscience) qui a estably, confirmé, authorisé ces belles religions, desquelles en tous endroits voyez la christianté ornée, decorée, illustrée, comme est le firmament de ses claires estoiles? Dives decretales.

« Qui a fondé, pilotizé, talué, qui maintient, qui substante, qui nourrit les devots religieux par les convens, monasteres et abbayes : sans les prieres diurnes, nocturnes, continuelles desquelz seroit le monde en dangier evident de retourner en son antique chaos? Sacres decretales.

« Qui fait et journellement augmente en abondance de tous biens temporelz, corporelz et spirituelz le fameux et celebre patrimoine de sainct Pierre? Sainctes decretales.

« Qui fait le sainct Siege apostolique en Rome de tout temps et aujourd'huy tant redoubtable en l'univers qu'il fault ribon ribaine que tous rois, empereurs, potentats et seigneurs pendent de luy, tiennent de luy, par luy soient couronnés, confirmés, authorisés, viennent là boucquer et se prosterner à la mirificque pantoufle, de laquelle avez veu le protraict? Belles decretales de Dieu.

« Je vous veulx declairer un grand secret. Les universités de vostre monde, en leurs armoiries et devises ordinairement portent un livre aucunes ouvert, aultres fermé. Quel livre pensez vous que soit?

— Je ne sçay certes, respondit Pantagruel. Je ne leus onques dedans.

— Ce sont, dist Homenas, les decretales, sans lesquelles periroient les privileges de toutes universités. Vous me debvez ceste là. Ha, ha, ha, ha. »

Icy commença Homenas rotter, petter, rire, baver et suer ; et bailla son gros gras bonnet à quatre braguettes à une des filles, laquelle le posa sus son beau chef en grande alaigresse, aprés l'avoir amoureusement baisé, comme guaige et asceurance qu'elle seroit premiere mariée. « *Vivat!* s'escria Epistemon, *vivat, fifat, pipat, bibat!* O secret apocalyptique!

— *Clerice*, dist Homenas, *Clerice*, esclaire icy à doubles lanternes. Au fruict, pucelles. Je disois donc que ainsi vous adonnans à l'estude unique des sacres decretales, vous serez riches et honorés en ce monde. Je dis consequemment qu'en l'aultre vous serez infailliblement saulvés ou benoict royaulme des cieulx, duquel sont les clefz baillées à nostre bon Dieu decretaliarche. O mon bon Dieu, lequel j'adore, et ne vis onques, de grace speciale ouvre nous en l'article de la mort pour le moins ce tres sacré thresor de nostre mere saincte Ecclise, duquel tu es protecteur, conservateur, promeconde, administrateur, dispensateur. Et donne ordre que ces precieux œuvres de supererogation, ces beaux pardons au besoing ne nous faillent. A ce que les diables ne trouvent que mordre sus nos pauvres ames, que la gueule horrifique d'enfer ne nous engloutisse. Si passer nous fault par purgatoire, patience! En ton pouvoir et arbitre est nous en delivrer, quand vouldras. » Icy commença Homenas jetter grosses et chauldes larmes, battre sa poictrine, et baiser ses poulces en croix.

CHAPITRE LIV

COMMENT HOMENAS DONNA À PANTAGRUEL DES POIRES DU BON CHRISTIAN

Epistemon, frere Jean et Panurge, voyans ceste facheuse catastrophe, commencerent au couvert de leurs serviettes crier : Myault, myault, myault, feignant ce pendant de s'essuyer les œilz, comme s'ilz eussent ploré. Les filles furent bien apprises et à tous presenterent pleins hanaps de vin Clementin, avec abondance de confictures. Ainsi fut de nouveau le banquet resjouy. En fin de table Homenas nous donna grand nombre de grosses et belles poires, disant : « Tenez, amis : poires sont singulieres, lesquelles ailleurs me trouverez. Non toute terre porte tout. Indie seule porte le noire ebene. En Sabée provient le bon encens. En l'isle de Lemnos la terre sphragitide. En ceste isle seule naissent ces belles poires. Faites en, si bon vous semble, pepinieres en vos pays. — Comment, demanda Pantagruel, les nommez vous? Elles me semblent tres bonnes, et de bonne eau. Si on les cuisoit en casserons par quartiers avec un peu de vin et de sucre, je pense que seroit viande tres salubre tant es malades comme es sains. — Non aultrement, respondit Homenas. Nous sommes simples gens, puisqu'il plaist à Dieu. Et appelons les figues figues, les prunes prunes, et les poires poires. — Vrayement, dist Pantagruel, quand je seray en mon mesnaige (ce sera, si Dieu plaist, bien tost), j'en affieray et hanteray en mon jardin de Touraine sus la rive de Loire, et seront dictes poires de bon christian. Car onques ne vis christians meilleurs que ces bons Papimanes. — Je trouverois, dist frere Jean, aussi bon qu'il nous donnast deux ou trois chartées de ses filles. — Pourquoy faire? demandoit Homenas. — Pour les saigner, respondit frere Jean, droit entre les deux gros orteilz avec certains pistolandiers de bonne touche. En ce faisant sus elles, nous hanterions des enfans de bon christian, et la race en nos pays multiplieroit: esquelz ne sont mie trop bons. — Vraybis, respondit Homenas, non ferons, car vous leur feriez la folie aux garçons : je vous cognoys à vostre nez, et si ne vous avois onques veu. Halas, halas, que vous estes bon filz! Vouldriez vous bien damner vostre ame? Nos decretales le defendent. Je vouldrois que les sceussiez bien. — Patience! dist frere Jean. Mais, *si tu non vis dare, presta quæsumus*. C'est matiere de breviaire. Je n'en crains homme portant barbe, fust il docteur de crystalin (je dis decretalin) à triple bourlet. »

Le disner parachevé, nous prinsmes congié d'Homenas et de tout le bon populaire, humblement les remercians, et pour retribution de tant de biens leur promettans que, venuz à Rome, ferions avec le pere sainct tant qu'en diligence il les iroit voir en personne. Puis retournasmes en nostre nauf. Pantagruel, par liberalité et recognoissance du sacré protraict papal, donna à Homenas neuf pieces de drap d'or frizé sus frize, pour estre appousées au davant de la fenestre ferrée; fit emplir le tronc de la reparation et fabricque tout de doubles escuz au sabot, et fit delivrer à chascune des filles, lesquelles avoient servy à table durant le disner, neuf cent quatorze salutz d'or, pour les marier en temps opportun.

CHAPITRE LV

COMMENT, EN HAULTE MER, PANTAGRUEL OUYT DIVERSES PAROLES DEGELÉES

En pleine mer nous banquetans, gringnotans, devizans et faisans beaux et cours discours, Pantagruel se leva et tint en pieds pour discouvrir à l'environ. Puis nous dist : « Compaignons, oyez vous rien? Me semble que je oy quelques gens parlans en l'air, je n'y voy toutesfois personne. Escoutez. » A son commandement nous fumes tous attentifz, et à pleines oreilles humions l'air comme belles huytres en escalle, pour entendre si voix ou son y seroit espart : et pour rien n'en perdre, à l'exemple de Antonin l'empereur, aucuns opposions nos mains en paulme derriere les oreilles. Ce néantmoins protestions voix quelconque n'entendre. Pantagruel continuoit affermant ouir voix diverses en l'air, tant d'hommes comme de femmes, quand nous fut advis, ou que nous les oyons pareillement, ou que les oreilles nous cornoient. Plus perseverions escoutans, plus discernions les voix, jusques à entendre motz entiers. Ce que nous effraya grandement, et non sans cause, personne ne voyans et entendans voix et sons tant divers, d'hommes, de femmes, d'enfans, de chevaulx : si bien que Panurge s'escria : « Ventre bleu, est ce mocque? nous sommes perduz. Fuyons. Il y a embusche autour. Frere Jean, es tu là, mon amy? Tiens toy prés de moy, je te supplie. As tu ton bragmart? Advise qu'il ne tienne au fourreau. Tu ne le desrouilles poinct à demy. Nous sommes perduz. Escoutez : ce sont par Dieu coups de canon. Fuyons. Je ne dis de pieds et de mains, comme disoit Brutus en la bataille Pharsalicque ; je dis à voiles et à rames. Fuyons. Je n'ay poinct de courage sur mer. En cave et ailleurs j'en ay tant et plus. Fuyons. Saulvons nous. Je ne le dis pour peur que je aye, car je ne crains rien fors les dangiers. Je le dis tousjours. Aussi disoit le Franc archier de Baignolet. Pourtant n'hazardons rien, à ce que ne soyons hazardés. Fuyons. Tourne visaige : Vire la peaultre, filz de putain! Pleust à Dieu que presentement je fusse en Quinquenois à peine de jamais ne me marier! Fuyons, nous ne sommes pas pour eux. Ilz sont dix contre un, je vous en asceure. Davantaige ilz sont sus leurs fumiers, nous ne cognoissons le pays. Ilz nous tueront. Fuyons, ce ne nous sera deshonneur. Demosthenes dit que l'homme fuyant combattra de rechief. Retirons nous pour le moins. Orche, poge, au trinquet, aux boulingues. Fuyons de par tous les diables, fuyons. »

Pantagruel, entendant l'esclandre que faisoit Panurge, dist : « Qui est ce fuyard là bas? Voyons premierement que gens sont. Par adventure sont ilz nostres? Encores ne voy je personne? Et si voy cent mille à l'entour.

Mais entendons. J'ay leu qu'un philosophe nommé Petron estoit en ceste opinion que fussent plusieurs mondes soy touchans les uns les aultres en figure triangulaire equilaterale, en la pate et centre desquelz disoit estre le manoir de Verité, et là habiter les paroles, les idées, les exemplaires et protraictz de toutes choses passées et futures : autour d'icelles estre le siecle. Et en certaines années, par longs intervalles, part d'icelles tomber sus les humains comme catarrhes, et comme tomba la rousée sus la toison de Gedéon ; part là rester reservée pour l'advenir, jusques à la consommation du siecle. Me souvient aussi que Aristoteles maintient les paroles de Homere estre voltigeantes, volantes, mouvantes, et par conséquent animées.

« Davantaige Antiphanes disoit la doctrine de Platon es paroles estre semblable, lesquelles en quelque contrée, on temps du fort hyver, lors que sont proferées, gelent et glassent à la froideur de l'air, et ne sont ouyes. Semblablement ce que Platon enseignoit es jeunes enfans, à peine estre d'iceux entendu lors qu'estoient vieulx devenuz. Ores seroit à philosopher et rechercher si forte fortune icy seroit l'endroit onquel telles paroles degelent. Nous serions bien esbahis si c'estoient les teste et lyre de Orpheus. Car après que les femmes Threisses eurent Orpheus mis en pieces, elles jetterent sa teste et sa lyre dans le fleuve Hebrus. Icelles par ce fleuve descendirent en la mer Pontique, jusques en l'isle de Lesbos tousjours ensemble sus mer naigeantes. Et de la teste continuellement sortoit un chant lugubre, comme lamentant la mort d'Orpheus ; la lyre, à l'impulsion des vents mouvans, les chordes accordoit harmonieusement avec le chant. Regardons si les voirons cy autour. »

CHAPITRE LVI

COMMENT, ENTRE LES PAROLES GELÉES, PANTAGRUEL TROUVA DES MOTZ DE GUEULE

Le pilot fit response : « Seigneur, de rien ne vous effrayez. Icy est le confin de la mer glaciale, sus laquelle fut, au commencement de l'hyver dernier passé, grosse et felonne bataille, entre les Arimaspiens et les Nephelibates. Lors gelerent en l'air les paroles et cris des hommes et femmes, les chaplis des masses, les hurtis des harnois, des bardes, les hannissemens des chevaulx, et tout aultre effroy de combat. A ceste heure la rigueur de l'hyver passée, advenante la serenité et temperie du bon temps, elles fondent et sont ouyes. — Par Dieu, dist Panurge, je l'en croy. Mais en pourrions nous voir quelqu'une. Me souvient avoir leu que l'orée de la montaigne en laquelle Moses receut la loy des Juifz, le peuple voyoit la voix sensiblement. — Tenez, tenez, dist Pantagruel, voyez en cy qui encores ne sont degelées. » Lors nous jeta sus le tillac pleines mains de paroles gelées, et sembloient dragées perlées de diverses couleurs. Nous y vismes des motz de gueule, des motz de sinople, des motz d'azur, des motz de sable, des motz dorés. Lesquelz, estre quelque peu eschauffés entre nos mains, fondoient comme neiges, et les oyons realement, mais ne les entendions, car c'estoit langaige barbare. Exceptez un assez grosset, lequel ayant frere Jean eschauffé entre ses mains, fit un son tel que font les chataignes jettées en la braze sans estre entommées lors que s'esclatent, et nous fit tous de peur tressaillir. « C'estoit, dist frere Jean, un coup de faulcon en son temps. » Panurge requist Pantagruel luy en donner encores. Pantagruel luy respondit que donner paroles estoit acte d'amoureux. « Vendez m'en donc, disoit Panurge. — C'est acte de advocatz, respondit Pantagruel, vendre paroles. Je vous vendrois plus tost silence et plus cherement, ainsi que quelques fois la vendit Demosthenes moyennant son argentangine. »

Ce nonobstant il en jetta sus le tillac trois ou quatre poignées. Et y vis des paroles bien picquantes, des paroles sanglantes, lesquelles le pilot nous disoit quelquefois retourner on lieu duquel estoient proferées, mais c'estoit la guorge couppée; des paroles horrifiques, et aultres assez mal plaisantes à voir. Lesquelles ensemblement fondues ouysmes, hin, hin, hin, hin, his, ticque, torche, lorgne, brededin, brededac, frr, frrr, frrrr, bou, bou, bou, bou, bou, bou, bou, bou, tracc, tracc, trr, trrr, trrrr, trrrrr, trrrrrr, on, on, on, on, on, ououououon : goth, magoth, et ne sçay quelz aultres motz barbares, et disoit que c'estoient vocables du hourt et hannissement des chevaulx à l'heure qu'on chocque; puis en ouysmes d'aultres grosses, et rendoient son en degelant, les unes comme des tabours et fifres, les aultres comme de clerons et trompettes. Croyez que nous y eusmes du passetemps beaucoup. Je voulois quelques motz de gueule mettre en reserve dedans de l'huile comme l'on garde la neige et la glace, et entre du feurre bien net. Mais Pantagruel ne le voulut : disant estre folie faire reserve de ce dont jamais l'on n'a faulte et que toujours on a en main, comme sont motz de gueule entre tous bons et joyeux Pantagruelistes. Là Panurge fascha quelque peu frere Jean, et le fit entrer en resverie, car il le vous print au mot sus l'instant qu'il ne s'en doubtoit mie, et frere Jean menaça de l'en faire repentir en pareille mode que se repentit G. Iousseaulme vendant à son mot le drap au noble Patelin, et advenant qu'il fust marié le prendre aux cornes, comme un veau, puisqu'il l'avoit prins au mot comme un homme. Panurge luy fit la babou, en signe de derision. Puis s'escria, disant : « Pleust à Dieu qu'icy, sans p'us avant proceder, j'eusse le mot de la dive bouteille! »

CHAPITRE LVII

COMMENT PANTAGRUEL DESCENDIT ON MANOIR DE MESSERE GASTER, PREMIER MAISTRE ES ARS DU MONDE

En iceluy jour, Pantagruel descendit en une isle admirable entre toutes aultres, tant à cause de l'assiette que du gouverneur d'icelle. Elle de tous coustés pour le commencement estoit scabreuse, pierreuse, montueuse, infertile, mal plaisante à l'œil, tres difficile aux pieds, et peu moins inaccessible que le mons du Daulphiné, ainsi dict pource qu'il est en forme d'un potiron, et de toute memoire personne surmonter ne l'a peu, fors Doyac, conducteur de l'artillerie du roy Charles huistiesme, lequel avec engins mirifiques y monta, et au dessus trouva un vieil belier. C'estoit à diviner qui là transporté l'avoit. Aucuns le dirent, estant jeune aignelet, par quelque aigle ou duc chauant là ravy, s'estre entre les buissons saulvé. Surmontans la difficulté de l'entrée à peine bien grande et non sans suer, trouvasmes le dessus du mons tant plaisant, tant fertile, tant salubre et delicieux, que je pensois estre le vray jardin et paradis terrestre : de la situation duquel tant disputent et labourent les bons théologiens. Mais Pantagruel nous affermait là estre le manoir de *Areté* (c'est vertu) par Hesiode descript, sans toutesfois prejudice de plus saine opinion.

Le gouverneur d'icelle estoit messere Gaster, premier maistre es ars de ce monde. Si croyez que le feu soit le grand maistre des ars, comme escrit Cicero, vous errez et vous faites tort. Car Cicero ne le creut onques : Si croyez que Mercure soit premier inventeur des ars, comme jadis croyoient nos antiques druides, vous fourvoyez grandement. La sentence du satyrique est vraye, qui dit messere Gaster estre de tous ars le maistre. Avec iceluy pacificquement residoit la bonne dame Penie, aultrement dite Souffreté, mere des neuf Muses : de laquelle jadis en compagnie de Porus, seigneur de Abondance, nous nasquit Amour le noble enfant mediateur du Ciel et de la Terre, comme atteste Platon *in Symposio*. A ce chaleureux roy force nous fut faire reverence, jurer obéissance et honneur porter. Car il est imperieux, rigoureux, rond, dur, difficile, inflectible. A luy on ne peut rien faire croire, rien remonstrer, rien persuader. Il ne oyt poinct. Et comme les Ægyptiens disoient Harpocras dieu de silence, en grec nommé Sigalion, estre astomé, c'est à dire sans bouche, ainsi Gaster sans oreilles fut créé : comme en Candie le simulacre de Jupiter estoit sans oreilles. Il ne parle que par signes. Mais à ses signes tout le monde obeist plus soudain qu'aux edictz des preteurs, et mandemens des roys. En ses sommations, delay aucun et demeure aucune il n'admet

Vous dictes que au rugissement du lyon toutes bestes loing à l'entour fremissent, tant (sçavoir est) qu'estre peut sa voix ouie. Il est escrit. Il est vray. Je l'ay veu. Je vous certifie qu'au mandement de messere Gaster tout le ciel tremble, toute la terre bransle. Son mandement est nommé : faire le fault sans delay, ou mourir.

Le pilot nous racontoit comment un jour, à l'exemple des membres conspirans contre le ventre, ainsi que descript Esope, tout le royaume des Somates contre luy conspira et conjura soy soubstraire de son obéissance. Mais bien tost s'en sentit, s'en repentit, et retourna en son service en toute humilité. Aultrement tous de male famine perissoient. En quelques compaignies qu'il soit, discepter ne fault de superiorité et preference : tousjours va davant, y fussent roys, empereurs, voire certes le pape. Et au concile de Basle, le premier alla, quoy qu'on vous die que ledict concile fut seditieux, à cause des contentions et ambitions des lieux premiers. Pour le servir tout le monde est empesché, tout le monde laboure. Aussi pour recompense il fait ce bien au monde qu'il luy invente toutes ars, toutes machines, tous mestiers, tous engins et subtilités. Mesmes es animans brutaulx il apprend ars deniées de nature. Les corbeaulx, les gays, les papegays, les estourneaulx, il rend poetes ; les pies il fait poetrides, et leur apprend langage humain proferer, parler, chanter. Et tout pour la trippe.

Les aigles, gerfaulx, faulcons, sacres, laniers, autours, esparviers, esmerillons, oiseaulx aguars, peregrins, essors, rapineux, sauvages, il domestique et apprivoise, de telle façon que, les abandonnant en pleine liberté du ciel, quand bon luy semble, tant hault qu'il vouldra, tant que luy plaist, les tient suspens, errans, volans, planans, le muguetans, luy faisans la cour au dessus des nues : puis soubdain les fait du ciel en terre fondre. Et tout pour la trippe.

Les elephans, les lyons, les rhinocerotes, les ours, les chevaulx, les chiens il fait danser, baller, voltiger, combattre, nager, soy cacher, apporter ce qu'il veult, prendre ce qu'il veult. Et tout pour la trippe.

Les poissons tant de mer comme d'eau douce, balaines et monstres marins, sortir il fait du bas abisme, les loups jette hors des bois, les ours hors les rochers, les renards hors des tasnieres, les serpens lance hors la terre en grand nombre. Et tout pour la trippe.

Brief est tant enorme qu'en sa rage il mange tous, bestes et gens, comme fût veu entre les Vascons, lors que Q. Metellus les assiegeoit par les guerres Sertorianes, entre les Saguntins assiegés par Hannibal, entre les Juifz assiegés par les Romains ; six cens aultres. Et tout pour la trippe.

Quand venie sa regente se met en voye, la part qu'elle va, tous parlemens sont clous, tous edictz mutz, toutes ordonnances vaines. A loy aucune n'est subjecte, de toutes est exempte. Chacun la refuit en tous endroitz, plus toust s'exposans es naufrages de mer, plus toust eslisans par feu, par mons, par goulfres passer, que d'icelle estre apprehendés.

CHAPITRE LVIII

COMMENT, EN LA COURT DU MAISTRE INGENIEUX, PANTAGRUEL DETESTA LES ENGASTRIMYTHES ET LES GASTROLATRES

En la court de ce grand maistre ingenieux, Pantagruel apperceut deux manieres de gens appariteurs, importuns et par trop officieux, lesquelz il eut en grande abhomination. Les uns estoient nommés Engastrimythes, les aultres Gastrolatres. Les Engastrimythes soy disoient estre descenduz de l'antique race de Eurycles, et sus ce alleguoient le tesmoignage d'Aristophanes, en la comedie intitulée *les Tahons ou Mousches guespes*. Dont anciennement estoient dicts Eurycliens, comme escrit Plato, et Plutarche on livre de la cessation des oracles. Es saincts decrets, 26, *quest.* 3, sont appellés ventriloques : et ainsi les nomme, en langue Ionique, Hippocrates, *lib.* V, *Epid.*, comme parlans du ventre. Sophocles les appelle *Sternomantes*. C'estoient divinateurs, enchanteurs et abuseurs de simple peuple, semblans, non de la bouche, mais du ventre parler et respondre à ceux qui les interrogeoient.

Telle estoit, environ l'an de nostre benoist Servateur 1513, Jacobe Rodogine, Italiane, femme de basse maison. Du ventre de laquelle nous avons souvent ouy, aussi ont aultres infinis en Ferrare et ailleurs, la voix de l'esprit immonde, certainement basse, foible et petite : toutesfois bien articulée, distincte et intelligible, lorsque, par la curiosité des riches seigneurs et princes de la Gaule Cisalpine, elle estoit appelée et mandée. Lesquelz, pour oster tout doubte de fiction et fraulde occulte, la faisoient despouiller toute nue, et luy faisoient clourre la bouche et le nez. Cestuy maling esprit se faisoit nommer *Crespelu* ou *Cincinnatule*, et sembloit prendre plaisir ainsi estant appellé. Quand ainsi on l'appelloit, soubdain aux propos respondoit. Si on l'interrogeoit des cas presens ou passés, il en respondoit pertinemment, jusques à tirer les auditeurs en admiration. Si des choses futures tousjours mentoit, jamais n'en disoit la verité. Et souvent sembloit confesser son ignorance, en lieu d'y respondre, faisant un gros pet, ou marmonant quelques motz non intelligibles et de barbare termination.

Les Gastrolatres, d'un aultre cousté, se tenoient serrés par trouppes et par bandes, joyeux, mignars, douilletz aucuns, aultres tristes, graves, severes, rechignés, tous ocieux, rien ne faisans, poinct ne travaillans, poids et charge inutile de la terre, comme dit Hesiode; craignans (selon qu'on pouvoit juger) le ventre offenser et emmaigrir. Au reste, masqués, desguisés, et vestuz tant estrangement que c'estoit belle chose. Vous dictes et est escrit par plusieurs sages et antiques philosophes que l'industrie de nature appert merveilleuse en l'esbattement qu'elle semble avoir prins formant les coquilles de mer : tant y voit on de varieté, tant de figures, tant de couleurs, tant de traicts et formes non imitables par art. Je vous asceure qu'en la vesture de ces Gastrolatres coquillons ne vismes moins de diversité et desguisement. Ilz tous tenoient Gaster pour leur grand dieu, l'adoroient comme dieu, luy sacrifioient comme à leur dieu omnipotens, ne recognoissoient aultre dieu que luy; le servoient, aimoient sus toutes choses, honoroient comme leur dieu. Vous eussiez dict que proprement d'eux avoit le sainct Envoyé escrit, *Philippens. III :* « Plusieurs sont desquelz souvent je vous ay parlé (encores presentement je le vous dis les larmes à l'œil) ennemis de la croix du Christ, desquelz Mort sera la consommation, desquelz Ventre est le dieu. » Pantagruel les comparoit au cyclope Polyphemus, lequel Euripides fait parler comme s'ensuit : « Je ne sacrifie qu'à moy (aux dieux poinct) et à cestuy mon ventre, le plus grand de tous les dieux. »

CHAPITRE LIX

DE LA RIDICULE STATUE APPELÉE MANDUCÉ, ET COMMENT, ET QUELLES CHOSES SACRIFIENT LES GASTROLATRES A LEUR DIEU VENTRIPOTENT

Nous considerans le minois et les gestes de ces poiltrons magnigoules Gastrolatres, comme tous estonnés, ouysmes un son de campane notable, auquel tous se rangerent comme en bataille, chascun par son office, degré et antiquité. Ainsi vindrent devers messere Gaster, suivans un gras, jeune, puissant ventru, lequel sus un long baston bien doré portoit une statue de bois, mal taillée et lourdement peincte, telle que la descrivent Plaute, Juvenal et Pomp. Festus. A Lyon, au carnaval, on l'appelle *Maschecroutte;* ilz la nommoient *Manduce.* C'estoit une effigie monstrueuse, ridicule, hideuse, et terrible aux petits enfans, ayant les œilz plus grands que le ventre, et la teste plus grosse que tout le reste du corps, avec amples, larges et horrifiques maschoueres bien endentelées, tant au dessus comme au dessous : lesquelles, avec l'engin d'une petite corde cachée dedans le baston doré, l'on faisoit l'une contre l'aultre terrificquement clicqueter, comme à Metz l'on fait du dragon de sainct Clemens.

Approchans les Gastrolatres, je vis qu'ilz estoient suivis d'un grand nombre de gros varletz, chargés de corbeilles, de paniers, de balles, de pots, poches et marmites. Adonc, sous la conduicte de Manduce, chantans ne sçay quelz dithyrambes, cræpalocomes, epænons, offrirent à leur dieu, ouvrans leurs corbeilles et marmites, hippocras blanc, avec la tendre roustie seiche,

Pain blanc, Fressures,
Pain mollet, Fricassées, neuf especes,
Choine, Pastés d'assiette,
Pain bourgeoys, Grasses souppes de prime,
Carbonnades de six sortes, Souppes Lionnoises,
Cabirotades, Hoschepotz,
Longes de veau rousty froides, sina- Souppes de laurier,
  pisées de pouldre zinziberine, Chous cabutz à la mouelle de bœuf,
Coscotons, Salmiguondins.

Breuvaige eternel parmy, precedent le bon et friand vin blanc, suivant vin clairet et vermeil frais : je vous dis froid comme la glace, servy et offert en grandes tasses d'argent. Puis offroient :

Andouilles capparassonnées de mous- Cervelatz,
  tarde fine, Saulcissons,
Saulcisses, Jambons,
Langues de bœuf fumées, Hures de sangliers,
Saumates, Venaison sallée aux naveaulx,
Eschinées aux poys, Hastereaux,
Fricandeaux, Olives colymbades.
Boudins,

Le tout associé de breuvaige sempiternel. Puis, luy enfournoient en gueule :

Esclanches à l'aillade, Ciguoignes, ciguoineaux,
Pastés à la saulce chaulde, Tadournes,
Coustelettes de porc à l'oignonnade, Aigrettes,
Chappons roustiz avec leur degout, Cercelles,
Huteaudeaux, Plongeons,
Becars, Butors, palles,
Cabirotz, Courlis,
Bischards, dains, Gelinottes de boys,
Lievres, levraux, Foulques aux pourreaux,
Perdrix, perdriaux, Risses, chevreaux,
Faisans, faisandeaux, Espaulles de mouton aux cappres,
Pans, panneaux, Pieces de bœuf royalles,

Poictrines de veau,
Poulles bouillies et gras chappons,
 au blanc manger,
Hortolans,
Coqs, poulles, et poulletz d'Inde,
Ramiers, ramerots,
Cochons au moust,
Canars à la dodine,
Merles, rasles,
Poulles d'eau,
Otardes, otardeaux,
Becquefigues,
Guynettes,
Pluviers,
Oyes, oyzons,
Bizets,
Hallebrans,
Maulvyz,

Flamans, cygnes,
Becasses, becassins,
Gelinottes,
Poulletz,
Lappins, lappereaux,
Cailles, cailleteaux,
Pigeons, pigeonneaux,
Herons, heronneaux,
Pochecuillieres,
Courtes, grues,
Tyransons,
Corbigeaux,
Francourlis,
Tourterelles,
Connilz,
Porcespicz,
Girardines.

Renfort de vinaigre parmy. Puis grands pastés :

De venaison,
D'allouettes,
De lirons,
De stamboucqs,
De chevreuilz,
De pigeons,
De chamoys,
De chappons,
Pastés de lardons,
Pieds de porc au sou,
Croustes de pastés fricassées,
Corbeaux de chappons,
Fromaiges,
Pesches de Corbeil,
Artichaulx,
Guasteaux feuilletés,
Cardes,
Brides à veaux,

Beuignetz,
Tourtes de seize façons,
Guauffres, crespes,
Pastés de coings,
Caillebottes,
Neige de creme,
Myrobalans conficts,
Gelée,
Hippocras rouge et vermeil,
Poupelins, macarons,
Tartres, vingt sortes,
Creme,
Confictures seiches et liquides, soixante
 et dix huit especes,
Dragée, de cent couleurs,
Jonchées,
Mestiers au sucre fin.

Vinaigre suivoit à la queue, de peur des esquinances. *Item* rousties.

CHAPITRE LX

COMMENT, ES JOURS MAIGRES ENTRELARDÉS, A LEUR DIEU SACRIFIOIENT LES GASTROLATRES

Voyant Pantagruel ceste villenaille de sacrificateurs, et multiplicité de leurs sacrifices, se fascha, et fust descendu, si Epistemon ne l'eust prié voir l'issue de ceste farce. « Et que sacrifient, dist il, ces maraulx, à leur dieu Ventripotent es jours maigres entrelardés?

— Je vous le diray, respondit le pilot. D'entrée de table ilz luy offrent :

Caviat,	Saulgrenées de febves,
Boutargues,	Sallades cent diversités, de cresson,
Beurre frays,	de obelon, de la couille à l'evesque,
Purées de poys,	de responses, d'oreilles de Judas
Espinars,	(c'est une forme de funges issans
Arans blans bouffiz,	des vieux suzeaulx), de asperges,
Arans sors,	de chevrefeuil : tant d'autres.
Sardines,	Saulmons salés,
Anchoys,	Anguillettes salées,
Tonnine,	Huytres en escalles.
Caules emb'olif,	

« Là fault boire, ou le diable l'emporteroit. Ilz y donnent bon ordre, et n'y a faulte; puis luy offrent :

Lamproyes à saul- ce d'Hippocras,	Plyes,	Brochetz,	Moucles,
	Huytres frittes,	Pelamides,	Homars,
Barbeaulx,	Petoncles,	Roussettes,	Chevrettes,
Barbillons,	Languoustes,	Oursins,	Dards,
Meuille,	Espelans,	Rippes,	Ablettes,
Meuilletz,	Vielles,	Tons,	Tanches,
Rayes,	Ortigues,	Guoyons,	Umbres,
Casserons,	Crespions,	Meusniers,	Merluz frayz,
Esturgeons,	Gracieux seigneurs,	Escrevisses,	Anguillettes,
Balaines,	Empereurs,	Palourdes,	Tortues,
Macquereaulx,	Anges de mer,	Liguombeaulx,	Serpens, *id est*,
Guourneaulx,	Lempreons,	Chatouilles,	Anguilles de
Truites,	Lancerons,	Congres,	boys,
Lavaretz,	Brochetons,	Oyes,	Dorades,
Guodepies,	Carpions,	Lubines,	Poullardes,
Poulpres,	Carpeaulx,	Aloses,	Seiches,
Limandes,	Saulmons,	Murennes,	Perches,
Carreletz,	Saulmonneaux,	Umbrettes,	Realz,
Maigres,	Daulphins,	Darceaux,	Loches,
Pageaux,	Porcilles,	Anguilles,	Cancres,
Gougeons,	Turbotz,	Pocheteau,	Escargotz,
Barbues,	Cradotz,	Soles,	Grenoilles.
Pucelles,	Carpes,	Poles,	

« Ces viandes devorées, s'il ne beuvoit, la mort l'attendoit à deux pas prés. L'on y pourvoyoit tres bien. Puis luy estoient sacrifiés :

Merluz salés,	tuvés, trainnés	bouillés, gouil-	Adotz,
Stocficz,	par les cendres,	dronnés, etc.	Lancerons mari-
Œufz fritz, perduz,	jettés par la	Moulues,	nés,
suffocqués, es-	cheminée, bar-	rapillons,	

pour lesquelz cuire et digerer facilement vinaige estoit multiplié. Sus la fin offroient

Riz,	Pistaces,	Millorque,	Noizilles,
Mil,	Fisticques,	Fromentée,	Pasquenades,
Gruau,	Figues,	Pruneaulx,	Artichaulx.
Beurre d'amendes,	Rasins,	Dactyles,	
Neige de beurre,	Escherviz,	Noix,	

« Perennité d'abreuvement parmy.

« Croyez que par eux ne tenoit que cestuy Gaster, leur dieu ne fust apertement, precieusement et en abondance servy, en ces sacrifices, plus certes que l'idole de Heliogabalus, voire plus que l'idole Bel en Babylone, sous le roy Balthazar. Ce nonobstant, Gaster confessoit estre, non dieu, mais pauvre, vile, chetifve créature. Et comme le roy Antigonus, premier de ce nom, respondit à un nommé Hermodotus (lequel, en ses poësies, l'appelloit dieu et fils du soleil), disant : « Mon lasanophore le nie » (Lasanon estoit une terrine et vaisseau approprié à recevoir les excremens du ventre); ainsi Gaster renvoyoit ces matagots à sa selle percée voir, considerer, philosopher et contempler quelle divinité ilz trouvoient en sa matiere fecale. »

CHAPITRE LXI

COMMENT GASTER INVENTA LES MOYENS D'AVOIR ET CONSERVER GRAIN

Ces diables Gastrolatres retirés, Pantagruel fut attentif à l'estude de Gaster, le noble maistre des ars. Vous sçavez que par institution de nature, pain avec ses apennaiges luy a esté pour provision adjugé et aliment, adjoincte ceste benediction du ciel que pour pain trouver et garder rien ne luy defauldroit. Des le commencement il inventa l'art fabrile, et agriculture pour cultiver la terre, tendant à fin qu'elle luy produisist grain. Il inventa l'art militaire et armes pour grain defendre; medecine et astrologie, avec les mathematiques necessaires, pour grain en saulveté par plusieurs siecles garder et mettre hors les calamités de l'air, deguast des bestes brutes, larecin des briguands. Il inventa les moulins à eau, à vent, à bras, à aultres mille engins, pour grain mouldre et reduire en farine, le levain pour fermenter la paste, le sel pour luy donner saveur (car il eust ceste cognoissance que chose au monde plus les humains ne rendoit à maladies subjectz que de pain non fermenté, non salé user), le feu pour le cuire, les horologes et quadrans pour entendre le temps de la cuicte de pain, créature de grain.

Est advenu que grain en un pays defailloit, il inventa art et moyen de le tirer d'une contrée en aultre. Il, par invention grande, mesla deux especes d'animans, asnes et jumens, pour production d'une tierce, laquelle nous appellons muletz, bestes plus puissantes, moins delicates, plus durables au labeur que les aultres. Il inventa chariotz et charrettes pour plus commodement le tirer. Si la mer ou rivieres ont empesché la traicte, il inventa basteaulx, gualeres et navires (chose de laquelle se sont les elemens esbabiz) pour, oultre mer, oultre fleuves et rivieres, naviguer, et de nations barbares, incogneues, et loing separées, grain porter et transporter. Est advenu depuis certaines années que, la terre cultivant, il n'a eu pluie à propos et en saison, par default de laquelle grain restoit en terre mort et perdu. Certaines années la pluie a esté excessive, et nayoit le grain. Certaines aultres années, la gresle le guastoit, les vents l'esgrenoient, la tempeste le renversoit. Il ja, davant nostre venue, avoit inventé art et moyen de evoquer la pluye des cieulx, seulement une herbe decouppant, commune par les prairies, mais à peu de gens cogneue, laquelle il nous monstra. Et estimois que fust celle de laquelle une seule branche, jadis, mettant le pontife Jovial dedans la fontaine Agrie sus le mont Lycien en Arcadie, au temps de seicheresse, excitoit les vapeurs : des vapeurs estoient formées grosses nuées, lesquelles dissolues en pluies, toute la region estoit à plaisir arrousée. Inventoit art et moyen de suspendre et arrester la pluie en l'air, et sus mer la faire tomber. Inventoit art et moyen d'aneantir la gresle, supprimer les vents, destourner la tempeste, en la maniere usitée entre les Methanensiens de Trezenie.

Aultre infortune est advenu. Les pillars et brigands desroboient grain et pain par les champs. Il inventa art de bastir villes, forteresses et chasteaux pour le reserrer et en sceurété conserver. Est advenu que par les champs ne trouvant pain, entendit qu'il estoit dedans les villes, forteresses et chasteaux reserré, et plus curieusement par les habitans defendu et gardé que ne furent les pommes d'or des Hesperides par les dracons. Il inventa art et moyen de battre et desmolir forteresses et chasteaux par machines et tormens bellicques, beliers, balistes, catapultes, desquelles il nous monstra la figure, assez mal entendue des ingenieux architectes, disciples de Vitruve, comme nous a confessé messere Philebert de l'Orme, grand architecte du roy Megiste. Lesquelles, quand plus n'ont profité, obstant la maligne subtilité et subtile malignité des fortificateurs, il avoit inventé recentement canons, serpentines, coulevrines, bombardes, basilics, jettans boullets de fer, de plomb, de bronze, pesans plus que grosses enclumes, moyennant une composition de pouldre horrifique, de laquelle Nature mesmes s'est esbahie, et s'est confessée vaincue par art, ayant en mespris l'usaige des Oxydraces, qui, à force de fouldres, tonnoires, gresles, esclairs, tempestes, vainquoient et à mort soudaine mettoient leurs ennemis en plein-champ de bataille. Car plus est horrible, plus espouvantable, plus diabolique, et plus de gens meurtrist, casse, rompt et tue; plus estonne les sens des humains; plus de murailles demolist un coup de basilic, que ne feroient cent coups de fouldre.

CHAPITRE LXII

COMMENT GASTER INVENTOIT ART ET MOYEN DE NON ESTRE BLESSÉ NE TOUCHÉ PAR COUPS DE CANON

Est advenu que Gaster retirant grains es forteresses s'est veu assailly des ennemis, ses forteresses demolies, par ceste triscaciste et infernale machine, son grain et pain tollu et saccaigé par force titanique : il inventoit lors art et moyen non de conserver ses remparts, bastions, murailles et defenses de telles canonneries, et que les boullets ou ne les touchassent et restassent coy et court en l'air, ou touchans ne portassent nuisance ne es defenses ne aux citoyens defendans. A cestuy inconvenient ja avoit ordre tres bon donné, et nous en monstra l'essay : duquel a depuis usé Fronton, et est de present en usaige commun, entre les passe temps et exercitations honnestes des Thelemites. L'essay estoit tel. Et dorenavant soyez plus facile à croire ce qu'asceure Plutarche avoir experimenté. Si un trouppeau de chevres s'en fuyoit courant en toute force, mettez un brin de eringe en la gueule d'une derniere cheminante, soubdain toutes s'arresteront.

Dedans un faulconneau de bronze il mettoit sus la pouldre de canon curieusement composée, degressée de son soulfre, et proportionnée avec camphre fin, en quantité competente, une ballotte de fer bien qualibrée, et vingt et quatre grains de dragée de fer, uns ronds et sphericques, aultres en forme lachrymale. Puis ayant prins sa mire contre un sien jeune paige, comme s'il le voulust ferir parmy l'estomac, en distance de soixante pas, au milieu du chemin entre le paige et le faulconneau en ligne droite suspendoit sus une potence de bois à une corde en l'air une bien grosse pierre siderite, c'est à dire ferriere, aultrement appellée Herculiane, jadis trouvée en Ide on pays de Phrygie par un nommé Magnes, comme atteste Nicander. Nous vulgairement l'appelons Aymant. Puis mettoit le feu au faulconneau par la bouche du pulverin. La pouldre consommée, advenoit que pour eviter vacuité (laquelle n'est tolerée en nature; plus tost seroit la machine de l'univers, ciel, air, terre, mer reduicte à l'antique chaos, qu'il advinst vacuité en lieu du monde) la ballotte et dragée estoient impetueusement hors jettées par la gueule du faulconneau, afin que l'air penetrast en la chambre d'iceluy, laquelle aultrement restoit en vacuité, estant la pouldre par le feu tant soudain consommée. Les ballotte et dragée ainsi violentement lancées sembloient bien debvoir ferir le paige ; mais sus le poinct qu'elles approchoient de la susdicte pierre, se perdoit leur impetuosité et toutes restoient en l'air flottantes et tournoyantes autour de la pierre, et n'en passoit oultre une, tant violente fust elle, jusqu'au paige.

Mais il inventoit l'art et maniere de faire les boullets arriere retourner contre les ennemis, en pareille furie et dangier qu'ilz seroient tirés, et en propre parallele. Le cas ne trouvoit difficile, attendu que l'herbe nommée *Ethiopis* ouvre toutes les serrures qu'on luy presente, et que Echineis, poisson tant imbecille, arreste contre tous les vents, et retient en plein fortunal les plus fortes navires qui soient sus mer, et que la chair d'iceluy poisson, conservée en sel, attire l'or hors les puits, tant profonds soient ilz qu'on pourroit sonder.

Attendu que Democritus escrit, Théophraste l'a creu et esprouvé, estre une herbe, par le seul attouchement de laquelle un coing de fer profondement et par grande violence enfoncé dedans quelque gros et dur bois, subitement sort dehors. De laquelle usent les Pics Mars (vous les nommez Pivars), quand de quelque puissant coing de fer l'on estouppe le trou de leurs nids : lesquelz ilz ont accoustumé industrieusement faire et caver dedans le tronc des fortes arbres.

Attendu que les cerfz et bisches navrés profondement par traicts de dars, fleches ou guarrots, s'ilz rencontrent l'herbe nommée dictame frequente en Candie, et en mangent quelque peu, soudain les fleches sortent hors, et ne leur en reste mal aucun. De laquelle Venus guarit son bien aimé filz Æneas, blessé en la cuisse dextre d'une fleche tirée par la sœur de Turnus Juturna.

Attendu qu'au seul flair issant des lauriers, figuiers, et veaulx marins, est la fouldre detournée, et jamais ne les ferit. Attendu que au seul aspect d'un belier les elephans enraigés retournent à leur bon sens ; les taureaux furieux et forcenés approchans des figuiers sauvages dicts caprifices se apprivoisent, et restent comme grampes et immobiles ; la furie des viperes expire par l'attouchement d'un rameau de fouteau. Attendu aussi qu'en l'isle de Samos, avant que le temple de Juno y fust basty, Euphorion escrit avoir veu bestes nommées Néades, à la seule voix desquelles la terre fondoit en chasmates et en abysme. Attendu pareillement que le suzeau croist plus canore et plus apte au jeu des flustes en pays onquel le chant des coqs ne sera ouy, ainsi qu'ont escrit les anciens sages, selon le rapport de Théophraste, comme si le chant des coqs hebetast, amollist et estonnast la matiere et le bois de suzeau ; au quel chant pareillement ouy le lyon, animant de si grande force et constance, devient tout estonné et consterné. Je sçay qu'aultres ont ceste sentence entendu du suzeau sauvaige, provenant en lieux tant esloignés de villes et villages que le chant des coqs n'y pourroit estre ouy. Iceluy sans doubte doit pour flutes et aultres instrumens de musique estre esleu, et preferé au domestique, lequel provient autour des chesaulx et masures.

Aultres l'ont entendu plus haultement, non selon la lettre, mais allegoricquement selon l'usaige des Pythagoriciens. Comme quand il a esté dict que la statue de Mercure ne doit estre faicte de tous bois indifferentement, ilz l'exposent que Dieu ne doit estre adoré en façon vulgaire, mais en façon esleue et religieuse. Pareillement en ceste sentence nous enseignent que les gens sages et studieux ne se doivent adonner à la musique triviale et vulgaire, mais à la celeste, divine, angelicque, plus absconse et de plus loing apportée : sçavoir est d'une region en laquelle n'est ouy des coqs le chant. Car, voulans denoter quelque lieu à l'escart et peu frequenté, ainsi disons nous en iceluy n'avoir onques esté ouy coq chantant.

CHAPITRE LXIII

COMMENT, PRÉS DE L'ISLE DE CHANEPH, PANTAGRUEL SOMMEILLOIT, ET LES PROBLEMES PROPOUSÉS A SON REVEIL

Au jour subsequent, en menuz devis suivans nostre route, arrivasmes prés l'isle de Chaneph. En laquelle abourder ne peut la nauf de Pantagruel, parce que le vent nous faillit, et fut calme en mer. Nous ne voguions que par les valentiennes, changeans de tribort en babort, et de babort en tribort, quoy qu'on eust es voiles adjoinct les bonnettes trainneresses. Et estions tous pensifz, matagrabolisés, sesolfiés et faschés, sans mot dire les uns aux aultres. Pantagruel tenant un Heliodore Grec en main sus un transpontin au bout des escoutilles sommeilloit. Telle estoit sa coustume, que trop mieulx par livre dormoit que par cœur. Epistemon reguardoit par son astrolabe en quelle elevation nous estoit le pole. Frere Jean s'estoit en la cuisine transporté, et en l'ascendant des broches et horoscope des fricassées consideroit quelle heure lors pouvoit estre.

Panurge avec la langue parmy un tuyau de pantagruelion faisoit des bulles et gargoulles. Gymnaste appoinctoit des curedens de lentisce.

Ponocrates resvant resvoit; se chatouilloit pour se faire rire, et avec un doigt la teste se grattoit. Carpalim d'une coquille de noix groslierc faisoit un beau, petit, joyeux, et harmonieux moulinet à aisle de quatre belles petites aisses d'un tranchouoir de vergne. Eusthenes sus une longue couleuvrine jouoit des doigts, comme si fust un monochordion. Rhizotome de la coque d'une tortue de Guarrigues compousoit une escarcelle velousée. Xenomanes avec des jectz d'esmerillon rapetassoit une vieille lanterne. Nostre pilot tiroit les vers du nez à ses matelotz ; quand frere Jean, retournant de la cabane, apperceut que Pantagruel estoit resveillé.

Adonc rompant cestuy tant obstiné silence, à haulte voix, en grande alaigresse d'esprit, demanda Maniere de haulser le temps en calme. Panurge seconda soubdain, et demanda pareillement Remede contre fascherie. Epistemon tierça en gayeté de cœur, demandant Maniere d'uriner, la personne n'en estant entalentée. Gymnaste, soy levant en pieds, demanda Remede contre l'esblouissement des yeulx. Ponocrates, s'estant un peu frotté le front et secoué les oreilles, demanda Maniere de ne dormir poinct en chien.

« Attendez, dist Pantagruel. Par le decret des subtilz philosophes peripateticques nous est enseigné que tous problemes, toutes questions, tous doubtes proposés doivent estre certains, clairs et intelligibles. Comment entendez vous dormir en chien?

— C'est, respondit Ponocrates, dormir à jeun en hault soleil, comme font les chiens. »

Rhizotome estoit acropy sus le coursouoir. Adonc levant la teste et profondement baislant, si bien qu'il par naturelle sympathie excita tous ses compaignons à pareillement baisler, demanda Remede contre les oscitations et baislements. Xenomanes, comme tout lanterné à l'accoustrement de sa lanterne, demanda Maniere d'equilibrer et balancer la cornemuse de l'estomac, de mode qu'elle ne panche poinct plus d'un costé que d'aultre. Carpalim, jouant de son moulinet, demanda Quants mouvemens sont precedens en nature, avant que la personne soit dicte avoir faim. Eusthenes, oyant le bruit, accourut sus le tillac, et des le capestan s'escria, demandant Pourquoy en plus grand dangier de mort est l'homme mords à jeun d'un serpent jeun qu'aprés avoir repeu, tant l'homme que le serpent; pourquoy est la salive de l'homme jeun veneneuse à tous serpens et animaux veneneux.

« Amis, respondit Pantagruel, à tous les doubtes et questions par vous proposées compete une seule solution, et à tous telz symptomates et accidens une seule medecine. La response vous sera promptement expousée, non par longs ambages et discours de paroles : l'estomac affamé n'a point d'oreille, il n'oyt goutte. Par signes, gestes et effectz serez satisfaicts, et aurez resolution à vostre contentement. Comme jadis à Rome Tarquin l'orgueilleux, roy dernier des Romains (ce disant, Pantagruel toucha la corde de la campanelle, frère Jean soubdain courut à la cuisine), par signe respondit à son filz Sex. Tarquin estant en la ville des Gabins, lequel luy avoit envoyé homme exprès pour entendre comment il pourroit les Gabins du tout subjuguer et à perfaicte obéissance reduire, le roy susdict, soy defiant de la fidelité du messaigier, ne luy respondit rien. Seulement le mena en son jardin secret : et en sa veue et presence avec son bracquemart coupa les haultes testés des pavotz là estans. Le messaigier retournant sans response, et au filz racontant ce qu'il avoit vu faire à son pere, fut facile par telz signes entendre qu'il luy conseilloit trancher les testes aux principaux de la ville, pour mieulx en office et obéissance totale contenir le demourant du menu populaire. »

CHAPITRE LXIV

COMMENT, PAR PANTAGRUEL, NE FUT RESPONDU AUX PROBLEMES PROPOUSÉS

Puis demanda Pantagruel : « Quelz gens habitent en ceste belle isle de chien? — Tous sont, respondit Xenomanes, hypocrites, patenostriers, chattemites, santorons, cagotz, hermites. Tous pauvres gens, vivans (comme l'hermite de Lormont, entre Blaye et Bourdeaux) des aulmosnes que les voyagiers leur donnent. — Je n'y vais pas, dist Panurge, je vous affie. Si j'y vais, que le diable me souffle au cul! Hermites, santorons, chattemites, cagotz, hypocrites, de par tous les diables, oustez vous de là! Il me souvient encore de nos gras concilipetes de Chesil : que Belzebuz et Astarotz les eussent conciliés avec Proserpine, tant patismes, à leur veue, de tempestes et diableries. Escoute mon petit bedon, mon caporal Xenomanes, de grace : ces hypocrites, hermites, marmiteux icy, sont-ilz vierges ou mariés? Y a il du feminin genre? En tireroit on hypocriticquement le petit traict hypocriticque? — Vrayement, dist Pantagruel, voylà une belle et joyeuse demande. — Ouy dea, respondit Xenomanes. Là sont belles et joyeuses hypocritesses, chattemitesses, hermitesses, femmes de grande religion. Et y a copie de petits hypocritillons, chattemitillons, hermitillons... — Oustez cela, dist frere Jean interrompant. De jeune hermite, vieil diable. Notez ce proverbe authenticque. — ... Aultrement sans multiplication de lignée fust, longtemps y a, l'isle de Caneph deserte et desolée. »

Pantagruel leur envoya par Gymnaste dedans l'esquif son aulmosne : soixante et dix huit mille beaux petits demis escus à la lanterne. Puis demanda : « Quantes heures sont? — Neuf et davantaige, respondit Epistemon. — C'est, dist Pantagruel, juste heure de disner. Car la sacre ligne tant celebrée par Aristophanes en sa comedie intitulée *les Predicantes* approche, laquelle lors eschoit quand l'ombre est decempedale. Jadis entre les Perses l'heure de prendre refection estoyt es roys seulement prescrite : à un chascun aultre estoit l'appetit et le ventre pour horologe. De faict, en Plaute, certain parasite soy complainct, et deteste furieusement les inventeurs d'horologes et cadrans, estant chose notoire qu'il n'est horologe plus juste que le ventre. Diogenes, interrogé à quelle heure doit l'homme repaistre, respondit : Le riche, quand il aura faim ; le pauvre, quand il aura de quoy. Plus proprement disent les medecins l'heure canonicque estre :

Lever à cinq, disner à neuf ;
Souper à cinq, coucher à neuf.

« La magie du celebre roy Petosiris estoit aultre. » Ce mot n'estoit achevé, quand les officiers de gueule dresserent les tables et buffetz ; les couvrirent de nappes odorantes, assiettes, serviettes, salieres ; apporterent tanquars, frizons, flacons, tasses, hanats, bassins, hydries. Frere Jean, associé des maistres d'hostel, escarques, panetiers, eschansons, escuyers tranchans, coupiers, credentiers, apporta quatre horrifiques pastés de jambons si grands qu'il me souvint des quatre bastions de Turin. Vray Dieu, comment il y fut beu et guallé ! Ilz n'avoient encores le dessert, quand le vent ouest norouest commença enfler les voiles, papefilz, morisques, et trinquetz. Dont tous chanterent divers cantiques à la louange du tres hault Dieu des cieulx.

Sus le fruict, Pantagruel demanda : « Advisez, amis, si vos doubtes sont à plein resoluz. — Je ne baisle plus, Dieu mercy, dist Rhizotome. — Je ne dors plus en chien, dist Ponocrates. — Je n'ay plus les yeulx esblouis, respondit Gymnaste. — Je ne suis plus à jeun, dist Eustheues. Pour tout ce jourd'huy seront en sceureté de ma salive

Aspicz,	Arges,	Catoblepes,	Couleffres,
Amphisbenes,	Ascalabes,	Cerastes,	Cuharsces,
Anerudutes,	Ascalabotes,	Chenilles,	Chelhydres,
Abedessimons,	Aemorrhoides,	Crocodiles,	Croniocolaptes
Alcharates,	Asterions,	Crapaulx,	Chersydres,
Alhartrafz,	Attelabes,	Cauquemares,	Cenchrynes,
Alhatrabans,	Basilicz,	Chiens enragés,	Coquatris,
Ammobates,	Belettes ictides,	Colotes,	Dipsades,
Apimaos,	Boies,	Cychriodes,	Domeses,
Aractes,	Buprostes,	Cafezates,	Dryinades,
Araines,	Cantharides,	Cauhares,	Dracons,

Elopes,	Manticores,	Rhagions.	Sepes,
Enhydrides,	Molures,	Rhaganes,	Stinces,
Fanuises,	Myagres,	Salamandres,	Stuphes,
Galéotes,	Musaraines,	Scytales,	Sabtins,
Harmenes,	Miliares,	Stellions,	Sangles,
Handons,	Megalaunes,	Scorpenes,	Sepedons,
Icles,	Ptyades,	Scorpions,	Scolopendres,
Jararies,	Porphyres,	Selsirs,	Tarantoles,
Ilicines,	Pareades,	Scalavotins,	Typholopes,
Ichneumones.	Phalanges,	Solofuidars,	Tetragnaties,
Kesudures,	Pemphredones,	Sourds,	Teristales,
Lievres marins,	Pityocampes,	Sangsues,	Viperes.
Lizars chalcidiques,	Ruteles,	Salfuges,	
Myopes,	Rimoires,	Solifuges,	

CHAPITRE LXV

COMMENT PANTAGRUEL HAULSE LE TEMPS AVEC SES DOMESTICQUES

« En quelle hierarchie, demanda frere Jean, de telz animaux veneneux mettez vous la femme future de Panurge? — Dis tu mal des femmes, respondit Panurge, ho guodelureau, moine culpelé? — Par la guogue cenomanique, dist Epistemon, Euripides escrit, et le prononce Andromache, que contre toutes bestes veneneuses a esté, par l'invention des humains et instruction des dieux, remede profitable trouvé. Remede jusques à present n'a esté trouvé contre la male femme. — Ce gorgias Euripides, dist Panurge, tousjours a mesdict des femmes. Aussi fut il par vengeance divine mangé des chiens, comme luy reproche Aristophanes. Suivons. Qui a, si parle.

— Je urineray presentement, dist Epistemon, tant qu'on vouldra.

— J'ay maintenant, dist Xenomanes, mon estomac sabourré à profit de mesnaige. Ja ne panchera d'un cousté plus que d'aultre.

— Il ne me faut (dist Carpalim) ne vin ne pain.
Trefves de soif, trefves de faim.

— Je ne suis plus fasché, dist Panurge. Dieu mercy et vous. Je suis gay comme un papegay,

Joyeux comme un esmerillon,
Alaigre comme un papillon,

« Veritablement il est escrit par vostre beau Euripides, et le dit Silenus, beuveur memorable,

Furieux est, de bon sens ne jouist,
Quiconques boit et ne s'en resjouist.

« Sans poinct de faulte nous debvons bien louer le bon Dieu nostre créateur, servateur, conservateur, qui par ce bon pain, par ce bon vin et frais, par ces bonnes viandes nous guerist de telles perturbations, tant du corps comme de l'ame : oultre le plaisir et volupté que nous avons beuvans et mangeans.

« Mais vous ne respondez point à la question de ce benoist venerable frere Jean, quand il a demandé : Maniere de haulser le temps ?

— Puis, dist Pantagruel, que de ceste legiere solution des doubtes proposés vous contentez, aussi fais je. Ailleurs, et en aultre temps, nous en dirons davantaige, si bon vous semble. Reste donc à vuider ce que a frere Jean proposé : Maniere de haulser le temps ? Ne l'avons nous à souhait haulsé ? Voyez le guabet de la hune. Voyez les siflemens des voiles. Voyez la roideur des estails, des utacques et des escoutes. Nous haulsans et vuidans les tasses s'est pareillement le temps haulsé par occulte sympathie de nature. Ainsi le haulserent Atlas et Hercules, si croyez les sages mythologiens. Mais ilz le haulserent trop d'un demy degré : Atlas, pour plus alaigrement festoyer Hercules, son hoste ; Hercules, pour les alterations precedentes par les desers de Libye.

— Vray bis, dist frere Jean interrompant le propos, j'ay ouy de plusieurs venerables docteurs que Tirelupin, sommelier de vostre bon pere, espargne par chascun an plus de huit cens pippes de vin, par faire les survenans et domestiques boire avant qu'ilz aient soif.

— Car, dist Pantagruel continuant, comme les chameaulx et dromadaires en la caravane boivent pour la soif passée, pour la soif presente, et pour la soif future, ainsi fit Hercules. De mode que par cestuy excessif haulsement de temps advint au ciel nouveau mouvement de titubation et trepidation, tant controvers et debattu entre les folz astrologues.

— C'est, dist Panurge, ce que l'on dit en proverbe commun :

> Le mal temps passe, et retourne le bon,
> Pendant qu'on trinque autour de gras jambon.

— Et non seulement, dist Pantagruel, repaissans et beuvans avons le temps haulsé, mais grandement deschargé la navire : non en la façon seulement que fust deschargée la corbeille de Aesope, sçavoir est, vuidans les victuailles, mais aussi nous emancipans de jeusne. Car comme le corps plus est poisant mort que vif, aussi est l'homme jeun plus terrestre et poisant que quand il a beu et repeu. Et ne parlent improprement ceux qui par long voyage au matin boivent et desjeunent, puis disent : Nos chevaulx n'en iront que mieulx.

« Ne sçavez vous que jadis les Amycléens sus tous dieux reveroient et adoroient le noble pere Bacchus, et le nommoient Psila en propre et convenante denomination? Psila, en langue Doricque, signifie aisles. Car comme les oiseaux par aide de leurs aisles volent hault en l'air legierement: ainsi par l'aide de Bacchus (c'est le bon vin friand et delicieux), sont hault eslevés les esprits des humains, leurs corps evidentement alaigris, et assouply ce que en eux estoit terrestre. »

CHAPITRE LXVI

COMMENT, PRÉS L'ISLE DE GANABIN, AU COMMANDEMENT DE PANTAGRUEL, FURENT LES MUSES SALUÉES

Continuant le bon vent, et ces joyeux propous, Pantagruel descouvrit au loing et apperceut quelque terre montueuse, laquelle il monstra à Xenomanes, et luy demanda : « Voyez vous cy devant à orche ce hault rochier à deux crouppes bien ressemblant au mons Parnasse en Phocide? — Tres bien, respondit Xenomanes. C'est l'isle de Ganabin. Y voulez vous descendre? — Non, dist Pantagruel. — Vous faites bien, dist Xenomanes. Là n'est chose aucune digne d'estre veue. Le peuple sont tous voleurs et larrons. Y est toutesfois vers ceste crouppe dextre la plus belle fontaine du monde, et autour une bien grande forest. Vos chormes y pourront faire aiguade et lignade. — C'est, dist Panurge, bien et doctement parlé. Ha, da da. Ne descendons jamais en terre des voleurs et larrons. Je vous asceure que telle est ceste terre icy, quelles aultrefois j'ay vu les isles de Cerq et Herm entre Bretaigne et Angleterre; telle que la Ponerople de Philippe en Thrace; isles des forfans, des larrons, des briguands, des meurtriers et assassineurs : tous extraicts du propre original des basses fosses de la Conciergerie. N'y descendons poinct, je vous en prie. Croyez, si non moy, au moins le conseil de ce bon et sage Xenomanes. Ilz sont, par la mort bœuf de bois, pires que les Canibales. Ilz nous mangeroient tous vifz. N'y descendez pas, de grace. Mieulx vous seroit en Averne descendre. Escoutez. Je y oy, par Dieu, le tocqueccinct horrificque, tel que jadis souloient les Guascons en Bourdelois faire contre les guabelleurs et commissaires. Ou bien les oreilles me cornent. Tirons vie de long. Hau! Plus oultre!

— Descendez y, dist frere Jean, descendez y. Allons, allons, allons tousjours. Ainsi ne poyrons nous jamais de giste. Allons. Nous les sacmenterons trestous. Descendons.

— Le diable y ait part, dist Panurge. Ce diable de moine icy, ce moine de diable enragé ne crainct rien. Il est hazardeux comme tous les diables, et poinct des aultres ne se soucie. Il luy est advis que tout le monde est moine comme luy. — Va, ladre verd, respondit frere Jean, à tous les millions de diables, qui te puissent anatomiser la cervelle, et en faire des entommeures. Ce diable de fol est si lasche et meschant qu'il se conchie à toutes heures de male raige de peur. Si tant tu es de vaine peur consterné, n'y descends pas, reste icy avec le bagaige. Ou bien te va cacher sous la cotte hardie de Proserpine à travers tous les millions de diables. »

A ces motz Panurge esvanouit de la compaignie, et se mussa au bas dedans la soutte, entre les crouttes, miettes et chaplis du pain. « Je sens, dist Pantagruel, en mon ame retraction urgente, comme si fust une voix de loing ouïe, laquelle me dit que n'y debvons descendre. Toutes et quantesfois qu'en mon esprit j'ay tel mouvement senty, je me suis trouvé en heur, refusant et laissant la part dont il me retiroit : au contraire en heur pareil me suis trouvé, suivant la part qu'il me poussoit : et jamais ne m'en repenty. — C'est, dist Epistemon, comme le demon de Socrates, tant celebré entre les Academicques. — Escoutez donc, dist frere Jean, ce pendant que les chormes y font aiguade, Panurge là bas contrefait le loup en paille. Voulez vous bien rire ? Faites mettre le feu en ce basilic que voyez prés le chasteau guaillard. Ce sera pour saluer les muses de cestuy mons Antiparnasse. Aussi bien se guaste la pouldre dedans. — C'est bien dict, respondit Pantagruel. Faites moy icy le maistre bombardier venir. »

Le bombardier promptement comparut. Pantagruel luy commanda mettre feu on basilic et de fraiches pouldres en tout evenement le recharger. Ce que fut sus l'instant faict. Les bombardiers des aultres naufz, ramberges, guallions et gualeaces du convoy, au premier deschargement du basilic qui estoit en la nauf de Pantagruel, mirent pareillement feu chascun en une de leurs grosses pieces chargées. Croyez qu'il y eut beau tintamarre.

CHAPITRE LXVII

COMMENT PANURGE, PAR MALE PEUR, SE CONCHIA, ET DU GRAND CHAT RODILARDUS PENSOIT QUE FUST UN DIABLETEAU

Panurge, comme un boucq estourdy, sort de la soutte en chemise, ayant seulement un demy bas de chausses en jambe, sa barbe toute mouchetée de miettes de pain, tenant en main un grand chat soubelin attaché à l'aultre demy bas de ses chausses. Et remuant les babines comme un singe qui cherche poulx en teste, tremblant et clacquetant des dents, se tira vers frere Jean, lequel estoit assis sus le portehaubant de tribort; et devotement le pria avoir de luy compassion, et le tenir en saulvegarde de son bragmart. Affermant et jurant, par sa part de papimanie, qu'il avoit à heure presente veu tous les diables deschainés.

« Agua, men emy, disoit il, men frere, men pere spirituel, tous les diables sont aujourd'huy de nopces. Tu ne vis onques tel apprest de banquet infernal. Voy tu la fumée des cuisines d'enfer? (Ce disoit, monstrant la fumée des pouldres à canon dessus toutes les naufz.) Tu ne vis onques tant d'ames damnées. Et sais tu quoy? Agua, men emy, elles sont tant douillettes, tant blondettes, tant delicates, que tu dirois proprement que ce fust ambrosie stygiale. J'ay cuidé (Dieu me le pardoint) que fussent ames Angloises. Et pense qu'à ce matin ait esté l'isle des Chevaulx prés Escosse, par les seigneurs des Termes et Dessay saccagée et sacmentée avec tous les Anglois qui l'avoient surprinse. »

Frere Jean à l'approcher sentoit je ne sçay quel odeur aultre que de pouldre à canon. Dont il tira Panurge en place, et apperceut que sa chemise estoit toute foireuse et embrenée de frais. La vertu retentrice du nerf qui restrainct le muscle nommé sphincter (c'est le trou du cul) estoit dissolue par la vehemence de la peur qu'il avoit eu en ses phantasticques visions. Adjoinct le tonnoire de telles canonnades, lequel plus est horrifique par les chambres basses que n'est sus le tillac. Car un des symptomes et accidens de peur, est que par luy ordinairement s'ouvre le guichet du serrail on quel est à temps la matiere fecale retenue.

Exemple en messere Pantolfe de la Cassine, Senois, lequel, en poste passant par Chambery, et chez le sage mesnagier Vinet descendant, print une fourche de l'estable, puis luy dist : *Da Roma in qua io non son andato del corpo. Di gratia, piglia in mano questa forcha, et fa mi paura.* Vinet, avec la fourche, faisoit plusieurs tours d'escrime, comme feignant le vouloir à bon essient frapper. Le Senois luy dist : *Se tu non fai altramente, tu non fai nulla. Pero sforzati di adoperarli più guagliardamente.* Adonc Vinet de la fourche luy donna un si grand coup entre col et collet qu'il le jetta par terre à jambes rebidaines. Puis, bavant et riant à pleine gueule, luy dist : « Feste Dieu, Bayart, cela s'appelle *Datum Camberiaci.* » A bonne heure avoit le Senois ses chausses destachées, car soubdain il fianta plus copieusement que n'eussent faict neuf beufles et quatorze archiprestres de Hostie. En fin, le Senois gracieusement remercia Vinet, et luy dist : *Io ti ringratio, bel messere. Così facendo tu m'hai esparmiata la speza d'un servitiale.* Exemple aultre on roy d'Angleterre, Edouard le quint. Maistre François Villon, banny de France, s'estoit vers luy retiré. Il l'avoit en si grande privaulté receu que rien ne luy celoit des menues negoces de sa maison. Un jour le roy susdict, estant à ses affaires, monstra à Villon les armes de

France en peincture, et luy dist : « Vois tu quelle reverence je porte à tes roys François. Ailleurs n'ai je leurs armoiries qu'en ce retraict icy, prés ma selle percée. — Sacre Dieu, respondit Villon, tant vous estes sage, prudent, entendu et curieux de vostre santé, et tant bien estes servy de vostre docte medecin, Thomas Linacer! Il, voyant que naturellement, sus vos vieulx jours, estiez constipé du ventre, et que journellement vous failloit au cul fourrer un apothycaire, je dis un clistere, aultrement ne pouviez vous esmeutir, vous a faict icy aptement, non ailleurs, peindre les armes de France, par singuliere et vertueuse providence. Car seulement les voyant, vous avez telle vezarde et peur si horrible que soubdain vous fiantez comme dix huit bonases de Péonie. Si peinctes estoient en aultre lieu de vostre maison, en vostre chambre, en vostre salle, en vostre chapelle, en vos galleries, ou ailleurs, sacré Dieu ! vous chieriez partout sus l'instant que les auriez veues. Et croy que si d'abondant vous aviez icy en peincture la grande oriflambe de France, à la veue d'icelle vous rendriez les boyaulx du ventre par le fondement. Mais, hen, hen, *atque iterum* hen !

> Ne suis je badault de Paris ?
> De Paris, dis je, auprés Pontoise,
> Et d'une chorde d'une toise
> Sçaura mon coul que mon cul poise.

« Badault, dis je, mal advisé, mal entendu, mal entendant, quand venant icy avec vous, m'esbahissois de ce qu'en vostre chambre vous estiez faict vos chausses destacher. Veritablement je pensois qu'en icelle, darriere la tapisserie, ou en la venelle du lict, fust vostre selle percée. Aultrement, me sembloit le cas grandement incongru, soy ainsi destacher en chambre pour si loing aller au retraict lignagier. N'est ce un vray pensement de badault ? Le cas est faict par bien aultre mystere, de par Dieu. Ainsi faisant, vous faites bien. Je dis si bien que mieulx ne sçauriez. Faites vous à bonne heure, bien loing, bien à poinct destacher. Car à vous entrant icy, n'estant destaché, voyant cestes armoiries, notez bien tout, sacre Dieu ! le fond de vos chausses feroit office de lasanon, pital, bassin fecal et de selle percée. »

Frere Jean estouppant son nez avec la main gauche, avec le doigt indice de la dextre monstroit à Pantagruel la chemise de Panurge. Pantagruel, le voyant ainsi esmeu, transif, tremblant, hors de propous, conchié, et esgratigné des griphes du celebre chat Rodilardus, ne se peut contenir de rire et luy dist : « Que voulez vous faire de ce chat ? — De ce chat ? respondit Panurge ; je me donne au diable si je ne pensois que fust un diableteau à poil follet, lequel nagueres j'avois cappiettement happé en pinois, à belles moufles d'un bas de chausses, de dans la grande husche d'enfer. Au diable soit le diable! Il m'a icy deschicqueté la peau en barbe d'escrevisse. » Ce disant, jetta bas son chat.

« Allez, dist Pantagruel, allez, de par Dieu, vous estuver, vous nettoyer, vous asceurer, prendre chemise blanche, et vous revestir. — Dictes vous, respondit Panurge, que j'ay peur? Pas maille. Je suis, par la vertu Dieu, plus couraigeux que si j'eusse autant de mousches avallé qu'il en est mis en paste dedans Paris, depuis la feste de S. Jean jusques à la Toussaints. Ha, ha, ha. Houay! Que diable est-ce cy? Appellez vous cecy foire, bren, crottes, merde, fiant, dejection, matiere fecale, excrement, repaire, laisse, esmeut, fumée, estron, scybale ou spyrate? C'est, croy je, safran d'Hibernie. Ho, ho, hie. C'est safran d'Hibernie. Sela! Beuvons. »

BRIEFVE DECLARATION
D'AUCUNES DICTIONS PLUS OBSCURES

CONTENUES ON QUATRIESME LIVRE

DES

FAICTS ET DICTS HEROÏQUES DE PANTAGRUEL

EN L'EPISTRE LIMINAIRE

Mitologies, fabuleuses narrations. C'est une diction grecque.
Prosopopée, desguisement, fiction de persone.
Tetricque, rebours, rude, maussade, aspre.
Catonian, severe, comme feut Caton le Censorin.
Catastrophe, fin, issue.
Canibales, peuple monstrueux en Afrique, ayant la face comme chiens, et abbayant en lieu de rire.
Misantropes, haïssans les hommes, fuyans la compaignie des hommes. Ainsi feut surnommé Timon Athenien. Cic., IV. *Tuscul.*
Agelastes, poinct ne rians, tristes, fascheux. Ainsi feut surnommé Crassus, oncle de celuy Crassus qui feut occis des Parthes, lequel en sa vie ne feut veu rire qu'une foys, comme escripvent Lucillius; Cicero, V, *de Finibus*; Pline, *lib.* VII.
Iota, un poinct. C'est la plus petite lettre des Grecs : Cic., III *de Orat.*; Martial., *lib.* II, XCII ; en l'Évangile, Matth. V.
Theme, position, argument. Ce que l'on propose à discuter, prouver et deduire.
Anagnoste, lecteur.
Evangile, bonne nouvelle.
Hercules Gaulloys, qui par son eloquence tira à soy les nobles François, comme descript Lucian. *Alexicacos*, defenseur, aydant en adversité, destournant le mal. C'est un des surnoms de Hercules : Pausanias, *in Attica*. En mesmes effect est dict Apopompæus, et Apotropæus.

ON PROLOGUE.

Sarcasme, mocquerie poignante et amere.
Satyricque mocquerie, comme est des antiques satyrographes Lucillius, Horatius, Persius, Juvenalis. C'est une maniere de mesdire d'un chascun à plaisir, et blasonner les vices, ainsi qu'on faict es jeux de la Bazoche, par personnaiges desguisez en Satyres.

Ephemeres fiebvres, lesquelles ne durent plus d'un jour naturel, sçavoir est de 24 heures.

Dyscrasié, mal tempéré, de mauvaise complexion. Communement on dict *biscarié* en languaige corrompu.

"Αβιο, ι ή , etc, v.e non vie, vie non vivable.

Musaphiz, en langue turque et sclavonicque, docteurs et prophetes.

Cahu, caha, motz vulgaires en Touraine. Tellement quellement ; que bien que mal.

Vertus de Styx. C'est un paluz en Enfer, scelon les poëtes, par lequel jurent les dieux, comme escript Virgile, VI, *Æneid.*, et ne se perjurent. La cause est pour ce que Victoire, fille de Styx, feut à Jupiter favorable en la bataille des géantz, pour laquelle recompenser Jupiter octroya que les dieux jurans par sa mere jamais ne fauldroient, etc. Lisez ce qu'en escript Servius en lieu dessus allegué.

Categoricque, plene, aperte et resolue.

Solœcisme, vicieuse maniere de parler.

Periode, revolution, clausule, fin de sentence.

Aber Keids, en allemant, vilifiez. Biffo.

Nectar, vin des dieux, celebre entre les poëtes.

Metamorphose, transformation.

Figure trigone æquilaterale, ayant troys angles en eguale distance un de l'autre.

Cyclopes, forgerons de Vulcan.

Tubilustre, on quel jour estoient en Rome benistes les trompettes dediées aux sacrifices, en la basse court des tailleurs.

Olympiades, maniere de compter les ans entre les Grecs, qui estoit de cinq en cinq ans.

An intercalaire, on quel escheoit le Bissexte, comme est en ceste presente année 1552. Plinius, *lib.* II, *cap.* XLVII.

Philautie, amour de soy.

Olympe, le ciel. Ainsi dict entre les poëtes.

Mer Tyrhene, prés de Rome.

Appennin, les Alpes de Boloigne.

Tragœdies, tumultes et vacarmes excitez pour chose de petite valeur.

Pastophores, pontifes entre les Aegiptiens.

Dodrental, long d'une demye coubdée, ou de neuf poulsées romaines.

Microcosme, petit monde.

Marmes, merdigues, juremens de gens villageois en Touraine.

Ides de May, esquelles nasquit Mercure.

Massorethz, interpretes et glossateurs entre les Hebrieux.

St, St, St, une voix et sifflement par lequel on impose silence. Terence en use en *Phor.*, et Ciceron, *de Oratore*, feuillet premier du livre, page seconde.

Bacbuc, bouteille, en Hebrieu, ainsi dicte du son qu'elle faict quand on la vuide.

Vestales, festes en l'honneur de la déesse Vesta en Rome. C'est le septiesme jour de juing.

Thalasse, mer.

Hydrographie, charte marine.

Pierre sphengitide, transparente comme verra.

Ceincture ardente, zone torride.
L'aisseuil septentrional, pole arctique.
Parallele, line droicte imaginée on ciel, egualement distante de ses voisines.
Medamothi, nul lieu, en grec.
Phares, haultes tours sus le rivaige de la mer, esquelles on allume une lanterne on temps qu'il tempeste sus mer pour addresser les mariniers, comme vous povez voir à la Rochelle et Aigues-Mortes.
Philophanes, convoiteux de veoir et estre veu.
Philothéamon, convoiteux de veoir.
Engys, auprés.
Megiste, tres grand.
Idées, especes et formes invisibles, imaginées par Platon.
Atomes, corps petits et indivisibles, par la concurrence desquelz Epicurus disoit toutes choses estre faictes et formées.
Unicornes, vous les nommez Licornes.
Celoces, vaisseaulx legiers sus mer.
Gozal, en hebrieu : pigeon, colombe.
Posterieur ventricule du cerveau, c'est la memoire.
Deu Colas, faillon, sont motz lorrains : De par sainct Nicolas, compaignon.
Si Dieu y eust pissé. C'est une maniere de parler vulgaire en Paris, et par toute France, entre les simples gens, qui estiment tous les lieux avoir eu particuliere benediction, esquelz Nostre Seigneur avoit faict excretion de urine ou autre excrement naturel, comme de la salive est escript Joannis, IX : *Lutum fecit ex sputo.*
Le mal sainct Eutrope, maniere de parler vulgaire, comme le mal sainct Jehan, le mal de sainct Main, le mal sainct Fiacre. Non que iceulx benoists sainctz ayent eu telles maladies, mais pour ce qu'ils en guerissent.
Cenotaphe, tombeau vuide, onquel n'est le corps de celuy pour l'honneur et memoire duquel il est erigé. Ailleurs est dict sepulchre honoraire, et ainsi le nomme Suetone.
Ame moutonniere, mouton vivant et animé.
Pantophle. Ce mot est extraict du grec παντόφελλος, tout de liege.
Rane gyrine, grenoille informe. Les grenoilles en leur premiere generation sont dictes gyrines, et ne sont qu'une chair petite, noire, avecques deux grands œilz et une queue. Dont estoient dictz les sots gyrins. Plato, in *Theeteto*; Aristoph.; Pline, *lib*. IX, *cap*. LI; Aratus.
Tragicque comœdie, farce plaisante au commencement, triste en la fin.
Croix osaniere, en poictevin, est la croix ailleurs dicte Boyssoliere, prés laquelle au dimenche des Rameaux l'on chante : *Osanna filio David*, etc.
Ma dia est une maniere de parler vulgaire en Touraine; est toutesfoys grecque : Μὰ Δία, non par Juppiter; comme *Ne dea* : Νὴ Δία, oui par Juppiter.
L'or de Tholose, duquel parle Cic., *lib*. V, *de Nat. deorum*; Aul. Gellius, *lib*. III; Justi., *lib*. XXII; Strabo, *lib*. IV, porta malheur à ceulx qui l'emporterent, sçavoir est Q. Cepio, consul romain, et toute son armée, qui tous, comme sacrileges, perirent malheureusement.
Le cheval Sejan, de Cn. Seius, lequel porta malheur à tous ceulx qui le possederent. Lisez Aul. Gellius, *lib*. III, *cap*. IX.
Comme sainct Jan de la Palisse, maniere de parler vulgaire par syncope, en lieu de l'Apocalipse; comme Idolatre pour Idololatre.

Les ferremens de la messe, disent les Poictevins villageoys ce que nous disons ornemens, et le manche de la parocce ce que nous disons le clochier, par metaphore assez lourde.

Tohu et Bohu, hebrieu : deserte et non cultivée.

Sycophages, maschefigues.

Nargues et Zargues, noms faicts à plaisir.

Te'eniabin et Geleniabin, dictions arabicques : Manne et miel rosat.

Enig et Evig, motz allemans : sans, avecques. En la composition et appoinctement du langrauff d'Esse avecques l'empereur Charles cinquiesme, en lieu de *Enig* : sans detention de sa personne, feut mis *Evig* : avecques detention.

Scatophages, maschemerdes, vivans de excremens. Ainsi est de Aristophanes *in Pluto* nommé Aesculapius, en mocquerie commune à tous medicins.

Concilipetes, comme Romipetes : allans au concile.

Teste Dieu plaine de reliques. C'est un des sermens du seigneur de la Roche du Maine.

Trois rases d'angonnages, tuscan. Trois demies aulnes de bosses chancreuses.

Celeusme, chant pour exhorter les mariniers, et leurs donner couraige.

Ucalegon, non aydant. C'est le nom d'un vieil Troyan, celebré par Homere, III, *Iliad*.

Vague decumane, grande, forte, violente. Car la dixiesme vague est ordinairement plus grande en la mer océane que les autres. Ainsi sont par cy après dictes Escrevisses decumanes, grandes; comme Columella dict Poires decumanes, et Fest. Pomp. : OEufs decumans. Car le dixiesme est toujours le plus grand. Et, en un camp, porte decumane.

Passato, etc. Le dangier passé est le sainct mocqué.

Macréons, gens qui vivent longuement.

Macrobe, homme de longue vie.

Hieroglyphicques, sacres sculptures. Ainsi estoient dictes les lettres des antiques saiges Aegyptiens, et estoient faictes des images diverses de arbres, herbes, animaulx, poissons, oiseaulx, instrumens, par la nature et office desquelz estoit represené ce qu'ilz vouloient désigner. De icelles avez veu la divise de mon seigneur l'Amiral en une ancre, instrument tres poisant, et un daulphin, poisson legier sur tous animaulx du monde : laquelle aussi avoit porté Octavian Auguste, voulant designer : *Haste toy lentement; fays diligence paresseuse*; c'est à dire expedie, rien ne laissant du necessaire. D'icelles entre les Grecs a escript Orus Apollon. Pierre Colonne en a plusieurs exposé en son livre tuscan intitulé *Hypnerotomachia Polyphili*.

Obelisces, grandes et longues aiguilles de pierre, larges par le bas et peu à peu finissantes en poincte par le hault. Vous en avez à Rome prés le temple de Sainct Pierre une entiere, et ailleurs plusieurs autres. Sus icelles prés le rivage de la mer l'on allumoit du feu pour luyre aux mariniers on temps de tempeste, et estoient dictes obeliscolychnies, comme cy dessus.

Pyramides, grands bastimens de pierre ou de bricque quarrez, larges par le bas et aiguz par le hault, comme est la forme d'une flambe de feu, πῦρ. Vous en pourrez veoir plusieurs sus le Nil, prés le Caire.

Prototype, premiere forme, patron, model.

Parasanges, entre les Perses estoit une mesure des chemins contenente trente stades. Herodotus, *lib.* II.
Aguyon, entre les Bretons et Normans mariniers est vent doulx, serain et plaisant, comme en terre est Zephire.
Confallonnier, porte-enseigne. Tuscan.
Ichthyophages, gens vivans de poissons, en Aethiopie interieure prés l'Océan occidental. Ptoleme, *libro* IV, *cap.* ix; Strabo, *lib.* XV.
Corybantier, dormir les œilz ouvers.
Escrevisses decumanes, grandes. Cy dessus a esté exposé.
Atropos, la Mort.
Symbole, conference, collation.
Catadupes du Nil, lieu en Aethiopie onquel le Nil tombe de haultes montaignes en si horrible bruyt que les voisins du lieu sont presque tous sours, comme escript Claud. Galen. L'evesque de Caramith, celuy qui en Rome feut mon precepteur en langue arabique, m'a dict que l'on oyt ce bruyt à plus de troyes journées loing, qui est autant que de Paris à Tours. Voyez Ptol.; Ciceron, *in Som. Scipionis*; Pline, *lib.* VI, cap. ix, et Strabo.
Line perpendiculaire, les architectes disent tombante à plomb, droictement pendente.
Montigenes, engendrez es montaignes.
Hypocriticque, saincte, desguisée.
Venus en grec a quatre syllabes, Ἀφροδίτη. Vulcan en a trois, hyphaistost
Ischies, vous les appellez sciaticques, hernies, ruptures du boyau devallan en la bourse, ou par aiguosité, ou carnosité, ou varices, etc.
Hemicraines, vous les appelez migraines : c'est une douleur comprenente la moytié de la teste.
Niphleseth, membre viril. Hebr.
Ruach, vent ou esprit. Hebr.
Herbes carminatives, lesquelles ou consomment ou vuident les ventositez du corps humain.
Jambe œdipodicque, enflée, grosse, comme les avoit OEdipus le divinateur, qui en grec signifie *Pied enflé*.
Aeolus, dieu des vents, selon les poëtes.
Sanctimoniales, a present sont dictes nonnains.
Hypenemin, venteux. Ainsi sont dictz les œufz des poulles et aultres animaulx faictz sans copulation du masle, desquelz jamais ne sont esclouz poulletz, etc., Arist., Pline, Columella.
Æolipyle, porte d'Æolus. C'est un instrument de bronze clous, onquel est un petit pertuys, par lequel si mettez eaue, et l'approchez du feu, vous voirez sortir vent continuellement. Ainsi sont engendrez les vents en l'air et les ventositez es corps humains, par eschauffemens ou concoction commencée non parfaicte, comme expose Cl. Galen. Voyez ce que en a escript nostre grand ami et seigneur Monsieur Philander sus le premier livre de Vitruve.
Bringuenarilles, nom faict à plaisir comme grand nombre d'autres en cestuy livre.
Lipothymie, defaillance de cœur.
Paroxisme, accès.
Tachor, un fic au fondement. Hebr.

Brouet, c'est la grande halle de Milan.
Ecco lo fico, voilà la figue.
Camp restile, portant fruict tous les ans.
Voix stentorée, forte et haulte comme avoit Stentor, duquel escript Homere, V, *Iliad.*; Juvenal, *lib.* XIII.
Hypophetes, qui parlent des choses passées comme prophetes parlent des choses futures.
Uranopetes, descendues du ciel.
Zoophore, portant animaulx. C'est en un portal et autres lieux ce que les architectes appellent frize, entre l'architrave et la coronice, onquel lieu l'on mettoit les mannequins, sculptures, escriptures et autres divises à plaisir.
ΓΝΩΘΙ ΣΕΑΥΤΟΝ, congnois toy mesmes.
EI, tu es. Plutarche a faict un livre singulier de l'exposition de ces deux lettres.
Diipetes, descendens de Jupiter.
Scholiastes, expositeurs.
Archetype, original protraict.
Sphacelée, corrompue, pourrie, vermoulue. Diction frequente en Hippocrates.
Epode, une espece de vers, comme en a escript Horace.
Paragraphe, vous dictes parafe, corrompans la diction, laquelle signifie un signe ou note posée près l'escripture.
Ecstase, ravissement d'esprit.
Auriflue energie, vertus faisante couller l'or.
Decretalictones, meurtriers des Decretales. C'est une diction monstrueuse, composée d'un mot latin et d'un autre grec.
Corolaires, surcroistz, le parsus. Ce que est adjoinct.
Promeconde, despensier, celerier, guardien, qui serre et distribue le bien du seigneur.
Terre sphragitide, terra sigillata est nommée des apothecaires.
Argentangine, esquinance d'argent. Ainsi fut dict Demosthenes l'avoir quand pour ne contredire à la requeste des ambassadeurs milesiens, desquelz il avoit receu grande somme d'argent, il se enveloppa le coul avecques gros drappeaulx et de laine, pour se excuser d'opiner, comme s'il eust eu l'esquinance. Plutarche et A. Gelli.
Gaster, ventre.
Druydes, estoient les pontifes et docteurs des anciens François, desquelz escript Cæsar, *lib.* VI, *de Bello Gallico*: Cicer., *lib.* I, *de Divinat.*; Pline, *lib.* XVI, etc.
Somates, corps, membres.
Engastrimythes, parlans du ventre.
Gastrolatres, adorateurs du ventre.
Sternomantes, divinans par la poictrine.
Gaule cisalpine, partie ancienne de Gaule entre les mons Cenis et le fleuve Rubicon, près Rimano, comprenente Piedmond, Montferrat, Astisane, Vercelloys, Millan, Mantoue, Ferrare, etc.
Dithyrambes, cræpalocomes, epænons, chansons de yvroignerie en l'honneur de Bacchus.
Olives colymbades, confictes.
Lasanon, ceste diction est là exposée.
Triscaciste, troys foys tres mauvaise.

Force tithanicque, des géantz.
Chaneph, hypocrisie. Hebr.
Sympatie, compassion, consentement, semblable affection.
Symptomates, accidens survenans aux maladies, comme mal de cousté, toux, difficulté de respirer, à pleurésie.
Umbre decempedale, tombante sus le dixieme poinct en un quadrant.
Parasite, bouffon, causeur, jangleur, cherchant ses repeues franches.
Ganabin, larrons. Hebrieu.
Ponerople, ville des meschants.
Ambrosie, viande des dieux.
Stygiale, d'enfer, dict du fleuve Styx entre les poëtes.
Du Roma, etc. Depuis Rome jusques icy je n'ay esté à mes affaires. De graces, prens en main ceste fourche et me fais paour.
Si tu non fay, etc. Si tu ne fais autrement, tu ne fays rien. Partant efforce toy de besoigner plus gaillardement.
Datum Camberiaci, donné à Chambery.
Io ti ringratio, etc. Je te remercie, beau seigneur. Ainsi faisant tu me as espargné le coust d'un clystere.
Bonases, animal de Péonie, de la grandeur d'un taureau, mais plus trappe, lequel, chassé et pressé, fiante loing de quatre pas et plus. Par tel moyen se saulve, bruslant de son fiant le poil des chiens qui le prochassent.
Lazunon, cette diction est exposée plus haut.
Pital, terrine de selle persée. Tuscan. Dont sont dicts *Pitalieri* certains officiers à Rome, qui escurent les selles persées des reverendissimes cardinaux estans en conclave resserrez pour election d'un nouveau pape.
Par la vertus Dieu. Ce n'est jurement; c'est assertion : moyennante la vertus de Dieu. Ainsi est-il en plusieurs lieux de ce livre. Comme à Tholose preschoit frere Quanbouis : « Par le sang Dieu nous feusmes rachetez. Par la vertus Dieu nous serons saulvez. »
Scybale, estront endurcy.
Spyrathe, crotte de chevre ou de brebis.
Sela, certainement. Hebr.

LE CINQUIESME ET DERNIER LIVRE

DES FAICTS ET DICTS HEROIQUES

DU BON PANTAGRUEL

composé

PAR M. FRANÇOIS RABELAIS

DOCTEUR EN MEDECINE

EPIGRAMME

Rabelais est il mort? Voicy encore un livre.
Non, sa meilleure part a repris ses esprits
Pour nous faire present de l'un de ses escrits;
Qui le rend entre tous immortel, et fait vivre.

NATURE QUITE

PROLOGUE DE M. FR. RABELAIS

POUR

LE CINQUIESME LIVRE DES FAICTS ET DICTS HEROIQUES DE PANTAGRUEL

AUX LECTEURS BENEVOLES

Beuveurs infatigables, et vous, verolés tres precieux, pendant qu'estes de loisir, et que n'ay aultre plus urgent affaire en main, je vous demande en demandant : Pourquoy est ce qu'on dit maintenant en commun proverbe : Le monde n'est plus fat? Fat est un vocable de Languedoc, et signifie non salé, sans sel, insipide, fade; par metaphore, signifie fol, niais, despourveu de sens, esventé de cerveau. Voudriez vous dire, comme de faict on peut logicalement inferer, que par cy devant le monde eust esté fat, maintenant seroit devenu sage? Par quantes et quelles conditions estoit il fat? Quantes et quelles conditions estoient requises à le faire sage? Pourquoy estoit il fat? Pourquoy seroit il sage? En quoy cognoissez vous la folie antique? En quoy cognoissez vous la sagesse presente? Qui le fit fat? qui l'a faict sage? Le nombre desquels est plus grand, ou de ceux qui l'aimoient fat, ou de ceux qui l'aiment sage? Quant de temps fut il fat? Quant de temps sera il sage? Dont procedoit la folie antecedente? dont procede la sagesse subsequente? Pourquoy, en ce temps, non plus tard, print fin l'antique folie? Pourquoy, en ce temps, non plus tost, commença la sagesse presente? Quel mal nous estoit de la folie precedente? Quel bien nous est de la sagesse succedente? Comment seroit la folie antique abolie? Comment seroit la sagesse presente instaurée?

Respondez, si bon vous semble : d'autre adjuration n'useray je envers vos reverences, craignant alterer vos paternités. N'ayez honte, faites confusion à Her del Tyfel, ennemy de paradis, ennemy de verité. Courage, enfans : si estes des miens, beuvez trois ou cinq fois pour la premiere partie du sermon, puis respondez à ma demande; si estes de l'autre, avalisque Satanas. Car je vous jure mon grand Hurluburlu que si autrement ne m'aidez à la solution du problesme susdit, desja, et n'y a gueres, je me repens vous l'avoir proposé, pourtant que ce m'est pareil estrif comme si le loup tenois par les oreilles sans espoir de secours aucun. Plaist? J'entends bien : vous n'estes deliberés d'y respondre. Non feray je, par ma barbe : seulement vous allegueray ce qu'en avoit predit en esprit prophetique un venerable docteur, auteur du livre intitulé *la Cornemuse des prelats*. Que dit il, le paillard? Escoutez, vietz dazes, escoutez.

> L'an jubilé, que tout le monde raire.
> Fadas se fit, est supernumeraire
> Au dessus trente. O peu de reverence!
> Fat il sembloit ; mais en perseverance
> De long brevet, fat plus ne gloux sera :
> Car le doux fruict de l'herbe esgoussera,
> Dont tant craignoit la fleur en prime vere.

Vous l'avez ouy, l'avez vous entendu? Le docteur est antique, les paroles sont laconiques, les sentences Scotines et obscures, ce non obstant qu'il traitast matiere de soy profonde et difficile. Les meilleurs interpretes d'iceluy bon pere exposent, l'an jubilé passant le trentiesme, estre les années encloses entre ceste aage courante l'an mille cinq cens cinquante. Le monde plus fat né sera dit, venant la prime saison. Les fols, le nombre desquels est infiny, comme atteste Salomon, periront enragés, et toute espece de folie cessera : laquelle est pareillement innombrable; comme dit Avicenne, *maniæ infinitæ sunt species*. Laquelle durant la rigueur hybernale estoit au centre repercutée, apparoist en la circonference, et est en sesve comme les arbres. L'experience nous le demonstre, vous le sçavez, vous le voyez. Et fut jadis exploré par le grand bonhomme Hippocrates, *Aphorism. Veræ etenim maniæ*, etc. Le monde donc ensagissant plus ne craindra la fleur des febves en la prime vere, c'est à dire (comme pouvez, le verre au poing et les larmes à l'œil, pitoyablement croire), en caresme, un tas de livres qui sembloient florides, florulens, floris comme beaux papillons, mais au vray estoient ennuyeux, fascheux, dangereux, espineux et tenebreux, comme ceux d'Heraclitus, obscurs comme les nombres de Pythagoras (qui fut roi de la febve, tesmoin Horace). Iceux periront, plus ne viendront en main, plus ne seront leuz ne veuz. Telle estoit leur destinée, et là fut leur fin predestinée.

Au lieu d'iceux ont succedé les febves en gousse. Ce sont ces joyeux et fructueux livres de Pantagruelisme, lesquels sont pour ce jourd'hui en bruit de bonne vente, attendant le periode du jubilé subsequent, à l'estude desquels tout le monde s'est adonné; aussi est il sage nommé. Voylà vostre problesme solu et resolu; faites vous gens de bien là dessus. Toussez icy un bon coup ou deux, et en beuvez neuf d'arrachepied, puis que les vignes sont belles, et que les usuriers se pendent. Ils me cousteront beaucoup en cordeaux si bon temps dure : car je proteste leur en fournir liberalement sans payer, toutes et quantes fois que pendre ils se voudront, espargnant le gain du bourreau.

Afin donc que soyez participans de ceste sagesse advenante, et emancipés de l'antique folie, effacez moy presentement de vos pancartes le symbole du vieil philosophe à la cuisse dorée, par lequel il vous interdisoit l'usage et mangeaille des febves, tenant pour chose vraye et confessée entre tous bons compaignons qu'il les vous interdisoit en pareille intention que le medecin d'eau douce feu Amer, nepveu de l'advocat, seigneur de Camelotiere, defendoit aux malades l'aisle de perdrix, le cropion de gelines et le col de pigeon, disant : *ala mala, cropium dubium, collum bonum pelle remota*, les reservant pour sa bouche, et laissant aux malades seulement les osselets à ronger. A luy ont succedé certains caputions nous defendans les febves, c'est à dire livres de Pantagruelisme, et à l'imitation de Philoxenus et Gnato Sicilien, anciens architectes de leur monachale et ventrale volupté, lesquels en pleins banquets, lors qu'estoient les friands morceaux servis, crachoient sur la viande afin que par horreur autres qu'eux n'en mangeassent. Ainsi cette hideuse, morveuse, catarrheuse, vermoulue cagotaille, en public et privé deteste ces livres friands, et dessus vilainement crachent par leur impudence. Et combien que maintenant nous lisons en nostre langue Gallique, tant en vers qu'en oraison solue, plusieurs excellens escrits, et que peu de reliques restent de capharderie et siecle Gothique, ay neantmoins esleu gazouiller et sifler oye, comme dit le proverbe, entre les cygnes, plustost que d'estre entre tant de gentils poëtes et faconds orateurs mut du tout estimé : jouer aussi quelque villageois personnage entre tant disers joueurs de ce noble acte, plus tost qu'estre mis au rang de ceux qui ne servent que d'ombre et de nombre, seulement baislans aux mouches, chovans des oreilles comme un asne d'Arcadie au chant des musiciens, et par signes, en silence, signifians qu'ils consentent à la prosopopée.

Prins ce choix et election, ay pensé ne faire œuvre indigne si je remuois mon tonneau Diogenic, afin que ne me dissiez ainsi vivre sans exemple.

Je contemple un grand tas de Colinets, Marots, Drouets, Saingelais, Salels, Masuels, et une longue centurie d'autres poëtes et orateurs Galliques.

Et voy que, par long temps avoir en mont Parnasse versé à l'escole d'Apollo, et du fons Cabalin beu à plein godet entre les joyeuses Muses, à l'eternelle fabrique de nostre vulgaire ils ne portent que marbre Parien, alebastre, porphire, et bon ciment royal ; ils ne traitent que gestes heroïques, choses grandes, matieres ardues, graves et difficiles, et le tout en rhetorique armoisine et cramoisine ; par leurs escrits ne produisent que nectar divin, vin precieux, friant, riant, muscadet delicat, delicieux : et n'est ceste gloire en hommes toute consommée, les dames y ont participé, entre lesquelles une extraite du sang de France, non allegable sans insigne prefation d'honneurs, tout ce siecle a estonné tant par ses escrits, inventions transcendantes, que par ornemens de langage, de style mirifique. Imitez les, si sçavez ; quant est de moi, imiter je ne les sçaurois : à chascun n'est octroyé hanter et habiter Corinthe. A l'edification du temple de Salomon chascun un sicle d'or offrit ; à pleines poignées ne pouvoit. Puis donc qu'en nostre faculté n'est en l'art d'architecture tant promouvoir comme ils font, je suis deliberé faire ce que fit Regnault de Montaulban, servir les massons, mettre bouillir pour les massons ; et m'auront, puisque compagnon ne puis estre, pour auditeur, je dis infatigable, de leurs tres celestes escrits.

Vous mourez de peur, vous autres les Zoïles emulateurs et envieux ; allez vous pendre, et vous mesmes choisissez arbres pour pendages ; la hart ne vous faudra mie. Protestant icy devant mon Helicon, en l'audience des divines Muses, que si je vis encores l'aage d'un chien, ensemble de trois corneilles, en santé et integrité, telle que vescut le sainct capitaine Juif, Xenophile musicien, et Demonax philosophe, par argumens non impertinens et raisons non refusables je prouveray en barbe de je ne sçay quels centonifiques botteleurs de matieres cent et cent fois grabelées, rappetasseurs de vieilles ferrailles latines, revendeurs de vieux mots latins tous moisis et incertains, que nostre langue vulgaire n'est tant vile, tant inepte, tant indigente et à mespriser qu'ils l'estiment. Aussi en toute humilité suppliant que de grace speciale, ainsi comme jadis estans par Phœbus tous les tresors es grands poëtes despartis, trouva toutesfois Æsope lieu et office d'apologue, semblablement veu qu'à degré plus hault je n'aspire, ils ne desdaignent en estat me recevoir de petit riparographe, sectateur de Pyréicus. Ils le feront, je m'en tiens pour asceuré : car ils sont tous tant bons, tant humains, gracieux et debonnaires que rien plus. Parquoy, beuveurs ; parquoy, goutteux, iceux en veulent avoir fruition totale, car les recitans parmy leurs conventicules, cultans les haults mysteres en iceux comprins, entrent en possession et reputation singuliere, comme en cas pareil fit Alexandre le Grand des livres de la prime philosophie composés par Aristote.

Ventre sus ventre, quels trinquenailles, quels guallefretiers !

Pourtant, beuveurs, je vous advise en temps et heure opportune, faites d'iceux bonne provision soudain que les trouverez par les officines des libraires, et non seulement les esgoussez, mais devorez, comme opiate cordiale, et les incorporez en vous mesmes : lors cognoistrez quel bien est d'iceux preparé à tous gentils esgousseurs de febves. Presentement je vous en offre une bonne et belle pancrée, cueillie on propre jardin que les autres precedentes, vous suppliant au nom de reverence qu'ayez le present en gré, attendant mieux à la prochaine venue des arondelles.

CHAPITRE I

COMMENT PANTAGRUEL ARRIVA EN L'ISLE SONNANTE, ET DU BRUIT QU'ENTENDISMES

Continuans nostre route, navigasmes par trois jours sans rien descouvrir ; au quatriesme, aperceusmes terre, et nous fust dit par nostre pilot que c'estoit l'isle Sonnante, et entendismes un bruit de loing venant, frequent et tumultueux, et nous sembloit à l'ouïr que fussent cloches grosses, petites et mediocres, ensemble sonnantes comme l'ont fait à Paris, à Tours, Gergeau, Nantes et ailleurs, es jours de grandes festes. Plus approchions, plus entendions ceste sonnerie renforcée.

Nous doubtions que fust Dodone avec ses chaudrons, ou le porticque dit Heptaphone en Olympie, ou bien le bruit sempiternel du colosse erigé sus la sepulture de Mennon en Thebes d'Ægypte, ou les tintamarres que jadis on oyoit autour d'un sepulcre en l'isle Lipara, l'une des Aeolides ; mais la chorographie n'y consentoit. « Je doubte, dist Pantagruel, que là quelque compaignie d'abeilles ayent commencé prendre vol en l'air, pour lesquelles revocquer le voisinage fait ce triballement de poiles, chaudrons, bassins, cymbales corybantiques de Cybele, mere grande des dieux. Entendons. » Approchans davantage entendismes, entre la perpetuelle sonnerie des cloches, chant infatigable des hommes là residens, comme estoit nostre avis. Ce fut le cas pourquoy, avant qu'aborder en l'isle Sonnante, Pantagruel fut d'opinion que descendissions avec nostre esquif en un petit roc auprés duquel recognoissions un hermitage et quelque petit jardinet. Là trouvasmes un petit bon homme hermite nommé Braguibus, natif de Glenay, lequel nous donna pleine instruction de toute la sonnerie, et nous festoya d'une estrange façon. Il nous fit quatre jours consequens jeusner, affermant qu'en l'isle Sonnante autrement receus ne serions, parce que lors estoit le jeusne des Quatre Temps. « Je n'entends point, dist Panurge, cest enigme : ce seroit plustost le temps des quatre vents, car jeusnans ne sommes farcis que de vent. Et quoy, n'avez vous icy autre passe temps que de jeusner? Me semble qu'il est bien maigre ; nous nous passerions bien de tant de festes du palais. — En mon Donat, dist frere Jean, je ne trouve que trois temps, preterit, present et futur : icy le quatriesme doit estre pour le vin du valet. — Il est, dist Epistemon, aorist issu de preterit tres imparfaict des Grecs et des Latins, en temps garré et bigarré reçu. Patience, disent les ladres. — Il est, dist l'hermite, fatal, ainsi comme je vous l'ay dit : qui contredit est heretique, et ne luy fault rien que le feu. — Sans faulte, Pater, dist Panurge, estant sus mer, je crains beaucoup plus estre mouillé que chauffé, et estre noyé que bruslé.

« Bien, jeusnons de par Dieu ; mais j'ay par si longtemps jeusné que les jeusnes m'ont sappé toute la chair, et crains beaucoup qu'en fin les bastions de mon corps viennent en decadence. Autre peur ai je davantage, c'est de vous fascher en jeusnant, car je n'y sçay rien, et y ai mauvaise grace, comme plusieurs m'ont affermé : et je les croy. De ma part, dis je, bien peu me soucie de jeusner : il n'est chose tant facile et tant à main ; bien plus me soucie de ne jeusner point à l'advenir, car là il fault avoir de quoy drapper et de quoy mettre au moulin. Jeusnons, de par Dieu, puisqu'entrés sommes es feries esuriales ; ja long temps a que ne les recognoissois. — Et si jeusner fault, dist Pantagruel, expedient autre n'y est, fors nous en depescher comme d'un mauvais chemin. Aussi bien veux je un peu visiter mes papiers, et entendre si l'estude marine est aussi bonne comme la terrienne, pource que Platon, voulant descrire un homme niais, imperit et ignorant, le compare à gens nourris en mer dedans les navires, comme dirions à gens nourris dedans un baril, qui oncques ne regarderent que par un trou. »

Nos jeusnes furent terribles et bien espouvantables, car le premier jour nous jeusnasmes à bastons rompus ; le second, à espées rabatues ; le tiers, à fer esmoulu ; le quart, à feu et à sang. Telle estoit l'ordonnance des fées.

CHAPITRE II

COMMENT L'ISLE SONNANTE AVOIT ESTÉ HABITÉE PAR LES SITICINES, LESQUELS ESTOIENT DEVENUS OISEAUX

Nos jeusnes parachevés, l'hermite nous bailla une lettre adressante à un qu'il nommoit Albian Camar, maistre Aeditue de l'isle Sonnante ; mais Panurge, le saluant, l'appella maistre Antitus. C'estoit un petit bon homme vieux, chauve, à museau bien enluminé et face cramoisie. Il nous fit tres bon recueil, par la recommandation de l'hermite, entendant qu'avions jeusné comme a esté declaré. Aprés avoir tres bien repeu, nous exposa les singularités de l'isle, affermant qu'elle avoit premierement esté habitée par les Siticines ; mais par ordre de nature (comme toutes choses varient) ils estoient devenus oiseaux.

Là, j'eus pleine intelligence de ce qu'Atteius Capito, Paulus, Marcellus, A. Gellius, Atheneus, Suidas, Ammonius et autres, avoient escrit des Siticines et Sicinnistes, et difficile ne nous sembla croire les transformations de Nyctimene, Progné, Itys, Alcmene, Antigone, Tereus et autres oiseaux. Peu aussi de doubte fismes des enfans Matabrune convertis en cygnes, et des hommes de Pallene en Thrace, lesquels soubdain que par neuf fois se baignent au palud Tritonique, sont en oiseaux transformés. Depuis, autre propos ne nous tint que de cages et d'oiseaux. Les cages estoient grandes, riches, somptueuses, et faictes par merveilleuse architecture.

Les oiseaux estoient grands, beaux et polis à l'advenant, bien ressemblans les hommes de ma patrie : beuvoient et mangeoient comme hommes, esmutissoient comme hommes, enduisoient comme hommes, petoient, dormoient et roussinoient comme hommes : brief, à les voir de prime face, eussiez dit que fussent hommes ; toutesfois ne l'estoient mie, selon l'instruction de maistre Aedituc, nous protestant qu'ils n'estoient ny seculiers, ny mondains. Aussi leur pennage nous mettoit en resverie ; lequel aucuns avoient tout blanc, autres tout noir, autres tout gris, autres mi parti de blanc et noir, autres tout rouge, autres parti de blanc et bleu : c'estoit belles choses de les voir. Les masles il nommoit Clergaux, Monagaux, Prestregaux, Abbegaux, Evesgaux, Cardingaux et Papegaut, qui est unique en son espece. Les femelles il nommoit Clergesses, Monagesses, Prestregesses, Abbegesses, Evesgesses, Cardingesses, Papegesses. Tout ainsi toutesfois, nous dist il, comme entre les abeilles hantent les freslons, qui rien ne font fors tout manger et tout gaster, aussi depuis trois cens ans ne sçay comment, entre ces joyeux oiseaux, estoit par chascune quinte lune avolé grand nombre de cagots, lesquels avoient honny et conchié toute l'isle, tant hideux et monstrueux, que de tous estoient refuis. Car tous avoient le col tors, les pattes pelues, les gryphes et ventre de Harpies, et les culs de Stymphalides, et n'estoit possible les exterminer pour un mort en avoloit vingt quatre. J'y souhaitois quelque second Hercules, pour ce que frere Jean y perdit le sens par vehemente contemplation, et à Pantagruel advint ce qu'estoit advenu à messire Priapus contemplant les sacrifices de Ceres, par faute de peau.

CHAPITRE III

COMMENT EN L'ISLE SONNANTE N'EST QU'UN PAPEGAUT

Lors demandasmes à maistre Aeditue, veu la multiplication de ces venerables oiseaux en toutes leurs especes, pourquoy là n'estoit qu'un Papegaut. Il nous respondit que telle estoit l'institution premiere, et fatale destinée des estoiles : que des Clergaux naissent les Prestregaux et Monagaux, sans compagnie charnelle, comme se fait entre les abeilles d'un jeune taureau accoustré selon l'art et pratique d'Aristeus. Des Prestregaux naissent les Evesgaux ; d'iceux les beaux Cardingaux, et les Cardingaux, si par mort n'estoient prevenus, finissoient en Papegaut, et n'en est ordinairement qu'un, comme par les ruches des abeilles n'y a qu'un roy, et au monde n'est qu'un soleil. Iceluy decedé, en naist un aultre en son lieu de toute la race des Cardingaux : entendez tousjours sans copulation charnelle. De sorte qu'il y a en ceste espece unité individuale, avec perpetuité de succession, ne plus ne moins qu'au phœnix d'Arabie. Vray est qu'il y a environ deux mille sept cens soixante lunes que furent en nature deux Papegaux produits ; mais ce fut la plus grande calamité qu'on vist onques en ceste isle. « Car, disoit Aeditue, tous ces oiseaux icy se pillerent les uns les aultres, et s'entrepelauderent si bien ce temps durant que l'isle periclita d'estre spoliée de ses habitans. Part d'iceux adheroit à un, et le soutenoit ; part à l'aultre, et le defendoit ; demeurerent part d'iceux muts comme poissons, et onques ne chanterent, et part de ces cloches, comme interdicte, coup ne sonna. Ce seditieux temps durant, à leur secours evoquerent empereurs, roys, ducs, marquis, monarques, comtes, barons et communautés du monde qui habite en continent et terre ferme, et n'eut fin ce schisme et ceste sedition qu'un d'iceux ne fust tollu de vie, et la pluralité reducte en unité. »

Puis demandasmes qui mouvoit ces oiseaux ainsi sans cesse chanter. Aeditue nous respondit que c'estoient les cloches pendantes au dessus de leurs cages. Puis nous dist : « Voulez vous que presentement je fasse chanter ces Monagaux que voyez là bardocuculés d'une chausse d'hypocras, comme une alouette sauvage ? — De grace, » respondismes nous. Lors sonna une cloche six coups seulement, et Monagaux d'accourir, et Monagaux de chanter. « Et si, dist Panurge, je sonnois ceste cloche, ferois je pareillement chanter ceux icy qui ont le pennage à couleur de haran soret ? — Pareillement, » respondit Aeditué.

Panurge sonna, et soudain accoururent ces oiseaux enfumés, et chantoient ensemblement; mais ils avoient les voix rauques et malplaisantes. Aussi nous remonstra Aedituc qu'ils ne vivoient que de poisson, comme les herons et cormorans du monde, et que c'estoit une quinte espece de cagaux imprimés nouvellement. Adjousta davantage qu'il avoit eu advertissement par Robert Valbringue, qui par là, nagueres, estoit passé en revenant du pays d'Afrique, que bientost y devoit avoler une sexte espece, lesquels il nommoit Capucingaux, plus tristes, plus maniaques et plus fascheux qu'espece qui fust en toute l'isle. « Afrique, dist Pantagruel, est coustumiere tousjours choses produire nouvelles et monstrueuses. »

CHAPITRE IV

COMMENT LES OISEAUX DE L'ISLE SONNANTE ESTOIENT TOUS PASSAGERS

« Mais, dist Pantagruel, veu qu'exposé nous avez des Cardingaux naistre Papegaut, et les Cardingaux des Evesgaux, les Evesgaux des Prestregaux, et les Prestregaux des Clergaux, je voudrois bien entendre dont vous naissent ces Clergaux. — Ils sont, dist Aedituc, tous oiseaux de passage, et nous viennent de l'autre monde : part, d'une contrée grande à merveilles, laquelle on nomme Joursanspain ; part, d'une autre vers le Ponant, laquelle on nomme Tropditieux. De ces deux contrées tous les ans à boutées, ces Clergaux icy nous viennent, laissans peres et meres, tous amis et parens. La maniere est telle quand en quelque noble maison de ceste contrée derniere y a trop d'iceux enfans, soient masles, soient femelles : de sorte que, qui à tous part feroit de l'heritage (comme raison le veut, nature l'ordonne, et Dieu le commande) la maison seroit dissipée. C'est l'occasion pourquoy les parens s'en deschargent en ceste isle Bossard. — C'est, dist Panurge, l'isle Bouchard lez Chinon. — Je dis Bossard, respondit Aedituc : car ordinairement ils sont bossus, borgnes, boiteux, manchots, podagres, contrefaits et maleficiés : poids inutile de la terre. — C'est, dist Pantagruel, coustume du tout contraire es institutions jadis observées en la reception des pucelles Vestales, par lesquelles, comme atteste Labeo Antistius, estoit defendu à ceste dignité eslire fille qui eust vice aucun en l'ame, ou en ses sens diminution, ou en son corps tache quelconque, tant fust occulte et petite. — Je m'esbahis (dist Aedituc continuant) si les meres de par de là les portent neuf mois en leurs flancs, veu qu'en leurs maisons elles ne les peuvent porter ne patir neuf ans, non pas sept le plus souvent, et leur mettant une chemise seulement sus la robe, sur le sommet de la teste leur couppant je ne sçay quants cheveux avec certaines paroles apotrophées et expiatoires, comme entre les Ægyptiens, par certaines linostoliés et rasures, estoient créés les Isiaques, visiblement, apertement, manifestement, par metempsichose pithagorique, sans lesion ne blessure aucune; les font oiseaux tels devenir que presentement les voyez. Ne sçay toutesfois, beaux amis, que peut estre ne d'où vient que les femelles, soient Clergesses, Monagesses ou Abbegesses, ne chantent motets plaisans et charisteres, comme on souloit faire à Oromasis, par l'institution de Zoroaster; mais catarates et scythropes, comme on faisoit au demon Arimanian; et font continuelles devotions pour leurs parens et amis, qui en oiseaux les transformerent, je dis autant jeunes que vieilles.

« Plus grand nombre nous en vient de Joursanspain, qui est excessivement long. Car les Asaphis habitans d'icelle contrée, quand sont en danger de patir malesuade famine par non avoir de quoy soy alimenter, et ne sçavoir, ne vouloir rien faire; ne travailler en quelque honneste art et mestier, ne auss. féablement à gens de bien soy asservir; ceux aussi qui n'ont peu jouir de leurs amours, qui ne sont parvenus à leurs entreprinses, et sont desesperés; ceux pareillement qui meschantement ont commis quelque cas de crime, et lesquels on cherche pour à mort ignominieusement mettre; tous avolent icy: icy ont leur vie assignée, soubdain deviennent gras comme glirons, qui par avant estoient maigres comme pics: icy ont parfaicte seureté, indemnité et franchise.

— Mais, demandoit Pantagruel, ces beaux oiseaux icy une fois avolés, retournent ils jamais plus au monde où ils furent ponnus? — Quelques uns, respondit Aedituc, jadis bien peu, bien tard et à regret. Depuis certaines eclipses, s'en est revolé une grande mouée par vertu des constellations celestes. Cela de rien ne nous melancholie, le demeurant n'en a que plus grande pitance. Et tous, avant que revoler ont leur pennage laissé parmy ces orties et espines. »

Nous en trouvasmes quelques uns réalement, et en recherchant d'aventure rencontrasmes un pot aux roses descouvert.

CHAPITRE V

COMMENT LES OISEAUX GOURMANDEURS SONT MUETS EN L'ISLE SONNANTE

Il n'avoit ces mots parachevé quand prés de nous advolerent vingt cinq ou trente oiseaux de couleur et pennage qu'encores n'avois veu en l'isle. Leur plumage estoit changeant d'heure en heure, comme la peau d'un caméléon, et comme la fleur de tripolion ou teucrion. Et tous avoient au dessous de l'aisle gauche une marque, comme de deux diametres mipartissant un cercle, ou d'une ligne perpendiculaire tombant sur une ligne droite. A tous estoit presque d'une forme, mais non à tous d'une couleur : es uns estoit blanche, es autres verde, es autres rouge, es autres violette, es autres bleue. « Qui sont, demanda Panurge, ceux cy, et comment les nommez? — Ils sont, respondit Aeditue, metifs.

« Nous les appellons gourmandeurs, et ont grand nombre de riches gourmanderies en vostre monde. — Je vous prie, dis je, faites les un peu chanter, afin qu'entendions leur voix. Ils ne chantent, respondit il, jamais ; mais ils repaissent au double en recompense. — Où sont, demandois je, les femelles? — Ils n'en ont point, respondit il. — Comment donc, infera Panurge, sont ils ainsi croustelevés et tous mangés de grosse verole ? — Elle est, dist il, propre à ceste espece d'oiseaux, à cause de la marine qu'ils hantent quelquefois. »

Puis nous dist : « Le motif de leur venue icy prés de vous est pour voir si parmy vous cognoistront une magnifique espece de gots, oiseaux de proye terribles, non toutefois venans au leurre, ne recognoissans le gand, lesquels ils disent estre en vostre monde : et d'iceux les uns porter jects aux jambes, bien beaux et precieux, avec inscription aux vervelles, par laquelle qui mal y pensera est condamné d'estre soudain tout conchié ; autres au devant de leur pennage porter le trophée d'un calomniateur, et les autres y porter une peau de belier. — Maistre Aeditue, dist Panurge, il peut estre, mais nous ne les cognoissons mie.

— Ores, dist Aeditue, c'est assez parlementé, allons boire. — Mais repaistre, dist Panurge. — Repaistre, dist Aeditue, et bien boire, moitié au pair, moitié à la couche : rien si cher ne precieux est que le temps, employons le en bonnes œuvres. » Mener il nous vouloit premierement baigner dedans les thermes des Cardingaux, belles et delicieuses souverainement, puis issans des bains nous faire par les aliptes oindre de precieux basme. Mais Pantagruel luy dist qu'il ne boiroit que trop sans cela. Adonc nous conduit en un grand et delicieux refectoir, et nous dist : « Je sçay que l'hermite Braguibus vous a fait jeusner par quatre jours, quatre jours serez icy à contre points sans cesser de boire et de repaistre. — Dormirons nous point cependant ? dist Panurge. — A vostre liberté, respondit Aeditue, car qui dort, il boit. » Vray Dieu, quelle chere nous fismes! O le grand homme de bien !

CHAPITRE VI

COMMENT LES OISEAUX DE L'ISLE SONNANTE SONT ALIMENTÉS

Pantagruel monstroit face triste, et sembloit non content du séjour quatridien que nous interminoit Aeditue, ce qu'apperceut Aeditue, et dist :

« Seigneur, vous sçavez que sept jours devant et sept jours après brume, jamais n'y a sur mer tempeste. C'est pour faveur que les elemens portent aux alcyons, oiseaux sacrés à Thetis, qui pour lors ponent et esclouent leurs petits lez le rivage. Icy la mer se revenche de ce long calme, et par quatre jours ne cesse de tempester enormement, quand quelques voyagiers y arrivent. La cause nous estimons afin que ce temps durant, necessité les contraigne y demourer pour estre bien festoyés des revenus de sonnerie. Pourtant n'estimez temps icy ocieusement perdu. Force forcée vous y retiendra, si ne voulez combattre Juno, Neptune, Doris, Aeolus, fet tous les Vejoves. Seulement deliberez vous de faire chere lie. »

Aprés les premieres bauffrures, frere Jean demandoit à Aedituc : « En ceste isle vous n'avez que cages et oiseaux. Ils ne labourent, ne cultivent la terre. Toute leur occupation est à gaudir, gazouiller et chanter. De quel pays vous vient ceste corne d'abondance, et copie de tant de biens et rians morceaux ? — De tout l'autre monde, respondit Aedituc : exceptez moy quelques contrées des régions aquilonaires, lesquelles depuis quelques certaines années ont meu la camarine. — Chou, dist frere Jean, ils s'en repentiront, dondaine, ils s'en repentiront, dondon : beuvons, amis. — Mais de quel pays estes-vous ? demanda Aedituc. — De Touraine, respondit Panurge. — Vrayement, dist Aedituc, vous ne fustes onques de mauvaise pic couvés, puisque vous estes de la benoiste Touraine. De Touraine, tant et tant de biens annuellement nous viennent que nous fut dit un jour, par gens du lieu par cy passans, que le duc de Touraine n'a en tout son revenu de quoy son saoul de lard manger, par l'excessive largesse que ses predecesseurs ont fait à ces sacrosaincts oiseaux, pour icy de phaisans nous saouler, de perdreaux, de gelinotes, poules d'Inde, gras chappons de Loudunois, venaisons de toutes sortes, et toutes sortes de gibier.

« Beuvons, amis : voyez ceste perchée d'oiseaux, comment ils sont douillets et en bon poinct, des rentes qui nous en viennent : aussi chantent ils bien pour eux. Vous ne vistes onques rossignols mieux grignoter qu'ils font en plat, quand ils voyent ces deux bastons dorés... — C'est, dist frere Jean, festé à bastons. — ... Et quand je leur sonne ces grosses cloches que voyez pendues aux tours de leurs cages. Beuvons, amis, il fait certes huy beau boire, aussi fait il tous les jours. Beuvons ! je boy de bien bon cœur à vous, et soyez les tres bien venus.

« N'ayez peur que vin et vivres icy faillent; car quand le ciel seroit d'airain et la terre de fer, encores vivres ne nous faudroient, fust ce par sept, voire huit ans, plus long temps que ne dura la famine en Ægypte. Beuvons ensemble par bon accord en charité.

— Diable s'escria Panurge, tant vous avez d'aise en ce monde ! — En l'autre, respondit Aedituc, en aurons nous bien davantage. Les champs Elysiens ne nous manqueront, pour le moins. Beuvons, amis, je boy à vous tous. — Ç'a esté, dis je, esprit moult divin et parfait à vos premiers Siticines avoir le moyen inventé par lequel vous avez ce que tous humains appetent naturellement, et à peu d'iceux, ou, proprement parlant, à nul n'est octroyé. C'est paradis en ceste vie, et en l'autre pareillement avoir. O gens heureux ! O semy dieux ! Pleust au ciel qu'il m'advint ainsi. »

CHAPITRE VII

COMMENT PANURGE RACONTE A MAISTRE AEDITUE L'APOLOGUE DU ROUSSIN ET DE L'ASNE

Avoir bien beu et bien repeu, Aedituc nous mena en une chambre bien garnie, bien tapissée et toute dorée. Là nous fit apporter myrobalans, brain de basme, et zinzembre verd confit, force hipocras et vin delicieux : et nous invitoit par ces antidotes comme par breuvage du fleuve de Lethé, mettre en oubly et nonchalance les fatigues qu'avions paty sus la marine; fit aussi porter vivres en abondance à nos navires qui surgeoient au port. Ainsi reposasmes par icelle nuyt, mais je ne pouvois dormir à cause du sempiternel brinballement des cloches.

A minuyt, Aedituc nous esveilla pour boire ; luy mesme beut le premier, disant : « Vous autres de l'autre monde dictes qu'ignorance est mere de tous maux, et dictes vray ; mais toutesfois vous ne la bannissez mie de vos entendemens, et vivez en elle, avec elle, par elle. C'est pourquoy tant de maux vous meshaignent de jour en jour; tousjours vous plaignez, tousjours lamentez, jamais n'estes assouvis. Je le considere presentement. Car ignorance vous tient icy au lict liés comme fut le dieu des batailles par l'art de Vulcan, et n'entendez que le devoir vostre estoit d'espargner de vostre sommeil, point n'espargner les biens de ceste fameuse isle. Vous debvriez avoir ja faict trois repas, et tenez cela de moy que pour manger les vivres de l'isle Sonnante se faut lever bien matin : les mangeans, ils multiplient; les espargnans, ils vont en diminution.

« Fauchez le pré en sa saison, l'herbe y reviendra plus drue, et de meilleure emploicte ; ne le fauchez point, en peu d'années il ne sera tapissé que de mousse. Beuvons, amis, beuvons trestous : les plus maigres de nos oiseaux chantent maintenant tous à nous, nous boirons à eux s'il vous plaist. Beuvons de grace : vous n'en cracherez tantost que mieux. Beuvons, une, deux, trois, neuf fois, *non zelus, sed charitas.* » Au point du jour pareillement nous esveilla pour manger soupes de prime.

Depuis ne fismes qu'un repas, lequel dura tout le jour, et ne sçavions si c'estoit disner ou souper, gouster ou regoubilloner. Seulement par forme d'esbat nous promenasmes quelques tours par l'isle pour voir et ouir le joyeux chant de ces benoists oiseaux.

Au soir, Panurge dist à Aeditue : « Seigneur, ne vous desplaise, si je vous raconte une histoire joyeuse, laquelle advint au pays de Chastelieraudois depuis vingt et trois lunes. Le pallefrenier d'un gentilhomme au mois d'avril pourmenoit à un matin ses grands chevaux parmy les guerests : là rencontra une gaye bergere, laquelle

> A l'ombre d'un buissonnet
> Ses brebiettes gardoit,

ensemble un asne et quelques chevres. Devisant avec elle, luy persuada monter derriere luy en croupe, visiter son escurie, et là faire un tronçon de bonne chere à la rustique. Durant leur propos et demeure, le cheval s'adressa à l'asne et luy dist en l'oreille (car les bestes parlerent toute icelle année en divers lieux) : « Pauvre et chetif baudet, j'ay de toy pitié
« et compassion. Tu travailles journellement beaucoup, je l'apperçoy à
« l'usure de ton bas-cul : c'est bien faict, puisque Dieu t'a creé pour le
« service des humains. Tu es baudet de bien. Mais n'estre autrement
« torchonné, estrillé, phaleré et alimenté que je te voy, cela me semble
« un peu tyrannique, et hors les metes de raison. Tu es tout herissonné,
« tout hallebrené, tout lanterné, et ne manges icy que joncs, espines et
« durs chardons. C'est pourquoy je te semonds, baudet, ton petit pas
« avec moy venir, et voir comment nous autres, que nature a produits
« pour la guerre, sommes traités et nourris. Ce ne sera sans toy ressentir
« de mon ordinaire. — Vrayement, respondit l'asne, j'iray bien volontiers,
« monsieur le cheval. — Il y a, dist le roussin, bien monsieur le roussin
« pour toy, baudet. — Pardonnez moy, respondit l'asne, monsieur le
« roussin ; ainsi sommes en nostre langage incorrects et mal apprins, nous
« autres villageois et rustiques. A propos, je vous obéiray volontiers et de
« loing vous suivray, de peur des coups (j'en ay la peau toute contre-
« pointée), puisque vous plaist me faire tant de bien et d'honneur. »

« La bergere montée, l'asne suivoit le cheval, en ferme deliberation de bien repaistre advenant au logis. Le pallefrenier l'apperceut, et commanda aux garçons d'estable le traiter à la fourche, et l'esrener à coups de bastons. L'asne, entendant ce propos, se recommanda au Dieu Neptune, et commençoit à escamper du lieu à grande erre, pensant en soy mesme, et syllogisant : « Il dit bien : aussi n'est ce mon estat de suivre les cours
« des gros seigneurs ; nature ne m'a produit que pour l'aide des pauvres

« gens. Æsope m'en avoit bien adverty par un sien apologue ; ç'a esté
« outrecuidance à moy : remede n'y a que d'escamper d'icy, je dis plus tost
« que ne sont cuictes asperges. » Et l'asne au trot, à pets, à bonds, à
ruades, au gallot, à petarrades.

« La bergere, voyant l'asne desloger, dist au pallefrenier qu'il estoit
sien, et pria qu'il fust bien traité, autrement elle vouloit partir, sans plus
avant entrer. Lors commanda le pallefrenier que plus tost les chevaux
n'eussent de huit jours avoine que l'asne n'en eust tout son saoul. Le pis
fut de le revoquer, car les garçons l'avoient beau flatter, et l'appeler :
« Truunc, truunc, baudet, ça. — Je n'y vais pas, disoit l'asne, je suis hon-
« teux. » Plus amiablement l'appeloient, plus rudement s'escarmouchoit il,
et à saults et à petarrades. Ils y fussent encores, ne fust la bergere qui
les advertit cribler avoine hault en l'air, en l'appellant ; ce que fut fait.
Soudain l'asne tourna visage, disant : « Avoine, bien, *adveniat* ; non la
« fourche ; je ne dis : qui ne dit, passe sans flux. » Ainsi à eux se rendit,
chantant melodieusement, comme vous sçavez que fait bon ouir la voix et
musique de ces bestes Arcadiques.

« Arrivé qu'il fut, on le mena en l'estable prés du grand cheval, fut
frotté, torchonné, estrillé, litiere fraiche jusqu'au ventre, plein ratelier de
foin, pleine mangeoire d'avoine, laquelle, quand les garçons d'estable cri-
bloient, il leur chauvoit des oreilles, leur signifiant qu'il ne la mangeroit
que trop sans cribler, et que tant d'honneur ne luy appayrtenoit.

« Quand ils eurent bien repeu, le cheval interrogeoit l'asne, disant :
« Et puis, pauvre baudet, et comment t'en va ? Que te semble de ce trai-
« tement ? Encores n'y voulois tu pas venir. Qu'en dis tu ? — Par la figue,
« respondit l'asne, laquelle un de nos ancestres mangeant, mourut Phile-
« mon à force de rire, voicy basme, monsieur le roussin. Mais quoy, ce
« n'est que demie chere. Baudouinez vous rien céans, vous autres mes-
« sieurs les chevaux ? — Quel baudouinage me dis tu, baudet ? demandoit
« le cheval ; tes males avivres, baudet, me prends tu pour un asne ? —
« Ha, ha, respondit l'asne, je suis un peu dur pour apprendre le langage
« courtisan des chevaux. Je demande : Roussinez vous point céans, vous
« autres, messieurs les roussins ? — Parle bas, baudet, dist le cheval,
« car si les garçons t'entendent, à grands coups de fourche ils te pelau-
« deront si dru qu'il ne te prendra volonté de baudouiner. Nous n'osons
« céans seulement roidir le bout, voire fust ce pour uriner, de peur des
« coups : du reste aises comme roys. — Par l'aube du bas que je porte,
« dist l'asne, je te renonce, et dis fy de ta litiere, fy de ton foin, et fy de
« ton avoine : vive les chardons des champs, puisqu'à plaisir on y rous-
« sine ; manger moins, et tousjours roussiner. son coup est ma devise :

« de ce nous autres faisons foin et pitance. O monsieur le roussin,
« mon amy, si tu nous avois veu en foires quand nous tenons nostre
« chapitre provincial, comment nous baudouinons à gogo pendant que nos
« maistresses vendent leurs oisons et poussins ! » Telle fut leur departie.
J'ay dit. »

A tant se teut Panurge, et plus mot ne sonnoit. Pantagruel l'admonestoit conclure le propos. Mais Aedituë respondit : « A bon entendeur ne fault qu'une parole. J'entends tres bien ce que par cest apologue de l'asne et du cheval voudriez dire et inferer, mais vous estes honteux. Sachez qu'icy n'y a rien pour vous ; n'en parlez plus. — Si ay je, dist Panurge, n'agueres icy veu une abbegesse à blanc plumage, laquelle mieux vaudroit chevaucher que mener en main. Et si les autres sont dames oiseaux, elle me sembleroit dame oiselle. Je dis cointe et jolie, bien valant un peché ou deux. Dieu me le pardoint, partant je n'y pensois point en mal : le mal que j'y pense me puisse soudain advenir ! »

CHAPITRE VIII

COMMENT NOUS FUT MONSTRÉ PAPEGAUT A GRANDE DIFFICULTÉ

Le tiers jour continua en festins et mesmes banquets que les deux precedents. Auquel jour Pantagruel requeroit instamment voir Papegaut ; mais Aedituë respondit qu'il ne se laissoit ainsi facilement voir. « Comment, dist Pantagruel, a il l'armet de Pluton en teste, l'anneau de Gyges es gryphes, ou un caméléon en sein, pour se rendre invisible au monde ? — Non, respondit Aedituë ; mais il par nature est d'acces un peu difficile. Je donneray toutesfois ordre que le puissiez voir, si faire se peut. » Ce mot achevé, nous laissa au lieu grignotans. Un quart d'heure après retourné, nous dist Papegaut estre pour ceste heure visible : et nous mena en tapinois et silence droit à la cage en laquelle il estoit acroué, accompagné de deux petits Cardingaux, et de six gros et gras Evesgaux. Panurge curieusement considera sa forme, ses gestes, son maintien. Puis s'escria à haute voix, disant : « En mal an soit la beste ! il semble une duppe. — Parlez bas, dist Aedituë, de par Dieu, il a oreilles, comme sagement nota Michael de Matiscones. — Si a bien une duppe, dist Panurge. — Si une fois il vous entend ainsi blasphemans, vous estes perdus, bonnes gens : voyez vous là dedans sa cage un bassin ? D'iceluy sortira foudre, tonnoire, esclairs, diables et tempeste, par lesquels en un moment serez cent pieds sous terre abismés. — Mieux seroit, dist frere Jean, boire et banqueter. » Panurge restoit en contemplation vehemente de

Papegaut et de sa compagnie, quand il apperceut au dessous de sa cage une cheveche; adonc s'escria, disant : « Par la vertu Dieu, nous sommes icy bien pippés à pleines pippes, et mal equippés. Il y a, par Dieu, de la pipperie, fripperie et ripperie tant et plus en ce manoir. Regardez là ceste cheveche, nous sommes par Dieu assassinés. — Parlez bas, de par Dieu, dist Aedituë; ce n'est mie une cheveche : il est masle, c'est un noble chevechier. — Mais, dist Pantagruel, faites nous icy quelque peu Papegaut chanter, afin qu'oyons son harmonie. — Il ne chante, respondit Aedituë, qu'à ses jours, et ne mange qu'à ses heures. — Non fais je, dist Panurge, mais toutes les heures sont miennes. Allons donc boire d'autant. — Vous, dist Aedituë, parlez à ceste heure correct : ainsi parlant jamais ne serez heretique. Allons, j'en suis d'opinion. » Retournans à la beuverie, apperceusmes un vieil Evesgaut à teste verde, lequel estoit acroué, accompagné d'un soufflegan et trois onocrotales, oiseaux joyeux, et ronfloit sous une feuillade. Prés luy estoit une jolie abbegesse, laquelle joyeusement chantoit, et y prenions plaisir si grand que desirions tous nos membres en oreilles convertis pour rien ne perdre de son chant, et du tout, sans ailleurs estre distraicts, y vaquer. Panurge dist : « Ceste belle abbegesse se rompt la teste à force de chanter, et ce gros villain Evesgaut ronfle ce pendant. Je le feray bien tantost chanter de par le diable. » Lors sonna une cloche pendante sus sa cage; mais quelque sonnerie qu'il fist, plus fort ronfloit Evesgaut, point ne chantoit. « Par Dieu, dist Panurge, vieille buze, par moyen autre bien chanter je vous feray. »

Adonc print une grosse pierre, le voulant ferir par la moitié. Mais Aedituë s'escria, disant : « Homme de bien, frappe, feris, tue et meurtris tous roys et princes du monde, en trahison, par venin ou autrement, quand tu voudras; deniches des cieulx les anges, de tout auras pardon du Papegaut : à ces sacrez oiseaux ne touche, d'autant qu'aimes la vie, le profit, le bien, tant de toy que de tes parens et amis vifs et trepassés; encores ceux qui d'eux aprés naistroient en sentiroient infortune. Considere bien ce bassin. — Mieux donc vault, dist Panurge, boire d'autant et banqueter. — Il dit bien, monsieur Antitus, dist frere Jean : cy voyans ces diables d'oiseaux, ne faisons que blasphemer; vuidant vos bouteilles et potz, ne faisons que Dieu louer. Allons donc boire d'autant. O le beau mot ! »

Le troisieme jour, aprés boire (comme entendez), nous donna Aedituë congé. Nous luy fismes present d'un beau petit cousteau perguois, lequel il print plus à gré que ne fit Artaxerxes le voirre d'eau froide que luy presenta un païsan. Et nous remercia courtoisement : envoya en nos navires rafraichissement de toutes munitions : nous souhaita bon voyage et venir à sauvement de nos personnes et fin de nos entreprinses, et nous fit promettre et jurer par Jupiter Pierre, que nostre retour seroit par son territoire. En fin nous dist : « Amis, vous noterez que par le monde y a beaucoup plus de couillons que d'hommes, et de ce vous souvienne. »

CHAPITRE IX

COMMENT DESCENDISMES EN L'ISLE DES FERREMENS

Nous estans bien à poinct sabourés l'estomac, eusmes vent en pouppe : et fut levé nostre grand artemon, dont advint qu'en moins de deux jours arrivasmes en l'isle des Ferremens, deserte, et de nul habitée ; et vismes grand nombre d'arbres portans marroches, piochons, serfouettes, faux, fauciles, beches, truelles, cognées, serpes, scies, doloires, forces, cizeaux, tenailles, pelles, virolets et vilbrequins.

Aultres portoient daguenets, poignards, sangdedez, ganivets, poinçons, espées, verduns, braquemarts, cimeterres, estocs, raillons et cousteaux.

Quiconque en vouloit avoir, ne falloit que crousler l'arbre : soudain tomboient comme prunes ; davantage, tombans en terre, rencontroient une espece d'herbe, laquelle on nommoit fourreau, et s'engainoient là dedans. A la cheute se falloit bien garder qu'ils ne tombassent sus la teste, sus les pieds, ou aultres parties du corps : car ils tomboient de poincte, c'estoit pour droit engainer, et eussent affollé la personne. Dessous ne sçay quels autres arbres, je vis certaines especes d'herbes, lesquelles croissoient comme piques, lances, javelines, hallebardes, vouges, pertuisanes, rancons, fourches, espieux, croissantes haut, ainsi qu'elles touchoient à l'arbre, rencontroient leurs fers et allumelles, chascune competente à sa sorte. Les arbres superieures ja les avoient apprestées à leur venue et croissance, comme vous apprestez les robes des petits enfans quand les voulez desmailloter. Plus y a, afin que desormais n'abhorrez l'opinion de Platon, Anaxagoras et Democritus (furent ils petits philosophes?), ces arbres nous sembloient animaux terrestres, non en ce differentes des bestes qu'elles n'eussent cuir, graisse, chair, veines, arteres, ligamens, nerfs, cartilages, adenes, os, moelle, humeurs, matrices, cerveau et articulations cogneues, car elles en ont, comme bien deduit Theophraste ; mais en ce qu'elles ont la teste, c'est le tronc, en bas ; les cheveux, ce sont les racines, en terre ; et les pieds, ce sont les rameaux, contre mont : comme si un homme faisoit le chesne fourchu.

Et ainsi comme vous, verolés, de loin à vos jambes ischiatiques et à vos omoplates sentez la venue des pluyes, des vents, du serain, tout changement de temps : aussi à leurs racines, candices, gommes, medulles, elles pressentent quelle sorte de baston dessous elles croist, et leur preparent fers et allumelles convenantes. Vray est qu'en toutes choses (Dieu excepté) advient quelquefois erreur. Nature mesme n'en est exempte quand elle produit choses monstrueuses et animaux difformes. Pareillement en ces arbres je notay quelque faute : car une demie pique croissante haute en l'air sous ces arbres ferrementiportes, en touchant les rameaux, en lieu de fer rencontra un balay : bien, ce sera pour ramonner la cheminée. Une pertuisane rencontra des cizailles ; tout est bon : ce sera pour oster les chenilles des jardins. Une hampe de hallebarde rencontra le fer d'une faux, et sembloit hermaphrodite ; c'est tout un : ce sera pour quelque faucheur. C'est belle chose croire en Dieu ! Nous retournans à nos navires, je vis derriere je ne sçay quel buisson, je ne sçay quelles gens faisans je ne sçay quoy, et je ne sçay comment, aiguisans je ne sçay quels ferremens, qu'ils avoient je ne sçay où, et ne sçay en quelle maniere.

CHAPITRE X.

COMMENT PANTAGRUEL ARRIVA EN L'ISLE DE CASSADE

Delaissans l'isle des Ferremens, continuasmes nostre chemin ; le jour ensuivant entrasmes en l'isle de Cassade, vraye idée de Fontainebleau : car la terre y est si maigre que les os (ce sont rocs) luy percent la peau : areneuse, sterile, mal saine et mal plaisante. Là nous monstra nostre pilot deux petits rochers carrés à huit egales poinctes en cube, lesquels à l'apparence de leur blancheur me sembloient estre d'albastre, ou bien couverts de neige ; mais il nous les asceura estre d'osselets. En iceux disoit estre à six estages le manoir de vingt diables de hazard tant redoutés en nos pays, desquels les plus grands bessons et accouplés il nommoit *senes*, les plus petits *ambezas*, les aultres moyens *quines, quadernes, ternes, double deux* ; les aultres il nommoit *six et cinq, six et quatre, six et trois, six et deux, six et as, cinq et quatre, cinq et trois*, et ainsi consecutivement. Lors je notay que peu de joueurs sont par le monde qui ne soient invocateurs des diables : car jettans deux dez sus table, quand en devotion ils s'escrient : « *Senes*, mon amy, » c'est le grand diable ; « *Ambezas*, mon mignon, » c'est le petit diable ; « *Quatre et deux*, mes enfans », et ainsi des aultres ; ils invoquent les diables par leurs noms et surnoms. Et non seulement les invoquent, mais d'iceux se disent amis et familiers. Vray est que ces diables ne viennent tousjours à souhait sus l'instant ; mais en ce sont ils excusables. Ils estoient ailleurs selon la date et priorité des invoquans. Partant ne faut dire qu'ils n'ayent sens et oreilles. Ils en ont, je vous dis, belles.

Puis nous dist qu'autour et à bord de ces rochers carrés plus a esté fait de bris, de naufrages, de pertes de vies et de biens, qu'autour de toutes les Syrtes, Carybdes, Sirenes, Scylles, Strophades et goufres de toute la mer. Je le creus facilement, me recordant que jadis entre les sages Ægyptiens Neptune estoit designé par le premier cube en lettres hiéroglifiques, comme Apollo par *as*, Diane par *deux*, Minerve par *sept*, etc. Là aussi nous dist estre un flasque de Sang gréal, chose divine et à peu de gens cogneue. Panurge fit tant par belles prieres avec les syndics du lieu qu'ils le nous monstrerent; mais ce fut avec plus de ceremonies et solennité plus grande trois fois qu'on ne monstre à Florence les pandectes de Justinian, ne la Veronique à Rome. Je ne vis onques tant de sendeaux, de flambeaux, de torches, de glimpes et d'agiaux. Finalement ce qui nous fut monstré estoit le visage d'un connin rosty. Là ne vismes aultre chose memorable fors Bonne Mine, femme de Mauvais Jeu, et les cocques des deux œufs jadis ponnus et esclos par Leda, desquels nasquirent Castor et Pollux, freres d'Helene la belle. Les syndics nous en donnerent une piece pour du pain. Au departir achetasmes une botte de chappeaux et bonnets de Cassade, à la vente desquels je me doubte que peu ferons de profit. Je croy qu'à l'usage encores moins en feront ceux qui de nous les acheteront.

CHAPITRE XI

COMMENT NOUS PASSAMES LE GUICHET HABITÉ PAR GRIPPEMINAUD, ARCHIDUC DES CHATS FOURRÉS

Quelques jours après, ayant failli plusieurs fois à faire naufrage, passasmes Condemnation, qui est une aultre isle toute deserte; passasmes aussi le Guichet, auquel lieu Pantagruel ne voulut descendre, et fit tres bien, car nous y fusmes faits prisonniers, et arrestés de faict par le commandement de Grippeminaud, archiduc des Chats fourrés, parce que quelqu'un de nostre bande voulut vendre à un serrargent des chapeaux de Cassade. Les Chats fourrés sont bestes moult horribles et espouvantables : ils mangent les petits enfans et paissent sus des pierres de marbre. Advisez, beuveurs, s'ils ne devroient bien estre camus. Ils ont le poil de la peau non hors sortant, mais au dedans caché, et portent pour leur symbole et devise tous et chascun d'eux une gibbeciere ouverte, mais non tous en une maniere : car aucuns la portent attachée au col en escharpe, aultres sus le cul, aultres sus la bedaine, aultres sus le costé, et le tout par raison et mystere. Ont aussi les griphes tant fortes, longues et acerées, que rien ne leur eschappe, depuis qu'une fois l'ont mis entre leurs serres. Et se couvrent les testes, aucuns de bonnets à quatre goutieres ou braguettes ; aultres, de bonnets à revers ; aultres, de mortiers ; aultres, de caparassons mortifiés.

> Entrons en leur Tapinaudiere,
> Nous dist un gueux de l'hostiere,

auquel avions donné demy teston : « Gens de bien, Dieu vous doint de leans bien tost en saulveté sortir : considerez bien le minois de ces vaillans piliers, arboutans de justice grippeminaudiere. Et notez que si vivez encore six olympiades et l'aage de deux chiens, vous verrez ces Chats fourrés seigneurs de toute l'Europe, et possesseurs pacifiques de tout le bien et domaine qui est en icelle, si en leurs hoirs, par divine punition, soubdain ne deperissoit le bien et revenu par eux injustement acquis ; tenez le d'un gueux de bien. Parmy eux regne la sexte essence, moyennant laquelle ils grippent tout, devorent tout, et conchient tout. Ils bruslent, escartelent, decapitent, meurdrissent, emprisonnent, ruinent et minent tout, sans discretion de bien et de mal. Car parmy eux vice est vertu appellé ; meschanceté est bonté surnommée ; trahison a nom de feaulté ; larrecin est dit liberalité ; pillerie est leur devise, et par eux faicte est trouvée bonne de tous humains, exceptez moy les heretiques ; et le tout font avec souveraine et irrefragable autorité. Pour signe de mon pronostic, adviserez que leans sont les mangeoires au dessus des rateliers. De ce quelque jour vous souvienne. Et si jamais peste au monde, famine, ou guerre, vorages, cateclismes, conflagrations, malheur adviennent, ne les attribuez ne les referez aux conjonctions des planettes malefiques, aux abus de la cour Romaine, aux tyrannies des roys et princes terriens, à l'imposture des caphars, heretiques, faux prophetes, à la malignité des usuriers, faux monnoyeurs, rogneurs de testons, ne à l'ignorance, impudence, imprudence des medecins, chirurgiens, apothycaires, ny à la perversité des femmes adulteres, venefiques, infanticides : attribuez le tout à l'enorme, indicible, incroyable, inestimable meschanceté, laquelle est continuellement forgée et exercée en l'officine des Chats fourrés, et n'est au monde cogneue, non plus que la cabale des Juifs : pourtant n'est elle detestée, corrigée et punie, comme seroit de raison. Mais si elle est quelque jour mise en evidence, et manifestée au peuple, il n'est, et ne fut orateur tant eloquent, qui par son art le retint, ne loy tant rigoureuse et draconique qui par crainte de peine le gardast ; ne magistrat tant puissant, qui par force l'empeschast de les faire tous vifs là dedans leur rabouliere felonnement brusler. Leurs enfans propres Chats fourrillons et autres parens

29

les auroient en horreur et abomination. C'est pourquoy ainsi que Hannibal eut de son pere Amilcar, sous solennelle et religieuse adjuration, commandement de persecuter les Romains tant qu'il vivroit, aussi ay je de feu mon pere injonction icy hors demeurer, attendant que là dedans tombe la fouldre du ciel, et en cendre les reduise, comme aultres Titanes, prophanes et théomaches, puisque les humains tant et tant sont des corps endurcis que le mal par iceux advenu, advenant et à venir ne recordent, ne sentent, ne prevoyent, ou le sentant n'osent et ne veulent ou ne peuvent les exterminer. — Qu'est ce cela? dist Panurge; ha, non, non, je n'y vais pas, par Dieu; retournons. Retournons, dis je, de par Dieu :

> Ce noble gueux m'a plus fort estonné
> Que si du ciel en automne eust tonné. »

Retournans, trouvasmes la porte fermée : et nous fut dict que là facilement on y entroit comme en Averne ; à issir estoit la difficulté, et que ne sortirions hors en maniere que ce fust, sans bulletin et descharge de l'assistance, par ceste seule raison qu'on ne s'en va pas des foires comme du marché, et qu'avions les pieds pouldreux. Le pis fut quand passasmes le guichet. Car nous fusmes presentés, pour avoir nostre bulletin et descharge, devant un monstre le plus hideux que jamais fust descrit. On le nommoit Grippeminaud. Je ne vous le sçaurois mieux comparer qu'à Chimere, ou à Sphinx ou à Cerberus, ou bien au simulachre d'Osiris, ainsi que le figuroient les Ægyptiens, par trois testes ensemble joinctes : sçavoir est d'un lion rugient, d'un chien flattant, et d'un loup baislant, entortillés d'un dragon soy mordant la queue, et de rayons scintillans à l'entour. Les mains avoit pleines de sang, les gryphes comme de harpye, le museau à bec de corbin, les dents d'un sanglier quadrannier, les yeux flamboyans comme une gueule d'enfer, tout couvert de mortiers entrelassés de pillons : seulement apparoissoient les gryphes. Le siege d'iceluy et de tous ses collateraux Chats garanniers estoit d'un long ratelier tout neuf, au dessus duquel par forme de revers instablées estoient mangeoires fort amples et belles, selon l'advertissement du gueux. A l'endroit du siege principal estoit l'image d'une vieille femme, tenant en main dextre un fourreau de faucille, en senestre une balance, et portant bezicles au nez. Les coupes de la balance estoient de deux gibbecieres veloutées, l'une pleine de billon et pendante, l'aultre vuide et longue eslevée au dessus du tresbuchet. Et suis d'opinion que c'estoit le pourtraict de justice grippeminaudiere, bien abhorrente de l'institution des antiques Thebains, qui erigeoient les statues de leurs Dicastes et juges aprés leur mort, en or, en argent, en marbre, selon leur merite, toutes sans mains. Quand fusmes devant luy presentés, ne sçay quelle sorte de gens, tous vestus de gibbecieres et de sacs, à grands lambeaux d'escritures, nous firent sus une sellette asseoir. Panurge disoit : « Gallefretiers, mes amis, je ne suis que trop bien ainsi debout : aussi bien elle est trop basse pour homme qui a chausses neufves et court pourpoinct. — Assoyez vous là, respondirent ils, et que plus on ne vous le die. La terre presentement s'ouvrira pour tous vifs vous engloutir si faillez à bien respondre. »

CHAPITRE XII

COMMENT PAR GRIPPEMINAUD NOUS FUT PROPOSÉ UN ENIGME

Quand fusmes assis, Grippeminaud, au milieu de ses Chats fourrés, nous dist en parole furieuse et enrouée : « Or çà, or çà, or çà. (A boire, à boire ça, disoit Panurge entre ses dents.)

>Une bien jeune et toute blondelette
>Conceut un fils Æthiopien sans pere,
>Puis l'enfanta sans douleur la tendrette,
>Quoiqu'il sortist comme fait la vipere,
>L'ayant rongé, en moult grand vitupere,
>Tout l'un des flancs, pour son impatience.
>Depuis passa monts et vaux en fiance,
>Par l'air volant, en terre cheminant :
>Tant qu'estonna l'amy de sapience,
>Qui l'estimoit estre humain animant.

« Or çà, responds moy, dist Grippeminaud, à cest enigme, et nous resoulz presentement que c'est, or çà. — Or de par Dieu, respondis je, si j'avois sphinx en ma maison, or de par Dieu, comme l'avoit Verres, un de vos precurseurs, or de par Dieu, resouldre pourrois l'enigme, or de par Dieu; mais certes je n'y estois mie, et suis, or de par Dieu, innocent du faict. — Or çà, dist Grippeminaud, par Styx, puisqu'aultre chose ne veux dire, or çà, je te monstreray, or çà, que meilleur te seroit estre tombé entre les pattes de Lucifer, or çà, et de tous les diables, or çà, qu'entre nos griphes, or çà. Les vois tu bien? Or çà, malautru, nous allegues tu innocence, or çà, comme chose digne d'eschapper nos tortures. Or çà, nos loix sont comme toiles d'araignes : or çà, les simples moucherons et petits papillons y sont prins ; or çà, les gros taons malfaisans les rompent, or çà, et passent à travers, or çà. Semblablement nous ne cherchons les gros larrons et tyrans, or çà : ils sont de trop dure digestion, or çà, et nous affolleroient, or çà. Vous aultres gentils innocents, or çà, y serez bien innocentés, or çà : le grand diable, or çà, vous chantera messe, or çà. »

Frere Jean, impatient de ce qu'avoit deduit Grippeminaud, luy dist :
« Hau, monsieur le diable engiponné, comment veux tu qu'il responde
d'un cas lequel il ignore? Ne te contentes tu de verité? — Or çà, dist
Grippeminaud, encores n'estoit de mon regne adveneu, or çà, qu'icy personne sans premier estre interrogé parlast, or çà. Qui nous a deslié ce fol
enragé icy? — Tu as menti, dist frere Jean sans les levres mouvoir. —
Or çà, quand seras en rang de respondre, or çà, tu auras prou affaire,
or çà, maraut. — Tu as menty, disoit frere Jean en silence. — Penses
tu estre en la forest de l'Academie, or çà, avec les ocieux veneurs et inquisiteurs de verité? Or çà, nous avons bien icy aultre chose à faire, or
çà : icy on respond, je dis, or çà, or çà, categoriquement, de ce que l'on
ignore. Or çà, on confesse avoir faict, or çà, ce qu'on ne fit onques. Or
çà, on proteste sçavoir ce que jamais on n'apprint. Or çà, on fait prendre
patience en enrageant. Or çà, on plume l'oye sans la faire crier, or çà.
Tu parles sans procuration, or çà, je le voy bien, or çà, tes fortes fiebvres
quartaines, or çà, qui te puissent espouser, or çà! — Diables, s'escria
frere Jean, archidiables, protodiables, pantodiables, tu donc veux marier
les moines? Ho hu, ho hou, je te prends pour heretique. »

CHAPITRE XIII

COMMENT PANURGE EXPOSE L'ENIGME DE GRIPPEMINAUD

Grippeminaud, faisant semblant n'entendre ce propos, s'adresse à Panurge, disant : « Or çà, or çà, or çà, et toy, guoguelu, n'y veux tu rien
dire? » Respondit Panurge : « Or de par le diable là, je voy clairement
que la peste est icy pour nous, or de par le diable là, veu qu'innocence
n'y est point en seureté, et que le diable y chante messe, or de par le
diable là. Je vous prie que pour tous je la paye, or de par le diable là,
et nous laisser aller. Je n'en puis plus, or de par le diable là. — Aller!
dist Grippeminaud, or çà encores n'advint depuis trois cens ans en çà,
or çà, que personne eschappast de céans sans y laisser du poil, or çà, ou
de la peau pour le plus souvent, or çà. Car, quoy? or çà, ce seroit à dire
que par devant nous icy serois injustement convenu, or çà, et de par nous
injustement traité, or çà. Malheureux es tu bien, or çà; mais encore plus le
seras, or çà, si ne responds à l'enigme proposé. Or çà, que veut il dire, or
çà? — C'est, or de par le diable là, respondit Panurge, un cosson noir né
d'une febve blanche, or de par le diable là, par le trou qu'il avoit fait la
rongeant, or de par le diable là : lequel aucune fois vole, aucune fois
chemine en terre, or de par le diable là : dont fut estimé de Pythagoras,

premier amateur de sapience, c'est en Grec *philosophe*, or de par le diable là, avoir d'ailleurs par metempsichosie ame humaine receue, or de par le diable là. Si vous aultres estiez hommes, or de par le diable là, après vostre male mort, selon son opinion, vos ames entreroient en corps de cossons, or de par le diable là : car en ceste vie vous rongez et mangez tout ; en l'aultre vous rongerez

> Et mangerez, comme viperes,
> Les costez propres de vos meres,

or de par le diable là.

— Cor Dieu, dit frere Jean, de bien bon cœur je souhaiterois que le trou de mon cul devienne febve, et autour soit de ces cossons mangé. »

Panurge, ces mots achevés, jetta au milieu du parquet une grosse bourse de cuir pleine d'escus au soleil. Au son de la bourse commencerent tous les Chats fourrés jouer des griphes, comme si fussent violons desmanchés. Et tous s'escrierent à haulte voix, disans : « Ce sont les espices : le proces fut bien bon, bien friant et bien espicé. Ils sont gens de bien. — C'est or, dist Panurge ; je dis escus au soleil. — La cour, dist Grippeminaud, l'entend, or bien, or bien, or bien. Allez, enfans, or bien, et passez outre : or bien, nous ne sommes tant diables, or bien, que sommes noirs, or bien, or bien, or bien. »

Issans du guichet, fusmes conduits jusques au port par certains gryphons de montagnes. Avant entrer en nos navires, fusmes par iceux advertis que n'eussions à chemin prendre sans premier avoir faict presens seigneuriaux, tant à la dame Grippeminaude qu'à toutes les Chattes fourrées ; autrement, avoient commission nous ramener au guichet. « Bren, respondit frere Jean ; nous icy à l'escart visiterons le fond de nos deniers, et donnerons à tous contentement. — Mais, dirent les garçons, n'oubliez le vin des pauvres diables. — Des pauvres diables, respondit frere Jean, jamais n'est en oubly le vin, mais est memorial en tous pays et toutes saisons. »

CHAPITRE XIV

COMMENT LES CHATS FOURRÉS VIVENT DE CORRUPTION

Ces paroles n'estoient achevées, quand frere Jean apperceut soixante huit galeres et fregates arrivantes au port. Là, soudain courut demander nouvelles : ensemble, de quelle marchandise estoient les vaisseaux chargés, et vit que tous chargés estoient de venaison, levreaux, chappons, palombes, cochons, chevreaux, vannaux, poullets, canards, alebrans, oisons, et aultres sortes de gibier. Parmy aussi apperceut quelques pieces de velours, de satin et damas. Adonc, interrogea les voyagiers où et à qui ils portoient ces frians morceaux. Ils respondirent que c'estoit à Grippeminaud, aux Chats fourrés et Chattes fourrées.

« Comment, dist frere Jean, appelez vous ces drogues là? — Corruption, respondirent les voyagiers. — Ils donc, dist frere Jean, de corruption vivent, en generation periront. Par la vertu Dieu, c'est cela : leurs peres mangerent les bons gentilshommes, qui, par raison de leur estat, s'exerçoient à la volerie et à la chasse pour plus estre en temps de guerre escors et ja endurcis au travail. Car venation est comme un simulacre de bataille : et onques n'en mentit Xenophon escrivant estre de la venerie, comme du cheval de Troye, issus tous bons chefs de guerre. Je ne suis pas clerc ; mais on me l'a dit, je le croy. Les ames d'iceux, selon l'opinion de Grippeminaud, aprés leur mort entrent en sangliers, cerfs, chevreuils, herons, perdrix, et aultres tels animaux, lesquels avoient, leur premiere vie durante, tousjours aimés et cherchés. Ores ces Chats fourrés, avoir leurs chasteaux, terres, domaines, possessions, rentes et revenus destruit et devoré, encores leur cherchent ils le sang et l'ame en l'aultre vie. O le gueux de bien qui nous en donna advertissement à l'enseigne de la mangeoire instablée au dessus du ratelier ! — Voire mais, dist Panurge aux voyagiers, on a faict crier, de par le grand Roy, que personne n'eust, sur peine de la hart, prendre cerfs ne biches, sangliers ne chevreuils. — Il est vray, respondit un pour tous. Mais le grand Roy est tant bon et tant benin : ces Chats fourrés sont tant enragés et affamés de sang chrestien que moins de peur avons nous offensans le grand Roy que d'espoir n'entretenans ces Chats fourrés par telles corruptions ; mesmement que demain le Grippeminaud marie une sienne Chatte fourrée avec un gros Mitouard, chat bien fourré. Au temps passé on les appelloit Machefoins ; mais las ! ils n'en maschent plus. Nous, de present, les nommons mache levreaux, mache perdrix, mache becasses, mache faisans, mache poullets, mache chevreaux, mache connils, mache cochons : d'aultres viandes ne sont alimentés. — Bren, bren, dist frere Jean : l'année prochaine on les nommera mache estrons, mache foires, mache merdes. Me voulez vous croire? — Ouy dea, respondit la brigade. — Faisons, dit il, deux choses : premierement, saisissons nous de tout ce gibier que voyez cy ; aussi bien suis je fasché de saleures : elles m'eschauffent les hypocondres. J'entends le bien payant. Secondement, retournons au guichet, et mettons à sac tous ces diables de Chats fourrés. — Sans faute, dist Panurge, je n'y vais pas : je suis un peu couard de ma nature. »

CHAPITRE XV

COMMENT FRERE JEAN DES ENTOMMEURES DELIBERE METTRE A SAC LES CHATS FOURRÉS

« Vertus de froc, dist frere Jean, quel voyage icy faisons nous? C'est un voyage de foirards : nous ne faisons que vessir, que peder, que fianter, que ravasser, que rien faire. Cordieu, ce n'est mon naturel : si tousjours quelque acte heroïque ne fais, la nuyt je ne peux dormir. Donc vous m'avez en compagnon prins pour en cestuy voyage messe chanter et confesser? Pasques de soles, le premier qui y viendra, il aura en penitence soy comme lasche et meschant jetter au parfond de la mer, en deduction des peines de purgatoire, je dis la teste la premiere. Qui a mis Hercules en bruit et renommée sempiternelle? n'est ce que il, peregrinant par le monde, mettoit les peuples hors de tyrannie, hors d'erreur, de dangers et angaries? Il mettoit à mort tous les brigands, tous les monstres, tous les serpens veneneux et bestes malfaisantes. Pourquoy ne suivons nous son exemple, et comme il faisoit ne faisons nous en toutes les contrées que passons? Il defit les Stymphalides, l'hydre de Lerne, Cacus, Antheus, les Centaures. Je ne suis pas clerc, les clercs le disent. A son imitation defaisons et mettons à sac ces Chats fourrés : ce sont tiercelets de diables, et delivrons ce pays de tyrannie. Je renie Mahon, si j'estois aussi fort et aussi puissant qu'il estoit, je ne vous demanderois ny aide ny conseil. Ça, irons nous? Je vous asceure que facilement nous les occirons, et ils l'endureront patiemment : je n'en doute, veu que de nous ont patiemment enduré des injures, plus que dix truyes ne boiroient de lavailles. Allons!

— Des injures, dis je, et deshonneur ils ne se soucient, pourveu qu'ils ayent escus en gibbeciere, voire fussent ils tous breneux : et les deferions peut estre, comme Hercules; mais il nous defaut le commandement d'Euristeus : et rien plus pour ceste heure, fors que je souhaite parmy eux Jupiter soy pourmener deux petites heures en telle forme que jadis visita Semelé sa mié, mere premiere du bon Bacchus.

— Dieu, dist Panurge, nous a faict belle grace d'eschapper de leurs gryphes : je n'y retourne pas, quant est de moy ; je me sens encore esmeu et alteré de l'ahan que j'y paty. Et y fus grandement fasché pour trois causes : la premiere, pource que j'y estois fasché; la seconde, pource que j'y estois fasché ; la tierce, pource que j'y estois fasché. Escoute icy de ton oreille dextre, frere Jean, mon couillon gauche; toutes et quantes fois que voudras aller à tous les diables, devant le tribunal de Minos, Eacus, Rhadamantus et Dis, je suis prest te faire compaignie indissoluble, avec toy passer Acheron, Styx, Cocyte, boire plein godet du fleuve Lethé, payer pour nous deux à Caron le naule de sa barque ; pour retorner au guichet, si de fortune veux retourner, saisis toy d'aultre compaignie que de la mienne, je n'y retourneray pas : ce mot te soit une muraille d'airain. Si par force et violence ne suis mené, je n'en approcheray, tant que ceste vie je vivray, en plus que Calpe d'Abila. Ulysses retourna il querir son espée en la caverne du Cyclope ? Ma dia, non : au guichet je n'ai rien oublié, je n'y retourneray pas.

— O, dist frere Jean, bon cœur et franc compagnon de mains paralitiques ! Mais parlons un peu par escot, docteur subtil : pour quoy est ce, et qui vous meut leur jetter la bourse pleine d'escus ? en avons nous trop ? n'eust ce assez esté leur jetter quelques testons rognés ? — Parce, respondit Panurge, qu'à tous periodes de propos Grippeminaud ouvroit sa gibbeciere de velours, exclamant : Or çà, or çà, or çà ! De là je prins conjecture comme pourrions francs et delivrés eschapper, leur jettant or là, or là, de par Dieu, or là, de par tous les diables là. Car gibbeciere de velours n'est reliquaire de testons, ne menue monnoie ; c'est un receptacle d'escus au soleil, entends tu, frere Jean, mon petit couillaud ? Quand tu auras autant rousty comme j'ay, et esté, comme j'ay esté, rousty, tu parleras aultre latin. Mais par leur injonction, il nous convient outre passer. »

Les gallefretiers tousjours au port attendoient en expectation de quelque somme de deniers. Et voyans que voulions faire voile, s'adresserent à frere Jean, l'advertissans qu'outre n'eust à passer sans payer le vin des appariteurs, selon la taxation des espices faictes. « Et sainct Hurluburlu, dist frere Jean, estes vous encore icy, griphons de tous les diables ? Ne suis je icy assez fasché sans m'importuner davantage ? Le cordieu, vous aurez vostre vin à ceste heure, je le vous promets seurement. » Lors desgainant son braquemart, sortit hors la navire, en deliberation de felonnement les occire ; mais ils gagnerent le grand gallot, et plus ne les apperceusmes.

Non pourtant fusmes nous hors de fascherie : car aucuns de nos mariniers, par congé de Pantagruel, le temps pendant qu'estions devant Grippeminaud, s'estoient retirés en une hostellerie prés le havre pour banqueter, et soy quelque peu de temps refraichir : je ne sçay s'ils avoient bien ou non payé l'escot, si est ce qu'une vieille hostesse, voyant frere Jean en terre, luy faisoit grande complainte, present un serrargent gendre d'un des Chats fourrés, et deux records de tesmoings. Frere Jean impatient de leurs discours et allegations demanda : « Gallefretiers, mes amis, voulez vous dire en somme que nos matelots ne sont gens de bien ? Je maintiens le contraire ; par Justice je le vous prouveray : c'est ce maistre braquemart icy. » Ce disant, s'escrimoit de son braquemart. Les paysans se mirent en fuite au trot : restoit seulement la vieille, laquelle protestoit à frere Jean que ses matelots estoient gens de bien ; de ce se complaignoit qu'ils n'avoient rien payé du lict, auquel après disner ils avoient reposé, et pour le lict demandoit cinq sols tournois. « Vrayement, respondit frere Jean, c'est bon marché : ils sont ingrats, et n'en auront tousjours à tel prix ; je le payeray volontiers, mais je le voudrois bien voir. » La vieille le mena au logis et luy monstra le lict, et l'ayant loué en toutes ses qualités, dist qu'elle ne faisoit de l'encherie si en demandoit cinq sols. Frere Jean luy bailla cinq sols : puis avec son braquemart fendit la coitte et coissin en deux, et par les fenestres mettoit la plume au vent, quand la vieille descendit et cria à l'aide et au meurtre, en s'amusant à recueillir sa plume. Frere Jean, de ce ne se souciant, emporta la couverture, le matelas et les deux linceux en nostre nef, sans estre veu de personne : car l'air estoit obscurcy de plume comme de neige, et les donna es matelots. Puis dist à Pantagruel là les licts estre à meilleur marché qu'en Chinonnois, quoy qu'y eussions les celebres oyes de Pautilé. Car pour le lict la vieille ne luy avoit demandé que cinq douzains, lequel en Chinonnois ne vaudroit moins de douze francs.

Si tost que frere Jean et les aultres de la compagnie furent dans la navire, Pantagruel fit voile ; mais il s'eleva un siroch si vehement qu'ils perdirent route, et quasi reprenans les erres du pays des Chats fourrés, ils entrerent en un grand goulphre, duquel, la mer estant fort haute et terrible, un mousse, qui estoit au haut du trinquet, cria qu'il voyoit encore les facheuses demeures de Grippeminaud : dont Panurge forsené de peur s'escrioit : « Patron, mon amy, maugré les vents et les vagues, tourne bride. O mon amy, ne retournons point en ce meschant pays, où j'ay laissé ma bourse. » Ainsi le vent les porta prés d'une isle à laquelle toutefois ils n'oserent aborder de prime face, et entrèrent à bien un mille de là prés de grands rochers.

CHAPITRE XVI

COMMENT PANTAGRUEL
ARRIVA EN L'ISLE DES APEDEFTES A LONGS DOIGTS ET MAINS CROCHUES,
ET DES TERRIBLES ADVENTURES ET MONSTRES QU'IL Y VIT

Si tost que les ancres furent jettées, et le vaisseau asceuré, l'on descendit l'esquif. Après que le bon Pantagruel eut fait les prieres et remercié le Seigneur de l'avoir sauvé et gardé de si grand et perilleux danger, il entra et toute sa compagnie dedans l'esquif, pour prendre terre : ce qui leur fut fort aisé, car la mer estant calme et les vents baissés, en peu de temps ils furent aux roches. Comme ils eurent prins terre, Epistemon, qui admiroit l'assiette du lieu et l'estrangeté des rochers, advisa quelques habitans dudict pays. Le premier à qui il s'adressa estoit vestu d'une robe gocourte, de couleur de roy, avoit le pourpoinct de demy ostade à bas de manches de satin, et le haut estoit de chamois, le bonnet à la coquarde : homme d'assez bonne façon, et, comme depuis nous sceusmes, il avoit nom Guaignebeaucoup. Epistemon luy demanda comme s'appeloient ces rochers et vallées si estranges. Guaignebeaucoup luy dist que c'estoit une colonie tirée du pays de Procuration, et l'appelloient les Cahiers ; et qu'au delà des rochers, ayans passé un petit gué, nous trouverions l'isle des Apedeftes. « Vertus d'Extravagantes, dist frere Jean ! Et vous aultres gens de bien, de quoy vivez vous icy ? Sçaurions nous boire en vostre verre ? car je ne vous voy aucuns outils que parchemins, cornets et plumes.

— Nous ne vivons, respondit Guaignebeaucoup, que de cela aussi : car il faut que tous ceux qui ont affaire en l'isle passent par mes mains. — Pourquoy ? dist Panurge, estes vous barbier, qu'il faut qu'ils soient testonnés ? — Ouy, dist Guaignebeaucoup, quant aux testons de la bourse. — Par Dieu, dist Panurge, vous n'aurez de moy denier ny maille ; mais je vous prie, beau sire, menez nous à ces Apedeftes, car nous venons du pays des sçavans, où je n'ay gueres gaigné. » Et comme ils devisoient, ils arriverent en l'isle des Apedeftes : car l'eau fut tantost passée. Pantagruel fut en grande admiration de la structure, de la demeure et habitation des gens du pays : car ils demourent en un grand pressouer, auquel on monte prés de cinquante degrés ; et avant que d'entrer au maistre pressouer (car leans y en a des petits, grands, secrets, moyens, et de toutes sortes) vous passez par un grand peristyle, où vous voyez en paysage les ruines presque de tout le monde, tant de potences de grands larrons, tant de gibets, de questions, que cela nous fit peur. Voyant Guaignebeaucoup que Pantagruel s'amusoit à cela : « Monsieur, dist il, allons plus avant : cecy n'est rien. — Comment, dist frere Jean, ce n'est rien. Par l'ame de ma braguette eschauffée, Panurge et moy tremblons de belle faim. J'aimeroys mieux boire que voir ces ruines icy. — Venez, » dist Guaignebeaucoup.

Lors nous mena en un petit pressouer qui estoit caché sus le derriere, que l'on appelloit en langage de l'isle, *Pithies*. Là ne demandez pas si maistre Jean se traicta, et Panurge : car saulcissons de Milan, coqs d'Indes, chappons, autardes, malvoisie, et toutes bonnes viandes estoient prestes et fort bien accoustrées. Un petit bouteiller voyant que frere Jean avoit donné une œillade amoureuse sus une bouteille qui estoit prés d'un buffet, separée de la troupe bouteillique, dist à Pantagruel : « Monsieur, je voy que l'un de vos gens fait l'amour à ceste bouteille : je vous supplie bien fort qu'il n'y soit touché, car c'est pour Messieurs. — Comment, dist Panurge, il y a donc des messieurs ceans? L'on y vendange, à ce que je voy. » Alors Guaignebeaucoup nous fit monter, par un petit degré caché, en une chambre par laquelle il nous monstra les Messieurs qui estoient dans le grand pressouer, auquel il nous dist qu'il n'estoit licite à homme d'y entrer sans congé, mais que nous les voirions bien par ce petit goulet de fenestre, sans qu'ils nous vissent.

Quand nous y fusmes, nous advisasmes dans un grand pressouer vingt ou vingt cinq gros pendars à l'entour d'un grand bourreau tout habillé de verd, qui s'entreregardoient, ayans les mains longues comme jambes de grue, et les ongles de deux pieds pour le moins : car il leur est defendu de les roigner jamais, de sorte qu'ils leur deviennent croches comme rancons ou rivereaux ; et sus l'heure fut amenée une grosse grappe de vigne qu'on vendange en ce pays là, du plant de l'Extraordinaire, qui souvent pend à eschalats. Sitost que la grappe fut là, ils la mirent au pressouer et n'y eut grain dont pas un ne pressurast de l'huile d'or : tant que la pauvre grappe fût rapportée si seiche et espluchée qu'il n'y avoit plus ne jus ne liqueur du monde. Or, nous contoit Guaignebeaucoup, qu'ils n'ont pas souvent ces grosses là ; mais qu'ils en ont toujours d'aultres sus le pressouer. « Mais, mon compere, dist Panurge, en ont ils de beaucoup de plants? — Ouy, dist Guaignebeaucoup. Voyez vous bien ceste là petite que voyez qu'on s'en va remettre au pressouer? c'est celle du plant des Decimes : ils en tirerent desja l'aultre jour jusques au pressurage ; mais l'huile sentoit le coffre au prebstre, et Messieurs n'y trouverent pas grands appigrets. — Pourquoy donc, dist Pantagruel, la remettent ils au pressouer? — Pour voir, dist Guaignebeaucoup, s'il y a poinct quelque omission de jus ou recepte dédans le marc, — Et digne vertu Dieu, dist frere Jean, appellez vous ces gens là ignorans? Comment diable ! ils tireroient de l'huile d'un mur. — Aussi font-ils, dist Guaignebeaucoup ; car souvent ils mettent au pressouer des chasteaux, des parcs, des forests, et de tout en tirent l'or potable. — Vous voulez dire portable, dist Epistemon. — Je dis potable, dist Guaignebeaucoup : car l'on en boit ceans maintes bouteilles que l'on ne devroit pas. Il y en a de tant de plants que l'on n'en sçait le nombre. Passez jusques icy, et voyez dans ce courtil : en voyla plus de mille qui n'attendent que l'heure d'estre pressourés. En voyla du plant general ; voyla du particulier, des fortifications, des emprunts, des dons, des casuels, des domaines, des menus plaisirs, des postes, des offrandes, de la Maison. — Et qui est ceste grosse là, à qui toutes ces petites sont à l'environ? — C'est, dist Guaignebeaucoup, de l'Espargne, qui est le meilleur plant de tout ce pays. Quand on en pressure de ce plant, six mois après il n'y a pas un des Messieurs qui ne s'en sente. »

Quand ces messieurs furent levés, Pantagruel pria Guaignebeaucoup qu'il nous menast en ce grand pressouer : ce qu'il fit volontiers. Sitost que fusmes entrés, Epistemon, qui entendoit toutes langues, commença à monstrer à Pantagruel les devises du pressouer, qui estoit grand, beau, faict, à ce que nous dist Guaignebeaucoup, du bois de la croix : car sus chascun ustensile estoient escrits les noms de chascune chose en langue du pays. La vis du pressouer s'appeloit *recepte* ; la met, *despense* ; la croue, *estat* ; le tesson, *deniers comptés et non receus* ; les futs, *souffrance* ; les beliers, *radietur* ; les jumelles, *recuperetur* ; les cuves, *plus valeur* ; les ansées, *roolés* ; les foullouaires, *acquits* ; les hottes, *validation* ; les portoueres, *ordonnance valable* ; les seilles, *le pouvoir* ; l'entonnoir, *le quittus*.

« Par la royne des andouilles, dist Panurge, toutes les hierogliphiques d'Ægypte n'approcherent jamais de ce jargon. Que diable, ces mots là rencontrent de picques comme crottes de chevre. Mais pourquoy, mon compere, mon amy, appelle on ces gens icy ignorans? — Parce, dist Guaignebeaucoup, qu'ils ne sont et ne doibvent nullement estre clercs, et que ceans, par leur ordonnance, tout se doit manier par ignorance, et n'y doit avoir raison, sinon que : Messieurs l'ont dit ; Messieurs le veulent ; Messieurs l'ont ordonné. — Par le vray Dieu, dist Pantagruel, puisqu'ils gaignent tant aux grappes, le serment leur peut beaucoup valoir. — En doutez vous, dist Guaignebeaucoup? Il n'est mois qu'ils n'en ayent. Ce n'est pas comme en vos pays, où le serment ne vous vault rien qu'une fois l'année. »

De là, pour nous mener par mille petits pressouers, en sortant nous advisasmes un aultre petit bourreau, à l'entour duquel estoient quatre ou cinq de ces ignorans, crasseux et choleres comme asne à qui l'on attache une fusée aux fesses, qui, sus un petit pressouer qu'ils avoient là, repassoient encore le marc des grappes après les aultres : l'on les appeloit, en langue du pays, *Courracteurs*. « Ce sont les plus rebarbatifs villains à les voir, dist frere Jean, que j'aye jamais apperceu. »

De ce grand pressouer nous passasmes par infinis petits pressouers, tous pleins de vendangeurs qui espluchent les grains avec des ferremens qu'ils appellent *articles de comptes* : et finalement arrivasmes en une basse salle où nous vismes un grand dogue à deux testes de chien, ventre de loup, griphé comme un diable de Lamballe, qui estoit là nourry de laict d'amendes, et estoit ainsi delicatement par l'ordonnance de Messieurs traicté, par ce qu'il n'y avoit celuy à qui il ne valust bien la rente d'une bonne métairie. Ils l'appeloient en langue d'Ignorance, *Duple*. Sa mere estoit auprés, qui estoit de pareil poil et forme, hormis qu'elle avoit quatre testes, deux masles et deux femelles, et elle avoit nom *Quadruple*, laquelle estoit la plus furieuse beste de leans, et la plus dangereuse aprés sa grand mere, que nous vismes enfermée en un cachot qu'ils appeloyent *Omission de recepte*.

Frere Jean, qui avoit tousjours vingt aunes de boyaulx vuides pour avaller une saugrenée d'advocats, se commençant à fascher, pria Pantagruel de penser du disner, et de mener avec luy Guaignebeaucoup : de sorte qu'en sortant de leans par la porte de derriere, nous rencontrasmes un vieil homme enchaisné, demy ignorant et demy sçavant, comme un Androgyne de diable, qui estoit de lunettes caparassonné comme une tortue d'escailles, et ne vivoit que d'une viande qu'ils appellent en leur patois *Appellations*. Le voyant, Pantagruel demanda à Guaignebeaucoup de quelle race estoit ce protonotaire, et comment il s'appeloit. Guaignebeaucoup nous conta comme de tout temps et ancienneté il estoit leans, à grand regret et desplaisir de Messieurs enchaisné, qui le faisoient mourir presque de faim, et s'appelloit *Revisit*. « Par les saincts couillons du pape, dist frere Jean, je ne m'esbahis pas si tous Messieurs les ignorans d'icy font grand cas de ce papelard là. Par Dieu, il m'est advis, amy Panurge, si tu y regardes bien, qu'il a le minois de Grippeminaud : ceux cy, tout ignorans qu'ils sont, en savent autant que les aultres. Je le renvoyerois bien d'où il est venu, à grands coups d'anguillade. — Par mes lunettes orientales, dist Panurge, frere Jean, mon amy, tu as raison : car à voir la trogne de ce faux villain *Revisit*, il est encores plus ignorant et meschant que ces pauvres ignorans icy, qui grappent au moins mal qu'ils peuvent, sans long proces, et qui, en trois petits mots, vendangent le clos sans tant d'interlocutoires ny decrotoires, dont ces Chats fourrés en sont bien faschés. »

CHAPITRE XVII

COMMENT NOUS PASSAMES OUTRE, ET COMMENT PANURGE Y FAILLIT D'ESTRE TUÉ

Sus l'instant nous prinsmes la route d'Outre, et contasmes nos adventures à Pantagruel, qui en eut commiseration bien grande, et en fit quelques elegies par passe temps. Là arrivés, nous refraichismes un peu et puisasmes eau fraiche ; prinsmes aussi du bois pour nos munitions. Et nous sembloient les gens du pays à leur physionomie bons compagnons, et de bonne chere : ils estoient tous outrés et tous pedoient de graisse : et apperceusmes (ce que n'avois encores veu es aultres pays) qu'ils dechiquetoient leur peau pour y faire bouffer la graisse, ne plus ne moins que les sallebrenaux de ma patrie descouppent le hault de leurs chausses pour y faire bouffer le taffetas. Et disoient ce ne faire pour gloire et ostentation, mais aultrement ne pouvoir en leur peau. Ce faisant aussi, plus soudain devenoient grands, comme les jardiniers incisent la peau des jeunes arbres pour plus tost les faire croistre.

Prés le havre estoit un cabaret beau et magnifique en extérieure apparence, auquel accourir voyans nombre grand de peuple Outré, de tous sexes, toutes aages et tous estats, pensions que là fust quelque notable festin, et banquet. Mais nous fut dit qu'ils estoient invités aux crevailles de l'hoste et y alloient en diligence proches, parens et alliés. N'entendans ce jargon, et estimans qu'en iceluy pays le festin on nommast crevailles, comme deça nous appelons affiançailles, espousailles, relevailles, tondailles, mestivailles, fusmes advertis que l'hoste en son temps avoit esté bon raillard, grand grignoteur, beau mangeur de soupes Lyonnoises, notable compteur d'horloge, eternellement disnant comme l'hoste de Rouillac, et ayant ja par dix ans pedé graisse en abondance, estoit venu en ses crevailles, et selon l'usage du pays finoit ses jours en crevant, plus ne pouvant le peritoine et peau par tant d'années deschiquetée clorre et retenir ses trippes qu'elles n'effondrassent par dehors, comme d'un tonneau deffoncé. « Et quoy, dist Panurge, bonnes gens, ne luy sçauriez vous bien à poinct avec bonnes grosses sangles ou bons gros cercles de cormier, voire de fer, si besoin est, le ventre relier ? Ainsi lié ne jetteroit si aisement ses fons hors, et si tost ne creveroit. » Ceste parole n'estoit achevée quand nous entendismes en l'air un son haut et strident, comme si quelque gros chesne esclatoit en deux pieces : lors fut dit par les voisins que les crevailles estoient faictes, et que cestuy esclat estoit le ped de la mort.

Là me souvint du venerable abbé de Castilliers, celuy qui ne daignoit biscoter ses chambrieres *nisi in Pontificalibus*, lequel importuné de ses parens et amis de resigner sus ses vieux jours son abbaye, dist et protesta que point ne se despouilleroit devant soy coucher, et que le dernier ped que feroit sa paternité seroit un ped d'abbé.

CHAPITRE XVIII

COMMENT NOSTRE NAUF FUT ENQUARRÉE, ET FUSMES AIDÉS D'AUCUNS VOYAGIERS QUI TENOIENT DE LA QUINTE

Ayans serpé nos ancres et gumenes, fismes voile au doux zephire. Environ vingt deux milles, se leva un furieux tourbillon de vens divers, autour duquel avec le trinquet et boulingues quelque peu temporisasmes, pour seulement n'estre dicts mal obéissans au pilot, lequel nous asceuroit, veu la douceur d'iceux vens, veu aussi leur plaisant combat, ensemble le serenité de l'air et tranquillité du courant n'estre n'y en espoir de grand bien, ny en crainte de grand mal : partant à propos nous estre la sentence du philosophe, qui commandoit soustenir et abstenir, c'est à dire temporiser. Tant toutesfois dura ce tourbillon qu'à nostre requeste importuné, le pilot essaya le rompre et suivre nostre route premiere. De faict, levant le grand artemon, et à droite calamite du boussole dressant le gouvernail, rompit, moyennant un rude cole survenant, le tourbillon susdict. Mais ce fut en pareil desconfort, comme si evitans Charybde, fussions tombés en Scylle. Car à deux milles du lieu furent nos naufs enquarrées parmy les arenes, telles que sont les Rats Sainct-Maixant.

Toute nostre chorme grandement se contristoit, et force vent à travers les mejanes ; mais frere Jean onques ne s'en donna melancholie, ains consoloit maintenant l'un, maintenant l'aultre par douces paroles ; leur remonstrant que de brief aurions secours du ciel, et qu'il avoit veu Castor sus le bout des antennes. « Pleust à Dieu, dist Panurge, estre à ceste heure à terre, et rien plus, et que chascun de vous aultres, qui tant aimez la marine, eussiez deux cens mille escus : je vous mettrois un veau en mue, et refraichirois un cent de fagots pour vostre retour. Allez, je consens jamais ne me marier ; faites seulement que je sois mis en terre, et que j'aye cheval pour m'en retourner : de valet je me passeray bien. Je ne suis jamais si bien traité que quand je suis sans valet. Plaute jamais n'en mentit disant le nombre de nos croix, c'est à dire afflictions, ennuis, fascheries, estre selon le nombre de nos valets, voire fussent ils sans langue, qui est la partie plus dangereuse et male qui soit à un valet, et pour laquelle seule furent inventées les tortures, questions et gehennes sur les valets : ailleurs non, combien que les cotteurs de Droit en ce temps, hors ce royaume, l'ayent tirée à consequence alogique, c'est à dire desraisonnable. »

En icelle heure vint vers nous droit aborder une navire chargée de tabourins, en laquelle je recognu quelques passagers de bonne maison, entr'aultres Henry Cotiral, compagnon vieux, lequel à sa ceinture un grand vietdaze portoit, comme les femmes portent patenostres, et en main senestre tenoit un gros, gras, vieil et sale bonnet d'un taigneux ; en sa dextre tenoit un gros trou de chou. De prime face qu'il me recognut s'escria de joye, et me dit : « En ay je ? voyez cy (monstrant le vietdaze) le vray algamana : cestuy bonnet doctoral est nostre unique Elixo, et cecy (monstrant le trou de chou) c'est *Lunaria major*. Nous la ferons à vostre retour. — Mais, dis je, d'où venez ? où allez ? qu'apportez ? avez senty la marine? » Il me respond : « De la Quinte, en Touraine, alchimie, jusques au cul. — Et quels gens, dis je, avez là avec vous sus le tillac? Chantres, respondit il, musiciens, poëtes, astrologues, rimasseurs, géomantiens, alchimistes, horlogiers : tous tiennent de la Quinte ; ils en ont lettres d'advertissement belles et amples. » Il n'eut achevé ce mot, quand Panurge, indigné et fasché, dist : « Vous donc qui faites tout jusques au beau temps et petits enfans, pourquoy icy ne prenez le cap, et sans delay en plein courant nous revoquez? — J'y allois, dist Henry Cotiral : à ceste heure, à ce moment, presentement serez hors du fond. » Lors fit deffoncer 7,532,810 gros tabourins d'un costé, cestuy costé dressa vers le gaillardet, et estroitement lierent en tous les endroits les gumenes ; print nostre cap en pouppe, et l'attacha aux bitons. Puis en premier hourt nous serpa des arenes avec facilité grande, et non sans esbattement. Car le son des tabourins, adjoint le doux murmur du gravier et le celeume de la chorme, nous rendoient harmonie peu moindre que celle des astres rotans, laquelle dit Platon avoir par quelques nuyts ouïe dormant.

Nous abhorrens d'estre envers eux ingrats pour ce bienfait reputés, leur departions de nos andouilles, emplissions leurs tabourins de saucisses, et tirions sur le tillac soixante et deux aires de vin, quand deux grands physeteres impetueusement aborderent leur nauf, et leur jetterent dedans plus d'eau que n'en contient la Vienne depuis Chinon jusques à Saulmur, et en emplirent tous leurs tabourins, et mouillerent toutes leurs antennes, et leur baignoient les chausses par le collet. Ce que voyant Panurge, entra en joye tant excessive, et tant exerça sa ratelle qu'il en eut la cholique plus de deux heures. « Je leur voulois, dit il, donner leur vin, mais ils ont eu leur eau bien à propos. D'eau douce ils n'ont cure, et ne s'en servent qu'à laver les mains. De bourach leur servira ceste belle eau salée, de nitre et sel ammoniac en la cuisine de Geber. » Aultre propos ne nous fut loisible avec eux tenir : le tourbillon premier nous tollissant liberté de timon. Et nous pria le pilot que le laississions dorenavant la nauf guider, sans d'aultre chose nous empescher que de faire chere lie : et pour l'heure nous convenoit costoyer cestuy tourbillon et obtemperer au courant, si sans danger voulions au royaume de la Quinte parvenir.

CHAPITRE XIX

COMMENT NOUS ARRIVASMES AU ROYAUME DE LA QUINTE ESSENCE, NOMMÉE ENTELECHIE

Ayans prudemment costoyé le tourbillon par l'espace d'un demy jour, au troisieme suivant nous sembla l'air plus serain que de coustume, et en bon sauvement descendismes au port de Mathéothecnie, peu distant du palais de la Quinte Essence. Descendans au port trouvasmes en barbe grand nombre d'archiers et gens de guerre, lesquels gardoient l'arsenac : de prime arrivée ils nous firent quasi peur, car ils nous firent à tous laisser nos armes, et roguement nous interrogerent, disans : « Comperes, de quel pays est la venue ? — Cousins, respondit Panurge, nous sommes Tourangeaux. Ores venons de France, convoiteux de faire reverence à la dame Quinte Essence, et visiter ce tres celebre royaume d'Entelechie.

— Que dictes vous ? interrogent ils; dictes vous Entelechie, ou Endeechie ? — Beaux cousins, respondit Panurge, nous sommes gens simples et idiots, excusez la rusticité de nostre langage, car au demourant les cœurs sont francs et loyaux. — Sans cause, dirent ils, nous ne vous avons sus ce different interrogés : car grand nombre d'aultres ont icy passé de vostre pays de Touraine, lesquels nous sembloient bons lourdeaux, et parloient correct ; mais d'aultres pays sont icy venus, ne sçavons quels outrecuidés, fiers comme Escossois, qui contre nous à l'entrée vouloient obstinement contester : ils ont esté bien frottés, quoy qu'ils montrassent visage rubarbatif. En vostre monde avez vous si grande superfluité de temps que ne sçavez en quoy l'employer, fors ainsi de nostre dame royne parler, disputer, et impudentement escrire ? Il estoit bien besoin que Ciceron abandonnast sa republique pour s'en empescher, et Diogenes Laërtius, et Theodorus Gaza, et Argyropile, et Bessarion, et Politian, et Budée, et Lascaris, et tous les diables de sages fols : le nombre desquels n'estoit assez grand, s'il n'eust esté recentement accreu par Scaliger, Brigot, Chambrier, François Fleury, et ne sçay quels aultres tels jeunes haires esmouchetés. Leur male angine, qui leur suffoquast le gorgeron avec l'epiglotide ! Nous les... — Mais quoy, diantre, ils flattent les diables, disoit Panurge entre les dents. — Vous icy n'estes venus pour en leur folie les soustenir, et de ce n'avez procuration : plus aussi d'iceux ne vous parlerons. Aristoteles, prime homme et paragon de toute philosophie, fut parrein de nostre dame royne : il tres bien et proprement la nomma Entelechie. Entelechie est son vray nom : s'aille chier, qui aultrement la nomme ! Qui aultrement la nomme, erre par tout le ciel. Vous soyez les tres bien bienvenus. »

Ils nous presenterent l'acolade, nous en fusmes tous rejouis. Panurge me dist en l'oreille : « Compaignon, as tu rien eu peur en ceste premiere boutée ?

— Quelque peu, respondy je.

— J'en ay, dist il, plus eu que jadis n'eurent les soldats d'Ephraïm, quand les Galaadites furent occis et noyés pour en lieu de Schibboleth dire Sibboſeth. Et n'y a homme, pour tous taire, en Beauce, qui bien ne m'eust avec une charretée de foin estouppé le trou du cul. »

Depuis nous mena le capitaine au palais de la royne en silence et grandes ceremonies. Pantagruel lui vouloit tenir quelques propos ; mais, ne pouvant monter si haut qu'il estoit, souhaitoit une eschelle, ou des eschasses bien grandes. Puis dist : « Baste! si nostre dame la royne vouloit, nous serions aussi grands comme vous. Ce sera quand il luy plaira. » Par les premieres galleries rencontrasmes grand tourbe de gens malades, lesquels estoient installés diversement, selon la diversité des maladies. Les ladres à part, les empoisonnés en un lieu, les pestiferés ailleurs, les verolés en premier rang : ainsi de tous aultres.

CHAPITRE XX

COMMENT LA QUINTE ESSENCE GUARISSOIT LES MALADIES PAR CHANSONS

En la seconde gallerie nous fut par le capitaine monstré la dame jeune, et si avoit dix huit cens ans pour le moins, belle, delicate; vestue gorgiasement, au milieu de ses damoiselles et gentils hommes. Le capitaine nous dist : « Heure n'est de parler à elle, soyez seulement spectateurs attentifs de ce qu'elle fait. Vous en vostre royaume avez quelques roys, lesquels fantastiquement guarissent d'aucunes maladies, comme scrophule, mal sacré, fiebvres quartes, par seule apposition des mains. Ceste nostre royne de toutes maladies guarit sans y toucher, seulement leur sonnant une chanson selon la competence du mal. » Puis nous monstra les orgues, desquelles sonnant, faisoit ses admirables guarisons. Icelles estoient de façon bien estrange : car les tuyaux estoient de casse en canon, le sommier de gajac, les marchettes de rubarbe, le suppied de turbith, le clavier de scammonie.

Lors que considerions ceste admirable et nouvelle structure d'orgues, par ses abstracteurs, spodizateurs, massiteres, pregustes, tabachins, chachanins, neemanins, rabrehans, nercins, rozuins, nedibins, néarins, segamions, perazons, chesinins, sarins, sotrins, aboth, enilins, archasdarpenins, mebins, giborins, et aultres siens officiers, furent les lepreux introduits : elle leur sonna une chanson, je ne sçay quelle ; furent soudain et parfaictement guaris. Puis furent introduits les empoisonnés : elle leur sonna une autre chanson, et gens debout. Puis les aveugles, les sourds, les muets, les gens apoplectiques de mesme. Ce que nous espouvanta, non à tort, et tombasmes en terre, nous prosternans comme gens ecstatiques et ravis en contemplation excessive et admiration des vertus qu'avions veu proceder de la dame, et ne fut en nostre pouvoir aucun mot dire. Ainsi restions en terre, quand elle, touchant Pantagruel d'un beau bouquet de roses blanches, lequel elle tenoit en main, nous restitua le sens, et fit tenir en pieds. Puis nous dist en paroles byssines, telles que vouloit l'àrisatis qu'on proferast parlant à Cyrus son fils, ou pour le moins de taffetas armoisi :

« L'honnesteté scintillante en la circonference de vos personnes jugement certain me fait de la vertu latente au centre de vos esprits ; et voyant la suavité melliflue de vos discrettes reverences, facilement me persuade le cœur vostre ne patir vice aucun, n'aucune sterilité de sçavoir liberal et hautain, ains abonder en plusieurs peregrines et rares disciplines : lesquelles à present plus est facile, par les usages communs du vulgaire imperit, desirer que rencontrer. C'est la raison pourquoy je, dominante par le passé à toute affection privée, maintenant contenir ne me peux vous dire le mot trivial au monde, c'est que soyez les bien, les plus, les tresques bien venus.

— Je ne suis point clerc, me disoit secretement Panurge ; respondez si voulez. » Je toutesfois ne respondis ; non fit Pantagruel, et demeurions en silence. Adonc dist la royne : « En ceste vostre taciturnité cognoy je que, non seulement estes issus de l'escole Pythagorique, de laquelle print racine en successive propagation l'antiquité de mes progeniteurs, mais aussi qu'en Egypte, celebre officine de haute philosophie, mainte lune retrograde vos ongles mords avez, et là teste d'un doigt grattée. En l'escole de Pythagoras, taciturnité de cognoissance estoit symbole : et silence des Egyptiens recognu estoit en louange deifique, et sacrifioient les pontifes en Hieropolis au grand Dieu en silence, sans bruit faire, ne mot sonner. Le dessein mien est n'entrer vers vous en privation de gratitude : ains, par vive formalité, encores que matiere se voulust de moy abstraire, vous excentriquer mes pensées. »

Ces propos achevés, dressa sa parole vers ses officiers, et seulement leur dist : « Tabachins, à Panacée. » Sus ce mot les tabaschins nous dirent qu'eussions la dame royne pour excusée, si avec elle ne disnions : car à son disner rien ne mangeoit, fors quelques cathegories, jecabots, eminins, dimions, abstractions, harborins, chelimins, secondes intentions, caradoths, antitheses, metempsichoses, transcendentes prolepsies.

Puis nous menerent en un petit cabinet tout contrepointé d'alarmes : là, fusmes traités, Dieu sçait comment. On dit que Jupiter, en la peau diphthere de la chevre qui l'alaicta en Candie, de laquelle il usa comme de pavois, combattant les Titanes, pourtant est il surnommé Egiuchus, escrit tout ce que l'on fait au monde. Par ma soif, beuveurs, mes amis, en dix huit peaux de chevres on ne sçauroit les bonnes viandes qu'on nous servit, les entremets et bonne chere qu'on nous fit, descrire, voire fust ce en lettres aussi petites que dit Cicero avoir leu l'*Iliade* d'Homere, tellement qu'on la couvroit d'une coquille de noix. De ma part, encores que j'eusse cent langues, cent bouches, et la voix de fer, la copie melliflue de Platon, je ne sçaurois en quatre livres vous en exposer la tierce partie d'une seconde. Et me disoit Pantagruel que, selon son imagination, la dame à ses tabaschins disant : « A Panacée, » leur donnoit le mot symbolique entr'eux de chere souveraine, comme : « En Apollo, » disoit Luculle, quand festoyer vouloit ses amis singulierement, encores qu'on le prist à l'improviste, ainsi que quelquefois faisoient Ciceron et Hortensius.

CHAPITRE XXI

COMMENT LA ROYNE PASSOIT TEMPS APRÉS DISNER

Le disner parachevé, fusmes par un chachanin menés en la salle de la dame, et vismes comment, selon sa coustume, après le past, elle, accompaignée de ses damoiselles et princes de sa cour, sassoit, tamisoit, belutoit, et passoit le temps avec un beau et grand sas de soye blanche et bleue. Puis apperceusmes que, revoquans l'antiquité en usage, ils jouerent ensemble aux

Cordace,	Calabrisme,
Emmelie,	Molossicque,
Sicinnie,	Cornophore,
Iambicques,	Mongas,
Persicque,	Thermanstrie,
Phrygie,	Florule,
Nicatisme,	Pyrrhicque,
Thracie,	Et mille autres danses.

Depuis, par son commandement, visitasmes le palais, et vismes choses tant nouvelles, admirables et estranges, qu'y pensant suis encores tout ravy en mon esprit. Rien toutesfois plus, par admiration, ne subvertit nos sens que l'exercice des gentilshommes de sa maison, abstracteurs, parazons, nedibins, spodizateurs et aultres, lesquels nous dirent franchement, sans dissimulation, que la dame royne faisoit tout impossible, et guarissoit les incurables seulement : eux, ses officiers, faisoient et guarissoient le reste.

Là, je vis un jeune Parazon guarir les verolés, je dis de la bien fine, comme vous diriez de Rouen, seulement leur touchant le vertebre dentiforme d'un morceau de sabot par trois fois.

Un autre je vis hydropiques parfaitement guarir, timpanistes, ascites et hyposargues, leur frappant par neuf fois sus le ventre d'une besaguë Tenedie, sans solution de continuité.

Un guarissoit de toutes fiebvres sus l'heure, seulement à la ceinture des quarterains sus le costé gauche attachant une queue de renard.

Un, du mal des dents, seulement lavant, par trois fois, la racine de la dent affligée avec du vinaigre suzat, et au soleil par demie heure la laissant desseicher.

Un autre, toute espece de goutte, fust chaulde, fust froide, fust pareillement naturelle, fust accidentale : seulement faisant es goutteux clorre la bouche et ouvrir les yeux.

Un autre je vis qui, en peu d'heures, guarit neuf bons gentilshommes du mal sainct François, les ostant de toutes debtes, et à chascun d'eux mettant une corde au col, à laquelle pendoit une bourse pleine de dix mille escus au soleil.

Un autre, par engin mirifique, jettoit les maisons par les fenestres : ainsi restoient emundées d'air pestilent.

Un autre guarissoit toutes les trois manieres d'hetiques, atrophes, tabides, emaciés, sans bains, sans laict Tabian, sans dropace, pication, n'autre medicament : seulement les rendant moines par trois mois. Et nous affermoit que, si en l'estat monachal ils n'engraissoient, ne par art, ne par nature, jamais n'engraisseroient.

Un autre vis accompagné de femmes en grand nombre, par deux bandes. L'une estoit de jeunes fillettes saffrettes, tendrettes, blondelettes, gracieuses, et de bonne volonté, ce me sembloit. L'autre, de vieilles edentées, chassieuses, ridées, bazanées, cadavereuses. Là, fut dit à Pantagruel qu'il refondoit les vieilles, les faisant ainsi rajeunir, et telles, par son art, devenir qu'estoient les fillettes là presentes, lesquelles il avoit cestuy jour refondues, et entierement remises en pareille beauté, forme, elegance, grandeur et composition des membres, comme estoient en l'aage de quinze à seize ans, excepté seulement les talons, lesquels leur restoient trop plus courts que n'estoient en leur premiere jeunesse.

Cela estoit la cause pourquoy elles, dorenavant, à toutes rencontres d'hommes, seront moult subjettes et faciles à tomber à la renverse. La bande des vieilles attendoit l'autre fournée en tres grande devotion, et l'importunoient en toute instance, alleguans que chose est en nature intolerable quand beauté faut à cul de bonne volonté. Et avoit en son art pratique continuelle, et guain plus que mediocre. Pantagruel interroguoit, si par fonte pareillement faisoit les hommes vieux rajeunir : respondu luy fut que non ; mais la maniere d'ainsi rajeunir estre par habitation avec femme refondue, car là on prenoit ceste quinte espece de verole, nommée la Pellade, en grec *ophiasis*, moyennant laquelle on change de poil et de peau, comme font annellement les serpens, et en eux est jeunesse renouvellée, comme au phœnix d'Arabie. C'est la vraye fontaine de Jouvence. Là, soudain, qui vieux estoit et decrepit, devient jeune, allaigre et dispos, comme dit Euripides estre advenu à Iolaüs ; comme advint au beau Phaon, tant aimé de Sapho, par le benefice de Venus ; à Tithone, par le moyen d'Aurora ; à Eson, par l'art de Medée, et à Jason pareillement, qui selon le tesmoignage de Pherecides et de Simonides, fut par icelle reteint et rajeuny ; et comme dit Eschilus estre advenu es nourrices du bon Bacchus, et à leurs maris aussi.

CHAPITRE XXII

COMMENT LES OFFICIERS DE LA QUINTE DIVERSEMENT S'EXERCENT, ET COMMENT LA DAME NOUS RETINT EN ESTAT D'ABSTRACTEURS

Je vis, aprés, grand nombre de ces officiers susdits, lesquels blanchissoient les Æthiopiens en peu d'heures, du fond d'un panier leur frottant seulement le ventre.

Autres à trois couples de renards sous un joug aroient le rivage areneux, et ne perdoient leur semence.

Autres lavoient les tuiles, et leur faisoient perdre couleur.

Autres tiroient eau des pumices, que vous appellez pierre ponce, la pilant long temps en un mortier de marbre, et luy changeoient sa substance.

Autres tondoient les asnes, et y trouvoient toison de laine bien bonne.

Autres cueilloient des espines raisins, et figues des chardons.

Autres tiroient laict des boucs, et dedans un crible le recevoient, à grand profit de mesnage.

Autres lavoient les têtes des asnes, et n'y perdoient la lexive.

Autres chassoient au vent avec des rets, et y prenoient escrevices decumanes.

Je vis un jeune spodizateur, lequel artificiellement tiroit des pets d'un asne mort, et en vendoit l'aune cinq sols.

Un autre putrefioit des sechabots. O la belle viande !

Mais Panurge rendit vilainement sa gorge, voyant un archasdarpenim, lequel faisoit putrefier grande doye d'urine humaine en fiant de cheval, avec force merde chrestienne. Fy le vilain ! Il toutesfois nous respondit que d'icelle sacrée distillation abbreuvoit les roys et grands princes, et par icelle leur allongeoit la vie d'une bonne toise ou deux.

Autres rompoient les andouilles au genouil.

Autres escorchoient les anguilles par la queue, et ne crioient lesdictes anguilles avant que d'estre escorchées, comme font celles de Melun.

Autres de néant faisoient choses grandes, et grandes choses faisoient à néant retourner.

Autres coupoient le feu avec un cousteau, et puisoient l'eau avec un rets.

Autres faisoient de vessies lanternes, et de nues poisles d'arain. Nous en vismes douze autres banquetans sous une feuillade, et beuvans en belles et amples retumbes vins de quatre sortes, frais et delicieux, à tous, et à toute reste, et nous fut dit qu'ils haulsoient le temps selon la maniere du lieu, et qu'en ceste maniere Hercules jadis haulsa le temps avec Atlas.

Autres faisoient de necessité vertu, et me sembloit l'ouvrage bien beau et à propos.

Autres faisoient alchymie avec les dents ; en ce faisant emplissoient assez mal les selles percées.

Autres dedans un long parterre soigneusement mesuroient les sauts de pulces : et cestuy acte m'affermoient estre plus que necessaire au gouvernement des royaumes, conduictes des guerres, administrations des republiques, alleguans que Socrates, lequel premier avoit des cieux en terre tiré la philosophie, et d'oisive et curieuse, l'avoit rendue utile et profitable, employoit la moitié de son estude à mesurer le saut des pulces, comme atteste Aristophanes le Quintessential.

Je vis deux giborins à part sus le haut d'une tour, lesquels faisoient sentinelle, et nous fut dit qu'ils gardoient la lune des loups.

J'en rencontray quatre autres en un coing de jardin amerement disputans, et prests à se prendre au poil l'un l'autre ; demandant dont sourdoit leur different, entendis que jà quatre jours estoient passés depuis qu'ils avoient commencé disputer de trois hautes et plus que physicales propositions, à la resolution desquelles ils se promettoient montagnes d'or. La premiere estoit de l'ombre d'un asne couillard ; l'autre, de la fumée d'une lanterne ; la tierce, de poil de chevre, sçavoir si c'estoit laine. Puis nous fut dit que chose estrange ne leur sembloit estre deux contradictoires vrayes en mode, en forme, en figure, et en temps. Chose pour laquelle les sophistes de Paris plus tost se feroient desbaptiser que la confesser.

Nous curieusement considerans les admirables operations de ces gens, survint la dame avec sa noble compagnie, jà reluisant le clair Hesperus.

A sa venue fusmes de rechef en nos sens espouvantés, et esblouis en nostre vue. Incontinent nostre effroy apperceut, et nous dist : « Ce que fait les humains pensemens esgarer par les abysmes d'admiration n'est la souveraineté des effects, lesquels apertement ils esprouvent naistre des causes naturelles, moyennant l'industrie des sages artisans : c'est la nouveauté de l'experience entrant en leurs sens, non prevoyans la facilité de l'œuvre, avec jugement serain associé d'estude diligent. Pourtant soyez en cerveau, et de toute frayeur vous despouillez, si d'aucune estes saisis à la consideration de ce que voyez par mes officiers estre fait. Voyez, entendez, contemplez à vostre libre arbitre, tout ce que ma maison contient, vous peu à peu emancipans du servage d'ignorance. Le cas bien me siet en volonté. Pour de laquelle vous donner enseignement non feint, en contemplation des studieux desirs desquels me semblez avoir en vos cœurs fait insigne montjoye et suffisante preuve, je vous retiens presentement en estat et office de mes abstracteurs. Par Geber, mon premier tabachin, y serez descrits au partement de ce lieu. » Nous la remerciasmes humblement, sans mot dire : acceptasmes l'offre du bel estat qu'elle nous donnoit.

CHAPITRE XXIII

COMMENT FUT LA ROYNE A SOUPER SERVIE, ET COMMENT ELLE MANGEOIT

La dame, ces propos achevés, se retourna vers ses gentilshommes, et leur dist . « L'orifice de l'estomac, commun ambassadeur pour l'avitaillement de tous membres, tant inferieurs que superieurs, nous importune leur restaurer, par apposition d'idoines alimens, ce que leur est decheu par action continue de la naïfve chaleur en l'humidité radicale. Spodizateurs, cesinins, nemains et parazons, par vous ne tienne que promptement ne soient tables dressées, foisonnantes de toute legitime espece de restaurans. Vous aussi, nobles pregustes, accompagnés de mes gentils massiteres, l'espreuve de vostre industrie passementée de soin et diligence fait que ne vous puis donner ordre que de sorte ne soyez en vos offices et vous teniez tousjours sus vos gardes. Seulement vous ramente faire ce que faites. »

Ces mots achevés, se retira avec part de ses damoiselles quelque peu de temps, et nous fut dict que c'estoit pour soy baigner, comme estoit la coustume des anciens autant usitée comme est entre nous de present laver les mains avant le past. Les tables furent promptement dressées, puis furent couvertes de nappes tres precieuses. L'ordre du service fut tel que la dame ne mangea rien, fors celeste ambrosie ; rien ne beut que nectar divin. Mais les seigneurs et dames de sa maison furent, et nous avec eux, servis de viandes rares, friandes et precieuses, si onques en songea Apicius.

Sus l'issue de table fut apporté un pot pourry, si par cas famine n'eust donné trefves : et estoit de telle amplitude et grandeur que la platine d'or, laquelle Pythius Bithynus donna au roy Daire, à peine l'eut couvert. Le pot pourry estoit plein de potages d'especes diverses, sallades, fricassées, saulgrenées, cabirotades, rousty, bouilly, carbonnades, grandes pieces de bœuf sallé, jambons d'antiquailles, saumates déifiques, pastisseries, tarteries, un monde de coscotons à la moresque, formages, joncades, gelées, fruicts de toutes sortes. Le tout me sembloit bon et friand, toutesfois n'y tastay, pour estre bien remply et refaict. Seulement ay à vous advertir que là vis des pastés en paste, chose assez rare, et les pastés en paste estoient pastés en pot. Au fond d'iceluy j'apperceu force dez, cartes, tarots, luettes, eschets, et tabliers avec pleines tasses d'escus au soleil pour ceux qui jouer voudroient.

Au dessous finalement j'advisay nombre de mulles bien phalerées, avec housses de velours, hacquenées de mesme à usance d'hommes et femmes, lictieres bien veloutées pareillement ne sçay combien, et quelques coches à la Ferraroise pour ceux qui voudroient aller hors à l'esbat.

Cela ne me sembla estrange, mais je trouvay bien nouvelle la maniere comment la dame mangeoit. Elle ne maschoit rien, non qu'elle n'eust dents fortes et bonnes, non que ses viandes ne requissent mastication ; mais tel estoit son usage et coustume. Les viandes, desquelles ses pregustes avoient faict essay, prenoient ses massiteres, et noblement les luy maschoient, ayans le gosier doublé de satin cramoisi, à petites nerveures et canetilles d'or, et les dents d'yvoire bel et blanc : moyennant les quelles, quand ils avoient bien à point masché ses viandes, il les luy couloient par un embut d'or fin jusques dedans l'estomac. Par mesme raison nous fut dict qu'elle ne fiantoit, sinon par procuration.

CHAPITRE XXIV

COMMENT FUT, EN LA PRESENCE DE LA QUINTE, FAICT UN BAL JOYEUX EN FORME DE TOURNOY

Le soupper parfaict, fut en presence de la dame fait un bal en mode de tournoy, digne non seulement d'estre regardé, mais aussi de memoire eternelle. Pour iceluy commencer, fut le pavé de la salle couvert d'une ample piece de tapisserie veloutée, faite en forme d'eschiquier : savoir est à carreaux, moitié blanc, moitié jaune, chascun large de trois palmes, et carré de tous costés. Quand en la salle entrerent trente deux jeunes personnages, desquels seize estoient vestus de drap d'or, sçavoir est, huit jeunes nymphes, ainsi que les peignoient les anciens en la compagnie de Diane, un roy, une royne, deux custodes de la Rocque, deux chevaliers, et deux archiers. En semblable ordre estoient seize autres vestus de drap d'argent. Leur assiette sus la tapisserie fut telle. Les roys se tindrent en la derniere ligne, sus le quatrieme carreau, de sorte que le roy auré estoit sus le carreau blanc, le roy argenté sus le carreau jaune, les roynes à costé de leurs roys : la dorée sus le carreau jaune, l'argentée sus le carreau blanc ; deux archiers auprés de chascun costé, comme gardes de leurs roys et roynes. Auprés des archiers deux chevaliers, auprés des chevaliers deux custodes. Au rang prochain devant eux estoient les huit nymphes. Entre les deux bandes des nymphes restoient vuides quatre rangs de carreaux.

Chascune bande avoit de sa part ses musiciens vestus de pareille livrée, uns de damas orengé, autres de damas blanc, et estoient huit de chascun costé avec instrumens tous divers, de joyeuse invention, ensemble concordans, et melodieux à merveille, varians en tons, en temps et mesure, comme requeroit le progrez du bal : ce que je trouvois admirable, attendu la numereuse diversité de pas, de desmarches, de sauts, sursauts, retours, fuites, embuscades, retraictes et surprinses. Encores plus transcendoit opinion humaine, ce me sembloit que les personnages du bal tant soudain entendoient le son qui competoit à leurs desmarche ou retraicte, que plustost n'avoit signifié le ton de la musique, qu'ils se posoient en place designée, nonobstant que leur procedure fust toute diverse. Car les nymphes qui sont en premiere filliere, comme prestes d'exciter le combat, marchent contre leurs ennemis droit en avant, d'un carreau en autre : excepté la premiere desmarche, en laquelle leur est libre passer deux carreaux ; elles seules jamais ne reculent. S'il advient qu'une d'entr'elles passe jusques à la filliere du roy ennemy, elle est couronnée royne de son roy, et prend et desmarche dorenavant en mesme privilege que la royne ; autrement jamais ne ferissent les ennemis qu'en ligne diagonale obliquement, et devant seulement. Ne leur est toutefois n'a autres loisible prendre aucuns de leurs ennemis, si, le prenant, elles laissoient leur royne à descouvert et en prinse. Les roys marchent et prennent leurs ennemis de toutes façons en carré, et ne passent que de carreau blanc et prochain au jaune, et au contraire : exceptez qu'à la premiere desmarche, si leur filliere estoit trouvée vuide d'autres officiers, fors les custodes, ils le peuvent mettre en leur siege, et a costé de luy se retirer. Les roynes desmarchent et prennent en plus grande liberté que tous autres : sçavoir est en tous endroits et en toutes manieres, en toutes sortes, en ligne directe, tant loing que leur plaist, pourveu que ne soit des siens occupé : et diagonale aussi, pourveu que soit en couleur de son assiette. Les archiers marchent tant en avant comme en arriere, tant loing que prés. Mesmement aussi jamais ne varient la couleur de leur premiere assiette. Les chevaliers marchent et prennent en forme ligneare, passans un siege franc, encores qu'il fust occupé, ou des siens, ou des ennemis : et au second soy posans à dextre ou à senestre, en variation de couleur, qui est sault grandement dommageable à partie adverse, et de grande observation : car ils ne prennent jamais à face ouverte. Les custodes marchent et prennent à face, tant à dextre qu'à senestre, tant arriere que devant comme les roys, et peuvent tant loing marcher qu'ils voudront en siege vuide : ce que ne font les roys.

La loy commune es deux parties estoit en fin derniere du combat assieger et clorre le roy de part adverse, en maniere qu'evader ne peust de costé quelconque. Iceluy ainsi clos, fuir ne pouvant, ni des siens estre secouru, cessoit le combat et perdoit le roy assiegé. Pour donc de cestuy inconvenient le guarentir, il n'est celuy ne celle de sa bande qui n'y offre sa vie propre, et se prennent les uns les autres de tous endroits, advenant le son de la musique. Quand aucun prenoit un prisonnier de part contraire, luy faisant la reverence, luy frappoit doucement en main dextre, le mettoit hors le parquet et succedoit en sa place. S'il advenoit qu'un des roys fust en prise, n'estoit licite à partie adverse le prendre : ains estoit faict rigoureux commandement à celuy qui l'avoit descouvert, ou le tenoit en prise, luy faire profonde reverence, et l'advertir, disant : « Dieu vous gard ! » afin que de ses officiers fust secouru et couvert, ou bien qu'il changeast de place, si par malheur ne pouvoit estre secouru. N'estoit toutesfois prins de partie adverse, mais salué le genouil gauche en terre lui disant : Bon jour. Là estoit fin du tournoy.

CHAPITRE XXV

COMMENT LES TRENTE DEUX PERSONNAGES DU BAL COMBATTENT

Ainsi posées en leurs assiettes les deux compagnies, les musiciens commencent ensemble sonner en intonation martiale, assez espouvantablement comme à l'assault. Là voyons les deux bandes fremir, et soy affermer pour bien combattre, venant l'heure du hourt, qu'ils seront evoqués hors de leur camp. Quand soudain les musiciens de la bande argentée cesserent, seulement sonnoient les organes de la bande aurée. En quoy nous estoit signifié que la bande aurée assailloit. Ce que bientost advint, car à un ton nouveau vismes que la nymphe parquée devant la royne fit un tour entier à gauche vers son roy, comme demandant congé d'entrer en combat, ensemble aussi saluant toute sa compagnie. Puis des marcha deux carreaux avant en bonne modestie, et fit d'un pied reverence à la bande adverse, laquelle elle assailloit. Là cesserent les musiciens aurés, commencerent les argentés. Icy n'est à passer en silence que la nymphe, avoir en tour salué son roy et sa compagnie, afin qu'eux ne restassent ocieux, pareillement la resaluerent en tour entier girans à gauche : excepté la royne, laquelle vers son roy se destourna à dextre, et fut ceste salutation de tous desmarchans observée, en tout le discours du bal, le resaluement aussi, tant d'une bande comme de l'autre.

Au son des musiciens argentés desmarcha la nymphe argentée laquelle estoit parquée devant sa royne, son roi saluant gracieusement, et toute sa compagnie, eux de mesme la resaluans, comme a esté dict des aurées, excepté qu'ils tournoient à dextre et leur royne à senestre : se posa sus le second carreau avant, et faisant reverence à son adversaire, se tint en face de la premiere nymphe aurée, sans distance aucune, comme prestes à combattre, ne fut qu'elles ne frappent que des costés. Leurs compagnes les suivent, tant aurées qu'argentées, en figure intercalaire, et là font comme apparence d'escarmoucher, tant que la nymphe aurée laquelle estoit premiere en camp entrée, frappant en main une nymphe argentée à gauche, la mit hors du camp, et occupa son lieu; mais bientost, à son nouveau des musiciens, fut de mesme frappée par l'archier argenté. Une nymphe aurée le fit ailleurs serrer : le chevalier argenté sortit en camp ; la royne aurée se parqua devant son roy.

Adonc le roy argenté change place, doubtant la furie de la royne aurée, et se tira au lieu de son custode à dextre, lequel lieu luy sembloit tres bien muny, et en bonne defense.

Les deux chevaliers qui tenoient à gauche, tant aurés qu'argentés, desmarchent et font amples prinses des nymphes adverses, lesquelles ne pouvoient arriere soy retirer, mesmement le chevalier auré, lequel met toute sa cure à prinse de nymphes. Mais le chevalier argenté pense chose plus importante, dissimulant son entreprinse, et quelquefois qu'il a pu prendre une nymphe aurée, il la laisse et passe outre, et a tant faict qu'il s'est posé prés ses ennemis, en lieu auquel il a salué le roy auré, et dit : « Dieu vous gard! » La bande aurée, ayant cestuy advertissement de secourir son roy, fresmit toute, non que facilement elle ne puisse au roy secours soudain donner, mais que, leur roy saulvant, ils perdoient leur custode dextre, sans y pouvoir remedier. Adonc se retira le roy auré à gauche, et le chevalier argenté print le custode auré : ce que leur fut en grande perte. Toutesfois la bande aurée delibere de s'en venger, et l'environne de tous costés à ce que refur il ne puisse ny eschapper de leurs mains : il fait mille efforts de sortir, les siens font mille ruses pour le guarantir, mais enfin la royne aurée le print.

La bande aurée, privée d'un de ses supposts, s'esvertue, et à tort et à travers cherche moyen de soy venger, assez incautement, et fait beaucoup de dommage parmy l'ost de ses ennemis. La bande argentée dissimule et attend l'heure de revanche, et presente une de ses nymphes à la royne aurée, luy ayant dressé une embuscade secrete, tant qu'à la prinse de la nymphe peu s'en faillit que l'archier auré ne surprinst la royne argentée. Le chevalier auré intente prinse de roy et royne argentée, et dit : « Bon jour. » L'archier argenté les saulve ; il fut prins par une nymphe aurée, icelle fut prinse par une nymphe argentée. La bataille fut aspre. Les custodes sortent hors de leurs sieges au secours. Tout est en meslée dangereuse. Enyo encores ne se declaire. Aucune fois tous les argentés enfoncent jusques à la tente du roy auré, soudain sont repoussés. Entre autres la royne aurée fait grandes prouesses, et d'une venue prend l'archier, et, costoyant, prend le custode argenté. Ce que voyant, la royne argentée se met en avant, et foudroye de pareille hardiesse : et prend le dernier custode auré, et quelques nymphes pareillement.

Les deux roynes combattirent longuement, part taschant de s'entresurprendre, part pour soy saulver, et leurs roys contregarder. Finalement la royne aurée print l'argentée, mais soudain après elle fut prinse par l'archier argenté. Là seulement au roy auré resterent trois nymphes, un archier et un custode. A l'argenté restoient trois nymphes et le chevalier dextre : ce que fut cause qu'au reste plus cautement et lentement ils combattirent.

Les deux rois sembloient dolents d'avoir perdu leurs dames roynes tant aimées, et est toute leur estude et leur effort d'en recevoir d'autres, s'ils peuvent, de tout le nombre de leurs nymphes, à ceste dignité et nouveau mariage, les aimer joyeusement, avec promesses certaines d'y estre receues, si elles penetrent jusqu'à la derniere filliere du roy ennemy. Les aurées anticipent, et d'elles est créée une royne nouvelle, à laquelle on impose une couronne en chef, et baille l'on nouveaux accoustremens.

Les argentées suivent de mesme : et plus n'estoit qu'une ligne, qu'une d'elles ne fust royne nouvelle créée ; mais en cestuy endroit le custode auré la guettoit ; pourtant elle s'arresta coy.

La nouvelle royne aurée voulut, à son advenement, forte, vaillante et belliqueuse se monstrer. Fit grans faicts d'armes parmy le camp. Mais en ces entrefaictes le chevalier argenté print le custode auré, lequel gardoit la mete du camp : par ce moyen fut faicte nouvelle royne argentée, laquelle se voulut semblablement vertueuse monstrer à son nouveau advenement. Fut le combat renouvellé plus ardent que devant. Mille ruses, mille assaults, mille desmarches furent faictes, tant d'un costé que d'autre : si bien que la royne argentée clandestinement entra en la tente du roy auré, disant : « Dieu vous gard! » Et ne peust estre secouru que par sa nouvelle royne. Icelle ne fit aucune difficulté de soy opposer pour le sauver. Adonc le chevalier argenté, voltigeant de tous costés, se rendoit prés sa royne, et mirent le roy auré en tel desarroy que pour son salut luy convint perdre sa royne. Mais le roy auré print le chevalier argenté. Ce nonobstant l'archier auré avec deux nymphes qui restoient, à toute leur puissance defendoient leur roy, mais enfin tous furent prins et mis hors le camp, et demeura le roy auré seul. Lors de toute la bande argentée luy fut dit en profonde reverence : « Bon jour, » comme restant le roy argenté vainqueur. A laquelle parole les deux compagnies des musiciens commencerent ensemble sonner, comme victoire. Et print fin ce premier bal en tant grande allegresse, gestes tant plaisans, maintien tant honneste, graces tant rares, que nous fusmes tous en nos esprits rians comme gens ecstatiques, et non à tort nous sembloit que nous fussions transportés es souveraines delices et derniere felicité du ciel Olympe.

Finy le premier tournoy, retournerent les deux bandes en leur assiette premiere; et comme avoient combattu par avant, ainsi commencerent à combattre pour la seconde fois, excepté que la musique fut en mesure serrée d'un demy temps plus que la precedente ; les progrez aussi totalement differens du premier. Là je vis que la royne aurée, comme despitée de la route de son armée, fut par l'intonation de la musique evoquée, et se mit des premieres en camp avec un archer et un chevalier, et peu s'en faillit qu'elle ne surprinst le roy argenté en sa tente au milieu de ses officiers. Depuis voyant son entreprinse descouverte s'escarmoucha parmy la trouppe, et tant desconfit de nymphes argentées et aultres officiers que c'estoit cas pitoyable les voir. Vous eussiez dit que ce fust une autre Panthasilée Amazone foudroyante par le camp des Gregeois ; mais peu dura cestuy esclandre, car les argentés, fremissans à la perte de leurs gens, dissimulans toutesfois leur dueil, luy dresserent occultement en embuscade un archer en angle lointain, et un chevalier errant, par lesquels elle fut prinse et mise hors le camp. Le reste fut bien tost defait. Elle sera une autre fois mieux advisée, prés de son roy se tiendra, tant loin ne s'escartera, et ira, quand aller faudra, bien autrement accompagnée. Là donc resterent les argentés vainqueurs, comme devant;

Pour le tiers et dernier bal, se tindrent en pieds les deux bandes, comme devant, et me semblerent porter visage plus gay et deliberés qu'es deux precedens. Et fut la musique serrée en la mesure plus que de hemiole, en intonation Phrygienne et bellique, comme celle qu'inventa jadis Marsias. Adonc commencerent tournoyer, et entrer en un merveilleux combat, avec telle legereté qu'en un temps de la musique ils faisoient quatre desmarches, avec les reverences de tours competens, comme avons dit dessus : de mode que ce n'estoient que sauts, gambades et voltigemens petauristiques entrelassés les uns parmy les autres. Et les voyans sus un pied tournoyer après la reverence faite, les comparions au mouvement d'une rhombe girante au jeu des petits enfans, moyennant les coups de fouet, lors que tant subit est son tour que son mouvement est repos, elle semble quiete, non soy mouvoir, ains dormir, comme ils le nomment. Et y figurant un point de quelque couleur, semble à nostre veue non point estre, mais ligne continue, comme sagement l'a noté Cusane, en matiere bien divine.

Là nous n'oyons que frappemens de mains, et episcmapsies à tous destroits réiterés tant d'une bande que d'autre. Il ne fut onques tant severe Caton, ne Crassus l'ayeul tant agelaste, ne Timon Athenien tant misanthrope, ne Heraclitus tant abhorrent du propre humain, qui est rire, qui n'eust perdu contenance, voyant au son de la musique tant soudaine, en cinq cens diversités si soudain se mouvoir, desmarcher, sauter, voltiger, gambader, tournoyer, ces jouvenceaux avec les roynes et les nymphes, en telle dexterité qu'onques l'un ne fit empeschement à l'autre. Tant moindre estoit le nombre de ceux qui restoient en camp, tant estoit le plaisir plus grand, voir les ruses et destours, desquels ils usoient pour surprendre l'un l'autre; selon que par la musique leur estoit signifié. Plus vous diray, si ce spectacle plus qu'humain nous rendoit confus en nos sens, estonnés en nos esprits, et hors de nous mesmes, encores plus sentions nous nos cœurs esmeus et effrayés à l'intonation de la musique : et croirois facilement que par telle modulation Ismenias excita Alexandre le Grand, estant à table et disnant en repos, à soy lever et armes prendre. Au tiers tournoy fut le roy auré vainqueur.

Durant lesquelles danses la damé invisiblement se disparut, et plus ne la vismes. Bien fusmes menés par les michelots de Geber, et là fusmes inscrits en l'estat par elle ordonné. Puis descendans au port Matéotechne, entrasmes en nos navires, entendans qu'avions vent en pouppe, lequel si nous refusions sur l'heure, à peine pourroit estre recouvert de trois quartiers brisans.

CHAPITRE XXVI

COMMENT NOUS DESCENDIMES EN L'ISLE D'ODES, EN LAQUELLE LES CHEMINS CHEMINENT

Avoir par deux jours navigué, s'offrit à nostre veue l'isle d'Odes, en laquelle vismes une chose memorable. Les chemins sont animaux, si vraye est la sentence d'Aristote, disant argument invincible d'un animant s'il se meut de soy mesme. Car les chemins cheminent comme animaux et sont les uns chemins errans, à la semblance des planettes ; autres, chemins passans, chemins croisans, chemins traversans. Et vis que les voyagiers, servans et habitans du pays demandoient : « Où va ce chemin ? et cestuy cy ? » On leur respondit : « Entre Midy et Fevrolles, à la paroisse, à la ville, à la riviere. » Puis se guindans au chemin opportun, sans autrement se peiner ou fatiguer, se trouvoient au lieu destiné : comme vous voyez advenir à ceux qui de Lyon en Avignon et Arles se mettent en bateau sur le Rhosne, et comme vous savez qu'en toutes choses il y a de la faute, et rien n'est en tous endroits heureux, aussi là nous fut dict estre une maniere de gens, lesquels ils nommoient guetteurs de chemins, et batteurs de pavés. Et les pauvres chemins les craignoient et s'esloignoient d'eux comme des brigands. Il les guettoient au passage comme on fait les loups à la trainée, et les becasses au filet. Je vis un d'iceux, lequel estoit apprehendé de la justice, pource qu'il avait prins injustement, malgré Pallas, le chemin de l'escole, c'estoit le plus long ; un autre se vantoit avoir prins de bonne guerre le plus court, disant luy estre tel advantage à ceste rencontre que premier venoit à bout de son entreprinse

Aussi dist Carpalim à Epistemon, quelque jour le rencontrant, sa pissotiere au poing, contre une muraille pissant, que plus ne s'esbahissoit si tousjours premier estoit au lever du bon Pantagruel, car il tenoit le plus court et le moins chevauchant.

J'y recogneu le grand chemin de Bourges, et le vis marcher à pas d'abbé, et le vis aussi fuir à la venue de quelques charretiers qui le menaçoient fouler avec les pieds de leurs chevaux, et luy faire passer les charrettes dessus le ventre, comme Tullia fit passer son chariot dessus le ventre de son pere Servius Tullius, sixieme roy des Romains.

J'y recognu pareillement le vieux quemin de Peronne à Sainct Quentin, et me sembloit quemin de bien de sa personne.

J'y recognu entre les rochers le bon vieux chemin de la Ferrate monté sur un grand ours. Le voyant de loing me souvint de sainct Hierosme en peincture, si son ours eust esté lyon : car il estoit tout mortifié, avoit la longue barbe toute blanche et mal peignée ; vous eussiez proprement dit que fussent glaçons ; avoit sur soy force grosses patenostres de pinastre mal rabotées, et estoit comme à genoillons, et non debout, ne couché du tout, et se battoit la poitrine avec grosses et rudes pierres. Il nous fit peur et pitié ensemble. Le regardant nous tira à part un bachelier courant du pays, et, monstrant un chemin bien licé, tout blanc, et quelque peu feustré de paille, nous dist : « Dorenavant ne desprisez l'opinion de Thales Milesien, disant l'eau estre de toutes choses le commencement, ne la sentence d'Homere, affermant toutes choses prendre naissance de l'Océan. Ce chemin que voyez nasquit d'eau, et s'y en retournera : devant deux mois les bateaux par cy passoient, ceste heure y passent les charrettes.

— Vrayement, dist Pantagruel, vous nous la baillez bien piteuse! En nostre monde nous en voyons tous les ans de pareille transformation cinq cens et davantage. »

Puis considerans les alleures de ces chemins mouvans, nous dist que, selon son jugement, Philolaüs et Aristarchus avoient en icelle isle philosophé, Seleucus prins opinion d'affermer la terre veritablement autour des poles se mouvoir, non le ciel, encores qu'il nous semble le contraire estre verité ; comme estans sus la riviere de Loire, nous semblent les arbres prochains se mouvoir, toutesfois ils ne se mouvent, mais nous par le decours du batteau. Retournans à nos navires, vismes que prés le rivage on mettoit sur la roue trois guetteurs de chemins qui avoient esté prins en embuscade, et brusloit on à petit feu un grand paillard, lequel avoit battu un chemin, et luy avoit rompu une coste, et nous fut dict que c'estoit le chemin des aggeres et levées du Nil en Ægypte.

CHAPITRE XXVII

COMMENT PASSASMES EN L'ISLE DES ESCLOTS, ET DE L'ORDRE DES FRERES FREDONS

Depuis passasmes l'isle des Esclots, lesquels ne vivent que de souppes de merlus ; fusmes toutesfois bien recueillis et traités du roy de l'isle, nommé Benius, tiers de ce nom, lequel, aprés boire, nous mena voir un monastere nouveau, fait, erigé et basty par son invention pour les Freres Fredons : ainsi nommoit il ses religieux, disant qu'en terre ferme habitoient les Freres petits Serviteurs et Amis de la douce dame ; *item*, les glorieux et beaux Freres Mineurs, qui sont semi-briefs de bulles ; les Freres Minimes haraniers enfumés ; aussi les Freres Minimes crochus, et que du nom plus diminuer ne pouvoit qu'en Fredons. Par les statuts et bulle patente obtenue de la Quinte, laquelle est de tous bons accords, ils estoient tous habillés en brusleurs de maisons, excepté qu'ainsi que les couvreurs de maisons en Anjou ont les genoux contrepointés, ainsi avoient ils les ventres carrelés, et estoient les carreleurs de ventre en grande reputation parmy eux. Ils avoient la braguette de leurs chausses à forme de pantoufle, et en portoient chascun deux, l'une devant et l'autre derriere cousue, affermans, par ceste duplicité braguatine, quelques abscons et horrifiques mysteres estre duement representés. Ils portoient souliers ronds comme bassins, à l'imitation de ceux qui habitent la mer areneuse : du demourant avoient la barbe rase et pieds ferrats. Et pour monstrer que de Fortune ils ne se soucient, ils les faisoit raire et plumer, comme cochons, la partie posterieure de la teste, depuis le sommet jusques aux omoplates. Les cheveux en devant, depuis les os bregmatiques, croissoient en liberté. Ainsi contrefortunoient, comme gens aucunement ne se soucians des biens qui sont au monde. Deffians davantage Fortune la diverse, portoient, non en main comme elle, mais à la ceincture, en guise de patenostres, chascun un rasouer tranchant, lequel ils esmouloient deux fois de jour, et affiloient trois fois de nuyt.

Dessus les pieds chascun portoit une boulle ronde, parce qu'est dit Fortune en avoir une sous ses pieds. Le cahuet de leurs captions estoit devant attaché, non derriere : en ceste façon avoient le visage caché, et se moquoient en liberté, tant de Fortune comme des fortunés, ne plus ne moins que font nos damoiselles quand c'est qu'elles ont leur cache-laid, que vous nommez touret de nez : les anciens le nomment chareté, parce qu'il couvre en elles de pechés grande multitude. Avoient aussi tousjours patente la partie posterieure de la teste, comme nous avons le visage : cela estoit cause qu'ils alloient de ventre ou de cul, comme bon leur sembloit. S'ils alloient de cul, vous eussiez estimé estre leur alleure naturelle, tant à cause des souliers ronds que de la braguette precedente, la face aussi derriere rase et peinte rudement; avec deux yeux, une bouche comme vous voyez es noix Indiques. S'ils alloient de ventre, vous eussiez pensé que fussent gens jouans au chapifou. C'estoit belle chose de les voir.

Leur maniere de vivre estoit telle. Le clair lucifer commençant apparoistre sus terre, ils s'entrebottoient et esperonnoient l'un l'autre par charité. Ainsi bottés et esperonnés dormoient ou ronfloient pour le moins : et dormans, avoient bezicles au nez, ou lunettes pour pire.

Nous trouvions ceste façon de faire estrange; mais ils nous contenterent en la response, nous remonstrans que, le jugement final lorsque seroit, les humains prendroient repos et sommeil. Pour donc evidemment monstrer qu'ils ne refusoient y comparoistre, ce que font les fortunés, ils se tenoient bottés, esperonnés, et prests à monter à cheval quand la trompette sonneroit.

Midy sonnant (notez que leurs cloches estoient, tant de l'horloge que de l'eglise et refectoir, faites selon la devise pontiale, sçavoir est, de fin duvet contrepointé, et le batail estoit d'une queue de renard), midy donc sonnant, ils s'esveilloient et debottoient; pissoient qui vouloit, et esmeutissoient qui vouloit; esternuoient qui vouloit. Mais tous, par contrainte, statut rigoureux, amplement et copieusement baisloient, se desjeunoient de baisler. Le spectacle me sembloit plaisant : car, leurs bottes et esperons mis sus un rastelier, ils descendoient aux cloistres : là se lavoient curieusement les mains et la bouche, puis s'asséoient sus une longue selle, et se curoient les dents jusques à ce que le prevost fist signe, sifflant en paulme : lors chascun ouvroit la gueule tant qu'il pouvoit, et baisloient aucune fois demie heure, aucune fois plus, et aucune fois moins, selon que le prieur jugeoit le desjeusner estre proportionné à la feste du jour, et après cela faisoient une belle procession, en laquelle ils portoient deux bannieres, en l'une desquelles estoit en belle peinture le pourtrait de Vertu, en l'autre, de Fortune. Un fredon premier portoit la banniere de Fortune, après luy marchoit un autre portant celle de Vertu, en main tenant un aspersoir mouillé en eau mercuriale, descrite par Ovide en ses Fastes, duquel continuellement il comme fouettoit le precedent Fredon, portant Fortune.

« Cest ordre, dist Panurge, est contre la sentence de Ciceron et des Academiques, lesquels veulent Vertu preceder, suivre Fortune. » Nous fut toutesfois remonstré qu'ainsi leur convenoit il faire, puisque leur intention estoit de fustiger Fortune.

Durant la procession, ils fredonnoient entre les dents melodieusement ne sçay quelles antiphones, car je n'entendois leur patelin : et ententivement escoutant, apperceu qu'ils ne chantoient que des oreilles. O la belle harmonie, et bien concordante au son de leurs cloches ! Jamais ne les voirrez discordans. Pantagruel fit un notable mirifique sus leur procession, et nous dist : « Avez vous veu et noté la finesse de ces Fredons icy ? Pour parfaire leur procession, ils sont sortis par une porte de l'eglise, et sont entrés par l'autre. Ils se sont bien gardés d'entrer par où ils sont issus. Sus mon honneur, ce sont quelques fines gens : je dis fins à dorer, fins comme une dague de plomb, fins non affinés, mais affinans, passés par estamine fine. — Ceste finesse, dist frere Jean, est extraicte d'occulte philosophie, et n'y entends au diable rien. — D'autant, respondit

Pantagruel, est elle plus redoutable que l'on n'y entend rien. Car finesse entendue, finesse preveue, finesse descouverte, perd de finesse et l'essence et le nom : nous la nommons lourderie. Sur mon honneur, qu'ils en savent bien d'autres ! »

La procession achevée comme promenement et exercitation salubre, ils se retiroient en leur refectoir, et dessous les tables se mettoient à genoux, s'appuyans la poictrine et estomac chascun sus une lanterne. Eux estans en cest estat, entroit au grand Esclot, ayant une fourche en main, et là les traitoit à la fourche : de sorte qu'ils commençoient leur repas par fromage, et l'achevoient par moustarde et laictue, comme tesmoigne Martial avoir esté l'usage des anciens. Enfin on leur presentoit à chascun d'eux une platelée de moustarde aprés disner.

Leur diette estoit telle : au dimanche ils mangeoient boudins, andouilles, saucissons, fricandeaux, hastereaux, caillettes, exceptez toujours le fromage d'entrée et moustarde pour l'issue. Au lundy, beaux pois au lard, avec ample comment et glose interlineare. Au mardy, force pain benist, fouaces, gasteaux, gallettes biscuites. Au mercredy, rusterie : ce sont belles testes de mouton, testes de veau, testes de bedouaux, lesquelles abondent en icelle contrée. Au jeudy, potages de sept sortes, et moustarde eternelle parmy. Au vendredy, rien que cormes, encores n'estoient elles trop meures, selon que juger je pouvois à leur couleur. Au samedy, rongeoient les os : non pourtant estoient ils pauvres ne souffreteux, car un chascun avoit benefice de ventre bien bon. Leur boire estoit vin antifortunal : ainsi appelloient ils je ne sçay quel breuvage du pays. Quand ils vouloient boire ou manger, ils rabattoient les cahuets de leurs caputions par le devant, et leur servoit de baviere.

Le disner paraschevé, ils prioient Dieu tres bien et tout par fredons. Le reste du jour, attendans le jugement final, ils s'exerçoient à œuvre de charité : au dimanche, se pelaudans l'un l'autre ; au lundy, s'entrenazardans ; au mardy, s'entregratignans ; au mercredy, s'entremouchans ; au jeudy, s'entretirans les vers du nez ; au vendredy, s'entrechatouillans ; au samedy, s'entrefouettans.

Telle estoit leur diette quand ils residoient en couvent. Si par commandement du prieur claustral ils issoient hors, defense rigoureuse, sus peine horrifique, leur estoit faite, poisson lors ne toucher, ne manger qu'ils seroient sur mer ou riviere ; ne chair, telle qu'elle fust, lorsqu'ils seroient en terre ferme, afin qu'à un chascun fust evident qu'en jouissant de l'objet ne jouissoient de la puissance et concupiscence, et ne s'en esbranloient non plus que le roc Marpesian : le tout faisoient avec antiphones competentes et à propos, tousjours chantans des oreilles, comme avons dict. Le soleil soy couchant en l'océan, ils bottoient et esperonnoient l'un l'autre comme devant, et bezicles au nez, se composoient à dormir. A la minuit l'Esclot entroit, et gens debout : là esmouloient et affiloient leurs rasouers, et la procession faite, mettoient les tables sus eux, et repaissoient comme devant.

Frere Jean des Entommeures, voyant ces joyeux freres Fredons, et entendant le contenu de leurs statuts, perdit toute contenance, et, s'escriant hautement, dist : « O le gros rat à la table ! Je romps cestuy là, et m'en vais par Dieu de pair. O que n'est icy Priapus, aussi bien que fut aux sacres nocturnes de Canidie, pour le voir à plein fond peder, et contrepedant fredonner ! A ceste heure cognoy je, en verité, que sommes en terre antictone et antipode. En Germanie l'on desmolit monasteres et defroque on les moines ; icy on les erige à rebours et à contrepoil. »

CHAPITRE XXVIII

COMMENT PANURGE, INTERROGEANT UN FRERE FREDON, N'EUT RESPONSE DE LUY QU'EN MONOSYLLABES

Panurge, depuis nostre entrée, n'avoit autre chose que profondement contempler le minois de ces royaux Fredons; adonc tira par la manche un d'iceux maigre comme un diable soret, et luy demanda : « Frater, fredon, fredonnant, fredondille, où est la garce? »

Le Fredon luy respond : « Bas.
Panurge. En avez vous beaucoup céans ? — Fr. Peu.
P. Combien au vray sont elles ?
Fr. Vingt.
P. Combien en voudriez vous ?
Fr. Cent.
P. Où les tenez vous cachées ?
Fr. Là.
P. Je suppose qu'elles ne sont toutes d'un aage, mais quel corsage ont elles ? — Fr. Droit.
P. Le teint, quel ? — Fr. Lis.
P. Les cheveux ? — Fr. Blonds.
P. Les yeux, quels ? — Fr. Noirs.
P. Les tetins ? — Fr. Ronds.
P. Le minois ? — Fr. Coint.
P. Les sourcils ? — Fr. Mols.
P. Leurs attraicts ? — Fr. Meurs.
P. Leur regard ? — Fr. Franc.
P. Les pieds, quels ? — Fr. Plats.
P. Les talons ? — Fr. Courts.
P. Le bas, quel ? — Fr. Beau.
P. Et les bras ? — Fr. Longs.
P. Que portent elles aux mains ?
Fr. Gands.
P. Les anneaux du doigt, de quoy ?
Fr. D'or.
P. Qu'employez à les vestir ?
Fr. Drap.
P. De quel drap les vestez vous ?
Fr. Neuf.
P. De quelle couleur est il ?
Fr. Pers.
P. Leur chapperonnage, quel ?
Fr. Bleu.
P. Leur chaussure, quelle ?
Fr. Brune.
P. Tous les susdits draps, quels sont ils ? ..

FR. Fins.
P. Qu'est ce de leurs souliers?
FR. Cuir.
P. Mais quels sont ils volontiers?
FR. Hors.
P. Ainsi marchent en place?
FR. Tost.
P. Venons à la cuisine, je dis des garces; et sans nous haster espluchons bien tout par le menu. Qu'y a il en cuisine? — FR. Feu.
P. Qui entretient ce feu là?
FR. Bois.
P. Ce bois icy, quel est il? — FR. Sec.
P. De quels arbres le prenez?
FR. D'ifz.
P. Le menu et les fagots?
FR. D'houst.
P. Quel bois bruslez en chambre?
FR. Pins.
P. Et quels arbres encores?
FR. Teils.
P. Des garces susdites, j'en suis de moitié; comment les nourrissez vous? — FR. Bien.
P. Que mangent elles? — FR. Pain.
P. Quel? — FR. Bis.
P. Et quoy plus? — FR. Chair.
P. Mais comment? — FR. Rost.
P. Mangent elles point souppes?
FR. Point.
P. Et de patisserie? — FR. Prou.
P. J'en suis; mangent elles point poisson?
FR. Si.
P. Comment? Et quoy plus?
FR. OEufs.
P. Et les aiment? — FR. Cuits.
P. Je demande comment cuits?
FR. Durs.
P. Est ce tout leur repas? — FR. Non.
P. Quoy donc, qu'ont elles davantage?
FR. Bœuf.
P. Et quoy plus? — FR. Porc.
P. Et quoy plus? — FR. Oyes.
P. Quoy d'abondant? — FR. Jars.
P. Item? — FR. Coqs.
P. Qu'ont elles pour leur saulse?
FR. Sel.
P. Et pour les friandes? — FR. Moust.
P. Pour l'issue du repas?
FR. Ris.
P. Et quoy plus? — FR. Laict.
P. Et quoy plus? — FR. Pois.
P. Mais quels pois entendez vous?
FR. Vers.
P. Que mettez vous avec? — FR. Lard.
P. Et des fruicts? — FR. Bons.
P. Quoy? — FR. Cruds.
P. Plus? — FR. Noix.
P. Mais comment boivent elles?
FR. Net.
P. Quoy. — FR. Vin.
P. Quel? — FR. Blanc.
P. En hyver? — FR. Sain.
P. Au printemps? — FR. Brusq.
P. En esté? — FR. Frais.
P. En automne et vendange?
FR. Doux.

— Pote de froc, s'escria frere Jean, comment ces mastines icy fredonniques devroient estre grasses, et comment elles devroient aller au trot, veu qu'elles repaissent si bien et copieusement! —Attendez, dist Panurge, que j'acheve.

P. Quelle heure est quand elles se couchent? — FR. Nuyt.
P. Et quand elles se lèvent?
FR. Jour.

— Voicy, dist Panurge, le plus gentil Fredon que je chevauchay de cest an : pleust à Dieu et au benoist sainct Fredon, et à la benoiste et digne vierge saincte Fredonne, qu'il fust premier president de Paris! Vertu goy, mon amy, quel expediteur de causes, quel abreviateur de proces, quel vuideur de debats, quel esplucheur de sacs, quel fueilleteur de papiers, quel minuteur d'escritures ce seroit! Or maintenant venons sur les aultres vivres, et parlons à traits et à sens rassis de nos dictes sœurs en charité.

P. Quel est le formulaire?
Fr. Gros.
P. A l'entrée? — Fr. Frais.
P. Au fond? — Fr. Creux.
P. Je disois qu'il y fait? — Fr. Chaud.
P. Qu'y a il au bord? — Fr. Poil.
P. Quel? — Fr. Roux.
P. Et celuy des plus vieilles?
Fr. Gris.
P. Le sacquement d'elles, quel?
Fr. Prompt.
P. Le remuement des fesses?
Fr. Dru.
P. Toutes sont voltigeantes?
Fr. Trop.
P. Vos instruments, quels sont ils?
Fr. Grands.
P. En leur marge, quels?
Fr. Ronds.
P. Le bout, de quelle couleur?
Fr. Baile.
P. Quand ils ont fait, quels sont ils?
Fr. Cois.
P. Les genitoires, quels sont?
Fr. Lourds.
P. En quelle façon troussés?
Fr. Prés.
P. Quand c'est fait, quels deviennent?
Fr. Mats.
P. Or par le serment qu'avez faict, quand voulez habiter, comment les projettez vous?
Fr. Jus.
P. Que disent elles en culletant?
Fr. Mot.
P. Seulement elles vous font bonne chere; au demourant elles pensent au joly cas?
Fr. Vray.
P. Vous font elles des enfans?
Fr. Nuls.
P. Comment couchez ensemble?
Fr. Nuds.
P. Par ledit serment qu'avez faict, quantes fois de bon compte ordinairement le faites vous par jour?
Fr. Six.
P. Et de nuyt? — Fr. Dix.

— Cancre, dist frere Jean, le paillard ne daigneroit passer seize; il est honteux.

P. Voire, le ferois tu bien autant, frere Jean? Il est, par Dieu, ladre verd. Ainsi font les aultres?
Fr. Tous.
P. Qui est de tous le plus gallant?
Fr. Moy.
P. N'y faites vous onques faute?
Fr. Rien.
P. Je perds mon sens en ce poinct. Ayans vuidé et espuisé en ce jour precedent tous vos vases spermatiques, au jour subsequent y en peut il tant avoir? — Fr. Plus.
P. Ils ont, ou je resve, l'herbe de l'Indie celebrée par Théophraste. Mais si par empeschement legitime, ou autrement, en ce deduit advient quelque diminution de membre, comment vous en trouvez vous?
Fr. Mal.
P. Et lors que font les garces?
Fr. Bruit.
P. Et si cessiez un jour? — Fr. Pis.
P. Alors que leur donnez vous?
Fr. Trunc.
P. Que vous font elles pour lors?
Fr. Bren.
P. Que dis tu? — Fr. Pets.
P. De quel son? — Fr. Cas.
P. Comment les chastiez vous?
Fr. Fort.
P. Et en faites quoy sortir?

Fr. Sang.
P. En cela devient leur teint?
Fr. Teint.
P. Mieux pour vous il ne seroit?
Fr. Peint.
P. Aussi restez vous tousjours?
Fr. Craints.
P. Depuis elles vous cuident?
Fr. Saincts.

P. Par ledit serment de bois qu'avez fait, quelle est la saison de l'année quand plus laschement le faites?
Fr. Aoust.
P. Celle quand plus brusquement?
Fr. Mars.
P. Au reste vous le faites?
Fr. Gay. »

Alors dist Panurge en souriant : « Voicy le pauvre Fredon du monde : avez vous entendu comment il est resolu, sommaire et compendieux en ses responses? Il ne rend que monosyllabes. Je croy qu'il feroit d'une cerise trois morceaux. — Corbieu, dist frere Jean, ainsi ne parle il mie avec ses garces, il y est bien polisyllabe : vous parlez de trois morceaux d'une cerise; par sainct Gris, je jurerois que d'une espaule de mouston il ne feroit que deux morceaux, et d'une quarte de vin qu'un traict. Voyez comment il est hallebrené. — Ceste, dist Epistemon, meschante ferraille de moines sont pour tout le monde ainsi aspres sus les vivres, et puis nous disent qu'ils n'ont que leur vie en ce monde. Que diable ont les roys et grands princes? »

CHAPITRE XXIX

COMMENT L'INSTITUTION DE QUARESME DESPLAIST A EPISTEMON

« Avez vous, dist Epistemon, noté comment ce meschant et malautru Fredon nous a allegué mars comme mois de ruffiennerie? — Ouy, respondit Pantagruel, toutesfois il est tousjours en quaresme, lequel a esté institué pour macerer la chair, mortifier les appetits sensuels, et resserer les furies veneriennes. — En ce, dist Epistemon, pouvez vous juger de quel sens estoit celuy pape qui premier l'institua, que ceste vilaine savatte de Fredon confesse soy n'estre jamais plus embrené en paillardise qu'en la saison de quaresme : aussi pour les evidentes raisons produites de tous bons et sçavans medecins, affermans en tout le decours de l'année n'estre viandes mangées plus excitantes la personne à lubricité qu'en cestuy temps : febves, poix, phaseols, chiches, oignons, noix, huytres, harans, saleures, garon, salades toutes composées d'herbes veneriques, comme eruce, nasitord, targon, cresson, berle, response, pavot cornu, houbelon, figues, ris, raisins.

— Vous, dist Pantagruel, seriez bien esbahy, si voyant le bon pape, instituteur du sainct quaresme, estre lors la saison quand la chaleur naturelle sort du centre du corps, auquel s'estoit contenue durant les froidures de l'hyver, et s'y dispert par la circonference des membres, comme la seve fait es arbres, auroit ces viandes, qu'avez dictes, ordonnées pour aider à la multiplication de l'humain lignage. Ce que me l'a faict penser est que, au papier baptistere de Touars, plus grand est le nombre des enfans en octobre et novembre nés, qu'es dix autres mois de l'année, lesquels, selon la supputation retrograde, tous estoient faits, conceus et engendrés en quaresme.

— Je, dist frere Jean, escoute vos propos, et y prends plaisir non petit ; mais le curé de Jambert attribuoit ce copieux engrossissement de femmes, non aux viandes de quaresme, mais aux petits questeurs voustés, aux petits prescheurs bottés, aux petits confesseurs crottés, lesquels damnent, par cestuy temps de leur empire, les ribauds mariés trois toises au dessous des griffes de Lucifer. A leur terreur les mariés plus ne biscotent leurs chambrieres, se retirent à leurs femmes. J'ay dict.

— Interpretez, dist Epistemon, l'institution de quaresme à vostre phantasie : chascun abonde en son sens ; mais à la suppression d'iceluy, laquelle me semble estre impendente, s'opposeront tous les medecins, je le sçay, je leur ay ouy dire. Car sans le quaresme, seroit leur art en mespris, rien ne gaigneroient, personne ne seroit malade. En quaresme sont toutes maladies semées : c'est la vraye pepiniere, la naïfve couche et promoconde de tous maux. Encores ne considerez que si quaresme fait les corps pourrir, aussi fait il les ames enrager. Diables alors font leurs offices ; caffards alors sortent en place ; cagots tiennent leurs grands jours, force sessions, stations, perdonnances, confessions, fouettemens, anathematisations. Je ne veux pourtant inferer que les Arismaspiens soient, en cela meilleurs que nous, mais je parle à propos.

— Or çà, dist Panurge, couillon cultant et fredonnant, que vous semble de cestuy cy? Est-il pas heretique? — Fr. Tres.

P. Doit il pas estre bruslé?
Fr. Doit.
P. Et le plus tost qu'on pourra?
Fr. Soit.
P. Sans le faire pourbouillir?
Fr. Sans.
P. En quelle maniere donc? — Fr. Vif.
P. Si qu'enfin s'en ensuive?
Fr. Mort.
P. Car il vous a trop fasché?
Fr. Las !
P. Que vous sembloit il estre?
Fr. Fol !

P. Vous dictes fol ou enragé?
Fr. Plus.
P. Que voudriez vous qu'il fust?
Fr. Ars.
P. On en a bruslé d'aultres?
Fr. Tant.
P. Qui estoient heretiques?
Fr. Moins.
P. Encores en bruslera on?
Fr. Maints.
P. Les rachèterez vous? — Fr. Grain.
P. Les faut il pas tous brusler?
Fr. Faut.

— Je ne sçay, dist Epistemon, quel plaisir vous prenez raisonnant avec ce meschant penaillon de moine ; mais si d'ailleurs ne m'estiez cognu, vous me créeriez en l'entendement opinion de vous peu honorable. — Allons de par Dieu, dist Panurge, je l'emmenerois volontiers à Gargantua, tant il me plaist. Quand je seray marié il serviroit à ma femme de fou. — Voire teur, dist Epistemon, par la figure tmesis. — A ceste heure, dist frere Jean en riant, as tu ton vin, pauvre Panurge ; tu n'eschapperas jamais que tu ne sois coqu jusques au cul. »

CHAPITRE XXX

COMMENT NOUS VISITASMES LE PAYS DE SATIN

Joyeux d'avoir veu la nouvelle religion des freres Fredons, navigasmes par deux jours : au troisieme, descouvrit nostre pilot une isle belle et delicieuse sus toutes autres ; on l'appelloit l'isle de Frize, car les chemins estoient de frize. En icelle estoit le pays de Satin, tant renommé entre les pages de cour : duquel les arbres et herbes jamais ne perdoient fleurs ne feuilles, et estoient de damas et velours figuré. Les bestes et oiseaux estoient de tapisserie. Là nous vismes plusieurs bestes, oiseaux et arbres, tels que les avons de par de ça en figure, grandeur, amplitude et couleur : excepté qu'ils ne mangeoient rien, et point ne chantoient, point aussi ne mordoient ils comme font les nostres. Plusieurs aussi y vismes que n'avions encores veu : entre autres y vismes divers elephans en diverse contenance ; sur tous j'y notay les six masles et six femelles presentés à Rome, en théatre, par leur instituteur, au temps de Germanicus, nepveu de l'empereur Tibere, elephans doctes, musiciens, philosophes, danseurs, pavaniers, baladins, et estoient à table assis en belle composition, beuvans et mangeans en silence comme beaux peres au refectoir. Ils ont le museau long de deux coudées, et le nommons proboscide, avec lequel ils puisent eau pour boire, prennent palmes, prunes, toutes sortes de mangeailles, s'en deffendent et offendent comme d'une main : et au combat jettent les gens haut en l'air, et à la cheute les font crever de rire. Ils ont moult belles et grandes oreilles de la forme d'un van. Ils ont joinctures et articulations es jambes. Ceux qui ont escrit le contraire n'en virent jamais qu'en peinture. Entre leurs dents ils ont deux grandes cornes : ainsi les appelloit Juba, et dit Pausanias estre cornes, non dents. Philostrate tient que soient dentz, non cornes : ce m'est tout un, pourveu qu'entendiez que c'est le vray yvoire, et sont longues de trois ou quatre coudées, et sont en la mandibule superieure, non inferieure.

Si croyez ceux qui disent le contraire, vous en trouverez mal, voire fust ce Elian, tiercelet de menterie. Là, non ailleurs, en avoit veu Pline, dansans aux sonnettes sus cordes, et funambules : passans aussi sus les tables en plein banquet, sans offenser les beuveurs beuvans.

J'y vis un rhinoceros du tout semblable à celuy que Henry Clerberg m'avoit autrefois monstré, et peu differoit d'un verrat qu'autrefois j'avois veu à Limoges : excepté qu'il avoit une corne au muffle, longue d'une coudée et pointue, de laquelle il osoit entreprendre contre un elephant en combat, et d'icelle le poignant sous le ventre (qui est la plus tendre et debile partie de l'elephant) le rendoit mort par terre.

J'y vis trente deux unicornes : c'est une besto felonne à merveille, du tout semblable à un beau cheval, excepté qu'elle a la teste comme un cerf, les pieds comme un elephant, la queue comme un sanglier, et au front une corne aiguë, noire, et longue de six ou sept pieds, laquelle, ordinairement, luy pend en bas comme la creste d'un coq d'Inde : elle, quand veut combattre ou autrement s'en aider, la leve roide et droite. Une d'icelles je vis, accompagnée de divers animaux sauvages, avec sa corne emonder une fontaine. Là me dist Panurge que son courtaut ressembloit à ceste unicorne, non en longueur du tout, mais en vertu et en proprieté : car ainsi comme elle purifioit l'eau des mares et fontaines d'ordure ou venin aucun qui y estoit, et ces animaux divers, en sceureté, venoient boire après elle, ainsi sceurement on pouvoit après luy fatrouiller sans danger de chancre, verole, pisse chaude, poulains grenés, et tels autres menus suffrages : car si mal aucun estoit au trou mephitique, il esmondoit tout avec sa corne nerveuse. — Quand, dist frere Jean, vous serez marié, nous ferons l'essay sur vostre femme. Pour l'amour de Dieu soit, puisque nous en donnez instruction fort salubre. — Voire, respondit Panurge, et soudain en l'estomac la belle petite pillule aggregative de Dieu, composée de vingt deux coups de poignard à la Cesarine. — Mieux vaudroit, disoit frere Jean, une tasse de quelque bon vin frais. »

J'y vis la toison d'or, conquise par Jason. Ceux qui ont dit n'estre toison, mais pomme d'or, parce que μῆλα signifie pomme et brebis, avoient mal visité le pays de Satin. J'y vis un caméléon, tel que le descrit Aristoteles, et tel que me l'avoit quelquefois monstré Charles Marais, medecin insigne en la noble cité de Lyon sur le Rhosne, et ne vivoit que d'air non plus que l'autre.

J'y vis trois hydres, telles qu'en avois ailleurs autrefois veu. Ce sont serpens, ayant chascun sept testes diverses. J'y vis quatorze phenix. J'avois leu en divers auteurs qu'il n'en estoit qu'un en tout le monde, pour un aage ; mais, selon mon petit jugement, ceux qui en ont escrit n'en virent onques ailleurs qu'au pays de tapisserie, voire fust ce Lactance Firmian. J'y vis la peau de l'asne d'or d'Apulée. J'y vis trois cens et neuf pelicans, six mille et seize oiseaux Seleucides, marchans en ordonnance, et devorans les sauterelles parmy les bleds; des cynamolges, des argatiles, des caprimulges, des tynnuncules, des crotenotaires, voire, dis je, des onocrotales avec leur grand gosier, des stymphalides, harpies, pantheres, dorcades, cemades, cynocephales, satyres, cartasonnes, tarandes, ures, monopes, pephages, cepes, néares, steres, cercopiteques, bisons, musimones, bytures, ophyres, stryges, gryphes.

J'y vis la My quaresme à cheval (la My aoust et la My mars luy tenoient l'estaphe) : loups garoux, centaures, tygres, léopards, hyenes, camelopardales, oryges.

J'y vis une remore, poisson petit, nommé Echeneis des Grecs, auprés d'une grande nauf; laquelle ne se mouvoit, encores qu'elle eust pleines voiles en haulte mer : je croys bien que c'estoit celle de Periander, le tyran, laquelle un poisson tant petit arrestoit contre le vent. Et en ce pays de Satin, non ailleurs, l'avoit veue Mutianus. Frere Jean nous dist que par les cours de parlement souloient jadis regner deux sortes de poisson, lesquels faisoient de tous poursuivans, nobles, roturiers, pauvres, riches, grands, petits, pourrir les corps et enrager les ames. Les premiers estoient poissons d'avril, ce sont maquereaux; les seconds venefiques remores, c'est sempiternité de proces sans fin de jugement.

J'y vis des sphinges, des raphes, des oinces, des cephes, lesquels ont les pieds de devant comme les mains, et ceux de derriere comme les pieds d'un homme; des crocutes, des éales, lesquels sont grands comme hippopotames, ayans la queue comme elephans, les mandibules comme sangliers, les cornes mobiles comme sont les oreilles d'asnes. Les cucrocutes, bestes tres legeres, grandes comme asnes de Mirebalais, ont le col, la queue et poictrine comme un lion, les jambes comme un cerf, la gueule fendue jusques aux oreilles, et n'ont autres dents qu'une dessus et une autre dessous : elles parlent de voix humaine, mais lors mot ne sonnerent. Vous dictes qu'on ne vit onques aire de sacre; vrayement j'y en vis onze, et le notez bien.

J'y vis des hallebardes gaucheres, ailleurs n'en avois veu.

J'y vis des manthicores, bestes bien estranges : elles ont le corps comme un lion, le poil rouge, la face et les oreilles comme un homme, trois rangs de dents, entrant les unes dedans les autres comme si vous entrelassiez les doigts des mains les uns dedans les autres; en la queue elles ont un aiguillon, duquel elles poignent, comme font les scorpions, et ont la voix fort melodieuse. J'y vis des catoblepes, bestes sauvages, petites de corps, mais elles ont les testes grandes sans proportion : à peine les peuvent lever de terre ; elles ont les yeux tant veneneux que quiconque les voit meurt soudainement, comme qui verroit un basilic. J'y vis des bestes à deux dos, lesquelles me sembloient joyeuses à merveille et copieuses en culletis, plus que n'est la mocitelle, avec sempiternel remuement de cropions. J'y vis des escrevisses laictées, ailleurs jamais n'en avois veu, lesquelles marchoient en moult belle ordonnance, et les faisoit moult bon voir.

CHAPITRE XXXI

COMMENT AU PAYS DE SATIN NOUS VISMES OUY DIRE, TENANT ESCOLE DE TESMOIGNERIE

Passans quelque peu avant en ce pays de tapisserie, vismes la mer Mediterranée ouverte et descouverte jusques aux abysmes, tout ainsi comme au gouffre Arabic se descouvrit la mer Erithrée, pour faire chemin aux Juifs issans d'Egypte. Là je recognu Triton sonnant de sa grosse conche, Glauque, Protée, Nerée, et mille autres dieux et monstres marins. Vismes aussi nombre infiny de poissons en especes diverses, dansans, volans, voltigeans, combattans, mangeans, respirans, belutans, chassans, dressans escamourches, faisans embuscades, composans trefves, marchandans, jurans, s'esbatans.

En un coing là prés vismes Aristoteles tenant une lanterne, en semblable contenance que l'on peint l'hermite prés saint Christophe, espiant, considerant, le tout redigeant par escrit. Derriere luy estoient comme records de sergents plusieurs autres philosophes, Appianus, Heliodorus, Atheneus, Porphyrius, Pancrates, Archadian, Numenius, Possidonius, Ovidius, Oppianus, Olympius, Seleucus, Leonides, Agathocles, Theophrastes, Demostrates, Mutianus, Nymphodorus, Elianus, cinq cens autres gens aussi de loisir, comme fut Chrysippus ou Aristarchus de Sole, lequel demeura cinquante huit ans à contempler l'estat des abeilles, sans autre chose faire. Entre iceux j'y advisay Pierre Gilles, lequel tenoit un urinal en main, considerant en profonde contemplation l'urine de ces beaux poissons.

Avoir longuement consideré ce pays de Satin, dist Pantagruel : « J'ay ici longuement repeu mes yeux, mais je ne m'en peux en rien saouler, mon estomac brait de male raige de faim. — Repaissons, repaissons, dis je, et tastons de ces anacampserotes qui pendent là dessus. Fy, ce n'est rien qui vaille. » Je donc prins quelques mirobalans qui pendoient à un bout de tapisserie ; mais je ne les peus mascher, ni avaller, et les goustant eussiez proprement dict et juré que fust soye retorse, et n'avoient saveur aucune. On penseroit qu'Heliogabalus là eust pris, comme transsumpt de bulle, forme de festoyer ceux qu'il avoit long temps fait jeusner, leur promettant en fin banquet somptueux, abondant, imperial; puis les paissoit de viandes en cire, en marbre, en potterie, en peintures et nappes figurées.

Cerchans donc par ledit pays si viandes aucunes trouverions, entendismes un bruit strident et divers, comme si fussent femmes lavant la buée ou traquets de moulins du Bazacle lez Tolose; sans plus sejourner, nous transportasmes au lieu où c'estoit, et vismes un petit vieillard bossu, contrefait et monstrueux; on le nommoit *Ouy dire* : il avoit la gueule fendue jusques aux oreilles, et dedans la gueule sept langues, et chaque langue fendue en sept parties ; quoy que ce fust, de toutes sept ensemblement parloit divers propos et langages divers : avoit aussi parmy la teste et le reste du corps autant d'oreilles comme jadis eut Argus d'yeux ; au reste estoit aveugle et paralytique des jambes.

Autour de luy je vis nombre innumerable d'hommes et de femmes escoutans et attentifs, et en recognu aucuns parmy la trouppe faisans bon minois, d'entre lesquels un pour lors tenoit une mappemonde, et la leur exposoit sommairement par petits aphorismes, et y devenoient clercs et sçavans en peu d'heures, et parloient de prou de choses prodigieuses elegantement et par bonne memoire, pour la centiesme partie desquelles sçavoir ne suffiroit la vie de l'homme : des pyramides, du Nil, de Babylone, des Troglodites, des Hymantopodes, des Blemmyes, des Pigmées, des Canibales, des monts Hyperborées, des Ægipanes, de tous les diables, et tout par *Ouy dire*.

Là je vis, selon mon advis, Herodote, Pline, Solin, Berose, Philostrate, Mela, Strabo, et tant d'autres antiques, plus Albert le jacobin grand, Pierre Tesmoing, pape Pie second, Volateran, Paulo Jovio le vaillant homme, Jacques Cartier, Chaïton Armenian, Marc Paule Venitien, Ludovic Romain, Pietre Alvares, et ne sçay combien d'autres modernes historiens cachés derriere une piece de tapisserie, en tapinois escrivans de belles besongnes, et tout par *Ouy dire*.

Derriere une piece de velours figuré à feuilles de menthe, prés d'*Ouy dire*, je vis nombre grand de Percherons et Manceaux, bons estudians, jeunes assez : et demandans en quelle faculté ils appliquoient leur estude, entendismes que là de jeunesse ils apprenoient à estre tesmoins, et en cestuy art profitoient si bien que, partans du lieu et retournés en leur province, vivoient honnestement du mestier de tesmoignerie, rendans sceur tesmoignage de toutes choses à ceux qui plus donneroient par journée, et tout par *Ouy diré*. Dictes en ce que vouldrez, mais ils nous donnerent de leurs chanteaux, et beusmes à leurs barils à bonne chere. Puis nous advertirent cordialement, qu'eussions à espargner verité, tant que possible nous seroit, si voulions parvenir en cour de grands seigneurs.

CHAPITRE XXXII

COMMENT NOUS FUT DESCOUVERT LE PAYS DE LANTERNOIS

Mal traités et mal repeus au pays de Satin, navigasmes par trois jours : au quatrieme en bon heur approchasmes de Lanternois. Approchans vismes sur mer certains petits feux volans : de ma part je pensois que fussent, non lanternes, mais poissons, qui de la langue flamboyans, hors la mer fissent feu ; ou bien Lampirides, vous les appelez Cicindeles, là reluisans comme au soir font en ma patrie, l'orge venant à maturité. Mais le pilot nous advertit que c'estoient lanternes des guets, lesquelles autour de la banlieue descouvroient le pays, et faisoient escorte à quelques lanternes estrangeres, qui, comme bons cordeliers et jacobins, alloient là comparoistre au chapitre provincial. Doutans toutesfois que fust quelque prognostic de tempeste, nous asceura qu'ainsi estoit.

CHAPITRE XXXIII

COMMENT NOUS DESCENDISMES AU PORT DES LYCHNOBIENS, ET ENTRASMES EN LANTERNOIS

Sus l'instant entrasmes au port de Lanternois. Là sus une haute tour recognut Pantagruel la lanterne de la Rochelle, laquelle nous fit bonne clarté. Vismes aussi la lanterne de Pharos, de Nauplion, et d'Acropolis en Athenes sacrée à Pallas. Prés le port est un petit village habité par les Lychnobiens, qui sont peuples vivans de lanternes, comme en nos pays les freres briffaux vivent de nonnains, gens de bien et studieux. Demosthenes y avoit jadis lanterné. De ce lieu jusques au palais fusmes conduits par trois Obeliscolychnies, gardes militaires du havre, à hauts bonnets, comme Albanois, esquels exposasmes les causes de nos voyage et deliberation, laquelle estoit là impetrer de la royne de Lanternois une lanterne pour nous esclairer et conduire par le voyage que faisions vers l'oracle de la Bouteille. Ce que nous promirent faire, et volontiers : adjoustans qu'en bonne occasion et opportunité estions là arrivés, et qu'avions beau faire choix de lanternes, lors qu'elles tenoient leur chapitre provincial.

Advenans au palais royal, fusmes par deux lanternes d'honneur, sçavoir est, la lanterne d'Aristophanes et la lanterne de Cléanthes, presentés à la royne, à laquelle Panurge en langage Lanternois exposa briefvement les causes de nostre voyage. Et eusmes d'elle bon recueil, et commandement d'assister à son soupper, pour plus facilement choisir celle que voudrions pour guide. Ce que nous plut grandement, et ne fusmes negligens bien tout noter et tout considerer, tant en leurs gestes, vestemens et maintien, qu'aussi en l'ordre du service.

La royne estoit vestue de cristallin vierge, par art de tauchie, et ouvrage damasquin, passementé de gros diamans. Les lanternes du sang estoient vestues, aucunes de strain, autres de pierres phengites ; le demourant estoit de corne, de papier, de toile cirée. Les fallots pareillement selon leurs estats et antiquité de leurs maisons. Seulement j'en advisay une de terre comme un pot, en rang des plus gorgiases : de ce m'esbahissant, entendis que c'estoit la lanterne d'Epictetus, de laquelle on avoit autresfois refusé trois mille dragmes.

J'y consideray diligentement la mode et accoustrement de la lanterne Polymyxe de Martial, encores plus de l'Icosimyxe, jadis consacrée par Canope, fille de Tisias. J'y notay tres bien la lanterne Pensile, jadis prinse de Thebes au temple d'Apollo Palatin, et depuis transportée en la ville de Cyme Éolique par Alexandre le Conquerant. J'en notay une autre insigne, à cause d'un beau floc de soye cramoisine qu'elle avoit sus la teste. Et me fut dict que c'estoit Bartole, lanterne de droit. J'en notay pareillement deux autres insignes, à cause des bourses de clystere, qu'elles portoient à la ceinture, et me fut dict que l'une estoit le grand, et l'autre le petit Luminaire des apothycaires.

L'heure du soupper venue, la royne s'assit en premier lieu, consequemment les autres selon leur degré et dignité. D'entrée de table toutes furent servies de grosses chandelles de moulle, excepté que la royne fut servie d'un gros et roide flambeau flamboyant de cire blanche, un peu rouge par le bout ; aussi furent les lanternes du sang exceptées du reste, et la lanterne provinciale de Mirebalais, laquelle fut servie d'une chandelle de noix, et la provinciale du bas Poitou, laquelle je vis estre servie d'une chandelle armée. Et Dieu sçait quelle lumiere aprés elles rendoient avec leurs mecherons. Exceptez icy un nombre de jeunes lanternes, du gouvernement d'une grosse lanterne. Elles ne luisoient comme les autres, mais me sembloient avoir les paillardes couleurs.

Aprés soupper nous retirasmes pour reposer. Le lendemain matin la royne nous fit choisir une lanterne, pour nous conduire, des plus insignes. Et ainsi prinsmes congé.

CHAPITRE XXXIII BIS[1]

COMMENT FURENT LES DAMES LANTERNES SERVIES A SOUPPER

Les vezes, bouzines et cornemuses sonnerent harmonieusement, et leur furent les viandes apportées. A l'entrée du premier service, la reine prit en guise de pilules qui sentent si bon (je dis *ante cibum*) pour soy desgraisser l'estomac, une cuillerée de petasinne, puis furent servies :

Des corquignoles savoreuses.
Des happelourdes.
Des badigonyeuses.
Des coquemares à la vinaigrette.
Des coquecigrues.
Des etangourres.
Des ballivernes en paste.
Des estroncs fins à la nasardine.
Des aucbares de mer.
Des godivaulx de levrier bien bons.
Du promerdis grand viande.
Des bourbelettes.
Primeronges.
Des bregizollons.
Des lansbregots.
Des freleginingues.
De la bistroye.
Des brigailles mortifiées.
Des genabins de haute fustaie.
Des starabillats.
Des cormeabots.
Des cornameuz revestus de bize.
De la gendarmenoyre.
Des jerangois.
De la trismarmaille.
Des ordisopirats.
De la mopsopige.
Des brebasenas.
Des fundrilles.
Des chinfrenaulx.
Des bubagotz.
Des volepupinges.
Des gafelages.
Des brenouzets.
De la mirelaridaine.
De la croquepie.

En second service furent servies :

Des ondrespondredets.
Des entreduchs.
De la friande vestanpenarderie.
Des baguenauldes.
Des dorelotz de lievre.
Des bandielivagues, viande rare.
Des manigoulles de Levant.
Des brimborions de Ponent.
De la petaradine.
Des notrodilles.
De la vesse couliere.
De la foire en braie.
Du suif d'asnon.
De la crotte en poil.
Du moinascon.
Des fanfreluches.
Des spopondrilloches.
Du laisse-moy en paix.
Du tire-toy là.
Du boute-luy toy-mesme.
De la claquemain.
Du saint balleran.

1. Nous intercalons ici un chapitre contenant d'amples détails sur le souper des Lanternes, dont il vient d'être question. Ce chapitre ne se trouve pas dans les éditions anciennes ; il est extrait d'un manuscrit du cinquième livre (voyez la *Bibliographie*). En passant ce chapitre, on a, sans aucune altération, le texte de la première édition complète publiée en 1564.

Des epibuches.
Des ivrichaulx.
Des giboullées de mars.
Des triquebilles.
De la bandaille.
Des smubrelots.
Des je renie ma vie.
Des hurtalis.
De la patissandrie.
Des ancrastabots.
Des babillebabous.
De la marabire.
Des sainsanbregois.
Dès qu'aisse qu'esse.
Des coquelicous.

Des maralipes.
Du brochancultis.
Des hoppelats.
De la marnitandaille avec beau pis-sefort.
Du merdignon.
Des croquinpedaigues.
Des tintaloyes.
Des pieds à boule.
Des chinfernaulx.
Des nez d'as de treffles en paste.
De pasques de soles.
Des estafilades.
Du guyacoux.

Pour le dernier service furent presentés :

Des drogues sernogues.
Des triquedandaines.
Des gringuenauldes à la joncade.
Des brededins-bredédas.
De la galimaffrée à l'escafignade.
Des barabin-barabas.
Des moque-croquettes.
De la huquemasche.
De la tirclitantaine.
Des neiges d'antan, desquelles ils ont eu en abondance en Lanternois.
Des gringalets.
Du sallehort.
Des mirelaridaines.
Des mizenas.

Des gresamines, fruict delicieux.
Des mariolets.
Des friquenelles.
De la piedebillorie.
De la mouchencullade.
Du souffle au cul mien.
De la menigance.
Des tritepoluz.
Des befaibemis.
Des aliborrins.
Des tirepetadans.
Du coquerin.
Des coquilles betissons.
Du croquignolage.
Des tinctamarrois.

Pour desserte apporterent un plein plat de merde couvert d'estrons fleuris : c'estoit un plat plein de miel blanc, couvert d'une guimple de soie cramoisine.

Leur boitte fut en tirelarigots, vaisseaux beaux et antiques, et rien ne beurent fors œlaiodes, breuvage assez mal plaisant en mon goust; mais en Lanternois c'est boitte déifique ; et s'enivrent comme gens, si bien que je vis une vieille lanterne edentée revestue de parchemin, lanterne corporale d'autres jeunes lanternes, laquelle criant aux semetieres : *Lampades nostræ extinguuntur*, fut tant ivre du breuvage qu'elle, sus chemin, y perdit vie et lumiere : et fut dit à Pantagruel que souvent en Lanternois ainsi perissoient les lanternes, mesmes au temps qu'elles tenoient chapitre.

Le souper finy, furent les tables levées. Lors, les menestriers plus que devant melodieusement sonnants, fut par la reine commencé un branle

PANTAGRUEL

double, auquel tous et fallots et lanternes ensemble danserent. Depuis se retira la reine en son siege : les autres aux dives sons des bouzines dansarent diversement comme vous pourrez dire :

Serre Martin.
C'est la belle franciscane.
Dessus les marches d'Arras.
Bastienne.
Le trihorry de Bretagne.
Hely, pourtant si estes belle.
Les sept visages.
La gaillarde.
La revergasse.
Les crapauds et les grues.
La marquise.
Si j'ay mon joly temps perdu.
L'espine.
C'est à grand tort.
La frisque.
Par trop je suis brunette.
De mon deuil triste.
Quand m'y souvient.
La galliote.
La goutte.
Marry de par sa femme.
La gaie.
Malemaridade.
La pamine.
Catherine.
Saint Roc.
Sanxerre.
Nevers.
Picardie la jolye.
La douloureuse.
Sans elle ne puis.
Curé, venez donc.
Je demeure seule.
La mousque de Biscaye.
L'entrée du fol.
A la venue de Noël.
La peronnelle.
Le gouvernal.
A la bannie.
Foix.
Verdure.
Princesse d'amours.
Le cœur est mien.
Le cœur est bon.
Jouissance.

Chasteaubriant.
Beurre frais.
Elle s'en va.
La ducate.
Hors de soulcy.
Jacqueline.
Le grand helas.
Tant ay d'ennuy.
Mon cœur sera.
La seignore.
Beauregard.
Perrichon.
Maulgré danger.
Les grands regrets.
A l'ombre d'un buissonnet.
La douleur qui au cœur me blesse.
La fleurie.
Frere Pierre.
Va-t'en, regret.
Toute noble cité.
N'y boutez pas tout.
Les regrets de l'agneau.
Le bail d'Espagne.
C'est simplement donné congé.
Mon con est devenu sergent.
Expect un poc ou pauc.
Le renom d'un esgaré.
Qu'est devenu, ma mignonne.
En attendant la grace.
En elle n'ay plus de fiance.
En plaincts et pleurs je prends congé.
Tire-toy là, Guillot.
Amours m'ont fait desplaisir.
Les soupirs du polin.
Je ne sçay pas pourquoi.
Faisons la, faisons.
Noire et tannée.
La belle Françoise.
C'est ma pensée.
O loyal espoir.
C'est mon plaisir.
Fortune.
L'allemande.
Les pensées de ma dame.
Pensez tous la peur.

Belle, à grand tort.
Je ne sçay pas pourquoi.
Helas, que vous a fait mon cœur.
Hé Dieu! quelle femme j'avois!
L'heure est venue de me plaindre.
Mon cœur sera d'aimer.
Qui est bon à ma semblance.
Il est en bonne heure né.
La douleur de l'escuyer.
La douleur de la charte.
Le grand Allemant.
Pour avoir fait au gré de mon amy.
Les manteaulx jaulnes.
Le mout de la vigne.
Toute semblable.
Cremone.
La merciere.
La tripiere.
Mes enfans.
Par faulx semblant.
La valentinoise.
Fortuné à tort.
Testimonium.
Calabre.
L'estrac.
Amours.
Esperance.
Robinet.
Triste plaisir.
Rigoron Pirouy.
L'oiselet.
Biscaye.
La doulourouse.
Ce que sçavez.
Qu'il est bon.
Le petit helas.
A mon retour.
Je ne fais plus.
Pauvres gens d'armes.
Le faulcheron.
Ce n'est pas jeu.
Beauté.
Te gratie, roine.
Patience.
Navarre.

Jac Bourdaing.
Rouhault le fort.
Noblesse.
Tout au rebours.
Cauldas.
C'est mon mal.
Dulcis amica.
Le chauld.
Les chasteaulx.
La giroflée.
Vaz an moy.
Jurez le prix.
La nuyt.
A Dieu m'en voys.
Bon gouvernement.
My sonnet.
Pampelune.
Ils ont menti.
Ma joie.
Ma cousine.
Elle revient.
A la moitié.
Tous les biens.
Ce qu'il vous plaira.
Puisqu'en amour suis malheureux.
A la verdure.
Sus toutes les couleurs.
En la bonne heure.
Or fait il bon aimer.
Mes plaisants chants.
Mon joly cœur.
Bon pied bon œil.
Hau, bergere, ma mie.
La tisserande.
La pavane.
Hely, pourtant si estes belle.
La marguerite.
Or fait il bon.
La laine.
Le temps passé.
Le joly bois.
L'heure vient.
Le plus dolent.
Touche luy l'anticaille.
Les hayes.

Encore les vis-je danser aux chansons de Poictou dites par un fallot de Saint Messant, ou un grand baislant de Parthenay le Vieil.

Notez, beuveurs, que tout alloit de hait, et se faisoient bien valoir les gentils fallots avec leurs jambes de bois. Sus la fin fut apporté vin de coucher avec belle mouscheuculade, et fut crié largesse de par la reine, moyennant une boitte de petasinne. Lors la reine nous octroya le choix d'une de ses lanternes pour nostre conduite, telle qu'il nous plairoit. Par nous fut esluc et choisie la mie du grand M. P. Lamy, laquelle j'avois autrefois cogneue à bonnes enseignes. Elle pareillement me recognoissoit, et nous sembla plus divine, plus hilique, plus docte, plus sage, plus diserte, plus humaine, plus debonnaire et plus idoine, que autre qui fust en la compagnie pour nostre conduite. Remercians bien humblement la dame reine, fusmes accompagnés jusques à nostre nauf par sept jeunes fallots balladins, ja luisant la claire Diane.

Au departir du palais, je ouys la voix d'un grand fallot à jambes tortes, disant qu'un bon soir vault mieux que autant de bons matins qu'il y a eu de chastaignes en farce d'oie depuis le deluge de Ogiges, voulant donner entendre qu'il n'est bonne chere que de nuyt, lorsque lanternes sont en place, accompagnées de leurs gentils fallots. Telles cheres le soleil ne peut voir de bon œil, tesmoing Jupiter : lorsqu'il coucha avec Alcmene mere d'Hercules, il le fit cacher deux jours, car peu devant il avoit descouvert le larcin de Mars et de Venus.

CHAPITRE XXXIV

COMMENT NOUS ARRIVASMES A L'ORACLE DE LA BOUTEILLE

Nostre noble lanterne nous esclairant, et conduisant en toute joyeuseté, arrivasmes en l'isle desirée, en laquelle estoit l'oracle de la Bouteille. Descendant Panurge en terre fit sur un pied la gambade en l'air gaillardement, et dist à Pantagruel : « Aujourd'huy avons nous ce que cherchons avec fatigues et labeurs tant divers. » Puis se recommanda courtoisement à nostre lanterne. Icelle nous commanda tous bien esperer, et, quelque chose qui nous apparust, n'estre aucunement effrayés.

Approchans au temple de la dive Bouteille, nous convenoit passer parmy un grand vignoble faict de toutes especes de vignes, comme Phalerne, Malvoisie, Muscadet, Taige, Beaune, Mirevaux, Orléans, Picardent, Arbois, Coussi, Anjou, Grave, Corsicque, Vierron, Nerac et autres. Le dit vignoble fut jadis par le bon Bacchus planté avec telle benediction que tous temps il portoit feuille, fleur et fruict, comme les orangiers de Suraine. Nostre lanterne magnifique nous commanda manger trois raisins par homme, mettre du pampre en nos souliers, et prendre une branche verde en main gauche. Au bout du vignoble passasmes dessous un arc antique, auquel estoit le trophée d'un beuveur bien mignonnement insculpé, sçavoir est en un lieu, long ordre de flacons, bouraches, bouteilles, fioles, ferrieres, barils, barreaux, pots, pintes, semaises antiques, pendantes d'une treille ombrageuse; en autre, grande quantité d'ails, oignons, eschalottes, jambons, boutargues, parodelles, langues de bœuf fumées, formages vieux, et semblable confiture entrelassée de pampre, et ensemble par grande industrie fagottée avec des seps : en autre, cent formes de verre comme verres à pied et verres à cheval, cuveaux, retombes, hanaps, jadaux, salvernes, tasses, gobelets, et telle semblable artillerie bacchique. En la face de l'arc dessous le zoophore estoient ces deux vers inscrits :

> Passant icy ceste poterne
> Garny toy de bonne lanterne.

« A cela, dist Pantagruel, avons nous pourveu. Car en toute la region de Lanternois, n'y a lanterne meilleure et plus divine que la nostre. »

Cestuy arc finissoit en une belle et ample tonnelle, toute faicte de seps de vignes, ornés de raisins de cinq-cens-couleurs diverses, et cinq cens diverses formes non naturelles, mais ainsi composées par art d'agriculture, jaunes, bleux, tanés, azurés, blancs, noirs, verds, violets, riolés, piolés, longs, ronds, torangles, couillonnés, couronnés, barbus, cabus, herbus. La fin d'icelle estoit close de trois antiques lierres, bien verdoyans et tous chargés de bayes. Là nous commanda nostre illustrissime lanterne, de ce lierre chascun de nous se faire un chapeau albanois, et s'en couvrir toute la teste. Ce que fut fait sans demeure. « Dessous, dist lors Pantagruel, ceste treille n'eust ainsi jadis passé la pontife de Jupiter. — La raison, dist nostre preclare lanterne, estoit mystique. Car y passant auroit le vin, ce sont les raisins, au dessus de la teste, et sembleroit estre comme maistrisée et dominée du vin, pour signifier que les pontifes, et tous personnages, qui s'addonnent et dedient à contemplation des choses divines, doivent en tranquillité leurs esprits maintenir, hors toute perturbation de sens : laquelle plus est manifestée en yvrognerie qu'en autre passion, quelle que soit.

« Vous pareillement au temple ne seriez receus de la dive Bouteille, estans par cy dessous passés, sinon que Bacbuc la noble pontife vist de pampre vos souliers pleins : qui est acte du tout et par entier diametre contraire au premier, et signification evidente que le vin vous est en mespris, et par vous conculqué et subjugué. — Je, dist frere Jean, ne suis point clerc, dont me desplaist ; mais je trouve dedans mon breviaire qu'en la Revelation fut, comme chose admirable, veue une femme ayant la lune sous les pieds : c'estoit, comme m'a exposé Bigot, pour signifier qu'elle n'estoit de la race et nature des autres, qui toutes ont à rebours la lune en teste, et par consequent le cerveau tousjours lunatique : cela m'induit facilement à croire ce que dictes, madame Lanterne m'amie. »

CHAPITRE XXXV

COMMENT NOUS DESCENDISMES SOUS TERRE POUR ENTRER AU TEMPLE DE LA BOUTEILLE, ET COMMENT CHINON EST LA PREMIERE VILLE DU MONDE

Ainsi descendismes sous terre par un arceau incrusté de plastre, peint au dehors rudement d'une danse de femmes et satyres, accompagnans le vieil Silenus riant sus son asne. Là je disois à Pantagruel : « Ceste entrée me revoque en souvenir la Cave peinte de la premiere ville du monde : car là sont peintures pareilles en pareille fraicheur, comme icy. — Où est? demanda Pantagruel; qui est ceste premiere ville que dictes? — Chinon, dis je, ou Caynon en Touraine. — Je sçay, respondit Pantagruel, où est Chinon, et la Cave peinte aussi, j'y ay beu maints verres de vin frais, et ne fais doute aucune que Chinon ne soit ville antique, son blason l'atteste, auquel est dit :

> Chinon (deux ou trois fois), Chinon,
> Petite ville, grand renom,
> Assise sus pierre ancienne,
> Au haut le bois, au pied la Vienne.

« Mais comment seroit elle ville premiere du monde? Où le trouvez vous par escrit? Quelle conjecture en avez! — J'ay, dis je, trouvé en l'Escriture sacrée que Cayn fut le premier bastisseur de villes : vray donc semblable est que la premiere il de son nom nomma Caynon, comme depuis ont à son imitation tous autres fondateurs et instaurateurs de villes imposé leurs noms à icelles : Athene (c'est en grec Minerve), à Athenes; Alexandre, à Alexandrie; Constantin, à Constantinople; Pompée, à Pompéiopolis en Cilicie; Adrian, à Adrianople; Cana, aux Cananéens; Saba, aux Sabéians; Assur, aux Assyriens; Ptolomaïs, Cesarée, Tiberium, Herodium, en Judée. »

Nous tenans ces menus propos, sortit le grand flasque (nostre lanterne l'appelloit philosophe) gouverneur de la dive Bouteille, accompagné de la garde du temple, et estoient tous bouteillons françois. Iceluy nous voyant tyrsigeres, comme j'ay dit, et couronnés de lierre, recognoissant aussi nostre insigne lanterne, nous fit entrer en sceureté, et commanda que droit on nous menast à la princesse Bacbuc, dame d'honneur de la Bouteille, et pontife de tous les mysteres. Ce que fut faict.

CHAPITRE XXXVI

COMMENT NOUS DESCENDISMES LES DEGRÉS TETRADIQUES, ET DE LA PEUR QU'EUT PANURGE

Depuis descendismes un degré marbrin sous terre, là estoit un repos ; tournans à gauche en descendismes deux autres, là estoit un pareil repos ; puis trois à destour, et repos pareil, et quatre autres de mesme. Là demanda Panurge : « Est ce icy ? — Quants degrés, dist nostre magnifique lanterne, avez compté ? — Un, respondit Pantagruel, deux, trois, quatre. — Quants sont ce ? demanda elle. — Dix, respondit Pantagruel. — Par, dist elle, mesme tetrade Pythagorique, multipliez ce qu'avez resultant. — Ce sont, dist Pantagruel, dix, vingt, trente, quarante. — Combien fait le tout ? dist elle. — Cent, respondit Pantagruel. — Adjoustez, dist elle, le cube premier, ce sont huit ; au bout de ce nombre fatal trouverons la porte du temple. Et y notez prudentement que c'est la vraye psychogonie de Platon, tant celebrée par les Academiciens, et tant peu entendue : de laquelle la moitié est composée d'unité des deux premiers nombres pleins, de deux quadrangulaires, et de deux cubiques.

Descendans ces degrés numereux sous terre, nous furent bien besoin premierement nos jambes, car sans icelles ne descendions qu'en roullant comme tonneaux en cave ; secondement nostre preclare lanterne, car en ceste descente ne nous apparoissoit autre lumiere non plus que si nous fussions au trou de sainct Patrice en Hibernie, ou en la fosse de Trophonius en Béotie. Descendus environ septante et huit degrés, s'escria Panurge, addressant sa parole à nostre luysante lanterne : « Dame mirifique, je vous prie de cœur contrit, retournons en arriere. Par la mort bœuf, je meurs de male peur. Je consens jamais ne me marier. Vous avez prins de peine et fatigues beaucoup pour moy ; Dieu vous le rendra en son grand rendouer ; je n'en seray ingrat issant hors ceste caverne de Troglodytes. Retournons de grace. Je doute fort que soit icy Tenare, par lequel on descend en enfer, et me semble que j'oy Cerberus abbayant. Escoutez, c'est luy, ou les oreilles me cornent : je n'ay à luy devotion aucune, car il n'est mal des dents si grand que quand les chiens nous tiennent aux jambes. Si c'est icy la fosse de Trophonius, les Lemures et Lutins nous mangeront tous vifs, comme jadis ils mangerent un des hallebardiers de Demetrius, par faute de bribes. Es tu là, frere Jean ? Je te prie, mon bedon, tiens toy prés de moy, je meurs de peur. As tu ton braquemart ? Encores n'ay je armes aucunes, n'offensives, ne defensives. Retournons.

— J'y suis, dist frere Jean ; j'y suis, n'aye peur ; je te tiens au collet, dix huit diables ne t'emporteroient de mes mains, encores que sois sans armes. Armes jamais au besoin ne faillirent, quand bon cœur est associé de bon bras. Plustost armes du ciel pleuveroient, comme aux champs de la Crau, prés les fosses Marianes en Provence, jadis pleurent cailloux (ils y sont encores) pour l'aide d'Hercules, n'ayant autrement de quoy combattre les deux enfans de Neptune. Mais quoy! descendons nous icy es limbes des petits enfans (par Dieu ils nous conchieront tous), ou bien en enfer à tous les diables? Cor Dieu, je les vous galleray bien à ceste heure, que j'ay du pampre en mes souliers. O que je me battray verdement! Où est ce? où sont ils? Je ne crains que leurs cornes. Mais l'idée des cornes que Panurge marié portera m'en garantira entierement. Je le voy jà, en esprit prophetique, un autre Actéon cornant, cornu, cornancul. — Garde, frater, dist Panurge, attendant qu'on mariera les moines, que n'espouses la fiebvre quartaine. Car je puisse donc, sauf et sain, retourner de cestuy hypogée, en cas que je ne te la beline, pour seulement te faire cornigere, cornipetant : autrement, pensé je bien que la fiebvre quarte est assez mauvaise bague. Il me souvient que Grippeminaud te la voulut donner pour femme; mais tu l'appellas heretique. »

Icy fut le propos interrompu par nostre splendide lanterne, nous remonstrant que là estoit le lieu auquel convenoit favorer, et par suppression de paroles, et taciturnité de langues; du demourant, fit response peremptoire que de retourner sans avoir le mot de la Bouteille n'eussions d'espoir aucun, puisqu'une fois avions nos souliers feustrés de pampre.

« Passons donc, dist Panurge, et donnons de la teste à travers tous les diables. A perir n'y a qu'un coup. Toutesfois je me reservois la vie pour quelque bataille. Boutons, boutons, passons outre. J'ay du courage tant et plus : vray est que le cœur me tremble; mais c'est pour la froideur et relenteur de ce cavain. Ce n'est de peur, non, ne de fiebvre. Boutons, boutons, passons, poussons, pissons : je m'appelle Guillaume sans peur. »

CHAPITRE XXXVII

COMMENT LES PORTES DU TEMPLE PAR SOY MESME ADMIRABLEMENT S'ENTR'OUVRIRENT

En fin des degrés rencontrasmes un portail de fin jaspe, tout compassé et basty à ouvrage et forme Dorique, en la face duquel estoit en lettres Ioniques, d'or tres pur, escrite cette sentence, Ἐν οἴνῳ ἀλήθεια, c'est à dire : *en vin verité.* Les deux portes estoient d'airain, comme Corinthien, massives, faites à petites vignettes, enlevées et esmaillées mignonnement,

selon l'exigence de la sculpture, et estoient ensemble jointes et refermées
esgalement en leur mortaise, sans clavure, sans catenat, sans liaison aucune :
seulement y pendoit un diamant Indique, de la grosseur d'une febve Ægyp-
tiatique, enchassé en or odrizé à deux pointes, en figure exagone et en
ligne directe; à chascun costé vers le mur pendoit une poignée de scordion.

Là nous dist nostre noble Lanterne qu'eussions son excuse pour legitime si elle desistoit plus avant nous conduire. Seulement qu'eussions à
obtemperer es instructions de la pontife Bacbuc : car entrer dedans ne luy
estoit permis, pour certaines causes, lesquelles taire meilleur estoit à gens
vivans vie mortelle qu'exposer. Mais, en tout evenement, nous commanda
estre en cerveau, n'avoir frayeur ne peur aucune, et d'elle se confier pour la
retraite : puis tira le diamant pendant à la commissure des deux portes, et
à dextre le jetta dedans une capse d'argent, à ce expressement ordonnée;
tira aussi de l'esseuil de chascune porte un cordon de soye cramoisine
longue d'une toise et demie, auquel pendoit le scordion; l'attacha à deux
boucles d'or, expressement pour ce pendantes aux costés, et se retira à part.

Soubdainement les deux portes, sans que personne y touchast, de soy
mesme s'ouvrirent, et, s'ouvrant, firent non bruit strident, non fremisse-
ment horrible, comme font ordinairement portes de bronze rudes et
pesantes, mais doux et gracieux murmur, retentissant par la voulte du
temple, duquel soudain Pantagruel entendit la cause, voyant sous l'extremité de l'une et l'autre porte un petit cylindre, lequel par sus l'esseuil
joignoit la porte, et se tournant selon qu'elle se tiroit vers le mur, dessus
une dure pierre d'Ophites, bien terse, et esgalement polie par son frottement, faisoit ce doux et harmonieux murmur.

Bien je m'esbahissois comment les deux portes, chascune par soy, sans
l'oppression de personne, estoient ainsi ouvertes : pour cestuy cas merveilleux entendre, aprés que tous fusmes dedans entrés, je projettay ma
veue entre les portes et le mur, convoiteux de savoir par quelle force et
par quel instrument estoient ainsi refermées, doutant que nostre amiable
lanterne eust, à la conclusion d'icelles apposé l'herbe dite ethiopis, moyennant laquelle on ouvre toutes choses fermées ; mais j'apperceu que la part
en laquelle les deux portes se fermoient en la mortaise interieure estoit
une lame de fin acier, enclavée sur le bronze Corinthien.

J'apperceu davantage deux taules d'aimant Indique, amples et espoisses
de demie paume, à couleur cerulée, bien licées et bien polies; d'icelles
toute l'espoisseur estoit dedans le mur du temple engravée, à l'endroit
auquel les portes, entierement ouvertes, avoient le mur pour fin d'ouverture.

Par donc la rapacité et violence de l'aimant, les lames d'acier, par
occulte et admirable institution de nature, patissoient cestuy mouvement.

Consequemment les portes y estoient lentement ravies et portées, non tousjours toutesfois, mais seulement l'aimant susdit osté, par la prochaine cession duquel l'acier estoit de l'obéissance qu'il a naturellement à l'aimant absout et dispensé, ostées aussi les deux poignées de scordion, lesquelles nostre joyeuse Lanterne avoit, par le cordon cramoisi, esloignées et suspendues, parce qu'il mortifie l'aimant et despouille de ceste vertu attractive.

En l'une des tables susdites, à dextre, estoit exquisitement insculpé, en lettres latines antiquaires, ce vers iambique senaire :

Ducunt volentem fata, nolentem trahunt.

Les destinées menent celuy qui consent, tirent celuy qui refuse. En l'autre je vis à senestre, en majuscules lettres, elegantement insculpé ceste sentence :

TOUTES CHOSES SE MEUVENT A LEUR FIN.

CHAPITRE XXXVIII

COMMENT LE PAVÉ DU TEMPLE ESTOIT FAICT PAR EMBLEMATURE ADMIRABLE

Leues ces inscriptions, jettay mes yeux à la contemplation du magnifique temple, et considerois l'incredible compacture du pavé, auquel, par raison, ne peut estre ouvrage comparé quiconque, soit ou ait esté dessous le firmament, fust ce celuy du temple de Fortune en Preneste, au tems de Sylla; ou le pavé des Grecs, appelé *Asarotum*, lequel fit Sosistratus en Pergame. Car il estoit ouvrage tesseré, en forme de petits carreaux, tous de pierres fines et polies, chascune en sa couleur naturelle : l'une de jaspe rouge, teinct plaisamment de diverses macules ; l'autre, d'ophite ; l'autre, de porphyre ; l'autre, de licophthalme, semé de scintilles d'or, menues comme atomes ; l'autre, d'agathe, à ondes de petits flammeaux confus et sans ordre, de couleur laictée ; l'autre, de calcedoine tres cher ; l'autre, de jaspe verd, avec certaines veines rouges et jaunes, et estoient en leur assiette desparties par ligne diagonale.

Dessus le portique, la structure du pavé estoit une emblemature à petites pierres rapportées, chascune en sa naïfve couleur, servans au dessein des figures, et estoit comme si par dessus le pavé susdit on eust semé une jonchée de pampre, sans trop curieux agencement. Car, en un lieu, sembloit estre espandu largement ; en l'autre, moins : et estoit ceste infoliature insigne en tous endroits, mais singulierement y apparoissoient, au demy jour, aucuns limaçons, en un lieu, rampans sus les raisins ; en autre, petits lisars courans à travers le pampre : en autre, apparoissoient raisins à demy, et raisins totalement meurs, par tel art et engin de l'architecte composés et formés qu'ils eussent aussi facilement deceu les estourneaux et autres petits oiselets que fit la peinture de Zeuxis Heracleotain. Quoy que soit, ils nous trompoient tres bien, car, à l'endroit auquel l'architecte avoit le pampre bien espois semé, craignans nous offenser les pieds, nous marchions haut à grandes enjambées, comme on fait passant quelque lieu inegal et pierreux. Depuis, jettay mes yeux à contempler la vouste du temple avec les parois, lesquels estoient tous incrustés de marbre et porphyre, à ouvrage mosaïque, avec une mirifique emblemature depuis un bout jusques à l'autre, en laquelle estoit, commençant à la part senestre de l'entrée, en elegance incroyable, representée la bataille que le bon Bacchus gagna contre les Indians, en la maniere que s'ensuit.

CHAPITRE XXXIX

COMMENT EN L'OUVRAGE MOSAÏQUE DU TEMPLE ESTOIT REPRESENTÉE LA BATAILLE QUE BACCHUS GAGNA CONTRE LES INDIENS

Au commencement estoient en figure diverses villes, villages, chasteaux forteresses, champs, et forests, toutes ardentes en feu. En figure aussi estoient femmes diverses forcenées et dissolues, lesquelles mettoient furieusement en pieces veaux, moutons et brebis toutes vives, et de leur chair se paissoient. Là nous estoit signifié comme Bacchus entrant en Indie mettoit tout à feu et à sang.

Ce nonobstant, tant fut des Indiens desprisé qu'ils ne daignerent luy aller encontre, ayant advertissement certain par leurs espions qu'en son ost n'estoient gens aucuns de guerre, mais seulement un petit bon homme vieux, efféminé, et toujours yvre, accompagné de jeunes gens agrestes, tous nuds, tousjours dansans et sautans, ayans queues et cornes, comme ont les jeunes chevreaux, et grand nombre de femmes yvres. Dont se resolurent les laisser outre passer, sans y resister par armes : comme si à honte non à gloire, à deshonneur et ignominie leur revinst, non à honneur et prouesse, avoir de telles gens victoire. En cestuy despris, Bacchus tousjours gagnoit pays, et mettoit tout à feu (pource que feu et foudre sont de Bacchus les armes paternelles, et avant naistre au monde fut par Jupiter salué de foudre, sa mere Semelé, et sa maison maternelle arse et destruite par feu), et à sang pareillement; car naturellement il en fait au temps de paix, et en tire au temps de guerre. En tesmoignage sont les champs de l'isle de Samos dits *Panema*, c'est à dire *tout sanglant*, auxquels Bacchus les Amazones acconceut, fuyantes de la contrée des

Ephesiens, et les mit toutes à mort par phlebotomie, de mode que ledit champ estoit de sang tout embu et couvert. Dont pourrez dorenavant entendre mieux que n'a descrit Aristoteles en ses problemes, pourquoy jadis on disoit en proverbe commun : « En temps de guerre ne mange et ne plante menthe. » La raison est, car en temps de guerre sont ordinairement departis coups sans respect : donc l'homme blessé, s'il a celuy jour manié ou mangé menthe, impossible est, ou bien difficile, luy restreindre le sang. Consequemment estoit en la susdite emblemature figuré comment Bacchus marchoit en bataille, et estoit sur un char magnifique tiré par trois couples de jeunes pards joints ensemble; sa face estoit comme d'un jeune enfant, pour enseignement que tous bens beuveurs jamais n'envieillissent, rouge comme un cherubin, sans un poil de barbe au menton. En teste portoit cornes aiguës ; au dessus d'icelles une belle couronne faite de pampres et de raisins, avec une mitre rouge cramoisine, et estoit chaussé de brodequins dorés.

En sa compagnie n'estoit un seul homme ; toute sa garde et toutes ses forces estoient de Bassarides, Evantes, Euhyades, Edonides, Tricterides, Ogygies, Mimallones, Menades, Thyades et Bacchides, femmes forcenées, furieuses, enragées, ceinctes de dragons et serpens vifs en lieu de ceinctures, les cheveux voletans en l'air, avec fronteaux de vignes ; vestues de peaux de cerfs et de chevreuils, portans en main petites haches, tyrses, rancons, et hallebardes en forme de noix de pin, et certains petits boucliers legers sonnans et bruyans quand on y touchoit, tant peu fust, desquels elles usoient, quand besoin estoit, comme de tabourins et de tymbons. Le nombre d'icelles estoit septante et neuf mille deux cens vingt sept. L'avant garde estoit menée par Silenus, homme auquel il avoit sa fiance totale, et duquel par le passé avoit la vertu et magnanimité de courage et prudence en divers endroits cogneu. C'estoit un petit vieillard tremblant, courbé, gras, ventru à plein bast ; et les oreilles avoit grandes et droites, le nez pointu et aquilin, et les sourcilles rudes et grandes ; estoit monté sus un asne couillard : en son poing tenoit pour soy appuyer un baston, pour aussi gallantement combattre, si par cas convenoit descendre en pieds, et estoit vestu d'une robe jaune à usage de femme. Sa compagnie estoit de jeunes gens champestres, cornus comme chevreaux, et cruels comme lions, tous nuds, tousjours chantans et dansans les cordaces : on les appeloit Tytires et Satires. Le nombre estoit octante cinq mille six vingts et treize.

Pan menoit l'arriere garde, homme horrifique et monstrueux. Car par les parties inferieures du corps il ressembloit à un bouc, les cuisses avoit velues, portoit cornes en teste droites contre le ciel. Le visage avoit rouge et enflambé, et la barbe bien fort longue, homme hardy, courageux, hazardeux, et facile à entrer en courroux ; en main senestre portoit une flutte, en dextre un baston courbé ; ses bandes estoient semblablement composées de Satyres, Hemipans, Egipans, Argipans, Sylvains, Faunes, Fatues, Lemures, Lares, Farfadets et Lutins, en nombre de soixante et dix huit mille cent et quatorze. Le signe commun à tous estoit ce mot : *Evohe.*

CHAPITRE XL

COMMENT EN L'EMBLEMATURE ESTOIT FIGURÉ LE HOURT ET L'ASSAUT QUE DONNOIT LE BON BACCHUS CONTRE LES INDIANS

Consequemment estoit figuré le hourt et l'assaut que donnoit le bon Bacchus contre les Indians. Là considerois que Silenus, chef de l'avant garde, suoit à grosses gouttes et son asne aigrement tourmentoit ; l'asne de mesme ouvroit la gueule horriblement, s'esmouchoit, desmanchoit, s'escarmouchoit, en façon espouvantable, comme s'il eust un freslon au cul.

Les Satyres, capitaines, sergens de bandes, caps d'escadre, corporals, avec cornaboux sonnant les orthies, furieusement tournoient au tour de l'armée à sauts de chevres, à bonds, à pets, à ruades et penades, donnans courage aux compaignons de vertueusement combattre. Tout le monde en figure crioit *Evohe.* Les Menades premieres faisoient incursion sur les Indians avec cris horribles, et sons espouvantables de leurs timbons et boucliers : tout le ciel en retentissoit, comme designoit l'Emblemature, afin que plus tant n'admirez l'art d'Apelles, Aristides Thebain, et autres, qui ont peint les tonnerres, esclairs, foudres, vents, paroles, mœurs, et les esprits.

Consequemment estoit l'ost des Indians comme adverty que Bacchus mettoit leur pays en vastation. En front estoient les elephans, chargés de tours, avec gens de guerre en nombre infiny ; mais toute l'armée estoit en route et contre eux, et sus eux se tournoient et marchoient leurs elephans par le tumulte horrible des Bacchides, et la terreur panique qui leur avoit le sens tollu. Là eussiez veu Silenus son asne aigrement talonner, et s'escrimer de son baston à la vieille escrime, son asne voltiger aprés les elephans la gueule bée, comme s'il brailloit, et braillant martialement (en pareille braveté que jadis esveilla la nymphe Lottis en pleins Bacchanales, quand Priapus plein de priapisme la vouloit dormant priapiser sans la prier) sonnast l'assaut.

Là eussiez veu Pan sauteler avec ses jambes tortes autour des Menades, avec sa flutte rustique les exciter à vertueusement combattre. Là eussiez aussi veu en aprés un jeune Satyre mener prisonniers dix sept roys, une

Bacchide tirer avec ses serpens quarante et deux capitaines, un petit Faune porter douze enseignes prinses sur les ennemis, et le bon homme Bacchus sur son char se pourmener en sceureté parmy le camp, riant, se gaudissant et beuvant d'autant à un chascun. En fin estoit representé, en figure emblematique, le trophée de la victoire et triomphe du bon Bacchus.

Son char triomphant estoit tout couvert de lierre, prins et cueilly en la montagne Meros, et ce pour la rarité, laquelle hausse le prix de toutes choses, en Indie expressement d'icelles herbes. En ce depuis l'imita Alexandre le Grand en son triomphe Indique, et estoit le char tiré par elephans joints ensemble. En ce depuis l'imita Pompée le Grand à Rome, en son triomphe Africain. Dessus estoit le noble Bacchus beuvant en un canthare. En ce depuis l'imita Caius Marius, aprés la victoire des Cimbres, qu'il obtint prés Aix en Provence. Toute son armée estoit couronnée de lierre; leurs tyrses, boucliers et tymbons en estoient couvers. Il n'estoit l'asne de Silenus qui n'en fust capparassonné.

Es costés du char estoient les roys Indians, prins et liés à grosses chaines d'or; toute la brigade marchoit avec pompes divines en joie et liesse indicibles, portant infinis trophées et fercules et despouilles des ennemis, en joyeux epinicies et petites chansons villatiques et dithyrambes resonnans. Au bout estoit descrit le pays d'Ægypte, avec le Nil et ses crocodilles, cercopithecques, ibides, singes, trochiles, ichneumones, hippopotames, et autres bestes à luy domestiques, et Bacchus marchoit en icelles contrées à la conduite de deux bœufs, sus l'un desquels estoit escrit en lettres d'or : *Apis*, sus l'autre : *Osiris*, pource qu'en Ægypte, avant la venue de Bacchus, n'avoit esté veu bœuf ny vache.

CHAPITRE XLI

COMMENT LE TEMPLE ESTOIT ESCLAIRÉ PAR UNE LAMPE ADMIRABLE

Avant qu'entrer en l'exposition de la Bouteille, je vous descriray la figure admirable d'une lampe, moyennant laquelle estoit eslargie lumiere par tout le temple, tant copieuse qu'encores qu'il fust soubterrain on y voyoit comme en plein midy nous voyons le soleil clair et serain luisant sus terre. Au milieu de la voulte estoit un anneau d'or massif attaché, de la grosseur de plein poing, auquel pendoient, de grosseur peu moindre, trois chaines bien artificiellement faites, lesquelles de deux pieds et demy en l'air comprenoient en figure triangle une lame de fin or, ronde, de telle grandeur que le diametre excedoit deux coudées et demie palme. En icelle estoient quatre boucles ou pertuis, en chascune desquelles estoit fixement retenue une boule vuide, cavée par le dedans, ouverte du dessus, comme une petite lampe, ayant en circonference environ deux palmes, et estoient toutes de pierres bien precieuses : l'une d'amethyste, l'autre de carboucle Lybien, la tierce d'opalle, la quarte d'anthracithe. Chascune estoit pleine d'eau ardente cinq fois distillée par alambic serpentin, inconsomptible comme l'huile que jadis mit Callimachus en la lampe d'or de Pallas en l'Acropolis d'Athenes, avec un ardent lychnion fait, part de lin Asbestin (comme estoit jadis au temple de Jupiter en Ammonie, et le vit Cleombrotus philosophe tres studieux), part de lin Carpasien, lesquels par feu plus tost sont renouvellés que consommés.

Au dessous d'icelle lampe, environ deux pieds et demy, les trois chaines en leurs figures premieres estoient embouclées en trois anses, lesquelles issoient d'une grande lampe ronde de cristalin tres pur, ayant en diametre une coudée et demie, laquelle au dessus estoit ouverte environ deux palmes : par ceste ouverture estoit au milieu posé un vaisseau de cristalin pareil, en forme de coucourde, ou comme un urinal, et descendoit jusques au fond de la grande lampe, avec telle quantité de la susdite eau ardente que la flamme du lin Asbestin estoit droitement au centre de la grande lampe. Par ce moyen sembloit donc tout le corps spherique d'icelle ardre et enflamboyer, parce que le feu estoit au centre et poinct moyen.

Et estoit difficile d'y asseoir ferme et constant regard, comme on ne peut au corps du soleil, obstant la matiere de si merveilleuse perspicuité, et l'ouvrage tant diaphane et subtil, par la reflexion des diverses couleurs (qui sont naturelles es pierres precieuses) des quatre petites lampes superieures à la grande inferieure, et d'icelles quatre estoit la resplendeur en tous points inconstante et vacillante par le temple. Venant davantage icelle vague lumiere toucher sur la polissure du marbre, duquel estoit incrusté tout le dedans du temple, apparoissoient telles couleurs que voyons en l'arc celeste, quand le clair soleil touche les nues pluvieuses.

L'invention estoit admirable, mais encores plus admirable, ce me sembloit, que le sculpteur avoit, autour de la corpulence d'icelle lampe cristalline, engravée, à ouvrage cataglyphe, une prompte et gaillarde bataille de petits enfants nuds, montés sus des petits chevaux de bois, avec lances de virolets, et pavois faits subtilement de grappes de raisins, entrelassées de pampre, avec gestes et efforts pueriles tant ingenieusement par art exprimés que nature mieux ne le pourroit. Et ne sembloient engravés dedans la matiere, mais en bosse, ou pour le moins en crotesque apparoissoient enlevés totalement, moyennant la diverse et plaisante lumiere, laquelle dedans contenue ressortissoit par la sculpture.

CHAPITRE XLII

COMMENT, PAR LA PONTIFE BACBUC, NOUS FUT MONSTRÉ DEDANS LE TEMPLE
UNE FONTAINE FANTASTIQUE

Considerans en ecstase ce temple mirifique et lampe memorable, s'offrit à nous la venerable pontife Bacbuc avec sa compagnie, à face joyeuse et riante; et, nous voyans accoustrés comme a esté dit, sans difficulté nous introduit au lieu moyen du temple, auquel dessous la lampe susdite estoit la belle fontaine fantastique, d'estoffe et ouvrage plus precieux, plus rare et mirifique, qu'onques ne songea Dedalus. Les limbe, plinthe et soubassement d'icelle estoient de tres pur et translucide alabastre, ayant hauteur de trois palmes, peu plus, en figure heptagone, esgalement party par dehors, avec force stylobates, arulettes, cimasultes et undiculations doriques à l'entour. Par dedans estoit ronde exactement. Sus le poinct moyen de chascun angle, en marge, estoit assise une colonne ventriculée, en forme d'un cycle d'yvoire ou balustre (les modernes architectes l'appellent *portri*), et estoient sept en nombre total, selon les sept angles. La longueur d'icelles, depuis les bases jusques aux architraves, estoit de sept palmes, peu moins, à juste et exquise dimension d'un diametre passant par le centre de la circonference et rotondité interieure.

Et estoit l'assiette en telle composition que, projettans la veue derriere l'une, quelle que fust en sa cube, pour regarder les autres opposites, trouvions le cone pyramidal de nostre ligne visuale finer au centre susdit, et là recevoir, de deux opposites, rencontre d'un triangle equilateral, duquel deux lignes partissoient esgalement la colomne (celle que voulions mesurer) et passante d'un costé et d'autre, deux colomnes franches à la premiere, tierce partie d'intervalle, rencontroient leur ligne basique et fondamentale : laquelle par ligne consulte, pourtraicte jusques au centre universel, esgalement my partie, rendoit en juste depart la distance des sept colomnes, et n'estoit possible faire rencontre d'autre colomne opposite par ligne directe, principiante à l'angle obtus de la marge, comme vous sçavez qu'en toute figure angulaire impare, un angle ousjours est au milieu des deux autres trouvé intercalant. En quoy nous estoit tacitement exposé que sept demis diametres font, en proportion geometrique, amplitude et distance, peu moins telle qu'est la circonference de la figure circulaire de laquelle ils seroient extraits, sçavoir est, trois entiers avec une huitiesme et demie, peu plus, ou une septiesme et demie, peu moins, selon l'antique advertissement d'Euclides, Aristoteles, Archimede et aultres.

La premiere colomne, sçavoir est, celle laquelle à l'entrée du temple s'objectoit à nostre veue, estoit de saphir azuré et celeste.

La seconde, de hyacinthe, naïfvement la couleur (avec lettres Grecques A I en divers lieux) representant de celle fleur en laquelle fut d'Ajax le sang colérique converty.

Le tierce, de diamant anachite, brillant et resplendissant comme foudre.

La quarte, de rubis ballay, masculin, et amethistizant, de maniere que sa flamme et lueur finissoit en pourpre et violet, comme est l'amethiste.

La quinte, d'emeraude, plus cinq cens fois magnifique qu'onques ne fut celle de Serapis dedans le labyrinthe des Ægyptiens, plus floride et plus luisante que n'estoient celles qu'en lieu des yeux on avoit apposé au lion marbrin gisant prés le tombeau du roy Hermias.

La sexte, d'agathe plus joyeuse et variante en distinctions de macules et couleurs que ne fut celle que tant chere tenoit Pyrrhus, roy des Epirotes.

La septiesme, de selenite transparente, en blancheur de Berylle, avec resplendeur comme miel hymetian, et dedans y apparoissoit la lune, en figure et mouvement telle qu'elle est au ciel, pleine, silente, croissante, ou decroissante.

Qui sont pierres, par les antiques Chaldéens et mages attribuées aux sept planetes du ciel. Pour laquelle chose par plus rude Minerve entendre, sus la premiere de saphir estoit au-dessus du chapiteau à la vive et centrique ligne perpendiculaire eslevée, en plomb elutian bien precieux, l'image de Saturne tenant sa faux, ayant aux pieds une grue d'or artificiellement esmaillée, selon la competence des couleurs naïfvement deus à l'oiseau saturnin.

Sus la seconde de hyacinthe, tournant à gauche estoit Jupiter en estain jovetian, sus la poictrine un aigle d'or esmaillé selon le naturel.

Sus la troisiesme, Phœbus en or obrizé, en sa main dextre un coq blanc.

Sus la quatriesme en airain corinthien, Mars, et à ses pieds un lion.

Sus la cinquiesme, Venus en cuivre, de matiere pareille à celle dont Aristonides fit la statue d'Athamas exprimant en rougissante blancheur la honte qu'il avoit contemplant Léarche son fils mort d'une cheute, une colombe à ses pieds.

Sus la sixiesme, Mercure en hydrargire, fixe, maléable et immobile, à ses pieds une cigogne.

Sus la septiesme, Luna en argent, à ses pieds un levrier.

Et estoient ces statues de telle hauteur qu'estoit la tierce partie des colomnes subjettes, peu plus; tant ingenieusement representées, selon le portraict des mathematiciens, que le canon de Polycletus, lequel faisant fut dit l'art apprendre de l'art avoir fait, à peine y eut esté receu à comparaison.

Les bases des colomnes, les chapiteaux, les architraves, zoophores et cornices, estoient à ouvrage phrygien, massifves, d'or plus pur et plus fin que n'en porte le Leede prés Montpellier, le Gange en Indie, le Pau en Italie, l'Hebrus en Thrace, le Tage en Espagne, le Pactol en Lydie. Les arceaux entre les colomnes surgeoient, de la propre pierre d'icelles jusques à la prochaine, par ordre : sçavoir est, de saphir vers le hyacinthe, de hyacinthe vers le diamant, et ainsi consecutivement. Dessus les arcs et chapiteaux de colomne en face interieure estoit une crouppe erigée pour couverture de la fontaine, laquelle derriere l'assiette des planettes commençoit en figure heptagone, et lentement finissoit en figure spherique; et estoit le cristal tant emundé, tant diaphane et tant poly, entier et uniforme en toutes ses parties, sans veines, sans nuées, sans glaçons, sans capilamens, que Xenocrates onques n'en vit qui fust à luy à parangonner. Dedans la corpulence d'icelle estoient par ordre en figure et characteres exquis artificiellement insculpés les douze signes du zodiaque, les douze mois de l'an avec leurs proprietés, les deux solstices, les deux equinoxes, la ligne ecliptique, avec certaines plus insignes estoiles fixes, autour du pol antartique, et ailleurs, par tel art et expression que je pensois estre ouvrage du roy Necepsus, ou de Petosiris, antique mathematicien.

Sus le sommet de la crouppe susdite, correspondant au centre de la fontaine, estoient trois unions eleichies, uniformes, de figure turbinée en totale perfection lachrymale, toutes ensemble coherentes en forme de fleur de lys tant grande que la fleur excedoit une palme. Du calice d'icelle sortoit un carboucle gros comme un œuf d'autruche, taillé en forme heptagone (c'est nombre fort aimé de nature), tant prodigieux et admirable que, levans nos yeux pour le contempler, peu s'en faillit que perdissions la veue. Car plus flamboyant, ne plus croissant n'est le feu du soleil, ne l'esclair, que lors il nous apparoissoit : tellement qu'entre justes estimateurs, jugé facilement seroit plus estre, en ceste fontaine et lampes cy dessus descrites, de richesses et singularités que n'en contiennent l'Asie, l'Affrique et l'Europe ensemble. Et eut aussi facilement obscurcy le pantharbe de Iarchas, magicien Indic, que sont les estoiles par le soleil et clair midy.

Aille maintenant se vanter Cléopatre, royne d'Ægypte, avec ses deux unions pendans à ses oreilles, desquels l'un, present Antonius triumvir, elle par force de vinaigre fondit en eau et avala, estant à l'estimation de cent fois sexterce.

Aille se pomper Lullie Pauline avec sa robbe toute couverte d'emeraudes et marguerites, en tissure alternative, laquelle tiroit en admiration tout le peuple de la ville de Rome. Laquelle on disoit estre fosse et magazin des vainqueurs larrons de tout le monde.

Le coulement et laps de la fontaine estoit par trois tubules et canals faits de marguerites fines en l'assiette de trois angles equilateraux promarginaires cy dessus exposés : et estoient les canals produits en ligne limaciale bipartiente. Nous, avoir iceux considéré, ailleurs tournions nostre veue, quand Bacbuc nous commanda entendre à l'exiture de l'eau : lors entendismes un son à merveille harmonieux, obtus toutesfois et rompu, comme de loin venant et soubterrain. En quoy plus nous sembloit delectable que si apert eust esté et de prés ouy. De sorte qu'autant, par les fenestres de nos yeux, nos esprits s'estoient oblectés à la contemplation des choses susdites, autant en restoit il aux oreilles, à l'audience de ceste harmonie.

Adonc nous dist Bacbuc : « Vos philosophes nient estre par vertu de figures mouvement faict ; oyez icy, et voyez le contraire. Par la seule figure limaciale que voyez bipartiente, ensemble une quintuple infoliature mobile à chascune rencontre interieure (telle qu'est en la veine cave au lieu qu'elle entre le dextre ventricule du cœur), est ceste sacrée fontaine escoulée, et par icelle une harmonie telle qu'elle monte jusques à la mer de vostre monde. »

CHAPITRE XLIII

COMMENT L'EAU DE LA FONTAINE RENDOIT GOUST DE VIN, SELON L'IMAGINATION DES BEUVEURS

Puis commanda estre hanaps, tasses et gobelets presentés, d'or, d'argent, de crystal, de porcelaine ; et fusmes gracieusement invités à boire de la liqueur sourdante d'icelle fontaine : ce que fismes volontiers.

Car, pour pleinement vous advertir, nous ne sommes du calibre d'un tas de veaux qui, comme les passereaux ne mangent sinon qu'on leur tappe la queue, pareillement ne boivent ne mangent sinon qu'on les rue à grands coups de levier. Jamais personne n'esconduisons nous invitant courtoisement à boire. Puis nous interrogea Bacbuc, demandant que nous en sembloit. Nous luy fismes response, que ce nous sembloit bonne et fraiche eau de fontaine, limpide et argentine, plus que n'est Argirondes en Etolie, Peneus en Thessalie, Axius en Migdonie, Cidnus en Cilicie, lequel voyant Alexandre Macedon tant beau, tant clair et tant froid en cœur d'esté, composa la volupté de soy dedans baigner au mal qu'il prevoyoit luy advenir de ce transitoire plaisir. « Ha ! dist Bacbuc, voylà que c'est non considerer en soy, ne entendre les mouvemens que fait la langue musculeuse, lorsque le boire dessus coule pour descendre, non es poulmons, par l'artere inequale, comme a esté l'opinion du bon Platon, Plutarque, Macrobe, et autres, mais en l'estomac par l'œsophage. Gens peregrins, avez vous les gosiers enduits, pavés et esmaillés, comme eut jadis Pithyllus, dit Theutes, que de ceste liqueur déifique onques n'avez le goust ne saveur recogneu? Apportez icy, dist elle à ses damoiselles, mes descrottoires que sçavez, afin de leur racler, esmonder et nettoyer le palat. »

Furent donc apportés beaux, gros et joyeux jambons, belles grosses et joyeuses langues de bœuf fumées, saumades belles et bonnes, cervelats, boutargues, caviar, bonnes et belles saucisses de venaison, et tels autres ramonneurs de gosier. Par son commandement nous en mangeasmes jusques là que confessions nos estomacs estre tres bien escurés et soif nous importuner assez fascheusement; dont nous dist : « Jadis un capitaine juif, docte et chevalereux, conduisant son peuple par les desers en extreme famine, impetra des cieux la manne, laquelle leur estoit de goust tel, par imagination, que par avant réalement leur estoient les viandes. Icy de mesmes, beuvans de ceste liqueur mirifique, sentirez goust de tel vin comme l'aurez imaginé. Or, imaginez et beuvez. » Ce que nous fismes. Puis s'escria Panurge, disant : « Par Dieu, c'est icy vin de Beaune, meilleur qu'onques jamais je beus, ou je me donne à nonante et seize diables. O pour plus longuement le gouster, qui auroit le col long de trois coudées, comme desiroit Philoxenus, ou comme une grue, ainsi que souhaitoit Melanthius! Foy de lanternier, s'escria frere Jean, c'est vin de Grave, gallant et voltigeant. O pour Dieu, amie, enseignez moy la maniere comment tel le faites. — A moy, dist Pantagruel, il me semble que sont vins de Mireveaux, car avant boire je l'imaginois. Il n'a que ce mal qu'il est frais, mais je dis frais plus que glace, que l'eau de Nonacris et Dercé, plus que la fontaine de Conthoporie en Corinthe, laquelle glaçoit l'estomac et parties nutritives de ceux qui en beuvoient. — Beuvez, dist Bacbuc, une, deux ou trois fois. De rechef, changeans d'imagination, telle trouverez au goust, saveur ou liqueur, comme l'aurez imaginé. Et dorenavant, dictes qu'à Dieu rien soit impossible. — Onques, respondis je, ne fut dit de nous ; nous maintenons qu'il est tout puissant. »

CHAPITRE XLIV

COMMENT BACBUC ACCOUSTRA PANURGE POUR AVOIR LE MOT DE LA BOUTEILLE

Ces paroles et beuvettes achevées, Bacbuc demanda : « Qui est celuy de vous qui veut avoir le mot de la dive Bouteille ? — Je, dist Panurge, vostre humble et petit entonnoir. — Mon amy, dist elle, je n'ay à vous faire instruction qu'une : c'est que venant à l'oracle, ayez soin n'escouter le mot, sinon d'une oreille. — C'est, dist frere Jean, du vin à une oreille. »

Puis le vestit d'une galleverdine, l'encapitonna d'un beau et blanc beguin, l'affeubla d'une chausse d'hypocras, au bout de laquelle, en lieu de floc, mit trois obelisques, l'enguantela de deux braguettes antiques, le ceignit de trois cornemuses liées ensemble, luy baigna la face trois fois dedans la fontaine susdite, enfin luy jetta au visage une poignée de farine, mit trois plumes de coq sus le costé droit de la chausse hypocratique, le fit cheminer neuf fois autour de la fontaine, luy fit faire trois beaux petits sauts, luy fit donner sept fois du cul contre terre, tousjours disant ne sçay quelles conjurations en langue Etrusque, et quelquefois lisant en un livre ritual, lequel, prés elle, portoit une de ses mystagogues.

Somme, je pense que Numa Pompilius, roy second des Romains, les Cerites de Tuscie, et le saint capitaine Juif, n'instituerent onques tant de ceremonies que lors je vis, n'aussi les vaticinateurs Memphitiques à Apis en Ægypte, ny les Euboiens en la cité de Rhamnes à Rhamnusie, ny à Jupiter Ammon, ny à Feronia, n'userent les anciens d'observances tant religieuses comme là consideroîs.

Ainsi accoustré le separa de nostre compagnie, et mena à main dextre par une porte d'or, hors le temple, en une chapelle ronde, faite de pierres phengites et speculaires : par la solide speculance desquelles, sans fenestre ne autre ouverture, estoit receue lumiere du soleil, là luisant par le precipice de la roche, couvrante le temple major, tant facilement et en telle abondance que la lumiere sembloit dedans naistre, non de hors venir. L'ouvrage n'estoit moins admirable que fut jadis le sacré temple de Ravenne, ou en Ægypte celuy de l'isle Chemnis : et n'est à passer en silence que l'ouvrage d'icelle chapelle ronde estoit en telle symmetrie compassé que le diametre du project estoit la hauteur de la voute.

Au milieu d'icelle estoit une fontaine de fin alabastre, en figure heptagone, à ouvrage et infoliature singuliere, pleine d'eau tant claire que pourroit estre un element en sa simplicité; dedans laquelle estoit à demy posée la sacrée Bouteille, toute revestue de pur et beau cristalin, en forme ovale, excepté que le limbe estoit quelque peu patent plus qu'icelle forme ne porteroit.

CHAPITRE XLV

COMMENT LA PONTIFE BACBUC PRESENTA PANURGE DEVANT LA DIVE BOUTEILLE

Là fit Bacbuc, la noble pontife, Panurge baisser et baiser la marge de la fontaine, puis le fit lever, et autour danser trois ithymbons. Cela fait, luy commanda s'asseoir entre deux selles, le cul à terre, là preparées. Puis desploya son livre ritual, et, luy soufflant en l'oreille gauche, le fit chanter une epilenie, comme s'ensuit :

Ceste chanson parachevée, Bacbuc jetta je ne sçay quoy dedans la fontaine, et soudain commença l'eau bouillir à force, comme fait la grande marmite de Bourgeuil quand y est feste à bastons. Panurge escoutoit d'une oreille en silence ; Bacbuc se tenoit prés de luy agenouillée, quand de la sacrée Bouteille issit un bruit tel que font les abeilles naissantes de la chair d'un jeune taureau occis et accoustré selon l'art et invention d'Aristeus, ou tel que fait un garot desbandant l'arbaleste, ou en esté une forte pluye soudainement tombant. Lors fut ouy ce mot : *Trinc*. « Elle est, s'escria Panurge, par la vertu Dieu, rompue, ou feslée, que je ne mente : ainsi parlent les bouteilles crystalines de nos pays, quand elles prés du feu esclatent. »

Lors Bacbuc se leva et print Panurge sous le bras doucettement, luy disant : « Amy, rendez graces es cieux, la raison vous y oblige : vous avez eû promptement le mot de la dive Bouteille. Je dis le mot plus joyeux, plus divin, plus certain, qu'encores d'elle aye entendu depuis le temps qu'icy je ministre à son tres sacré oracle. Levez-vous, allons au chapitre, en la glose duquel est le beau mot interpreté. — Allons, dist Panurge, de par Dieu. Je suis aussi sage qu'entan. Esclairez : où est ce livre ? Tournez : où est ce chapitre ? Voyons ceste joyeuse glose. »

CHAPITRE XLVI

COMMENT BACBUC INTERPRETE LE MOT DE LA BOUTEILLE

Bacbuc jettant ne sçay quoy dans le timbre, dont soudain fut l'ebullition de l'eau restreincte, mena Panurge au temple major, au lieu central auquel estoit la vivifique fontaine. Là tirant un gros livre d'argent en forme d'un demy muy ou d'un quart de Sentences, le puisa dedans la fontaine, et luy dist : « Les philosophes, prescheurs et docteurs de vostre monde vous paissent de belles paroles par les oreilles ; icy, nous réalement incorporons nos preceptions par la bouche. Pourtant je ne vous dis : Lisez ce chapitre, entendez ceste glose ; je vous dis : Tastez ce chapitre, avallez ceste belle glose. Jadis un antique prophete de la nation Judaïque mangea un livre, et fut clerc jusques aux dents ; presentement vous en boirez un, et serez clerc jusques au foye. Tenez, ouvrez les mandibules. »

Panurge ayant la gueule bée, Bacbuc print le livre d'argent, et pensions que fust veritablement un livre, à cause de sa forme, qui estoit comme d'un breviaire ; mais c'estoit un vray et naturel flaccon, plein de vin Falerne, lequel elle fit tout avaller à Panurge.

« Voicy, dist Panurge, un notable chapitre, et glose fort authentique :

est ce tout ce que vouloit pretendre le mot de la Bouteille trimegiste ?
J'en suis bien, vrayement. — Rien plus, respondit Bacbuc, car *Trinc* est
un mot panomphée, celebré et entendu de toutes nations, et nous signifie :
Beuvez. Vous dictes en vostre monde que sac est vocable commun en
toute langue, et à bon droit, et justement de toutes nations receu. Car
comme est l'apologue d'Esope, tous humains naissent un sac au col, souffreteux par nature, et mendians l'un de l'autre. Roy sous le ciel tant puissant n'est qui passer se puisse d'aultruy ; pauvre n'est tant arrogant, qui
passer se puisse du riche, voire fust ce Hippias le philosophe, qui faisoit
tout. Encores moins se passé l'on de boire qu'on ne fait de sac. Et icy
maintenons que non rire, ains boire est le propre de l'homme ; je ne dis
boire simplement et absolument, car aussi bien boivent les bestes : je dis
boire vin bon et frais. Notez, amis, que de vin divin on devient, et n'y a
argument tant sceur, ny art de divination moins fallace. Vos Academiques
l'afferment, rendans l'etymologie de vin, lequel ils disent en Grec OINOΣ
estre comme *vis*, force, puissance. Car pouvoir il a d'emplir l'ame de
toute verité, tout savoir et philosophie. Si avez noté ce qui est en lettres
Ioniques escrit dessus la porte du temple, vous avez peu entendre qu'en
vin est verité cachée. La dive Bouteille vous y envoye, soyez vous mesmes
interpretes de vostre entreprinse. — Possible n'est, dist Pantagruel,
mieux dire que fait ceste venerable pontife. Autant vous en dis je, lorsque
premierement m'en parlastes. *Trinc* donc. Que vous en dit le cœur,
eslevé par enthousiasme bacchique ? — Trinquons, dist Panurge,

    Trinquons, de par le bon Bacchus.
    Ha, ho, ho, je voiray bas culs
    De bref bien à poinct sabourés
    Par couilles, et bien embourés
    De ma petite humanité.
    Qu'est cecy ? la paternité
    De mon cœur me dit sceurement
    Que je seray non seulement
    Tost marié en nos quartiers ;
    Mais aussi que bien volontiers
    Ma femme viendra au combat
    Venerien : Dieu, quel debat
    J'y prevoy ! Je laboureray
    Tant et plus, et saboureray
    A gogo, puisque bien nourry
    Je suis. C'est moy le bon mary,
    Le bon des bons. Io Pean,
    Io Pean, Io Pean !
    Io mariage trois fois.
    Ça, ça, frere Jean, je te fais

> Serment vray et intelligible,
> Que cest oracle est infaillible,
> Il est sœur, il est fatidique. »

CHAPITRE XLVII

COMMENT PANURGE ET LES AUTRES RITHMENT PAR FUREUR POÉTIQUE

« Es tu, dist frere Jean, fol devenu ou enchanté? Voyez comme il escume; entendez comment il rithmaille. Que tous les diables a il mangé? Il tourne les yeux en la teste comme une chevre qui se meurt : se retirera il à l'escart? fiantera il plus loin? mangera il de l'herbe aux chiens pour descharger son thomas? ou à usage monachal mettra il dedans la gorge le poing jusques au coude afin de se curer les hypochondres? reprendra il du poil de ce chien qui le mordit? »

Pantagruel reprend frere Jean, et luy dit :

> « Croyez que c'est la fureur poétique
> Du bon Bacchus : ce bon vin oclyptique
> Ainsi ses sens, et le fait cantiqueur,
>   Car sans mespris,
>   A ses esprits
>   Du tout espris
>   Par sa liqueur.
>   De cris en ris,
>   De ris en pris,
>   En ce pourpris,
>   Fait son gent cœur
>   Rhétoriqueur,
>   Roy et vainqueur
>   De nos souris.
> Et veu qu'il est de cerveau phanatique,
> Ce me seroit acte de trop piqueur,
> Penser moquer un si noble trinqueur.

— Comment? dist frere Jean, vous rithmez aussi. Par la vertu de Dieu, nous sommes tous poivrés. Plust à Dieu que Gargantua nous vist en cestuy estat! Je ne sçay par Dieu que faire de pareillement comme vous rithmer, ou non. Je n'y sçay rien toutesfois, mais nous sommes en rithmaillerie. Par sainct Jean, je rithmeray comme les aultres, je le sens bien ; attendez, et m'ayez pour excusé si je ne rithme en cramoisi.

> O Dieu, pere paterne,
> Qui muas l'eau en vin,
> Fais de mon cul lanterne,
> Pour luire à mon voisin. »

Panurge continue son propos, et dit :

> « Onq' de Pythias le treteau
> Ne rendit, par son chapiteau,
> Response plus sceure et certaine,
> Et croirois qu'en ceste fontaine
> Y soit nommement colporté
> Et de Delphes cy transporté.
> Si Plutarque eust icy trinqué
> Comme nous, il n'eust revoqué
> En doute pourquoi les oracles
> Sont en Delphes plus muts que macles,
> Plus ne rendant response aucune.
> La raison est assez commune :
> En Delphes n'est, il est icy,
> Le treteau fatal; le voicy,
> Qui presagit de toute chose :
> Car Atheneus nous expose
> Que ce treteau estoit Bouteille,
> Pleine de vin à une oreille,
> De vin, je dis de verité.
> Il n'est telle sincerité
> En l'art de divination,
> Comme est l'insinuation
> Du mot sortant de la Bouteille.
> Ça, frere Jean, je te conseille
> Ce pendant que sommes icy,
> Que tu ayes le mot aussi
> De la Bouteille trimegiste,
> Pour entendre si rien obsiste
> Que ne te doives marier.
> Tien cy, de peur de varier,
> Et joue l'amorabaquine :
> Jettez luy un peu de farine. »

Frere Jean respondit en fureur, et dist :

> « Marier ! par la grand bottine,
> Par le houzeau de sainct Benoist,
> Tout homme qui bien me cognoist
> Jurera que feray le chois
> D'estre desgradé ras, ainçois
> Qu'estre jamais angarié
> Jusques là que sois marié ;
> Sela ! que fusse spolié
> De liberté ? fusse lié
> A une femme desormais ?
> Vertu Dieu, à peine jamais
> Me liroit on à Alexandre,
> Ny à Cesar, ny à son gendre,
> N'au plus chevaleureux du monde. »

Panurge, deffeublant sa gualleverdine et accoustrement mystique, respondit :

> « Aussi seras tu, beste immonde,
> Damné, comme une male serpe.
> Et seray ainsi comme une herpe
> Sauvé en paradis gaillard :
> Lors bien sus toy, pauvre paillard,
> Pisseray je, je t'en asceure.
> Mais escoutez : advenant l'heure
> Qu'à bas seras au vieux grand diable,
> Si par cas assez bien croyable,
> Advient que dame Proserpine
> Fust espinée de l'espine
> Qui est en ta brague cachée,
> Et fust de fait amourachée
> De ta dite paternité,
> Survenant l'opportunité
> Que vous feriez les doux accords,
> Et luy montasses sus le corps :
> Par ta foy, envoyeras tu pas
> Au vin, pour fournir le repas,
> Du meilleur cabaret d'enfer,
> Le vieil ravasseur Lucifer ?
> Elle ne fut onques rebelle
> Aux bons freres, et si fut belle.

— Va, vieil fol, dist frere Jean, au diable ! Je ne saurois plus rithmer, la rithme me prend à la gorge ; parlons de satisfaire icy. »

CHAPITRE XLVIII

COMMENT, AVOIR PRINS CONGÉ DE BACBUC, DELAISSENT L'ORACLE DE LA BOUTEILLE

« D'icy satisfaire, respondit Bacbuc, ne soyez en esmoy : à tout sera satisfait, si de nous estes contens. Ça bas, en ces regions circoncentrales, nous establissons le bien souverain, non à prendre et recevoir, ains à eslargir et donner, et heureux nous reputons, non si d'autruy prenons et recevons beaucoup, comme par adventure decretent les sectes de vostre monde, ains si à autruy tousjours eslargissons et donnons beaucoup. Seulement vous prie vos noms et pays icy en ce livre ritual par escrit nous laisser. »

Lors ouvrit un beau et grand livre, auquel, nous dictans, une de ses mistagogues exequant, furent avec un style d'or quelques traits projettés comme si l'on eust escrit, mais de l'escriture rien ne nous apparoissoit.

Cela faict, nous emplit trois oires de l'eau phantastique, et manuellement nous les baillant, dist : « Allez, amis, en protection de ceste sphere intellectuelle de laquelle en tous lieux est le centre et n'a en lieu aucun circonference, que nous appelons Dieu : et venus en vostre monde portez tesmoignage que sous terre sont les grands tresors et choses admirables. Et non à tort Ceres, ja reverée par tout l'univers, parce qu'elle avoit monstré et enseigné l'art d'agriculture, et par invention de bled aboly entre les humains le brutal aliment de gland, a tant et tant lamenté de ce que sa fille fust en nos regions soubterraines ravie, certainement prevoyant que sous terre plus trouveroit sa fille de biens et excellences qu'elle sa mere n'avoit faict dessus. Qu'est devenu l'art d'evocquer des cieux la fouldre et le feu celeste, jadis inventé par le sage Prometheus? vous certes l'avez perdu, il est de vostre hemisphere departy, icy sous terre est en usage. Et à tort quelquefois vous esbahissez, voyans villes conflagrer et ardre par foudre et feu etheré, et estes ignorans de qui, et par qui, et quelle part tiroit cestuy esclandre horrible à vostre aspect, mais à nous familier et utile. Vos philosophes qui se complaignent toutes choses estre par les anciens escrites, rien ne leur estre laissé de nouveau à inventer, ont tort trop evident. Ce que du ciel vous apparoist, et appelez Phenomenes, ce que la terre vous exhibe, ce que la mer et autres fleuves contiennent, n'est comparable à ce qui est en terre caché.

« Pourtant est equitablement le soubterrain Dominateur presques en toutes Langues nommé par epithete de richesses. Il, quand leur estude addonneront et labeur à bien rechercher par imploration de Dieu souverain, lequel jadis les Egiptiens nommoient en leur langue l'Abscond, le Mussé, le Caché, et par ce nom l'invoquans supplioient à eux se manifester et descouvrir, leur eslargira cognoissance et de soy et de ses créatures; part aussi conduits de bonne Lanterne. Car tous philosophes et sages antiques à bien seurement et plaisamment parfaire le chemin de la congnoissance divine et chasse de sapience ont estimé deux choses necessaires, guyde de Dieu et compagnie d'homme. Ainsi entre les philosophes Zoroaster print Arimaspes pour compagnon de ses peregrinations; Esculapius, Mercure ; Orpheus, Musée ; Pytagoras, Agléopheme ; entre les Princes et gens belliqueux, Hercules eut en ses plus difficiles entreprinses pour amy singulier Theseus ; Ulysses, Diomedes ; Enéas, Achates. Vous autres en avez autant fait, prenans pour guide vostre illustre dame Lanterne. Or allez de par Dieu qui vous conduie [1]. »

---

[1]. Ainsi finissent ce chapitre et le cinquième livre dans toutes les anciennes éditions.

ADDITION AU DERNIER CHAPITRE [1]

« Ainsi, entre les Perses Zoroaster print Arimaspes pour compagnon de toute sa mysterieuse philosophie ; Hermes le Trismegiste entre les Ægyptiens eut Esculape ; Orpheus en Thrace eut Musée ; illecques aussi Aglaophemus eut Pythagore ; entre les Atheniens Platon eut premierement Dion de Syracuse en Sicile, lequel defunct, prit secondement Xenocrates ; Apollonius eut Damis. Quand donc vos philosophes, Dieu guidant, accompagnant à quelque claire lanterne, se adonneront à soigneusement rechercher et investiger comme est le naturel des humains (et de ceste qualité sont Herodote et Homere appellés alphestes, c'est à dire rechercheurs et inventeurs), trouveront vraye estre la response faicte par le sage Thales à Amasis, roy des Ægyptiens, quand, par luy interrogé en quelle chose plus estoit de prudence, respondit : On temps ; car par temps ont esté et par temps seront toutes choses latentes inventées ; et c'est la cause pourquoy les anciens ont appellé Saturne le Temps, pere de Verité, et Verité fille du Temps. Infailliblement aussi trouveront tout le sçavoir, et d'eux et de leurs predecesseurs, à peine estre la minime partie de ce qui est et ne le savent. De ces trois oires que presentement je vous livre, vous en prendrez jugement et cognoissance, comme dit le proverbe : « Aux ongles le lion. » Par la rarefaction de nostre eau dedans enclose, intervenant la chaleur des corps superieurs et ferveur de la mer salée, ainsi qu'est la naturelle transmutation des elemens, vous sera air dedans tres salubre engendré, lequel de vent clair, serein, delicieux, vous servira, car vent n'est que air flottant et ondoyant. Cestuy vent moyennant, irez à droite route, sans prendre terre si voulez, jusques au port de Olonne en Talmondois, en laschant à travers vos veles, par ce petit soupirail d'or que vous y voyez apposé comme une flutte, autant que penserez pour toust ou lantement naviguer, tousjours en plaisir et sceureté, sans danger ne tempeste. De ce ne doubtez, et pensez la tempeste issir et proceder du vent ; le vent vient de la tempeste excitée du bas de l'abysme. Ne pensez aussi la pluie venir par impotence des vertus retentives des cieux et gravité des nues suspendues : elle vient par evocation des soubterraines regions, comme, par evocation des Corps superieurs, elle de bas en haut estoit imperceptiblement tirée : et vous en tesmoigne le roy prophete chantant et disant que l'abysme invoque l'abysme. Des trois oires, les deux sont pleines de l'eau susdite,

---

1. D'après le manuscrit (voy. la *Bibliographie*).

la tierce est extraicte du Puits des sages Indiens, lequel on nomme le tonneau des Brachmanes.

« Trouverez davantage vos naufs bien duement pourvues de tout ce qu'il pourroit estre utile et necessaire pour le reste de vostre mesnaige. Cependant que icy avez sejourné, je y ay fait ordre tres bon donner. Allez, amis, en gaieté d'esprit, et portez ceste lettre à vostre roy Gargantua, le saluez de par nous, ensemble les princes et les officiers de sa noble court. »

Ces mots parachevés, elle nous bailla des lettres closes et scellées ; et nous, aprés actions de graces immortelles, fit issir par une porte adjacente à la chapelle, où la Bacbuc les semonoit de proposer questions autant deux fois qu'est haut le mont Olympe. Par un pays plein de toutes delices, plaisant, temperé plus que Tempé en Thessalie, salubre plus que celle partie d'Ægypte, laquelle a son aspect vers Libye, irrigu et verdoyant plus que Thermischrie, fertile plus que celle partie du mont Thaure, laquelle a son aspect vers Aquilon, plus que l'isle Hyperborée en la mer Judaïque, plus que Caliges on mont Caspit, flairant, serein et gratieux autant qu'est le pays de Touraine, enfin trouvasmes nos navires au port.

FIN DE PANTAGRUEL

PANTAGRUELINE PROGNOSTICATION

CERTAINE, VERITABLE ET INFAILLIBLE

POUR L'AN PERPETUEL

Nouvellement composée au prouffit et advisement des gens estourdis et musars de nature

PAR MAISTRE ALCOFRIBAS

ARCHITRICLIN DUDICT PANTAGRUEL.

Du nombre d'Or *non dicitur;*
Je n'en trouve point ceste année, quelque calculation que j'en aye faict. Passons oultre.
Verte folium.

AU LISEUR BENIVOLE

Salut et paix en Jesus le Christ.

Considerant infiniz abus estre perpetrez à cause d'un tas de Prognostications de Lovain, faictes à l'ombre d'un verre de vin, je vous en ay presentement calculé une la plus sceure et veritable que feut oncques veue, comme l'experience vous le demonstrera. Car sans doubte, veu que dict le Prophete Royal, Psalme V, à Dieu : « Tu destruyras tous ceulx qui disent mensonges, » ce n'est legier peché de mentir à son escient, et abuser le pauvre monde curieux de sçavoir choses nouvelles, comme de tout temps ont esté singulierement les François, ainsi que escript Cesar en ses Commentaires, et Jean de Gravot on Mythologies galliques. Ce que nous voyons encores de jour en jour par France, où le premier propos qu'on tient à gens fraischement arrivez sont : « Quelles nouvelles ? Sçavez-vous rien de nouveau ? Qui dict ? Qui bruyt par le monde ? » Et tant y sont attentifz que souvent se courossent contre ceulx qui viennent de pays estranges sans apporter pleines bougettes de nouvelles, les appelant veaulx et idiotz.

Si doncques, comme ils sont promptz à demander nouvelles, autant ou plus sont-ilz faciles à croire ce que leur est annoncé, debvroit-on pas mettre gens dignes de foy à gaiges à l'entrée du royaulme, qui ne se serviroyent d'aultre chose sinon d'examiner les nouvelles qu'on y apporte, et à sçavoir si elles sont veritables? Ouy certes. Et ainsi a faict mon bon maistre Pantagruel par tout le pays de Utopie et Dipsodie. Aussi luy en est-il si bien advenu, et tant prospere son territoire, qu'ilz ne peuvent de present avanger à boyre, et leur conviendra espandre le vin en terre si d'ailleurs ne leur vient renfort de beuveurs et bons raillards.

Voulant doncques satisfaire à la curiosité de tous bons compaignons, j'ai revolvé toutes les pantarches des cieulz, calculé les quadratz de la lune, crocheté tout ce que jamais penserent tous les Astrophiles, Hypernephelistes, Anemophylaces, Uranopetes et Ombrophores, et conferé du tout avecques Empedocles, lequel se recommande à vostre bonne grace. Et tout le *Tu autem* ay icy en peu de chapitres redigé, vous asseurant que je n'en dis sinon ce que j'en pense, et n'en pense sinon ce que en est, et n'en est aultre chose, pour toute verité, que ce qu'en lirez à ceste heure. Ce que sera dict au parsus sera passé au gros tamys à tors et à travers, et par adventure adviendra, par adventure n'adviendra mie. D'un cas vous advertys que si ne croyez le tout, vous me faictes un maulvais tour, pour lequel ycy ou ailleurs serez tres-griefvement puniz. Les petites anguillades à la saulce des nerfs bovins ne seront espargnées suz vos espaules. Et humez de l'air comme de huytres tant que vouldrez, car hardiment il y aura de bien chauffez si le fournier ne s'endort. Or mouschez vos nez, petitz enfants, et vous aultres, vieulx resveurs, affustez vos bezicles, et pesez ces motz au pois du sanctuaire.

CHAPITRE I

DU GOUVERNEMENT ET SEIGNEUR DE CESTE ANNÉE

Quelque chose que vous disent ces folz astrologues de Lovain, de Nurnberg, de Tubinge et de Lyon, ne croyez que ceste année y aie aultre gouverneur de l'universel monde que Dieu le créateur, lequel par sa divine parolle tout regist et modere, par laquelle sont toutes choses en leur nature et proprieté et condition, et sans la maintenance et gouvernement duquel toutes choses seroient en un moment reduictes à néant, comme de néant elles ont esté par luy produictes en leur estre. Car de luy vient, en luy est et par luy se parfaict tout estre et tout bien, toute vie et mouvement, comme dict la Trompette evangelicque Monseigneur Sainct Paul, Rom. xi. Doncques le gouverneur de ceste année et toutes aultres, selon nostre veridicque resolution, sera Dieu tout-puissant. Et ne aura Saturne, ne Mars, ne Jupiter, ne aultre planete, certes non les anges, ny les saincts, ny les hommes, ny les diables, vertuz, efficace, puissance, ne influence aulcune, si Dieu de son bon plaisir ne leur donne : comme dict Avicenne, que les causes secondes ne ont influence ne action aulcune, si la cause premiere n'y influe ; dict-il pas vray, le petit bon hommet ?

CHAPITRE II

DES ECCLIPSES DE CESTE ANNÉE

Ceste année seront tant d'ecclipses du soleil et de la lune que j'ay peur (et non à tort) que noz bourses en patiront inanition, et nos sens perturbation. Saturne sera retrograde, Venus directe, Mercure inconstant. Et un tas d'aultres Planetes ne iront pas à vostre commandement.

Dont pour ceste année les Chancres iront de cousté, et les cordiers à reculons. Les escabelles monteront sur les bancs, les broches sus les landiers, et les bonnetz sus les chapeaulx ; les couilles pendront à plusieurs par faulte de gibessieres ; les pusces seront noires pour la plus grande part ; le lard fuira les pois en Quaresme ; le ventre ira devant ; le cul se assoira le premier ; l'on ne pourra trouver la febve au gasteau des Roys ; l'on ne rencontrera poinct d'às au flux ; le dez ne dira poinct à soubhait quoy qu'on le flate, et ne viendra souvant la chance qu'on demande ; les bestes parleront en divers lieux. Quaresmeprenant gaignera son procez : l'une partie du monde se desguisera pour tromper l'aultre, et courront parmy les rues comme folz et hors du sens ; l'on ne veit onques tel desordre en Nature. Et se feront ceste année plus de XXVII verbes anomaulx, si Priscian ne les tient de court. Si Dieu ne nous ayde, nous aurons prou d'affaires ; mais au contrepoinct, s'il est pour nous, rien ne nous pourra nuyre, comme dict le celeste astrologue qui feut ravi jusques au Ciel. Rom. VII. cap. *Si Deus pro nobis, quis contra nos?* Ma foy, *nemo, Domine ;* car il est trop bon et trop puissant. Icy benissez son sainct nom, pour la pareille.

CHAPITRE III

DES MALADIES DE CESTE ANNÉE

Ceste année les aveugles ne verront que bien peu, les sourds oyront assez mal, les muetz ne parleront guieres, les riches se porteront un peu mieulx que les pauvres, et les sains mieulx que les malades. Plusieurs moutons, beufz, pourceaulx, oysons, pouletz et canars mourront, et ne sera sy cruelle mortalité entre les cinges et dromadaires. Vieillesse sera incurable ceste année à cause des années passées. Ceulx qui seront pleureticques auront grand mal au cousté. Ceulx qui auront flus de ventre iront souvent à la celle percée ; les catharres descendront ceste année du cerveau es membres inferieurs ; le mal des yeux sera fort contraire à la veue ; les aureilles seront courtes et rares en Guascongne plus que de coustume. Et regnera quasi universellement une maladie bien horrible et redoubtable, maligne, perverse, espoventable et mal-plaisante, laquelle rendra le monde bien estonné, et dont plusieurs ne sçauront de quel boys faire fleches, et bien souvent composeront en ravasserie syllogisans en la Pierre philosophale, et es aureilles de Midas. Je tremble de peur quand je y pense : car je vous diz qu'elle sera epidimiale, et l'appelle Averroys VII Colliget : faulte d'argent. Et attendu le comete de l'an passé et la retrogradation de Saturne, mourra à l'Hospital un grand marault tout catharré et croustelevé, à la mort du quel sera sedition horrible entre les chatz et les rats, entre les chiens et les lievres, entre les faulcons et canars, entre les moines et les œufz.

CHAPITRE IV

DES FRUICTZ ET BIENS CROISSANT DE TERRE

Je trouve par les calcules de Albumasar on Livre de la grande Conjunction et ailleurs, que ceste année sera bien fertile, avecques planté de tous biens à ceulx qui auront de quoy. Mais le hobelon de Picardie craindra quelque peu la froidure; l'avoine fera grand bien es chevaux; il ne sera gueres plus de lart que de pourceaulx; à cause de *Pisces* ascendant, il sera grand année de caquerolles. Mercure menace quelque peu le persil, mais ce non obstant il sera à pris raisonnable. Le soucil et l'ancholye croistront plus que de coustume, avecques abondance de poyres d'angoisse. De bledz, de vins, de fruitages et legumages on n'en veit oncques tant, si les soubhaytz des pauvres gens sont ouys.

CHAPITRE V

DE L'ESTAT D'AULCUNES GENS

La plus grande folie du monde est penser qu'il y ait des astres pour les Roys, Papes et gros seigneurs, plustost que pour les pauvres et souffreteux, comme si nouvelles estoilles avoient estez créées depuis le temps du Deluge, ou de Romulus, ou Pharamond, à la nouvelle création des Roys. Ce que Triboulet ny Cailhette ne diroient, qui ont esté toutesfoys gens de hault sçavoir et grand renom. Et par adventure en l'arche de Noé ledict Triboulet estoit de la lignée des Roys de Castille, et Cailhette du sang de Priam; mais tout cest erreur ne procede que par deffault de vraye foy catholicque. Tenant doncques pour certain que les astres se soucient aussi peu des Roys comme des gueux, et des riches comme des maraux, je laisserai es aultres folz Prognosticqueurs à parler des Roys et riches, et parleray des gens de bas estat.

Et premierement des gens soubmis à Saturne, comme gens despourveuz d'argent, jaloux, resveurs, malpensans, soubsonneux, preneurs de taulpes, usuriers, rachapteurs de rentes, tyreurs de rivetz, tanneurs de cuirs, tuilliers, fondeurs de cloches, composeurs d'empruns, rataconneurs de bobelins, gens melancholicques, n'auront en ceste année tout ce qu'ils vouldroient bien; ilz s'estudiront à l'invention saincte Croix, ne getteront leur lart aux chiens, et se grateront souvent là où il ne leur demange poinct.

A Jupiter, comme cagotz, caffars, botineurs porteurs de rogatons, abbreviateurs, scripteurs, copistes, bullistes, dataires, chiquaneurs, captions, moines, hermites, hypocrites, chatemittes, sanctorons, patepellues, torticollis, barbouilleurs de papiers, prelinguans, esperrucquetz, clercs de greffe, dominotiers, maminotiers, patenostriers, chaffoureus de parchemin, notaires, raminagrobis, portecolles, promoteurs, se porteront selon leur argent. Et tant mourra de gens d'Esglise qu'on ne pourra trouver à qui conferer les Benefices, en sorte que plusieurs en tiendront deux, troys, quatre, et davantaige. Cafarderie fera grande jacture de son antique bruit, puisque le monde est devenu maulvais garson, n'est plus gueres fat, ainsi comme dit Avenzagel.

A Mars, comme bourreaux, meurtriers, adventuriers, brigans, sergeans, records de tesmoings, gens de guet, mortepayes, arracheurs de dens, coupeurs de couilles, barberotz, bouchiers, faulx-monnoyeurs, medicins de trinquenicque, tacuins et marranes, renieurs de Dieu, allumetiers, bouteleux, ramoneurs de cheminées, franctaupins, charbonniers, alchymistes, coquassiers, grilotiers, chercuitiers, bimbelotiers, manilliers, lanterniers, maignins, feront ceste année de beaulx coups; mais aulcuns d'iceulx seront fort subjectz à recepvoir quelque coup de baston à l'emblée. Ung des susdictz sera ceste année faict Evesque des champs, donnant la benediction avecques les piedz aux passans.

A Sol, comme beuveurs, enlumineurs de museaulx, ventres à poulaine, brasseurs de biere, boteleurs de foing, portefaix, faulcheurs, recouvreurs, crocheteurs, emballeurs, bergiers, bouviers, vachiers, porchiers, oizilleurs, jardiniers, grangiers, cloisiers, gueux de l'hostiaire, gaigne-deniers, degresseurs de bonnetz, embourreurs de bastz, loqueteurs, claquedens, croquelardons, generalement tous portant la chemise noée sus le dos, seront sains et alaigres, et n'auront la goutte es dentz quand ils seront de nopces.

A Venus, comme putains, maquerelles, marjolets, bougrins, bragards, napleux, eschancrez, ribleurs, rufiens, caignardiers, chamberieres d'hostelerie, *nomina mulierum desinentia in* iere, *ut* lingiere, advocatiere, taverniere, buandiere, frippiere, seront ceste année en reputation; mais le Soleil entrant en Cancer et aultres signes, se doibvent garder de verolle, de chancre, de pisses chauldes, poullains grenetz, etc. Les nonnains à peine concepvront sans operation virile. Bien peu de pucelles auront en mamelles laict.

A Mercure, comme pipeurs, trompeurs, affineurs, theriacleurs, larrons, meuniers, bateurs de pavé, maîtres es ars, decretistes, crocheteurs, harpailleurs, rimasseurs, basteleurs, joueurs de passe-passe, enchanteurs, vielleurs, poëtes, escorcheurs de latin, faiseurs de rebus, papetiers, cartiers, bagatis, escumeurs de mer, feront semblant de estre plus joyeulx que souvent ne seront, quelquefoys riront lors que n'en auront talent, et seront fort subjectz à faire bancques rouptes, s'ilz se trouvent plus d'argent en bourse que ne leur en fault.

A la Lune, comme bisouars, veneurs, chasseurs, asturciers, faulconniers, courriers, saulniers, lunaticques, fols, ecervelez, acariastres, esvantez, courratiers, postes, laquays, nacquetz, verriers, estradiotz, riverans, matelotz, chevaucheurs de escurye, alleboteurs, n'auront ceste année gueres d'arrest. Toutesfoys n'iront tant de lifrelofres à Sainct Hiaccho comme feirent l'an DXXIIII. Il descendra grand abundance de micquelotz des montaignes de Savoye et de Auvergne; mais Sagittarius les menasse des mules aux talons.

CHAPITRE VI

DE L'ESTAT D'AULCUNS PAYS

Le noble Royaulme de France prosperera et triumphera ceste année en tous plaisirs et delices, tellement que les nations estranges voluntiers se y retireront. Petits bancquetz, petitz esbattements, mille joyeusetez se y feront, où un chascun prendra plaisir : on n'y veit onques tant de vins, ny plus frians; force rayes en Lymousin, force chastaignes en Perigort et Daulphiné, force olyves en Languegoth, force sables en Olone, force poissons en la mer, force estoiles au ciel, force sel en Brouage; planté le bledz, legumaiges, fruitages jardinaiges, beurres, laictages. Nulle peste, nulle guerre, nul ennuy, bren de pauvreté, bren de soucy, bren de melancholie; et ces vieulx doubles ducatz, nobles à la rose, angelotz, aigrefins, royaulx et moutons à la grand laine retourneront en uzance, avecques planté de serapz et escuz au soleil. Toutesfoys sus le milieu de l'esté sera à redoubter quelque venue de pusses noyres et cheussons de la Deviniere. *Adeo nihil est ex omni parte beatum.* Mais il les fauldra brider à force de collations vespertines.

Italie, Romanie, Naples, Cecile, demourront où elles estoient l'an passé. Ilz songeront bien profundement vers la fin du Karesme, et resveront quelquefoys vers le hault du jour.

Allemaigne, Souisses, Saxe, Strasbourg, Anvers, etc., profiteront s'ilz ne faillent; les porteurs de rogatons les doibvent redoubter, et ceste année ne se y fonderont pas beaucoup de anniversaires.

Hespaigne, Castille, Portugual, Arragon, seront bien subjectz à soubdaines alterations, et craindront de mourir bien fort, autant les jeunes que les vieulx; et pourtant se tiendront chaudement, et souvent compteront leurs escutz, s'ils en ont.

Angleterre, Escosse, les Estrelins, seront assez mauvais Pantagruelistes. Aultant sain leurs seroit le vin que la biere, pourveu qu'il feust bon et friant. A toutes tables leur espoir sera en l'arriere-jeu. Sainct Treignant d'Escosse fera des miracles tant et plus. Mais des chandelles qu'on luy portera, il ne verra goutte plus clair si Aries ascendant de sa busche ne trebuche, et n'est de sa corne escorné.

Moscovites, Indiens, Perses et Troglodytes souvent auront la cacquesangue, parce qu'ilz ne vouldront estre par les Romanistes belinez, attendu le bal de Sagittarius ascendant.

Boësmes, Juifz, Egyptiens, ne seront pas ceste année reduictz en plate forme de leur attente. Venus les menasse aigrement des escrouelles guorgerines; mais ilz condescendront au vueil du Roy des Parpaillons.

Escargotz, Sarabouites, Cauquemarres, Canibales, seront fort molestez des mousches bovynes, et peu joueront des cymbales et manequins, si le guaiac n'est de requeste.

Austriche, Hongrie, Turquie, par ma foy, mes bons hillotz, je ne sçay comment ilz se porteront; et bien peu m'en soucie, veu la brave entrée du Soleil en Capricornus : et si plus en sçavez, n'en dictes mot, mais attendez la venue du Boyteux.

CHAPITRE VII

DES QUATRE SAISONS DE L'ANNÉE, ET PREMIEREMENT DU PRINTEMPS

En toute ceste année ne sera qu'une Lune, encores ne sera elle poinct nouvelle; vous en estes bien mariz, vous aultres qui ne croyez mie en Dieu, qui persecutez sa saincte et divine parolle, ensemble ceux qui la maintiennent. Mais allez vous pendre, ja ne sera aultre lune que celle laquelle Dieu créa au commencement du monde, et laquelle par l'effect de sa dicte sacre parolle a esté establie au firmament pour luire et guider les humains de nuyct. Ma Dia, je ne veulx par ce inferer qu'elle ne monstre à la Terre et gens terrestres diminution ou accroissement de sa clarté, selon qu'elle approchera ou s'esloignera du Soleil. Car, pourquoy? Pour aultant que, etc. Et plus pour elle ne priez que Dieu la garde des loups, car ilz ne y toucheront de cest an, je vous affie. A propos : vous verrez ceste saison à moytié plus de fleurs qu'en toutes les troys aultres. Et ne sera reputé fol cil qui en ce temps fera sa provision d'argent mieulx que de arancs toute l'année. Les Gryphons . Marrons des montaignes de Savoye, Daulphiné et Hyperborées, qui ont neiges sempiternelles, seront frustrez de ceste saison, et n'en auront point selon l'opinion d'Avicenne, qui dict que le Printemps est lors que les neiges tombent des monts.

Croyez ce porteur. De mon temps l'on comptoit *Ver* quand le Soleil entroit on premier degré de Aries. Si maintenant on le compte autrement, je passe condemnation. Et jou mot.

CHAPITRE VIII

DE L'ESTÉ

En Esté je ne sçay quel temps ni quel vent courra ; mais je sçay bien qu'il doibt fayre chault et regner vent marin. Toutes foys, si aultrement arrive, pour tant ne fauldra regnier Dieu. Car il est plus saige que nous, et sçayt trop mieulx ce que nous est necessaire que nous mesmes, je vous en asseure sus mon honneur, quoy qu'en ayt dict Haly et ses suppostz. Beau fera se tenir joyeulx et boire frays, combien qu'aulcuns ayent dict qu'il n'est chose plus contraire à la soif. Je le croy. Aussi, *contraria contrariis curantur*.

CHAPITRE IX

DE L'AUTONNE

En Autonne l'on vendangera, ou davant ou aprés ; ce m'est tout un, pourveu que ayons du piot à suffisance. Les cuydez seront de saison, car tel cuidera vessir qui baudement fiantera. Ceulx et celles qui ont voué jeuner jusques à ce que les estoilles soient au ciel, à heure presente peuvent bien repaistre, par mon octroy et dispense. Encores ont-ilz beaucoup tardé : car elles y sont devant seize mille et ne sçay quants jours, je vous diz bien atachées. Et n'esperez dorenant prendre les allouettes à la cheute du ciel, car il ne tombera de vostre aage, sus mon honneur. Cagotz, caffars et porteurs de rogatons, perpetuons, et autres telles triquedondaines, sortiront de leurs tesnieres. Chascun se guarde qui vouldra. Guardez-vous aussi des arestes quand vous mangerez du poisson, et de poison Dieu vous en gard !

CHAPITRE X

DE L'HYVER

En Hyver, selon mon petit entendement, ne seront saiges ceulx qui vendront leurs pellices et fourrures pour achapter du boys. Et ainsi ne faisoient les Antiques, comme tesmoigne Avenzouar. S'il pleut, ne vous en melencholiez : tant moins aurez vous de pouldre pour chemin. Tenez-vous chauldement. Redoubtés les catharres. Beuvés du meilleur, attendans que l'aultre amendera, et ne chiez plus dorenavant on lict. O o ! poullailles, faictes-vous voz nidz tant hault ?

LA SCIOMACHIE

ET FESTINS

FAITS A ROME AU PALAIS DE MON SEIGNEUR REVERENDISSIME CARDINAL DU BELLAY

POUR L'HEUREUSE NAISSANCE

DE MON SEIGNEUR D'ORLÉANS

Le tout extrait

D'UNE COPIE DES LETTRES ESCRITES A MON SEIGNEUR LE REVERENDISSIME

CARDINAL DE GUISE

PAR M. FRANÇOIS RABELAIS

DOCTEUR EN MEDICINE

Au troisieme jour de fevrier MDXLIX, entre trois et quatre heures du matin, nasquit au chasteau de Saint-Germain-en-Laye
Duc d'Orléans, filz puisné du tres chrestien Roy de France Henry de Valois, second de ce nom, et de tres illustre Madame Catharine de Medicis, sa bonne espouse. Cestuy propre jour, en Rome, par les banques fut un bruit tout commun sans autheur certain de ceste heureuse naissance, non seulement du lieu et jour susdits, mais aussi de l'heure, savoir est environ neuf heures, selon la supputation des Romains. Qui est chose prodigieuse et admirable, non toutesfois en mon endroit, qui pourrois alleguer, par les histoires grecques et romaines, nouvelles insignes, comme de batailles perdues ou gaignées à plus de cinq cens lieues loing, ou autre cas d'importance grande, avoir esté semées au propre et mesme jour, voire devant, sans autheur cognu. Encores en vismes nous semblables à Lyon pour la journée de Pavie, en la personne du feu seigneur de Rochefort, et recentement à Paris au jour que combattirent les seigneurs de Jarnac et Chastaigneraye : mille autres. Est un poinct sus lequel les Platoniques ont fondé la participation de divinité es dieux tutelaires, lesquelz nos théologiens appellent anges gardians. Mais ce propos excederoit la juste quantité d'une epistre. Tant est que l'on creut par les banques cestes nouvelles si obstinement que plusieurs de la part Françoise, sur le soir, en feirent feuz de joie et marquerent de croye blanche sus leurs calendriers ceste fauste et heureuse journée. Sept jours après furent ces bonnes nouvelles plus au plein averées par quelques courriers de banque, venans uns de Lyon, autres de Ferrare.
Mes seigneurs les reverendissimes cardinaux françois qui sont en ceste court romaine, ensemble le seigneur d'Urfé, ambassadeur de sa Majesté, non ayans autre advis particulier, delayoient tousjours à declairer leur joye et alaigresse de ceste tant desirée naissance, jusques à ce que le seigneur Alexandre Schivanoia, gentilhomme mantuan, arriva au premier jour de ce mois de mars,

expressement envoyé de la part de Sa Majesté pour acertainer le Pere Saint, les cardinaux françois et ambassadeur de ce que dessus. Adonques furent faits de tous costés festins et feuz de joye, par trois soirs subsequens.

Mon seigneur reverendissime cardinal du Bellay, non content de ces menues et vulgaires significations de liesse pour la naissance d'un si grand prince, destiné à choses si grandes en matiere de chevalerie et gestes heroïques, comme il appert par son horoscope, si une fois il eschappe quelque triste aspect en l'angle occidental de la septieme maison, voulut (par maniere de dire) faire ce que feit le seigneur Jean Jordan Ursin, lorsque le roi François d'heureuse memoire obtint la victoire à Marignan. Iceluy, voyant par la part ennemie, à un faux rapport, estre faits feuz parmy les rues de Rome, comme si ledit roy eust perdu la bataille, quelques jours aprés, adverty de la verité du succes de sa victoire, acheta cinq ou six maisons contiguës en forme d'isle, prés mons Jordan, les feit emplir de fagots, falourdes et tonneaux, avec force pouldre de canon, puis meit le feu dedens. C'estoit une nouvelle Alosis, et nouveau feu de joye. Ainsi vouloit ledit seigneur reverendissime, pour declairer l'exces de son alaigresse pour cestes bonnes nouvelles, faire, quoy qu'il coustast, quelque chose spectable, non encores veue en Rome de nostre memoire. Non la pouvant toutesfois executer à sa fantaisie et contentement, obstant quelque maladie survenue en cestuy temps audit seigneur ambassadeur, auquel le cas touchoit pareillement à cause de son estat, fut relevé de ceste perplexité par le moyen du seigneur Horace Farnese, duc de Castres, et des seigneurs Robert Strossi et de Maligni, lesquelz estoient en pareille combustion. Ils mirent quatre testes en un chaperon. Enfin, aprés plusieurs propos mis en deliberation, resolurent une Sciomachie, c'est-à-dire un simulacre et representation de bataille, tant par eaue que par terre.

La naumachie, c'est-à-dire le combat par eau, estoit designé au dessus du pont Aelian, justement devant le jardin secret du chasteau saint Ange, lequel de memoire eternelle Guillaume du Bellay, feu seigneur de Langey, avoit avec ses bandes fortifié, gardé, et deffendu bien long temps contre les lansquenetz qui depuis saccagerent Rome. L'ordre d'iceluy combat estoit tel que cinquante menuz vaisseaux, comme fustes, galiotes, gondoles et fregates armées, assailleroient un grand et monstrueux galion composé de deux les plus grans vaisseaux qui fussent en ceste marine, lesquelz on avoit fait monter d'Hostie et Porto à force de beufles. Et, aprés plusieurs ruses, assautz, repoulsemens, et autres usances de bataille navale, sus le soir l'on mettroit le feu dedens iceluy galion. Il y eust eu un terrible feu de joye, veu le grand nombre et quantité de feuz artificielz qu'on avoit mis dedans. Ja estoit iceluy galion prest à combattre, les petits vaisseaux prestz d'assaillir, et peintz selon les livrées des capitaines assaillans, avecques la pavesade et chorme bien galante. Mais ce combat fut obmis, à cause d'une horrible crue du Tybre et vorages par trop dangereuses, comme vous savez que c'est un des plus inconstans fleuves du monde, et croit inopinement, non seulement par esgoutz des eaues tombantes des montaignes à la fonte des neiges ou autres pluies, ou par regorgemens des lacs qui se deschargent en iceluy, mais encores par maniere plus estrange par les vents austraux qui, soufflans droit en sa boucque prés Hostie, suspendans son cours et ne luy donnans lieu de s'escouller en ceste mer Hetrusque, le font enfler et retourner arriere, avec miserable calamité, et vastation des terres adjacentes. Adjoint aussi que deux jours devant avoit esté fait naufrage d'une des gondoles, en laquelle s'estoient jettez quelques matachins imperitz de la marine, cuidans fanfarer et bouffonner sus eaue, comme ilz font très bien en terre ferme. Telle naumachie estoit assignée pour le dimenche, dixieme de ce mois.

La sciomachie par terre fut faite au jeudi subsequent. Pour laquelle mieux entendre est à noter que, pour icelle aptement parfaire, fut esluë la place de Saint Apostollo, parce qu'aprés celle d'Agone c'est la plus belle et longue de Rome, par ce aussi et principalement que le palais dudit seigneur reverendissime est sus le long d'icelle place. En icelle donc, devant la grand'porte d'iceluy palais, fut, par le deseing du capitaine Jean Francisque de Monte Melino, erigé un chasteau en forme quadrangulaire, chascune face duquel estoit longue d'environ vingt et cinq pas, haute la moitié d'autant, comprenant le parapete. A chascun angle estoit erigé un tourrion à quatre angles acutz, desquelz les trois estoient projettez au dehors; le quatrieme estoit amorti en l'angle de la muraille du chasteau. Tous estoient percés pour canonnieres par chascun des flans et angles interieurs en deux endroitz, savoir est, au dessous et au dessus du cordon. Hauteur d'iceux avecques leur parapete, comme de ladite muraille. Et estoit icelle muraille, pour la face principale qui regardoit le long de la place, et le contour de ses deux tourrions, de fortes tables et esses jusques au cordon; le dessus estoit de brique, pour la raison qu'orrez par cy aprés. Les autres deux faces avec leurs tourrions estoient toutes de tables et limandes. La muraille de la porte du palais estoit pour quarte face. Au coing de laquelle, par le dedans du chasteau, estoit erigé une tour quarrée de pareille matiere, haute trois fois autant que les autres tourrions. Par le dehors tout estoit aptement joint, collé et peint, comme si fussent murailles de grosses pierres entaillées à la rustique, telle qu'on voit la grosse tour de Bourges. Tout le circuit estoit ceint d'un fossé large de quatre pas, profond d'une demie toise et plus. La porte estoit selon l'advenuë de la porte grande du palais, eslevée pour le machicoulis environ trois pieds plus haut que la muraille, de laquelle descendoit un pont levis jusques sus la contrescarpe du fossé.

Au jour susdit, XIII de ce mois de mars, le ciel et l'air semblerent favoriser à la feste. Car l'on n'avoit de long temps veu journée tant claire, serene et joyeuse comme icelle fut en toute sa durée. La frequence du peuple estoit incroyable. Car, non seulement les seigneurs reverendissimes cardinaux, presque tous les evesques, prelatz, officiers, seigneurs et dames et commun peuple de la ville y estoient accouruz, mais aussi des terres circunvoisines à plus de cinquante lieues à la ronde estoient convenuz nombre merveilleux de seigneurs, ducz, comtes, barons, gentilzhommes, avecques leurs femmes et familles, au bruit qui estoit couru de ce nouveau tournoy, aussi qu'on avoit veu es jours precedens tous les brodeurs, tailleurs, recameurs, plumaciers et autres de telz mestiers employez et occupez à parfaire les accoustremens requis à la feste. De mode que, non les palais, maisons, loges, galeries et eschaffautz seulement estoient pleins de gens en bien grande serre, quoy que la place soit des plus grandes et spacieuses qu'on voye, mais aussi les toitz et couvertures des maisons et eglises voisines. Au milieu de la place pendoient les armoiries de mondit seigneur d'Orléans, en bien grande marge, à double face, entournoiées d'un joyeux feston de myrtes, lierres, lauriers et orangiers, mignonnement instrophiées d'or clinquant, avec ceste inscription :

Cresce, infans, fatis nec te ipse vocantibus aufer.

Sus les XVIII heures, selon la supputation du pays, qui est entre une et deux aprés midy, ce pendant que les combatans soy mettoient en armes, entrerent dedens la place les deux caporions Colonnois, avecques leurs gens embastonnez, assez ma. en poinct. Puis survindrent les Suisses de la garde du Pape, avecques leur capitaine, tous armez à blanc, la pique au poing, bien en bon ordre, pour garder la place. Alors, pour temporiser et esbattre l'assemblée magnifique, furent laschez quatre terribles et fiers taureaux. Les premier et second furent abandonnez aux gladiateurs et bestiaires à l'espée et cappe. Le tiers fut combattu par trois grands chiens corses, auquel combat y eut de passe-temps beaucoup. Le quart fut abandonné au long bois, savoir est picques, partusanes, halebardes, corsecques, espieuz boulonnois, parce qu'il sembloit trop furieux, et eust pu faire beaucoup de mal parmy le menu peuple.

Les taureaux desconfitz, et la place vuide du peuple jusques aux barrieres, survint le Moret, archibouffon d'Italie, monté sus un bien puissant roussin, et tenant en main quatre lances liées et hantées dedans une, soy vantant de les rompre toutes d'une course contre terre. Ce qu'il essaya, fierement picquant son roussin; mais il n'en rompit que la poignée, et s'accoustra le bras en coureur buffonique. Cela fait, en la place entra, au son des fifres et tabours, une enseigne de gens de pied, tous gorgiasement accoustrez, armés de harnois presque tous dorez, tant picquiers qu'escoulpetiers, en nombre de trois cens et plus. Iceux furent suivis par quatre trompettes, et un estanterol de gens de cheval, tous serviteurs de Sa Majesté, et de la part françoise, les plus gorgias qu'on pourroit souhaiter, nombre de cinquante chevaux et davantaige. Lesquelz, la visiere haulsée, feirent deux tours le long de la place en grande alaigresse, faisans poppizer, bondir et penader leurs chevaux, uns parmy les autres, au grand contentement de tous les spectateurs. Puis se retirerent au bout de la place à gauche, vers le monastere de Saint Marcel. D'icelle bande, pour les gens de pied, estoit capitaine le seigneur Astorre Baglion, l'enseigne duquel et escharpes de ses gens estoit de couleurs blanc et bleu. Le seigneur duc Horace estoit chef des hommes d'armes, desquelz voluntiers j'ay cy dessous mis les noms, pour l'honneur d'iceux.

L'Excellence dudit seigneur Duc.
Paule Baptiste Fregose.
Flaminio de Languillare.
Alexandre Cinquin.
Luca d'Onane.
Theobaldo de la Molare.
Philippe de Serlupis.

Dominique de Massimis.
P. Loïs Capisucco.
J. P. Paule de la Cecca.
Bernardin Piovene.
Ludovic Cosciari.
Jean Paule, escuyer de Son Excellence.

Tous en harnois dorez, montez sur gros coursiers, leurs pages montez sus genetz et chevaux turcs pour le combat à l'espée.

La livrée de Son Excellence estoit blanc et incarnat, laquelle pouvoit on voir es habillemens, bardes, caparassons, pennaches, panonceaux, lances, fourreaux d'espées, tant des susdits chevaliers que des pages et estaffiers qui les suivoient en bon nombre. Ses quatre trompettes, vestus de casaquins de velours incarnat, descouppé et doublé de toile d'argent. Son Excellence estoit richement vestue sus les armes d'un accoustrement fait à l'antique, de satin incarnat broché d'or, couvert de croissans estoffés en riche broderie de toile et canetille d'argent. De telle parure estoient semblablement vestuz et couvers tous les hommes d'armes susdits, et leurs chevaux pareillement. Et n'est à obmettre qu'entre les susdits croissans d'argent à haut relief, par certains quadres estoient en riche broderie posées quatre gerbes recamées à couleur verde, autour desquelles estoit escrit ce mot, FLAVESCENT : voulant signifier (selon mon opinion) quelque sienne grande esperance estre prochaine de maturité et jouissance.

Ces deux bandes ainsi escartées, et restant la place vuide, soudain entra, par le costé droit du bas de la place, une compagnie de jeunes et belles dames richement atournées, et vestues à la nymphale, ainsi que voyons les nymphes par les monuments antiques. Desquelles la principale, plus eminente et haute de toutes autres, representant Diane, portoit sus le sommet du front un croissant d'argent, la chevelure blonde esparse sur les espaules, tressée sus la teste avec une guirlande de laurier, toute instrophiée de roses, violettes, et autres belles fleurs; vestue, sus la sottane et verdugalle, de damas rouge cramoisi à riches broderies, d'une fine toille de Cypre toute battue d'or, curieusement pliée, comme si fust un rochet de cardinal, descendant jusques à my jambe, et, par dessus, une peau de léopard bien rare et precieuse, attachée à gros boutons d'or sus l'épaule gauche. Ses botines dorées, entaillées, et nouées à la nymphale, avec cordons de toille d'argent. Son cor d'ivoire pendant souz le bras gauche; sa trousse, precieusement recamée et labourée de perles, pendoit de l'espaule droite à gros cordons et houppes de soye blanche et incarnate. Elle, en main droite, tenoit une dardelle argentée. Les autres nymphes peu differoient en accoustremens, exceptez qu'elles n'avoient le croissant d'argent sus le front. Chacune tenoit un arc turquois bien beau en main, et la trousse comme la premiere. Aucunes sus leurs rochetz portoient peaux d'africanes, autres de loups cerviers, autres de martes calabroises. Aucunes menoient des levriers en lesse, autres sonnoient de leurs trombes. C'estoit belle chose les voir. Ainsi soy pourmenans par la place, en plaisans gestes comme si elles allassent à la chasse, advint qu'une du troupeau, soy amusant à l'escart de la compagnie pour nouer un cordon de sa botine, fut prise par aucuns soudars sortiz du chasteau à l'improviste. A ceste prise fut horrible effroy en la compagnie. Diane hautement crioit qu'on la rendist, les autres nymphes pareillement en cris piteux et lamentables. Rien ne leur fut respondu par ceux qui estoient dedens le chasteau. Adoncques, tirans quelque nombre de flesches par dessus le parapete, et fierement menassans ceux du dedans, s'en retournerent portans faces et gestes au retour autant tristes et piteuses comme avoient eu joyeuses et gayes à l'aller.

Sus la fin de la place rencontrans Son Excellence et sa compagnie, feirent ensemble cris effroyables. Diane luy ayant exposé la deconvenue, comme à son mignon et favorit, tesmoing la devise des croissans d'argent espars par ses accoustremens, requist aide, secours et vengeance, ce que luy fut promis et asceuré. Puis sortirent les nymphes hors la place. Adonc Son Excellence envoye un heraut par devers ceux qui estoient dedens le chasteau, requerant la nymphe ravie luy estre rendue sus l'instant, et, en cas de refus ou delay, les menassant fort et ferme de mettre eux et la forteresse à feu et à sang. Ceux du chasteau feirent response qu'ilz vouloient la nymphe pour soy, et que, s'ilz la vouloient recouvrir, il failloit jouer des cousteaux et n'oublier rien en la boutique. A tant non seulement ne la rendirent à ceste sommation, mais la monterent au plus haut de la tour quarrée en veue de la part foraine. Le heraut retourné, et entendu le refus, Son Excellence tint sommairement conseil avecques ses capitaines. Là fut resolu de ruiner le chasteau et tous ceux qui seroient dedens.

Auquel instant, par le costé droit du bas de la place entrerent, au son de quatre trompettes, fifres et tabours, un estanterol de gens de cheval et une enseigne de gens de pied, marchans furieusement, comme voulans entrer par force dedans le chasteau, au secours de ceux qui le tenoient. Des gens de pied estoit capitaine le seigneur Chappin Ursin, tous hommes galans, et superbement armés, tant picquiers que harquebousiers, en nombre de trois cens et plus. Les couleurs de son enseigne et escharpes estoient blanc et orangé. Les gens de cheval, faisans nombre de cinquante chevaux et plus, tous en harnois dorez, richement vestuz et enharnachez, estoient conduits par les seigneurs Robert Strossi et Maligni. La livrée du seigneur Robert, de son accoustrement sus armes, des bardes, capparassons, pennaches, panonceaux, et des chevaliers par luy conduits, des trompettes, pages et estaffiers, estoit des couleurs blanc, bleu et orangé. Celle du seigneur de Maligni, et des gens par luy conduits, estoit des couleurs blanc, rouge et noir. Et si ceux de Son Excellence estoient bien et advantagement montez et richement accoustrez, ceux cy ne leur cedoient en rien. Les noms des hommes d'armes j'ay icy mis à leur honneur et louenge.

Le seigneur Robert Strossi.
Le seigneur de Maligni.
S. Averso de Languillarre.
S. de Malicorne le jeune.
M. Jean Baptiste de Victorio.
S. de Piebon.
M. Scipion de Piovene.

S. de Villepernay.
Spagnino.
Baptiste, picqueur du seigneur ambassadeur.
Le cavaleador du seigneur Robert.
Jean Baptiste Altoviti.
S. de la Garde.

Ces deux derniers ne furent au combat, parce que, quelques jours davant la feste, soy essayans dedens le Thermes de Docletian avecques la compaignie, au premier fut une jambe rompue, au second le poulce taillé de long. Ces deux bandes donc, entrans fierement en la place, furent rencontrées de Son Excellence et de ses compagnies. Alors fut l'escarmouche attaquée des uns parmy les autres, en braveté honorable, sans toutesfois rompre lancés ni espées, les derniers entrèz tousjours soy retirans vers le fort, les premiers entrez tousjours les poursuivans, jusques à ce qu'ilz furent prés le fossé. Adonques fut tiré du chasteau grand nombre d'artillerie grosse et moyenne, et se retira Son Excellence et ses bandes en son camp : les deux bandes dernieres entrerent dedans le chasteau.

Cette escarmouche finie, sortit un trompette du chasteau, envoyé devers Son Excellence, entendre si ses chevaliers vouloient faire espreuve de leurs vertus en monomachie, c'est à dire homme à homme contre les tenans. Auquel fut respondu que bien voluntiers le feroient. Le trompette retourné, sortirent hors le chasteau deux hommes d'armes, ayans chascun la lance au poing et la visiere abbattue, et se poserent sur le revelin du fossé, en face des assaillans, de la bande desquelz pareillement se targerent deux hommes d'armes, lance au poing, visiere abbattue. Lors, sonnans les trompettes d'un costé et d'autre, les hommes d'armes soy rencontrerent, piquans furieusement leurs dextriers. Puis, les lances rompues tant d'un costé comme d'autre, mirent la main aux espées, et soy chamaillerent l'un l'autre si brusquement que leurs espées volerent en pieces. Ces quatre retirez, sortirent quatre autres, et combattirent deux contre deux, comme les premiers, et ainsi consequentement combatirent tous les gens de cheval des deux bandes controverses.

Ceste monomachie parachevée, ce pendant que les gens de pied entretenoient la retraite, Son Excellence et sa compagnie, changeans de chevaux, reprindrent nouvelles lances, et, en troupe, se presenterent devant la face du chasteau. Les gens de pied, sus le flanc droit, couvers d'aucuns rondeliers, apportoient eschelles, comme pour emporter le fort d'emblée, et jà avoient planté quelques eschelles du costé de la porte, quand du chasteau fut tant tiré d'artillerie, tant jetté de niattons, micraines, potz et lances à feu, que tout le voisinage en retondissoit, et ne voyoit on autour que feu, flambe et fumée, avec tonnoirres horrifiques de telle canonnerie. Dont furent contraints les forains soy retirer et abandonner les eschelles. Quelques soudars du fort sortirent souz la fumée, et chargerent les gens de pied forains, de maniere qu'ilz prindrent deux prisonniers. Puis, suyvans leur fortune, se trouverent enveloppez entre quelque esquadron des forains, caché comme en embuscade. Là, craignans que la bataille ensuivist, se retirerent au trot; et perdirent deux de leurs gens, qui furent semblablement emmenez prisonniers. A leur retraite sortirent du chasteau les gens de cheval, cinq à cinq par ranc, la lance au poing. Les forains de mesmes se presenterent, et rompirent lances en tourbe, par plusieurs courses, qui est chose grandement perilleuse. Tant y a que le seigneur de Maligni, ayant fait passe sans attainte contre l'escuyer de Son Excellence, au retour le choqua de telle violence qu'il rua par terre homme et cheval. Et en l'instant mourut le cheval, qui estoit un bien beau et puissant coursier. Celuy dudit S. Maligni resta espaulé.

Le temps pendant qu'on tira hors le cheval mort sonnerent en autre et plus joyeuse harmonie les compagnies des musiciens, lesquelz on avoit posé en divers eschaffautz sus la place, comme hautboys, cornetz, sacqueboutes, flutes d'Allemans, doucines, musettes, et autres, pour esjouir les spectateurs par chascune pose du plaisant tournoy. La place vuidée, les hommes d'armes tant d'un costé comme d'autre, le S. de Maligni monté sur un genet frais, et l'escuyer sus un autre (car peu s'estoient blessez), laissans les lances, combattirent à l'espée en tourbe les uns parmi les autres, assez felonnement, car il y eut tel qui rompit trois et quatre espées : et, quoy qu'ilz fussent couvers à l'advantage, plusieurs y furent desarmés.

La fin fut qu'une bande de harquebousiers forains chargerent à coups d'escoulpettes les tenans, dont furent contraintz soy retirer au fort, et mirent pied à terre. Sus ceste entrefaite, au son de la campanelle du chasteau, fut tiré grand nombre d'artillerie, et se retirerent les forains qui pareillement mirent pied à terre, et delibererent donner la bataille, voyans sortir du fort tous les tenans, en ordre de combat. Pourtant prindrent un chacun la picque mornée en poing, et, les enseignes desployées, à desmarche grave et lente se presenterent en veue des tenans, au seul son des fifres et tabours, estans les hommes d'armes en premiere filliere, les harquebousiers en flanc. Puis, marchans oultre encore quatre ou cinq pas, se mirent tous à genouilz, tant les forains que les tenans, par autant d'espace de temps en silence qu'on diroit l'oraison dominicale.

Par tout le discours du tournoy precedent fut le bruit et applausion des spectateurs grand en toute circonference. A ceste precation fut silence de tous endroits, non sans effroy, mesmement des dames et de ceux qui n'avoient autre fois esté en bataille. Les combattans, ayans baisé la terre, soudain au son des tabours se leverent, et, les picques baissées, en hurlemens espouventables vindrent à joindre : les harquebouziers de mesme sus les flans tiroient infatigablement. Et y eut tant de picques brisées que la place en estoit toute couverte. Les picques rompues, mirent la main aux espées, et y eut tant chamaillé à tors et à travers qu'à une fois les tenans repoulserent les forains plus de la longueur de deux picques, à l'autre les tenans furent repoulsez jusques au revelin des tourrions. Lors furent sauvez par l'artillerie tirant de tous les quantons du chasteau, dont les forains se retirerent. Ce combat dura assez longuement. Et y fut donné quelques esraflades de picques et espées, sans courroux toutesfois n'affection mauvaise. La retraite faite tant d'un costé comme d'autre, resterent en place, à travers les picques rompues et harnois brisés, deux hommes morts ; mais c'estoient des hommes de foin, desquelz l'un avoit le bras gauche coupé, et le visage tout en sang ; l'autre avoit un transon de picque à travers le corps souz la faute du harnois. Autour desquelz fut recréation nouvelle, ce pendant que la musique sonnoit. Car Frerot, à tout son accoustrement de velours incarnat fueilleté de toille d'argent, à forme d'æsles de souris chauve, et Fabritio avecques sa couronne de laurier, soy joingnirent à eux. L'un les admonestoit de leur salut, les confessoit et absolvoit comme gens morts pour la foy ; l'autre les tastoit aux goussetz et en la braguette pour trouver la bourse. Enfin, les descouvrans et despouillans, montrerent au peuple que ce n'estoient que gens de foin. Dont fut grande risée entre les spectateurs, soy esbahissans comment on les avoit ainsi là mis et jettez durant ce furieux combat.

A ceste retraite, le jour esclarci et purgé des fumées et parfums de la canonnerie, apparurent au mylieu de la place huit ou dix gabions en renc, et cinq pieces d'artillerie sus roue, lesquelles durant la bataille avoient esté posées par les canonniers de son Excellence. Ce qu'estant apperceu par une sentinelle monté sus la haute tour du chasteau, au son de la campanelle fut fait et ouy grand effroy et hurlement de ceux du dedens. Et fut lors tiré tant d'artillerie par tous les endroits du fort, et tant de sciopes, fusées en canon, palles et lances à feu vers les gabions posez, qu'on n'eust point ouy tonner du ciel. Ce nonobstant, l'artillerie posée derriere les gabions tira furieusement par deux fois contre le chasteau, en grand espouventement du peuple assistant. Dont tomba par le dehors la muraille jusques au cordon, laquelle, comme ay dit, estoit de brique. De ce advint que le fossé fut remply. A la cheute, resta l'artillerie du dedens descouverte. Un bombardier tomba mort du haut de la grosse tour ; mais c'estoit un bombardier de foin revestu. Ceux du dedens adoncques commencerent à remparer derriere ceste bresche, en grand effort et diligence. Les forains ce pendant feirent une mine par laquelle ilz mirent le feu en deux tourrions du chasteau, lesquelz, tombans par terre à la moitié, feirent un bruit horrible. L'un d'iceux brusloit continuellement ; l'autre faisoit fumée tant hideuse et espaisse qu'on ne pouvoit plus voir le chasteau.

Derechef fut faite nouvelle batterie, et tirerent les cinq grosses pieces par deux fois contre le chasteau. Dont tomba toute l'escarpe de la muraille, laquelle, comme ay dit, estoit faite de tables et limandes. Dont, tombant par le dehors, feit comme un pont tout couvrant le fossé jusques sur le revelin. Resta seulement la barriere et rempart que les tenans avoient dressé. Lors, pour empescher l'assaut des forains, lesquelz estoient tous en ordonnance au bout de la place, furent jettées dix trombes de feu, canons de fusées, palles, mattons, et potz à feu, et du rempart fut jetté un bien gros ballon en la place, duquel à un coup sortirent trente bouches de feu, plus de mille fusées ensemble, et trente razes. Et couroit ledit ballon parmy la place, jettant feu de tous costez, qui estoit chose espouventable : fait par l'invention de messer Vincentio, romain, et Francisque, florentin, bombardiers du Pere Saint. Frerot, faisant le bon compagnon, courut aprés ce ballon, et l'appellant gueulle d'enfer et teste de Lucifer ; mais, d'un coup qu'il frappa dessus avecques un transon de picque, il se trouva tout couvert de feu, et crioit comme un enragé, fuyant deçà et delà, et bruslant ceux qu'il touchoit. Puis devint noir comme un Ethiopien, et si bien marqué au visage qu'il y paroistra encores d'icy à trois mois.

Sus la consommation du ballon fut sonné à l'assaut, de la part de Son Excellence, lequel, avecques ses hommes d'armes à pied, couvers de grandes targes d'arain doré à l'antique façon, et suivi du reste de ses bandes, entra sus le pont susdit. Ceux du dedens luy feirent teste sus le rempart et barriere. A laquelle fut combatu plus felonnement que n'avoit encores esté. Mais par force en fin franchirent la barriere, et entrerent sus le rempart. Auquel instant l'on veit sus la haute tour les armoiries de Sa Majesté, enlevées avecques festons joyeux. A dextre desquelles, peu plus bas, estoient celles de mon seigneur d'Orléans; à gauche, celles de Son Excellence. Qui fut sur les deux heures de nuit. La nymphe ravie fut presentée à Son Excellence, et sus l'heure rendue à Diane, laquelle se trouva en place comme retournant de la chasse.

Le peuple assistant, grans et menuz, nobles et roturiers, reguliers et seculiers, hommes et femmes, bien au plein esjouis, contens et satisfaits, firent applausement de joye et alaigresse, de tous costez, à haute voix crians et chantans : Vive France, France, France ! vive Orléans ! vive Horace Farnese ! Quelques uns adjousterent : Vive Paris ! vive Bellay ! vive la coste de Langey ! Nous pouvons dire ce que jadis l'on chantoit à la denonciation des jeuz seculares : Nous avons veu ce que personne en Rome vivant ne veit, personne en Rome vivant ne verra.

L'heure estoit jà tarde et opportune pour souper, lequel, pendant que Son Excellence se desarma et changea d'habillemens, ensemble tous les vaillans champions et nobles combatans, fut dressé en sumptuosité et magnificence si grande, quelle pouvoit effacer les celebres banquetz de plusieurs anciens empereurs romains et barbares, voire certes la matine et cuisinerie de Vitellius, tant celebrée qu'elle vint en proverbe, au banquet duquel furent servies mille pieces de poissons. Je ne parleray point du nombre et rares especes des poissons icy serviz, il est par trop excessif. Bien vous diray qu'à ce banquet furent servies plus de cinq cens pieces de four, j'entends patez, tartes et dariolles. Si les viandes furent copieuses, aussi furent les beuvettes numereuses. Car trente poinsons de vin et cent cinquante douzaines de pains de bouche ne durerent gueres, sans l'autre pain mollet et commun. Aussi fut la maison de mon dit Seigneur Reverendissime ouverte à tous venans, quelz qu'ilz fussent, tout icelui jour.

En la table premiere de la salle moyenne furent comptez douze cardinaux, savoir est :

Le reverendissime cardinal Farnese.	R. C. de Lenoncourt.
R. C. de Saint Ange.	R. C. de Meudon.
R. C. Sainte Flour.	R. C. d'Armignac.
R. C. Simonette.	R. C. Pisan.
R. C. Rodolphe.	R. C. Cornare.
R. C. du Bellay.	R. C. Gaddi.

Son Excellence, le seigneur Strossi, l'ambassadeur de Venise; tant d'autres evesques et prelatz.

Les autres salles, chambres, galleries d'icelluy palais, estoient toutes pleines de tables servies de mesmes pain, vin et viandes. Les nappes levées, pour laver les mains furent presentées deux fontaines artificielles sus la table, toutes instrophiées de fleurs odorantes, avecques compartimens à l'antique. Le dessus desquelles ardoit de feu plaisant et redolent, composé d'eaue ardente musquée. Au dessouz, par divers canaux sortoit eaue d'Ange, eaue de Naphe, et eaue Rose. Les graces dites en musique honorable, fut par Labbat prononcée avec sa grande lyre l'ode que trouverez icy à la fin, composée par mon dit Seigneur Reverendissime.

Puis, les tables levées, entrerent tous les seigneurs en la salle majour, bien tapissée et atournée. Là cuidoit on que fust jouée une comedie; mais elle ne le fut parce qu'il estoit plus de minuict. Et, au banquet que mon Seigneur Reverendissime cardinal d'Armignac avoit fait au paravant, en avoit esté jouée une, laquelle plus facha que ne pleut aux assistans, tant à cause de sa longueur et mines bergamasques assez fades, que pour l'invention bien froide et argument trivial. En lieu de comedie, au son des cornetz, hautbois, saqueboutes, etc., entra une compagnie de matachins nouveaux, lesquelz grandement delecterent toute l'assistance. Aprés lesquelz furent introduites plusieurs bandes de masques, tant gentilzhommes que dames d'honneur, à riches devises et habillemens sumptueux. Là commença le bal, et dura jusques au jour, lequel pendant, mes dits Seigneurs Reverendissimes, Ambassadeurs et autres Prelatz soy retirerent en grande jubilation et contentement.

En ces tournoy et festin je notay deux choses insignes : l'une est qu'il n'y eut noise, debat, dissention ne tumulte aucun; l'autre que, de tant de vaisselle d'argent, en laquelle tant de gens de divers estatz furent servis, il n'y eut rien perdu n'esgaré. Les deux soirs subsequens furent faits feuz de joye en la place publique, devant le palais de mon dit Seigneur Reverendissime, avecques force artillerie, et tant de diversitez de feuz artificiels que c'estoit chose merveilleuse, comme de gros ballons, de gros mortiers jettans par chacune fois plus de cinq cens sciopes et fusées, de rouetz à feu, de moulins à feu, de nues à feu pleines d'estoiles coruscantes, de sciopes en canon, aucunes pregnantes, autres reciprocantes, et cent autres sortes. Le tout fait par l'invention dudit Vincentio, et du Bois le Court, grand salpetrier du Maine.

ODE SAPPHICA

R. D. JO. CARDINALIS BELLAY

Mercuri, interpres superum, venusto
Ore qui mandata refers vicissim,
Gratus hos circum volitans et illos,
    Præpete cursu,

Adveni sanctis Patribus, senique,
Præsidet qui consilio deorum,
Quem sui spectat soboles Quiritum
    Numinis instar.

Dic jubar, quod Sequanidas ad undas
Edidit Gallis Italisque mixtim
Diva, quam primum Tiberi tenellam
    Credidit Arnus,

Tritonum post hanc comitante turba
Phocidum celsas subiisse turres,
Nec procellosum timuisse vidit
  Nereis æquor.

O diem Hetruscis populis colendum,
Et simul Francis juveni puellam
Qui dedit, forma, genio, decore,
  Ore coruscam !

Fauste tunc in quos Hymenæe, quos tu
In jocos Cypri es resoluta ! vel quas
Juno succendit veniente primum
  Virgine tædas !

Ut tibi noctes, Catharina, lætas,
Ut dies, Errice, tibi serenos,
Demum ut ambobus, sobolisque fausta est
  Cuncta precata !

Ut deam primo dea magna partu
Juvit ! ut nec defuerit subinde,
Quartus ut matri quoque nunc per illam
  Rideat infans.

Quartus is, quem non superi dedere
Galliæ tantum : sibi namque partem
Vendicat, festisque vocat juventus
  Nostra choreis.

Læta si Franciscum etenim juventus
Hunc petat, cui res pater ipse servat
Gallicas, et cui imperium spopondit
  Juppiter orbis :

Provocet divos hominesque : tentet
Pensa fatorum : fuerit Latinis
Et satis Tuscis apibus secundos
  Carpere flores.

Nam sibi primos adimi nec ipso
Gratiæ Errici comites perennes,
Nec sinat raucis habitans Bleausi
  Nympha sub antris.

Nec magis vos, o Latio petitæ
Celticis, sed jam Laribus suetæ, et
Vocibus Musæ, ac patriis canentes
  Nunc quoque plectris.

Et puellarum decus illud, una
Margaris tantum inferior Minerva,
Ac Navarræ specimen parentis
  Jana reclamet.

Ne quidem nympha id probet illa, ab imis
Quæ Padi ripis juvenem secuta est,
Si Parim forma, tamen et pudicum
    Hectora dextra.

Nec tuos hæc quæ patefecit ignes
Ignibus præclare aliis Horati,
Cuncta dum clamant tibi jure partam
    Esse theatra.

Tu licet nostro a genio tributam ob
Gratiam nil non, Catharina, nobis
Debeas, nostro ab genio tuoque heic
    Ipsa repugnes,

Spe parum nixis igitur suprema
Sorte contentis media, faveto,
Et recens per te in Latios feratur
    Flosculus hortos.

At nihil matrem moveat, quod ipsis
Vix adhuc ex uberibus sit infans
Pendulus, nullæ heic aderant daturæ
    Ubera matres?

Nec tamen lac Romulidum parenti
Defuit : neve heic quiriteris, esse
Lustricas nondum puero rogatum
    Nomen ad undas,

Nominis si te metus iste tangit,
Sistere infantem huc modo ne gravere,
Dique, divæque hunc facient, et omnis
    Roma Quirinum.

                Τέλος

EPISTRE DE MAISTRE FRANÇOIS RABELLAYS

Homme de grans lettres grecques et latines

A JEHAN BOUCHET

TRAICTANT DES YMAGINATIONS QU'ON PEUT AVOIR

ATTENDANT LA CHOSE DESIRÉE

L'espoir certain et parfaicte asseurance
De ton retour plein de resjouyssance,
Que nous donnas à ton partir d'icy,
Nous a tenu jusques ore en soulcy
Assez fascheulx, et tres griefve ancolye,
Dont nos espritz, tainctz de merencolie,
Par longue attente et vehement desir,
Sont de leurs lieux esquelz souloient gesir
Tant deslochés et haultement raviz
Que nous cuidons et si nous est advis
Qu'heures sont jours, et jours plaines années,
Et siecle entier ces neuf ou dix journées :
Non pas qu'au vray nous croyons que les astres,
Qui sont reiglez, permanans en leurs atres,
Ayent devoyé de leur vray mouvement,
Et que les jours telz soient asseurement
Que cil quant print Josué Gabaon,
Car ung tel jour depuis n'arriva on,
Ou que les nuyctz croyons estre semblables
A celle là que racontent les fables
Quant Jupiter de la belle Alcmena
Fist Hercules, qui tant se pourmena.
Ce ne croyons, ny n'est aussi de croire :
Et toutesfois, quant nous vient à memoire
Que tu promis retourner dans sept jours,
Nous n'avons eu joye, repos, sejours,
Depuis que fut ce temps prefix passé,
Que nous n'ayons les momens compassé,
Et calculé les heures et mynutes,
En l'attendant quasi à toutes meutes.
Mais quant avons si longtemps attendu,

Et que frustrez du desir pretendu
Nous sommes veuz, lors l'ennuy tedieux
Nous a renduz si tres fastidieux
En nos esprits que vray nous apparoist
Ce que vray n'est, et que nos sens ne croit,
Ny plus ne moins qu'à ceux qui sont sur l'eau,
Passans d'un lieu à l'autre par basteau,
Il semble advis, à cause du rivage
Et des grans floz, les arbres du rivage
Se remuer, cheminer et danser,
Ce qu'on ne croyt et qu'on ne peult penser.
 De ce j'ay bien voulu ta seigneurie
Asçavanter, qu'en ceste resverie
Plus longuement ne nous vueillés laisser ;
Mais quant pourras bonnement delaisser
Ta tant aimée et cultivée estude,
Et differer ceste solicitude
De litiger et de patrociner,
Sans plus tarder et sans plus cachiner
Apreste toy promptement, et procure
Les tallonniers de ton patron Mercure,
Et sus les vents te metz alegre et gent ;
Car Eolus ne sera negligent
De t'envoyer le bon et doulx Zephyre,
Pour te porter où plus on te desire,
Qui est céans, je m'en puis bien vanter.
Ja (ce croy) n'est besoing t'assavanter
De la faveur et parfaicte amitié
Que trouveras : car presque la moitié
Tu en congneuz quand vins dernierement,
Dont peuz la reste assez entierement
Conjecturer comme subsecutoire.
 Ung cas y a, dont te plaira me croire,
Que quant viendras, tu verras les seigneurs
Mettre en oubly leurs estatz et honneurs
Pour te cherir et bien entretenir.
Car je les oy tester et maintenir
Appertement, quand escheoit le propos,
Qu'en Poictou n'a, ny en France, suppos
A qui plus grant familiarité
Veuillent avoir, ny plus grant charité.
 Car tes escritz, tant doulx et meliflues,
Leur sont, au temps et heures superflues
A leur affaire, un joyeux passetemps,
Dont deschasser les ennuytz et contemps
Peuvent des cœurs, ensemble proufiter
En bonnes mœurs, pour honneur meriter.
Car, quant je lis tes euvres, il me semble
Que j'apperçoy ces deux points tous ensemble
Esquelz le pris est donné en doctrine,

C'est assavoir, doulceur et discipline.
   Par quoy te prie et semons de rechief
Que ne te soit de les venir veoir grief.
Si eschapper tu puis en bonne sorte,
Rien ne m'escrips, mais toy mesmes apporte
Ceste faconde et eloquente bouche
Par où Pallas sa fontaine desbouche
Et ses liqueurs castallides distille.
Ou, si te plaist exercer ton doulx style
A quelque traict de lettre me rescrire,
En ce faisant feras ce que desire.
   Et toutesfoys aye en premier esgard
A t'appriver, sans estre plus esguard,
Et venir veoir ici la compagnie,
Qui de par moy de bon cueur t'en supplie.
   A Ligugé, ce matin, de septembre
Sixiesme jour, en ma petite chambre,
Que de mon lict je me renouvellais,

Ton serviteur et ami
            RABELLAYS.

EPISTRE RESPONSIVE
DUDICT BOUCHET AUDICT RABELAIS
CONTENANT
LA DESCRIPTION D'UNE BELLE DEMEURE
ET LOUANGES DE MESSIEURS D'ESTISSAC

   Va, lettre, va, de ce fascheux Palais,
   Te presenter aux yeux de Rabelays.

Le promettre est on pouvoir des humains,
Mais le tenir n'est tousjours en leurs mains.
Car advenir peut tel cas sans finesse
Qu'on ne sçauroit accomplir sa promesse,
Et mesmement à moy, qui subject suis
A plusieurs gens, veu l'estat que j'ensuis.
  Cecy t'escris à ce qu'on ne m'accuse
De menterie, et à toy je m'excuse,
Seigneur tres cher, l'un de mes grands amys,
Du brief retour lequel j'avois promis.
Car si n'estoit le labeur de practique
Auquel pour vivre il fault que je m'applique,
De trois jours l'un irois veoir Ligugé,
Et pour m'induire à ce maints arguz j'é.
  Le premier est le lieu tant delectable,
De toutes pars aux nymphes tres sortable :
Car d'une part les Nayades y sont
Dessus le Clan, doulce riviere, où font
Cheres tres grans avecques les Hymnides,
Se gaillardans es prez verdz et humides.
  Aprés y sont, par les arbres et boys,
Autres qui font resonner hault leur voix,
C'est assavoir, les silvestres Driades
Portans le verd, et les Amadriades,
Et davantage, Oréades aux mons,
Dont bien souvent on oyt les doulx sermons :
Et puis aprés les gentilles Nappées,
Qui rage font, par chansons decouppées,
De bien chanter aux castellins ruisseaux
Par les jardins nourrissans arbrisseaux.
  Et lors qu'Aurore est en son appareil,
Pour denoncer le lever du soleil,

En cheminant sous les verdoyans ombres,
Pour oublier les ennuyeux encombres,
Tu puis ouyr des nymphes les doux chans,
Dont sont remplis boys, boucages et champs.
  Et qui vouldra prier Dieu (ce que prise),
On trouvera la tres plaisante eglise
Où sainct Martin fit habitation
Par certain temps, en contemplation,
Et où deux mors par fureur et tempeste,
Resuscités furent à sa requeste.
  Aprés y sont les bons fruitz et bons vins,
Que bien aymons entre nous Poictevins.
  Et le parfaict, qu'il ne fault qu'on resecque,
C'est la bonté du reverend evesque
De Maillezays, seigneur de ce beau lieu,
Partout aymé des hommes et de Dieu,
Prelat devot, de bonne conscience,
Et fort sçavant en divine science,
En canonique, et en humanité,
Non ignorant celle mondanité
Qu'on doit avoir entre les roys et princes,
Pour gouverner villes, citez, provinces.
  A ce moyen, il ayme gens lettrez
En grec, latin et françois, bien estrez
A diviser d'histoire ou theologie,
Dont tu es l'un : car en toute clergie
Tu es expert. A ce moyen te print
Pour le servir, dont tres grant heur te vint.
Tu ne pouvois trouver meilleur service
Pour te pourvoir bien tost de benefice.
  Aussi est-il de noble sang venu :
Ses peres ont (comme il est bien congneu)
Tres bien servy jadis les roys de France,
En temps de paix, de guerre et de souffrance.
Et tellement que leur nom de Stissac
On ne sçauroit par oubly mettre à sac.
Leurs nobles faictz militaires louables
Si demourront au monde pardurables.
  Du sien nepveu les vertuz et les mœurs
Augmenteront leurs immortelz honneurs,
Car, pour parler au vray de sa personne,
Onc je n'en vy mieulx aux armes consonne,
Parcequ'il est chevalier tres hardy,
De corps, de bras et jambes bien ourdy,
Moien de corps, et de la droicte taille
Que les vouloit Cesar en la bataille.
En son aller il est tout temperé,
En son parler et maintien, moderé,
Tant bien orné d'eloquence vulgaire
Qu'il est partout estimé debonnaire.

Et, quant à moy, encore suis honteux
Du bon recueil si franc et non doubteux
Que ces seigneurs me feirent de leur grace,
Presens plusieurs, voire en publique place,
Et au privé, dont les cornes d'honneur
Prins de Moyse, et presage en bon heur.
Non seulement me feirent telle chere,
Mais tous leurs gens, qui est relique chere :
Car le penser de ce tant bon recueil
Me faict ouvrir l'intellectuel œil,
Pour mediter qu'en telle seigneurie
A plus d'honneur, hors toute flaterie,
Plus de doulceur et plus d'humilité
Cent mille fois qu'en la rusticité
Des palatins et gros bourgeois de ville,
Dont l'arrogance est tant facheuse et vile,
Et leur cuider si tres presumptueulx
Qu'on ne peut veoir entre eulx les vertueux;
Qui fait congnoistre en grosse compaignée
Les gens de bien et de bonne lignée.

 Or pense donc, tant devot orateur,
Que rien de moy n'a esté detenteur
De retourner veoir le tien hermitage,
Fors seulement le petit tripotage
De plaictz, proces et causes que conduys
De plusieurs gens, où peu je me desduys.
Mais contrainct suis le faire pour le vivre
De moy, ma femme et enfans. Car le livre
D'ung orateur, ou son plaisant diviz
Mieux aimerois, ainsi te soit adviz.

 Plus n'en auras, fors que me recomande
Treshumblement a la tresnoble bande
De ces seigneurs dont j'ay dessus escript,
En suppliant le benoist saint Esprit
Qu'à tous vous donne et octroye la vie
Du vieil Nestor, en honneur, sans envie,
Et que tousjours puissions leur grace avoir,
Et bien souvent par epistres nous veoir.

 C'est de Poictiers, le huitiesme septembre,
Lorsque Titan se mussoit en sa chambre,
Et que Lucine ung peu se desbouchoit,

Par le tout tien serviteur
       JEAN BOUCHET.

TROIS LETTRES DE M. FRANÇOIS RABELAIS

TRANSCRIPTES SUR LES ORIGINAUX

ESCRITES DE ROME, 1535-1536

LETTRE DE RABELAIS

A MONSIEUR DE MAILLEZAIS

Escrite de Rome le 30 decembre 1535

MONSEIGNEUR,

Je vous escrivy du XXIXe jour de novembre bien amplement, et vous envoyay des graines de Naples pour vos salades, de toutes les sortes que l'on mangeue de par deça, excepté de pimpinelle, de laquelle pour lors je ne peus recouvrir. Je vous en envoye presentement, non en grande quantité, car pour une fois je n'en peux davantage charger le courrier; mais si plus largement en voulez, ou pour vos jardins ou pour donner ailleurs, me l'escrivant, je vous l'envoiray.

Je vous avois paravant escrit, et envoyé les quatre signatures concernantes les benefices de feu dom Philippes, impetrées ou nom de ceux que couchiez par vostre memoire. Depuis, n'ay receu de vos lettres qui fissent mention d'avoir receu lesdictes signatures. J'en ay bien receu unes datées de l'Ermenaud, lorsque madame d'Estissac y passa, par laquelle me escriviez de la reception de deux pacquets que vous avois envoyé, l'un de Ferrare, l'autre de ceste ville, avecques le chiffre que vous escrivois; mais, à ce que j'entends, vous n'aviez encore receu le pacquet ouquel estoient lesdites signatures.

Pour le present, je vous peux advertir que mon affaire a esté concedé et expedié beaucoup mieux et plus sceurement que je ne l'eusse souhaité; et y ay eu aide et conseil de gens de bien, mesmement du cardinal de Genutiis, qui est juge du palais, et du cardinal Simoneta, qui estoit auditeur de la chambre, et bien savant, et entendant telles matieres. Le Pape estoit d'advis que je passasse mondict affaire *per Cameram*: les susdicts ont esté d'advis que ce fust par la cour des Contredits, pour ce que, *in foro contentioso*, elle est irrefragable en France, *et quæ per Contradictoria transiguntur transeunt in rem judicatam; quæ autem per Cameram, et impugnari possunt, et in judicium veniunt.* En tout cas, il ne me reste que lever les bulles *sub plumbo*.

Monseigneur le cardinal du Bellay, ensemble Monseigneur de Mascon, m'ont asseuré que la composition me sera faicte gratis, combien que le Pape, par usance ordinaire, ne donne gratis fors ce qui est expedié *per Cameram* Restera seulement à payer le referendaire, procureurs et autres telz barbouilleurs de parchemin. Si mon argent est court, je me recommanderay à vos aulmosnes, car je croy que je ne partiray point d'icy que l'Empereur ne s'en aille.

Il est de present à Naples, et en partira, selon qu'il a escript au Pape, le sixieme de janvier. Ja toute cette ville est pleine d'Espagnols, et a envoyé par devers le Pape un ambassadeur exprés, oultre le sien ordinaire, pour l'advertir de sa venue. Le Pape luy cede la moityé du palais, et tout le bourg de Sainct-Pierre pour ses gents, et faict appreter trois mille licts à la mode romaine, sçavoir est, des matras, car la ville en est despourveue depuis le sac des lansquenetz. Et a faict provision de foing, de paille, d'avoine, spelte et orge, tant tant qu'il en a peu recouvrir, et de vin, tout ce qu'en est arrivé en Ripe. Je pense qu'il luy coustera bon, dont il se passast bien en la pouvreté où il est, qui est grande et apparente plus qu'en Pape qui feust depuis trois cents ans en çà. Les Romains n'ont encores conclud comment ilz s'y doivent gouverner, et souvent a esté faicte assemblée de par le Senateur, conservateurs et gouverneur; mais ilz ne peuvent accorder en opinions. L'Empereur, par sondit ambassadeur, leur a denoncé qu'il n'entend point que ses gens vivent à discretion, c'est à dire sans payer, mais à discretion du Pape, qui est ce que plus griefve le Pape. Car il entend bien que, par cette parole, l'Empereur veult veoir comment et de quelle affection il le traictera, luy et ses gens.

Le Saint Pere, par election du Consistoire, a envoyé par devers luy deux legatz, savoir est, le cardinal de Senes et le cardinal Cæsarin. Depuis, y sont d'abondant allez les cardinaux Salviati et Rodolphe, et Monseigneur de Sainctes avecques eux. J'entends que c'est pour l'affaire de Florence, et pour le differend qui est entre le duc Alexandre de Medicis et Philippe Strossi, duquel vouloit ledict duc confisquer les biens, qui ne sont petits; car, aprés les Fourques de Auxbourg, en Almaigne, il est estimé le plus riche marchand de la Chrestienté. Et avoit mis gens en cette ville pour l'emprisonner ou tuer, quoy que ce fust. De laquelle entreprise adverty, impetra du Pape de porter armes. Et alloit ordinairement accompagné de trente souldars bien armés à poinct. Ledict duc de Florence, comme je pense, adverty que ledict Strossi, avecques les susdits cardinaux, s'estoit retiré par devers l'Empereur, et qu'il offroit audit Empereur quatre cents mille ducats pour seulement commettre gens qui informassent sur la tyrannie et meschanceté dudit duc, partist de Florence, constitua le cardinal Cibo son gouverneur, et arriva en cette ville le lendemain de Noël, sur les vingt trois heures, entra par la porte Sainct Pierre, accompagné de cinquante chevaux legers armés en blanc, et la lance au poing, et environ de cent arquebusiers. Le reste de son train estoit petit et mal en ordre. Et ne luy fut faict entrée quelconque, excepté que l'ambassadeur de l'Empereur alla au-devant jusques à ladite porte. Entré que fut, se transporta au palais, et eut audience du Pape, qui peu dura, et fut logé au palais Saint Georges. Le landemain matin, partist accompagné comme devant.

Depuis huit jours en çà sont venues nouvelles en cette ville, et en a le Sainct Pere receu lettres de divers lieux, comment le Sophy, roy des Perses, a deffaict l'armée du Turcq. Hier au soir arriva icy le neveu de Monsr de Vely, ambassadeur pour le roy par devers l'Empereur, qui compta à Monsr le cardinal du Bellay que la chose est veritable, et que ç'a esté la plus grande tuerye qui fut faicte de depuis quatre cens ans en çà, car du costé du Turcq ont esté occis plus de quarante mille chevaux. Considerez quel nombre de gens de pied y est demouré. Pareillement du costé dudict Sophy. Car, entre gens qui ne fuyent pas volontiers, *non solet esse incruenta victoria*.

La deffaicte principale fut prés d'une petite ville nommée Cony, peu distante de la grande ville Tauris, pour laquelle sont en differend le Sophy et le

Turcq. Le demourant fut faict prés d'une place nommée Betelis. La maniere fut que ledict Turcq avoit party son armée, et part d'icelle envoyé pour prendre Cony. Le Sophy, de ce adverty, avec toute son armée rua sur ceste partye, sans qu'ils se donnassent guarde. Voilà qu'il faict mauvais advis de partir son ost devant la victoire. Les François en sçauroient bien que dire quand de devant Pavie M. d'Albanie emmena la fleur et force du camp. Ceste roupte et deffaicte entendue, Barberousse s'est retiré à Constantinople pour donner sceureté au pays, et dit, par ses bons dieux, que ce n'est rien en consideration de la grande puissance du Turcq. Mais l'Empereur est hors celle peur que ledit Turcq ne vint en Sicile, comme il avoit deliberé à la prime vere. Et se peult tenir la chrestienté en bon repos d'uy à longtemps, et ceux qui mettent les decimes sur l'Eglise, *eo pretextu* qu'ils se veulent fortifier pour la venue du Turcq, sont mal garnis d'arguments demonstratifs.

Monsieur, j'ai receu lettres de Monsr de Saint Cerdes, dattées de Dijon, par lesquelles il m'advertist du procez qu'il a pendant en cette cour romaine. Je ne lui oserois faire responce sans me hasarder d'encourir grande fascherie. Mais j'entends qu'il a le meilleur droict du monde, et qu'on luy faict tort manifeste. Et y devroit venir en personne, car il n'y a procez tant equitable qui ne se perde quand on ne le sollicite, mesmement ayant fortes parties, avec auctorité de menacer les solliciteurs s'ilz en parlent. Faulte de chiffre m'enguarde vous en escrire davantage. Mais il me desplaist veoir ce que je veoye, attendu la bonne amour que luy portez principalement, et aussi qu'il m'a de tout temps favorisé et aimé. En mon advis, Monsieur de Basilac, conseiller de Tholouse, y est bien venu cest hyver pour moindre cas, et est plus vieil et cassé que luy, et a eu l'expedition bien tost à son proffit.

Monsieur, aujourd'huy matin est retourné ici le duc de Ferrare, qui estoit allé par devers l'Empereur à Naples. Je n'ay encores sceu comment il a appointé touchant l'investiture et recognoissance de ses terres; mais j'entends qu'il n'est pas retourné fort content dudict Empereur. Je me doubte qu'il sera contrainct mettre au vent les escuz que son feu pere luy laissa, et le Pape et l'Empereur le plumeront à leur vouloir, mesmement qu'il a refusé le party du Roy, aprés avoir delayé d'entrer en la ligue de l'Empereur plus de six mois, quelques remonstrances ou menaces qu'on luy ait faict de la part dudict Empereur. De fait, Monsr de Limoges, qui estoit à Ferrare ambassadeur pour le Roy, voyant que ledict duc, sans l'advertir de son entreprise, s'estoit retiré devers l'Empereur, est retourné en France. Il y a danger que madame Renée en souffre fascherie. Ledit duc lui a osté madame de Soubize, sa gouvernante, et la faict servir par Italiennes; qui n'est pas bon signe.

Monsr, il y a trois jours qu'un des gens de Monsr de Crissé est icy arrivé en poste, et porte advertissement que la bande du seigneur Rance, qui estoit allé au secours de Geneve, a esté deffaicte par les gens du duc de Savoye. Avecques luy venoit un courrier de Savoye, qui en porte les nouvelles à l'Empereur. Ce pourroit bien estre *seminarium futuri belli* : car volontiers ces petites noyses tirent aprés soy grandes batailles, comme est facile à veoir par les antiques histoires, tant grecques que romaines, et françoises aussi, ainsi que appert en la bataille qui fut à Vireton.

Monsr, depuis quinze jours en ça, André Doria, qui estoit allé pour avitailler ceux qui, de par l'Empereur, tiennent la Goletta prés Tuniz, mesmement les fournir d'eau, car les Arabes du pays leur font guerre continuellement, et n'osent sortir de leur fort, est arrivé à Naples, et n'a demouré que trois jours avecques l'Empereur : puis est party avec XXIX galeres. On dit que c'est pour rencontrer le Judeo et Cacciadiavolo, qui ont bruslé grand païs en Sardaine et Minorque. Le grand maistre de Rhodes, piedmontois, est mort ces jours derniers : en son lieu a esté esleu le commandeur de Forton, entre Montauban et Thoulouse.

Monsr, je vous envoye un livre de prognostics duquel toute cette ville est embesongnée, intitulé *de Eversione Europæ*. De ma part je n'y adjouste foy aucune. Mais on ne veit oncques Rome tant adonnée à ces vanitez et divinations comme elle est de present. Je croy que la cause est car

Mobile mutatur semper cum principe vulgus.

Je vous envoye aussi un almanach pour l'an qui vient 1536. Davantage, je vous envoye le double d'un brief que le Sainct Pere a decreté nagueres pour l'advenue de l'Empereur. Je vous envoye aussi l'Entrée de l'Empereur en Messine et Naples, et l'oraison funebre qui fut faicte à l'enterrement du feu duc de Milan.

Monsr, tant humblement que faire je puis, à vostre bonne grace me recommande, priant Nostre Seigneur vous donner en santé bonne et longue vie.

A Rome, ce XXXe jour de décembre.

Vostre tres humble serviteur,

François RABELAIS.

LETTRE DE RABELAIS

A MONSr L'EVESQUE DE MAILLEZAIS

De Rome, le 28 janvier 1536

Monsr,

J'ay receu les lettres que vous a pleu m'escrire, dattées du second jour de decembre, par lesquelles ay cogneu que aviez receu mes deux pacquets, l'un du XVIIIe, l'autre du XXIIe d'octobre, avecques les quatre signatures que vous envoyois. Depuis, vous ay escrit bien amplement du XXIXe de novembre et du XXXe de decembre. Je croy que à ceste heure ayez eu lesdicts pacquets. Car le sire Michel Parmentier, libraire, demeurant à l'Escu de Basle, m'a escrit, du cinqe de ce mois present, qu'il les avoit receus et envoyé à Poictiers. Vous pouvez estre asseuré que les pacquets que je vous envoyeray seront fidelement tenus d'icy à Lyon, car je les meetz dedans le grand pacquet ciré qui est pour les affaires du Roy : et quand le courrier arrive à Lyon, il est desployé par Monsr le Gouverneur. Lors son secretaire, qui est bien de mes amis, prend le pacquet que j'addresse, au dessus de la premiere couverture, audict Michel Parmentier. Pourtant n'y a difficulté sinon depuis Lyon jusques à Poictiers. C'est la cause pourquoy je me suis advisé de le taxer, pour plus seurement estre tenu à Poictiers par les messagiers, soubs espoir d'y gaigner quelque teston. De ma part, j'entretiens tousjours ledit Parmentier par petits dons que luy envoye des nouvellettez de par deçà, ou à sa femme, afin qu'il soit plus diligent à chercher marchands ou messagiers de Poictiers qui vous rendent les pacquetz. Et suis bien de cest advis que m'escrivez, qui est de ne les livrer entre les mains des banquiers, de peur que ne fussent crochetés et ouverts. Je serois d'opinion que, la premiere fois que m'escrirez, mesmement si c'est d'affaire d'importance, que vous escriviez un mot audict Parmentier, et dedans vostre lettre mettre un escu pour luy, en consideration des diligences qu'il faict de m'envoyer vos pacquets et vous envoyer les miens. Peu de chose oblige aulcunesfois beaucoup de gens de bien, les rend plus fervens à l'advenir, quand le cas importeroit urgente depeche.

Mons', je n'ay encore baillé vos lettres à Mons' de Xainctes, car il n'est retourné de Naples, où il estoit avecques les cardinaux Salviati et Rodolphe; dedans deux jours doibt icy arriver. Je lui bailleray vos dictes lettres, et solliciteray pour la response; puis vous l'envoyeray par le premier courrier qui sera depesché. J'entends que leurs affaires n'ont expedition de l'Empereur telle commez ilz esperoient, et que l'Empereur leur a dict peremptoirement que à leur requeste et insistance, ensemble du feu pape Clement, leur allié et proche parent, il avait constitué Alexandre de Medicis duc sur les terres de Florence et Pise, ce que jamais n'avoit pensé faire, et ne l'eust fait. Maintenant, le deposer, ce seroit acte de bateleurs, qui font le faict et le deffait. Pourtant, que ils se deliberassent le recognoistre comme leur duc et seigneur, et lui obéissent comme vassaulx et subjects, et qu'ils ne y fissent faulte. Au regard des plainctes qu'ils faisoient contre ledit duc, qu'il en congnoistroit sur le lieu. Car il delibere, aprés avoir quelque temps sejourné à Rome, passer pas Senes, et de là à Florence, à Bologne, à Milan et Genes. Ainsi s'en retournent lesdits cardinaulx, ensemble Mons' de Sainctes, Strossi, et quelques aultres, *re infecta*.

Le xiii° de ce mois furent icy de retour les cardinaux de Senes et Cesarin, lesquelz avoient esté esleuz par le Pape et tout le college pour legats par devers l'Empereur. Ils ont tant faict que ledict Empereur a remis sa venue en Romme jusques à la fin de febvrier. Si j'avois autant d'escuz comme le Pape vouldroit donner de jours de pardon, *proprio motu*, *de plenitudine potestatis*, et aultres telles circonstances favorables, à quiconque la remettroit jusques à cinq ou six ans d'icy, je serois plus riche que Jacques Cœur ne fut oncques. On a commencé en cette ville gros apparat pour le recevoir, et l'on a faict, par le commandement du Pape, un chemin nouveau par lequel il doit entrer, sçavoir est, de la porte San Sebastian, tirant au Champ Doly, *templum Pacis*, et l'amphitéatre. Et le faict on passer soubs les antiques arcs triumphaux de Constantin, de Vespasian et Titus, de Numetian et aultres, puis à costé du palais St-Marc, et, de là, par Camp de Flour et devant le palais Farnese, où souloit demeurer le Pape, puis par les banques et dessoubs le chasteau Sainct-Ange. Pour lequel chemin dresser et egualer, on a demoly et abattu plus de deux cents maisons et trois ou quatre eglises ras terre. Ce que plusieurs interpretent en mauvais presage. Le jour de la conversion St Paul, nostre St Pere alla ouir la messe à

St Paoul, et fist banquet à tous les cardinaulx. Aprés disner retourna passant par le chemin susdict, et logea au palais St Georges. Mais c'est pitié de voir la ruine des maisons qui ont esté demolies, et n'est fait payement ny rescompense aucune ès seigneurs d'icelles.

Aujourd'huy sont icy arrivez les ambassadeurs de Venise, quatre bons vieillards tous grisons, lesquels vont par devers l'Empereur à Naples. Le Pape a envoyé toute sa famille au devant d'eulx, cubiculaires, chambriers, genissaires, lansquenetz, etc. Les cardinaux ont envoyé leurs mules en pontificat.

Au sept^e de ce mois furent pareillement receus les ambassadeurs de Senes, bien en ordre, et, aprés avoir faict leur harangue en consistoire ouvert, et que le Pape leur eust respondu en beau latin, briefvement sont departis pour aller à Naples. Je croy bien que de toutes les Itales iront ambassadeurs par devers ledict Empereur, et sçait bien jouer son roolle pour en tirer denares, comme il a esté descouvert depuis dix jours en ça. Mais je ne suis encores bien à poinct adverty de la finesse qu'on dict qu'il a usée à Naples. Par cy aprés je vous en escriray.

Le prince de Piemont, fils aisné du duc de Savoye, est mort à Naples depuis quinze jours en ça : l'Empereur luy a faict faire excecques fort honorables, et y a personnellement assisté.

Le roy de Portugal, depuis six jours en ça, a mandé à son ambassadeur qu'il avoit à Rome que, subitement ses lettres receues, il se retirast par devers luy en Portugal : ce qu'il fist sur l'heure, et, tout botté et esperonné, vint dire adieu à Monsr le reverendissime cardinal du Bellay. Deux jours aprés a esté tué en plein jour prés le pont St Ange, un gentilhomme portugalois qui sollicitoit en ceste ville pour la communité des Juifs qui furent baptisez soubs le roy Emanuel, et depuis estoient molestez par le roy de Portugal moderne, pour succeder à leurs biens quand ils mouroient, et quelques aultres exactions qu'il faisoit sur eulx, oultre l'Edict et ordonnance dudit feu roy Emanuel. Je ne doubte que en Portugal y ait quelque sedition.

Monsr, par le dernier pacquet que vous avois envoyé, je vous advertissois comment quelque partye de l'armée du Turc avoit esté defaicte par le Sophy auprés de Betelis. Ledit Turc n'a guere tardé d'avoir sa revanche, car, deux mois aprés, il a couru sus ledit Sophy en la plus grande furie qu'on veit onques : et, aprés avoir mis à feu et sang un grand pays de Mesopotamie, a rechassé ledit Sophy par delà la montagne de Taurus. Maintenant faict faire force galeres sus le fleuve de Tanais, par lequel pourront descendre en Constantinople. Barberousse n'est encores party dudict Constantinople, pour tenir le pays en sceureté, et a laissé quelques garnisons à Bona et Algiery, si d'adventure l'Empereur le vouloit assaillir. Je vous envoye son portraict tiré sus le vif, aussi l'assiette de Tunis et des villes maritimes d'environ.

Les lansquenets que l'Empereur mandoit en la duché de Milan pour tenir les places fortes sont tous noyés et peris par mer, jusques au nombre de douze cens, en une des plus grandes et belles navires des Genevois : e^t ce fut prés un port des Luquois, nommé Lerzé. L'occasion fut parce qu'ils s'ennuyoient sur la mer, et, voulans prendre terre, mais ne pouvans à cause des tempestes et difficulté du temps, penserent que le pilotte de la nave les voulust tousjours delayer sans aborder. Pour ceste cause le tuerent, et quelques aultres des principaulx de la dicte nef ; lesquels occis, la nef demeura sans gouverneur, et, en lieu de caller la voille, les Lansquenets la haussoient, comme gens non pratifs en la marine, et en tel desarroy perirent à un gect de pierre prés le dict port.

Monsʳ, j'ay entendu que Monsieur de Lavaur, qui estoit ambassadeur pour le Roy à Venise, a eu son congé et s'en retourne en France. En son lieu va Monsʳ de Rodés, et ja tient à Lyon son train prest, quand le Roy lui aura baillé ses advertissemens.

Monsʳ, tant comme je puis, humblement à vostre bonne grace me recommande, priant Nostre Seigneur vous donner en santé bonne et vie longue.

A Rome, ce vingt huictᵉ de janvier 1536.

Votre tres humble serviteur,

FRANÇOIS RABELAIS.

LETTRE DE RABELAIS

A MONSʳ L'EVESQUE DE MAILLEZAIS

De Rome, le 15 febvrier 1536.

Monsʳ,

Je vous escrivy du vingt huitᵉ du mois de janvier dernier passé, bien amplement de tout ce que je sçavois de nouveau, par un gentilhomme serviteur de Monsieur de Montreuil, nommé Tremeliere, lequel retournoit de Naples, où avoit achapté quelques coursiers du royaume pour sondict maistre, et s'en retournoit à Lyon vers luy en diligence. Ledict jour je receus le pacquet qu'il vous a pleu m'envoyer de Legugé, daté du xᵉ dudit mois, en quoy pouvez congnoistre l'ordre que j'ay donné à Lyon touchant le bail de vos lettres, comment elles me sont ici rendues seurement et soudain. Vos dites lettres et pacquet furent baillés à l'Escu de Basle au xxiᵉ dudict mois : le xxviiiᵉ ont esté icy rendues. Et, pour entretenir à Lyon, car c'est le poinct et lieu principal la diligence que faict le libraire dudict Escu de Basle en cet affaire, je vous réitere ce que je vous escrivois par mon susdict pacquet, si d'adventure survenoient cas d'importance pour cy aprés, c'est que je suis d'advis que, à la premiere fois que m'escrirez, vous lui escriviez quelque mot de lettre, et dedans icelle mettez quelque escu sol, ou quelque aultre piece de vieil or, comme royau, angelot ou salut, etc., en consideration de la peyne et diligence qu'il y prend : ce peu de chose luy accroistra l'affection de mieux en mieux vous servir.

Pour respondre à vos lettres de poinct en poinct, j'ay faict diligentement cherchez ez registres du Palais, depuis le temps que me mandiez, sçavoir est, l'an mil cinq cents vingt neuf, trente et trente un, pour entendre si on trouveroit l'acte de la resignation que fit feu dom Philippes à son nepveu, et ay baillé aux clercs du registre deux escus sol, qui est bien peu, attendu le grand et fascheux labeur qu'ils y ont mis. En somme, ils n'en ont rien trouvé, et n'ay oncques sceu entendre nouvelles de ses procurations. Par quoy me doubte qu'il y a de la fourbe en son cas, ou les memoires que m'escriviez n'estoient suffisans à les trouver. Et fauldra, pour plus en estre acertainé, que me mandez *cujus diœcesis* estoit ledit feu domp Philippes, et si rien avez entendu pour plus esclaircir le cas et la matiere, comme si c'estoit *pure et simpliciter*, ou *causa permutationis*, etc.

Monsʳ, touchant l'article ouquel vous escrivois la response de Monsʳ le cardinal du Bellay, laquelle il me fist lors que je luy presentay vos lettres, il n'est besoing que vous en faschez. Monsieur de Mascon vous en a escript ce qui en est. Et ne sommes pas prests d'avoir Legat en France. Bien vray est il que le Roy a presenté audict Pape le cardinal de Lorraine; mais je croy que le cardinal du Bellay taschera par tous moyens de l'avoir pour soy. Le proverbe est vieux qui dit : *Nemo sibi secundus*, et veoy certaines menées qu'on y faict, par lesquelles ledit cardinal du Bellay pour soy employera le Pape, et le fera trouver bon au Roy. Pourtant ne vous faschez si sa response a esté quelque peu ambigüe en vostre endroict.

Monsʳ, touchant les grenes que vous ay envoyées, je vous puis bien asceurer que ce sont des meilleures de Naples, et desquelles le Saint Pere faict semer en son jardin secret de Belveder. D'autres sortes de sallades ne ont ils pas deça, fors de Nasitord et d'Arousse. Mais celles de Legugé me semblent bien aussi bonnes, et quelque peu plus doulces et amiables à l'estomach, mesmement de vostre personne : car celles de Naples me semblent trop ardentes et trop dures.

Au regard de la saison et semailles, il faudra advertir vos jardiniers qu'ils ne les sement du tout si tost comme on faict de par deça, car le climat ne y est pas tant advancé en chaleur comme icy. Ils ne pourront faillir de semer vos salades deux fois l'an, savoir est, en caresme et en novembre, et les cardes ils pourront semer en aoust et septembre; les melons, citrouilles et aultres, en mars, et les armer certains jours de joncs et fumier leger, et non du tout pourry, quand ils se douteroient de gelée. On vend bien icy encores d'aultres grenes, comme d'oeillets d'Alexandrie, de violes matronales, d'une herbe dont ils tiennent en esté leurs chambres fraisches, qu'ils appellent Belvedere, et aultres de Medecine. Mais ce seroit plus pour madame d'Estissac. S'il vous plaist, de tout je vous envoiray, et n'y feray faute.

Mais je suis contraint de recourir encores à vos aulmones. Car les trente escus qu'il vous pleust me faire ici livrer sont quasi venus à leur fin, et si n'en ay rien despendu en meschanceté, ny pour ma bouche, car je bois et mangeue ordinairement chez Monsʳ le cardinal du Bellay, ou Monsʳ de Mascon. Mais en ces petites barbouilleries de despesches et louage de meubles de chambre, et entretenement d'habillemens s'en va beaucoup d'argent, encores que je m'y gouverne tant chichement qu'il m'est possible. Si vostre plaisir est me envoyer quelque lettre de change, j'espere n'en user que à vostre service, et n'en estre ingrat. Au reste, je voy en ceste ville mille petites mirelifiques à bon marché qu'on apporte de Cypre, de Candie et Constantinople. Si bon vous semble, je vous en envoyeray ce que mieux je verray duisible tant à vous que à madite dame d'Estissac. Le port d'icy à Lyon n'en coustera rien.

J'ay, Dieu mercy, expedié tout mon affaire, et ne m'a cousté que l'expedition des Bulles : le Sainct Pere m'a donné de son propre gré la composition. Et croy que trouverez le moyen assez bon, et n'ay rien par icelles impetré qui ne soit civile et juridicque; mais il y a fallu bien user de bon conseil pour la formalité. Et vous ose bien dire que je n'y ay quasi en rien employé Monsʳ le cardinal du Bellay, ny Monsʳ l'ambassadeur, combien que de leur grace s'y fussent offerts à y employer non seulement leurs paroles et faveur, mais entierement le nom du Roy.

Monsr, je n ay encores baillé vos premieres lettres à Monsr de Xainctes, car il n'est encore retourné de Naples, où il estoit allé comme vous ay escript. Il doibt estre icy dedans trois jours. Lors je luy bailleray vos lettres premieres, et quelques jours après bailleray vos secondes, et solliciteray pour la response. J'entends que ny luy ny les cardinaux Salviati et Rodolphe, ny Philippes Strossi avecques ses escuz, n'ont rien faict envers l'Empereur de leur entreprise, combien qu'ils luy ayer* voulu livrer, ou nom de tous les forestiers et bannis de Florence, un million d'or du contant, parachever la *Rocca* commencée en Florence, et l'entretenir à perpetuité avecques garnisons competentes ou nom dudict Empereur, et, par chacun an, luy payer cent mille ducats, pourveu et en condition qu'il les remist en leurs biens, terres, et liberté premiere.

Au contraire, le duc de Florence a esté de luy receu tres honorablement, et, à sa prime venue, l'Empereur sortist au devant de luy, et, *post manus oscula*, le fist conduire au chasteau Capouan en ladite ville, ouquel est logée sa bastarde et fiancée audict duc de Florence, par le prince de Salerne, viceroy de Naples, marquis de Vast, duc d'Albe, et aultres principaulx de sa cour : et là parlementa tant qu'il voulust avec elle, la baisa et souppa avecque elle. Depuis, les susdicts cardinaulx, evesque de Xainctes et Strossi, n'ont cessé de solliciter. l'Empereur les a remis pour resolution finale à sa venue en cette ville. En la Rocqua, qui est une place forte à merveilles, que ledict duc de Florence à basty en Florence, au devant du portail il a faict paindre un aigle qui a les aisles aussi grandes que les moulins à vent de Mirebalais, comme protestant et donnant entendre qu'il ne tient que de l'Empereur. Et a tant finement procedé en sa tyrannie que les Florentins ont attesté *nomine communitatis*, par devant l'Empereur, qu'ils ne veulent aultre seigneur que luy. Vray est il qu'il a bien chastié les forestiers et bannis. Pasquil a faict depuis nagueres un chantonnet ouquel il dict : A Strossi : *Pugna pro patria*. A Alexandre, duc de Florence : *Datum serva*. A l'Empereur : *Quæ nocitura tenes, quamvis sint chara, relinque*. Au Roy : *Quod potes, id tenta*. Aux deux cardinaux Salviati et Rodolphe : *Hos brevitas sensus fecit conjungere binos*.

Monsr, au regard du duc de Ferrare, je vous ay escript comment il estoit retourné de Naples et retiré à Ferrare. Madame Renée est accouchée d'une fille : elle avoit ja une aultre belle fille aagée de six à sept ans, et un petit filz aagé de trois ans. Il n'a peu accorder avecques le Pape, parce qu'il luy demandoit excessive somme d'argent pour l'investiture de ses terres, nonobstant qu'il avoit rabattu cinquante mille escus pour l'amour de ladite dame, et ce par la poursuitte de messieurs les cardinaux du Bellay et de Mascon, pour tousjours accroistre l'affection conjugale dudict duc de Ferrare envers elle. Et ce estoit la cause pour quoy Lyon Jamet estoit venu en cette ville ; et ne restoit plus que cent cinquante mil escus. Mais ils ne peurent accorder, parceque le Pape vouloit qu'il recogneust entierement tenir et posseder toutes ses terres en féode du siege apostolique. Ce que l'aultre ne voulut : et n'en vouloit recognoistre sinon celles que son feu pere avoit recogneu, et ce que l'Empereur en avoit adjugé à Boloigne par arrest, du temps du feu pape Clement.

Ainsi departit *re infecta*, et s'en alla vers l'Empereur, lequel luy promist que à sa venue il feroit bien consentir le Pape venir au poinct contenu en sondict arrest, et qu'il se retirast en sa maison, luy laissant ambassade pour solliciter l'affaire quand il seroit de pardeçà, et qu'il ne payast la somme ja convenue sans qu'il fust de luy entierement adverty. La finesse est en ce que l'Empereur a faulte d'argent, et en cherche de tous costez et taille tout le monde qu'il peult et en emprunte de tous endroits. Luy estant icy arrivé, en demandera au Pape, c'est chose bien evidente. Car il luy remonstrera qu'il a faict toutes ces guerres contre le Turc et Barberousse pour mettre en seureté l'Italie et le Pape, et que force est qu'il y contribue. Ledict Pape respondra qu'il n'a point d'argent, et luy fera preuve manifeste de sa pauvreté. Lors l'Empereur, sans qu'il debourse rien, luy demandera celuy du duc de Ferrare, lequel ne tient qu'à un *Fiat*. Et voylà comment les choses se jouent par mysteres. Toutesfois ce n'est chose asseurée.

Monsr, vous demandez si le sr Pierre Loys Farneze est legitime fils ou bastard du pape Paul. Sachez que le Pape jamais ne fust marié. C'est à dire que le susdict est veritablement bastard. Et avoit le Pape une sœur belle à merveilles. On monstre encore, de present, ou palais, en ce corps de maison ouquel sont les Sommistes, lequel fist faire le pape Alexandre, une image de Nostre Dame, laquelle on dict avoir esté faicte à son portraict et semblance. Elle fut mariée à un gentilhomme cousin du seigneur Rance, lequel estant en la guerre pour l'expedition de Naples, ledit pape Alexandre la voyoit. Ledict sieur Rance, du cas acertainé, en advertit sondict cousin, luy remonstrant qu'il ne devoit permettre telle injure estre faite en leur famille par un Espagnol Pape, et ou cas qu'il l'endurast, que luy mesme ne l'enduretroit point. Somme toute il la tua. Duquel forfait le pape Paul trois fist ses doléances audict pape Alexandre VI, lequel, pour appaiser son grief et dueil, le fit cardinal estant encores bien jeune, et luy fist quelques autres biens.

Ouquel temps entretint le Pape une dame romaine de la case Ruffine, de laquelle il eut une fille qui fut mariée au sr Bauge, comte de Santa Fiore, qui est mort en cette ville depuis que j'y suis, de laquelle il a eu l'un des deux petits cardinaux, qu'on appelle le cardinal de Sainct-Flour. Item eust un filz qui est ledit Pierre Louis que demandiez, qui a espousé la fille du comte de Servelle, dont il a tout plein foyer d'enfans, et entre autres le petit cardinalicule Farnese, qui a esté faict vice chancelier par la mort du feu cardinal de Medicis. Par ces propos susdicts pouvez entendre la cause pourquoy le Pape n'aimoit gueres le seigneur Rance, et *vice versa*, ledit Rance ne se fioit en luy : pour quoy aussi est grosse querelle entre le sr Jean Paule de Cere, fils dudict sr Rance, et le susdict Pierre Loys, car il veult vanger la mort de sa tante.

Mais, quant à la part dudict sr Rance, il en est quitte, car il mourut le xje jour de ce mois, estant allé à la chasse, en laquelle il s'esbattoit volontiers, tout vieillard qu'il estoit. L'occasion fut qu'il avoit recouvert quelques chevaux turcs des foires de Racana, desquelz en mena un à la chasse qui avoit la bouche tendre, de sorte qu'il se renversa sur luy, et de l'arson de la selle l'estouffa, en maniere que, depuis le cas, ne vesquist point plus d'une demye heure. Ce a esté une grande perte pour les François, et y a le Roy perdu un bon serviteur pour l'Italie. Bien dict on que ledict sr Jean Paule, son fils, ne le sera pas moins à l'advenir. Mais de longtemps n'aura telles experiences en faicts d'armes, ny telle reputation entre les capitaines et soldats, comme avoit le feu bon homme. Je vouldrois de bon cœur que Monsr d'Estissac de ses despouilles eut la comté de Pontoise, car on dit quelle est de beau revenu

Pour assister es exeques, et pour consoler la marquise sa femme, Monsr le cardinal a envoyé jusques à Ceres, qui est distant de cette ville par xx milles, Monsr de Rambouillet, et l'abbé de St-Nicaise, qui estoit proche parent du deffunt (je croy que l'ayez veu en court : c'est un petit homme tout esveillé, qu'on appelloit l'archidiacre des Ursins), et quelques aultres de ses protenotaires. Aussi a faict Monsr de Mascon.

Monsr, je me remets à l'aultre fois que vous escriray pour vous advertir des nouvelles de l'Empereur plus au long : car son entreprise n'est encores bien descouverte. Il est encores à Naples. On l'attend icy pour la fin de ce mois, et faict on gros apprests pour sa venue, et force arcs triumphaux. Les quatre mareschaux de ses logis sont ja pieça en cette ville, deux Espagnolz, un Bourguignon et un Flamand.

C'est pitié de veoir les ruines des eglises, palais et maisons que le Pape a faict demolir et abattre pour luy dresser et applaner le chemin. Et, pour les frais du reste, a taxé leur argent sus le college de messieurs les cardinaulx, les officiers courtisans, les artisans de la ville, jusques aux aquarols. Ja toute cette ville est pleine de gens estrangers.

Le cinquieme de ce mois arriva icy, par le commandement de l'Empereur, le cardinal de Trente, *Tridentinus*, en Allemagne, en gros train et plus sumptueux que n'est celuy du Pape. En sa compagnie estoient plus de cent Alemans vestus d'une parure, savoir est, de robbes rouges avec une bande jaulne, et avoient en la manche droicte, en broderie, figuré une jarbe de bled liée, à l'entour de laquelle estoit escript *Unitas*.

J'entends qu'il cherche fort la paix et appointement pour toute la chrestienté, et le Concile en tous cas. J'estois present quand il dist à Monsr le cardinal du Bellay : « Le Sainct Pere, les cardinaulx, evesques et prelatz de l'Eglise, reculent au Concile, et n'en veulent oyr parler, quoy qu'ils en soient semonds du bras seculier ; mais je voy le temps prés et prochain que les prelats d'Eglise seront contraincts le demander, et les seculiers n'y voudront entendre. Ce sera quand ils auront tollu de l'Eglise tout le bien et patrimoine lequel ils avoient donné du temps que, par frequens Conciles, les ecclesiastiques entretenoient paix et union entre les seculiers. »

André Doria arriva en cette ville le trois^e de cedict mois, assez mal en poinct. Il ne luy fut faict honneur quiconques à son arrivée, sinon que le s^r Pierre Loys le conduit jusques au palais du cardinal Camerlin, qui est Genevois, de la famille et maison de Spinola. Au lendemain il salua le Pape, et partist le jour suivant, et s'en alloit à Genes de par l'Empereur, pour sentir du vent qui court en France touchant la guerre. On a eu icy certain advertissement de la mort de la vieille royne d'Angleterre, et dict on davantage que sa fille est fort malade.

Quoy que ce soit, la bulle qu'on forgeoit contre le roy d'Angleterre, pour l'excommunier, interdire et proscrire son royaume comme je vous escrivois, n'a esté passée par le consistoire, à cause des articles *de commeatibus externorum et commerciis mutuis*, auxquels se sont opposés Monsr le cardinal du Bellay et Monsr de Mascon, pour les interests du Roy, qu'il y pretendoit. On l'a remise à la venue de l'Empereur.

Monsieur, tres humblement à vostre bonne grace me recommande, priant N^{re} Seigneur vous donner en santé bonne vie et longue.

A Rome, ce xve de febvrier 1536.

Vostre tres humble serviteur,
FRANÇ. RABELAIS.

Suscript :
A Monseigneur Monsr DE MAILLEZAIS.

LETTRE

A M. LE BAILLIF DU BAILLIF DES BAILLIFZ

MONSIEUR MAISTRE ANTOYNE HULLET

SEIGNEUR DE LA COURT POMPIN

EN CHRESTIANTÉ, A ORLÉANS

He, pater reverendissime, quomodo bruslis ? Quæ nova ? Parisius non sunt ova ? Ces parolles, proposées devant vos Reverences, translatées de patelinois en nostre vulgaire orléanois, valent autant à dire comme si je disoys : « Monsieur, vous soyez le tres bien revenu des nopces, de la feste, de Paris. » Sy la vertus de Dieu vous inspiroit de transporter vostre Paternité jusques en cestuy hermitaige, vous nous en raconteriez de belles : aussy vous donneroit le s^r du lieu certaines especes de poissons carpionnez, lesquelz se tirent par les cheveulx. Or vous le ferez, non quand il vous playra, mais quand le vouloir vous y apportera de celluy grand, bon, piteux Dieu, lequel ne créa oncques le quaresme, ouy bien les sallades, arans, merluz, carpes, bechetz, dares, umbrines, ablettes, rippes, etc. *Item,* les bons vins, singulairement celuy *de veteri jure enucleando,* lequel on guarde icy à vostre venue, comme ung sang gréal et une seconde, voire quinte essence. *Ergo veni, Domine, et noli tardare,* j'entends *salvis salvandis, id est, hoc est,* sans vous incommoder ne distrayre de vos affayres plus urgens.

Monsieur, après m'estre de tout mon cuer recommandé à vostre bonne grace, je priray Nostre S^r vous conserver en parfaicte santé.

De Saint Ayl, ce premier jour de mars.

       Vostre humble architriclin, serviteur et amy,

              FRANÇ. RABELAIS, *medicin.*

Monsieur l'esleu Pailleron trouvera icy mes humbles recommandations à sa bonne grace, aussi à madame l'esleue, et à monsieur le baillif Daniel, et à tous vous aultres bons amis et à vous. Je prieray monsieur le Scelleur me envoyer le *Platon* lequel il m'avoit presté ; je luy renvoiray bien toust.

LETTRE

AU CARDINAL DU BELLAY

Monseigneur,

Si venant icy M. de Saint-Ay eust eu la commodité de vous saluer à son partement, je ne fus, de present, en telle necessité et anxieté, comme il vous pourra exposer plus amplement. Car il m'affirmoit qu'estiez en bon vouloir de me faire quelque aumosne, advenant qu'il se trouvast homme sceur, venant de par deça. Certainement, Monseigneur, si vous n'avez de moi pitié, je ne sache que doive faire, sinon, en dernier desespoir, m'asservir à quelqu'un de par deça, avec dommage et perte evidente de mes estudes. Il n'est possible de vivre plus frugalement que je fais, et ne me sçaurez si peu donner de tant de biens que Dieu vous a mis en main, que je..., en vivotant et m'entretenant honnestement, comme j'ay fait jusques à present, pour l'honneur de la maison dont j'estois issu à ma departie de France.

Monseigneur, je me recommande tres humblement à vostre bonne grace et prie Nostre Seigneur vous donner, en parfaite santé, tres bonne et longue vie.

Vostre tres humble serviteur,

François RABELAIS *medicin*.

De Metz, ce 6 fevrier (1547).

EPISTOLA AD B. SALIGNACUM

BERNARDO SALIGNACO

S. P.

A JESU CHRISTO SERVATORE

Georgius ab Arminiaco, Rutenensis episcopus clarissimus, nuper ad me misit Φλαουίου Ἰωσήφου ἱστορίαν Ἰουδαϊκὴν περὶ ἁλώσεως, rogavitque, pro veteri nostra amicitia, ut si quando hominem ἀξιόπιστον nactus essem qui istuc proficisceretur, eam tibi prima quaque occasione reddendam curarem. Lubens itaque ansam hanc arripui, et occasionem tibi, pater mi humanissime, grato aliquo officio indicandi, quo te animo, qua te pietate colerem. Patrem te dixi, matrem etiam dicerem, si per indulgentiam mihi id tuam liceret. Quod enim utero gerentibus usui venire quotidie experimur, ut quos nunquam viderunt fœtus alant, ab aerisque ambientis incommodis tueantur, αὐτὸ τοῦτο σύγ' ἔπαθες, qui me tibi de facie ignotum, nomine etiam ignobilem sic educasti, sic castissimis divinæ tuæ doctrinæ uberibus usque aluisti, ut quidquid sum et valeo, tibi id uni acceptum ni feram, hominum omnium qui sunt, aut aliis erunt in annis, ingratissimus sim. Salve itaque etiam atque etiam, pater amantissime, pater decusque patriæ, litterarum adsertor ἀλεξίκακος, veritatis propugnator invictissime.

Nuper rescivi ex Hilario Bertulpho, quo hic utor familiarissime, te nescio quid moliri adversus calumnias Hieronymi Aleandri, quem suspicaris sub persona factitii cujusdam Scaligeri, adversum te scripsisse. Non patior te diutius animi pendere, atque hac tua suspicione falli. Nam Scaliger ipse Veronensis est, ex illa Scaligerorum exsulum familia, exsul et ipse. Nunc vero medicum agit apud Agennates. Vir mihi bene notus οὐ μὰ τὸν Δί' εὐδοκιμασθεὶς ἔστι τοίνυν διάβολος ἐκεῖνος, ὡς συνελόντι φάναι, τὰ μὲν ἰατρικὰ οὐκ ἀνεπιστήμων, τ'ἄλλα δὲ πάντη πάντως ἄθεος ὡς οὐκ ἄλλος πώποτ' οὐδείς. Ejus librum nondum videre contigit, nec huc tot jam mensibus delatum est exemplar ullum; atque adeo suppressum puto ab iis qui Lutetiæ bene tibi volunt. Vale καὶ εὐτυχῶν διάτελει.

Lugduni, pridie calend. decembr. 1532.

Tuus quatenus suus,

Fr. RABELÆSUS, *medicus*

EPISTOLA NUNCUPATORIA

EPIST. MEDICIN. MANARDI

F. RAB. MEDICUS ANDREO TIRAQUELLO

JUDICI ÆQUISSIMO APUD PICTONES

S P. D.

Qui fit, Tiraquelle doctissime, ut in hac tanta seculi nostri luce, quo disciplinas omneis meliores singulari quodam deorum munere postliminio receptas videmus, passim inveniantur, quibus sic affectis esse contigit, ut e densa illa gothici temporis caligine plus quam Cimmeria ad conspicuam solis facem oculos attollere aut nolint, aut nequeant? An quod (ut est in Euthydemo Platonis) ἐν παντὶ ἐπιτηδεύματι οἱ μὲν φαῦλοι πολλοί, καὶ οὐδενός ἄξιοι, οἱ δὲ σπουδαῖοι ὀλίγοι, καὶ τοῦ παντός ἄξιοι. An vero quod ea vis est tenebrarum hujuscemodi, ut quorum oculis semel insederint, eos suffusione immedicabili perpetuo sic hallucinari necesse sit, et cæcutire; nullis ut postea collyriis, aut conspiciliis juvari possint: quemadmodum ab Aristotele in Categoriis scriptum legimus. ἀπὸ μὲν τῆς ἕξεως ἐπὶ τὴν στέρησιν γίνεται μεταβολή, ἀπὸ δὲ τῆς σιρήσεως ἐπὶ τὴν ἕξιν ἀδύνατον. Mihi sane rem totam arbitranti, atque ad Critolai (quod aiunt) libram expendenti, non aliunde ortum habere isthæc errorum Odyssea, quam ab infami illa philautia tantopere a philosophis damnata videtur, quæ simul ac homines rerum expectendarum aversandarumque male consultos perculit, eorum sensus et animos præstringere solet et fascinare, quominus videntes videant, intelligentesque intelligant. Nam quos plebs indocta aliquo in numero habuit hoc nomine, quod exoticam aliquam et insignem rerum peritiam præ se ferrent, eis si personam hanc καὶ λεοντῆν detraxeris, perfecerisque, ut cujus artis prætextu, luculenta eis rerum accessio facta est, eam vulgus meras præstigias, ineptissimasque ineptias esse agnoscat, quid aliud quam cornicum oculos confixisse videberis ? ut qui pridem in orchestra sedebant, vix in subselliis locum inveniant, donec eo ventum sit ut moveant non risum tantum populo ac pueris, qui nunc passim nasum rhinocerotis habent, sed stomachum et bilem, indigne ferentibus, quod sibi tandiu eorum dolis et versutia impositum sit. Proinde quemadmodum naufragio pereuntibus usu venire didicimus, ut quam sive trabem, sive vestem, sive stipulam semel discissa pessumque eunte nave arripuerint, eam consertis manibus retineant, natandi interim immemores ac securi, modo ne quod in manibus est, excidat, donec vasto gurgite funditus hauriantur : ad eum pene modum, amores isti nostri quibus libris a pueris insueverunt, etiam si confractam videant et undequaque hiantem pseudologiæ scapham, eos sic qua vi quaque injuria retentant, ut si extundantur, animam quoque sibi e sedibus extundi putent. Sic vestra ista juris peritia cum eo evaserit, ut ad ejus instaurationem nihil jam desideretur, sunt tamen etiam dum quibus exoleta illa barbarorum glossemata excuti e manibus non possunt. In hac autem medicinæ officina, quæ in dies magis ac magis expolitur, quotusquisque ad frugem meliorem se conferre enititur ? Bene es tamen, quod omnibus prope ordinibus subolevit quosdam esse inter medicos et censeri, quos si penitus introspicias, inanes quidem ipsos doctrinæ, fidei et consilii; fastus vero, invidentiæ ac sordium plenos deprehendes. Qui experimenta per mortes agunt (ut es Plinii querela vetus) a quibusque plus aliquanto periculi quam a morbis ipsis imminet. Magnique nunc ii demum apud optimates fiunt, quos priscæ illius ac defecatæ medicinæ opinio commendat. Ea enim persuasio si latius invalescat, res nimirum ad manticam reditura est propre diem circulatoribus istis et planis, qui pauperiem longe lateque in humanis corporibus facere institerant.

Porro, inter eos qui nostra tempestate, ad restituendam nitore suo priscam germanamque medicinam, animi contentione adpulerunt, solebas tu, dum istic agerem, plausibiliter mihi laudare Manardum illum ferrariensem, medicum solertissimum doctissimumque; ejusque epistolas priores ita probabas, ac si essent Pœone aut Æsculapio ipso dictante exceptæ. Feci itaque pro summa mea in te observantia ut ejusdem posteriores epistolas, cum nuper ex Italia recepissem, eas tui nominis auspiciis excudendas invulgandasque darem. Memini enim et scio quam tibi ars ipsa medica, cui felicius promovendæ incumbimus, debeat, qui tam operose laudes ipsius celebraris in præclaris illis tuis in Pictonum leges municipales ὑπομνήμασι. Quorum desiderio, ne diutius studiosorum animos torqueas te etiam atque etiam rogo. Vale : saluta mihi clarissimum virum d. antistitem Malleacensem, Mæcenatem meum benignissimum, si forte istic sit.

Lugduni, III nonas junii 1532

EPISTOLA NUNCUPATORIA

APHORISMORUM HIPPOCRATIS

Lyon, Sebast. Gryph., 1543, in-18

CLARISSIMO DOCTISSIMOQUE VIRO D. GOTEFREDO AB ESTISSACO

MALLEACENSI EPISCOP.

FRANC. RAB. MEDICUS

S. P. D.

Quum anno superiore Monspessuli aphorismos Hippocratis, et deinceps Galeni artem medicam frequenti auditorio publice enarrarem, antistes clarissime, annotaveram loca aliquot in quibus interpretes mihi non admodum satisfaciebant. Collatis enim eorum traductionibus cum exemplari græcanico, quod, præter ea quæ vulgo circumferuntur, habebam vetustissimum, literisque Ionicis elegantissime, castigatissimeque exaratum, comperi illos quam plurima omisisse, quædam exotica et notha adjecisse, quædam minus expressisse, non pauca invertisse verius quam vertisse. Id quod si usquam alibi vitio verti solet, est etiam in medicorum libris piaculare. In quibus vocula unica, vel addita, vel expuncta, quin et apiculus inversus, aut præpostere adscriptus, multa hominum millia haud raro neci dedit. Neque vero hæc a me eo dici putes, velim, ut viros bene de literis meritos suggillem, εὐφημεί γάρ. Nam eorum laboribus et plurimum deberi arbitror, et me non leviter profecisse agnosco. Sed sicubi ab eis erratum est, culpam totam in codices quos sequebantur, eisdem nævis inustos rejiciendam censeo. Annotatiunculas itaque illas Sebastianus Gryphius chalcographus ad unguem consummatus et perpolitus, cum nuper inter schedas meas vidisset, jamdiuque in animo haberet priscorum medicorum libros ea quæ in cæteris utitur diligentia, cui vix æquiparabilem reperias, typis excudere, contendit a me multis verbis ut eas sinerem in communem studiosorum utilitatem exire. Nec difficile fuit impetrare quod ipse alioqui ultro daturus eram. Si demum laboriosum fuit, quod quæ privatim nullo unquam edendi consilio mihi excerpseram, ea sic describi flagitabat ut libro adscribi, eoque in enchiridii formam redacto possint. Minus enim laboris nec plusculum fortasse negotii fuisset, omnia ab integro latine reddere. Sic quia libro ipso erant quæ annotaveram altero tanto prolixiora, ne liber ipse deformiter excresceret, visum est loca duntaxat, veluti per transennam, indicare, in quibus Græci codices adeundi jure essent. Hic non dicam qua ratione adductus sim, id quicquid est laboris, tibi ut dicarem. Tibi enim jure debetur quicquid efficere opera mea potest : qui me sic tua benignitate usque fovisti ut quocumque oculos circumferam οὐδὲν ἢ οὐρανὸς ἠδὲ θάλασσα munificentiæ tuæ sensibus meis obversetur. Qui sic pontificiæ dignitatis ad quam omnibus senatus populique Pictonici suffragiis assumptus es, munia orbis, ut in te, tanquam in celebri illo Polycleti canone, nostrates episcopi absolutissimum probitatis, modestiæ, humanitatis exemplar, veramque illam virtutis ideam habeant, in quam contuentes, aut ad propositum sibi speculum se, moresque suos componant, aut (quod ait Persius) virtutem videant, intabescantque relicta. Boni itaque omnia consule, et me (quod facis) ama. Ἔρρωσο, ἄνηρ εὐδοκιμώτατε, καὶ εὐτυχῶν διατέλει.

Lugduni, Idibus julii 1532.

EPISTOLA NUNCUPATORIA

EX RELIQUIIS VENERANDÆ ANTIQUITATIS : LUCII CUSPIDII TESTAMENTUM
SEM CONTRACTUS VENDITIONIS ANTIQUIS ROMANORUM TEMPORIBUS INITUS

Lugduni, apud Gryphium, 1532

FRANCISCUS RABELÆSUS

D. ALMERICO BUCHARDO

CONSILIARIO REGIO LIBELLORUMQUE IN REGIA MAGISTRO

Habes a nobis munus, Almarice clarissime, exiguum sane, si molem spectes, quodque manum vix impleat : sed (mea quidem sententia) non indignum in quo tum tui, tum doctissimi cujusque tui similis oculi sese sistant. Idque est Lucii illius Cuspidii Testamentum ex incendio, naufragio ac ruina vetustatis, fato quodam meliore servatum, quod hinc discedens ejuscemodi esse censebas propter quod vadimonium deseri vel ad Dassiani Judicis tribunal posset. Neque vero tibi id uni privatim manu describendum putavi (qui tamen hoc ipsum optare potius videbare); sed prima quaque occasione excudendum in exemplaria bis mille dedi... ne diutius nesciant qua prisci illi Romani, dum disciplinæ meliores florerent, in condendis testamentis formula usi sint... Exspecto in dies novum libellum tuum de *Architectura Orbis*, quem patet ex sanctioribus philosophiæ scriniis depromptum esse...

Lugduni, pridie nonas septembr. 1532.

EPISTOLA NUNCUPATORIA

TOPOGRAPHIÆ ANTIQUÆ ROMÆ

JOANNE BARTHOLOMÆO MARLIANO AUCTORE

Lugd., apud Seb. Gryphium, 1534

FRANC. RABELÆSUS, MEDICUS

CLARISS. DOCTISSIMOQUE VIRO D. JOANNI BELLAIO

PARISIENSI EPISCOPO, REGISQ. IN SANCTIORI CONSESSU CONSILIARIO

S. P. D.

Ingens ille beneficiorum cumulus quibus me nuper augendum ornandumque putasti, antistes clarissime, ita in memoria mea penitus insedit, nullo ut evelli modo, aut in oblivionem diuturnitatis adduci posse confidam. Atque utinam mihi tam esset immortalitati laudum tuarum satisfacere expeditum, quam certum est meritam tibi gratiam usque persolvere, teque si non paribus officiis (qui enim possem?), at justis tamen honoribus et memori mente remunerare. Nam quod maxime mihi fuit optatum jam inde ex quo in literis politioribus aliquem sensum habui, ut Italiam peragrare, Romamque orbis caput invisere possem, id tu mirifica quadam benignitate præstitisti, perfecistique ut Italiam non inviserem solum (quod ipsum per se plausibile erat), sed etiam tecum inviserem, homine omnium quos cœlum tegit doctissimo, humanissimoque (quod nondum constitui quanti sit æstimandum). Mihi sane pluris fuit Romæ te quam Romam ipsam vidisse. Romæ fuisse, sortis cujusdam est in medio omnibus tantum non mancis et membris omnibus captis positæ : vidisse vero Romæ te incredibili hominum gratulatione florentem, voluptatis : rebus gerendis interfuisse, quo tempore nobilem illam legationem obires, cujus ergo Romam ab invictissimo rege nostro Francisco missus eras, gloriæ : assiduum tibi fuisse cum sermonem περὶ τῶν ατὰ γὰρ τῆς Britanniæ Βασιλία in illo orbis terræ sanctissimo gratissimoque consilio inferres, felicitatis fuit. Quæ nos tum jucunditas perfudit, quo gaudio elati, qua sumus affecti lætitia, cum te dicentem spectaremus, stupente summo ipso pontifice Clemente, mirantibus purpuratis illis amplissimi ordinis judicibus, cunctis plaudentibus? quos tu aculeos in eorum animis a quibus es ipse auditus cum delectatione reliquisti? quanta in sententiis argutia, in disserendo subtilitas, majestas in respondendo, acrimonia in confutando, libertas in dicendo enitebat? Dictio vero illa tua erat pura sic ut latine loqui pene solus in Latio viderere : sic autem gravis ut in singulari dignitate omnis tamen adesset humanitas ac lepos. Animadverti equidem sæpenumero virorum illic quicquid erat naris emunctioris vocare te Galliarum florem delibatum (quemadmodum est apud Ennium) prædicareque unum post hominum memoriam antistitem parisiensem vere παρρησιάζειν, et vero etiam cum Francisco rege agi perbelle, qui Bellaios haberet in consilio, quibus aut temere Gallia ullos aut gloria clariores, aut autoritate graviores, aut humanitate politiores tulit. Ante autem multo quam Romæ essemus, ideam mihi quandam mente et cogitatione firmaveram earum rerum quarum me desiderium eo pertraxerat. Statueram enim primum quidem viros doctos, qui iis in locis jactationem haberent, per quæ nobis via esset, convenire, conferreque cum eis familiariter, et audire de ambiguis aliquot problematibus, quæ me anxium jamdiu habebant. Deinde (quod artis erat meæ) plantas, animantia, et pharmaca nonnulla contueri, quibus Gallia carere, illi abundare dicebantur. Postremo, sic urbis faciem calamo perinde ac penicillo depingere ut ne quid esset quod non peregre reversus municipibus meis de libris in promptu depromere possem. Eaque de re farraginem annotationum ex variis utriusque linguæ autoribus collectam mecum ipse detuleram. Ac primum quidem illud etsi non usquequaque pro voto, haud male tamen successit. Plantas autem nullas, sed nec animantia ulla habet Italia quæ non ante nobis et visa essent et nota. Unicam platanum vidimus ad speculum Dianæ Aricinæ. Quod erat postremum id sic perfici diligenter, ut nulli notam magis domum esse suam quam Romam mihi Romæque viculos omneis putem. Neque non tu quod temporis vacuum erat in celebri illa tua et negotiosa legatione, id lubens collustrandis urbis monumentis dabas, nec tibi fuit satis exposita vidisse, eruenda etiam curasti, coempto in eam rem vineto non contemnendo. Cum itaque manendum nobis illic esset diutius quam sperabas, et ut mihi studiorum meorum fructus aliquis constaret, ad urbis topographiam aggrederer, ascitis mecum Nicolao Regio, Claudioque Cappuisio, domesticis tuis juvenibus honestissimis, antiquitatisque studiosissimis, ecce tibi excudi cœptus est Marliani liber Cujus mihi quidem levationi confectio fuit, ut esse solet Juno Lucina cum ægre parientibus adest. Eumdem enim fœtum conceperam, sed de edicione angebar equidem animo atque intimis sensibus. Et si enim argumentum ipsum excogitationem non habebat difficilem, non facile tamen videbatur rudem et congesticiam molem enucleate, apte et concinne digerere. Ego ex Thaletis Milesii invento, sublato Sciothero urbem vicatim ducta ab orientis obeuntisque solis, tum Austri atque Aquilonis partibus orbita transversa partiebar, oculisque designabam. Ille a montibus graphicen maluit auspicari. Hancce tamen scribendi rationem tantum abest ut reprehendam, ut valde ego ipsi gratuler, quod id ipsum cum agere conarer, anteverterit. Plura enim unus præstitit quam expectare quis ab omnibus sæculi hujusce nostri quamlibet eruditis potuisset. Ita thesim absolvit, ita rem ex animi mei sententia tractavit, ut quantum ipsi studiosi omnes disciplinarum honestiorum debeant, quominus tantumdem ego unus debeam, non recusem. Molestum id demum fuit quod clara principis patriæque voce revocatus urbe ante cessisti quam ad umbilicum liber esset perductus. Curavi tamen sedulo ut simul atque in vulgus editus esset, Lugdunum (ubi sedes est studiorum meorum) mitteretur. Id factum est opera et diligentia Joannis Sevini, hominis vere *polytropou*, sed nescio quomodo missus sine epistola nuncupatoria. Ne igitur in lucem sic ut erat deformis et veluti acephalos prodiret, visum est sub clarissimi nominis tui auspiciis emittere. Tu, pro singulari tua humanitate boni omnia consules, nosque (quod facis) amabis. Vale.

Lugduni, pridie calend. septemb. 1534.

DE GARO SALSAMENTO

EPIGRAMMA

Quod medici quondam tanti fecere priores,
    Ignotum nostris en tibi mitto Garum.
Vini addes acidi quantum vis, quantum olei vis.
    Sunt quibus est oleo plus sapidum butyrum.
Dejectam assiduis libris dum incumbis, orexim
    Nulla tibi melius pharmaca restituent.
Nulla et aqualiculi mage detergent pituitam,
    Nulla alvum poterunt solvere commodius.
Mirere id potius quantum vis dulcia sumpto
    Salsamenta, Garo, nulla placere tibi.

PIÈCES ATTRIBUÉES A RABELAIS

EPISTRE DU LIMOSIN DE PANTAGRUEL

GRAND EXCORIATEUR DE LA LANGUE LATIALE

ENVOYÉE A UN SIEN AMICISSIME

RESIDENT EN L'INCLYTE ET FAMOSISSIME URBE DE LUGDUNE

Aucuns, venans de tes lares patries,
Nos aures ont de tes noves remplies,
En recitant les placites extresmes
Dont à present fruitz, et pisques à mesmes
Stant à Lugdune es guazes palladines,
Où on convys nymphes plus que divines
A ton optat s'offerent et ostendent :
Les unes, pour tes divices, pretendent
T'accipier pour conjuge. Autres sont
Lucrées par toy, aussi tost qu'elles ont
Gusté tes dicts d'excelse amenité
Tant bien fulcis, qu'une virginité
Rendroient infirme, et preste à corruer,
Lorsque tu veulx tes grands ictes ruer.
  Par ainsi donc, si ton esprit cupie,
A tous momens de dapes il cambie.
Puis, si de l'urbe il se sent saturé,
Ou du coït demy desnaturé,
Aux agres migre et opimes possesses
Que tes genitz t'ont laissé pour successes,
Pour un pauxille en ce lieu reveiller
Tes membres las, et les refociller.
  Là tout plaisir te fait oblation,
Et d'un chascun prends oblectation.
  Là du gracule et plaisant philomene
Te rejouit la douce cantilene.

Là ton esprit tout mal desangonie,
S'exhilarant de telle symphonie.
Là les satyrs, faunes, Pan, et seraines,
Dieux, demy dieux courent à grands haleines.
Nymphes des bois, dryades et nayades,
Prestes à faire en feuillade guambades,
Y vont en grande acceleration,
Pour visiter ceste aggregation.
Et quand la turbe est toute accumulée,
Jucundité se fait, non simulée,
Avec festins, où dape ambrosienne
Ne manque point : liqueur nectarienne
Y regurgite aux grands et aux petits,
Comme on festin de Peleus et Thetis.
Et, toust aprés les menses sublevées,
Les uns s'en vont incumber aux chorées :
L'un s'exercite à vener la ferine,
Et l'autre fait venation connine.
Dirons nous plus? Ludes et transitemps
En omniforme inveniez es champs,
Pour evincer la tristesse despite.
O deux, trois fois, tres felice la vite,
Pour le respect de nous, qui, l'omnidie,
Sommes sequens l'ambulante curie,
Sans ster, n'avoir un seul jour de quiete :
Infaustissime est cil qui s'y souhaite.
Depuis le temps que nous as absentés,
Ne sommes point des eques desmontés,
Ne le cothurne est mové des tibies,
Pour conculquer les burgades patries,
Où l'itinere aspere et montueux,
En aucuns lieux aqueux et lutueux,
Souvent nous a fatigués et lassés,
Sans les uréns receptz qu'avons passés.
Je ne veulx point tant de verbes effundre,
Et de nos maux ton auricule obtundre,
Enumerant les conflitz martiaulx,
Obsidions, et les cruelz assaulx
Qu'en Burgundie avons faits et gerés.
J'obmetz aussi les travaulx toleres
Dans les maretz du monstier envieux,
Que nous faisoit l'aquilon pluvieux :
Où, par longs temps, sans castre ne tentoire,
Avons esté, desperans la victoire :
Finablement, pour la brume rigente,
Chascun du lieu se depart et absente.
Aussi, voyant la majesté regale
Q'appropinquoit la frigore hybernale,
Et que n'estoit le dieu Mars de saison,
S'est retirée en sa noble maison,

Et est venue on palais delectable
Fontainebleau, qui n'a point son semblable,
Et ne se voit qu'en admiration
De tous humains. La superbe Ilion,
Dont la memoire est tousjours demourée ;
Ne du cruel Neron la case aurée ;
Ne de Diane en Ephese le temple,
Ne furent oncq'pour approcher d'exemple
De cestuy cy. Bien est vray qu'autresfois,
L'as assez veu : Si est ce toutesfois
Que l'œil qui l'a absenté d'un seul jour
Tout esgaré se trouve à son retour,
Pensant à voir un nouvel edifice,
Dont la matiere est plus que l'artifice.

Or (pour redir au premier proposite)
Il n'est decent que tu te disposite,
Tant que l'hiberne aura son curse integre,
De relinquer l'opime pour le maigre,
Puisque bien staz (grace au souverain Jove),
Nous t'exhortons que de là ne te move,
Si tu ne veulx voir tes aures vitales
Bien tost voller aux sorores fatales :
Car cest air est inimice mortel
D'un jouvenceau delicat et tenel :
Mesme en ce temps glacial, qui transfere
La couleur blonde en nigre et mortifere,
Estans inclus es laques et nemores :
A peine avons, pour pedes et femores
Califier, un pauvre fascicule.

Conclusion, tout aise nous recule,
Et si n'estoit quelque proximité
Que nous avons en la grande cité,
Où nous pouvons aller aliques vices,
Pour incumber aux jucunds sacrifices
De Genius, le grand dieu de nature,
Et de Venus, qui est sa nourriture,
De rester vifz nous seroit impossible
Une hebdomade : ou bien sain et habile
Seroit celuy qui pourroit eschapper
Que febvre à coup ne le vinst attrapper.

Voy par cela quelle est la difference
Du tien sejour, en mondaine plaisance,
Et de la vie amere et cruciée
Que nous menons, tousjours associée
D'ennuy, de soin, d'accident et naufrage.
Et si tu es (comme cogitons) sage,
Ja ne viendras qu'à ceste prime vere :
Si ce n'estoit qu'ambition severe
Devant tes yeulx se voulsit presenter,
Pour tes esprits aucunement tenter

De grands credits, faveur, et honorences,
Dons gratuits, et grands munificences,
Que tu reçois en l'office auquel funge,
Estant icy : mais quoy ? ce n'est qu'un songe :
Car nous n'avons que la vite et la veste :
Et qui pour biens se jugule est vray beste.

   A tant mettrons calce à ceste epistole,
Qui de transir indague en ton escole,
Où la lime est pour les locutions,
Et eloquents verbocinations,
Escorticans la lingue latiale.

   Si obsecrons que ta calame vale
Attramenter charte papyracée,
Pour correspondre en forme rhythmassée.
En quoy faisant compliras le desir
De ceux qui sont prestz te faire plaisir.

                 Ainsi signé :
                 Desbride Gousier.

DIZAIN

Pour indaguer en vocable authenticque
La purité de la lingue gallicque,
Jadis immerse en caligine obscure,
Et profliger la barbarie antique,
La renouant en sa candeur Atticque,
Chascun y prend solicitude et cure.
Mais tel si fort les intestines cure,
Voulant saper plus que l'anime vale,
Qu'il se contrainct transgredir la tonture,
Et degluber la lingue latiale.

LA CHRESME PHILOSOPHALE

DES QUESTIONS ENCYCLOPEDIQUES DE PANTAGRUEL

Lesquelles seront disputées sorbonicolificabilitudinissement

ES ESCOLES DE DECRET

PRÉS SAINT DENYS DE LA CHATRE, A PARIS

Utrum, une idée Platonicque voltigeant dextrement sous l'orifice du chaos, pourroit chasser les esquadrons des atomes Democriticques.

Utrum, les ratepenades, voyans par la translucidité de la porte cornée, pourroient espionniticquement descouvrir les visions morphicques, devidans gyronicquement le fil-du crespe merveilleux envelopant les atiltes des cerveaux mal calfretés.

Utrum, les atomes, tournoyans on son de l'harmonie Hermagoricque, pourroient faire une compaction, ou bien une dissolution d'une quinte essence, par la substraction des numbres Pythagoricques.

Utrum, la froidure hybernale des Antipodes, passant en ligne orthogonale par l'homogenée solidité du centre, pourroit, par une douce antiperistasie, eschauffer la superficielle connexité de nos talons.

Utrum, les pendans de la zone torride pourroient tellement s'abbreuver des cataractes du Nil, que ilz vinssent à humecter les plus causticques parties du ciel empyrée.

Utrum, tant seulement par le long poil donné, l'Ourse metamorphosée, ayant le darrière tondu à la bougresque pour faire une barbute à Triton, pourroit estre gardienne du pole Articque..

Utrum, une sentence elementaire pourroit alleguer prescription decennale contre les animaulx amphibies, *e contra* l'autre respectivement former complaincte en cas de saisine et novelleté.

Utrum, unes Grammaires historiques et meteoricques, contendentes de leur anteriorité et posteriorité par la triade des articles, povoient trouver quelque ligne ou charactere de leurs chronicques sus la palme Zenonicque.

Utrum, les genres generalissimes, par violente elevation dessus leurs predicamens, pourroient grimper jusques aux estages des transcendantes, et par consequent laisser en friche les especes speciales et predicables, on grand dommaige et interest des pauvres maistres es ars

Utrum, Protée omniforme, se faisant ciguale, et musicalement exerceant sa voix es jours caniculaires, pourroit, d'une rousée matutine soingneusement emballée on mois de may, faire une tierce concoction, davant le cours entier d'une escharpe zodiacale.

Utrum, le noir Scorpion pourroit souffrir solution de continuité en sa substance, et, par l'effusion de son sang, obscurcir et embrunir la voye lactée, on grand interest et dommaige des lifrelofres jacobipetes.

FRAGMENT

EXTRAIT DU MANUSCRIT DU CINQUIEME LIVRE

S'ensuyt ce qui estoit en marge, et non comprins on present livre :

SERVATO IN 4. LIBR. PANORGUM AD NUPTIAS.

Les quatre quartiers du mouton qui porta Hellé et Frixus au destroit de Propontide.

Les deux chevreaulx de la celebre chevre Amaltée, nourrisse de Jupiter.

Le fans de la cerfve bische Egerye, conselliere de Numa Pompillius.

Six oysons couvez par la digne oye Ilmaticque, laquelle par son champt saulva la rocque Tarpée de Rome.

Les cochons de la truye...

Le veau de la vache Ino, mal jadis gardée par Argus.

Le poulmon du regnard et du chien que Neptune et Vulcan avoient féés, [comme le dit] Julius Pollux *in Canibus*.

Le cigne auquel se convertit Jupiter pour l'amour de Leda.

Le beuf Apis, de Menphes en Egipte, qui reffusa sa pitance de la main de Germanicus Cesar.

Et six beufz desrobez par Cacus, recouvertz par Hercules.

Les deux chevreaulx que Coridon reservoit pour Alexis.

Le sanglier Herimentien, Olimpicque, Calidonien.

Les cramasteres du toreau tant aymé de Pasiphé.

Le cerf auquel fut transformé Acthéon.

Le foye de l'ourse Calixto.

FIN DES ŒUVRES DE RABELAIS

BIBLIOGRAPHIE

LES DEUX PREMIERS LIVRES

Le premier ouvrage authentique de Rabelais qui paraisse en librairie, et que nous connaissions, c'est le premier livre du *Pantagruel*, sous ce titre :

— Pantagruel. || Les horribles et espouenta || bles faictz et prouesses du tresrenomme || Pantagruel, Roy des Dipsodes || filz du grand geant Gargan || tua, Composez nouuelle || ment par maistre || Alcofrybas || Nasier. — *On les vend à Lyon, en la maison* || *de Claude Nourry, dict le Prince* || *pres nostre dame de Confort.*

Cette édition, petit in-4° de 64 ff. non chiffrés, en caractères gothiques, est probablement la plus ancienne que l'on possède du *Pantagruel* (premier livre). Elle n'est pas datée, mais les bibliographes les plus experts en fixent la date à l'année 1532, ou au commencement de l'année 1533.

Dès cette dernière année, en effet, une édition datée paraissait à Poitiers, et une seconde édition originale voyait le jour à Lyon, sous ce titre :

— Pantagruel. Jesus Maria. Les horribles et espouuentables faictz et prouesses du tres renomme Pantagruel, roy des Dipsodes. Fils du grant geant Gargantua, compose nouuellement par maistre Alcofrybas Nasier. Augmete et corrige fraichement, par maistre Jehan Lunel, docteur en théologie. MDXXXIII. *On les vend à Lyon, en la maison de Francoys Juste, demourant deuant nostre dame de Confort*, in-24 goth. format allongé, de 95 ff. chiffrés, et 7 ff. non chiffrés (ou seulement 6 ff., selon Regis).

Un exemplaire unique de cette édition est conservé à la Bibliothèque royale de Dresde.

La naissance du premier livre du *Pantagruel* est donc établie à cette date de 1533, au plus tard. Le premier livre du roman de Rabelais, le *Gargantua*, ne nous apparaît qu'en 1535. C'est du moins la date de la plus ancienne édition datée qui soit connue, et qui porte ce titre :

— Gargantva. || ΑΓΑΘΗ ΤΥΧΗ. || La vie || inestima || ble dv grand || Gargantua, pere de || Pantagruel, iadis com || posée par L'abstra || cteur de quinte essence || liure plein de pantagruelisme. || M. D. XXXV. || *On les vend à Lyon, chés* || *Francoys Iuste, deuant nostre* || *Dame de Confort*, in-24 allongé, caract. goth.

On cite, il est vrai, un exemplaire d'une édition qui semble un peu plus ancienne, mais le titre de cet exemplaire manque ; on est privé par là de tout renseignement positif ; et il ne paraît pas, en tout cas, au savant auteur du *Manuel du Libraire*, que cette édition puisse être antérieure à 1534, ce qui ne trait toujours, si cette édition était l'édition princeps, une année de différence entre la publication du premier livre du *Pantagruel* et celle du *Gargantua*, venant en second lieu, quoiqu'il soit le premier dans l'ordre du récit.

Pourtant, dans le prologue du premier livre du *Pantagruel*, l'auteur parle « des grandes et inestimables chroniques de l'énorme géant Gargantua ». Il dit même « qu'il a été plus vendu de ladite chronique gargantuine en deux mois qu'il ne sera acheté de bibles en neuf ans », et il ajoute « qu'il offre de present un autre livre de même billon ».

Comment résoudre cette difficulté ? La solution la plus simple, celle qui se présente d'abord à l'esprit, c'est de supposer qu'une ou plusieurs éditions du livre de *Gargantua* nous sont inconnues, supposition d'autant plus admissible que, de certaines expressions du prologue de *Gargantua*, tel que nous l'offrent les plus anciennes éditions, il ressort assez clairement que l'ouvrage est déjà connu du public : « Lisans les joyeux titres d'aulcuns livres de notre invention, comme *Gargantua, Pantagruel, Fessepinte*, jugez trop facilement, etc. » « Autant en dit un tirelupin de mes livres (qu'ils sentent plus le vin que l'huile) » Ce n'est pas un langage que puisse tenir l'auteur d'un volume inédit.

Une autre solution, que l'autorité de M. Charles Brunet semble faire prévaloir, consiste à reconnaître dans ces grandes et inestimables chroniques de l'énorme géant Gargantua, dans cette chronique Gargantuine, dont il est question au prologue du *Pantagruel*, un autre ouvrage que celui qui forme ordinairement le premier livre de l'œuvre de Rabelais. On a découvert, en effet, un petit roman publié sous ce titre :

— Les grandes et || inestimables Chroniques : du grant et enor || me geant Gargantua : Contenant sa genealogie, || La grandeur et force de son corps. Aussi les merueil || leux faicts darmes quil fist pour le Roy Artus, com || me verrez cy apres. Imprime nouuellement. 1532. (Au verso du dernier f.) : *Cy finissent les cronicques... Nouuellement Imprimees A Lyon*, 1532, pet. in-4.

Ce roman populaire raconte comment Merlin, le fameux enchanteur des récits de la Table-Ronde, pour procurer au roi Artus un défenseur invincible, procréa sur une haute montagne d'Orient, à l'aide de secrets et d'opérations magiques, deux grands géants qu'il nomme Grant-Gosier et Galemelle. Il fait, en outre, pour les porter, une grande jument, si puissante que « elle pouvoit bien porter les deux aussi facilement que fait ung cheval de dix escus un simple homme ».

Grant-Gosier et Galemelle engendrent Gargantua. Lorsque l'enfant est né, son père, le voyant si beau, s'écrie : Gargantua ! « lequel est un verbe grec qui vault autant à dire comme : Tu as un beau fils ! » Et Galemelle veut que ce nom lui demeure. Quand Gargantua est parvenu à l'âge de sept ans, les deux époux songent à le conduire à la cour du roi Artus, selon l'avis que Merlin leur en a donné.

Ils se mettent en route. « Quand la grande jument fut dedans les forestz de Champaigne, les mousches se prindent à la piquer au cul. Ladicte jument, qui avoit la queue de deux cents brasses, et grosse à l'advenant, se print à esmoucher ; et alors vous eussiez veu tomber ces gros chesnes menu comme gresle ; et tant continua ladicte beste que il ne demoura arbre debout que tout ne fust rué par terre. Et autant en fist en la Beaulce, car à présent n'y a nul boys, et sont contraintz les gens du pays de eulx chauffer de feurre ou de chaulme. » Ils arrivent au rivage de la mer, où est à présent le mont Saint-Michel et le rocher de Tombelaine. Les Bretons leur dérobent une partie de leurs vivres et sont punis de ce métait. Grant-Gosier et Galemelle, pris d'une fièvre continue, en meurent bientôt « par faute d'une purgation ».

Gargantua est très sensible à cette double perte et pour se distraire il vient voir Paris, la plus grande ville du monde. Il y entre et s'assied sur une des tours de Notre-Dame, les jambes lui pendant jusques en la rivière de Seine. « Et regardoit les cloches de l'une et puis de l'autre, et se print à bransler les deux qui sont en la grosse tour, lesquelles sont tenues les plus grosses de France. A donc vous eussiez veu venir les Parisiens tous à la foule qui le regardoyent et se mocquoient de ce qu'il estoit si grand. Lors pensa que il emporteroit ces deux cloches, et que il les pendroit au col de sa jument, ainsi que il avoit veu des sonnettes au col des mules. A donc s'en part et les emporte. Qui furent marris ? ce furent les Parisiens, car de force il ne falloit user contre luy. Lors se mirent en conseil, et fut dit que l'on yroit le supplier que il les apportast et mist en leurs places où il les avoit prinses, et que il s'en allast sans plus revenir. Et lui donnerent troys cens bœufz et deux cens moutons pour son disner : ce que accorda Gargantua. »

Revenu sur le rivage de la mer, Gargantua y trouve Merlin, qui le conduit sur une nuée en Angleterre. La grande jument, effrayée par les vagues, s'est enfuie jusqu'en Flandres, où l'on trouve encore de sa race.

Gargantua arrive fort à propos à l'aide du roi Artus, qui venait de perdre deux batailles en une semaine contre les Gos et les Magos. Sans perdre de temps, armé d'une massue énorme que lui a fabriquée Merlin, il combat avec tant d'avantage les ennemis du roi Artus qu'ils sont contraints de demander merci.

Artus se montre reconnaissant du service que Gargantua lui a rendu. Il lui donne un grand repas où pour entrée de table lui furent servis les jambons de quatre cents pourceaux salés, et tout à l'avenant. Il lui fait faire des habillements de livrée. « Il fut levé, par le commandement du maistre d'hostel, huyt cens aulnes de toille pour faire une chemise audict Gargantua, et cent pour faire les coussons en sorte de carreaulx, lesquelz sont mis soubz les esselles. » Le reste des vêtements est dans des proportions semblables. Gargantua est fort réjoui de se voir si bien vêtu.

Cependant le roi Artus a une nouvelle guerre à soutenir contre les Hollandais et les Irlandais, et cette fois encore c'est Gargantua qui est chargé de le défendre. Gargantua accomplit dans cette guerre beaucoup de prouesses merveilleuses. Il suffit de dire que, dans une dernière bataille livrée aux ennemis, il en tue « cent mille deux cens et dix justement, et vingt qui faisoient les morts soubz les aultres. » Après avoir fait prisonniers le roi et les barons du pays, au nombre de cinquante, il les met tous dans une dent creuse.

Il délivre encore le roi Artus de la présence d'un géant qui ravageait le pays pour venger la mort des Gos et des Magos : « Il lui plia les rains en la forme et maniere que l'on plieroit une douzaine d'ayguillettes, et le mit en sa gibeciere. »

Il vécut au service du roi Artus l'espace de deux cents ans trois mois et quatre jours justement, « puis fut transporté en féerie par Gain (Morgain) la fée, et Melusine, avec plusieurs aultres lesquels y sont de présent ».

Tel est le récit dont les réimpressions furent assez nombreuses à partir de l'année 1532 et qui, après l'apparition du *Pantagruel* et du *Gargantua* rabelaisien, se ressentit de l'influence de ceux-ci et se développa dans le sens ironique et bouffon.

Ce récit est-il un premier essai de Rabelais, qui n'aurait fait allusion qu'aux

Grandes Chroniques dans le prologue du *Pantagruel*? Rabelais après le succès de la première partie du *Pantagruel*, trouvant que les *Grandes Chroniques* n'étaient pas à la hauteur de son nouvel ouvrage, les aurait-il refaites, en y déployant cette fois son génie, et aurions-nous ainsi la *Vie inestimable du grand Gargantua*, qui forme maintenant le premier livre des œuvres de Rabelais ? Des érudits très distingués l'affirment. Tel n'est pas notre sentiment. Nous résistons à admettre que le génie d'un écrivain, et d'un écrivain comme Rabelais, puisse faire le mort, pour ainsi dire, aussi complètement qu'il l'aurait fait dans les *Grandes Chroniques*; que son style ait été si plat et si lourd dans ce premier essai; que tout à coup, du récit parfaitement vulgaire de 1532, il se fût élevé à la verve entraînante et à la satire endiablée du livre de 1533; qu'après n'avoir mis dans son premier ouvrage que des puérilités insignifiantes, il ait imaginé tout à coup le catalogue de la librairie de Saint-Victor; il ait écrit de prime saut la magnifique lettre d'Utopie (chap. VII); il ait trouvé le type de Panurge, etc. C'est simplement une impossibilité que les bibliographes veulent nous faire accepter, et l'on a mis vraiment trop de complaisance à les suivre dans cette voie.

Il nous paraît évident que, dans le prologue du *Pantagruel*, il n'est pas question des *Grandes Chroniques*, mais du vrai *Gargantua*. Comment supposer que Rabelais ait voulu désigner la banale histoire destinée au commerce du colportage, lorsqu'il parle de son précédent ouvrage avec cette profonde satisfaction d'un auteur qui vient d'obtenir un grand succès; lorsqu'il voudrait qu'on mît en oubli, pour le lire, ses affaires propres et qu'on y vaquât entièrement; lorsqu'il raconte toutes les merveilles que ces joyeusetés ont produites : qu'elles font oublier aux chasseurs malheureux leur dépit, qu'elles guérissent le mal de dents; que bien d'autres malades de plus graves maladies ont senti allégement manifeste à la lecture dudit livre; lorsqu'il affirme enfin que ce livre « est sans pair, incomparable et sans paragon » ! Il s'agirait ici des exploits que le protégé de Merlin accomplit contre les Gos et les Magos ou contre les Hollandais et les Irlandais. Non! de bonne foi, on ne le peut croire. Il s'agit, au contraire, d'un livre où Rabelais a mis du sien, où sa réputation est engagée; il s'agit bien de son *Gargantua*, à lui, et non du Gargantua populaire.

Il n'est pas douteux que Rabelais n'ait connu la légende de Gargantua, et qu'elle ne lui ait servi à construire son œuvre. Nous ne saurions dire si Rabelais eut quelque part à la publication de cette légende imprimée à Lyon en 1532 et souvent réimprimée dans les années qui suivirent. S'est-il plu à exhumer ce grossier canevas? ou n'est-ce pas plutôt son ouvrage satirique qui donna une vie soudaine, un intérêt nouveau à la légende populaire?

Nous avons déjà, dans la *Vie de Rabelais*, soulevé cette question sans oser y répondre.

La seule indication qui semblerait impliquer une certaine participation de Rabelais est celle que l'on trouve dans une réimpression du petit roman populaire à la date de 1533. La fin du texte, dans cette réimpression, diffère de celle de l'édition de 1532. En voici les dernières phrases :

« Gargantua vesquit cinq cens et ung an, et eut de grosses guerres, desquelles ie me tays pour le present. Et eut ung filz de Badebec sa epouse, lequel a faict autant de vaillances que Gargantua. Et le pourrez voir par la vraye Chronique laquelle est une petite partie imprimée. Et quelque iour que messieurs de sainct Victor vouldront on prendra la coppie de la reste des faictz de Gargantua, et de son filz Pantagruel. »

Ces mots : « Et le pourrez voir par la vraye Chronique, laquelle est une petite partie imprimée, » font-ils allusion au premier livre de *Pantagruel*, paru cette année-là? Est-ce Rabelais qui les a ajoutés? Ce peut être aussi bien l'imprimeur, qui avait probablement imprimé le *Pantagruel* de Rabelais. Il est certain qu'il y eut dès lors une tendance, chez les éditeurs de ces opuscules populaires, à y introduire un peu plus du caractère facétieux et bachique, et à y mêler même des fragments de l'œuvre parallèle de Rabelais. Il est un texte amplifié sous ce titre :

— Les Croniques || admirables du puissant Roy Gargantua, en || semble comme il eut a femme la fille du roy de || Utopie nommée Badebec, de laquelle il eut ung filz nommé Pantagruel, lequel fut roy des dipsodes et Amanrottes (*sic*, au lieu d'Amaurottes). Et comment il mist a || fin ung grant gean nommé Gallimassue. || *(Sans lieu ni date.)* — Pet. in-8° goth.

Dans ce texte, trois chapitres du *Pantagruel* rabelaisien ont été insérés. C'est sans doute une étude curieuse que celle de cette connexité et de ces enchevêtrements, mais au point de départ la séparation est bien tranchée.

C'est donc une erreur, à notre sens, de voir dans les *Grandes Chroniques* le début de l'œuvre de Rabelais. Le *Gargantua* dont il est question dans le prologue du *Pantagruel* est bien le *Gargantua* rabelaisien, et ce dernier est antérieur, par conséquent, à 1533.

La question de savoir lequel parut le premier, du *Gargantua* ou du *Pantagruel*, n'en peut pas moins être toujours posée, puisque le prologue d'un livre est une pièce qui s'ajoute, ou se refait après coup, comme cela se voit, par exemple, pour le quatrième livre.

Il y a dans les éditions du *Gargantua* que nous possédons certaines traces que semblent y avoir laissées l'apparition et le succès du *Pantagruel*. Je vois une de ces marques sur le titre même de l'édition de 1535, qui porte ces mots : « livre plein de Pantagruelisme. » L'auteur se félicite, dans le prologue, d'être bienvenu en toutes bonnes compagnies de pantagruélistes. Je trouve le même mot « en pantagruelisant, » ou « es pantagruelisans », à la fin du chachapitre premier, et l'expression paraît indiquer une familiarité des lecteurs avec le roman de Pantagruel.

Les premières lignes de ce chapitre premier relatives à la généalogie de Gargantua fournissent au contraire un argument en faveur de la priorité du *Gargantua* :

« Je vous remetz, dit Rabelais, à la grande chronique Pantagrueline recognoistre la genéalogie et antiquité dond nous est venu Gargantua. En icelle vous entendrez plus au long comment les géans nasquirent en ce monde, et comment d'iceux par lignes directes issit Gargantua, pere de Pantagruel : et ne vous faschera si, pour le present, je m'en deporte; combien que la chose soit telle que, tant plus seroit remembrée, tant plus elle plairoit à vos seigneuries, comme vous avez l'autorité de Platon, *in Philebo et Gorgia*, et de Flacce, qui dit estre aucuns propos, tels que ceux-cy sans doubte, qui plus sont delectables quand plus souvent sont redicts. »

On ne « remet » pas les gens à ce qui a paru, mais à ce qui doit paraître, disent les partisans de l'antériorité du *Gargantua*. « Vous entendrez » ne veut pas dire : vous avez entendu. L'observation est juste, quoiqu'il y ait dans ce passage même la preuve d'une concomitance bien frappante des deux livres. Rabelais sait parfaitement, en commençant son *Gargantua*, que la généalogie qu'il donnera dans son *Pantagruel* sera « plus entière que nulle autre excepté celle du Messias ». Il l'avait préparée, composée, si elle n'était point parue.

L'examen critique des deux ouvrages fournit des arguments pour et contre. La guerre de Grangousier et de Picrochole est, à coup sûr, bien supérieure à celle de Pantagruel contre le roi Anarche, Loupgarou et ses géants. Mais, d'autre part, le personnage de Panurge, qui deviendra bientôt le héros véritable du roman satirique, est une création qui a dû hanter le cerveau de son auteur, dès qu'elle y fut née, et qu'il aurait difficilement abandonnée pendant tout un livre après l'avoir lancée dans le monde. Et je crois que cette dernière considération, pour tout esprit sagace, est celle qui aura le plus de poids.

En résumé, les difficultés que présente cette question tiennent précisément à ce que nous n'avons pas l'édition princeps du *Gargantua*. L'hypothèse la plus probable est encore la pas simple : c'est que les deux premiers livres, composés à peu près en même temps par l'auteur, ont paru dans leur ordre naturel et à peu de distance l'un de l'autre. Jusqu'à nouveaux renseignements, l'opinion vulgaire n'a donc pas à se corriger.

Disons en outre que ces ouvrages, à peine parus, furent accompagnés de parasites dont il est malaisé de les séparer, si l'on ne vérifie point cette marque de fabrique qui est le génie de François Rabelais. On trouve dès 1538, joint aux deux premiers livres, le *Disciple de Pantagruel*, facétie fort indigne de Rabelais, à qui on l'a quelquefois attribuée mal à propos. Cet opuscule, sous différents titres, « Navigation de Panurge, disciple de Pantagruel, es iles incogneues et estranges, » ou « Voyage du compagnon de la bouteille, etc., » se joint, du vivant même de Rabelais, tantôt à l'œuvre rabelaisienne, comme dans l'édition d'Étienne Dolet en 1542, tantôt aux réimpressions du roman populaire, comme dans la *Vie admirable du puissant Gargantua*, éditée à Paris en 1546.

Il est curieux de constater que, bien avant la publication du troisième livre de Rabelais, on s'empare de ses personnages pour les lancer dans une expédition à travers des pays fantastiques. On devance ainsi l'auteur qui doit donner une fin semblable à son roman, soit que tel fût déjà son plan et qu'il en eût transpiré quelque chose, soit que lui-même ait au contraire marché dans la voie que lui traçait un faible imitateur.

Voyons maintenant la suite des éditions originales des deux premiers livres.

Après l'édition du premier livre antérieure à 1535 (exemplaire sans titre), et celle de 1535 dont il a été question, il faut mentionner l'édition de 1537, chez François Juste :

— La vie inestimable du grand Gargantua, pere de Pantagruel, iadis composée par l'abstracteur de quintessence. Livre plein de pantagruelisme. M. D. XXXVII. *On les vend à Lyon chés François Juste, devant nostre dame de Confort*. In-16 gothique de 119 feuillets.

Pour le deuxième livre, après l'édition in-4° gothique de Claude Nourry (sans date), et celle de 1533, dont il a été question, il faut mentionner :

L'édition de Paris, sans date :

— PANTAGRUEL || Les horribles et espouentables faictz et prouesses du tres renom || me Pantagruel roy des Di || psodes filz du grant || geant Gargantua || Composez nouuel || lement par mai || stre Alcofry || bas Nasier. *On les vend au palais a* || *Paris en la gallerie par ou* || *on va à la chancellerie*, pet.-in-8° goth. de 104 ff. non chiffrés, à 23 lign. par page, sign. A. — N., titre rouge et noir dans une bordure gravée sur bois.

L'adresse portée sur le titre est celle du libraire Jean Longis. La date en est fixée à 1533, avec toute vraisemblance.

L'édition de Poitiers, 1533, dite de Marnef :

— PANTAGRUEL || Les horribles et es || pouentables faictz et || prouesses du tres re || nomme Pantagruel || Roy des Dipsodes || fils du grant geant || Gargantua : Compo || ses nouuellement p || maistre Alcofribas || Nasier || M. D. XXX. III *(sans nom de ville)*, pet. in-8° goth. de 84 pp. non chiffr., à 27 et 28 lign. par page, sign. A — Lii.

La troisième édition originale qui est de Lyon, 1534 :

— PANTAGRVEL || ΑΓΑΘΗ ΤΥΧΗ || Les Horri || bles faictz || et prouesses espouen || tables de Pan || tagrvel || roy des Dipsodes, || composes par M. || Alcofribas || abstracteur de quin || te essence. M. D. XXX IIII, in-24 allongé avec le monogramme de Fr. Juste sur le titre.

Sous la date de 1542, on a trois éditions des deux premiers livres réunis. La première, chez Étienne Dolet :

— La plaisante et ioyeuse histoyre du geant Gargantua, prochainement revue et de beaucoup augmentée par l'autheur (ce qui n'est pas exact)... Pantagruel, roy des Dipsodes, restitué à son naturel.... Plus les Merveilleuses navigations du disciple de Panurge.

La deuxième, chez François Juste ; c'est celle que Rabelais a revue et un peu augmentée :

— La vie tres horrificque du grand Gargantua, pere de Pantagruel, iadis composee par M. Alcofribas abstracteur de quintessence. Liure plein de Pantagruelisme. M. D. XLII. *On les vend à Lyon, chez Francoys Juste.* (A la fin) : *Imprimé à Lyon par Francoys Iuste*, in-16 goth. de 155 ff., plus 1 f. blanc, fig. sur bois, le titre en lettres rondes et en gothique (en 58 chapitres).

— Pantagruel, Roy des Dipsodes, restitue à son naturel, auec ses faictz et prouesses espouentables : composez par feu M. Alcofribas abstracteur de quinte essence. M. D. LII. *On les vend à Lyon, chez François Juste*, in-16 goth. de 147 ff., titre en lettres rondes, excepté les deux lignes de l'adresse (34 chapitres suivis de la Prognostication, commençant au f. 135. Il n'y a pas de table).

Enfin la troisième, sans nom de ville ni d'imprimeur :

— Grands Anna || les ou croniques || Tres ueritables || des Gestes merueilleux du grand || Gargantua et Pantagruel || son filz. Roy des Dipso || des, enchronicquez par || feu maistre Alco || fribas : abstra || cteur de quin || te essen || ce. 1542, 2 part. en 1 vol. pet. in-8° goth. de 120 et 104 ff. non chiffr.

Cette édition, faite sur celle de François Juste, contient une violente invective de l'imprimeur contre Dolet, où le savant bibliographe Ch. Brunet croit reconnaître la main de Rabelais ; conjecture inadmissible ; on en jugera ; le morceau est en tout cas intéressant à connaître, nous le reproduisons :

« L'imprimeur au Lecteur, salut,

« Affin que tu ne prenne la faulse monnoye pour la bonne (aymé lecteur) et la forme fardée pour la nayve, et la bastarde et adulterine edition du present œuvre pour la legitime et naturelle, soies adverty que par avarice a esté soubstraict l'exemplaire de ce livre encores estant soubz la presse : par un plagiaire homme incliné à tout mal ; et, en desadvançant mon labeur et petit profit esperé, a esté par lui imprimé hastivement, non seulement par avare convoitise de sa propre utilité pretendue, mais aussi et dadvantage par envieuse affection de la perte et du dommaige d'aultruy : comme tel monstre est né pour l'ennuy et injure des

36.

gens de bien. Toutefois, pour t'advertir de l'enseigne et merque donnant à cognoistre le faux aloy du bon et vray, sachez que les dernieres feuilles de son œuvre plagiaire ne sont correspondantes à celles du vray original que nous avons eu de l'autheur : lesquelles aussi, après avoir prins garde (combien que trop tard) à sa frauduleute supplantation, il n'a pu recouvrer. Celluy plagiare, injurieux non à moy seulement, mais à plusieurs aultres, c'est ung Monsieur (ainsi glorieusement par soy mesme surnommé), homme tel que chascun saige le cognoist.

« Les œuvres duquel ne sont que ramas et eschantillonneries levées des livres d'aultruy, par luy confusement ammoncellées, où elles estoient bien ordonnées. Dond l'esperit de Villanovanus se indigne d'estre de ses labeurs frustré, Nizolius en est offensé, Calepin se sent desrobé, Robert Estienne cognoist les plus riches pieces de son thresor mal desrobées et pirement deguisées et appropriées. De l'esperit duquel ne sortirent oncques compositions où il eust honneur, ains mocquerie desdaigneuse. Lesquelles toutefoys il ose enrichir et farder de braves et magnificques tiltres tellement que le portal surmonte l'édifice ; anoblir du privilege du Roy en abusant le Roy et son peuple : pour donner à entendre que les livres des bons autheurs, comme de Marot, de Rabelais et plusieurs aultres, sont de sa façon. Ne scet-on pas bien que, en certains livres en Chirurgie, en Pratique et aultres, il a prins argent des imprimeurs et libraires pour mettre privilege du Roy ? Cela n'est-ce poin' abus digne de peine ? Mais (que plus est) qui a oncques veu ce privilege ? A qui l'a il monstré ? Cartainement, pour quelconque requeste, oncques à homme ne l'osa monstrer. Parquoy il est vraysemblable que le Roy lui a octroyé tel privilege que personne n'ayt à vendre ne surimprimer les livres qu'il aura faictz, sinon luy mesme. Mais la raison ? la raison est pour ce que gens sçavans cognoissent assez qu'il n'a pas esperit ne sçavoir de mettre rien de soy en lumiere, qui soit à son honneur. O la grande et haulte entreprinse et digne de tel homme inspiré de l'esperit de Ciceron : avoir redigé en beau volume le livret et gaigné pain des petits revendeurs nommé par les Bisouars ! Fatras à la douzaine ! Vrayement, on l'en debvroit bien remunerer, et telles belles besoignes meritent bien que evesques et prelatz soient par un, tel ouvrier esmouchez d'argent. Toutesfoys, après que les montaignes ont esté enceintes, et que ung petit rat seulement en est yssu, le monde ne s'est peu abstenir de rire et se mocquer en disant : Comment un tel homme, qui se dict si savant et si parfaict Ciceronian, se mesle il de faire ces folies en francoys ? que ne se declare il en bonnes œuvres, sans faire ces viedazeries ; roignonnant, moillant plaisantant, declarant (car telz sont ses beaulx mots costumiers) viadasant, ladrisant, et telles couleurs rhetoriques qui ne sont pas ciceronianes, mais dignes d'estre baillées à mostardiers pour les publier par la ville ? Tel est ce Monsieur. Adieu, lecteur, ly et juge. »

Pour comprendre certaines allusions de cette épître, il est nécessaire de se rappeler que Marot, qui allait se brouiller avec Dolet, lui avait adressé des vers où il disait :

> Le noble esprit de Ciceron romain,
> Au corps entra de Dollet tellement
> Que luy sans aultre à nous le faict comprendre.

Il faut savoir aussi que Dolet avait obtenu un privilège du roi pour dix années, lui permettant « d'imprimer ou de faire imprimer tous livres composés et traduitz et autres livres des auteurs modernes et antiques qui par luy seroient duement reveuz, amendés, illustrés ou annotés, soit par forme d'interpretation, cholies ou aultre declaration, tant en lettres latine, grecque, italienne, que françoyse », privilège d'une extension tout à fait inusitée.

LE TROISIÈME LIVRE

Le troisième livre (deuxième de *Pantagruel*) parut à Paris. Voici le titre de la première édition connue :

— Tiers livre des faictz et dictz héroïques du noble Pantagruel ; composez par M. Franc.

Rabelais, docteur en medicine, et calloïer des Isles Hieres. L'auteur susdict supplie les Lecteurs beneuoles soy reseruer à rire au soixante et dixhuytiesme liure. *A Paris : par Chrestien Wechel, en la rue Saint Jacques, a l'escu de Basle, et en la rue Sainct Iehan de Beauuoys, au Cheval volant.* M. D. XLVI. Avec privilege du Roy pour six ans. — In-8°.

Dans le privilège de François 1er, qui accompagne l'édition princeps, on voit que ce privilège est accordé, en un endroit, pour dix ans, en un autre pour six ans. C'est ce dernier terme qui est exact, les mots « Privilege pour six ans » étant inscrits sur le titre.

Ce troisième livre fut réimprimé la même année à Lyon (sans nom d'imprimeur) et à Toulouse, chez Jacques Fournier. On distingue, sous la date de 1547, une édition de Valence, chez Claude La Ville, contenant les trois premiers livres, plus la *Prognostication*, et le *Disciple de Pantagruel* (*Voyage et navigation que fit Panurge, etc.*).

La dernière édition que Rabelais ait publiée est celle de 1552 :

— Le tiers livre des faicts et dicts heroïques du bon Pantagruel : composé par M. Fran- Rabelais docteur en medicine. Reueu et corrigé par l'Autheur sus la censure antique. *A Paris, de l'imprimerie Michel Fezandat*, 1552, pet. in-8° de 170 ff. et une table en 3 ff.

Le privilège de Henri II accompagne cette édition du troisième livre, que l'auteur a effectivement revue et corrigée.

LE QUATRIÈME LIVRE

Il parut d'abord un fragment du quatrième livre à Grenoble, chez Claude La Ville, 1547, puis à Lyon en 1548.

— Le quart livre des faictz et dictz heroïques du noble Pantagruel, composé par M. François Rabelais, docteur en medicine et Calloier des Isles Hieres. *A Lyon*, 1548. — In-16.

Ce fragment se compose du prologue (ancien) et de onze chapitres (équivalant à vingt-cinq de l'édition complète).

Le quatrième livre parut en entier, en 1552, avec une épître à Monseigneur Odet, cardinal de Chastillon, datée du 28 janvier 1552; avec un nouveau prologue et le privilège du roi daté du 6 août 1550 :

— Le quart livre des faicts et dicts heroïques du bon Pantagruel, composé par M. François Rabelais, docteur en medicine. *A Paris, de l'imprimerie de Michel Fezandat*, 1552. — In-8°.

L'achevé d'imprimer est du 28 janvier 1552. On oppose à cette date un extrait des registres du Parlement de Paris, du 1er mars 1551, portant que : « attendu la censure faicte par la Faculté de théologie contre certain livre maulvais exposé en vente soubz le titre de quatriesme livre de *Pantagruel* avec privilege du roi,... le libraire sera mandé en icelle (cour) et lui seront faictes defenses de vendre et exposer ledict livre dedans quinzaine ». M. Ch. Brunet suppose que le Parlement emploie le vieux style (1551 au lieu de 1552), tandis que Rabelais et son imprimeur se servent du style nouveau, qui fait commencer l'année au 1er janvier et non à Pâques. (L'édit qui fit commencer l'année légale au 1er janvier ne fut enregistré et n'eut force de loi qu'en 1567.) Cette explication est d'autant plus plausible, que nous voyons Rabelais, dans son roman (livre III, chapitre XXI), dans les *Lettres à l'évêque de Maillezais* et dans la *Sciomachie,* faire commencer l'année au 1er janvier, selon l'usage romain.

Il est à remarquer qu'il existe deux tirages différents du prologue de cette édition, l'un avec ce passage : « *N'est-il pas escrit et pratiqué par les anciennes coustumes de ce tant noble, tant florissant, tant riche et triumphant royaume de France,* » et un peu plus loin : « *le bon André Tiraqueau, conseiller du roy Henry second;* » l'autre où l'on a supprimé le mot *triumphant* devant *royaume de France* et fait précéder le nom du roi des épithètes *grand, victorieux et triumphant.* Rabelais fit cette modification lorsque le monarque eut conquis les Trois-Évêchés (mars et avril 1552). Nous l'avons reproduite dans notre texte.

La *Briefve Declaration d'aucunes dictions plus obscures* accompagne quelques exemplaires de l'édition de 1552. Elle se trouve dans une édition de Lyon, à la même date, chez Balthasar Aleman, et dans l'édition de 1553, sans lieu d'impression ni nom d'imprimeur et de libraire. Elle est incontestablement de Rabelais; il suffit de la parcourir pour s'en convaincre. Voyez notamment aux mots *Catadupes du Nil et Œolipile.* Il déclare expressément l'avoir composée en 1552. Voyez au mot *An intercalaire.*

La première édition sous un titre collectif des *Œuvres de M. François Rabelais* est de 1553, c'est-à-dire de l'année même de la mort de Rabelais. Elle contient les quatre premiers livres, mais ce n'est qu'une réimpression médiocrement correcte.

LE CINQUIÈME LIVRE

En 1562, neuf ans après la mort de Rabelais, il parut un fragment du cinquième livre, formant seize chapitres, sous ce titre :

— L'Isle sonnante, par Maistre François Rabelais, qui n'a point encor esté imprimée ne mise en lumiere... Imprimé nouvellement, 1562. — Petit in-8°.

Le livre en son entier fut mis au jour en 1564, sans indication de lieu ni de libraire :

— Le cinquiesme et dernier livre des faictz et dictz heroïques du bon Pantagruel, composé par M. François Rabelais... Nouvellement mis en lumiere, 1564. — In-16.

Quelle part faut-il reconnaître à Rabelais dans cette œuvre posthume?

Les uns admettent l'authenticité du tout, hormis le chapitre des *Apedeftes* et les chapitres du *Tournoi de la Quinte.*

Les autres croient le tout apocryphe et l'œuvre d'une autre main que celle de Rabelais. Ceux-ci ont signalé quelques points où le faussaire se serait trahi. Ainsi, au chapitre XIX, il est fait mention d'un ouvrage de Scaliger qui ne parut qu'en 1557, c'est-à-dire quatre ans après la mort de Rabelais.

Ils tirent surtout un argument des tendances manifestement calvinistes de ce cinquième livre. Or la rupture de Rabelais avec Calvin et ses adeptes n'avait jamais été plus complète qu'au moment où ce cinquième livre aurait été écrit, c'est-à-dire de 1550 à 1553. Calvin, en 1550, dans son livre *de Scandalis,* l'accusait d'avoir profané le saint Évangile par une audacieuse dérision, et le signalait comme un exemple à éviter. En 1553, Théodore de Bèze, qui avait autrefois écrit des vers à la louange de Rabelais, ne parle plus qu'avec dédain de « Pantagruel (Rabelais) et de son livre qu'il a fait imprimer grâce à la faveur des cardinaux, qui aiment à vivre comme il parlait[1] ».

En même temps, Robert Estienne, par une singulière inconséquence, reprochait aux théologiens de Paris, ses persécuteurs, « de n'avoir pas fait brûler avec son livre l'athée et blasphémateur Rabelais ». Comment Rabelais, au moment où il était attaqué par Genève avec une telle violence, aurait-il fait vers Genève une volte-face aussi caractérisée?

L'argument paraît sans réplique pour certaines parties, où en effet les tendances réformistes sont fortement marquées. Mais il n'en est pas ainsi de tout le livre. Il est clair que l'auteur, attaquant les moines, se trouve d'accord avec Calvin. Il ne s'ensuit pas qu'il soit calviniste, et qu'il n'eût pu parfaitement « brocarder » Genève à son tour.

Je crois qu'il faut s'en tenir, sur cette question de l'authenticité du cinquième livre, à un moyen terme. Rabelais en avait sans doute laissé les principaux éléments, mais il n'est guère moins probable que ce qu'il a laissé ne nous est point parvenu dans son intégrité. Quelqu'un est intervenu après lui pour retoucher l'œuvre inachevée, la compléter à sa guise. Il me paraît également impossible de tout admettre et de tout rejeter. On ne peut méconnaître le génie rabelaisien en certains passages, et l'Oracle de la Bouteille paraît le dénoûment où le roman allait de lui-même aboutir. Force nous est donc de prendre le livre tel qu'il est, en avertissant des altérations qu'il a pu subir, en avertissant aussi qu'il est contesté.

La Bibliothèque nationale possède, de ce cinquième livre, un manuscrit écrit dans la seconde moitié du XVIe siècle et dont on ne connaît pas l'origine. Il est moins complet que les éditions sur certains points; il est plus développé sur quelques autres. Ainsi il lui manque la plus grande partie du prologue, le chapitre de l'île des Apedeftes (XVI), les deux chapitres du tournoi de la Quinte (XXIV et XXV). Il a en plus un chapitre intitulé : « Comment furent servies les dames Lanternes à souper, » et le chapitre dernier (XLVIII) finit, dans ce manuscrit, moins brusquement que dans l'édition.

Les chapitres y sont numérotés jusqu'au douzième. Les chapitres XIII et XIV ne le sont pas. Le chapitre XV est numéroté 38; le chapitre XVII, 39; le chapitre XVIII, 50; le chapitre XIX, 51; le chapitre XX, 52; le chapitre XXI, 53. Les autres jusqu'à la fin ne sont plus numérotés, et il n'y a pas de table.

PANTAGRUELINE PROGNOSTICATION

La *Pantagrueline Prognostication* parut vers la fin de l'année 1532 :

— Pantagrueline prognostication certaine veritable et infalible pour l'an mil D. XXXIII. Nouuellement composee au profit et aduisement de gens estourdis et musars de nature par maistre Alcofribas, architriclin dudict Pantagruel *(sans lieu d'impression).* — In-4º de 4 ff. en petits caractères gothiques.

On trouve un exemplaire d'une édition in-8º aussi ancienne, relié à la suite

---

1. Pantagruel cum suo libro quem fecit imprimere per favorem cardinalium, qui amant vivere sicut ille loquebatur. — *Epist. Passavantii.*

d'un exemplaire du *Pantagruel* (édition Marnef, Poitiers, 1533) ayant appartenu à M. Bertin. L'édition de Lyon, chez Fr. Juste, 1534, est augmentée de quatre chapitres pour les quatre saisons de l'année. Elle est imprimée à la suite du deuxième livre de Rabelais dans la plupart des éditions anciennes de ce livre. On change seulement la date. Dans l'édition de 1534, la *Prognostication* est pour l'année 1535; dans celle de 1537, la *Prognostication* est pour l'année 1538. Le titre de l'édition de Fr. Juste, 1542, porte : « Pour l'an perpétuel. » C'est cette dernière édition dont nous reproduisons le texte.

Rabelais composa, outre cette *Prognostication*, de véritables almanachs, dont les titres et quelques fragments nous ont été seuls conservés. Le premier de ces almanachs est pour la même année que la première *Prognostication* connue, c'est-à-dire pour l'année 1533. En voici le titre et un fragment rapportés dans la vie manuscrite de Rabelais par Antoine Le Roy :

— ALMANACH POUR L'ANNÉE 1533, calculé sur le meridional de la noble cité de Lyon et sur le climat du royaulme de France; composé par moy François Rabelais, docteur en medecine et professeur en astrologie, etc.

LA DISPOSITION DE CESTE PRESENTE ANNÉE 1533

Par ce que je voy entre tous gens sçavans la pronostique et judiciaire partie de astrologie estre blasmée, tant par la vanité de ceulx qui en ont traicté, que pour la frustration annuelle de leurs promesses, je me deporteray pour le present de vous en narrer ce que j'en trouvois par les calcules de Cl. Ptolomée et aultres, etc. J'ose bien dire, considerées les frequentes conjonctions de la Lune avec Mars et Saturne, etc., que ledict an au moys de may il ne peut estre qu'il n'y ait notable mutation tant de royaulmes que de religions, laquelle est machinée par convenance de Mercure avec Saturne, etc. Mais ce sont secrets du conseil estroit du Roy eternel, qui tout ce qui est et qui se fait modere à son franc arbitre et bon plaisir; lesquels vault mieulx taire et les adorer en silence comme est dict *Tob.* XII : *C'est bien faict de receler le secret du roy*, et David le prophete, *psal.* CXIIII, selon la lettre chaldaïcque : *Seigneur Dieu, silence t'appartient en Sion*, et la raison il dict *psal.* XVII : *Car il a mis sa retraicte en tenebres.* Dont en tout cas il nous convient humilier et le prier, ainsy que nous a enseigné Jesus Christ nostre Seigneur : *Que soit faict non ce que nous souhaitons et demandons, mais ce que luy plaist et qu'il a estably devant que les cieux feussent formez.* Seulement que en tout et partout *son glorieux nom soit sanctifié.* Remettons le pardessus à ce que en est escript es ephemerides eternelles, lesquelles n'est licite à homme mortel traicter ou congnoistre comme est protesté, A. A. I : *Ce n'est pas à vous de congnoistre les temps et momens que le Pere a mis en sa puissance.* Et à ceste temerité est la peine interminée par le saige Salomon, *Proverb.* XXV : *Qui est perscrutateur de sa majesté sera opprimé de la mesme*, etc.

Un autre pour l'année 1535 nous est connu par le titre et l'extrait suivant tirés du même ouvrage :

— ALMANACH POUR L'AN 1535, calculé sur la noble cité de Lyon à l'élévation du Pole par 45 degrez 15 minutes en latitude, et 26 en longitude, par maistre Françoys Rabelais, docteur en medecine et medecin du grand hospital dudict Lyon.

DE LA DISPOSITION DE CESTE ANNÉE 1535

Les anciens philosophes, qui ont conclud à l'immortalité de nos ames, n'ont eu argument plus valable a la prouver et persuader que l'advertissement d'une affection qui est en nous, laquelle descript Aristoteles, *lib.* I, *Metaph.*, disant que tous humains naturellement desirent sçavoir, c'est à dire que nature a en l'homme produit convoitise, appetit et desir de sçavoir et apprendre, non les choses presentes seulement, mais singulierement les choses advenir, pource que d'icelles la congnoissance est plus haulte et admirable. Parce doncques qu'en ceste vie transitoire ne peuvent venir à la perfection de ce sçavoir (car l'entendement n'est jamais rassasié d'entendre comme l'œil n'est jamais sans convoitise de voir, ni l'oreille de ouyr, *Eccles.* I) et nature n'a rien faict sans cause ny donné appetit ou desir de chose qu'on ne peust quelquefois obtenir, aultrement seroit icelluy appetit ou frustatoire ou depravé, s'ensuyt qu'une aultre vie est après ceste cy, en laquelle ce desir sera assouvy. Je dis ce propos pour autant que je vous voids suspens, attentifs et convoiteux d'entendre de moy presentement l'estat et disposition de ceste année 1535, et reputeriez en gaing mirificque, si certainement on vous predisoit la verité. Mais si à cestuy fervent desir voulez satisfaire entierement, vous convient souhaiter (comme S. Pol disoit, *Philipp.* I : *Cupio dissolvi et esse cum Christo*) que vos ames soient hors mises ceste charte tenebreuse du corps terrien et joinctes à Jesus le Christ. Lors cesseront toutes passions, affections et imperfections humaines, car en jouyssance de luy, auront plenitude de tout bien, tout sçavoir et perfection, comme chantoit jadis le roy David, *psal.* XVI : *Tunc satiabor, cum apparuerit gloria tua*. Aultrement en predire seroit legiereté à moy, comme à vous simplesse d'y adjouter foy. Et n'est encores, depuis la création d'Adam, né homme qui en ait traicté ou baillé chose à quoy l'on deust acquiescer et arrester en asseurance. Bien ont aulcuns studieux reduit par escript quelques observations qu'ils ont prins de main en main. Et c'est ce que tousjours j'ay protesté, ne voulant par mes prognostics estre en façon quelconque conclud sus l'advenir, ains entendre que ceux qui ont en art redigé les longues experiences des astres, ont ainsi décreté comme je le descrits. Cela que peut ce estre ? moins certes que néant. Car Hippocrates dit : *Aphor.* I : *Vita brevis, ars longa*. De l'homme la vie est trop brieve, le sens trop fragile, et l'entendement trop distrait pour comprendre choses trop esloignées de nous. C'est ce que Socrates disoit en ses communs devis : *Quæ supra nos, nihil ad nos*. Reste doncques que suyvant le conseil de Platon, *in Gorgia*, ou mieux la doctrine evangelique, *Matt.* VI, nous deportons de ceste curieuse inquisition au gouvernement et decret invariable de Dieu tout puissant, qui tout a créé et dispensé selon son sacré arbitre. Supplions et requirerons sa saincte volonté estre continuellement parfaicte tant au ciel comme en la terre. Sommairement vous exposant de ceste année ce que j'ay peu extraire des auteurs en l'art, grecs, arabes et latins, nous commencerons, ceste année, sentir partie de l'infelicité de la conjonction de Saturne et Mars, qui fut l'an passé et sera l'an prochain le 25 de may, de sorte qu'en ceste année seront seulement les machinations, menées, fondemens et semences de malheur suyvant : si bon temps avons, ce sera outre la promesse des astres ; si paix, ce sera non par default d'inclination et entreprinse de guerre, mais par faulte d'occasion. Ce est qu'ilz disent. Je dis quant est de moy, que si les roys, princes et communitez christianes ont en reverence la divine parole de Dieu et selon icelle gouvernent soy et leurs sujets, nous ne veismes, de nostre aage, année plus salubre es corps, plus paisible es ames, plus fertile en biens, que sera ceste cy, et voyrons la face du ciel et vesture de la terre et le maintien du peuple, joyeulx, gay, plaisant et benin plus que ne feut depuis cinquante ans en ça. La Lettre dominicale sera C. Nombre d'or XXVI. Indiction pour les romanistes VIII. Cycle du soleil IV.

On a trouvé récemment dans la couverture d'un livre imprimé en 1542 les feuillets 1 et 4 des feuilles A et B d'un almanach pour l'année 1541 dont voici le titre :

— ALMANACH POUR L'AN 1541, calculé sur le méridien de la noble cité de Lyon a leleuation du pole par 45 degrez 15 minutes en latitude et 26 en longitude, par Maistre Françoys Rabelais docteur en medecine. — In-16.

Un autre pour l'année 1546 :

— ALMANACH POUR L'ANNÉE 1546, item la declaration que signifie le soleil parmy les signes de la nativité des enfants ; *imprimé à Lyon devant Nostre-Dame de Confort*,

paraît lui devoir être également attribué.

La Croix du Maine en signale un autre pour 1548, imprimé aussi à Lyon.

Enfin nous avons le titre d'un almanach pour 1550, désigné comme il suit par Antoine Le Roy :

— Almanach et ephemerides pour l'an de N.-S. J.-C. 1550, composé et calculé sur toute l'Europe, par M. François Rabelais, medecin ordinaire de M. le reverendissime cardinal du Bellay. *Lyon*.

Il est à supposer que la série de ces almanachs, si on l'avait complète, s'étendrait de 1533 à 1550.

LA SCIOMACHIE

Voici le titre de l'édition originale :

— La Sciomachie et festins, faits à Rome, au palais de mon seigneur reuerendissime cardinal du Bellay, pour l'heureuse naissance de mon seigneur d'Orléans; le tout extraict d'vne copie des lettres escrites à monseigneur le reuerendissime cardinal de Guise, par M. François Rabelais, docteur en médecine. *A Lyon, par Sébastien Gryphius*, M. D. XLIX.
— Pet. in-8° de 31 pp. chiffrées.

TROIS LETTRES DE ROME

Les lettres de Rabelais à l'évêque de Maillezais, Geoffroy d'Estissac, son ancien condisciple, furent publiées pour la première fois par les frères de Sainte-Marthe, avec d'amples observations historiques. De cette première édition date la division en seize lettres, de ce qui n'en forme réellement que trois. Rabelais écrivait pour son correspondant une sorte de journal qu'il lui adressait par fragments. Tout ce qu'il écrivait dans l'intervalle d'un courrier à l'autre était écrit de suite et partait à la fois; mais chaque fois qu'il prenait la plume pour continuer son journal, il recommençait en alinéa par le mot *Monseigneur* ou *Monsieur*. Nous avons séparé ces divers fragments par un intervalle, afin que le lecteur puisse reconnaître facilement les divisions faites par MM. de Sainte-Marthe. Il ne s'est conservé qu'une partie de cette intéressante correspondance : les lettres des 30 décembre 1535, 28 janvier et 15 février 1536.

Les éditeurs donnent généralement à la première lettre la date de 1536, comme si Rabelais suivait, en datant ses lettres, l'usage qui faisait commencer l'année à Pâques; mais on se met de la sorte en contradiction d'une année avec les événements historiques. Rabelais date au contraire ses lettres selon l'usage romain, qui fait commencer l'année au 1er janvier.

La première édition a paru sous ce titre :

— Les Epistres de François Rabelais..., escrites pendant son voyage d'Italie, nouvellement mises en lumière, avec des observations historiques (par MM. de Sainte-Marthe) et l'abrégé de sa vie, *Paris, Ch. de Sercy*, 1651. — Pet. in-8°.

EPITRE A J. BOUCHET ET RÉPONSE DUDIT

Ces deux épîtres figurent dans les *Épistres familières du Traverseur*, imprimées à Poitiers en 1545, in-folio.

LETTRE A MAITRE ANT. HULLET

L'Estoile a mis le premier au jour dans son *Journal* cette épître joviale de l'auteur de *Pantagruel*, en la faisant précéder du *memorandum* suivant : « Le

22 (janvier 1609), M. Dupuis m'a donné la suivante lettre de Rabelais, plaisante, mais véritable, extraite de l'original. »

Le nom du destinataire n'est pas certain. On peut lire Hullet, Gullet ou Culler.

LETTRE AU CARDINAL DU BELLAY

Elle a été publiée pour la première fois, par M. Libri, dans le *Journal des Savants* (janvier 1841, p. 45), d'après un manuscrit de la bibliothèque de la Faculté de médecine de Montpellier.

EPISTOLA AD B. SALIGNACUM

Cette lettre a paru pour la première fois dans les *Clarorum virorum Epistolæ centum ineditæ ex Museo J. Brant*, Amsterdam, 1702. La suscription porte en toutes lettres le nom de *Bernard* de Salignac.

EPISTOLA NUNCUPATORIA
EPIST. MEDICIN. MANARDI

Rabelais édita en 1532 l'ouvrage suivant : *Johannis Manardi Ferrariensis medici Epistolarum medicinalium tomus secundus nunquam antea in Gallia excusus. Lugduni, apud Sebast. Gryphium, 1532*. En tête de cet ouvrage est l'épître dédicatoire à André Tiraqueau, lieutenant général au bailliage de Fontenay-le-Comte (dont il est question dans le chapitre v du livre II, et dans le prologue du livre IV).

EPISTOLA NUNCUPATORIA
EX RELIQUIIS VENERANDÆ ANTIQUITATIS, ETC.

Cette dédicace est placée en tête d'une édition du Testament de Lucius Cuspidius et d'un Contrat de vente, pièces reconnues depuis apocryphes, que leurs auteurs, Pomponius Lætus et Jovianus Pontanus, avaient fait passer pour de curieux monuments de l'antiquité. Rabelais fut dupe de la supercherie. La dédicace est adressée à Aymery Bouchard, conseiller du roi et maître des requêtes.

Une traduction complète de cette épître dédicatoire, par Dreux du Radier, se trouve dans le *Journal historique* de juillet 1756.

EPISTOLA NUNCUPATORIA
APHORISMORUM HIPPOCRATIS

L'ouvrage est intitulé : *Hippocratis ac Galeni libri aliquot, ex recognitione Fr. Rabelæsi medici. Lugduni, apud Gryphium, 1532*. Il y en eut plusieurs éditions. La dédicace est adressée à l'évêque Geoffroy d'Estissac.

EPISTOLA NUNCUPATORIA
TOPOGRAPHIÆ ANTIQUÆ ROMÆ

La *Topographia antiquæ Romæ*, dont l'auteur était J.-B. Marliani, de Milan, fut rééditée à Lyon, chez Sébast. Gryphé, en 1534, revue et corrigée par Rabelais. La dédicace est adressée au cardinal du Bellay.

DE GARO SALSAMENTO

Cette pièce se trouve dans les *Doleti carmina, Lugduni,* 1538, p. 75.

Voilà tout ce qui appartient authentiquement à Rabelais. Du Verdier cite, en outre, un ouvrage intitulé :

— Stratagemes, c'est-à-dire, Prouesses, et ruses de guerres du preux et tres-celebre Chevalier Langey, au commencement de la tierce guerre Cesariane ; traduite du latin de Fr. Rabelais, par Claude Massuau. *Lyon, Sébastien Gryphius,* 1542. — In-8°.

On ne peut guère douter de l'existence de cet ouvrage, désigné si positivement, mais on n'a jusqu'ici retrouvé aucun exemplaire ni de l'original latin, ni de la traduction. Ce chevalier Langey est Guillaume du Bellay, à la maison duquel Rabelais et Cl. Massuau étaient attachés (voyez le chapitre XXVII du quatrième livre) et dont nous avons parlé dans la Vie de l'auteur.

PIÈCES ATTRIBUÉES A RABELAIS

ÉPITRE DU LIMOSIN DE PANTAGRUEL

Cette épitre est insérée dans les *Œuvres de Rabelais* à partir de l'édition de Lyon, par Jean Martin, 1567. Rien ne prouve qu'elle soit de Rabelais. On en peut dire autant du dizain qui la suit : « Pour indaguer... »

LA CHRESME PHILOSOPHALE

Cette pièce prend place dans les *Œuvres* en même temps que la précédente. Elle n'a pas plus d'authenticité certaine. C'est une parodie de subtilités scolastiques, qu'on peut comparer à la *Questio subtilissima* que cite Rabelais au catalogue de la bibliothèque de Saint-Victor : *Utrum chimera bombinans in vacuo, etc.*

FRAGMENT
EXTRAIT DU MANUSCRIT DU CINQUIÈME LIVRE

Ce fragment est intercalé dans le chapitre « Comment les dames Lanternes furent servies à souper. » Nous le reproduisons parce que quelques commentateurs ont prétendu conclure de là que Rabelais préparait un récit des noces de Panurge, qu'il avait annoncé à la fin du deuxième livre.

Un grand nombre d'autres pièces et même d'autres ouvrages ont été arbitrairement attribués à Rabelais. Le seul qu'il y ait lieu de mentionner ici est un recueil de 120 dessins, paru d'abord sous ce titre :

— Les Songes drolatiques de Pantagruel, ou sont contenues plusieurs figures de l'invention de maistre François Rabelais : et derniere œuvre d'iceluy, pour la recréation des bons esprits. *A Paris, par Richard Breton,* M. D. LXV. — Pet. in-8°.

On a publié de ce recueil un certain nombre d'éditions à part, où les planches sont accompagnées d'un commentaire des éditeurs destiné à en donner l'explication.

L. M.

GLOSSAIRE ET NOTES

A

A, avec : « Donnez dessus à vostre mast, » avec votre mât. « A mon lourdoys, » avec ma lourderie, naïvement. « A bonne chere, » avec bonne chère.

A, en. A CACHETES, en cachette.

A CE QUE, afin que.

A DIEU SEAS, salut à, en patois limousin : « A Dieu seas, Rome ! » Salut à Rome !

A L'ARME, alarme.

A L'HERTE, vigilant, en alerte.

A MONT, AMONT, en haut.

A TANT, ATANT, alors.

A TOUT, ATOUT, avec : « Atout son baston de la croix, » avec son bâton de la croix.

ABASTARDISANT, abâtardisant, dégradant.

ABASTIT, abattit.

ABAYER, aboyer. ABAYANT, ABBAYANT, aboyant.

ABBEGAUX, pour abbés.

ABBEGESSES, pour abbesses.

ABBOYS DU PARCHEMIN (AUX), en aboyant, en chantant à pleine gorge devant le parchemin d'un missel.

ABBREVIER LES CREMASTERES, raccourcir, resserrer les muscles des testicules.

ABEDESSIMONT, nom de reptile emprunté à Pline.

ABEN EZRA (Rabi), savant rabbin du XIIe siècle.

ABER-KEIDS, avilis, domptés, matés, en allemand.

ABESTIN, inextinguible.

Ἄϐεστος, c'est le mot grec d'où l'on a tiré le mot précédent.

ABHOMINATION, abomination.

ABHOMINERENT, détestèrent, eurent en abomination.

ABHORRENTE, qui fait horreur.

ABHORRISSEZ, détestez, ayez en horreur.

ABHORRY, détesté, exécré.

ABILA, ville de l'Anti-Liban, dans la Cœlé-Syrie.

Ἄϐιος βίος, βίος ἀϐίωτος ; il faut ajouter : Χωρὶς ὑγίείας, c'est-à-dire : sans la santé, vie non vie, vie non vivable.

ABONDANCE (PORUS, SEIGNEUR D') Platon raconte, dans le *Banquet*, qu'à la naissance de Vénus, il se fit un festin où assistèrent tous les dieux, et en particulier Porus, fils du Conseil et dieu de l'Abondance. Le repas fini, la Pauvreté, étant venue en chercher les débris, suivit Porus, qui, rassasié de nectar, ne tarda pas à s'endormir dans le jardin de Jupiter. Elle se coucha près de lui. C'est de ces deux principes si opposés que l'Amour prit naissance. Fils de la Pauvreté et de l'Abondance, il tient du naturel de l'un et et de l'autre.

ABOUCHEMENS, discours.

ABOURDEMENT, abordement.

ABOURDER, aborder.

ABOYS DE L'ESTOMAC, cris ou tiraillements de l'estomac ayant faim.

ABREVIER, abréger.

ABSCOND, ABSCONS, ABSCONSE, caché, impénétrable.

ABSENTER, éloigner : « Les absenter de leurs femmes. »

ABSOLUZ : « Je vous absoluz, » je vous absous.

ABSTERGER, nettoyer.

ABSTERSION, nettoyage.

ABSTRACTEUR, celui qui sépare les éléments ou les qualités d'une substance : « Abstracteur de quinte-essence. »

ABUNDANT (D'), de plus, en outre.
ABYDE, Abydos.
ACADEMICIENS, disciples de Platon.
ACADEMIQUES (LES), même sens.
ACADEMIE (L'), école philosophique d'Athènes.
ACADEMIE DE PARIS, l'Université de Paris.
ACAMAS, nom d'un des capitaines de Gargantua. C'est un mot grec qui veut dire : sans repos et toutefois sans fatigue. Homère l'applique au soleil ἥλιος ἄκαμας.
ACARATION, terme de palais signifiant la confrontation, le récolement des criminels avec les témoins.
ACCAPAYE ! tends les cordages ! terme de marine de la Méditerranée.
ACCIDENTAL, accidentel.
ACCOLLADE, embrassade.
ACCOLLER une femme, faire l'amour avec elle.
ACCOUBLER, accoupler.
ACCOURSIERS, commentateurs d'Accurse.
ACCURSE, auteur d'une célèbre glose des Pandectes.
ACEPHALOS, sans tête ; mot grec.
ACERTAINER, rendre quelqu'un certain d'une chose.
ACHAPTER, acheter. ACHAPTEUR, acheteur.
ACHATES, compagnon d'Énée, dont le nom est devenu synonyme d'ami fidèle.
ACHERON, fleuve infernal.
ACHEVER DE PEINDRE, mettre le comble à l'infortune.
ACHILLES est pris dans le sens d'un argument invincible : *Est unum bonum Achilles*.
ACHORIE, pays imaginaire, qui n'existe pas, de α privatif et de χώρα.
ACONCEPVOIR, atteindre. ACCONCEUT, atteignit.
ACONITE, plante vénéneuse.
ACOUDOIR, accoudoir, appui.
ACQUESTER, acquérir, procurer.
ACQUIESCER, s'abandonner.
ACRAVANTÉ, écrasé.
ACRESTE, qui a une belle crête, qui lève la tête, et, par métaphore, fier, pimpant, huppé.
ACRISIUS, roi d'Argos, descendant de Danaüs, eut d'Eurydice une fille, Danaé, et fut tué par son petit-fils Persée.
ACROMION (OS) l'apophyse de l'omoplate, de ἄκρος, extrémité, et ὦμος ; épaule.
ACROPOLIS, ville haute, citadelle, et spécialement l'Acropole d'Athènes.
ACROPY, accroupi, courbé, *accurvatus*.
ACROUÉ, accroupi.
ACTÉON, petit-fils de Cadmus, chasseur célèbre de Thèbes, fut changé en cerf par Diane et déchiré par ses chiens.

ACULER, éculer (les souliers).
ACULLER, mettre à cul, abattre, déraciner (un arbre).
ACUTZ, aigus.
ADAMASTOR, géant.
ADDITAMENS (mammillaires), bouts des mamelles.
ADENES, anat., les glandes du cou.
ADEXTRE, adroit.
AD FORMAM NASI COGNOSCITUR AD TE LEVAVI. « A la forme du nez on reconnaît *ad te levavi*. » C'est une phrase pour une ou deux syllabes. Cette formule comique est fréquente dans Rabelais : tel est encore, par exemple, le « comment a nom ? » Tantôt c'est la dernière syllabe qui compte seule, tantôt la première.
ADHÆRER, s'attacher.
ADIANTOS signifie, en grec, non humide. Ἀδίαντον désignait la plante que nous nommons capillaire, *capillus Veneris*.
ADIANTUM, voyez le mot précédent.
ADMIRAL (Monsieur l'), Philippe Chabot, qui avait pour devise *Festina lente*. — Voyez la *Briefve Déclaration* au mot *Hiéroglyphiques*.
ADONIS, aimé de Vénus, tué à la chasse par un sanglier.
ADOTZ, sorte de poissons de mer qui ressemblent à la sèche.
ADRASTEA, nourrice de Jupiter.
ADRIAN, Adrien, empereur romain.
ADSCRIPT, inscrit.
ADULTERATEURS, falsificateurs.
ADULTERE TROIAN (L'), Pâris, ravisseur d'Hélène, femme de Ménélas.
ADULTERER, altérer, falsifier.
ADVENIR, à venir.
ADVENIR, convenir, : « Ceste livrée lui advenoit bien. »
ADVENTURE (D'), d'aventure, par hasard.
ADVENTURES DES GENS CURIEULX, les aventures qui arrivent aux gens curieux et ne leur permettent guère de s'enrichir.
ADVENTURIERS, aventuriers, soldats d'aventure. Sous François Ier, c'était presque toute l'infanterie française qu'on désignait de ce nom.
ADVERS, ADVERSE, du parti opposé.
ADVISEMENT, instruction.
ADVISER, pourvoir à.
ADVISER, remarquer.
ADVOCAT, avocat.
ADVOCATIERE, femme d'avocat.
ADVOUER, prendre à témoin : « Je advoue Dieu. »
ÆACUS, l'un des trois juges d'enfer.

ÆDITUE, sacristain, gardien, œdituus.
ÆGEON, géant.
ÆGIPANS, Egipans, divinités des montagnes et des bois, espèces de satyres avec des cornes et des pieds de chèvre, quelquefois avec une queue de poisson.
ÆGISTUS, Égiste, meurtrier d'Agamemnon.
ÆLIAN, ÆLIANUS, Élien.
ÆMILIAN, rhéteur.
ÆMORRHOÏDES, sorte de serpents mentionnée par Pline.
ÆNÉAS, Énée.
ÆOLICQUE, des Éoliens : « Cyme æolicque, » la ville de Cyme ou Cume, colonie des Éoliens en Asie Mineure.
ÆOLIDES, îles Éoliennes, aujourd'hui îles Lipari.
ÆOLYPILE, porte d'Éole. — Voyez ce mot dans la *Briefve Déclaration*.
ÆOLUS, Éole, dieu des vents.
ÆQUILATÉRAL, équilatéral.
ÆQUINOCTE, (L'), l'équinoxe.
ÆQUINOCTIAL, équinoxial.
ÆQUITÉ, équité.
AER, air.
AEROMANTIE, divination par l'air.
ÆSCHINES, Eschine, philosophe grec qui engagea sa liberté à Socrate pour être admis au nombre de ses disciples.
ÆSCHYLUS, Eschyle le tragique.
ÆSCULAPIUS, Esculape.
AESLES, ailes.
ÆSOPE, Ésope.
ÆTERNEL (L'), l'Éternel.
ÆTHERÉES, éthérées.
ÆTHIOPIE, Éthiopie.
ÆTHIOPIENS, Éthiopiens.
ÆTHIOPIS, plante dont Pline a décrit les propriétés merveilleuses.
AETHON, un des chevaux du Soleil.
ÆTYLE, ville de Laconie.
AFESTER, réparer : « Afester un tonneau. »
AFFAICTÉES, pleines de zèle.
AFFECTÉE, désirée ardemment.
AFFENÉ, repu, rempli. Au propre : fourni de foin à discrétion, de *fœnum*.
AFFERMER, affirmer.
AFFIÉ, attaché, lié par la fidélité, la foi.
AFFIER, assurer, certifier.
AFFIERT, appartient, convient.
AFFINER, tromper.
AFFINEURS, trompeurs.
AFFOLÉ, fou, hors de sens. — Perdu, à demi mort (de coups).
AFFOLLER, battre, faire périr (de coups).
AFFRIQUE, AFRICQUE, Afrique.
AFFUSTER, AFUSTER, arranger, mettre en ordre, aiguiser : « Affuster son artillerie, affuster quelque pièce sur les murailles. »
AFRICANES, AFRIQUANES, tigres.
AGALLOCHE, bois d'aloès.
'Αγάπη οὐ ζητεῖ τά ἑαυτῆς, « La charité ne cherche pas ses propres intérêts. » (Saint Paul, I° *aux Corinthiens*, chapitre XIII.)
AGARENE, même sens que *arabique*.
AGATHIAS, historien grec, de Myrine, vivait au VI° siècle.
AGATHO, géant.
AGATHOCLES, tyran de Syracuse.
AGELASTES, ceux qui ne rient jamais, mot grec.
AGENOR, roi de Phénicie, père de Cadmus et d'Europe.
AGESILÆ, Agésilas, roi de Sparte.
AGGERES, chaussées, levées de terre faites sur les bords d'une rivière, du latin *agger*.
Ἅγιος ὁ Θεός, le Dieu saint.
AGIOTADE ou AGIOTATE, très saint, du grec ἅγιος.
AGIOTS, vaines cérémonies.
AGLÉOPHEME, ami de Pythagore.
AGONE (place d'), place de Rome.
AGREGATIVE, qui agrège (les humeurs) et les évacue : « Pilule agrégative. »
AGRENÉ, repu, rempli. Au propre, fourni de grain à discrétion.
AGRIE, fontaine d'Arcadie.
AGRIMENSEUR, qui mesure les champs, arpenteur.
AGU, AGUË, aigu, subtil.
AGUA, pour agarde, regarde.
AGUARD, hagard.
AGUARS, sauvages, farouches : « Oyseaulx aguards. »
AGUEILLE, aiguille.
AGUEILLETTES, AGUILLETTES, aiguillettes.
AGUILLANNEUF, fête du nouvel an en Bretagne.
AGUILLONS DE VIN, aiguillons de vin, ce qui excite à boire.
AGUYON. — Voyez ce mot dans la *Briefve Déclaration*.
AGUYSER, aiguiser.
AHAN, peine, fatigue, d'où le verbe *Ahanner*.
AIGNEUILLOT, pour *aiguillot*, gond que l'on fixe au gouvernail d'un navire pour le faire tourner derrière l'étambot.
AIGREFINS, pour *aigles fins*, monnaie d'or marquée d'un aigle.
AIGREST, verjus.
AIGRETTÉ, aigri, aigre.
AIGRETTES, petits hérons.
AIGUADE, action d'approvisionner d'eau douce les vaisseaux.

AIGUILLETTE, le lacet qui fermait la braguette.

AIGUILLETTE (courir l'), faire le métier de prostituée.

AIGUOSITÉ, partie aqueuse d'une substance.

AILLADE, ail, ragoût à l'ail.

AINS, mais, mais bien.

AINS, avant : « Ains qu'estre en Occident. »

AIRE, mesure de capacité : « Deux aires de vin. » Arche : « Aire de Noé. »

AISGNE, village du Poitou.

AISGUE (vin), vin mêlé d'eau.

AISSES, ais, petites planches.

AISSEUIL, essieu, pôle.

AIST, aide : « Ainsi vous aist Dieu. »

AIX (en Provence).

ALABASTRE, ALEBASTRE, albâtre.

ALAIGRE, allègre, vif et léger : « Alaigre comme un papillon. »

ALAIGRIZ, rendus plus légers.

ALAINE, haleine.

ALAIRE, musicien. Schmid cite des messes d'Alaire dans un recueil d'Atteignant, 1534.

ALANUS IN PARABOLIS, les paraboles d'Alain de Lisle, traduites et imprimées en 1492.

A LATERE, ALTÉRÉ. Jeu de mots sur *a latere*, titre donné aux légats du pape, et *altéré*.

ALBANIE (M. d'), Jean Stuart, duc d'Albany, de la maison royale d'Écosse.

ALBANOIS, Albanais, Grec d'Épire.

ALBERGES, fruit, pêche précoce.

ALBERT LE JACOBIN, Albert le Grand.

ALBERTUS, Léon Alberti, qui a publié dix livres *de Re œdificatoria*, Strasbourg, 1545, in-4°.

ALBIAN CAMAR, blanc sacristain, en hébreu.

ALBRANS, halbrans.

ALBUMASAR, astrologue arabe du IXᵉ siècle.

ALBUNÉE, près Tivoli.

ALCHARATES, sorte de reptiles.

ALCHISTIMES, alchimistes.

ALCHYMIE, alchimie : « Faire alchymie avec les dents » est interprété par les commentateurs : épargner sur sa nourriture, jeûner par économie. Je crois que cela veut dire *manger* tout simplement.

ALCMAN, poète lyrique grec dont parle Pline, livre XI, chapitre XXXIII.

ALCMÈNE, femme d'Amphitryon, mère d'Hercule.

ALCOFRIBAS, Alcofribas Nasier ; c'est l'anagramme de Rabelais.

ALCYONES, alcyons, martins-pêcheurs ; oiseaux de mer.

ALEBARDE, hallebarde.

ALECRET, grand corset de fer.

ALECTO, une des trois Parques.

ALECTRYOMANTIE, divination par le moyen d'un coq.

ALEUROMANTIE, divination qui se faisait en mêlant du froment et de la farine.

ALEXANDER CORNELIUS, surnommé Polyhistor.

ALEXANDER MYNDIUS.

ALEXANDRE, Alexandre le Grand, Alexandre Macedo.

ALEXANDRE, beau-frère d'Hérode.

ALEXANDRE V (le pape).

ALEXANDRE VI (le pape).

ALEXANDRE DE MEDICIS, duc de Florence.

ALEXANDRE, jurisconsulte.

ALEXANDRE, écuyer de Gargantua.

ALEXANDRE APHRODISE, Alexandre d'Aphrodisias, célèbre commentateur d'Aristote.

ALEXANDRE SEVÈRE.

ALEXANDRIE.

ALEXANDRINS, habitants d'Alexandrie.

ALEXICACOS. — Voyez la *Briefve Déclaration* au mot *Hercules Gaulois*.

ALGAMALA, ALGUAMALA, ALGAMANA, Mercure des Hermétiques.

ALGIERY, Alger.

ALGORISME, science des chiffres.

ALGOUSAN, argousin.

ALHARTAFZ, ALHATRABANS, sortes de reptiles.

ALIBANTES, desséchés, *absque humore*.

ALIBITZ forains, incidents frustratoires en vieille jurisprudence. « Trouver les alibitz forains, » user de toutes les ressources du droit.

ALICACABUT (pommes de), fruit de l'alkekenge, qu'on nomme aussi coqueret.

ALIDADA, règle pour aligner ; mot arabe.

ALIPTES (les), masseurs, frotteurs, du grec ἀλείφω.

ALISSIEZ, allassiez.

AL KATIM, mots arabes qui désignent le péritoine.

ALKERMES, sorte de graine.

ALLEBOTEURS, grapilleurs, ramasseurs de raisins.

ALLEBOUTER, grapiller.

ALLEGRER, rendre allègre, vif, agile.

ALLEMAIGNE, ALEMAIGNE, ALMAIGNE, Allemagne.

ALLEMANT, on trouve aussi ALEMANT, ALMAIN : « N'y entendoit que le hault alemant. »

ALLIACO (de), Pierre d'Ailly.

ALLIANCES, ALLIANCIERS, Rabelais joue sur les alliances (par mariage) et les alliances de mots.

ALLIBORON (maistre). On lit dans le procès

de Gilles de Rais (xvᵉ siècle) : « Il fera venir maistre Aliboron, entendant le diable par ce mot, *intelligendo diabolum per illud vocabulum.* » Une pièce de vers de la fin du xvᵉ siècle est intitulée *les Dits de maistre Aliboron, qui de tout se mesle.* Rabelais l'emploie dans le sens d'ignorant et de maladroit. Il paraît qu'Aliboron figura dans les mystères dramatiques de la Passion, parmi les diables plus ou moins effroyables ou plus ou moins comiques qui formaient l'escorte de Lucifer. La plupart des noms de ces diables étaient pris dans la démonologie orientale. L'étymologie donnée par Grimm, qui fait venir ce mot de l'arabe *Alboran*, ancien ennemi, n'est donc pas aussi invraisemblable qu'on l'a dit. Elle vaut au moins celle de Le Duchat, qui a écrit deux pages pour démontrer que ce nom était une corruption du nom du fameux docteur Albert le Grand.

ALLOBROGES, peuple de la Gaule, entre l'Isère et le Rhône.

ALLOUVY, affamé comme un loup.

ALLUMELLES, lames.

ALME, bon, illustre, fertile, de *almus*.

ALMICANTARATH. On appelle ainsi en arabe des cercles parallèles à l'horizon, qu'on fait passer par tous les degrés du méridien.

ALOÉ, géant, père d'Otus et d'Éphialte.

ALOÏDES, descendants d'Aloé.

ALOPECUROS, « qui semble à la queue du renard ».

ALOSIS, capture, prise, destruction.

ALPHARBAL, roi des Canaries.

ALPHITOMANTIE, divination par la farine d'orge. — Voyez Théocrite, *Idylle* II, et Virgile, *Églogue* VII, vers 85.

ALPINOIS, habitants des Alpes.

ALTÉRATIF, qui donne envie de boire.

ALTÉRATIONS, état de celui qui est altéré, dans les différents sens de ce mot.

ALTERE, pour artère.

ALTERES, masses de plomb ou de pierre que portaient dans chaque main ceux qui s'exerçaient à sauter.

ALUM DE PLUME. — Voyez Pline, livre XXV, chapitre XV.

VARES ou ALVAREZ (PIETRE), sans doute le Portugais Pierre Alvarez Capral, auteur de la relation d'un voyage fait, l'an 1500, de Lisbonne à Calicut.

ALYSSUM, plante.

AMADEANS, moines d'une communauté religieuse fondée par Amédée de Savoie en 1448.

AMADOUER (un tonneau), boucher les fentes avec de l'amadou.

AMADRIADES, hamadryades.

AMALTHÉE (la chèvre), nourrice de Jupiter.

AMATE, femme du roi Latinus. — Voyez *Énéide*, livre XII.

AMAUROTES, gens obscurs, inconnus, du grec ἀμαυρός.

AMBEZARS, AMBEZAS, beset, double as.

AMBOUCHOIR, embouchoir.

AMBRUN, toiture, charpente.

AMER, médecin cité par Rabelais.

AMERINE, plante.

AMETHISTIZANT, se rapprochant de l'améthyste.

AMICABILISSIME, très aimable.

AMICT, linge carré que le prêtre met sur sa tête et sur ses épaules avant de se revêtir de l'aube.

AMILCAR, père d'Annibal.

AMMOBATES, sorte de reptiles.

AMNESTIE, amnistie.

AMODUNT, nom propre formé du latin *a modo sine modo*.

AMOMON, sorte de drogue.

AMONT EN VAL (d'), de haut en bas.

AMORABONDS, amoureux, *amorabundi*.

AMOUREUX DE KARESME, « lesquels poinct à la chair ne touchent ».

AMOUSTILLÉ, émoustillé.

AMPHIARAUS, fils d'Oïclès, fameux devin.

AMPHIBOLOGIES, ambiguïtés du discours.

AMPHION, fils d'Antiope, releva les murs de Thèbes aux sons de sa lyre.

AMPHISBENES, sorte de reptiles, d'après Pline.

AMPLITUDE, ampleur, étendue.

AMURE, cordage qui sert à tirer et assujettir les voiles du côté de la proue, ce qui s'appelle *amurer*.

AMY (Pierre). — Voyez la *Vie* de Rabelais.

ANACAMPSEROTES, herbe imaginaire qui rallume l'amour éteint.

ANACHITE (diamant), diamant qui, suivant Pline, préserve des venins, de la frayeur et de la folie.

ANACNOSTE, lecteur, du grec ἀναγνώστης.

ANARCHE. Ce nom en grec signifie sans chef, sans gouvernement.

ANATOLE, de l'Orient.

ANATOMIES, dissections.

ANATOMISER, disséquer.

ANCHES, hanches.

ANCHOLYE, ANCOLYE, fleur, en latin *aquilegia*.

ANCILE (bouclier), sacré chez les Romains.

ANDOUILLES. L'île Farouche, le manoir des Andouilles, au chapitre XXXV du livre IV, représentent le temps de *charnage*, le temps où l'on mange gras, etc., par opposition au temps de carême. L'Andouille nommée Itiphalle, c'était une effigie représentant *membrum virile erectum*.

ANDRÉ (Joh.), jurisconsulte de Bologne, né en 1270, mort en 1348.

ANEMOPHYLACES, ceux qui ont spécialement étudié les vents de ἄνεμος et de φύλαξ.

ANERUDUTES, sorte de reptiles.

ANETH ou ANET, herbe odoriférante.

ANGARIER, vexer, tourmenter.

ANGARIES, ANGUARIES, tourments, vexations.

ANGE (eau d'). L'eau d'ange s'obtenait de la distillation de la fleur et de la feuille de myrte.

ANGELOTS, petits anges.

ANGEST ON MANS, peut-être Jérôme Hangest, mort au Mans en 1538.

ANGLET DE L'ŒIL, coin de l'œil.

ANGUILLADE (bailler l'), fouetter avec des lanières faites de peau d'anguille, avec une serviette nouée.

ANGUILLE DE MELUN, qui crie avant qu'on l'écorche.

ANGUILLES DE BOYS, serpents.

ANGUILLETTES, petites anguilles.

ANGOUNAGES. — V. la *Briefve Déclaration*.

ANGUSTIE, détresse, anxiété.

ANIMANT, être animé.

ANIME, âme.

ANNÉE (grande), grande moisson, grande abondance.

ANOMAL, ANOMALE, anormal, irrégulier.

ANONCHALY, devenu nonchalant.

ANSÉE, vaisseau à anses.

ANSERNIE (plume), plume, duvet d'oie.

ANTAN, l'an passé.

ANTÉ, enté.

ANTÉE, géant.

ANTEMNE, antenne, vergue d'une voile latine.

ANTENORIDES, les Padouans, qui prétendaient descendre d'Anténor.

ANTHEUS, Antée, géant.

ANTHROPOMANTIE, divination par l'inspection des entrailles humaines.

ANTIBUST (ceint à l'), ceint sur la poitrine.

ANTICIPER, prendre les devants, barrer le chemin.

ANTICTHONE, même sens qu'*antipode*.

ANTIDOTÉ, muni d'un antidote, d'un préservatif.

ANTINOMIES, lois contradictoires entre elles, contradiction des lois.

ANTIOCHE, Antiochus.

ANTIOCHE, en Syrie.

ANTIPARNASSE, mont qui est le contraire du Parnasse, qui forme contraste avec le Parnasse.

ANTIPHON, historien et versificateur contemporain de Socrate, qui a écrit un livre περὶ κρίσεως ὀνείρων.

ANTIPHONE, antienne, chant à deux chœurs.

ANTIPHYSIE, antinature. L'anecdote d'Antiphysie et de ses fils Amodunt et Discordance est tirée, ainsi que La Monnoye nous l'apprend, d'un auteur qui n'était ni ancien ni très connu, Cælius Calcagninus :

« Natura, ut est per se ferax, primo partu Decorem atque Harmoniam edidit, nulla opera viri adjuta. Antiphysia vero, semper Naturæ adversa, tam pulchrum fœtum protinus invidit, usque Tellumonis amplexu, duo ex adverso monstra peperit, *Amoduntem* ac *Discrepantiam* nomine. Si formam indicaro, excitabo risum legentibus. Ea enim capite circumrotato incedebant, auribus prominulis, manibus in posteriora versis, rotundis pedibus in sublime porrectis. »

ANTIQUAILLE, antiquité, avec un sens ironique (par révérence de l'antiquaille).

ANTIQUAILLE (sonner une), faire l'amour.

ANTIQUAILLES, choses de l'antiquité.

ANTIQUAIRE, digne de l'antiquité : « O chose rare et antiquaire. »

ANTISTROPHE, figure de rhétorique, jeu de mots : « Femme folle à la messe, molle à la fesse. »

ANTITUS DE CROSSONNIERS ou DES CRESSONNIÈRES, nom ridicule dont plusieurs auteurs se sont emparés.

AORNÉ, orné.

AORNEMENT, ornement.

APEDEFTES, illettrés, ignorants, de α privatif et de παιδεύω (j'enseigne). Rabelais désigne ainsi les membres de la Cour des Comptes, qui n'avaient pas besoin d'être gradués pour exercer leurs charges. « Toute l'allégorie de ce chapitre (XVI° du V° livre), dit de Marsy, consiste à représenter les différents bureaux de la chambre des Comptes sous l'image des pressoirs, et les comptables sous celle des grappes qu'on y presse. »

APENNAGES, APENNAIGES, apanages.

APERT, ouvert, distinct, de *apertus*.

APERTEMENT, clairement, d'une façon apparente.

APERTISES (d'armes), actions d'éclat.

APIMAOS, sorte de reptiles.

APLANE, le ciel des étoiles fixes, du grec ἀπλανής.

APOILTRONNER (s'), s'acoquiner, s'acagnarder.

APOINCTEMENT, accommodement.

APOINCTEUR, qui accommode, qui réconcilie.

APOSTEME, tumeur, abcès.

APOSTOLES, compagnons, apôtres.

APOTEMUS, buvons (*venite apotemus*, parodie du *venite adoremus*).

APOTHECAIRE, apothicaire.

APOTHECQUE, action de mettre de côté, du verbe ἀποτίθημι.

APOTHERAPIE, délassement.

APOTROPÉES, qui détournent. Paroles apotropées, paroles magiques qui détournent les malignes influences des astres.

APOYÉ, appuyé.

APPERT, paraît.

APPETER, désirer.

APPIGRETS, jus, suc.

APPLANER, aplanir.

APPOINCTÉ, accordé, mis d'accord.

APPORT, action d'apporter : « Sus l'apport de la seconde table ».

APPOULLE, la Pouille, l'ancienne Apulie.

APPOUS, appôts, comme suppôts.

APPREHENSIONS, conceptions, idées arrêtées.

APPRIVER, apprivoiser, familiariser.

APREIGNE, apprenne.

APRINT, apprit.

APRIVOISA, dans le sens de naturalisa.

APULÉE, auteur de l'*Ane d'or*.

AQUAROLS, marchands d'eau, *acquaroli*.

AQUILEIE, Aquila, ville de l'Abruzze supérieure.

AQUILONNAIRES, de l'Aquilon, du nord : « Régions aquilonnaires. »

AR, as : « Deux et ar. »

ARACHNÉ, osa défier et vaincre Minerve dans l'art de la broderie. Elle fut métamorphosée en araignée.

ARACTES, sorte de reptiles.

ARAIGNES, araignées.

ARAIN, ARIN, airain.

ARAINES, serpents des sables.

ARANCS, ARANS, harengs.

ARANTHAS, géant.

ARBALESTE DE PASSE, grosse arbalète qu'on ne pouvait ordinairement bander qu'à l'aide d'un engin nommé *passe*.

ARBORSER, ARBORIZER, herboriser.

ARBOUTANS, arcs-boutants.

ARBRE FORCHU (faire l'), se tenir les pieds en haut, la tête en bas.

ARCADELT (Jacques), musicien contemporain de Rabelais.

ARCEAU, petite arcade. ARCEAU GUALEAU désigne un lieu de Touraine.

ARCHADIAN, arcadien.

ARCHADIQUES, arcadiques.

ARCHASDARPENINS, un des noms empruntés, dit-on, de l'hébreu, qui servent à désigner certains serviteurs de la Quinte-Essence.

ARCHETYPE, prototype, image typique.

ARCHITECTÉ, construit.

ARCHITRICLIN, maître d'hôtel, majordome.

ARDEINE, Ardennes.

ARDOYZINE (pierre), ardoise.

ARDRE, brûler.

ARDS, brûlé.

ARÉ, ARER, labouré, labourer.

ARENES, sables.

ARENEUX, ARENEUSE, sablonneux.

ARÉOPAGITES, juges de l'Aréopage.

ARES METYS (tout), sur l'instant, tout de suite, *hora metipsa*, locution gasconne.

ARGATHYLES, espèce de mésanges.

ARGENTANGINE. — Voyez la *Briefve Déclaration*.

ARGENTIER, nom propre, Ἀργυροπλάτης, dans l'*Anthologie*.

ARGES, éclairs subits et blanchâtres, éloises.

ARGIÈRE, Alger.

ARGIPANS, sorte de satyres.

ARGIVES, Argiens, ou plus généralement Grecs.

ARGUER, argumenter, discuter, accuser : « Je faisois diables de arguer. »

ARGUZ, arguments.

ARGYRONDES, fontaine d'Étolie.

ARIES, le Bélier, signe du zodiaque.

ARIETANT, faisant le bélier.

ARIMANIAN, d'Arimane, adoré en Perse comme le principe du mal.

ARIMASPES, compagnon de Zoroastre.

ARIMASPIANS, ARIMASPIENS, peuples qui, au dire de Pline, n'avaient qu'un œil. On croit que par ce mot Rabelais entend les réformés.

ARIOVISTUS, chef des Suèves, vaincu par Jules César.

ARIPHRON, de Sicyone, médecin célèbre de l'antiquité.

ARISTÆUS, ARISTEUS. Virgile, dans ses *Géorgiques* (livre IV, vers 283-285), célèbre l'art prétendu d'Aristée :

Tempus et Arcad'i memoranda inventa magistri
Pandere, quoque modo cæsis jam sæpe juvencis
Insincerus apes tulerit cruor.

ARISTIDES, de Thèbes, peintre ancien.

ARISTOLOCHIA, aristolochie, plante.

ARISTONIDES, sculpteur antique.

ARISTOTELES, Aristote.

ARMES (M'), sur mon âme, juron rustique.

ARMET, armure de tête.

ARMOISI, ARMOISY, ARMOISIN. On nommait ainsi un taffetas fort estimé.

ARMOISINE, rhétorique armoisine, par allusion au taffetas armoisin, douce et souple comme ce taffetas.

ARMONIE, harmonie.
ARNOYS, harnais.
AROMATIZANT, qui répand une odeur d'aromates.
ARONDELLE, hirondelle.
AROUSSE, plante, la vesce sauvage.
AROY, charrue.
ARQUEBOUSE, ARQUEBOUZE, arquebuse.
ARRACHIT, arracha.
ARRAPER, attraper.
ARRESSER, mettre la lance en arrêt ; s'emploie dans le sens érotique.
ARRIAN, Arrien, historien grec.
ARROY, train, équipage : « Venir en grand arroy. »
ARRY AVANT ! exclamation.
ARS, arceaux.
ARS, arts : « Ars libéraux (les sept). »
ARS, ARSE, brûlé, brûlée.
ARSENAC, arsenal.
ARTABAN, roi des Perses.
ARTACHÉES, géant.
ARTAVASDES, roi d'Arménie.
ARTEMIDORE, *Artemidori de somniorum Interpretatione libri V;* Venise, Alde, 1508, in-8°.
ARTEMIS, Diane.
ARTEMISIA, veuve du roi Mausole.
ARTEMON, de Milet, qui a écrit sur l'interprétation des songes.
ARTEMON, mat d'artimon.
ARTERIAL, artériel.
ARTICE, du Nord.
ARTICLES : « Prindrent articles contre luy, » articulèrent, rédigèrent par articles leurs accusations contre lui. De même, articulant, articuler (mon vin), calomnier, diffamer.
ARTIENS, maîtres ou écoliers de la Faculté des arts.
ARTUS CULLETANT. Parmi les signataires d'un acte d'achat fait par les cordeliers de Fontenay-le-Comte (5 avril 1519) où figure la signature de Rabelais, on cite un frère Artus Coultant, dont le nom semble parodié ici.
ARULETTES, ornement architectural.
ARUSPICINE, l'art des aruspices.
ASAROTUM, du grec ἀσάρωτος, non-balayé.
ASBESTE, que le feu ne consume pas, du grec ἄσβεστος.
ASBESTON, même mot que le précédent.
ASCALABES, sorte de reptiles, d'après Pline.
ASCALABOTES, autre sorte de reptiles, d'après Pline.
ASCARIDES, vers qui se logent au rectum.
ASÇAVANTER, ASSAVANTER, instruire.
ASCITES, hydropiques.

ASCLEPIADES, médecin de l'antiquité.
ASNE : « Faire de l'asne pour avoir du bren, » faire le gentil, le gracieux, comme un âne pour avoir du son.
ASNE (MENER L') : « Tout le monde chevauchera et je meneray l'asne ! » je regarderai faire les autres.
ASNIERS, dans le sens d'ignorants, de brutes.
ASPERSOIR, instrument pour asperger.
ASPHARAGE, gosier, du grec σφάραγος.
ASPRE AUX POTZ, à propos ; jeu de mots.
ASPRETTES, diminutif de âpres.
ASSABLÉ, pour ensablé.
ASSAPHIS, gens obscurs, du grec ἀσαφής.
ASSASSINATEUR, ASSASSINEUR, assassin.
ASSASSINEMENS, assassinats.
ASSAY, essai.
ASSÉOYT (se), s'asseyait.
ASSERÉE, affirmée.
ASSERER (LE CŒUR), affermir.
ASSERTIVEMENT, affirmativement, positivement.
ASSIMENTY, ASSIMENTÉ, fermé, bouché, cimenté.
ASSOPIZ, assoupis.
ASSORTEMENS, assortiments.
ASSOTY, assoti, affolé.
ASSOVY, assouvi.
ASSUERE, Assuérus.
ASTAROTS ASTAROTZ, nom d'une divinité payenne, d'un démon, Astaroth.
ASTERIONS, sorte d'araignées.
ASTEROPES, famille de Cyclopes.
ASTIPULATEUR, celui qui sert d'appui, de caution, de répondant.
ASTIPULATION, action d'appuyer, de soutenir, de cautionner quelqu'un, *adstipulatio*.
ASTOMÉ, sans bouche, du grec α privatif et στόμα, bouche.
ASTRAGALOMANTIE, divination par le jeu des osselets ou astragales.
ASTRIPOTENT, Dieu, le maître des astres.
ASTROPHILE, nom propre signifiant ami des astres.
ASTURCIERS, fauconniers, ceux qui ont soin des autours.
ATAVES, aïeux.
ATÉ, déesse malfaisante, vengeresse.
ATHAMAS, nom propre. Voyez Pline. *Histoire naturelle,* livre XXXIV, chapitre XL.
ATHENEUS, Athénée, l'auteur du livre des *Deipnosophistes*.
ATHLANTIQUE (mer).
ATLANTICQUES (les). Les habitants de l'Atlas, Ἄτλαντες.
ATOMES : « Les atomes d'Épicure ».

ATOURÉ, ATOURNÉ, paré.
ATRES, foyer, intérieur des maisons; *atria*.
ATROPHES, gens atrophiés, étiques.
ATROPOS, une des trois Parques.
ATTEDIATION (de la mer), ennui qu'on éprouve sur mer.
ATTELABES, espèce de reptiles.
ATTEMPTER, tenter, entreprendre.
ATTENTEMENT, attentivement.
ATTRACTIFZ, attrayants, qui attirent.
ATTREMPÉ, tempéré, modéré.
AUBE DES MOUCHES (L'), midi, c'est-à-dire l'heure où les mouches sont le plus éveillées.
AUBE DU BAST, le châssis, la carcasse de bois blanc sur laquelle l'embourrement est monté.
AUBELIÈRE, licou, muselière blanche.
AUBERGEON, haubergeon, cotte de maille qui descendait jusqu'aux genoux.
AUBERS, haubergeons.
AUBERT, terme d'argot signifiant argent : « Plus d'aubert n'estoit en fouillouse ».
AUBES, robes blanches.
AU CUL PASSIONS, en jouant sur le mot occupations.
AUCUN, AUCUNE, pour quelque, quelqu'un.
AUDIANCE, audition, action d'entendre.
AULCUNEMENT, en quelque façon.
AULCUNES FOYS, quelquefois.
AULIQUES, de cour.
AULMOSNIER, faisant des aumônes.
AULNE : « Au bout de l'aulne faut le drap », juste la mesure.
AULNE DE PAOUR (mesurer le péril à l'), mesurer le péril selon la peur que l'on a cue.
AULTELISSIERS, ouvriers faisant les tapisseries de haute lisse.
AULTRE (L'), le diable.
AURANDE, plante odorante.
AURE, pays dans l'Armagnac (Hautes-Pyrénées) : « Saint-Michel d'Aure ».
AURÉ, AURÉE, doré.
AUREIL, AUREILLE, oreille : « Aureilles seront courtes et rares en Gascogne ». Les Gascons passaient pour de mauvaises têtes et étaient sujets à perdre les oreilles par accident ou pour une autre cause.
AUREILLES DE JUDAS, sorte de salade que Rabelais définit chapitre LX du livre IV.
AURÉLIAN, Aurélien (Lucius Domitius), empereur romain.
AURELIANS, pour Orléans.
AURIFLUE, qui coule ou fait couler de l'or.
AURINIE, prophétesse germaine citée par Tacite.

AURIPEAUX, maladie des oreilles.
AURORA, Aurore, déesse mythologique.
AUSER, oser.
AUSONE, poëte latin de Bordeaux (an. 309-394).
AUSTER, le vent d'est.
AUSTERE, sévère, méchant.
AUSTRICHE, Autriche.
AUTARDES, outardes.
AUXBOURG, Augsbourg.
AUZER, oser.
AVALADES, abaissées.
AVALER, AVALLER, ce mot signifie abattre, baisser, descendre ; de *aval*. Avaller le nez, avaler la teste, c'est abattre le nez, la tête. A bride avallée, c'est-à-dire à bride abattue. Se avaller, c'est descendre. Il avait aussi le sens de faire descendre par le gosier, d'où le jeu de mots : « Si je montois aussi bien comme j'avalle. »
AVALISQUE SATANAS, imprécation encore usitée ; elle répond au *vade retro* des latins. *S'avalir*, en provençal, *s'abali*, en castrais, signifient disparaître, s'évanouir. *Avalisque Satanas* veut donc dire : Disparais, Satan.
AVALLEURS DE FRIMARS OU FRIMAS, ceux qui se lèvent de grand matin, qui absorbent le brouillard, les gens du Palais.
AVALLUER, retrancher : « Ce que abondoit avalluant ».
AVALLUER, mettre en valeur.
AVANGER, avancer, atteindre, suffire : « Nous n'avangerons que trop ».
AVANTURIERS, soldats d'aventure.
AVE MARIS STELLA, antienne à la Vierge.
AVEIGLE, aveugle.
AVENTURER (s') : « Qui ne se adventure n'a cheval ny mule, ce dist Salomon. — Qui trop se adventure perd cheval et mule, respondit Marcon. » Il y a une série de dictons dans lesquels Marcon, ou Marcoul, donne ainsi la réplique à Salomon. — Voyez le *Dit de Marcoul et de Salomon*, publié par Barbazan.
AVENZOUAR, savant arabe, auteur de livres de médecine.
AVERLAN, AVERLANT, on a fait venir ce nom de l'allemand *haverling*, rouliers, maquignons de Hœver (dans le Limbourg). Il a le sens de ribauds, paillards.
AVERNE, Tartare, enfer des anciens.
AVERROIS, Averroès.
AVES, aïeux : « Aves et Ataves », aïeux et bisaïeux.
AVITAILLÉ, pourvu de vivres.
AVITAILLEMENT, ravitaillement, approvisionnement.

AVOINE, *adveniat;* notez qu'avoine se prononçait aveine.

AVOIR, pour après avoir : « Pantagruel, avoir conquesté le pays de Dipsodie, transporta en iceluy une colonie de Utopiens ». C'est-à-dire après avoir. Cette construction est très fréquente dans Rabelais.

AVOIR, pour être : « Il y eut bu et gallé ». Patelin dit au Drapier :

    Il y aura beu et gnallé
    Chez moy, ains que vous en aliez.

L'auteur de *Lancelot du Lac*, volume III, au feuillet 46 verso, édition de 1520, a dit : « Au matin, quand le jour apparut, coururent aux nefz les povres et les riches, entrerent dedans, et tous ceux qui en Gaule devoient passer. *Si y eut assez plouré et cryé* ».

On lit aussi dans Froissart, volume I, chapitre CXCIV : *Là eut tiré et escarmouché.*
Je ne sache pas qu'il soit resté dans notre langue aucun vestige de cette façon de parler, qui, comme on voit, a eu cours en France pendant plus de trois cents ans. (Le Duchat.)

AVOISTRE, adultérin.

AVOLER, voler.

AXINOMANTIE, divination par le moyen d'une hache ou d'une cognée.

AXIUS, fontaine en Mygdonie.

AXUNGE, saindoux, graisse, substance des corps adipeux.

AYMANT, aimant, minéral.

AYMER, aimer : « Qui me ayme si me suive ».

AZARS, hasards.

AZEMINE, persan ; ouvrage d'azemine, ouvrage persan.

AZES GUAYES, zagaies, demi-piques, javelines.

AZUR, bleu, dans la langue du blason.

B

BAAILLANT, bâillant.

BABIN, personnage inconnu ; peut-être un cordonnier en renom de ce temps-là.

BABINES, lèvres.

BABOINS (de), des babouins (singes).

BABOU. — Qu'est-ce que faire la *babou* ? « C'est, dit Le Duchat, s'appuyer le pouce contre la joue, puis, avec le reste de la main étendue, contrefaire un oiseau qui bat des ailes. » Suivant nous (et nous pourrions invoquer de graves autorités parmi les nourrices et les bonnes d'enfants), c'est faire claquer, à l'aide d'un doigt, la lèvre inférieure contre la supérieure. Cotgrave traduit ce mot par *to make a mow*, faire la moue. (Burgaud des Maretz.)

BABOUYNERIES, dérivé du mot précédent : enfantillages, singeries.

BACABERY, personnage cité par Rabelais.

BACALARIUS, bachelier.

BACBUC, mot hébreu qui signifie bouteille.

BACCANE, Baccano, lac au nord-ouest de Rome.

BACCES, baies, grains, graines.

BACCHANALES, fêtes de Bacchus.

BACCHIDES, bacchantes.

BACCHUS, Baccus. Le chapitre XXXIX du V° livre est imité du *Bacchus* de Lucien.

BACHELETTE, jeune fille.

BACTRIANS (les), les habitants de la Bactriane (Asie ancienne).

BADAUD, BADAUDE, niais, niaise : « Impositions badaudes, » allégations niaises.

BADEBEC, femme de Gargantua. Ce nom, emprunté au patois saintongeais, veut dire : qui ouvre une large bouche ; et aussi, qui caquette niaisement.

BADELAIRE, sorte de glaive, large et recourbé.

BADELORIÉ, tiré probablement du mot précédent : recourbé en forme de badelaire ou de cimeterre.

BADIGOINCES, BADIGOUINCES, lèvres.

BADIN, le personnage du Badin était un personnage traditionnel des Soties, le Jocrisse, le Bobèche de ce temps.

BADINATORIUM, badinage.

BAFFOUER, culbuter.

BAGATIS, alias BAGATINS, interprété : rameurs, bateliers.

BAGUE, baie, grain, comme *bacce*.

BAGUE, femme, dans le langage érotique.

BAGUENAUDES, futilités, bagatelles.

BAGUES, anneaux, dans le sens moderne.

BAGUES, bagages, hardes.

BAIGNOLET, Bagnolet, village près Paris : « Le Franc archer de Baignolet », milicien poltron mis en scène dans une pièce en forme de monologue attribuée à F. Villon.

BAIL, action de donner, de transmettre.

BAIL, BAILE, couleur bai.

BAILBRUN, bai-brun.

BAILLER, donner : « Bailler la saccade », démonter son cavalier.

BAILLER LE MOYNE, proverbialement porter

malheur : « Bailler le moine par le cou », pendre.

BAILLIVERNES, BALLIVERNES, balivernes : « Bailleur de baillivernes », conteur de bourdes.

BAILLYS, donnai.

BAISE MON CUL, nom donné par Gymnaste à son épée, parodie des noms que portent les épées des chevaliers célèbres dans les vieux romans.

BAISLEMENS, bâillements.

BAISLER, bâiller.

BAISLER AUX MOUCHES, bayer aux mouches, muser, ne rien faire.

BAISSIERE, le bas, le fond d'un tonneau, ce qui est sur la lie.

BALADINS, BALLADINS, danseurs.

BALAIS, BALAYS, rubis balais.

BALANE, gland, du grec βαλανός.

BALATA (latin de cuisine), baillée, donnée.

BALD, BALDE, BALDUS, célèbre jurisconsulte italien du XIV° siècle.

BALDACHIN, baldaquin.

BALÉARE (mer), où sont les îles de ce nom.

BALISTE, machine à lancer des pierres.

BALLE, mesure de quantité, d'où ballot. On dit encore porte-balle.

BALLER, danser.

BALLERUC, Balaruc, eaux thermales de France (canton de Frontignan).

BALLOTANT, allant au suffrage, d'où le mot ballottage, encore usité.

BANCQUE ROUPTE, banqueroute. Dans les banques (voyez ce mot), on brisait le banc du marchand insolvable.

BANCQUETER, faire un banquet. Il s'emploie aussi dans le sens de régaler : « Je ne plains poinct ce que m'a cousté à les bancqueter ».

BANDES, compagnies de soldats.

BANDOUILLIERS, qui forment des bandes, qui marchent par bandes.

BANEROL, portant bannière.

BANIER, banal.

BANQUE DE PARDONS, *forum indulgentiarum*, comme on disait alors, l'endroit où, dans les églises, on achetait, avec quelque argent et quelques dévotions, les indulgences.

BANQUES, les banques en Italie étaient les lieux où se réunissaient les notables commerçants.

BARAGOUIN, BARRAGOUIN, jargon incompréhensible ; semble signifier aussi les gens qui emploient ce jargon.

BARAGOUINAGE, embrouillamini.

BARALIPTON (en), une des espèces du syllogisme ; un vers classique servait à désigner les diverses formes de cet argument : « Barbara, celarent, Darii, ferio baralipton ».

BARATTER, battre comme on bat le beurre dans une baratte.

BARBACANES, meurtrières, fentes pratiquées dans les murs par où l'on fait feu contre l'ennemi.

BARBARIE, c'était le nom qu'on donnait à la côte d'Afrique sur la Méditerranée.

BARBARUS (Hermolaüs), Ermolao Barbaro. Il y a deux savants italiens de ce nom au XV° siècle.

BARBATIA ou BARBATIAS, jurisconsulte sicilien du XV° siècle.

BARBE (en), en face de nous, devant nous.

BARBE D'ESCREVISSE (déchiqueter la peau en), en faire de fines lanières.

BARBE DE JUPPITER, plante.

BARBEROTZ, petits barbiers, chirurgiens.

BARBEROUSSE, Khaïr Eddyn, dit Barberousse, corsaire et amiral ottoman, contemporain de Rabelais. — BARBEROUSSE (l'empereur Frédéric I°r, surnommé).

BARBET : « Pour Vénus adviegne Barbet le chien ». Dans l'ancien jeu des tales ou osselets, le côté du dé le plus favorable représentait Vénus, et le plus mauvais un chien. — Les Espagnols ont nommé *encuentro* la meilleure chance, et *azor* la plus mauvaise. « Puesto que de tal manera podia acorrer el dado, que echalemos *azor* en lugar de encuentro. » (Cervantes, *D. Quij.*)

BARBIERS, les chirurgiens étaient alors confondus avec les barbiers.

BARBOIRE, en latin *barbatoria*, mascarade où l'on portait de fausses barbes. Grégoire de Tours parle d'une abbesse du Poitou qui fut accusée « quod *barbatorias* intus monasterio celebraverit ».

BARBOTINE, absinthe de mer, dit un commentateur.

BARBOUILLEMENS, BARBOUILLERIES, barbouillages.

BARBUTE, capuchon rabattu, percé de deux trous à la place des yeux.

BARDABLE, susceptible d'être bardé.

BARDANE, plante.

BARDE, armure défensive.

BARDÉ, couvert d'une barde.

BARDOCUCULLÉ. Le bardocuculle était une cape ou manteau garni d'un coqueluchon à l'usage des Gaulois. Ce mot se trouve dans Martial.

BARGUIGNER, faire des cérémonies inutiles, tourner autour des choses sans prendre de décision, marchander sans aboutir à rien.

BARIZEL, de l'italien *barigello*, chef des sbires.

BARRAIGE, droit qui se prélevait sur les denrées pour l'entretien des ponts et chaussées.

BARRANCO (Joaninus de), auteur imaginaire d'un livre *de Copiositate reventiarum*.

BARRAULT, mesure de liquides contenant ordinairement vingt-sept pintes (Languedoc).

BARRE, longue pièce de bois.

BARRER, fermer avec un barreau, avec une barre de bois.

BARRETADE, coup de barrette, salut du bonnet.

BARRIER, crier, pour désigner le cri propre aux éléphants.

BARRINE (couille) d'éléphant.

BARTACHIM, Jean de Bartachino, jurisconsulte italien, auteur d'un *Repertorium juris*.

BARTOLE, BARTOLUS, célèbre jurisconsulte.

BARYTONER, rendre des sons graves.

BASAUCHIENS, basochiens, gens de la basoche.

BASCHAT, pacha.

BASCHÉ, village du Chinonnais. Les noces de Basché rappellent une vieille coutume. Dans la symbolique de l'ancien droit, des soufflets donnés aux enfants étaient un moyen de graver dans leur mémoire le souvenir des conventions auxquelles ils assistaient. Il en était de même pour le contrat de mariage, à l'occasion duquel l'usage était, dans certaines provinces, de se donner « de petits coups de poing, *en souvenir des noces* ». Dans le *Printemps d'Yver*, à propos des noces de Claribel, célébrées à Poitiers, il est dit : « Notre patient fut tout estonné qu'on lui demanda la livrée ; tellement qu'après les coups de poing de fiançailles, à la mode du pays, Claribel changea le deuil de son père pour les joies d'un nouveau mariage ».

BAS CUEUR, bas chœur, le groupe des chanteurs vulgaires.

BAS-CUL, croupière.

BASILIC, BASELIC, sorte de canon, — animal.

BASIQUE, adjectif de *base*, synonyme de fondamental.

BASLE, halle.

BASLE, Bâle, ville.

BASME, baume : « Ce sera basme de me voir briber ».

BASQUE (le), laquais de Grandgousier.

BASSARIDES, bacchantes, de *Bassareus*, nom de Bacchus.

BASSE DANCE, danse posée des gens bien appris.

BASTELEUR, bateleur.

BASTER (un tonneau), remuer, trimballer.

BASTEURS, batteurs.

BASTILLE, fort, château, refuge.

BASTISSEURS, gens qui bâtissent.

BASTON, arme : « Essayoit de tous bastons ».

BASTON (de croix), hampe sur laquelle la croix est adaptée.

BASTON (de mariage), *erotice*, s'entend aisément.

BASTON A UN BOUT, comme *baston de mariage*.

BASTONNIER, bâtonnier : « De la confrérie des fouaciers ».

BASTONS (à), à doubles bastons, en parlant des fêtes, c'est-à-dire où les croix et bannières sont déployées.

BASTONS ROMPUZ (à), à coups de bâton.

BATAIL, battant (de cloche).

BATISFOLAGHS (de), des batifolages.

BATTERIE, action de battre.

BATTERIE, groupe de pièces (artillerie).

BAUDEMENT, joyeusement.

BAUDICHON (l'ami), nom comique encore employé.

BAUDOUYNAGE, action de saillir, chez les baudets.

BAUDOUINER, même sens. Ces mots s'appliquent par extension à l'espèce humaine.

BAUDRIER, ceinturon.

BAUDUFFE, s'est dit dans le sens de baudruche. La baudruche est une pellicule de boyau de bœuf qui sert principalement aux batteurs d'or pour réduire l'or en feuilles. (*Dict. Ac.*)

BAUFFRER, manger gloutonnement.

BAUFFRURE, action de bauffrer.

BAUGEARS, terme injurieux, qui est dérivé sans doute de la *bauge* du sanglier et du porc.

BAULEVRES, BAULIEVRES, lèvres, mâchoires.

BAURACH, BOURACH, borax.

BAURACINEUX, qui contient des particules de borax.

BAVERETTE, bavette.

BAVEUX, qui bave, et, par extension, qui est loquace & prolixe.

BAVIÈRE, partie de l'armet au-dessous de la bouche.

BAVIÈRES, la Bavière ; *Bavardia*.

BAYE (gueule), la bouche ouverte, béante.

BAZ CULZ (mettre à), s'asseoir.

BAZACLE (les moulins du), moulins renommés de Toulouse.

BÉAT, de *beatus*.

BEATI QUORUM, ce sont les deux premiers mots du psaume LXXVIII, deuxième psaume de la pénitence.

BEAUCE : « Les gentilshommes de Beauce desjeunent de baisler (de bâiller) ».
BEAULNE, Beaune.
BEAUVOYS, Beauvais.
BECARD, le grand harle, espèce de palmipède.
BECGUETANT, chevrotant, bégayant, selon l'interprétation la plus plausible.
BECHÉE, becquetée : « Ne prennent leur bechée sinon qu'on leur tape la queue ».
BECHETS, brochets.
BEDA, auteur d'un traité *de Computo seu indigitilatione et de loquela manuali per gestum digitorum*. Venise, 1525.
BEDA (Noël), théologien, ennemi de la Réforme. Rabelais lui attribue un traité *de Optimate triparum*.
BEDAINES, gros ventres.
BEDAUD, BEDAULT, terme amical, qui dérive peut-être de *bedaine*.
BEDON, comme le mot précédent.
BEDOUAULT, blaireau.
BEEN, nom arabe des myrobolans ou glandes aromatiques.
BEGUIN, coiffure de tête.
BEJAUNE, bec-jaune, blanc-bec, apprenti.
BEL, Belus, Baal.
BELIMA, forteresse imaginaire.
BELINAIGE, coït des béliers ; s'applique par extension à l'espèce humaine.
BELINÉ, tondu, dépouillé, attrapé.
BELINER, *arietare*, s'accoupler.
BELINIER, bélier, homme qui beline.
BELINIÈRE, de bélier.
BELISTRANDIE, bêtise, belîtrerie, balourderie.
BELISTRANDIERS, BELISTRANDEIS, augmentatif de belistre, belître.
BELISTRE, gueux.
BELLE (guerre dicte), jeu de mots sur *bellum*.
BELLICQUE, de guerre.
BELLIERS, béliers d'un pressoir, les deux arbres qui en forment le fût.
BELUTAIGE, l'*alto venereo*.
BELUTEAU, blutoir, crible.
BELUTEMENT, examen, discussion.
BELUTER, bluter la farine, le temps, sa femme.
BENDER une arbalète, le gouvernail, son esprit. BENDER (se), s'insurger : « Se bender contre son père ».
BENEFICE, action, attribution bienfaisante.
BENEVOLENCE, bienveillance.
BENISTRE, bénir.
BENOIST, BENOISTE, béni.
BENOISTIER, bénitier.
BERCAN (JACQUET), musicien contemporain de Rabelais.
BERGAMASQUE, BERGAMESQUE, de Bergame :

« Boucler à la Bergamasque », mettre une ceinture de chasteté.
BERGEROTTES, bergerettes, diminutif de bergères.
BERILLES, BERYLLES, pierres précieuses.
BERLAND, brelan, jeu.
BERLE, salade.
BERNARD LARDON, moine d'Amiens, d'après Rabelais.
BERNES (à la moresque), mantelets à capuchon, préservant le visage du hâle.
BEROSE, historien chaldéen du IVe siècle avant J.-C.
BERS, berceau.
BESCH, vent de sud-ouest.
BESOIGNER, travailler ; est employé érotiquement.
BESOIGNES, affaires, biens.
BESOING (faire), faire défaut, manquer.
BESSAIN, bassin.
BESSARION (Jean), savant grec du XVe siècle.
BESSÉ, village du Chinonnais.
BESSER (BOYS), baisser les lances, les piques.
BESSONS, doublets, jumeaux.
BESTE A DEUX DOS (FAIRE LA), *far l'alto venereo*.
BESTERIE, bêtise.
BESTES : « Si n'estoient messieurs les bestes, nous vivrions comme clercs ». Rabelais change la place des mots : si n'étaient messieurs les clercs, nous vivrions comme bêtes.
BESTIAIRES, belluaires, combattant les animaux féroces.
BETELIS, Teflis, ville d'Asie.
BETTE, pour buvette, action de boire : « Je ne peuz entrer en bette », je ne peux me mettre en train de boire.
BETUNE, Bithynie, contrée de l'Asie Mineure.
BEUFFLES, buffles.
BEURRE : « La grosse tour de beurre qui estoit à Bourges ». On nommait ainsi, dit-on, des tours construites avec l'argent provenant des permissions de manger du beurre pendant le carême.
BEURS, BURS, moines vêtus de bure.
BEUSSE, bourg et rivière du Loudunois.
BEUVEREAU, petit buveur.
BEUVERIE, action de boire.
BEUVETTES, buvettes.
BEVEUR, buveur.
BEZAGUË, hache à deux tranchants.
BEZAN, monnaie d'or. Son nom venait de Byzance, où elle avait été frappée du temps des empereurs chrétiens.
BEZICLES, lunettes ; est pris quelquefois pour yeux.

BIART, Béarn : « Cappe de Biart ». cappe béarnaise.

BIBAROYS, Vivarais. En donnant cette forme au mot Vivarais, Rabelais a l'intention de le rapprocher du mot *bibere* et de le confondre avec le pays des buveurs.

BICANE, sorte de raisin dont on se servait pour faire du verjus.

BICOCQUE, village du Milanais où Lautrec avait été battu par les Impériaux en 1522.

BIEN SÉANCE (DROIT DE), droit de faire à sa convenance, à son plaisir.

BIÈRE (FOREST DE), forêt de Bièvre. Les uns croient qu'il s'agit de l'ancienne forêt, voisine de Paris, à laquelle la rivière de Bièvre donnait son nom ; les autres, qu'il s'agit de la forêt de Fontainebleau, qui s'appela aussi forêt de Bièvre.

BIÈS, biais : « De biès », de travers.

BIÈVRE (forest de), comme la forêt de Bière.

BIGEARRE, bigarré, bizarre.

BIGORRE, pays entre les bassins de l'Adour et de la Garonne.

BIGUA, palan ; — au lieu de *biga*, chariot à deux roues.

BILLE, balle, bulle : « Danser comme bille sur tabour », bondir comme balle sur tambour. « Billes vezées », bulles pleines de vent.

BILLONNEURS, gens qui font un trafic de monnaies défectueuses.

BIMBELOTER (un tonneau), le tracasser.

BIPARTIENT, partagé en deux.

BISCARIÉ, défait, en mauvais état.

BISCHARS, faons de biche.

BISCLE, bigle, louche.

BISCOTER, comme beluter, beliner ; *far l'atto*, disent les Italiens.

BISCUITES, biscuits.

BISOUARS, colporteurs, porte-balles du Dauphiné.

BISSEXTE, jour que l'on ajoute à l'année tous les quatre ans.

BISTORIER, inciser, taillader, déchiqueter.

BITARS, outardes.

BITONS, petites charpentes qui servent à arrêter les cables et gros cordages dans les fortes manœuvres.

BITOUS, comme *Bitons*.

BLANC, monnaie ; le grand blanc valait six deniers ; le petit blanc cinq.

BLANC signifie aussi le point central où visent les tireurs : « Armés à blanc », c'est-à-dire armés d'armures polies, reluisantes. « Celui qui n'a point de blanc dans l'œil », c'est le diable.

« Blanc signifiera joye. Et n'est signifiance par imposition humaine instituée, mais receue par consentement de tout le monde... » Cela n'est pas exact ; mais Rabelais ne pouvait savoir qu'en Chine le blanc est signe de deuil.

BLANCHÉE, la valeur d'un blanc.

BLANCHET, petite étoffe de laine blanche.

BLANCHETTE, *Leucece*, Paris, « ainsi nommée pour la blancheur des cuisses des dames dudict lieu ».

BLANDUREAU, pommes ainsi nommées à cause, dit-on, de leur blancheur et de leur dureté.

BLASON, le blason d'une chose est l'ensemble des traits qui caractérisent le mieux cette chose en bien ou en mal. Le *Blason des couleurs* est un petit livre publié vers 1530, où l'on donne le sens et la signification des diverses couleurs.

BLASONNER, caractériser une personne, une chose, en bien ou en mal.

BLASPHEME, pour blasphématoire.

BLATTES, vermine qui ronge les étoffes et les livres ; — s'est dit pour *belettes*.

BLAYE, sur la Gironde.

BLEMMIES, êtres fantastiques, sans tête, ayant les yeux et la bouche sur la poitrine.

BLOCQUER, choquer, tarabuster.

BOBELINER, saveter ; *de bobelinandis*, etc.

BOBELINS, chaussures grossières et ferrées que les savetiers avaient le droit de confectionner, d'où ils étaient appelés *bobelineurs*.

BOCACE, BOCCACIO, l'auteur du *Décaméron*.

BOESMES, bohémiens.

BOHU, nom d'une île imaginaire.

BOIES, sorte de reptiles.

BOILLIR, bouillir.

BOLEVARD, BOULLEVAR, boulevard.

BOLIDES, le plomb de la sonde.

BOLIVORAX, nom d'un géant.

BOLOGNE, BOULOIGNE (en Italie).

BOLOIGNE, Boulogne, près de Paris.

BOMBARDE (artillerie).

BON JOAN, capitaine des Franctopins.

BONA, BONE, ville d'Afrique.

BONACHE, bonace, calme en mer.

BONADIES, nom propre formé de *bona dies*, bon jour.

BONASES (de Pœonie), animaux sauvages. Pline (livre VIII, chapitre XV) dit que la fiente de cet animal est si mordicante qu'elle brûle ceux contre lesquels il la lance quand il est poursuivi.

BONA SPERANZA (CAP DE), cap de Bonne-Espérance.

BONDE, piece de bois qui, baissée ou haussée, sert à retenir ou à lâcher l'eau d'un étang.

BONDES (DE HERCULES), colonnes d'Hercule.

BON DI, bonjour, *buon di* en italien.

BONDON, morceau de bois rond qui sert à boucher la bonde d'un tonneau ; se dit aussi de la bonde, de l'ouverture elle-même ; a parfois un sens érotique.

BONEDÉE, *bona dea*, bonne déesse.

BONNE MINE, personnifiée par Rabelais.

BONNETTES. Les bonnettes sont de petites voiles qu'on ajoute aux grandes. La bonnette traînéresse est celle qu'on attache au papafil du grand mât.

BONOSUS, empereur de Rome qui se pendit.

BONS, bonds.

BONS HOMMES. Les Minimes fondés par saint François de Paule étaient appelés communément les Bons hommes.

BONDELIER, habitué des maisons de prostitution.

BORDES, maisonnettes des champs.

BORDIEUX, même sens que bordes.

BORÉAS, Borée.

BOSSARD, île allégorique des bossus.

BOTANOMANTIE, divination par le moyen des plantes.

BOTASSES, bottes, chaussures.

BOTE, BOTTE, vaisseau, mesure des liquides.

BOTELEUR, BOTTELEUR, qui fait ou qui ramasse des bottes (de foin).

BOTINEURS, gens portant bottines, moines.

BOTTINE, chaussure.

BOUCAL, bocal, boucaut.

BOUCHARD (ISLE), Île de la Vienne, près de Chinon.

BOUCHET (Jean). — Voyez la *Vie* de Rabelais.

BOUCLER, fermer : « Boucler une femme », lui ceindre une ceinture de chasteté qui se ferme à cadenas.

BOUCLER, bouclier.

BOUCLUS, tranchées d'investissement. De là vient sans doute le mot blocus.

BOUCON, poison.

BOUCQUE, boucle, nombril ; a aussi le sens de bouche, embouchure.

BOUCQUER, baiser par force, dit le dictionnaire de l'Académie.

BOUCQUIN, bouc ou homme lascif comme un bouc. Boucquin, boucquine, pris adjectivement, c'est-à-dire de bouc.

BOUDARINI (*episcopi*), nom burlesque.

BOUDINALLE (fressure), le boudin. *Boudinos*, en latin de cuisine.

BOUFFAIGE, bonne chère.

BOUFFIZ, farcis.

BOUGER, remuer, partir.

BOUGETTE, pochette, bourse.

BOUGRES, dans le sens actuel : « Brûler comme bougres ».

BOUGRIN, diminutif de bougre, hérétique.

BOUGRINO, le même mot avec la terminaison italienne.

BOUGRISQUE (barbe), bougresque, de bougre, ou de Bulgare, en revenant à l'étymologie du mot.

BOUGUIER (Guy), un des compagnons de Rabelais à Montpellier.

BOULANGIERS, boulangers ; « ne valent guères mieux que les meusniers ».

BOULINE, cordage fixé au milieu de chaque côté d'une voile, et qui sert à la tirer en avant, pour prendre le vent, lorsqu'il est oblique ou contraire.

BOULINGUES, petites voiles du haut du mât.

BOURBONNENSY, Bourbonne-les-Bains (Haute-Marne).

BOURBONNOYS, province de France.

BOURDEAULX, Bordeaux.

BOURDELOYS, le Bordelais.

BOURDES (les), village du Chinonnais.

BOURE, BURA, ville d'Achaïe.

BOURGEOYS (frère Jan), prédicateur du temps de Rabelais.

BOURGET, bourg près de Paris.

BOURGUEUIL, petite ville du Chinonnais où il y avait une abbaye de bénédictins.

BOURLET, bonnet doctoral.

BOURNÉE, bornée, limitée.

BOURNES, bornes.

BOURRABAQUIN, flacon de cuir, flûte ou grand verre allongé.

BOURRABAQUINIÈRE, adjectif formé du mot précédent. La nef bourrabaquinière est celle qui a un bourrabaquin pour enseigne.

BOURRACHE, outre, de l'espagnol *borracha*.

BOURRÉ (François), domestique du seigneur de Langeais.

BOURREAU, bourreau et bureau, Rabelais joue sur ces deux mots.

BOURSAVITZ, mot composé qui s'entend bien.

BOURSILLER, payer de sa bourse.

BOURT, bord, rivage.

BOUSSIN, morceau.

BOUTARGUES, cervelas composés d'œufs de muge ou d'esturgeon confits à l'huile.

BOUTAVENT, BOUTEVENT, soufflet.

BOUTEILLIQUE, adjectif du mot bouteille.

BOUTEILLON, de *bottiglione* (Dictionn. d'Oudin), grand buveur, sac à vin. Les Italiens appliquaient cette injure aux troupes françaises qui occupaient leur pays : « Quid restat mihi? ut expressis butilionibus, regnet Cæsar invictissimus ». (Pasquin, tome II, page 317 des *Pasquillorum Tomi duo*.)

BOUTER, mettre, poser, pousser.

BOUTON : « A l'estimation d'un bouton », valant un bouton.

BOUYS, buis.

BOUZINE, flûte ou hautbois rustique.

BOVIER, bouvier.

BOVINS, BOVINES, de bœuf.

BOYE, bourreau.

BOYERS, bouviers.

BOYRE, quantité et mesure de liquide.

BOYS (DE MOULLE), bois à la mesure.

BOYSSONNÉ (Jean de), professeur à l'Université de Toulouse, puis conseiller à Chambéry. — Voyez la *Vie* de Rabelais.

BOYTE, boisson.

BOYTEUX (le). On dit que par ce mot Rabelais désigne Charles-Quint.

BRABANT, province des Pays-Bas.

BRACHMANES, prêtres indiens.

BRACQUE, carrefour de Bracque ; depuis, place de l'Estrapade.

BRACQUEMART, BRAQUEMART, courte épée. Est pris souvent dans un sens érotique.

BRAGARD, BRAGUART, beau-fils, mignon, pimpant.

BRAGMARD, même sens que bracquemart.

BRAGMARDER, BRAQUEMARDER, jouer du bragmard, *erotice*.

BRAGUE, cordage court qui sert au gréement d'un vaisseau.

BRAGUES, chausses, braies, braguette : « Bragues avalades », chausses baissées.

BRAGUETTE, appendice du haut-de-chausses servant à contenir les parties de l'homme. Quelquefois Rabelais prend le contenant pour le contenu.

BRAGUIBUS ET BRAGUETIS (IN), dans les braies et les braguettes.

BRAIN, brin, petite quantité.

BRAISLER, désigne le cri de l'âne, braire.

BRAMER, BRASMER, crier, désigne particulièrement le cri du cerf ; signifie aussi aspirer, désirer vivement. Janotus de Bragmardo applique ce mot à une vache sans cymbales (sans clochettes)

BRAMONT (en Lorraine).

BRAN, son et excrément ; ce qui prête au jeu de mots « Pet de boulanger, car le bran vient après » ; s'emploie en forme d'interjection.

BRANC, BRAND, lourde épée à un seul tranchant.

BRANCHIDES, famille d'origine milésienne vouée au culte d'Apollon à Dydime.

BRANCHIER, qui se tient sur les branches.

BRANCQUARS, vergues.

BRANDES, arbustes secs, bruyères desséchées. On dit proverbialement : « Comme le feu parmi les brandes ».

BRANDIF, vif, entier, debout.

BRASSAL, brassard.

BRASSÉE, embrassade.

BRASSIER, fronde.

BRAVETÉ, fierté, braverie, élégance.

BRAYE, haut-de-chausses.

BRAYER, broyer.

BRAYER (Jamet), pilote principal de Pantagruel. C'est le nom d'un pilote renommé à cette époque.

BRAYES, ouvertures, passages : « Faulses brayes », issues qui doivent être bouchées, dans une place forte, quand l'ennemi approche.

BRAYES, pour vraies.

BRECHET, l'os fourchu de la poitrine,

BREGMATIQUES, BREGMATIS (OS), os du sinciput ; en grec βρέγμα.

BREHAIGNE, stérile.

BREHEMOND, BREHEMONT, village du Chinonnais.

BRELANT, jeu ; tenir le brelant, tenir le jeu ; est pris dans un sens érotique.

BRELINGUANDUS, nom imaginaire.

BREN, comme BRAN dans le sens d'excrément. Est surtout usité comme interjection : « Bren, bren. Bren pour lui. »

BRENASSERIE, mot formé avec le mot *bren*, ordure.

BRÊNE (la), la Brenne, pays sur les limites de la Touraine et du Berry, entre Châteauroux et le Blanc.

BRENEUX, BRENOUS, merdeux.

BRESIL, désigne la Provence *bresillée*, brûlée par les troupes de Charles-Quint. Antoine de Leyve périt au siège de Marseille. — Voyez la *Vie* de Rabelais.

BRESIL, bois de Brésil.

BRESSER, bercer.

BRESSINE, manœuvre pour traverser l'ancre d'un vaisseau.

BRESSUIRE, ville du Bocage, en Vendée.

BRETAIGNE, Bretagne : « A la mode de Bretaigne ».

BRETESQUE (A LA), la brétonne : « Boire à la bretesque ».

BREUME, brume, le solstice d'hiver.

BREUSSE, grande tasse, verre à boire.

BREVAIGE, breuvage.
BREVIAIRE, livre d'heures ; flacon fait en forme d'un de ces livres. « Matière de breviaire », théologie élémentaire, ce qui se trouve dans le bréviaire.
BRIARE BRIAREUS, BRIARÉE, géant.
BRIBER, manger.
BRIBES, miettes, morceaux.
BRICQUER, travailler, bâtir, revêtir de briques.
BRIDE : « A bride avallée », à bride abattue.
BRIE (GERMAIN DE). — Voyez au mot GERMAIN.
BRIEF, bref. « En briefs jours », en peu de jours. Brief (de), bientôt.
BRIEFVETÉ, brièveté, laconisme.
BRIEND VALLÉE, seigneur de Douhet en Saintonge, conseiller au parlement de Bordeaux et président à Poitiers.
BRIFFAULX, frères lais fondés en bref du pape et entretenus par des religieuses non rentées, afin de quêter pour elles.
BRIGUANDERYE, brigandage, pillage.
BRIGUANDINE, armure légère faite de petites lames de fer réunies.
BRIMBALLEMENT, action de brimballer.
BRIMBALLER, sonnailler les cloches, agiter, mettre en mouvement. Est pris quelquefois dans un sens érotique.
BRIMBALLEUR, celui qui brimballe.
BRIMDELETTES, suivant Morellet, reliques que les voyageurs allaient chercher à Rome. Brimbelettes avait le sens qu'a maintenant brimborions.
BRIMBORIONS, menus suffrages, prières sans attention.
BRINDE, vase à anses, propre à mettre du vin.
BRINDIERE, adjectif formé du mot précédent.
BRINGUENARILLES, nom d'un géant.
BRISANS (quartiers), quartiers de lune, disent les commentateurs.
BRISCOUTTER, *far l'alto*.
BRIX, BRIZ, débris, naufrage.
BRIZEPAILLE d'auprès sainct Genou (venue de), débauchée ; suivant Le Duchat, prostituée dont la paille du lit a été brisée par les genoux. Villon, dans son *Grand Testament* (XCIV), parle de « filles demourantes à Sainct-Genou, près Sainct-Julien-des-Vovantes, Marches de Bretaigne ou de Poitou ».
BROC EN BOUC (de), de broc en bouche, vivement, instantanément.
BROCADIUM (JURIS). Un brocard de droit, *brocardium juris*, est une sorte de dicton juridique. Bridoye altère ce mot, et en fait le nom d'un professeur.

BROCARDS, dictons juridiques, pointes, railleries.
BROCQ, broc.
BRODEQUINS, bottes fauves.
BRODIORUM USU (DE), de l'usage des brouets, potages bouillis.
BRONTES, cyclopes.
BRONZE (LA), bronze employé au féminin.
BROSSE (LA), en Saintonge.
BROUAGE, marais salins dans la Charente-Inférieure.
BROUET (le grand), la grande halle de Milan. — Voyez la *Briefve Déclaration*.
BROUSTER, brouter, manger.
BRUINES, brumes, petites pluies.
BRUMEL, musicien contemporain de Rabelais.
BRUNCHER, broncher.
BRUNEAU (CLOUS), Clos Bruneau, dans le quartier latin. Rabelais se sert de ce mot pour désigner l'anus.
BRUSCQ, BRUSQ, âpre, vert, en parlant du raisin et du vin.
BRUSHANT DE MOMMIERE, géant.
BRUSLEFER, géant.
BRUSLEVIEILLE, localité du Chinonnais.
BRUSQUET, un peu brusque.
BRUTE, Brutus.
BRUYER, nom d'un géant — et aussi d'un musicien contemporain de Rabelais.
BRUYRE, faire du bruit, retentir.
BRUYT, renommée.
BUBAIALLER, souffler, bâiller, hennir, et, érotiquement, être en arrêt.
BUDÉ (Guillaume), savant, contemporain de Rabelais.
BUFFER, souffleter, frapper.
BUFFONIQUE, de bouffon.
BUISSONNET, petit buisson.
BULLÉ, scellé, authentique comme une bulle.
BUOUR, oiseau.
BUPRESTES, insectes venimeux.
BUR, gris, vêtu de bure.
BUREAU, étoffe gris-brun. Panurge joue sur ce sens du mot et sur le sens qu'il a conservé.
BURGOTZ, moines vêtus de bure.
BURON, cabane, petite maison.
BUSCH, pays du Bordelais.
BUSCHETEURS, bûcherons.
BUSSARS, mesure de capacité, tonneau.
BUST, bûcher, lieu où les anciens brûlaient les morts.
BUSTARIN, ventru, ivrogne.
BUSTUAIRES, des bûchers ou des corps morts : « Larves, cendres bustuaires ».
BUZANÇAY, ville sur l'Indre.
BYSSINES, de soie.
BYTURES, oiseaux imaginaires.

C

ÇA BAS, ici bas.

CABAL, deniers ou marchandises qu'on prenait d'autrui à charge d'un partage dans les bénéfices.

CABALE, CABALLE, science secrète.

CABALICQUE, adjectif du mot précédent.

CABALIN, CABALLINE : « Fons cabalins, fontaine caballine », *fons caballinus*, Hippocrène.

CABALISTES, CABALLISTES, les auteurs hébreux qui ont traité de la cabale : « Cabalistes de Sainlouand ». Sainlouand était un célèbre prieuré près de Chinon. Rabelais donne par moquerie le nom de cabalistes aux moines de ce prieuré.

CABASSER, amasser, entasser dans un cabas.

CABAT, panier.

CABIRES (dieux), divinités anciennes présidant aux forces redoutables et mystérieuses de la nature.

CABIROTADES, grillades de chevreaux.

CABIROTZ, petits chevreaux.

CABOCHE, tête.

CABOURNE, chapeau profond à l'usage des frères Briffaulx.

CABRE, chèvre.

CABRE MORTE, chèvre morte : « Porter à la cabre morte », comme on porte une chèvre morte, sur les épaules.

CABUS, choux cabus, choux-pommes.

CACCIADIAVOLO, fameux pirate du XVIe siècle.

CACE, CACUS, géant.

CACHECOUL, cache-cou, mouchoir, fichu.

CACHE-LAID, CACHELET, petit masque de velours semblable aux *loups*, que les femmes portaient alors.

CACHINER, rire, *cachinnare*.

CACOETHE, pernicieux, de nature maligne.

CACQUE, mesure de quantité : « Dix-huit cacques et un minot (de sel) ».

CACQUEROLES, coquilles de colimaçons.

CACQUEROLIERE, magasinaux cacqueroles.

CACQUEROTIER, enfonceur de caques de harengs.

CACQUES, forteresse de Carême-prenant.

CACQUESANGUE, flux de sang.

CADEAC, musicien contemporain de Rabelais.

CADOUYN, chef-lieu de canton de l'arrondissement de Bergerac. L'église de Cadouin se vante de posséder un des suaires du Christ.

CÆLION (mont), colline de Rome.

CÆSARIN, cardinal Cesarini.

CAFAR, CAFFARS, cafard ; encore usité.

CAFEZATES, reptiles.

CAFFARDERIE, hypocrisie.

CAGAR, *cacare*.

CAGOTZ, CAGAUX, grimaciers de dévotion, hypocrites, comme *cafards*.

CAGOULLE, capuce, *cucullus*.

CAHIERS, mémoires, pièces de comptabilité ou autres.

CAHUAILLE, chahuaille, comme chiennaille, canaille.

CAHUET, extrémité du capuchon.

CAICHE, de l'italien *cazzo* : « N'est-ce falotement mourir quand on meurt le caiche roide? » Allusion à ce vers latin du moyen âge :

Arrectus moritur monacha quicunque potitur.

CAIGNARD, chenil, lieu malpropre.

CAIGNARDIERS, gens de chenil, gueux, vauriens.

CAILLEBOTTES, lait doux caillé.

CAILLES COYPHÉES, femmes.

CAILLETTE, fou célèbre.

CAILLETTES, petites cailles.

CAISGNE ! Signifie ordinairement chienne, de l'italien *cagna*. Des érudits y voient une onomatopée exprimant la vibration du verre quand on débouche la bouteille. Les buveurs, disent-ils, font entendre, pour imiter ce bruit de la bouteille, un son que le mot *caisgne*, en prolongeant la dernière syllabe, traduit assez bien.

CALABRISME, danse gaie, du grec χαλαβρισῶ.

CALAER, nom d'une tour de Thélème : bel air.

CALAMITE, l'aiguille aimantée et la boussole elle-même.

CALANUS. Calanus montant au bûcher, Alexandre lui demanda s'il avait un désir à exprimer : « *Optime, inquit, propediem te videbo* ». Peu de jours après, Alexandre mourut à Babylone. (Cic., *de Div.*)

CALATHES, vases, corbeilles.

CALCULES, calculs.

CALDÉANS, Chaldéens.

CALDÉE, Chaldée.

CALEIL, lampe, en languedocien (chapitre XXIII du livre II) : « Et n'y avoit plus d'olif en li caleil ». Il n'y avait plus d'huile dans la lampe.

CALENDES ou CALENDRES GRECQUES. Les calendes n'existant pas chez les Grecs, cette locution a le sens de *jamais*.

CALEPINUS RECENSUI, formule qui servait à terminer les copies et collations de textes. Calepinus est un lexicographe renommé de la seconde moitié du XVe siècle.

CALFRETER, calfeutrer, mettre de la bourre dans les fentes; s'emploie figurément.

CALINES, Chalybs, rivière du pays des Celtibères, qui passait pour donner une excellente trempe à l'acier.

CALICULES, petits calices.

CALIGE, la chaussure militaire dite en latin *caliga*.

CALIGULA, empereur romain.

CALIXTE, pape.

CALLAFATER, calfater (un vaisseau).

CALLAISCHRE. Un Grec nommé Καλλαισχρος ayant péri sur la mer, on lui fit des épitaphes. Il y en a deux dans l'*Anthologie*, dont l'une par Ἀργυροπλάτης, nom que Rabelais traduit par Argentier.

CALLER, caler : « Calleray mes voilles ».

CALLIANAX, médecin de l'antiquité.

CALLIBISTRIS. Rabelais applique également ce mot aux parties naturelles de l'homme et de la femme. Il forge le mot *Gallibistratorium (caffardiæ)*.

CALLIMACHE, CALLIMACHUS, poète grec.

CALLIOPE, muse.

CALLITHRICHUM, plante.

CALLOIER, calloier est formé sans doute de καλός ἱερεύς (bon prêtre), de καλός γέρων ou καλογηρός, que H. Estienne traduit par *monachus, quasi bellus senex*. Cette qualification a été donnée dans le Levant à des moines de certains ordres.

CALPE, Calpe et Abila sont les deux montagnes que sépare le détroit de Gibraltar, les colonnes d'Hercule des anciens.

CALPHURNIUS BASSUS, auteur d'un traité *de Litteris illegibilibus*, des caractères invisibles.

CALUMNIATEUR, c'est ordinairement le diable; a parfois aussi le même sens qu'aujourd'hui.

CAMARINE (mouvoir la), la Camarine était un marais de Sicile. *Movere Camarinam* se disait proverbialement pour remuer un bourbier, en faire sortir des exhalaisons pernicieuses, mettre au jour des choses qui étaient faites pour demeurer cachées.

CAMAT ou CAMAR (ALBIAN), mots venant de l'hébreu et signifiant : blanc sacristain.

CAMBERIACI, Chambéry. — Voyez la *Briefve Déclaration*.

CAMBLES, roi des Lydiens.

CAMBYSES, roi de Perse.

CAMELIN, certaine allure d'un cheval.

CAMELIN, nom d'un musicien contemporain de Rabelais.

CAMELOPARDALES, animaux fantastiques.

CAMELOTIÈRE (l'Advocat, seigneur de), nom propre inconnu.

CAMERIME, pour Camarine. — Voyez ce mot.

CAMERLIN (cardinal), cardinal chambellan.

CAMILLE, nom de Mercure en langue étrusque, messager.

CAMILLE, CAMILLUS (Marcus Furius), dictateur romain, vainqueur des Gaulois.

CAMILLE, amazone, fille du roi des Volsques, célèbre par sa légèreté à la course, chantée par Virgile.

CAMP DE FLOUR. *Il campo di Fiore*, à Rome.

CAMPANELLE, clochette.

CAMPANES, cloches.

CAMPOS (prendre), prendre les champs, prendre la fuite.

CANA (nopces de). — Voyez Évangile selon saint Jean, II, 1.

CANAAN, CHANAAN, pays de Phénicie, de Palestine, la *terre promise* des Hébreux.

CANABASSER, revoir, examiner avec soin, repasser un canevas.

CANABASSERIE, substantif de *canabasser*, ennui causé par un examen trop minutieux.

CANACHUS, sculpteur sicyonien.

CANADA, nouvellement découvert par Jacques Cartier.

CANANÉENS, habitants de la terre de Canaan.

CANARRE (isles de), îles Canaries (archipel de l'océan Atlantique).

CANARRIENS, habitants des îles Canaries.

CANCALE, à 15 kilomètres N.-E. de Saint-Malo.

CANCELLERESQUES (lettres), de chancellerie.

CANCRE! exclamation. Le mot cancre signifiait chancre et aussi écrevisse, *cancer*.

CANDE, CANDE, CANDES, et QUANDE, village du Chinonnais. Liv. IV, ch. XIX :

« Entre Quande et Monssoreau
Et n'y paistra vache ne veau »

Il y avait un dicton ainsi conçu :

Entre Cande et Montsoreau
Il ne paît brebis ni veau,

pour exprimer la proximité de ces deux localités.

CANDIENS, habitants de l'île de Candie.

CANE (faire la), caner, faire le plongeon, se dérober, « se mettre au plongeon comme canes », se cacher au moment du danger.

CANETILLE, broderie en fils d'or ou d'argent, tortillés ou en petites lames.

CANIBALES, peuples d'Afrique, à faces de chiens, et aboyants.
CANIDIE, sorcière. — Voyez Horace, *ép.* III, 5, 17.
CANNE, mesure de longueur égalant huit empans ou une aune et demie.
CANNEPETIÈRE, canard de terre, *anas campestris* ou *pratensis*. Cet oiseau court extrêmement vite.
CANNES, village célèbre par la victoire d'Annibal, 216 ans avant Jésus-Christ.
CANNES, roseaux.
CANON, règle, temps assigné à faire chaque chose : « N'avoir poinct fin ni canon ». — « Canons d'astronomie », règles, lois astronomiques.
CANONGE, bon et fort papier, *carta canonica*.
CANONIQUE, régulier.
CANONIQUEMENT, régulièrement, conformément aux canons.
CANONISTES, savants en droit canon.
CANONNERIES, coups de canon.
CANOPE, ville de l'Égypte ancienne à l'embouchure du Nil.
CANORE, chanteur, en parlant des oiseaux, ou du sureau, dont on fait des flûtes rustiques.
CANTEPERDRIS, village de Languedoc.
CANTHARE, vase à boire, *cantharus*.
CANTHARIDISÉ, assaisonné de cantharides.
CANTIQUEUR, chantant des vers.
CAP BLANCO, le cap Blanc à l'ouest de l'Afrique.
CAPELINE, CAPPELINE, espèce de casque.
CAPELLA MARTIANUS, écrivain latin probablement du Vᵉ siècle.
CAPESTAN, cabestan.
CAPHARD, *caphart*, hypocrite. — Voyez CAFARD.
CAPHARDERIE, hypocrisie.
CAPILAMENT, filet, ligne fine comme un cheveu.
CAPITAINE JUIF (le saint), Judas Machabée.
CAPITO (Atteius), jurisconsulte romain.
CAPITOLE, le Capitole romain.
CAPITOLIN, du Capitole romain. Jupiter Capitolin.
CAPITOLY, Capitole, lieu où s'assemblent les capitouls, les magistrats de la cité.
CAPITULUM (AD), au chapitre. « Sonner *ad capitulum* », appeler au chapitre au son de la cloche.
CAPNOMANTIE, divination par la fumée de l'encens.
CAPO MELIO, cap de Malvoisie.
CAPORIONS, capitaines, caporaux, chefs d'escouade.
CAPPE, cape, chaperon, capuchon ; « cappe à à l'espaignolle », petit manteau.

CAPPIETTEMENT, furtivement.
CAPRIFICES, figuiers sauvages.
CAPRIMULGE, tette-chèvres, oiseau nocturne que l'on dit teter les chèvres la nuit.
CAPS D'ESCADRE, chefs d'escadron.
CAPSE, cassette, coffre.
CAPSULE, diminutif de capse : « Le cœur dedans sa capsule ».
CAPUCINGAUX, mot grotesque formé du mot capucin.
CAPULAIRE, cercueil, bière, *capulus*.
CAPUSSION, capuchon.
CAPUSSIONNAIRE, encapuchonné, portant capuchon.
CAPUTIONS, porte-capuchons, moines.
CAP VIRIDO, le cap Vert, entre le Sénégal et la Gambie.
CAQUEROLLE, QUAQUEROLLE, coquille.
CAQUESANGUE, flux de sang.
CARACALLE, Caracalla, empereur romain.
CARACQUE, sorte de navire.
CARADOTH, mot hébreu : pensées embarrassantes.
CARBONNADE, tranche de bœuf grillée sur les charbons.
CARBOUCLE, escarboucle, *carbunculus*.
CARCAN, sorte de collier très riche à l'usage des femmes.
CARDIACQUE (passion), douleur au cœur, du grec καρδία, cœur.
CARDINALICULE, diminutif de cardinal.
CARDINALIZER, rendre rouge, comme les écrevisses, « que l'on cardinalize à la cuyte ».
CARDINGAUX, CARDINGESSES, noms grotesques formés du mot *cardinal*.
CARIBDE, Charybde, gouffre du détroit de Messine.
CARIE, contrée de l'ancienne Asie.
CARINE, carène, la partie du vaisseau qui plonge dans l'eau.
CARMAIGNE, la Caramanie.
CAMENTALE (porte), porte de l'ancienne Rome, située au pied du Capitole, entre la roche Tarpéienne et le Tibre.
CARMES, vers.
CARMINIFORMES (vers), vers qui ressemblent à des vers, pléonasme plaisant.
CARNAGE, viande, chair.
CARNEVAL, carnaval.
CARNIFORME, charnu.
CAROLE, danse, branle.
CAROLUS, monnaie d'argent, marquée d'un K, valant dix deniers, frappée sous Charles VIII.
CAROS ET ALLUZ (trinquer), boire et reboire, trinquer et retrinquer, de l'allemand : *Zum gar aus und allaus trinken*.

CARPALIM, nom d'un des domestiques de Pantagruel, son coureur, son messager. Ce nom équivaut à prompt, alerte, véloce, et vient du grec καρπάλιμος (rapide).

CARPASIE. Ce nom désigne soit une ville de l'île de Chypre, soit une des petites îles situées vis-à-vis.

CARPASIEN, de Carpasie. Le lin carpasien est l'amiante.

CARPATHIE (mer), *Carpathium mare* partie de la Méditerranée autour des îles Sporades.

CARPIONS, carpeaux, petites carpes : « Beuvans à gré comme beaulx carpions ».

CARRACON, *carraque*, bâtiment de transport, vaisseau marchand.

CARRELEURS. On appelle *carreleurs* soit les ouvriers qui pavent en carreaux, soit ceux qui ressemellent les souliers. Rabelais emploie l'expression *carreleurs de ventres* par une métaphore tirée de l'une des deux acceptions propres du mot, il n'est pas aisé de dire laquelle.

CARRELEZ (VENTRES), bien garnis. *Carreler*, c'est daller, paver en carreaux, ou encore ressemeler des souliers.

CARRELURE (de ventre), ce qui garnit le ventre. C'est cette expression proverbiale qui a donné naissance aux deux précédentes.

CARROY, chemin à charrier, grande route.

CARTASONNES, licornes.

CARTHAGIENS (les), les habitants de Carthage.

CARTIER (JACQUES), navigateur français qui découvrit le Canada, en 1535.

CAS, sourd, étouffé.

CAS (par), par hasard.

CASA NOVA, ville de bains en Italie.

CASE, cabane, maisonnette.

CASÉIFORME (cerveau), qui a la forme et la substance du fromage.

CASPIES (monts), monts Caspiens.

CASQUETZ, casques.

CASSADE, supercherie, tromperie, *cazzada* en vénitien, *cassada* en provençal.

CASSE ESCOUTE, *cassa la scotta*; serrer l'écoute, la haler avec une grande force comme si on voulait la casser.

CASSEMUZEAULX, pâtisserie.

CASSERONS, pour casserolles.

CASSERONS, sorte de poisson fort commun en Poitou.

CASSIDOINE, pierre précieuse de diverses couleurs.

CASSIE, Cassius, Romain célèbre.

CASSINES, maisonnettes.

CASTALLIDE, de la fontaine Castalie.

CASTALLIE, source des Muses.

CASTAMENA, ville d'Asie.

CASTANES, châtaignes.

CASTE, chaste. Rabelais joue sur les mots *castra*, *casta*.

CASTEL (taverne du), citée parmi les tavernes méritoires de Paris.

CASTELLINS (ruisseaux), dans l'épître de Jean Bouchet, ce mot semble mis pour cristallins.

CASTILLIERS, les Châteliers, abbaye de l'ordre de Cîteaux, diocèse de Poitiers.

CASTON, chaton d'une bague.

CASTOR, fils de Léda.

CASTRES, camps.

CASTRES, ville de France.

CASTRO (de), jurisconsulte.

CATADUPE, cataractes. — Voyez la *Briefve Déclaration*.

CATAGLYPHE (ouvrage), ciselure, de καταγλύφειν, tailler, inciser.

CATAPULTES, machines à lancer des traits.

CATARACTE, herse ou porte suspendue.

CATARACTE, CATHARACTE (instrument), instrument denté ou perforé propre à teiller le chanvre.

CATARATES, maudits; du grec κατάρατος.

CATARRÉ, catharreux, affligé d'un catharre.

CATAY, Chine.

CATEGIDES, bourrasque, vents impétueux.

CATENAT, CATHENAT, chaîne, cadenas.

CATERVE, compagnie, bande, *caterva*.

CATHARINE DE MEDICIS, reine de France.

CATHÉDRANT, président.

CATHERINE D'ARAGON, reine d'Angleterre, morte en janvier 1536.

CATO, CATON.

CATOBLEPE, animal fantastique d'Éthiopie que Rabelais décrit d'après Pline, livre VIII, chapitre XXXII.

CATONIAN, catonien, de Caton.

CATOPTROMANTIE, divination à l'aide de miroirs.

CATTENE, CATHENE, chaîne. « Mat de cathene », *matto di catena*, fou à enchaîner.

CAUDATAIRE, porte-queue.

CAUDICE, tige, fût d'un arbre, *caudex*.

CAUHARES, sorte de serpents venimeux.

CAULDAUREIL, Chaudoreille, nom propre forgé par Rabelais.

CAULES AMB'OLIF, choux à l'huile.

CAUPONIZER, hanter les tavernes.

CAUQUEMARE, animal fantastique; d'où vient le mot *cauchemar*.

CAUTELE, CAUTELLE, ruse, finesse.

CAUTELEUX, rusé, subtil.

CAUTEMENT, adroitement.

CAVAYN, souterrain.

CAVECHE, caboche, tête.

CAVE PAINCTE, taverne de Chinon.

CAVER, creuser.

CAVIAT, œufs de muge ou d'esturgeon confits à l'huile.

CAYERS, cahiers.

CAYNON, ou Chinon en Touraine. Dans Grégoire de Tours et dans d'autres auteurs qui ont écrit en latin, Chinon est nommé Caino.

CÉANS, ici dedans.

CECIAS (vent dit), vent sud-est tiers d'est, qui domine au solstice d'hiver. C'était un proverbe chez les anciens : *Mala ad se trahit, ut Caecias nubes.*

CECILE, pour Sicile.

CEDENTES (choses), qui cèdent, qui fléchissent.

CÉE, nom d'un géant.

CEINCTS (SE JOUOYT ES CORDES DES), les cordes des sins, c'étaient les cordes des cloches (*signa*). En écrivant *ceincts*, Rabelais fait un jeu de mots : *ceincts* signifie les gens ceints d'une corde, comme les cordeliers.

CEINCTURE ARDENTE, équateur.

CELEUME, ordre, signal donné par les officiers d'un vaisseau, du grec κέλευσμα.

CELICIE, Cilicie, pays de l'Asie Mineure.

CELLE, celle.

CELLE (PERSÉE), pour selle.

CELLES, ville du bas Poitou.

CELLULÉ, bâti, construit.

CELLUY, celui.

CELOCE, brigantin, aviso, petit bâtiment très rapide.

CELTICA (SPICA), plante.

CEMADE, faon du cerf.

CEN, ce en : « Cen dessus dessous, cen devant derrière ».

CENCHRYNES, sorte de reptiles.

CENE, CŒNE, repas, souper, *cœna*.

CENOTAPHE, sépulcre vide, monument érigé en l'honneur d'un mort dont on n'a point la dépouille.

CENSE, métairie donnée à fermage.

CENSORINS, censeurs.

CENSORINUS, grammairien latin, du IIIe siècle après J.-C.

CENTAURES, êtres mythologiques.

CENTONIFIQUES, faiseurs de centons, compilateurs.

CENTRIQUE, central.

CENTUMVIRAL, composé de cent hommes.

CENTURIE, centaine.

CEPENDENT, pendant ; pendant ce temps.

CEPES, CEPHES, animaux fantastiques décrits par Pline, Elien, etc.

CEPHALEONOMANTIE, divination au moyen d'une tête d'âne qué l'on faisait rôtir.

CEPHALUS, époux de Procris. — Voyez les *Métamorphoses* d'Ovide.

CEPOLA (Barthelemy), auteur d'un livre intitulé *Cautelæ juris.*

CE QUE, employé pour *ce qui.*

CERAMITE (terre), terre à potier.

CERASTES, sorte de serpents cornus.

CERBERIQUES (mastins), de l'espèce de Cerbère.

CERBERUS, chien infernal, dans la mythologie.

CERCELLE, sarcelle.

CERCLÉ, SERCLÉ, sarclé.

CERCOPITHECES ou *cercopiteques*, sorte de singes à queue, révérés des Égyptiens.

CERCU DICT BOURGUEMAISTRE, un des domestiques de Guillaume du Bellay.

CERE, cire.

CEREBREUX, du cerveau ; de *cerebrum.*

CERES, déesse de l'agriculture.

CERFOUETTE, outil de jardinier pour remuer la terre autour des plantes.

CERITES (de Tuscie), prêtres de la Toscane antique.

CERNE, cercle.

CERNER (des noix), détacher le cerneau de sa coque.

CERNOPHORE, saltation que l'on exécutait en tenant des coupes.

CEROMANTIE, divination au moyen de la cire fondue en eau chaude.

CERQ (île), entre la Bretagne et l'Angleterre.

CERTON, musicien du temps de Rabelais.

CERULÉ, bleu, azuré, *cœruleus.*

CERVEAU (soyez en), ayez l'esprit libre et serein.

CERVEAULX A BOURLET, têtes coiffées du bourrelet ou bonnet doctoral.

CESAREA, ville fondée par César.

CESARINE, de César ; « tondu à la Césarine », tondu comme l'était César ; « coups de poignard à la Césarine », coups de poignard comme ceux dont César fut frappé.

CESININS, serviteurs de la Quinte.

CESSATEUR, désœuvré.

CESTE ICY, celle-ci.

CESTRIN, bois odoriférant dont on faisait des patenostres.

CESTUY, ce, celui.

CHACHANINS, serviteurs de la Quinte ; un de ces termes que l'on dit tirés de l'hébreu.

CHAFFOURER, égratigner, barbouiller.

CHAFFOUREUS (de parchemin), barbouilleurs.

CHAGRIN (un), un homme chagrin, d'esprit tracassier.

CHAIRE, siége, chaise.
CHAISNE, chêne.
CHAISNON, pour Chinon.
CHAITON ARMENIAN, Hayton, auteur arménien.
CHALBROTH, nom d'un géant.
CHALCIDE, Chalcis, ville de l'Eubée dans l'ancienne Grèce.
CHALLANS, pratiques, terme injurieux.
CHALLER (les noiz), ôter la coque, écaler.
CHALOIR, importer, être nécessaire. « Il ne chault, » il n'importe.
CHAMAILLER, battre, combattre : « Y eut tant chamaillé. » *Chamailler* un tonneau, le tracasser.
CHAMARRE, robe d'apparat.
CHAMBERIÈRE, servante, chambrière.
CHAMBOURG, Chambord.
CHAMBRIER (*Camerarius*), savant du XVI° siècle.
CHAMBRIER, chambellan.
CHAMELÉON, caméléon.
CHAMOUILLAC, nom d'un page du seigneur d'Estissac.
CHAMPEIGNONS, champignons.
CHAMPIS, enfant trouvé.
CHANDELLE ARMÉE, chandelle à armoiries comme les cierges bénits du jour de Pâques.
CHANEPH, mot hébreu qui signifie hypocrisie.
CHANTEAU, morceau, quartier, reste de pain, lorsqu'il a été entamé.
CHANTELLE, petite ville du Bourbonnais, arsenal renommé au moyen âge.
CHANTEPLEURE, arrosoir, entonnoir percé de trous.
CHANTONNET, couplet, petite chanson.
CHANUE, blanchie par l'âge : « Mon antiquité chanue ».
CHAPERON. « Ils mirent quatre têtes en un chaperon », locution proverbiale : ils réunirent à quatre leur intelligence.
CHAPERONS A BOURLET, bonnets des maîtres ès arts.
CHAPIFOU, jeu, colin-maillard.
CHAPLIS, conflit, rencontre, heurt.
CHAPLYS, chapelure, miettes de pain.
CHAPOTER, cogner, tapoter (un tonneau).
CHAPPART, qui s'échappe.
CHAPPE, manteau.
CHAPPEAU ALBANOIS, chapeau pointu.
CHAPPON (coucher en). En sortant de souper, comme fait la gent volatile (comme les poules). C'est ainsi que Cotgrave l'entend. Cette expression se trouve dans les *Arrêts d'amour* de Gilles d'Aurigny : « Et (doibvent les maryz) aller coucher et departir d'une compagnie à telle heure que bon leur semble, voir en *chapon*. si mestier est ».

CHAPPUYS (le capitaine). Le capitaine Chappuys et Alcofribas, cités au chapitre VIII du premier livre, sont probablement Rabelais et Claude Chappuis, attaché comme lui au cardinal du Bellay.
CHARANTON (le Pont), près Paris.
CHARDONNETTE. On donne encore ce nom, en Saintonge, à la fleur d'une espèce d'artichaut sauvage, qui est très employée pour faire cailler le lait.
CHARDRIER, chardonneret.
CHARETÉ, cachelet, masque.
CHARGEMENT, poids (d'un coup d'épée).
CHARISTERES, hymnes aux Grâces dites Charites.
CHARITES, les Grâces.
CHARLES CINQUIEME, l'empereur Charles-Quint.
CHARLES SIXIEME, roi de France.
CHARLES HUYCTIEME, roi de France.
CHARLES MAIGNE, l'empereur Charlemagne.
CHARMER, CHERMER, enchanter, ensorceler. Dans un autre sens, Rabelais dit : charmer un tonneau, le renforcer.
CHARMOIS (Charles), peintre du roi François I°r.
CHARNIER, office : « Charnier à mettre le lard ».
CHARON, Caron, le nocher du Styx.
CHARRANTONS, charençons, insectes.
CHARRETTE : « Mettoit la charrette devant les bœufz ». Locution proverbiale dont le sens est facile à comprendre.
CHARROUS (le digne vœu de). L'abbaye de Charrous était une des six grandes églises qui prétendaient posséder la parcelle du prépuce de Notre-Seigneur détachée à la circoncision. On lit dans l'*Alphabet de l'auteur françois,* vieux glossaire de Rabelais :

« Charroux est une petite ville en haut Poitou sur les confins de la Marche et du Limosin, qui a eu grand renom au siècle passé pour le regard des reliques qui estoient gardées dans le monastere de l'abbaye située au milieu de la ville, et jadis bastie par le roi Charlemagne, ainsi que racontent les moines; ces reliques tan reverées estoient la Digne Vertu enfermée dans une chàsse enrichie d'or et de pierres. Item le Digne Vœu, à sçavoir une grande statuë de bois, en forme d'un homme tout couvert et revestu de lames d'argent, qui estoit dressée debout en un coin de ce monastere. Ces reliques ne se montroient au peuple que de sept ans en sept ans, et lors on y abordoit de toutes parts. Outre plus il n'estoit permis

38

au sexe féminin de s'approcher du Digne Vœu pour le baiser, c'estoit seulement aux hommes et jeunes enfans à qui cela appartenoit ; mais les femmes estoient ordinairement au guet pour attraper celui qui l'avoit baisé, et se jettoient au col de l'homme ou de l'enfant pour le baiser et attirer par ce moyen comme par un alambic la vertueuse efficace qu'ils avoient pris en baisant actuellement cette statuë. Une grande dame le voulut baiser, il se haussa de quatre ou cinq pieds, ce qui passa pour un grand miracle, quoique ce ne fût qu'un effet de la fourberie des moines qui avoient attaché une poulie par derrière. L'an 1562, il fut despouillé par des gentilshommes huguenots (comme le sieur Bouganet), lesquels depuis par les gaudisseurs du païs furent appellez les valets de chambre du Digne Vœu de Charroux ; or il sembloit à Dindenaut avoir fait un grand serment quand il juroit par le Digne Vœu de Charroux. »

CHARTE, pancarte sur laquelle étaient inscrites les lettres de l'alphabet; abécédaire.

CHARTÉES, charretées.

CHARTES, cartes à jouer.

CHARTIER, charretier.

CHARTRES, ville de France.

CHASCUNIÈRE, le domicile de chacun : « Ainsi chascun s'en va à sa chascunière ».

CHASMATE, casemate, fortification, abri contre les projectiles de l'ennemi.

CHASMATE, abîme, ouverture subite faite par un tremblement de terre.

CHASSETRAPES, chausses-trapes.

CHASTAIGNERAY (le seigneur de La), courtisan célèbre par son duel avec Jarnac.

CHASTAINES, châtaignes.

CHASTEAU (le cabaret du). C'est le même que Rabelais nomme ailleurs taverne du Castel.

CHASTELERAUD, ville de France : « Pays de Chastelleraudois ».

CHASTELET (petit), une des forteresses ou prisons de Paris, sur la rive gauche de la Seine.

CHASTILLON (CARDINAL DE), frère aîné de l'amiral de Coligny, fait cardinal à dix-huit ans, en 1533.

CHAT : « Esveigler le chat qui dort ». Locution proverbiale qui s'est conservée.

CHAT DE MARS, martre.

CHATOUILE, poisson de mer.

CHATS-FOURREZ, CHATTES-FOURRÉES, CHATS-FOURILLONS, gens de justice, leurs femmes et leurs enfants : « Chats-feurrez vivent de corruption ».

CHATTEMITE, hypocrite, doucereux ; de cata et mitis. Rabelais emploie le féminin chattemiteuse, et le diminutif chattemitillon.

CHATTONS, petits chats.

CHAUANT, chat-huant, hibou.

CHAUFFOURRER, chaffourrer, égratigner « le parchemin ». — Chauffourrer (se), s'égratigner « le visage ».

CHAUMENY (pain), moisi; suivant de l'Aulnaye, pain où il y a du chaume, de la paille.

CHAUMINE, maisonnette couverte de chaume.

CHAUNYS, ville de Picardie.

CHAUSSE D'HIPPOCRAS, filtre à passer l'hypocras.

CHAUSSES, comprenant le bas-de-chausses, les bas, qui étaient d'estamet ou de serge drapée; et le haut-de-chausses, la culotte, les braies.

CHAUVIGNY, ville sur la Vienne.

CHAUVIR (les aureilles comme asnes d'Arcadie), remuer, dresser les oreilles. Est écrit parfois chovir, et le participe présent est chauvant ou chovant.

CHAVINY, Chavigny, village près de Chinon.

CHEF, tête, extrémité supérieure.

CHELHYDRES, serpents aquatiques.

CHELI, nom que les uns tirent de l'hébreu Cheli (gâteau), les autres du grec χεῖλος, lèvre.

CHELIDOINE, hirondelle de mer.

CHELIMINS, mot hébreu qui signifie singes.

CHEMANT (François Errault, sieur de), l'un des domestiques et familiers de Guillaume du Bellay ; fut garde des sceaux sous Henri II.

CHEMINÉES (roquette de), fort ou fortin, retranchement qui était dans les cheminées, attendu qu'il s'agit d'andouilles qui ont là leur retraite naturelle.

CHEMNIS, île d'Égypte.

CHENEVÉ, chènevis.

CHENINS, raisins dont on fait le gros vin.

CHÈRE, mine.

CHERE, repas. — « CHERE LYE », joyeuse chère.

CHERIPH, chérif, prince, particulièrement le chef de la Mecque.

CHERSYDRES, sorte de serpents d'après Pline.

CHERUBICQUE, de chérubin, céleste.

CHESAULX, maisons, édifices.

CHESIL. Cesil ou Chesil était pour les Hébreux, comme Orion pour les Grecs, l'astre des tempêtes. « Concile de Chesil », concile de Trente.

CHESINIXS, mot hébreu, les forts, suivant de l'Aulnaye.

CHESNE, chêne : « Faire le chesne fourchu », se tenir la tête en bas, les pieds en l'air.

CHEUSSONS, insectes piquants, cousins.
CHEVAL : « De cheval donné regarder en la gueule », c'est commettre un acte incongru ; on ne doit pas faire le difficile quand il s'agit d'un présent.
CHEVALERIE, équitation ; a un sens plus élevé que tout le monde connaît.
CHEVALLET, petit cheval.
CHEVANCE, le bien, l'avoir d'une personne.
CHEVAUCHER, monter un cheval, être à califourchon : « Chevaucher un canon ». Est pris souvent dans le sens érotique.
CHEVAULCHEUR, cavalier, écuyer ; bon écuyer dans le sens érotique.
CHEVAULCHONS DE REBOURS (A), monter un cheval, une mule, le cul tourné vers la tête de la mule, la face vers la croupière, ainsi que le dit Rabelais.
CHEVAULX (isle des) : « L'isle des Chevaux prés Escosse par les seigneurs de Termes et Dessay saccagée ». Allusion à un fait qui se passa, en juillet 1547, sur la côte d'Écosse, dans l'île de Keith, autrement dite aux Chevaux. Cette île ayant été enlevée par les Anglais, fut reprise peu après par André de Montalembert, sieur de Dessé, qui commandait le corps auxiliaire de France. Paule de Thermes lui succéda plus tard dans ce commandement.
CHEVECHE, chouette : « Une cheveche... Nous sommes icy bien pippés ». Pris à la pipée, parce que; pour prendre les oiseaux de cette manière, on se sert ordinairement d'une cheveche ou chouette qui les attire par ses cris. « On pensoit se servir de luy (la Noue), comme de cheveche pour piper les Rochelois ». (*Mémoires de l'estat de France sous Charles IX*, 1778, tome II, page 12.)
CHEVECIER, celui qui est chargé d'acheter la cire nécessaire à l'église ; titre d'une dignité ecclésiastique. Rabelais joue sur ce mot et le mot précédent.
CHEVEULX DE VÉNUS, nom d'une plante.
CHEVRETER, sauter et cabrioler, sauter e dépit. « Prendre la chèvre » signifie aussi se fâcher, se mettre en colère.
CHEVRETTES, crevettes.
CHEVROTIN (tirer au), boire.
CHEVROTIN, cuir de chevreau.
CHIABRENA DES PUCELLES, titre d'un prétendu livre.
CHIABRENER, faire des façons, des mines, des cérémonies ridicules.
CHIASSER, diminutif de chier.
CHICHARS, avares.
CHICHEFACE, maigre et triste visage.
CHICHES, pois chiches.

CHIEN. « Vrais chiens de monstre », un chien de monstre est un chien d'arrêt, en espagnol : *perro de muestra,* un chien qui montre le gibier au chasseur. Regarder derrière soi « comme un chien qui emporte un plumail (une volaille) », locution proverbiale. « Battre le chien devant le lion », loc. prov., faire une chose à contre-temps.
CHIEN (de', terme de mépris : « Belle isle de chien ! »
CHIEN CHIÉ CHANTÉ (c'est bien), ou seulement : c'est bien chié chanté. Dans les deux cas il n'y a qu'une plaisanterie qui consiste à prononcer les deux premiers mots comme si la langue « fourchait » avant d'arriver au troisième.
CHIENERIE, vie comme celle que mènent les chiens.
CHIENLICT, CHIENLITZ, qui chie au lit, terme injurieux, resté dans le vocabulaire populaire.
CHIÈRE, pour chère, dans les différents sens de ce mot : « Pire chière ».
CHIFFRE, écriture à l'aide de chiffres convenus pour correspondre secrètement.
CHILIANDRE, qui contient mille hommes.
CHILO, CHILON, un des sept sages de la Grèce.
CHIMERE, monstre mythologique.
CHINON, ville natale de Rabelais.
CHINONNOYS, le pays autour de Chinon.
CHIQUENAUDE, chiquenaude.
CHIPPES, barques anglaises *(ship)*.
CHIPPOTÉ, chipoté, gâté à force d'être manié.
CHIQUANOURRES, féminin de chiquanous.
CHIQUANOURROYS, pays des chiquanous.
CHIQUANOUS, chicaneux ; Rabelais se sert de ce mot pour désigner les huissiers et les sergents.
CHIRONACTE, qui prend à toutes mains. Nom d'un capitaine de Gargantua.
CHISMES, schismes.
CHŒROMANTIE, divination qui se fait avec des pourceaux, de χοῖρος, porc.
CHOINE, pain blanc et délicat.
CHOLE, CHOLÈRE, colère.
CHOPER, heurter du pied, faire un faux pas.
CHOPINER, boire.
CHORME, chiourme, galère, le banc des rameurs ou des forçats, et aussi la troupe de ceux-ci.
CHOSÉ, village du Chinonnais.
CHOSETTE, diminutif de chose.
CHOUART (JEAN), désignation populaire du phallus. — Nom d'un batteur d'or à Montpellier.
CHRISTALLIN (miroir de), cristal.

CHRISTIAN, CRISTIAN, chrétien : « Poires de bon christian ».

CHRISTOPHLE (saint), saint Christophe, dont la légende est bien connue.

CHRONIQUE, pour maladie chronique.

CHRYSIPPUS, philosophe stoïcien florissant au IIIe siècle avant notre ère.

CHRYSTALLIN (docteur de), jeu de mots, pour docteur décrétalin ou décrétaliste.

CHYLIFIER, réduire en chyle.

CIBOTZ, ciboules, petits oignons.

CICERO, CICÉRON (Marc Tulle), l'orateur romain souvent cité. On fait de son nom l'adjectif *ciceronian*, ciceronien.

CICINDELE, ver luisant.

CIEL (le) père de Saturne.

CIGALLES (ferrer les), locution proverbiale, prendre un soin inutile, perdre son temps.

CIGUOIGNE, cigogne : « Le conte de la Cigoingne ».

CIL, celui, celui-là.

CILICIE, pays de l'ancienne Asie Mineure.

CIMASULTES, cymaises ou moulures dites ondées.

CINAMONE, cinnamone, substance aromatique fort estimée chez les anciens.

CINCINNATULE, nom du prétendu esprit familier du Rhodogine ; du latin *cincinnatus*, qui a les cheveux bouclés.

CINGE, singe : « Cinges verds », choses fantastiques. « Oncques vieil cinge ne feit belle moue », locution proverbiale.

CINGESSE, féminin de singe.

CIRCÉ, magicienne de l'antiquité.

CIRCONFÉRENCE : « Infinie et intellectuale sphère, le centre de laquelle est en chacun lieu de l'univers, la circonférence point, c'est Dieu, selon la doctrine de Hermès Trismégiste ».

Rabelais s'est trompé ; il n'y a rien de pareil dans les ouvages attribués au prétendu Hermès Trismégiste. Cette image se trouve dans saint Bonaventure : *Itinerarium mentis ad Deum*, chapitre V ; de là elle a passé dans Gerson. Vincent de Beauvais, dans le premier chapitre de son *Speculum historiale*, l'attribue à Empédocle. — Voir l'édition des *Pensées* de Pascal donnée par M. Ernest Havet, 1852, page 4.

CIRCUMBILIVAGINATION, mot forgé à plaisir pour désigner un tournoiement autour de quelque chose. « Par la gyrognomonique circumbilivagination, etc. », chapitre XXII du livre III ; voici à peu près le sens de cette phrase : « Par le circulaire tournoiement desquels, comme par deux contrepoids célestes, toute l'allégorique méca-nisme de l'Église romaine, quand elle se sent tourmentée d'aucun malaise d'erreur ou d'hérésie, se trémousse autour du même centre ».

CIRE : « Nous les faisons comme de cire », dit Janotus en parlant des hérétiques, c'est-à-dire nous les faisons facilement, en un tour de main. La cire se pétrit aisément, et elle brûle, ce qui offre un autre point de ressemblance.

CIRURGIENS, pour chirurgiens.

CISTEAULX, l'abbaye de Citeaux.

CIVADIÈRE, voile du mât de beaupré.

CIZAILLER, couper, lacérer avec des ciseaux.

CLABAULT, criant hors de propos ; on donne ce nom à des chiens qui aboient mal à propos et ne sont bons qu'à faire du bruit.

CLAIRET, vin blanc.

CLAN, ou Clain, rivière du bas Poitou.

CLAQUEDENT, qui claque des dents, misérable, gueux. Rabelais cite un prétendu livre intitulé *le Claquedent des marouffles*.

CLAUDE second, empereur romain.

CLAUDIN, musicien contemporain de Rabelais.

CLAUDIUS, Claude, empereur romain.

CLAUSE (en poing), close, fermée en poing.

CLAUSTRAL, du cloître : « Prieur claustral ».

CLAUSTRIER, cloîtrier, cloîtré.

CLAVEAUX, clous recourbés.

CLAVEL : « Hérétique clavelé, hérétique bruslable comme une belle petite horologe ». Allusion à un hérétique rochellais du nom de Clavelle, condamné au feu. Rabelais ajoute : « Bruslable comme une belle petite horologe », parce que ce Clavel était un horloger, auteur d'une curieuse horloge de bois, et que cette horloge fut, dit-on, brûlée avec son auteur.

CLAVELÉE, maladie des moutons.

CLAVER, clouer (un tonneau).

CLAVEURE, serrure.

CLÉANTHES, philosophe stoïcien ; vécut au IIIe siècle avant notre ère.

CLEMENTIN, CLEMENTINE, de Clément V, pape ; la cinquième collection de décrétales porte le nom de ce pape.

CLÉOMBROTUS, philosophe ancien.

CLÉON DE DAULIE, qui passe pour n'avoir jamais songé.

CLÉOPATRA, Cléopâtre, reine d'Égypte.

CLERBERG (Henri), contemporain de Rabelais.

CLERC, savant : « Clerc jusques es dents en matière de breviaire ». — « Si n'estoient messieurs les bêtes, nous vivrions comme clercs ». Rabelais renverse les termes de la proposition : Si n'étaient messieurs les clercs, etc.

CLERGAUX, nom formé de clerc. Au féminin CLERGESSES.

CLERGIE, science.

CLERICE, vocatif de *clericus*, clerc.

CLERICUS VEL ADDISCENS, clerc ou étudiant.

CLEROMANTIE, divination par le sort des dés.

CLICQUER, clicqueter.

CLICQUETTES, quettes (des ladres).

CLIMATERE, année climatérique, les années de la vie d'un homme qui sont des multiple de 7 ou de 9, ou encore de 7 multiplié par un nombre impair.

CLISSÉ, enveloppé d'osier.

CLOCHER, boiter : « Ne clochez pas devant les boyteux », locution proverbiale.

CLODE ALBIN, Clodius Albinus, général romain qui fut proclamé empereur par ses soldats, mais qui ne régna point.

CLOISIER, paysan qui tient une closerie.

CLOUATIER, cloutier.

CLOURRE, clore, fermer.

CLOUS, clos, fermé.

CLOUSTURE, clôture.

CLUNY (hostel de), à Paris.

CLYSTÈRE BARBARIN, terme érotique.

COBBIR, fracasser.

COCCAIUS (MERLINUS), poème macaronique de Folengo, auquel Rabelais a fait plusieurs emprunts. Rabelais lui attribue un livre *de Patria diabolorum*.

COCCOGNIDE, graine de thyméléa dite poivre de montagne.

COCHES, voitures pour la promenade.

COCQUASSE, COQUASSE, coquemar, chaudron.

COCQUASSIER, COQUASSIER, cuisinier, *alias*, marchand d'œufs.

COCQUE, COQUE, coquille, écaille.

COCQUECIGRUE, animal imaginaire.

COCQUEMART, COQUEMART, grand pot où l'on fait bouillir l'eau, marmite.

COCYTE, fleuve infernal.

CODERETZ, Coterets, station thermale des Pyrénées.

CODICE, cahier, *codex*.

CŒLIVAGE, qui va au ciel, céleste.

CŒNAIRES, (lois). lois qui règlent les repas.

CŒUR (JACQUES), riche financier du temps de Charles VII.

CŒUR, CUEUR, s'emploie souvent pour chœur.

COGULE, cagoule, robe de moine.

COHUAU, domestique de Guillaume du Bellay.

COILLON, couillon.

COIN, coing, fruit.

COINCT, COINCTE, propre, bien arrangé, bien paré.

COIGNÉE, COIGNÉE, COIGNIE, cognée. Sur les deux acceptions de ce mot. voir ce que dit messer Priape au nouveau prologue du livre IV.

COINGNET (Pierre du) : « Pierre du Coingnet par vous pour même car se pétrifie ». (Nouveau prologue du livre IV.) Une petite statue, placée dans quelques églises et qui servait à éteindre les cierges, se nommait ainsi, par allusion, dit-on, à Pierre de Cugnières, avocat général sous Philippe de Valois, qui avait attaqué les privilèges du clergé.

COINGNOUOIR DODRENTAL, cognoir, instrument servant à cogner; dodrental, ayant neuf pouces de long.

COIRAU, bœuf engraissé pour la boucherie.

COISSIN, coussin.

COLAXES, fils de Jupiter et de la nymphe Ora.

COLDREAULX (les), village du Chinonnais.

COLE, COLLE, tourmente, tempête.

COLINET, Jacques Colin d'Auxerre, abbé de Saint-Ambroise, poète alors en réputation.

COLLAS, pour Nicolas. « Deu Collas, faillon ». En patois lorrain : de par saint Nicolas, compagnon.

COLLAUDER, louer, *collaudare*.

COLLIGEANCE, COLLIGUANCE, lien, rapport.

COLOCYNTHE, coloquinte, plante.

COLONGES, Collonge-les-Royaulx, ville du bas Poitou.

COLOPHON, ville de l'ancienne Lydie (Asie Mineure.)

COLOPHONIACQUE, de colophone ou colophane.

COLOTES, sorte de reptiles.

COLYMBADES (olives), olives préparées dans leur saumure.

COMBIEN QUE, quoique.

COMBRECELLE, l'action de se baisser en avant pour recevoir quelqu'un sur son dos. (De l'Aulnay.)

COMBUSTION, ardent désir.

COMITE, compagnon, *comes*.

COMMENT A NOM? C'est, comme nous avons dit à propos du dicton *ad formam nasi*, etc., une manière d'habiller une syllabe indécente.

COMMERAIGE, baptême, de *commère*, marraine.

COMMISSION, exploit judiciaire.

COMMISSURE, jointure.

COMMISSURE LAMBDOÏDE, suture du crâne ayant la forme du lambda grec.

COMMODUS, COMMODE, empereur romain.

COMPAING, compagnon.

COMPANAGE, ce qui se mange avec le pain; expression languedocienne et provençale.

COMPARENT, comparaissent.

COMPAROIT (ne se) point, ne paraissait pas.

COMPARTI, partagé par égales distances.
COMPAS, comparaison : « Beau sans compas ».
COMPENDIEUX, abrégé.
COMPERE, musicien du temps de Rabelais.
COMPETANCE (du mal), ce que réclame la maladie, ce qui convient à la maladie.
COMPETEMENT, COMPETENTEMENT, convenablement.
COMPETENT, appartenant, convenable.
COMPETER, convenir.
COMPISSER, pisser dessus.
COMPITE, carrefour.
COMPLAINCT, COMPLAINCTE, plainte.
COMPLAINDRE (se), porter plainte, se plaindre.
COMPLANIR, aplanir, niveler.
COMPLEXIONNÉ, constitué.
COMPOSER, mettre en comparaison ; entrer en composition, faire un traité.
COMPOSEURS (d'emprunts), composeurs (de pets), gens qui font des emprunts, etc.
COMPOSITION, ordonnance, distribution.
COMPOST, le calendrier.
COMPOUSTE, compote, marmelade.
COMPULSOIRE DE BEUVETTES, synonyme de jambon, qui aide à boire.
CONARE, la glande pinéale.
CONCHIER, embrener, salir. — SE CONCHIER, s'embrener.
CONCIERGERIE, prison du Palais.
CONCILIPETES, allant au concile, *concilium petentes*.
CONCION, CONTION, discours, harangue : « La contion de Gargantua aux vaincus ».
CONCLUSIONS, propositions à soutenir en discussion publique.
CONCOCTION, cuisson, digestion.
CONCOCTRICE (vertu), puissance de cuire, de digérer les aliments.
CONCORDAT (le baillif), personnification plaisante, comme le bonhomme Concile de Latran et la bonne dame Pragmatique Sanction.
CONCORDS, qui est d'accord : « Ton corps concords », ton corps où tout s'harmonise.
CONCULQUÉ, foulé aux pieds : « Toute amitié conculquée ».
CONCUSSION, secousse, ébranlement.
CONDIEUX, confrères en divinité.
CONDIGNE, digne, égal.
CONDITIONALES, conditionnelles, propositions conditionnelles.
CONDITIONNÉ, dont les conditions sont fixées : « Pactes par vous-mêmes conditionnés », pactes, traités dont vous avez fixé vous-mêmes les conditions.
CONDUIRENT, pour conduisirent.
CONDUIST, pour conduisit.

CONFABULATIONS, entretiens, conversations.
CONFALON, enseigne, bannière, gonfalon.
CONFALONNIER, porte-enseigne.
CONFECTION DE COTONIAT, confitures de coing, cotignac.
CONFÉDÉRATION, alliance.
CONFERMER, confirmer, raffermir ; on rencontre aussi *conformer* dans le même sens.
CONFINS, voisins. CONFINITÉ, voisinage.
CONFLAGRER, brûler, être en feu.
CONFORTATIF, qui réconforte.
CONGIÉ, congé, permission, licence.
CONGNOISTRE, connaître : « Congnois toy ».
CONGNEU, connu. Ce mot avait parfois, comme à présent, le sens d'avoir des relations charnelles.
CONGRATULANT, félicitant.
CONGRE, crabe, homard.
CONGRU, convenable, approprié à la circonstance.
CONNIL, CONNIN, lapin.
CONNUBIALES, relatives au mariage.
CONOPÉE, Κωνωπεῖον, un pavillon de lit, duquel ordinairement les Égyptiens se servaient pour se garantir des injures des moucherons, en grec κωνωπές, en latin *culices*, en français *cousins*. Les reines et grandes princesses paraient leur lit et couches de superbes pavillons d'où Horace : *Interque signa turpe militaria sol aspicit conopeum*.
CONQUESTER, conquérir ; CONQUESTA, conquit.
CONSENTINOIS, habitants du Consentin, pays autour du Consentia ou Cosenza, dans la Calabre.
CONSEQUEMMENT, pour ensuite.
CONSIDERATION, contemplation.
CONSILION, musicien contemporain de Rabelais.
CONSISTER, se tenir, être situé, *consistere*.
CONSOLDE, consoude, plante.
CONSONE, CONSONNE, qui convient, qui s'accorde, comme *consonnant*; CONSONNER, être d'accord avec, convenir.
CONSTANTIN (l'empereur).
CONSTANTIN (arc triomphal de), à Rome.
CONSTANTINOBLE, Constantinople.
CONSULTE (ligne), ligne brisée.
CONSUMMATUM EST (ainsi que C'est sainct Thomas), tout est consommé, ou c'est fini (livre III, chapitre II). Saint Thomas, distrait par la composition de son hymne au saint Sacrement, mangea, dit-on, toute une lamproie servie sur la table de saint Louis, et, ayant fini la lamproie en même temps que l'hymne, s'écria : *Consummatum est*!
CONTAMINER, souiller ; CONTAMINATION, souillure.

CONTEMNER, CONTEMPNER, mépriser, d'où *contemnement*, mépris, et *contemptible*, méprisable.

CONTEMPERER, modérer, apaiser.

CONTENDRE, disputer, avoir des prétentions contraires; d'où *contentieux*, litigieux; *contention, content, contemps*, chicane, tracas.

CONTENT, comptant; « de content », en argent comptant.

CONTHOPORIE, fontaine de Corinthe.

CONTINUEMENT, d'une manière continue, sans interruption.

CONTRA HOSTIUM INSIDIAS, contre les embûches des ennemis; oraison.

CONTRACT, CONTRACTE, replié, contracté.

CONTREDITS (cour des), cour romaine.

CONTREFORTUNER, mépriser, braver la fortune.

CONTREGARDER, CONTREGUARDER (se), se tenir sur ses gardes, se garder contre.

CONTREHASTIER, grand chenet de cuisine à plusieurs crans, pour les broches.

CONTREMEJANE (voile), voile de contre-artimon.

CONTREMONT, en l'air, en remontant.

CONTREPEDER, contrepeter, peter à l'unisson.

CONTREPOINCT (au), au contraire, au rebours.

CONTREPOINCTÉE, piquée comme une courtepointe.

CONTREVENTER LES BULINES, tendre les voiles quand on est au plus près du vent.

CONTRISTATIONS, tristesses. Rabelais emploie aussi le verbe *contrister*, et se *contrister*.

CONTROVERS, CONTROVERSE, controversé, débattu.

CONTUMELIE, injure, outrage.

CONTUNDRE ou CONTONDRE, froisser, piler, broyer.

CONVALESCENCE, bonne santé : « Réduit à sa première convalescence », revenu en sa première santé.

CONVENENTE, convenable, propre.

CONVENIR, falloir.

CONVENIR, se rendre, venir, se rassembler.

CONVENT, couvent.

CONVENTICULES, réunions, assemblées.

COPIE, abondance, d'où *copieux*, abondant. « Copieux en révérence », qui prodigue les révérences.

COPIEUX, qui copie, qui imite et singe les autres. « Les Copieux de la Flèche » étaient passés en proverbe.

COQ : « Saulter du coq à l'asne », passer d'une chose à une autre sans transition, d'où l'expression *coq-à-l'âne* restée en usage.—

« Le coq d'Euclion tant célébré par Plaute en sa marmite ». (Prologue du Livre III.) Dans la comédie de Plaute intitulée *Aulularia*, l'avare Euclion tue son coq, qu'il accuse d'avoir gratté la terre autour de l'endroit où il a enfoui sa marmite remplie d'or, et d'être complice des voleurs.

COQUART, sot, stupide.

COQUATRIS, espèce de basilic.

COQUELUCHE, pour coqueluchon, capuchon.

COQUILLON, qui porte le *cucullio*, le bonnet doctoral; docteur, par conséquent.

CORAXIENS, Corasciens, peuple de la Colchide.

CORBIEU, CORBEUF, CORDIEU, jurons encore usités.

CORBIGEAUX, cormorans.

CORBINER, voler, dérober, d'où *corbineur*, voleur.

CORDACE, danse comique et lascive des anciens.

CORDOUAN, de Cordoue. Le cuir de cette ville était fort estimé. D'où *cordouannier*, cordonnier.

CORINTHE, ville de l'ancienne Grèce; d'où Corinthien, Corinthienne, Corinthiane et Corinthiace.

CORMARAN, cormoran, oiseau aquatique.

CORMÉ, boisson du Poitou faite avec des cormes.

CORNABOUS (Journée des), allusion à quelque conte populaire.

CORNABOUX, cornets à bouquin.

CORNANCUL, augmentatif de cornu. Rabelais dit au chapitre XLVI du livre III : « Corné, cornard et cornu ». Au chapitre XXXVI du livre V : « Cornant, cornu et cornancul ». Et plus loin : « Cornigère, cornipetant, etc. »

CORNEMUSE, instrument de musique villageoise encore en usage, d'où *cornemuseur*, joueur de cornemuse.

CORNER, crier avec un cornet.

CORNES : « Depuis quand avez-vous prins cornes? » Depuis quand vous est-il poussé des cornes que vous êtes devenus si rogues, si insolents?

CORNETÉ, écorné.

CORNETTE. C'était une sorte de coiffure s'attachant sous le menton. On appelait cornette de chanvre la corde qui servait à pendre les condamnés.

CORNICES, corniches.

CORNUCOPIE, corne d'abondance, la corne de la chèvre Amalthée, de laquelle fut allaité Jupiter et nourri en l'ile de Crète par les deux nymphes Adraste et Ida. En mémoire de ce bienfait, quand il vint en âge, il mit cette chèvre au ciel au nombre des étoiles, et donna aux nymphes une des cornes de la chèvre avec la vertu de leur fournir toutes choses en abondance et à souhait.

CORONE, Cyrène, ville d'Arique.

CORONEL, colonel.

CORONOPOUS, plante dont le nom est interprété par Rabelais : pied de corneille.

CORPE DE GALLINE, juron traduit de l'italien *corpo di gallina!* corps de poulet!

CORPORALS, chefs de corps, caporaux.

CORPULANCE, corps, matière; mot appliqué à une lampe.

CORRIVAL, rival.

CORRUGATION, action de se rider, de se froncer.

CORRUPTELE, corruption.

CONSECQUES, javelines, dards.

CORSELET, armure préservant le corsage.

CORSICQUE, la Corse.

CORUSCANT, brillant, éclatant.

CORYBANTIER, dormir les yeux ouverts, comme faisaient les Corybantes, prêtres de Cybèle, lorsqu'ils gardaient Jupiter, de peur qu'il ne fût englouti de Saturne.

CORYBANTIQUES, des Corybantes.

CORYDON, berger virgilien.

CORYTUS, mari d'Électre, avec laquelle Jupiter engendra Dardanus.

COSCINOMANTIE, divination au moyen d'un crible.

COSCOSSONS, COSCOTONS A LA MAURESQUE, couscoussou, mets emprunté à la cuisine des Maures et des Arabes.

COSCOTÉ, granulé, taché de petits points : « Ambre coscoté ».

COSSE, anneau de fer ou de bois que l'on fixe aux vergues et haubans pour faire passer les manœuvres courantes.

COSSON, charançon, cousin, insecte rongeant les légumes.

COTAL, de l'italien *cotale*, chose, machin, désignant le phallus. — COTAL D'ALBINGUES (messer). C'est le même mot dont Panurge fait un nom propre. *Albingues* est, dit-on, Albenga près de Gênes.

COTIRAL (HENRY). Des commentateurs prétendent que c'est Henri Corneille Agrippa que l'auteur a voulu désigner sous ce nom.

COTONIAT, cotignac, sorte de confitures de coing.

COTONNER, rembourrer, ouater.

COTTE-HARDIE, vêtement commun aux deux sexes. « Il n'est pas facile, dit M. Quicherat, dans son *Histoire du costume au XIVᵉ siècle*, d'expliquer la dénomination de *cotte hardie*, en latin, *tunica audax*, qui prévalut au commencement du XIVᵉ siècle. La forme de ce vêtement était celle d'une grande robe taillée droite et fermée comme un fourreau. Des fentes étaient disposées, soit autour de l'encolure pour faciliter le passage de la tête, soit par le bas pour assurer la liberté des jambes ».

COTTEURS (de Droict), annotateurs, commentateurs; *cotteur* paraît former une sorte de jeu de mots avec *docteur*.

COTYLE, mesure de liquides équivalant à peu près à un demi-septier ou neuf onces d'Italie.

COTYLEDONS (de la matrice); du grec κοτυληδών. « Les cotylédons ne sont autre chose qu'orifice des extrémités des veines et artères menstruelles ». (A. Paré, I, 34.) « En anatomie, on a donné le nom de cotylédons aux lobes nombreux qui constituent le parenchyme du placenta ». (Nysten, 1855, édition Littré.)

COUANE, couenne.

COUBLE, couple.

COUBLEMENT (des chiens), accouplement.

COUBLER, accoupler.

COUBTE, coude.

COUBTÉE, coudée.

COUCHE : « Moitié au pair, moitié à la couche », c'est-à-dire tout ensemble. C'est une expression empruntée à l'argot du jeu où la mise peut être faite moitié en pari (au pair), sur parole, moitié au comptant, en « couchant » l'argent sur la table.

COUCOURDE, courge, citrouille, calebasse.

COUDIGNAC, COUDINAC, même sens que *cotignac*. « Coudignac de four et eau béniste de cave », c'est-à-dire du pain et du vin.

COUER (bonnette), ajouter les bonnettes aux grandes voiles.

COUET, cordage qui sert à assurer la grande voile et la misaine.

COUILLAGE (des promoteurs); le *Cullagium* serait, d'après Henri Estienne, une redevance moyennant laquelle les ecclésiastiques auraient pu, à une certaine époque et en certains pays, garder des femmes dans leurs maisons.

COUILLATRYS. « Ce bon homme duquel il est parlé au prologue du livre IV, qui avoit perdu sa hache ou cognée, et à qui Mercure en donna une d'or, ce qui causa que plusieurs de ses voisins se ruinèrent, signifie un gentilhomme de Poitou qui vint à Paris pour quelque affaire avec sa femme, qui étoit belle, dont François Iᵉʳ devint amoureux et enrichit le gentilhomme, qui s'en retourna en son pays : ce qui fut cause que plusieurs de ses voisins qui avoient de belles femmes ou filles vinrent aussi à Paris, croyant qu'ils feroient pareille fortune ; mais ils furent obligés de s'en retourner après s'être ruinés ». *(Alphabet de l'auteur françois.)*

COUILLE, COUILLON, mots fréquents dans Rabelais ; et nombreux dérivés : COUILLART, COUILLASSE, COUILLAUD, COUILLETANT, COUILLETTE, COUILLONNAS, COUILLONNÉS, COUILLONNIFORMES, COUILLONNIQUES, COUILLONNIQUEMENT, COUILLU.

COUILLE A L'ÉVESQUE, herbe marine.

COUILLEVRINE, pour coulevrine, sorte de canon. Il n'est pas besoin de faire remarquer que l'orthographe de ce mot est altérée par Rabelais avec intention.

COUL, col, cou.

COULAINES, village du Chinonnais.

COULDRAY (le), village du Chinonnais.

COULEFFRES, sorte de reptiles.

COULEMENT, écoulement.

COULEUR DE ROY, selon Johanneau.

COULOUOIR (redoubler au), c'est-à-dire par un coup donné en glissant, en coulant. C'était une des manœuvres de la hache d'armes.

COUPEAU, COUPPEAU, un morceau : « Vous n'en eussiez donné un coupeau d'oignon ».

COUPELAUD (au), à l'épreuve, disent les uns, de *coupelle*, petit instrument à essayer, éprouver les métaux. Les autres l'entendent : au cul levé.

COUPPE-AUREILLE, sorte de couteau dont la lame était extrêmement fine.

COUPPE GUORGÉE, pour gorge coupée, par une de ces transpositions de lettres familières à Rabelais.

COUPPE TESTÉE, pour tête coupée.

COUPPIER, écuyer tranchant.

COUPPLER, accoupler, réunir.

COURAIGE, volonté.

COURANT, COURANTE : « Courante comme bacheliers insensés ». (Livre III, chapitre XVIII). On appelait bacheliers cursoires (*cursorii*) les bacheliers qui, se préparant à la licence, fréquentaient les actes des facultés, faisaient des cours, donnaient des leçons particulières, *couraient* le cachet, comme nous disons encore. Beaucoup de maîtres restaient bacheliers cursoires toute leur vie : « Il y a des bacheliers cursoires, disait Jean Petit au synode de 1406, que je vais consulter quand j'ai quelque affaire et qui y voient souvent plus clair que d'autres qui ont une grande renommée. Guignecourt, qui était réputé l'homme le plus savant du monde, ne fut jamais que bachelier cursoire ». *(Origines littéraires de la France, par Louis Moland, page 238).*

COURBASSÉ, courbé sous le poids des ans.

COURCAILLET, nom propre emprunté à quelque légende populaire.

COURLES, plante.

COURLES, courlis, oiseau.

COURMARAN, cormoran.

COURQUAILLET, appeau à cailles ; sorte de chausses plissées comme l'appeau.

COURRACTEURS, correcteurs de comptes.

COURRAIES, courroies.

COURRAIL, verrou, marteau d'une porte.

COURRATIÈRE, revendeuse, proxénète.

COURSIE, passage pratiqué dans le milieu d'une galère, pour communiquer de la poupe à la proue.

COURSIVES (lettres), cursives.

COURSOUOIR, pompe d'un vaisseau.

COURTAULT, cheval ou chien de courte taille. On appelait aussi *courtault* le chien ou le cheval qui avait la queue coupée. Métaphoriquement, ce mot s'employait pour désigner le phallus.

COURTIBAUX, sorte de dalmatique courte que les prêtres mettaient pour officier.

COURTIL, petit jardin fermé de haies.

COURTINE, terme de fortification encore employé.

COURTINES, rideaux de lit.

COURVÉE, corvée.

COUSCOIL (ADAM), nom probablement forgé par Rabelais.

COUSIN GERVAIS REMUÉ, jeu de mots sur cousin germain.

COUSSIN, oreiller.

COUSSONS, goussets de chemise.

COUSTÉ, côté.

COUSTE BOVINE, côte de bœuf.

COUSTE ET VAILLE, quoi que la chose coûte et vaille, peu importe.

COUSTELLEURS, couteliers.

COUSTERETS, COUSTRETS, cotrets.

COUSTIER, à côté, donnant à côté.

COUSTIÈRES (voiles), servant à naviguer sur les côtes.

COUSTOYER, suivre les côtes, côtoyer.

COUVERCLE ; prov. : « Couvercle digne du chaudron ».

COUVERT (au), en se couvrant.

COUVERTE, couverture.

COUVRECHIEF, coiffure quelconque.

COY, tranquille, paisible, sans mouvement.

COYPHE, coiffe.

COZ, queux, pierre à aiguiser.

CRADOT, poisson qui se pêche sur les côtes de Bretagne.

CRÆPALOCOMES, chants bachiques. — Voyez la *Briefve Déclaration*.

CRAINE, crâne.

CRAMOISINE, sorte d'étoffe de soie, teinte en cramoisi.

CRAMOISY. Ce mot n'exprime point proprement une couleur, comme on le croit communément, mais bien la perfection d'une teinture. Ainsi l'on disait : rouge cramoisy, bleu cramoisy, violet cramoisy. Au livre V, chapitre XLVI, frère Jean rime en *cramoisi*, c'est-à-dire richement et en perfection.

CRANIE (le), colline près de Corinthe.

CRAPAUDINE, sorte de pierre précieuse.

CRAPAULT : « Ilz en estoient chargez comme un crapault de plumes », locution proverbiale pour dire : n'avoir rien du tout, être tout à fait dépourvu.

CRATYLE (le Cratyle du Divin Platon). Ce dialogue est aussi intitulé : *De la propriété des noms* ; il se trouve dans le tome XI de la traduction de Platon publiée par M. Victor Cousin.

CRAVANT, sorte d'oie sauvage, oiseau révéré des Égyptiens.

CRÉANCE, croyance, foi.

CREDENCIER, sommelier, qui a soin du buffet appelé *crédence*.

CRÉDITEURS, créanciers.

CREMASTERES, les muscles suspenseurs des testicules.

CREMERE, fleuve de l'ancienne Italie.

CRENEQUIN, armure de tête du cavalier, assez semblable au heaume. On appelait aussi crenequin un outil de fer qui servait à bander les arbalètes.

CRESPELU. — Voyez *Cincinnatule*.

CRESSONNIÈRE, marchande de cresson.

CRÊTES, Crétois.

CREUST, profita, accrut.

CREZIOU, c'est un creuset, en Dauphinois.

CRITOLAUS, philosophe grec.

CROCQUEMOUCHE, personnage des contes d'enfants.

CROCUTES, animaux fantastiques. — Voyez Pline, livre VIII, chapitre XXI.

CROIX, argent monnayé. Les pièces de monnaie portaient une croix sur leur face, d'où l'expression : n'avoir ni croix ni pile. De là encore : « s'étudier à l'Invention de Sainte-Croix », pour : chercher de l'argent ; c'est dans le même sens qu'il est dit (livre V, chapitre XVI) que le pressoir des Apedefte est fait du bois de la croix.

CROIX OSANIÈRE. — Voyez *la Briefve Déclaration*.

CROIX (SAINCTE), église d'Orléans.

CRONIOCOLAPTE, phalange, sorte d'insectes.

CROPIÈRE, CROPPIÈRE, croupière.

CROPION, croupion.

CROPPE, croupe.

CROTAPHIQUE (l'artère), artère temporale, du grec κρόταφος, tempe.

CROTESQUE, grotesque, sorte de dessins d'ornementation architecturale.

CROUE, l'écrou d'un pressoir.

CROULAY (le), village du Chinonnais.

CROULLER, agiter, secouer.

CROUSTELEVÉ, couvert de croûtes.

CROUSTELLES, CROUTELLES, près Poitiers.

CROYE, craie.

CROYSADE (la). — Voyez *Metelin*.

CRUC, croc : « grupper au cruc », saisir suspendre au croc.

CRUON, cruchon, tête : « Sauve, Tevot, le pot au vin, c'est le cruon ». Chacun sait que tête (*testa* en latin, vase de terre cuite) était synonyme de pot au vin. On disait donc par ironie aux francs-taupins : *Sauve-le pot au vin* ; ce qui signifiait à la fois sauve ta tête, ta vie, et *sauve* la bouteille. Puis on avait bien soin d'ajouter que par *teste* ou entendait le *cruon* (le cruchon, la bouteille), et non leur tête, qu'on savait très bien ne pas avoir besoin de leur recommander. (B. des M.)

CRYÈRE, nom d'une tour de Thélème, c'est-à-dire Froide. Κρυερός.

CRYSTALIN, cristal.

CUBICULAIRES, camériers, gentilshommes de la chambre.

CUCROCUTES, comme *crocutes*.

CUEILLIR (se), se rassembler.

CUHARSCES, sorte de reptiles.

CUIDER, CUYDER, croire, d'où *cuideurs de vendanges*, ceux qui, relâchés par le raisin, « se conchient, en croyant ne faire que vesner ».

CUL, d'où *culleter, cullaige, culletis, cule-letant*, que Rabelais écrit parfois *cultant* ; *culot* est un diminutif : « Le Culot de discipline ».

CULICES, moucherons.

CUNNANE (sibylle), de Cumes.

CURES, pour excréments, en termes de fauconnerie (rendre ses cures).

CURIEUSEMENT, avec soin.

CUSANE, CUSANUS, Nicolas de Cusa, auteur d'ouvrages sur les mathématiques.

CUSCUTE, plante parasite.

CUSTODE, garde, *custos*.

CUTICULE, épiderme.

CUVEAUX, petites cuves, cuvettes.

CUVE DE VÉNUS, plante.

CUYTE, cuisson.

CYBELE, mère des dieux.

CYCHRIODES, sorte de reptiles.
CYCLADES, groupe d'îles de l'archipel grec.
CYCLOPES, forgerons de Vulcain, n'ayant qu'un œil au milieu du front.
CYCLOPICQUE (enclume), des Cyclopes.
CYCNE, cygne.
CYDNUS, fleuve de l'Asie.
CYENES (ville d'Égypte) : « Le climat dia Cyènes ». *Dia* est sans doute la préposition grecque διά ; le climat, le pays qui entoure Cyènes.
CYMBALES, sonnettes. « Une vache sans cymbales », locution proverbiale.
CYME (Éolique), Cumes en Éolide.
CYNAMOLGE, oiseau fabuleux d'Arabie, qui tette les chiennes.
CYNARA, plante, artichaut.
CYNES, arbres d'Arabie, servant à faire des vêtements, selon Pline.
CYNOCEPHALE, singe à tête de chien, animal fantastique.
CYPRE, île de la Méditerranée.
CYRE, sire.
CYRE, CYRUS, roi des Perses.
CYRRHE, Syra, une des Cyclades.
CZA, même mot que *ça*. Dans les commencements de l'imprimerie, le z tenait lieu de la cédille.

D

DACE, Dacie.
DACTYLE, datte, fruit du palmier.
DÆDALUS, sculpteur et ingénieur grec, père d'Icare.
DAIL, faulx ; terme languedocien.
DAIRE, Darius.
DA JURANDI, permettez-moi, passez-moi de jurer.
DAL BAROTH, au feu ! en turc, d'après Panurge.
DAM, dommage, désavantage : « A leur dam ».
DAMASQUIN, DAMASQUINE, damasquiné.
DAMIS, compagnon d'Apollonius de Tyane, synonyme d'ami fidèle.
DAMPNER, damner : « Vous vous dampnez comme une sarpe (une serpe, un serpent) ».
DANAIDES, les cinquante filles de Danaüs.
DANGIER, mal : « Nul n'en print dangier ».
DANGIER, nom qui figurait, dans la poésie allégorique du moyen âge, le mari jaloux, le gêneur comme on dirait à présent.
DANOUBLE, Danube.
DAPHNÉ, nymphe changée en laurier.
DARD, DAR, DARE, poisson blanc, de la grosseur d'un hareng.
DARDELLE, dard, javeline.
DARDER, lancer un dard.
DARE, donner, en latin : *Si tu non vis dare præsta, quæsumus*. Si vous ne voulez donner, prêtez-nous, de grâce.
DARIE, Darius, roi des Perses.
DARIOLES (D'AMIENS), pâtisseries qu'on faisait en cette ville.
DARRIÈRE, derrière.
DAST, Dax, ville où il y a des sources thermales.
DATAN conspira contre Moïse avec Coré et Abiron.
DATEUR, donateur, qui donne.
DATUM, donné, en latin.
DAUBBER, DAULBER, frapper, battre.
DAULPHINÉ, province de France.
DAVANT, devant.
DAVANT, avant : « Tout le temps davant disner ». — DAVANT QUE, avant de.
DAVANTAU, DEVANTEAU, tablier.
DAVIET, pince.
DE (MONSIEUR), M. de l'Ours. Tour de phrase que La Fontaine a emprunté de Rabelais.
DEA, interjection qu'on prononçait probablement *da*.
DEAMBULER, promener, *deambulare*.
DEBEZILLER, DEBECILLER, disloquer, déboîter.
DEBITORIBUS : « Broncha quelque peu, comme *debitoribus*, à gauche » ; broncher comme *debitoribus* fait allusion au passage du *Pater noster* où l'on bronche, où l'on s'embrouille souvent.
DEBONNAIRETÉ, bonté, douceur prévenante, clémence.
DEBOUQ, debout.
DEBOUTER, rejeter, repousser.
DEBRADÉ, qui a perdu les bras.
DEBTEUR, débiteur.
DECALOGICQUE, du décalogue.
DECEMPEDAL, ayant dix pieds de long.
DECHEVELÉ, échevelé.
DECIDER, élire, choisir, extraire.
DECLINATION, diminution, déclinaison, abaissement.
DECLINER, éviter en se détournant, esquiver.
DECOLLAZ (saint Jean), *decollatus*.
DECOULLER, couler, échapper, glisser.

DECOURIR, couler : « L'eau decourt tout du long ».
DECOURS, cours : « Au decours de toute la journée ».
DECRET, loi civile.
DECRETALES. Les Décrétales dont se moque Rabelais étaient les constitutions pontificales relatives à l'administration et à la discipline. Avant Boniface VIII il n'y avait que cinq livres de Décrétales. Ce pape y ajout le Sixte ou sixième, qui formait par lui-même un fort gros volume. Les Clémentines étaient les Décrétales de Clément V. Les Extravagantes étaient les constitutions papales en dehors *(extra)* du *Corpus juris canonici*. La puissance des papes s'est considérablement accrue à l'aide des Décrétales. De ce mot, Rabelais en a formé beaucoup d'autres : DECRETALIN, DECRETALINE ; — DECRETALIARCHE, gouvernant par les Décrétales ; — DECRETALICIDE, meurtrier des Décrétales ; — DECRETALICTONE, même sens, voyez la *Briefve Déclaration* ; — DECRETALIFUGE, qui fuit les Décrétales ; — DECRETALIPOTENS, puissant par les Décrétales.
DECRETALISTE, savant en droit ecclésiastique.
DECRETISTE, savant en droit civil.
DECROTOIRE, DECROTOUOIRE, DESCROTOIRE, DECROTATORIUM, instrument à décrotter.
DECUMANE. — Voyez la *Briefve Déclaration*.
DEDUYT, amusement ; a souvent un sens érotique.
DEFAUCILLER, casser les *fauciles*, les os de l'avant-bras.
DEFAILLIR, manquer.
DEFFAICT, DEFFAICTE, le vaincu, la victime.
DEFFAIT : « Faire le fait et le deffait », faire et défaire sur le même coup, comme les bateleurs, les escamoteurs.
DEFFEUBLER, abaisser son capuchon, sa galleverdine ; c'est le contraire du mot *affubler*, qui est resté.
DEFFOURRER, c'est le contraire de *fourrer* ; par conséquent, ôter la fourrure, la doublure.
DEFIANCE, méfiance.
DEFIANCE, défi, déclaration de guerre.
DÉFORTUNÉS, infortunés.
DEGASTER, gâter, dévaster, ravager.
DEGOURT, dégourdi, alerte, joyeux.
DEGOUT, écoulement, ce qui dégoutte, par exemple le jus tombant d'un rôti.
DEGOUZILLER, avaler.
DEGUENER, être comme hors du fourreau, être tout en désirs, tout en l'air. Et aussi dégainer, tirer du fourreau.

DE HAYT, DEHAIT, lestement, gaiement.
DEHINCH, d'ici ; mot latin francisé.
DEHINGUANDÉ, dégingandé, disloqué.
DÉIFICQUE, divin.
DÉIPHOBUS, fils de Priam et d'Hécube, troisième mari d'Hélène.
DEJECT, abattu, renversé : « Deject et failly ».
DELAYER, différer, retarder.
DELIBERATION, résolution.
DELOS, la principale des Cyclades.
DELPHINIUM, plante.
DELUGE POETIQUE, celui de Deucalion.
DEMANDER A, s'en référer à : « J'en demande aux joueurs », je m'en rapporte.
DEMANDER DE, s'informer de.
DEMANDIBULÉ, qui a la mâchoire, la *mandibule*, brisée.
DEMARCHER, DESMARCHER, marcher, se mouvoir en avant ou en arrière.
DEMETRIUS. L'anecdote relative au hallebardier de Démétrius mort dans l'antre de Trophonius se trouve dans Pausanias (*Béot.*, chapitre XXXIX).
DEMEURANT (au), quant au reste : « Au demeurant le meilleur filz du monde ».
DEMEURE, temps qu'on demeure avec quelqu'un ou dans un endroit.
DEMIGRER, émigrer, aller autre part.
DEMIOURGON, demogorgon, génie de la terre, divinité infernale.
DEMOCRITE, DEMOCRITUS, philosophe grec.
DEMOCRITIZANT, faisant comme Démocrite, riant comme lui des choses humaines.
DEMONAX, philosophe grec dont la longévité fut remarquable.
DEMOULLER (les reins), fracasser, déformer.
DEMOVORE, mangeur de peuple : « Homère appelle le roy inique demovore ». — Voyez *Iliade*, I, 231.
DEMY CEINCT, espèce de ceinture ou de draperie à l'usage des femmes.
DEMY-OSTADE. L'ostade était une espèce d'étamine ; la demi-ostade était la même étoffe plus légère.
DENARE, argent, *denier*.
DENDIN, terme injurieux paraissant signifier mal bâti, marchant disgracieusement, se dandinant. Rabelais a fait de ce mot un nom propre, *Perrin Dendin*, et *Tenot (Étienne) Dendin*, son fils.
DENDROMALACHE, plante-arbre, du grec δένδρον et μαλάχια, arbre tendre comme une plante.
DENIER, refuser, *denegare*.
DENIGEANS, dénichant.
DENIGEMENT, dénichement.
DENIGER, dénicher.

DENRÉES, menues marchandises, choses valant ou rapportant un denier. « Denrée de cresson », une botte de cresson.
DENTIFORME, en forme de dents.
DEPARQUER, comme décamper, s'éloigner.
DEPARTEMENT, départ.
DEPARTIE, même sens : « Depuis ma departie », depuis mon départ.
DEPARTIR, partir : « Depars d'ici ». Est pris substantivement : « Avant le departir ».
DEPARTIR, DESPARTIR, séparer, distribuer, partager : « Leur departoit de son argent ».
DEPENAILLÉ, déguenillé.
DEPENDRE, DESPENDRE, dépenser.
DEPERDRE, perdre.
DEPESCHER, DESPECHER, dépêcher une besogne, s'en acquitter promptement, s'en libérer et dépêtrer ; d'où le substantif *depesche* : « Il y en a mauvaise despesche », on s'en défait malaisément. « Avoir sa despesche, » être expédié, satisfait. D'où encore *despescheur*, qui dépêche, expédie rapidement : « Beau despescheur d'heures ».
DEPORTER, DESPORTER (se), se transporter, aller dans un endroit; se dispenser, s'exempter, s'en remettre à : « Je m'en depors », je cesse de m'en occuper.
DEPOSCHER, ôter de sa poche, livrer.
DEPRAVÉ, falsifié, corrompu. « Livres dépravés », altérés par des interpolations, etc.
DEPRESSION, abaissement, humiliation.
DEPRIMER, abattre, abaisser.
DEPRISEMENT, mépris.
DERCÉ, fontaine.
DESANGONIER, soulager, délasser, désoppresser.
DESARSONNER, quitter les arçons : « Il me feroit bien désarsonner », *erotice*.
DESAVOUER, renier : « Je désavoue le diable si, etc ».
DESBOUCHER (se), se montrer, devenir visible, déboucher.
DESBRAGUETTER, délacer la braguette. Est pris substantivement : « Valoir le desbraguetter ».
DESBRIDER, ôter la bride. Au figuré, « dormoit sans desbrider ».
DESBRIDEUR, qui dépêche et expédie lestement : « Beau desbrideur de messes ».
DESCHALANDÉ, qui n'a plus de chalands.
DESCHASSER, chasser, expulser.
DESCHIQUETER, taillader, — *deschiqueture*, ouverture faite dans le vêtement.
DESCŒUVRE, découvre.
DESCONFITE, défaite.
DESCONFORT, affliction, désolation.
DESCROTEUR, décrotteur ; au figuré : « beau descroteur de vigiles ».
DESCROULLER, défoncer : « Descrouller les omoplates ».
DESDUIRE (se), s'amuser ; d'où *desduys*, plaisirs.
DESEMPARER, détruire, renverser ; s'emploie figurément : « Desemparer vostre alliance », la dissoudre.
DESERVIR, être utile, mériter. Et quelquefois aussi démériter : « Il n'a rien deservi envers vous ».
DESGONDER, faire sortir des gonds, déboîter.
DESHINGUANDÉ, déhanché, démanché, démantibulé.
DESICCATIF, qui sèche.
DESISTER, cesser de, désister, renoncer à.
DESJUCHER (au), en se levant.
DESLOCHER, disloquer.
DESLOGEMENT, déménagement, action de quitter son logis.
DESPRIS, mépris. DESPRISER, mépriser.
DESPROUVEU, dépourvu.
DESPUMER, jeter de l'écume ou comme de l'écume « Despumer la verbocination latiale », dégoiser du latin.
DESRACHER, arracher.
DESRAYÉ, hors de son rang, hors de sa voie.
DESROCHER, détacher d'un roc, précipiter du haut d'un rocher.
DESROTÉ, déplacé, dérangé, délié.
DESSAY (André Montalembert, sieur de Dessé ou). — Voyez au mot *Chevaulx*.
DESSEMELER LES BOTTES, détacher les semelles des bottes.
DESSIRER, déchirer.
DESSUS (venir au), triompher.
DESTINÉ, fixé, désigné par le destin.
DESTITUÉ, dépourvu, privé.
DESTORSES, détours, sentiers détournés.
DESTOUPPER, débonder (un tonneau).
DESTRAMPIT, détrempa.
DESTROUSSER, détrousser, dérober.
DESULTOYRE (cheval), cheval de main sur lequel on sautait sans prendre terre ; cheval de rechange dans les combats.
DESVALLER, DEVALLER, descendre, aller en bas. Ce verbe est aussi actif : porter, traîner en bas. « Desvaller de mont à val son tonneau, » précipiter son tonneau du haut en bas de la colline.
DETENTEUR : « Que rien de moy n'a esté detenteur, » qu'il n'a pas tenu à moi.
DETRACTION, médisance, noirceur, fausse imputation.
DETRAVÉ, hors d'entraves, échappé et débandé.
DETRICHOUÈRES, devidoirs.
DEU COLLAS. — Voyez *Collas*.

DEULT, troisième personne du présent de l'indicatif du verbe *douloir*. — Voyez ce mot.
DEUS (MEA CULPA), « c'est ma faute, Seigneur ! » paroles du *Confiteor*.
DEUS DET *(nobis pacem)*, Dieu nous donne la paix ! formule qui terminait les grâces qu'on disait après le repas. « Connaître comme son *Deus det* », c'était connaître comme ses grâces ou son bénédicité.
DEVERS, vers.
DEVIEIGNE, devienne.
DEVINIERE (la), clos des environs de Chinon.
DEVIS, gré, plaisir : « A mon devis, » à mon gré.
DEVOT, *devotus*, cavalier servant, amoureux en titre.
DEVOTEMENT, chaleureusement, avec zèle.
DEXTRE, droit, droite, main droite.
DEXTREMENT, adroitement.
DEXTRIER, cheval de main, cheval de combat.
DEZ : « Jeter le dez », prendre une résolution. « Etre hors le dez d'estimation, » être inestimable, ne pouvoir être estimé à son prix.
DIABLE BUR, diable vêtu de bure, diable enfroqué : « Labourer en diable bur ».
DIABLERIE. On appelait *diablerie* des jeux dramatiques analogues aux *Miracles des saints*, mais où les démons avaient le rôle le plus considérable. « Diablerie à quatre personnaiges ». — « Diablerie pire que celle des jeux de Doué ».
DIABLICULER, calomnier, selon le vrai sens du mot grec.
DIABOLOLOGIE, science diabolique. Rabelais se sert également de l'adjectif *diabolologique*.
Διάβολος, calomniateur, diable.
DIAMERDIS (poudre de), poudre imaginaire.
DIANE, déesse. Signal du réveil donné aux soldats.
DIANTRE, diable.
DIAPHANÉITÉ, transparence.
DIAPHRAGME, muscle qui sépare la poitrine du ventre.
DIAPRÉ, éclatant, teint de couleurs brillantes.
DIARHOMES (climat); qu'il faudrait écrire dia Rome, comme dia Cyènes, que nous avons vu précédemment ; climat sous lequel Rome est placée.
DIASPERMATISANT, abondant en sperme.
DIASTOLIQUE (mouvement), mouvement de dilatation des ventricules du cœur.
DIAVOL, diable.
DICASTE, juge, celui qui rend à chacun ce qui lui appartient ; mot grec.
DICT, DICTÉ, récit, adage, parole.
DICTE DE CANDIE, *mons Dictœus*, montagne de Crète.

DIDIUS JULIANUS, empereur de Rome.
DIECULE, petit jour, *diecula*.
DIESBLE, diable.
DIFFAME, diffamation, déshonneur.
DIFFERENCE, querelle, différend.
DIGNITÉ DES BRAGUETTES (de la), prétendu livre que Rabelais s'attribue.
DIIPETES, descendants de Jupiter.
DILACERER, déchirer, mettre en pièces, lacérer.
DILATION, délai, retard.
DILIGENTEMENT, diligemment.
DILIGER, chérir. Rabelais emploie aussi le substantif *dilection*.
DILLE, fausset d'un tonneau.
DILUCULE, point du jour.
DIMENSION, action de mesurer.
DIMION, apparence, idée fantastique (héb.).
DIMITTER, laisser, remettre, abandonner.
DINA, fille de Jacob. Fosse de Lycie, où Apollon rendait des oracles.
DINDENAROYS, nom, forgé à plaisir, d'une forteresse qui s'était rendue faute de munitions. Le cas est trop fréquent, dans les guerres de cette époque, pour qu'il soit possible de préciser le fait auquel Rabelais fait allusion.
DINDENAULT, nom d'un marchand de moutons. L'anecdote de Panurge et du marchand de moutons (livre IV, chapitre VI) est tirée de la XI° *Macaronée* de Merlin Coccaie (Folengo).
DIODORE (de Sicile), historien grec.
DIOGENES, le philosophe cynique. L'anecdote racontée dans le prologue du livre III est tirée du traité de Lucien : *De la manière d'écrire l'histoire*. — Rabelais emploie l'adjectif *diogénique*.
DIOGENES LAERTIUS, historien des philosophes de l'antiquité.
DIOLE, diable.
DIOMEDES, un des héros de l'*Iliade*.
DION NICÆUS, Dion Cassius, de Nicée en Bithynie, historien grec.
DIONYS, Denis, tyran de Sicile.
DIOSCORIDES, médecin grec, auteur d'un traité *sur la matière médicale*.
DIPHTERE, peau de parchemin préparée pour écrire.
DIPSADES, sorte de reptiles mentionnés par Pline.
DIPSODES, DYPSODES, sujets de Pantagruel ; mot grec qui signifie gens altérés.
DIPSODIE, DYPSODIE, pays des Dipsodes.
DIRECTOIRE, ce qui sert à diriger.
DIREPTION, pillage, destruction.
DIS, Jupiter ou Pluton. « Dis le père aux

escuz », c'est Pluton, qui préside aux trésors souterrains.
DISCEDER, s'écarter.
DISCEPTER, disputer, être en différend.
DISCESSION, départ, éloignement.
DISCIPLINE, instruction, comme *disciplina* en latin.
DISCORDANCE. — Voyez au mot *Antiphysie*.
DISCRASIE, DYSCRASIE, sans force, débile, de mauvaise constitution.
DISCRETION, discernement, action de distinguer.
DISERT, éloquent, bien appris : « Disertes révérences ».
DISGREGER, séparer, diviser, disperser.
DISJONCTIVES, propositions exactement contraires.
DISPAROIR, disparaître.
DISPARTI, répandu, partagé.
DISSOLU, résolu, dissous.
DITES, pour Dis, Pluton.
DIVE, (la) petite rivière du Poitou.
DIVE, divine, sacro-sainte : « Dive bouteille ».
DIVERS, contraire, fâcheux, inconstant : « Fortune la diverse ».
DIVINER, deviner, prévoir, connaître l'avenir, d'où *divination, divinateur, divinatrice*.
DIVINITÉ, propriété divine, attribut divin.
DIVISER, deviser, causer ; et de même : *divise*, pour devise; et *diviz*, pour devis, entretien.
DOCTRINAL (le), titre que portent plusieurs livres d'éducation du moyen âge.
DODELINER (de la teste), bercer, remuer la tête doucement.
DODINE (à la), sauce pour assaisonner les canards et les oiseaux de rivière.
DOIGTZ : « Il avait les doigtz faitz à la main comme Minerve ou Arachné », il avait les doigts très prestes, très habiles.
DOIGTZ DE MERCURE, plante.
DOINT, donne.
DOLABELLA (Cn.), proconsul. Le trait relatif à ce personnage, qu'on trouve au chapitre XLIV du livre III, est rapporté par Valère-Maxime, livre VIII des *Faits et Dits mémorables*, et par Aulu-Gelle.
DOLOUERE, doloire, outil de tonnelier et de charpentier.
DOLY (CHAMP), Campidoglio, le Capitole.
DOMESES, sorte de reptiles.
DOMESTIC, DOMESTIQUE, personne attachée à la maison, précepteur, médecin, etc.; chose qui regarde la maison et la famille, « affaires domestiques ».
DOMINO, camail noir que les prêtres mettaient pendant l'hiver.

DOMITIAN LE CHOQUE MOUSCHE, l'empereur Domitien.
DONAT (Œlius Donatus), grammairien latin.
DONT, DOND, d'où.
DORBELLIS, pour de Orbellis, nom d'un commentateur de Pierre Lombard.
DORCADE, animal du genre du chevreuil ou du daim, révéré en Égypte.
DORELOT, enfant gâté, caressé, dorloté.
DORÉS (mots), dignes d'être écrits en lettres d'or, comme *légende dorée*.
DORIBUS (nostre maistre) : selon les uns, P. Doré, jacobin; selon les autres, Matthieu d'Orry, dominicain.
DORIS (Michel), Espagnol qui figure dans la chronique d'Enguerrand de Monstrelet.
DORMARS, dormeurs, aimant à dormir.
DORMIR EN CHIEN, Rabelais explique lui-même cette locution, livre IV, chapitre LXIII.
DORMI SECURE, recueil de sermons souvent réimprimé aux XVe et XVIe siècles. Ce titre, dont on a souvent plaisanté, ne s'adressait pas, bien entendu, aux fidèles, mais aux prédicateurs, à qui il fournissait des thèmes tout préparés et qu'il dispensait ainsi de préoccupations et de veilles.
DOROPHAGES, qui vivent de dons.
DOUBLE, menue monnaie valant deux deniers.
DOUBLET, musicien contemporain de Rabelais.
DOUBTANCE, soupçon, crainte.
DOUBTER, douter, soupçonner, redouter.
DOUBTEUX, qui est dans le doute.
DOUCINE, flûte douce.
DOUÉ, petite ville du Poitou dont les représentations dramatiques avaient de la réputation.
DOUHET (Briend Vallée, seigneur du), président à Saintes et lié avec Rabelais.
DOULOIR (se), se plaindre, s'affliger.
DOURS, le dos, *dorsum*.
DOUZAIN, monnaie de cuivre allié d'argent, valant douze deniers.
DOUZIL, fausset avec lequel on bouche une pièce qu'on a percée.
DOYAC, conducteur de l'artillerie du roi Charles VIII.
DOYE, vase, baquet.
DRACHONIQUE, draconien : « Loi drachonique », très rigoureuse.
DRACON, dragon.
DRACONNEAULX, petits dragons.
DRAGEOUOIR, petite boîte à mettre les dragées.
DRAPPER, faire le drap, fournir la matière de l'étoffe.
DREPANI, Trepani en Sicile.
DROGUEUR, droguiste.
DROICT (au), vis-à-vis.

DROISSER, dresser, ériger.
DRONOS, des coups ; terme de l'Anjou et du Languedoc : « Soudain lui donnoit dronos ».
DROPACE, dépilatoire.
DROUET, pour Heroët, poète renommé à cette époque.
DRUE (l'herbe), épaisse, touffue.
DRYADES, nymphes des bois.
DRYINADES, sorte de reptiles.
DU BELLAY, DU BESLAY, évêque de Paris, cardinal, l'un des principaux protecteurs de Rabelais.
DU BOIS LE COURT, grand salpêtrier du Maine.
DUC, grand-duc, oiseau de proie : « Junon avec son duc. »
DUISIBLE, convenable, qui plait, qui sied, du verbe *duire*. »
DUMET, DUMETÉ, pour duvet, duveté.
DU MOLLIN, musicien contemporain de Rabelais.
DU PAIGE (MONSIEUR), MONSIEUR DU ROI, formule familière à Rabelais, de qui La Fontaine l'a empruntée.
DUPLIQUES, répliques.
DUPPE, huppe, oiseau.
DUPPLE, amende du double.
DURETTE, un peu dure.
DU TOUT, complètement.
DUYRE, convenir, plaire.
DYAS, deux, en grec.

E

EAGE, âge, employé au féminin comme le latin *ætas*.
EALE, animal fantastique, décrit par Pline, livre VIII, chapitre XXX.
EAU ARDENTE, eau-de-vie.
ECCLISE, ECLISE, pour église, *ecclesia*.
ECENTRICQUE, pour *excentrique*.
ECHARBOTTER, fouiller, tisonner.
ECHEPHRON, nom tiré du grec, et signifiant : ayant du sens et de la prudence.
ECHINADES, îles entre la Morée et Tunis.
ECHINEIS, rémora, poisson auquel les anciens attribuaient la vertu d'arrêter les navires.
ECHINES, enveloppes épineuses des fruits, par exemple, des châtaignes.
ECLIPSES : « Depuis certaines eclipses », depuis certaines révolutions célestes.
ECLYPTIQUER, pour éclipser, troubler.
ECSTASE, extase ; *ecstatique*, extatique.
EDONIDES, les bacchantes, ainsi nommées du mont *Edon*, en Thrace.
EDOUARD V, roi d'Angleterre. Anecdote où figurent ce roi et François Villon, chapitre LXVII du livre IV.
EFFEGÉ, pour f, e, g.
EFFERÉ, fier, indompté, sauvage.
EFFIANCÉ, fiancé.
EFFICACE, efficacité.
EFFROY, bruit destiné à effrayer : « Faire effroy », pousser des clameurs. « Sans effroi », sans faire de bruit. Ce mot a aussi le sens actuel : « Voyant nostre effroy ».
EFFRUCTÉ, effruité, dont on a cueilli le fruit.
EFRENÉ, sans frein : « Cheval efrené ».
EGENE, nécessiteux, indigent.
EGESTA, fille d'un prince troyen qui s'abandonna au fleuve Crinisus métamorphosé en chien.
EGIPANES, égipans, satyres avec des cornes et des pieds de chèvre.
EGIUCHUS, en grec αἰγίοχος, qui tient l'égide.
EGOUSSER, écosser.
ÉGRAPHINER, égratigner, écorcher.
ELA, la note la plus élevée de la gamme, dans l'ancienne musique.
ELANES, les landes.
ELECTRE, métal composé d'or et d'argent. C'est aussi l'ambre jaune.
ELEEMOSYNE, aumône.
ELEICHIE, pierre précieuse taillée en forme de poire.
ELICIE, éclair, lumière subite, éloise.
ELIXO, pour élixir, nom donné par les alchimistes tantôt au mercure, tantôt au soleil.
ELOPES, sorte de reptiles. Ce nom désigne aussi une espèce de poissons. — Voyez Pline, livre IX, chapitre XXVII.
ELUER, laver, nettoyer, purifier.
ELUTIAN, épuré.
EMACIÉ, amaigri, desséché.
EMANCIPER (se), se rendre indépendant.
EMBALLER, avaler, engloutir.
EMBASTONNER, armer.
EMBAVIÉRÉ, qui a les mâchoires déboîtées.
EMBEU, imbu, *imbutus*.
EMBLÉE (à l'), à la dérobée, en cachette.
EMBLEMATURE, ensemble d'emblèmes, peinture allégorique.
EMBOIRE, pomper, imbiber, au propre et au figuré.
EMBOURRER, bourrer, rembourrer ; a fréquemment un sens érotique.

GLOSSAIRE ET NOTES

EMBOURREURS (de hastz), rembourreurs.
EMBOUSÉ, souillé de boue, de fiente.
EMBRASSER : « Qui trop embrasse peu estrainct ».
EMBRENER, souiller de bren.
EMBRUNCHÉ, entortillé, revêtu, enduit.
EMBU, imbibé.
EMBURELUCOCQUER (s'), s'embarrasser, s'enchevêtrer.
EMBUSCHE, embuscade.
EMBUT, entonnoir.
EMINENCE, supériorité.
EMININS, espèces ; mot hébreu.
EMMELIE, genre de saltation décente et posée.
EMMORTAISÉES, fixées, établies d'une manière solide.
EMOLUMENT, tel que savent les médecins gregeoys (livre Ier, chapitre VIII). Il s'agit de la vertu prolifique qu'on prétendait attachée au jaspe vert.
EMPALETOCQUÉ, enveloppé ; le *paletocq* était une casaque à coqueluchon.
EMPAN, mesure de longueur, équivalant à huit pouces.
EMPANTOPHLÉ, enfermé comme dans une enveloppe.
EMPAS (les), entraves, liens, empêchement.
EMPEGÉ, englué, empêtré.
EMPENNÉ, emplumé, garni.
EMPEREUR (l'), Charles-Quint.
EMPEREUR, grand poisson du genre du spado ou épée.
EMPESCHE, empêchement, embarras : « Empesche de maison ».
EMPESCHER, embarrasser.
EMPETÉ, embaumé de pets.
EMPIRE (le ciel), le ciel empyrée.
EMPLOITER, employer, occuper.
EMPOSTEUR, imposteur.
EMULATEURS, rivaux.
EMULGENTES (veines), veines qui portent le sang dans les reins.
EMUNDER, nettoyer, purifier.
ENASÉ, qui n'a pas de nez, dont le nez est écrasé, aplati.
ENCAPITONNER, mettre autour de la tête.
ENCARRÉ, engravé, échoué, en parlant d'un vaisseau.
ENCEINTE, conçue, dans le sens figuré : « Chascun aye enceincte la parole saincte » !
ENCHASSER, mettre en châsse.
ENCHERIE (faire de l'), enchérir, demander un trop haut prix.
ENCHEVESTRER, mettre le chevêtre, le licou : « Enchevestrer les mulets ».
ENCLIN, courbé, incliné.

ENCLINER, incliner : « Encliné en prière ».
ENCLOER, enclouer.
ENCLOUS, enclos.
ENCOCHER, ficher, mettre dans le cran ; est pris parfois dans un sens érotique.
ENCOINGNÉ, pourvu, garni de cognée.
ENCONTRE, contre.
ENCONTRE, rencontre.
ENCYLIGLOTTE, filet, attache de la langue.
ENDENTELÉES, garnies de dents.
ENDESVER, enrager.
ENDOUAYRÉ, doué, doté.
ENDOUSSEURE, dernier revêtement ; terme d'architecture.
ENDUIRE, avaler, et par suite digérer ; terme de fauconnerie.
ENÉOREMES, nébulosités qui surnagent dans l'urine.
ENFERMIER, infirmier.
ENFERRER, mettre aux fers, lier de chaînes de fer.
ENFIANSAILLES, fiançailles.
ENFLAMBER, enflammer, incendier ; *enflambé*, flamboyant.
ENFLAMBOYÉ, flamboyant,
ENFONDRER, enfoncer, défoncer, engloutir.
ENFOURNER, mettre au four : « A l'enfourner on faict les pains cornuz ».
ENFROCQUÉ, portant froc.
ENGARDER, empêcher, garder de, prendre garde, observer.
ENGARIER. — Voyez *Angarier*.
ENGASTRIMYTHE, ventriloque, qui parle du ventre.
ENGIN, machine, ruse, moyen, malice.
ENGIPONNÉ, enjuponné, vêtu d'une robe : « Veau engiponné », veau en robe de docteur.
ENGOLEVENT, nom d'un géant et d'un capitaine de Picrochole.
ENGOULLÉ, avalé.
ENGOURDELY, engourdi.
ENGRAVÉ, gravé, empreint.
ENGRESSÉ, graisse.
ENGROISSER, rendre enceinte, devenir enceinte.
ENGRONELAND, le Groenland, terre australe.
ENGROSSISSEMENT, action de rendre enceinte ou de devenir enceinte.
ENGUAINNANT (frère), nom burlesque, qui veut dire : mettant en gaîne.
ENGUANTELER, garnir de gants.
ENGUARDER, engarder, empêcher, observer.
ENGUERRANT, Enguerrand de Monstrelet, chroniqueur du XVe siècle.
ENGYS, voisin ; mot grec. Rabelais fe't de ce mot le nom d'un royaume.
ENHYDRIDES, couleuvres aquatiques. — Voyez Pline, livre XXXII, chapitre XXVI.

ENIG. — Voyez la *Briefve Déclaration*. Ajoutons que la traduction que donne Rabelais est fautive : *Einig* signifie quelque, aucune, et *ewig*, perpétuelle. Il s'agissait, pour le landgrave de Hesse, de demeurer « sans aucune prison » ou « sans prison perpétuelle ».

ENIGME. « L'énigme trouvé es fondemens de l'abbaye des Thelemites » est emprunté aux œuvres de Mellin de Saint-Gelais. Raillant l'obscurité du style, Rabelais dit plaisamment qu'il est de Merlin le prophète. Rabelais a ajouté deux vers au commencement et dix vers à la fin, à partir de celui-ci :

Reste en après qu'iceulx trop obligez...

ENILINS, officiers de la Quinte-Essence.
ENITER (se), s'efforcer, faire effort.
ENLEVÉ, élevé, rehaussé, mis en relief.
ENNASÉ, camus.
ENNASIN, l'île des camus, des gens sans nez.
ENNICROCHÉ, crochu, tourné en crochet.
ENNIE, ENNIUS, poète latin.
EN PLUS, non plus, pas plus.
ENQUESTER, informer.
ENRIMER (s'), s'enrhumer : — « Et en rithmant, bien souvent je m'enrime », dit Clément Marot.
ENROIDDY, roidi.
ENSACHER, mettre en sac.
ENSAGIR, devenir sage.
ENSEMBLE-EUX, avec eux.
ENSEMBLEMENT, en même temps, de concert, de compagnie.
ENSIGNE, enseigne.
ENSUIVIR, s'ensuivre.
ENTALENTER, faire naître le besoin, le désir de quelque chose. Le mot *talent* avait primitivement le sens de désir et besoin.
ENTAN, comme *antan*.
ENTELECHIE, une perfection intérieure de quelque chose. Rabelais, livre V, chapitre XIX, donne ce nom au royaume où règne la dame Quinte-Essence : « Car les souffleurs se vantent de ne tirer seulement que le subtil, et separer de la matiere terrestre la simple et pure essence, l'âme et interne perfection des choses ». (*Alphabet de l'auteur françois*.)

Budée explique ainsi le mot ἐντελέχεια : « Actum et perfectionem doctissimi Græcorum interpretantur ».

« Et si avoit dix huit cens ans pour le moins ». En supposant Aristote père de l'Entélécnie, cette dernière devait en effet avoir à peu près cet âge au temps où ce livre a été écrit, comme l'ont très bien remarqué Le Duchat et Johanneau.

ENTENDANT, intendant, inspecteur, contrôleur.
ENTENDOUOIRE, substantif formé d'*entendre*, intelligence, compréhension : « J'ai assez belle entendouoire », dit frère Jean.
ENTENTIVEMENT, attentivement.
ENTOMERICQUE, adjectif formé plaisamment avec le nom de Jean des Entommeures : « Mer Entomericque ».
ENTOMMER, entamer, tailler en pièces, couper en morceaux.
ENTOMMEURES (Jean des), est interprété Jean qui taille en pièces. Le long de la Loire, *entomer*, *entommer*, se disait et se dit encore pour *entamer*. Il faut se rappeler aussi qu'en grec ἐντομή signifie entaille. Frère Jean, au chapitre LXVI du livre IV, dit lui-même : « Va, ladre verd, à tous les millions de diables qui te puissent anatomiser la cervelle et en faire des entommeures ».
ENTONNER, boire, et commencer un chant. Rabelais joue volontiers sur la double acception de ce mot : « Ung motet entonnons ; où est mon entonnoir ? ».
ENTONNOIR, ENTONNOUER, instrument à entonner, à mettre en bouteille.
ENTOUR (d'), d'autour de.
ENTOURNOIÉ, ayant autour de soi, enguirlandé.
ENTREILLIZÉ, entremêlé.
ENTRELARDEMENT, entrelacement.
ENTREMETTRE (s'), se mêler de.
ENTREPELAUDER (s'), se donner des coups, se prendre aux cheveux, se houspiller.
ENTRER, employé comme verbe actif : « Quels signes entroit le soleil (livré I, chapitre XXIII). — Ceux qui estoient entrés le clous (chapitre XXVIII) ».
ENTRER EN VIN, se mettre en train de boire.
ENTRETENEMENT, entretien.
ENVIZ, envie : « A tous enviz et toutes restes », selon toute leur envie et tout leur loisir.
ENYO, Bellone, déesse de la guerre.
EOLIPILE. — Voyez la *Bricfve Déclaration*.
EOLUS, Éole, dieu des vents.
EPÆNONS, louanges, panégyriques.
EPAGOM, moufle.
EPANALEPSE, répétition de mots.
EPHECTICQUE, sceptique, pyrrhonien, qui suspend son jugement ; mot grec.
EPHEMERE (fièvre), fièvre qui ne dure que vingt-quatre heures.
EPHESIANS, Éphésiens, habitants d'Éphèse.
EPICENAIRE, passe-temps, amusements frivoles.

ÉPIDEMIALE, épidémique.
ÉPIGLOTTIDE, membrane cartilagineuse qui couvre l'orifice de la trachée-artère.
EPILENIE, chant en l'honneur de Bacchus, que l'on faisait résonner durant le temps des vendanges, lors même que l'on foulait le grappes de raisin, ἐπιληνιῶν ἄσμα.
EPINICIE, chant de victoire; mot grec.
EPISEMASIE, gesticulation, mouvement des mains; mot grec.
EPISTEMON, ce mot vient du grec, et signifie savant.
EPITHERSES, citoyen et maître de Plutarque. Le récit d'Epitherses (livre IV, chapitre XXVIII) est puisé dans Plutarque, περὶ τῶν ἐκλελοιπότων χρηστηρίων.
EPODE, sorte de vers propres à être mis en musique.
EPYROTES, habitants de l'Épire.
EQUALE, égal, æqualis.
EQUE, cheval, equus.
EQUIF, esquif, barque, vaisseau.
EQUIPARER, égaler, æquiparare.
EQUIPOLLENT, équivalent,
EQUIVOCQUER, faire un jeu de mot en transposant des lettres ou des syllabes. Les équivoques sont très nombreuses dans Rabelais.
ERAIGE, race, lignée.
ERECTIVE (vertu), qui produit l'érection.
ERGOTÉ, pourvu d'ergots et d'arguments sophistiques.
ERGOTZ, arguments sophistiques.
ERIGER, élever, dresser, exhausser : « Eriger les abymes au dessus des nues ».
ERITHRÉE, mer des Indes, mer Rouge.
ERRATICQUE, vagabond, errant.
ERRE, train, allure : « Aller bel erre, grand erre », aller bon train, grand train.
ERRER, se tromper.
ERRES, traces.
ERUCE, roquette, plante; eruca.
ERYNGE, sorte de chardon.
ERYON, géant.
ERYX, géant.
Es, aux, dans les.
ESBANOYER, récréer, dilater : « Esbanoyt le cerveau ».
ESBATEMENT, ESBATTEMENT, ébats, divertissement.
ESBAUDIR, ESBAULDIR, réjouir, amuser.
ESBUCHETER, ramasser des bûchettes.
ESCAFIGNON, chausson, escarpin.
ESCALLE, écaille : « Huytres en escalle ».
ESCAMPER, décamper, s'en aller.
ESCANTOULA, chambre de l'argousin dans une galère.
ESCAPPER, échapper.

ESCARBOUILLER, brouiller, éparpiller, écraser.
ESCARCELLE, bourse.
ESCARLATTE, nom d'une étoffe : « Chausses d'escarlatte ».
ESCARQUES, pour escalques, serviteurs; du vieil allemand scalk.
ESCARRABILLAT, de belle humeur, réjoui, en train de se divertir.
ESCARTELÉ, divisé en quartiers; terme de blason.
ESCELLE, aisselle.
ESCHAFFAUT, estrade.
ESCHALLEUR (DE NOYS), qui écale des noix.
ESCHALLONS, échelons, degrés.
ESCHANCRÉ, rongé de chancres.
ESCHARBOTTER, écarter, éparpiller, remuer : « Escharbotter le feu », le tisonner.
ESCHAUBOUILLURE, ampoule.
ESCHAUGUETTE, guérite du soldat en faction, vedette. — D'où eschauguetter, épier.
ESCHENEAU, chenal, canal pour la conduite de l'eau.
ESCHINE, hérisson, du grec ἐχῖνος.
ESCHINÉE, chair de cochon levée sur le dos ou l'échine. « Eschinées aux poys ».
ESCHYLUS, le tragique grec. Valère Maxime et Pline ont raconté la mort d'Eschyle; ce n'est probablement qu'une de ces fables qui sont fréquentes chez les auteurs anciens. Montaigne, livre I, chapitre XIX, relate ce trépas, ainsi que plusieurs autres assez étranges sans les révoquer nullement en doute.
ESCLAFFER (s') de rire, éclater de rire.
ESCLAIRER, pour verser à boire (livre IV, chapitre LI).
ESCLOT, sabot, sandale ou chaussure de bois : « Comme font les Limousins à bels esclots », comme les Limousins font à pleins sabots.
ESCLOUANT (SES PETITS), faisant éclore.
ESCLOUS, éclos.
ESCONDUIRE, éconduire, refuser.
ESCORCHER LE LATIN, parler un mauvais latin.
ESCORCHER LE RENARD, vomir, rendre sa gorge.
ESCORIER, ôter le cuir, écorcher.
ESCORNÉ, vil, méprisable, abject; de l'italien scorno.
ESCORNÉ, de mauvaise humeur.
ESCORNIFLÉ, affronté, bafoué.
ESCORT, avisé, prudent, circonspect; de l'italien scorto.
ESCOSSE-FRANÇOIS; le langage Écosse-François était le baragouin que parlaient les Écossais servant en France.

Escot, écot. Rabelais joue sur ce mot et sur le nom du fameux Scot, surnommé le Docteur subtil.

Escouffe, escouffle, signifie à la fois un cerf-volant, un milan, oiseau de proie ; une monnaie de Flandre et un vêtement de cuir.

Escoulpetiers, soldats portant l'escopette.

Escoupette, escoulpette, escopette, petite arquebuse.

Escoute, cordage attaché au coin inférieur d'une voile pour servir à la déployer et à la tendre.

Escoutillon, trappe pratiquée dans le panneau d'une écoutille.

Escrouller, agiter, secouer fortement.

Escu de Basle, enseigne d'un libraire de Lyon.

Esculée, écuellée.

Esculler, secouer, et aussi éculer, écraser les talons des chaussures.

Escurer, nettoyer : « Escurer l'estomac, s'escurer les dents ».

Escurieux, écureuil.

Escutz elles de bois (fracasser), c'est un calembour qui se comprend aisément.

Escuz, écus. A l'imitation des écus au soleil, Rabelais suppose des écus à la lanterne, des écus à l'étoile poussinière, etc.

Escuz du Palays, jetons servant à compter.

Esgorgeter, esguorgeter, diminutif d'égorger.

Esgous, dégouttant.

Esgousser, tirer de sa gousse, de sa coque ; écosser.

Esgousseur de febves, écosseur de fèves.

Esguard, hagard, farouche, sauvage.

Esguassé, agacé.

Esgue orbe, cheval aveugle.

Esle, aile.

Esmeraugde, émeraude.

Esmeut, excrément.

Esmeutir, rendre les excréments.

Esmonder, nettoyer.

Esmorche, amorce.

Esmouchail, instrument à chasser les mouches, analogue à l'éventail.

Esmoucher, esmoucheter, chasser, écarter les mouches.

Esmoucheté, dont on a écarté les mouches ; et ailleurs : moucheté, piqué des mouches.

Esmoucheteur, celui qui chasse les mouches.

Esmouler, émoudre.

Esopet, diminutif d'Ésope.

Espade, épée, *spada*.

Esparer (s'), s'éclaircir, s'épurer, en parlant du ciel.

Espartir, répandre, partager.

Esparvier, épervier ; « esparviers de Montaigu », des poux.

Espaulé, espaultré, qui a l'épaule déboîtée.

Espaves (mots), mots inusités, rejetés, flottants, que l'usage n'a pas fixés.

Especial, spécial : « Grace especiale ».

Espée : « Espée à deux mains. — bastarde, — espagnole. — Chascun sur son espée », en mettant chacun son espée en gage.

Espelan, éperlan.

Esperdu, perdu, introuvable.

Esperrucquetz, porte-perruques, galants, coquets.

Espices, confitures, dragées, et par extension, présent fait aux juges.

Espies, espions.

Espine du douls, épine dorsale.

Espiner (s'), se piquer aux épines.

Espinette, instrument de musique.

Espingarderie, ce qui concerne les espingardes, arbalètes sur roues et mousquets de remparts.

Espoire, espère.

Espouilleresse de belistres, qui ôte la vermine des bélîtres.

Espoventer, épouvanter.

Esprins, épris : « Esprins de temerité ».

Espurge, plante laiteuse et vénéneuse.

Esquame, écaille.

Esquarquillé, écarquillé, ouvert, écarté.

Esquarrer, tailler en carré : « Esquarrer ravelins ».

Esquinance, esquinancie.

Esrafflade, action de griffer, d'érafler en passant.

Esrener, éreinter.

Esse. — Voyez *aisse*.

Essors, adjectif ; qui prend bien l'essor, qui s'élève rapidement dans les airs, en parlant d'un oiseau.

Essueil, essieu, pôle.

Essuez, essuyés.

Estaché, attaché.

Estaffier, valet armé qui tient l'étrier. « Estaffier de saint Martin », le diable qui, d'après la légende, ne quittait pas saint Martin, soit pour le tenter, soit pour le contrarier et le persécuter.

Estail, cordage qui sert à guinder dans un vaisseau la chaloupe, la marchandise, etc.

Estamet, étamine, étoffe de laine : « Estamet blanc ».

Estangourre (le pays d'), ou d'Estrangor, comme on dit dans le roman de *Lancelot du Lac*. Le Duchat y voit l'*East England* ou l'Estangle, une des heptarchies saxonnes.

ESTANTEROL, partie du vaisseau voisine de la poupe; escadron, enseigne.

ESTAPHE, étrier.

ESTAPPES, étapes, stations des troupes.

ESTAU, boutique, étal.

ESTEUF, balle du jeu de paume.

ESTIOMENÉ, malin, corrosif, purulent.

ESTIVAL, d'été : « Solstice estival ».

ESTIVALLET, bottine ou chaussure d'été.

ESTOC, épée, bâton ferré; souche d'un arbre.

ESTOC, coup de pointe : « D'estoc et de taille ».

ESTOILLE POUSSINIÈRE, les Pléiades, constellation dans le signe du Taureau.

ESTOMMI, étourdi, abattu.

ESTONNEZ : Estonnés comme fondeurs de cloches », locution proverbiale.

ESTORCE, entorse, effort, croc-en-jambe : « Luy ai-je baillé belle estorce »? (Pathelin.)

ESTOUPER, boucher.

ESTRADIOZ, stradiots, chevau-légers d'Albanie, vêtus comme les Turcs.

ESTRANGE, étranger.

ESTRAPADE, ancien supplice consistant à élever le criminel au moyen d'une corde, puis à le laisser tomber rapidement. Figurément, « bailler l'estrapade à ces vins blancs d'Anjou ».

ESTRE, nature, parties naturelles.

ESTRÉ, animé, plein de feu, du latin œstrum.

ESTRELINS (les), peuples de l'Esthonie, situés à l'est de la Baltique.

ESTRENE (EN BONNE), de bon cœur, sincèrement.

ESTRIF, peine, chagrin, débat, rixe.

ESTRILLE-FAUVEAU, étrille-jument. — C'était un rébus populaire exprimé par une étrille, une faux et un veau. Il servait d'enseigne.

ESTRINDORE, danse anglaise : « Danser l'estrindore ».

ESTRIPÉ, éventré, brisé, étripé.

ESTROCZ (le bois d'), bois du bas Poitou.

ESTROICT, détroit : « Estroict de Sibyle », détroit de Séville ou de Gibraltar.

ESTROPIATZ, estropiés.

ESTROPIÉ (un petit homme tout), allusion à Charles-Quint, perclus de goutte.

ESTUVER, aller aux étuves, prendre un bain de vapeur.

ESURIALES, de jeûne; « féeries esuriales », jours de jeûne.

ESVEIGLER, EVEIGLER, éveiller.

ETERNE, éternel, æternus.

ETHIOPIS, herbe fabuleuse, moyennant laquelle on ouvre toutes portes fermées.

ETION, géant.

EUCLION, principal personnage de l'Aululuria de Plaute.

EUDEMON, page de Gargantua; mot grec qui signifie : qui est bien né, qui a un bon génie.

EUGUBE, ville de l'ancienne Ombrie.

EUHYADES, hyades, nourrices de Bacchus.

EUMETRIDES (pierre), pierre précieuse. — Voyez Pline, livre XXXVII, chapitre X.

EUNUCHE, eunuque.

EUPHORBE, une liqueur qui découle d'un certain arbre d'Afrique, de couleur de lait, et d'une faculté fort chaude et brûlante; on use de sa poudre pour faire éternuer. (Livre II, chapitre XXVIII.)

EUPHORBUS, médecin du roi Juba.

EURYCLIENS, devineurs engastriens, ab Eurycle Engastrimytho, cujus meminit Scholiast. Aristoph. in Vespis, et Cœl. Rhodig., livre VIII, chapitre X.

EUSTHENES, fort, robuste, puissant et galant homme; en grec εὐσθενής.

EVADER, éviter.

EVANGELISTE, celui qui annonce, qui proclame une chose heureuse, dans le sens étymologique du mot.

EVANGILE, pris dans le sens de vérité.

EVANGILES DE BOIS, c'est-à-dire tabliers, tables à jouer aux dés, aux échecs, etc.

EVANTES, bacchantes.

EVERGETES, surnom d'Osiris, bienfaiteur; mot grec.

EVERSION, destruction, bouleversement.

EVESGAUX, EVESGESSES, mots grotesques faits avec le mot évesque.

EVESQUE DES CHAMPS; être fait évêque des champs, qui donne sa bénédiction avec ses pieds, c'est être pendu.

EVIDENTEMENT, évidemment.

EVIG. — Voyez Enig.

EVIRÉ, épuisé, sans forces.

EVOCQUER, appeler, mander, faire comparaître.

EVOHE! cri des bacchantes.

EXAGONE, hexagone.

EXCLAMER, s'écrier, crier.

EXCORTIQUER, ôter l'écorce.

EXCRESCENCE, excroissance.

EXEMPTILE, facile à ôter, à enlever, exemptilis.

EXENTERÉ, éventré, dont on a arraché les entrailles.

EXEQUANT, exécutant; mot latin, exequens : « Nous dictans, une de ses mystagogues exequant ». C'est un latinisme : nobis dictantibus, una ex mystagogis exequente, tandis que nous dictions et qu'une de ses prêtresses écrivait.

EXEQUES, obsèques, funérailles.

EXERCITATION, exercice, travail, occupation.

EXERCITE, armée.

EXERCITÉ, exercé.

EXHALATION, exhalaison.

EXHAUSTE, épuisé, tari.

EXIMÉ, fluet, maigre, décharné.

EXINANIZ, épuisés, défaits : « Corps exinaniz par long jeusne ».

EXISTIMATION, estimation, appréciation.

EXISTIMER, EXSTIMER, estimer, juger, croire.

EXITURE, issue, sortie, porte.

EXPÉDIÉ, prompt, véloce : « Expediés à courir ».

EXPIRATION : « Suffoqué par deffault de expiration ».

EXPIRER, périr, se perdre.

EXPLORER, regarder, examiner, visiter, éprouver.

EXPOLY, poli, achevé, cultivé, perfectionné.

EXPONIBLES (de M. Haultechaussade), ouvrage et auteur imaginaire que Rabelais dit avoir été commenté par Ockam, fameux théologien anglais du XIVe siècle.

EXPOSÉ, à la portée de tout le monde, facile.

EXPOSER, expliquer, énoncer.

EXPOSITION, explication.

EXPRIMÉ, dont le suc a été exprimé.

EXPROUVÉ, éprouvé, mis à l'essai.

EXPUISÉ, ESPUYSÉ, épuisé.

EXQUISITEMENT, soigneusement, exactement, d'une manière rare et choisie.

EXTAINCTE, éteinte.

EXTAINDRE, éteindre.

EXTENDU, étendu.

EXTERIORE, extérieure.

EXTÉRIOREMENT, extérieurement.

EXTIRPÉ, arraché, extrait.

EXTISPICINE, divination par l'inspection des entrailles des victimes.

EXTOLLER, exalter, élever au-dessus.

EXTRANEIZER, chasser, mettre dehors, envoyer au loin.

EXTRAORDINAIRE (l') : « L'extraordinaire qui souvent pend à eschalas », c'est-à-dire, suivant Le Duchat, provenant de la confiscation des biens de ceux qui, pour raison de leurs malversations dans l'*extraordinaire des guerres*, sont condamnés à être pendus.

EXTRAVAGANTES, constitutions des papes publiées depuis les *Clementines*. — Voyez au mot *Décrétales*.

EXULCÉRER, ulcérer, blesser, envenimer.

EXULER, être exilé, quitter, partir : « Où faim règne force exûle ».

Ἐχθρῶν ἄδωρα δῶρα, c'est-à-dire, les dons que font les ennemis ne doivent être réputés dons. — Voyez Érasme en ses *Adages* ; l'auteur au livre III, chapitre XIV.

F

FABIANS, FABIES, *gens Fabia*, famille historique de l'ancienne Rome.

FABIE, *Fabius cunctator*, dictateur romain.

FABIUS PICTOR, le plus ancien des annalistes latins.

FABRILE, d'artisan ; *fabrilis*.

FACET (le), livre d'éducation alors en usage : *Liber Faceti morosi, docens mores hominum*. Daventriæ, Jac. de Breda, 1494, in-4°. L'auteur de ce livre est Jean de Garlande.

FACIENDE, occupation, chose à faire.

FACOND, s'exprimant aisément et avec élégance.

FACONDE, facilité et élégance de parole.

FACQUIN, portefaix, crocheteur.

FACTEUR, celui qui fait, fabricant.

FACULTATULE, diminutif de faculté.

FADRIN, officier de galère.

FAGE (de La), musicien du temps de Rabelais.

FAGOT, paquet ou basson ; de l'italien *fagotto*.

FAGUENAT, odeur fétide qui s'exhale des corps malpropres.

FAGUTAL, lieu forestier, planté de bois et surtout de hêtres.

FAICTICE, fait à plaisir, artistement fait.

FAILLIR, manquer, faire une faute.

FAILLON, compagnon ; mot lorrain.

FAINDRE (se), se ménager.

FAIRE : « Vous ramente faire ce que faites ». Qu'il vous souvienne d'être tout entiers à ce que vous faites. C'est l'*age quod agis* des Romains (livre V, chapitre XXIII). — « Nous la ferons à notre retour », c'est-à-dire la pierre philosophale (livre V, chapitre XVIII).

FALLACE, substantif et adjectif : ruse, tromperie ; fallacieux, mensonger : « Fallaces especes », trompeuses apparences.

FALLOT, falot, plaisant, amusant.

FALOTEMENT, plaisamment, gaiement.

FALOURDIN, nom d'un géant.

FANFARE, fanfaronnade, forfanterie.
FANFARER, faire le fanfaron, parader.
FANFRELUCHER, faire la bagatelle, dans le sens érotique.
FANFRELUCHES, flammèches qui volent quand on brûle du papier ; figurément, bagatelles : « Fanfreluches antidotées ». On a fait sur cet amphigouri des essais d'interprétation arbitraire. Ce qu'on y voit de plus clair, c'est une imitation plaisante des *Prophéties de Merlin*.
FANTESQUE, servante; de l'italien *fantesca*.
FANUISES, sorte de reptiles.
FAR, phare : « On Far de mal'encontre » au phare de mauvaise fortune.
FARATZ, tas, amas, monceaux.
FARCE, comédie : « Farce du Pot au laict ».
FARCE, préparation culinaire. Rabelais joue parfois sur les deux sens de ce mot : « Farce magistrale ».
FARFADETZ (les), esprits folets qui vont de nuit et font peur aux mal assurés. Rabelais entend presque toujours par ce mot les moines mendiants. « Comme les farfadets firent de la prevoste d'Orléans (livre III, chapitre XXIII) ». Allusion à un fait contemporain : la femme de M. de Saint-Mesmin, prévôt d'Orléans, étant morte en 1533 et ayant été enterrée dans l'église des Cordeliers d'Orléans, ces religieux supposèrent que l'âme de la prévôte venait les tourmenter dans leur couvent. Convaincus d'imposture, treize d'entre eux furent condamnés à l'amende honorable et à la prison. — Voyez Lottin, *Recherches historiques sur Orléans*.
FARFELU, farouche, rébarbatif.
FARIBOLE, niaiserie, parole inutile, conte insignifiant.
FARIBOTH, nom d'un géant.
FASCHER, fatiguer, ennuyer, persécuter.
FASCHERIE, ennui, persécution.
FASEOLZ, espèce de fèves.
FASQUE, FACQUE, pochette, petit sac.
FAT, sot.
FATAL, marqué par le destin : « Les fatales dispositions du ciel ».
FATRASSERIE, fatras.
FATROUILLER, fouiller, manier.
FATUE (la dive), la déesse de la Folie.
FATUEL, fou ; surnom de Faunus, fils de Picus, roi des Latins.
FAUCILES, les deux os de l'avant-bras, depuis le coude jusqu'au poignet.
FAULCE, FAULSE, méchante, mauvaise.
FAULCON, pièce d'artillerie plus forte que le fauconneau.

FAULCONNEAU, pièce d'artillerie.
FAULTE, manque, défaut : « Faulte d'argent, c'est douleur non pareille ».
FAULTIERS, ceux qui font fiasco, qui manquent leur coup. « Confrairie des faultiers ».
FAULX (je), je me trompe.
FAULX VISAIGE, masque : « Tourna son faulx visaige », reprit sa physionomie naturelle.
FAUNUS, le dieu Faune.
FAUSTE, heureux, fortuné.
FAUVEAU, FAULVEAU, animal au poil fauve.
FAVORER, faire silence ; *favere linguis*.
FAYE, foie.
FAYE, Faye-la-Vineuse, bourg situé sur une hauteur, où l'on n'arrive que par de nombreux détours.
FAYS, faix, charge, fardeau.
FÉABLEMENT, loyalement, fidèlement.
FÉAL, loyal, fidèle.
FÉAULTÉ, FÉAUTÉ, loyauté, fidélité.
FEBVE : « Le monde donc ensaigissant plus ne craindra la fleur des febves en la prime vere ». Nos lecteurs connaissent cet ancien proverbe :

Quand les fèves sont en fleur,
Les fous sont en vigueur.

FECAN, Fécamp, sur la côte normande.
FÉE, charmé, ensorcelé.
FELONNEMENT, traîtreusement, cruellement.
FELONNIE, trahison.
FENABREGUE, c'est le nom qu'on donne en Languedoc à l'alisier.
FENÉ, fané, flétri.
FENESTRÉ (soulier), sandale dont le dessus était formé par des courroies qui, lacées à jour, représentaient une espèce de fenêtre.
FEODE, fief.
FERCULE, plat, bassin.
FERIAU (jour), jour férié, jour de fête.
FERIES, fêtes.
FERIR, frapper ; participe passé : feru.
FERMER, affermir, appuyer, attacher fortement.
FERNEL, pièce de bois de la prouc d'un vaisseau.
FERONIA, antique divinité des Sabins, des Étrusques et des Romains.
FERRAGUS, nom d'un géant.
FERRATS (pieds), pieds chaussés de sandales ou souliers ferrés.
FERRATTE : « Le chemin de la Ferratte monté sur un grand ours ». Le chemin de la *Ferrate* se trouvait sur la route de Limoges à Tours ; il coupait la montagne du *Grand Ours* couverte de neige, de pins, de rochers.

FERREMENS, outils, instruments, armes de fer : « Isle des ferremens ».
FERREMENTIPORTÉ, mot forgé : qui porte des ferrements.
FERRIÈRE, flacon à long col pour le voyage.
FERRON, nom d'un domestique de Guillaume du Bellay.
FERRUGINÉ (métal), argent dans le langage de l'écolier limousin.
FERS D'OR, au bout des aiguillettes.
FERULACÉ, qui ressemble à la plante appelée *férule*.
FERULE ET BOULAS, férule et bouleau sont nuisibles aux écoliers, dit Rabelais, faisant allusion à la férule scolastique et aux verges de bouleau.
FESSEPINTE, personnage des contes populaires..
FESTE A BASTONS. — Voyez *Bastons*.
FESTI, musicien contemporain de Rabelais.
FESTINA LENTE. Hâte-toi lentement. — Voyez la *Briefve Déclaration* au mot *Hiéroglyphicques*.
FESTIVAL, de fête.
FESTON DIENE, Par la Fête-Dieu !
FESTU, brin de paille.
FEURRE, paille.
FEURRE (rue du), rue du Fouarre.
FEURRE (les escholes du), les écoles de la rue du Fouarre.
FEUSTRÉ, garni de paille.
FEVIN, musicien du temps de Rabelais.
FEVROLLES, FAVEROLLES : « Entre midy et Fevrolles ». La plaisanterie consiste à mêler un nom de temps avec un nom de lieu. Entre midi (on croit que l'auteur va ajouter : *et une heure*)... et Févrolles.
FIACRE : « L'espine dorsale de saint Fiacre en Brie. » Cette épine dorsale était conservée dans la cathédrale de Meaux.
FIANCE, confiance.
FIANTOUOIR, endroit où l'on fiante.
FICTIL, fait de terre, d'argile.
FIERABRAS, géant.
FIERS (raisins), appelés aussi *fumés*.
FIEULX, fils, garçon, en dialecte picard.
FIGUE (faire la), montrer à quelqu'un le poing fermé, le pouce passant entre l'index et le second doigt. L'explication que Rabelais donne de cette locution au chapitre XLV du livre IV n'a aucun fondement historique.
FIGUES DIOURES, figures d'or, figues dorées, suivant de l'Aulnay.
FILLANT, effilant.
FILLIÈRE, rang.
FILLOL, filleul.
FILOPENDOLES, poids suspendus à des fils, contrepoids. — Voyez *Circumbilivagination*.
FIN (à dorer), locution proverbiale pour dire très fin : « Fin à dorer comme une dague de plomb », c'est une ironie.
INABLEMENT, enfin.
FINER, finir.
FISTICQUE, sorte de pistache.
FLAC, FLACQUE, flasque : « Flac con à viz », jeu de mots sur flacon.
FLACCE, Horace.
FLACCONNER, boire, vider les flacons.
FLAGITIOSE, criminel ; mot latin.
FLAGRANT, brûlant, enflammé.
FLAMBE, flamme ; d'où *flamber*, *flambant*.
FLAMMANS, oiseaux à longues jambes et d'un rouge couleur de flamme.
FLAMMIVOME, qui vomit des flammes.
FLANCQUEGÉ, flanqué.
FLASQUE, flacon.
FLATRY, dompté, abattu.
FLEURER, flairer.
FLEXUOSITÉ, détour, sinuosité.
FLOC, FLOCQUAR, houppe, « floc de soie ».
FLOCQUER, aller au gré du vent.
FLOCQUETS, porteurs de flocs, muguets, beaux fils.
FLORA, Flore, déesse des fleurs.
FLORALIES, fêtes de Flore.
FLORIDE, fleuri ; de *floridus*.
FLORULE, danse antique.
FLORULENT, fleurissant.
FLOTZ AÉRÉS, flots de l'air, flots du vent.
FLOUIN, sorte de bâtiment léger.
FLUX, jeu et terme de jeu : Passe sans flux », je passe, je ne tiens pas la main ; figurément passons, n'insistons pas.
FLUZ DE BOURSE, flux, écoulement, maladie de la bourse, qui fait qu'elle est toujours vide.
FOILLOUSE, FOUILLOUSE, poche ; terme d'argot.
FOIRE : « On ne s'en va pas des foires comme du marché ». Le marché finit de très bonne heure ; les foires se prolongent toute la journée.
FOLFRÉ, affolé, rendu fou.
FOLLIE GOUBELIN (la), les Gobelins.
FOLLIER, jouer, plaisanter.
FOLZ : « En toutes compaignies il y a plus de folz que de saiges », locution proverbiale.
FONDEMENT, pièce justificative, procuration ; d'où le jeu de mots : « Monstroient leurs fondemens ».
FONDES, frondes.
FONS, fonds, entrailles.
FORAIN, étranger.
FORBE, fourbe, tromperie.

FORBEU, fourbu.
FORCE : « Cela non force », libre à vous.
FORCE, violence : « Appeler à la force », crier à la violence.
FORCE, beaucoup : « A force d'eau », avec beaucoup d'eau.
FORCER, violenter, violer.
FORCES, forcettes, cisailles, ciseaux.
FORCÉS, forçats.
FORCLUS, mis hors, exclus.
FORESTIERS, bannis, vivant dans les forêts.
FORFANT, ayant forfait, criminel.
FORISSER, faire sortir, conduire hors : « Forissoient patrouilles ».
FORISSU, sorti.
FORMAGE, fromage.
FORME (à la), de la façon.
FORS, excepté.
FORTERESSE, force.
FORTUNAL, orage, ouragan.
FORTUNE, hasard, chance.
FOSSÉ : « De terre d'aultruy remplir son fossé », locution proverbiale.
FOU, village de Lorraine. « En Lorraine, Fou est près de Tou ». Dicton signifiant que presque tout le monde est fou.
FOUACE, gâteau : « Manger sa fouace sans pain ».
FOUACIER, qui fait des fouaces.
FOUGER, fouir.
FOUGON, foyer, cuisine d'un vaisseau.
FOULE (à), à la foule, en foule.
FOULLER, écraser, surcharger : « Sans que que l'argent foullast le cuivre ».
FOULLOUAIRE, instrument du foulon.
FOUPI, chiffonné, froissé : « Bonnet foupi ».
FOUQUET, jeu qui consiste à éteindre avec son nez un flambeau allumé.
FOURCHE FIÈRE, fourche ferrée.
FOURNER, mettre au four : « Aussi sage qu'oncques puis ne fournasmes nous ». On trouve plusieurs exemples de cette locution qui signifie littéralement : aussi sage que nous en mîmes jamais au four ; comme on dirait : aussi bien cuit, aussi bien revenu et doré, d'un pain ou d'une pâtisserie.
FOURNIER, celui qui chauffe le four.
FOURQUES (les), Fuggers, célèbres banquiers d'Augsbourg.
FOURVOYER, se fourvoyer, quitter la voie.
FOURS A BAN, fours banaux.
FOUSSE, fosse.
FOUSSOYER, fouir.
FOUTARABIE, pour Fontarabie.
FOUTASNON, nom d'un géant.
FOUTEAU, hêtre.
FOUTIGNAN, pour Frontignan.

FOUYR, fuir.
FOUZIL, briquet.
FOYNES, fouines.
FOYRARD, foirard.
FOYRANS (raisins), qui font foirer.
FOYS, fais.
FRACASSUS, nom d'un géant.
FRAIN, frein, mors : « Prendre le frain aux dentz ».
FRAIRES, fraises.
FRANC ALLOY, franc-alleu, terre franche.
FRANC ARCHIER DE BAIGNOLET, nom d'un monologue comique attribué à Fr. Villon.
FRANCHISE, liberté, indépendance : « Se mettre en franchise ».
FRANCOURLYS, FRANCOLYS, francolins, espèce de faisans.
FRANCREPAS (le duc de), nom composé par Rabelais.
FRANCS AUBIERS, sorte de raisins blancs.
FRANCS GONTIERS, paysans libres.
FRANCTAUPINS, FRANCTOPINS, soldats des milices urbaines ou villageoises.
FRAPARS, FRAPPARS, sobriquet de moines : « Estes-vous des frappins, des frappeurs ou des frappars ? »
FRAPEMENS, battements.
FRAPPERIE, action de frapper.
FRARIE, confrérie.
FRATER, FRATRES, frère, frères, moines.
FRAUDULENT, trompeur.
FRAYER, pourvoir aux frais, à la dépense.
FREDON, chant en sourdine, à demi-voix. Rabelais emploie aussi le mot fredonnement.
FREDONNIQUE, adjectif de fredon.
FREDONNISÉ, embelli de fredons ; « trioriz fredonnisés », danses accompagnées de fredons.
FREDONS (frères), moines qui chantent à demi-voix.
FREGADES, frégates.
FRELORE BIGOTH (tout est). Allemand corrompu : Tout est perdu (verloren), par Dieu.
FREMOIR, fermoir.
FREROT, bouffon romain.
FRESLONNIQUE, de frelon.
FRESSURADE, embrassade, vive caresse ; du mot fressure, entrailles, cœur et foie.
FRETINFRETAILLER, far l'atto.
FREUSSÉ, froissé, brisé : « Coustes freussées », côtes brisées.
FREUSSER, froisser, briser : « Freusser l'areste du douz », briser l'épine dorsale.
FREZE (febve), fève nouvellement écossée.
FRIANDEAU, gourmand.
FRIGIDIS (DE) ET MALEFICIATIS, c'est-à-dire : Des impuissants et des maléficiés.
FRIMARS, frimas.

FRINGUER, être fringant.
FRIPESAULCE, cuisinier de Grandgousier.
FRIQUENELLE, petite andouille; coquette novice.
FRISCADE, rafraîchissements.
FRISQUE, leste, éveillé, joli.
FRIZE, étoffe.
FRIZON, vase de terre, à boire.
FROBISSEUR DE HARNOYS, fourbisseur de harnais.
FROISSIS, froissement : « Le froissis des piques ».
FROMENTÉE, plat dont le froment est la base.
FRONCLE, furoncle, abcès.
FRONDILLON, fil ou soie que l'on dévide.
FRONTEAU, bandelette, diadème.
FROTTE-COUILLE, nom donné au premier son de matines.

FRUCTICES, arbrisseaux.
FRUITAGE, des fruits.
FRUITION, jouissance.
FRUMENT, froment.
FRYPERIE, marché aux habits.
FULCY, appuyé, soutenu.
FUNAMBULES, danseurs de corde.
FUNGES, champignons.
FURT, vol, larcin; *furtum*.
FUST, bois.
FUSTE, flûte, espèce de navire.
FUSTIGUER, fustiger, fouetter.
FUYANS, fuyards.
FY, foi : « Jurant sa fy ».
FYFY (maistre), sobriquet donné aux vidangeurs.
FYSICIEN, physicien, médecin.

G

GABBARA, un des ancêtres de Pantagruel.
GABELER (se), se moquer.
GABELLE, pris au sens général, signifie impôt, tribut.
GABELLEURS, percepteurs de la gabelle.
GABIE, moquerie, raillerie.
GABIONNER, façonner des gabions, garnir de gabions.
GAGNER AU PIED, fuir, s'esquiver.
GAIGE, gage : « Je veulx perdre la teste, qui est le gaige d'un fol ».
GALAFFRE, nom d'un géant.
GALANT, GUALANT, galant, dispos, vigoureux.
GALANTEMENT, galamment, vigoureusement.
GALEHAULT, géant, inventeur des flacons, selon Rabelais.
GALEN, Galien, célèbre médecin de l'antiquité.
GALEOTES, sorte de reptiles.
GALERNE, vent entre nord et couchant. — Voyez livre IV, chapitre IX.
GALICE, province d'Espagne.
GALIEN RESTAURÉ, titre d'un roman de chevalerie plusieurs fois imprimé au XVIe siècle.
GALION, gros vaisseau marchand.
GALIOTES, vaisseaux plus petits que le galion.
GALLAND : « Que ferons-nous de ce Rameau et Galland » ? La querelle entre Pierre Ramus et Pierre Galland divisa l'Université vers cette époque, 1551. Le second défendait Aristote contre le premier.
GALLEFRETIER, GUALLEFRETIER, calfatier, goudronneur de vaisseaux, pauvre hère.
GALLER, GUALLER, se réjouir, se divertir.
GALLER, GUALLER, battre, frapper, rosser.

GALLEVERDINE, jaquette ou cape de paysan.
GALLI, les Français.
GALLICQUE, de France.
GALLIER, GUALLIER, viveur, farceur, vaurien.
GALLOCHIER, faiseur de galoches.
GALLS, prêtres de Cybèle.
GAMA UT, la note la plus basse de la gamme dans l'ancienne musique. La gamme est ainsi nommée parce qu'elle commençait par cette lettre *gamma*.
GAMBRE, Sénégambie.
GAMMARES, homards.
GANABIN. — Voyez la *Briefve Declaration*.
GANARRIENS, Canariens, habitants des Canaries.
GANIVET, canif.
GANTELET, armure de la main.
GANYVETIER, faiseur de canifs.
GARANIERS (chats), chats de garenne, chats sauvages.
GARAVANE, caravane.
GARBIN, GUARBIN, vent du sud-ouest ; *garbino*, en italien et en espagnol.
GARSE, jeune fille. Ne se prenait pas en mauvaise part, pas plus que garçon.
GASCON : « Ici sont les Gascons renians, etc ». (Prologue du livre IV.) A la suite d'une révolte en 1549, les habitants de la Guienne avaient été privés de leurs cloches et de leurs franchises.
GASTÉ, gâté, dévasté.
GASTER, le ventre.
GASTER (se), se faire du mal, s'estropier.
GASTROLATRES, adorateurs du ventre.
GASTROMANTIE, divination des engastrimythes.

GAUBREGEAUX, ricaneurs, flâneurs, qui se gobergent.
GAUDEBILLAUX, tripes de bœuf gras.
GAUDEZ, menues prières.
GAUDIR, se réjouir.
GAUDISSERIE, divertissement, moquerie.
GAUSCHIÈRE, gauchère, qu'on tient de la main gauche.
GAUTIER, GAULTIER, farceur, mauvais plaisant. *Bon gaultier,* bon compagnon, ami du plaisir.
GAUVAIN, personnage des romans de la Table ronde.
GAVACHE, lâche, fainéant.
GAVION, gosier.
GAYET, jais.
GAYETIER, fabricant d'objets en jais.
GAYOFFE, nom d'un géant.
GEBARIM, en hébreu : coq.
GEBER ou JEBER, chimiste arabe de la fin du VIIIe siècle.
GEHAIGNER, geindre, gémir, se lamenter.
GEHAINER, tourmenter, torturer, gêner.
GEHENNE, tourment, torture.
GELASIM, pays imaginaire, pays du rire ; du grec γελάω.
GELER : « Des paroles qui gèlent ». Cette plaisanterie est attribuée par Plutarque, dans le traité : *Si l'on profite en l'exercice de la vertu,* à un disciple de Platon. Voici le passage traduit par Amyot : « Et comme Antiphanes, l'un des familiers de Platon, en se jouant disoit qu'il y avoit une ville là où les paroles se geloient en l'air incontinent qu'elles estoient prononcées, et puis, quand elles venoient à se fondre l'esté les habitants entendoient ce qu'ilz avoient devisé et parlé l'hiver. »
GELEUR, qui gèle, qui cause la gelée.
GELONES, peuple de Scythie qu'on nomme aujourd'hui Tartares.
GELINE, poule.
GEMMAGOG, nom d'un géant.
GENDRE, musicien du temps de Rabelais.
GÉNÉALOGIE, est pris dans le sens de génération, lignée.
GENELIABIN, mots arabes signifiant miel rosat. Rabelais en a fait le nom d'une île fertile en clystères.
GENETHLIAQUE, thème astrologique, horoscope.
GENETTE, petite belette d'Espagne tachetée de noir.
GENEVOYS, ce mot désigne souvent les Génois, les habitants de Gênes.
GENIAL, de nature, d'essence, du mot génie ou *genius*.

GENISSAIRES, janissaires.
GENITURE, génération, rejeton.
GENIUS, génie, type essentiel de l'individu d'après les néoplatoniciens.
GENOIL, genou.
GENOILLONS (à), à genoux.
GENOULX (rompre les andouilles au), c'est un exploit impossible, parce que l'andouille plie et ne rompt pas.
GENTIUS, roi d'Esclavonie.
GENUTIIS (DE), Ginucchi, cardinal romain.
GEOFFROY DE LUSIGNAN, dict Geoffroy à la grand dent. Il avait fait brûler l'abbaye de Maillezais, et avait été condamné à la rebâtir à ses frais : de là, suivant Rabelais, l'air fâché qu'on lui avait donné dans son portrait.
GÉOMANTIE, divination par des points projetés en terre.
GERBE, botte : « Gerbe de feurre, » botte de paille.
GERGON, pour *jargon*.
GERION. Suetone dit de Tibère, chapitre XIV : « Allant en Illyrie, il visita l'oracle de Gérion, auprès de Padoue ; le sort l'avertit de jeter des dés d'or dans la fontaine d'Apone, pour obtenir une réponse à ses consultations : or il amena tout d'abord le nombre le plus élevé. On voit encore aujourd'hui ces dés au fond de l'eau. »
GERMAIN DE BRIE. Sous Louis XII, la flotte française et la flotte anglaise se rencontrèrent, le 10 août 1513, à la hauteur du cap Saint-Mathieu. La flotte anglaise, forte de quatre-vingts vaisseaux, attaqua celle de France, qui n'en avait que vingt. Les Français suppléèrent au nombre par le courage et l'adresse. Ils conservèrent l'avantage du vent, allèrent à l'abordage, brisèrent et coulèrent à fond plus de la moitié des vaisseaux ennemis. Le Breton Hervé de Porzmoguer était capitaine de la *Cordilière,* vaste navire pouvant contenir douze cents soldats outre l'équipage. Il fut attaqué par douze vaisseaux anglais, se défendit avec un courage qui tenait de la fureur, coula à fond plusieurs vaisseaux ennemis et écarta les autres. Un capitaine anglais osa s'approcher encore, lui jeta quantité de feux d'artifice et mit le feu au vaisseau. Hervé pouvait se sauver dans une chaloupe, comme faisaient la plupart des officiers et des soldats ; mais ce vaillant marin ne voulut pas survivre à la perte de son bâtiment ; il ne songea qu'à vendre chèrement sa vie et à ôter aux Anglais le plaisir de jouir de la défaite des Français. Tout en

feu, il alla sur le vaisseau amiral des ennemis, l'accrocha, y communiqua le feu, et sauta avec lui quelques instants après. Germain de Brie, ami de Rabelais, composa à ce sujet une pièce intitulée *Hervei Cenotaphium.*

GERMINAVIT RADIX JESSE : « Je renye ma vie, je meurs de soif. Plaisanterie du genre du *Qui fama mala* et autres, où l'on forme approximativement une phrase française avec des syllabes latines.

GESINE, couches, accouchement.

GETTONS, jetons.

GIBBESSIERE, GIBBECIERE, bourse de cuir que l'on portait devant soi.

GIBORINS, forts, puissants ; mot hébreu.

GIGANTALE, de géants.

GIGLAN, personnage des romans de la Table ronde.

GILBATHAR, Gibraltar.

GIMBRETILETOLLETÉE, mot forgé, signifie chiffonnée, et ce qui s'ensuit.

GIRANT, tournant, tournoyant.

GIRARD (Charles), un des domestiques de Guillaume du Bellay.

GLAND, balle, petit boulet.

GLASSONS, glaçons, nœuds formés dans le cristal.

GLATERON, plante nommée aussi *grateron.*

GLAZ : « Ferré à glaz », ferré à glace ou garni de gros clous pointus comme les chaussures ferrées à glace.

GLENER, glaner.

GLENEUR, glaneur.

GLIMPE, flambeau.

GLIRON, loir.

GLOUT, GLOUTE, glouton, goulu.

GLUBER, écorcher, peler ; *glubere.*

GLYPHOUOIRE, calonnière, petite sarbacane avec laquelle jouent les enfants.

GNAVE OPERE, je travaille à ; expression toute latine : *operam navare.*

GOBRYES, capitaine de Darius.

GOCOURTE (robe), courte, suivant Cotgrave ; *longo-curta*, suivant Le Duchat ; ni longue, ni courte, suivant de l'Aulnay ; mal faite, sans mine, suivant Johanneau ; bouffante et courte, suivant Burgaud des Marets. La première interprétation me paraît la meilleure.

GODALLE, sorte de bière.

GODEMARE, gros ventre, ventre à la poulaine.

GODET, tasse, gobelet : « Boire à pleingodet ».

GOGUE, GUOGUE, farce, dans le sens d'ingrédient culinaire, et dans le sens de plaisanterie : « Par la gogue cénomanique ! » Par la farce du Mans !

GOGUELU, GUOGELU, mauvais plaisant, mauvais rieur.

GOILDRONNÉ, goudronné ; accoutré, paré.

GOILDRONNER, goudronner ; « Goildronner un tonneau ».

GOILDRONNEUR, goudronneur : « Goildronneur de mommye ».

GOLETTA, la Goulette, fort bâti devant Tunis.

GOMBERT, musicien contemporain de Rabelais.

GONNELLE, casaque blasonnée qu'on revêtait par-dessus l'armure et qui descendait à mi-jambe.

GORDIAN LE JEUNE, Gordien II ; empereur romain.

GORGE CHAULDE, régal : « En faire une bonne gorge chaulde », s'en régaler.

GORGERY, GUORGERY, gorgerin, partie de l'armure défendant la gorge.

GORGIAS, substantif ; sorte de fraise ou tour de gorge, servant de parure.

GORGIAS, adjectif ; pimpant, paré, fier de sa parure.

GORGIASEMENT, en se rengorgeant, en se pavanant, coquettement.

GORGIASER (se), se parer, se pavaner.

GORGIASITATE (DE) MULIERCULARUM, : de la parure et de la coquetterie des femmes, ouvrage imaginaire.

GOSSAMPINE, le cotonnier.

GOTS (oiseaux de proie terribles), membres des ordres de la Jarretière, de Saint-Michel et de la Toison d'or.

GOTTIS, pour *gothique*.

GOUBELET, gobelet.

GOUD FALLOT, bon compagnon ; en anglais, *good fellow*. Rabelais joue sur le mot *fallot*, qui en français signifie à la fois plaisantin et torche.

GOUET, petit couteau.

GOUGE, fille.

GOULPHRES, gouffres.

GOURMANDER, piquer, larder : « Gourmander poule ».

GOURMANDERIES, c'est-à-dire *commanderies*.

GOURMANDEURS, c'est-à-dire commandeurs. Les oiseaux gourmandeurs du chapitre V de l'*Isle sonnante* sont les chefs et chevaliers des ordres militaires.

GOURRETZ, petits cochons.

GOURRIER, richement couvert : « Palefroy gourrier ».

GOUSSET, partie de l'armure placée sous les aisselles.

GOUTTE, adverbe ; point, nullement. « N'y veoir goutte ».

Gozal, pigeon, colombe ; en hébreu.
Grabeau, discussion, examen.
Grabeler, examiner, éplucher, débrouiller.
Grabeleurs, éplucheurs, examinateurs : « Grabeleurs de corrections ».
Grace (port de), Havre-de-Grâce.
Graces, prière après le repas.
Graces (les trois).
Gracieux seigneur, poisson de mer à écailles, fort délicat et peu commun.
Gradimars, pour mardi gras.
Grain, adverbe ; pas du tout, nullement : « Je n'en veulx grain ».
Graisler, griller, rôtir. « Graisler des chastaines ».
Grampe, qui a une crampe, engourdi.
Graphiner, égratigner.
Grapper, grappiller, cueillir des grappes.
Gratianauld, Gascon, dont Rabelais rapporte, au chapitre XLII du livre III, une anecdote empruntée au *Dialogo del Giuoco* de l'Arétin. Dans cette anecdote les paroles que le Gascon et l'Allemand échangent doivent se traduire ainsi : « Pao cap de bious, hillots, etc ». Tête-bœuf, mes petits, que le mal du tonneau (l'ivresse) vous roule à terre ! Maintenant que j'ai perdu mes vingt-quatre vachettes (petite pièce de monnaie), je n'en donnerai que mieux coups de griffes, coups de poing et taloches : y a-t-il quelqu'un de vous autres qui veuille se battre avec moi de franc jeu ?

« Der Guascogner thut sich, etc ». Ceci est du vieux allemand et signifie : Le Gascon se flatte de se battre avec n'importe qui mais il est plus enclin à voler : ainsi donc, chères femmes, veillez aux bagages.

« Cap de sainct Arnaud, qu'au seys, etc ». Tête de saint Arnaud, qui es-tu, toi qui me réveilles ? Que le mal de cabaret (l'ivresse) te retourne ! Ho ! saint Sever, patron de la Gascogne, je dormais si bien quand ce taquin est venu me réveiller.

« Hé ! pauvret, iou te esquineriou, etc. ». Hé ! malheureux ! je t'éreinterais maintenant que je suis bien reposé. Va-t'en un peu dormir comme moi ; après cela nous nous battrons.
Gratuité, gratitude, reconnaissance.
Gratulation, action de grâces, congratulation.
Grave, vignoble du Bordelais.
Grave, grève, les bords aréneux de la mer, d'une rivière.
Graver, monter, gravir.
Gravot, village du Chinonnais.
Gréal (sang) : « Un flasque de sang gréal. »

C'est par corruption que le mot Sangraal a pu s'écrire et s'entendre ainsi. Le Sangraal ou saint Graal est le *sanctum gradale*, le saint vase, où fut reçu le sang du Christ crucifié, mais ce n'est pas ce sang même.
Grecisme (Hebrand), *Græcismus*, par Hébrard de Béthune.
Gregeoys, grec.
Greigneur, plus grand.
Grene, graine.
Grené, grenet, en graine.
Grenoillère, grenouillère : « Mon âme s'en fuyra en quelque grenoillère ».
Grenoilles, grenouilles.
Grenoillibus (*depiscando*), en pêchant aux grenouilles ; latin de cuisine.
Grephiers, greffiers.
Gresleur, qui grêle, qui cause la grêle.
Gresse, graisse : « De haulte gresse ; de basse gresse », de haute qualité et valeur, de petite valeur et mauvaise qualité. « Beaux livres de haulte gresse ».
Gresseur, graisseur, qui graisse : « Gresseur de bottes, graisseur de verolle ».
Greve, jambard, armure de la jambe.
Greves, jambes.
Greziller, brûler.
Grezillons, bruits du feu brûlant la paille ou des branches sèches. Figurément, « les grezillons de dévotion. »
Griays, gris bleuâtre.
Gribouillis, nom comique de diable.
Grief, substantif ; peine, tourment, mal.
Grief, adjectif ; pénible, fâcheux.
Griefves, grègues.
Grignoter, manger par plaisir, figurément : « Grignoter un tronson de quelque missique précation » (livre II, chapitre XXXIV), ronger un morceau de quelque prière de la messe. Rabelais emploie le substantif *grignoteur*.
Grii Kaminoi (de Homère), c'est-à-dire : vieille enfumée (*Odyssée*, livre XVIII, vers 27).
Grilgoth, nom comique d'un diable.
Grillotier, rôtisseur.
Grimaulx, écoliers.
Grimoyre, grimoire, livre contenant les formules d'exorcisme.
Gringorienne (eau), eau bénite.
Gringoter, fredonner, gazouiller.
Griphon, griffon.
Grippeminaud, archiduc des Chats-fourrés. C'est le président de la chambre criminelle, ou, selon d'autres, le grand inquisiteur.
Grippeminaudière, adjectif formé du mot précédent : « Justice grippeminaudière ».

Rabelais représente cette Justice sous l'image d'une vieille femme tenant en main dextre un fourreau de faucille. C'est tout l'opposé de l'image symbolique de la Justice.

GRIPPEMINAULT, capitaine de Picrochole.

GRIPPER, prendre.

GRIS (saint) : « Sang saint GRIS ! » comme Ventre saint Gris. Saint Gris se disait pour saint François, fondateur des franciscains ou cordeliers vêtus de gris. Henri IV jurait par le ventre Dieu. Le Père Cotton lui en faisait de sévères reproches. « Eh bien ! dit le Béarnais, je jurerai par le ventre saint François. — Oh ! sire, un si grand saint ! s'écria le Père. — Eh bien, transigeons, je jurerai par le ventre saint Gris, » dit le monarque, qui adopta ce juron.

GRISLEMENT, pétillement, bruit que les feuilles sèches font au feu.

GRISLER, griller.

GRIVOLÉ, tacheté.

GRIZELLE, antenne.

GROBIS (faire du), faire l'important, se donner des airs d'importance.

GROISSE, grossesse.

GROLLE, corneille, corbeau ; centre de la cible où l'on peignait souvent une corneille.

GROLLIER (noyer), noyer de corneille, qui produit les grosses noix que les corneilles peuvent seules entamer. Le noyer de cendrille ou de mésange est celui dont les noix sont assez tendres pour que les mésanges puissent les entamer.

GROSLIÈRE (noix), noix de noyer grollier.

GROSSE, douze douzaines.

GRUPPADE, action de happer, de saisir, de grupper.

GRUPPEMENT, comme gruppade.

GRUPPER, accrocher, saisir.

GRUYERS, soldats suisses.

GRYFON, GRYPHE, griffon, oiseau fabuleux.

GRYPHONS, habitants des montagnes alpestres.

GRYSON (pierres de), grès.

GUABAN, caban, capote, manteau pour garantir de la pluie.

GUABARRIER, batelier, conducteur d'une gabare.

GUADAIGNE, Thomas de Guadagne, financier du temps qui prêta de l'argent à François Ier prisonnier.

GUADAIN, gain ; en italien, guadagno.

GUAILLARDETZ. Rabelais désigne par ce mot les réformés.

GUAILLARTLARDON, nom comique d'un cuisinier.

GUAIGNEDENIERS, gagne-deniers, gagne-petit.

GUAINGNER, gagner.

GUAINGNER AU PIED, s'enfuir.

GUALEACES, galions, vaisseaux.

GUALÉE, galère : « Et vogue la gualée » !

GUALENTIR, fortifier : « Gualentir les nerfs ».

GUALIMART, étui à plumes, écritoire.

GUALOISE, GALOISE, luronne, fille de joie.

GUALOT, galop.

GUALOUS, galeux.

GUAMBAYER (se), se dégourdir les jambes.

GUANDS, gants.

GUARD, garde.

GUARD (pont du), une des belles antiquités romaines.

GUARE-SERRE, sonnerie pour avertir les soldats ou les vaisseaux de serrer leurs rangs et d'être au guet.

GUARGUAREON, le gosier.

GUARGOULLE, effet de l'air introduit dans l'eau.

GUARIGUES, landes, terres incultes, broussailles.

GUAROT, garot, trait d'arbalète.

GUAROU, sorcier, sauvage, féroce.

GUARRE, bigarré, de deux couleurs.

GUASCOIGNE, Gascogne.

GUASCON, Gascon.

GUASCONIQUE, de Gascon.

GUAST, dégât.

GUASTEURS, qui gâtent, ravagent, détruisent : « Guasteurs de bourgeons. »

GUATTE, hune du moyen mât.

GUAVASCHE, lâche, sans cœur.

GUAVIET, gosier, comme gavion.

GUAY, gai.

GUAYETÉ, gaieté.

GUEDOFLE, GUEDOUFLE, bouteille à gros ventre.

GUEMENTER (se), se lamenter, gémir.

GUENAUX, gueux : « Guenaux des Saincts Innocents », mendiants du cimetière des Innocents.

GUENET (par la dive oye). Cette dive oye Guenet est probablement celle qui figure dans la légende de saint Guennolé. Une oie sauvage ayant arraché un œil, sœur et l'ayant avalé, le saint empoigna l'animal, lui fendit le ventre, en retira l'œil et le remit à sa place. « Ales nullam inde sustulit injuriam ; illæsus quasi a nullo contactus, exultans, superbe gradiendo, extento collo decantans, adibat socios aves ».

GUERDONNER, récompenser.

GUERDONNEUR, qui récompense.

GUESPIN, mordant, piquant.

GUETTEURS DE CHEMINS, brigands.

GUEULES, rouge, dans la langue du blason.

Gueux (de l'Hostière), gueux demandant l'aumône aux portes des églises ou des hôtels.
    Le distique : « Ce noble gueux, etc ». (chapitre XI, livre V), est imité de Marot : *Epître au Roi pour le delivrer de prison*.
Guidon, enseigne, bannière.
Guildin, cheval hongre.
Guillaume sans paour, héros des contes populaires.
Guillot, hôtelier d'Amiens. Le cabaret de Guillot à Amiens était renommé. Voici comment Jean de La Bruyère-Champier en parle au chapitre 1er de son livre *De Re cibaria* : « Nous avons connu de nos jours à Amiens dans la Gaule Belgique, un tavernier (*popinarium*) nommé Guillaume et vulgairement Guillot, qui savoit préparer à la minute des repas composés des morceaux les plus exquis et les plus rares en volaille, viande, poisson, gibier, repas dignes d'être servis sur la table des rois. Il a, sans conteste, mérité la palme entre tous les taverniers de France ».
Guillot le songeur (être logé chez), locution proverbiale, c'est-à-dire rêver, se bercer de chimères.
Guilverdon, pour *galverdine*.
Guilmaux, prés que l'on fauche deux fois l'an.
Guimple, guimpe, fichu.

Guinder (se), monter, s'élever.
Guinguoys, qui a l'esprit de travers.
Guinterne, guiterne, guitare.
Guisarme, hache à deux tranchants.
Gumene, cordage.
Guobelin, célèbre teinturier, qui a donné son nom à l'établissement des Gobelins.
Guodedillaux, tripes de bœuf.
Guodelureau, galantin.
Guodelurée, courtisée, muguetée, etc.
Guolgotz Rays, peut-être Dragus Rays, amiral turc de ce temps-là.
Guoret, jeune porc.
Guorre (grande), grande truie. Le peuple de Paris appela Isabelle de Bavière la *Grand' Gore*.
Guoubelet, gobelet : « Retraict du guoubelet, » endroit où l'on se retire pour boire.
Guourneau, poisson de mer.
Guoytrou, goitrou, goitreux.
Guy de Flandre, plâtre très fin dont on se servait en Flandre.
Guyercharois (le seigneur de), de La Guierche ou de La Guerche, seigneurie à dix lieues de Tours.
Guynette, jeune poule de Guinée.
Gyrine. — Voyez la *Briefve Declaration*.
Gyrognomonique. — Voyez *Circumbilivagination*.
Gyromantie, divination qui se fait au moyen de cercles.

H

Ha, a.: « Qui ha, si parle ! » Que celui qui a quelque chose à dire parle !
Ha (y), il y a.
Haan, hahan, ahan, fatigue : « Suer de haan ».
Habaliné, fâché, consterné : *distempered*, dit Cotgrave.
Habiler (se), s'habiller.
Habiliter, rendre habile, apte.
Habit ne faict poinct le moine ; locution proverbiale.
Hacquebute, arquebuse.
Hacquebuter, tirer l'arquebuse ou comme une arquebuse.
Hacquebutier, harquebousier, arquebusier.
Hacquelebac, nom d'un géant.
Hæmorrutes, hémorroïdes.
Hereditant, héritant.
Hagarene, arabe.
Hains, hameçons, crochets.

Haire, hère : « Pauvre haire ».
Haire, membre : « Mon pauvre haire esmouchté ».
Haire, jeune cerf d'un an : « Tels jeunes haires esmouchetés », tels jeunes cerfs piqués par les mouches.
Haires, hayres, misères : « Lesquelz leur faisoient mille hayres ».
Hait, Hayt, bonne humeur, disposition allègre: « De bon hayt », de bon cœur.
Haiter, hayter, plaire, réjouir, agréer.
Haitié, haytié, allègre, joyeux.
Halcret, corselet en fer battu : « Non et un halcret pour *non durabit* (dur habit) ». Rébus.
Hale ! prends, happe.
Haleiner, respirer.
Halleboter, grappiller : « N'y au... que halleboter ».
Hallebrans, canards sauvages.
Hallebrené, conchié, malheureux, échiné.

HALOTZ, le cercle lumineux qui se forme quelquefois autour de la lune et qui pronostique la pluie.

HAMADRYADES, nymphes des bois.

HAMMON (corne de), décrite par Rabelais au chapitre XIV du livre III.

HANAT, HANAP, coupe, vase à boire.

HANDONS, sorte de reptiles, d'après Pline.

HANEBANE, jusquiame.

HANICROCHE, longue pique au fer recourbé dont on se servait pour tirer les cavaliers à bas de leurs chevaux.

HANICROCHEMENT, dérivé du précédent : accroc, contrariété, empêchement.

HANNUIERS, habitants du Hainaut.

HANS CARVEL. Le conte de l'Anneau de Hans Carvel se trouve dans Pogge, dans l'Arioste, il a été popularisé chez nous par La Fontaine.

HAPELOPINS, qui happent les morceaux ; gueux et quêteurs de franches repues.

HAPPELOURDE, bourde, tromperie.

HAPPEMOUSCHE, nom d'un géant.

HAPPESOUPPE, cuiller.

HAQUENÉES, chevaux harnachés pour dames.

HARANIERS, mangeurs de harengs, vivant de harengs.

HARANS SORETZ, harengs saurs : « Brûlés tout vifs comme harans soretz. »

HARBORINS, pensées ; mot hébreu.

HARDEAU, gars, jeune garçon.

HARMENES, reptiles.

HARNOIS, équipement, armure.

HARNOYS (de gueulles), victuailles, provisions de bouche.

HARPAILLEUR, voleur, brigand.

HARPOCRAS, dieu du silence.

HARPYACQUE, de harpie.

HARRY BOURRIQUET, en avant, bourrique ! cri pour inciter les ânes à marcher.

HART, licol, pendaison : « Sur peine de la hart. »

HASCHER, hacher.

HASTE ! dépêchons.

HASTEREAUX, foies de volailles coupés par rouelles et enfilés dans des brochettes nommées *hâterets*.

HASTILLE, boudin, andouille.

HASTIVETÉ, hâtiveté, promptitude, adresse à éviter.

HAUBELON, HOBELON, houblon.

HAUBERGEON, HAUBERT, cotte de mailles descendant jusqu'aux genoux.

HAULSER LE TEMPS, laisser le temps redevenir favorable, l'aider à passer. Cette expression est dans Brantôme, Naudé, etc.

HAULT DU JOUR, milieu du jour.

HAULT APPAREIL (armé à), armé de toutes pièces et d'une puissante armure.

HAULT DE CHAUSSES. — Voyez *Chausses*.

HAULT DOMMAINE, le ciel.

HAULTECHAUSSADE, nom comique inventé par Rabelais. — Voyez *Exponibles*.

HAULTE DANCE, danse avec des grands sauts et gambades, comme la danse des baladins de professions.

HAULTE FUSTAYE (livres de), comme on dit : bois de haute futaye.

HAULTE GAME, ton élevé.

HAULTELISSIER, faiseur de tapisserie de haute lisse.

HAULTZ BONNETZ, coiffure du temps de Louis XI.

HAULX BOYS (jouer des), abattre les grands arbres.

HAVET, croc, crochet.

HAYMON (les gestes des quatre filz), conte populaire remontant aux poèmes du cycle carlovingien.

HASARDEUX, téméraire.

HAZARS, hasards.

HEBDOMADE, semaine.

HEBETATION, hébétement, abrutissement.

HEBRARD. — Voyez *Grécisme*.

HEBRIEU, hébreu.

HECTIQUE (fièvre), fièvre continuelle, consomption.

HEGRONNEAUX, héronneaux.

HELEPOLIDE, machine de guerre employée par les anciens à la prise des villes.

HELLÉ, Hellé et Phrix, enfants d'Athamas, roi de Thèbes, transportés en Cochilde par le bélier à la toison d'or.

HEMICRAINE, mal de tête qui n'affecte que la moitié de la tête, migraine.

HEMIOLE, nombre qui contient un autre nombre (pair), plus la moitié de ce dernier nombre, comme six à l'égard de quatre. De l'hémiole naît le rapport de la consonnance dite diapente ou quinte.

HEMIPANS, comme Ægipans.

HENILLES, contes de vieilles femmes, suivant de l'Aulnay.

HENRY DE VALOIS, Henri II, roi de France.

HEOUS, un des chevaux du Soleil.

HEOUSE, houx ; arbrisseau.

HEPTAPHONE, se dit d'un dieu, d'un écho, qui répète sept fois le son.

HER, monsieur : « Her der Tyflet », monsieur le diable ; en allemand. Rabelais emploie le pluriel *hers*, dans les Fanfreluches antidotées.

HERACLIDES PONTICQ, Héraclide de Pont, philosophe, historien et astronome grec.

HERACLITE, HERACLYTE, HERACLITUS, philosophe grec, qui vécut au VIᵉ siècle avant Jésus-Christ.
HERACLITIZANT, faisant comme le philosophe Héraclite, c'est-à-dire pleurant.
HERBAULT, chien hargneux. Rabelais joue sur ce mot et sur le nom de Gabriel de Puits-Herbaut, qui l'avait vivement attaqué. — Voyez la *Vie* de Rabelais.
HERBE au charpentier, plante vulnéraire.
HERBER (s'), s'étendre sur l'herbe.
HERBERGER, héberger, loger : « Soy herberger sous des salades ».
HERBIER, herboriste.
HERCULES GAULLOYS, — Voyez la *Briefve Déclaration*.
HERCULIANE, herculéenne, d'Hercule.
HERETICOMETRA, mesurant, jaugeant les hérétiques ; qualification que Rabelais donne à J. Hocstraten, fougueux dominicain de Cologne.
HERGNEUX, hargneux, agressif.
HERISSONNÉ, qui a le poil hérissé.
HERM, île entre la Bretagne et l'Angleterre.
HERMES TRISMEGISTE, dieu égyptien auquel on attribuait des livres sacrés. Quelques fragments apocryphes sont restés sous ce nom.
HERMITESSE, féminin d'*hermite* ; dont Rabelais emploie également le diminutif *hermitillon*.
HERMODACTYLES, plante dont le nom signifie *doigts de Mercure*.
HERMOLAUS. — Voyez *Barbarus*.
HEROES, héros.
HERONNIÈRE (cuisse), cuisse de héron, c'est-à-dire longue, sèche et maigre.
HERPE, harpe.
HERSELÉ, harcelé.
HERSOIR, hier au soir.
HER TRIPPA. Dans ce personnage, Rabelais paraît avoir eu en vue Cornelius Agrippa, auteur de livres *de Occulta Philosophia* et *de Vanitate scientiarum*.
HERVÉ, le nocher breton. — Voyez *Germain de Brie*.
HESDIN, ville de l'Artois.
HESPAGNE, HESPAIGNE, HESPANE, Espagne.
HESPAIGNOLZ, Espagnols.
HESPAILLIER, rameur.
HESPANOLZ, chiens épagneuls.
HESPERIDES (jardin des), gardé par un dragon que tua Hercule pour y enlever les pommes d'or.
HESPÉRIE, nom d'une tour de Thélème ; occidentale.
HESPERUS, étoile du soir.

HEUR, chance, bonheur.
HEURT, choc.
HEURTEUR, musicien du temps de Rabelais.
HIERACIA, plante.
HIÈRES (îles), anciennement dites Stœchades.
HIERUSALEM, Jérusalem.
HILIQUE, propice, favorable ; du grec ἵλεος.
HILLOTZ, fillots, garçons, en gascon. — Voyez *Gratianauld*.
HIMANTOPODES, peuple à jambes torses que Pline place en Éthiopie.
HIPPES, Hippone.
HIPPIATRIE, médecine des chevaux.
HIPPOCRAS, hypocras, boisson.
HIPPOTHADÉE, composé de *hippos*, cheval, et *Thadée*, apôtre. *Hippos* est quelquefois un simple augmentatif, comme le remarque l'auteur de l'*Alphabet de l'auteur françois*.
HIPPURIS, prêle, plante qui ressemble à une queue de cheval, dit Rabelais.
HIRCANE (mer), partie sud de la mer Caspienne.
HIRCANICQUE, d'Hircanie.
HIRCANIE, contrée de l'ancienne Asie, sur la côte sud-est de la mer Caspienne.
HOBIN, allure du cheval écossais.
HOBRETUZ, musicien du temps de Rabelais.
HOCHER, secouer, remuer.
HOCQUETON, cotte d'armes, tunique.
HOGUINE, cuissard, jambard.
HOIRS, héritiers.
HOLOS ! hélas !
HOLOSTEON, plante dont le nom signifie tout d'os, par antiphrase, car elle est très fragile et très tendre.
HOMELAICTE, omelette.
HOMMEFLEUR, Honfleur.
HOMMET (bon), bonhomme, petit bonhomme.
HOMONYMIES, similitudes de noms et de mots, calembours : *peine* (chagrin) et *penne* (plume), etc.
HONDRESPONDRES, Allemands, ceux qui pèsent cent livres.
HORCHE. — Voyez *Orche*.
HORD, HORDE, sale, malpropre.
HORDOUS, même sens. Rabelais fait de ce mot un nom propre pour désigner un cuisinier.
HOROLOGE, horloge ; *horologiers*, horlogers.
HORS. Au chapitre XXVIII du livre V, à cette demande de Panurge : « Quels sont ils volontiers (leurs souliers) » ? le Fredon répond : « Hors ». C'est une correction. Il y a dans le texte *ords* ou *hords*, malpropres, ce qui ne peut s'expliquer. Nous entendons et nous avons écrit *hors*, c'est-à-dire hors

des pieds, de sorte que pieds nus « elles marchent en place vitement ». De l'Aulnay a proposé la correction *orbz*, qu'il traduit : ronds, mais *orbz* veut dire aveugles. Cela ne répond pas, d'ailleurs, à l'interrogation : « Quels sont ils *volontiers* » ? ni à la suite : « *Ainsi* marchent en place ? — Tost ».

HORS (de là en), dorénavant.

HORS MIS, sans compter.

HOSCHEPOT, cuisinier de Grandgousier.

HOSCHEPOT, mélange de plusieurs viandes cuites ensemble.

HOSPITALIÈRE, tenant un hôpital.

HOSTARDE, outarde.

HOSTE, HOUSTE, hôte : « Corps, hoste de l'esprit ».

HOSTEL, maison.

HOSTIAIRE, HOSTIÈRE. — Voyez *Gueux*.

HOSTIATEMENT, de porte en porte.

HOSTIE, port à l'embouchure du Tibre.

HOTTÉES, hottes pleines : « Trente mille hottées de diables ».

HOULTAIGE, otage.

HOURD, HOURT, comme *heurt*.

HOUSEAUX, HOUZEAULX, bottes, bottines.

HOUSÉ, botté, chaussé, caparaçonné.

HOUSSEPAILLIER, HOUSSEPAILLEUR, souillon, marmiton, comme qui dirait : *Housé* (botté) *de paille*.

HOUST, houx, arbrisseau.

HOUSTAGE, HOUSTAIGER, otage.

HOUSTER, ôter, prendre.

HOUSTIL, outil.

HUGREMENT, aigrement, rudement, vigoureusement.

HUILLIER, fabricant d'huile.

HUMANITÉ : « Lettres de humanité », les humanités.

HUMANITÉ : « Nos humanités », nos personnes, comme *nos paternités*. Dans le même sens : « Ma petite humanité », mon petit individu.

HUMER, boire.

HUMERIE, action d'humer : « A la humerie » buvons !

HUMEUX, humeur, buveur.

HUMEVESNE (M. de), nom comique, forgé par Rabelais et dont le sens n'a pas besoin d'être expliqué.

HUON DE LA BOURDEAULX, personnage des poèmes du cycle carlovingien, resté populaire.

HUPPE DE FROC ! houppe de froc.

HURLUBURLU (saint), nom inventé par Rabelais.

HURTALY, géant dont Rabelais explique le rôle pendant le déluge.

HURTE, choc, coup.

HURTER, heurter.

HURTIS, HURTYS, comme *heurt, hourt, hurte*, formes diverses d'un même mot.

HUSCHE, huche.

HUSCHER, crier, appeler : « Huscher en paulme », crier, appeler en se faisant un porte-voix de la main.

HUTAUDEAU, chapon gras.

HUY, aujourd'hui.

HUYS, porte.

HYBERNIE, Irlande.

HYDRARGYRE, argent liquide, vif-argent, mercure.

HYDRIE, cruche, vase.

HYDROMANTIE, divination par l'eau.

HYMETIAN, du mont Hymette : « Miel hymetian ».

HYMNIDES, nymphes ; peut-être il faut lire Limnides, nymphes des étangs.

HYOSCYAME, plante.

HYPENEMIEN, plein de vent.

HYPERDULIE, culte au-dessus d'un autre.

HYPERNEPHELISTE, qui s'élève au-dessus des nues par ses spéculations.

HYPOCRITESSE, féminin d'hypocrite.

HYPOCRITICQUE, hypocrite.

HYPOCRITICQUEMENT, hypocritement.

HYPOCRITILLON, diminutif d'hypocritique ou hypocrite.

HYPOGÉE, lieu souterrain.

HYPOPHETE, qui parle des choses passées comme les prophètes des choses futures.

HYPOSARGUE, hydropique.

HYPOSTASE, ou plus régulièrement *hyposthathme*, sédiment de l'urine.

I

IAMBIQUE, danse ancienne.

IAMBUS. Rabelais joue sur *iambus*, pied de vers, et sur le mot *jambe*.

IDICE, bouc sauvage.

IBIDE, ibis, oiseau d'Égypte.

ICAROMENIPPE, surnom donné par Lucien au philosophe Ménippe, qui avait voulu se faire des ailes comme Icare.

ICARUS, Icare, fils de Dédale, qui se fit des ailes artificielles et se noya dans la mer de Crète.
ICELLE, cette, celle-là.
ICELON, ministre ou enfant du Sommeil.
ICELUY, ce, celui-là.
ICHNEUMON, sorte de rat d'eau détruisant les œufs de crocodile et adoré chez les Égyptiens.
ICHTHYOMANTIE, divination au moyen des poissons.
ICHTHYOPHAGE, qui se nourrit de poissons.
ICOSIMYXE, à vingt mèches, en parlant d'une lampe.
IDA, IDE, mont Ida en Phrygie.
IDES, sorte de reptiles.
IDIOT, simple, sans artifice.
IDOINE, propre, bien disposé, capable.
IGNAVE, lâche, paresseux, sans cœur.
ILICINES, sorte de reptiles mentionnés par Pline.
ILLUCESCER, luire, briller.
IMBÉCILLE, faible, impuissant.
IMBÉCILLITÉ, faiblesse, inertie, impuissance.
IMMUTATION, changement, mutation, altération.
IMPAR, *impare*, impair.
IMPENDENT, imminent, qui est sur le point d'arriver.
IMPERFAICT, imparfait.
IMPERIT, inhabile, ignorant.
IMPERMÉABLE, où l'on ne parvient pas, inaccessible.
IMPERTINENCE, inaptitude, empêchement.
IMPETRER, obtenir.
IMPOSER, placer dessus.
IMPOSSIBLE, substantif; chose impossible, l'impossible.
IMPOTENCE, impuissance.
IMPOTENT, impuissant « au devoir du mariage ».
IMPRECIABLE, inappréciable.
IMPRESSION (L'ART D'), l'imprimerie.
IMPROPERE, reproche, honte, chagrin.
IMPUDENTEMENT, impudemment.
INARIME, île où Typhée fut foudroyé par Jupiter.
INCAGUER, conchier, embrener; au figuré, narguer, braver.
INCAUTEMENT, imprudemment, sans réflexion.
INCENTRICQUER, placer au centre.
INCESTE, désignant le commerce entre un religieux et une religieuse.
INCESTÉ, souillé.
INCISER, couper.
INCISURE, incision, coupure.
INCITER, exciter.

INCLYTE, célèbre, illustre.
INCOMMODER A, être nuisible, pernicieux à.
INCONGRU, inconvenant.
INCONSOMPTIBLE, qui ne se consume point.
INCORNIFISTIBULER, introduire, faire entrer; mot forgé par Rabelais.
INCRÉABLE, incroyable.
INCREDIBLE, incroyable.
INCULQUER, insinuer, faire pénétrer.
INDAGUER, chercher, rechercher; d'où l'adjectif *indague*, maniéré, recherché, subtil.
INDE (POULLES DE), dindes.
INDEMNÉ, sans perte, sans dommage, indemne.
INDIAN, INDIANE, Indien.
INDIC, INDICQUE, indien, de l'Inde : « Noix indicques ».
INDICE (DOIGT), index.
INDIE, Inde.
INDIFERENTEMENT, indifféremment.
INDIVIDUAL, individuel, propre à l'individu, à l'objet : « Propriété individuale ».
INDULT, bref pontifical, concession et faveur du pape.
INEPTE, inapte : « Inepte à tous offices ».
INERTES (MAISTRES), parodie de « maîtres es arts ».
INEXPUISIBLE, inépuisable.
INFALIBLE, infaillible.
INFAUSTE, malheureux; *infaustissime*, très malheureux.
INFECTION, peste, contagion.
INFELICITÉ, malheur.
INFERER, conclure.
INFINABLE, qui n'a point de fin.
INFLECTIBLE, inflexible.
INFOLIATURE, incrustation qui souvent représente des feuilles.
INFRACTIONS, ruptures, déchirures : « Infractions des flambantes nuées ».
INFRINGIBLE, qu'on ne peut rompre, briser.
INHIBER, défendre.
INIAN, hihan, imitation du cri de l'âne.
INIGO (FRAY). On croit que Rabelais a voulu désigner Ignace de Loyola, alors à Paris avec ses compagnons, et qui fit ses vœux à Montmartre, en 1535.
INNOCENT, pâtissier de Chinon.
INNOCENTER. Jadis, le jour des Innocents, lorsqu'on pouvait surprendre les jeunes filles au lit, on se permettait de leur donner des claques sur les fesses, et l'on appelait cela les *innocenter*.
ONICQUE, d'Ionie.
O PÉAN ! cri en l'honneur du dieu Pan, cri de fête chez les anciens.
INQUINAMENS, souillure, ordure.
INSAIL, gouvernail d'un vaisseau.

INSCULPÉ, taillé, buriné, sculpté dans.

INSE, hinse; terme de la marine provençale par lequel on commande de hisser les voiles.

INSIGNE, enseigne, signe, emblème.

INSINUER, inscrire : « Je t'insinue ma nomination en mon tour », c'est-à-dire, je me mets en mesure de profiter de mon droit, quand viendra mon tour. — Allusion à la loi bénéficiale : « Les gradués qui auront omis d'insinuer... seront privés de accepter ou acquitter les bénéfices qui vaqueront esdites années qu'ils n'auront insinué ». (Louis XII, Lyon, 1510.) L'insinuation était une inscription sur des registres publics, comme est aujourd'hui l'inscription hypothécaire.

INSOLUBILIA, problèmes insolubles.

INSPIRER, aspirer l'air.

INSTABLÉ, installé.

INSTANT, pressant, se pressant : « Instant à l'estude », plein de zèle pour l'étude.

INSTANTEMENT, d'une manière pressante et active : « Soi instantement exercer et travailler ».

INSTAURER, restaurer, rétablir; d'où *instaurateur*.

INSTITUER, instruire.

INSTITUTE, les Institutes de Justinien.

INSTROPHIÉ, ceint, couronné.

INSTRUEZ, instruisez.

INSTRUMENT, équipage, attirail.

INSUPERABLE, insurmontable, invincible, qu'on ne peut surpasser.

INTEMPERÉ, mal tempéré : « Air intemperé et pluvieux ».

INTEMPERIE, mauvais temps.

INTENDICT, ancien terme de droit, acte par lequel le demandeur déclarait son intention de fonder son droit sur telle ou telle loi.

INTENTEMENT, attentivement : « Regardant intentement ».

INTENTION, tension, contention, attention.

INTERBASTÉ, piqué, contrepointé.

INTERCALARE, intercalaire.—Voyez la *Briefve Déclaration*.

INTEREST, dommage, préjudice, risque : « Pour l'interest qu'il y pourroit pretendre ».

INTERINER, achever, parfaire, mettre la dernière main.

INTERLINÉARE, interlinéaire.

INTERMINATION, peine assignée et déterminée par la loi.

INTERMINÉ, assigné, déterminé.

INTERMISSION, interruption, discontinuation.

INTERNITION, meurtre, carnage.

INTERPOLLATION, intercalation.

INTERROGUER, interroger ; *s'interroguer*, s'informer.

INTESTIN, INTESTINE, intérieur, interne.

INTRADE, (d'), d'emblée.

INTRANS, ceux qui étaient élus par les Facultés et les Nations pour choisir le recteur de l'Université.

INTRICQUÉ, embrouillé, empêtré.

INTRONIFICQUÉ, introduit; mot forgé par Rabelais.

INVENTÉ, trouvé, découvert.

INVENTION SAINTE-CROIX. — Voyez au mot *Croix*.

INVENTORIZANT, inventoriant.

INVISER, visiter, aller voir.

IRE, colère.

IRRISION (en), ironiquement, en dérision.

IRRORER, arroser, asperger.

ISCHIATIQUE, goutte sciatique.

ISCHIES, hanches.

ISIACES, ISIACQUES, prêtres d'Isis.

ISLE BOUCARD (l'), île de la Vienne, près Chinon.

ISLE SONNANTE, allégorie de l'Église romaine.

ISSIR, sortir.

ISTHME, l'entrée du gosier.

ITALES, Italiens.

ITALICQUE, d'Italie.

ITHYBOLE, homme droit, qui n'est ni tortu ni bossu ; nom d'un des capitaines de Gargantua.

ITHYMBON, saltation laconique en l'honneur de Bacchus.

ITYPHALLE, phallus droit, attribut de Priape. Il y avait des prêtres ainsi nommés et des danses *ithyphalliques*.

ITIEULX, ITEUX, tels. Au chapitre IV du Vᵉ livre : *Tropditieux* ou *Trop d'itieux* veut dire : trop de tels, sous-entendu : enfants. — *Tropditeux*, ou *Trop d'iteux*, c'est-à-dire gens dont il y a de trop, est une des injures que les fouaciers de Lerné adressent aux bergers de Gargantua.

IYNGE, philtre, breuvage inspirant l'amour.

J

JA, déjà.

JACQUEMART, heurtoir, marteau d'horloge.

JACQUES BONSHOMS, c'était le nom donné aux paysans.

JACTURE, perte, dommage.
JADEAU, écuelle, jatte : « Jadeau de vergne », écuelle de bois d'aune, bois rougeâtre.
JALLET (ARC A), petite arbalète qui servait à lancer des balles de moyennes grosseurs, dites *jallets* ou *gallets*.
JAMBONIQUE, de jambon.
JAMBONNIER, autre adjectif formé du mot jambon : « Commandeur jambonnier ».
JAN, cocu : « Le Jan en vault deux ». Au jeu de lourche et du trictrac, le grand Jan ou le petit Jan valaient deux points.
JANEQUIN, musicien du temps de Rabelais.
JANSPILL'HOMMES, pour gentilshommes.
JAPHES, Jaffa, port de Syrie sur la Méditerranée.
JARD, oie mâle.
JARGONNER, parler comme les enfants.
JARGONNOYS, jargon.
JARRARIES, reptiles mentionnés par Pline.
JARRETADE, taillade, coup de taille destiné à couper le jarret.
JARTIERS, jarretières.
JAU, coq : « Comme jau sur breze ».
JAVART, chancre ou apostème particulier au cheval.
JAZERAN, chaîne d'or très déliée.
JEAN DE PARIS, héros d'une légende populaire.
JEAN JEUDY, pour désigner le phallus.
JEAN LE MAIRE DES BELGES, auteur contemporain de Rabelais, originaire du Hainaut, 1473-1545.
JEAN LE VEAU, imbécile, pleurard.
JECABOTS, abstractions ; mot hébreu.
JECT, bandelette, attache que l'on met à la patte d'un oiseau.
JECTIGATION, mouvement brusque, remuement convulsif de la tête ou des épaules.
JEJUNE, sec, aride, affaibli.
JEUDIS (LA SEMAINE DES TROIS), c'est-à-dire une semaine impossible, qui n'a pu exister. De l'Aulnay s'est pourtant chargé de la trouver. « C'est, dit-il, la première du mois de *janvier* de l'année qui suit une séculaire, et qui commence par un lundi ; car alors il y aura dans cette semaine le premier jeudi du mois, le premier jeudi de l'année et le premier jeudi du siècle ».
JEUN, qui est à jeun.
JOAN (Seigny), le fol, citadin de Paris. L'anecdote dont Rabelais fait Seigny Joan le héros (chapitre XXXVII du livre III) se trouve dans la neuvième des *Cento Novelle antiche*.
JOBELIN, niais, nigaud : « Jobelin Bridé », comme on dit : oison bridé.
JOCQUETER, *far l'atto*, prendre le déduit.
JOLLIET, joli.
JONCADE, crème sucrée, parfumée d'eau rose, et qu'apparemment on servait sur des joncs.
JONCHÉE, comme *joncade*. Et aussi une botte, un fagot, de l'herbe ou de la paille répandue.
JONGLEUR, faiseur de tours, chanteur des rues.
JOSQUIN DES PREZ, musicien contemporain de Rabelais.
JOU MOT, et moi motus, plus un mot.
JOUER du serrecropière, des cymbales et des mannequins ; expressions érotiques.
JOUEUR DE FARCES, acteur comique.
JOUEURS DE QUILLE LA (BEAUX), c'est probablement le refrain d'une chanson.
JOURNÉE, bataille.
JOURSANSPAIN, mot composé facile à entendre.
JOUSSEAULME, personnage de la Farce de Patelin.
JOUVENCE (fontaine de), qui avait la vertu de rajeunir les vieillards.
JOUXTE, auprès, au bord : « Jouxte la rivière ».
JOVETIAN, de Jupiter.
JOVIAL, qui appartient à Jupiter ; de *Jovis*.
JOYES DE MARIAGE (neuf). Il y en avait quinze, suivant un opuscule facétieux et satirique du XVe siècle.
JOYEULX DU ROY (le), le fou, celui qui est chargé de divertir le roi.
JUBE, la crinière d'un lion.
JUGES PÉDANÉS SOUS L'ORME, juges ambulants et sans siège.
JUMELLES, les joues d'un pressoir.
JUPITER PIERRE, le pape.
JUPPIN, Jupiter.
JUS, à bas : « Mettre jus », abattre.
JUSTINIANUS, *de Cagotis tollendis*, dans la bibliothèque de Saint-Victor. Il y a une loi de Justinien : *de Caducis tollendis*.
JUVENTI (M.), Juventius. — Voyez Pline, livre VII, chapitre LIII ; et Valère Maxime, livre IX, chapitre XII.

K

Κακοβασιλέα, c'est-à-dire Malroy, comme traduit Rabelais.
KALENDES. — Voyez *Calendes*.
KESUDURES, sorte de reptiles d'après Pline.

KIMY (Rabi). David Kimchi, célèbre docteur juif des XII° et XIII° siècles.
KYNÉ, chienne ; ce mot est grec.
KYRIELLES, oraisons, litanies.

L

LA BASMETTE, abbaye près de Poitiers, où Rabelais aurait fait, d'après la tradition, ses humanités et son noviciat.
LABEO (ANTISTIUS), jurisconsulte romain.
LABOURÉ, sillonné, ouvragé.
LABOURER, travailler : « Qui non laborat, non manige ducat ». Au lieu de *non manducat*, ne mange pas, qui est dans le proverbe latin, Rabelais dit : « Ne manie ducat ».
LABOUREUR, le bœuf, qui laboure.
LABOUREUR DE NATURE, *il cazzo*, disent les Italiens.
LABOUREUX, laboureurs.
LACHRYMA CHRISTI, larme du Christ ; pour désigner un vin excellent.
LA CRAU, pays de Provence.
LA DEVINIÈRE, cru du Chinonnais, où l'on récoltait de bon vin blanc, et que l'on croit avoir appartenu au père de Rabelais.
LADRE, lépreux : « Ladre verd ». On distinguait, dans l'ancienne médecine, le ladre blanc et le ladre vert ; le ladre vert était plus hideux, plus infect, plus incurable que le ladre blanc. « Il est, par Dieu, dit Panurge en parlant du frère Fredon, ladre verd ». Les ladres étaient réputés pour la chaleur de leur tempérament.
LADRYE, ladrerie, lèpre.
LA FAYE MONIAU, village du Chinonnais.
LAGONA EDATERA (Compagnon à boire ! en basque). On doit écrire *laguna*, du moins c'est ainsi que nous le lisons dans les plus anciens textes basques ; l'*u* se prononce différemment, suivant les dialectes. Mais dans la plupart, et ainsi que le dit Liçarrague en tête de son édition du *Nouveau Testament basque*, *u* voyelle se prononce à pleine bouche, comme si c'était *ou*.
Edatera (*ad bibendum*, à boire) est le gérondif accusatif du verbe *edatea*, boire. (Larramendi.)
LAICTER, teter : « En la laictant », en la tetant.
LAIDURE, laideur.

LAIRRONT, laisseront.
LAISE, LAIZE, lé, largeur de l'étoffe : « A la grande laise », à la grande mesure : « Six arpens de pré à la grande laize ».
LAISSE, fiente du sanglier.
LAMIE, sorcière ; ces sorcières, suivant Plutarque, ôtaient leurs yeux, comme on ôte des lunettes, quand elles rentraient chez elles.
LAMINE, sorte de corset ou de cuirasse formée de petites lames d'acier adaptées l'une à l'autre.
LAMPREON, petite lamproie.
LAMPYRIDES ou cicindeles, vers luisants.
LANCEMENT, *landsmann*, compagnon, compatriote.
LANCERON, espèce d'esturgeon.
LANCINANTES, piquantes.
LANCIZ (les), la foudre.
LANCY, esquinancie.
LANDEROUSSE (les usuriers de) se pendent. — Voyez *Clém. Marot*.
LANDIERS, grands chenets de cuisine.
LANDORE, LANDORÉ, fainéant, lourdeau, endormi.
LANDRIVEL, lanterne de vaisseau.
LANERET, petit lanier, oiseau de proie.
LANES, les Landes.
LANGÉS, LANGEY, Langeais.
LANGO, ancienne Cos, patrie d'Hippocrate.
LANGUEGOTH, Languedoc ; ainsi écrit dans les trois premières éditions.
LANIFICQUE, laineux, porte-laine.
LANSQUENETZ, soldats allemands.
LANSQUENETTE (espée), épée des lansquenets.
LANSQUENETTES, femmes des lansquenets.
LANS, TRINGUE (en allemand corrompu) : Compagnon, donne-moi à boire : *Landsmann, zu trinken*.
LANTERNÉ, si maigre que le corps est transparent comme une lanterne.
LANTERNIER, LANTERNIERE, porte-lanterne.
LANTERNOYS, pays des lanternes ; allégoriquement, pays des lumières.

La Palisse (saint Jean de), pour saint Jean de l'Apocalypse.

Lapathium acutum de dieu. Lapathium, c'est la patience, plante amère. On comprend le calembour que fait Rabelais sur la Passion.

Lappia, Laponie.

Lardouere, lardoir.

Larege, nom que les Vénitiens et les Padouans donnaient au mélèze.

Larignans, habitants de *Larigno* ou *Larignum*, forteresse du Piémont, assiégée par Jules César.

Laringues, ville que Rabelais dit située dans le gosier de Pantagruel ; de *larynx*.

La Riole, la Réole.

Larix, larrix, arbre que les anciens regardaient comme incombustible.

Larmier, revêtement, avance, corniche, chaperon d'un mur, incliné pour faire écouler l'eau.

Larronner, voler, brigander.

Larrys, membranes du vagin.

Lart, lard : « Frotter son lart ».

La Rue (de), musicien contemporain de Rabelais.

Larves, ombres, fantômes infernaux.

Lasanon. — Voyez la *Briefve Déclaration*.

Lasanophore, celui qui vide la garde-robe.

Laschement, mollement.

Lascivie, lascivité.

Lasd'aller, nom comique d'un pèlerin.

Lassés, enlacés, croisés.

Lasset, filet de chasseur.

Lassus, là-haut, là-dessus.

Late, largeur : « Late unguicule », largeur de l'ongle.

Latial, latin.

Latinicome, latin ; mot formé du latin.

Latinisateur, qui latinise, qui parle latin.

Latitude, largeur.

Latonne (le fils de), Apollon.

Latrialement, avec un culte de latrie.

Latrie, culte.

Laudateur, qui loue.

Lavailles, eaux ménagères.

Lavaret, espèce de saumon.

Lavedan, cheval du pays de ce nom, en Bigorre.

Laye, route dans un bois, et par suite le bois ou la forêt.

Layz, lais, frères lais, serviteurs des couvents.

Leander, Léandre, amant de Héro.

Léans, là, là-dedans.

Lecanomantie, divination à l'aide d'un bassin plein d'eau.

Lectiere, litière.

Lede, Léda.

Legiere, facile.

Legierement, facilement.

Legiereté des pieds, légèreté, vitesse

Lecugé, prieuré du bas Poitou.

Lelapes, vent accompagné de pluie.

Lemovique, de Limoges, limousin.

Lemures, fantômes nocturnes.

Lendole, nom qu'on donnait à Marseille à l chélidoine ou hirondelle de mer.

Lentisce, lentisque.

Lentules, nom d'une branche illustre de la *gens Cornelia*. *Lentulus* venait de *lens*, lentille.

Leon, lion.

Leonicus, Nicolo Leonico, Vénitien, auteur d'un livre intitulé *Sannutus sive de ludo talario*, Paris, 1530 ; Lyon, Gryphe, 1532, 1542.

Leschar, gourmand, noceur.

Lesche, petite tranche, légère traînée.

Letanies, litanies.

Lethe, fleuve infernal.

Letrain, lutrin.

Leuce, blanc, du grec λευκός.

Leucece, Lucece, Lutèce, Paris. — Voyez *Blanchette*.

Leur, régime, reçoit ou ne reçoit pas la marque du pluriel. On rencontre : « il leurs dit, il leurs adressa, etc. », aussi fréquemment que : « il leur dit, il leur adressa ».

Leurier, laurier : « Souppe de leurier », soupe au lait, dans laquelle on faisait infuser quelques feuilles de laurier.

Leurre, forme d'oiseau pour rappeler le faucon, appât, tromperie.

Levain, locution proverbiale : « Qui au soir ne laisse levain, jà ne fera au matin lever paste ».

Levé, levée, au jeu de cartes : « Pour ce jeu, nous ne voulerons pas, car j'ay faict un levé ».

Le Veneur (cardinal). « Le noble cardinal le Veneur », suivant Le Duchat, c'est Jean le Veneur-Carrouges, évêque de Lisieux, fait cardinal en 1533 par Clément VII. — J. de La Bruyère-Champier dit au livre XV, chapitre XXXII, *De re cibaria*, que, pour ne manquer jamais de perdrix, ce cardinal les faisait nourrir toute l'année en une de ses maisons de campagne.

Lever, se lever :

Lever matin n'est point bonheur;
Boyre matin est le meilleur.

Rabelais modifie le dicton vulgaire :

Lever matin n'est point bonheur,
Mais venir à point est meilleur.

LEVER GUERRE, faire la guerre, *movere bellum*.
LEXIF, lessive.
LEZ, près, auprès de.
LHERITIER, musicien contemporain de Rabelais.
LHORMONT (hermite de), entre Blaye et Bordeaux.
LI, forme ancienne de le et de les : « De par li bon Dieu et li bons homs ».
LIARD, monnaie.
LIBANOMANTIE, divination par la fumée de l'encens.
LIBENTISSEMENT, très volontiers.
LIBÈRES, (personnes), nobles, généreuses, bien nées.
LIBRAIRIE, bibliothèque.
LIBURNICQUES, bâtiments à rames des Liburniens (Dalmatiens).
LICÉ, lisse, uni, nivelé.
LICENTIÉ, ayant licence, autorisation : « Licentié à faire ce qu'on veut ».
LICENTIER, donner licence, permettre.
LICHECASSE, lèche-casseroles, marmiton.
LICHEFRETES, lèchefrites.
LICT SANS CIEL, calembour ou homonymie, pour *licencié*.
LIESSE, joie, gaieté.
LIFRELOFRE, grand buveur, comme les Suisses et les Allemands, dont ce nom imite le baragouin. Pantagruel joue sur ce mot et sur le mot *philosophe*, au chapitre II du livre II.
LIGNADE, provision de bois.
LIGNÉARE : « En forme lignéare » (livre V, chapitre XXIV) parait signifier, comme l'entend M. Burgaud des Marets, en forme de potence, c'est-à-dire en passant une case et en sautant de côté.
LIGUOMBEAULX, espèce d'écrevisses.
LIGURIE, la côte de Gênes.
LIGUSTIQUE (mer), golfe de Gênes.
LIMACIALE (ligne) ligne spirale, tournée en colimaçon.
LIMAZ, limasses, limaçons.
LIMBE, bordure.
LIMESTRE. — Voyez *Louchets*.
LIMONS, Limoux, station thermale.
LIMOSIN, LYMOSIN, Limousin. Le jargon de l'écolier limousin (chapitre VI du livre II) est une satire amusante de l'abus des mots latins francisés qui sévissait étrangement à cette époque. Il n'est pas probable que Rabelais ait visé un écrivain particulier ; il a frondé un travers général. On pourrait citer des morceaux écrits sérieusement qui sont à peine moins chargés que le ramage du Limousin. Blaise d'Auriol, poète et prosateur du temps, commence ainsi la *Départie d'amours* : « Enclos dans mon secret repagule, sur celluy point que oppacosité noctiale a terminé ses umbrages et Diane commencé ses rays illuminatifs par le climas universel espandre, etc. » Rabelais lui-même abuse des mots tirés du grec et du latin.

Lorsqu'il reprend son patois naturel, le Limousin s'écrie : « Vee dicou, gentilastre, etc. », c'est-à-dire : « Et dites donc, mon gentilhomme ! O saint Martial, à mon secours ! Ho ! ho ! finissez, au nom de Dieu, et ne me frappez pas ! »
LINACER (Thomas), médecin du roi d'Angleterre Édouard V.
LINCEUX, draps.
LINE, ligne.
LINOSTOLIE, robe de lin.
LIPOTHYMIE, défaillance de cœur, évanouissement.
LIRON, loir.
LITHONTRIPON, remède qui rompt les pierres dans la vessie.
LITIGER, plaider, être en procès.
LIVIER, levier.
LIVRÉE, rubans que l'on distribuait aux gens de la noce.
LIZ, LIZE, lisse, poli.
LIZART, lézard.
LOCULES, bourse, cassette.
LOCUPLETER, enrichir.
LOCUSTES, sauterelles : « Multipliez comme locustes ».
LODIER, LOUDIER, couverture piquée.
LOGICAL, logique : « Sens logical ».
LOGICALEMENT, logiquement.
LOIGS, LOIX, lois : « Loix sont comme toilles d'araignes ».
LOLLIE. « ... Iisdem consulibus, atrox odii Agrippinæ, ac Lolliæ infensa, quod secum de matrimonio principis certavisset, molitur crimina, et accusatorem qui objiceret Chaldæos, mages, interrogatumque Apollinis Clarii simulacrum, super nuptiis imperatoris...

« ... In Lolliam mittitur tribunus, a quo ad mortem adigeretur ». (Tacite, *Ann.* XII, 22.)
LOMBARD (boucon), poison lombard, italien.
LONDRES : « Londres en Cahors et Bourdeaux en Brie ». Il y a en effet un Londres près de Marmande (Lot-et-Garonne) et un Bordeaux près de Ville-Parisis (Seine-et-Marne).
LONGITUDE, longueur.
LONGUET, un peu long.
LONGYS, nom d'un géant.

LOQUETEUX, déguenillé, couvert de loques.
LORDEMENT, lourdement.
LOS, louange.
LOS, HOLOS! las, hélas!
LOUCHETZ paraît désigner une étoffe de laine de fabrique anglaise. On entend louchetz de *Lucestre* ou de *Limestre*, comme louchets de *Leicester*.
LOUDUNOIS, pays de Loudun : « Chapons de Loudunois ».
LOUPGAROU, chef des géants du roi Anarche.
LOUPS, ulcères aux jambes.
LOUPS GUAROUS. — Voyez *Guarous*.
LOURDERIE, balourdise : « Licencié en lourderie ».
LOURDOIS, LOURDOYS, lourdaud, naïf : « A mon lourdois », naïvement, sans chercher finesse.
LOURPIDON, vieille sorcière.
LOVAIN, Louvain.
LOYER, récompense, salaire.
LOYSET, musicien contemporain de Rabelais.
LUBIN (un frère), un moine; le mot était mis à la mode par Marot dans les vers si connus :

> Pour faire plutôt mal que bien,
> Frère Lubin le fera bien.
> Mais si c'est quelque bonne affaire,
> Frère Lubin ne le peut faire.

Le frère Lubin auquel Rabelais fait allusion est Thomas Walles, dominicain anglais, auteur d'un ouvrage intitulé *Metamorphosis Ovidiana moraliter explanata*. Paris, 1509, in-4°.
LUBINE, poisson de mer.
LUBRICITÉ, qualité glissante : « Lubricité de l'eau de mer ».
LUC, luth.
LUCESTRE, probablement Leicester.
LUCIFIQUE, lumineux, porte-lumière.
LUCIFUGE, qui fuit la lumière.
LUCTER, lutter.
LUCULLIAN, de Lucullus.
LUDIFICATOYRES, trompeurs : « Phantasmes ludificatoyres », fantômes qui vous abusent.
LUETTES, jeu de la fossette.
LUITON, lutin.
LULLIE PAULINE, que Pline déclare avoir vue *smaragdis margaritisque opertam, alterno textu fulgentibus* (Hist. nat., IX, 58).
Nous avons suivi le manuscrit de la Bibliothèque nationale.
Dans toutes les éditions imprimées on lit à tort : Pompéie Plautine, qui était épouse de l'empereur Julien.
LULLIUS (art de), de Raymond Lulle.
LUMBRIQUE, ver de terre.
LUMINAIRE (des apothicaires), allusion à deux ouvrages : *Luminare (majus et minus) apothecariorum*, plusieurs fois publiés ensemble ou séparément, au commencement du XVIe siècle.
LUNARIA MAJOR, plante crucifère, ainsi nommée parce que la cloison qui sépare les valves de son fruit forme un disque d'un blanc brillant et comme argenté.
LUNE : « Garder la lune des loups », locution proverbiale : prendre un soin inutile.
LUNETTES DES PRINCES, titre d'un ouvrage de Jean Meschinot, poète et moraliste du XVe siècle.
LUNETTIER, LUNETIÈRE, qui porte lunettes.
LUPANARES, lieux de prostitution.
LUPI, musicien contemporain de Rabelais.
LUSTRE, clarté.
LUTZ, petites barques.
LYCAON, loup; nom d'un roi d'Arcadie métamorphosé en cet animal.
LYCHNION, mèche de lampe, lumignon.
LYCHNOBIENS, peuples vivant de lumières, habitants du pays des Lanternes.
LYCISQUE ORGOOSE, chienne en chaleur.
LYCOPTALME, œil de loup, pierre précieuse décrite par Pline.
LYRA (Nicolas de), commentateur de la Bible. Son nom appelait naturellement le jeu de mots : « Si de Lyra ne delyre ».
LYRIPIPIÉ, en forme de lyripipion.
LYRIPIPION, chaperon des docteurs de Sorbonne. Rabelais a mis dans la bibliothèque de Saint-Victor un livre intitulé *Lyripipii sorbonici Moralisationes, per M. Lupoldum*, Moralités ou Moralisations sur le chaperon sorbonique. M. Lupold était un docteur en théologie de Cologne.

M.

MABRUN, nom d'un géant.
MACEDONES, Macédoniens.
MACEDONICQUE, de Macédonien.
MACEDONIE, Macédoine.
MACLE, une sorte de poisson : « Plus mutz que macles ».
MACRÆON, MACRÉON, qui vit longtemps.
MACROBE, même sens que macréon.

MACULE, tache ; *macula*.
MA DIA, serment de Maine, Touraine et Poitou, tiré du grec μὰ Δία, non par Jupiter, comme *Nenda* ou *Ne Dea*, νή Δία, ouy par Jupiter *(Alphabet de l'auteur françois)*.
MADOURREZ, fainéants, malotrus.
MÆNADES, ménades, bacchantes.
MAGDALEINE (taverne de la), une des tavernes méritoires de Paris.
MAGDALEON D'ENTRAICT, médicament de forme cylindrique.
MAGE (place), la grande place.
MAGENCE (jambons de), Mayence, ville d'Allemagne.
MAGISTRONOSTRALEMENT, pour *magistralement*.
MAGNÈS, Phrygien, aurait fait la découverte de l'aimant et lui aurait donné son nom.
MAGNIFIER, célébrer, glorifier, exalter.
MAGNIGOULES, à grandes gueules.
MAGOTS, MAGOTHS, géants qui jouaient un grand rôle dans les contes populaires.
MAGUELET (huile de), huile tirée du fruit de l'aubépine dit aussi *senelle*.
MAHOM, MAHON, MAHUMET, Mahomet.
MAHUMETISTES, mahométans.
MAIGNANS, MAIGNINS, chaudronniers ambulants.
MAIGORDOME, MAJOURDOME, majordome.
MAIGRE, poisson de mer appelé aussi *ombre*.
MAILLARD (Olivier), prédicateur populaire du temps.
MAILLART, musicien contemporain de Rabelais.
MAILLE, annelet d'un tissu métallique ; locution proverbiale : « Maille à maille on fait les haubergeons ».
MAILLE, la plus petite monnaie valant un demi-denier.
MAILLEZAIS, ville du bas Poitou, évêché, à 15 kilomètres de Fontenay-le-Comte.
MAILLOTINS, Parisiens insurgés en 1382, sous Charles VI, ainsi nommés à cause des maillets de plomb dont ils étaient armés. — De ce mot Rabelais a fait *maillotinier*, enclin à la révolte, séditieux.
MAILLY LE BORGNE, un des domestiques de Guillaume du Bellay.
MAIN, locution proverbiale : « Il y a mis la main jusques au coulde ».
MAINTENANCE, action de maintenir : « Pour la maintenance de la loy ».
MAIORICI, un des domestiques de Guillaume du Bellay.
MAIS, des *si* et des *mais*, des difficultés, des objections.
MAIS, bien plus ; de *magis*. Au chapitre LXII du livre IV.

MAISON (la), la Maison du roi.
MAISON NI BURON, maison ni cabane ; on disait : « Il n'a ni maison ni buron ».
MAISTRAL, MAISTRALLE, vent nord-ouest ; le *mistraou* des Provençaux.
MAISTRE PASSÉ, PREBSTRE MACÉ. Cette équivoque entre *maistre Passé et prebstre Macé* est très probablement à l'adresse du moine René Macé, continuateur de la chronique de Crétin. En outre, nous ferons remarquer qu'au XVIe siècle Macé était synonyme de *simple, niais*.
On lit dans Coquillart :

. . . un *Macé* goguelu
Je un pauvre Jenin ou *Macé*.

MAIXENT (Saint-), ville sur la Sèvre mortaise, en Vendée.
MAL, MALE, adjectif ; mauvais, méchant, funeste.
MAL ACQUIS, locutions proverbiales : « Les choses mal acquises mal deperissent ». « Des choses mal acquises tiers hoir ne jouira ».
MALAISÉ, mal fait, mal proportionné, embarrassé de sa personne.
MALANDRES, gale, crevasses qui viennent aux jambes des chevaux. Rabelais emploie aussi l'adjectif *malandré*.
MALAUTRU, (un), mal bâti, belître, pauvre diable.
MALCHUS, MALCUS, couteau, sabre.
MAL DES DENTS : « Il n'est mal des dents plus grand que quand les chiens vous tiennent aux jambes ».
MALEFICQUE, malfaisant.
MALE HEURE, heure funeste, maudite.
MAL EMPOINCT, qui est en misérable état, délabré, débraillé.
MAL'ENCONTRE, mauvaise rencontre, accident, malheur.
MALENGROIN, mauvaise humeur, mauvais vouloir.
MALES AVIVES, proprement : inflammation des glandes de la gorge.
MALES MULES, engelure aux talons : « Les males mules » ! C'est une sorte d'imprécation alors en usage.
MALESUADE, mauvaise conseillère ; mot latin.
MALHEURTÉ, infortune disgrâce, malheur.
MALICORNE, écuyer tranchant de Gargantua.
MALIVOLE, malveillant, malintentionne.
MALOGRANATUM VITIORUM, la *Grenade des Vices*, titre d'un livre imaginé ou caricaturé par Rabelais.
MAL SAINT FRANÇOIS, la pauvreté, dont les franciscains faisaient un vœu spécial.

MALVEDI, maravédi, petite monnaie d'Espagne.

MALVESIE, Malvoisie.

MAL VEXER, vexer, maltraiter.

MAL VOULOIR, être malveillant.

MAMINOTIERS, comme *dominotiers*.

MAMMALLEMENT, adverbe formé avec le mot *mamma*, mamelle ; c'est-à-dire, par rapport aux mamelles.

MAMMELUZ, mamelouks, milice ottomane.

MAMMONE, déesse des richesses ; *Mammona*.

MANANT, habitant.

MANCHICOURT, musicien du temps de Rabelais.

MANCIPE, esclave ; de *mancipium*.

MANCIPÉ, approprié, saisi, rendu esclave.

MANDEMENT, convocation, action de mander, de faire venir.

MANDÈS, île d'Égypte.

MANDIBULES, mâchoires.

MANDOUSIANE, épée très courte.

MANDRAGORE, plante somnifère à laquelle on attribuait des vertus magiques.

MANDUCATION, appétit : » Manducation insatiable ».

MANDUCE. C'estoit une effigie qu'anciennement les païens portoient en pompe pour faire peur, et rire quant et quant. Elle avoit un masque en façon de teste d'homme avec de grosses et amples maschoires, et de grandes dents qu'elle faisait peter l'une contre l'autre, ouvrant une grande gueule, afin de faire fuir les spectateurs en riant. Plaute touche de cette solennité *in Rudente*, quand il introduit un Sicilien qui, étant tout mouillé, trembloit de froid et faisoit craqueter ses dents. — CH. *Quid si aliquo ad hudos me pro manduco locem ?* — SA. *Quapropter ?* — CH. *Quia pol clare crepito dentibus*. Juvénal *quoque*, sat. 3 :

Tandemque mihi ad polpita notum
Exodium, cum persone pallentis hiatum
In gremio matris formidat rusticus infans.

(Alphabet de l'auteur françois.)

MANDUCITÉ, appétit : « Barrage de manducité », jeu de mots sur *manducité* et *mendicité*.

MANEQUIN, en architecture : panier de fleurs et de fruits.

MANEQUIN, en musique : castagnettes ou une espèce d'épinette : « Jouer des mannequins à basses marches », c'est une métaphore érotique.

MANGEAILLES, munitions de bouche.

MANGEOIRES au-dessus des râteliers : « Ces mangeoires, dit Johanneau, sont les bancs desjuges, qui se trouvent plus hauts que le bureau des greffiers, et c'est ce bureau, couvert de tant de procédures, qui est appelé le râtelier de la justice grippeminaudière ».

MANGER, locutions proverbiales : « Manger son pain blanc le premier ». « Manger son bled en herbe ».

MANIACLES, maniaques.

MANILLIER, marguillier.

MANTICORE, MENTICHORE, animal fantastique. — Voyez Pline, livre VIII, chapitre XXX.

MANUBIES, coups de foudre. Ce mot signifie aussi la part du butin qui revient au général.

MAQUERELLE (île), appelée ensuite île des Cygnes.

MARANES, MARRANES, Maures.

MARBRIN, MARBRINE, de marbre.

MARCHÉ, bordé, entremêlé.

MARCHES, bordures ; frontières d'un État.

MARCON. — Voyez *Aventurer*.

MARC PAULE, Marco Polo, célèbre voyageur du XIIIe siècle.

MARC TULLE, Cicéron.

MARFORII, ETC. — Voyez le catalogue de Saint-Victor. Marforio était, comme Pasquin, une statue de marbre, représentant un fleuve couché, et qui servait de poteau aux affiches médisantes.

MARGUERITE DE NAVARRE, sœur de François Ier. Le dizain « à l'esprit de la Reine de Navarre », qui est en tête du livre III, a été écrit du vivant de cette princesse. On le trouve dans l'édition de 1546, et Marguerite ne mourut qu'en 1549.

MARIANES (Fosses), en Provence, dans la Crau.

MARINE, la navigation, la mer.

MARJOLET, damoiseau, jeune fat.

MARLOTTE, mantelet d'été.

MARMITEUX, piteux, dolent ; et aussi marmiton.

MARMONNER, marmotter.

MARMOTRET, livre : *Mammetractus, sive expositio in singulis libris Bibliæ, auctore Marchesino*. — Rabelais met une parodie de cet ouvrage dans le catalogue de Saint-Victor.

MARMOUZELLE, féminin de marmouzet.

MARO, Virgile.

MAROT (Clément), contemporain de Rabelais.

MAROTUS DU LAC, nom d'un auteur imaginaire d'une histoire des *Gestes des rois de Canarre*.

MARPAULT, frippé.

MARPESIAN, *Marpesia cautes* (Virgile).

MARQUES D'OR aux patenôtres, ce sont les grains plus gros marquant les dizaines.

MARRABAIS, descendants des Maures en Espagne.

MARRABEISE (bonnetz à la), à la mauresque.
MARRE, MARROCHE, MARROCHON, houe, instrument de jardinage servant à biner.
MARRONS, ceux qui portent à bras les voyageurs dans les mauvais chemins des Alpes.
MARROUFLE, coquin, maraud.
MARRY, fâché, chagrin, affligé.
MARSUPIE, bourse.
MARSYAS, rival d'Apollon dans l'art de touer de la flûte, écorché vif.
MARTIN (sainct) : « Les maladies fuyoient la venue de sainct Martin à Quande ». Allusion à une scène comique du *Mystère de la vie de sainct Martin par personnages*, réimprimé dans la collection Silvestre, 1841.

L'aveugle et le boiteux (l'espette) s'enfuient, l'aveugle emportant le boiteux sur son dos, afin d'éviter la rencontre du corps de saint Martin, qui les guérirait malgré eux et les empêcherait de vivre désormais de gueuserie.

> Cours tost, cours tost, sans arrester.
> — Je ne te puis plus soutenir.
> — Tu as grand envie de guarir,
> Je le voy trop bien maintenant
> — Non ay, sire, par mon serment.
> Guarir ne voudroye jamais !

Mais l'aveugle n'a pas fui assez vite : ils se trouvent tous deux sains ; ils se désolent et se font tous deux des reproches.

> Ha ! maugré bien, je voy tout clair,
> — De mes pieds je puis bien aller.
> De par le diable ! je suis guary.
> — Tu l'avois bien veu venir cy,
> Ordoux paillard, villain truant,
> Bellistre, villain et meschant !

MARTIN BASTON, personnification du bâton, dont La Fontaine a fait usage.
MARTIN DE CAMBRAY, jaquemart ornant le carillon de Cambray.
MARTINER, boire.
MARTINGUALLE (chausses à la), dont le pont était placé par derrière et formait, comme dit Rabelais, un « pont-levis de cul ».
MAS, bâtiment, grange, métairie.
MASCARER (se), barbouiller, salir.
MASCHECROUTTE, image grotesque, analogue à la *Manduce* antique dont on vient de parler tout à l'heure.
MASCHEFAIN, mâche-foin, appétit insatiable.
MASCHERABLE, mâche-rave ou navet ; sobriquet donné aux Limousins.
MASCON (Mgr de), ambassadeur de François Ier auprès de Charles-Quint.
MASCULANT, faisant les fonctions de mâle.

MASCULINANT, même sens.
MASSE, masse d'armes ; arme offensive.
MASSITERE, massier, porte-masse.
MASSORETZ, philologues et érudits hébreux.
MASSUAU (Claude), un des domestiques de Guillaume du Bellay, et traducteur d'un ouvrage latin de Rabelais, qui n'est point parvenu jusqu'à nous.
MASUEL, le même probablement que Massuau.
MAT, fou ; de l'italien *matto*.
MATABRUNE, personnage du roman du *Chevalier au Cygne*.
MATACHINS, danseurs comiques.
MATAFAIN ou matefaim, pâte lourde et rassasiante.
MATAGOT, vieux singe, vieux fou.
MATAGRABOLISER, mot burlesque ayant le sens de se donner beaucoup de mal pour rien, de s'ennuyer et d'ennuyer les autres.
MATÉOLOGIENS, instruits de choses vaines et oiseuses.
MATÉOTECHNE, nom d'un port du royaume d'Entéléchie, signifiant : vaine science, enseignement futile.
MATÉOTECHNIE, même sens.
MATISCONES, Mâcon, en Bourgogne.
MATTONS, briques, pierres qu'on lançait sur les ennemis.
MATRATZ, MATRAZ, MATHELATS, matelas.
MATRONALE, de matrone : « Pudicité matronale.
MATUTE, MATUTINAL, du matin.
MAU, mal : « Mau de terre, bous bire... le maufubec vous trousque... le mau fin feu de ricqueracques, etc ». Que le mal de terre (en provençal l'épilepsie) vous retourne... que l'ulcère vous trousse... que le fic vous puisse entrer, etc.
MAUGIS, l'enchanteur, personnage de la *Geste des quatre fils Aymon*, resté longtemps populaire.
MAUJOIN, MAUJOINCT, mal joint ; *il mozzo*, comme disent les Italiens. Rabelais plaisante sur ce mot et sur le mot *benjoin*, substance aromatique : « Parfums de maujoinct ».
« Barbier de maujoinct, », barbier qui rasait cet endroit-là.
MAULGOUVERT, qui se gouverne mal.
MAUNETTES : « Non Maunettes, mais Monettes ». Non mal nettes, mal propres, mais donnant avis, comme Junon surnommée *moneta*, de *monere*.
MAUSOLUS, Mausole, mari d'Artémise.
MAUTALENT, incapacité, mauvais vouloir.
MAYDENBOURG, Magdebourg.
MEBIN, mot hébreu : intelligent, prudent.

Mecherons, mèches.
Medamothi, qui n'existe nulle part ; nom que Rabelais donne à un pays imaginaire. D'autres interprètent : île des Ressemblances ; de *damah*, semblable, en hébreu.
Meden, n'existant pas, autre nom de contrée imaginaire.
Medere, île de Madère.
Mediastin, médiastine, continuation de la plèvre ; anatomie.
Medical (doigt), le doigt du milieu.
Medicin, médecin : « Medicin d'eau douce ». On a dit d'abord : marin d'eau douce ; puis cette expression de mépris a été étendue à d'autres professions. On trouve dans le *Pathelin* : advocat d'eau douce.
Medicine, femme sachant la médecine.
Mediciner, traiter, dans le sens médical.
Medulare (os), à moelle.
Medulle, moelle.
Megalaunes, sorte de reptiles.
Megiste, grand, du grec μέγας. Le roi Mégiste, c'est le roi de France.
Meillieu, milieu.
Mejane, la voile et le mât que nous nommons *misaine*.
Melancholie, proprement : bile noire.
Melancholieuse, mélancolique.
Meliflue, melliflue, coulant comme du miel : « Paroles mellifues ».
Melinde, royaume d'Afrique : « Ainsi (conquesta) philosophie Melinde ». Philosophie est ici dans le sens d'habileté, adresse. Les Portugais, pour s'assurer la possession de Mélinde, firent boire aux naturels du pays du vin et des liqueurs fortes.
Mellusine, Mélusine, fée, personnage des légendes populaires.
Melze, mélèze ; arbre.
Memnon, Mennon : « Le bruit sempiternel du colosse érigé sur la sépulture de Memnon ».
    Strabon et Pline parlent de cette statue de Memnon et du bruit que ce colosse faisait entendre ; mais ils ne le donnent pas le moins du monde comme sempiternel.
    « Quem *quotidiano solis ortu* contractum radiis crepare dicunt ».
Memorable, dont on se souvient.
Memorial, digne qu'on s'en souvienne.
Memoriallement, adverbe de l'adjectif précédent.
Memphitique, de Memphis.
Men emy, pour mon ami ; prononciation poitevine.
Meninge, la pie-mère, l'enveloppe du cerveau.
Menteries, mensonges.

Mentule, du latin *mentula*.
Mentulé (bien), bien pourvu de mentule.
Menu, petit : « Menus suffraiges ». « Menus plaisirs ».
Menuail (duc de), un des conseillers de Picrochole. *Menuaille* avait le sens de *canaille*.
Mephitis, nom d'une divinité antique présidant aux exhalaisons sulfureuses, aux vapeurs malsaines. Rabelais semble en faire le nom d'un gouffre ou d'un marais.
Meratre, marâtre.
Mercier : « Je tueroi un pigne pour un mercier », au lieu de : tuer un mercier pour un peigne ; par une de ces interversions de mots qui sont habituelles à Rabelais.
Mercy, pitié, grâce : « Ayez de moy mercy ». « Prendre à mercy ». « Vostre mercy », votre grâce.
Merdaille, nom d'un des capitaines de Picrochole.
Mer Dé (par la), par la Mère-Dieu ! en patois.
Merdigues, juron populaire ayant, dit de l'Aulnay, le sens de : Merci Dieu. La racine de ce mot pourrait bien être tout autre.
Merefamilles, *mater familias*.
Merencolie, pour *mélancolie*.
Meretricules, courtisanes.
Mérir, mériter.
Merlin le prophète, personnage de la mythologie galloise, célèbre dans les légendes du moyen âge.
Merlin Coccaie, pseudonyme de Théoph. Folengo, qui a écrit des *Macaronées* que Rabelais connaissait bien.
Merluz, merluche, morue sèche : « A queue de merluz ».
Mesantere, mesentere, replis du péritoine qui maintiennent les diverses parties du canal intestinal dans leur situation respective.
Mesaraiques (veines), du mésentère.
Mesarims, de *mesaræum*, le milieu des intestins, où sont contenues le plus souvent les causes des maladies du ventre inférieur. *ex Fernel., lib. VI, cap. VII. Patholog.* Voilà pourquoi les maîtres qui enseignent le moyen et les remèdes pour guérir ces affections, Rabelais les appelle Mesarims, ne plus ne moins qu'on appelle oculistes ceux qui s'appliquent aux maladies des yeux, livre IV, chapitre XLIV *(Alphabet de l'auteur françois)*.
Meschant, misérable ; mauvais.
Meschantement, mechantement, méchamment.
Mesembrine, nom d'une tour de Thélème : Méridionale.

MESESCRIVANT, écrivant mal, comme *mesdisant*; diffamant par écrit.

MESHAIGNER, chagriner, affliger, importuner, estropier.

MESHAIM, MESHAING, chagrin, affliction, tourment, mutilation.

MESMEMENT, particulièrement.

MESNAGERIE, ménage, économie domestique.

MESNAGIER, MESNAIGER, qui ménage, qui vit économiquement.

MESNAIGE, ménage, économie.

MESOUAN, de cette année.

MESPRENDRE, se tromper : « Pardonnez-moi si je mesprends », c'est-à-dire si je me trompe ou si je commets une faute ; c'est une formule de politesse, quand on va contredire ouvertement son interlocuteur.

MESSIEURS : « Il y a donc des messieurs céans? On y vendange à ce que je voy ». Le Duchat voit là une équivoque entre *messieurs* des comptes, et *messiers*, « comme on appelle ces hommes qui gardent les vignes dès que le raisin commence à mûrir ».

MESTIER, menue pâtisserie faite en cornet; oublie.

MESTIVALES, fêtes, repas des moissonneurs.

MESTIVIERS, moissonneurs.

MET, pétrin ; les conduits d'un pressoir par où s'écoule le vin.

METALEPSIS, transposition ; figure de rhétorique dans laquelle on prend l'antécédent pour le conséquent, ou *vice versa*.

METAPHRENE, le dos.

METELIN : « Lorsqu'on alla à Metelin en le male heure ». Allusion à une petite croisade qui eut lieu en 1502 contre les Turcs. — Voyez *Chroniques de J. d'Auton*, troisième partie, chapitres XXVII et XXVIII.

MÈTES, bornes, limites.

METHANENSIENS, habitants de *Methène* ou *Methone*, aujourd'hui *Modon*, ville du Péloponèse, près de Trézène.

MÉTOPOMANTIE, divination par l'inspection des lignes du front.

METOPOSCOPIE, partie de la physionomie.

METRE, mesure, vers.

MEUDON (cardinal de), Antoine de Sanguin, dit le cardinal de Meudon.

MEUILLES, MEUILLETS, poissons de mer.

MEUR, MEURE, mûr ; adjectif.

MEURDRIR, MEURTRIR, tuer.

MEURE, mûre, fruit.

MEUTE, par syncope, pour *minute*.

MAZEAULX, lépreux.

MICHE, pain.

MICQUELOTZ, MICHELOTS, petits garçons qui vont en pèlerinage à Saint-Michel, et qui gueusent le long du chemin.

MICRAINE, grenade, petit boulet creux.

MICROCOSME, petit monde.

MIDY, musicien du temps de Rabelais.

MIE, pas du tout, nullement.

MIGNON, coquet, joli.

MIGNONNEMENT, joliment, coquettement.

MIGNOTIZE, gentillesse, caresse.

MIGRAINE, grenade, fruit.

MIGRAINE, teinture écarlate, à peu près de la couleur des pépins de la grenade. La *migraine* était moins précieuse que la véritable écarlate, tirée de la cochenille, et que l'on appelait *graine*.

MIGRAINE DE FEU, charbon ardent.

MIL, millet : « Pille à mil », mortier à piler le mil.

MILIAIRE, mille, mesure de distance.

MILIARES, mille-pieds ou perce-oreille, insecte.

MILLE, mesure de distance.

MILLESOULDIERS, soldats blessés, invalides, à qui l'on donnait mille sous de pension.

MILLET : « Pas plus qu'un grain de millet en la gueule d'un asne », locution proverbiale.

MILLET, musicien du temps de Rabelais.

MILO, Milon de Crotone.

MILOURT, milord. Panurge qualifie ainsi un Turc.

MIMALLONES, bacchantes, ainsi nommées du mont Mimas, dans l'Asie Mineure.

MIMALLONIDES, même sens que le mot précédent.

MINERE, minière, mine.

MINEURS ET MINIMES, nom des religieux des ordres fondés par saint François d'Assise et par saint François de Paule.

MINISTRER, servir, prêter son ministère.

MINORATIF, purgatif doux.

MINUTULE LESCHE, très petit morceau, lambeau.

MI-PARTIR, partager en deux, par moitié.

MIRACH, partie extérieure du ventre, contenant la peau, la graisse et huit muscles; mot arabe.

MIRACLIFIQUE, faisant des miracles.

MIRALLIER, faiseur de miroirs.

MIREBALAIS, MIREBALOYS, pays du Poitou, formant aujourd'hui les arrondissements de Poitiers et de Loudun, dont Mirebeau était la capitale.

MIRELANGAULT, nom d'un géant.

MIRELARIDAINE, refrain de chanson.

MIRELIFICQUES, raretés, curiosités.

MIRELINGUES, pays où l'on parle mille langues. C'est probablement Paris que Rabelais désigne de la sorte.

MIRIFICQUE, admirable, merveilleux.
MIROBALANS, myrobolans, sorte de fruits desséchés apportés de l'Amérique.
MIROUOIR, MIROUER, miroir : « Mirouers ardens », « mirouoir crystallin ».
MISERERE : « Du *Miserere* jusques à *vitulos* », c'est-à-dire d'un bout à l'autre. Le psaume *Miserere* finit par le mot *vitulos*.
MISSA AD MENSAM (*de*), de la messe à la table.
MISSAYRE, MISSAIRE, messire : « Missaire Bougrino ».
MISSICQUE, de la messe.
MISTIONNÉ, mixtionné.
MITAINE : « Le cœur me bat dedans le corps comme une mitaine ». Le Duchat prétend que mitaine est là pour *misaine*, voile toujours agitée par le vent, puis il ajoute que Rabelais a dit *mitaine* plutôt que *misaine*, par allusion à un ancien usage du Poitou, où les gens d'une noce se donnaient entre eux, après avoir ganté leurs mitaines, d'inoffensifs coups de poing.
 Nous avons entendu dire : *battre la mitaine*, pour exprimer un amusement des enfants qui consiste à se frapper par un mouvement croisé l'extrémité des épaules avec la paume de la main, comme les marins le pratiquent. Ce mouvement régulier et très précipité nous semble, mieux que les coups de poing des gens de noces, donner une idée des pulsations fréquentes du cœur. (B. des M.)
MITOUARD, chat, matou, et par extension hypocrite.
MITOUFLÉ, empaqueté, enveloppé.
MIXARCHAGEVAS, nom que les Argiens donnaient à Castor.
MNADIES, par corruption pour *bona dies*.
MOCITEILLE, hoche-queue ; oiseau.
MOCQUE-DIEU, moquerie de Dieu : « Non oraison, mais moque-Dieu ».
MOCQUETTES, moquerie, plaisanteries.
MODIS SIGNIFICANDI (*de*), ouvrage de Jean de Garlande.
MOINE : « A ceste heure avons-nous le moine ». Expression populaire alors pour dire nous sommes attrapés ; nous sommes bassinés, dirait-on aujourd'hui. On appelait moine un ustensile de ménage équivalant à la bassinoire.
 On trouve « bailler le moine par le cou », pour signifier : pendre. — Voyez *Bailler*.
MOINERIE, état de moine.
MOINETONS, petits moines.
MOINS DE MON PLUS (le), tout ce que je puis faire de moins.

MOISSONNIERS (chevraulx), chevreaux de lait.
MOITIÉ, milieu : « Ferir par la moitié », frapper au milieu du corps.
MOLARES (dents), molaires.
MOLE, meule ; s. f. — Jetée en maçonnerie pour fermer un port et mettre les vaisseaux à l'abri ; s. m.
MOLESTE, fâcheux : « A molestes enseignes ».
MOLESTEMENT, fâcheusement, importunément.
MOLITION, entreprise, effort.
MOLLICE, mollesse, souplesse.
MOLLIFICATION, ramollissement.
MOLOSSICQUE, danse ancienne.
MOLURES, sorte de reptiles.
MOMMERIE, mascarade.
MONACHUS, moine. *Monachus in claustro*, etc. Livre I, chapitre LI. Traduction :
 Un moine dans son cloitre
 Ne vaut pas deux œufs,
 Mais, lorsqu'il est dehors,
 Il en vaut bien trente.
MONAGAUX, MONAGESSES, noms burlesques formés du mot moine.
MONDANITÉ, urbanité, science du monde.
MONDE (petit), l'homme.
MONDE (l'aultre), l'homme.
MONETTES. — Voyez *Maunettes*.
MONOCHORDION, instrument à une seule corde.
MONOCHORDISER des doigts, c'est promener les doigts vivement, comme ceux qui jouent de cet instrument.
MONOMACHIE, combat seul à seul, d'homme à homme.
MONOPE, animal fabuleux à un seul pied.
MONOPOLE, faction, révolte.
MONOPOLÉ, irrité, soulevé, révolté.
MONORTICULER, mot forgé par Rabelais, signifiant : accuser, calomnier.
MONSLEHERY, Montlhéry, en Hurepoix.
MONSSERRAT, Montferrat.
MONSTIER, couvent.
MONSTRE, revue, parade.
MONSTREUSE, monstrueuse.
MONSTRIBLE : « Pont de Monstrible », Mantrible, Montrible, *Mons terribilis*. C'est le pont fantastique sur lequel Ferragus soutient son fameux combat dans le roman de *Fierabras*. Il reposait sur vingt arches de marbre blanc, d'après les romanciers du moyen âge.
MONTAGU, collège de Montaigu, à Paris.
MONT-JOYE, monticule, monceau.
MONTOUER (côté du), côté par lequel on monte sur le cheval.
MORALES, musicien du temps de Rabelais.
MORCROCASSEBEZASSEVEZASSEGRIGUELIGUOSCOPAPOPONDRILLÉ, mot forgé dont on de-

vine le sens, mais qu'il impossible d'analyser.

MORDERE..RIPPIPIOTABIROFRELUCHAMBU R E - LURECOQUELURINTIMPANEMENS, de même.

MORDICANTES, fréquentatif de *mordantes*.

MORDS, mordu.

MORESQUE, MORISQUE, Mauresque ; danse des Mauresques.

MORET, sorte d'encre.

MORFIAILLER, manger, baffrer.

MORGANT, MORGUAN, *il Morgante*, chanté par Pulci, etc.

MORGUE, Morgain, fée des légendes bretonnes.

MORGUE, grimace et fière mine. Ce mot signifie proprement un certain pli des lèvres exprimant l'orgueil et le contentement de soi.

MORNÉ, émoussé, moucheté ; en parlant d'une arme dont on se sert pour les combats fictifs.

MOROSOPHE, mot composé de deux mots grecs et signifiant : Fou-sage. Il existe un ouvrage de Guillaume de la Pereisc, *la Morosophie*. Lyon, 1553, in-8°.

MORPAIN, musicien contemporain de Rabelais.

MORPIAILLE (vicomte de), un des capitaines de Picrochole.

MORQUAQUOQUASSÉ, mot forgé par Rabelais.

MORRAMBOUZEVEZENGOUZEQUOQUEMORGATA - SACBACGUEVEZINEMAFFRESSÉ, de même.

MORTIER, coiffure des magistrats.

MORTIFIÉS, faits en forme de mortiers.

MOSES, Moïse.

MOUCHE (maistre) : « Plus fin que maistre Mouche ». « Il fera plus que maistre Mouche... » C'est le type de l'escamoteur.

MOUCHET, instrument à « esmoucheter », à chasser les mouches.

MOUÉE, foule, grand nombre d'individus qui se meuvent ; vol nombreux d'oiseaux.

MOUELLE, moelle.

MOUFFLES, mitaines : « A belles mouffles d'un bas de chausses ». En me servant d'un bas-de-chausses comme de mouffles ou mitaines. Au figuré, balivernes, niaiserie : « Leur sapience n'estoit que mouffles ».

MOUFLIN MOUFLART, nom forgé par Rabelais.

MOULE (busche de). La moule était une mesure pour le bois, valant une demi-corde.

MOULE (chandelles de), chandelles moulées.

MOULE, pour *mole*.

MOULE DU BONNET, la tête. « Moule de mon gippon », l'estomac et le ventre.

MOULLE, lettres moulées : « Imprimé en moulle ».

MOULT, très, beaucoup.

MOULU, musicien du temps de Rabelais.

MOULUES, moules, coquillages.

MOURION, morion, armet de la tête, casque.

MOURRE, jeu qui consiste à lever autant de doigts qu'en indique celui qui dirige le jeu.

MOURRIN, insecte qui dévore les grains.

MOUSSERONS, champignons ; peut-être mouron.

MOUSSINES, branches chargées de raisins.

MOUSTARDOIS, pays de la moutarde, imaginé par Rabelais.

MOUT, pour *moult*.

MOUTON, musicien contemporain de Rabelais.

MOUTONNIERS, gardiens de moutons.

MOUTONS, monnaie d'or. Rabelais dit : « Moutons à la grand'laine », en jouant sur le mot.

MOUVOIR, remuer, émouvoir.

MOVENTE, remuante.

MOYENNANT, au moyen de.

MOYENS, médiateurs.

MOYEUX D'ŒUFZ, jaunes de l'œuf.

MOYNEAUX, guérites ambulantes, montées sur des roues et parfois doublées en fer.

MUCER, cacher.

MUE, grande cage à mettre la volaille que l'on veut engraisser.

MUER, changer.

MUGUETER, conter fleurette, courtiser.

MUGUETZ, MUGUETES, galantins, coquettes.

MULES EN PONTIFICAT, mules revêtues de leurs plus magnifiques harnais.

MULIEBRE, de femme. Rabelais emploie aussi le substantif *muliébrité*.

MUNDE, pur.

MUNICAN, Monaco, ville de Ligurie.

MUNIR, fortifier.

MUSAFFIZ, MUSAPHIZ, docteurs mahométans. Rabelais se sert de ce mot pour désigner les moines.

MUSCADEAULX (raisins), raisin muscat.

MUSERAIGNES, petits rats.

MUSIMONES, béliers de Sardaigne, ayant le poil de chèvre au lieu de laine.

MUSSER, cacher. — Voyez *Mucer*.

MUT, MUTE, muet, muette.

MUTATIONS, changements.

MUTUE, mutuelle.

MUY, muid.

MY, moi.

MY, demi : « My jour ».

MYAGRE, cameline, plante férulacée.

MYOPES, sorte de reptiles.

MYRALLIER, miroitier.

MYRIANDRE, qui contient dix mille hommes.

MYSTAGOGUE, servant dans les mystères.

MYSTÈRE, représentation dramatique d'un sujet religieux.

MYSTES, prêtres.

MYTHOLOGES ET MYTHOLOGIENS, hommes instruits dans les mystères.

N

NABUZARDAN, maître cuisinier du roi Nabuchodonosor.

Ce nom se trouve dans une facétie en vers : « Sermon joyeulx de la vie de sainct Ougnon, comment Nabuzardan, le maistre cuisinier, le fit martirizer ».

NACELLES, pièces d'argenterie de table.

NACQUETZ, valets des jeux de paume, marqueurs.

N'A GUYERES, naguère.

NAIF, naturel.

NAPLEUX, qui a le mal de Naples.

NAPPÉES, nymphes des ruisseaux et des fontaines.

NAPPES-FIGURÉES, nappes où des figures sont dessinées.

NARGUES, NARGUES! mot et geste dérisoire, dont on a fait le verbe *narguer*. Rabelais a imaginé deux îles portant le nom de *Nargues* et de *Zargues*, termes équivalents.

NARRÉ, relation, récit.

NARSAY, bourg du Chinonnais.

NASITOR, cresson alenois.

NASON ET OVIDE. Rabelais fait deux personnages avec le nom d'*Ovidius Naso*.

NASSE, corbeille d'osier servant à prendre les poissons.

NATATOIRE, lieu pour nager.

NATE, né; *natus*.

NATURE QUITE. Cette signature de l'épigramme placée en tête du cinquième livre est généralement considérée comme l'anagramme de Jean Turquet, poète obscur de ce temps.

NAU, NAU, NAU! Noël! cri de joie.

NAUCHIERS, nautonniers, matelots.

NAUF, navire.

NAUMACHIE, combat de vaisseaux.

NAUSICLETE, riche en vaisseaux. « Φοίνικες ναυσίκλυτοι ἄνδρες », dit Homère dans l'*Odyssée*.

NAUTE, prix du passage sur un bateau.

NAVARRE (la royne de). — Voyez *Marguerite*.

NAVE, navire.

NAVEAU, navet.

NAVIGER, naviguer.

NAVIGUAIGE, navigation.

NAVIRE, substantif du genre féminin.

NAVRÉ, blessé.

NAY, né.

NAYER, noyer, se noyer : « Naye »! exclamation : je me noie !

NAZDECABRE, nom imaginé par Rabelais et signifiant : nez de chèvre.

NE, ni ou pas.

NÉ A, au lieu de *né pour* : « Né à paix, non à guerre ».

NÉADES, bêtes fabuleuses dont parle Euphorion.

NÉARES, bêtes fabuleuses.

NÉARINS, serviteurs de la Quinte-Essence.

NEBULON, vaurien, affronteur, mauvais sujet.

NECEPSOS, roi d'Égypte, homme juste et grand astrologue, qui a écrit de l'invention des remèdes contre les maladies, enseignant le moyen comment on peut connoître de loin et prévoir les maladies causées par la constellation des figures et astres célestes, qu'il divisoit en trois dizaines, ainsi qu'enseigne Jul. Firmic. (*Lib.* I, *Mathes.*) Galien parle de ce roi et de ses jaspes au neuvième livre des *Simples*, et touche en brief ce que l'auteur en dit au chapitre VIII du livre I. (*Alphabet de l'auteur françois.*)

NECROMANTIE, divination par l'évocation des morts.

NECTARICQUE (liqueur), vin.

NEDIBINS, serviteurs de la Quinte.

NEEMANINS, de même : mots hébreux voulant dire puissants, fidèles, assidus.

NEPHELIBATES, qui cheminent sur les nuées; peuple imaginaire.

NEPHROCATHARTICON, remède pour les maux de reins.

NERCINS, adolescents, serviteurs de la Quinte; mot tiré de l'hébreu.

NÉRIC, eaux minérales dans le Bourbonnais.

NESTORIEN, de Nestor.

NETTIZ, nettoyés, propres.

NETTRE DENE, pour *Notre-Dame*.

NICE, naïf, joli.

NICHILAUDOS, vêtement dont les devants étaient fort riches, et dont le derrière, caché par d'autres habits, était d'étoffe très commune; de *nihil ad dorsum*; gilet.

NICQUENOCQUE, chiquenaude, croquignole.

NIEBLÉ, frappé de la nielle, gâté, corrompu.

NIÈS, niais.

NIPHLESETH, nom de la reine des Andouilles. C'est un mot hébreu signifiant *membrum virile*.

NISI IN PONTIFICALIBUS, sinon en habits pontificaux.
NOBLE A LA ROSE, monnaie d'or d'Angleterre. Sur l'une des faces de ces pièces était une rose.
NOEL NOUVELLET, refrain des chants de Noël.
NOIRETTES, jeunes noyers.
NOISE, querelle, dispute, bruit.
NOISETTES, petites noises, petites querelles.
NOIZILLES, petites noix, noisettes.
NONACRIS, ville et fontaine de l'ancienne Arcadie.
NONANTE, quatre-vingt-dix.
NONCHALOIR, insouciance, paresse.
NOPCES, noces : « Aises comme s'ilz feussent de nopces ».
NOSOCOME, infirmerie, hôpital.
NOTABLE, substantif : dit notable, sentence digne d'être notée.
NOTE, pour rien : « Je n'y entends note ».
NOTICE, connaissance ; notitia.
NOTRE DAME de Cunault ; — de Laurette ; — de Bonnes-Nouvelles ; — de La Lenou ; — de Rivière, etc.
NOU, nœud : « Un nou gregeoys ».
NOUDZ, nœuds.
NOURRISSEMENT, nourriture.
NOURRY, élevé.
NOVELLETÉ, nouveauté.
NOYER (BALTHAZAR), un des condisciples de Rabelais à Montpellier.
NUBILEUX, nébuleux.
NUISANCE, action de nuire.
NULLUY, NULLY, aucun, personne.
NUMERALE (science), science des nombres, arithmétique.
NUMEREUX, nombreux.
NUMEROSITÉ, grand nombre.
NURNBERG, Nuremberg.
NYCTIMENE, transformée en chouette. — Voyez les Métamorphoses d'Ovide, livre II.
NYMPHÆA, lis d'étang, plante aquatique.
NYMPHAL, de nymphe.

O

OBEDIENCE, obéissance.
OBFLIE, oublie, petite pâtisserie.
OBELISCE, obélisque. — Voyez la Briefve Déclaration.
OBELISCOLYCHNIE, obélisque ayant une lumière à son sommet, et servant de phare.
OBELON, houblon.
OBFUSQUÉ, offusqué.
OBJECT, OBJECTÉ, mis devant, opposé à, interposé.
OBJECTER (s'), se mettre devant, s'interposer.
OBJECTION, interposition.
OBMIS, omis.
OBRIZÉ, affiné, épuré par le feu.
OBSERVANCE, observation, pratique.
OBSISTER, s'opposer, résister.
OBSTANT, empêchant, mettant obstacle.
OBTEMPERER, consentir, obéir.
OBTENIR, remporter.
OBTESTER, attester, prendre à témoin.
OBTURBER, troubler, renverser, interrompre.
OCCASION, a tous ses cheveulx au front.
OCCIRE, tuer.
OCÉANE (la mer), l'Océan.
OCIEUSEMENT, oisivement, sans rien faire.
OCIEUX, oisif.
OCTANTE, quatre-vingts.
OCTAVIAN, OCTAVIAN AUGUSTE, l'empereur Auguste.
ODORÉ, senti.
ŒDIPODICQUE (jambe), jambe enflée, comme celle d'Œdipe.
ŒILZ, yeux.
ŒSTRE JUNONICQUE, un taon, dit junonique, parce que Junon en envoya un pour tourmenter la nymphe Io changée en vache par Jupiter.
ŒUVRÉ, travaillé.
OFFENDRE, attaquer.
OFFICE, devoir : « Contenir en office », contenir dans son devoir.
OFFICIAL, pot de chambre.
OFFICIAL, juge ecclésiastique.
OFFICIALEMENT, officieusement.
OFFICIERS DE GUEULE, officiers de bouche, cuisiniers, etc.
OFFOT, nom d'un géant.
OG, roi de Basan, géant mentionné dans la Bible.
OGIER LE DANNOYS, héros des poèmes carlovingiens.
OGYGIES, bacchantes.
OGYVIES (isles), îles placées entre la France et l'Angleterre, d'après Plutarque.
OHABÉ, roi de Gebarim.
OIGNONNADE, sauce aux oignons.
OINCE, lynx.
OINCES, les phalanges des doigts, les os que présente le poing fermé.
OINDRE, frotter comme d'un onguent : « Oignez villain, il vous poindra ».

OINGNEMENT, onguent.
OINSESTRE, Winchester, en Angleterre.
OIRE, OYRE, vase, vaisseau, mesure de liquides. — Voyez Aire.
OISEAU de maçon, sorte de chevalet qui sert à porter du ciment, du mortier.
OIZILLET, oiselet, petit oiseau.
OIZILLEURS, oiseleurs.
OLARY (SAINT-), monastère de Montpellier.
OLIF, huile : « N'y avoit plus d'olif en ly cacaleil ». — Voyez Caleil.
OLIMPICOLES, habitants de l'Olympe, les saints, dans le langage de l'écolier limousin.
OLIVIER, héros des poëmes carlovingiens.
OLKAM, Occam, théologien anglais du XIVe siècle, chef des Nominaux.
OLKEGAN, musicien contemporain de Rabelais.
OLTROY, action d'accorder, d'octroyer.
OLYMPIADE, manière de mesurer le temps entre les Grecs, espace de quatre ans.
OMBROPHORE, qui prévoit la pluie.
OMNIFORME, qui prend toutes les formes.
OMNIGENE, qui engendre toutes choses.
OMNIJUGE, qui juge et décide de tout.
ON, au, dans le.
ONAGRIER, allure de cheval : pas vite et menu comme celui de l'onagre.
ONCQ, ONCQUES, ONQUES, jamais.
ONERAIRE, destiné à porter des fardeaux : « Naufz oneraires », vaisseaux de transport.
ONESTE, honnête.
ONIRICRITE, qui interprète les songes.
ONIROPOLE, même sens.
ONOCROTAL, ONOCROTALE, oiseau aquatique dont le cri imite celui de l'âne, d'après Pline. C'est, croit-on, le pélican ; d'autres disent le butor. Rabelais joue souvent sur ce mot : « Un soufflegan et trois onocrotales ». Un suffragant et trois proto-notaires, suivant Le Duchat.
ONOMATOMANTIE, divination par le nom du consultant.
ONQUEL, auquel, dans lequel.
ONYMANTIE, divination par l'ongle de la main enduit de cire et d'huile.
ONYS, Aunis, province de France.
O O DE NOEL, antiennes que l'on chante pendant l'Avent, et qui commencent toutes par l'invocatif O.
OPACITÉ, qualité de ce qui est opaque.
OPHIASIS, sorte de lèpre de la tête.
OPHITE, marbre tacheté comme la peau d'un serpent, et aussi serpent à la peau tachetée.
OPHYRE, animal fabuleux.
OPIGNERÉ, enrichi, orné.
OPPILER, boucher, fermer, obstruer.
OPPOSITE, opposé, situé du côté opposé.

OPPRESSION, action de presser, de pousser, de fouler.
OPPUGNER, combattre, attaquer.
OPTER, désirer, souhaiter, choisir.
OPTION, choix.
OR, ORES, maintenant.
ORA, nymphe scythique aimée de Jupiter.
ORAISON SOLUE, prose.
ORANGE, oiseau.
ORBICULAIREMENT, en rond.
ORCHE (A), à gauche ; dans le vocabulaire des marins on dirait maintenant : à bâbord.
ORCHIS LE PETIT. Les orchis sont une plante à qui la ressemblance de ses racines avec les testicules a fait attribuer des vertus aphrodisiaques.
Selon Théophraste (livre IX, chapitre XIX), le plus grand de ses deux tubercules, pris dans du lait de chèvre, favorise l'acte vénérien, tandis qu'au contraire le plus petit l'empêche.
ORD, sale.
ORDALIES, épreuves que l'on faisait subir aux accusés.
ORDRES, rangs : « Reçu entre les ordres ».
ORÉADES, nymphes des montagnes.
ORÉE (l'), le long, au bord, à l'entrée.
OREILLE DE JUDAS, espèce d'agaric ou de champignon.
ORER, prier.
ORFEVERIE, travail de l'orfèvre, ciselure.
ORGEAU, pour ageau, barre du gouvernail.
ORGUES (dire d'), parler comme un oracle. Nous voyons dans un vieil auteur cité par Mabillon : organa (en français, les orgues) prophetarum, expliqués par vaticinia, oracula, les oracles des prophètes.
ORIBUS (pouldre d'), poudre imaginaire, comme la poudre de Perlimpinpin.
ORIFLAMBE, oriflamme.
ORIFLAN, ORIFLANT, éléphant.
ORME (PHILIBERT DE L'), célèbre architecte du temps de François Ier, lié avec Rabelais comme on le voit par ce qui est dit au chapitre LXI du livre IV.
OROBANCHE, herbe teigne, ers.
OROMEDON, nom d'un géant.
ORQUE, grand bateau.
ORRIPILATION, pour horripilation.
ORTIE, poème que l'on chantait dans les combats.
ORTIGUE, ortie de mer, petit poisson.
ORTUINUS, auteur d'un prétendu livre Ars honeste petandi in societate. Rabelais veut parler sans doute d'Ortuinus Gratius (Hardouin de Graetz), docteur de Cologne, ardent ennemi d'Érasme, de Reuchlin, etc. Morel-

let voit là une allusion à un fait relaté dans les *Epistolæ obscurorum virorum*. Maître Ortuinus, à qui elles sont adressées, voulant un jour étrangler un vent, conchia vilainement ses chausses. Il est plaisant de lui prêter un livre sur un art qu'il entendait si mal.

ORYGE, animal d'Afrique de l'espèce des licornes. — Voyez Pline, livre VIII, chapitre LXXIX.

OSANNIÈRE. — Voyez la *Briefve Déclaration*.

OSCINE, oiseau dont on consulte le chant.

OST, OUST, armée.

OSTARDE, outarde; oiseau aquatique.

OTACUSTE, espion, délateur.

OTHE, nom d'un géant.

OTIEUX, oiseaux.

OU, au, dans le.

OUAILLES, brebis : « Aux ouailles, mastins » !

OUBLIANCE, oubli.

OUIR, entendre : « Je oy », j'entends; « j'oyois », j'entendais; « j'oiray, nous oyrons », j'entendrai, nous entendrons; « oyant », entendant; « oy, ouy », entendu.

OULTRÉ, enflé comme une outre.

OULTRECUIDANCE, présomption, témérité.

OULTRECUYDÉ, présomptueux, téméraire.

OULTREPASSER, outrepasser, commettre une faute.

OULTROYER, octroyer, accorder.

OUQUEL, auquel, dans lequel.

OUS, os.

OUSTER, ôter.

OUSTRE (plus) ! Passons outre, n'arrêtons pas.

OUTRE (passasmes). Rabelais se sert de cette expression : « passer outre », pour faire de ce dernier mot le nom d'une île, et, continuant de jouer sur les mots, il fait des habitants de cette île des gens *outrés*, enflés, crevant de graisse.

OUVERT, pour *découvert* : « Chef ouvert », tête découverte.

OUVERT, locution proverbiale : « Toujours ouvert, comme la gibbessière d'un advocat ».

OUVROIR, atelier, boutique, comptoir.

OUYANT, oyant, entendant.

OUZEAULX, pour *houzeaux*, bottes.

OXIDRACES, peuples de l'Inde dont il est question dans Philostrate et dans Quinte-Curce.

OYE (petite), l'abatis d'une oie; par extension, en appliquant ce mot à un homme ou à une femme : bras, jambes, tête, poumons et ratelle.

OYES, poissons.

OYSON BRIDÉ, oison dans le bec duquel on a passé une plume pour l'empêcher de traverser les haies et les clôtures des jardins.

OZILLONS, petits oiseaux.

P

PACOLET, cheval de bois enchanté qui servait de monture au héros du roman populaire de *Valentin et Orson*.

PACTION, pacte, accord.

PACTOL, fleuve de Lydie, roulant des paillettes d'or.

PAELE, PAELLE, pelle, poêle : « Il croyoit que nues sont paeles d'airain ».

PAELLON, PAESLON, poêlon.

PAFFUZ, nom d'une arme nommée *pafurtum* en basse latinité. *Pafurtum ferreum* : « Un grand paffus à taillans », dans Du Cange.

PAGE, jeune domestique : « Hors de page », ayant passé l'âge où l'on était page.

PAGEAU, pagre; poisson de mer semblable à la brème.

PAGINE, page d'un livre.

PAGNIER, musicien contemporain de Rabelais.

PAILLARD, PAILLARDE, au propre, qui se roule sur la paille de son lit, sur sa paillasse; figurément, débauché, vicieux.

PAILLARDER, au propre, se rouler sur sa paillasse; figurément, faire la débauche.

PAILLARDISE, débauche, libertinage.

PAILLE, comme *paêle*, poêle.

PAILLIER, grenier à la paille : « Vous aurez mauvais hyver, le feu est en vostre paillier ».

PAIN, locution proverbiale : « Faire de tel pain telle souppe ».

PAIN BALLÉ, pain grossier où le son est mêlé.

PAINENSAC (le seigneur de), nom forgé par Rabelais.

PAIR, paire : « Une pair de chausses est bon ».

PAIR, couple : « Un nouveau pair d'amitié ».

PAISANT, paysan.

PAISTRE, nourrir.

PAL, pieu.

PALAMIDES, sorte de poissons.

PALAT, palais.

PALATIN, paladin.

PALES, pelles.

PALEFROY, cheval à l'usage des dames, richement harnaché; cheval de parade et de cérémonie.

PALERÉES, pelletées.
PALINGENESIE, itérative génération.
PALINTOCIE, enfantement renouvelé.
PALLATINS, gens du palais, des tribunaux.
PALLE, manteau; *pallium*.
PALLE, pauche-cuiller; oiseau.
PALLE, arquebuse de chasse.
PALLETOCQUÉ, enveloppé d'un palletocq, ou comme d'un palletocq, vêtement en forme de jaquette devenu le paletot moderne.
PALMES, palmiers.
PALODES. Κατὰ τὸ Παλῶδες, dit Plutarque. Amyot traduit ces mots par « à l'endroit des basses », comme s'il lisait πηλῶδες, vaseux, boueux; mais y il avait en Épire un port nommé *Pelodes* ou *Palodes* (les Épirotes permutant dans leur dialecte l'η et l'α), nom qui du reste a probablement la racine que nous indiquons plus haut. Or Épitherses, venant de passer auprès des îles Échinades et Paxos, se trouvait précisément à la hauteur des côtes de l'Épire.
PALOMBE, pigeon ramier.
PALOURDE, sorte de coquillage bivalve.
PALUDE TRITONIQUE.

> Esse viros fama est in Hyperborea Pallene,
> Qui soleant levibus velari corpora plumis,
> Quam Tritoniacam noties subiere paludem;
> Haud equidem credo
>
> (OVIDE, *Mét.*, liv. XV, v. 356 & s.)

PALUS, marais.
PALYS, palissade, piquets, pieux : « Saulter le palys ».
PAMPILLETTES, brins, paillettes.
PAMYLE. L'auteur a pris de Plutarque, au traité d'Isis et d'Orisis, tout ce qu'il raconte de cette femme, chapitre I du livre III; de laquelle a pris son nom la feste des Pamyliens en Égypte, où l'on sacrifioit au dieu Osiris, qu'aucuns disent estre le dieu Bacchus, car on moustroit le Priape, et le portoit on en pompe durant tels sacrifices (*Alphabet de l'auteur françois*).
PAN, pour *empan*, mesure.
PANACE, fille d'Esculape.
PANACÉE, sorte de plante; remède à tous maux.
PANDECTES, recueil des lois romaines.
PANE, PANNE, aile d'une voile enflée en bouline.
PANEMA, tout sanglant; nom de champs de l'île de Samos.
PANERÉES, pleins paniers : « Panerées de diables ».
PANEROT, petit panier.
PANES, satires, égipans.
PANICAULT, chardon à cent têtes dit aussi *eryngium*.

PANICE, panique.
PANOMPHÉE, qui convient à tous les pays, à toutes les nations.
PANORME, canoniste, jurisconsulte, qui est le même sans doute que le suivant.
PANOMIRTAN, Nicolas de Tudeschis, archevêque de Palerme, auteur de commentaires sur les Décrétales.
PANOUERE, hotte, corbeille pour la vendange.
PANS, PANNEAUX, pour *paons, paonneaux*.
PANSE, proverbe : « De la panse vient la danse ».
PANTAGRUEL, l'étymologie de ce nom est donnée par Rabelais au chapitre II du livre II.
Dans un mystère de la *Vie de saint Louis*, remontant au delà de 1472 et conservé à la Bibliothèque nationale, il y a, parmi les démons qui entourent Lucifer, un diable nommé Penthagruel (*sic*), qui raconte ainsi ses exploits : « Si tu savais d'où je viens, dit-il, tu me tiendrois homme de bien. Je viens de la grande cité de Paris : j'ai été toute la nuit — oncques je n'eus telle peine — autour de ces galants qui, hier soir, avaient bu jusqu'à *Hebræos*. Tandis qu'ils étaient au repos, je leur ai subtilement bouté du sel dans la bouche, doucement, sans les réveiller. Aussi, par ma foi! au réveil, ils ont eu plus soif que devant! » On voit d'où venait le fameux héros rabelaisien. Près de cent ans avant Rabelais, nous le découvrons dans nos vieux *mystères* dramatiques.
PANTAGRUELICQUE, adjectif formé du nom précédent.
PANTAGRUELION, le chanvre, comme cela ressort assez de la description très exacte que Rabelais en donne. Rabelais en fait en outre le symbole de la discipline sociale et de l'activité et de l'industrie humaine, une sorte de talisman positif, de Saint-Graal matériel, qu'il oppose aux mythes des vieux romans.
PANTAGRUELISER, suivre l'exemple et la doctrine de Pantagruel.
PANTAGRUELISME, c'est, suivant Rabelais, « certaine gayeté d'esprit conficte en mespris des choses fortuites ». — Voyez Prologue du livre IV.
PANTAGRUELISTE, qui pratique le Pantagruelisme.
PANTARCHES, PANTARQUES, pancartes, paperasses.
PANTHARBE. Suivant Philostrate, dans sa *Vie d'Apollonius*, le pantarbe était une pierre précieuse de l'Inde, ayant de l'analogie avec l'aimant. — Voyez Philostrate, livre III, chapitre XIV.

PANTHÉOLOGIE, mot forgé pour exprimer l'universalité de la théologie, qui embrassait toutes les autres sciences.
PANTOFLE, PANTOPHLE, pantoufles.
PANTOLFE, Pandolfo, nom italien.
PANURGE. « Un factotum, un maistre Aliborum, qui de tout se mesle. Item un matois, fin et malicieux. Jupiter, au 2º Dialogue des Dieux de Lucian, reproche à l'Amour qu'il est γέρων καὶ πανοῦργος, vieux, fin et trompeur. Panurge est un homme qui met toute pièce en œuvre »..(Alph.)

Panurge entre en scène en parlant divers langages. Voici la traduction de ces discours :

1º « Iunker, Gott geb, etc. » En allemand.

« Jeune gentilhomme, Dieu vous donne joie et prospérité avant tout. Cher gentilhomme, je dois vous apprendre que ce que vous voulez savoir est triste et digne de pitié. J'en aurai long à vous conter, et ce ne serait pas plus amusant pour vous d'écouter que pour moi de narrer, bien que les poètes et les orateurs d'autrefois aient soutenu, dans leurs adages et sentences, que le souvenir des peines et de la pauvreté endurées soit un vrai plaisir ».

2º « Al barildim gotfano, etc. » Incompréhensible. M. Burgaud des Marets fait cette remarque qu'on peut décomposer en monosyllabes anglais tout ce passage.

« All bar ill dim god fan o deck mine brine all ado door din fall brot zing van all bar as. Nipe pork adit kin all mug at in milh o prime all em him, etc. »

3º « Signor mio, voi vedete per essempio... » En italien.

« Monsieur, vous voyez, par exemple, que la cornemuse ne sonne jamais si elle n'a pas le ventre plein. Ainsi moi pareillement, je ne puis vous raconter mes aventures si mon ventre affamé n'a pas auparavant sa réfection accoutumée; il lui semble que les mains et les dents ont perdu leurs fonctions naturelles, et sont entièrement anéanties ».

4º « Lord, if you be so vertuous... » En Anglais.

« Si vous aviez, seigneur, les sentiments aussi élevés que votre stature, vous auriez pitié de moi : car la nature nous a faits égaux, mais la fortune en a élevé quelques-uns et rabaissé d'autres. Néanmoins la vertu est souvent avilie et les hommes vertueux sont souvent méprisés, car avant le terme final, personne n'est bon ».

5º « Jona andie, guaussa goussy etan... » C'est du basque défiguré : L. Urhersigarria (Examen critique du Manuel de la langue basque). le rétablit ainsi :

« Jaun handia, gauza gucietan behar da erremedio ; behar da, bercela icer lan da. Ambatez othoyez nauzu, eguin ezazu gur, aya proposatia ordine den. Non izanen baita facheria gabe, ginaraci bada zadazu neure asia. Arren horen hondoan, galde zadazu nahi duzuna ; eztut hutcic eguinen zuri nic, erten derauzut eguia arimaz, Jaincoac placer badu ».

C'est-à-dire, littéralement :

« Mon grand monsieur, à toute chose il faut un remède ; il en faut un, autrement besoin est de suer. Je vous prie donc de me faire connaître par signe si ma proposition est dans l'ordre ; et si elle vous paraît sans inconvénient, donnez-moi ma subsistance. Puis après cela, demandez-moi tout ce que vous voudrez, je ne vous ferai faute en rien ; je vous dis la vérité du fond du cœur, s'il plaît à Dieu ».

6º « Prug frest frinst sorgdmand... » Ce sont des mots forgés à plaisir.

7º « Heere, ik en spreeke anders... » En hollandais.

« Monsieur, je ne parle point une langue qui ne soit pas chrétienne : il me paraît toutefois que, sans que je vous dise un seul mot, mes haillons vous décèlent assez ce que je souhaite. Soyez assez charitable pour me donner de quoi me restaurer ».

8º « Segnor, de tanto hablar yo soy cansado... » En espagnol.

« Monsieur, je suis las d'avoir tant parlé ; aussi je vous supplie d'avoir devant vos yeux les préceptes de l'Évangile, pour qu'ils émeuvent votre conscience : s'ils étaient insuffisants à exciter votre charité, j'invoque la pitié naturelle, et vous n'y serez point insensible. Sur ce, je me tais ».

9º « Min herre, endog ieg med ingen... » En vieux danois.

« Monsieur, même au cas que, comme les enfants et les bêtes brutes, je ne parlasse aucune langue, mes vêtements et la maigreur de mon corps montreraient clairement les choses dont j'ai besoin, ce qui est vraiment de quoi manger et de quoi boire. Ayez donc pitié de moi et ordonnez qu'on me donne de quoi maîtriser mon estomac aboyant, de même qu'on met une soupe devant Cerbère. En ce cas, vous vivrez longtemps et heureux ».

10º « Adoni scholom lecha... » C'est de l'hébreu altéré. M. Carmoli le rétablit ainsi :

« Adonaï, schalóm lachem. Im ischar

halob anl nabdecha, bimherah thithên li kikar lechêm, chachatub : malveh adonaï chonên dal ».

« Monsieur, la paix soit sur vous. Si vous voulez faire du bien à votre serviteur, donnez-moi tout de suite une miche de pain, ainsi qu'il est écrit : Celui-là prête au Seigneur, qui a pitié du pauvre ». (*Proverbes*, XIX, 17.)

11° « Despota tynin panagathe... » En grec.

« Pourquoi donc, excellent maître, ne me donnez-vous pas de pain ? Vous me voyez bien mourir misérablement de faim ; et vous êtes pour moi sans pitié, et vous me faites des questions inutiles. Pourtant tous ceux qui aiment et cultivent les lettres n'avouent-ils pas qu'il n'est nul besoin de recourir aux mots et aux harangues quand la chose elle-même est claire pour tout le monde ? Les discours ne sont nécessaires que là où les choses sur lesquelles nous discutons ne se montrent pas à point ».

L'orthographe du grec de Rabelais, comme le fait remarquer M. de Montaiglon, se rapporte non pas à la prononciation réglée par Érasme et adoptée jusqu'à nos jours, mais à la prononciation qu'on lui substitue maintenant d'après celle qui s'est conservée traditionnellement en Grèce. Rabelais, ami de Lascaris, la connaissait.

12° « Agonou dont oussys vou denaguez... » Inintelligible.

13° « Jam toties vos, per sacra... » En latin.

« Je vous ai déjà bien des fois conjuré, par ce qu'il y a de plus sacré, par tous les dieux et par toutes les déesses, si quelque pitié peut vous toucher, de me soulager dans mon indigence ; mais mes cris et mes lamentations ne servent à rien. Permettez, je vous prie, permettez-moi, hommes impitoyables, de m'en aller partout où les destins m'appellent, et ne me fatiguez point davantage de vos vaines interpellations, vous souvenant de l'ancien proverbe qui dit que *ventre affamé n'a point d'oreilles* ».

PANZOUST, village du Chinonnais.
PAOUR, peur.
PAOUVRE, PAOVRE, pauvre. On trouve aussi *paouvret*, pauvret.
PAPEFIGUES, qui font la figue au pape, qui se moquent du pape ; ce sont les protestants.
PAPEFIGUIÈRE, pays des Papefigues. L'anecdote du diable de Papefiguière a été contée par La Fontaine.
PAPEFIL, la partie supérieure d'une voile.

PAPEGAUT, PAPEGESSE, noms grotesques formés du mot pape.
PAPEGAY, PAPEGUAY, perroquet.
PAPELARD, hypocrite, faux dévot.
PAPELIGOSSE, pays où l'on se gosse du pape, comme celui de Papefiguière.
PAPERASSER, manier, consulter des paperasses.
PAPERAT, papier, paperasse.
PAPILLETTES, brins ; diminutif de *paillettes*.
PAPILLON, raie bouclée; poisson.
PAPIMANE, ayant la manie, la folie du pape. D'où *Papimanie*, pays des Papimanes, et l'adjectif *papimanique*.
PAPINIAN, Papinien, célèbre jurisconsulte romain.
PAPPE, duvet qui enveloppe certaines fleurs, comme celle du chardon.
PAPYER, commence à parler comme les enfants, bégayer, babiller.
PAR, pour : « Par trop avoir mangé des tripes ».
PAR (de), de la part de : « De par Grandgousier ».
PAR, pour *part*, partie : « La par senestre », la partie gauche. « Par de ceci », en partie de ceci, en partie de cela. « Par tachant de s'entresurprendre, par pour soi sauver », les uns,... les autres, etc.
PAR, pair ; *impar*, impair.
PARABOLAINS, charlatans, hâbleurs ; de l'italien *parabolani* : « Parabolains au long faucile et au grand code ». Charlatans au long avant-bras et au grand coude, par allusion aux doubles manches de l'ancienne robe des médecins.
PARADIS, en grec : « Ce sont jardins en françois ».
PARADOXE, paradoxal.
PARAGON, PARRAGON, modèle, terme de comparaison : « Sans paragon », sans pair, incomparable.
PARAIGE, famille, rang : « Dames de hault paraige ».
PARANGONNER, PARRAGONER, comparer.
PARANYMPHE, latin *pronubus*, celuy qui de la part du futur marié avoit toute charge d'adviser au contract de mariage. Item qui conduisoit le marié en sa maison. Tout ainsi que *pronuba* estoit celle qui menoit coucher la mariée. Davantage le paranymphe s'appeloit en latin *auspex*, pour ce qu'il prenoit augure de bon ou de mauvais succez du mariage. Voilà pourquoy on peut attribuer ce mot à ceux qui conduisent quelques affaires, comme fait l'Auteur au chapitre XXXIX du livre III. (*Alphabet de l'auteur françois.*)

PARASANGE, mesure de distance chez les anciens, elle variait de trente à soixante stades.
PARASINE, poix-résine.
PARASTATES, corps longs placés sur les testicules ; épidyme et prostate.
PARCE, Parque.
PARCHEMIN : « Le diable... allongea son parchemin.... »
Allusion à une légende, ainsi racontée par Pierre Grosnet dans les *Mots et Sentences dorées de Cathon* (Lyon et Paris, 1533) :

> . . . . En l'Ecclise de Dieu
> Femmes ensemble caquetoyent.
> Le diable y esteit en ung lieu,
> Escriptant ce qu'elles disoyent.
> Son rollet plein de point en point,
> Tire aux dents pour le faire croistre.
> Sa prinse eschappe et ne tient point.
> Au pilier s'est heurté la teste.

PARDOINT, pardonne.
PARDONNAIRES, vendeurs de pardons.
PARDONNATE, en italien : pardonnez.
PARDONNEUR, gagneur de pardons.
PARDONNIGÈRE, vendeur de pardons ou d'indulgences.
PARDONS (guaigner les), gagner les indulgences.
PARDS, léopards.
PARDURABLE, éternel.
PARÉADES, serpents venimeux cités par Pline.
PAREMENT, ce qui pare : « Parement de buffet », argenterie.
PARFAIRE, faire, accomplir.
PARFOND, profond.
PARFONDEMENT, profondément.
PARFORCER (se), s'efforcer, faire effort.
PARFUNCT, parfum.
PARGUOYS, PERGUOIS (couteaux), petits couteaux que l'on fabriquait dans le Perche.
PARIEN, de Paros.
PARISATIS, mère de Cyrus, roi des Perses.
PARISER, PARIER, appareiller, assortir, joindre.
PARLEMENT, parlage, bavardage.
PARLEMENTER, parler, converser.
PARLOUOIR, parloir, lieu d'audience et de conversation.
PARMENTIER (Michel), libraire de Lyon.
PARMY, dans, au milieu, à travers, le long de : « Parmy le lict », dans le lict. « Suer parmy le corps », avoir tout le corps en sueur. « Petits banquets parmy », petits banquets au milieu de tout cela.
PARODELLES, fromages ronds.
PAROECE, paroisse, canton.

PARPAILLONS, papillons.
PARPAILLOS (le roy des). *Parpaillos* voulait dire à la fois papillons et mécréants.
PARQUET, le parterre d'un théâtre.
PARRHESIENS, qui parlent avec facilité et avec liberté, du grec παῤῥησιαζειν. C'est l'étymologie du mot Parisien, selon Rabelais.
PARS (les), livre, rudiment qui traite des huit parties du discours.
PARSUS (au), par-dessus, au surplus.
PART, partie.
PART (se), se partage.
PARTEMENT, départ.
PARTHISANE, PARTUSANE, pertuisane, hallebarde.
PARTIALITEZ, querelles.
PARTIE, part, lot.
PARTIR, partager : « Aooir maille à partir », avoir un centime à partager. On dit encore : « Nous sommes bien partis », nous sommes bien lotis.
PARTY, traitement, partage : « Faire party raisonnable », traiter raisonnablement et sans rigueur.
PARVA LOGICALIA ; il y a un traité sous ce titre : *Petri Hispani Ulyssiponensis Parva logicalia*, Cologne, 1500, in-8°.
PASLE, pelle.
PASQUENADE, poisson de mer aussi nommé taronde.
PASQUES DE SOLES ! Pâques de soleil ! juron de Louis XI.
PASQUIL, Pasquin. — Voyez *Marforio*.
PASSADE, traversée.
PASSADOUZ, trait, flèche.
PASSATO EL PERICOLO, GABATO EL SANTO, le péril passé, le saint est moqué ; proverbe lombard.
PASSAVANTUS, Jacobo Passavento, jacobin de Ferrare.
PASSE. — Voyez *Arbaleste*.
PASSÉ, inscrit.
PASSEMENTÉ, brodé, chargé, comme d'une passementerie.
PASSEPASSE (jouer de), escamoter.
PASSEREAU, musicien du temps de Rabelais.
PASSE TEMPS DES DEZ : « Passe temps de la fortune des dez », opuscule populaire.
PASSEVOLANT, grosse pièce d'artillerie comme la bombarde. Le *passevolant* est, au propre, un canon de parade en bois bronzé.
PASSION, souffrance.
PASSION : « La Passion de Saulmur », mystère dramatique de la Passion de Notre-Seigneur, joué à Saumur.
PST, Anourriture, repas.

PASTE, pâte : « S'eslevoit comme la paste dedans la met ».
PASTIFZ, PASTIZ, pâtis, pâtarages, terres cultivées.
PASTOPHORES, prêtres anciens.
PATAC, patar, menue monnaie.
PATÉ, pattu.
PATELIN, PATHELIN (la farce de).
PATELINAGE, farce à la manière de celle de *Patelin*.
PATELINEUX, rusé, fourbe comme *Patelin*.
PATELINOIS, PATELINOYS, langage imité de celui de *Patelin*.
PATENOSTRE DU SINGE (dire la), c'est-à-dire, suivant Le Duchat, murmurer entre ses dents, comme fait le singe en remuant les babines.
PATENOSTRES, chapelet.
PATENOSTRIERS, diseurs et faiseurs de chapelets.
PATEPELUE, patte velue, qui fait patte velue ou de velours. Ce mot a été adopté par La Fontaine.
PATERNITÉ (ma) ; le mot Paternité était donné comme titre honorifique à certains personnages ecclésiastiques.
PATIBULAIRE, gibet.
PATINE, cuisine.
PATINS, PATTINS, chaussure de femmes très élevée. Jules-César Scaliger cite un mot de son père disant que les maris ne retrouvaient au lit que la moitié de leurs femmes, l'autre moitié était restée avec les patins.
PATIN, souffrir.
PATROCINATIONS, plaidoyers, discours.
PATROCINER, plaider, discourir.
PATROILLER, patrouiller, piétiner dans la boue ; d'où *patrouille*.
PATRON, modèle, exemple.
PAU, pal, pieu.
PAULPIERS, paupières.
PAVANIERS, dansant la pavane.
PAVÉE D'ANDOUILLES (rue), aujourd'hui rue Séguier.
PAVESADE, palissade que l'on formait avec des pavois, sur une galère.
PAVOYS, bouclier large et plat.
PAXES, PAXOS, la plus petite des îles Ioniennes.
PÉAGE, droit ou tribut à payer pour passer, pour entrer.
PEAU : « La peau de son ventre s'estoit beaucoup esloignée des rognons », c'est-à-dire, il avait engraissé.
PEAULTRAILLE, canaille, populace.
PEAUTRE, gouvernail d'un vaisseau. On appelait aussi *peautre* une chaloupe, une barque.

PECILE, de couleur variée, en parlant du poil d'un cheval.
PECORE, animal : « Grosse pecore ».
PECTONCLES, sorte de coquillages.
PECULIER, spécial, particulier.
PECUNES, argent : « Les nerfz des batailles sont les pecunes ».
PEDALES, dans le sens de mouvements des pieds.
PEDANÉS. — Voyez *Juges*.
PEDAUCQUE. La tradition a conservé, dans le pays toulousain, le souvenir d'une reine plus ou moins fantastique, *regina pedauca*, la reine aux pieds d'oie. La reine Pédauque a des statues dans plusieurs villes du Midi : des monuments portent encore son nom ; on montrait même son tombeau dans le cimetière de l'église Notre-Dame de la Daurade.
PEDER, peter.
PEDESTAL, piédestal.
PEGUAD, pot de vin, mesure de Languedoc.
PEIGNE DE ALMAIN, les quatre doigtz et le poulce. Les uns croient que *Almain* veut dire Allemand ; les autres, qu'il s'agit de Jacques Alemain, ancien docteur de Paris, dont la malpropreté aurait été notoire.
PELAUDER (se), se tenir au poil, se battre.
PÉ LÉ QUAU DÉ, par le corps Dieu ! prononciation poitevine.
PELET, un morceau de pelure, un rien, une misère.
PELLADE, teigne, maladie qui fait tomber les cheveux.
PELLAUDERIES, peaux, fragments de peau.
PELLICAN, instrument de dentiste ; vaisseau de chimie à deux anses tubulées ; quart de couleuvrine portant six livres de balles.
PEMPHREDONES, espèce de reptiles.
PÉNADE, action de *penader*.
PENADER, piaffer, se redresser, frapper du pied, en parlant du cheval.
PENAILLON, déguenillé, lascif.
PENARD, poignard.
PENDAGE, PENDAIGE, action de pendre.
PENDILLOCHE, ce qui pend ; s'entend du phallus.
PENDRE : « Autant nous en pend à l'œil ». A aussi le sens de *dépendre* : « Rois et potentats pendent de lui ».
PENE du nez, extrémité du nez.
PENEAU, banderole d'un navire.
PENET, musicien contemporain de Rabelais.
PENETRAMMENT, d'une manière pénétrante.
PENEUX, penaud, honteux, confus.
PENIE, indigence.
PENIER, panier.
PENIL, poil.

41.

PENILLIÈRE, parties garnies de poil.
PENITISSIME, très profond.
PENNACHE, panache.
PENNAGE, PENNAIGE, plumage.
PENNE, plume.
PENSEMENT, pensée, réflexion.
PENSILE, pendu, suspendu.
PENTAPHYLLON, plante à cinq feuilles.
PENTHECOSTE, Pentecôte. Dicton : « La Penthecoste ne vient foys qu'elle ne me couste ».
PEPHAGES, animaux fabuleux.
PERANNITÉ, PERENNITÉ, éternité : « Perannité de arrousement ».
PERAZONS, serviteurs de la Quinte ; en hébreu : chevaliers.
PERCEFOREST, géant converti par Roland, et qui lui sert de second, d'écuyer, dans le *Morgante maggiore* de Pulci.
PERCÉ JUS, percé bas, percé à terre, fait un calembourg avec *Perseus*, Persée.
PERDRIAUX, perdreaux.
PERDRIER (Jean), un des condisciples de Rabelais à Montpellier.
PERDURANT, qui dure longtemps.
PEREFAMILE, père de famille.
PEREGRIN, voyageur, passager : « Vie pérégrine... »
PEREGRINATION, voyage.
PEREGRINER, voyager.
PEREGRINITÉ, qualité de ce qui est étranger.
PERFAICT, parfait.
PERFECTISSIME (la), la plus parfaite.
PERFORAMINÉ, piqué, percé.
PERFUMÉ, parfumé.
PERICHAIRIE, joie excessive.
PERICLYMENOS, espèce de chèvrefeuille.
PERIGOT, PERIGORT, Périgord.
PERILLER, péricliter.
PERINÆUM, le périnée.
PERIODE, révolution. « Toutes choses ont leur fin et période ».
PERIT, habile, instruit.
PERPÉTRER, commettre, accomplir, mener à fin.
PERPETUONS, les membres des corporations religieuses.
PERPLE, PERPLEX, PERPLEXE, compliqué, embrouillé, embarrassé, incertain.
PERS, bleu foncé.
PERSIDE, persan, de Perse.
PERSONATE, la grande bardane, plante.
PERSPECTIFZ (esprits), faculté de percevoir.
PERTINEMMENT, convenablement.
PERTUISANE, hallebarde dont le fer était large et tranchant.
PERTUISÉ, percé, troué.
PERTURBÉ, troublé : « Perturbé en son entendement ».

PERTUYS, trou.
PERUSE, Perouse, ville d'Italie.
PESADES (lances), officiers subalternes.
PESLIER, poêlier.
PESTILENCE, contagion, peste.
PESTILENT, PESTILENTE, contagieux.
PETAULT (le roy), monarque des vieux contes qui nous a légué le dicton : « C'est la cour du roi Pétaud ».
PETAURISTIQUE, de voltige, qui tient à la voltige.
PETIT, peu : « Si n'estoit pour un petit... »
PETON, petit pied ; terme de mignardise : « Mon peton ».
PETREUX, PETRUZ (os), os des tempes.
PETROCIL, persil.
PETRON, Pétrone, auteur du *Satyricon*.
PEUPLE, peuplier.
PEVIER (canon), pierrier.
PHAISANS, pour *faisans*.
PHALANGES, araignées venimeuses.
PHALARICE, caparaçon.
PHALERÉ, caparaçonné, bardé.
PHANTASIE, pour *fantaisie*.
PHANTASMES, fantômes.
PHANTASTIQUEMENT, fantastiquement.
PHANTASUS, un des trois ministres ou enfants du Sommeil.
PHARINGUES, ville que Rabelais dit située dans le gosier de Pantagruel ; de *pharynx*.
PHARMACEUTRIE, deuxième idylle de Théocrite. — Voyez vers 18.
PHARSALICQUE, de Pharsale.
PHASCOLS, espèce de fèves, comme *faséols*.
PHEBOL, île du golfe Arabique.
PHÉE, ensorcelé, magique, comme *fée*.
PHÉES (isles des), pour *fées*.
PHENGITE, sphingitide, pierre de Cappadoce, dure comme le marbre, blanche et transparente.
PHILAUTIE, amour de soi-même.
PHILEMON, cette anecdote se retrouve dans Lucien, au chapitre de la *longue vie de quelques personnages*, tome IV, page 368 de la traduction de Belin de Ballu.
PHILIPPENS. *Epistola B. Pauli ad Philippenses.*
PHILIPPUS, monnaie de Flandre et d'Espagne.
PHILOLOGE, philologue.
PHILOMELA, PHILOMÈNES, Philomèle, le rossignol.
PHILOPHANES, aimant à paraître, à être vu.
PHILOSOPHE SAMOSATOYS, Lucien, originaire de Samosate en Syrie.
PHILOSOPHIE a parfois le sens d'adresse et d'habileté. — Voyez *Melinde*.
PHILOTHEAMON, qui aime à voir.

PHITONISSE, Pythonisse, prophétesse.
PHLEBOTOMIE, saignée.
PHLEGMATICQUE, pour *flegmatique*.
PHLEGON, un des chevaux du Soleil.
PHOBÉTOR, un des ministres ou des enfants du Sommeil.
PHŒNICE, Phénicie.
PHŒNICOPTÈRE, oiseau ainsi nommé pour la rougeur de son plumage.
PHRENE, diaphragme.
PHRIX. — Voyez *Hellé*.
PHRONTISTE, homme industrieux, soigneux et diligent ; nom d'un des capitaines de Gargantua.
PHRONTISTERE, communauté, école.
PHRYZON, cheval de frise.
PHTHIRIASIS, maladie pédiculaire.
PHYSETERE, le souffleur, testacé ; baleine.
PHYSICAL, physique.
PHYSICALEMENT, physiquement.
PHYSIS, nature.
PHYSON, fleuve d'Asie.
PIBOLE, musette, cornemuse.
PICARDENT, vin blanc de Languedoc.
PICATION, action d'enduire de poix.
PICOTE, petite vérole.
PICQUES (c'est bien rentré de), ou de picques noires, cela veut dire : parler mal à propos ; allusion probable à un jeu de cartes où il ne fallait pas rentrer, jouer pique.
PICQUIERS, porte-piques.
PICROCHOLE, nom formé du grec et signifiant : bile amère.
PICS, coups de pointe.
PICTZ, PIS, poitrine.
PICUS MIRANDULA, Pic de la Mirandole, contemporain de Rabelais.
PICZ-MARS, piverts ; oiseaux.
PIEÇA, il y a longtemps.
PIECE, EN PIÈCE, nullement, en aucune façon.
PIEDS (en), debout.
PIEDZ NEUFZ (faire), accoucher.
PIERRE LEVÉE, pierre de vingt pieds de diamètre, posée sur cinq autres pierres, à peu de distance de Poitiers.
PIERRE LOYS, Pierre-Louis Farnèse, duc de Parme. Suivant la *Biographie universelle*, il était fils légitime de Paul III, qui avait été marié.
PIERRES D'ARTILLERIE, pierres qui servaient à charger les canons, boulets de pierre.
PIÉTONS, fantassins, soldats à pied.
PIFRE, gourmand, mangeur goulu : « Et en usent comme un crucifix d'un pifre ». Il y a interversion des mots, c'est-à-dire : comme un pifre, un goinfre, use d'un crucifix.
PIGNE, peigne : « Donner un tour de pigne », rosser. « Je tueroys un pigne pour un mercier », interversion des mots, c'est-à-dire : je tuerais un mercier pour un peigne, pour peu de chose.
PIGNER, peigner.
PILE, javelot.
PILE, PILLE, pilon, mortier.
PILETTES, petits pilons, ornements des bonnets à mortier.
PILLE, pillage.
PILLEMAILLE, PILEMAIL, maillet à jouer au mail.
PILLEVERJUS, cuisinier de Grandgousier.
PILLOTIZER, fonder, établir sur pilotis.
PILOT, PILLOT, pilote.
PINARD, petite monnaie.
PINASTRE, pin sauvage.
PINDARISER, imiter Pindare, viser au sublime.
PINE, comme penis, *il cazzo*.
PINEAULX (raisins), sorte de raisins petits, serrés et d'un beau noir, dont on fait un excellent vin.
PINGRES, jeu de femmes, avec de petites billes d'ivoire.
PINNE, arête, pointe : « Pinne de poisson ».
PIOCHONS, pioches.
PIOLÉ, pie, de deux couleurs.
PIOLLER, piailler, c'est proprement le cri de la poule.
PIONS, buveurs.
PIOT, PYOT, vin.
PIPE, PIPPE, mesure de liquides, et futaille.
PIPEPIE, tromperie.
PIPEUR, trompeur, filou.
PIPPER, tromper, attraper : « Pipper à pleines pippes ».
PIRATICQUE, piraterie.
PISONS, famille de l'ancienne Rome, dont le nom vient de *pisum*, pois.
PISTOLANDIER, pistolet.
PISTON, pilon de mortier.
PISTRINE, moulin.
PITAL. — Voyez la *Briefve Déclaration*.
PITHIES, buvettes, lieu où l'on boit.
PITYOCAMPE, vers ou chenille qui habite les pins.
PLAINCTS, plaintes, gémissements.
PLAISANTEMENT, avec plaisir.
PLANETTES, jeu de mots : « Le grand Dieu feist les planettes, et nous faisons les platz netz ».
PLANTE, lieu planté d'arbres.
PLANTÉ, abondance, grande quantité.
PLASMATEUR, créateur, formateur.
PLASMATURE, création, forme.
PLASTRON, partie de l'armure qui garantit la poitrine.

PLATINE, plaque.
PLAYDOIANT, PLAIDOIART, qui a des procès, qui plaide.
PLEGER, PLEIGER, cautionner, être garant, répondre.
PLÉONASMIQUE, faisant pléonasme.
PLOMBÉES, coups d'armes à feu.
PLOMBIN, Piombino.
PLONGE, action de plonger.
PLUMAIL, volaille, oiseau.
PLUMART, plumet.
PLUVRA, pleuvra.
POCHE, sac.
POCHECULLIÈRE, pauche, palle; oiseau.
POCHETEAU, petit pauche ou palle.
POETRIDE, femme poète.
POGE (à), à droite, à tribord.
POIERAY, payerai.
POIGNANT, piquant.
POIGNENT, piquent; à l'indicatif présent du verbe *poindre*.
POINCTURE, piqûre.
POINDRE, piquer, blesser.
POINE, peine.
POIS, pour *poids*.
POISANT, POISANTE, pesant.
POISSON. Il y avait un proverbe :

De tout poisson, fors que la tanche,
Prenez le dos, laissez la panche.

Rabelais introduit la variante : « Prenez l'aesle de la perdrys et la cuisse d'une nonnain ».
POISSONS D'AVRIL, ce sont maquereaux.
POITRIR, pétrir.
POIX, pois.
POLES, espèces de soles, poissons.
POLEMONIA : « Guerroyère », plante.
POLYMYXE, à plusieurs mèches.
POLYPHILE (*Songe d'amours de*), ouvrage de Franciscus Columna : *Polyphili Hypnerotomachia; Venitiis, in œdibus Aldi Manutii,* 1499, in-fol.
POLYPRAGMON, qui s'enquiert et se mêle de tout.
POLYSTYLO, l'ancienne Abdère.
POMME DE PIN (la), une des tavernes méritoires de Paris.
POMONA, Pomone, déesse des fruits.
POMPÉIANS, partisans de Pompée.
POMPER (se), se parer, se pavaner.
POMPES, les genouillères d'un cheval.
POMPETTES, boutons, rougeurs, qui viennent sur le nez des ivrognes.
PONANT, le couchant.
PONE PRO DUO ; *bus non est in usu*. Mettez, versez pour deux. La grammaire latine exige *pro duobus;* mais la syllabe *bus* déplaît au buveur qui parle, et il déclare qu'elle est hors d'usage.
PONEROPLE, ville des méchants.
PONNENT, pondent ; *ponnu*, pondu.
PONOCRATES, homme laborieux, qui ne peut être surmonté au travail.
PONT, pondu.
PONTAL, le petit pont que l'on jette d'un vaisseau pour aborder.
PONT ALAIS, poète et acteur de farces, célèbre en ce temps-là. Maistre Jehan du Pont-Alais ou du Pontalez (on ne sait pas au juste si c'est un nom réel ou un nom de guerre) fut arrêté, avec deux de ses compagnons, au mois de décembre 1516, pour s'être raillé de la reine mère dans les jeux de la Mère-Sotte. Il est souvent question de ce personnage dans les conteurs du temps.
PONTANUS, Jean Jovien Pontan, poète latin alors renommé.
PONTIALE, de *Pontanus* ; adjectif irrégulièrement formé.
PONTIFE, employé au féminin.
POPISMES, POPPISMES, gentillesses, manœuvres élégantes d'un cavalier.
POPPIZER, faire des poppismes.
PORCILLES, poissons, espèce de grenauds.
PORE, Porus, dont Philostrate fait un géant.
PORFILÉ, entremêlé de diverses tissures : « Porfilé d'or », où se mêlent des fils d'or.
PORPHYRES, serpents de couleur pourpre, d'après Pline, livre X, chapitre LXIX.
PORPHYRIO, nom d'un géant.
PORREAULX, poireaux.
PORTEBALLES, colporteurs.
PORTECOLE, souffleur, au théâtre.
PORTÉE (à la), au porter, à l'apport.
PORTENTE, prodige.
PORTER (se), se comporter.
PORTOUERE, PORTOUOIRE, hotte pour porter le raisin.
PORTOUERIERE, adjectif fait avec le mot précédent.
PORTRI, pourtour, contour.
PORTUGUALOYS, Portugais.
POSER (se), s'en remettre, se reposer sur quelqu'un.
POSSOUER, POUSSOUER, instrument de divers métiers, servant à pousser, à enfoncer.
POSTE, poutre, poteau, solive.
POSTE, station postale, distance entre les postes.
POSTERES, postérieur, derrière.
POSTERIOUR, postérieur.
POSTILLER, courir en poste, se répandre avec rapidité.

POSTPOUSER, mettre après, le contraire de *préférer*.

POTATIFS (évesques). On appeloit autrefois *portatifs* des évêques *in partibus*, qui se transportaient d'un diocèse à l'autre. Ils ne buvaient sans doute pas plus que les autres ; mais Rabelais trouve l'occasion d'un jeu de mots, et il ne la laisse pas échapper.

POTÉE, plein un pot.

POTESTAT, podestat.

POTET, petit pot.

POTINGUE, grand pot à boire.

POTZ à feu, pour la guerre.

POUACRE, goutteux, plein d'ulcères.

POUACRES, espèce de hérons.

POUDREBIF, poudre de bœuf salé et séché, dont on se servait dans les ragoûts.

POULAIN, châssis de bois sur lequel on fait glisser et on descend les tonneaux dans une cave.

POULAINE (souliers à), chaussure terminée par une longue pointe. « Ventres à poulaine », pourpoints boutonnés fort bas, dit de l'Aulnay. Rabelais se sert de cette expression pour désigner des ventres proéminents.

POULEMART (à fils de), gros fil d'emballage ; mot dauphinois.

POULLAILLES, volailles, poulettes.

POULLAIN, bubon.

POULLARDES, poules de mer.

POULPRE, pourpre.

POULPRE, polype ; poisson.

POULSÉ, tourné, aigri : « Vin poulsé ».

POULTRE, jeune cavale, poulain.

POUPELIN, pâtisserie délicate et sucrée.

POUPIE, pourpier ; plante.

POUPPIN, mignon, mignard.

POURCE, à cause de cela.

POURMENER, promener.

POURPENSER, méditer, réfléchir.

POURPRIS, enclos, jardin.

POURREAULX, poireaux.

POURRÉE, poirée.

POURTANT, c'est pourquoi.

POURTRAIRE, dessiner, peindre, faire un portrait.

POY, peu : « Poy plus, poy moins ».

POYABITIS, vous payerez ; latin de cuisine.

POYVRÉ, poivré, pincé : « Poyvré sera soubs un habit d'ermite ».

POYZAR, tige des pois, après qu'ils ont été cueillis.

PRÆSAGES, devins, prophètes.

PRÆSAGIR, prévoir, prédire.

PRASSINE, couleur de poireau.

PRATIF, patricien, expérimenté.

PRECATION, prière.

PRECEPTION, précepte, enseignement.

PRECLARE, illustre, célèbre.

PRECULES HORAIRES, heures, prières.

PREDICABLE, recommandable.

PREFIX, fixé d'avance.

PREGNANTE, enceinte : « Fusées prégnantes », fusées qui en produisent plusieurs.

PREGUSTE, essayant, goûtant les mets.

PRELATION, préférence, prééminence.

PRELINGUANT, écuyer tranchant, dégustateur. — Conseiller qui donne son avis avant le président du tribunal.

PREMIER, premièrement.

PREMIER QUE, avant de.

PRESCHANS, chants d'église : « Beaulx preschans et letanies ».

PRESCRIPT, précepte, prescription.

PRÉSENT (de), à présent.

PRESTERES, tourbillons ardents qui renversent et brûlent tout ce qu'ils rencontrent.

PRESTOLANS, juges de campagne.

PRESTOLER, attendre.

PRESTREGAUX, PRESTREGESSES, mots grotesques formés avec le mot *prestre*.

PRESTRE JEAN, PRESTHAN, nom donné, au moyen âge, à un souverain oriental dont les États étaient mal définis, et sur lequel des légendes fabuleuses avaient cours.

PRÉTEUR, les trois mots qui résumaient les fonctions du préteur à Rome étaient : *Do, dico, addico*.

PREU, profit, avantage : « Ny preu ny raison ».

PREU, PREUDE, sage, vertueux, et aussi vaillant, qui est le sens primitif de ce mot.

PREUDHOMIE, sagesse, vertu.

PRÉVOSTE D'ORLÉANS. — Voyez *Farfadets*.

PRIERATEM, Sylvestre de Prieria, jacobin mort en 1520, a traité du jeûne dans ses écrits théologiques.

PRIME CUVÉE, première cuvée.

PRIME VERE, printemps.

PRIMIPILE, du premier ordre. C'était, chez les Romains, le premier soldat de la première centurie.

PRINSAULTIER, prime-sautier, qui va du premier saut.

PRIORIS, musicien du temps de Rabelais.

PRIOUR, prieur.

PRIVÉ, lieu d'aisance.

PRIVING, beau-fils ; *privignus*.

PROBOSCIDE, trompe d'éléphant.

PROCHAS, POURCHAS, poursuite : « Legiers au prochas ».

PROCULTEUR, PROCULTOUS, pour *procureur*.

PROCURER, avoir soin, cultiver, rechercher : « N'ay rien tant procuré que paix ».

PRODENOU, cordage fixé à l'antenne d'un vaisseau.
PROFICIAT, bienvenue, gratification.
PROFUNDITÉ, profondeur.
PROGNOSTICQUEURS, faiseurs de pronostications et prophéties.
PROLEPSIE, figure de rhétorique par laquelle on prévoit les objections que l'on peut vous faire.
PROMARGINARE, qui occupe la marge, marginal.
PROMECONDE, économe, dépensier.
PROMOVOIR, aller en avant, avancer ; exciter, conseiller.
PROMPTUAIRE, source, issue ; dépôt de marchandises.
PROPENSER. — Voyez *Pourpenser.*
PROPHYLACTIQUE, préservatif.
PROPOUSER, exposer.
PRORE, proue.
PROSCRIPT, mis à l'encan.
PROSOPOPÉE, figure de rhétorique par laquelle on fait parler des personnes absentes ou mortes ; fiction, supposition de personnes.
PROTERVIE, insolence, impudence ; sacrifice *propter viam,* chez les Romains. Ce que dit Rabelais au chapitre II du livre III est tiré du chapitre II du livre II des *Saturnales* de Macrobe.
PROTOTYPE, premier exemplaire; original.
PROTRAICT, portrait.
PORTRAICTURES, dessins.
PORTRAIRE, représenter, dessiner.
PROU, assez, beaucoup : « Prou sacs », beaucoup de sacs.
PROVEUT, pourvut.
PROVIDENCE, prévoyance, prudence.
PROXIME, prochain.
PRUDENTEMENT, prudemment.
PSOLOENTES, résidu noir et fuligineux provenant de la foudre.
PSYCOGONIE, génération de l'âme.
PTISSANE, tisane.
PTOCHALAZON, un pauvre glorieux (livre III, chapitre XXV); πτωχος, pauvre, αλαζών, fier, arrogant, insupportable.

PTYADES, sorte de serpents.
PUDENDES, parties honteuses.
PULMON, poumon.
PULVERIN, la lumière d'une pièce d'artillerie, où se met la poudre de l'amorce.
PUMICE, pierre ponce.
PUNAYS, puant, infect.
PUNGITIF, poignant, piquant.
PUPUT, huppe ; oiseau.
PURÉE SEPTEMBRALE, vin.
PURGATOIRE DE SAINT-PATRICE, fameux au moyen âge, était une caverne sombre, située au milieu d'un lac, dans le comté de Donegal, en Irlande. On croyait que ceux qui s'y renfermaient pendant une nuit, et accomplissaient certaines cérémonies, en sortaient purgés de tout péché, après avoir eu des visions de l'autre monde.
PURPURÉ, pourpré, rouge.
PUSSE, puce.
PUTHERBE, pour *Puits-Herbault,* moine de Fontevrault, ennemi de Rabelais.
PYE, pie, de deux couleurs ; poil de certains chevaux.
PYRÉICUS, c'était un peintre de genre dont parle Pline. — Voyez livre XXXV, chapitre XXXVII — 1, traduction de M. Littré.
« Se bornant à des sujets bas, il a dans cette bassesse obtenu la plus grande gloire. On a de lui des boutiques de barbier et de cordonnier, des ânes, des provisions de cuisine et autres choses semblables ; ce qui le fit surnommer Rhyparographe ('Ρυπαρογράφος, *sordidarum rerum pictor*).
« Ses tableaux font toujours un plaisir infini, et ils se sont vendus plus cher que de très grands morceaux de beaucoup d'autres».
PYROMANTIE, divination par le feu.
PYROPE, escarboucle couleur de feu.
PYRRHONIENS, philosophes sectateurs de Pyrrho, qui enseignait qu'il fallait toujours douter. Ils ont été nommés Sceptiques, Aporrhétiques, et Éphectiques. — Voyez Aulu-Gelle, chapitre IV du livre II.
PYRRICQUE, danse armée.
PYTHON, devin, sorcier.

Q.

QUADERNES, double quatre, au jeu de dés.
QUADRANNIER, qui a quatre ans.
QUADRANT, cadran.
QUADRAT, carré, quadrature.
QUADRATURE, enceinte, charpente.

QUADRINITÉ, multiplication d'un nombre par quatre.
QUADRIVRIES, carrefours.
QUADRIVIUM, les quatre parties du second cours d'études, au XIIe siècle, savoir l'a-

rithmétique, l'astronomie, la géométrie, la musique.

QUADRUPLE, amende du quadruple.

QUAND, quant : « Quand à moi ».

QUAND, pour *si* : « Quand je le saurois », si je le savais.

QUANDE. — Voyez *Martin (saint)*.

QUANQUE, tout ce que.

QUANT, QUANTE, adjectif : quel nombre, combien : « Quelles et quantes couleurs... » « Quantes victoires ont été, etc. »

QUANT EST DE, en ce qui concerne, à l'égard de.

QUAQUEROLLES. — Voyez *Caquerolles*.

QUARREAU d'arbalète, grosse flèche à fer quadrangulaire.

QUARRELEURE, pavage, piqûre à carreaux ; la formation et la couture de la semelle des souliers. — Voyez *Carrelure*.

QUARRES, facettes d'un diamant taillé.

QUARROY, chemin. — Voyez *Carroy*.

QUART, QUARTE, quatrième.

QUARTEMENT, quatrièmement.

QUATIR, ébranler, agiter, renverser.

QUATRIDIEN, de quatre jours.

QUE, qui, lequel ; « qu'est..., » qui est.

QUE, ce que : « Voylà ce que c'est ».

QUE, tant : « Dix ou douze que levraulx que lapins ». — « Que masles que femelles ».

QUEBECU (DE), auteur d'un prétendu livre sur l'utilité d'écorcher les chevaulx. De l'Aulnay croit qu'il s'agit de Guillaume du Chêne (A Quercu), commentateur de saint Grégoire.

QUECONQUES, quelconque.

QUEL, tel que : « Quel fut Silène ».

QUELLE, laquelle : « A quelle voix tous se levèrent ».

QUEMIN, chemin, dialecte picard.

QUENTIN (JEAN), un des condisciples de Rabelais à Montpellier.

QUERIR, QUERRE, chercher.

QUERITANS, cherchant, demandant.

QUESTEURS, quêteurs.

QUEUE DE MERLUZ (à), terminé en pointe divisée en deux parties.

QUEUX (MAISTRE), cuisinier.

QUICQUONQUES, QUICONQUE, quelconque.

QUIDDITATIF, essentiel.

QUIETE, repos. Ce mot est aussi adjectif.

QUINAIRE (nombre), cinq.

QUINAUD, camus : « Faire quelqu'un quinaud », le coller au mur, le mettre à court de réponses.

QUINCUNCE (ordre), c'est une disposition d'arbres rangés de telle façon qu'ils représentent la figure de la lettre V. Or cette lettre en latin sert de marque pour le nombre cinq, qu'ils appellent *quinque*, d'où vient *quincunce*. Davantage, si vous ajoutez au-dessous de V un autre V renversé Λ, vous ferez une disposition et figure qui représentera un X, qui s'appelle en latin *ordo per decusses*, en françois ordre croisé, fait en croix Saint-André. Il faut, outre plus, noter que par ce mot de *quincunce* l'on entend toujours l'une et l'autre disposition des arbres, car ce ne sont que deux V, joints ensemble l'un sur l'autre, mais celui de dessous est renversé : l'Auteur en fait mention au livre I, chapitre LV *(Alphabet de l'auteur françois)*.

QUINES, double cinq au jeu de dés.

QUINQUENAYS, village du Chinonnais.

QUINQUENELLE, répit de cinq ans accordé à un débiteur.

QUINT, QUINTE, cinquième.

QUINTAINE, but, poteau ou jaquemart contre lequel on jouait : « Jouster à la quintaine ».

QUINTE CALABROIS, Quintus Calaber, dont nous avons les *Prætermissa ab Homero*.

QUINTE-ESSENCE, la quintessence est la couleur, la saveur, la vie et les propriétés des choses, c'est un esprit semblable à l'esprit de vie. Le vin contient en soi une quintessence de grande vertu et en grande quantité, par laquelle il fait des actions admirables. *(Abrégé de la doctrine de Paracelse)*.

QUINTESSENCIEL, QUINTESSENTIAUX, adjectifs faits du mot *quinte-essence*.

QUITTE, celui qui a payé ses dettes : « Un pet pour les quittes ».

QUITTER, céder, abandonner.

QUOTTER, coter, noter.

QUOY, tranquille, en repos ; comme *coy*.

R

RABANISTES, porteurs de rabat ; on disait aussi *rabaniste* pour rabbiniste.

RABAT, lutin, esprit follet.

RABBES, raves.

RABILLER, réparer.

RABOUILLIERE, trou à l'écart où la lapine fait ses petits.

RABREBANS, grands, principaux ; mot hébreu.

RACLETORETS, ceux qui, dans les bains, raclent la peau du corps pour la rendre plus douce.

RACQUEDENARE, racle-deniers, capitaine de Picrochole.

RAILLARD (bon), bon compagnon, joyeux compère.

RAILLON, flèche, dard.

RAIRE, raser.

RAITZ, rasés : « Se soucioyt aussi peu des raitz comme des tonduz ».

RAMBADES, garde-fous placés au-dessus des fronteaux, des gaillards et dunettes d'un vaisseau.

RAMBERGES, vaisseaux longs et étroits, à rames.

RAMEAU, Ramus. — Voyez Galland.

RAMEAU D'OR tant célébré par Virgile :

Primo avulso non deficit alter
Aureus, et simili frondescit virga metallo.
(Æneid, lib. VI, v. 136.)

RAMÉE, branches d'arbre, berceau de verdure, ombrage.

RAMENTEVOIR, RAMENTER, rappeler à la mémoire, remémorer.

RAMINAGROBIS. On veut que ce soit Guillaume Du Bois, dit Cretin, dont les poésies ont été recueillies ; Paris, Simon du Bois, 1527, in-8° ; et, ce qui le prouve, c'est que le rondeau que Rabelais lui attribue (*Prenez la*) se trouve en effet dans les poésies de Cretin. Il est adressé à Christophe de Refuge, qui l'avait consulté sur son mariage. Ce rondeau présente, dans l'original, de légères différences. Au lieu de *si ne la prenez*, on y lit : *et si la laissez ;* au lieu de *recullez, differez ;* au lieu de *souhaittez luy vie,* on lit : *desirez sa vie.* Les vers 9 et 10 sont dans un ordre inverse ; enfin le refrain est *prenez la,* au lieu de *prenez la, ne.* Ce rondeau porte la signature ordinaire de Cretin : *mieux que pis.*

RAMINAGROBIS, gens fourrés d'hermines.

RAMON, balai à long manche ; d'où l'on a fait *ramoner* et *ramoneur*.

RAMPER, grimper, gravir : « Rampant contre une muraille ».

RANCE. Rance, baron de Cère, gentilhomme romain, comte de Pontoise, général des troupes du pape, du roi de France et des Vénitiens, joua un tr grand rôle dans les guerres d'Italie.

RANCO (de), de rang en rang, de main en main.

RANCON, arme dont le fer, plat, se terminait en pointe avec un crochet recourbé de chaque côté, en forme de fleur de lis. De l'italien *rampicone*, crochet.

RANCON, outil de tisserand.

RANE GYRINE. — Voyez la *Briefve Déclaration*.

RAPHE, pour rafle, jeu de mains.

RAPHES, espèce de loups mouchetés comme le léopard.

RAPINEUX, voleur, pillard.

RAPPALLUS, nom comique de diable.

RARITÉ, rareté.

RASETTES, petit os du bras et de la jambe.

RAT, lapsus, faute de langue ou de conduite.

RATACONNEUR, rapetasseur : « Rataconneur de bobelins ».

RATACONNICULER, *far l'atto*.

RATELLE, rate.

RATEPENADE, chauve-souris.

RATIOCINATION, raisonnement.

RATIOCINER, raisonner.

RATIONAL, rationnel, logique.

RATOUERE, RATOUOIRE, ratière.

RAVALLER EN PRIS, baisser de prix.

RAVASSER, rêver ; d'où *ravasserie* et *ravasseur*.

RAVELINS, ravins, revers d'un fossé ; terme de fortification.

RAZES. — Voyez la *Briefve Déclaration*.

RÉALEMENT, réellement.

REALZ, espèce d'esturgeons.

REBEC, ancien violon à trois cordes.

REBEC (visage de), parce que sur le manche de cet instrument était ordinairement sculpté un visage grotesque.

REDECQUER (se), se rebiffer, se révolter.

REBINDAINES (à jambes), les quatre fers en l'air.

REDOURS, REBOUS, REBOUSSE, revêche, acariâtre : « Femme rebousse ».

REBOUSCHER, s'émousser.

REBRASSER (se), se retrousser, relever sa robe : « Par la Vierge qui se rebrasse ! » Allusion à quelque image de sainte Marie l'Égyptienne. Cette sainte a, dans sa légende, un trait peu édifiant que reproduisaient naïvement les peintres du moyen âge.

REBRASSIT (se), se retroussa.

REBRAZ, repli : « Entendement à double rebraz », entendement profond.

RECAMÉE, brodée.

RECAMEURS, brodeurs.

RECENSER, compter.

RECENTEMENT, récemment.

RECEPVANS, ceux qui reçoivent.

RECEPVENT, reçoivent.

RECESSE, enfoncement, retraite, lieu caché.

RECHINER, rechigner, faire la moue, être de mauvaise humeur.

RECIPROCANTES, réciproques.

RECOLER, rassembler, recueillir, réciter : « Recoler les passages des auteurs ».
RECONFORTER (se), se rassurer, se consoler.
RECORDATION, mémoire, souvenir.
RECORDER, rappeler, remettre en mémoire.
RECORDS, qui se souvient.
RECOURSER, retrousser.
RECOUVERT, RECOUVERTE, recouvré, obtenu.
RECOUVRIR, recouvrer.
RECREU, fatigué.
RECTIFIER, redresser : « Rectifle le membre ».
RECUEIL, accueil.
RECUEILLIR, accueillir.
RECULLONS (à) ; ceux qui gagnent leur vie à reculons, ce sont les cordiers.
RECULORUM (à), en arrière, à l'écart.
RECUTITZ, circoncis.
REDAMER, aimer.
REDIGER, réduire.
REDOLENT, odorant, aromatique.
REDUIRE, ramener : « Luy reduit à memoire », lui remet en mémoire.
REFFUIR, fuir : « Refui du monde », fui, évité, repoussé du monde.
REFRAISCHIR, rafraichir. D'où *refraischissement, refreschisseurs.*
REFRAISCHIR (se), se rafraichir, se reposer : « Se refraischir en courage ».
REGARD (au), à l'égard.
REGNAULT DE MONTAUBAN, personnage des poëmes carlovingiens, resté populaire.
REGOUBILLONNER, faire le réveillon, manger la nuit.
REHABILLITER, ranimer : « Rehabilliter le cerveau ».
RÉITERATIONS, actes de procédure.
RELENTEUR, mauvais goût que nous nommons *relent.*
RELES, relais.
RELIEFZ, restes.
RELIEVE, relève : « Relieve mon appel ».
REMBARRER, renforcer, consolider.
REMEMBRER, rappeler.
REMOLLIR, ramollir.
REMOLQUER, remorquer.
REMORE, petit poisson auquel les anciens attribuaient la vertu d'arrêter la marche des vaisseaux.
REMPARER, élever, relever les remparts d'une ville, la fortifier.
RENARD : « Écorcher le renard », vomir, rendre sa gorge.
RENYER, renier : « Je renye bieu », juron.
REPAIRE, crotte de lapin.
REPAISSAILLE, repas.
REPAISTRE, nourrir, se nourrir, prendre son repas, manger.

REPARATION de dessoubz le nez, repas.
REPASTZ, repas.
REPOUS, repos ; adjectif : reposé.
REPUGNANCE, opposition, contradiction.
REPUGNANT, contradictoire.
REPUGNATOIRE, défensif.
REQUAMÉ, brodé.
REQUERIR, demander.
REQUESTE (de), demandé, recherché.
REQUIESCE, repose.
REQUIS, nécessaire.
RESECQUER, couper, retrancher.
RESERRÉ, renfermé ; s'appliquant aux choses et aux personnes.
RESIEUNER, RESSINER, RECINER, verbe et substantif : repas entre le diner et le souper, collation ; collationner, faire ce repas.
RESOLUS, au temps présent du verbe *résoudre* : « Là je me résolus ».
RESPIT, répit, délai.
RESPLENDENTES, resplendissantes.
RESPLENDEUR, splendeur.
RESPONSES, réponse, sorte de salade.
RESPONSIF, RESPONSIVE, qui répond.
RESSAPER, réparer : « Ressaper contrescarpes ».
RESTE, loisir : « A toutes restes ». — Voyez *Enviz.*
RESTE, ce qui reste : « La reste du sel ».
RESTILE, qui produit, qui rapporte tous les ans.
RESTITUER, rétablir.
RESTRINCTIF, médicament astringent.
RESUDANT, plein de suc.
RESUDATION, sueur.
RESVEIGLER, réveiller.
RESVERIE, sottise, vaine imagination.
RESVOUOIR, endroit où l'on rêve.
RETAILLATZ, circoncis ; *alias* châtré, eunuque.
RETAILLONS, morceaux, rognures, gratte.
RETOMBE, vase à boire.
RETONDISSOIT, retentissait.
RETRAICT DU GOUBELET, lieu retiré, retraite pour les buveurs.
RETRAICT LIGNAGIER. On nommait *retraict* les lieux d'aisance. Le *retrait lignagier* était l'action par laquelle, dans l'ancienne jurisprudence, le parent d'une certaine ligne pouvait retirer l'héritage des mains de celui qui l'avait acheté. Rabelais fait une équivoque sur ces deux expressions.
RETRIBUTEUR, qui rend à chacun ce qui lui est dû : « Dieu juste et retributeur ».
RETZ ADMIRABLE, lacis de vaisseaux que les anciens anatomistes disaient situé aux côtés de la selle de l'os sphénoïde.
REVELATION, l'Apocalypse.

REVERENTEMENT, avec révérence, avec respect.
REVOCQUER, rappeler.
REVOLVER, dérouler, feuilleter.
REZ, rasés : « Des rez et des tondus ».
RHAGADIES, crevasses, gerçures.
RHAGANES, sorte de reptiles.
RHAGIONS, araignées venimeuses. Voyez Pline. livre XXIX, chapitre XXVII.
RHETORICQUEUR, poète, orateur.
RHIZOTOME, était un jeune page qui servait à Gargantua comme d'un apothicaire, au livre I, chapitre XXIII. Il vient du grec ῥιζοτόμος; un coupeur et tailleur de racines, tels que sont les droguistes et herboristes.
RHODIENS (chevaliers), chevaliers de Saint-Jean de Jérusalem, établis à Rhodes, puis à Malte.
RHOMBE, sabot, toupie.
RIBAUDAILLE, canaille.
RIBAULT, RIBAULDE, débauché, vaurien.
RIBLEUR, coureur de nuit, batteur de pavé.
RIBON, RIBAINE, bon gré, mal gré.
RICOCHET (la chanson de). Cette locution remonte au delà de l'époque de Rabelais. On la trouve dans les sermons français de Gerson.
RIDDE, monnaie d'or valant 50 sous.
RIENNEVAULX, vauriens.
RIFLER, égratigner, érafler. Ce mot a de plus le sens de manger, avaler.
RIGOLER (se), SOY RIGOULLER, se divertir, s'ébattre.
RILLÉ, restes, desserte.
RIMER, faire des vers, prendre au pot. « As-tu prins au pot, vu que tu rimes déjà ». Le mot *rimer*, dans quelques dialectes provinciaux, se dit des viandes qui, par suite d'une cuisson trop ardente, attachent aux parois du vase où elles cuisent, ou, comme dit Grandgousier, prennent au pot.
RIOLÉ, rayé de diverses couleurs.
RIOTTES, disputes, rixes.
RIPAROGRAPHE. — Voyez *Pyréicus*.
RIPE (en), *in ripa*; sur le rivage.
RIPPERIE, comme *fripperie*.
RIPPES, artières, petits poissons.
RIRE, employé activement : « Riant les faictz ».
RISSES, hérissons.
RITUAL, rituel.
RIVERANS, bateliers.
RIVEREAUX, grappins.
RIVET, cordeau : « Selon la loy que l'on tire au rivet ».
ROBBE (en), en cachette, à la dérobée : « Boire deux petits coups en robbe ».
ROBBER, dérober, voler.
ROBIDILARDICQUE, adjectif forgé par Rabelais,

et ayant le sens de : favorable à ceux qui aiment le lard.
ROBIN, nom traditionnel d'un mouton.
ROBINET (FRANÇOIS), un des condisciples de Rabelais à Montpellier.
ROBOASTE, nom d'un géant.
ROCHES SAINCT PAOUL (les), les Roches-Saint-Pol, paroisse et prieuré du diocèse de Tours.
ROCQUETTE, petite roche, élévation, fortin.
ROCTER, roter.
ROCZ, tours, au jeu d'échecs : « Rocz et pions ».
RODILARDUS, ronge-lard ; nom d'un chat.
RODOGINE (Jacobe), célèbre engastrimythe ou ventriloque.
ROGATONS, résidus de toutes sortes : « Porteurs de rogatons et de costrets ».
ROGUE, fier, hargneux.
ROGUEMENT, fièrement, avec hauteur.
ROIGNER, rogner.
ROLAND (la mort) : « Mourut de la mort Roland », c'est-à-dire de soif.
ROMANICQUE (compte), supputation romaine qui faisait commencer l'année au 1er janvier, et non à Pâques.
ROMICOLES, soumis à Rome.
ROMIPETES, allant à Rome.
ROMIVAGE, pèlerinage.
RONDELIERS, soldats armés de rondelles, petits boucliers ronds.
RONDIBILIS, c'est Guillaume Rondelet, médecin de Montpellier, de qui nous avons une *Histoire des poissons*, dont la traduction fut imprimée à Lyon, chez Macé Bonhomme, 1558, in-folio.
RONFLE VEUE : « Vous me remettez à point en ronfle veue », vous rompez toutes mes idées, vous me déconcertez. L'expression est tirée d'un ancien jeu de cartes où le point s'appelait *ronfle*.
ROSTOCOSTOJAMBEDANESSE, nom burlesque forgé par Rabelais.
ROTTE, vielle, instrument ainsi nommé de la roue (*rota*) qui tourne sur les cordes.
ROUAISONS, Rogations.
ROUART, bourreau.
ROUEN, poil rougeâtre du cheval.
ROUER, tourner : « En rouant », en tournant, en faisant la roue.
ROUPTE, ROUTE, déroute, fracture, tronçon « Fuyoient à la route », fuyaient en déroute.
ROUPTZ, rompus, défaits.
ROUSCHE, ruche.
ROUSÉE, rosée.
ROUSSETTES, chiens de mer.
ROUSSIN, cheval de service ; d'où *roussiner*, faire le roussin, saillir.

Roust, rôt.
Roustir, rôtir : « Je vous les vends à roustir ou boillir ».
Rouy, macéré, pourri dans l'eau; opération que l'on fait subir au chanvre et au lin.
Rouzeaux, roseaux.
Rouzée, musicien contemporain de Rabelais.
Royaulx d'or, monnaie frappée sous Philippe le Bel. Les petits royaux valaient onze sous parisis, et les gros le double.
Royaume : « Bon coursier du royaume » ou du règne, comme on disait communément, c'est-à-dire du royaume de Naples.
Royddimet (frère); il est facile de décomposer ce nom.
Rozuins, princes; mot hébreu.

Ruach, souffle, vent; mot hébreu.
Rubettes, grenouilles venimeuses : « Sang de rubettes ».
Ruer, frapper, abattre, jeter : « Rués », jetés à bas, renversés.
Ruer, se jeter : « Ruer en cuysine ».
Ruffien, débauché, souteneur de fille.
Ruffiennerie, substantif du mot précédent.
Rugient, rugissent.
Ruiner, tomber en ruine : « Si ta maison debvoit ruiner ».
Rusterie, tête de mouton assaisonnée; manger de rustre.
Rustrement, à la rustique, à la rustre.
Ruteles, sorte de reptiles.
Ruyt, rut : « Entrer en ruyt », entrer en rut.

S

S', si : « S'en rien oultrepassa ».
Sabaoth (Dieu), Dieu des armées.
Sabouler, houspiller, bousculer, dans un sens érotique.
Sabourre, lest.
Sabourrer, lester, garnir; embourrer, dans un sens érotique.
Sabtins, sorte de reptiles.
Sabuleuse (mer), mer sablonneuse, aréneuse.
Saburrer, comme sabourrer.
Saccade, secousse. *Eroticè* : « Aura la saccade ».
Saccader, donner la saccade dans un sens érotique.
Sacmenter, mettre à sac, saccager.
Sacqueboutte, trompette harmonique; aujourd'hui le trombone.
Sacquer de l'espée, tirer l'épée du fourreau, dégainer.
Sacre, sacré : « Les sacres Bibles ». « Les sacres Lettres », la sainte Écriture. « La feste du Sacre », la fête du Saint-Sacrement, Fête-Dieu.
Sacres, oiseaux de proie.
Sacrificules, petits sacrifices.
Sacsacbezevezinemassé, mot forgé par Rabelais et dont on peut deviner le sens.
Sade, gentil, gracieux.
Saffrette, agréable, appétissante.
Sagamions, préfets; mot hébreu.
Sagane, sorcière, devineresse.
Sage, saie, habit court, casaque.
Sagette, flèche.
Sagittaire (art), le talent de tirer des flèches.
Sagittarius, le Sagittaire, signe du zodiaque.

Sainct foin, sainfoin.
Sainct Gris. — Voyez *Gris*.
Sainct Hiaccho, saint Jacques de Compostelle.
Saingelais, Mellin de Saint-Gelais, poète contemporain de Rabelais.
Sainsambreguoy, juron, est écrit parfois : *Sainct sang breguoy*.
Saint Antoine (feu), mal des ardents.
Saint Ayl, Saint-Ay, près d'Orléans.
Saint Eutrope (mal), hydropisie.
Saint Genou (mal), la goutte.
Saint Gildas (mal), la folie.
Saint Jacques (le chemin), la voie lactée.
Sainct Victor (la librairie de), la bibliothèque de l'abbaye de Saint-Victor, dont Rabelais a dressé le catalogue burlesque et satirique.
Salacité, luxure.
Salade, casque, armure de tête.
Salel (Hugues), de Casals en Quercy, abbé de Saint-Chéron, né vers 1504, mort en 1553, compatriote et ami de Marot, et comme lui valet de chambre de François Ier.
Saleures, salaisons.
Salbrenaux, personnages ridicules et puants.
Salfuges, sangsues, parce que le sel leur est nuisible.
Salmigondin, châtellenie en Utopie, d'où *Salmiguondinoys*, pays de Salmigondin, et *Salmiguondins*, habitants de ce pays.
Salse, salé.
Salutz d'or, monnaie du XVe siècle, valant 22 sous parisis.
Salvant, sauvant, réservant.
Salvation, salut, réserve, acte juridique de conservation.

SALVERNE, grande tasse, écuelle.
SAMMAIEU, Saint-Matthieu, cap de Bretagne.
SAMMALO (port), Saint-Malo.
SANCTIMONIALES, religieuses.
SANCTORONS, dévots aux saints.
SANGEDÉ, courte épée.
SANG DE LES CABRES ! juron gascon, c'est-à-dire : Sang des chèvres !
SANGLADE D'ESTRIVIÈRES, coups d'étrivières.
SANGLERON, marcassin.
SANGLES, sorte de reptiles.
SANGLOUTER, SANGLOUTTER, sangloter.
SANGREAL. — Voyez *Gréal*.
SANGUIFIER, changer en sang.
SANITA ET GUADAIN, MESSER ! Santé et gain, monsieur !
SANXIONS, sanctions, prescriptions.
SANXIR, sanctionner.
SAPHIZ, saphirs.
SAPIENCE, savoir, sagesse.
SAPORTA (ANT.), un des condisciples de Rabelais à Montpellier.
SAPPER, enlever.
SAQUEBOUTES, comme *sacqueboutes*.
SARABOVITTES, SARABOUITES, sarabaïtes, moines déréglés dont parle Bernard de Luxembourg.
SARABROTH, géant.
SARBATAINE, sarbacane.
SARDAINE, Sardaigne.
SARDAINES, sardines.
SARGE, serge : « Sarge de soye ».
SARINS, auliques, eunuques ; mot hébreu.
SARISSE, pique macédonienne.
SARRAZINESQUE, de Sarrasin.
SASSÉ, passé au sas.
SATIN (pays de), pays qu'on voit sur les tapisseries.
SATINIZÉ, satiné.
SATISFAIRE, payer ce qu'on doit.
SATYRICQUE (le), c'est Perse, qui dit :

Magister artis ingeníque largitor
Venter.

SAUCONDUICT, sauf-conduit.
SAULCEVERT, sauce piquante qu'on criait dans les rues de Paris.
SAULGRENÉE, ragoût de pois assaisonnés au beurre, aux fines herbes, etc. Figurément, mélange, macédoine.
SAULLAYE, saussaie, lieu planté de saules.
SAULMATES, cretons, menues fritures, viandes salées.
SAULNIER, marchand de sel.
SAULSER, tremper : « Ja ne saulcera son pain en ma soupe », c'est-à-dire, ne me fera cocu.
SAULVAGINE, gibier, venaison.

SAULVE, sauf.
SAULVEMENT, sûreté, abri, salut.
SAULVETÉ, salut, sûreté.
SAULX, saules ; arbres.
SAVORADOS, potage fait d'os et de débris de viande.
SAYE, soie.
SAYON, saie, habit court.
SCALAVOTINS, espèce de lézards.
SCALLE, escale, mouillage : « Faire scalle », aborder.
SCANDAL, sonde d'un vaisseau.
SCANDALÉ, scandaleux, faisant scandale.
SCATOPHAGE, qui se nourrit d'excréments.
SÇAVANT, sachant.
SCHEDULES, cédules, billets : « Si le papier de mes schedules beuvoyt aussi bien que je fays, mes crediteurs, etc. »
SCHIBBOLETH, mot hébreu qui signifie également un épi et un fleuve ; qui jadis, dit-on, servit de mot du guet aux habitants de Galaad, dans la guerre qu'ils firent aux Éphraïmites. Ces derniers ne pouvaient pas bien prononcer le *schin* hébreu, et disaient *Sibboleth* au lieu de *Schibboleth* ; ils étaient aussitôt massacrés par ceux de leurs ennemis qui les rencontraient.
SCINTILANT, étincelant.
SCINTILE, scintille, étincelle.
SCIOMACHIE, combat simulé, ombre d'un combat.
SCIOMANTIE, divination par les ombres.
SCIOPE, arquebuse, de l'italien *schioppo*.
SCIZEAUX, ciseaux.
SCLAVONIQUE, d'Esclavonie.
SCLIRRHOTIQUE, squirreux, qui a un squirre.
SCOLOPENDRES, reptiles à un grand nombre de pieds.
SCORDÉON, ail, en grec.
SCORPENE, scorpion jaune. — Voyez Pline, livre XXXII, chapitre LIII.
SCORPION, fouet d'armes ; arme offensive.
SCOTINE, obscure, ténébreuse.
SCOTISTES (docteurs), disciples de Duns Scot, le Docteur subtil.
SCRIPTEURS, écrivains.
SCROPHULES, écrouelles.
SCURRON, Jean Schyron, maître ès arts et professeur de médecine à Montpellier.
SCYDALE, étron ; mot grec.
SCYLLE, Scylla.
SCYTALES, sorte de reptiles.
SCYTHROPES, lugubres, du mot grec σκυθρωπός.
SE, ce.
SEBASTE, vénérable ; nom d'un des capitaines de Gargantua.

SECHABOTH, escarbot, scarabée.
SECURIDACA, fève de loup, herbe nuisible aux lentilles.
SEDÉ, apaisé : « Ces rys du tout sedez ».
SEGUIN, musicien contemporain de Rabelais.
SEICHE, poisson qui épanche à volonté une liqueur noirâtre.
SEIGLE, locut. prov. : « Frapper comme sus seigle verd ».
SEIGNER (se), faire le signe de la croix : « Faulte de s'estre seignez de la bonne main au matin ».
SEIGNY, pour senex, le vieux : « Seigni Joan ». On trouve le portrait de Seigny Joan dans la *Nef des fols*.
SEILLAULX, seaux.
SEILLE, baquet, seau.
SEILLE, seigle : « Les abbastoit comme seille ».
SÉJAN, SEIAN (cheval). — Voyez la *Briefve Déclaration*.

    Aulu-Gelle parle d'après Gabius Bassus et Modestinus de ce cheval, descendant en ligne directe de ceux de Diomède. « Primum (dit-il), illum Cn. Sejum dominum ejus a M. Antonio qui postea triumvir reipublicæ constituendæ fuit, capitis damnatum miserando supplicio affectum esse : eodem tempore Cornelium Dolabellam consulem in Syriam proficiscentem famam istius equi adductum Argos devertisse, cupidineque habendi ejus exarsisse, emisseque eum sestertiis centum millibus : sed ipsum quoque Dolabellam in Syria bello civili obsessum atque interfectum esse : mox eumdem equum, qui Dolabellæ fuerat, C. Cassium, qui Dolabellam obsederat, abduxisse. Eum Cassium, postea satis notum est, victis partibus, fusoque exercitu suo miseram mortem oppetiisse : deinde Antonium post interitum Cassii, parta victoria, equum illum nobilem Cassii requisisse ; et cum eo politus esset, ipsum quoque postea victum atque desertum detestabili exitio interisse. Hinc proverbium de hominibus calamitatis ortum, dicique solitum : *Ille homo habet equum Sejanum*.

SÉJOUR (de), reposé, de loisir.
SELA, certainement ; mot hébreu.
SELANDE, Zélande.
SELSIR, serpent dit le sepedon ou le pourrisseur.
SEMBLANCE, ressemblance, similitude.
SEMIBRIEFS, demi-briefs, de demi-brèves ; crochus, de croches, et fredons, forment une suite de jeux de mots empruntés à la musique.
SEMI-DIEUX, demi-dieux.

SEMONDRE, avertir, inviter, convoquer, d'où *semonce*, invitation, sommation.
SEMPITERNEUSE, sempiternelle : « Vieille sempiterneuse ».
SEMPITERNITÉ, éternité.
SENECA, *De quatuor Virtutibus cardinalibus* : traité pseudonyme de Martin, évêque de Mondonedo.
SENEGE, Sénégal.
SENES, double six, au jeu de dés.
SENESTRE, gauche.
SENOGUE, qui purge les humeurs étrangères.
SENTEMENT, sentiment.
SENTENTIER, juger, décider.
SEPEDON. — Voyez *Selsir*.
SEQUANE, la Seine.
SEQUENYE, souquenille.
SERAIN, serein, tranquille.
SERAPP, scharati, monnaie d'or d'Égypte, d'un or très pur.
SERCLEURS, sarcleurs.
SERES, peuples de la Chine.
SERFOUETTE, outil de jardinier pour remuer la terre.
SERIZOLLES, Cérisolles, où se livra une des batailles les plus importantes de cette époque.
SERMENT, pour *sarment*, en jouant sur ces mots.
SERMONES DE UTINO, sermon de Léonard Matthei, dominicain d'Udine.
SERPENTINE, grosse pièce d'artillerie.
SERPER, tirer, remorquer un vaisseau.
SERPILLIÈRE, loque, toile servant à nettoyer.
SERPOULLET, serpolet.
SERRAIL, domicile : « Tous gens de bien en leur serrail et privé ».
SERRARGENT, pour *sergent*, en faisant un jeu de mots.
SERRECROPYERE (jouer du), prendre le déduit, *far l'atto*.
SERT, le service de la table, par opposition à *dessert*.
SERTORIANES (guerres), de Sertorius.
SERVATEUR, sauveur, conservateur.
SERVER, observer, conserver.
SERVICE DU VIN, service divin ; jeu de mots.
SERVITES, religieux consacrés à la Vierge.
SES, ces.
SESOLFIE, pensif, troublé, morne.
SEULET, tout seul.
SEUR, sûr.
SEXTE-ESSENCE, pour enchérir sur la Quinte-Essence.
SEXTERÉE, mesure de terrain ; ce que peut couvrir un setier de blé en semaille.
SEYER, scier, couper : « Seyer le bled ».

Sɪ, de telle sorte : « Si que l'umbre tomboit... »

Sɪ : « Des si c: des mais ».

Sɪʙʏʟʟᴇ : « Voilà le trou de la sibylle ! »

Horrendæque procul secreta sibyllæ,
Antrum immane, petit:..
(*Énéide* livre VI, v. 10 et 11.)

Sɪᴄɪɴɴɪᴇ, saltation satirique du genre du cordax.

Sɪᴄɪɴɴɪsᴛᴇs, qui dansent la sicinnis.

Sɪᴄʟᴇ ᴅ'ᴏʀ, monnaie hébraïque

Sɪᴅᴇʀɪᴛᴇ, de fer : « Pierre siderite », l'aimant.

Sɪɢɪʟʟᴀᴛɪғ, qui scelle, de *sigillum*, sceau.

Sɪɢɴᴀᴍᴍᴇɴᴛ, surtout, particulièrement.

Sɪɢɴᴇ́, marqué : « Signé d'un goubelet ».

Sɪʟᴇɴᴇs, petites boîtes décrites par Rabelais au prologue du livre I.

Sɪʟᴇɴᴛᴇ (lune), la nouvelle lune, invisible ; *luna silens*, dit Pline.

Sɪᴍᴘʟᴇssᴇ, simplicité, naïveté.

Sɪᴍᴜʟᴛᴇ́, haine, inimitié.

Sɪɴᴀᴘɪsᴇʀ, saupoudrer.

Sɪɴɢᴜʟɪᴇ̀ʀᴇᴍᴇɴᴛ, particulièrement.

Sɪᴘʜᴀᴄʜ, mot arabe : membrane qui contient l'estomac, le foie, etc.

Sɪʀɪᴀᴄᴇ (mer), de Syrie.

Sɪʀᴏᴄʜ, vent de sud-est.

Sɪᴛɪᴄɪɴᴇs, chanteurs et joueurs d'instruments sur le tombeau des morts.

Sɪxɪᴇsᴍᴇ. — Voyez *Décrétales*.

Sɪx-ᴠɪɴɢᴛs, cent-vingt.

Sᴏʙʀᴇsᴀᴜʟᴛ, soubresaut.

Sᴏʙʀᴇssᴇ, sobriété.

Sᴏᴄʀᴀᴛᴇs : « Socrate mesuroit le saut des pulces ». Voyez la comédie des *Nuées*, vers 144.

Sᴏʜɪᴇʀ, musicien du temps de Rabelais.

Sᴏʟ, soleil.

Sᴏʟᴀs, sᴏᴜʟᴀs, récréation, consolation.

Sᴏʟᴇɪʟ, locution proverbiale : « Quand le soleil est couché, toutes bestes sont à l'ombre »..

Sᴏʟᴇʀᴇᴛs, sᴏʟʟᴇʀᴇᴛs, armure des pieds.

Sᴏʟɪᴅᴇ, vrai, réel, entier.

Sᴏʟɪᴇʀ, plancher.

Sᴏʟɪғᴜɢᴇs, fourmis venimeuses, qui fuient le soleil. — Voyez Pline, livre XXII, chapitre LXXXI.

Sᴏʟɪsᴛɪᴍᴇ. Les anciens appelaient *solistimum tripudium* le mouvement des oiseaux sacrés qui, en mangeant, laissaient tomber à terre quelques grains qui frappaient le *scl*. Cet augure était réputé favorable. C'est cette expression *solistimum tripudium* que Rabelais rend par *bal solistime*.

Sᴏʟᴏᴇᴄɪsᴀɴᴛ, faisant des solécismes, des fautes.

Sᴏʟᴏᴇᴄɪsᴇʀ, faire des solécismes, se tromper, prendre un mot pour un autre ; manquer son coup.

Sᴏʟᴏғᴜɪᴅᴀʀᴢ, comme *solifuges*.

Sᴏʟᴜ, participe passé du verbe *souldre*, résoudre.

Sᴏʟᴜᴇ (oraison), prose.

Sᴏʟᴠᴀʙʟᴇ, payable.

Sᴏᴍᴍᴇ, sommeil : « Sommelier éternel, guarde-nous de somne ».

Sᴏᴍᴍᴇʀ, compter, calculer.

Sᴏᴍᴍɪsᴛᴇs, théologiens, des *Summæ* formant le corps des études théologiques.

Sᴏᴍɴɪᴀʟ, du sommeil, qui a rapport au sommeil.

Sᴏɴɢᴇ ᴅ'ᴀᴍᴏᴜʀs. — Voyez *Poliphile*.

Sᴏɴɢᴇᴀɪʟʟᴇs, augmentatif de *songes*.

Sᴏɴɢᴇᴀʀs, songeurs.

Sᴏɴɢᴇᴄʀᴇᴜx, personnage comique figurant dans les *Soties*. Un poète du temps de Rabelais a composé un livre intitulé les *Contredits de Songecreux*.

Sᴏɴɢᴇᴜʀ : « Voicy nostre songeur ». — Voyez *Genèse*, chapitre XXVIII.

Sᴏɴɴᴇᴛ, un pet, expression que Rabelais attribue aux sanctimoniales. — Voyez la *Briefve Déclaration*.

Sᴏʀʙᴏɴᴇ : « Le punais lac de Sorbone, dont parle Strabo ». Rabelais écrit Sorbone au lieu de Serbone.

Sᴏʀᴇᴛ, hareng saur.

Sᴏʀᴏʀɪᴛᴇ́, qualité de sœur.

Sᴏʀs, sorts ; substantif féminin.

Sᴏʀᴛɪʙʀᴀɴᴛ ᴅᴇ Cᴏɴɪᴍʙʀᴇs, géant.

Sᴏᴛ, mari trompé.

Sᴏᴛʀɪɴs, préfets ; mot hébreu.

Sᴏᴛᴛᴀɴᴇ, soutane.

Sᴏᴜ, soûl, substantif masculin : « Tu parleras ton sou ».

Sᴏᴜ, soûl, adjectif : « Sou comme un Anglois ».

Sᴏᴜ, saindoux.

Sᴏᴜʙᴀʀʙᴀᴅᴇ, coup sous le menton.

Sᴏᴜʀᴄ̧ᴏɴ, soupçon.

Sᴏᴜʙᴅᴀɴ (le), le Soudan, le Sultan.

Sᴏᴜʙᴅᴀʀᴛ, soldat.

Sᴏᴜʙᴇʟɪɴ, semble être le même mot que *zibelin* : au poil soyeux, comme celui de la martre zibeline.

Sᴏᴜʙʀᴇǫᴜᴀʀᴛ, quatrième par supplément.

Sᴏᴜʙʀʏs, sourire.

Sᴏᴜʙsᴇᴄʀᴇᴛᴀɪɴ, sous-sacristain.

Sᴏᴜʙsᴛʀᴀɪᴄᴛᴇ, lie, ce qui est au-dessous du vin : « Fou de soubstraicte », le rebut, la lie des fous.

Sᴏᴜᴄɪʟʟᴇs, sourcils.

SOUEF, suave, doux.
SOUEVE, Soua'.
SOUFFRETÉ, misère, pauvreté.
SOUICE, Suisse.
SOUILLARDE (de cuisine), laveuse de vaisselle.
SOUISSES, Suisses.
SOULCIL, souci ; plante.
SOULDOYÉ, soldé, payé.
SOULDRE, résoudre.
SOULOIR, avoir coutume.
SOURCILLES, sourcils.
SOURDRE, jaillir, sortir : « Sourdre de bon et loyal courage ».
SOURIZ CHAULVES, chauves-souris.
SOUTENIR ET ABSTENIR, c'est une sentence d'Épictète.
SOUVENTESFOYS, souvent.
SPADASSIN (comte), un des capitaines de Picrochole.
SPADONICQUE, d'eunuque, stérile.
SPAGITIDES (artères), artères parotides.
SPATULES VERVECINES, épaules de mouton.
SPECTABLE, remarquable, digne d'attention.
SPECTACLE : « En vue et spectacle de toute Europe ».
SPECULAIRE (pierre). — Voyez *Phengite*.
SPECULANCE, transparence, diaphanéité.
SPELTE, épeautre ; plante.
SPERME d'esmeraugde, ce que nous appelons prime d'émeraude.
SPERME DE BALEINE, ambre gris.
SPHACELÉ, meurtri, gangrené.
SPHACELER, meurtrir : « Sphaceler les grèves ».
SPHENGITIDE. — Voyez *Phengite*.
SPHRAGITIDE (terre), *terra sigillata*. On la nommait *sphragitide* parce qu'elle ne se vendait que marquée d'un sceau, σφραγίς.
SPINALE (mouelle), moelle épinière.
SPIRANT, respirant.
SPIROLE, petite couleuvrine.
SPLENETICQUE, maladie de la rate.
SPODIZATEUR, proprement : celui qui fait cuire sous la cendre ; au figuré, souffleur, alchimiste.
SPOLIER, dépouiller.
SPONDYLES DU COUL, vertèbres du cou.
S. P. Q. R. : « Si peu que rien », traduction plaisante de l'inscription *Senatus populusque romanus*.
SPYRATHE, crotte de chèvre.
SQUINANCHE, esquinancie.
SQUINANTHI, *calamus aromaticus* ; plante.
SS (allonger les), falsifier les comptes. SS dans les comptes signifiait *sous*.
STADE, mesure de longueur de 125 pas géométriques.

STAMBOUCQ, bouquetin.
STELLIONS, espèce de lézards.
STENTORÉE, de Stentor : « Voix stentorée. »
STERNOMANTES, engastrimythes ou ventriloques.
STERNOMANTIE, divination des engastrimythes.
STEROPES, cyclopes.
STICHOMANTIE, divination par les vers des sibylles.
STINCES, crocodiles.
STIPE, pièce de monnaie.
STIPULÉ, requis, sollicité.
STOCFICZ, de *stockfisch*, morues sèches, en allemand.
STOCFISÉ, morue sèche ; du même mot allemand.
STOMACH, estomac.
STRAIN, straz.
STRIDENT, ardent, dévorant : « Strident appétit ». Perçant : « Son strident ».
STRIPHES, sorte de reptiles.
STRYGES, oiseaux de nuit.
STYGIAL, du Styx.
STYLOBATE, piédestal, appui, soutien des colonnes.
STYMPHALIDES, oiseaux vastateurs du lac Stymphale, qu'extermina Hercule.
STYPTICITÉ, vertu astringente.
SUBJACENT, qui est, qui repose au-dessous.
SUBJECTION, asservissement.
SUBLER, siffler ; *sublet*, un sifflet.
SUBLEVER, relever, soulager, secourir.
SUBMIRMILLER, marmotter.
SUBOURNER, exciter, séduire, suborner.
SUBSECUTOIRE, qui s'ensuit.
SUBSEQUENT, suivant, qui vient après : « Au subsequent jour ».
SUBSIDE, aide, secours, troupes auxiliaires, provisions, vivres.
SUBSTANTER, nourrir, faire vivre.
SUBSTANTIFIQUE, substantiel, nourrissant.
SUBSTRACTION, soustraction, vol.
SUBTERRAIN, souterrain.
SUBVENIR, secourir, aider.
SUBVERSION, destruction, renversement : « Subversions de droict ».
SUBVERTIR, détruire, ruiner : « Subvertir l'estomac ».
SUCCESSITRES, féminin de *successeurs*.
SUCRÉE, délicate : « Les plus sucrées damoiselles ».
SUFFISANCE (à), en quantité suffisante.
SUFFRAGES, prières.
SUGCER, sucer : « Sugcera », sucera.
SUILLE, de cochon.
SULZ, sureau.
SUPELLATIF, superlatif.

SUPELLIS, surplis.
SUPERCOQUELICANTIEUX, superlatif.
SUPEREROGATION, ce qui est donné par surcroît.
SUPEREROGER, donner par surcroît.
SUPERFICIAIRE, superficielle.
SUPERGURGITER, verser, vomir.
SUPERNEL, d'en haut, de là haut.
SUPERNUMERAIRE, surnuméraire.
SUPERSTITIOSITÉ, superstition.
SUPPLIER, suppléer.
SUPPOSITOIRE, médicament de forme conique, que l'on introduit dans l'anus pour exciter à la selle ou guérir quelque inflammation.
SUPPOUS, suppôts.
SURAINE : « Comme les orangiers de Suraine ». Les orangers des parcs royaux de Suresnes, suivant certains commentateurs. M. Barré croit qu'il faut lire *San-Remo* (sur la côte de Gênes) au lieu de *Suraine*.
SURGEOIT, surgissait ; *surgeant*, surgissant.
SURIE, Syrie.
SUROT, maladie du canon du cheval.
SURSAULTER, sauter brusquement, se lever tout à coup.
SURSAUX, sursauts, sauts brusques.
SUS, sur, en haut, dessus : « Sus ou soubs la corde ». « Sus ce point », à ce moment.
SUS (mettre), reprocher, accuser, imputer.
SUSANNÉ, suranné.
SUSPENS, en suspens, irrésolu.
SUZAT, de *suzeau*, sureau : « Vinaigre suzat ».
SWEDEN RICH, Suède.
SYCOMANTIE, divination au moyen des figues ou des feuilles de figuier.
SYCOPHAGE, mangeur de figues.
SYDERALE (lumière), lumière des astres.

SYLLOGISER, raisonner.
SYLVAIN, SYLVATIQUE, sauvage, des forêts.
SYMBOLES PYTHAGORIQUES. Ce sont certaines sentences notables, brèves, aucunement obscures et pleines d'énigmes, desquelles se servoit Pythagoras, ainsi qu'enseigne Érasme au commencement de ses *Adages*. En outre le mot de symbole signifie écot. Et les bons drôles disent, après qu'ils ont fait grande chère aux tavernes et que chacun a payé son écot, c'est-à-dire sa quote de ce qui avoit été dépensé : *Symbolum dedit, cœnavit* : Il a soupé et payé son écot, Terent. in Andria. Item, symbole signifie la marque ou enseigne de connaissance pour faire discerner les uns des autres, comme les fleurs de lys sont les symboles des François, qui les font remarquer pour tels et séparer des autres nations, ce que l'auteur touche au livre I, chapitre X. Item, symbole se prend pour conférence, collation, chapitre XXXIII. du livre IV ; mais en cette signification les Grecs disent συμβολὴ et non σύμβολον. Par ce moyen on dit que les éléments symbolisent les uns avec les autres (*Alphabet de l'auteur françois*).
SYMBOLISATION, ressemblance, analogie, assimilation.
SYMBOLISER, convenir par analogie.
SYMMYSTE, qui est initié dans les mystères.
SYMPTOMATES, symptômes, accidents qui surviennent aux maladies.
SYNAPIZER, saupoudrer.
SYNDICQUÉ, blâmé, réprimandé.
SYNOPIEN, de Synope.
SYROP VIGNOLAT, vin, sirop de la vigne.
SYRTES, gouffres marins.

T

TABACHIN, cuisinier, en hébreu.
TABELLAIRES, lettres, messages, ou messagers.
TABELLION, notaire.
TABIDE, desséché, maigri, étique.
TABLE (diamant en), diamant taillé plat.
TABLE RONDE, institution de la chevalerie bretonne, objet de nombreux contes populaires.
TABLES, planches épaisses, madriers.
TABLES, jeu de dames ou de trictrac.
TABLIERS, échiquiers, damiers.
TABOURER, tambourer, tambouriner. Est employé avec un sens érotique.
TABOUREURS, tambours, tambourineurs ; a parfois une signification érotique.

TABOURINEUR, qui joue du tambourin.
TABOURINS, diminutif de *tambours*.
TABOURS, tambours. Locutions proverbiales : « Joyeulx comme tabour à nopces ». « Battu comme tabour à nopces ».
TABUS, bruit, vacarme, querelle.
TABUSTER, ennuyer, tourmenter, hébéter.
TAC, maladie contagieuse des moutons, et qui aurait attaqué les Français en 1411. — Voyez Pasquier, livre IV, chapitre XXVIII.
TACUINS. « Bubahylyba Bengezla, Arabe, médecin de Charlemagne, fit un livre intitulé *Tacuins*, mot qui signifie *tables, répertoires*, parce que c'étaient des tables où toutes les maladies étaient rapportées, et où

les remèdes étaient aussi contenus. Ce livre fut traduit d'arabe en latin par le juif Ferragut, autre médecin de Charlemagne. La traduction reste, mais l'original est perdu. Les Italiens ont adopté le mot *tacuino*, qu'on doit expliquer par *faiseur d'almanachs*. — Cette explication convient fort à ces médecins de *triquenique*, lesquels, s'attachant à de ridicules et scrupuleuses observations d'astrologie, selon la pratique des Arabes et des Juifs, méritent le nom de tacuins et de marranes ». (Le Duchat.)

TADOURNES, canards tadornes.

TAHONS, guêpes.

TAILLADE, coup de taille ou du tranchant du glaive.

TAILLEBACON, charcutier.

TAILLEBOUDIN, nom d'un cuisinier.

TAILLON, taille, impôt, contribution.

TAILLONS, tranches, morceaux.

TALARE (robe), robe qui descend jusqu'aux talons.

TALEMOUSE, gâteau de pâte ferme, casse-museau.

TALES, jeu des osselets.

TALLONIÈRES, ailes aux talons.

TALLONNIERS, faiseurs de talons.

TALMUDISTES, commentateurs du Talmud.

TALOCHER, taper, tabourer : « Talocher ses amours », en jouir à l'excès.

TALUÉ, former en talus : « Taluer parapets ».

TALVASSIER, fanfaron, hâbleur.

TAMARIX, arbre épineux d'Égypte, et aussi le tamarin.

TANCHE. — Voyez *Poisson*.

TANÉ, TANNÉ, couleur du tan, enfumé.

TANQUART, mesure contenant environ deux pintes.

TAPINAUDIÈRE, lieu où l'on se cache.

TAPINOIS, TAPINEUX, qui se cache, qui se tapit. « En tapinois », en cachette, sournoisement.

TARANDE, animal fabuleux décrit par Rabelais, livre IV, chapitre II.

TARE, tache.

TARGER (se), se couvrir de la targe ou bouclier.

TARGON, estragon; plante.

TARTÉRIES, tartes, pâtisseries.

TARTES, TARTRES, Tartares.

TARTRE BOURBONNOISE, « trous que les pieds des bœufs font en terre dans les chemins, dont le dessus se gerce au soleil ; le dedans demeure plein de boue ». *Note manuscrite de Ilhet*.

Bonav. Desperiers a aussi parlé (*Nouv.*, XXIX) d'un âne qui vous plantait en un fossé ou en quelque *tarte bourbonnoise*.

On voit que c'était une image empruntée aux bourbiers, communs dans le Bourbonnais. Ajoutons que Taillevent a donné deux fois la recette des *tartes bourbonnoises*, comme d'un mets usité de son temps.

TASSETTE, armure de la ceinture aux genoux; cuissards.

TASTONNER, tâtonner.

TATIN (un), un tantinet.

TAUCHIE (ouvrage de), damasquinure.

TAUREAU : « Le gros taureau de Berne qui fut tué à Marignan ». On appelait taureau celui qui donnait le signal du combat avec une corne de taureau. Le taureau de Berne qui périt à Marignan se nommait Pontiner.

TEDIEUX, ennuyeux.

TEILS, tilleuls.

TELLE... quelle : « Telle est cette terre, quelle j'ai vue, etc. »

TELLUMON, la Terre, considérée comme mâle.

TEMPERATURE, tempérament, conditions de santé.

TEMPEREMENT, modérément.

TEMPESTATIF (DIABLE), diable qui excite des tempêtes.

TEMPLES, tempes.

TEMPLETTES, bandeaux qui serrent les tempes.

TENAUD : « Si Tenaud dict vray ». Rabelais a voulu parler du *Voyage et itinéraire de oultre mer* faict par frère *Jehan Thenaud, maistre es arts, docteur en théologie et gardien des frères mineurs d'Angoulesme*. Paris, sans date, petit in-8º goth. 64 f. Ce *Voyage* fut commencé le 2 juillet 1511 et imprimé sans doute avant la publication du *Gargantua*.

TENEBRIONS, esprits des ténèbres.

TENELIABIN, manne liquide, dont on usait dans les clystères. — Voyez *Geneliabin*.

TENEUR, continuité, non-interruption; substantif masculin.

TENISSIEZ, tinssiez.

TENITES (les déesses), déesses des Sorts.

TENTATIVES, épreuves, thèses : « Tentatives de Sorbonne ».

TEPHRAMANTIE, divination au moyen de la cendre.

TERIÈRE, tarière, outil qui sert à percer.

TERISTALES, sorte de reptiles.

TERMES, limites.

TERNES, double trois, au jeu de dés.

TERRESTEITÉ, qualité terrestre.

TERRIEN, TERRIENE, terrestre.

TERRIFICQUE, terrible.

TERRICOLES, oiseaux.

TERS, TERSE, nettoyé, propre.

TESMOIGNERIE, témoignage en justice.

TESMOIN (PIERRE), Pierre Martyr, théologien protestant.
TESNIÈRE, tanière.
TESSERÉ, en mosaïque.
TESSONS, parties latérales d'un pressoir ; morceaux de pots cassés.
TEST, crâne ; enveloppe des fruits.
TESTAMENT, comiquement pour *tête*.
TESTE, tête et cruchon, d'où le jeu de mots : « Femmes de bien ont communément mauvaise teste ; aussi ont elles bon vinaigre ».
TESTON, monnaie d'argent : « Rogner les testons ».
TESTONNER, coiffer, friser, arranger la tête. *Se testonner*, se peigner.
TESTONNEUR, coiffeur.
TETRADE, quarternaire.
TETRADIQUE, adjectif formé du mot précédent.
TETRAGNATIES, araignées à quatre mâchoires. — Voyez Pline, livre XXIX, chapitre LVII.
TETRAGONE, qui a quatre angles et quatre côtés.
TETRIQUE, chagrin, d'humeur noire.
TEUCRION, tripolion ; arbrisseau.
TEVOT, TENOT, diminutif d'*Estienne*.
TEZÉ, toisé, pauvre diable.
Θ : « Par θ signifiant condamnation à mort. » Le θ était la première lettre de θάνατος, mort ; le τ, de τελείω, j'absous. Quant à l'α, si Rabelais, ou plutôt Érasme (*Adages*), ne fait pas d'erreur, il pouvait être la première lettre d'un mot grec exprimant la même idée que le latin *non liquet*, ἄδηλον, par exemple.
THACOR, voyez la *Briefve Déclaration*.
THALAMEGE, grand vaisseau.
THALASSE, mer. Rabelais donne ce nom à un port d'Utopie.
THALASSIENS, marins, habitants de Thalasse.
THELEME, mot grec : θένημα, volonté ; θένημος, qui agit spontanément.
THEOLOGALEMENT, à la manière des théologiens : « Chopiner théologalement ».
THÉOMACHE, qui veut combattre Dieu.
THEORICQUE, théorie.
THERAPEUTICE, la partie curative de la médecine.
THERIACLE, drogue de charlatan : « Et avoit aultrefoys crié le theriacle ».
THERIACLEUR, charlatan.
THERMANSTRIE, saltation très vive.
THESAUR, THESOR, trésor.
THESAURIEN, trésorier.
THIBAULT L'AIGNELET, nom emprunté à la *Farce de maistre Pathelin*.
THIBAULT MITAINE, nom fait à plaisir.
THIELLE, ouragan subit, mot grec.

THINNUNCULE, crécerelle, oiseau de proie.
THLASIÉ, froissé, moulu, brisé.
THLIBIÉ, usé, épuisé, tabifié.
THOES, le papion, espèce de loup chasseur.
THOLOSE, Toulouse : « L'or de Tholoze ». Aulu-Gelle, livre III, chapitre IX, explique ainsi l'origine du proverbe :
« Cum oppidum Tolosanum in terra Gallia Q. Cæpio consul diripuisset, multumque auri in ejus oppidi templis fuisset, quisquis ex ea aurum attigit, misero cruciabilique exitu periit ».
Ronsard a dit :
Et l'or sainct desrobé leur soit l'or de Tholose !
THOMAS. Rabelais emploie ce mot pour *estomac*.
THREISSE, Thracienne.
THUSCAN, Toscan.
THYADES, bacchantes ; danses des bacchantes.
THYMBRÉ, ayant pour *timbre* : « Le timbre, dit le Père Ménestrier, est tout ce qui se met au-dessus de l'écu ».
THYRRENE, Tyrrhénienne.
TICQUE, TORCHE, LORGNE, tape dessus, à tort et à travers.
TIERCELET, le mâle de quelques oiseaux de proie. Au figuré : « Tiercelet de Job », type parfait de Job.
TIERCEMENT, en troisième lieu.
TIERS, TIERCE, troisième.
TIGRESQUE, de tigre : « A la tigresque », à la manière d'un tigre.
TIMBOUS, tambours de basque.
TIMBRE, tasse.
TIMON ATHENIEN, Timon d'Athènes le misanthrope.
TIMPANT, résonnant.
TIMPER, faire sonner.
TINTALORISÉ, revêche, fâcheux, en triste état.
TINTAMARRE, brouillamini, confusion ; semble signifier *tête*, au chapitre XII du livre II.
TINTOINS, tintements d'oreille ; ennuis, tracas.
TIRADOS, de l'italien *tiradore* : garant du palan avec lequel on manœuvrait le gouvernail.
TIRE LARIGOT (boire à). La *Rigaud* était une cloche de la cathédrale de Rouen, portant le nom d'un évêque du temps de saint Louis. Boire à *tire la Rigaud*, c'était boire comme ceux qui *tiraient*, sonnaient cette cloche, ou comme toutes bonnes âmes aux jours de fête où elle était sonnée.
TIRELUPIN, bouffon ; au XIVe siècle, une secte d'hérétiques scandaleux était désignée sous le nom de *turelupins*.
TIRER LES METAUX, battre, forger les métaux.

ROUOIR, TYROUER, flacon en forme de livre, de bréviaire.
TISSOTIERS, faiseurs de tissus, de rubans.
TISSU, ruban : « Avec un antique tissu piolé. » (Livre III, chapitre XVIII.)
TISSURE, texture.
TITANES, les Titans.
TITANIQUE, de Titan.
TITHONE, Tithon, époux de l'Aurore.
TITUBATION, vacillement.
TMESIS, figure de rhétorique par laquelle on divise les mots composés.
TOCQUECEINT, tocsin : « Le Tocqueceint horrifique tel que jadis les Guascons et Bourdelois souloient faire contre les guabelleurs ». Allusion au soulèvement de la Guyenne (au sujet de la gabelle, en 1548), dont le souvenir était encore récent, et dont il est déjà question au prologue du livre IV. Il fallut deux corps de troupes, dont l'un était commandé par le connétable de Montmorency, pour venir à bout de la révolte, qui s'était étendue à la Saintonge et à l'Angoumois. La gabelle fut révoquée en 1554, ou plutôt rachetée par la province moyennant 1,200,000 écus.
TOILLE, toile : « A quoi vault toile? » Jeu de mots pour : à quoi vaut-elle (toile se prononçait tele) ? ce qui amène la réponse du moine : « A faire des chemises ».
TOILLES, filets à prendre les sangliers.
TOLETE, Tolède.
TOLLIR, enlever, ôter ; tollu, ôté, pris, enlevé ; tollissant, ôtant, enlevant.
TOLMERE, audacieux ; mot grec. C'est le nom d'un des capitaines de Gargantua.
TONDAILLES, repas que l'on donnait aux tondeurs de troupeaux.
TONNINE, jeune thon.
TOPIAIRE, ouvrage de verdure ; buis et ifs taillés.
TOPICQUES, partie de la logique qui traitait des lieux, c'est-à-dire des diverses manières de former les arguments ; de τόπος, lieu.
TOPICQUEUR, raisonneur, argumentateur.
TORANGLES, à facettes.
TORCOULX, au col tordu, de travers.
TORMENS, machines de guerre ; du latin tormenta.
TORMENT, tourment.
TORMENTE, tourmente, tempête.
TORTICULER, tortiller.
TORTRE, tordre ; TORTE, torse.
TORTYCOLLY, ayant le cou tors : « Qu'il ne feust tortycolly ».
TOSTADE (alesan), alezan brûlé.

TOSTÉE, rôtie de pain.
TOTAGE, TOTAIGE, le total, le tout.
TOU, Toul, en Lorraine.
TOUCHE, petit bois de haute futaie.
TOUCHER, pousser, conduire devant soi.
TOUCHERONDE (l'élu), nom fait à plaisir.
TOUPON, bouchon garni d'étoupe.
TOURET DE NEZ, petit masque.
TOURNAY, tournois.
TOURNEMOULE (duc de), capitaine de Picrochole.
TOURRIONS, petites tours.
TOUSSIR, tousser ; TOUSSEUX, tousseur ; TOUSSOIR, endroit où l'on tousse.
TOUST, tôt.
TOUT (du), entièrement, en totalité.
TOUZELLE, blé sans barbe.
TRABUT, mesure de terrain équivalant à une perche.
TRAC, train : « J'entends le trac de nos ennemys ». « Nécessaire au trac de batailles ».
TRACTEMENT, traitement.
TRAFICQUE, commerce.
TRAGIQUE COMÉDIE. — Voyez la Briefve Déclaration.
TRAICT (à), posément, avec mesure : « Parlez à traict ».
TRAICT, TRAICTE, tiré.
TRAICTE, ce que l'on tire d'un tonneau.
TRAICTIS, doux, attrayant.
TRAICTS, cordages d'un bâtiment (livre I, chapitre XXIII).
TRAICTS PASSÉS, trépassés ; Rabelais joue sur ces mots : « J'y eusse porté pain et vin par les traicts passés ». C'était un ancien usage de porter du pain et du vin aux messes d'enterrement. Par raillerie on disait de ceux qui déjeunaient avant d'aller à la messe : « Il va à la messe des morts, à la messe des trépassés ; il y porte pain et vin ».
TRAINE, soliveau, et aussi traîneau : « Traîne à bœufs ».
TRAINNÉE, TRANNÉE, piége, fosse recouverte d'une trappe mobile : « Prendre les loups à la trainnée ».
TRAINNEGUAINES, traîne-fourreaux ; terme injurieux.
TRAIRE, tracer.
TRAIRE, tirer, lancer des traits ; tirer, attirer.
TRANCHE, tranchoir, tailloir ; outil.
TRANCHEPLUME, canif.
TRANCHIT, trancha.
TRANCHOUOIR, plat où l'on découpe, où l'on tranche les viandes.
TRANSCENDER, monter au delà ; d'où transcendant.
TRANSCOULLÉ, écoulé au dehors.

TRANSFRETER, traverser : « Transfreter la mer Hircanienne ».
TRANSIF, transi.
TRANSITOIRE, passager.
TRANSLATER, traduire.
TRANSMIGRER, émigrer.
TRANSMONTANE, le nord : « Vent de la transmontane », vent du nord.
TRANSMUER, changer; d'où *transmutation*.
TRANSON, tronçon, tranche, morceau : « Un transon de chère lye », un bout de festin.
TRANSPASSER, traverser.
TRANSPONTIN, habitant ou situé outre-mer. *trans pontum* : « Monarchie transpontine ».
TRANSSUMPT, tiré, extrait : « Transsumpt de bulle », copie de bulle.
TRAQUENARD, espèce d'amble ; allure de cheval.
TRAQUENARD, cheval qui a cette allure.
TRAQUET, cliquet de moulin.
TRAVERSEUR DES VOYES PERILLEUSES, c'était le surnom de Jean Bouchet, qui a signé ainsi la plupart de ses ouvrages.
TREBUCHET, piége où l'on trébuche.
TREFEUIL, trèfle, plante.
TREGENIER, muletier.
TREIGNAN (sainct) : « Sainct Treignan foutys vous d'Escoss, ou j'ai failly à entendre ». Saint Treignan était un des saints patrons de l'Écosse. M. Burgaud des Marets entend ces mots : « Saint Treignan, fuyez d'Écosse, ou j'ai failli à comprendre ».
TREJECTAIRE, bateleur.
TREPELU, barbu, négligé. Appliqué à un livre, il faut entendre : très-peu lu.
TREPER, trépigner.
TREPIDATION, trouble, alarme, épouvante, tremblement.
TREPIGNEMAMPENILLORIFRIZONOUFRESSURÉ, mot forgé à plaisir, signifiant : meurtri.
TRESPASSER, sortir, outre-passer, transgresser : « Tout droit trespassé ».
TRESQUES, plus que, jusque.
TRESSUER, suer abondamment, se fatiguer.
TRESTANT, tant, si fort.
TRESTOUS, tous.
TREUFLES NOIRES, trèfle au jeu de cartes ; « As de treufles ».
TRIACLEURS, marchands ou fabricants de *thériaque*; charlatans, comme *thériacleurs*.
TRIAS, triade, nombre trois.
TRIBALLEMENT, TRIBALLE, trimballement, remuement, sonnerie des cloches.
TRIBALLER, remuer de côté et d'autre, agiter, pendre, brandiller.
TRIBARD, gros et court bâton ; désigne parfois le phallus.

TRIBARS, ragoût de tripes.
TRIBOULER, tarabuster, bousculer, harceler.
TRIBOULET, fou de Louis XII.
TRIBOULLETINALES, fêtes de Triboulet qu'on pourrait instituer en l'honneur des fous.
TRIBUNIAN, célèbre jurisconsulte romain.
TRIETHERIDES, bacchantes, ainsi nommées des *Trieteriques*, fêtes de Bacchus, célébrées tous les trois ans.
TRIMEGISTE. — Voyez *Hermès*.
TRINCH, mot panomphée, commun à toutes les langues et à tous les peuples, selon Rabelais ; le mot de l'Oracle de la Dive Bouteille.
TRINGUER, boire.
TRINQUAMELLE, fanfaron, fendeur de naseaux.
TRINQUEBALLER, trimbaler, sonner les cloches.
TRINQUENAILLE, canaille.
TRINQUENICQUE (médecins de), de triquenique, de fariboles, de niaiseries.
TRINQUET, mât d'avant d'une voile latine.
TRINQUEUR, buveur.
TRIORIZ, danses bretonnes, sur un air à trois temps, très-vite.
TRIPIER, trépied.
TRIPLICQUE, troisième réplique.
TRIPOLI : « Tripoli a changé de maître ». Cette ville fut reprise en 1551 par les Turcs sur les chevaliers de Saint-Jean.
TRIPOLION, turbit ; plante marine.
TRIPPE, panse : « Tout pour la trippe », tout pour la panse, pour le ventre.
TRIQUEDONDAINES, gros ventrus.
TRIREME, vaisseau à trois rangs de rames.
TRISCACISTE, trois fois mauvais.
TRISMEGISTE, trois fois grand.
TRISULCE, TRISULQUE, à trois pointes. Ce mot, qui s'entendait de la foudre de Jupiter, ou du trident de Neptune, est appliqué par Rabelais à l'excommunication.
TRIUMPHE, triomphe, grand appareil : « Les femmes se mettent en leur triumphe ». « C'étoit triumphe de les voir bauffrer ».
TRIVIUM, les trois parties des premières études au XIIe siècle : la grammaire, la rhétorique et la logique.
TROCHILE, roitelet, oiseau.
TROGLODYTES, peuples qui habitent dans des cavernes.
TROIGNE, trogne, visage, mine.
TROMBES, trompes.
TROPDITEULX. — Voyez *Iteulx*.
TROPHÉE D'UN CALOMNIATEUR, le diable vaincu par saint Michel, insigne de l'ordre de Saint-Michel.
TROPHONIUS était fils d'Erginus ou d'Apollon. Il rendait des oracles dans un autre

célèbre, dont l'ouverture ressemblait à l'entrée d'un four.

TROP PLUS, pour *trop* ou *plus*.

TROU, tronc, trognon : « Un gros trou de chou ».

TROU, pour jour : « Le premier trou de l'an ».

TROU, détroit : « Le trou de Gibraltar ».

TROUSQUE, trousse (indicatif présent de *trousser*); en languedocien.

TRUANDAILLE, racaille; de *truand*, gueux, mendiant.

TRUCHEMENT, interprète.

TRUELLE : « A propos truelle ». le dicton est incomplet. On dit : « A propos truelle, bonjour, ou Dieu te gard de mal, maçon ».

TRUNC, des coups.

TRUPHER, TRUFFER, railler, plaisanter.

TRUT AVANT! En avant! passons outre, allons plus loin.

TRUYE : « Tourner la truye au foin », locution proverbiale : changer de discours pour éviter de répondre.

TRUYE, machine de guerre qui pouvait receler des hommes armés. « Au patron de la Truye de la Réole ». Le Duchat fait observer que Rabelais est un peu en défaut, et que la prise de Bergerac eut lieu en 1378, sous Charles V, et deux ans avant la mort de ce roi.

« Ilz envoyèrent querir à la Riole, dit Froissart, un grand engin qu'on appelle *Truye*, lequel engin estoit de telle ordonnance que il jetoit pierres de faix et se pouvoient bien cent hommes d'armes ordonner dedans, et en approchans, assaillir la ville ».

TUBILUSTRE, fête de la purification des trompettes.

TUCQUET, tertre, butte, bouquet de bois.

TUFE (pierre de), pierre tendre et poreuse.

TUGURE, chaumière, cabane : « Tugure pastoral ».

TUMULTUER, entrer en tumulte, se troubler; d'où *tumultuaire* et *tumultuairement*.

TUPINS, pots.

TURBINÉ, qui a la forme d'une toupie, d'une poire.

TURBINES, tourbillons, trombes.

TURQUOYS, TURQUIN, turc, de Turc ou de Turquie.

TUSCAN, italien.

TUSQUE, toscane, italienne : « A la tusque », à l'italienne.

TYANIEN (le philosophe), Apollonius de Tyane. — Voyez la vie de ce philosophe par Philostrate, livre VI, 4-10.

TYMBONS, tambourins.

TYMBRE, tambour de basque.

TYMPANITES, TYMPANISTES, hydropiques, enflés.

TYPHOE, nom d'un géant.

TYPHOLOPES, serpents venimeux.

TYPHONES, tourbillons, vents impétueux.

TYRANSON, oiseau.

TYREURS DE RIVETZ, tireurs de cordeaux, arpenteurs.

TYROPHAGEUX, mangeur de fromage.

TYROMANTIE, divination par le moyen d'un fromage.

TYRSIGERE, armé d'un thyrse.

U

UDI PRENUS, où le prenez-vous? latin de cuisine.

UCALEGON, nom d'un Troyen, dont il est question dans *l'Iliade* et dans *l'Énéide*; nom qui signifie : ne donnant aucun aide, aucun secours.

UDEN, pays imaginaire, de οὐδέν, rien.

ULEMENT, ULLEMENT, hurlement.

ULER, ULLER, hurler.

ULIGINEUX, humide, marécageux.

ULISBONNE, Lisbonne.

ULIXES, Ulysse.

ULLE, nulle, aucune.

ULMEAU, ormeau.

ULPIAN, célèbre jurisconsulte romain.

UMBILICARE, de l'ombilic.

UNDICULATIONS, sinuosités, ondulations.

UNES : unes matines, unes vespres, unes lettres.

UNGUICULE, petit ongle.

UNICORNE, animal fabuleux.

UNION, subst. masc., perle, pierre précieuse, joyau.

UNZAIN, monnaie, le grand blanc, valant onze deniers.

URANOPETES, qui s'occupent des choses célestes.

URBE, ville.

URENILER, diminutif d'*uriner*.

URES, taureaux noirs.

URETAQUE, *tireteau*; manœuvre passée dans une poulie tenue par une herse dans l'éperon au-dessus de la saisine du beaupré, pour renforcer l'armure de misaine; et commandement pour la faire mouvoir.

URINAL, pot de chambre.
URINAL, adjectif formé du mot urine : « Deluge urinal ».
USANCE, usage, coutume, habitude.
ῩϚ, ἈΘηνᾶν. C'est un dicton grec, passé dans la langue latine :
Ne sus Minervam.
UTACQUE, comme *uretaque*.

UTI, du grec οὔτι, rien.
UTOPIE, pays imaginaire, de οὐ et τόπος. Lettre d'Utopie, chapitre VIII du livre II. — Voyez l'appréciation qu'a donnée M. Guizot de cette admirable lettre dans les *Annales d'éducation*, tome III, page 251.
UY, aujourd'hui.

V

VACQUES, vacantes, vides.
VACUITÉ, le vide.
VADIT, CADIT, interversion de ces mots « *Non de ponte vadit qui cum sapientia cadit* », au lieu de : « *Non de ponte cadit, qui cum sapientia vadit* », c'est-à-dire, celui qui marche prudemment ne tombe pas du pont.
VAGINE, gaine, étui, fourreau.
VAGUER, aller çà et là, vagabonder.
VAISSEAULX, vases : « Vaisseaulx de potier ».
VAL, bas : « De mont à val », de haut en bas; « de val en mont », de bas en haut.
VALACHE, Valachie.
VALBRINGUÉ (Robert), c'est François de la Roque, sieur de Roberval, qui fit, en 1540 et 1543, le voyage du Canada.
VALENTIENNES (voguer par les), avancer lentement, tourner sur soi-même.
VALENTIN et ORSON, conte populaire.
VALENTIN pour *galantin*. Dans plusieurs provinces, le dimanche des brandons (premier du carême), on élisait à chaque fille un *valentin*, galant ou prétendu, et la fille était sa *valentine*. Il était tenu de lui faire un présent avant la mi-carême, sans quoi la fille brûlait un fagot de sarment, et l'accord était rompu.
VANEREAUX, petits vanneaux ; oiseaux.
VAPOREMENT, exhalaison, émanation.
VARLET, valet.
VASCONS, VASCONES, Gascons.
VASTADOURS, fourrageurs, faisant le dégât.
VASTATION, dévastation.
VATICINATEUR, devin, prophète.
VATICINATION, prédiction.
VATICINER, prédire, prophétiser.
VAULTRE, chien de l'espèce du mâtin, qui sert à la chasse du sanglier.
VAUVERT (diable de), c'était alors une locution proverbiale. La maison de Vauvert, hantée, disait-on, par les démons, aurait donné le nom d'Enfer à la rue où elle était située.
VEAU, locutions rabelaisiennes : « Rire comme un veau ». « Veaulx engiponnés », veaux habillés. « Veaulx de dime ». « Je laveroys volontiers les tripes de ce veau que j'ay ce matin habillé ».
VEAU (Jehan le). — Voyez *Jehan*.
VEDEAULX, veaux et bedeaux.
VEFVES, veuves.
VEGETABLE, végétal, plante.
VEGUADE une fois, un coup : « Boire quelque veguade ».
VEIENTES HETRUSQUES, les Étrusques de la ville de Véies.
VEIGLER, veiller.
VEJOVES. C'étoient entre les Romains dieux malfaisants. Au livre I, chapitre XLV, et livre V, chapitre VI. Les anciens au lieu de ce nominatif Jupiter, disoient *Dijovis*, et le prenoient en bonne part, *Eo quod nos juvet et die et vita ipsa*. Son contraire étoit *Vejovis*, un dieu malin qui apportoit tout malencontre ; son image étoit petite avec des dards en main, et une mine de les vouloir élancer. Ils lui faisoient sacrifice, non pour lui demander aide et secours, mais de peur qu'il ne leur fît du mal. (*Alphabet de l'auteur françois*).
VELE, voile.
VELLICATION, action de pincer.
VELOTIERS, VELOUTIERS, fabricants de velours.
VELOUS, VELOUX, velours.
VENATION, chasse.
VENDIQUER, revendiquer, s'arroger, s'attribuer.
VENEFIQUE, empoisonneur.
VENELLE, ruelle, sentier.
VENEREIQUE, de Vénus, vénérien.
VENTILÉ, vanné, nettoyé.
VENTIN, vanner.
VENTRE (porter), être grosse.
VENTRÉE, portée.
VENTRICULE (colonne), renflée par le milieu.
VENTRIPOTENT, puissant du ventre.
VENTROSE, enflure du ventre.
VENU, advenu.

VENUE, trait : « Ne prendre que une venue ».
VENUSTE, gracieux, joli.
VERBASCE, bouillon blanc ; plante.
VERBENICQUÉ, sacré comme la verveine.
VERBOCINATION, langue, parole.
VERD, VERDE, vert, verte : « Entre deux verdes une meure ».
VERD : « Le diable me prendroit sans verd, s'il me rencontroit sans dez ». Allusion à un ancien usage ou divertissement : si l'on était pris sans quelque brin de verdure sur soi, pendant le premier jour de mai, on avait droit sur vous, on pouvait, selon le cas, exiger un baiser de l'imprévoyante ou verser un seau d'eau sur la tête du coupable. Ce jeu paraît s'être prolongé fort longtemps. Il y a une petite comédie de La Fontaine sous ce titre : *Je vous prends sans vert*.
VERD COQUIN. Ce mot, qui se trouve encore dans le Dictionnaire de l'Académie, signifiait proprement un ver qui ronge la vigne, et, au figuré, un vertige, une espèce de monomanie.
VERDEMENT, vertement.
VERDET, vert-de-gris.
VERDUGALE, sorte de cerceau, panier ou jupon bouffant pour soutenir les jupes.
VERDUNS, épées que l'on fabriquait à Verdun.
VERE, vraiment ; mot latin que Dindenault explique à sa façon.
VERETRE, verge, *il cazzo*.
VERGNE, aune.
VERGOIGNE, honte, affront.
VERIFORME, VENISIMILE, vraisemblable.
VERISSIME, très vrai.
VERM, ver ; d'où *vermiforme*, ayant la forme d'un ver.
VERNACULE GALLIQUE, langue vulgaire française.
VERRE PLEURANT, verre plein jusqu'à déborder.
VERSAILLES (lettres), majuscules.
VERSE, sorte de fauconneau ; artillerie.
VERSURE, changement ; *facere versuram*, changer de créancier, emprunter à l'un pour payer l'autre.
VERTOIL, petite pierre ronde et forée que les fileuses mettaient à leurs fuseaux pour les faire mieux tourner.
VERVELLE, anneau de pied du faucon.
VESNE, vesse ; *vesner*, vesser.
VESSIR, vesser.
VESPERTIN, du soir.
VESSAILLE, marmaille, menu fretin : « Vessaille des Déesses ».
VESTEN NORD-EST, ouest-nord-est.

VESTES, VESTIMENS, vêtements.
VESTZ, va-t'en, d'après Cotgrave. C'est, dit-il, une locution picarde.
VETUSTÉ, vieillesse.
VEUTE FIGURE (en), en présence.
VEZARDE, effroi, alarme.
VEZE, pibole, cornemuse.
VIANDER, flaner : « Faire viander les chiens constipés du ventre ».
VIANDES, toute sorte de comestibles, nourriture quelconque.
VICE VERSEMENT, *vice versa*.
VICTEUR, vainqueur.
VIDUITÉ, veuvage.
VIEIGNE, vienne ; subjonctif présent de *venir*.
VIELLEUX, VIELLEUR, joueur de vielle.
VIETDASÉ, berné.
VIET-DAZE, visage d'âne ; terme provençal. « Escoutaz, vietz dazes, que le maultubec vous trousque » ! Écoutez, visages d'ânes, que l'ulcère vous ronge !
VILITÉ, bassesse, abjection.
VILLAIN, roturier, homme grossier.
VILLANIE, vilenie.
VILLATIQUE, rustique, champêtre : « Chansonnettes villatiques ».
VILLE AU MERE (la), la Ville-au-Maire, en Anjou.
VILLENAILLE, racaille.
VILLON (François), le poète.
VIMERE, accident, événement imprévu, irrésistible.
VIN, locutions rabelaisiennes : « Vin de taffetas », vin de velours. « Vin à une oreille », vin de première qualité qu'on met dans des cruchons à une seule anse.
VINAGE, provision de vin.
VINETTES, vignettes, broderie ou dessin représentant des feuilles de vigne.
VIOLENTEMENT, avec violence.
VIOLET CRAMOISY. — Voyez *Cramoisy*.
VIOLIERS, pièces d'argenterie de table.
VIRADE, tour.
VIREN, tourner, renverser.
VIRES, forces.
VIRETON, petite flèche.
VIREVOUSTORIUM, les virevoutes sont des tours de passe-passe.
VIRLAIS, virelais.
VIROLET, canne à dard.
VIROLET, sorte de vilebrequin.
VIROLET, *il cazzo* ; « Dresser le virolet ». « Il faut que le virolet trotte ».
VIROLLET, petit moulin à vent pour les enfants. « Des ailes d'un moulin à vent faisoit un virollet ».
VISIFZ, visuels, de la vue.

VISTEMPENARD, c'était, suivant Cotgrave, un plumeau monté sur un long bâton. « Le Vistempenard des prescheurs composé par Pepin ». Guillaume Pepin avait une telle réputation qu'on disait : *Qui nescit pepinaré, nescit prædicare*. Le balai des prêcheurs, qui les nettoie tous, pouvait bien être donné comme l'œuvre de Pepin.

VISTEMPENARDÉ, mal bâti, allant de travers.

VITUPERE, blâme, censure.

VITUPERER, blâmer, censurer.

VIVANDIER, fournisseur de vivres.

VIVIFICQUE, vivifiant, donnant la vie.

VIZ, escalier.

VOCAL, oral.

VOCITER, nommer.

VOERRES A PIED, verres à pied, et, pour jouer sur ces mots, Rabelais ajoute : « voerrès à cheval ».

VOIRAS, verras ; *voirez*, verrez ; *voiriez*, verriez.

VOIRE, VOYRE, vraiment, oui vraiment.

VOIS, VOYS, vais : « Je n'y vois pas ». *Voise*, aille : « Il faut que je m'en voise ».

VOLAIN, arme offensive.

VOLANTAIRES, paquebots, vaisseaux d'armateurs.

VOLE, la paume de la main. Jeu de la main chaude. Toutes les levées au jeu de cartes.

VOLERIE, dans les représentations dramatiques des *Mystères*, c'était la partie du théâtre où les anges volaient.

VOLERIE, chasse au faucon et avec d'autres oiseaux.

VOMITER, vomir.

VORAGE, gouffre, abîme.

VOTES, vœux, offrandes.

VOUGE, épieu, pique.

VOULER, faire la vole : « Pour ce jeu, nous ne voulerons pas, car j'ay faict un levé ».

VOULSIT, VOULSISSENT ; voulût, voulussent.

VOULTE, visage, face.

VOYAGIER, voyageur.

VOYEZ CY, VOYEZ LA, voici, voilà : « Voyez en cy », en voici.

VOY ME LA, VOY VOUS LA, me voilà, vous voilà.

VOYTRER (se), se vautrer.

VRAY BOT! juron, comme *vray bis!*

VRELOPPER, replanir, finir une planche avec la varlope.

VRILONNER, tortiller, rouler, arrêter, assurer.

VUEU, VUEIL, volonté, vouloir.

VUIDANGE, action de vider : « Vuidange des procès ».

VULGUE, le peuple, le vulgaire.

WEST, ouest : « Nord-nord-west ».

WUNDERBERLICH, mot allemand : *Wunderbar, Wunderbarlich*, admirable, prodigieux.

X

XAINCTES, XANTONGE, XANTONGEOYS, Saintes, Saintonge, Saintongeois.

XENOMANES, qui a la manie des choses étrangères, et, par conséquent, de voyager ; de *xenos* et *mania*. Rabelais l'appelle *traverseur des voyes perilleuses*, par allusion à Jean Bouchet, qui prit ce titre dans ses poésies.

Y

Y GREGEOIS, y grec, Y.

YSSIR, sortir, être issu, procéder : « Yssoit, yssans, yssu ».

YSSUE, sortie d'assiégés.

YVRAYE, ivraie ; plante.

Z

ZACHÉE : « Exemple on petit Zachée ». Saint Luc, chapitre XIX.

ZALAS! hélas!

ZAPHRAN, safran.

ZARGUES, comme *nargues*.

ZELATEUR, fanatique ou hypocrite.

ZELOTYPIE, jalousie, envie.

ZELUS (NON), SED CHARITAS, point de zèle, nulle rigueur ; mais charité et bonne affection.

ZENCLE, tacheté de marques faites en forme de faux ; poil de cheval.

ZEUSIS, Zeuxis d'Héraclée, peintre grec.

ZINZEMBRE, gingembre.

ZINZIBERINE (poudre), poudre de gingembre.

ZIVETTE, civette, sorte de parfum.

ZOOPHORE, une frise, ainsi nommée parce que l'on y voit ordinairement sculptée une suite d'animaux.

ZOOPHYTE, animal-plante ; qui participe également du règne végétal et du règne animal.

ZOPIRE, grand ami de Darius, roi de Perse ; s'étant coupé le nez et les oreilles, il se retira vers les Babyloniens, que Darius tenait assiégés, leur montrant le tort qu'il feignait avoir reçu de Darius, et par ce moyen fut cause de la prise et du saccagement de la ville.

ZOROASTER, législateur religieux des populations bactriennes, et fondateur de la religion appelée *Parsisme* ou *Mazdéisme*.

ZYTHE, orge fermentée, bière.

L. M.

TABLE DES MATIÈRES

CHAP.		PAGES
	Avertissement.	1
	Vie de Rabelais.	ix
	Documents biographiques. — Clef des allégories.	xxxix

LIVRE PREMIER

	La vie tres horrifique du grand Gargantua, pere de Pantagruel, jadis composée par M: Alcofribas, abstracteur de quinte essence.	1
	Aux lecteurs.	2
	Prologue de l'auteur.	3
I.	De la genéalogie et antiquité de Gargantua.	5
II.	Les Fanfreluches antidotées, trouvées en un monument antique.	7
III.	Comment Gargantua fut unze mois porté ou ventre de sa mere.	10
IV.	Comment Gargamelle, estant grosse de Gargantua, mangea grand planté de tripes.	11
V.	Les propos des beuveurs.	12
VI.	Comment Gargantua nasquit en façon bien estrange.	14
VII.	Comment le nom fut imposé à Gargantua, et comment il humoit le piot.	16
VIII.	Comment on vestit Gargantua.	17
IX.	Les couleurs et livrée de Gargantua.	20
X.	De ce qu'est signifié par les couleurs blanc et bleu.	22
XI.	De l'adolescence de Gargantua.	24
XII.	Des chevaulx factices de Gargantua.	26
XIII.	Comment Grandgousier cogneut l'esprit merveilleux de Gargantua à l'invention d'un torchecul.	28

CHAP.		PAGES
XIV.	Comment Gargantua fut institué par un théologien en lettres latines.	30
XV.	Comment Gargantua fut mis sous aultres pedagogues.	32
XVI.	Comment Gargantua fut envoyé à Paris, et de l'enorme jument qui le porta, et comment elle destit les mouches bovines de la Beauce.	33
XVII.	Comment Gargantua paya sa bien venue es Parisiens, et comment il print les grosses cloches de l'eglise Nostre Dame.	34
XVIII.	Comment Janotus de Bragmardo fut envoyé pour recouvrer de Gargantua les grosses cloches.	36
XIX.	La harangue de maistre Janotus de Bragmardo faicte à Gargantua pour recouvrer les cloches.	37
XX.	Comment le théologien emporta son drap, et comment il eut procès contre les sorbonistes.	38
XXI.	L'estude et diette de Gargantua, selon la discipline de ses professeurs sorbonagres.	40
XXII.	Les jeux de Gargantua.	42
XXIII.	Comment Gargantua fut institué par Ponocrates en telle discipline qu'il ne perdoit heure du jour	45
XXIV.	Comment Gargantua employoit le temps quand l'air estoit pluvieux.	50
XXV.	Comment fut meu, entre les fouaciers de Lerné et ceux du pays de Gargantua, le grand debat, dont furent faictes grosses guerres.	51
XXVI.	Comment les habitans de Lerné, par le commandement de Picrochole, leur roy, assaillirent au despourveu les bergiers de Grandgousier.	53
XXVII.	Comment un moine de Seuillé saulva le clos de l'abbaye du sac des ennemis.	54
XXVIII.	Comment Picrochole print d'assault la Roche Clermaud, et le regret et difficulté que fit Grandgousier d'entreprendre guerre.	57
XXIX.	Le teneur des lettres que Grandgousier escripvoit à Gargantua.	59
XXX.	Comment Ulrich Gallet fut envoyé devers Picrochole.	60
XXXI.	La harangue faicte par Gallet à Picrochole.	61
XXXII.	Comment Grandgousier, pour achetêr la paix, fit rendre les fouaces.	62
XXXIII.	Comment certains gouverneurs de Picrochole, par conseil precipité, le mirent au dernier peril	65
XXXIV.	Comment Gargantua laissa la ville de Paris pour secourir son pays ; et comment Gymnaste rencontra les ennemis.	68
XXXV.	Comment Gymnaste, soupplement tua le capitaine Tripet et aultres gens de Picrochole.	69
XXXVI.	Comment Gargantua demollit le chasteau de Vede, et comment ilz passerent le gué.	70
XXXVII.	Comment Gargantua, soy peignant, faisoit tomber de ses cheveux les boullets d'artillerie.	72
XXXVIII.	Comment Gargantua mangea en salade six pelerins.	73
XXXIX.	Comment le moine fut festoyé par Gargantua, et des beaux propos qu'il tint en soupant	75

CHAP.		PAGES
XL.	Pourquoy les moines sont refuis du monde, et pourquoy les uns ont le nez plus grand que les aultres.	77
XLI.	Comment le moine fit dormir Gargantua, et de ses heures et breviaire	79
XLII.	Comment le moine donna couraige à ses compaignons, et comment il pendit à un arbre.	80
XLIII.	Comment l'escarmouche de Picrochole fut rencontrée par Gargantua, et comment le moine tua le capitaine Tiravant, puis fut prisonnier entre les ennemis.	82
XLIV.	Comment le moine se defit de ses gardes, et comme l'escarmouche de Picrochole fut defaicte.	84
XLV.	Comment le moine amena les pelerins, et les bonnes paroles que leur dit Grandgousier	85
XLVI.	Comment Grandgousier traicta humainement Touquedillon prisonnier.	87
XLVII.	Comment Grandgousier manda querir ses legions, et comment Touquedillon tua Hastiveau, puis fut tué par le commandement de Picrochole	89
XLVIII.	Comment Gargantua assaillit Picrochole dedans la Roche Clermaud, et defit l'armée dudit Picrochole.	91
XLIX.	Comment Picrochole, fuyant, fut surprins de males fortunes, et ce que fit Gargantua aprés la bataille.	93
L.	La concion que fit Gargantua es vaincuz.	93
LI.	Comment les victeurs Gargantuistes furent récompensés aprés la bataille.	96
LII.	Comment Gargantua fit bastir pour le moine l'abbaye de Theleme.	97
LIII.	Comment fut bastie et dotée l'abbaye des Thelemites	98
LIV.	Inscription mise sur la grande porte de Theleme	100
LV.	Comment estoit le manoir des Thelemites.	102
LVI.	Comment estoient vestuz les religieux et religieuses de Theleme	103
LVII.	Comment estoient reiglés les Thelemites à leur maniere de vivre	105
LVIII.	Enigme trouvé es fondemens de l'abbaye des Thelemites.	106

LIVRE DEUXIÈME

	Pantagruel, roy des Dipsodes, restitué à son naturel, avec ses faicts et prouesses espoventables : composé par feu M. Alcofribas, abstracteur de quinte essence.	109
	Dixain de maistre Hugues Salel à l'auteur de ce livre.	110
	Prologue de l'auteur.	111
	Dixain nouvellement composé à la louange du joyeux esprit de l'auteur.	113
I.	De l'origine et antiquité du grand Pantagruel.	113
II.	De la nativité du tres redoubté Pantagruel.	117
III.	Du dueil que mena Gargantua de la mort de sa femme Badebec.	119

TABLE DES MATIÈRES

CHAP.		PAGES
IV.	De l'enfance de Pantagruel.	120
V.	Des faicts du noble Pantagruel en son jeune aage.	122
VI.	Comment Pantagruel rencontra un Limousin qui contrefaisoit le langaige françois.	125
VII.	Comment Pantagruel vint à Paris, et des beaux livres de la librairie de Sainct Victor.	126
VIII.	Comment Pantagruel, estant à Paris, receut lettres de son pere Gargantua, et la copie d'icelles.	130
IX.	Comment Pantagruel trouva Panurge, lequel il aima toute sa vie.	134
X.	Comment Pantagruel equitablement jugea d'une controverse merveilleusement obscure et difficile, si justement que on jugement fut dict plus admirable que celuy de Salomon.	137
XI.	Comment les seigneurs de Baisecul et Humevesne plaidoient devant Pantagruel sans advocatz.	140
XII.	Comment le seigneur de Humevesne plaidoie devant Pantagruel.	143
XIII.	Comment Pantagruel donna sentence sus le différent des deux seigneurs.	146
XIV.	Comment Panurge raconte la maniere comment il eschappa de la main des Turcs.	147
XV.	Comment Panurge enseigne une maniere bien nouvelle de bastir les murailles de Paris.	151
XVI.	Des mœurs et conditions de Panurge.	155
XVII.	Comment Panurge gaignoit les pardons, et marioit les vieilles, et des procès qu'il eut à Paris.	158
XVIII.	Comment un grand clerc d'Angleterre vouloit arguer contre Pantagruel, et fut vaincu par Panurge.	161
XIX.	Comment Panurge fit quinault l'Anglois, qui arguoit par signes.	165
XX.	Comment Thaumaste raconte les vertus et sçavoir de Panurge.	168
XXI.	Comment Panurge fut amoureux d'une haulte dame de Paris.	169
XXII.	Comment Panurge fit un tour à la dame parisienne, qui ne fut poinct à son advantage.	172
XXIII.	Comment Pantagruel partit de Paris, oyant nouvelles que les Dipsodes envahissoient le pays des Amaurotes. Et la cause pour quoy les lieues sont tant petites en France.	174
XXIV.	Lettres qu'un messagier apporta à Pantagruel d'une dame de Paris, et l'exposition d'un mot escrit en un anneau d'or	175
XXV.	Comment Panurge, Carpalim, Eusthenes et Epistemon, compaignons de Pantagruel, desconfirent six cens soixante chevaliers bien subtilement.	178
XXVI.	Comment Pantagruel et ses compaignons estoient faschés de manger de la chair salée, et comment Carpalim alla chasser pour avoir de la venaison.	179
XXVII.	Comment Pantagruel dressa un trophée en memoire de leur prouesse, et Panurge un aultre en memoire des levraulx. Et comment Pantagruel, de ses petz, engendroit les petits hommes, et, de ses vesnès, les petites femmes. Et comment Panurge rompit un gros baston sur deux verres.	181

CHAP.		PAGES
XXVIII.	Comment Pantagruel eut victoire bien estrangement des Dipsodes et des géans.	184
XXIX.	Comment Pantagruel defit les trois cens géans armés de pierres de taille, et Loupgarou leur capitaine.	187
XXX.	Comment Epistemon, qui avoit la couppe testée, fut guery habilement par Panurge. Et des nouvelles des diables et des damnés.	191
XXXI.	Comment Pantagruel entra en la ville des Amaurotes, et comment Panurge maria le roy Anarche, et le fit crieur de saulce vert.	195
XXXII.	Comment Pantagruel de sa langue couvrit toute une armée, et de ce que l'auteur vit dans sa bouche.	197
XXXIII.	Comment Pantagruel fut malade, et la façon comment il guerit.	200
XXXIV.	La conclusion du present livre, et l'excuse de l'auteur.	201

LE TIERS LIVRE

	Le tiers livre des faicts et dicts heroïques du bon Pantagruel, composé par M. François Rabelais, docteur en medecine et calloier des isles Hières.	203
	François Rabelais à l'esprit de la royne de Navarre.	204
	Privilege du roy François I.	205
	Privilege du roy Henri II.	206
	Prologue du tiers livre.	207
I.	Comment Pantagruel transporta une colonie de Utopiens en Dipsodie.	213
II.	Comment Panurge fut faict chastelain de Salmigondin en Dipsodie, et mangeoit son bled en herbe.	215
III.	Comment Panurge loue les debteurs et emprunteurs.	218
IV.	Continuation du discours de Panurge à la louange des presteurs et debteurs.	221
V.	Comment Pantagruel deteste les debteurs et emprunteurs.	224
VI.	Pourquoy les nouveaulx mariés estoient exemptz d'aller en guerre.	225
VII.	Comment Panurge avoit la pusse en l'oreille, et desista porter sa magnifique braguette.	227
VIII.	Comment la braguette est premiere piece de harnois entre gens de guerre.	229
IX.	Comment Panurge se conseille à Pantagruel, pour sçavoir s'il se doibt marier.	231
X.	Comment Pantagruel remonstre à Panurge difficile chose estre le conseil de mariage, et des sors Homeriques et Virgilianes.	233
XI.	Comment Pantagruel remonstre le sort des dez estre illicite.	235
XII.	Comment Pantagruel explore par sors Virgilianes quel sera le mariage de Panurge.	237
XIII.	Comment Pantagruel conseille Panurge prevoir l'heur ou malheur de son mariage par songes.	239

CHAP.		PAGES
XIV.	Le songe de Panurge, et interpretation d'iceluy	243
XV.	Excuse de Panurge, et exposition de caballe monastique en matiere de bœuf salé	246
XVI.	Comment Pantagruel conseille à Panurge de conferer avec une sibylle de Panzoust.	248
XVII.	Comment Panurge parle à la sibylle de Panzoust	250
XVIII.	Comment Pantagruel et Panurge diversement exposent les vers de la sibylle de Panzoust	252
XIX.	Comment Pantagruel loue le conseil des muetz	255
XX.	Comment Nazdecabre par signes respond à Panurge.	257
XXI.	Comment Panurge prend conseil d'un vieil poete françois, nommé Raminagrobis.	260
XXII.	Comment Panurge patrocine à l'ordre des fratres mendians . .	262
XXIII.	Comment Panurge fait discours pour retourner à Raminagrobis.	264
XXIV.	Comment Panurge prend conseil de Epistemon	267
XXV.	Comment Panurge se conseille à Her Trippa	269
XXVI.	Comment Panurge prent conseil de frere Jean des Entommeures.	273
XXVII.	Comment frère Jean joyeusement conseille Panurge.	275
XXVIII.	Comment frere Jean reconforte Panurge sus le doubte de coqüage	276
XXIX.	Comment Pantagruel fait assemblée d'un théologien, d'un médicin, d'un legiste et d'un philosophe, pour la perplexité de Panurge	280
XXX.	Comment Hippotadée, théologien, donne conseil à Panurge sus l'entreprinse de mariage	281
XXXI.	Comment Rondibilis, medicin, conseille Panurge	283
XXXII.	Comment Rondibilis declaire coqüage estre naturellement des appenages du mariage	286
XXXIII.	Comment Rondibilis donne remede à coqüage	289
XXXIV.	Comment les femmes ordinairement appetent choses defendues.	291
XXXV.	Comment Trouillogan, philosophe, traicte la difficulté de mariage.	293
XXXVI.	Continuation des responses de Trouillogan, philosophe ephectique et Pyrrhonien	294
XXXVII.	Comment Pantagruel persuade à Panurge prendre conseil de quelque fol.	298
XXXVIII.	Comment par Pantagruel et Panurge est Triboulet blasonné. .	300
XXXIX.	Comment Pantagruel assiste au jugement du juge Bridoye, lequel sententioit les procès au sort des dez.	303
XL.	Comment Bridoye expose les causes pour quoy il visitoit les procès qu'il decidoit par le sort des dez.	305
XLI.	Comment Bridoye narre l'histoire de l'appoincteur de procès .	307
XLII.	Comment naissent les procès, et comment ilz viennent à perfection.	310
XLIII.	Comment Pantagruel excuse Bridoye sus les jugements faitz au sort des dez.	313
XLIV.	Comment Pantagruel raconte une estrange histoire des perplexités du jugement humain	315
XLV.	Comment Panurge se conseille à Triboulet.	316

CHAP.		PAGES
XLVI.	Comment Pantagruel et Panurge diversement interpretent les paroles de Triboulet.	318
XLVII.	Comment Pantagruel et Panurge deliberent visiter l'oracle de la Dive Bouteille.	320
XLVIII.	Comment Gargantua remonstre n'estre licite es enfans soy marier sans le sceu et adveu de leurs peres et meres.	321
XLIX.	Comment Pantagruel fit ses apprestz pour monter sur mer. Et de l'herbe nommée Pantagruelion.	324
L.	Comment doibt estre preparé et mis en œuvre le celebre Pantagruelion.	326
LI.	Pour quoy est dicte Pantagruelion, et des admirables vertus d'icelle.	328
LII.	Comment certaine espece de Pantagruelion ne peut estre par feu consumée.	331

LE QUART LIVRE

	Le quart livre des faicts et dicts heroïques du noble Pantagruel, composé par M. François Rabelais, docteur en medicine.	335
	Ancien prologue.	337
	A mon seigneur Odet, cardinal de Chastillon.	342
	Prologue.	345
I.	Comment Pantagruel monta sus mer pour visiter l'oracle de la dive Bacbuc.	355
II.	Comment Pantagruel, en l'isle de Medamothi, acheta plusieurs belles choses	358
III.	Comment Pantagruel receut lettres de son pere Gargantua, et de l'estrange maniere de savoir nouvelles bien soubdain des pays estrangiers et loingtains.	359
IV.	Comment Pantagruel escrit à son pere Gargantua, et luy envoye plusieurs belles et rares choses.	361
V.	Comment Pantagruel rencontra une nauf de voyagers retournans du pays Lanternois	364
VI.	Comment, le debat appaisé, Panurge marchande avec Dindenault un de ses moutons	365
VII.	Continuation du marché entre Panurge et Dindenault.	367
VIII.	Comment Panurge fit en mer noyer le marchant et les moutons.	369
IX.	Comment Pantagruel arriva en l'isle Ennasin, et des estranges alliances du pays.	370
X.	Comment Pantagruel descendit en l'isle de Cheli, en laquelle regnoit le roy sainct Panigon	373
XI.	Pourquoy les moines sont voluntiers en cuisine.	375
XII.	Comment Pantagruel passa Procuration, et de l'estrange maniere de vivre entre les Chiquanous	376
XIII.	Comment, à l'exemple de maistre François Villon, le seigneur de Basché loue ses gens.	379
XIV.	Continuation des Chiquanous daubés en la maison de Basché.	381

TABLE DES MATIÈRES

CHAP		PAGES
XV.	Comment par Chiquanous sont renouvellées les antiques coustumes de fiançailles.	383
XVI.	Comment par frere Jean est faict essay du naturel des Chiquanous.	385
XVII.	Comment Pantagruel passa les isles de Tohu et Bohu, et de l'estrange mort de Bringuenarilles, avalleur de moulins à vent	387
XVIII.	Comment Pantagruel evada une forte tempeste en mer.	389
XIX.	Quelles contenances eurent Panurge et frere Jean durant la tempeste.	391
XX.	Comment les nauchiers abandonnent les navires au fort de la tempeste.	393
XXI.	Continuation de la tempeste et brief discours sus testaments faicts sus mer	395
XXII.	Fin de la tempeste.	396
XXIII.	Comment, la tempeste finie, Panurge fait le bon compaignon.	398
XXIV.	Comment, par frere Jean, Panurge est declaré avoir eu peur sans cause durant l'orage.	399
XXV.	Comment, aprés la tempeste, Pantagruel descendit es isles des Macréons.	401
XXVI.	Comment le bon Macrobe raconte à Pantagruel le manoir et discession des Heroes.	402
XXVII.	Comment Pantagruel raisonne sur la dissession des ames heroïques et des prodiges horrifiques qui precederent le trespas du feu seigneur de Langey.	404
XXVIII.	Comment Pantagruel raconte une pitoyable histoire touchant le trespas des Heroes.	406
XXIX.	Comment Pantagruel passa l'isle de Tapinois, en laquelle regnoit Quaresmeprenant	407
XXX.	Comment par Xenomanes est anatomisé et descript Quaresmeprenant	409
XXXI.	Anatomie de Quaresmeprenant quant aux parties externes	410
XXXII.	Continuation des contenances de Quaresmeprenant	411
XXXIII.	Comment par Pantagruel fut un monstrueux Physetere apperceu prés l'isle Farouche	414
XXXIV.	Comment par Pantagruel fut defaict le monstrueux Physetere.	415
XXXV.	Comment Pantagruel descend en l'isle Farouche, manoir antique des Andouilles	417
XXXVI.	Comment, par les Andouilles farouches, est dressée embuscade contre Pantagruel	418
XXXVII.	Comment Pantagruel manda querir les capitaines Riflandouille et Tailleboudin; avec un notable discours sur les noms propres des lieux et des personnes	420
XXXVIII.	Comment Andouilles ne sont à mespriser entre les humains.	422
XXXIX.	Comment frere Jean se rallie avec les cuisiniers pour combattre les Andouilles.	423
XL.	Comment par frere Jean est dressée la Truye, et les preux cuisiniers dedans enclous.	425
XLI.	Comment Pantagruel rompit les Andouilles aux genoulx	426

CHAP.		PAGES
XLII.	Comment Pantagruel parlemente avec Niphleseth, royne des Andouilles.	428
XLIII.	Comment Pantagruel descendit en l'isle de Ruach.	429
XLIV.	Comment petites pluyes abattent les grands vents.	431
XLV.	Comment Pantagruel descendit en l'isle des Papefigues.	432
XLVI.	Comment le petit diable fut trompé par un laboureur de Papefiguiere.	434
XLVII.	Comment le diable fut trompé par une vieille de Papefiguiere.	436
XLVIII.	Comment Pantagruel descendit en l'isle des Papimanes.	437
XLIX.	Comment Homenas, evesque des Papimanes, nous monstra les uranopetes Decretales.	439
L.	Comment, par Homenas, nous fut monstré l'archetype d'un pape.	441
LI.	Menus devis durant le disner, à la louange des Decretales.	442
LII.	Continuation des miracles advenuz par les Decretales.	444
LIII.	Comment, par la vertu des Decretales, est l'or subtilement tiré de France en Rome.	447
LIV.	Comment Homenas donna à Pantagruel des poires de bon christian.	449
LV.	Comment, en haulte mer, Pantagruel ouyt diverses paroles degelées.	451
LVI.	Comment, entre les paroles gelées, Pantagruel trouva des motz de gueule.	452
LVII.	Comment Pantagruel descendit on manoir de messere Gaster, premier maistre es ars du monde.	454
LVIII.	Comment, en la court du maistre ingenieux, Pantagruel detesta les engastrimythes et les gastrolatres.	456
LIX.	De la ridicule statue appellée Manduce, et comment et quelles choses sacrifient les gastrolatres à leur dieu ventripotent.	457
LX.	Comment, es jours maigres entrelardés, à leur dieu sacrifioient les gastrolatres.	459
LXI.	Comment Gaster inventa les moyens d'avoir et conserver grain.	461
LXII.	Comment Gaster inventoit art et moyen de non estre blessé ne touché par coups de canon.	463
LXIII.	Comment, prés de l'isle de Chaneph, Pantagruel sommeilloit, et les problemes proposés à son reveil.	465
LXIV.	Comment, par Pantagruel, ne fut respondu aux problemes proposés.	467
LXV.	Comment Pantagruel haulse le temps avec ses domesticques.	469
LXVI.	Comment, près l'isle de Ganabin, au commandement de Pantagruel, furent les Muses saluées.	471
LXVII.	Comment Panurge, par male peur, se conchia, et du grand chat Rodilardus pensoit que fust un diableteau.	472
	BRIEFVE DECLARATION D'AUCUNES DICTIONS PLUS OBSCURES CONTENUES ON QUATRIESME LIVRE DES *Faicts et Dicts heroïques de Pantagruel*.	476

LE CINQUIESME ET DERNIER LIVRE

CHAP.		PAGES
	Le cinquiesme et dernier livre des faicts et dicts heroïques du bon Pantagruel, composé par M. François Rabelais, docteur en medecine	483
	Épigramme	484
	Prologue	485
I.	Comment Pantagruel arriva en l'isle Sonnante et du bruit qu'entendismes	489
II.	Comment l'isle Sonnante avoit esté habitée par les Siticines, lesquels estoient devenus oiseaux	490
III.	Comment en l'isle Sonnante n'est qu'un Papegaut	492
IV.	Comment les oiseaux de l'isle Sonnante estoient tous passagers	493
V.	Comment les oiseaux gourmandeurs sont muets en l'isle Sonnante	494
VI.	Comment les oiseaux de l'isle Sonnante sont alimentés	495
VII.	Comment Panurge raconte à maistre Æditue l'apologue du roussin et de l'asne	497
VIII.	Comment nous fut monstré Papegaut à grande difficulté	500
IX.	Comment descendismes en l'isle des Ferremens	502
X.	Comment Pantagruel arriva en l'isle de Cassade	503
XI.	Comment nous passasmes le guichet habité par Grippeminaud, archiduc des Chats fourrés	504
XII.	Comment par Grippeminaud nous fut proposé un enigme	507
XIII.	Comment Panurge expose l'enigme de Grippeminaud	508
XIV.	Comment les Chats fourrés vivent de corruption	509
XV.	Comment frere Jean des Entommeures delibere mettre à sac les Chats fourrés	511
XVI.	Comment Pantagruel arriva en l'isle des Apedeftes à longs doigts et mains crochues, et des terribles adventures et monstres qu'il y vit	513
XVII.	Comment nous passasmes outre, et comment Panurge y faillit d'estre tué	517
XVIII.	Comment nostre nauf fut enquarrée et fusmes aidés d'aucuns voyagiers, qui tenoient de la Quinte	518
XIX.	Comment nous arrivasmes au royaume de la Quinte Essence, nommée Entelechie	520
XX.	Comment la Quinte Essence guarissoit les maladies par chansons	522
XXI.	Comment la royne passoit temps aprés disner	524
XXII.	Comment les officiers de la Quinte diversement s'exercent, et comment la dame nous retint en estat d'abstracteurs	526
XXIII.	Comment fut la royne à soupper servie, et comment elle mangeoit	528
XXIV.	Comment fut en la presence de la Quinte faict un bal joyeux, en forme de tournoy	529
XXV.	Comment les trente deux personnages du bal combattent	531
XXVI.	Comment nous descendismes en l'isle d'Odes, en laquelle les chemins cheminent	536
XXVII.	Comment passasmes en l'isle des Esclots, et de l'ordre des freres Fredons	537

TABLE DES MATIÈRES

CHAP.		PAGES
XXVIII.	Comment Panurge, interrogeant un frere Fredon, n'eut response de luy qu'en monosyllabes.	541
XXIX.	Comment l'institution de Quaresme desplaist à Epistemon	544
XXX.	Comment nous visitasmes le pays de Satin.	546
XXXI.	Comment au pays de Satin nous vismes Ouy dire, tenant escole de tesmoignerie.	549
XXXII.	Comment nous fut descouvert le pays de Lanternois.	551
XXXIII.	Comment nous descendismes au port des Lychnobiens, et entrasmes en Lanternois.	551
XXXIIIbis	Comment furent les dames Lanternes servies à soupper.	553
XXXIV.	Comment nous arrivasmes à l'oracle de la Bouteille.	557
XXXV.	Comment nous descendismes sous terre pour entrer au temple de la Bouteille, et comment Chinon est la premiere ville du monde.	559
XXXVI.	Comment nous descendismes les degrés tetradiques, et de la peur qu'eut Panurge.	560
XXXVII.	Comment les portes du temple par soy mesme admirablement s'entr'ouvrirent.	561
XXXVIII.	Comment le pavé du temple estoit faict par emblemature admirable.	563
XXXIX.	Comment en l'ouvrage mosaïque du temple estoit representée la bataille que Bacchus gagna contre les Indiens.	564
XL.	Comment en l'emblemature estoit figuré le hourt et l'assaut que donnoit le bon Bacchus contre les Indians.	566
XLI.	Comment le temple estoit esclairé par une lampe admirable.	567
XLII.	Comment par la pontife Bacbuc nous fut monstré dedans le temple une fontaine fantastique.	569
XLIII.	Comment l'eau de la fontaine rendoit goust de vin, selon l'imagination des beuveurs.	572
XLIV.	Comment Bacbuc accoustra Panurge pour avoir le mot de la Bouteille.	573
XLV.	Comment la pontife Bacbuc presenta Panurge devant la dive Bouteille.	574
XLVI.	Comment Bacbuc interprete le mot de la Bouteille	576
XLVII.	Comment Panurge et les autres rithment par fureur poétique.	578
XLVIII.	Comment, avoir prins congé de Bacbuc, delaissent l'oracle de la Bouteille.	580
	Addition au dernier chapitre.	582

	PANTAGRUELINE PROGNOSTICATION POUR L'AN PERPETUEL, par maistre Alcofribas	585
	Au liseur benivole	585
I.	Du gouvernement et seigneur de ceste année.	586
II.	Des ecclipses de ceste année.	586
III.	Des maladies de ceste année.	587
IV.	Des fruictz et biens croissant de terre	587
V.	De l'estat d'aulcunes gens.	588
VI.	De l'estat d'aulcuns pays	589

CHAP.		PAGES
VII.	Des quatre saisons de l'année, et premierement du Printemps	590
VIII.	De l'Esté	591
IX.	De l'Automne	591
X.	De l'Hyver	591

La Sciomachie et festins faicts a Rome, extraict d'une copie des lettres escrites à mon seigneur le cardinal de Guise par M. François Rabelais. 592

Epistre de maistre François Rabellays à Jehan Bouchet. 604
Epistre responsive dudict Bouchet audict Rabelais. 607
Trois lettres de M. François Rabelais, escrites de Rome, 1535-1536. 610
Lettre à M. le baillif du baillif des baillifz, M. Maistre Antoyne Hullet. 621
Lettre au cardinal du Bellay. 622
Epistola ad B. Salignacum. 622
Epistola nuncupatoria epist. medicin. Manardi. 623
Epistola nuncupatoria Aphorismorum Hippocratis 625
Epistola nuncupatoria ex reliquiis venerandæ antiquitatis. 626
Epistola nuncupatoria topographiæ antiquæ Romæ. 626
De garo salsamento epigramma. 628

Pièces attribuées à Rabelais 629
Epistre du Limosin de Pantagruel. 629
Dizain 632
La Chresme philosophale 632
Fragment extrait du manuscrit du cinquième livre 634

Bibliographie. 635
Glossaire 651

FIN DE LA TABLE DES MATIERES

www.ingramcontent.com/pod-product-compliance
Lightning Source LLC
Chambersburg PA
CBHW061725300426
44115CB00009B/1108